Handbook of
the Economics of Innovation

创新经济学手册

第一卷

【美】 布朗温·H.霍尔（Bronwyn H. Hall） 主编
内森·罗森伯格（Nathan Rosenberg）

上海市科学学研究所 译

上海交通大学出版社
SHANGHAI JIAO TONG UNIVERSITY PRESS

Handbook of the Economics of Innovation, Volume 1

© 2010 Elsevier B. V.

This edition of **Handbook of the Economics of Innovation**, Volume 1 by Bronwyn H. Hall and Nathan Rosenberg is published by arrangement with ELSEVIER BV of Radarweg 29, 1043 NX Amsterdam.

Simplified Chinese Translation Copyright © 2017 by Shanghai Jiaotong University Press.

All Rights Reserved

版权合同登记号：图字：09 - 2016 - 450 号

图书在版编目(CIP)数据

创新经济学手册：第一卷/(美)布朗温·H. 霍尔(Bronwyn H. Hall),(美)内森·罗森伯格(Nathan Rosenberg)主编；上海市科学学研究所译. —上海：上海交通大学出版社,2017(2023重印)
ISBN 978 - 7 - 313 - 17185 - 6

Ⅰ.①创… Ⅱ.①布…②内…③上… Ⅲ.①经济学—手册 Ⅳ.①F0 - 62

中国版本图书馆 CIP 数据核字(2017)第 108048 号

创新经济学手册(第一卷)

主　　编：[美]布朗温·H. 霍尔(Bronwyn H. Hall)　[美]内森·罗森伯格(Nathan Rosenberg)
出版发行：上海交通大学出版社
邮政编码：200030
印　　制：上海万卷印刷股份有限公司
开　　本：710mm×1000mm　1/16
字　　数：944 千字
版　　次：2017 年 6 月第 1 版
书　　号：ISBN 978 - 7 - 313 - 17185 - 6
定　　价：238.00 元

地　　址：上海市番禺路 951 号
电　　话：021 - 64071208
经　　销：全国新华书店
印　　张：50.25
印　　次：2023 年 5 月第 6 次印刷

策划统筹

骆大进

译校组成员

王景丽　　刘　洪　　李　琦　　韩心悦

冯恬恬　　朱学彦　　曲　洁　　张宓之

乐嘉昂　　金爱民　　巫　英　　周小玲

张仁开

中文版序

　　世界各国都认识到创新是影响经济增长的关键因素之一，中国也不例外。中国正在实施创新驱动战略，其成功的"自主创新"政策有效地促进了经济增长。因此，我很高兴迎接全新的《创新经济学手册》中文版的出版。上下两卷的《创新经济学手册》是手册系列①中的一部分。手册系列旨在提供各经济学研究领域的最新成果，适合于科研人员和研究生阅读学习。我期待此中文版能让更多的读者受益。

　　创新活动与经济增长之间的联系是一个复杂的过程，包括了许多因素。而其中涉及的所有内容几乎都可以从经济学的视角进行研究，这些视角包括了从产业组织理论、演化理论、宏观经济增长理论到计量经济学和历史研究等各方面的内容。《创新经济学手册》（以下简称《手册》）中应用了以上所有研究视角，并涉及了大学科研的作用、公共研发、激励创新的知识产权制度、用户创新、技术市场、发明网络、创新融资、创新扩散及其在经济发展中的作用等众多研究主题。

　　《手册》首版后七年，在中文版序言中，有必要开始考虑一些可能适合列入手册修订版的研究主题。例如，关于信息和通信技术（不局限于电子制造业）在各类创新中的重要性，首先需要考虑的主题是如何更好地管理此类信息通信技术标准，包括标准的所有权以及政府和国际组织在界定和采用标准时发挥的作用。《手册》首版后出现的另一个新兴的研究方向是监管在创新扩散中的作用，以及如何采用新的、更有效的方式来确保监管的灵活性。与这个议题相关的是创新对收入不平等的影响，包括对技能过时的劳动力和资本的影响，尤其需要关注的是，对资本的影响是在互联网产业回报递增引发企业盈利能力不断增加的背景下产生的。最后一个重要的研究议题是发展中国家的创新，即我们应如何确保在不同发展阶段创造和传播创新。我们必须注意到发展中国家所需要的创新与发达国家所要求的创新可能存在很大的不同。

---

① "手册系列"特指《经济学手册》系列丛书，旨在为专家与学者们提供研究参考工具，帮助他们了解经济学的前沿研究成果。该系列丛书涉及经济学多个领域，创新经济学是重要组成部分。丛书的投稿者与编辑都是当今该领域研究者中的佼佼者，包括许多诺贝尔奖得主，如丛书的编辑肯尼斯·J. 阿罗（Kenneth J. Arrow）。手册系列已经发行超过110卷，其引用率超过了所有的经济学期刊，成为经济学研究不可或缺的学术资源。

　　《手册》于 2010 年首次以英文出版。肯尼斯·J.阿罗和迈克尔·英特里盖特邀请我与内森·罗森伯格于 2004 年着手准备这两册著作。考虑到许多作者的各种要求,《手册》经过很长时间才编撰完成。我很高兴的是内森和肯尼斯在有生之年见证了《手册》于 2010 年出版。我从这两位经济学家那里学到了很多关于创新经济学的知识,同时也很遗憾他们无法再与我们在一起。但我想他们可能已经通过其他方式知道了《手册》中文版出版一事,他们一定会感到无比欣喜。

布朗温·H.霍尔

2017 年 5 月

译者序

创新驱动发展需要中国的创新经济学

中国正在重新崛起为经济大国。

改革开放以来的几十年间，中国利用"后发优势"成功地实现了快速发展，其秘诀就在于技术创新和产业升级。根据新结构经济学的阐述，经济增长的内涵是我们的平均收入水平不断提高，而平均收入水平不断提高的前提则是劳动生产率水平的提高。促使劳动生产率提高的因素主要在于两方面：一是技术创新提高产品质量和生产效率，二是劳动力、土地和资本被配置到附加值更高的产业中去。伴随着生产规模、市场范围、资本需求和风险的扩大，各种相应的硬的基础设施和软的制度环境也必须不断完善以降低交易费用、减少风险。换言之，科技创新和体制机制创新是中国经济能够持续快速发展的根本原因所在。

中国正在加快迈向创新型强国。

在新的全球化背景下，通过实施创新驱动发展战略，适应和引领经济发展新常态，促进我国现有的一些劳动力密集型产业向技术、资本比较密集的产业去创新和创业，从中低端的产业向中高端的产业升级，我国经济增长可以保持在中高速。这样，未来若干年间，我国人均 GDP 水平就可以跨越"中等收入陷阱"。按照我们人口占世界的比重，那意味着全世界高收入的人口翻了一番还多，这将是中华民族伟大复兴的重要里程碑。

这其中，"大众创业、万众创新"是能让中国经济继续腾飞的一个重要的战略措施。我国拥有世界上最大规模的、经过科学训练的科技创新人才队伍，还有一个广阔的市场和硬件产业方面的综合配套能力，将这些优势通过"双创"结合起来，可以比较快速地提升我国产业技术和劳动生产力的水平。北京、上海等城市正在加速建设科技创新中心，进一步助力我国成为世界主要科学中心和创新高地。到 2020 年，我国将迈入创新型国家行列，并为 2050 年建成世界科技强国奠定坚实基础。

创新的中国需要中国的创新经济学。

中国取得的成就，在人类发展史上都堪称奇迹，尤其是对于一个积贫积弱、从来没有过对外侵略和掠夺史的国家来说,其摆脱贫困、走向繁荣富裕的路径也是全世界发展中国家的财富。当前新一轮科技革命和产业变革与我国加快转变经济发展方式形成历史性交汇,为实施创新驱动发展战略提供了难得的重大机遇。在向市场经济体系转型的过程中,在迈向创新型国家的过程中,中国已经遇到并将继续会遇到许多特殊、复杂的问题,这需要紧密结合中国具体实际进行理论创新,不断推进当代经济学的中国化。这就需要我们树立理论自信,在充分借鉴、学习国外经验的同时,更加注重推动理论创新。

《创新经济学手册》着重探讨了创新过程、创新政策、创新测度等重要议题,对发展创新型经济、提升政府创新治理能力等都有相当的启示。为此,我们组织了一批优秀的年轻学者开展了翻译工作,期待《创新经济学手册》中文版的面世对进一步推动我国创新经济学的研究发展,推动我国创新驱动发展战略的实施,发挥出重要的作用。

上海市科学学研究所
2017 年 5 月

目　录

第一部分

介绍与概述

第 1 章
手册介绍

Bronwyn H. Hall[*][‡]和 Nathan Rosenberg[†]
[*]加利福尼亚大学,伯克利城
美国,加利福尼亚
[†]斯坦福大学,斯坦福城
美国,加利福尼亚
[‡]马斯特里赫特大学
荷兰,马斯特里赫特城

尽管创新以及新产品和新服务的生产几乎一直是经济活动的重要组成部分,但在某种程度上而言,对创新的经济研究却是在很多彼此少有关联的经济领域,包括宏观经济学(增长核算)、产业组织(创新公司的战略与交互)、公共财政(刺激私营部门创新的政策)及经济发展(创新体系与技术转让)等。然而,正如最近 Verspagen 和 Werker(2003)所述,一大批经济学家相互团结、汇集成群,形成相应的网络,借助调查数据研究创新和技术变革,这些经济学家既包括采纳"革新性"范例的经济学者,也包括采用更传统分析方式的经济学家。到目前为止,该学者团队已公布了大量关于创新和技术变革的研究,其中一部分属于跨学科研究。如此一来,编者认为当下便是合适的时机对该领域进行综合概览,整合经济学分支及与之紧密相关的学科领域的学者所著章节,进而清晰描绘出创新经济学的整体全貌。我们出版该手册的目标不仅仅局限于提供该研究领域的清晰概述,尽管该领域的重要性与日俱增,还有其他的目标,如希望该手册可以鼓励经济学专业人士将创新经济学视为应用经济学中独特的研究领域;而且也希望该手册可以鼓励该领域相关分支学科的研究人员不仅可以阅读其他研究类似主题的研究人员的文章,同时还可以阅读其他研究领域的文章,这些文章或许会采用不同的方法论。

本手册编纂之初名为"技术变革经济学"。然而,随着出版之期将近,我们发现使用"技术变革"这一标题显然并不合适,因为该领域开展的研究范围实际上早已扩大,涵盖许多非常重要的新经济层面,而这些经济层面无法划归为"技术变革"。因此,尽管"技术变革"在手册中频繁出现,编者仍决定采用范围更广的"创新经济学"一词来描述手册中的研究主题。"创新"一词不仅包括技术变革,也包括不能归类于技术变革的其他经济变革层面。"技术变革"会让人联想到硬件和长长的流水线,而不会联想到计算机、互联网、社交网络等数字世界的软件,更不会让人联想起随着上述领域的创新而兴起的业务重组。但是,软件一词广义上也可指代任何不属于硬件的东西。软件广义上的外延含义适用于大学、企业及政府实验室开展的研究,或人脑中可能浮现的新想法(有人称之为"湿件"),但罗默(Romer,1990)等人只简单地称其为"想法"。数十年来,Romer 的这种称法对经济学家的用语影响非常深远。在某种程度上而言,从技术变革到创新,用词的演变也反映出发达经济体中非生产部门与日俱增的重要性,并非因有序研发而产生的生产率变革和福利改善变革也日趋重要。

创新经济学家应对约瑟夫·熊彼特(Joseph Schumpeter)心存敬仰和感激。Schumpeter 可以说是创新经济学之父,在其所著文章中曾提出很多有关创新的理论,至今仍然影响深远。1937 年,他的著作《经济发展理论》(*The Theory of Economic Development*)出版发行。在此书日语译本的前言中,Schumpeter 勾勒出其本人思想中也许最精确最简明的观点,而这也是他一直期望出版发行的内容。其观点不仅聚焦于经济系统如何产生经济变革,也关注经济变革如何在仅有来自经济体系内部力量的情况下产生。

> "如果日本读者在翻开此书之前问我,在写这本书时我的目标是什么,在 25 年前,我会这样回答:我在尝试及时构建经济变革过程的理论模型,或者更为清晰的说法是,回答这样一个问题:经济系统如何产生促使其自身不断变革转型的力量……我有一种强烈的感觉……经济系统内部有一种能量的来源,这种能量会自行破坏任何可能达到的平衡。如果确实如此,那么必然存在一种关于经济变革的纯粹经济理论,其中经济变革不仅仅依赖于推动经济系统由一种平衡过渡到另一种平衡的外部因素。这就是我尝试构建的理论。"[1]

需要注意的是上述文字出版于 1937 年。如我们所知,Schumpeter 当时已经在编写《资本主义、社会主义与民主》(*Capitalism, Socialism and Democracy*)一书,而且该书探讨的正是 Schumpeter 在以上引述文字中向日本读者传达的思想观点。

当然,正如 Schumpeter 所言,经济变革如何发生、为何发生,正是新古典均衡分析的"极度静态"框架无法解释的内容。此外,Schumpeter 还留意到瓦尔拉(Walras)认为经济理论只适用于"平稳过程",即"过程本身其实并不发生变化,

---

[1] Schumpeter (1937), p. 158.

仅随着时间的推移产生实际收入的变化"。Schumpeter 如此解读 Walras 的观点：

> "他可能会说(事实上，在我唯一一次与他交谈时，他也的确是这样说的)，诚然，经济生活在本质上是被动的，只能调整自身以适应自然和社会影响，尽管自然和社会影响也许以经济生活为基础。因此，平稳过程理论实际是理论经济学的全部。作为经济理论家，我们不能过多地阐述历史变革的影响因素，但必须完整地予以记录。"[1]

此处要传达的关键点是 Schumpeter 直接否定了 Walras 的观点——经济理论必须局限于平稳过程研究，仅需解释为何会出现偏离均衡的状态，如人口或储蓄的增长，以及如何使系统重回均衡的轨道，除此之外，无需作过多的探讨。Schumpeter 提出创建一个理论，以证明平稳过程不仅受外部因素影响，也会受内部因素干扰。他认为，资本主义的本质不在于各方力量的均衡，而在于系统必然趋向偏离均衡，即失衡。均衡分析并没有抓住资本主义现实的本质。如果读者对 Schumpeter 在此关键问题上的立场有所质疑，我们此处引述他本人的强有力的论证："平稳的封建经济仍然是封建经济，平稳的社会主义经济仍然是社会主义经济，而平稳的和资本主义本身却自相矛盾。"[2]

纵览本手册的各章节，不难发现大部分创新经济学研究致力于对以下问题的基本理解：经济系统内部产生的经济变动对经济进步的重要性，以及静态经济分析在这方面的薄弱性。在本手册中，至少数个章节探讨的主题都与上述观点相关。

第一个可能也是最重要的主题是创新过程的动态实质——今日的知识、发明和创新以过去为基础；而且在创新进入动态发展、累计学习和扩散过程之前，人们往往感受不到创新带来的效益。对此现象的理解几乎是本手册所有章节的基础，但也许最显而易见的是 Thompson 所写的"科学理论"一章，Bresnahan 写的有关"通用技术"的一章，Teece 写的有关创新型公司的一章，以及 Stoneman 和 Battista 写的有关创新扩散的一章。我们感兴趣的中心过程其实具有动态和类滞后特征，说明静态经济模型对分析的价值是有限的。许多论文的作者已经意识到这一点，其中一些还提出替代的建模方案。

Dosi 和 Nelson、Teece 以及 Soete 等在各自所撰写的三章中明确提出研究的起点为新古典主义理论在分析行业创新、公司创新和国家创新等方面的局限

---

[1] Schumpeter (1937)，pp. 2 - 3.

[2] Schumpeter (1951)，p. 174. 有关主题可参见 Rosenberg (2010)。

性。此外,Soete 等和 Sheinmueller 所写的两章探讨了 Arrow 和 Nelson 提出的科技政策的市场失灵理论。该观点虽然正确,但作为政策指导却是不完整的,原因在于其过分强调创新者获得知识产权的重要性,而忽略了所需政策实现系统化的本质要求。例如,如果培训合格的科学家和工程师所需时间较长,或教育体系根本无法培养出合格的人才,那么无论多少研发资助都无法达到预期的结果。也许我们可以以下这样的结论:从经验上讲,创新系统和机制仍然处于初级阶段。例如 Roller 和 Mohnen (2005)对欧洲创新政策互补性的研究。虽然在创新管理文献的诸多研究中,都可以看到"新"制度经济学的存在,但是整个经济层面的实证研究却已经落后,也许是由于令人生畏的建模和数据障碍。

本卷第二个重要的主题是创新政策的需求对推动创新经济学的研究发展的重要性。该主题在本卷中的很多章节均有所体现。Foray 和 Lissoni 所写的关于大学研究和公私互动的一章;Rockett 所写的关于知识产权的一章;Hall、Mairesse 和 Mohnen 所写的关于研发收益评估的一章;Hall 和 Lerner 所著的关于创新融资的一章;Popp、Newell 和 Jaffe 所写的关于环境的一章;以及 Pardey、Ajlston 和 Ruttan 所写的关于农业创新的一章。各种科技政策实施时出现的问题在很大程度上推动了上述领域的大量研究。这些问题的出现往往伴随着更多的有形资源,能够更好地推动开展各种分析。除了上述提及的各章,本手册最后一部分的部分章节直接探讨有关政策的主题。Sheinmueller、Soete、Verspagen 和 ter Weel 总体分析了有关技术政策的广泛议题以及创新系统的分析方法,而 Mowery 则探讨了政府研发中外溢影响最重要的来源之一——国防部门。

创新经济学与政策问题紧密相连的原因有二。其一,正如 Hulten 在有关增长核算一章中所述,过去 50 年左右,有关经济增长的文献都将技术变革视作提高劳动生产率的主要原因(Abramovitz,1956;Solow,1957)。其二,发明与创新在推动技术革命的同时,也创造出很多新知识,而这些新知识可以流向并非原创者的其他经济实体,并且在知识转移过程中并不涉及付费交易。Arrow (1962)和 Nelson (1959)在很久以前就指出,这种情况表明亟须出台相关政策以鼓励适当的投资,开展上述活动。由于这类知识转移能够扩散,而且未必会在界限明确的市场中进行,因此政策也需聚焦跨部门以及跨国界的外溢作用;而如何衡量外溢作用是 Hall、Mairesse 和 Mohnen 合著一章的重中之重。Keller 和 Fagerberg、Srholec 以及 Verspagen 所写的一章也论述了跨国外溢对技术转移和发展的重要性,其中外溢影响通过贸易和外商直接投资得以实现。

本手册数个章节着重探讨的第三个主题是数字革命的重要性。数字革命不仅推动了信息通信技术(以下简称 ICT)领域的重大革新,并对经济领域的各行各业造成一定的影响。正如 Bresnahan 在其所写一章中的描述:广义上而言,半导体以及由其衍生出的创新发明汇集了所有通用技术的特征。过去 50 年计算机及互联网行业的具体演进过程可参见 Greenstein 所著章节。总体上，这些技术日积月累并相互作用，要求不同公司制造的不同组件可以相互通用，促使实际应用中统一标准、公司协作及网络效应日益重要。这反过来又再次燃起人们对以下市场的兴趣：科技（Arora and Gambardella），用户、公司协作和网络（von Hippel；Powell and Gianella）以及专利制度的运行（Rockett）等。就专利而言，ICT 产品的复杂多样性意味着较之诸如化学和药品等传统专利行业中的公司，ICT 领域的公司具有不同的专利制度运行模式。这一点在 Scherer 所写章节中将展开探讨，而且在本书其他地方也会有所提及。

数字革命产生的影响之一是创新型的新公司成功进入市场，而且部分公司发展非常迅速，如今已跻身世界规模最大的公司之列。例如，2005—2006 年期间，美国研发成就突出的 200 强企业中，40％的企业创建于 1980 年之后。而 1980 年名列研发成就 200 强的企业中，截至 2005 年其中的 32％被淘汰出 200 强的名单（Hall and Mairesse，2009）。这确切无疑地验证了熊彼特的观点："资本主义如何管理现行结构"其实已无关紧要，真正相关的问题是"如何创造并摧毁现有结构"。[①] 他在同篇文章中继而写道：

> 首当其冲的是传统意义上的竞争操作模式。当前的经济学家终于不再只关注价格竞争。当质量竞争以及促销活动可以被写入神圣的理论中，价格因素便不能"称霸武林"了。但是有些东西依然不变，尤其是生产方法和产业组织形式，在这样一个僵硬的模式里依然存在竞争，而且实际上独占鳌头。与书中所描述的迥然不同，在资本主义现实世界中，上述类型的竞争无关紧要，真正重要的是新商品、新科技、新供应源以及新组织形式的竞争。这些因素共同决定关键成本和质量优势，而且并不旨在提高现有公司的利润和产量，而是旨在打牢其生存根基并寻求更好的命运。[②]

过去 25 年间，创新企业行业格局的变革无疑证实了本文所述观点。Teece、Dosi 和 Nelson 所写的各章重点描绘了变革之下竞争的实质，而其强调的有关竞争力的实证研究将在 Cohen 和 Greenstein 分别所写的文章中展开探讨，前者仔细研究了企业规模与创新的关系，后者则进行计算机行业的研究。Hall 和 Lerner 合写的一章回顾了创新内部融资的文献，探讨了 Schumpeterian 理论的另一个观点，即过去的利润对未来创新融资的重要性。

---

① Schumpeter（1976），p. 84.

② Op. cit.

创新经济学中一个独特的发展领域是创新经济学研究中必不可少的数据源的发展。分析创新和创新活动还需要常规经济数据之外的其他数据：除了常用的经济数据，还需要企业及如大学等的科研机构中有关创新类型、发明创造和技术设备等数据。数位作者都关注了新数据源的发展，包括上述类型的非经济数据，这些非经济数据可能会与常见的以货币计价的经济数据，例如国内生产总值和研发开支等，结合使用。这一发展领域的带头人是 Mansfield (1968)、科学政策研究中心的 Pavitt 和他的同事(Pavitt，1984；Townsend 等人，1981)，专注于创新调查数据；以及 Schmookler (1966) 和 Griliches (1990)，专注于专利数据。Nagaoka 等人关于专利数据的章节及 Mairesse 和 Mohnen 关于创新调查数据的章节回顾了这些数据源及其应用，但其价值在本手册其他章节亦有体现，例如在 Powell 和 Gianella 合写的有关协作发明的章节、Cohen 有关创新实证研究的章节以及 Arora 和 Gambardella 有关科技市场的章节之中。

最后提醒读者注意，该卷中的部分论文并非经济学家所写，而是由管理学和社会学等相关领域人士所著。这并非偶然，而是恰恰反映出了创新经济学这个领域的实质，究其原因，我们还需要回到 Schumpeter 所写的一篇评论文章，主题是一成不变的新经典主义框架，该框架在创新经济学发展的一段时间内一度处于经济学的主导地位。当然，我们在为该卷选取章节时考虑到了这一点。

该手册的结构某种程度上遵循了创新的"线性模式"，尽管许多人指出该系统中存在反馈环路(例如，参见 Rosenberg，1982)，但仍不失为思考创新问题的一个有效方法。[①] 该手册的第一部分为概述，收录了有关创新的经济史和创新分析的演化方法的论文，概述企业创新的实证工作。第二部分篇幅较长，围绕创新过程及其诱因这一主题，聚焦科研机构、奖励机制、网络系统、协同合作以及用户发明的作用，还包括关于信息技术和医药行业的一些案例研究。第三部分和第四部分探讨了商品化和技术扩散，收录的论文研究资金融通、企业战略、通用技术及其扩散的特殊案例以及国际贸易在创新主要的跨国界扩散中所发挥的作用。

该手册第五部分着眼创新过程，创新在农业、能源和环境方面取得的成果以及创新在经济发展中发挥的作用。紧接着我们将目光转向创新投入与产出的评估问题，首先是宏观经济增长核算和研发投资回报的微观经济估算。接下来的两章探讨了两种评估方法，这两种方法采用的是专为创新领域制定的非经济定性数据：专利数据和创新调查所得数据。该手册的最后一部分收录了有关创新政策的三篇论文，其中两篇着眼整个创新体系，另一篇的主题是一般情况下用于

---

① Kline 和 Rosenberg (1986) 批判线性模式，而 Balconi 等(2009)却为其在分析中的价值提供了微妙的辩护。

创新的防卫性研发开支的重大影响。

致谢

编者在此向 Rina Gordon Rosenberg 表示感谢,感谢他为本项目成功收尾做出的大量贡献。同时,我们也向 Jacques Mairesse 和 Richard Nelson 表示感谢,感谢他们仔细审阅介绍部分的早期版本。此外,第二编者还要感谢斯坦福大学经济政策研究所所有工作人员提供的宝贵的协助。

参考文献

Abramovitz, M. (1956). "Resource and output trends in the United States since 1870". American Economic Review 46 (2), 5 – 23.

Arrow, K. (1962). "Economic welfare and the allocation of resources for invention". In: Nelson, R. R. (Ed.), The Rate and Direction of Inventive Activity. Princeton University Press, Princeton, NJ.

Balconi, M., Brusoni, S., Orsenigo, L. (2009). "In defence of the linear model: An essay". Research Policy, doi: 10.1016/ j. respol. 2009. 09. 013.

Griliches, Z. (1990). "Patent statistics as economic indicators: A survey". Journal of Economic Literature 28, 1661 – 1707.

Hall, B. H., Mairesse, J. (2009). "Measuring corporate R&D returns". In: Presentation to the Knowledge for Growth Expert Group, Directorate General for Research, European Commission, Brussels (January).

Kline, S., Rosenberg, N. (1986). "An overview of innovation". In: Landau, R. (Ed.), The Positive Sum Strategy. Harnessing Technology for Economic Growth. pp. 275 – 306.

Mansfield, E. (1968). The Economics of Technological Change. W. W. Norton and Co., New York.

Nelson, R. R. (1959). "The economics of invention: A survey of the literature". Journal of Business 32, 101 – 127.

Pavitt, K. (1984). "Sectoral patterns of technical change: Towards a taxonomy and a theory". Research Policy 13(6), 343 – 373.

Roller, L.-H., Mohnen, P. (2005). "Complementarity in innovation policy". European Economic Review 49(6), 1431 – 1450.

Romer, P. M. (1990). "Endogenous technological change". Journal of Political Economy 98 (5, pt. 2), S71 – S102.

Rosenberg, N. (1982). "How exogenous is science?" In: Rosenberg, N. (Ed.), Inside the Black Box. Cambridge University Press, Cambridge, UK.

Rosenberg, N. (2010). "Schumpeter and history". In: Rosenberg, N. (Ed.), Studies on Science and the Innovation Process. World Scientific Publishing Co., New Jersey.

Schmookler, J. (1966). Invention and Economic Growth. Harvard University Press, Cambridge, MA.

Schumpeter, J. A. (1937). Preface to the Japanese edition of Theorie der Wirschaftlichen Entwicklung, translated by I. Nakayama and S. Tobata, Iwanami Shoten, Tokyo. Reprinted in Essays of J. A. Schumpeter, R. V. Clemence (Ed.), Addison-Wesley, Cambridge, MA (1951), p. 158.

Schumpeter, J. A. (1976). Capitalism, Socialism, and Democracy (third ed.; first ed. published 1942). Harper and Row, Publishers, New York.

Schumpeter, J. A. (1951). "Capitalism in the postwar world". In: Clemence, R. V. (Ed.), Reprinted in Essays of J. A. Schumpeter. Addison-Wesley, Cambridge, MA, p. 158.

Solow, R. (1957). "Technical change and the aggregate production function". Review of Economics and Statistics 39, 312 – 320.

Townsend, J., Henwood, F., Thomas, G., Pavitt, K., Wyatt, S. (1981). Innovations in Britain since 1945. Science Policy Research Unit, University of Sussex, Occasional Paper No. 16.

Verspagen, B., Werker, C. (2003). "The invisible college of the economics of innovation and technological change". Estudios De Economla Aplicada 21(3), 203 – 220.

第 2 章
经济史对创新和技术变革研究的贡献：1750—1914

Joel Mokyr
西北大学经济学 & 历史系
美国·伊利诺利州·埃文斯顿市
特拉维夫大学 Eitan Berglas 经济学院
以色列·特拉维夫

目录

摘要

本章对现代经济增长的历史进行了回顾，总结了诸多催生出空前技术突破的机制，正是这些机制导致了经济现代化的不连续性。工业革命及其后续发展不仅促进了技术水平的提升，还改变了产生创新的整个动态过程，以及发明与传播的速度。纵观人类历史，伴随着不时涌现的重大发明（譬如水车和印刷机的发明），创新自始至终都是常规经济活动的副产品。本文结合 18 世纪启蒙运动所倡导的"培根计划"，对创新机制作为应用知识的固定来源这一观点进行了整体回顾。

关键词

经济增长　工业启蒙　工业革命　创新

1. 引言：技术与经济现代化

不同的人对"经济现代化"的意义有着不同的解读。基于对 1800 年前的经济增长数据进行随机观测的结果，大部分经济学家认为工业革命前的经济增长近乎停滞。而组成了"趋同俱乐部"的那些经济体，在 1830 年后才实现飞速的现代经济增长（Aghion, Durlauf eds., 2005；Lucas, 2002）。另一个传统观点虽年代较远但同样备受推崇，它将经济现代化视为商品和生产要素市场的扩张，以及家庭与企业之间日渐加深的相互依赖（Polanyi, 1994；Toynbee, 1884）。第三种观点则关注工业企业，它将工厂置于核心地位，认为工人的日益集中、对纪律的遵从，以及企业自上而下的协调管理是经济现代化的本质。在工业革命中，技术的变革贯穿始终，同时也推动了现代经济增长（Mantoux, 1928；Weber, 1923）。如果没有这个根本性变革的支撑，那么上述解读势必毫无信服力可言。也正是由于技术的变革，才促进了工厂的产生，创造了运输网络和通信系统，延长了人类的平均寿命，拓宽了信息渠道，加速了城市化的进程，提升了商品种类和服务品质，种种变化均与现代化息息相关。

技术是如何进步的？现代内生增长理论假设科技创新由经济体系内部"催生"，受经济发展的激励，并且应被视为一种产出——实物资本、人力资本、研发和规模经济在这一过程中都扮演着重要角色。推动技术变革的经济主体，大多受人类天性中贪婪和野心的驱使而渴求进步。我们这里所探讨的历史上那些颠覆性变革，均充分证实了这个观点。技术并非上帝赐予的"吗哪"[1]，也不是上帝所颁布的十诫[2]条律。为了对感兴趣的加工工艺或产品进行完善，男性（极少情况下会有女性参与其中）在该体系中进行了技术创造。然而，新古典主义的科学进步观需要将技术进步的历史参数纳入考虑，正是这些技术进步激发了某种空前的历史现象。

从某种程度上而言，这背后的原因不难理解。技术和其他知识形态一样，不具备竞争性，也就是说原持有者将其与他人分享，不会造成任何损失，因此技术分享的社会边际成本为零。因为社会边际产出为正，所以最理想的静态解决方法，就是让所有能够且愿意使用技术的人能够免费使用技术。然而结果却是没有人有动力率先投入成本高昂、风险巨大的研发工作。由此造成的困境已引发

---

① 古代以色列人出埃及时，在 40 年的旷野生活中，上帝赐给他们的神奇食物。——译者注。
②《圣经》记载的上帝借由以色列的先知和众部族首领摩西向以色列民族颁布的十条规定。——译者注。

了一场长达 250 年之久的讨论，那就是如何才能在创新活动中建立最优的激励机制。在工业革命中，专利和其他形式的应用知识私有化扮演了重要的角色，但是并未如预期那般至关重要。相反，人们越来越清晰地认识到，应用知识常常在"开源"的条件下产生，也就是说每一个对知识有所贡献的人，都未曾有过从技术创新产生的社会财富中分上一杯羹的想法。但是，在这场信号博弈中，技术的原持有者坚持要让社会赏识和认可其贡献，旨在为自己树立良好的信誉。以往的诸多技术创新也是如出一辙。在"开源"系统中，科学依据二分法进行运作；而技术主要受私有制制约，这种二分法恐是过甚其词。

在强调创新在经济史中的独特地位的同时，还有一点显得同样重要，即技术由不确定性所孕育，并且这种不确定性表现为诸多意外和未知结果的组合（Rosenberg，1996）。这很大程度上是因为技术以物理、生物或化学工艺的操作方法为基础，通常当人们一知半解时，技术便得以发展。很多发明都会对生态环境、人类健康或社会架构产生未曾或不可预见的溢出效应。此外，很多创新的过程都意外结合了一些其他的技术，这样产生的全新混合技术比起单纯的叠加效果要好得多。因此，看似成功的创新最后产生的结果经常会使发明者们惊讶不已。自然，这些惊讶有喜有悲。

内生论和外生论都对技术进步给出了自己的解读。内生论者相信有一种自发逻辑的存在，即由一项进步催生另一项进步的演化进程。其中偶然性起到了关键作用，且过去在很大程度上决定了未来。而外生论者认为技术的变革取决于经济需求、必要发明创造、要素价格和资源禀赋的诱发性创新，社会建构主义者的观点与其类似，但重点有所不同。他们将技术看作是政治进程和文化转型的结果，在这一过程中，那些迎合了特定阶层或群体的利益或服务于强大游说集团的观点，将会占领市场。工业革命以来的技术发展史一方面为所有这些方法提供了支持，一方面也引发了不少问题。更具兼容性的理论是把整个过程分为相互作用的几个部分，比方说，在 Rosenberg（1976）的著名比喻中，经济需求就是一个"调焦装置"，这点毋庸置疑，不过"发明诞生于需求"这一广为人知的说法却不单单是陈词滥调，更是大谬不然。社会的创新精神和创造力与人们迫切的经济需求并无联系，我们所处的社会便是最好的例证。现代西方社会总体上已经足够富足，并无任何迫切的"需求"，然而却仍然具有令 18 世纪的创新者们无法想象的创新创造精神，iPod 和肉毒杆菌素的问世也并非因为它们"不可或缺"。技术的社会发展进程通常由市场力量或国家需求所决定，然而这一进程的成功与否难以保证，它所产生的结果也无法预知。

技术以特定的速度朝着特定的方向发展，而我们能够通过研究创新来理解技术进步的规律。不仅如此，为了阐明技术为何会表现出这种发展方式，我们需要清楚规范性知识（技术）和命题性知识（科学和有关自然的各方面知识）是如何相互影响的。有关物理环境的知识为现有技术提供了一个认知基础,技术反过来决定了科学家的议题,由此创建了一个反馈机制。比如,为什么高压发动机的热效率比低压发动机高? 为什么将新鲜食物先加热然后再进行密封,真空包装能够防止食物腐坏? 为什么人们注射牛痘疫苗便能对天花这种可怕的疾病产生免疫? 类似这样的事例就发生在这里所讨论的时期内,并且这些问题的解决进一步促进了技术的长足发展。

技术变革的过程就像任何的演变过程一样,经常会造成浪费,效率低下,甚至常常走上歪路,这些不可避免的问题来源于技术变革结果的不确定性,所以人们会犯错,会重复劳动,会进入死胡同。此外,很多我们现在认为成功的创新在过去并未被采用,通常是因为它们在当时看来令人无法理解,有时甚至显得颇为枯燥。但是随着时间的流逝,创新过程的效率并不是一成不变的。正如我在2002年的文章中所说(Mokyr,2002),如果我们加深对其背后基本过程的理解,就可以大幅度降低创新过程中的浪费。这样一来,整个过程的效率就会在过去的 250 年间大幅提高。如果创新是要求我们"尝尝架子上的每一瓶酒",那么加深对技术基础的理解则至少能减少"架子"的数量。这样便可防止我们钻进死胡同,阻止我们追求永动机或者点石成金这类荒谬的事情。它可以避免我们在神秘学上花费心思,且避免我们从事早在萌芽时期就被定义成"迷信"的活动。对其他领域所运用的知识进行更多深入了解,还能够减少重复研究,避免做无用功。

本文并不认同技术决定论(技术决定论认为技术是自主的,且技术变迁导致社会变迁)。技术无法掌舵历史进程,只有当制度、管理和意识形态得到相应改变时,技术能力的提高才能促进经济的发展。至今,学术界仍然没有提出足够有效的方法打破贫困的平衡状态,进而解放当前的经济。然而,除非技术有所进步,否则不论出于资本积累,还是资源分配合理化(如因为法制得到改善或环境利于商业发展),其他因素所推动的增长终将难逃收益递减的结局。只有不断积累应用知识,才能保证经济最终获得持续的发展。笔者在 2002 年的文章中对知识与技术之间的关系进行了研究。

该文认为,经济现代化的技术因素早在工业革命之前就已具备,它并非得益于外贸的增长、城市资产阶级的出现或普遍认为的煤炭的大规模使用。一系列知识和意识形态的进步大幅改变了欧洲人同物质环境沟通的方式,这才是这种技术因素形成的真正原因。文章还分析了欧洲人如何与物质环境发生联系,如何对物质环境加以研究以及如何运用这些研究成果来提高商品和劳务的生产。

由此看来,前现代化时期的社会受技术的限制,仅仅是由于当时人们的知识太过缺乏。最终,在现代化时期,限制慢慢被打破——应用知识的积累使现代化时期的经济增长已不受限于收益递减规律,这都要得益于 18 世纪日趋显著的

"知识分工"（也称知识专门化）。人们掌握的知识越来越细化，知识总量却在不断增加。斯密（Smith，1757，p. 570）直接表示："社会进步中出现的思辨……与其他交易无异，都被细化为不同分支，使得科学内容大幅增加。"因为社会知识的总和等于各方面知识的累加，只要有相应的获取渠道，推动技术进步的知识便会不断增加，而技术进步又使得获取成本降低。印刷机的发明、互联网的使用以及其他制度和技术层面的飞跃，都使得获取知识更为便捷，例如开放科学的产生、公共领域中应用知识的运用，以及对更易理解、翻译的语言整理等。

2. "马尔萨斯经济理论"中的技术

18 世纪前，欧洲乃至整个世界已能研发出许多极为实用的技术，且通常情况下无须理解其工作原理和方式。无知并不能阻挡社会的进步，即便人们不懂冶金学，也能炼钢；不了解酵母的重要性，也可酿酒；对基因学一无所知，也能繁殖动物；没有免疫学的概念，也能接种天花疫苗；不知化学肥料为何物，照样轮作施肥。即便没有原理（即认知基础）的完备支撑，科技也能取得进步。传统社会建立起一种 Friedel（2007）命名的"进步的文化"，当时的社会已在通信、交通和原材料及能源的使用等方面取得巨大进步，且能更自如地控制动植物，建设"有机经济"（Wrigley，2004）。"矿业经济"，早在人们认为的工业革命前便已蓬勃发展。工业革命前夕，西欧的家用取暖设备和许多工业生产已开始大量使用煤、泥炭、铁及其他多用途金属。18 世纪的变革，本质上并非有机经济到矿业经济的转变。18 世纪前，应用知识全凭经验所得，缺乏系统性，那些应用知识最多只能代表人类对自然的运转规律和各种材料在受热或运动时的反应的浅显理解。而变革后，系统地、有组织地收集和分析应用知识的技术范式得以成形，且不断为经济增长注入活力。

前工业时代的非正式技术对生产效率产生的影响终究是有限的，原因便在于非技术领域的新观点必须能够对技术产生影响。如果不是 Karl Wilhelm Scheele 于 1756 年发现氯，Claude Berthollet 发现氯的漂白性能，很难想象 18 世纪末纺织产业如何解决漂白这一技术瓶颈。此外，技术只有经过拟合与拓展，适应当地需求与条件限制，并为满足不同的目的进行调整，抑或进行改造，与其他技术融合形成完全不同的技术，方能发挥其提升生产效率的主要作用。然而，无论技术拟合与拓展多么片面，其与该过程中的更为精准的知识特性是互为补充的。

缺乏对自然过程的基本理解，并非近代欧洲发展如此缓慢的唯一原因。人们总是认为这些社会受到马尔萨斯体制的影响，即便其中出现技术转变，最后也必将破灭。正如 Wells（1923）所述，"人类在日常活动的积累过程中迅速地获取科学馈赠的礼物,也同样迅速地将其消耗殆尽。"最近,Galor 和 Weil(2000)以及 Clark(2007)在其著作中也再次强调近代社会的这种特征。这种解读存在很多问题(Mokyr 和 Voth,2010),需要通过负反馈机制进行补充。换句话说,更为贫穷且掠夺成性的邻国、征税机关、工会成员、牧师、垄断者以及排他寻租者的贪婪无度,抵消了经济增长。

马尔萨斯经济理论的悖论,简单来说,就是生产效率的增长无法使得生活水平长期提高,也无法改变长期以来的工资铁律。然而此悖论与前工业化时代经济的诸多迹象相矛盾。工业革命之前曾有过经济增长,尽管增长相对缓慢,但在过去的几百年内,经济形势已见好转。正如这些论证所言,毫无异议,在任何一套衡量标准下,光荣革命时期西欧的生活水平可与诺曼征服时期相媲美。Snooks(1994)与 Britnell(1996)都曾指出,1700 年前的很长一段时期内,经济出现过大幅度增长。斯密(1776,pp.365~366)肯定道,在《国富论》时期,"英国的土地以及劳动力年产出"高出上世纪,并且自从诺曼征服后,甚至在诺曼征服之前一直保持稳定增长。此后的时期内,经济增长率低下,发展不均衡,这点毫无疑问,有时甚至出现了倒退。然而在 6 个世纪内,经济的低增长率得到了改善。技术在其中又起到了怎样的作用?人们一致认为:在工业革命之前,大多数产出和收入所得都可以归功于贸易与市场的发展。这种"斯密型增长"或许可以解释 1800 年前经济增长的动态特征,毕竟,在毫无意义的暴力、掠夺成性的邻国,以及贪婪的寻租者的影响下,比起技术进步,商业扩张带来的经济进步更容易被抵消,甚至被逆转。

然而,技术并没有停滞不前,农业、纺织业、造船、通信业、冶金业以及能源的使用出现累积性增长。鉴于 1700 年英国人口数量没有超过中世纪顶峰时期的 50%,我们有理由认为 Smith 的观点是正确的。尽管如此,由于这些进步是基于巧合与耐心试验,进步依然十分有限,且不会被近代经济学家视为实质的研究与发展。

马尔萨斯经济理论认为,大部分发明都出自工匠之手。工匠则主要来自手工业行会,然而行会在发明史上的口碑并不算好,甚至经常被描述成保守组织。多数情况下的确如此,但近年来该问题广受争议,另一种声音认为行会并非保守,而是对创新一直持允许和鼓励的态度,甚至在发明的传播方面起到了关键作用(Epstein,1998;Epstein 和 Prak,2008)。无论行会在工匠的技能培养和组织发展过程中扮演了怎样的角色,这一大批手艺精湛的手工工匠,无疑是 18 世纪英国的一笔宝贵财富。正是他们精熟的手艺,才确保了彼时那些最具创意的想法得以实现,根据规范来设计器械装置——并非一时的心血来潮,而需要一次又一次的努力去实现。其中有机械工、冶金工、木工、玻璃切割工、玩具师傅、技艺精湛的钟表和仪器制造师以及其他类似的技工,他们能根据正确的尺寸和材料,精确地生产出零部件,能研究设计图,计算速度,掌握偏差、阻力、摩擦力、润滑作用等信息，并通晓各机械部件间的相互关系。还有懂得如何操作实验室设备和使用制剂的应用化学家，经常救死扶伤的医生（尽管人们不懂得其中的原理），以及通过实验研究新品种动物、化肥、排水系统和饲料作物的农业专家。与那种传统的科学发现或发明需要的知识相比，我们论及的这种知识可谓完全不同。为此，我用"能力"一词对其进行定义，然而这些技艺精湛的工匠是否能够"独自"促成类似工业革命这样的重要历史转折，仍有待探讨，这个问题的确值得我们深入思考。

Hilaire-Pérez（2007）和 Berg（2007）曾指出，以能工巧匠为核心的"模仿式经济"，开创了一种自给自足的改进流程，然而该观点并非那么通俗易懂。

工匠通常对现有的技术进行复制，并在复制过程中萌生出一些改进技术的新点子，日积月累最终做出些许改良，但也不过稍纵即逝。许多我们认为技术发展停滞的社会不乏各种能工巧匠，尤以东南亚地区为甚。相比于工匠们能时不时从其他领域中汲取新知识的社会，一个纯粹以手工艺知识为导向的社会，最终难免会陷入技术发展原地踏步的窘境。可以肯定的是，一些当时赫赫有名的"伟大发明家"，例如 Newcomen 和他的助手 John Calley，以及钟表匠 John Harrison，他们本身就是工匠。然而，除非这些工匠天赋异禀，像 James Watt 或是法国的枪械大师 Edme Régnier 一样受过良好的教育，善于对现有工艺进行逐步改进，方可能有所创新，而不是单纯地扩充技能知识或简单地将技术知识套用到工艺上。并且，工匠通常并不进行模拟和重组这两个环节，而这两个环节恰恰是通过采用和模仿其他技巧及创意，甚至是不相关的活动以获得技术进步的关键所在。然而，如果说有创意的工匠是工业革命发展的唯一要素，那么工业革命则至少可以提前几个世纪。毕竟工匠早已存在数百年，并且，如果说工业革命仅仅依靠工匠们的创造力，未曾进行过更加规范系统的应用知识整合，也很难解释清楚 1750 年后突飞猛进的技术发展。整体来看，纺织业的技术问题不及化学工业或动力工程领域复杂，然而即便如此，正如 Jacob（2007）所指出的，机械科学仍大大提高了车间的劳动生产率和效率。另外，法国也不乏手艺精湛的工匠，然而几十年来，似乎却无法像英国一样，独立发明蒸汽机或改进冶铁工艺。但正如 Hilaire-Pérez 所说，也并非所有的工匠都乐意接受改变。Honoré Blanc 主张对火枪进行可替换部件的改良，而军械工匠们对该提议颇为抵触，这样便断送了一次大有希望的进步机遇。里昂的织布工们对改进后的提花织机的抵制也颇为激烈，在其发明者获得军方保护后方才停歇。

3. 第一次工业革命：一种新途径

许多社会都难以维系长期的增长，这一点显而易见。然而，真正让人觉得不可思议的并不是这些发展缓慢的马尔萨斯社会形态,而是他们终将会被一个发展迅猛的社会所代替。其核心,我称之为"工业启蒙"(Mokyr,2002)。工业启蒙是实现培根梦想的一次实践,促使有用的知识成为"一个宝库,为了造物主的荣光,也为了人类的救赎"(Bacon,1996,p.143)。在《新工具》(New Organon)中,培根解释了诸多在18世纪对其追随者们来说不言而喻的事情。"如果一个人能努力去扩大人类在整个宇宙中的主权和势力,那么他的野心无疑是积极并……高尚的……而现在人类却完全倚仗艺术科学来进行生产活动,因为我们无法指挥大自然,唯有服从"(格言129,引自Bacon,1999,p.147)。

培根的理论对后世的影响深远。他无疑传达了一种当时社会已经孕育的观点,并用精确的逻辑推理进行验证。他成为与亚当·斯密、卡尔·马克思以及凯恩斯(John Maynard Keynes)一样的人,能够用自己的思想智慧影响实际经济发展的伟大人物之一。培根死后,英格兰地区形成了一种叫作"无形学院"[①]的沟通形式,涉及了诸如Christopher Wren,Robert Boyle以及Robert Moray等名人,其目的在于扩充应用知识,建立起形式科学和"实用艺术"实际应用之间的桥梁。伟大的经验主义者Robert Boyle对工匠概念进行了扩充,并指出Verulam勋爵(即Bacon)区别对待"启发性"(启蒙式)实验和"成果性"(实用式)实验,然而实际上两者互为补充、互相作用。"几乎所有的物理学原理都盛产有利可图的发明,并都是人类勤奋智慧创造的产物"(Boyle,1744,vol.3,p.155)。英国皇家学会继承了培根的所罗门宫[②]。起初,皇家学会对实用技术问题可谓是满腔热忱。"皇家学会致力于对自然事物的知识进行补充,也包括所有的实用艺术、制成品、机械实践、发动机以及实验发明"(Lyons,1994,p.41)。Robert Hooke在其《显微图谱》(Micrographia)一书的前言中提到,(英国皇家学会会员)"拥有独特的优势,即大部分会员都善于社交经商,商人在学会中占据了大部分席位,有助于将理论从文字转换为现实,可谓益处良多。"

最终,虽然英国皇家学会丧失了对实践知识的兴趣,然而培根的精神仍在许多其他组织中得以传承发扬,并在18世纪初的英国崭露头角。因此,William Shipley于1754年创建了艺术学会,其建立目的如下:"一个国家的财富、荣耀、国力和昌盛取决于知识及实用艺术和制造业等的进步……一些人清醒地认识到,相应的鼓励和奖赏对激发竞争意识大有助益,生产发明或是技术改进都应顾

---

① 无形学院一词首先出现于Robert Boyle 1646年和1647年的两封信中,当时尚无正式的期刊出版,科学家总是把自己的研究成果写成书籍,并且通过私人通信、书店浏览和私下传阅等方式来进行交流,此即为无形学院。——译者注。

② 培根的所罗门宫实际上是一所乌托邦式的教学和科研机构,众多的学者在那里研究百科全书式的知识。——译者注。

及穷人，从而增加贸易，于是决定成立艺术学会。"18 世纪后半叶见证了各色正规团体和学会的井喷，这些组织均致力于促进企业家、工业家与科学家、哲学家之间的合作，从而将自然哲学与"实用艺术"结合起来。两位工业启蒙的代表性人物，Joseph Banks 爵士和 Benjamin Thompson（Rumford 伯爵）于 1799 年成立了皇家研究所，专门从事科学技术研究，并负责举办相关公开演讲。19 世纪的头十年，这些演讲完全被 Humphry Davy 所包揽，他也是工业启蒙的代表人物之一。

　　那么，以上种种是工业革命的成因吗？颇为矛盾的是，在 18 世纪时，培根计划虽略有成效，但却收效甚微。工业革命时期诸多（尽管并非全部）重要发明的诞生，与科学进步或是广义上的命题知识并无太大联系，尤其是在纺织领域。然而，有关现代科学在工业革命中重要性的争论仍在继续，已然成为像"一个杯子是半满还是半空"这种老掉牙的辩论话题。实际上，这个杯子在 1750 年后的一个半世纪以来，便从最初的一点，慢慢开始了积累。因此，人们又开始围绕着填满这个杯子的速度展开了争论。

　　此外，关于 Bacon 的哪一些启发性知识激发并促进了"实用艺术"的发展，我们应对此谨慎准确地进行界定。Galileo，Newton，Descartes 以及 Huygens 等人代表了严谨的分析科学，但在 18 世纪，大多数自然哲学主要由三个要素组成：计算、编目和分类。尽管经验主义者和博物学家本身对一些自然现象并不真正理解，但通过对这些现象的仔细描述（包括技术实践），他们仍为我们提供了庞大的信息数据库。可以肯定的是，科学家和科学本身（二者并不等同）在进行新的生产技术研发时，的确有所成就，尤其是氯漂白技术，Leblanc 的苏打制造工艺，避雷针以及矿井安全灯。然而，大多数我们认为与工业革命相关的重大发明突破，并非仰仗上述这些知识。它的确拓展了一些沿用几个世纪的技术知识，对事物的工作原理进行了初步解释，甚至为未来的潜在重大进步奠定了基础。

　　马尔萨斯经济理论以及认知限制被打破，不单单是因为命题性知识有助于对技术的了解，更是由于技术进步会对知识拓展产生反馈，由此形成一种良性循环，打破了前工业化社会时期的消极循环。Rosenberg（1976,1982）和 de Solla Price（1984）都着重强调了该机制，虽尚未得到经济史学家的完全认可，但的确值得重视。宽泛地说，技术的不断进步能让更先进的科技变得指日可待。这一现象的影响十分深远，"正是由于早期望远镜的发明，人类才发现了木星卫星"之类的事逐渐成为常识。Laplace 是一位绝顶聪明的数学家兼娴熟的仪器制造师，Lavoisier 及其学生正是借助同事 Laplace 发明的设备，方才取得了推翻燃素化学理论这一伟大进步。Alessandro Volta 于 1800 年发明了伏打电堆，即首个能在恒定电压下产生稳定直流电的装置，与电池相仿，使得实现化学元素的电解分离成为可能，填补了 Lavoisier 及其学生确立的新式化学框架下的空白。

Humphry Davy 可谓是新型电化学的卓越代表,正如他所说,"Volta 的电堆发明成为所有欧洲实验人员的警铃"(引自 Brock,1992,p. 147)。

因此,经过改良的仪器和研究工具在"启蒙运动"中扮演了重要的角色,可以将"启蒙运动"看作是具有诗歌般自由的技术进步。其代表之一便是地线测量仪器的使用,Jesse Ramsden 设计的一款著名的经纬仪,于 1791 年在英国陆地测量部开始投入使用。类似的还有经纬仪度盘,于 1775 年由法国仪器制造师 Jean-Charles Borda 设计,法国曾试图进行经线长度的测量,该仪器在其中发挥了重要作用。同时,时间的衡量也越发精确,人们解决了海上经度难以确定的棘手问题,其结果和在实验室里测量的一样准确,这也是启蒙运动时期最为让人自豪的成就之一。实验室工程也取得了方法论方面的进步。在同一时间控制其中某个或某几个变量保持不变,而只让其中一个变量发生变化从而进行研究,方能对技术体系的进步进行衡量检测,John Smeaton 是最早认识到该方法的人之一。尽管 Smeaton 的发明并不如 James Watt 一样有名,但他对水车及蒸汽机的改良的确大大提高了生产效率。最先进行改革的工厂也进行了大量的实验,实验通常在车间进行。

新技术造就了工厂(Mokyr,2001)。工厂代表了多种含义,它们既是应用知识的储存库,也是不断进行精细化分工的技术实践场所。但同时,它们更是培根式启蒙传统下最佳的实验诞生场地,当然,只有少数工厂有实力开展相应的实验,但它们仍十分重要。早期,一些著名的工厂主还深入参与实验活动,James Watt 和 Josiah Wedgwood 可谓是独领风骚,但其他的纺织厂厂主也是不相上下,例如 Benjamin Gott、John Marshall 以及 George Lee。他们时常与当时最杰出的科学家进行沟通交流,但终究所学知识有限,即便是当时最佳实践的命题知识也不足以指导工业家们做出技术选择。当一项潜在技术的自然过程未得到很好地理解时,最好的进步方法便是进行系统的试错。Jame Watt 于 1794 年曾写道,即便力学理论也会有不足之处,但实验才是唯一的解决方法。"当一种方法行不通时,就换一个思路"(引自 Stewart,2007,p. 172)。曾专属于绅士科学家们[①]的实验活动,到了 18 世纪末,已然成为一种常见的车间活动。在该体系下,进步通常是进行零散的逐步积累,而不是彻底的变革,但若没有这些微小的发明进步,创新过程则难以继续开展。大发明和小发明二者内在互补,但在一个对进步深信不疑的年代里,它们通过不断的自我完善而互相促进。

正如 Bacon 及其追随者所说的那样,技术瓶颈为科学家的日常实验活动提供了方向,很多科学家都乐于解决这些现实问题,其中不乏科学启蒙时期的一些

---

① 是指财务上独立的,以从事科学研究为个人爱好的科学家。——译者注。

伟大科学家。Leonhard Euler 主要在船舶设计、透镜和压杆等领域取得主要成就，并与其儿子 Johann（知名度稍差）一道，在水力学领域做出了诸多贡献。Lavoisier 是个著名的年轻科学家，专注解决各种实际应用中存在的难题，诸如石膏的化学应用及街道照明等问题。Gottfried Wilhelm Leibniz，William Cullen，Joseph Black，Benjamin Franklin，Gaspar Monge，Joseph Priestley，Humphry Davy，Claude Berthollet，Tobern Bergman，Count Rumford 以及 Johann Tobias Mayer 等一流的科学家也竭尽所能地运用自己的智慧去解决一些常见的科技问题，如怎样设计计算机，怎样生产出更物美价廉的铁，怎样建造性能更好的泵和碾磨机，如何在海上确定经度，如何更好更安全地加强家庭及城市供暖照明，如何抑制天花等类似问题。

相关例子可以举出很多，René Réaumur（1683 - 1757）的生平事迹便是启蒙时代理想典范。尽管 René Réaumur 可谓是当时公认的杰出科学家（他不仅是一位著名的科学家，更是法国皇家科学院的院长），但和今天的其他科学家相比，他的成就就显得黯然失色了。然而在当时，他致力于围绕铁和钢的特质等一系列问题，开展探究活动（他是提出钢的化学特质的第一人），并针对瓷器及上釉问题展开研究；他还证明了制造玻璃纤维的可行性，提出利用木材来制造纸张；对昆虫及农业害虫、蛋孵化进行了大规模调研；还从事气象学及温度测量的研究（以至于温度单位曾一度以他的名字来命名）。

文学作品在描述工业革命时过于侧重纺织行业，造成了一些理解上的偏差，但考虑到棉花在技术革命中占据了至关重要的地位，这种现象也就不难理解了。然而正如 Temin（1997）所指出的，工业革命覆盖了各行各业，技术进步也在诸多领域得以体现，然而在最初它们仅仅占据了英国国民经济极小的一部分。18 世纪后半叶的时代主流并非只是区区两三个行业的进步，而是整个社会呈现出齐头并进的势头。我们对于某些成功较快的领域，诸如棉纺织品、蒸汽机、炼铁以及工程建造等领域，似乎总是怀有或多或少的偏见。

然而，其他商品及服务行业也同样存在这股势头，只是初期进展十分缓慢，甚至难以被察觉——这主要是出于该领域发展的自然阻力更大、问题更加严重的原因。

农业及医学领域所受阻力尤其显著。经济史学家几乎不太会对农业革命做过多评价，原因就在于农业生产力发展所遇到的种种问题已远远超出了当时科学能力所及的范围，但这并不是由于努力不够。值得一提的是，当时农业发明家们也正在日益加强同自然哲学家之间的联系。Arthur Young 在准备实验时，便向 17 世纪 80 年代著名的科学家 Joseph Priestley 寻求帮助。实际上，很多科学家都对农业颇感兴趣，杰出的化学家 Humphry Davy 就受托针对土壤化学进行了一系列演讲，后来这些演讲被编纂成《农业化学》（*Agricultural Chemistry*）一书(出版于 1813 年),成为当时的标准读物,直到 1840 年被 Von Liebig 的作品所取代。身为第九代邓唐纳德伯爵的苏格兰化学家 Archibald Cochrane,可谓创造力十足,并于 1795 年出版了一部名为"论农业与化学间的密切联系"(*Shewing the Intimate Connection that Subsists between Agriculture and Chemistry*)的专著。以上大部分作品都建立在实践基础之上,颇具指导意义。尽管 Davy 十分清楚在农业领域开展任何调研几乎都要用到化学知识,但也不得不承认该领域仍处于"萌芽阶段"(p. 4)。在他著书的过程中,吉森大学也正紧锣密鼓地进行有机化学的研究,并最终催生了培根计划中所述的半个世纪后方能实现的农业革命。医学界也是同样的情况,18 世纪时,内科医生及公共卫生官员针对荼毒人类的主要疾病展开了全面进攻,和农业领域颇为相似的是,医学界也仅仅取得了局部性胜利,而主要目标,即剖析传染性疾病本质,仍显得遥不可及。

因此,对于第一次工业革命,我们得出了一个重要结论,即工业革命被视为现代经济增长源泉的主要原因,并不是因为 1760—1800 年间棉纺织及蒸汽动力领域的发展转型,而是在 15 世纪伟大发明之后(以铸铁、印刷、三桅船为代表),西方经济体在重重阻力及严格限制的制约下,依然维持科技进步的能力。虽然工业革命"井喷"头 40 年的主要成就都集中在英国,但这显然是各国共同努力的结果。法国、德国、北美洲、意大利以及低地国家和斯堪的纳维亚半岛的知识分子,都不同程度地加入了这种国际化的"无形学院",科学界的男性及少数女性通过通信、发表作品、私下交流(较少见)及旅游等形式进行知识分享。这些形式早在 16 世纪就已出现(Collins,1998,pp. 523 - 569),至 18 世纪已拓展到了机械及技术知识领域(Darnton,2003;Daston,1991)。

学者和工程师之间建立这样的合作关系大有必要,因为这可以打破英国的地域局限,将大量的智慧和创意汇集到一起,从而建立起庞大的知识宝库,这也正是工业革命有别于先前"昙花一现"的运动之关键所在。当时的人们也认识到了这一点,英国科学家和数学家们在不时取得重大突破的同时(诸如 Priestley,Hale,Cavendish,Black,Faraday 等人),也始终保持着开放的心态并随时准备接纳各种新的观点,不论这种观点是从哪里来的。John Farey 是一位杰出的工程师,他于 1829 年在议会委员会面前宣称"英国和苏格兰的绝大部分人才仅擅长将新点子投入实践,并将其应用发挥到极致,但是在创新思维方面仍与外国人相差甚远"(《大不列颠》,1829,p. 153)。为此,他列举了一系列相关发明,虽然列举的并不完全准确,但也显示出一些重要的发明并不在其中,力证工业革命是大部分西方经济体共同努力的成果,而英国只是由于在精细发明方面具有相对优势,因此向各国输送了大批能工巧匠(尽管法律明文禁止相关活动),但同时也引进了诸多奇思妙想。

正因为英国没有故步自封，从他国汲取了大量先进知识，英国的工程师和发明家们的创新才得以持续的发展。尤其在化学领域，英国人坦率地承认自己要逊色于其他欧洲国家的同僚，诸如拉氏锡（Lavoisier）及其学生 Claude Berthollet，以及 Berthollet 的学生 J.-L. Gay-Lussac 等。然而，这也意味着英国"首个工业国家"的优势只不过是过眼云烟，而之后备受关注的衰落也不过是个平衡过程，在此过程中，尽管其他西方国家的技术发展在风格和细微之处与英国的区别十分明显，但其技术水准与英国大体持平已成为不争的事实。

4. 向现代经济增长的过渡，1830—1880 年

截至 1830 年，西方经济体都或多或少都对经济发展及进步做出了相应贡献。该时期的政治经济形势颇为复杂，一方面，1815 年波旁王朝的复辟使得欧洲的保守政权得以卷土重来，然而，难以抵消启蒙运动的影响。自由政治经济作为启蒙运动最宝贵的产物，发展迅猛，影响深远，力压当时的反动保守政权，并让其在 1830 年初尝苦头，于 1848 年再受重创。另一方面，各国也纷纷意识到经济实力对政治军事具有重大影响，并由此展开了一系列经济改革，鼓励发明创新并通过多种形式传播应用知识。

这一时期最受瞩目的成就当属运输技术的发展，铁路几乎可被视作英国的专利发明，并由英国工程师领导负责。随着 19 世纪头几年高压蒸汽机的发展，铁路设计起初并未过于依赖于重大科学突破。铁路的技术历史可谓名副其实的技术"杂交"，它将多项技术杂糅在一起，其中最关键的技术就是平轨和高压蒸汽机。利用木制轨道可减少轮式车辆运输重物时产生的摩擦力，该项技术可以追溯到中世纪早期，并在 18 世纪后期的英国矿业运输中得到广泛应用。1767 年，煤溪谷铁工厂生产了铸铁轨，用来解决木制轨道容易磨损这一问题。据估算，截至 1810 年左右，早在第一个火车头问世的数十年前，英国已经拥有长达 300 英里的（马拉）铁轨（Bagwell，1974，p. 90）。1815 年，英国萨里郡马拉铁路的完工标志着第一条"多用途"铁轨的诞生，该铁轨由 William Jessop 负责建造，他是 John Smeaton 的得意门生，更是英国最为杰出的工程师之一。虽未取得经济效益，但让人们认识到了这种交通方式的作用。

高压蒸汽机的出现是对 18 世纪机器发展的一种补充，但其进展相当缓慢。一方面是由于 James Watt 的刻意阻挠，另一方面也是由于制造困难，并且不像低压蒸汽机那般稳定，高压蒸汽机很容易发生爆炸。但高压蒸汽机重量更轻，更适合在交通领域进行推广。19 世纪的头几年，Richard Trevithick 和 Arthur Woolf 对高压蒸汽机的应用进行了探索，不过却是 George Stephenson 将此项技术臻于完善。George Stephenson 从未经过专业培训，也几乎没受过正规教育，

却有着精准敏锐的技术直觉。1825年,斯托克顿至达林顿铁路(马拉和蒸汽混合动力)见证了蒸汽动力的首秀,然而,传统铁路时代的开端却是以1830年利物浦至曼彻斯特铁路的开通为标志,正是在该条铁路上,Stephenson赫赫有名的"火箭"号蒸汽机车在"雨山机车大比武"中大获成功。

铁路可谓是英国工程水平达到登峰造极的发明,英国技师们经常在铁路建设和轨道车辆设计领域大显身手,为其他地区开山铺路。法国第一个投入使用的机车便是由利兹市的Murray和Jackson以及利物浦的Bury设计的,甚至连法国著名的工程师Marc Seguin也在纽卡斯尔Stephenson的店里购买发动机,来"给法国设计师们做模型使用"(Daumas和Gille,1979,pp. 348,366)。通常都是由接受教育不多,甚至从未受过正规教育的人设计制造这些机车,他们凭着自身天赋并承教于专业领域的大师,掌握了解决诸多问题的潜在知识,深晓其中的机关门道。

令人惊讶的是铁路和矿业领域间竟有着如此强大的纽带联系,许多铁路行业的领导者都曾有过矿业从业背景。Richard Trevithick设计制造的了火车机车的最初模型,他曾在康沃尔的矿区受过熏陶,主要从师于他的父亲和叔叔(Burton,2000,p. 28)。George Stephenson的教育经历更加有限,William Hedley是一种中型机车初代模型的设计师,也就是有名的普芬比利蒸汽小火车的发明者,二人也都在采矿业领域受过培训。Timothy Hackworth也是一位铁路行业的领军人物,同样他曾师从自己的父亲(一位铁匠),并一样在煤矿行业工作过,甚至很多英国以外的科技成就也不单单都是由受过正规培训的技师创造的,例如Séguin便是一位完全不懂高等数学、自学成才的工程师,正是他一手设计了火管锅炉。铁路技术问题通常十分艰巨复杂,但传统工程技术的宝贵经验曾在工业革命时期英国的矿业和制造业领域发挥了巨大作用,大部分问题都可借此得以解决,然而,该方法对于未来的技术发展的作用而言并不理想。

机械工程领域也是如此,1815年后,英国进入整合的关键阶段,制造业的合理化改革需求也随之而来。当时,手艺及经验大可代替数学物理教育,而其他行业也同样拥有大批实践经验丰富的高水平机械工程师。正如MacLeod和Nuvolari(2007a)所强调的,由于机械工程是工业革命的核心环节,因而导致了各领域创新比例不均衡的现象,机床和切割机操作员在学会制造动力机械后,便可将之投入其他行业进行生产,由那些技能水平略显逊色的工人来操作。这种设备大部分已日渐标准化,其关键就是专用工具的普及。正如社会分工一样,大规模生产需要机械工具的设计专业化,而压力机、钻头、泵、起重机以及其他各式各样的机械设备均大批量投入生产。18世纪时测量及生产流程推崇的高精确度理念,也最终得以落实。

大部分机器的优质客户多集中在曼彻斯特周边,而正是得益于该优势,曼彻斯特发展成为一个可与伦敦相抗衡的工业中心。或许，这段历史中最为经典的案例当属 Henry Maudslay（在伦敦）与他的旧徒 Joseph Whitworth（搬回曼彻斯特）的故事。Joseph Whitworth 对螺纹规格的统一促进了机械生产的现代化发展，因此便通过零件的模块化生产为现代大批量生产打下了基础。机床工业对制造活动的影响可谓难以估量，据一位行业巨头称，其影响力几乎与蒸汽机不相上下，该说法有失偏颇但也不乏道理，机床工业通过"机械发明装置"替代了人工操作金属切割工具，即便是技艺平平的技工也可完成超高精确度的生产作业。

从长远来看，这些毫不起眼的设备却成为有史以来公认的最成功的发明突破。由于零件间完美的一致性和可替换性，基于该特性的大规模生产活动则成为技术历史上的一位"无名英雄"。大规模生产的发展不像棉纺织那般突如其来，不似蒸汽动力那般激动人心，也不及煤气灯那般引人瞩目，它只是第一次工业革命的万千成果之一，却是 1760 年后一系列局部技术进步转变为井喷式经济发展的关键所在。著名的朴次茅斯压块机是由 Henry Maudslay 和 Marc Brunel 于 1801 年前后发明设计的（该项目由 Jeremy 的哥哥——Samuel Bentham 指挥领导），该自动化设备被用于英国海军木质齿轮和滑轮的生产。劳动力的密切配合和合理分工造就了现代化的大规模生产过程，只要 10 个工人严格相互配合，就能生产出大量同质的产品，其收益远远超过了传统工艺下 10 倍人数所能创造。Musson（1975）和其他人指出，大众普遍认为英国大规模生产的技术水平颇为落后并终将落败美国，这种观点并不准确。截至 1841 年，英国议会委员会终于可以骄傲地宣布，1820 年后英国制造的工具是当代最优秀的发明之一，其依据在于，由这些工具生产出的机械设备不但物美价廉，并且"在机械和工具制造领域掀起了一场革命"（《大不列颠》，1841，p. vii）。

尽管 1830 年后，在铁路和机械工程领域中，日益扩大的技术认知基础正逐渐成为技术进步的核心因素，但该过程远未达到均衡，遑论循序渐进、平稳连贯，然而在许多行业，科学认知的重要性已然不可小觑。发明家们自身不需要接受教育，通常只要他们能够找到受过教育的人合作便已足以达成，例如在钢铁行业，James Neilson 的发明研究的开展就离不开应用知识的积累。Neilson 的"热鼓风"技术在 1829 年得到了改良，使得鼓风炉的燃料消耗减少了 2/3，Neilson 并不是一位受过正规培训的科学家，而是一位有着丰富经验、注重实践的工程师，所以他的发明是反复尝试、反复失败的成果，而非逻辑推演的结果，但在格拉斯哥所学的化学知识却让他受益匪浅，从法国化学家 Gay-Lussac 的著作中，他了解了气体膨胀的原理，并运用到了自己的发明中（Clow 和 Clow，1952，p. 354）。在钢铁领域，由 Berthollet，Monge 和 Vandermonde 三人合著的论文 *Mémoire sur le fer considéré dans ses différents états métalliques* 于 1786 年在法国发表，其中对钢的特性进行了阐释，然而英国的钢铁制造商对此却是一头雾水,无法理解,该论文在当时对行业并未产生太大影响,因为它对于"那些并不清楚如何炼钢的人们而言犹如天书"(Harris,1998,p. 220)。

但5年之后,英国化学家兼物理学家 Thomas Beddoes 在此基础上发表了一篇自己的论文,截至1820年,该论文已然声名远扬,并被收录在《艺术、生产和农业合集》(*Repertory of Arts, Manufactures and Agriculture*)中(Boussingault,1821,p. 369)。其他科学家也展开了进一步的工作,诸如 Michael Faraday 对乌兹钢(一种直接由矿石制成的高性能钢材)晶体性质的研究便大大增强了人们对钢铁材料特性的认识。正如 Smith(1964,p. 174)所指出的,"尽管 Bessemer 的炼钢法并不像 Martin 的发明一样来源于理论,但 Bessemer 深刻理解了碳的特性,因此对于炼钢流程可谓驾轻就熟。"

其他较为冷门的领域也有着相似的发展历程。在水泥行业,1819年出版的《里斯百科全书》(*Rees's Encyclopedia*)中的一篇文章,详细描述了水泥硬化的化学过程,并被当代的一位专家称誉道"一针见血地道出了本质"(Halstead,1961,1962,p. 43)。关于水泥水硬性的完整解释直至19世纪50年代方才提出,这点毋庸置疑,但新型化学在该领域发挥的作用的确举足轻重。化学的其他领域也是如此,例如制作蜡烛和肥皂使用的原材料脂肪酸,Michel Eugène Chevreul 是哥白林织毯厂的印染主管,他发现了脂肪酸类的特性,从而将肥皂及蜡烛加工从一门手艺变成了一门科学,而他的另一个发现——硬脂酸,则对蜡烛的燃烧气味做出了改进,减少了烟雾的产生,延长了燃烧时间。因此,蜡烛的实际制作成本已从1760年的每百万照明小时15 000英镑,降至19世纪20年代不到4 000英镑的稳定价格(Fouquet he Pearson,2006,p. 153)。有趣的是,尽管 Chevreul 对人造染料颇为着迷,但却未能在该领域有所建树。

我们不应夸大 Lavoisier 在化学工业实践领域革命中的直接影响,当然,化学科学的影响直到1820年才开始完全显现(例如对工业的影响)(Daumas,1979,p. 564),并且一些现代历史学家对关于 Lavoisier 及其学生真正构建起了"现代化学"体系这一说法提出质疑。许多新的科学观点仍欠严谨——专家对物质的原子结构以及热量的本质也各执一词,一些学者认为"19世纪早期的化学家并未意识到自己的实践操作已发生了实质性变革,却认为仍处于改革的进程当中"(Bowler 和 Morus,2005,p. 76)。当然这种观点略为极端,无论如何,其中产生的化学原理,化学元素之间的关系和元素表的确立,Berzelius 提出的元素书写规则,以及 Dalton、Berthollet、Davy、Gay-Lussac 等人的发现,的确提供了一种全新的概念,创建了全新的语言,并打造了全新的实验设备,扩大了现有技术认知基础的同时也促进了应用知识的稳步发展。

此外,到了19世纪30年代,对电力领域长达几十年的探索终于初见成效:Oersted 和 Joseph Henry 等科学家的研究促进了电报的发展,该项发明对19

世纪后期的经济社会发展可谓影响深远。此举是各国科学家们共同努力的成果，Oersted 来自丹麦，Henry 则来自美国，但研究过程中也有德国人和法国人的参与。另外，英国的 Charles Wheatston 和 William Cooke 二人则将该项实验上升到了事业的高度，为了说服商界和官僚们认同这项技术，二人又历经十年时间奔走证明。不过，Cooke 于 1846 年成立了一家电报公司（Electric Telegraph Company），并在头六年就布置了长达 4 000 英里的电缆，第一批海底电缆是由 Thomas Crampton 的公司于 1851 年铺设，从多佛（英国）一直延伸到加来（法国），该项技术造就的辉煌持续了 37 年之久。截至 1857 年，大部分英国城市均实现了互联，同时一条贯穿欧洲大陆的电缆运行管线也已建成，而对于 18 世纪时期的电报行业，科学家和发明家之间的授受往来颇为复杂，其他行业亦是大同小异。在正式推广应用电报前，先须普及电脉冲传输的物理机制，而物理学家们对这项技术的推广起到了关键作用，尤以 William Thomson（又称开尔文勋爵）为最，Thomson 研发了一种特殊的电流计，并且为了增强信号，发明了在主脉冲后即刻传送反向短脉冲的技术（Headrick，1989，pp. 215 - 218）。

在蒸汽技术方面，19 世纪二三十年代 John Farey 和 Francois-Marie Pambour 出版的书作对彼时最优秀的实践知识进行了总结，但书中仍未认同热力发动机对蒸汽机具有驱动作用的这一说法，而将其归因于蒸汽动力本身。说来也怪，这次竟是工程师 Sadi Carnot 首次揭示出蒸汽机的工作原理，他在 1825 年出版的《论火的动力》（*Reflexionson the Motive Power of Fire*）一书中提出了自己的理论，其中玄机直到几十年后才被真正参透领悟。正如一位学者感叹道，"Carnot 的结论可谓分明详尽，可用于解决令诸多工程师颇为头疼的难题，例如使用水以外的流体作为工作介质的优势，或是高压发动机应用的定量效益评估等。至少，Carnot 的理论无疑可以避免许多工程师在不可行的项目上做无用功"（Kerker，1960，p. 258）。

1815 后，西方社会的跨国应用知识的半合作之风得以重振，并被视为启蒙运动"无形学院"的一种延续，热力学的发展也是一个很好的佐证。Carnot 那篇著名的论文由他的同事 Emile Clapeyron 于 1825 年在法国发表，但一直以来都是默默无闻，该论文于 1837 年和 1843 年相继被译成英语和德语，继而名声大噪，对英国的 James Joule、William Thomson 以及德国的 Hermann von Helmholtz 和 Rudolf Clausius 的研究做出了重大贡献（Cardwell，1971，1972）。William Rankine 是一位年轻的苏格兰工程师，正是他一手促成了新热力学向实用工程学的并轨，Rankine 认为工程知识必须建立在科学原理的基础之上，他的行事风格是先着力解决一般性问题，然后再解决实践中遇到的特殊情况，然而，他的书作也只不过是纸上谈兵。尽管他的想法与培根计划的理念不谋而合，然而并未总结出一般规律,而是像一位"人造世界的博物学家"一样,偶尔收集些经验规律和工程数据,遵循培根计划的传统,以期将它们划入科学定律的范畴(Marsden,2004)。

而至于 Carnot 或 Rankine 对发动机的后续发展究竟做出了多少贡献,的确难以衡量,但可以肯定的是,热力学为发动机在之后数十年的不断改良奠定了基础。格拉斯哥工程师 John Elder 发明的复合船用蒸汽机闻名于世,取得了蒸汽动力在海上航行应用的胜利,并与 Rankine 发明的四缸复合发动机配合使用,让蒸汽船远航变得切实可行(Day 和 McNeil,1996,p. 237)。正如 Smith(1990,p. 329)指出的,对于英国曼彻斯特和格拉斯哥的著名工程公司而言,试验修正法远不能解决发动机的效率和经济效益问题。1859 年,Rankine 出版的《蒸汽机手册》(*Manual of the Steam Engine*)一书使得工程师们得以掌握热力学原理,其中还对运用了 Carnot 原理建造的新型蒸汽机的亮点进行了说明,即蒸汽机效率取决于发动机工作的温度范围,因此,人们普遍认为是 Rankine 开创了"科学和技术间的一种全新关系"(Channell,1982,p. 42)。

所有的这些并不意味着传统的技术直觉和实践经验因此便即刻退居次位,例如,著名的美国考利斯蒸汽机便是出自一位几乎未受过正规教育的工匠之手(1848),此发明早在热力学革命广泛扩散之前便已成形。该蒸汽机以梭式阀门的运作原理为基础,实现了阀口的自动关闭,使蒸汽膨胀能量倍增,大大提高了发动机的工作效率,从而节省了近三分之一的燃料成本,能量传输的平稳性和敏感性也得到了提升。而在棉纺织领域,考利斯蒸汽机的出现保证了高速稳定的生产经营,这也正是提高生产力的关键所在(Rosenberg 和 Trajtenberg,2004,p. 74)。

或许,就 19 世纪前半叶对英国技术进步贡献最大的应用知识来说,最佳总结方式当属"机械学"这一概念,然而这几乎与我们这个时代的情况相矛盾(Jacob,2007;Marsden 和 Smith,2005,p. 145),因为在应用知识的层级体系中,"机械学"属于低阶层一级。英国科学促进协会成立于 1831 年,并在此不久后,将"机械学"归类于 G 部分,作为理论部分(如 A 部分的数学和物理学)和工程实践之间的桥梁,作为实践应用范畴,机械学在当时吸引了一批英国最杰出的工程师,诸如 William Fairbairn 以及船建师兼工程师 John Scott Russell。同时,还使得英国在其专长领域声誉大振(至少在我们看来),也就是实证研究的方法以及科学理论对实际工程问题的应用转化能力。然而,英国科学促进协会并不是一个小型的国家性组织,为了吸引外国科学家出席其相关会议,确实颇费了一番苦功(Morrell 和 Thackray,1981,pp. 372 - 386),同时,该协会也是 18 世纪启蒙运动的产物之一。

5. 第二次工业革命

截至 1860 年，西方社会经历了纺织、材料、运输及能源领域的革命，然而对于大多数普通人而言，除了出行更快捷便宜，有棉质衣服可穿以外，日常生活未见太大变化。事实上，一大批工业城镇飞速崛起，例如英国的曼彻斯特、格拉斯哥，法国的圣艾蒂安、米卢斯，比利时的根特、列日，德国鲁尔区的埃森市等，同时，一些小型工业中心也在多地崭露头角。不难想象，如果事实截然相反，发明创新便会就此覆灭，该世界充斥着蒸汽机和大型纺织厂，锻铁和混合动力船（配有辅助蒸汽发动机的帆船），以及千千万万使用瓦斯照明、电报通信的家庭。后来，在这个世界里，发展渐缓，并最终停滞在 1860 年那些传统的主导设计发明上。这样的世界已经和 1800 年的世界迥然不同，但相比于 1860 年与 1914 年的社会差异，这点儿不同就算不上什么了。1860—1914 年这一期间，见证了发明的井喷，而这些技术创新和理论概念进步，可以说远比人类历史上任何阶段都更引人注目，更为彻底。而 1859—1873 年这一阶段，更是被视为历史上发明成果最为丰富集中的时期（Mowery 和 Rosenberg，1989，pp. 22 - 23），Vaclav Smil 更是夸张地将其称为历史上最具变革及创新意识的阶段。尽管很难对这类说法精确地揣度衡量，但是，几乎所有的新技术都诞生于 20 世纪上半叶，而其他大多不在该时期的发明，也都划归于日后所说的"第二次工业革命"这一阶段。

廉价钢材的影响可谓是举足轻重，主要就在于当时尚未有其他材料能与之相抗衡。自中世纪以来，钢材便早已为人所知，但高昂的制造成本使它无法在最有迫切需要的领域里物尽其用。Benjamin Huntsman 是一位来自谢菲尔德的钟表匠，其改进了炼钢技术，发明了坩埚炼钢法，从而得以大批量地制造高质量钢材。Huntsman 利用焦炭和反射炉来产生高温热量，从而使渗碳钢（将铁块与多层木炭置于一起长时间加热而产生的不规则物质）达到其熔点，如此一来，他生产出的坩埚钢（或铸钢）很快便供不应求。该工艺的精妙之处不仅仅是制造出了一种更均质化的产物，例如一种碳含量为 2‰ 的铁合金钢材，还在于在高温环境下能更好地去除杂质，提升了钢材纯度。然而，对于工业应用来说，他的产品仍过于昂贵，物美价廉的制钢技术直到 19 世纪后半叶才初现雏形。不过，Huntsman 的工艺仍是 18 世纪最具突破性的发明之一，的确可算作一项重大进步。在制造机械配件、切削工具、发条、各类仪器的生产活动中，以及其他任何需要兼备弹性耐性材料的场合，钢材都必不可少。经济史学家们一直以来往往忽略了，坩埚钢或许是点燃创新之火的关键催化剂这一事实。由于坩埚钢质量上乘，因此在谢菲尔德当地进行了大批量生产，从而取代了 19 世纪由来已久的廉价制钢法。Huntsman 在"隐性知识"世界中开展工作，即通过直觉判断：什么样的工作应根据经验直觉和数据来开展,而不是一味地以科学分析为依据。正如本文所指出的,截至19世纪二三十年代,人们已经掌握了钢的化学特性,即含碳量较低的铁碳合金,若未掌握该基本理论,后续的炼钢生产活动必然寸步难行。除此之外,Bessemer 的转炉炼钢法(1856)及平炉炼钢法(1865)相继诞生,成为炼钢史上的两大突破。二者均非仅仅建立在纯粹的理论基础之上(Bessemer 本人也对自己的成功表示惊讶),但若没有足够的理论认知基础,二者也难以取得如此辉煌的成就。起初,Bessemer 炼制出的钢材质量颇为低劣。但在这之后,一位科班出身的冶金学家 Robert Mushet 发现,在熔铁中加入镜铁(一种碳、锰及铁的合金),作为增碳剂,便可以解决钢材品质不高这一难题。诸如 Henry Clifton 一类科学家,运用新型工具(显微镜)来研究钢的组织结构,可以称作是我们今天所说的金相学的开山鼻祖。

化学在这两种技术中均扮演了重要角色,诸如去除矿石中的磷,从而大大提高了钢材的品质。英国克利夫兰郡的钢铁区负责人是 Issac Lowthian Bell,他也是一位杰出的科学家,为了加强英国钢铁行业对科学技术的重视做出了不懈努力。"将科学与商业合二为一的这种做法在英国维多利亚时期的确颇为罕见。然而,有一种观点认为当时的经济是由经验主义者所主导,而 Issac 的化学家、矿物学家、冶金学家的三重身份对此造成了不小的冲击"(Tweedale,2004)。英国对于失去技术领袖地位的担心可谓杞人忧天,德国的钢铁业仍依赖英国的技术发明,而首个威廉皇帝钢铁研究所直到 1917 年方才成立(Weber,2003,p. 340),除了平炉炼钢法之外,诸如不锈钢等重大技术突破都源自英国。

贝塞麦转炉炼钢工艺和平炉炼钢工艺的发展迅速降低了大宗钢材的生产成本,而 Gilchrist-Thomas 的碱性转炉炼钢法则更是挣脱了炼钢对矿石种类的要求这一束缚(1878)。很长一段时间以来,谢菲尔德地区运用传统的坩埚炼钢法持续生产着高质量钢材,然而,引发钢铁革命的并不是新型炼钢法的问世,而是钢铁价格的走低。廉价钢材很快便不再局限于生产弹簧和匕首,而打开了其他市场。截至 1880 年,越来越多的建筑物、船只乃至铁轨制造开始采用钢铁进行生产。钢铁的应用解除了某些领域规模经济的发展限制,例如建造更庞大的船只以及更高的建筑等领域,它甚至带来了国际贸易、城市区位模式乃至军事战争的革命,它成为相关机械、武器和工具的基本材料,也是这些设备的制造工具的原材料。尽管廉价钢材"创造"了现代工业社会这一结论显得过于草率武断,且还颇有几分技术决定论的味道,但若没有钢材的贡献,现代社会的形态势必不会是现在的一番景象。

钢铁的发展深受科技影响,但它依然应是一门基于经验与事实基础的技术。在化学领域,广泛的认知基础必不可少,然而,尽管对于化学原理的认知会随着新技术的开发不断完善,但大部分化学原理仍是由试错法推演得来的。时至 19

世纪 20 年代末，两位德国化学家 Friedrich Wohler 和 Justus von Liebig 推动了有机化学的发展，不得不说，相比于 40 年前 Lavoisier 及其支持者们的深入见解，这场革命的影响与之可谓不相上下（并进行了补充）。新突破并不是指纯粹发现了一两种新的化合物，而是形成了一种新的基本认知，即四种元素（氧、碳、氮、氢）可以通过各种形式进行结合，从而产生数以百万计的不同化合物（Brock. 1992. p. 201），而有机化合物也不再需要依靠一些神秘的"生命力"物质便可以进行人工合成。当然，这也是欧洲科学共和国中各国共同努力的成果。Liebig 与 Gay-Lussac 曾一同在巴黎求学，而 Wohler 则与 Berzelius 曾在斯德哥尔摩一道进修。法国化学家 Jean-Baptiste 以及两位英国实验家 John Bennet Lawes 和 Joseph Henry Gilbert 提出了一种批判性的观点，即土壤肥力主要取决于土壤的含氮量。可以说，在一些常被视作第二次工业革命核心的领域，有机化学为其开启了生产的大门，例如人造染料、化肥、炸药以及药剂制造。

　　然而，即便如此，科学也离不开意外发现及耐心实验试错的贡献。William Perkin 的传奇故事与年轻的准国王 Saul 的故事颇为类似，二者都是无心插柳却别有收获。18 岁的 Perkin 本意在探究人工合成奎宁的化学工艺，在该过程中，他于 1856 年偶然发现了苯胺紫，也就是我们所熟悉的木槿紫，从而替代了天然淡紫色染料，这一发现为现代化学工业的发展奠定了基础。而 Perkin 则师从于德国的 von Hofmann，Hofmann 当时任教于皇家化学学院，Perkin 实验的前期工作很大程度上是受他的启发与鼓励。三年后，法国化学家 Emanuel Verguin 发现了苯胺红，也就是我们所熟知的品红色。截至 1869 年，一些德国人通过多年的努力，终于完成了茜素合成，而从前这种红色染料需要从茜草根部提取方可获得，日后，正是这一技术将 Perkin 告上了专利局。虽然长久以来，英国的发明成就可谓是令人瞩目，但却缺乏系统的组织，茜素的发现则标志着彼时散乱无序发明状态的终结，然而，这一发现对于德国而言，则意味着德国开始迈入化学发现领域的霸主时代（Haber，1958，p. 83）。德国化学家成功研制出了靛蓝染料（合成靛蓝，于 1897 年得到完善）以及一系列其他染料，除了人造染料之外，最为瞩目的发明非苏打莫属，于 19 世纪 60 年代由比利时的 Ernest Solvay 提取，并且 Alfred Nobel 则发明了炸药，在隧道、道路、油井及采石场等领域应用广泛，大大节省了劳动力。

　　德国在化学领域的优势则是基于吉森（Giessen）和哥廷根（Güottingen）[①]在 19 世纪 20 年代及 30 年代做出的开拓性贡献，从而奠定了德国在科学界的领袖地位。在众多德国大学中的化学家们渐渐揭开了有机化合物的神秘面纱，其中

---

① 指德国的吉森大学和哥廷根大学，这两所大学均以科研驰名世界。——译者注。

最著名的突破当属 August Kekulé 在波恩大学的发现,他意识到有机化学其实就是关于碳化合物的研究,并提出了苯化合物的结构式。但规范科学依旧是德国化学的核心组成,诸如 Heinrich Caro(巴斯夫公司首席研究员)及 Adolf von Baeyer(斯特拉斯堡大学和慕尼黑大学的化学教授)等人的不断付出,为源源不断的发明创新提供了更完善的科学基础,促进了化学工业的产业化发展。尽管当时英法两国对于德国成为化学行业的领袖这一事实颇为沮丧,但化学技术的知识基础与其他西方科学一样,资源开放、机会均等,各国均可自行探索。但是,这并不意味着技术本身可予取予求,毕竟研发是一项颇为耗时耗资的过程,而且行业也越发重视专利的保护工作。由于德国 1877 年的专利法深受制造商的影响,因此德国的专利保护制度远比英国的更为健全有效(Murmann 和 Landau,1998,pp.41 - 42),德国因此成为人工染料生产的行业巨头,占据了世界市场份额的 85%~90%。

第二次工业革命中,德国在化学领域优势巨大,可与英国早期在棉纺织行业的优势相提并论。尽管德国开发了诸多独门技术,但德国的化学知识以及化学家们在国际社会都颇为活跃,若要说德国真有什么其他国家难以复制的优势,当数其科学"能力"。众多理工大学为德国持续输送着训练有素、才智出众的中层化学家,以进行进一步的新技术开发,并在该过程中引进了一系列微小发明与改良创意,从而促进了生产力的发展与新产品的成功开发。然而正如 Murmann 所指出的,化学工业与早期棉纺工业不同,需要的是"受过科学教育的劳动力资源",而德国的高等教育水平对于该类人才需求来说可谓绰绰有余(2003,p.56)。但这类优势就像早时英国 18 世纪时的技术优势一样,不过是昙花一现,第一次世界大战后,德国令人闻之生畏的化学行业优势很快便烟消云散了。

就在第一次世界大战前夕,德国化学家们创造了有史以来最杰出的发明之一。可以肯定的是,正如 Vaclav Smil 在其著作中所提及的(Smil,2001),重大发现几乎无法从头再来,人们眼中的突破实际上只是漫长智慧探索之旅的最后一个步骤。不过,1912 年的 Haber-Bosch 以合理的成本利用大气中的氢气和氮气合成氨气(NH_3),这一技术无疑是历史上最重要的发明突破之一。这种逻辑观点已经成为社会财富的一部分,并在 20 世纪 60 年代的铁路文学中十分流行。另外,若是人类从未发现过硝酸盐,第一次世界大战的时间必然大大缩短,但全球 60 多亿的人口也势必被卷入马尔萨斯人口陷阱的灾难之中:Smil(2001,p.160)曾预估若是没有氮肥,全球将有一半人口失去粮食来源,素食结构将成为饮食结构的主导。

发明的故事显然是对创新过程进行科学认知的另一个组成部分,但这仍无法省去大量的实验与试错工作,仍难免会一次次扎进死胡同。Alvin Mittasch(Fritz Haber 在巴斯夫公司的助手)曾将自己的实验室翻了个底朝天,仅仅为了寻找一种合适的催化剂，便对 4 000 多种不同物质进行了 20 000 多次实验，可以说是使用了典型的"尝尝架子上的每一瓶酒"这种传统的科学方法。而与其他领域相同，对于化学行业而言，科学与正规培训正是日后发展的助推器。

　　电力行业也同样如此，它是第二次工业革命期间另一个引人注目的进步领域。电力行业汇集了 18 世纪及 19 世纪早期的大批杰出人才，然而，尽管通过 Ampère 和 Faraday 等人的努力，人们渐渐掌握了电力的产生原理及控制方法，但除了电报得到切实应用外，其他电力技术成果直到几十年后方才得以推广。自 Faraday 和 Hippolyte 发明第一台发电机（1831）之后，大量科学家及工程师们意识到了电力行业的光明前景，并投身其中。

　　在 19 世纪的技术变革中，电力研究活动具有三种共性。第一，研究活动的跨国性。大量学者参与到了此项事业中，他/她们并不在意国籍问题，一心埋头科技工作。第二，电力技术认知基础的发展，或多或少与技术本身的进步相同步，携手共进。科学实验与形式数学均在此过程中得到广泛应用，并互为补充。由于实践效果最好的那些命题性知识对所有参与者都是开放的，因此，这一领域的交叉发明现象也是十分普遍。而人们能够以更低廉的成本更加便捷地获取知识，国际展览会与电力工程期刊文献的快速发展在其中发挥了关键作用。另外，电力行业的专利发明比比皆是，一方面是由于实验成本往往较高，但最关键的则在于电力行业的市场潜力巨大，正如多位学者所预见的那样，典型的多用途技术与电力技术可以为生产作业、交通运输和消费带来一场变革。

　　19 世纪 60 年代末，当自激原理能够被应用于大规模发电，使一切成为可能的创新便就此诞生。许多人都可被称作是电动发电机（Werner Siemens 是这样称呼）的发明者，但与其说是英国人 Samuel Alfred Varley 和 Henry Wilde 的发明，比利时的 Zénobe Théophile Gramme 才是第一台实用发电机的制造者，Zénobe 长期在巴黎进行研究，最终于 1870 年造出了实用发电机。由此，社会上出现了发明创新的井喷，并涌现了大批诸如 Tesla 和 Edison 等大名鼎鼎的人物，他们充分利用该新能源来制造出全新的装置设备。而由于电力的能源消耗非常之小，成本稳定，因此，可以说对企业和家庭产生的影响都是非同小可。

　　正如此前的铁路与电报行业，电力行业亦具有网络外部性，协调失败的案例比比皆是——甚至直到今天，不同地区的电流、频率乃至电源插座尚未统一标准，诸多旅客对此深有体会并颇为困扰。所有标准化问题的根源则在于 19 世纪 80 年代交流电与直流电之间的"体系之争"，并于 1890 年以美国西屋电气公司看好的交流电一派获胜告终。克罗地亚籍美国人 Nikola Tesla 于 1889 年发明了多相交流发电机，之后由西屋电气对其进行了改良。同样影响深远的还有变压器的发明，最初由法国人 Lucien Gaulard 及其英国搭档 John D. Gibbs 设计制造，而西屋电气的 William Stanley（美国人）在日后对其进行了改进（Highes，

1983，pp. 86 - 92；Smil，2005，pp. 68 - 74）。Tesla 的多相发电机和 Gaulard-Gibbs 的变压器解决了交流电的技术难题，而直流电则由于无法克服传输损耗，因此实用性难与交流电匹敌。但电力亦需要大量的系统建设，毕竟它是"一项注重分解传输而非集中合成的技术"（Friedel，2007，p. 458）。它需要三类专家的密切配合：纯粹的科学家及数学家，应用发明家（有足够的理论知识基础，并拥有敏锐的直觉），以及诸如 Emil Rathenau 及 Samuel Insull 一类的企业家和组织者。

电力对工业生产率的重大影响并非一蹴而就，但毋庸置疑的是，电力消耗推动了社会转型。人们对电灯的发明故事早已耳熟能详（Bowers，1998），而有轨电车对人们的日常生活与城镇化格局的形成同样影响深远。就家庭层面而言，电力在 15 年内便充分展露了科技魅力，在烹饪、供暖、娱乐、保洁、食品冷藏乃至生活环境等诸多领域内引发了巨大变革，这在从前是根本无法想象的。社会财富逻辑可应用于前文中的任意一项科技进步，但问题是为什么这些发明都是成群出现，并彼此密切相关，并且，由于电力是一种大众能源形式，一些小规模社会单位因此能够从电网中调取所需资源，得以持续发展。当时大部分技术开发活动仍一味追求规模效应，电力技术的开发可谓另辟蹊径。

内燃机与钢铁和电力的发展历程颇有共通之处，但不包括其攫取社会财富的特性。内燃机尚未出现时，世界已然井然有序地发展。外燃机，也就是蒸汽机，随着时间的推移性能也得到了持续的提升，而蒸汽机本可以通过提升效能、减轻重量来避免被燃气机取代。尽管蒸汽拖拉机未能有所大成，但这并不应妨碍它进一步改良、开拓市场（不过发动机能否进一步减轻重量从而为飞机提供动力这一点仍值得怀疑）。但内燃机可以说在诸多领域都完胜了蒸汽机，并最终取代了蒸汽动力。内燃机的成功也是多国共同努力的结果，第一台内燃机是由比利时人 Jean-Etienne Lenoir 发明，而第一篇指出四冲程发动机优势的理论性论文则是由法国人 Alphonse Beau de Rochas 撰写。然而，我们当代所熟知的"汽车技术"中的核心工艺都是由德国人所研发，尤为著名的是发明了四冲程发动机的 Nicolaus August Otto。Otto 并非一位学识渊博的科学家，他只是一名没经历过专业技术培训的业余人士。起初，他仅仅把四冲程发动机的研究视为实现高压缩比的一种权宜方案；直到后来，他的四冲程原理方才名声渐起，被人们誉为颠覆性的技术突破，而该原理至今仍是许多汽车发动机的核心理论依据（Bryant，1967，pp. 650 - 657）。其他行业先驱还有戴姆勒公司的 Wilhelm Maybach，发明了现代的喷嘴和化油器，而最终由 Gottfried Daimler 和 Karl Benz 对其进行了完善改良。其他 1900 年左右出现的技术创新还包括散热器、差速器、曲柄起动器、方向盘、气压轮胎以及制动踏板控制。

有趣的是，法国人和美国人却先德国人一步利用了这些先进技术，截至 1914 年，两国的人均汽车拥有量已远超德国。尽管四冲程发动机的起源颇为复杂，但其竞争对手却是一项独家技术成果。Rudolf Diesel 是一位经验颇丰、理性持重的工程师，有着良好的科学素养，专注发动机效能提升，可谓是"新型发明家"的典范。他并未只是修正和调整已有的技术，而是先着眼于第一热力学原理。他开始探究制造一种可以利用卡诺循环原理的发动机，其可以利用等温膨胀以实现转换功率最大化，避免能源浪费，且仅用廉价的燃料便可实现功率最大化这一目的（最初 Diesel 利用煤粉来驱动发动机）。不过，等温膨胀难以投入实际生产应用，在今天看来，Diesel 发动机的核心依旧是压燃原理，而最初 Diesel 以为这只是个偶然发现（Bryant，1969），但却由此发明了一种更高效的发动机（虽然污染和噪声也更大了）。Diesel 的这些发动机成为第一次世界大战中德国潜艇的主要动力来源，并在接下来的几十年中逐步取代了火车和轮船上的蒸汽机以及卡车上的 Otto 发动机，这可谓是两种竞争技术长期和谐共存的经典案例。

　　船舶设计也发生了巨大变化。正如能源技术领域所经历的一样，提升能效的需求推动了新旧技术的同时进步。尽管以著名的飞剪船为代表的帆船的主要设计改良在 1815—1860 年间达到顶峰，但利用海上风能作为动力的船建设计仍最终退位，仅应用于运动和休闲船只。最初，船体材料发生了改变，在 19 世纪，诸如 Isambard K. Brunel 一类的造船专家利用铁来建造船只。最终的技术成果（尽管未见经济效益）便是"大东方号"游轮，于 1859 年由 Brunel 打造完工，这艘船相当于不论是 19 世纪时期还是在那之前最庞大的船只的六倍。由于船的最大速度随着其水位的增加而增加，且钢铁材料能够打造出体积远超过木制船体的船只，因此船只体积、强度及速度均实现了空前的飞速发展。

　　关于上述技术进步，还有两项重要发明值得一提。第一便是螺旋桨，它也是同步发明的又一例证，螺旋桨的优化设计可以说是一项技术难题，并且，直到笨拙的桨轮（仍应用于"大东方号"）完全退出市场的多年后，高效的螺旋桨方才出现。彼时的技术变革历史也穿插着一些奇闻轶事。1837 年，一位英国工程师 Francis Pettit Smith 发明了一艘带有木制螺旋桨的蒸汽船，然而在一次试验中，木桨突然断了一半。而这一因意外形成的短桨居然恰好提高了船速，不禁为人称奇（Spratt，1958，p. 147）。由于螺旋桨运转高速，因此需要重型复杂精密的齿轮装置，汽轮机的再造在此起到了关键作用（最初雏形来自亚历山大的 Hero，早期的技术文献中亦曾多有提及）。1884 年，瑞典人 Gustav de Laval（曾考虑利用汽轮机进行黄油和奶油生产）和 Charles Parsons 提出了现代汽轮机机型的设想，而其后续的一系列改良引发了一场航海变革：涡轮机的旋转运动能产生巨大的动能（1884 年 Parsons 设计的机型每分钟转速高达 18 000 转，后来不得不稍作减速处理），与传统的船用往复式蒸汽机相比，涡轮机更加高效、高速、清洁、噪音也更小，而 1900 年后机器的大部分漏洞都得到了修复，并广泛应用于海军舰艇中。甚至可以说，Parsons 比 Diesel 更能代表第二次工业革命的成就。Parsons 第一台涡轮机的发明仅仅是由于"从热力学原理来看，该设想的确可行"(Smil，2005，p. 16)，他的蒸汽轮机为电动机和快船提供了基础动力来源，两者均颇为依赖高速动能。与 Diesel 一样，Parsons 也是一位训练有素的科学家，曾用了五年时间在剑桥大学学习数学，之后到各大工程公司学习技能。在 Parsons 的计划中，涡轮机的运转离不开蒸汽的分阶段膨胀，这样一来，产生的速度相对比较适中且便于控制——这也奠定了高效涡轮机的设计基础。在 1897 年庆祝维多利亚女王登基 60 周年的阅舰式上，Parsons 的"透平尼亚号"快艇的船速可谓史无前例，并将英国海军舰艇远远甩在了后面，令当时在场的达官显贵们无不欣喜异常。这便是精湛高超的工程技术与出色的公共关系完美结合的成果。六年后，"无畏号"战舰使用了直接驱动涡轮机，而第一次世界大战前的大型客船也使用该类型涡轮机。

然而，1815 年的典型船只与 1650 年的船只并没有多大区别。截至 1910 年，无论是商用船还是战舰(更不必说潜水艇)，早已与半个世纪前的蒸汽混合动力的初期船体截然不同。得益于此，交通成本大幅下降，19 世纪上半叶，运费率每年平均下降 0.88%，这也是当时帆船制造工艺进步的一大表现。而相比于持续攀升的人工成本，1850 年后运费率下跌速度上升至每年 1.5%，更为世人所惊叹。除了组织架构方面的改进，欧美两地运费率的下降无疑是得益于技术的进步(Harley，1988)。

第二次工业革命带来的对社会进步的推动力对消费者生活的方方面面产生了深远影响，而这些都是人们所未曾料想也未曾经历的。新技术的影响之一便是膳食的改善，部分原因无疑是交通工具的改进使得欧洲人可从更具粮食生产优势的国家获取更便宜的农产品进口。而欧洲农民们则专注于高端产品线，这使得乳制品、鲜肉、水果和蔬菜日益普及。同样，这些产品也面临着来自世界各国的竞争，以—10℃温度进行冷冻保存是运输途中牛肉保鲜的有效方法。1876 年，法国工程师 Charles Tellier 建造了第一艘冷藏船(Frigorifique)，载着大量冷冻牛肉从布宜诺斯艾利斯一路行至法国，截至 19 世纪 80 年代，南美及澳大利亚的牛肉、羊肉和羔羊肉被源源不断地输送到欧洲各国的餐桌之上。

而历史学家最感兴趣的则是食品制备与保存的发展过程中产生的经济利益。有史以来，因营养不良以及无意识食用变质食品而饱受摧残的人们可谓不计其数。食品罐藏的技术早在 1795 年便已面世，但由于对加工方法理解不到位，导致了食品过度加工，口感十分糟糕。罐头食品在滑铁卢战役中就已经派上了用场，并在美国内战时期成为军队的重要补给食品。此外，随着城市的飞速发展，蔬果肉类的消费需求也越来越大。直到 19 世纪末期，食品罐藏的认知基础得以扩展，而加之 Louis Pasteur 为世人揭示了罐头食品的加工原理，人们才总结出最佳加工温度应为 115.556℃,罐头食品的品质因此有了显著改善,其他食品保存技术也开始逐渐投入使用。Gail Borden 于 19 世纪 50 年代发明了炼乳,美国内战中联邦军的最终获胜,该发明发挥的作用也是不可小觑,而他本人也在这一过程中大赚了一笔,截至 19 世纪末,Borden 的脱水技术成功地应用于在蛋类和汤羹中。

从经济效益的角度来讲,很难说技术进步的成就是否能与第二次工业革命为人们健康生活带来的巨大提升相提并论,但人口统计学的统计资料为这一观点提供了有力佐证。1870—1914 年间,西方国家的婴儿死亡率下降了约 50%,例如在法国,婴儿死亡率从 1870 年的 201‰下降到 1914 年的 111‰,德国的这一数字则从 298‰下降至 164‰。而人口平均预期寿命也相应地得到了延长,例如英国从 40 岁延长到了 50 岁。人们认为,婴儿死亡率下降的部分原因在于收入的上涨：由于收入的增加,人们便可以购买更多高品质的食品,可以不再居住在拥挤不堪的房子里,供暖条件也得以改善,能够穿更好的衣服,使用自来水及下水道排水,也可享有更好的医疗护理服务。

不过社会进步的步伐远不止于此。18 世纪时期,科学家们开始致力于解决那些长久以来让人们备受折磨的疾病,以至于一些学者将此时期称为"医学启蒙"时期(Porter. 1982)。尽管 1850 年之前的医疗成果颇不尽人意,但也并非一无所获。在整个发展阶段,医学进步的历程颇为离奇曲折。在医学预防措施方面的进步尤为显著,该阶段的重要成就主要包括：科学家们发现新鲜的果蔬有助于预防坏血病,金鸡纳树皮(奎宁)能够治疗疟疾,洋地黄(洋地黄)成为治疗水肿的良方(最初于 1785 年由 William Withering 医生推荐,他是月光社①的成员之一),食用鱼肝有助于预防佝偻病,然而最伟大的发明当数 1796 年 Edward Jenner 研制出对抗天花病毒的疫苗。实际上,Jenner 的发明正是 20 世纪欧洲巨变的一个缩影,即有效地借助了新应用知识来改善人们的物质生活条件。当时,数据统计与概率计算早已成为科学论著中不可或缺的一部分,而 Jenner 的发明仍需通过更为系统的方法进行验证。然而总的来说,医学界理论知识基础的薄弱限制了医学的发展与进步,尤其是当时的医疗水平尚无法掌握传染性疾病的本质,包括其病原及传播途径。

临床治疗领域进展甚微,主要收获则集中于诸多无用或有害医疗方法的废除,例如放血、催泻、强制换气等。1914 年前医疗实践的进步仅局限于个别领域,例如产科学、外科以及诊断工具(听诊器)的进步,但其影响也颇为有限。该领域 1860 年之前的进展主要是基于在疾病暴发时仔细采集的数据以及对经验

① 由十几位生活在英格兰中部的科学家、工程师、仪器制造商、枪炮制造商在 1756 年组成的社团。——译者注。

规律的进一步研究,并没有对其内部机制进行过多探寻。用于检验医疗技术效果的统计学方法应主要归功于 Pierre C. A. Louis,他发明了"数值计算法"用以评估疗效,并于 1840 年前后用数据证实了放血这一医疗手法确实毫无用处,从而为其最终废除埋下伏笔。几年后 Ignaz Semmelweis 发现,由产褥热引发的死亡案例是由于接生时医生的手沾染了细菌而导致的,而产房医生和护士只需在抗菌消毒液中洗净双手,便可大大降低婴儿死亡率。在英国,19 世纪时统计数据的调用主要是由英国注册总署统计部门主管 William Farr 进行管理(Eyler,1979),而 1850 年后,公共卫生领域的统计数据出现了井喷式增长:1853—1862年期间,伦敦统计学会宣读的论文中有近四分之一有关公共卫生与人口动态统计(Wohl,1983,p. 145)。预防医学中"实证"研究法最为杰出的成就则当属John Snow 和 William Farr 于 1854 年的发现,二人通过定量分析法来研究死者的住址,得出霍乱可通过饮用水传播的这一重要结论。大约与此同时,William Budd 发现了伤寒症的传染性及其传播方式,并成功消灭了布里斯托尔的伤寒疫情。

得益于 Pasteur、Koch 及其同事对传染病病理的研究,医疗护理的认知基础得以飞速拓展。后续的几十年中,医疗界归纳出了一套相对比较完善的传染病理论,其中列明了诸多病原体及其已知的传播途径。而对于公共及私人医疗领域,对细菌学的新研究同样在预防医学方面收获颇丰。而公共医疗领域的诸多成就也都详尽记载,包括从地下水中提取饮用水以及其他传染病的预防等(Szreter,1988)。

百姓们也逐渐意识到,遵循特定的简易"处方",无须过多处理便可大大降低传染病的感染率。人的肉眼看不见细菌,但一些常用小技巧即可轻松消灭细菌,操作成本也相对较低。一旦水被确定为某种疾病的载体时,人们逐渐意识到需要将水过滤、煮沸及加氯消毒的重要性。当昆虫被确定为疟疾及黄热病的载体之一时,则通常会促发一场灭虫运动。合理的烹饪、清洗及贮存方法可大大降低食源性疾病的发病率。但这需要花费大量时间进行讲解与普及。一路上,科学家们跌跌撞撞,有过大量失误,走了很多弯路,得出过错误病因并给过错误建议,不过归根结底,这一技术革命对人类福祉的影响可谓最为显著,该时期死亡率与患病率的骤降亦令该观点不言而喻。

6. 解读建议

现代科技的爆炸及随之而来的经济现代化始终是众多学科文献的主题,且作为长期分析的核心议题之一,这两方面问题对学者们的吸引力也是经久不衰。技术创新似乎是人类长久以来普遍的特征,然而历史上仅有一次技术创新引发的社会变革可与物理学中的相变或是进化生物学中晚期智人的发现相提并论。工业革命及其后续发展不仅促进了技术水平的提升，并且改变了创新产生的动态过程与发明传播速度。纵观人类历史，创新随着不时涌现的重大发明（譬如水车和印刷机的发明）自始至终都是一般经济活动的副产品。然而，由专业人员进行系统性研发工作而产生的持续创新在工业革命之前可谓是闻所未闻。

新动态经济的形成，需集合多方力量，这恰恰是 18 世纪西欧地区的真实写照。而启蒙运动衍生的培根计划作为文艺复兴与 17 世纪科技革命的产物，成为工业革命的助推器。为了打破技术发明"昙花一现"的局面，创新的诞生需要特定的辅助条件：具有城市功能的社会环境，能够为国家创收的中产阶层，足以支撑起商业人士、工程师、科学家、艺术家及教授学者这类群体（我们称其为"专业人才"）的活动。但如若一个主要由勉强维持生计的农民以及循规蹈矩的士兵和教士们组成的国家，则不大可能产出持续的创新。事实上，即便是中世纪早期（也就是所谓的"黑暗时代"）的欧洲，也产出了不少杰出发明。

不过，催生少量技术突破是一回事，打造具备持续创新力的社会则应另当别论。实际上，西方社会（模糊意义上的分区）的创新动力在 18 世纪已然开始转型。18 世纪涌现了诸多杰出的科学家与启蒙思想家，他们逐渐认识到理解自然规律与法则、探究自然奥秘是促进经济进步的关键。18 世纪 60 年代，Joseph Priestley 在对之后社会走向浑然不知的情况下，曾以地道的培根式说辞对知识发展史做出如下论述，"我们可以看出，借助自然的力量能使人类意识到自身的最大优势，进而提升能力……并从而促进人类安全感与幸福感的日益提升"（Priestley，1769，p. iv）。

除了上述论及的应用知识的逐步积累，西方社会成功的原因之一还在于不断发展的制度。新制度经济学强调对行政部门进行制约，确保政府按规定行使权力，防止滥用职权。保护公民财产权，并对权力掠夺行为加以制止，这正是经济增长的根源所在（North，1990，1995）。自然，该制度首先对斯密式增长做出了解释，即贸易与信用的扩张及劳动力流动性的提高是经济发展的主要助推器。然而，正是由于工业革命标志着旧制度下贸易驱动经济发展模式的终结，熊彼特创新理论开始登上了历史舞台，因此制度变迁与创新速率之间的确切关系仍有待深度探究。

应用知识的增长发生于被称为"思想市场"（a market for ideas）的制度环境下（Mokyr，2007）。思想市场并不是字面意义上所理解一个真实存在的市场，而是一种形象的比喻。在该市场中，人们试图把各式各样的理念和信仰兜售给他人，从而获得影响力与声望。正如一价定律可被用作衡量商品市场效率的一种标准，那么我们也可以为思想市场的效率制定一套衡量标准。此时，三条标准应引起重视：共识性、可竞争性和累积性。

　　思想市场的评估标准为是否存在一个能达成共识的内在趋势。当知识赢得广泛共识且本身可信度较高时,则可称其"供不应求",投入实际应用的可能性也相对较高。现代经济增长的核心覆盖了化学、生物、医学和物理学等诸多领域,并且众领域在现代社会也同样紧俏,而这些领域的相关知识也正是 17 和 18 世纪时期热议的话题,且有时很难找到解决方案。严苛的淘汰环境下,根据公认的标准来对各种学说进行审度并达成共识,完全排除"偶因论"干扰,换言之,自然规律具有固有性与持久性,与种种荒谬至极的幻象毫不相干。从某种程度上来讲,知识的供不应求可以说是一种自我指涉,即人们对于如何取得共识的这一问题首先要先达成一致。高效的思想市场拥有一套公认的"修辞工具"(rhetorical tools),并在此基础上对实验、观测以及逻辑分析进行评估。尽管 18 世纪时,这种"修辞工具"往往和认识论一样是社会性的,但对实验数据、数理逻辑的评估及经过改良的观测方法仍被用于对事物发展方向的正确性进行判断(Shapin, 1994)。

　　可竞争性本身具有政治性,是共识性的对立面,其强调对学术权威加以限制,相当于市场上"自由准入"这一概念。前工业化时期,思潮的自由准入制度大多受到了反动政治势力的阻挠,直到 17 世纪末期,"异端""巫术"等诋毁之词仍常常被加之于诸如 Jan Van Helmond 和 Giambattista Della Porta 等杰出科学家身上。物理学与形而上学的发展也面临着来自宗教与世俗权威的双重压迫,1415 年 Jan Hus 被执行死刑,1685 年 Huguenots 被流放驱逐,这一时期毫无意义的暴力与迫害行径极大地削弱了新思潮的可竞争性。不过,尽管法国大革命及其后续斗争导致政治局势长达几十年的紧张与动荡,但到了 18 世纪,这类压迫逐渐从历史上销声匿迹。

　　累积性是知识世代相传的一种有效途径。知识长期存储于人脑中,因而容易"贬值",若不制定适当的知识存储机制,每代人则需要重新来过,甚至可能导致一些重要的知识就此遗失。因此,累积性取决于知识代代相传的管理机制的效能以及知识存储工具(诸如书籍和艺术品)的技术支持(Lipsey 等,2005, p.260)。显性知识通过出版的书籍及期刊进行累积,从而存储应用知识。在此,18 世纪的变化主要体现在程度上深浅的改变,而非本质上的变革,但对于上述事宜而言,程度上的改变就意味着一切。启蒙运动时期侧重书籍编纂,对现有知识进行总结归纳,书中穿插了诸多技术设备操作方法的详图,并置于公共场所供人们翻阅。科技书籍和期刊在 18 世纪可谓发展迅猛,一项分析显示,18 世纪以"科学、技术与医学"为题出版的书籍比例从 1701—1717 年间的 5.5% 攀升至 1790—1799 年间的 9%。同时,该阶段不列颠群岛书籍出版的绝对数量增至此阶段之前的三倍,这表明了此类书籍总数已然是从前的五倍(Mokyr,2009)。

　　科技书籍、词典、汇编及百科全书的出版量增加可谓是 18 世纪的一大典型现象。例如，Thomas Croker 于 1764—1766 年间出版了三卷《综合词典》（*Complete Dictionary*），其中明确地表明该书对人类学问进行了全方位的阐析，无论是文学还是理工机械方面的疑难问题，都提供了最简单常见的方法来解决学习中遇到的困难。这类作品可能是高效整合应用知识的方法的原型：侧重对酿造、蜡烛制造、染色工艺等的描述，历史及传记性叙述少之又少，其中包含了上百个版画和交叉引用以及一份索引。这些书籍和学术期刊在社会上广泛传播开来，而图书馆的发展也为人们获取知识资源提供了便利。

　　然而，如果积累性变性为对所谓"正统"的崇拜，则亦会成为一种阻碍，因此有效的思想市场的第三个标准"可竞争性"就显得至关重要了。任何社会中知识体系的形成都离不开权威的指导，但在一个成熟的思想市场中，人们应有权对任何观点理念提出质疑，没有什么理论是不可推翻的。市场理论让我们明白了自由准入带来的益处远比垄断要多出许多，因此，正是累积性与可竞争性的结合为应用知识的飞速发展创造了得天独厚的环境。

　　隐性知识的累积性可通过不同渠道来实现，这取决于代际间正式与非正式的传输机制。大学自中世纪时在欧洲便已初现雏形，但并非所有院校都涉入了应用知识领域。18 世纪时期，牛津大学与剑桥大学在这方面收效甚微，然而苏格兰地区的大学却开设了诸多实用课程，培养出了大批工业革命时期的杰出人才。不过，对于手艺技巧以及技术直觉与经验（更应称之为技术才智）的积累和代际传递却是借助人际关系（通常是父子或师徒关系）实现的。

　　为了实现共识性、可竞争性和累积性，需要知识界与技术界间协调整合，紧密协作，二者均负责创造应用知识。同时，还要对知识进行传播与共享，从而与现有理念进行比较、测试、审查，最终决定接受、拒绝还是待定。一旦知识被吸收接纳，即可形成生产技术的新基础，而挣脱相关利益团体对知识现状的约束与压迫则是实现上述整合的首要前提。然而，应用知识的上述特性发展的主要动力则应归功于可及成本大幅下降这一历史现象（Mokyr，2005），可及成本产生于人们向专业人员或存储工具寻求知识的过程中，成本由多方面条件组成，包括物质成本（受科技进步的影响，诸如印刷行业的纸张成本、邮寄服务费用以及个人运输业务费用均有所下降）、制度改革（例如中学和大学的发展）以及院校与科研机构的建立，开放科学的出现以及新应用知识产生过程的透明化也对可及成本产生了重大影响（Eamon，1994）。

　　可及成本的下降对应用知识的诸多特性可谓影响深远。由于人们逐渐意识到实验具有可复制性，从而大大增强了知识的严谨度；此外，由于人们已能轻易地获取相应的理论成果，因此定理依据亦可得以充分验证。有提升生产力潜质的观点一经提出，就在不断接受其他知识分子的审查和批判。如若符合当时的"修辞惯例"，则可以进一步推广，或与其他理念进行重组并投入实际应用中。这一过程对于非专业人士而言,至少在理论上提升了应用知识的可靠性。某些业界人士以及车间作业人员更乐意利用那些已证实的理念,毕竟专家们或曾对其开展过审查工作。然而,实际上几十年来,虽然这一观点被证明不过是天方夜谭,但人们却在为实现理想共同努力的过程中收获了前所未有的互信与合作。

工业革命一个世纪之前,欧洲已然形成了一个开源性的知识创造体系,其实质就是参与者们将知识成果置于公共区域,任他人获取加以审核并利用。这一体系根据信号博弈或声誉博弈的结果对成功的参与者授予嘉奖,对其研究进行资助,提供轻松的工作,发放退休金抑或提供大学里的终身职位(David,2004)。这样一来,17 世纪末期伊始的科学家特权争夺战的激烈程度也就不言而喻了。

开展制度体系建设亦需徐徐图之。应用知识通过正式与非正式组织进行整理总结,无论是诸如无形学院这一早于皇家学会出现的非正式组织,还是一个世纪后伯明翰的月光社,都可谓是名噪一时。然而,正规教育机构在应用知识的发展过程中贡献有限,工业革命时期的核心工程师和发明家们大多数为自学成才抑或是接受私立教育。18 世纪诸多代表人物受雇于国家科学院,享受资助就业的优待,例如圣彼得堡的 Euler,巴黎的 Reaumur 以及柏林的 Aepinus。启蒙运动时期,地方科学组织在欧洲的各个小镇逐渐兴起,这些组织可谓是一个小型的思想市场,人们在其中进行知识交流,发表演讲,使用图书馆,进行大量的对话交流。Habermas 的"公共领域"理论便是最好的例证,该理论对后续的经济发展产生了深远的影响。苏格兰为上述机构的演变发展史添上了浓墨重彩的一笔,18 世纪,苏格兰的应用科学与工程学蓬勃发展,某些学者甚至因此认为英格兰已然相形见绌,败下阵来(Herman,2001)。

在某种程度上,可及成本是由通信与迁移技术的高低所决定。正如Eisenstein (1979)所强调的,印刷机的发明对欧洲思想文化的进步起到了关键作用,运输业、航海业的发展以及 1492 年后人口流动及货物流通与贸易的增长便是最佳的案例。除此之外,Tasso 家族优秀的组织能力使得洲际邮递业务蓬勃发展,Francisco de Tasso(即后来人们所熟知的 Franz von Taxis)及其兄弟们于 16 世纪初期在意大利、德国以及哈布斯堡开展了常规邮政业务,这一进步尽管不大为人所知,但却对社会发展产生举足轻重的影响。截至 16 世纪中期,他们的邮政系统几乎覆盖了整个欧洲大陆,建立了历史上最悠久的商业王朝之一。然而,邮费作为政府税收的重要来源之一,其价格一直居高不下。著名的伦敦芬尼邮局成立于 1683 年,并于 18 世纪时期开始逐步扩张,也就是说,截至 1764 年英格兰及威尔士大部分地区都采用了每日邮递业务(Headrick,2000,p. 187)。某种程度上而言,邮递费用的高低取决于国内交通的成本大小,随着路况的改善,运河的开凿,运输车速度和质量的提升,启蒙运动时期国内交通的运作效能得以突飞猛进。

实现思想市场的共识性与可竞争性的统一则需革新"修辞工具"。早在工业革命前的几个世纪中，当时的社会便已形成了一种藐视传统权威的风气，甚至在日后敢于挑战中世纪时期的正统典籍。而宗教改革运动则更是催生了诸多巨变。Paracelsus 是一位离经叛道的医生（可称为当代的马丁·路德），时常对一些有名的医学著作大加戏谑；法国哲学家 Pierre de la Ramée 曾写过一篇论文，大体上可归做是在嘲讽"亚里士多德的学问百无一是"。不过，共识性亦需要通过新标准来实现，新标准包括数理逻辑、审慎观察及实验研究三方面。在知识不甚严谨的情况下，强制执行对于思想市场达成共识性而言则可谓至关重要。18世纪的启蒙运动便是致力于通过事实论据来验证猜想，并提升了论据容量与多样性，竭尽全力地增强知识严谨性。1800 年前，该过程可谓是屡遭挫败，但此番努力亦产生了举足轻重的作用。截至 18 世纪，这些"修辞规则"大体确定，但是对于其他事物的质疑精神将延续下去。

可竞争性不仅仅取决于可及成本，欧洲作为世界上独一无二的思想高度凝聚之地（尽管政治上各自为营），无疑在该领域尽显峥嵘（Mokyr，2007）。由于彼时的物理学与形而上学之间的关系仍密切，而各教派间存在较大的政治分歧，因此新知识的发展必然面临来自劲敌的阻碍，其中既包括那些能够在当前大肆获利的人，也有担心知识变革会颠覆当下精心布局的利益联盟的人。然而，针对革新的相关阻力却出人意料地败下阵来，并且自 17 世纪末到 18 世纪以来，对抗思想盲从与压迫的过程中，包容性理念亦逐步取得了的胜利。自然，党同伐异的风气不可能即刻消失，重大创新也势必会伴随着一定的风险（包括应用知识及其应用），不过可以说比起 1600 年时的情况，工业革命时期所面临的此类风险不足为道。

其背后的原因是什么？可以说，当时的社会支离破碎，政党间各自为营且往往难以和谐共处，加之其中大多政权的分布较为分散，因此自由与进步的风气因势利导得以落实。然而在教皇与国王的狼狈为奸下，Hus 仍被判以火刑，不过马丁·路德之后该现象鲜有发生。除非镇压创新发展的保守势力能够统一步调，否则各地的创新活动必然难以平复。而独具创新与反叛精神的思想家们得以在欧洲大陆自由活动，许多知识分子还巧妙地挑起了派系势力间的争斗。16、17世纪诸多逍遥学派的知识分子中，当属 Paracelsus，Comenius 和 Descartes 为杰出代表（Mokyr，2006）。此外，保守势力间难以达成一致（即使那些表面上同为一派的势力，例如天主教的波旁家族与哈布斯堡家族），这就意味着尽管思想进步及启蒙运动或许在某些地区受到压制（例如意大利南部地区），但却总能在其他地方得以发展，从而对专制国家的发展形成威胁。

最终，压迫势力于 18 世纪退居一隅，淡出了思想市场。启蒙运动时期的部分代表人物（诸如 Rousseau 和 Helvetius）在发表了极具争议性的著作后，不得不逃往其他社会环境更为包容的国家,但这不过是暂时性的,他们通常在几年后便会重新回国。1750 年后,欧洲曾经的专制政权纷纷转变了态度,推崇创新,倡导"不能与之为敌,便与之为伍"的理念。然而,这些所谓的"开明君主"在 18 世纪 70—80 年代试图进行体制改革时,无疑遭遇了强大阻力(Scott,1990)。启蒙运动的胜利果实在拿破仑的炮火下化为乌有,这也恰恰证明了一切创新活动势必伴随着暴力与阶级之争。

不过无论怎样,只要欧洲尚存一席宽容之地,思想科技的创新便不会全然受到掣肘,而那些试图压制创新活动的国家与他国相比亦不由相形见绌。启蒙运动时期的思想家们对此了然于心。Edward Gibbon 曾写道,"目前欧洲的政权构成十分复杂,包括 12 个强大却颇不平等的王国,3 个体面的联邦国家以及诸多的独立小国——从而皇家及内阁部门人才大幅增长,至少在统治者数量上可以说是一目了然……在和平年代,活跃的同行竞争促进了知识与工业的发展;在战争年代,欧洲国家在适度竞争中得以成长。"(Gibbon,1789,vol. 3,p. 636)。启蒙运动时期世界主义与和平主义的碰撞以及政见分歧与洲际竞争对于创新活动的发展可谓大有助益,原因便在于上述活动促成了一个更为高效的思想市场的建立,且这个市场解决了当时社会中久难解决的问题。

18 世纪还见证了思想市场发展过程中其他的一系列重大变革,包括思想市场发展最后阶段中所经历的种种,其中之一便是宗教团体与应用知识探索人士之间达成了和解。然而这并不意味着启蒙运动是一场纯粹的世俗运动,更谈不上是无神论运动了。尤其是英格兰地区,许多我们所熟知的启蒙思潮领袖人物均恪守宗教信条,致力社群发展,各教派亦持乐观的态度,对社会进步及应用知识带来的益处深信不疑。Jacob(2000,p. 277)认为,启蒙运动塑造了一位理性开明的上帝,"而不是 Calvin 那神秘主观的上帝"。问题的关键并不在于宗教可有可无或是退居次位,而是无论基于物质性目的的自然探究的走向如何,此类活动都不应受到宗教干涉。如果没有启蒙运动的铺垫,达尔文的境遇也可能不会那般顺风顺水。

毋庸置疑,制度至关重要。诸如税务及法律体系等正规制度对现代欧洲经济成功的贡献为人广泛称道,然而它们与技术变革之间的联系却是微乎其微。工业革命时期,英国政府与技术变革活动之间可谓风马牛不相及。在少数政府发起的创新项目中,最负盛名的便是成立于 1714 年的经度委员会(Board of Longitude)——成立背景是一场由于导航失误而引发的海难。因此人们开始着手对 Harrison 的航行表进行改良,该项创新可谓是 18 世纪的一项划时代发明,另一项发明则是上文曾提及的朴次茅斯造船厂。军用物资的需求无疑是促进钢铁行业发展的动因之一,尤其是 John Wilkinson 的大炮加工生产活动。数十年后,Henry Bessemer 同样也投入炼钢事业,为军方制造军火。

推进知识产权及其维护工作一直都是分析创新体制的重要主题。原则上，英国的专利制度对创新活动持鼓励扶持的态度，但其净效应仍存在较大争议且很可能是劳而少功（MacLeod 和 Nuvolari，2007b）。议会通过投票向少数对社会贡献巨大的发明家发放津贴奖金，例如发明了天花疫苗、动力织布机以及走锭纺纱机的发明家们。然而，在人们看来政府理应在创新层面建树颇丰的领域，诸如教育、政府科研项目以及高架交通投资等，英国政府却是无甚成就。欧洲大陆的各国政府对经济的统治干预虽更为严重，但即便这样私人企业仍相对更占上风。

论及英国体制以及 1815 年后的大部分西方世界的对创新发展进步的贡献，或许最大功绩在于其不作为——没有从中攫取发明家与创业者所获的经济利润。尽管工业革命时期的创业活动风险极高，但显然他们无需担心统治者对其创新成果产生的经济利润征收重税。18 世纪英国赋税的确严重，不过大部分税收均征自生产的商品，诸如糖、烟草、酒精饮料和蜡烛，等等。成功的实业家们会利用获得的收益购买田庄房产，其子女便可借此进入上流阶层，金钱不但可以换来安逸舒适的生活与漂亮美丽的着装，更能赢得社会威望（Perkin，1969，p.85）。如果创新活动能够带来切实的经济效益（实际上，这种情况的确日益普及），发明势必将成为社会进步的最大动力。

值得强调的是，这一结果可谓是大势所趋。不难理解，目光短浅、专横激进的重商主义独裁政权仍在苟延残喘。为了获取更多的资源与利益，他们不惜杀鸡取卵，向发明家和创业者们征收重税，抑或借他人之手（例如包税商）进行财富转移。可以说，拿破仑战争导致了英国政策走向偏离，这一改变极大侵害了公民的人身自由，甚至还对英国的创新发展进程造成了一定的短期影响。幸运的是，英国政府坚持发展创新，从未放弃对奋斗在工业革命前沿的创业者和实业家们的大力扶持。

创新离不开风险投资，然而 18 世纪时期的投资家们却似乎十分抗拒风险。资本市场的常规投资活动主要集中于政府债券及少数公共工程领域，例如运河及收费公路（后来为铁路）。不过奇怪的是，没有足够证据表明代表着新技术的固定资本货物难以积聚，而它们高昂的成本也是早期工业经济发展的最大瓶颈。经济学家们习惯于从完美资本市场的角度来探寻资本积累的根源，并最终体现在"其"利率上，然而无论在英国还是其他地方，上述情况均未发生。各国政府，一些公费项目（例如运河及收费公路）乃至抵押贷款借款人均可进入资本市场，而发明家们除了可以短期信贷，却只能被资本市场拒之门外，只能依靠自己的资源。正如文中多次指出的，首先，它们可等同于利润再投资（Cottrell，1980；Crouzet，1972）。而除此之外，创业者们还可借助私人非正式网络来增强人际关系与互信。这些私人网络通常由地方协会、共济会分会或教堂组建，商人们借此平台丰富其投资组合,并且对亲戚、教友或是朋友的项目进行投资(Pearson 和 Richardson,2001)。某位历史学家也将这些网络称为"社团社会"(Clark, 2000),可谓是促进工业革命发展的又一制度优势。当然,这些网络推动了非正式体制的推广,即便没有第三方平台(例如法院)的强制管理,人们也能自发地遵守规则。不过该网络允许构建的合作伙伴关系是基于发明家与商人的互信,双方理应礼尚往来,这也就意味着,首先双方保证不因为贪婪忘形而从事投机活动。出于对信誉的考量,多数实业家、商人、银行家、专业人才、经验丰富的技工与大量农民都能信守诺言,及时还债。

工业革命时期的创业者们没有被消极的筹资政策所打垮,并未变得冷漠去肆无忌惮地搜刮财富,因为除了财产之外,更重要的是要赢得地方知名度与信誉,进而树立社会威望(Hudson,1986,p. 262)。正是基于对彼此之间的信任,发明家们方能与创业者们建立起成功的合作伙伴关系。工程师 Watt 与商人 Boulton 的联手便可谓是一段佳话,此类典型案例不胜枚举:利兹的亚麻纺纱发明者 John Marshall 便可依靠其技术经理 Michael Murray 开展生产运营,而伟大的工程师 Richard Roberts 虽然在管理方面碌碌无能,但却能与诸如 Thomas Sharpe 和 Benjamin Fothergill 等人建立合伙关系。其他著名的团队还有 Cook 和 Wheatstone,一个是商人一个是科学家,John Kay 和 Richard Arkwright 的组合也大同小异。此外,铁路工程师 George Stephenson 及其搭档兼助推者 Henry Booth 以及橡胶工业领域的创始人 Thomas Hancock 和 Charles Macintosh 均是如此。同样卓有成效的伙伴关系还有 William Woollett 和 Jedeiah Strutt,二人发明了改良版针织机用于生产罗纹袜(1758),以及珍妮纺纱机的发明者 James Hargreaves 及其老板 Robert Peel 的组合。

此外,非正式体制通过教育与培训对创新的作用机制产生影响。众所周知,英国在形成人力资本的诸多方面远落后于其他欧洲大陆国家,除了在教育上有所作为的少数聚居地(诸如苏格兰地区的大学和异议学会),英国在工业革命时期没有成立一所工程院校,第一批建成时已是 19 世纪 30 年代。然而不论能工巧匠的数量还是质量,所有情况都表明英国具有得天独厚的优势,而英国若要实现上文曾提及的进步,这些工匠恰恰是不可或缺的"能手"。某种程度而言,这一优势可以说是地理因素使然。作为采矿国家,显然英国面临着一些亟待解决的现实问题,例如泵的改良设计;而作为海洋之国,还需要木匠、制绳工、帆布加工者以及航海仪器制造者;幸运的是,英国同时拥有规模庞大的钟表制造业,从业人员中很大一部分都是胡格诺派难民及其后代。此外,英国拥有数量众多的中产阶级,人们有能力去购买一些颇费手艺的耐用消费品,例如高品质的陶瓷、乐器、手表和益智玩具。工业革命的一个世纪前,中产阶级需求呈现大幅增长趋势(De Vries,2008)。

在供给方面，能工巧匠的人力资本主要产生于学徒制，由经验丰富的匠人来培养年轻一代的接班人。众所周知，由于师父和徒弟之间的契约不甚完备，才导致了大量的投机行为（Humphries，2003）。而在欧洲大陆，通常由行会对这些契约进行签订和管理，此举对工艺的传承有所助益但却往往固化了现有技术。在英国，手工业行会根基薄弱，学徒制关系直到 18 世纪仍未见起色。不过这一体制仍保留了下来，并延续至 19 世纪，主要原因便在于这一关系无法在陌生人之间建立，而是属于邻里、朋友、业务往来、教友之间的联系。如有人为师不尊抑或欺师罔上，都会使得自己声誉大大受损，进而影响到自己的信用贷款以及商贸活动。通常在各俱乐部、社团和其他协会（人们彼此交流、交换信息的场所）轻而易举便可获得这类行为的相关消息。

除英国之外的国家的创新活动则需要更强大的体制支持。正如 Gerschenkron 曾恰当地指出，欧洲大陆需要依靠大型投资银行、政府担保和补贴来打造企业所需的先进技术资本。不同国家的创新都有不同融资渠道，显然解决问题的方法不止一个。同时在自主研究活动方面，激进的政府往往只会资助那些自认为重要的研究，此举为欧洲经济带来了不小的影响：从萨克森的农业考察站和普鲁士的理工院校，到旨在促进科学发展的威廉皇帝学会，再到法国的高等专业学院以及巴黎的巴斯德研究院（尽管某种程度上为私人基金会性质，但仍受政府的严格监管）。代表人物当属普鲁士教育部副部长 Friedrich Althoff，他在 1882—1907 年期间为德国建立起了国家对高等教育的密切监管体制（例如 vom Brocke，1991）。

同时，将创新方向与现有要素价格联系在一起的经典理论亦构建了创新与经济环境的结合。诱发性创新理论由 H. J. Habakkuk 提出，并在经济史中广泛应用，其中还论及了高额报酬对技术变革发展速度的影响，而这一论点在 20 世纪 60—70 年代间是大量文学作品的主题（Habakkuk，1962；Ruttan，2001）。近来，Allen（2008）试着重新用该方法去解释劳动成本与化石能源成本之间的关系，并提出劳动成本居高不下以及煤炭价格走低的直接原因是因为英国的创新节省了劳动力这一假设。这样一来，在该经济模式下使用节省劳动力的燃煤机器也便不难理解了。正如 Ruttan 等人所指出的，当涉及技术创新的应用与传播时，要素价格诱发创新活动这一观点似乎颇为可信。但当涉及技术创新本身时，这种关联度却大打折扣。然而，技术创新的应用与传播过程中往往会涉及大量的局部性学习活动，从而产生一系列特定的微小发明，这不但使情况更为复杂，还可能对生产力的最终效果产生关键性影响。

同时，这一论点还面临着经验与理论层面的双重挑战。一大经验难题便是矿井附近的煤炭比较便宜，但康沃尔和伦敦地区的煤价却要另当别论，主要原因便在于长途运输的附加成本以及两地蒸汽机与煤炭的高使用量。尽管蒸汽机似乎是节省劳动力的终极法宝,但针对节省燃料的后续改良的创新活动依旧方兴未艾。最初,蒸汽动力旨在节省畜力或水力成本,而并非人力,此外,在空气压缩技术发明之前的 19 世纪末期,煤矿开采向来都是劳动密集型行业,人们无法在竖井下安装任何省力装置。深井采矿技术领域最为卓越的成就当属 Davy 发明的矿灯,这一保护装置很大程度上挽救了无数生命,避免了事故发生,不过并未有效降低人力成本。另一大经验难题则是大多专利持有者在被问及其发明目的时,往往忽略了节省劳动力这一层面(MacLeod,1988,pp.160-171)。而 18 世纪时,由于"节省劳动力"在英国仍旧是一大矛盾焦点,毕竟相当多激进的工匠都在担心自己会遭到解雇,因此对上述现象的解读则尤为困难。但即便是纠正偏见后,能归为节省劳动力的专利比例也仅仅占了 21%。

理论层面的问题也同样纷繁复杂。其中,显而易见,高报酬不代表劳动力昂贵或者劳动成本较高。如果英国的高劳动生产率仅仅是由于高质量劳动力(例如工匠体力更强并且/或者技术更为高超,更为积极,甚至接受过更好的培训),那么正如 Allen 所强调的,英国的高薪酬水平至少应与商品质量稍成正比,而非和高昂的劳动成本有关联。彼时,绝大部分人对这一存在的问题并没有什么顾虑——Arthur Young 在 18 世纪 80 年代末曾这样写道:"劳动力虽在名义上是最为宝贵的,但在现实中却是最为廉价的"(Young,1790,p.311)。

但针对要素价格(或者说是任何一类初始禀赋)对技术进步具有重要影响一说,主要反对观点认为要素价格往往将技术变革的速率和方向混为一谈。创新速率或强度就好比汽车引擎,决定了社会技术发展的动力,而禀赋则或可将创新引至某一特定方向。在 Rosenberg(1976)的术语中,资源是典型的"调焦装置",无法决定创新的速率。某种程度上来说,假设存在促进技术创造力的其他因素,那么煤炭密集型经济很可能会对煤炭使用工艺进行创新;然而,诸如乌克兰顿涅茨克或俄罗斯克麦罗沃等拥有丰富煤炭资源的地区却并未迈出创新的脚步,直到后来被其他地区抢先一步取得这一创新。

偏向型创新或诱发性创新面临的主要困难在于,需要基于静态模型对动态环境进行推理探索。经济学理论表明,要素价格是根据一系列既存工艺来确定技术选择。但是,该理论并未明确地告诉我们这一技术清单是怎样确定的以及是如何进行工艺筛选(Rosenberg,1976,pp.109-125)。干中学以及本地化创新便是将二者联系起来的一种巧妙尝试(David,1975),其原理在于价格决定所选工艺,而随着工艺的广泛应用,人们逐渐积累了相关经验并在该领域进一步的创新,而不必在那些理论上存在但无处实现的工艺技术上浪费时间。这恰恰与 Hansen 和 Prescott(2002)提出的模型形成了鲜明对比,例如当某些工艺已"广为人知"但尚未投入实际生产时,通常会出现生产力的提高进而促进制造商们采用相应工艺(其他内生增长模型亦有所提及)。然而,这些模型均未对先进技术中潜在认知基础的角色进行明确界定。倘若基础知识允许工艺开发的范围无需局限于现有范围，而可以对社会所具备的知识条件下的可行工艺进行探究，那么由要素价格或其他刺激因素引发的突变则大可促成技术变革朝着某一特定方向发展。但如果一个社会不知道如何勘探煤炭、如何挖掘竖井、如何安装地下抽水泵，甚至不知怎样将煤炭输送至地表并在合理的价格范围内销售至各个用户，即便煤炭资源再丰富、人工成本再昂贵也是无济于事。

那么，该时代取得的巨大技术进步是否得益于各类知识突破，抑或是微小发明逐渐累积的成果？这种问题无异于去讨论一辆自行车是由前轮还是后轮驱动，因为上述两种过程相辅相成。因而从历史角度来看，创新之路兼备了两方面要素。有时，重大发明的产生会促进某些行业（甚至是通用技术领域的所有行业）的转型——正如我们上文曾提及的，19 世纪末期的化学工业及电力行业便是如此。在其他诸多领域中，技术往往是通过微小发明的积累、同其他技术的结合及拓展来逐渐实施改良，好比纺织业与炼铁行业。然而，由于各工艺间的连续溢出效应和通用技术的深远影响，通常很难凭经验对二者进行判断辨别。因此，没必要严格划分"新技术"行业与"传统技术"行业。无论是哪种模式，创造了技术发展机遇并使得工艺清单得以完善下去的知识储备才是重中之重。然而若想使之为己所用，亦需要其他要素的辅助。一辆汽车若是车胎漏气或是没了冷却剂，即便是拥有强大的引擎也无济于事。不过言归正传，引擎才是决定车速的关键。西方经济史的发展动力来自于跨国合作的应用知识的积累，而创新思维才是促进经济发展的核心所在。

参考文献

Aghion，P.，Durlauf，S.（Eds.），（2005）. Handbook of Economic Growth，2 vols. Elsevier，Amsterdam.

Allen，R. C.（2008）. The British Industrial Revolution in Global Perspective. Unpublished manuscript，Nuffield College，Oxford University.

Bacon，F.（1996）. In：Vickers，B.（Ed.），The Major Works. Oxford University Press，Oxford.

Bacon，F.（1999）. In：Sargent，R.-M.（Ed.），Selected Philosophical Works. Hackett Publishing，Indianapolis.

Bagwell，P. S.（1974）. The Transport Revolution from 1770. Barnes & Noble，New York，NY.

Berg，M.（2007）. "The genesis of useful knowledge". History of Science 45（Pt. 2，148），123 - 134（June）.

Boussingault，J. B.（1821）. "On the presence of siliciaplatina and its presence in steel". Repertory of Arts，Manufactures，and Agriculture 39（2nd series），366 - 373.

Bowers，B.（1998）. Lengthening the Day：A History of Lighting Technology. Oxford

University Press, Oxford.

Bowler, P. J. , Morus, I. R. (2005). Making Modern Science. University of Chicago Press, Chicago, IL.

Boyle, R. (1744). The Works of the Honourable Robert Boyle, (5 vols). A. Millar, London.

Britnell, R. H. (1996). The Commercialization of English Society, 1000 - 1500. Manchester University Press, Manchester.

Brock, W. H. (1992). The Norton History of Chemistry. W. W. Norton, New York, NY.

Bryant, L. (1967). "The beginnings of the internal combustion engine". In: Kranzberg, M. , Pursell Jr. , C. W. (Eds.), Technology in Western Civilization, vol. 1. Oxford University Press, New York, NY, pp. 648 - 663.

Bryant, L. (1969). "Rudolf Diesel and his rational engine". Scientific American 221,108 - 117 (August).

Burton, A. (2000). Richard Trevithick: Giant of Steam. Aurum Press, London.

Cardwell, D. S. L. (1971). From Watt to Clausius: The Rise of Thermodynamics in the Early Industrial Age. Cornell University Press, Ithaca, NY.

Cardwell, D. S. L. (1972). Turning Points in Western Technology. Neale Watson/Science History Publications, New York, NY.

Channell, D. F. (1982). "The harmony of theory and practice: The engineering science of W. J. M. Rankine". Technology and Culture 23 (1),39 - 52 (January).

Clark, P. (2000). British Clubs and Societies, 1580 - 1800: The Origins of an Associational World. Clarendon Press, Oxford.

Clark, G. (2007). Farewell to Alms: A Short Economic History of the World. Princeton University Press, Princeton, NJ.

Clow, A. , Clow, N. L. (1952). The Chemical Revolution: A Contribution to Social Technology. Batchworth Press, London Reprinted in 1992, Gordon and Breach, New York, NY.

Collins, R. (1998). The Sociology of Philosophies: A Global Theory of Intellectual Change. Harvard University Press, Cambridge, MA.

Cottrell, P. L. (1980). Industrial Finance, 1830 - 1914. Methuen, London.

Crouzet, F. (1972). "Capital formation in Great Britain during the Industrial Revolution". In: Crouzet, F. (Ed.), Capital Formation in the Industrial Revolution. Methuen, London.

Darnton, R. (2003). "The unity of Europe". George Washington's False Teeth. W. W. Norton, New York, NY.

Daston, L. (1991). "The ideal and reality of the Republic of Letters in the Enlightenment". Science in Context 4 (2),367 - 386.

Daumas, M. (1979). "The rise of the heavy chemical industry". In: Daumas, M. (Ed.), A History of Technology & Invention, vol. III. Crown, New York, NY.

Daumas, M. , Gille, P. (1979). "Transportation and communications". In: Daumas, M. (Ed.), A History of Technology & Invention, vol. III. Crown, New York, NY.

David, P. A. (1975). Technical Choice, Innovation and Economic Growth. Cambridge University Press, New York, NY.

David, P. A. (2004). Patronage, Reputation, and Common Agency Contracting in the Scientific Revolution. Unpublished manuscript, Stanford University (August).

Day, L., McNeil, I. (Eds.), (1996). Biographical Dictionary of the History of Technology. Routledge, London. deSolla Price, D. J. (1984). "Notes towards a philosophy of the science/technology interaction". In: Laudan, R. (Ed.), The Nature of Knowledge: Are Models of Scientific Change Relevant? Kluwer, Dordrecht.

De Vries, J. (2008). The Industrious Revolution: Consumer Behavior and the Household Economy, 1650 to the Present. Cambridge University Press, Cambridge (January).

Eamon, W. (1994). Science and the Secrets of Nature. Princeton University Press, Princeton, NJ.

Eisenstein, E. (1979). The Printing Press as an Agent of Change. Cambridge University Press, Cambridge.

Epstein, S. R. (1998). "Craft guilds, apprenticeship and technological change in pre-industrial Europe". Journal of Economic History 58 (3), 684 – 713 (September).

Epstein, S. R., Prak, M. (Eds.), (2008). Guilds, Innovation, and the European Economy, 1400 – 1800. Cambridge University Press, Cambridge.

Eyler, J. M. (1979). Victorian Social Medicine: The Ideas and Methods of William Farr. Johns Hopkins University Press, Baltimore, MD.

Farey, J. (1827). A Treatise on the Steam Engine, Historical, Practical and Descriptive. Longman, Rees, Orme, Brown, and Green, London.

Fouquet, R., Pearson, P. J. G. (2006). "Seven Centuries of Energy Services: The Price and Use of Light in the United Kingdom, 1300 – 2000". The Energy Journal 27 (1), 139 – 177.

Friedel, R. (2007). A Culture of Improvement: Technology and the Western Millennium. MIT Press, Cambridge, MA.

Galor, O., Weil, D. (2000). "Population, technology, and growth". American Economic Review 90 (4), 806 – 828 (September).

Gibbon, E. (1789). The History of the Decline and Fall of the Roman Empire (new ed.). A. Strahan and T. Cadell, London.

Great Britain. (1829). British Parliamentary Papers, vol. III (332), ("Select Committee on State of Law and Practice relative to Granting of Patents for Inventions").

Great Britain. (1841). British Parliamentary Papers, vol. VII (201), ("Select Committee on Operation of Laws affecting the Exportation of Machinery, first report").

Habakkuk, H. J. (1962). American and British Technology in the Nineteenth Century. Cambridge University Press, Cambridge.

Haber, L. F. (1958). The Chemical Industry during the Nineteenth Century. Clarendon Press, Oxford.

Halstead, P. E. (1961 – 1962). "The early history of Portland cement". Transactions of the NewcomenSociety 34, 37 – 54.

Hansen, G. D., Prescott, E. C. (2002). "Malthus to Solow". American Economic Review 92 (4), 1205 – 1217 (September).

Harley, C. K. (1988). "Ocean freight rates and productivity 1740 – 1913: The primacy of mechanical invention reaffirmed". Journal of Economic History 48, 851 – 876 (December).

Harris, J. R. (1998). Industrial Espionage and Technology Transfer: Britain and France in the Eighteenth Century. Ashgate, Aldershot.

Headrick, D. R. (1989). The Invisible Weapon: Telecommunications and International Politics, 1851 – 1945. Oxford University Press, New York, NY.

Headrick, D. R. (2000). When Information Came of Age: Technologies of Knowledge in the Age of Reason and Revolution, 17001850. Oxford University Press, New York, NY.

Herman, A. (2001). How the Scots Invented the Modern World. Crown, New York, NY.

Hilaire-Perez, L. (2007). "Technology as public culture". History of Science 45 (Pt. 2, 148),135 – 153 (June).

Hudson, R. P. (1983). Disease and Its Control: The Shaping of Modern Thought. Greenwood Press, Westport, CT.

Hudson, P. (1986). The Genesis of Industrial Capital: A Study of West Riding Wool Textile Industry, c. 1750 – 1850. Cambridge University Press, Cambridge.

Hughes, T. P. (1983). Networks of Power: Electrification in Western Society, 1880 – 1930. Johns Hopkins Press, Baltimore, MD.

Humphries, J. (2003). "English apprenticeship: A neglected factor in the first Industrial Revolution". In: David, P. A. , Thomas, M. (Eds.), The Economic Future in Historical Perspective. Oxford University Press, Oxford, pp. 73 – 102.

Jacob, M. C. (2000). "Commerce, industry, and the laws of Newtonian Science: Weber revisited and revised". Canadian Journal of History 35 (2),275 – 292 (August).

Jacob, M. C. (2007). "Mechanical science of the shopfloor". History of Science 45 (2),197 – 221 (June).

Kerker, M. (1960). "Sadi Carnot and the steam engine engineers". Isis 51 (3),257 – 270 (September).

Lipsey, R. G. , Carlaw, K. I. , Bekar, C. T. (2005). Economic Transformations: General Purpose Technologies and Long-term Economic Growth. Oxford University Press, Oxford.

Lucas, R. E. (2002). Lectures on Economic Growth. Harvard University Press, Cambridge, MA.

Lyons, H. G. (1944). The Royal Society, 1660 – 1940, a History of Its Administration under Its Charters. Cambridge University Press, Cambridge.

MacLeod, C. (1988). Inventing the Industrial Revolution: The English Patent System, 1660 – 1880. Cambridge University Press, Cambridge.

MacLeod, C. , Nuvolari, A. (2007a). "Glorious Times: The Emergence of Mechanical Engineering in Early Industrial Britain, c. 1700 – 1850". Unpublished manuscript.

MacLeod, C. , Nuvolari, A. (2007b). "Inventive Activities, Patents, and Early Industrialization: A Synthesis of Research Issues". Unpublished manuscript.

Mantoux, P. (1928). The Industrial Revolution in the Eighteenth Century. Harper Torchbooks, New York, NY. Revised ed. , 1961.

Marsden, B. (2004). Rankine, William John Macquorn (1820 – 1872). Oxford Dictionary of National Biography. Oxford University Press, Oxford.

Marsden, B. , Smith, C. (2005). Engineering Empires: A Cultural History of Technology in Nineteenth-Century Britain. Palgrave MacMillan, Houndmills, Basingstoke.

Mokyr, J. (2001). "The rise and fall of the factory system: Technology, firms, and households since the Industrial Revolution". Carnegie-Rochester Conference Series on Public Policy, vol. 55, pp. 1 – 45 (December).

Mokyr, J. (2002). The Gifts of Athena: Historical Origins of the Knowledge Economy. Princeton University Press, Princeton, NJ.

Mokyr, J. (2005). "The intellectual origins of modern economic growth [Presidential address]". Journal of Economic History 65 (2),285 – 351 (June).

Mokyr, J. (2006). "Mobility, creativity, and technological development: David Hume, Immanuel Kant and the economic development of Europe. Prepared for the session on "Creativity and the Economy"" In: Abel, G. (Ed.), Kolloquiumsband of the XX. DeutschenKongresses fur Philosophie, Berlin, German Association of Philosophy, Berlin, pp. 1131 – 1161.

Mokyr, J. (2007). "The market for ideas and the origins of economic growth in eighteenth century Europe". TijdschriftvoorSociale en EconomischeGeschiedenis 4 (1),3 – 38.

Mokyr, J. (2009). The Enlightened Economy. Yale University Press, London.

Mokyr, J. , Voth, J. (2010). "Understanding growth in Europe, 1700 – 1870: Theory and evidence". In: Broadberry, S. , O'Rourke, K. (Eds.), The New Cambridge Economic History of Europe, Volume 1, (in press).

Morrell, J. , Thackray, A. (1981). Gentlemen of Science: Early Years of the British Association for the Advancement of Science. Oxford University Press, Oxford.

Mowery, D. , Rosenberg, N. (1989). Technology and the Pursuit of Economic Growth. Cambridge University Press, Cambridge.

Murmann, J. P. (2003). Knowledge and Competitive Advantage. Cambridge University Press, Cambridge.

Murmann, J. P. , Landau, R. (1998). "On the making of competitive advantage: The development of the chemical industries of Britain and Germany since 1850". In: Arora, A. , Landau, R. , Rosenberg, N. (Eds.), Chemicals and Long-term Economic Growth. John Wiley & Sons, New York, NY.

Musson, A. E. (1975). "Joseph Whitworth and the growth of mass-production engineering". Business History 17,109 – 149 (July).

Nasmyth, J. (1841). Remarks on the introduction of the slide principle in tools and machines employed in the production of machinery Appendix B in Robertson Buchanan (3rd. ed. , with additions by George Rennie). Practical Essays on Mill Work and Other Machinery, vol. 2. J. Weale, London.

North, D. C. (1990). Institutions, Institutional Change, and Economic Performance. Cambridge University Press, Cambridge.

North, D. C. (1995). Understanding the Process of Economic Change. Princeton University Press, Princeton, NJ.

Pearson, R. , Richardson, D. (2001). "Business networking in the Industrial Revolution". Economic History Review 54 (4),657 – 679.

Perkin, H. J. (1969). The Origins of Modern English Society, 1780 – 1880. Routledge & Kegan Paul, London.

Polanyi, K. (1944). The Great Transformation. Beacon Press. , Boston, MA Reprinted in 1985.

Porter, R. (1982). "Was there a medical Enlightenment?" British Journal for Eighteenth-Century Studies 5,49 – 63.

Priestley, J. (1769). The History and Present State of Electricity, with Original Experiments (second ed. , corrected and enlarged). J. Dodsley, London.

Rosenberg, N. (1976). Perspectives on Technology. Cambridge University Press, Cambridge.

Rosenberg, N. (1982). "How exogenous is science?" Inside the Black Box: Technology and Economics. Cambridge University Press, Cambridge.

Rosenberg, N. (1996). "Uncertainty and technological change". In: Fuhrer, J. C. , Little, J. S. (Eds.), Technology and Growth. Conference Series, no. 40. Federal Reserve Bank of Boston, Boston, MA, pp. 91 – 110.

Rosenberg, N. , Trajtenberg, M. (2004). "A general-purpose technology at work: The Corliss steam engine in the late-nineteenth- century United States". The Journal of Economic History 64 (1),61 – 99 (March).

Ruttan, V. W. (2001). Technology, Growth and Development: An Induced Innovation Perspective. Oxford University Press, New York, NY.

Scott, H. M. (Ed.), (1990). Enlightened Absolutism: Reform and Reformers in Later Eighteenth-Century Europe. Palgrave MacMillan, Houndmills, Basingstoke.

Shapin, S. (1994). The Social History of Truth. University of Chicago Press, Chicago, IL.

Smil, V. (2001). Enriching the Earth: Fritz Haber, Carl Bosch and the Transformation of World Food Production. MIT Press, Cambridge, MA.

Smil, V. (2005). Creating the Twentieth Century: Technical Innovations of 1867 – 1914 and Their Lasting Impact. Oxford University Press, Oxford.

Smith, A. (1757). Lectures on Jurisprudence. Clarendon Press, Oxford Reprinted in 1978.

Smith, A. (1776). Cannan, E. (Ed.), The Wealth of Nations. University of Chicago Press, Chicago, IL Reprinted in 1976.

Smith, C. S. (1964). "The discovery of carbon in steel". Technology and Culture 5 (2),149 – 175 (Spring).

Smith, C. (1990). "Energy". In: Olby, R. C. , Cantor, G. N. , Christie, J. R. R. , Hodge, M. J. S. (Eds.), Companion to the History of Science. Routledge, London.

Snooks, G. (1994). "The Industrial Revolution revisited". In: Snooks, G. D. (Ed.), Was the Industrial Revolution Necessary? Routledge, London.

Spratt, H. P. (1958). "The marine steam-engine". In: Singer, C. , Holmyard, E. J. (Eds.), A History of Technology, vol. V, pp. 141 – 156.

Stewart, L. (2007). "Experimental spaces and the knowledge economy". History of Science 45 (148),155 – 177 (June).

Szreter, S. (1988). "The importance of social intervention in Britain's mortality decline, c. 1850 – 1914: A re-interpretation of the role of public health". Social History of Medicine 1, 1 – 37.

Temin, P. (1997). "Two views of the British Industrial Revolution". Journal of Economic History 57 (1),63 – 82 (March).

Toynbee, A. (1884). Toynbee's Industrial Revolution: A Reprint of Lectures on the Industrial Revolution. David & Charles, New York, NY Reprinted in 1969.

Tweedale, G. (2004). "Bell, Sir (Isaac) Lowthian, first baronet (1816 – 1904)". Oxford Dictionary of National Biography. Oxford University Press, Oxford.

vomBrocke, B. (1991). "Friedrich Althoff: A great figure in higher education policy in Germany". Minerva 29 (3),269 – 283 (September).

Weber, M. (1923). General Economic History. Collier Books, New York, NY. Reprinted in 1961.

Weber, W. (2003). "Science, Technology, and Society in Germany from 1800 to the

Present". In: Ogilvie, S., Overy, R. (Eds.), Germany: A New Social and Economic History, vol. III. Arnold, London.

Wells, H. G. (1923). Men Like Gods. Cassell, London.

Wohl, A. S. (1983). Endangered Lives: Public Health in Victorian Britain. Harvard University Press, Cambridge.

Wrigley, E. A. (2004). Poverty, Progress, and Population. Cambridge University Press, Cambridge.

Young, A. (1790). In: Maxwell, C. (Ed.), Travels in France during the Years 1787, 1788, and 1789. Cambridge University Press, Cambridge. Reprinted in 1929.

第 3 章
技术变革和产业动态的演化历程

Giovanni Dosi* 和 Richard R. Nelson†

* 圣安娜高等研究学院经济管理实验室
意大利,比萨
† 哥伦比亚大学社会经济研究和政策研究所
美国纽约州,纽约市

目录

摘要

    目前已经有大量的研究围绕技术演化历程及其主要特点以及技术对产业变革的影响展开,本章节对此加以回顾和整合。

    首先,我们阐述并整合各种资料证据:技术知识的本质和结构、新机遇的源头、利用新机遇的动力,以及生产技术进步和产品特性改善。在经济学家研究具体分支学科的大量核心主题时,清晰了解技术变革演化历程具有重大意义,不仅影响着经济学家构建理论的方式,还影响着经济学家的分析方式。

研究领域之一是特定产业的企业理论,技术创新和组织创新对这些产业而言至关重要。当前确实有大量关于该主题的研究文献,探讨企业的技术能力和组织能力及其演化。另一个研究领域和特定产业的竞争本质相关,在这些产业中创新和扩散影响着不同企业的发展和生存概率,并由此改变不同企业之间竞争格局,进而改变整个产业结构。每个部门的技术具有不同的特点,而且在其生命周期内也会呈现出不同的成熟度,这些都会对产业组织模式产生影响,包括规模分布、集中程度、现有企业和新兴企业的相对等。

最后,我们总结出经济增长和发展作为一种创新驱动演化历程的一些基础知识。

关键词

创新　技术范式　技术体制和发展轨迹　演化　学习　基于能力的企业理论　选择
产业动态　涌现性　内生增长

1. 引言

长期以来,经济学领域和其他多个分支学科的众多学者一直在研究技术的发展,并将技术进步视作一个进化过程。这一研究技术变革的视角与近期有关产业动态和经济增长的研究密切相关,其中产业动态和经济增长被视为由技术创新和组织创新驱动的演化过程,并与技术和组织创新相互交织、相互影响。在本章中,我们列出研究的预定假设,回顾并整合目前已有的相关研究:技术演化历程及其主要特点,以及技术演化对产业变革的影响。[①]

其实将技术的发展和进步视作一个演化历程并不是新的观点。早在 300 年前,Bernard de Mandeville 就已提出类似观点,他认为"战舰是当时最复杂精致、最为现代化的人工制造品之一,并以此描述战舰的设计:

> "战舰是如此宏伟、精致而又壮丽的机器,堪称一流……我们常常将其归因于人类超凡的才能和深度的思考,然而其实真正的原因在于时间的跨度和数代人的经历。不同年代的人在天赋才智方面并没有太大的不同。"(Mandeville,1714,vol. II,pp. 141 – 142)[②]

同样值得注意的是 Adam Smith 在《国富论》的开篇中也强调技术进步对经济增长的重要性,并探讨了预测现代演化的分析方式。在解读工人生产效率提升———一般情况下,尤其是在大头针生产实例中———背后的因素时,Smith 认为关键的驱动力一直是:

> "众多机器的发明,不仅提升了劳动力效率,也简化了劳动内容,使得一人可以完成多人的工作。"(Smith,1776,p. 17)

相反,

[①] 密切相关的文献综述和讨论包括 Dosi (1988,1991,1997),Cimoli 和 Dosi (1995),Dosi 和 Nelson (1994),Dosi 等(2005b),Nelson (1981,1996,1998,2005),Freeman (1982,1994),Nelson 和 Winter (1977,2002),以及 Dosi 和 Winter (2002),我们的观点以上述文章为基础。关于经济增长的进化论更详细的信息,请参阅 Silverberg 和 Verspagen (2005b)。关于 ACE 视角下的演化模型,详细调查请参阅 Dawid (2006)。

[②] 关于早期演化经济学家 Mandeville 的观点,参阅 Rosenberg (1963).

"在分工精细明确的工厂中,所'使用'机器的大多数部件最初都是普通工人的发明创造,而且每个普通工人仅需从事简单的操作。自然而然地,他们就会思考如何以更简单便捷的方式完成其工作。"(Smith,1776,p. 20)

两相结合,

"很多改善和进步得益于机器发明者的独创性……有些则归功于被称为哲学家或思想者的才能,他们只是观察事物,再无其他;而正因为此,哲学家往往能够将最离散、最相异物体的力量结合起来。"(Smith,1776,p. 21)

不论是"现代"军舰的设计过程,或是生产效率的提高过程,均为"干中学"(我们如今的说法)的具体表现形式,而且都是通过新机器的发展得以实现的。显然 Mandeville 和 Smith 认为以上过程是"演化性"的,此处是指广义上的"演化性",我们稍后会详加阐述。

我们再次回到 Mandeville 关于现代战舰设计的观点,他并没有否认任何时期战舰设计者的能力和意图。但是另一方面,显然他不认同他所处时代战舰设计涵盖的先进技术是少数人聪明才智和创造力的结晶,更不认同是少数人精心理性设计的结果。相反,他认为这是积聚数代设计者思想和才智的成果,在某种程度上而言,每代设计者的远见视野都毕竟有限,但是后代设计者能够以前人的成果为基础,并从前人的经历中汲取经验教训。

也就是说,Mandeville 与将技术进步视作演化过程的当代多数学者一样,否认进步是极度"理性"结果的任何假设,不论是任何时期发明者纵观全局、总览信息而创造的作品,还是颇具远见的精准技术预期。除了此处提及的极度理性,进步背后的其他驱动力无处不在,而且在解读随后而至的技术和经济变革时会成为首要的、频频出现的进化主题。

第二个与演化观点切合的主题也会多次重复出现在我们的探讨中,即强调动态平衡是"不安分资本主义"的总体特征。"不安分资本主义"一词由 Stan Metcalfe 提出。正如在 Smith 提出的有关"实干家"和"哲学家"的观点中,追求新生产工艺和新产品(还有其他许多经济行为,包括投资、定价和生产决策)的道路中总会遇到无数的测试、失误、严重过错以及不期而遇的成功。这也同样适用于产业组织和产业变革:就此层次的分析而言,演化视角聚焦于企业为了获取竞争优势而不断追求和应用新技术、新组织形式和新行为模式的进程。此外,演化视角也关注企业相互竞争过程的特点,其特点或促进增长,或致使下降,可能也会导致很多企业的倒闭。

第三个主题与识别技术和产业变革过程中的常规惯例有关,尽管对平衡理念缺乏事先理解和分析。例如,我们是否可以识别出创新过程中一些相对固定的模式? 如何选择创新点? 技术和企业组织形式之间的关系如何? 技术变革和竞争方式之间的关系又如何? 怎样描述在整体"失衡"情况下技术变革相对有序的过程是如何产生的? "机遇"和"必然性"在演化过程中扮演着怎样的角色? 以及相关的,在技术/经济变革的过程中,不同的因素事件对变革过程的影响程度如何? 各种制度和政策以何种方式参与技术/经济变革过程?

尽管如此,Freeman (1982)已经注意到,近两个世纪以来在理解新技术知识的产生方式及其带来的经济影响方面并没有取得很大的进展,也没有出现非常经典的研究成果。Karl Marx 和 Joseph Schumpeter 在重大预期方面表现突出,然而却少有人予以响应。[①] 20 世纪 50 年代,Robert Solow 的增长分析中再次强调技术变革的重要性,而此时技术变革的重要几乎成为默认的事实。但是,直至近 40 年来才开始系统探究"技术的黑匣子"(Nate Rosenberg 极为恰当的表述):调查新机遇的源头、充分利用新机遇的动力,以及有关生产技术进步和产品特性改善的显性结果。本章第一部分概括和整合有关以上内容的资料证据。在经济学家研究具体分支学科的大量核心主题时,清晰了解技术演化历程具有重大意义,不仅影响着经济学家构建理论的方式,还影响着经济学家的分析方式。

研究领域之一是特定产业的企业理论,技术创新和组织创新对这些产业而言至关重要。当前确实有大量关于该主题的研究文献蓬勃兴起,探讨企业的技术能力和组织能力,以及随着时间的变迁企业技术和组织能力的演化。

另一个研究领域和特定产业的竞争本质相关,在这些产业中创新和扩散影响着不同企业的发展和生存概率,以及相关的产业结构。在知识积聚和扩散的过程中必有成败,并由此改变不同企业之间竞争力的布局,进而改变整个产业结构。每个部门的技术具有不同的特点,而且在其生命周期内也会呈现出不同的成熟度,上述两点都会对产业组织模式产生影响,包括规模分布、集中程度、现有企业和新兴企业的相对重要性以及其他方面。以上是我们会在下文中探讨的第二类主题。

第三,完全认同将技术变革视作演化历程也会对理解经济发展过程产生重大影响,从而产生对经济增长截然不同的理解方式,其中技术创新和组织创新能够促进经济增长。现代资本主义的"生理学"依赖于多种技术和产业的演化,其中技术和产业之间经由投入一产出和知识流动相互影响、相互作用。有些部门的规模缩减,有些部门的规模扩大,也有一些新部门涌现。而新部门一般与革命性新技术的出现密切相关。整体而言,现代经济的发展模式(包括人均生产率和

---

① Alfred Marshall 也提出大量关于产业演化的见解,尽管他随后的系统化观点以平衡纲要为基础。

人均收入水平的非周期性增长、波动和不连续)深受技术和组织模式演化的影响。在第 5 节,我们会就此提出一些观点。

以上所述的分析领域同时也决定了本文的结构,首先介绍关于技术本质的基础概念(第 2 节),分析技术具体如何演化(第 3 节),并简要探讨技术如何被嵌入商业机构及其对企业理论的意义和影响(本手册的第 16 章会从战略管理的角度对此进行探讨)。然后探索技术变革和产业演化相互交织的动态(第 4 节)。最后,在第 5 节中,我们从创新驱动演化历程的视角简要分析经济增长和发展的一些基础层面。

要了解演化进程,我们首先需要简要讨论"技术"的确切含义。

2. "技术"的本质

就最普遍的解释而言,技术可以被视为人类为达到特定的目的而设计的方式方法——无论是类似氧化法等制造钢铁的生产工艺,或是类似计算机等处理信息的设备,或是心脏手术包含的种种操作。上述种种方式往往会涉及知识、程序和人工产品的部分要素。正是由于这些不同的方面,描述技术的方式虽然多种多样但也彼此互为补充。

2.1　技术和信息

技术性知识的特点是什么?

首先,技术性知识(甚至被认为等同于信息的情况下)在实际应用中具有非竞争性的特点。一个经济主体应用技术知识绝对不会降低另一经济主体应用同样技术知识的能力。

其次,技术信息在实际应用中本质上要求不可分割(关于世界或技术任何性质一半观点的价值并不等同于整体观点价值的一半:一半观点的价值很可能为零)。

再次,技术性知识和纯粹信息都涉及前期开发的高成本和后期技术"到位"(技术"到位"泛指"组织机构和操作人员实际掌握并应用技术")后重复利用的低成本。此外,严格意义上而言,信息一般是再生产可以忽略的成本,这与信息可以应用于任何规模(规模相同或更大)的观点密切相关(但是并不等同)。事实上,整体而言,信息和技术性知识都具有非常特殊的一面,即不限规模的特性。

最后,信息和技术知识的应用具有收益递增的基本特性。从鞋靴到机器工具,标准经济产品的使用意味着物尽其用,直至不可使用。但是这并不适用于信息和技术知识。相反,持续利用信息或是技术知识根本不会导致两者的贬值,至少在技术层面上而言(其经济价值需另当别论)。

确实,现代经济学理论的重要分支终于开始探究在所有经济活动中信息作为基础投入要素带来的影响。本手册的其他章节探讨多个领域的进步,如"新增长""新贸易"理论、信息外部性、标准设置等,包括信息的商业应用本质上带来收益增长的影响。[①] 而类似的探索还远远没有结束。

此外还需要注意的是,即便忽略技术不同于纯"信息"的那些特征(下文会有更多阐述),后者的非竞争性应用、前期开发高成本和不可分割性等特点对经济协作和变革的所有理论也都具有深远的影响。正如 Arrow(1996)强调:

> "[竞争]平衡仅在生产概率为凸集[②]的情况下成立,也就是说不会出现日益增加的收益,"但是……"如果投入信息,就不可能出现收益不变的情况"(p.647)。"同样的信息[可以]应用于不同规模的生产。因此存在收益增长的极端形式。"(p.648)

自不必提,该观点的基本结果便是要求提供关于经济协调的解释说明,而且此处的经济协调和竞争均衡属性无关。下文中我们会讨论演化驱动理论取得的进展。

除了上文所述的技术/信息特征以外,技术性知识也具有自身独特的重要特征。20世纪60年代和70年代,以英国的 Christopher Freeman 和一些美国学者为先驱代表的一系列学者提出的解读重点强调技术性知识本身的独有特征。这些学者被称为"斯坦福-耶鲁-苏塞克斯(SYS)综合学派"(参阅 Dosi 等,2006b),称谓的由来是基于当时主要贡献者所处的地址。简言之,这样的解读使人们对信息经济学开始有直观的基础认知,而 Arrow(1962a)和 Nelson(1959)早期就已经提出信息经济学,后来很多学者予以进一步完善(参阅 David,1993,2004 及其他文章),此外也出现很多聚焦于技术性知识独有特征的文章(包括如下文章:Dosi,1982,1988;Freeman,1982,1994;Freeman 和 Soete,1997;Mowery 和 Rosenberg,1989;Nelson,1962,1981;Nelson 和 Winter,1977,1982;Pavitt,1987,1999,2005;Rosenberg,1976,1982;Winter,1982,1987,2005,2006a)。SYS综合学派完全认同信息和知识具有共同的特征——大体而言,尤其是有关科学和技术的知识。但是,该学派也区分技术性知识本身独有的

---

① 一方面,信息的属性和在不同经济主体之间的分布(绝大部分情况下不理想、不完整、不对称)对宏观经济会产生根本性影响,此处不作探究。但是对此感兴趣的读者可以参阅鉴赏不同学者分析上的兼容性,例如 Greenwald 和 Stiglitz(1986)以及 Stiglitz(1994);另一方面,本章中会探讨生产、竞争、技术变革的宏观经济学。

② 凸集是指一个点集合,其中每两点之间的直线点都落在该点集合中。——译者注。

特性、产生方式以及在现代经济中的应用方式。

至于技术层面，理论上而言也许知识的应用可以不限规模（例如，生产工艺的应用次数可以是十次，或者百万次），但是这并不一定意味着复制应用或模仿应用就很容易、成本就很低（参阅 Winter，2005，2006a；Winter 和 Szulanski，2001，2002）。下文中我们会更详细地对此进行探讨，技术性知识的"不限规模再生产特征"需要满足三个主要条件。

首先，自然是实际应用的非竞争性，意味着科学和技术知识的再生产或转移不会贬值。毕达哥拉斯定理（又称勾股定理）当然不会因为 Pythagoras 本人的多次应用而贬值，也不会因为其学生的学习而折损。然而，该特性与复制应用的简易度及成本高低并不相关，适用于教习定理本身的成本，而对于技术性知识更是如此，例如甚至同一家企业中某一车间的精细作业。

其次，科学知识尤其是技术性知识具有一定的默会性[1]（下文会更详实地介绍），但是程度有所不同。这适用于导致所有发现的已知知识、目前需要解读的知识，甚至适用于产生以后的显性信息。关于技术性知识，Pavitt（1987）指出：

> "大多数技术具有具体性和复杂性的特征……［而且］在其发展进程中不断累积……具体到企业，即开展大多数技术活动的场所；具体到产品和工艺，原因在于大部分支出不是用于研究，而是用于开发和生产工程。而后通过实践和应用不断积累知识，也就是被人熟知的'干中学'和'用中学'。"（p.9）

另外，

> "各种活动的结合反映出大多数技术性知识的实用性本质。尽管理论非常有用，但是远不足以预计当前操作条件下技术产品的功能情况，确定性程度也远远不够；此外，更不足以避免高成本和高耗时的样品测验和试点车间建设。"（p.9）

值得注意的是，尽管技术性知识具备这些特点，但是将其等同于纯粹的"公共品"却是一种误解。技术性知识在实际应用中具有非竞争性的特点意味着，如果发展成熟的技术对所有尝试掌握并应用的人都开放，那么整个社会都将受益匪浅。尽管如此，即使在应用技术时不会遇到明显障碍的前提下，获取应用技术的相关能力往往也需要支付不菲的成本（参阅下文有关不同企业技术差异性的

---

[1] 默会性是指不能通过语言、文字、图表或符号明确表述：隐性知识一般很难进行明确表述与逻辑说明，是人类非语言智力活动的成果。默会性是隐性知识最本质的特性。——译者注。

介绍,技术差异性对增长和发展理论有着深远影响)。

一般而言,复制技术性知识的难易程度与成本高低成正比。事实上,复制及模仿的条件和成本是区别不同技术的重要标志。因此,在技术领域,不应过度注重"不限规模"的字面含义,"规模扩大"本身就是极具挑战性的学习活动,往往和追求规模经济相关(参阅第3节有关技术轨迹的描述和 Winter,2008)。

知识有别于纯粹的信息,原因在于知识的复制模式和成本(参阅 Winter 和 Szulanski,2001,2002)。"复制创意"指仅需点击计算机上的按钮,依照说明完成"复制",有可能还需要"发送";而技术性知识的复制涉及各种流程、组织安排,而且产品是苦心打造的成果,往往需要投入更多的商业经营(参阅 Mansfield 等,1981 及其他文章)。Winter 和 Szulanski(2002)提出 Arrow 核心[1]的说法。而其本质是尽管已经掌握 Arrow 核心,就信息编辑模板而言,实际的再生产流程也需要付出很多努力,需要支付高额的成本,而且最终成功的概率也充满不确定性——所有这些与技术性知识中的默会性要素都有关联。

以上种种对生产理论也会产生重要影响。[2] 可分割性的假设其实并不成立,原因在于"创意"(更不必说"技术")自带"不可分割性"的标签,此处再次重申"创意的一半"决然不具备整个创意一半的价值。总体而言,技术是各种要素不可分割性的集合,包括机器、工厂、企业总部以及其他要素。相反的,在一些重要解读中"可加性"可能成立(更多相关精辟讨论参阅 Winter,2008)。

正如 Winter(1987)所言,基于默会性不同程度和其他维度的分类系统为划分知识类型提供了非常有用的阐释语境。

默会性是指参与者甚至是心思缜密的观察者都无法明确表述的流程次序,即"完成创意"的程序、解决问题的程序、形成行为模式的程序等(参阅 Dosi 等,2005a;Nelson 和 Winter,1982,尤其是第4章;Polanyi,1967 以及其中的参考文献)。总而言之,默会性是衡量"我们所知的要比能言的多"程度的指标。[3] 反过来,特定领域知识默会性的不同程度以及显性知识的动态对创新模式、劳动分

---

[1] 是指 Arrow 提出的通过实践学习掌握以下方面的知识:实践模式的特性是如何创建的;哪些特性可复制;哪些特性值得复制。——译者注。

[2] 更多详细信息,请参阅 Winter(1982,1987,2005),Nelson(1981),and Dosi and Grazzi(2006)以及其他文献。

[3] 关于通过知识显性化的现代技术而"削弱默会性"的可能性、困难障碍和决定因素,请参阅 Cowan(2001),Cowan 等(2000),Nelson(2003),Nightingale(2003),以及 Pavitt(1987,1999)。关于制造工艺显性化的现代模式更具体的信息,此处的制造工艺以信息通信技术工具和计算为基础,请参阅 Becker 等(2005),Balconi(2002),Lazaric 和 Lorenz(2003)以及其他文献。关于软件产业方面更详细的介绍,参阅 Grimaldi 和 Torrisi(2001)。

工和"技术市场"的有/无也会产生不同程度的影响。例如,跨组织机构的劳动分工常常要求整理大量有关"谁做什么"的规范,技术市场的存在甚至需要更多的整理工作,前提是此处存在的技术市场指不同板块的知识可以付诸应用的市场,而且应用知识的主体不是技术本身的发明者,其中技术可以作为谈判和交易的对象(Arora 和 Gambardella,1994;Arora 等,2002;Granstrand,1999;本手册的第 15 章)。

更广泛而言,技术活动会借鉴知识的某些特定要素,部分为实际技能,部分偏重理论。事实上从后文中我们可以了解到,近 25 年来在识别不同技术的特征和源头方面已经取得重要突破:①此类知识的特征——例如,相对于参与主体本身的隐性技能,技术性知识的显性程度和在相关专业社区的开放程度;②技术性知识的源头——来自于大学、公共实验室等外部机构;或是来自供应商、消费者等其他产业参与者;又或是源自于实际应用技术的操作人员和组织机构等内部的积累?①

关于技术性知识的源头,各类制度提供了全新的学习机遇,而重建这些制度的起源也有助于超越任何最初比较粗略的对比研究,即"内生"技术进步和"外生"技术进步的对比。目前阶段,我们坚持这样的基本论点,即任何技术活动中都不存在"知识从天而降"的情况。即使在以科学为最根本基础的领域中,技术的进步也是在更注重"实用"的任务型组织中产生,具有内生性。与此同时,至少近 50 年以来,可以说所有经历过增长高峰的技术活动,至少其中的大多数都曾借力于"外生"的科学进展。

理解技术性知识的本质和动态,关键性的一步涉及如何理解技术性知识的栖身场所、表现形式、储存方式以及改善方法(参阅第 3 节)。由此可见,从知识版块、知识组合、知识变革的角度阐述技术必须以更偏重实际运营的"应用技术"为补充。

2.2　技术即配方

一般而言,任何产品的概念、设计和生产或任何服务的完成往往会涉及一系列认知行为和实际操作(通常而言该系列都很长)。因此,将技术视做类似"食谱配方"的存在,用于指导最终产品的设计,内附最终实体产品(例如食谱书中的样品)以及制造最终产品的一套程序,如此做法大有裨益。配方指明为达到预期结果需要采取的一系列行动,明确需要投入的要素以及任何所需设备(如果有时属于隐性需求)。如果复杂的实体产品或人工制造品是程序的终端产物或程序的

---

① 大量的更深层次的区别仍然有待探索,关于学习过程显化表达和搜索结果显化表达的区别,有见地的讨论请参阅 Prencipe 和 Tell(2001)。

基本要素之一,那么人工制造品本身可以被视为技术,本节稍后会对此观点加以详述。所以,Mandeville 提及的战舰可以被视作一种技术。从食谱配方的视角而言,在该案例中食谱就是制造战舰的方式。从所需程序的角度,高效驾驶和操控战舰可能也会涉及相当复杂的技术。

配方会指明各"合法"流程的顺序,此处的"合法"指至少在技术上可行,且有助于实现预期结果。以此推究,在蛋糕制作流程中,像"在水槽上方使用平底锅打破鸡蛋"这样的操作就不"合法",因为类似的操作最终根本不会有助于蛋糕的制作。因而,(结构合理的)配方会遵循特定的语法,以具体知识库为基础规定什么可以做,什么不能做。配方是编码程序,指导认知行为和实际操作的执行顺序,以及涉及各类材料投入和机器服务的顺序。[1]

相较于先前提到的黑匣子观点,技术配方观点促使学界在理解技术性知识的本质方面取得了重大进展。配方观点以蛋糕食谱(配料清单)为代表示例。此外,下文中会介绍配方观点同时也提供了很多颇具潜力的研究视角,推动正式形成问题解决程序动态的代表性观点。任何技术活动都会涉及问题解决程序。然而,回顾我们先前关于技术作为知识的讨论,意识到以下内容非常重要:配方不但含有显性部分,而且含有隐性部分;记录下来的配方,我们称为**显性配方**,远远不是全部内容。而隐性知识恰恰是显性配方中没有涉及的内容(在某些情况下,甚至原则上也不允许)。以蛋糕食谱为例,其中的隐性部分存在于祖母/奶奶或法国厨师的头脑中(存在于具体实践中更好),更多情况下通过以身示范进行传播,而不是通过言语说明。但是这方面存在一个通用原则:任何优质的人工制造品或服务都不会完全源自于显性配方(更详细的讨论,参阅 Winter,2006a)。或者换一种说法,技术程序中包含的知识远远多于任何显性配方展示的内容。

在一些情况下,正如烹饪食谱的实例,单独的一个人拥有从原材料到最终产出所需的一整套技能,比如怎样打鸡蛋,怎样将鸡蛋和面粉混合,黄油如何放在平底锅中等一系列程序,一直到最终制成蛋糕。然而,在产业技术领域一般不会出现这种情况:不同的知识板块和技能掌握在不同的人员手中,关键在于何时以何种方式调用合适的知识和技能。这样一种以实际技能为中心的程序化技术解读会引出相对犀利的观点,技术、劳动分工、组织和管理之间的界限模糊,或者更好的说法是以上各要素相互交织(更多信息见下文)。如此一来,如果"配方"

---

[1] 关于"技术即编码"的介绍请参阅 Baldwin and Clark (2000)。同时值得提及的是生产的资金流理论试图在投入要素本身被使用时(也就是要求使用其服务流时),按照明确的时间顺序标记其应用,尽管资金流理论并不符合生产活动明显的程序模型:参阅 Georgescu-Roegen (1970);再评估、再改进和实际应用参阅 Morroni (1992)。

为制造战舰，或驾驶战舰，或设计战舰，那么涉及的人员往往不止一人，而且这与是否将复杂的人工制品作为生产投入要素无关——无论生产的机械化水平如何（现代生产机械化水平较高），战舰制造仍然需要团队合作。不同的人员和团队负责完成制造流程的不同环节。事实上，极少有技术是纯粹操控物理对象的个人活动。相反，技术会涉及特定组织的内在社会要素，以及内在社会要素的各类集合。因而，有人提出社会技术的概念（Nelson 和 Sampat，2001），试图提炼总结影响"做事方式"的规范、信条和社会习俗系统。反过来，事实证明 Mandeville 曾提及的战舰不仅依赖于整体的船舰设计和名义上要遵循的配方，更仰赖于"社会技术"，即统筹劳动分工、技能匹配，并理解劳动分工中将要完成的工作和实际需要完成的工作，以及高效协调和管理工作任务。

2.3　技术即惯例

有人提议使用"惯例"一词识别和表示组织机构"制造产品或做事"方式的多人协作本质[①]。组织机构的惯例是指"特定背景下，组织机构通过学习所掌握的可执行重复操作的能力"（Cohen 等，1996，p. 683）。Nelson 和 Winter（1982）经过深入探讨认为，惯例有三种特性：①涵盖任何一个组织绝大部分的问题解决技能；②涉及潜在利益冲突的管理补充机制（更详细的信息，参阅 Cohen 等，1996；Coriat 和 Dosi，1998）；③很可能也会涉及一些"惯例调整"，以便评估和修订"较低层级"的组织实践（研发活动中的渐进式更新和战略调整中的重复性工作实践都是很好的实例）。

惯例涉及多名组织成员，其成员面对特定环境情况时"知道"如何采取恰当的行为模式或发出适当的信号：

> "每个组织成员经常会收到其他组织成员或特定环境发出的信号，并从其本身的知识技能集合中调用相应的举措，进而向另外的组织成员发送信号，或对环境产生某种影响。此处，接收信号可能是生产线上待完成的汽车，采取的举措可能是旋紧特定的螺丝，而发出的'信号'可能是完成度稍高的汽车，继续进入生产线的下一个环节。又或者，接收信号可能是一份总结上个月销售人员所提交的报销账单的报告，采取的举措可能是对比报销标准和以往报销数额，而发出的信号可能是一封抗议信。"（Winter，2006a，p. 134）

> "在组织机构中，'了解自身的工作'部分是指了解必要举措以及所有相

[①] 参阅如下文章：Nelson 和 Winter（1982），Cohen 等（1996），Teece 等（1997），Dosi 等（2000），由 Augier 和 March（2000）以及 Becker 等（2005）编辑的《产业和企业变革》特刊，Montgomery（1995），Becker 和 Lazaric（2009），以及 Foss 和 Mahnke（2000）。

应的技能,部分是指了解针对所接收到的信号应该采取的相应举措。每个组织成员所具备的能力都远远超过其完成自身工作所需的能力,但是鉴于'熟能生巧',在要求具备的能力方面组织成员会掌握非凡的技能。"(Winter,2006a,p. 134)

同时,值得注意的是嵌入惯例的"程序指令"一般会涉及配方(一般会忽略劳动分工)、特定的劳动分工以及特定的协作模式。正如之前使用的词汇,前者主要关注"实体"技术;而后者涉及特定的"社会技术"(Nelson 和 Sampat,2001)。

反过来,组织机构特有的能力(competence)和实力(capability)构成了其日常的惯例集合。很多文献随意使用上述两个单词,甚至相互交换使用。Dosi 等(2000,2008a)在所著文章的引言中提议,实力应该用于特指目的性较强的"高水平"任务,例如制造具有特定性能的汽车,而"能力"也许可以用于特指掌握特定知识库的能力(例如机械能力或有机化学能力等)。显然,上述能力/实力的概念在很大程度上与如今人们所知的"企业能力观点"相互重合(参阅 Helfat 等,2007;下文以及第 19 章)。

2.4 技术即人工制品

先前,我们可以说是以人工制品为中心对技术及其动态进行了解读,而以流程为中心的技术解读不失为一种重要的补充(参阅 Arthur,2007;Baldwin 和 Clark,2000;Basalla,1988;Frenken 和 Nuvolari,2004;及其他文献)。的确,技术配方往往涉及如何实现最终产出的设计。(尽管并不总是如此,例如航班预定系统或外科手术等各类服务。)即使在流程包括了设计概念的情况下,一般而言这种设计也仅仅是诸多可能的配置之一,能够以任意知识库为基础予以实现。事实上,当最终产出是实体产品时,以设计的维度研究其动态发展非常有用(Bradshaw,1992;Frenken 和 Nuvolari,2004),其设计由组成最终产物的各类组件和组件集合的性质而决定。因此,以战舰为例,技术——此处被视作复杂的产品系统(Helfat,2003;Prencipe 等,2003)——由各种组件(船体、航行装置、枪炮等)构成,通过保证战舰整体有机契合的技术连接各组件。① 此外,从动态的角度而言,以各组件和整个战舰系统的性能调整及改善为切入点研究创新可以产出丰硕的成果。毕竟,从 Mandeville 时期的战舰到现代 Ronald Reagan 时期的美国航母,这期间的海军历史上出现过无数次中断,且与人工制品结构和功能的渐进式变革相呼应,这恰好是创新演化理论的两大中心主题。

---

① 斯德哥尔摩的游客仍然可以赏鉴 17 世纪精美的战舰,名为"瓦萨",目前保存非常完整,因为当时一投入使用便立即沉船了,原因是当时的国王插手干预战舰设计,恰恰违背了以上条件。

其实，从人工制品的角度研究技术有助于实现更普遍的目标。一方面，可以识别特定最终产品的技术经济特性；另一方面，可以识别机器、组件、中间投入要素的技术经济特性。因此，正如我们所见，通常可以从最终产品及其特定特性的动态发展角度追溯技术发展史。这也是产品创新的特征维度。相应的，技术进步的表现形式之一便是设备特定组件特定性能的完善（例如，切割机的切割速度如何？钻探机的耐受性如何？一台计算机每秒处理多少字节的信息？等等）。

2.5　知识、流程和投入产出关系

值得关注的是从流程角度研究技术的首要核心并不在于投入要素清单和生产使用的设备，而是在于生产设备的设计以及生产流程的设计。以生产具有特定性质的半导体为例，即从原始的硅材料转化为微处理器需要使用的生产设备和生产流程。首要核心不是具有特定性能的汽车中铁、塑料和铜的用量，而是汽车本身的设计和生产汽车的流程。关于技术进步，流序和设计的调整与改进是真正需要采取的"行动所在"，而投入/产出关系的变化某种程度上而言是成功探索有效流程和设计的副产品，其中的探索是指使流程和设计具备特定的性能，或者做出调整使其朝着预期的方向发展。因此，研究生产理论的学生应该注意：任何隶属于"生产函数"的内容基本上仅仅是配方中"量"的事后描述。以先前提到的食谱为例，也就是制作蛋糕需要的鸡蛋、黄油、面粉、平底锅、电力、人力的数量的事后描述，但是此处的数量也是由配方的本质和最终目标产品的特性严格界定的。因而，制作流程如果使用 90% 的鸡蛋和 10% 的面粉其实是"不合规"的（这样的做法在实际流程中并不可行），因为这样操作的最终产物最多是煎蛋卷，而绝不是蛋糕，与相关的价格无关。

还需要注意的是，从动态的角度而言，绝大部分情况下改变配方会直接导致投入要素性质和"强度"的变化。反之，以一种投入要素替代另一种也会引发生产流程的改变。论证前者非常好的实例是经济史中约百年前商业企业"泰勒制"[①]和"福特制"[②]转型涉及的"资产强度"变化，改变组织机构内部的主要劳动分配比例以调整"做事方式"。相对应的，"替代价格高昂的投入要素"（从"生产函数"的角度来看非常简单）往往需要艰辛地探索全新配方和有效流程。

研究解读技术的两个不同角度——以流程为中心和以投入/产出为中心，两者之间的匹配是所有生产理论研究的重要主题。如果存在可以衡量投入/产出

---

① 泰勒制的核心是把 Adam Smith 的劳动分工理论推向极致，任何工作都被精细地分割为若干工序，每个工人专心于一个小工序。——译者注。

② 福特制是指以市场为导向，以分工和专业化为基础，以较低产品价格作为竞争手段的刚性生产模式。——译者注。

的指标,那么也就可以制定一些高层次维度的"问题解决"衡量指标(即使指标的模糊性不可避免)。[1] 鉴于这种情况,投入/产出视角如何匹配到流程视角呢?尤其是否可以在特定的时间将制作蛋糕(或者微处理器,或者汽车)名义上所需的所有配方整合起来?投入/产出率的分配情况又如何呢?尤其是否可以找到很多配方而且其排序方式大致可以用齐次函数(可能是一阶齐次函数)描述?诚然,在技术性知识、配方和惯例中不存在任何指示未来走向的事前信息,这是由其本质决定的(下文提供的证据会增强该论点的信服力)。事实上,配方有可能和其涉及的流程紧密相关,但是和投入/产出却并没有太大的联系。反之亦然,如下情况也同样可能发生,如生产钢铁、化学品或半导体的配方可能第一眼看似与投入强度相关,但事实上从基础知识和流程的角度而言却并不相关。

同类的问题也出现在配方和惯例变化之间的关系方面,一方面是本质的变化,另一方面涉及各类投入要素相对强度的变化。生产流程的"微小"变化是否对应投入/产出关系的"微小"变化?反之,影响"做事方式"的重大技术变革是否也意味着配方中投入要素比例的重大变化,包括制造任何产出所需的各类人工制品和各类劳动力?事实上,生产流程、人工制品特性和投入强度动态变化中可能存在的不变量将会是下一部分探讨的中心主题之一。[2]

另一层含义是上文所述的技术视角聚焦于相关的生产流程,例如设计和生产汽车、软件、化合物等,而非聚焦于(衍生出的)投入/产出关系,而该视角直接解释了各产业领域不同企业的业绩表现出巨大差异的原因。尤其是如果生产流程复杂、环节多,实施生产流程的组织机构仅仅掌握其中的部分环节,大家很可能会认为:①每个组织机构了解其中一个或很少的生产流程环节;②甚至对于显然类似的配方而言,任意两个组织机构所掌握生产流程的有效程度也彼此不同。由此看来,企业异质性才是真正的关键所在,下文有更多关于企业异质性的讨论。

3. 技术演化历程

正如上文所言,深入研究技术进步的专家学者已经达成共识,即需要将技术

---

[1] 正如我们下文简要调查的结果,技术即配方模型在正式文献中极少出现。但是也有例外,其中之一就是 Auerswald 等(2000)。两种技术配方之间的"距离"是指一种配方完全转化为另一种配方所需的最少操作量(p. 397)。上述定义和如下文章中的正式描述相一致:Marengo 等(2000);Marengo 和 Dosi(2006)。

[2] 紧密相关的讨论,可参阅 Nelson 和 Winter (1982),Nelson (1981),Auerswald 等(2000),Winter (2006a),以及 Dosi 和 Grazzi (2006)。生物学中有些类似的问题是基因型结构和表型结构之间的匹配,参阅 Stadler 等(2001)。

进步理解为演化的进程。(包含许多经济学家和经济史学家,其中很多都是 SYS 综合学派的参与者,上文有相关介绍;以及 Chandler,1992;Chandler 和 Galambos,1970;Metcalfe,1994,1998,2005b;Mokyr,1990,2002;Ziman,2000。)[①]广义上而言,技术进步过程是不断演化的,至少意味着总体上任何时期都有以推进技术进步为目标的各种各样的努力,而且某种程度上而言彼此相互竞争,最终出现居于主导地位的实践做法。在竞争的过程中,根据事后的选择机制决定胜方和败方。任何情况下,试图为技术进步历程寻找合理化解释的做法都没有取得大的进展,不论是远见卓识人士持续性的"冒险赌博",还是避免盲目的高效"市场化"。如此一来,在一些重要方面,技术的演化历程和生物学的进化历程也有所不同。尤其是上述意义上的技术演化历程不可能否认或贬低演化过程中人类意图的作用,也不能否认或贬低重要理解和技术的作用,其中的部分理解和技术有时在指导人们追求技术进步方面发挥了强有力的影响。因此,创造和创新方面的努力绝不可能是完全盲目的,或严格意义上而言绝不会是随机的,而在研究生物"突变"时往往假设是随机出现的。与此同时,我们下文会探讨探索的目的性绝不是指预测和结果的完全匹配。因而,也会探讨不同人工制品和生产流程相互竞争过程中测试、错误以及事后选择的基础角色和作用。

Vincenti (1990)描述了现代航空工程师已掌握的不同类型的复杂知识和技术,并详细讨论了这些知识和技术如何帮助他们在设计过程中寻找努力的焦点,从而推进设计进程。此类知识和技术使工程师可以通过分析方法或模拟实验大致分析可能需要不同设计方案添加或减少的组成部分,进而将其努力聚焦于特定的设计方案。一部分知识理解用于指导相应技术领域的专业人士解决问题和设计方案,其中部分知识和理解源自于实际操作经验。与此同时,现代社会很多技术与应用科学或应用工程的特定领域紧密相关。在这些特定的领域中,相关知识理解的很大一部分属于显性知识,是培训技术专家和应用科学家的基础材料。而这些领域也属于研究领域的范畴。在现代高科技产业中,基础学科的研究是新知识和新技术的重要来源之一,这些新技术和新知识会成为设计者运用的工具(Cohen 等,2002;Rosenberg 和 Nelson,1994;以及参阅下文)。

每当专业性相对较强的知识引导创造和设计的方向时,技术演化涉及的相关方案和选择过程都部分存在于人类思想之中,存在于思考和分析之中,存在于探讨和争论之中,存在于探索和模型测试之中,而不是在具体实践中予以验证。

---

① 不少其他文章虽然没有明确称之为"进化性的",但是表达的观点却大部分与此重合,主要是 Landes (1969,1998),David (1985,1989,2005)以及其他文献。

可以说推进技术进步的大量努力其实均为"线下"努力。人们通常用"研发"一词描述此类努力,尤其是涉及一群科学家和工程师在正式组织机构中工作,且其主要活动便是此类内容的情况下。不同的产业和技术会投入不同数额的研发投资基金,而且在不同的产业中,相对于"干中学"和"用中学"(Dosi,1988 和 Pavitt,1984 分别所著文章中探讨的跨部门证据在今天而言依然具有广泛的适用性),研发作为技术进步主要源泉的重要程度也各不相同。然而,即便在科学基础非常重要,且绝大部分推进技术进步的努力于线下开展的研究领域中,"干中学"和"用中学"仍然扮演着十分重要的角色(参阅 Freeman,1994;Rosenberg,1982,第 6 章)。先前所述的 Pavitt 的观点适用于各类过去和现代的技术,事前的显性知识,不管其如何重要都不足以构建任何生产流程或人工制品的详细属性。原因有三:

首先,即便是基础科学占据重要地位的情况下,专业人员用于推进技术进步的大部分专业知识和技能都是通过实际操作经验所得,而不是通过接受正式的科学培训获得。

第二,正如 Vincenti 所认为的那样,任何情况下,发明创造和解决技术问题都不可避免地会超出人们完全理解的备选方案范围。最终,什么方案可行或不可行,什么方案更佳,都需要通过实践才能知晓答案。

第三,正如我们稍后要重点介绍的,一个产业中的不同企业在以下方面往往彼此相异:产品细节、采用的生产工艺、熟悉的客户和供应商、成功和失败史。所有这些因素都影响着各企业如何聚焦和开展各自的研究活动。以上不同企业在知识和实践方面的种种差异极少是由科学和工程原理方面的不同引起,而是由具体实践的不同导致的。

目前我们已经勾勒出不同领域、不同国家的技术进步所具备的一些共性特征。技术进步的驱动力往往源自于众多相互竞争的探索主体各种各样的行为。更进一步,我们提出这样的疑问:在知识结构和技术性知识的积累方式中是否存在恒定不变量;以及用什么来区别不同时期和不同领域的技术进步,如果确实存在差异。

3.1 技术范式和技术轨迹

根据先前的讨论,我们应该清楚需要将每项技术理解为由不同的要素构成:①特定的实践活动,即实现特定目标的具体流程,当然也包括"投入方面"所需的各类人工制品;②往往包括预期"产出"制品的某种特殊设计理念;以及③特定的知识理解,有些相对私人化,但是大部分为特定领域的专业人员所共享。上述各要素可以被有效视作技术范式(Dosi,1982,1988)的构成部分,与 Kuhn(1962)

提出的科学范式有些类似。[①]

一个技术范式包含一种观点和一个定义,定义的对象是需要处理的相关问题和为了处理相关问题而设定的解决方案。技术范式涉及用户的需求及其关注的产品或服务属性。包括与完成以上任务相关的科学和技术原理,以及采用的特定技术;涉及所选技术经济问题的解决方案,即特定组合的配方和惯例——基于自然科学的高度选择原理,还涉及旨在获取相关新知识的特定规则。总而言之,技术范式包含一种理解(一般而言并不完善),理解主流的实践做法到底是如何以及为什么(一定程度上)有效。

范式知识中有一部分非常重要的内容以设计概念的形式呈现,用于整体描述不同时期采用的生产流程或特殊人工制品的配置。不同时期生产的特定产品往往具有极强的相似性,重要原因之一是其总体设计理念的一致性,例如不同航空公司制造的大型客机、电子商店中不同的电视机设备等。的确,特定技术范式的建立常常与某类特定的主流设计相关(参阅 Abernathy 和 Utterback,1978;Henderson 和 Clark,1990;Rosenbloom 和 Cusumano,1987;Suarez 和 Utterback,1995;Utterback 和 uarez,1993;以及整体文献的批判性综述 Murmann 和 Frenken,2006)。在人工制品的范畴内定义主流设计,且主流设计以一系列核心设计理念和产品结构为特点,其中核心设计理念体现在产品主要功能相对应的不同组件中,而产品结构则决定各种组件相结合的方式(Murmann 和 Frenken,2006;参阅 Henderson 和 Clark,1990)。然而,有时主流技术范式的建立和主流设计并不相关。验证这一点的已知案例恰好是涉及特定知识库、特定探索诱导法及其他特征(即范式的明显特征)的制药技术。即使针对同一种病理,分子的结构也可能出现很大的差异。从这个角度而言,德国大众 1937 年的甲壳虫和 2000 年的法拉利之间甚至都找不到相似之处。但是,"范式"的概念包括知识库和探索流程的基本特征。[②] 特定的范式和产业相关联,而在相关产业生命周期过程中的产业结构动态方面,主流范式的建立是否涉及主流设计的建立至关重要。在第 4 节我们会再次探讨该问题。

---

① 同样的,在 Dosi(1982)所著文章中,我们使用的范式概念是从微观意义上而言的,例如,半导体范式、内燃机范式等。这与 Perez(1985,2010)、Freeman 和 Perez(1988)使用的"技术经济范式"概念不同,从更宏观的意义上而言,这是对各类狭义范式的概括总称。例如,电子技术经济范式、信息通信技术等。后者更广义的概念与 Bresnahan 和 Trajtenberg(1995)使用的"通用技术"概念有重合的部分(此外,也可参阅第 5 节的评论)。另外,此处使用的范式概念与 Nelson 和 Winter(1977)提出的"体制"有很多重合的内容。

② 与"主流设计"概念类似的是"技术路标"概念(Sahal,1981,1985)。路标作为基本的人工制品,其技术经济特性随着时间的推移不断改进和完善。

技术范式能够识别主流最佳实践中的限制因素,以及有望缓解这些限制因素的问题求解诱导法。更广泛而言,技术范式是各种认知框架,为特定领域的专业人员所共享,引导专业人员思考为促进技术进步而力所能及的事情(Constant,1980)。技术范式也涉及规范性这一方面,例如绩效评估的标准等,由此提供评价更佳选择的方式和改善实践做法的目标。每个技术范式都包括特定的"技术变革的技术",也就是特定的探索诱导法。因此,在一些领域中,诸如有机化学产品等,上述诱导法与基础科学知识和体现所需特征的分子变化这两方面的匹配能力相关;而在制药领域,还需要另一种匹配能力,即匹配分子知识和目标受体及其病征的能力。在微电子学方面,探索诱导法涉及很多方面,包括电路进一步微型化的方法、在所需的微型化水平上能够"写入"半导体芯片的合适硬件的开发,以及将编程逻辑内置于芯片方面取得的进展等。具体实例不计其数,Dosi(1998)所著文章对其中的部分实例进行了探讨。此处尤其需要注意的是独特(依据范式而定)的搜索和学习程序,首先意味着不同模式的发明创造和新技术机遇;其次,也涉及适合上述搜索程序的组织形式。[①]在试图描述独特的技术和产业演化"体制"时,以上两项属性均占据中心位置(参阅下文)。

以上所有关于技术范式的特征既为推进技术进步的努力提供了重点方向,同时也促使各种探索沿着独特的技术轨迹发展,其中各种技术进步(由众多不同的主体获取)在相当重要的时间阶段,在人工制品和生产工艺的技术经济特征的范畴内,朝着某些相对恒定的方向发展。由于技术范式包括识别用户的经济需要和技术要求,所以技术轨迹也许可以理解为在供应方面响应用户需求和要求的渐进式改进和完善。技术轨迹的实例日益增加:包括人工制品、直升机、各种类型的农业设备、汽车、半导体以及其他类型的技术(Dosi,1984;Gordon 和 Munson,1981;Grupp,1992;Sahal,1981,1985;Saviotti,1996;Saviotti 和 Trickett,1992)。因此,例如飞行器方面的技术进步遵循两大独特的技术轨迹(一类为民用,一类为军用),以对数线性模式不同要素(即马力、总起飞重量、航速、翼载荷、航行范围等)间的权衡和改善为特征(Frenken 和 Leydesdorff,2000;Frenken 等,1999;Giuri 等,2007;Sahal,1985;关于航天器引擎更详细的信息参阅 Bonaccorsi 等,2005)。类似的,在微电子领域,技术进步的表现形式为不同因素(即电子芯片的密度、计算速度和每比特信息的成本)间精确的指数式改善轨迹(参阅 Dosi,1984,但是自此以后技术轨迹保持

---

① 同样需要注意的是科学驱动型搜索和技术驱动型搜索似乎有一些主要差异(参阅 Nightingale,1998):科学启发法聚焦于"未来的谜题"(鉴于已知知识);而技术领域中,启发法通常需要处理的问题是"如何解决这个问题",不论其基础理论知识如何。

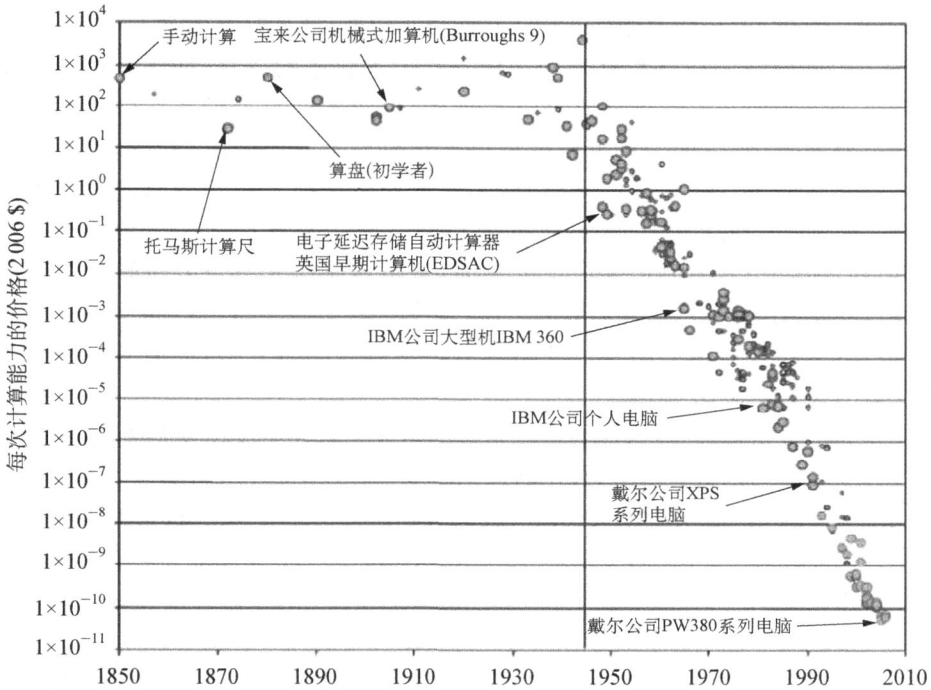

手动计算　宝来公司机械式加算机(Burroughs 9)

算盘(初学者)

托马斯计算尺

电子延迟存储自动计算器
英国早期计算机(EDSAC)

IBM公司大型机IBM 360

IBM公司个人电脑

戴尔公司XPS
系列电脑

戴尔公司PW380系列电脑

每次计算能力的价格(2006 $)

图 1　以每秒每次计算成本的下降来衡量计算的进步(依据 2006 年 GDP 价格指数)

资料来源：Nordhaus（2007）。

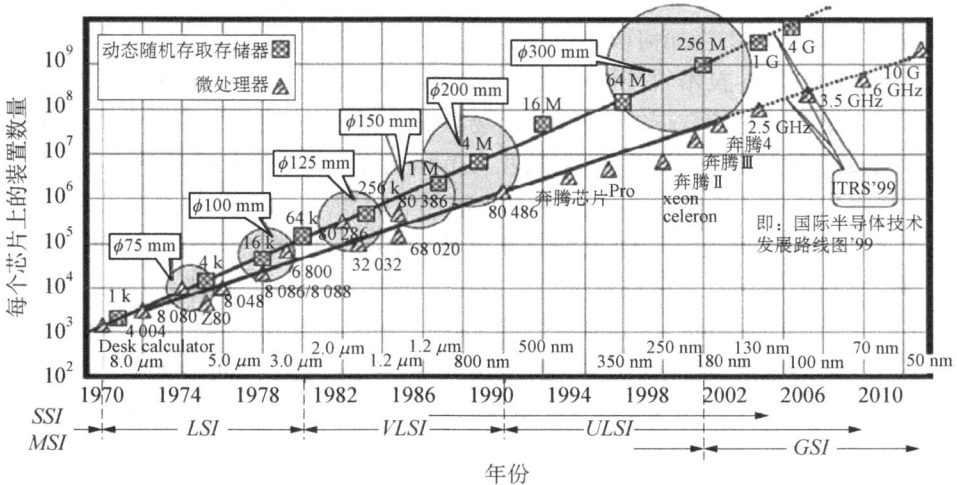

动态随机存取存储器

微处理器

每个芯片上的装置数量

ϕ300 mm　ϕ200 mm　ϕ150 mm　ϕ125 mm　ϕ100 mm　ϕ75 mm

256 M　64 M　16 M　4 M　1 M　256 k　64 k　16 k　4 k　1 k

4 G　1 G　10 G
6 GHz
3.5 GHz
2.5 GHz
奔腾4
奔腾Ⅲ
奔腾Ⅱ
xeon
celeron
奔腾芯片 Pro
80 386　80 486
80 286　68 020
6 800　32 032
8 080 Z80
8 086/8 088
8 048
4 004
Desk calculator

ITRS'99
即：国际半导体技术
发展路线图'99

8.0 μm　5.0 μm　3.0 μm　2.0 μm　1.2 μm　800 nm　500 nm　350 nm　250 nm　180 nm　130 nm　100 nm　70 nm　50 nm

1970　1974　1978　1982　1986　1990　1994　1998　2002　2006　2010

SSI　MSI　LSI　VLSI　ULSI　GSI

年份

图 2　摩尔定律和技术规模

注：SSI——小规模集成电路；MSI——中规模集成电路；LSI——大规模集成电路；VLSI——超大规模集成电路；ULSI——特大规模集成电路；GSI——超级大规模集成电路；Xeon——至强，是英特尔公司的注册商标；Celeron——赛扬处理器，也是英特尔公司的微处理器。

资料来源：Zheng（2008）。

持续的一致性)。下文的图 1 展示了有关计算机领域的技术轨迹，Nordhaus（2007）也同样强调与技术范式变化相关的技术轨迹的变化，而图 2 则描绘了半导体领域类似技术轨迹的长期发展模式，以及不同类型设备对轨迹的划分方式。事实上，到目前为止可以说分析师在研究不同历史时期不同人工制品或生产工艺的基本技术经济特征时，一般都能发现技术进步的轨迹式模型的存在，例如人工制品方面，从道格拉斯 DC-3 双引擎螺旋桨飞机到空中客车 A380 巨型客机；或者制钢生产工艺方面，从坩埚制钢法到贝塞麦转炉炼钢法再到基本氧还原法。（诚然，从生产工艺和相关投入要素强度的角度对技术轨迹的研究远远没有从产出特征的角度对技术轨迹的研究多，而后者也的确是未来颇具挑战的研究领域。）

正如上文所述，相对有序的技术轨迹的出现有时与主流设计有关，有时与主流设计无关。当两者有关时，技术轨迹似乎受"等级结构技术周期"的驱动，其技术周期既涉及相对恒定的核心要素（虽然会随着时间的推移不断完善），也涉及一系列的瓶颈和"技术失衡"问题（Rosenberg，1976），技术失衡与系统所有组件在技术更新上的一致性相关（参阅 Murmann 和 Frenken，2006）。总而言之，注意技术轨迹的一些属性非常重要。

首先，技术轨迹虽然限定并界定每代产品和生产工艺变体持续发展的顺序，但是根本不会消除各种变体。创新搜索和研究总能产生新产品和新的生产工艺。技术范式定义灵活性的近似边界，并影响搜索启发式。然而，不同的生产商探究产出的各类特性（Saviotti，1996），可能会继续在各种产出特性之间做出大量的折中取舍，而最终如何取舍（不完善且耗时）交由市场选择。

其次，同样的，技术轨迹可以说是"外推算法"（注：外推是指从已知数据的孤点集合中构建新的数据的方法；在市场学中，这种方法被用来预测未来产业走向），到目前为止此类知识为公司、从业人员和工程师组成的社区所共享，在减少未来技术发展的不确定性方面发挥着非常强大的作用。然而，这距离无偏向地预计"到达那里"（不论"那里"到底意味着什么）的时间和成本仍然相去甚远，更不用说预计个体参与者在技术和经济成功方面的可能贡献比例了。也就是说，技术轨迹并不能将奈特式不确定性（指无法被衡量期望值、不能被计算或然率、无法被预知的风险）降低为可计算的风险概率。[①] 的确，尽管可以大致预计技术轨迹的发展，但是实质上（关于世界未来状态）和程序上（关于尚未出现的问题解

[①] 如此持续的不确定性也体现在对创新搜索成本、未来需求、新产品和新工艺盈利性等内容进行系统性预测时出现的诸多失误上：参阅 Starbuck 和 Mezias（1996），Beardsley 和 Mansfield（1978），Freeman 和 Soete（1997），Dawid（2006）和 Gary 等（2008），以及其他文献。确实，所有的证据都指向有关"技术理性预期"任何假设的相反方向。

决程序)的不确定性依然无处不在。[①]

　　需要注意的是在任何时期人们观察限定群集的技术特征和一定时期内的技术轨迹时,并没有任何事先的经济原因。相反,正如 Dosi (1998)在所著文章中陈述的观点,如果技术完全是"可塑的"(标准经济模型隐含的暗示),(鉴于不同的消费者拥有不用的偏好,使用设备的用户也有不同的技术要求,而且不同的国家相对价格也彼此不同)人们会趋向于从产品生产技术和技术经济特征的角度看到形状相似但类型不同的"等产量曲线"[②]。而且,随着时间的推移,如果可以自由添加、分离、再组合、替换技术配方——既包括流程方面,也包括投入要素,人们也会易于观察到日益多元化的技术和功能组合,即产品、生产投入要素以及可用技术等方面的技术和功能组合(尽管不一定是在实际应用中,由于其相对价格不同)。相反,证实技术轨迹的证据无处不在,表明技术的进步被桎梏在非常有限的技术经济特征子集范围内。我们可以说技术知识的范式、积累和本质其实提供了创新路径(Sahal,1985),引导着技术演化的方向,而演化的不连续性往往与技术范式的改变相关。实际上,我们一直将沿着特定轨迹的进展称为"正常的"技术演化(无论技术进步多"大",发展有多快),而将和技术范式变化相关的创新称为"激进式创新"。

　　一般而言,技术范式发生变化意味着技术轨迹也会发生变化。不同的技术范式再加上不同的知识库和不同的人工制品原型,共同导致创新的技术经济维度也会各不相同。一些特性可能会变得很容易实现,令人满意的新特性可能会产生,而其他的一些特性可能会失去其重要性。相应的,工程师对未来技术进步的展望也会发生变化,进而新人工制品各种特性之间取舍的重点也会发生改变。因此,例如基于热离子管的有源电子元件的技术轨迹,随着时间的推移,热损真空参数、微型化和可靠性等基础特性维度之间的权衡取舍。随着固态元件的出现(微电子革命的基础构件),相较而言热损的重要性下降,而微型化这一特性的重要程度却大大地提升。在设计方面,大多数从一种技术范式到另一种技术范式的过渡过程中都能找到类似的实例。当然,人们并不总是能够看到清晰明确的范式"革新"。有时基于已知知识库的"正常"技术进步和新的知识来源相互交织。这一点似乎适用于以电子学为基础的产业自动化,可能也同样适用于制药业和生物科技领域,参阅 Hopkins 等(2007)。

　　是否存在绝大多数技术轨迹都具备的共同特征?

---

① 更多有关实质上和程序上的不确定性,请参阅 Dosi and Egidi (1991)。相关建模的讨论,请参阅 Dawid (2006)。

② 在技术水平不变的条件下,生产同一产量的两种生产要素投入量的不同组合产生的轨道。在该曲线上,尽管生产要素配比不同,但产出相同。——译者注。

　　所有生产工艺和相关设备体现的技术进步轨迹都具备的共同特征之一是强劲的机械化和/或生产活动的自动化趋势。可以在 Klevorick 等(1995)所著的文章中找到最近的相关证据,但其实早在古典经济学阶段就已经有人注意到该现象,在 Adam Smith 和 Karl Marx 对资本主义经济动态的分析中自动化趋势扮演着非常重要的角色。需要注意资本强度各不相同的各个国家、各个领域都呈现这样的自动化趋势,而且和相对价格的变化并不相关。[①] 由于该趋势的普遍性,在另一篇文章(Nelson 和 Winter,1977)中,我们称之为"自然轨迹",当然严格意义上而言,没有任何"自然性"可言,但却的确反映了普遍的长期趋势,无生命的机械化能源取代人类和动物的劳动,最近更是以无生命的自动化信息处理取代人类认知和控制。

　　另外一个不同创新轨迹相对普遍共有的特征(尽管我们仍然不清楚普遍的程度如何,这一问题有待未来进一步研究解决)是学习曲线,第 10 章专门探讨"干中学"模式及其不同的具体形式。此处,我们仅介绍一些基本规律及其对技术轨迹特性方面的影响。研究发现成本的降低遵循一种幂定律:

$$p = \alpha X^{\beta} \tag{1}$$

　　公式中的 X 是指累积产量,α 和 p 是两个(依据具体技术而定)常量,p 一般代表的是单位成本,但有时也指单位劳动投入或产品性能的某种指标。该"定律"最初源于 Wright (1936)[②],基于航空器生产提出(参阅 Alchian,1963)。类似的规律也出现在众多不同的领域,包括能源生产技术、计算机、电灯泡以及其他许多人工制品和生产工艺,有关基于特定技术的证据、调查、讨论,请参阅 Conoway 和 Schultz (1959)、Conley (1970)、Baloff (1971)、Dutton 和 Thomas (1984)、Gritsevskyi 和 Nakicenovic (2000)、MacDonald 和 Schrattenholzer (2001)、Neij (1997)、Yelle (1979)、Argote 和 Epple (1990),以及本手册的第 10 章。在以微型化为驱动力的技术轨迹发展方面,半导体的演化是非常典型的实例,其中推进微型化的努力产生了所谓的摩尔定律,即每 2～3 年每个芯片可容纳基本晶体管的密度增加一倍,之后的时间里微型处理器也是一样(参阅图 2;更多细节见 Dosi,1984;Gordon 和 Munson,1981;Jovanovic 和 Rousseau,2002;Nordhaus,2007)。[③]

　　有趣的现象是尽管设备水平保持恒定,似乎单位劳动投入量依然呈现稳定

[①] 更多详细讨论,请参阅 Dosi 等(1990)。
[②] Wright 本人有点混淆,错误地将"性能"称为等式左侧的变量,将"盛行率"称为右侧的变量。
[③] 学术上而言,摩尔定律是从时间角度定义的,而不像等式(1)是根据累积的产出结果。但是相应的,可以轻易再次修改定律,需要注意的是随着时间的推移,产出流呈现指数性增长。

下降趋势,至少在一些情况下是如此。这就是所谓的"霍恩德尔现象"[1],以瑞典的一家钢铁厂命名(Lundberg,1961),曾帮助启发了 Arrow(1962b)有关"干中学"的观点。[2] 需要注意的是尽管速度和跨时期的变化程度有所不同,但是各个产业、各类企业和工厂都会出现学习效应,只是一定时期内相较于整个产业水平的进步,微观学习的进步呈现更多的不规律性(相关证据的讨论,参阅 Auerswald 等,2000)。解读各类不同技术范式中已知性能轨迹的基本学习机制及其各类变体确实是未来创新演化进程分析的重要任务。[3]

加之不同范式在技术进步速度方面的差异,人们观察到技术进步流程方面存在的主要差异。事实上,在概念化各类技术范式的共同点和调用知识来源的不同点方面,已经取得重大进展,也就是可利用的技术机会[4]、抓住机会的机制,以及创新者从其技术进步中获取经济利益的可能性等,换句话而言就是可专用性条件[5]。

现在我们对以上属性进行探讨。

3.2　技术机会、知识累积过程和累积性

主流技术范式依据时间阶段和具体领域的不同而不同,其差异性体现在与技术进步机会相关的知识的本质方面。相应的,不同主流技术范式的差异也体现在,和科学研究相比,实践经验在获取相关知识方面的重要程度。

尽管绝大多数领域是通过科学研究和实践经验两者的结合获取知识,但是目前将"高科技"视为更重要贡献方的观点一般植根于特定的科学或工程领域。

实践经验、"干中学""用中学"是专业知识的主要来源,正如 Mandeville 列举的 18 世纪战舰设计的实例,学习轨迹根据实际新设计的实践经历向前发展(当前将技术进步归入新资本设备和使用新设备的能力中)。另一方面,如果有科学领域致力于技术进步的目标,知识理解就可以得到迅速发展。最近的数项研究(例如 Klevorick 等,1995;Nelson 和 Wolff,1997)发现,尽管采用众多不同的标准衡量,发展最为迅速的技术领域总是与应用科学或工程占据显著地位的领域相关。此外,这些领域的企业也呈现出研发投入强度高于平均水平的趋势。

---

[1] 瑞典的霍恩德尔钢铁厂建于 1835—1836 年间,在以后的 15 年内没有增加资本和劳动力,然而,年产量每年以 2% 的速度提高,其原因是工人们在劳动过程中提高了技术和熟练程度。——译者注。

[2] 严格意义上而言,霍恩德尔现象显示生产力的年均增长速度约为 2%,由此看来,再次将绩效与时间和实践联系起来,而不是累积产出。

[3] 更多有关特定技术范式和技术轨迹特性的证据,请参阅 Consoli(2005)、Chataway 等(2004)、Mina 等(2007)、Possas 等(1996)、Dew(2006)、Castaldi 等(2009)以及其他文献。

[4] 每个企业或产业对其所面临技术的潜在可利用程度。——译者注。

[5] 是指持续排除模仿并能够排他性地利用技术知识的程度——译者注。

事实上,通俗地讲,证实上述观点的证据也体现在 Mokyr 的一般猜想上,即技术知识的"认知"要素(也就是和自然现象的明显松散知识相关的要素)在现代技术进步中一直发挥着非常重要的作用,且重要性日益增长(Mokyr,2002,2010;Nelson,2003;Nelson 和 Nelson,2002;Nelson 和 Wolff,1997)。

自工业革命以来,科学对技术发展的相对贡献度不断增长;反过来,很大程度上而言这种科学基础一直是政府资助研究的成果,而此类政府资助研究产生的大部分知识一直是开放的,可用于任何潜在创新(更多信息参阅 David,2001a,b,2004;Nelson,2004;Pavitt,2001)。

然而,仅仅依赖这些知识不足以强化任何简单的"线性模式",从一片空白到应用科学、再到技术应用。

首先,Rosenberg(1982),Kline 和 Rosenberg(1986),Pavitt(1999),以及 Nelson(1981)所著文章中提出的观点当前仍然适用:科学原理非常重要,但是还远远不够。针对该观点,Rosenberg(2009)所著文章讨论了非常有启发意义的实例,即医药创新,确实是"以科学为基础"的领域。半导体技术是另一个非常好的例子。数十年来,推进半导体产品和工艺技术(涉及的关键能力是逐步制造越来越小的电路)的努力中已充分利用材料科学知识和固态物理学基础知识。然而,一直以来技术专业知识中更实用的要素和隐性要素也至关重要。

第二,技术进步使科学发现成为可能的现象非常常见,尤其是在设备技术领域。例如,电子显微镜推进了生命科学的发展与进步(更多信息参阅 Rosenberg,1982,1994)。

第三,在人们了解为什么某项技术可行之前,该技术就已经付诸应用的情况并不少见。早在科学建构卡诺热机理论很多年前,就已经发明了实用蒸汽机。更令人不可思议的是,早在应用科学"证明"理论上飞机有可能实现飞行的数十年前,试验就已经证实飞机可以飞行。[①] 事实上,技术进步和应用科学进步之间联系的特殊性是区分不同技术范式和不同领域的主要要素(参阅下文关于行业分类的内容)。

一般而言,通常情况下科学知识丰富,技术进步发展迅速;相反科学知识缺乏,技术进步发展缓慢,其中的关键往往在于围绕已知科学知识设计可控、可复

---

① 历史上也常常出现共生演进的实例,主要的因果关系链倾向于某个方向也取决于知识发展的周期和阶段,以蒸汽动力机为例。尽管 18 世纪上半叶在经典热力学和热力蒸汽机理论方面相继取得了实际的进展,但是早期开发蒸汽动力的尝试也明显受到 Torricelli,Pascal,Boyle,Hooke 等人关于大气压强存在及其属性的科学研究的影响(Kerker,1961)。这同样也解释了为什么蒸汽机没有在中国被发明的原因,尽管当时的中国已具备所有的组件(活塞、气缸等)(在此我们感谢 A. Nuvolari 给我们指出这一点)。

制、广泛有效的实践做法的能力 ①（更详细的讨论参阅 Nelson，2008a）。

针对创新的各种潜在机会，利用这些潜在机会的流程具有哪些属性呢？区分不同技术范式的重要特性之一就是必须和创新成功案例的累积程度相结合。直观上讲，累积程度是指"成功孕育成功"的程度，或者换另一种流行的说法，站在巨人肩膀（同样的，也可能是很多矮子的共同成果）上的矮子取得的创新进步中，"巨人肩膀"的重要程度。累积程度体现技术探索的增量本质，而且重要的是不同的创新活动会有非常大的差异（Breschi 等，2000；Malerba 和 Orsenigo，1996b；参阅下文）。更正式的说法，累积程度的定义是随机过程中以历史成果为条件实现未来成功的可能性。从该角度而言，这就是普遍存在的以知识为基础的动态收益递增现象。

许多知识在很大程度上属于内生型知识，而涵盖此类知识的很多技术范式趋向于呈现知识累积的动态。与姑且称为"外部"推动（例如，通过掌握其他产业部门制造的新设备组件推动技术发展）的技术进步轨迹相比，涵盖内生型知识的技术范式中累积性的特点更为显著。两者进一步的差异涉及容易出现累积学习的领域。这个领域是单个企业，还是与各技术范式相关的整个企业社区、未来创业者社区、技术社区，或其他社区？ Teece 等（1994）在其所著文章中提出英特尔公司等实例，证实累积性既适用于范式层面，又适用于企业层面（可参阅 Breschi 等，2003）。至于另一个极端，数个案例也表明很多技术变革模式不符合累积性特点，原因是很多老牌企业的能力减损（参阅 Tushman and Anderson，1986）。但是，很多其他历史案例强调即使是从整个行业层面而言技术知识积累非常重要的领域，部分企业采取范围不经济策略也会导致发展不连续的情况，Bresnahan 等（2008）提供了一个非常生动的实例，即 IBM 公司和微软公司分别引入个人电脑和浏览器。

3.3　市场需求和其他影响技术发展方向的社会经济因素

技术进步的整体发展趋势遵循特定的轨迹，并不意味着用户需求和偏好以及诸如相对价格等经济条件不会对技术发展道路产生影响。尽管技术机会的本质确实限制着技术发展的方向，但是整体而言依然有非常大的变化空间。而且，正如上文所述，也有一套关于用户未来需求的理解融入技术范式当中。

现在我们更详细地讨论知识驱动型探索路径和经济诱导机制之间的相互作用。

---

① 值得注意的是该属性并不对新科学知识本身产生任何直接的影响。此外，在新知识（新范式）应用于较旧的、较少以科学为基础的技术中时，技术进步往往会得到快速发展。传统产业中，将信息通信技术应用于产业机械化就是很好的实例。

一个普遍的观点是在基础科学占据显著地位的领域中,一般是新的科学知识触发推进技术进步的探索活动,而且其探索方向会被引导至充分利用新知识的方向。虽然在很多情况下新科学知识确实直接激励了人们创造新发明的努力,但是数个研究表明通常情况并非如此,产业研发中实际应用的科学知识并不是较新的知识。相反的,还是上述同样的数个研究证实企业层面改进实践的努力在非常大的程度上受理解用户需求的影响,或者至少是对明确实际应用问题的理解(参阅英国苏赛克斯大学的 Rothwell 领导的 Sappho 项目,其中收集了大量的相关证据,目前依然十分经典,对比很多类似企业创新成功和失败的案例,参阅 Freeman,1982;类似的结论也出现在 Cohen 等人 2002 年所著的文章中,强调理解用户需求的重要性)。与此同时,考虑技术可行性会影响如何处理对用户需求的理解。

技术体制中影响特定领域技术进步的一个重要方面是用户社区的特性,即用户需求和限制约束,更广泛而言新产品和新服务的市场可能会推动人们改进技术的努力。不同用户市场之间彼此差异巨大,不仅体现在用户需求和偏好的本质上,也体现在购买群体的复杂性上。由此,为了将产品销售至航空公司,大型客机的制造商清楚他们的设计必须满足长长的精确的要求清单,航空公司具备相应的先进技术精准评估各类要求。此外,在航空公司可以购买和使用新飞机之前,新飞机还必须达到很多规定的安全标准。因此,与汽车市场相比,大型商用客机市场更偏向于产品的技术特征,较少会因为影响消费者品味的广告宣传而有所改变。操作系统软件市场主要由设计人员和计算机制造商组成,对他们而言计算机的各种技术质量非常重要,而游戏软件市场则主要是受不同产品质量吸引的个体用户。的确,已经有数个研究探索了为什么一些技术创新能够在商业上取得成功,而与其在很多技术方面都类似的创新却以失败收场。结果表明其中的主要原因在于成功创新者对用户需求和偏好的理解(再次参阅 Freeman,1982)。

诚然用户需求和技术进步之间存在普遍的相互作用,但是与特定技术相关的一系列知识,也就是每个技术范式却影响和限制着未来技术发展的理想机会,同时也影响和限制着投入系数的界线,其投入系数基于技术范式知识库且切实可行(如此一来,例如不论能源的相对价格如何,鉴于我们当前的知识库,很难想象生产超纯硅的技术可以不需要消耗大量的能源)。

在如此的界线范围内,需求方面因素的变化可以诱导创造和开发新技术的方向发生变化,具体分析而言通过以下三种方式诱发变化。[1]

———————————

[1] 关于"诱导效应"的重要讨论,参阅 Binswanger 和 Ruttan (1978);Ruttan (1997)。

　　首先,在特定的技术范式中,相对价格、需求或供应条件的变化很可能会影响探索的诱导法方向。这就是 Rosenberg（1976）所说的聚焦装置（focusing devices）,历史上出现的很多供应冲击和技术瓶颈都印证了聚焦装置（也使人联想到类似概念"反转凸角"[①],Hughes,1983）,从拿破仑战争时期的大陆封锁到机械技术领域各种技术瓶颈实例。19 世纪中期的机器工具发展史是非常好的实例。用户总是希望获得切割速度更快的工具,而发明者和创新者对此做出了响应。随着更快切割速度的实现,机器刀片使用的金属成为重点。于是人们发明了新的刀片材料。而更快的切割速度也导致操作刀片时的温度有所上升,因此人们发展了更好的冷却方式。（以实际表现为中介的各类诱导效应关联性背后是有限的理性以及"理性"技术预期的缺乏。但是,正如上文已经提及的那样,进化理论——和实证证据非常契合——和这些假设并不矛盾。）

　　其他一些强大且非常普遍的诱导因素与产业关系和产业冲突有关。正如 Rosenberg（1976）的分析,19 世纪英国工人尤其是熟练工人反抗工厂的规章制度和雇用条款,这成为刺激技术变革的强有力因素。Karl Marx 对此形象地描述道:

　　　　"在英国,罢工常常引起某种新机器的发明和应用。机器可以说是资本家用来对付熟练劳动反抗的武器。现代工业最伟大的发明——走锭精纺机击溃了进行反抗的纺纱工人。即使说同盟和罢工的结果只是引起机械天才的竭力反抗,他们对工业的发展也是有巨大影响的。"（Marx,1847,p. 161；Rosenberg,1976 也引用了该段话）

　　类似的,产业冲突也一直是推动生产机械化（基于泰勒原则）发展的强大驱动力（Coriat and Dosi,1998）。

　　相应的在需求方面,显而易见的可行性条件和用户要求对随后产品特性的发展轨迹有非常重大的影响。例如军工产业的要求在半导体设备早期发展轨迹中（美国和世界）扮演的角色,或者美国的市场特征对汽车产品创新轨迹的影响（在此案例中,主要是对北美的影响）。此外,当然用户要求影响创新模式的极端例子是用户本身是创新者（von Hippel,2005）。

　　在上述所有情况中,"诱导"是指实际上或感觉上的环境条件对经济主体决定采取的问题解决方案带来的影响。

　　先前提出的警告也至关重要,即知识库限制着探索的方向,这一点既适用于

---

① Hughes 用军事术语"反转凸角"比喻大型技术创新系统在发展过程初期碰到的障碍因素。——译者注。

单一的技术,又适用于广泛的技术体系(或"技术经济范式",Perez,1985;Freeman 和 Perez,1988),此处的技术体系在不同的经济发展阶段占据主导地位(例如蒸气动力、电力、机电技术、微电子和信息技术等)。比如,Moses Abramovitz 提出:

> "在 19 世纪,技术进步严重偏向于实物资本方向,[而且]只有人均实物资本快速扩张的组织机构才可能将技术进步应用到生产中……[然而]……在 20 世纪……这一偏向却在减弱,[而且]可能彻底消失。"(Abramovitz,1993,p. 224)

正如我们所见,该观点涉及某个时间阶段内社会可用知识的本质,也涉及可用知识制约经济开发的方式,这与相对价格无关。也就是说,该观点是关于以下内容的:以可用范式①为基础可以获得的机会;可能"诱导效应"的限制因素。

第二,诱导也可能会以下述形式出现,即市场条件影响探索努力在不同技术或产品间的分配情况,也就是创造发明的种种努力在不同技术范式间的分配。值得注意的是,尽管先前探讨的诱导过程会和范式内探索方向有关(例如在投入方面或者产品特性方面),但是此处所述的第二种形式与不同范式间的探索强度有关。在相关文献中,"施莫克勒假说"广为人知(Schmookler,1966),该假说提出不同产品创新速度(以专利衡量)不同的原因是需求增长的相对速度不同。尽管并不存在事前原因,解释需求机会的感知不应该影响技术努力的分配情况,但是需求引导创新的总体观点从建立之初就一直遭到批判,其中缘由是理论的模糊性。(讨论的是观察到的需求?预期需求?这些预期是如何形成的?更多相关信息参阅 Dosi,1982;Freeman,1982;Mowery 和 Rosenberg,1979)。经验证据涵盖形形色色的需求类型。Schmookler 开展的实证研究表明随着时间的推移不同种类产品的销售情况会发生变化,而经过短暂的滞后,紧接着专利方面会倾向于朝着相同的方向变化,而且研究也揭示了专利的变化是如何发生的。如此看来,21 世纪前 50 年期间,汽车和机动拖拉机销售数量不断增长,而越来越少有人将马用于交通出行和田间劳作,伴随其后的情况是与汽车、机动拖拉机相关的专利数量大幅度增长,而与马蹄铁相关的专利数量却在不断下降。但是,在 Freeman(1994)的文献综述中,他总结称"大多数表现为'需求引导'的创新……其实是既定轨迹中相对较小的创新",而 Walsh(1984)和 Fleck(1988)却

---

① 即便是在记录整个流程并融入聚合生产函数以后,也会出现隐隐的可用范式,具体表现方式为不同的替代弹性和要素节省偏向。相关的讨论在 Abramovitz(1993)引用的内容中有所提及。与此有关的讨论参阅 Nelson(1981)。

认为"不符合施莫克勒假说的模式是早期合成材料、药物、燃料……以及机器人创新早期阶段的特点"（Freeman，1994，p. 480）。正如 Freeman 本人以及 Kline 和 Rosenberg（1986）所强调的那样，该领域分析取得的主要进展（先前已经提及）就是放弃所有的"线性"创新模式（不论是受需求驱动还是受技术冲击驱动），并认可共生演化的观点：持续性的反馈环路——创新、扩散、进一步发展的内生机会。

目前为止讨论的两种"诱导"机制最终都归结于生产和市场条件以及两者的变化影响"认知焦点"和诱发因素的方式，反过来，认知焦点和诱发因素也会影响行为模式——既包括探索诱导法，也包括创造新技术的努力的分配原则。然而，改变相对价格可以通过选择探索本身（随机）的结果而轻易"诱导"技术变革的方向，此处的技术变革是指新技术用户/采用者付诸实践的技术变革，即使是在探索行为保持不变的情况下也是如此。这就是第三类诱导过程。试想分配至探索的专属资源不会随着相对价格的改变而变化。然而，甚至在这种情况下，只有当未来创新（不论是新生产机器或是销售至用户企业的新机器）的总成本低于现有相关技术/机器的总成本时，这些创新成果才会被选择/实施。但是很显然对比结果取决于相对价格。

总之，应该理清和以下内容相关的三类"诱导"来源：①探索微观经济原则的变化，既影响探索方向的名义机会，也影响技术范式内采用技术变革的模式；②探索资源（不论其"方向"如何）在不同范式和业务领域间分配情况的变化；③由市场引导的选择标准的变化，根据这些选择标准，将一些技术或产品与其替代品进行比较。从演化进化的角度解读以上流程，很容易让人考虑到诱因结构（源于相对价格和需求模式）和学习能力之间的内生互动（也就是"共生演化"）。在这方面，Wright（1997）提出了非常精彩的例证。即使是在矿产资源领域——也就是最接近"自然"决定机会的领域——Wright 也揭示出机会本身一直是公私探索共同努力的结果（请参阅 David 和 Wright，1997；广泛而言，参阅 Mowery 和 Nelson，1999，Mowery 和 Rosenberg，1982，以及 Nelson，1999）。相反的，通过致力于优化理性和均衡，较为传统的诱导观点模糊了行为效应和系统（选择）效应之间的界线，两者相加致使难以理解知识累积的部门特定性和阶段特定性模式。不可见要素背后的黑匣子，如累积的"替代弹性"或部门生产函数等，仅仅有助于理解事后的动态结果，却会模糊驱使动态发展的过程。

当然，从更长远的角度而言，创新模式的重大变革与新技术范式的出现相关。因此，从四轮马车到汽车和机动拖拉机，其创新努力的转变可以被视作成功推进新技术范式集合的结果，这种新技术范式集合与以下产品的成功开发有关，例如汽油发动机、成本更低的钢制品、电动机械的机器工具等。从这个角度而言,在更长的时间跨度中,严格而言并不是任何意义上的"诱导",而是新技术范式的出现和发展影响着技术进步的方向和速度。

3.4 创新价值实现方式

在大学和公共实验室中,大多数研究人员所做的工作可能会偶然性地引起显著的技术进步,并没有期望从中直接获取经济利益。有些发明者从事创造工作,是希望克服创造发明的挑战,获得解决难题的成就感。而且更重要的是,先前也已经提及,现代社会中大多数科学知识——不管本质是"纯"科学知识或是"应用"知识——都产生于开放型科学体制中。在 20 世纪一段相当长的时期内,公众普遍支持的开放型科学背后的根本原则包括:①科学家群体主要依赖自我惯例和同行评估;②科学家共同认可的文化强调动机因素,而非经济因素;③公开探索成果的风气,受"赢者通吃"优先原则的驱动①。Nelson (2006),David 和 Hall (2006),以及 Dosi 等(2006b)所著的文章,探讨了开放型科学制度的腐败所带来的危险。此处我们不能详细讨论。上文我们已经提及,纯科学和应用科学的进步作为技术进步基本来源的重要性——尽管在不同技术、不同领域、每个技术范式的不同发展阶段存在显著差异和变化。然而,在现代资本主义社会,针对经济可开发技术而开展大部分发明活动的主体是营利性的组织机构,他们预期和希望成功开发技术后可以从中获取经济回报。反过来,关于私营机构高成本的探索活动和(不确定的)成功创新的经济回报,两者之间的关系本身就涉及一个根本性的矛盾,最初由 Marx 和 Schumpeter 提出,即任何零利润的总体平衡和任何内生创新的诱因(内生也就是私营部门、"资本主义"的内生)之间的不协调性。

然而,鉴于以上情况,产生两大类问题。

首先,背离竞争条件的垄断(也就是零利润)和创新动力之间如何取舍?②更确切地说,(实际和预期的)创新回报和创新活动之间某种单调函数关系的证据是什么? 如果存在这样的联系。

上述的单调函数关系其实是作为核心假设之一嵌入到大多数"新熊彼特派"增长模式中的,虽然从创新和发明中获取适当回报的能力有限,而且经常把能力有限作为一些产业技术发展十分缓慢的原因。先前提及的关于技术机会的本质

---

① 关于这些观点,经典阐述可参阅 Bush (1945),Polanyi (1962),以及 Merton (1973),较新的评价可参阅 Dasgupta 和 David (1994),David (2004),Nelson (2004);彼此冲突的观点可参阅 Geuna 等(2003)。

② 需要注意的是此处讨论的"折中"不同于文献中所指的假定的、有些排外性的(熊彼特式)的折中,即在创新倾向和市场结构之间的折中。偏向理论的分析可参阅 Nelson 和 Winter (1982);关于实证分析可参阅 Soete (1979)以及 Cohen 和 Levin (1989)。

和来源的研究表明,这不可能是主要原因。相反,各产业技术发展极度不均衡的原因很可能在于技术机会的大小和多少。更广泛而言,人们普遍认为加快技术进步的关键是强化专用性条件,主要是通过获得更重要、更广泛的专利,但是我们认为这是一种深深的误解。显然,在技术成功开发且恰好符合市场需求时,发明者和创新者必须对能够从中获取的经济利益有合理的预期。然而,对大多数产业,已经是这样的情况了。此外,也没有证据显示更强大的专利可以大幅度提高技术进步的速度(更多相关信息参阅 Granstrand,1999,2005;Jaffe,2000;Mazzoleni 和 Nelson,1998;Dosi 等,2006c;以及其中引用的文献)。事实上,在很多情况下,很可能会出现相反的结果。我们已经注意到在大多数技术领域,进步是累积性的,今天的努力和成就以昨天的努力(不论是成功或是失败)为基础。如果切断今天的研发人员和昨天成果之间的联系,使其无法以既有的成果为基础,那么可能会大大阻碍技术的进步。至于历史上的案例,例如 Merges 和 Nelson(1994)提出的关于在汽车内燃机中使用轻汽油的 Selden 专利(Selden 在汽车史上通常以负面形象出现,被称为汽车业的专利流氓)案例,或者关于飞行器高效平衡系统和转向系统的 Wright 兄弟专利等都是非常好的实例。这些案例表明知识产权体制可能会极大地阻碍汽车和飞行器以后的发展,原因在于专利诉讼本身要消耗很多时间和资源。目前有关生物技术产权的辩论也反映了类似的问题,专利授权的广泛范围可能会对技术变革的发展速度产生不利影响,因为这在一定程度上阻碍了人们探索专利发明的替代应用。

尤其是当基础技术和知识的发明和基因等有关时,比如 Leder 和 Stewart 因制备了易患癌症的转基因小鼠(又叫"肿瘤鼠")而获得相关专利的案例中,更是如此。很显然这是一项基本研究工具。一定程度上而言,诸如此类的技术和知识对未来研究的发展非常重要,其产权的归属可能会严重阻碍今后的发展。此处所提及的未来研究是指需要以原始发明为基础不断累积并向前发展的研究。在以下情况下更是会阻碍未来的进步,即受专利保护的不仅是发明者创造的产品本身(肿瘤鼠),甚至还包括根据其原理可能创造出的一系列产品,也就是"所有的转基因非人类哺乳动物",或者专利发明所有的可能应用(比如基因序列),即使并没有在专利申请上列明以上内容。在这方面,Murray 等(2009)给出的说明非常令人不可思议,"开放上游"(还是肿瘤鼠的例子)——在这种情况下,美国知识产权体制的离散变化——引致了"下游"路径更多的创新活动,以及更多元化的技术进步速度①。

---

① 此处不可能讨论基础的理论争辩,我们仅提及各类模型,从"专利竞赛"均衡模型(参阅 Stoneman,1995),到更偏向实证的"技术市场"分析(Arora 等,2002),一直到可专用性的演化模型(Winter,1993)。

总体而言,当前推进技术进步的努力常常需要调用大量以往的发现和进步,历史上的进步也曾是互为基础、苦心追求的成果。在这些情况下,知识产权更可能是创新的一种障碍,而不是激励因素(更多相关信息可参阅 Heller 和 Eisenberg,1998;Merges 和 Nelson,1994)。如果技术体系中历史组成要素和当前组成要素的专利权归属于不同的主体,那么就会产生反公问题(Heller 和 Eisenberg 创造了"反公地"一词,指本应公有的产权由于细分化、私有化导致社会未能充分利用资源的情形)。

在标准的公有问题(例如开放的牧场)中,有人争辩称专利权的缺失会导致普通商品的过度使用,甚至消耗殆尽;然而,在生物技术等情况下,可能会存在这样的风险,即知识产权被分割为太多不同的板块,且各自归属于太多不同的主体,很可能会减缓研究活动的进展,因为每个专利权的所有人可能会相互阻碍彼此。Mazzoleni 和 Nelson(1998)所著文章中提供了进一步的实证研究理据,证实大力度专利保护对技术进步会造成负面影响;而更偏向理论层面的文献可参阅 Winter(1993)的深刻见解,讨论了演化环境中专用性体制可能会如何严重阻碍技术的进步(关于正式的探索请参阅 Marengo 等,2009)。相反的,早在"开源"软件的现代运动之前,可能是因为已经意识到反公问题的存在,相互竞争的公司或私人投资商就已经宁愿刻意放弃申请专利,而在知识产权体制相对较弱的情况下运营,有点类似开放科学,无偿公示发明成果,可参阅 Allen(1983)提出的高炉案例和 Nuvolari(2004)提出的康沃尔抽水发电机。非常有趣的是这些"协作发明"的案例促进了技术变革的快速发展。无偿公开创新的类似现象也发生在用户创新社区中(参阅 von Hippel,2005)。

第二类问题和发明者获利体制的特征有关。传统观点一直认为专利保护是能够从创新中获取利益的关键。但是这仅仅适用于极少数的技术领域,而制药领域就是其中非常重要的一个例子。然而,一系列研究(Cohen 等,2002;Levin 等,1985;Mansfield 等,1981 以及其他文献)表明在很多行业中,专利并不是使发明者获取经济回报最重要的机制。如此,Levin 等(1985)发现在大多数行业中:

> "领先时间和学习曲线优势,再加上互补性营销努力看似是从产品创新中获利的主要机制。"(p.33)

在大多数产业中,专利往往看似是从产品创新中获利的补充性机制,而非主要机制。对于流程创新而言(创新者本人使用),商业秘密常常是非常重要的方式,专利却极少被认为是重要方式。这些发现在十年后 Cohen 等(2002)所做的后续研究中基本得到了证实。在 Teece 于 1986 所著的文章及其随后的大量文献(参阅《研究政策》特刊,2006,盘点了他从最初的见解一直到后来的发展)中,已经详细分析了两类发明的不同点：一种发明可以获得强大的专利并付诸实施；另一种发明不能获得专利，或专利较弱。此外，他还详细分析了从创新中获利所需的企业战略。其中一项基础且比较普遍的发现是在很多情况下，通过构建组织能力以实施新技术，另外也可以通过生产能力等互补性资产获得高研发回报，即使是在专利方面比较薄弱的情况下也是如此。因此，虽然专利确实只是在一小部分产业中是行之有效的获利方法，Levin 等（1985）所著文章中的研究对这部分产业有所提及，但是调查中约四分之三的产业显示至少存在一种（或多种）保护流程创新的方法，此外结果显示 90％以上的产业中至少存在一种保护产品创新的方法。这些结果在一系列其他国家开展的后续研究中也得到证实（参阅例如欧盟的 PACE 研究；Arundel 等，1995）。

如果说这个广泛的调查领域中有一些重要发现，那么分别是：首先，没有任何证据表明专用性程度和创新探索倾向之间存在任何的单调性函数关系，前提是在某个专用性基准线（最低）以上；第二，目前的专用性机制类型已经非常充足（事实上，可能过分充足）；第三，不同部门、不同技术范式的创新比率不同，原因不太可能是专用性机制有效性的不同；第四，创新比率不同，更不可能是因为知识产权保护有效性的差异。

3.5 技术进步和企业理论

正如上文所提及的那样，本手册的另一章节会专门探讨创新企业的管理。此处，我们仅仅概括介绍企业组织理论与技术性知识、人工制品演化之间的一些联系，相关讨论可以参考 Nelson 和 Winter（1982），Winter（1987，2006b），Dosi 等（2000，2008a），Marengo 和 Dosi（2006），Helfat 等（2007），Fagerberg 等（2005）所著的一些章节，以及 Granstrand（1998）。

尽管在较早的时期很多发明创造都是由个体劳动者完成的，但是现代资本主义经济中商业企业已经成为推进技术进步的中心。而且企业早就已经成为采用最新技术、生产和营销新产品、应用新生产流程的经济实体。上文已经提到，大多数现代企业的经营环境随着时间的推进处于不断的变化之中，而且很难预测其任何细节。技术进步是导致持续不确定性的主要力量之一，但是其他的原因涉及市场、竞争的本质，不论其是否与技术进步有关。也就让我们再次回想起奈特所提出的不确定性，既包括"实质"的不确定性，也包括"流程"的不确定性。在这些情况下，甚至根本不可能去定义真正的最优政策（从其他很多选择中，并没有明确指出最佳选择），更不必说贯彻落实了。不如说，应该将企业视作"行为实体"，主要以行为的惯例模式为特点，从更长远的角度而言根据明显的"战略"方向不断改进。反过来，正如上文的介绍，组织惯例和源于惯例集合的组织能力在很大程度上就代表着流程方面的内容，与我们目前为止讨论的主要关于知识和知识动态性的内容相对应。从这个角度而言,近 20 年来,也许最令人欢欣鼓舞的一类知识型企业涉及各种要素的相互交织、相互作用:演化研究项目、演化型技术创新研究、新兴的以能力为基础的企业理论。此外,其互补性根源可以追溯至 March、Simon 及其同事开展的先驱性组织研究(Augier 和 March,2000,2002;Cyert 和 March,1992;March,1988;March 和 Simon,1958;Simon,1957)。很多创新活动分析聚焦于知识动态、人工制品特征和投入系数,而组织分析是对该类分析的重要补充,组织分析已经开始处理语句的行为意义,例如"X 公司非常擅长 Y 和 Z……"相应的,关于获取、维护和有时摒弃组织知识的机制又是什么呢?

事实上,组织知识是以下两方面的基本联系:一方面是知识、技能和发现机会的社会系统,而另一方面是实际探索的微观活动。

出众的组织能力至关重要的原因也在于一直以来不断影响着企业的命运,例如盈利能力、发展情况、生存概率等。同样重要的是,组织能力在各企业间的分布影响着更广泛企业集群的变革模式,例如特定的部门(参阅第 4 节),甚至整个国家。

随着时间的推移,组织能力会不断变化,部分是刻意探索的结果。目前正在进行的关于动态能力的研究(Helfat 等,2007;Teece 等,1997;Winter,2003),研究对象恰恰是能力演化的标准和流程,其中至少部分演化是由于战略管理的引导。但是这丝毫不会降低各种限制因素的影响力——限制特定企业在任何时期能做什么;限制在合理的时期内特定企业可以学习新事物的范围。事实上,我们常常会注意到很多已经颇具规模的企业显然没有相应的能力应对技术范式的变化。此处技术范式的变化和替代技术的发展相关,而替代技术基于不同的设计原理,要求具备不同的技能掌握该技术并继续发展。此外,我们往往还会注意到这样一种趋势:总会出现一段时期,在这期间技术体制的变化要求新企业的加入,而这些新企业未来在相关产业可能会占据主导地位。以上种种对现有企业的限制因素,以及在技术发生剧烈变化的条件下产生的行业开放性是能力理论的核心主题,同时也直接关系着关于产业演化驱动力的分析(更多信息参阅第 4 节)。

3.6　生产知识的动态和生产系数的动态

上述的技术和创新观点以及相关的以知识为基础的企业理论得出一个基础推论:总体而言,企业本身应该掌握不同的技术。广泛而言,不同的企业很可能会使用不同的配方,甚至在名义上使用相同的配方(也就是说显性元素相同)时,几乎一定会拥有不同的隐性元素。名义相同产业中的不同企业,特定技术的组织和管理方式几乎从不相同。不同的企业掌握和应用不同的惯例。一些确实非常不符合经济学传统观点的重要结论如下:

（1）总体而言，任何时间点总会有一种或极少的最佳实践技术占据主导地位，不论相对价格如何。

（2）不同的企业很可能持续掌握不同的（更好或更差）技术。

（3）在每个特定活动中，随着时间的推移观察到的技术系数总体动态是多种要素共同作用的结果——模仿/扩散现有最佳实践技术的过程、探索新技术的过程、某些技术的消亡过程，以及整体市场中现有企业所占份额的变化过程（当然，这些过程可能会和企业的类似动态相对应，也可能不对应；可以说企业是这些技术的载体）。

（4）随着时间的推移，在投入系数方面，最佳实践技术本身的变化很可能沿着非常有规律的路径发展（也就是轨迹）。

现在我们用图解的方式进一步解释以上观点。

假设，出于简化的目的，我们此处考虑同质的生产、等额的收益，仅使用两个投入变量，分别为 x_1 和 x_2。[①]

一个以范式为基础的生产理论预测：一般而言，在单位投入方面，微观系数的分布有点类似图 3 所示。假设在时间 t 处，系数分别为 $c_1, \cdots, c_n$，此处 $1, \cdots, n$ 代表不同的技术，按照在时间 t 处的效率从高到低进行标注。一目了然，例如技术 c_1 显然优于其他技术，不论相对价格如何，制造同样单位的产出，该技术需要更少的 X_1 和 X_2。C_3 和 C_n 之间的对比也是如此。

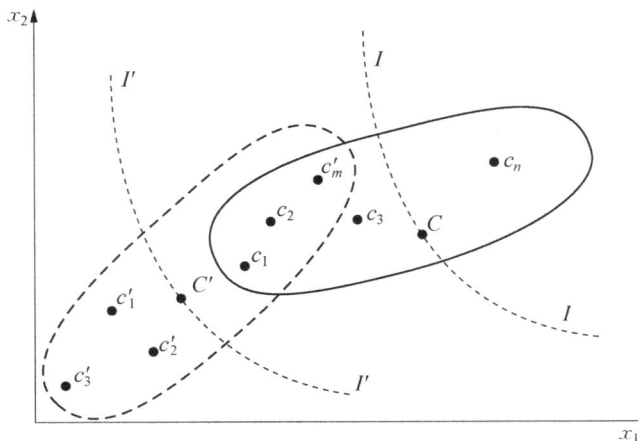

图 3　微观异质性和技术轨迹

快速增长的相关证据有力地证实：在所有类型中，不同企业、不同工厂之间

---

① 值得注意的是固定投入、年限影响和规模经济只会强化该论点。

在生产系数方面的不对称性广泛且持续存在(参阅 Baily 等,1992;Baldwin, 1995;Bartelsman 和 Doms,2000;Bottazzi 等,2007;Dosi,2007;Jensen 和 McGuckin,1997;Nelson,1981;Power,1998;Rumelt,1991;Syverson, 2004)。

通常情况下,劳动生产率和全要素生产率[1]在不同企业/不同工厂之间的分布是不对称的,其范围之广非常惊人,甚至在高层级的部门类型中亦是如此。因此,例如 Syverson(2004)发现在四位数行业中,"编码为 90 - 10 和 35 - 5 的产业平均劳动生产率分别超过了 4∶1 和 7∶1"(p.535)。Bottazzi 等(2007)和 Dosi(2007)在意大利产业中发现了三位数企业中,不同企业之间的类似离差。此外,生产率这样的差异随着时间的变化非常稳定,只是稍微有些波动,呈现从减少到均值的趋势(参阅 Dosi,2007)。目前已知的微观层面的所有纵向数据库也显示了类似的趋势。此外,不同企业/不同工厂之间不同的劳动生产率并不是由于相对要素强度的差异导致的,注意到这一点也非常重要(参阅 Syverson,2004;对意大利产业的初步研究表明产业内部/不同企业中劳动生产率与资本产出率之间并无关系)。有趣的现象是,不同企业和不同工厂在生产效率方面如此广泛的差异仍然适用于不同行业数据的解集。正如 Griliches 和 Mairesse(1997)所述,

> "我们……曾经认为将'总生产'细分为'石油提炼'或'水泥生产'等更加连贯的内容,异质性程度会随之逐渐降低。但是类似 Mandelbrot 的分形理论似乎此处也适用:已观察到的异质性差异程度并没有随着数据的精细化而有所下降。某种意义上而言,不同烘焙店之间的差异并不亚于钢铁产业和机械产业之间的差异。"

从演化的视角而言,创新性和生产效率方面的异质性应该并不会令人惊讶。导致生产效率差异不可忽视的部分原因是不同时期资本设备的分布情况(早期关于该现象的认知源于 Salter,1962)。然而,导致生产效率不同的原因应该是更广泛的差异——具有特定能力(或缺少特定能力)、错误百出的学习、路径依赖适应等。

我们将这种属性称为技术主导,将衡量异质企业系数分配的某种标准称为该行业的非对称程度(例如图 3 中平均值 C 附近的标准方差)。

第一个问题是为什么企业采用第 n 项技术,而不采用 c_1 技术呢?基于上文所述的观点,最简单的答案是"因为该企业不知道如何采用"。也就是说,即便告诉该企业存在 c_1 技术,该企业可能也没有相应的能力开发或应用 c_1 技术。很显

---

[1] 尽管后者的衡量指标比较模糊,在 Dosi 和 Grazzi(2006)所著文章中有所讨论。

然,这可能与 c_1 技术受合法专利保护的可能性并没有太大的关系。该论点更具普遍性:恰恰是因为技术性知识部分属于隐性内容,还具体体现在复杂的组织实践中等,所以即使在没有法律保护专用性的情况下技术滞后和领先很可能持续存在。相反的情况也存在,如果两家企业拥有类似的技术能力,尽管有专利的保护,但可能很快就会发生模仿现象,具体模仿方式为围绕专利发明、反向工程等。

我们准备向前推进该观点,提出即使所有的企业都持有 c_1 技术配方的显性部分(或者,更广泛而言,以及所有和显性内容相关的资本设备),各企业的绩效和显示的投入系数可能依然有很大的差异。这一点很容易说明,以先前提及的烹饪为例,尽管已经准备好可用的烹饪食谱,在普遍认同的食物质量标准方面,人们经常会获得非常不均匀的结果。需要注意的是这和"偏好差异"并没有太大的关系,即使是在烹饪领域也是如此。诚然,我们愿意承认随机从世界人口中抽取的大多数食客会认为英国厨师的样品不如法国、中国、意大利、印度以及其他国家的厨师,甚至在完全按照相同的食谱烹饪的情况下亦是如此!! 如果可以接受这个比喻,那么这应该也适用于如下情况,甚至更甚,绩效归因于高度复杂且不透明的组织惯例(顺便提一下,Leibenstein 的 X 效率也以该普遍现象为基础)。

现在假设在随后的某个时间点 t',我们发现 $c_3', \cdots, c_m'$ 等微观系数分布的变化。那么我们如何解读这样的变化?

以范式为基础的解读应该大致如下。在 t 时间点,所有次于最佳实践的企业都尝试模仿技术领先者,但是成败情况各个不一。此外,各个企业的市场份额也在不断变化,有些企业可能消亡,有些企业可能进入市场,所有这些明显会改变技术出现的重要性(也就是相对频率)。最后,不论相对价格是否变化,至少有些企业受感知创新机会的驱动,试图发现新技术(在图 3 中为了便于解释,掌握相关技术的企业以三次成功实现超越为标记,成为技术领先者;而现在 m 却是边缘技术)。相反的,添加两条"等量线"I 和 I′,分别穿过各自的均值,并将它们的转变称为"技术进步",以此会得到很大的收获吗? 我们认为并不会,反而会模糊刚刚所描述的真正的基础动态。

正如 Cimoli 和 Dosi (1995) 所著文章中更详细的讨论,以及 Cimoli 等人 (2009) 所著文章中的数项贡献,对生产技术的这些解读在国际增长模式方面也具有根本意义。此处再次考虑图 3,假设其资料证据不是指同一个国家中技术微观系数随着时间的两类分布情况,而是指同一时间两个国家的分布情况。毕竟,此处改述 Robert Lucas 的原话,我们仅需要知情人员意识到大多数国家可以按照明确的平均技术差距排序。这样的国际差异基本是由技术能力累积过程所导致的。确实,经济学科目前关于以下方面的研究实在太少:可用的最高级层面上,微观技术系数的国际对比。我们的猜想是在每单位的产出上,欠发达国家很可能使用更多的所有或大多数投入要素,甚至可能在使用传统意义上被认为较稀缺的投入要素方面相对投入更多(也就是,宽松意义上而言,有些类似经济学专业人员在国际贸易中委婉称为里昂惕夫反论的观点)。而演化角度的解读非常直白:明确的技术差距是导致投入效率普遍差异的原因。此外,如果技术进步恰好也需要实物资本和熟练劳动力的高储备率,那么人们可能会发现和技术领先者相比,欠发达国家在单位产出上不仅投入更多的劳动力,而且也使用更多的资本(图 3 显示了类似的结论,例如比较技术 c_3' 和 c_1)。[①]

3.7 技术体制:各部门技术进步模式的特殊性和创新主体的特点

过去数十年中,调查研究的重要领域之一是在特定技术学习体制的条件下,识别产业演化的不同模式。此处的"体制",我们是指各种技术范式的独特集合,其中技术范式包括特定的学习模式和特定的技术知识来源。Pavitt 产业部门分类法的目标之一就是精准描述"产业类型"和产业动态的此类关系(关于重要改进可参阅 Marsili,2001)。此处我们回顾 Pavitt 的分类方法,由四类部门构成,分别是:

(1)供应商主导型,创新机会主要源自掌握新的机器设备和新的中间投入要素(纺织业、服装业和金属产品产业属于该类别)。

(2)专业化供应商,包括产业机器和设备的制造商。

(3)规模密集型,单凭生产规模影响利用创新机会的能力,创新机会部分来自于内部,部分来自于基于科学的投入[②]。

(4)以科学为基础的产业,各类创新机会共同演化,尤其是纯科学和应用科学发展周期的早期阶段(微电子学、信息学和生物工程是非常好的实例)。

其他对此互补性强的分类方法主要聚焦于创新过程的一些特征,区分"熊彼特Ⅰ型"(Schumpeter Mark Ⅰ)和"熊彼特Ⅱ型(Schumpeter Mark Ⅱ)"[③],夸大 Schumpeter 在 1911 年和 1942 年关于创新活动观点的差异,参阅 Dosi 等(1995),Breschi 等(2000),Malerba 和 Orsenigo(1995,1997),以及 Marsili(2001)。熊彼特Ⅰ型产业的特点是相当大一部分创新是由进入者进行,而且知识累积程度相对较低,至少在单个企业层面是如此。相反的,熊彼特Ⅱ型产业中,创新活动更注重累积性,更大程度上是由一些现有主体开展,结果称为"系列创新者"。

根据我们的观点,上述分类方法非常重要,本身具有重要意义,原因在于这

---

① Nelson (1968)所著文章中提到的模型与 Nelson 和 Pack (1999)所著文章中提出的模型是关于不同国家生产率差异的一致性形式化表达,此处的不同国家都具备这些特点。Dosi 等(1990)以及 Cimoli 和 Soete (1992)所著文章也呈现了对受不同国家技术差异驱动的国际贸易流动的形式化表达。

② 事实上,此处应该区分"不连续"复杂商品产业,例如汽车、白色家电、其他消费耐用品,和"连续"流式产业,如炼油和制钢等。

③ 熊彼特Ⅰ型产业具有高机会、低专有、低积累的性质,而熊彼特Ⅱ型产业则具有高机会、高专有的特性,对非创新者和潜在的进入者形成明显的壁垒。——译者注。

些分类法识别了现代经济中创新的不同模式。此外,分类法之所以重要的原因还在于将以下要素联系在一起:创新学习的各种模式、知识的基本来源、开展创新活动的重要主体以及随之产生的产业组织形式。关于类似的实证分析,参阅表 1,引自 Pavitt(1984)。

同样需要注意的是不同的技术体制由不同的要素提供支持:在公共研究和培训方面的不同制度;在市场终端方面,生产商互动的不同组织形式。这样的制度连同涉及的企业主体有助于定义创新和生产的不同部门体系(参阅 Malerba,2002,2004)。

3.8　探索和技术演化的形式模型

充斥着知识的配方及惯例与黑箱化的投入/产出表达,两者之间的分歧也体现在两种完全不同风格的建模方式上,目前仍然在探索两者之间的系统性联系。

较新的、发展程度较低的、以流程为中心的建模类型建立在以下观点的基础上:技术由一套不同的操作和组件构成(Auerswald 等,2000;Dosi 等,2003;Levinthal,1997;Levinthal 和 Warglien,1999;Marengo 和 Dosi,2006)。无论选择怎样的命名,所提及的操作和组件都代表着各种实际或认知行为,且最终通向某种问题的解决方案,例如不论是构建一辆汽车或者设计一款软件。组件操作概念上的先后顺序关系着上述问题解决方案效率的高低(或者根本没有解决方案)。综合描述以上形式的一个方法是将其归结为一种适应度景观——相对简单的一种表示方式。这一概念最初是出现在生物学中,使用适应度值表示可能的相关特征设置(参阅 Kauffman,1993;Kauffman 和 Levin,1987)。在这类风格的建模中,核心问题和如下内容相关:"分解"整体问题不同方式的特征和效率;不同探索/适应战略的影响;从"锁定"到出现次优结果的条件。

表 1　部门技术轨迹:决定因素、轨迹方向和衡量特征

企业类型 (1)	典型核心部门 (2)	技术轨迹的决定因素			技术轨迹 (6)	衡量特征			
		技术来源 (3)	用户类型 (4)	获利方式 (5)		工艺技术来源 (7)	产品创新和流程创新之间的相对平衡(8)	创新企业的相对规模 (9)	技术多样性的强度和方向 (10)
供应商主导型	农业、房地产、传统制造(私营服务)	供应商研究延伸服务、大型用户	价格密集型	非技术(例如商标、营销、广告、美学设计等)	削减成本	供应商	流程	小型	低垂直

（续表）

企业类型(1)	典型核心部门(2)	技术轨迹的决定因素			技术轨迹(6)	衡量特征			
		技术来源(3)	用户类型(4)	获利方式(5)		工艺技术来源(7)	产品创新和流程创新之间的相对平衡(8)	创新企业的相对规模(9)	技术多样性的强度和方向(10)
规模密集型	批量散装材料（钢铁、玻璃）组装产品、（耐用消费品和汽车）	产品工程供应商、研发	价格密集型	流程机密和专门技术知识、技术落差、专利、动态学习经济体、设计专门技术知识、用户知识	削减成本（产品设计）	组织内部、供应商	流程	大型	高垂直
专业化供应商	机械、工具设备	设计和开发用户	功能密集型	专利	产品设计	组织内部、消费者	产品	小型	低同心圈
以科学为基础的产业	电子/电力、化学品	公共科学研发、产品工程	混合型	研发专门技术知识、专利、流程机密和流程性知识、动态学习经济体	混合型	组织内部、供应商	混合型	大型	低、垂直高、同心圈

资料来源：Pavitt（1984，p. 12）。

对于此类建模方式而言，直接适用的分析领域看似是关于组织及其界限的理论，而且其实目前大部分关注都聚焦在这些理论上（更多信息可参阅 Marengo 和 Dosi，2006；参阅 Dawid，2006 中的讨论，各种基于主体模型的大型集合，即 ACE 模型，关于基于主体的计算经济学，更多信息可参阅 Tesfatsion 和 Judd，2006）。然而，再次重申截至目前人们并没有做出太多的努力以探索配方动态和投入/产出动态之间的映射关系。[①] 但也有罕见的例外,如 Auerswald 等(2000)假设与每项操作相关的劳动力要求是一个随机变量(因此每个配方的劳动力要求属于随机领域)。确实,颇具挑战的建模尝试与不断演化的问题解决程序的显性表达密切相关,而其中问题解决程序不仅受范式影响,同时在更为人熟知的投入/产出系数方面也受随后的动态发展的制约。

就目前的情形而言,甚至是在演化领域的阵营中,技术的正式表达也倾向于"黑箱化"程序部分。因而,大多数技术的形式化表达是以单位产出的投入数量呈现的,而且产出本身往往被假定为是同质的,或有时以特定的功能特征定义产出。由此,创新动态以投入向量随着时间的演化(可能也包括产出特征向量)为特点。在此分析层面上,重要的建模问题和各主体可能获取创新知识的概率分布的具体形式以及相关支持有关,无论各主体是否依靠高额的投资(研发)获取创新知识,也无论创新是否具体体现在特定的设备中。然而,大部分对技术的演化性表达所共有的一项特征是在任何给定的时间点上假定所有企业都以生产的固定系数为特点(行话就是,所有的企业都适用 Leontief 提出的投入-产出模型)。依据我们的观点,这是对企业短期内能够获取的"生产可能性"(退化)非常自然的表达,其实,各主体基本上了解如何掌握实际应用的技术配方,但如果假定他们拥有比如装满食谱配方的橱柜,而且尽管相对价格不同也可以即时采用,那么就过于牵强附会了。相反,任何改变技术的尝试都必须被视为耗时的创新探索,而且最常见的情况是探索结果往往充满不确定性。

上文讨论的微观经济学研究证据有力地支持了以下观点:许多演化模型分析的基础单位是异质技术,各类异质技术任何时刻彼此共存、相互竞争,且随着时间的推移根据某种探索/学习过程不断演化。直截了当而言,每项技术都可被视为一个向量 $x(.,.)(t)$,在最简化的情况下表示单位同质产出的投入数量。每项技术可能会依据收录进而掌握该技术的主体被标记,也可能不会。正如 Verspagen(2005a)所著文章中的文献回顾,一类模型坚持"技巧原始"的形式表达(参阅 Conlisk,1989;Silverberg 和 Lehnert,1993,1994)。在此假设下,假定"探索"在某种随机抵达过程中被"黑箱化",随机抵达过程来自于随着时间变化的正态分布(Conlisk,1989),或者时间恒定/变化的泊松分布(Silverberg 和 Lehnert,1993,1994)。出于简化的目的,考虑单维度的过程,以劳动生产率的角度为例。假定过程为已经投入应用的不同技术的叠加,该假设有充分的实证原因(例如观察到的劳动生产率的动态,参阅 Dosi,2007)。

在另一种风格的建模方式中,技术也是根据特定的企业予以标记,试图描述

[①] 就我们所知,唯一尝试在形式表达层面联系配方动态(产生学习曲线型轨迹)和投入效率动态的研究是 Auerswald 等(2000)(参阅 Muth,1986,尽管其探讨更偏向于"黑箱化"的视角)。

创新(和模仿)探索的特征。Iwai(1984a,b)所著文章介绍了这种意义上的一种模型,将各种技术的分布对应各个企业的分布,其中各企业自主创新,也彼此模仿(其概率为产业中特定企业/技术的频率函数)。

相当多的建模实践符合 Nelson 和 Winter (1982)的观点,企业层面的探索可以用两个阶段的随机过程来描述。在第一阶段,企业从伯努利过程随机抽取以处理"可以利用创新"(或模仿)的情况,其概率依赖于投资探索的资源总量。如果成功会使其进入第二个随机过程,这个过程决定着由新技术(其实结果可能是次于现有技术,在这种情况下,企业会坚持原有的技术)的投入系数定义的实际"创新"(或模仿)。

这一整类模型通常假设存在这样的流程,即任何一家企业的技术进步很可能会发生在已经投入应用的技术集合附近——这也是技术进步累积性和本地性的直接体现。①

这也符合上文讨论的观点:利用机会的方式及其成功程度很大程度上取决于经济主体的能力和以往成就。因此,更专业的说法是,将"机会"看作衡量投入系数集的某种指标,而投入系数是指在时间点 t 处,以主体 $j(j = 1,\cdots,n)$ 当时掌握的系数向量 $x_j(t)$ 为条件,非常有可能实现的投入系数。直白而言,转移概率可以被视为描述特定范式机会和能力的数值,特指每个经济主体 j 在任何给定探索活动中的机会和能力。② 可以直接从支持开发技术概率分布的广度和分布图本身的形状区分不同的机会。③

形式化表达第 3.3 节探讨的诱导机制相对而言也比较简单。形式上,对探索方向的影响意味着市场冲击诱导理论上探索空间(时间点 t 处可实现的探索空间)的不同划分,也意味着将探索重点放在被认为更有可能节省较高成本的稀缺投入要素。值得注意的是,例如 David (1975)提出的对 19 世纪美国经济中诱导机械化的解读(说服力极强),以上说法其实可以说是对其解读部分内容的改述。④

正如先前所提及的,相对价格可能会诱发技术变革已呈现的方向的变化,即使是在探索的微观方式保持不变的情况下也是如此。

---

① 相关的"本地"技术学习形式化表达参阅 Atkinson 和 Stiglitz (1969)以及 Antonelli (1995)。

② 这是简化情形,在更复杂却更实际的阐述中,每个主体 j 的模仿、转移概率也应该取决于所有其他主体达到的状态和衡量他们之间距离的指标,可参阅 Chiaromonte 和 Dosi (1993),Dosi 等(1994a),以及 Fagiolo 和 Dosi (2003)。

③ 例如,在 Dosi 等(2006a)所著文章中,假定 β 分布(取决于参数设定)可能将大部分归属于"抽取到欠佳技术"(在机会缺乏的情况下),反之亦然。而实际利用的机会关键也取决于主体探索和利用机会的能力。在 Nelson (1982)所著文章中,简要描述了一种模型,由两个阶段组成的随机过程("学习和试验",进一步"设计/绘制蓝图"),其间主体具备的知识影响新技术选择的"质量"——在实现给定等级进展的预期成本方面,或者给定的研发投资可以实现的预期进步等级方面。

④ 分析上没有任何遗漏,除了在神秘"创新可能性边界"方面对理性选择的质疑。

让我们回顾一下 Nelson 和 Winter（1982，pp. 175 - 192）的文章中提到的要素替代的马尔可夫模型（Markov model）的基本知识，以便解释以上观点。

在讨论流程创新时，我们之前就提到过"创新机会"一词，表示在 t 时间点以应用中的任意技术为起点可达到的输入（单位输出）方面的（有限的）状态集合。假设在时间 t 内探索是一个随机过程，且为不变量（意味着不包括创新活动的递减收益和先前讨论过的对探索规则的诱导效应）。此前在 3.3 节中已经粗略介绍过，当开发利用一项新技术时，通常会将其与目前正在应用的技术相比较，一般是在投入价格方面进行对比，显然成本最低的技术将会被采用。一个企业所呈现的要素比率排序可以用一种马尔可夫过程表述，此过程以转移矩阵 $F = [f_{ik}]$ 描述，此处的 f_{ik} 代表状态 i 替代状态 k 的概率。[①] 值得注意的是转移矩阵是时间不变量，但其实真正的转移概率取决于相对的投入价格。这是由于"对比检查"：保持最初的技术和目前开发的技术不变，是否选择采用后者可能会取决于相对价格[②]，而这种选择会为下次开发另外的新技术等设定不同的初始条件。诱导技术动态选择给人的直观感觉是如果某种投入要素的相对价格上升，其转移概率，宽泛而言也就是"远离"高强度使用该投入要素技术的概率也会相应地提高。其实，Nelson 和 Winter（1982，pp. 180 - 192）提出这样一种结论：在包括两种投入要素的情况下，如果合理排序相关投入要素的强度，转移矩阵 F（基于新的相对价格）会随机性地超过"原来的"矩阵 F。[③] 这一结论非常具有吸引力，目前存在于很多正式的资格鉴定中，但确实值得进一步的探索。基本结论如下：尽管机会不变，且各主体也不改变其探索规则，但是相对价格足以作为权衡标准，在探索所得的技术和目前已经应用的技术之间进行选择，以确定（概率方面）由此诱发的要素使用模式的变化，变化涉及层面为单个企业甚至是整个行业。[④]

---

① Nelson 和 Winter（1982），与以下的总体观点非常一致，即存在"以范式为基础"的限制因素，约束着要素替代的范围，假定要素比率只能取 N 个可能的值，因此，$i, k = 1, \cdots, N$。

② 显然并不是只有新发现的技术在每项投入上都更高效的情况下才会采用该新技术——很容易从演化解读中得出该结论。

③ 至于其他观点，在时间不变的有限状态下的马尔可夫过程中，形式表达的清晰度有其不可避免的缺陷，原因在于认真严肃对待"随着时间的无限性推移将会发生什么？"这一问题，所有无限性持续状态往往都会受到限制（参阅下文有关路径依赖的介绍）。然而，应该不是不可能使转移概率依赖于阶段—空间，由此使得以往诱导的比重更具持续性。但是，更实际而言，在数学极限中，例如洪都拉斯将与瑞典进行无限多次的交流互动是否会削弱以下观点（的确在形式上限于短暂性）的正确性：在任何合理、有限的观察区间内，洪都拉斯与瑞典都很可能显示出路径依赖的技术系数？

④ 我们不敢将此猜想延伸至整个经济学，这是因为并没有太多从投入—产出关系方面探索多部门系统的研究，以检验技术再转换等现象的实证可行性——在 20 世纪 70 年代的理论争辩中突出显现，但是后来却如魔法般消失不见。一些演化变的形式化表达是多部门的，包括 Verspagen（1993）；有一些也包括公认的基本投入/产出结构，例如 Chiaromonte 和 Dosi（1993），Fagiolo 和 Dosi（2003），以及 Dosi 等（2008b）。但是据我们所知，还没有在多部门"总体不均衡"框架下研究技术动态的文献。

从演化的角度对探索、创新和模仿进行的形式表达排斥任何关于"理性技术预期"的假设,进而在理论上和时间上都否认任何探索资源来自于无偏向型预期的可能性,所提及的无偏向型预期的内容是关于未来从创新/模仿中获得收益的概率。然而,有人做出有些极端的相反假设:投资研发的倾向是不会随着时间发生变化的行为惯例,只有在绩效低于某种特定的"满意"基准线时才有可能改变(极少的例外可参阅 Silverberg 和 Verspagen 于 1996 年提到一种模型,其中投资探索的倾向发生变化以适应特定情况;Kwasnicki 和 Kwasnicka,1992;Yildizoglu,2002 介绍了一种模型,其中研发规则基于遗传算法的探索随机发生演化)。

显然,企业特有的创新动态是导致不同企业在生产效率(极少出现在模型中,但却在现实中常常遇见,产品特征)方面持续呈现异质性的原因,而且生产效率只会在局部层面上受到模仿过程的约束和制约。反过来,我们将会在第 4 节讨论:不同企业间存在的如此差异是致使不同竞争能力的基础,也是影响产业结构演化的因素之一。

3.9 发明、创新和扩散

创新扩散是第 17 章的主题,其中有更详细的调查证据。[①] 然而,由于第 17 章明显局限于创新扩散证据的均衡分析,我们此处提供独特解读的一些基础要素,更切合于目前所概述的演化观点。

在技术变革领域,J. Schumpeter 作品中经常被引用的观点之一与他对发明、创新和扩散三者的区分有关。根据 Schumpeter 的定义,发明与未来某种新生产工艺或新产品的最初开发有关,而创新则涉及新生产工艺或新产品的实际采用和尝试性的经济开发。扩散描述的是购买方或竞争者的引入。这是粗略且类似"史诗"般的概念区分,几乎无法应用于实践,原因在于实践经验过程往往不会完全像这样界限清晰。有经济考虑的研究机构在引入发明之初常常就已将其作为一项创新。扩散涉及开发者和用户方面的进一步创新。以上三类活动往往与潜在创新者/采用者的特点变化和动力因素相关联。然而,Schumpeter 对发明、创新和扩散的区分仍然是非常有用的理论出发点。例如,发明是指技术进步尚未开发的潜力,技术进步的来源我们上文已讨论过,而创新和扩散指的是受经济驱动的努力,以将技术进步融入经济上值得开发的产品和生产工艺。

早期的经典分析,包括 Mansfield(1961),Griliches(1957),Nabseth 和 Ray(1974),以及 Rosenberg(1972,1976),已经重点强调三类典型事实:第一,

---

① 也可参阅 Hall(2005),Nakicenovic 和 Gruebler(1991),Geroski(2000)和 Stoneman(2007),以及 Metcalfe(1988,2005a)所著文章从演化视角进行的讨论。

扩散是耗时的过程;第二,扩散速度依据不同的技术和国家有很大的差异;第三,成功创新成果的扩散通常遵循 S 形曲线,但是呈现不对称性(见图 4)。然而,第四,相当一部分比例的创新虽然被一小部分的早期采用者采用,但是从未扩散出去,因而最终以失败收尾(所以,选择样本偏向于成功的案例)。

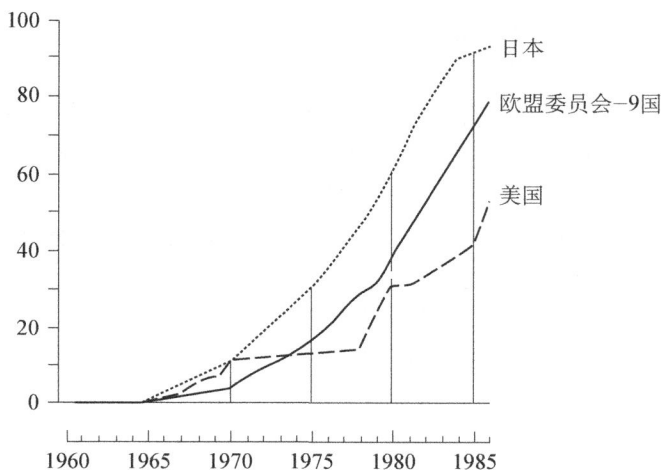

图 4 连续铸钢法的扩散,占总体原钢生产的百分比(%)

资料来源:Ray (1989, p. 4)。

　　在扩散动态的解读方面,各类演化分析(既包括实证分析也包括理论分析)极少拥有共同的基础内容。但是明显的基础内容之一是都认可未来不同采用者之间无处不在的异质性,几乎存在于影响技术采用的各个维度上——从纯粹的规模一直到不同的"吸收能力"(Cohen 和 Levinthal,1990)和使用新技术、新设备甚至消费品的能力。诚然,如果在采用者异质性的基础上再加之有待扩散的商品特性的动态,那么解释在创新扩散中观察到的阻滞因素就有很长的路要走(参阅 David,1990)。大量估算扩散概率模型的实证文献非常契合该观点。

　　在供给侧,异质性主要内生于生产者学习、创新、模仿和选择的动态变化(参阅下节)——产品特性和价格不断变化;而随着特性和价格的变化,市场份额也会发生变化,进而产品本身也会相应地变化。[1]

　　在需求侧,尤其是有待扩散的人工制品是生产资料时,"用中学"是推进扩散强有力的驱动要素。此外,在演化世界中,学习如何使用和开发新技术的能力确实很可能受到幸运之神的影响,也可能受可怕错觉的制约(Silverberg 等,1988

---

[1] 事实上,生产扩散和模仿过程紧密地相互交织,一般充斥着初始人工制品及其生产工艺的改进,蒸汽机的案例可以说明该观点,参阅 Rosenberg (1996)。

提出的模型强调了该点,相关的"认知偏向"讨论参阅 Dosi 和 Lovallo,1997;
Gary 等,2008)。相反的,采用创新成果常常要求组织发生做出改变,尤其是当
创新成果是生产资料时,这些组织变化代表着一个非常强大的阻滞因素,不仅是
在采用创新成果方面,还会阻碍经济效益的获取(Brynjolfsson 和 Hitt,2000 解
释了该观点,非常具有信服力)。

扩散过程也涉及非常重要的集体维度,包括知识外溢、网络外部效应、偏好
内生演化以及单纯的羊群行为。

如何形式化表达此类动态呢? 总之,发展完善的创新、模仿和选择演化模型
基本将扩散动态作为整个过程的推演结论(早期例子之一是 Silverberg 等,
1988)。有趣的是演化模型能够得出扩散动态的主要"典型事实",即先前曾有提
及称为演化进程的涌现性,而在演化过程中系统围绕新技术的使用集体"自我组
织"。然而,一类有趣的"简化"模型压缩了不同企业间的竞争动态,简要地阐述
了存在于异质群体间的扩散,此处提及的扩散受动态收益递增效应、网络效应和
内生偏好的驱动。一项强大且通用的正规工具是波利亚罐子模型(Polya urns,
参阅 Arthur 等,1987;Dosi 和 Kaniovski,1994;Bassanini 和 Dosi,2001,
2006)。此处我们回顾一下此类的正规工具倾向于解释:①演化动态中随机事
件对长期结果的影响(进而影响相关技术选择的路径依赖);②动态收益递增的
广泛重要性(可能和"表现欠佳"动态中的收益递减形式相互交织,参阅 Dosi 和
Kaniovski,1994);③技术演化"出错"的可能性(主导技术在某种形式上"次于"
现有的其他技术,但是采用主导技术的集体动态并没有予以强化,见下文)。

是否能够识别不同类型的扩散演化过程? Nelson 等人(2004)对此进行了
一次尝试,基于动态收益递增的有/无和极具信服力反馈的有/无,区分四类扩散
模式的原型,其中的反馈是关于采纳新技术本身获取收益的反馈。诸如流行风
尚等现象属于其中一个极端(两个维度均缺失),而 QWERTY 型扩散(David,
1985)则属于相反的极端现象。需要记得正如 David 所言,尽管 QWERTY 键盘
本质上不如其他配置,但是通过生产和使用中路径依赖的外部性,该类键盘占据
了主导地位。

3.10 技术演化过程的路径依赖

目前为止我们讨论的技术创新过程两大总体特征分别为动态收益递增和路
径依赖,以及两者之间的相互作用。由于本手册中的其他章节会专门讨论这两
个主题,所以此处不需要介绍具体细节。然而,让我们再次强调其在技术演化中
的作用(下文在介绍产业演化时,我们会回到其中一些问题)。

我们现在考虑在创新发展和扩散的过程中演化成功、本质"适应度"和机会
(即不可预测的历史事件)之间的关系。

　　研究技术创新的学者早已注意到,在技术史的早期阶段通常会有很多彼此竞争的变体,甚至是彼此竞争的范式。交通工具就是如此,有些靠内燃机驱动,有些靠蒸汽机驱动,还有些依靠电池驱动。正如我们所知,汽油发动机(内燃机)逐渐占据了主导地位,而其他两种可能性却在很大程度上被放弃了。对此的标准解读是汽油发动机潜在上优于其他类型的发动机,而经过时间的检验、反复测试和学习,这种优势得以显现。然而,还有另一种解释,基于某种动态收益递增效应、网络外部性和路径依赖之间的相互作用(参阅 Arthur,1988,1989;David,1985,1988,2001b;Dosi 和 Kaniowski,1994;以及 Antonelli 等,2006 贡献于该文章的一些观点)。在第二种解读中,内燃机本身不需要优于其他替代品。所需要具备的条件是:由于幸运之神的眷顾,内燃机被大量使用或购买,开启了滚雪球机制,而其中的驱动力便是某种集体的正向反馈。

　　滚雪球似的收益递增效应背后的原因可能是什么呢? Arthur,David 和其他作者提出几种不同的可能性。其中之一便是涉及的彼此相互竞争的技术属于高积累性的技术。在积累性技术中,今天的技术进步借鉴周期开始之初的可用技术,并以此为基础加以改进;反过来,明天的技术进步以今天的技术为基础。因此,在汽车发动机发展史的案例中——根据积累性技术的解读——汽油发动机、蒸汽发动机和电力发动机都似乎是驱动车辆的可行技术,而且并不清楚哪一类方法更优。通过反思这种不确定性,不同的发明者往往做出不同的技术选择。然而,假设仅仅是由于一个偶然的契机(或边际选择或政治决策),大部分发明探索恰好聚焦于其中一种选择上——例如内燃机,因此在这一时期内,相较于其他两类动力源,内燃机设计的整体改善要多出很多。或者假设分布在三类潜在范式的发明努力相对比较平均,仅仅是因为偶然的契机,内燃机取得的技术进步大大超过其他两种类型。如果说三类动力源之前大致处于平局状态,那么到了第一阶段末内燃机则优于蒸汽或电力发动机。使用内燃机的汽车会获得更好的销量。更多发明者会打消对蒸汽或电力发动机投入研究的念头,因为蒸汽或电力发动机必须取得重大进展才可以和现有的内燃机竞争。如此一来,便会有很强的动力驱动发明努力转移至进展最快的技术,这个过程是累积性的。在推进内燃机进步上不断增加投资,在其他两类动力源上不断减少投资的结果很可能就是前者的进一步发展。在相对较短的时间内,明显的主导范式出现。而在这个广泛的领域内,所有推进技术进步的努力逐渐聚集在特定范式的改进上。

　　另外,有两种对此互补性非常强的关于动态收益递增的解读。其中之一强调网络效应或消费者/用户群体方面的优势。如果不同的个体消费者/用户购买的商品/服务类似或兼容,就会增加恰好已经吸引大量消费者的商品/服务的优势。另外一个强调系统作用,某个特定的产品拥有专门的互补性产品或服务,后者的发展也会为该产品增加特殊的优势。手机和计算机网络中,每个用户都强烈地希望使其他用户拥有兼容的产品,这是第一种情况经常引用的实例。需要根据盒式录像机的特定设计而特殊定制磁带,或者要求程序兼容的计算机,这两类例子经常被用于证实第二种情况。对于看似低效的 QWERTY 型键盘能够持续作为标准配置的原因,David(1985)提出的解释中既包括熟练打字员对该类键盘的熟悉度,又包括教习使用 QWERTY 键盘的打字员培训项目。在QWERTY 键盘案例中,致使收益递增的各种因素往往相互交织,而且还与相关累积性技术的发展过程有关联。因而,再回到我们先前提及的汽车例子中,对于使用家长或朋友的汽车学习开车的人们而言,如果家长或朋友的汽车是由内燃机驱动,那么他们自己购买汽车时自然而然就会受到汽油动力汽车的吸引。同时,由汽油发动机驱动的汽车占据支配地位,使石油企业在公路沿线的便利点设立加油站变得有利可图。此外,还使石油企业寻找更多石油来源、开发降低石油生产成本的技术变得有利可图。反过来,这同样会增加汽油动力汽车对司机和购买者的吸引力。

值得注意的是有人将汽油发动机汽车、大型石油企业和国家大部分交通依赖石油等视为招致种种麻烦的复杂集合,而这部分人认为上述故事表明"可以不必如此"。如果在汽车史的早期阶段抛掷骰子得到的是另一种结果,那么今天我们可能会拥有蒸汽或电力发动机汽车。关于交流电战胜直流电而成为电力传输的主导,最近有人就此提出类似的论点(David,1992)。该案例中也将可能有偏见的专业判断、社会或政治因素视为影响长期经济趋势的重要因素。毕竟,在以上所有的案例中,需要的所有条件可能只是少许的推力。

很难精准评估类似路径依赖过程的重要性和发生频率,原因在于类似"历史重演"的反事实情况当然是不可能存在的(不仅是在社会科学中,在生物学中也是如此)。总之,对技术变革演化的解读——我们在产业动态和发展中也会看到——深深地怀疑任何关于以下内容的观点:将演化视为从良好到更好的必然发展过程。这样的观点试图辩解系统的任何最终状态都是所有可能结果中最好的选择,是所获信息不完善但完全"理性"的主体在整个路径中选择的最佳结果。Liebowitz 和 Margolis(1995)所著文章中着重介绍了该类观点,旨在均衡合理化所有的观察所得,同时将所有的行为归结为具有目的性的操作,最终导致现在的任何状态。

关于以上提及的一切,David(2001b)和 Dosi(1997)都一致驳斥对历史过于乐观的解读,即"可能发生的最好结果",主要由如下论点证实:"理性主体"不会允许任何次于最优的结果出现(与伏尔泰作品《憨第德》中 Pangloss 博士关于神圣旨意最优化的观点惊人的相似)。

4. 熊彼特竞争和产业动态

先前部分讨论的证据既强调技术性知识展示的一般特征，同时也突显不同企业获取和利用技术性知识时显现出的不同模式和不同效率，甚至是在不同企业从事非常类似的活动且经营同样的业务时亦是如此。

不同企业具有异质能力以及动态性的异质学习模式，这是一般规律。反过来，如此长期持续异质的不同企业处于竞争性环境中，而竞争环境在单一层面上影响着每个企业的经济命运，在整体层面塑造着产业组织形式的演化。在下文中，首先我们概述以上竞争环境的一些广泛特征。其次，我们更详细地探讨产业演化的一些属性和具体过程，试图区分所有产业的共有元素和体制特有的其他元素。最后，我们讨论各种建模方面的努力，尝试解读产业演化模式。

各产品和生产流程的差异（以及由此导致的成本和价格差异）是竞争过程的核心特征，其中不同的企业在多个不同层次上参与竞争过程。我们将以下过程称为熊彼特竞争：各异质企业以各自提供的产品和服务为基础相互竞争并优胜劣汰的过程，其中有些企业不断发展，有些企业不断衰落，有些企业停业倒闭，而有些新企业进入市场，而且往往秉持着能够在竞争中成功的信念。现有企业和新进企业的创新、适应和模仿活动持续推动和促进以上竞争和选择的过程。以上过程既涉及不同企业间的选择、各类技术间的学习和选择、组织实践，此外还涉及各企业内部本身的产品特性。

金融市场中，在种种选项中用户选择特定的技术而放弃其他选择连同企业的选择都是竞争和产业格局的核心驱动力，改变着产业结构。既考虑用户也考虑供应方至关重要。以下述观察为起点进行论事合情合理："优势"消费品、资本产品和中间产品的生产和利用常常决定着特定企业的竞争优势。而且，需要分析的一个主要问题是竞争过程的确切驱动力和具体机制。另外一个问题是竞争优势会持续多长时间，不论是哪种类型的竞争优势。如果一家企业采用一项非常具有吸引力的创新，并且能够防止其竞争对手的迅速模仿，还可以快速扩展其本身的市场份额，那么该企业所在行业可能会成为高度集中的行业。在一些广为人知的案例中便是如此，例如 IBM 公司长期在大型计算机行业占据主导地位，而英特尔则在微型处理器市场持续占据控制地位。然而在其他许多情况下，面对众多竞争对手持续的创新努力，很多成功创新者却未能成功发展并守住其市场主导地位。Joseph Schumpeter 使用"创造性破坏"一词意指以下内容：其一，技术进步的本质；其二，在技术进步迅速而现有企业未能抓住新机遇的行业中，一些领先企业往往出现该情况。事实上，当特定新产品或新生产工艺的成功与新技术范式的支配地位相关时，创新非常有可能导致产业结构发生显著变化。

在这些案例中,成功创新和新设计概念、新做事方法有关,不同于已被替换的设计概念和做事方法。因此在该活动领域内,企业需要在(部分)新知识库和新组织惯例的基础上学习高效工作,才可以持续保持其可行性和有效性。在这样的背景下,在相当长的一段时间内稳定不变的行业结构,往往可能是新进企业成功的成熟时机。

如果我们深入探讨特定产业模式的具体细节,会发现产业研究中突显出一些常规属性。首先,正如很早以前 Schumpeter 的论点,Marx 在他之前也提出以下观点:首先,在以创新为核心的行业中,竞争和下述观点并没有太大关系——竞争过程产生经济上"高效"的结果,此处的"高效"概念是指经济学中标准静态意义上的高效。该过程的驱动力是一些企业努力获取优于竞争对手的经济优势。正如在第 3 节的讨论,不论是从横向部门还是从纵向时间的角度而言,现代产业部门的不同企业不可避免地在经济效率和盈利能力方面展现出巨大的差异。简而言之,产业以显著且持续的"低效"为特征,此处的"低效"是指标准分配意义上的概念。第二,在以持续创新为特点的产业中,其竞争条件可能较为脆弱。这尤其适用于以下案例:成功创新的企业能够抵御竞争者的模仿或采取其他有效的竞争应对措施,而这些企业的盈利能力又使其能够进一步扩展其优势。第三,尽管如此,就基本层面而言竞争的演化概念不同于经济学教材中的竞争概念,但是确实发挥着相关的作用。在一定程度上竞争是受保护的,技术的消费者/用户分享了技术进步带来的很大一部分福利效益。此外,在供应方面,随着产业的演化,竞争趋势为价格和成本(包括研发成本)的变化大致保持一致。

这是对创新驱动型竞争和随之而来的产业演化的全局解读。在多大程度上与证据不符? 在此过程中是否存在一些更细化的规律? 随着时间的推移,系统性长期持续存在的企业特征及其分布情况是什么,如果确实存在? 彼此相互竞争的众多企业中这些特征又是怎样影响相关的演化进程的? 此外,在先前提及的各项属性及其相互关系中,哪些属性为所有行业所共有;而相反的,哪些属性仅为特定部门的技术和市场特征?

我们首先探讨与动态性的一些特征相关的证据,其中动态性体现在:①产业结构和企业特征,广义上的理解涵盖规模、生产率、创新性、行业内的分布情况等变量;②绩效情况,包括单个企业的营利性、发展状况、生存概率,也包括综合分布情况;③ 及其在学习体制中的映射匹配,例如创新探索模式等(参阅 3.7 节)。①

---

① 更多关于学习体制的讨论参阅 Dosi 等(1995,1997)和 Dosi (2007),其中还可以找到关于文献更详细的讨论。

4.1　微观经济异质性：首先探讨规模

我们已经反复强调，一直以来各企业在能够探测到的所有维度上都显示出持续的差异性。

首先，极度可靠的"经典事实"是有关企业规模存在非常广泛的差异性。更确切而言，人们可以看到在整个产业历史和各个国家中，企业规模数据呈现偏态分布，且偏向右侧。大量丰富的文献可参阅 Steindl（1965），Hart 和 Prais（1956），Ijiri 和 Simon（1977），Hall（1987），Bottazzi 等（2007），Lotti 等（2003），Bottazzi 和 Secchi（2005），以及 Dosi（2007）。

不论密度函数的确切形式如何，直观的信息是各种规模大小的企业共生共存，即很多规模相对较小的企业、相当一部分大型企业以及超大型企业——其数量远远高于以任何高斯线型为基础预测而得的数值。反过来，以上种种否认任何关于某种"最佳规模"的不成熟概念，其中实证分布以"最佳规模"为基础应该呈现起伏波动。值得注意的是，因此以恒定 U 型成本曲线为中心的任何生产理论（类似于微观经济学理论），也会失去很多合理性——如果规则如此，人们也应该合理预期这样一个趋势，即趋于相应的技术最优均衡规模。相反，貌似合理的备选企业其实证规模分布呈现对数正态分布、帕累托分布和尤尔分布。当然充分描述分布情况时遇到非常严峻的问题，即要全部囊括规模最小的企业。近期，很多学者尝试解决该问题，例如 Axtell（2001）等关于美国企业群体的研究，借助于幂律分布将企业规模的概率密度和企业本身的规模排名联系起来。

以上种种主要与整体生产企业的规模分布相关。是否这些属性对各层级的解集同样适用？规模差异是的。然而，越来越多的细分部门数据显示其实分布的恒定性并不是如此。Dosi 等（1995）提出一项猜想，Marsili（2001）就此开展进一步探究，后来予以证实：在不同制造部门的纯集合中，整体"经营良好"的帕累托型分布很可能是令人费解的结果，其中此处提及的不同制造部门以不同的技术学习和市场互动体制为特点，而且没有呈现出帕累托型分布。尽管一些部门呈现的分布状况与整体分布非常类似，但是也有些部门几乎呈现对数正态分布，然而也有些部门呈现出双峰分布甚至多峰分布。（关于更多的证据总结可参阅 Dosi，2007）。总之，不可否认间接证据表明在一些部门中是寡头垄断核心对抗分散的边缘企业，先前提及的规模分布的双峰性间接支持了该观点。[①]

最后，需要注意的是尽管产业结构相对稳定——在衡量规模分布稳定性方面——但其下隐藏的是更加动荡的微观经济。随着新企业的大规模"搅局"，现

---

① 确实，未来重要的研究任务与转移概率有关，即"核心"和"边缘"之间的转移。

有企业的相对份额和排名不断变化[①]——大约半数的新企业在成立 5 年[②]之前就停业消失，但是部分幸存企业在大多数行业中不断发展并占据显著份额，也成为创新和生产率增长的重要载体。[③]

不论如何，产业结构——在此以规模分布代表产业结构——是产业群体中每个实体发展动态（当然也连同其产生和消亡的过程）的结果。那么这样的发展过程又是怎样的呢？

4.2　企业增长率和营利性

目前已经有很多研究从实证上探索吉布拉定律（Gibrat's law）作为实际产业动态一级近似值的有用程度和精确程度，其中吉布拉定律提出企业的增长速度呈现倍数式增长，而且增长数据与企业的初始规模没有关系。Lotti 等（2003）提供了非常丰富的文献综述。证据表明：

（1）通常情况下，分析涵盖的时间阶段内，规模较小的幸存企业的平均增长速度高于规模较大的企业。但是大多数研究并没有将分析时间阶段内一开始存在却在某个时间点消亡的小企业算在内；此外，很多小企业是年轻型企业而且一般停业消亡率很高。

（2）企业规模和平均增长速度之间并不存在显著可靠的相关性（参阅 Bottazzi 和 Secchi，2006；Bottazzi 等，2003；Coad，2008；Hall，1987；Kumar，1985；Mansfield，1962；Sutton，1997，以及其他文献）。企业规模和增长之间的关系受企业本身年龄的影响和制约——广泛意义上而言，企业的年龄会对增长速度带来不利影响，但是对生存概率却会产生有利影响，至少是在某个起步阶段的基准线之后（参阅 Evans，1987）。[④]

以上证据与产业变革的演化理论相一致。演化性解读确实很可能与以下观点背道而驰：趋于某个恒定"最佳规模"的观点，其中规模收益不断递减。相反的，演化性解读对确切的"非递减收益"奉行不可知论。尤其是，此类方式在解读具备以下特点的经济论点时没有任何难度：大致的规模收益保持不变；以及企业发展的驱动力与企业本身的平均规模无关。相反的，"误差项"的统计特性提供了关于市场竞争和企业增长过程基础特征的珍贵线索。注意就该方面而言，

[①] 参阅 Louca and Mendonca（2002），关于在整个行业部门中规模分布上尾的长期模式。然而，行业内部的排名看似呈现出很大的惯性，德国相关证据可参阅 Cantner and Kruger（2004）。此外相关评论也可以参阅 Dosi 等（2008c）。

[②] 经济合作与发展组织成员国的对比实证，对比 Bartelsman 等（2005）。

[③] 相关证据可参阅 Audretsch（1997），Baldwin 和 Gu（2006）以及 Foster 等（2008）。

[④] 此外，企业规模和增长速率之间的统计关系受特定产业生命周期发展阶段的影响，参阅 Geroski and Mazzucato（2002）。

增长过程中如果缺少任何结构都将会对产业变革的演化理论带来很大的损害。事实上，如果证实任何关于"强吉布拉定律"的假设，根据该假设企业增长的驱动力将会是众多互不相关小型"轻量"冲击的叠加，那么这对于演化性解读而言并不是好消息。演化性解读的基础构成要素由两项概念组成：①各主体间的持续异质性；以及②各主体间竞争选择的系统性过程。事实上，关于企业增长的数据究竟显示了怎样的属性呢？

其中能够解释企业增长基本驱动力的一项最重要的证据是企业增长速度本身的分布。该证据证实了一个极度可靠的经典事实：企业增长率的分布至少是呈指数型（拉普拉斯变换），或其至更趋向于肥尾分布[①]。此项属性适用于：①不同层级的集合；②不同的国家；③不同的规模衡量标准（例如销量、员工数量、附加值、资产）；其至④人们观察到的不同部门在分布参数方面的一些（适度）变化。而此类统计特性对于演化性解读确实是好消息。普遍存在的肥尾分布意味着在发展动态中存在的结构类型远远多于一般假设的类型。更确切而言，无处不在的肥尾分布是一种信号，标志着如果发展事件呈正态分布、影响小且彼此独立，那么就可以排除一些基本关联机制。在 Bottazzi 等（2003）和 Dosi（2007）所著文章中，猜想此类关联机制很可能有两种形式。其一，竞争过程本身引发的相关性。所有的市场份额相加显然必须为一——某人所得是为某人所失。其二，在演化过程中，确实应该预期"波浪起伏般"的发展事件（既包括积极的也包括消极的），如引入新产品、建设/关闭工厂、进入/退出特定市场等。[②]

除了企业的发展情况，盈利能力是另外一个衡量企业绩效的指标。关于变量，确实有大量关于不同企业间持续盈利差异的可靠文献：参阅 Mueller（1986，1990），Cubbin 和 Geroski（1987），Geroski 和 Jacquemin（1988），Geroski（1998），Goddard 和 Wilson（1999），Cefis（2003a），Gschwandtner（2004），Dosi（2007）以及其他文献。此外，在所有的制造部门中随着时间的推移利润边际的自相关性非常高，仅稍微显示均值回归的趋势；然而有趣的现象是利润边际的变化速度分布再次呈现肥尾效应（至少呈指数型，其至更趋向于肥尾分布）。也就是说，我们此处再次发现强大基本关联机制的迹象，而其关联机制往往会诱发对盈利能力的"粗粒度"冲击。

确实由此得出的基础结论是：发展速度、盈利能力等企业绩效的核心指标证实已广为人知的观点，即不同公司间广泛存在多层面的异质性，即使在竞争过程中亦是如此。鉴于以上论点，问题自然而然就落在此类异质性本身的根源上。

[①] 美国数据，参阅 Stanley 等（1996）以及 Bottazzi 和 Secchi（2003）；关于国际医药行业的数据，参阅 Bottazzi 等（2001a）；关于意大利的数据，参阅 Bottazzi 等（2002，2003）；相关讨论，参阅 Dosi（2007）。

[②] 提示性尝试构建收益递增动态模型，由此产生观察到的肥尾分布，参阅 Bottazzi 和 Secchi（2005）。

4.3　绩效异质背后的原因：创新和生产效率

用于解释企业绩效差异的直接原因其实可能包括：①在产品特性和生产工艺方面创新能力的差异和/或采用他人创新的能力差异；②生产效率的差异；③组织安排的差异；④针对以上变量的投资倾向和发展条件的差异。前三类变量可能会彼此相互关联（企业的行为是另一个不同的问题）。例如，技术创新通常也会涉及生产组织的变革；而不同的创新探索方式意味着公司在各项任务方面不同的组织安排（例如研发、生产、销售等）。此外，直观上而言技术和组织创新最终会影响投入/产出的效率水平。

一方面，关于技术创新模式的证据是什么？另一方面，关于生产效率的实证又如何？（此处我们不得不忽略组织变量的作用。其实，组织能力和技术创新过程紧密相关，同时也和生产效率有密切的联系。相关的精辟分析参阅Brynjolfsson和Hitt，2000。）

我们在3.7节中已经详细探讨了关于生产效率非对称性的实证分析——不论以何种标准衡量，例如以劳动生产率或全要素生产率衡量，非对称性广泛且持续存在，这是普遍规律。

另外，第3节中主要从知识动态的角度研究创新经济学的文献也确实表明不同公司间创新能力方面的差异普遍存在。

（1）创新能力呈现极度的非对称性，各部门中很大一部分创新为极少数企业所有，即使是在高度发达国家亦是如此。

（2）从某种程度上而言，上述类似情况也适用于创新的采用，创新的表现形式为新的产品投入要素、新机器等（参阅3.9节关于"扩散"的讨论），由此表明不同企业在学习能力和创新采用能力方面的非对称性。

（3）随着时间的推移，创新性的不同水平总体长期持续存在，而且往往会出现由系统创新者构成的小型"核心"范围（参阅Bottazzi等，2001a；Cefis，2003b；Cefis and Orsenigo，2001；Malerba和Orsenigo，1996a以及其他文献）。

（4）相应的，尽管重大创新事件极少发生，但也并不是孤立地分布于各个企业间。相反，近期的实证分析表明重大创新往往产生自不同规模的特定企业"包"。[1]

事实上，所有关于创新和模仿能力非对称性普遍存在的实证都符合第3节中对知识累计模式的解读。此外，关于创新事件之间微观相关性的实证也非常符合技术演化理论中关于创新者数量少、能力高且长期持续的观点。

---

[1]　关于离散式创新的统计特征，可参阅Silverberg（2003），其研究结果呈现泊松过程的长期趋势。但在更细化的层面进行观察时，企业特定的创新模式并没有呈现泊松过程。然而，Bottazzi等（2001a）所著文章指明在医药行业，极少有企业"采用"相对大型的创新"包"，非常符合玻色-爱因斯坦统计规律（而非泊松过程）。

就更广泛的范围而言,即使在同样的业务领域内,不同国家间长期存在的非对称性是导致学习和探索能力出现显著异质性的重要原因。[①]

4.4　企业能力、竞争和产业变革

创新能力和生产效率的差异(以及机构设置和行为表现的差异)应该是构成企业独特"身份"的重要部分,反过来企业的独特"身份"应该也会影响上文讨论的企业绩效。

但确实如此吗? 又是以怎样的方式呢? 另外就单个企业而言,两者之间的关系又是如何受其行为表现影响的呢?

首先我们探讨各企业不同程度的创新性和不同的生产效率对盈利能力、发展和生存概率的影响。

在数项研究中,相较于其他企业,被确定为创新者的企业往往能获得更多的收益,参阅 Geroski 等(1993),Cefis (2003a),Cefis 和 Ciccarelli (2005),Roberts (1999),Dosi (2007)以及其他文献。生产效率也对企业营利性产生系统性的积极影响(参阅 Bottazzi 等,2009;Dosi,2007)。

但是相较之下,生产效率对企业发展的影响就没有那么清晰明确。当然关于如何确定和衡量更优的创新绩效和生产效率也存在一些严峻的问题。[②] 即使从表面上来衡量,创新性和生产效率对发展情况的影响也充满相当多的不确定性。主要在北美洲收集的大部分实证集中于工厂层面,而且确实表明增加高生产率工厂的市场份额、减少低生产效率工厂的市场份额是促进行业生产率提升的重要驱动力,尽管淘汰较低生产效率企业的流程进展非常缓慢(相关实证参阅 Ahn,2001;Baily 等,1992;Baldwin,1995;Baldwin 和 Gu,2006)。但是相较而言,企业层面的数据就没有那么直观。例如关于意大利和法国的数据(参阅 Bottazzi 等,2009;Dosi,2007)表明,相关(劳动)生产率和发展情况之间并不存在联系,或者联系很微弱,生产更高效的企业并没有更快更多地发展。此外,甚至在生产效率和企业发展之间呈现某种正相关性的情况下,呈现正相关性的原因也几乎全部在于极少数异常情况的影响(最佳或最糟糕)。

至于创新的影响,特定行业(例如国际医药行业等)的数据分析表明,创新能力更强的企业并没有获得更多更好的发展(参阅 Bottazzi 等,2001a;关于该论点

---

① 更多相关信息,参阅 Dosi 等(1990),Verspagen (1993),Fagerberg (1994),Nelson (1996),以及 Cimoli 等(2009)。

② 此处提醒非常重要的一点,就是在选择样本时可能会存在内在的偏向,偏向于选择成功的创新案例。那些尝试创新却结果非常不理想的企业并没有被算作创新企业。需要注意的另一点是,由于数据可用性问题,一般以贬损的附加值或贬损的销售量衡量"效率",使得价格水平、销售量水平和动态发展相互交织重叠。罕见的例外是 Foster (2008)等人,能够采用微观数据并从微观的层面分离两者。

的可信性,参阅 Demirel 和 Mazzucato,2008,仍然与医药行业相关;以及相关的一些高科技部门数据,参阅 Coad 和 Rao,2008)。相反,各行业内异质类别企业持续性地共生共存(例如,创新者和模仿者)。此处有一个疑问有待进一步研究予以解决:上述数据分析在某种程度上并不符合产业演化更优质的重构。而在产业演化过程中技术进步是竞争优势的核心,最终驱动企业迈向领导层级,半导体领域参阅 Dosi(1984);化学产品领域参阅 Murmann(2003);以及其他文献)。

经过种种互补性的努力,越来越多的学者确实已经开始着手我们称之为研究演化核算的课题(尽管大多数人没有采用演化核算的说法。然而,关于早期此类案例可参阅 Nelson 和 Winter,1982)。演化理论的基础观点是分布(当然包括其具体方式,最终以部门和宏观数据的形式呈现)变化的原因为:①现有实体的学习;②现有实体本身的不同发展情况(例如选择形式);③消亡(完全不同且更为彻底的选择方式);④新实体进入市场。随着可获取的微观纵向面板数据越来越多,一批研究相继涌现(参阅 Baily 等,1996;Baldwin 和 Gu,2006;Bottazz 等,2009;Brown 等,2006;Foster 等,2001 以及其他文献,相关讨论还可参阅 Bartelsman 和 Doms,2000),调查研究以下内容的分解属性,包括部门平均绩效变量,往往也会涵盖某种生产率,以下形式以及其中的变量:

$$\Delta\Pi_t = \sum_i s_i(t-1)\Delta\Pi_t(t) + \sum_i \Pi_i(t-1)\Delta s_i(t)$$
$$+ \sum_e s_e(t)\Pi_e(t) + \sum_f s_f(t-1)\Pi_f(t-1)$$
$$+ 一些交互项$$

(2)

在公式(2)中,Π 表示生产率(或者其他的一些绩效变量),s 是每个企业在总体行业中的份额[①],而 i 是现有实体的指数,e 是新进实体的指数,而 f 是退出实体的指数。

第一项代表企业特定变革的贡献度,其中市场份额保持不变(有时也被称为组成要素内部),第二项是指变革对市场份额本身的影响,其中初始企业生产率水平保持不变(也是大家熟知的不同组成要素之间),而最后两项分别代表实体进入和退出的影响。

根据不同的国家、不同的产业和不同的分析方式当然会出现差异非常大的实证分析。尽管如此,依然出现一些模式。首先,组成要素内部的值远远大于组成要素之间的值,换句话而言,即在不同企业优胜劣汰的过程中,现有企业生产率的提升作为一种产业进步模式占据支配地位——至少在生产率(不论是劳动

---

① 此处的份额是指在哪个方面的份额是个非常微妙的问题:产出方面?附加值方面?或者相反的,就业方面?各种资源和产出在各企业间的分配既涉及投入要素的变化,也涉及市场份额的变化。

生产率或是全要素生产率)方面是如此。这既源自上文提及的"演化核算"实践，同时也源自对效率和随后发展之间关系的预测。预测两者关系充分考虑了企业的固定效应。而且，不论是短期或是长期都符合以上情况。因此，例如 Bottazzi 等人(2009)关于意大利和法国的分析，企业特定性因素通常决定了企业的等级排序，而对企业发展速度的不同选择的影响则较小。第二，相对效率确实影响生存概率，而且很有可能出现以下情况：在中长期范围内，相较于依据占产业总产出的不同比例，从该层面入手企业群体的选择机制会更高效。

目前为止我们的重点一方面是创新性和生产率，另一方面是企业发展和生存，以及两者之间不可否认的联系。那么营利性与企业发展和生存这两个变量的关系又如何呢？我们熟知的证据表明现有企业的营利性与发展之间联系甚微或没有联系(关于意大利和法国的纵向数据，再次参阅 Bottazzi 等，2009)。然而，其他证据也表明营利性对生产概率有着系统性的影响(相关讨论可参阅 Bartelsman 和 Doms，2000；Foster 等，2008)。

以上所有经验规律产生的影响非常深远。

当然，目前观察到的所有层面的证据都显示不同企业间存在异质性，并且随着时间的推移持续存在，这非常符合演化理论中有关独特学习、创新(或者缺乏创新)和适应的观点。各异质企业彼此相互竞争，而且依据各自的投入和产出价格(可能依据具体企业或地点而定)，获取不同的收益。换一种说法，即各企业获取不同的"准租金"；或相反的，亏损高于/低于理论上的"纯粹竞争"利润率。很多企业进入市场，大致同样数量的企业退出市场。综上所述，越来越多的证据表明学习、竞争和发展过程中存在大量不同的结构形式。正如前文所提及的，相互关联的多种机制(加之以很多技术事件和投资决策的"凹陷性"和不可分割性)产生一个结构明确的变革过程，涉及差异最为明显的相关变量，例如规模、生产率和盈利能力等，各自的增长率也呈现出"肥尾效应"。与此同时，各企业间的市场选择(这是一项核心机制，另一项是从演化视角解读经济变革时期企业特定的学习机制)看似并未发挥强有力的作用，至少是在统计报告的年度或多年时间范围内(尽管目前可用的时间跨度一般不足以准确评估长期以后会发生什么，比如说数十年以后)。相反的，生产效率和创新性的不同水平似乎会导致相对恒定的盈利差异。也就是说，当代市场看起来并未充分高效地发挥其作为选择主体的作用，未能根据效率的差异在相对规模或市场份额(无论其衡量标准如何)方面有效施予奖励和惩罚。此外，盈利能力和企业发展之间并不存在很紧密的联系，这与以下"天真的熊彼特主义"(或者是"古典经济")观点不符：盈利是发展的源泉(可能通过增加投资促进发展)。人们确实会在不同技术、不同年份的设备和不同生产线之间作出选择，而且这也是产业动态的主要驱动力。然而，在企业内部很大程度上可能会出现这种情况，其驱动力为贯彻应用"更佳的"生产工艺，而放弃较旧且效率较低的生产方法。

最终,同样的实证似乎也违背了 20 世纪 60 年代和 70 年代提出的猜想:企业管理理论在盈利能力和企业发展之间折中取舍,其中"管理化"企业的发展受最低利润的限制,但此类企业试图将发展最大化。[①]

反过来,以下结论仍然是初步观察所得:直接精选企业的市场选择机制的作用并不如很多演化启发模型中假定的一样重要(见下文),而此结论在理解市场的运作方式(是否奏效)和需求结构方面仍然需要进一步拓展(宽泛而言从本文的视角,参阅 Nelson,2008b;Aversi 等,1999)。此处需要注意以下内容。第一,对效率的衡量(假设是区别选择的驱动力之一)非常不完善,我们已经提过正如 Foster 等(2008)所强调的,应该理清"附加值"的价格要素(以及由此导致的对竞争力的"价格影响")和"实体效率",实体效率严格意义上是指生产率。这不仅适用于同质产品,而且当产品在具体特性和功能上有所差异时更是如此。现代产业中经常出现此类案例,人们应该清晰解释"实体效率"对竞争力和已明确选择过程的影响。第二,但是相应的,各行业和各行业内部的广泛竞争之间存在严格界线,此观点过于夸张。以下做法更加富有成效:在很多产业中将不同规模的次级市场作为竞争所在地(参阅 Sutton,1998)。上述各次级市场的规模和特征也会为企业发展提供不同的限制因素和机会。意大利汽车品牌法拉利(Ferrari)和菲亚特(Fiat)在不同的市场中运营,彼此并不是竞争对手。但是该案例从另一个方面而言非常有趣:菲亚特可以通过收购法拉利实现"成长",而事实上也确实如此。第三,越来越多的微观证据强调技术因素和组织因素的相互交织,共同成为熊彼特竞争的决定因素:Bresnahan 等(2008)以微软公司和 IBM 公司为例解释了该观点,两家企业分别引入个人电脑和浏览器。两家企业在组织管理上恰好面临范围不经济的问题,而且是在各自占据优势的企业活动中。第四,在任何情况下,一方面是效率、创新,另一方面是企业发展,而两方面之间的联系很大程度上都受行为自由的调节,例如投资倾向、出口、海外扩张、定价策略、多样化模式等。

4.5　产业特定性动态和产业生命周期

目前为止我们已经讨论了一些所有产业部门广泛共有的产业演化属性。相反的,是否存在部门特有的产业演化模式呢? 这些模式是否与先前讨论的不同技术和生产体制相匹配呢? 此外,不同的部门又恰恰处在生命周期的不同阶段,而这又将会如何影响产业演化过程的特征呢?

事实上,数据资料显示不同的产业间存在显著的差异。从产业经济学产生

[①] 事实上,Barna(1962)已经注意到不存在这种折中。还需要注意的是该主张与以下结果成正交关系,即当前的增长与未来的长期盈利相互关联(参阅 Geroski 等,1997)。

之初就已经发现：不同部门中，资本密度、广告强度、研发强度（以及集中程度等结构衡量标准、盈利能力等绩效衡量指标）存在广泛的差异。纵向的微观数据进一步证实了以上发现。因此，例如 Jensen 和 McGuckin（1997）观察到产业特定性结果也会显著影响企业的异质性，即便所观察工厂和企业特征的差异均是行业内部的差异。[①] 因此，出现部分企业进入市场、退出市场、幸存于市场、持续存在于市场等企业分布结构和绩效情况应该并不奇怪，而且不同行业间在创新活动和企业发展方面也呈现出显著差异。根据 Audretsch（1997）的报告，一方面是企业进入、退出、新进企业幸存于市场，而另一方面是诸如创新率和资本密度等产业特征，Audretsch 介绍了以上两方面的关系。该项分析数据表明，尤其在以下产业中企业可以相对容易地存活于市场：在这些产业中小型企业是创新的重要源泉。此外，也表明在创新产业中幸存的新企业往往展现更快的发展速度，这是产出的最小有效规模和企业实际规模之间的差距导致的结果。但是，与此同时存活于市场的可能性却同样由于其差距有所下降。创新比率亦是如此。

是否可以向前推进一步，至少将演化模式的一些特征和基本技术体制联系起来呢？Winter（1984）和 Dosi 等（1995）提出该猜想，在两种情形下通过模拟模型予以探索，而实证分析开始证实其猜想（Marsili，2001；Marsili 和 Verspagen，2002），即使可能需要体制本身更细化的分类才能超越"熊彼特 I 型"和"熊彼特 II 型"的区分，该猜想也开始得以证实。此外，此处不得不引入市场体制变量（Marsili 和 Verspagen，2002）。

不同的产业体制是否也与各企业不同的创新战略相对应？在很大程度上而言，对该问题的探究程度仍然很低。但是 Srholec 和 Verspagen（2008）提出，在部门内部，战略异质性在各类部门效应中占主导地位，这的确是整个经济学和战略管理中颇具挑战性的难题。

因此，目前我们的讨论主要围绕任何时间点都存在的各产业间的差异。现在我们将目光转向在一个产业内部随着时间的推移而出现的种种变革。

不论归属于哪类技术体制，单一产业总在不断演化，从其产生开始一直到其成熟阶段，而后往往会逐渐衰落。

Klepper（1997）提供了很多产业生命周期动态的广泛格局：

"演化过程分为三个阶段。在初始探索阶段或萌芽阶段，市场总量低，不确定性高，产品设计比较原始，而且采用非专用机器制造产品。很多企业

---

① 其他研究（例如 Geroski 和 Jacquemin，1988；Mueller，1990）表明盈利的持续性也取决于产业特定性特征和企业特定性特征。尤其是诸如广告强度和研发强度等产业特定性特征似乎与高于平均利润盈利性的持续性高度相关。

进入市场,且以产品创新为基础的竞争非常激烈。在第二阶段,中级阶段或发展阶段,产出增长快,产品设计开始趋向稳定,产品创新度却在衰减,而且生产工艺变得更精细化,原因在于专门化机器取代了劳动力。进入市场的步伐放缓,出现优胜劣汰的现象。第三阶段为成熟阶段,与之对应的是成熟市场。产出增长放缓,进入市场的现象进一步减少,市场份额稳定,创新的重要性降低,而管理、营销、生产工艺变得越来越精细化。关于先发优势……以及市场份额与盈利性之间的关系表明最终占据最多市场份额、获取最大投资收益的企业往往是最早进入市场的企业。"(Klepper, 1997, p.148)

另外,最终存活下来且常常占据主导地位的企业往往是具备独特创新能力的企业(Klepper 和 Simons,2005;Bergek 等,2008;Cantner 等,2009),而且其创新能力往往是在企业成立之初就已经具备的。

目前大量的研究在探究众多行业中技术/产品生命周期理论的解释力。以上演化进程的大部分内容都非常符合很多行业的实际情况。[①] 图 5A - C 关于汽车、轮胎和电视的示图很好地说明了此观点。但是在很多行业中,从未出现过以下情况:生产的规模经济如此突出,或"干中学"的优势如此显著,以至于只有大型企业才能生存,甚至阻滞新企业进入市场。许多"供应商主导型"部门(参阅上文提及的 Pavitt 分类)都是非常好的实例,例如纺织业和服装业。在其他情况下,尽管已经出现产品生命周期理论预测的大型规模经济,但是对某类产品的需求的本质足够多样化以至于不会出现占据支配地位的个体设计,也不会占据整个市场的大部分份额。根据 Klepper(1997)的详细调查,典型产品生命周期模板的各种替代选择包括:首先,一些产业呈现出整个生产链各构成要素走向"亚当·斯密式"专门化的主导趋势;第二,相关的,终端用户的各类要求很可能足够多样化,足以确定技术多样化市场缝隙/利基。当知识包括的要素既具备显著的隐性积累特点,又具备利基/缝隙特定性时,这样的次级市场在整个行业历史中很可能由不同的企业提供供应来源。正如我们在 Dosi 等(2008c)所著文章中的讨论,这种情况出现在大多数生产资料行业中,包括机器工具、设备以及数个"复杂产品系统"(具体解释参阅图 5D 关于激光器的信息;关于喷气发动机案例的讨论参阅 Bonaccorsi 和 Giuri,2000)。

从技术生命周期理论衍生出的有趣现象(或共生现象)是在一些产业中,尽管诸如产品生命周期动态等规律看似适用于特定时期,但是非常重要的新技术

---

① 在这些行业中,从初始阶段到成熟阶段的过渡也和市场份额不稳定的程度相关(关于个人电脑行业,参阅 Mazzucato,2002),而且也和背离吉布拉定律增长性质的程度相关(在后优胜劣汰阶段似乎背离程度更高,参阅 Geroski 和 Mazzucato,2002)。

A

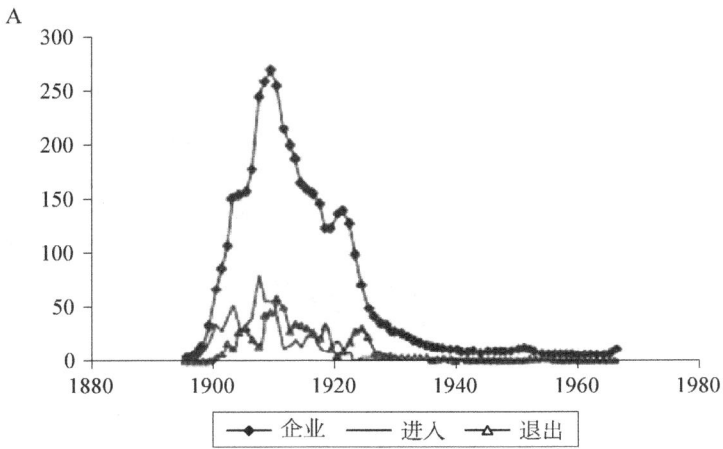

| 企业　—— 进入　——△ 退出 |

B

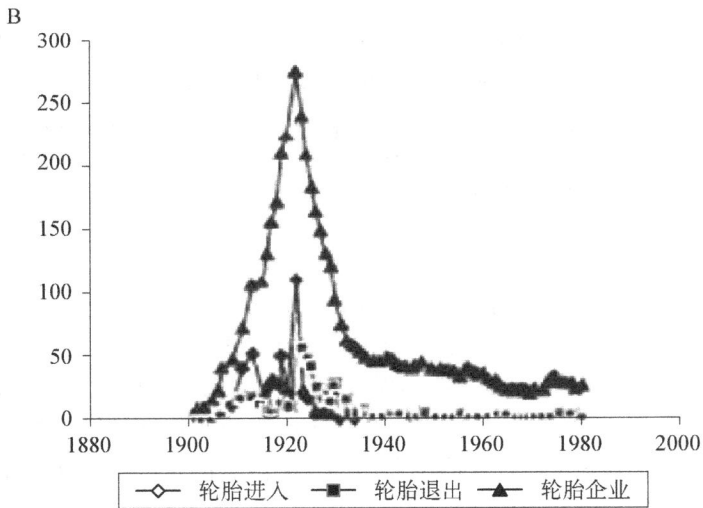

| —◇— 轮胎进入　—■— 轮胎退出　—▲— 轮胎企业 |

C

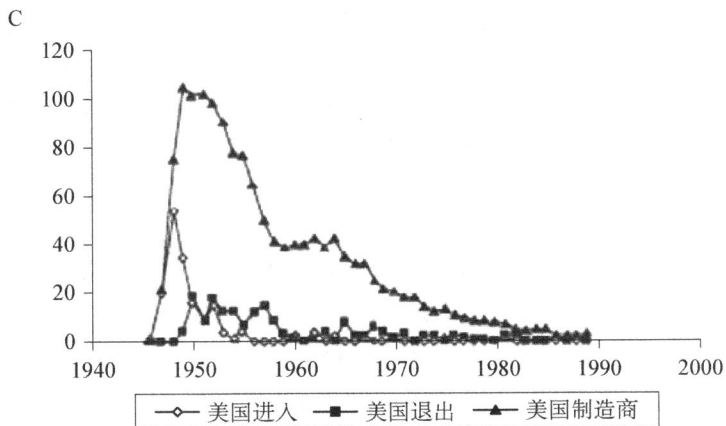

| —◇— 美国进入　—■— 美国退出　—▲— 美国制造商 |

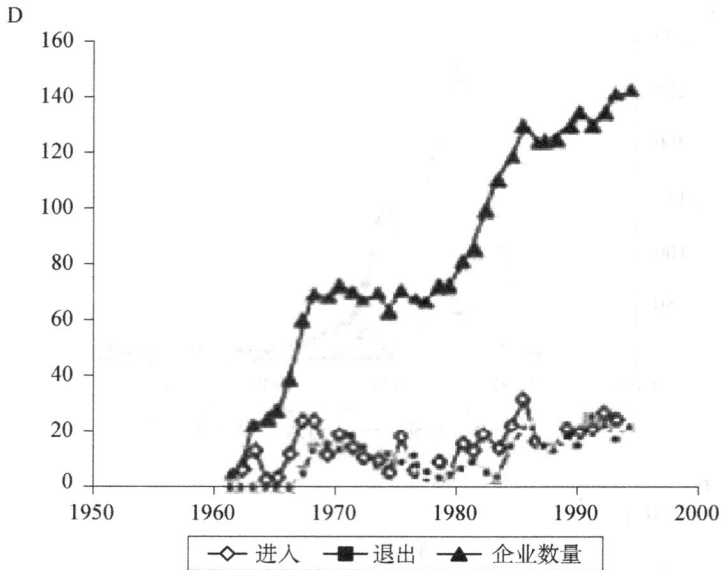

图5　进入、退出和各领域的企业数量：A-汽车制造商（1985—1996）；
B-轮胎生产商（1901—1980）；C-电视生产商（1946—1989）；
D-激光器生产商（1961—1994）

资料来源：Arora 等（2006）。

却不定期地出现，打乱旧秩序，并开启新的生命周期。引人注目的案例包括：飞行器系统技术的巨大变革和火车领域中主导企业身份的巨大变化，其中的原因是相较于较旧的汽油往复式发动机，涡轮喷气发动机成为优选；晶体管和后来的集成电路取代真空管时，电子电路行业主导企业的变化；以及生物科技的崛起，生物科技是发明和设计药物的重要方式。需要注意的是以上案例基本上都与范式不连续性相关，或者至少是部分相关。在这些以及其他案例中，当一项变革新技术取代较旧的成熟技术时，正如我们所注意到的，原先占支配地位的企业往往在做出调整方面遇到困难。在这样的情况下，技术变革就是 Tushman 和 Anderson（1986）所称的"竞争毁灭"。其所在行业可能会历经活力和工艺的革新，但是往往是由新一批的企业所驱动。

4.6　产业动态模型

如何从形式上表达产业演化过程？产业动态（更广泛而言即经济变革）的演化模型取决于如何形式化表达众多彼此交互的"有限理性"的异质主体（Nelson 和 Winter，1982；Bottazzi 等，2001b；Dosi 等，1994a，1995，2006a；Iwai，1984a，b；Malerba 等，1999，2007，2008；Silverberg 和 Lehnert，1993；

Silverberg 和 Verspagen，1996；Winter，1984；Winter 等，2003；关于早期见解，请参阅 Winter，1971）。

另外，"有限理性"的表现形式为各主体对其所在环境因果结构的有限理解，以及对未来突发事件的有限思考能力，尽管往往从相对恒定的惯例的角度描述行为模式。而另一方面，各主体通过这种方式能够不断学习，并通过改变其技术和组织实践不断提升各自的业绩。[①]

目前存在关于各主体了解什么、学习什么、做什么的种种假设，而与这些假设对称的补充性内容与市场（以及其他交互环境）的运作方式相关。目前观察到的行业动态显然是以上两方面的共同结果。但这对以下方面会产生重大影响（一些非常特殊的情况除外）：动态本身的属性；各实体是否能够以及在何种程度上事先预知未来其本身可能会发生什么，因为它们了解（也可能共同分享）所处环境的通用模型，并相应地确定其决策。从该方面而言，演化模型远非下述极端观点，即每个人都事先了解所有关于技术、人才分布、其他导致主体群体异质性的因素、策略等的一切，因而市场运作基本上是一种集体安排，以制定激励相容机制。如此一来，由于各主体已经事先了解相关内容，通过市场本身运作发生的事情并不多——个体规划的一致性由微观知识的假设（当然是"超理性"的假设）予以保障。[②] 其实演化解读更接近于以上观点的相反面，即各主体对未来发生在各自身上的事情持有非常不同的观点（或者具有同等效果的说法是各个主体怀有的信念分布非常广泛，在很大程度上和经济学家所称的"基础要素"并不相关），而且各自采用的物理技术和社会技术有非常大的差异。尽管任何行业的不同企业确确实实都会共同拥有相似的技术性知识，也就是同样的范式，[③]但是以上观点仍然适用。在这些情形下，市场首先要做的是选择设备，进而在之后决定企业的营利性、生存概率和增长速度。[④] 根本不存在完全的微观理性和集体均衡，演化模型的挑战是了解微观学习和集体选择的共同过程如何产生观察到

[①] 广义上定义的"有限理性"适用于以下生态圈的组织模式（相关调查和讨论参阅 Carroll，1997；Carroll 和 Hannan，2000）；其中各企业在产生之初就具备异质特征。

[②] 当然这种观点也意味着，从原则上而言实证观察结论（例如上文提到的观察结论）应该被解读为一系列均衡结果的续发事件，这一点可以通过数量尽可能多的经济主体共同制定长期持续、高度复杂的规划得以体现（而这也的确是 Hopenhein，1992；Lucas，1978 的观点，试图以此解释企业规模偏态分布、企业进入/退出市场的正向比率等现象）。

[③] 事实上会出现这样的情况：高效引入基于新范式的新技术常常也需要新企业进入市场（关于该观点的形式化表达参阅 Malerba 等，2007）。

[④] 当基本均衡状态一致时，基于"纯粹竞争"和基于"纯粹事前理性"的解读恰好是等效的。此外，每个实证观察可能被理解为非常接近某种调整过程"极限"（数学意义上）的近似值，而这种调整过程在研究时段内的进展速度快于实证观察本身被收集的速度。坦白而言，我们发现这种可能性非常少见，最多可以作为一般性的解读框架。

的动态模式。而且这确实是演化解读的核心任务。[①] 正如上文已提及的内容，针对个体理性的研究相较而言非常少，相反，对异质创新学习和市场选择两者相结合的作用的解释则非常多。假设市场动态显然存在，创新是动态发展和演化的主要引擎。正如生物学家所言，演化的发生地"演化景观"并不是固定不变的，而是因各主体的内生学习活动在持续地发生变化。同理，从各异质主体之间不均衡互动的相关数据中可以观察总结出一些综合规律，而我们应该以明确描述的动态过程为基础解读这些规律。

我们已经回顾(第 3.8. 节)一些建模方式，从演化的角度构建关于动态学习部分的模型，也就是单个企业随机创新和模仿的形式化表达。相反的，演化过程中的选择部分基本上可以使用某种复制动态(更接近于或宽泛而言是生物学中的类比)的不同实例予以表达。[②] 其核心内容是两方面之间的关系：一方面是特定交互环境"偏爱"的一些企业特征(也就是技术特点、组织特点和行为特点)；另一方面是相关群体中以上特征的载体显现的频率变化速度(更多相关信息，参阅2004；Metcalfe，1998，2005b；Silverberg，1988；Silverberg 和 Verspagen，2005b)。离散时间的基本公式是：

$$\Delta s_i = f(E_i(t) - \overline{E}(t))s_i(t), \tag{3}$$

在以上公式中，$s_i(t)$ 是指 i 公司在时间点 t 的市场份额，而 $E_i(t)$ 是一种衡量其"竞争力"的(黑箱化)标准，而竞争力反过来也会决定其相对"适应度"(其中 $\overline{E}(t) = \sum_i E_i(t)s_i(t)$)。当然，首先 $E_i(\cdot)$ 很可能会随着时间的推移而变化，而且学习动态的确正是关于此类变化的。第二，E_i 向量非常有可能指代影响每个企业既有"竞争力"的众多企业特征。第三，$f(\cdot, \cdot, \cdot)$ 函数很可能不是线性函数(由此得出"选择崎岖景观"的更深层次原因)。第四，除了企业特定性变化过程中的内在随机性以外，在选择过程中可能还要考虑不同程度的随机干扰事件。在基本线性函数情况下，如果微观特征保持不变，也许可以根据各微观 E_i (·)变量的差异性分析产业生产方式动态的一些重要特性。[③]

很多明确描述选择过程的演化模型涉及市场互动活动，经由一个复制方程的变体实现各种互动：参阅 Silverberg 等(1988)，Verspagen (1993)和 Dosi 等(1995，2006)。在其他模型中，"复制过程"隐含在异质企业扩展/收缩速度中，而企

① 包括 Nelson 和 Winter (1982)，Winter (1984)，Silverberg 等(1988)，Dosi 等(1995)，Bottazzi 等(2001b，2007)，Winter 等(2000，2003)，Silverberg 和 Verspagen (1996)。

② 最初的生物学公式源自 Fisher (1930)。

③ 更多信息，参阅 Metcalfe (2005b)。顺便指出整个演化博弈理论领域(此处我们不能详细探讨)基本上研究的是各给定特征/特征载体适应/选择的过程(确定性或者随机性)，具体通过分析其渐近性进行相关研究。

业不同的效率导致其不同的扩展/收缩速度。Nelson 和 Winter（1982）是这类建模方式的代表。不同的生产效率意味着各企业不同的单位成本。而不同的单位成本（可能受某些支配产出的行为规则的制约）决定了每家企业不同的单位利润边际。如果利润边际和未来生产力投资之间存在某种单调关系，那么更高的效率会引发更多的投资，进而将更多的相对份额投入到 $(t+1)$ 时刻的整体产出中。

类似的，复制流程涉及体现在设备上的技术进步、采用特定年限设备的速度，两者均与企业盈利能力成正比。关于技术扩散的分析请参阅 Soete 和 Turner（1984）；关于长期发展的微观经济学模型，请参阅 Lehnert（1993）。

在很大程度上而言，上述模型高度抽象且非常概括。近期 Malerba 等（1999，2007，2008）提出的建模方法以另外一个理论策略为指导——试图解释在某些行业观察到的特定演化模式。[1]

此时才刚开始系统性地建立演化模型和"典型事实"之间的联系，其中"典型事实"是指与先前讨论的产业动态、宏观动态以及发展相关的事实。此处面临的巨大挑战是各类模型生成（在这层意义上是指"解释"）以下内容的能力：已观察到的大量经验规律集合，既包括通用型的规律，适用于不同的部门、不同的国家以及不同的产业生命周期；也包括体制特定性的规律。目前分析方面取得的成就确实非常振奋人心，我们认为这为研究产业动态的本质和驱动力贡献了非常重要的见解，同时也强调了不同的学习模式和市场选择机制影响多种变量的方式，例如产业集中程度、市场份额的波动、各企业间生产效率的非对称性动态和企业生死存亡的概率。[2]

重点解读的一个主要领域确实一直是学习体制和产业动态之间的匹配——从 Nelson 和 Winter（1982）关于"熊彼特式权衡取舍"的观点，到 Winter（1984）关于不同创新体制属性的分析，再到 Dosi 等（1995），Marsili（2001），Winter 等（2000，2003），和 Bottazzi 等（2001b）的见解。更确切而言，Dosi 等（1995）和 Marsili（2001）研究的内容是利用创新机会的不同流程的差异具体如何影响产业结构的演化、产业动态的波动和企业发展的统计属性。相反的，Bottazzi 等（2001b）和 Winter 等（2000，2003）则聚焦于"搅局"流程的属性，其中"搅局"流程描述产业演化的特征以及随后而至的成本和价格的动态发展。

重点分析的另一个主要领域聚焦于更综合的统计现象。毕竟，在 Nelson 和

---

[1] 作者将其建模方式称为"历史友好型"建模。顾名思义，此模型旨在更接近特定产业动态的各种现象、技术特征和市场特征，以及实际的大事年表（例如在计算机历史上个人电脑的采用，或者在半导体历史上集成电路的采用），从而相应地解释特定产业实际演化过程中相对详细的特征。

[2] 顺便指出在这方面，演化模型已经充分证实以下观点：市场结构是创新驱动型产业演化的结果（至少最初是如此），而不是决定创新模式的因素。

Winter（1982）以及更早的 Nelson（1968）所著文章中，主要探究的问题之一就是其模型是否能够具备涌现性（当时并不是这样的说法，但是具备同样的含义）以生成宏观时间序列，类似于 Robert Solow 在其先驱性的增长核算和建模中的相关分析。而答案是非常肯定的。已有大量的工作继续探究该领域。事实上，所有的演化模型自然而然地生成创新驱动型内生增长，而该内生增长取决于上文讨论的基本产业动态类型。一些演化模型已经在企业长期发展特征的基础上探索了微观动态和互动模式的属性（参阅 Chiaromonte 和 Dosi，1993；Silverberg 和 Lehnert，1994；Silverberg 和 Verspagen，1994）。而其他模型聚焦于贸易经济体之间收敛/离散的动态（参阅 Dosi 等，1994b；Verspagen，1993 以及其他文献）。最近有学者已经开始探索发展动态的属性以及"周期性"的各类宏观属性（例如宏观需求的波动、就业比率、投资等），其探索建立在相同的演化产业基础之上（Dosi 等，2006a，2008b；Dawid，2006 提供了基于主体的不同类型模型的广泛调查结果）。

更广泛而言，诚邀读者参阅 Dosi 等（1988），Dopfer（2005），Malerba 和 Brusoni（2007），以及 Hanusch 和 Pyka（2007）等人所著文章，以了解自 Nelson 和 Winter（1982）以来已经取得的进展，在实证和理论上进一步迈向完善的经济变革演化理论，进而也可以从中了解到仍然存在差距。根据我们的观点，基于演化/主体的形式表达未来非常有前景，但是也非常具有挑战性。演化解读的雄心是针对不同水平的集合中出现的大量现象提供相对统一的解读——从上文讨论的"产业典型事实"到关于增长和波动（以及危机）性质的现象。至于理论工具，如果我们仅仅只能选择一项形式化表达演化建模的挑战，我们会提出以下内容。

当然仍然需要更多关于选择过程和动态的研究及工作。在这方面上，向前迈进的重大一步会涉及市场运作方式的详细分析。足以令人讶异的是目前以 Kirman 及其同事（Delli Gatti 等，2001；Kirman，2001；Weisbuch 等，2000）为先驱的实证分析少之又少，此处提及的实证分析研究的是制度结构、实际交易机制以及随后发生的价格和数量的动态发展。因此，相应的我们目前所拥有的从理论角度探究同样现象的模型也是少之又少，大多数可能属于"基于主体"的类型（再次参阅 Dawid，2006 中的批判性文献综述）。分析市场运作方式对理解"选择"景观的主要维度和市场选择机制的运作至关重要，这一点无需赘述。

正如我们指出的那样，到目前为止大多数正式的演化模型假定：很大程度上，"选择"机制通过选择企业得以实现，也可以通过选择技术和实践实现，而企业是技术和实践的载体（即相当于企业的"基因型"），然而实证证据却表明这并不是选择机制的主要部分。至少在短期和中期内，很大一部分的技术选择和实践选择是在企业内部进行的。另外，目前所有演化模型一般也假设以下两者之间存在某种单调函数关系：竞争力/既有适应度的基础决定要素和随后出现的相对发展。① 然而正如我们前文所见,关于这些选择过程的证据表明实际的选择力量并不如理论上的假定力量强大,不论是选择实践或是选择企业的力量。反过来,这些持续存在的非对称性可能是各种市场"不完善"(包括信息的不完善)形式的结果。这种不完善再加之局部"令人满意"的行为共同使得拥有不同生产效率和产品质量的各企业能够共生共存,而且不必承受过大的竞争选择压力。在建模方面,以上证据包含两项彼此互补的挑战。第一,应该更多关注有关演化动态中扩散过程的文献(目前的实例极少,其中之一是 Silverberg 等,1988)。第二,各类模型应该能够解释"适应度景观"上发生的演化,其中"适应景观"的很大一部分是大致平坦的。

5. 创新、产业演化和经济增长:一些结论

在本章中,我们已经带领读者了解了诸多内容,从研究技术性知识的本质和动态一直到分析技术(和组织)创新如何驱动产业的演化。理解技术知识结构、不同技术范式中其结构的多样化以及技术知识的产生、积累和扩散(我们已经探讨过)对理解创新活动的速度和方向具有根本性意义,远远超越各经济主体面临诱因的重要性。

不同的创新能力和模仿能力是产业演化的核心和驱动力,塑造着彼此竞争的企业群体增长、衰落和退出市场的种种模式,也影响着新企业进入市场的机会。在本章节中,我们已经讨论了以上动态,将其视作演化过程,而且受两种力量的驱动:一方面,持续呈现异质性的各企业特殊的学习(往往错误百出);另一方面,(不完善的)市场选择机制,对异质企业群体(在盈利、发展可能性、生存概率等方面)实施奖惩。关于以上内容,我们认为企业特定性学习过程相比企业选择动态似乎发挥着更大的作用。

一个经济体进行的学习既包括集体要素也包含个体要素。尽管不同企业的能力和举措相差甚远,但是同一行业的各企业往往会学习类似的内容,例如关于如何驾驭新兴的技术进步。此外,各企业也相互学习,有时是因为有意的沟通交流,而有时是因为单个企业中至少一部分技术知识逐渐成为公共知识。正如我们强调的那样,技术范式的广泛要素是相应领域内技术人员共享共知的属性。因此,尽管企业选择往往发挥相对较弱的作用,但是针对特定领域引入的新技术变异而进行的选择一般占据非常重要的地位,其间各种不同的技术进步往往发展成为普遍实践,尽管我们先前描述的扩散研究已经证实其过程可能会花费很

---

① 需要注意的是同样的考量也适用于"均衡演化动态",甚至更是如此。关于"均衡演化动态",可以参阅 Jovanovic (1982)以及 Ericson 和 Pakes (1995)。

长的时间。

此处我们也介绍了对经济增长和发展进行演化解读的一些基本要素。演化核算(这里我们不能对演化核算进行详细探讨)会强调任何时期不同技术和不同产业都会在发展速度上呈现出显著差异,这在先前的讨论中已经有所提及。目前越来越多的研究和文献以解释此类差异为目标(参阅 Nelson,2003,2008a)。正如上文提到的那样,一项重要的基本变量看似是科技领域的力量,启发特定实践领域应用各类技术。但是显然还有大量其他因素发挥着作用。正如我们已经指出的那样,尽管存在一些例外,但是随着技术的逐渐成熟,技术领域进步的范围会越来越窄,而且进步速度也趋向于放缓。尽管受新古典经济增长理论的制约,但正如历史上经历过的,经济增长过程一直受以下因素的驱动:持续引入新产品和新技术;资源持续从进步速度已经放缓的较旧产业转向新兴产业。如果没有这类演化过程,产业化经济体就不可能实现人均收入和人均产出的持续增长。[①]

对经济发展的整体演化核算也应该考虑以下因素,即经济发展的历史路径往往被特定的"时代"打断,后者以特定"通用"技术(Bresnahan 和 Trajtenberg,1995;Rosenberg 和 Trajtenberg,2004)的发展和扩散为特征。而此处的"通用"技术也就是 Perez(1985),Freeman 和 Perez(1988),以及 Freeman 和 Louca(2001)提出的技术-经济范式。在特定的经济时代,很多经济发展都得益于特定产业中的创新和生产率增长,其中这些特定产业生产的商品可以直接驱动技术范式的发展,而且也可以被融入下游产业中,而下游产业可以将其作为投入要素应用于生产(历史上的案例包括蒸汽机,后来的电力和内燃机,而如今则是信息通信技术)。[②]

---

① 事实上,单一部门演化和整体动态发展之间的重要联系在于单一部门不断变化的产出份额和吸收就业份额——由于不断演化的投入/产出情况和最终需求模式而相互交织、相互影响。很久以前,以 Kuznets(1972),Burns(1934),Mitchell(1925),和 Svennilson(1954)等为先驱代表分析部门结构的动态,但不幸的是当今时代却在很大程度上忽视了此方面的研究。但是,这些结构变化——在 Pasinetti(1981)所著文章中已经正式探讨过该问题,而且最近 Saviotti 和 Pyka(2008a,b)所著文章也有所讨论——是非常重要的联系纽带:一方是单个产业的变化、创新的主要发源地、扩散和竞争;而另一方是更广泛的整体综合情况(也可以参阅 Metcalfe 等,2005)。在这方面,也顺便指出一些不良习惯是如何混淆产业动态特征、宏观增长和波动属性及驱动力的。其中所提及的不良习惯是很多经济学科共有的,即将部门内部各经济主体之间的关系和跨部门的关系压缩成为由声称是"代表主体"驱动的一些动态发展。

② 有鉴于此,技术一经济范式(其中的个体通用技术更是如此)和发展模式之间的关系仍然是颇具挑战性的研究领域。在这方面,需要注意的是通用创新成果的扩散并非一路坦途(说明此点非常好的案例是蒸汽机的例子,参阅 Nuvolari 和 Verspagen,2009)。此外,在不同部门相同技术的应用也会呈现出非常不均衡的技术变革速度(Pavitt,1986 已经注意到这一点,关于微电子技术影响的讨论)。关于以上两者关系的广泛讨论,参阅 von Tunzelmann(1995),Freeman 和 Louca(2001),以及 Perez(2002)。关于"通用技术"概念本身的关键讨论,参阅 Field(2008)。

　　经济发展的演化过程涉及各种制度的多样化结构。目前大量的实证文献在探究一直被称为创新体系的制度(参阅 Freeman，1993；Freeman 和 Louca，2001；Lundvall，1992；Nelson，1993)。此类文献探究的问题包括：各企业间的合作安排、大学在不同产业技术发展和产学合作模式中扮演的角色、支持技术进步的各类政府项目以及其他的支持性制度，等等。其他相关制度与社会经济安排的"政治经济"相关，社会经济安排的内容涉及企业的组织和管理模式、劳动力市场、金融与行业的关系、企业法等。事实上，一般猜想是经济增长受技术和制度共同演化的驱动(Freeman，2008；Nelson，2008c；Boyer 和 Saillard，2002；Hodgson，1999)。

　　但是将宏观经济增长视作创新驱动型演化过程的详细分析却超出了本章的探究范围。读者可将以上讨论视为对其基本构成要素的概述。

致谢

　　Marianna Epicoco，Bronwyn Hall，Stan Metcalfe，Alessandro Nuvolari，Carlota Perez，Nate Rosen-berg 以及 Sid Winter 通过他们对先前草稿或先例的评论为本文的定稿提供了很多帮助。Mario Cimoli，Marco Grazzi，Luigi Orsenigo 和 Mauro Sylos Labini 是我们先前引用文章的合著作者。Giorgia Barboni 和 Matteo Barigozzi 也是非常有能力的研究助手。最后同样重要的是我们也感谢 Laura Ferrari 以最大的能力和耐心帮助我们完成本文。我们中的一位作者(G. Dosi)获得欧盟第六框架计划的支持和资助(合同 CIT3 - CT - 2005 - 513396)，项目名称：DIME—欧洲制度和市场动态，第七框架计划(FP7/2007 - 2013)，隶属于社会经济学和人文科学，资助协议序列号 217466；此外也获得意大利教育、大学与研究部(MIUR)的支持，序列号为 PROT 2007HA3S72_003，PRIN 2007。

参考文献

Abernathy，W. J.，Utterback，J. (1978). "Patterns of innovation in industry". Technology Review 80(7)，40 - 47.

Abramovitz，M. (1993). "The search for the sources of growth: Areas of ignorance, old and new". Journal of Economic History 53(2)，217 - 243.

Ahn，S. (2001). Firm dynamics and productivity growth: A review of micro evidence from OECD countries. Working Paper No. 297，OECD，Paris.

Akerlof，G. A. (1984). An Economic Theorist's Book of Tales. Cambridge University Press，Cambridge.

Alchian, A. (1963). "Reliability of progress curves in airframe production". Econometrica 31 (4),679 – 693.

Allen, R. C. (1983). "Collective invention". Journal of Economic Behavior & Organization 4, 1 – 24.

Andersen, E. S. (2004). "Population thinking, Price's equation and the analysis of economic evolution". Evolutionary and Institutional Economics Review 1,127 – 148.

Antonelli, C. (1995). The Economics of Localized Technological Change and Industrial Dynamics. Springer, New York. Antonelli, C. , Foray, D. , Hall, B. , Steinmiiller, W. E. (Eds.), (2006). New Frontiers in the Economics of Innovation and New Technology, Essays in Honor of Paul A. David. Edward Elgar Publishing, Cheltenham, UK.

Argote, L. , Epple, D. (1990). "Learning curves in manufacturing". Science 247 (4945), 920 – 924.

Arora, A. , Gambardella, A. (1994). "The changing technology of technological change: General and abstract knowledge and the division of innovative labour". Research Policy 23, 523 – 532.

Arora, A. , Fosfuri, A. , Gambardella, A. (2002). Markets for Technology. MIT Press, Cambridge, MA.

Arora, A. , Gambardella, A. , Klepper, S. (2006). "Organizational capabilities and the rise of the software industry in the emerging economies: Lessons from the history of some US industries". In: Arora, A. , Gambardella, G. (Eds.), From Underdogs to Tigers. Oxford University Press, Oxford, pp. 171 – 206.

Arrow, K. J. (1962a). "Economics of welfare and the allocation of resources for invention". In: Nelson, R. R. (Ed.), The Rate and Direction of Inventive Activity. Princeton University Press, Princeton, NJ, pp. 609 – 625.

Arrow, K. (1962b). "The economic implications of learning by doing". Review of Economic Studies 29,155 – 173.

Arrow, K. (1996). "Technical information and industrial structure". Industrial and Corporate Change 5 (2),645 – 652.

Arthur, W. B. (1988). "Competing technologies: An overview". In: Dosi, G. , Freeman, C. , Nelson, R. , Silverberg, G. , Soete, L. (Eds.), Technical Change and Economic Theory. Pinter Publishing, London, pp. 590 – 607.

Arthur, W. B. (1989). "Competing technologies, increasing returns, and lock-in by historical events". Economic Journal 99(394),116 – 131.

Arthur, W. B. (2007). "The structure of invention". Research Policy 36(2),274 – 287.

Arthur, W. B. , Ermoliev, Y. , Kaniovski, Y. (1987). "Path-dependent processes and the emergence of macro-structure". European Journal of Operational Research 30 (3), 294 – 303.

Arundel, A. , van de Paal, G. , Soete, L. (1995). Innovation strategies of Europe's largest firms. Results of the PACE survey.

European Innovation Monitoring System, Report No. 23, European Commission, Brussels.

Atkinson, A. B. , Stiglitz, J. E. (1969). "A new view of technological change". Economic Journal 79 (315),573 – 578.

Audretsch, D. B. (1997). "Technological regimes, industrial demography and the evolution of industrial structures". Industrial and Corporate Change 6(1),49 – 82.

Auerswald, P., Kaufmann, S., Lobo, J., Shell, K. (2000). "The production recipe approach to modelling technological innovation: An application to learning by doing". Journal of Economic Dynamics and Control 24, 389 – 450.

Augier, M., March, J. (2000). "Roots and branches of organizational economics". Industrial and Corporate Change 9 (Special Issue), 555 – 788.

Augier, M., March, J. (2002). The Economics of Choice, Change and Organizations: Essays in Memory of Richard M. Cyert. Edward Elgar Publishing, Cheltenham, UK.

Aversi, R., Dosi, G., Fagiolo, G., Meacci, M., Olivetti, C. (1999). "Demand Dynamics with Socially Evolving Preferences". Industrial and Corporate Change 8(2), 353 – 408.

Axtell, R. L. (2001). "Zipf distribution of U. S. firm sizes". Science 293, 1818 – 1820.

Baily, M., Hulten, C., Campbell, D. (1992). The distribution of productivity in manufacturing plants. Brookings Papers on Economic Activities: MicroeconomicsBrookings Institution, Washington, DC pp. 187 – 249.

Baily, M., Bartelsman, E., Haltiwanger, J. (1996). "Downsizing and productivity growth: Myth or reality?" Small Business Economics 8(4), 259 – 278.

Balconi, M. (2002). "Tacitness, codification of technological knowledge and the organisation of industry". Research Policy 31(3), 357 – 379.

Baldwin, C. Y., Clark, K. B. (2000). Design Rules. MIT Press, Cambridge, MA.

Baldwin, J. R. (1995). The Dynamics of Industrial Competition: A North American Perspective. Cambridge University Press, New York, NY.

Baldwin, J. R., Gu, W. (2006). "Plant turnover and productivity growth in Canadian manufacturing". Industrial and Corporate Change 15(3), 417 – 465.

Baloff, N. (1971). "Extension of the learning curve. Some empirical results". Operation Research Quarterly 22, 329 – 340.

Barna, T. (1962). Investment and Growth Policies in British Industrial Firms. Cambridge University Press, Cambridge.

Bartelsman, E., Doms, M. (2000). "Understanding productivity: Lessons from longitudinal microdata". Journal of Economic Literature 38, 569 – 594.

Bartelsman, E., Scarpetta, S., Schivardi, F. (2005). "Comparative analysis of firm demographics and survival: Evidence from micro-level sources in OECD countries". Industrial and Corporate Change 14, 365 – 391.

Basalla, G. (1988). The Evolution of Technology. Cambridge University Press, Cambridge.

Bassanini, A., Dosi, G. (2001). "Heterogenous agents, complementarities and diffusion: Do increasing returns imply convergence to international technological monopolies?" In: Delli Gatti, D., Gallegati, M., Kirman, A. (Eds.), Market Structure, Aggregation, and Heterogeneity. Cambridge University Press, Cambridge.

Bassanini, A., Dosi, G. (2006). "Competing technologies, technological monopolies and the rate of convergence to a stable market structure". In: Antonelli, C., Foray, D., Hall, B. H., Steinmueller, E. W. (Eds.), New Frontiers in the Economics of Innovation and New Technology, Essays in Honor of Paul A. David. Edward Elgar Publishing, Cheltenham, UK, pp. 23 – 59.

Beardsley, G., Mansfield, E. (1978). "A note on the accuracy of industrial forecasts of the profitability of new products and processes". Journal of Business 51, 127 – 135.

Becker, M. C., Lazaric, N. (Eds.), (2009). Recent Empirical Advances on Organizational

Routines. Edward Elgar Publishing, Cheltenham, UK.

Becker, M. C., Lazaric, N., Nelson, R. R., Winter, S. G. (2005). "Applying organizational routines in analyzing organizations". Industrial and Corporate Change 14(5),775 – 791.

Bergek, A., Tell, F., Berggren, C., Watson, J. (2008). "Technological capabilities and late shakeouts: Industrial dynamics in the advanced gas turbine industry, 1987 – 2002". Industrial and Corporate Change 17,335 – 392.

Binswanger, H., Ruttan, V. (1978). Induced Innovation. Johns Hopkins University Press, Baltimore, MD.

Bonaccorsi, A., Giuri, P. (2000). "When shakeout doesn't occur. The evolution of the turboprop engine industry". Research Policy 29,847 – 870.

Bonaccorsi, A., Giuri, P., Pierotti, F. (2005). "Technological frontiers and competition in multi-technology sectors. Micro evidence from the aero-engine industries". Economics of Innovation and New Technology 14,23 – 42.

Bottazzi, G., Secchi, A. (2003). "Why are distributions of firm growth rates tent-shaped?" Economics Letters 80,415 – 420.

Bottazzi, G., Secchi, A. (2005). "Growth and diversification patterns of the worldwide pharmaceutical industry". Review of Industrial Organization 26,195 – 216.

Bottazzi, G., Secchi, A. (2006). "Explaining the distribution of firms growth rates". RAND Journal of Economics 37,234 – 263.

Bottazzi, G., Dosi, G., Lippi, M., Pammolli, F., Riccaboni, M. (2001a). "Innovation and corporate growth in the evolution of the drug industry". International Journal of Industrial Organization 19,1161 – 1187.

Bottazzi, G., Dosi, G., Rocchetti, G. (2001b). "Modes of knowledge accumulation, entry regimes and patterns of industrial evolution". Industrial and Corporate Change 10, 609 – 638.

Bottazzi, G., Cefis, E., Dosi, G. (2002). "Corporate growth and industrial structure. Some evidence from the Italian manufacturing industries". Industrial and Corporate Change 11, 705 – 723.

Bottazzi, G., Dosi, G., Cefis, E., Secchi, A. (2007). "Invariances and diversities in the evolution of manufacturing industries". Small Business Economics 29(1),137 – 159.

Bottazzi, G., Dosi, G., Jacoby, N., Secchi, A., Tamagni, F. (2009). Corporate performance and market selection. LEM Working Paper Series 2009/13, Sant'Anna School of Advanced Studies, Pisa, Italy, forthcoming on Industrial and Corporate Change (2010).

Boyer, R., Saillard, Y. (Eds.) (2002). Regulation Theory. The State of the Art. Routledge, London and New York.

Bradshaw, G. F. (1992). "The airplane and the logic of invention". In: Giere, R. N. (Ed.), Cognitive Models of Science. The University of Minnesota Press, Minneapolis, MN, pp. 239 – 250.

Breschi, S., Malerba, F., Orsenigo, L. (2000). "Technological regimes and Schumpeterian patterns of innovation". Economic Journal 110,388 – 410.

Breschi, S., Lissoni, F., Malerba, F. (2003). "Knowledge-relatedness in firm technological diversification". Research Policy 32(1),69 – 87.

Bresnahan, T. F., Trajtenberg, M. (1995). "General purpose technologies: 'Engines of growth'?"Journal of Econometrics 65(1),83 – 108.

Bresnahan, T., Greenstein, S., Henderson, R. (2008). Schumpeterian competition and diseconomies of scope: illustrations from leading historical firms in computing. Kellogg Institute WP.

Brown, J. D., Earle, J. S., Telegdy, A. (2006). "The Productivity Effects of Privatization: Longitudinal Estimates from Hungary, Romania, Russia, and Ukraine". Journal of Political Economy 114(1), 61–99.

Brynjolfsson, E., Hitt, L. M. (2000). "Beyond Computation: Information technology, organizational transformation and business performance". Journal of Economic Perspectives 14, 3–48.

Burns, A. F. (1934). Production Trends in the United States Since 1870. NBER, New York, NY.

Bush, V. (1945). Science: The Endless Frontier. Government Printing Office, Washington, DC.

Cantner, U., Kruger, J. (2004). "Geroski's stylized facts and mobility in large German manufacturing firms". International Journal of Industrial Organization 24, 267–283.

Cantner, U., Kruger, J., Rhein, K. V. (2009). "Knowledge and creative destruction over the industry life cycle. The case of the German automobile industry". Economica 76, 132–148.

Carroll, G. R. (1997). "Long-term evolutionary changes in organizational populations: Theory, models and empirical findings". Industrial and Corporate Change 6(1), 119–143.

Carroll, G. R., Hannan, M. T. (2000). The Demography of Corporations and Industries. Princeton University Press, Princeton, NJ.

Castaldi, C., Fontana, R., Nuvolari, A. (2009). "'Chariots of fire': The evolution of tank technology, 1915–1945". Journal of Evolutionary Economics 19(4), 545–566.

Cefis, E. (2003a). "Persistence in innovation and profitability". Rivista Internazionale di Scienze Sociali 110, 19–37.

Cefis, E. (2003b). "Is there persistence in innovative activities?" International Journal of Industrial Organization 21, 482–515.

Cefis, E., Ciccarelli, M. (2005). "Profit differentials and innovation". Economics of Innovation and New Technologies 14(1–2), 43–61.

Cefis, E., Orsenigo, L. (2001). "The persistence of innovative activities: A cross-country and cross-sector comparative analysis". Research Policy 30, 1139–1158.

Chandler, A. (1992). "Organizational capabilities and the economic history of the industrial enterprise". Journal of Economic Perspectives 6(3), 79–100.

Chandler, A., Galambos, L. (1970). "The development of large-scale economic organizations in modern America". Journal of Economic History 30(1), 201–210.

Chataway, J., Tait, J., Wield, D. (2004). "Understanding company R&D strategies in agro-biotechnology: Trajectories and blind spots". Research Policy 33(6–7), 1041–1057.

Chiaromonte, F., Dosi, G. (1993). "Heterogeneity, competition, and macroeconomic dynamics". Structural Change and Economic Dynamics 4(1), 39–63.

Cimoli, M., Soete, L. (1992). "A generalized technology gap trade model". Economie Appliquee, vol XLV, no. 3, pp. 33–54.

Cimoli, M., Dosi, G. (1995). "Technological paradigms, patterns of learning and development: An introductory roadmap". Journal of Evolutionary Economics 5 (3),

243 – 268.

Cimoli, M. , Dosi, G. , Stiglitz, J. E. (Eds.), (2009). Industrial Policy and Development: The Political Economy of Capabilities Accumulation. Oxford University Press, Oxford.

Coad, A. (2008). The Growth of Firms: A Survey of Theories and Empirical Evidence. Edward Elgar Publishing, Cheltenham, UK.

Coad, A. , Rao, R. (2008). "Innovation and firm growth in high-tech sectors: A quantile regression approach". Research Policy 37(4),633 – 648.

Cohen, W. , Levin, R. (1989). "Empirical studies of innovation and market structure". In: Schmalensee, R. , Willig, R. (Eds.), Handbook of Industrial Organization, vol. 2. Elsevier, Amsterdam.

Cohen, W. M. , Levinthal, D. A. (1990). "Absorptive capacity: A new perspective on learning and innovation". Administrative Science Quarterly 35,128 – 152.

Cohen, M. D. , Burkhart, R. , Dosi, G. , Egidi, M. , Marengo, L. , Warglien, M. , Winter, S. (1996). "Routines and other recurring action patterns of organizations: Contemporary research issues". Industrial and Corporate Change 5(3),653 – 698.

Cohen, W. , Nelson, R. R. , Walsh, J. P. (2002). "Links and impacts: The influence of public research on industrial R&D". Management Science 48(1),1 – 23.

Conley, P. (1970). "Experience curves as a planning tool". IEEE Spectrum 7(6),63 – 68.

Conlisk, J. (1989). "An aggregate model of technical change". Quarterly Journal of Economics 104,787 – 821.

Conoway, R. , Schultz, A. (1959). "The manufacturing progress function". Journal of Industrial Engineering 10,39 – 53.

Consoli, D. (2005). "The dynamics of technological change in UK retail banking services: An evolutionary perspective". Research Policy 34(4),461 – 480.

Constant, E. (1980). The Origins of the Turbojet Revolution. Johns Hopkins University Press, Baltimore, MD.

Coriat, B. , Dosi, G. (1998). "Learning how to govern and learning how to solve problems: On the co-evolution of competences, conflicts, and organizational routines". In: Chandler, A. , Hagstrom, P. , Solvell, O. (Eds.), The Dynamic Firm. Oxford University Press, Oxford, pp. 103 – 134.

Cowan, R. (2001). "Expert systems: Aspects of and limitations to the codifiability of knowledge". Research Policy 30,1355 – 1372.

Cowan, R. , David, P. A. , Foray, D. (2000). "The explicit economics of knowledge codification and tacitness". Industrial and Corporate Change 9(2),211 – 253.

Cubbin, J. , Geroski, P. (1987). "The convergence in profits in the long-run: Inter-firm and inter-industry comparisons". Journal of Industrial Economics 35,427 – 442.

Cyert, R. M. , March, J. G. (1992). A Behavioral Theory of the Firm (second ed.). Basil Blackwell Publishing, Cambridge.

Dasgupta, P. , David, P. A. (1994). "Towards a new economics of science". Research Policy 23,487 – 521.

David, P. A. (1975). Technical Choice, Innovation and Economic Growth. Cambridge University Press, Cambridge.

David, P. A. (1985). "Clio and the economics of QWERTY". American Economic Review 75,332 – 337.

David, P. A. (1988). Path dependence: Putting the past into the future of economics. Technical Report No. 533, Institute for Mathematical Studies in the Social Sciences, Stanford, CA.

David, P. A. (1989). A paradigm for historical economics: Path dependence and predictability in dynamic systems with local network externalities. Working PaperStanford University Press, Stanford, CA.

David, P. A. (1990). "The dynamo and the computer: An historical perspective on the modern productivity paradox". American Economic Review 80(2),355 - 361.

David, P. A. (1992). "Heroes, herds and hysteresis in technological history". Industrial and Corporate Change 1(1),129 - 179.

David, P. A. (1993). "Knowledge property and the system dynamics of technological change". In: Summers, L., Shah, S. (Eds.), Proceedings of the World Bank Conference on Development Economics. The World Bank, Washington, DC, pp. 215 - 248.

David, P. A. (2001a). From keeping nature's secrets to the institutionalization of open science. Discussion Papers in Economic and Social History, University of Oxford, Oxford.

David, P. A. (2001b). "Path dependence, its critics and the quest for 'historical economics'". In: Garrouste, P., Ioannides, S. (Eds.), Evolution and Path Dependence in Economic Ideas: Past and Present. Edward Elgar Publishing, Cheltenham, UK.

David, P. A. (2004). "Understanding the emergence of 'open science' institutions: Functionalist economics in historical context". Industrial and Corporate Change 13(3),571 - 589.

David, P. A. (2005). "Path dependence in economic processes: Implications for policy analysis in dynamical system contexts". In: Dopfer, K. (Ed.), The Evolutionary Foundations of Economics. Cambridge University Press, Cambridge.

David, P. A., Hall, B. (2006). "Property and the pursuit of knowledge: IPR issues affecting scientific research". Research Policy 35(6),767 - 771.

David, P. A., Wright, G. (1997). "Increasing returns and the genesis of American resource abundance". Industrial and Corporate Change 6(2),203 - 245.

Dawid, H. (2006). "Agent-based models of innovation and technological change". In: Tesfatsion, L., Judd, K. (Eds.), Handbook of Computational Economics, vol. 2. Elsevier, Amsterdam, pp. 1235 - 1272.

Delli Gatti, D., Gallegati, M., Kirman, A. (Eds.), (2001). Market Structure, Aggregation and Heterogeneity. Cambridge University Press, Cambridge.

Demirel, P., Mazzucato, M. (2008). Does market selection reward innovators? R&D, patents and growth in the U. S. pharmaceutical industry. IKD Working Paper No. 33, Open University, London.

Dew, N. (2006). "Incommensurate technological paradigms? Quarreling in the RFID industry". Industrial and Corporate Change 15(5),785 - 810.

Dopfer, K. (Ed.), (2005). Principles of Evolutionary Economics. Cambridge University Press, Cambridge.

Dosi, G. (1982). "Technological paradigms and technological trajectories. A suggested interpretation of the determinants and directions of technical change". Research Policy 11, 147 - 162.

Dosi, G. (1984). Technical Change and Industrial Transformation. Macmillan, London.

Dosi, G. (1988). "Sources, procedures and microeconomic effects of innovation". Journal of Economic Literature 26(3),1120 - 1171.

Dosi, G. (1991). "The research on innovation diffusion: An assessment". In: Nakicenovic, N. , Grübler, A. (Eds.), Diffusion of Technologies and Social Behavior. Springer, Laxenburg.

Dosi, G. (1997). "Opportunities, incentives and the collective patterns of technical change". Economic Journal 107(444),1530 - 1547.

Dosi, G. (2007). "Statistical regularities in the evolution of industries. A guide through some evidence and challenges for the theory". In: Malerba, F. , Brusoni, S. (Eds.), Perspectives on Innovation. Cambridge University Press, Cambridge.

Dosi, G. , Egidi, M. (1991). "Substantive and procedural uncertainty. An exploration of economic behaviours in changing environments". Journal of Evolutionary Economics 1(2), 145 - 168.

Dosi, G. , Grazzi, M. (2006). "Technologies as problem-solving procedures and technologies as input-output relations: Some perspectives on the theory of production". Industrial and Corporate Change 15(1),173 - 202.

Dosi, G. , Kaniovski, Y. (1994). "On "Badly Behaved" Dynamics. Some applications of generalized urn schemes to technological and economic change". Journal of Evolutionary Economics 4(2),93 - 123.

Dosi, G. , Lovallo, D. (1997). "Rational entrepreneurs or optimistic martyrs? Some considerations on technological regimes, corporate entries and the evolutionary role of decision biases". In: Garud, R. , Nayyar, P. R. , Shapira, Z. B. (Eds.), Technological Innovation Oversights and Foresights. Cambridge University Press, Cambridge.

Dosi, G. , Nelson, R. R. (1994). "An introduction to evolutionary theories in economics". Journal of Evolutionary Economics 4(3),153 - 172.

Dosi, G. , Winter, S. G. (2002). "Interpreting economic change: Evolution, structures and games". In: Augier, M. , March, J. (Eds.), The Economics of Choice, Change, and Organizations. Edward Elgar Publishing, Cheltenham, UK.

Dosi, G. , Freeman, C. , Nelson, R. R. , Silverberg, G. , Soete, L. (Eds.), (1988). Technical Change and Economic Theory. Pinter Publishing, London.

Dosi, G. , Pavitt, K. , Soete, L. (1990). The Economics of Technical Change and International Trade. Wheatsheaf/New York University Press, Brighton, UK/New York, NY.

Dosi, G. , Fabiani, S. , Aversi, R. , Meacci, M. (1994a). "The dynamics of international differentiation: A multi-country evolutionary model". Industrial and Corporate Change 2 (3),225 - 241.

Dosi, G. , Freeman, C. , Fabiani, S. (1994b). "The process of economic development. Introducing some stylized facts and theories on technologies, firms and institutions". Industrial and Corporate Change 3(1),1 - 45.

Dosi, G. , Marsili, O. , Orsenigo, L. , Salvatore, R. (1995). "Learning, market selection and the evolution of industrial structures". Small Business Economics 7,411 - 436.

Dosi, G. , Malerba, F. , Marsili, O. , Orsenigo, L. (1997). "Industrial structures and dynamics: Evidence, interpretations and puzzles". Industrial and Corporate Change 6, 3 - 24.

Dosi, G., Nelson, R. R., Winter, S. (Eds.), (2000). The Nature and Dynamics of Organizational Capabilities. Oxford University Press, Oxford.

Dosi, G., Levinthal, D., Marengo, L. (2003). "Bridging contested terrain: Linking incentive-based and learning perspectives on organizational evolution". Industrial and Corporate Change 12(2),413 – 436.

Dosi, G., Marengo, L., Fagiolo, G. (2005a). "Learning in evolutionary environments". In: Dopfer, K. (Ed.), The Evolutionary Foundations of Economics. Cambridge University Press, Cambridge, pp. 255 – 328.

Dosi, G., Orsenigo, L., Sylos Labini, M. (2005b). "Technology and the economy". In: Smelser, N. J., Swedberg, R. (Eds.), The Handbook of Economic Sociology. (second ed.). Princeton University Press/Russell Sage Foundation, Princeton, NJ.

Dosi, G., Fagiolo, G., Roventini, A. (2006a). "An evolutionary model of endogenous business cycles". Computational Economics 27(1),3 – 34.

Dosi, G., Llerena, P., Sylos Labini, M. (2006b). "Science-technology-industry links and the 'European paradox': Some notes on the dynamics of scientific and technological research in Europe". Research Policy 35(10),1450 – 1464.

Dosi, G., Marengo, L., Pasquali, C. (2006c). "How much should society fuel the greed of innovators? On the relations between appropriability, opportunities and rates of innovation". Research Policy 35(8),1110 – 1121.

Dosi, G., Faillo, M., Marengo, L. (2008a). "Organizational capabilities, patterns of knowledge accumulation and governance structures in business firms: An introduction". Organization Studies 29(8),1165 – 1185.

Dosi, G., Fagiolo, G., Roventini, A. (2008b). Schumpeter meeting Keynes: A policy-friendly model of endogenous growth and business cycles. LEM Working Paper Series, 2008/21, Sann't Anna School of Advanced Studies, Pisa, Italy, forthcoming in Journal of Economic Dynamics and Control, 2010.

Dosi, G., Gambardella, A., Grazzi, M., Orsenigo, L. (2008c). "Technological revolutions and the evolution of industrial structures: Assessing the impact of new technologies upon the size and boundaries of firms". Capitalism and Society 3(1).

Dutton, J. M., Thomas, A. (1984). "Treating progress functions as a managerial opportunity". Academy of Management Review 9(2),235 – 247.

Ericson, R., Pakes, A. (1995). "Markov perfect industry dynamics: A framework for empirical work". Review of Economic Studies 62(1),53 – 82.

Evans, D. S. (1987). "The relationship between firm growth, size and age: Estimates for 100 manufacturing industries". Journal of Industrial Economics 35(4),567 – 581.

Fagerberg, J. (1994). "Technology and international differences in growth rates". Journal of Economic Literature 32(3),1147 – 1175.

Fagerberg, I., Mowery, D. C., Nelson, R. R. (Eds.), (2005). The Oxford Handbook of Innovation. Oxford University Press, Oxford.

Fagiolo, G., Dosi, G. (2003). "Exploitation, exploration and innovation in a model of endogenous growth with locally interacting agents". Structural Change and Economic Dynamics 14,237 – 273.

Field, A. J. (2008). "Does Economic History Need GPTs?" Available at http://ssrn. com/abstract-1275023.

Fisher, R. A. (1930). The General Theory of Natural Selection. Clarendon Press, Oxford.

Fleck, J. (1988). "Innofusion or diffusation? The nature of technological developments in robotics". Programme on Information and Communications Technologies (PICT) Working Paper, Edinburgh.

Foss, N. J., Mahnke, V. (Eds.), (2000). Competence, Governance, and Entrepreneurship: Advances in Economic Strategy Research. Oxford University Press, Oxford.

Foster, L., Haltiwanger, J., Krizan, C. J. (2001). "Aggregate productivity growth: Lessons from microeconomic evidence". In: Dean, E., Harper, M., Hulten, C. (Eds.), New Developments in Productivity Analysis. University of Chicago Press, Chicago, IL.

Foster, L., Haltiwanger, J., Syverson, J. (2008). "Reallocation, firm turnover, and efficiency: Selection on productivity or profitability?" American Economic Review 98(1), 394 – 425.

Freeman, C. (1982). The Economics of Industrial Innovation (second ed.). Frances Pinter Publishing, London.

Freeman, C. (1993). "The 'National System of Innovation' in historical perspective". Cambridge Journal of Economics 19(1), 5 – 24.

Freeman, C. (1994). "The economics of technical change". Cambridge Journal of Economics 18, 463 – 514.

Freeman, C. (2008). Systems of Innovation: Selected Essays in Evolutionary Economics. Edward Elgar Publishing, Cheltenham, UK.

Freeman, C., Louca, F. (2001). As Time Goes By: The Information Revolution and the Industrial Revolutions in Historical Perspective. Oxford University Press, Oxford.

Freeman, C., Perez, C. (1988). "Structural crises of adjustment: Business cycles and investment behavior". In: Dosi, G., Freeman, R., Nelson, R., Silverberg, G., Soete, L. (Eds.), Technical Change and Economic Theory. Pinter Publishing, London.

Freeman, C., Soete, L. (1997). The Economics of Industrial Innovation (third ed.). Pinter Publishing, London.

Frenken, K., Leydesdorff, L. (2000). "Scaling trajectories in civil aircraft (1913 – 1997)". Research Policy 28, 469 – 488.

Frenken, K., Nuvolari, A. (2004). "The early development of the steam engine: An evolutionary interpretation using complexity theory". Industrial and Corporate Change 13, 419 – 450.

Frenken, K., Saviotti, P. P., Trommetter, M. (1999). "Variety and niche creation in aircraft, helicopters, motorcycles and microcomputers". Research Policy 28(5), 469 – 488.

Gary, M. S., Dosi, G., Lovallo, D. (2008). "Boom and bust behavior: On the persistence of strategic decision biases". In: Hodgkinson, G. P., Starbuck, W. H. (Eds.), The Oxford Handbook of Organizational Decision Making. Oxford University Press, Oxford.

Georgescu-Roegen, N. (1970). "The economics of production". American Economic Review 60(2), 1 – 9.

Geroski, P. A. (1998). "An applied econometrician's view of large company performance". Review of Industrial Organization 13, 271 – 293.

Geroski, P. A. (2000). "Models of technology diffusion". Research Policy 29, 603 – 625.

Geroski, P. A., Jacquemin, A. (1988). "The persistence of profits: A European comparison". Economic Journal 98, 357 – 389.

Geroski, P. A. , Mazzucato, M. (2002). "Learning and the sources of corporate growth". Industrial and Corporate Change 11,623 - 644.

Geroski, P. A. , Machin, S. , Van Reenen, J. (1993). "The profitability of innovating firms". RAND Journal of Economics 24,198 - 211.

Geroski, P. A. , Machin, S. , Walters, C. (1997). "Corporate growth and profitability". Journal of Industrial Economics 45(2),171 - 189.

Geuna, A. , Salter, A. , Steinmuller, W. E. (Eds.), (2003). Science and Innovation: Rethinking the Rationale for Funding and Governance. Edward Elgar Publishing, Cheltenham, UK.

Giuri, P. , Tomasi, C. , Dosi, G. (2007). L'industria aerospaziale. Innovazione, tecnologia e strategia economica. Il Sole 24 Ore e Fondazione Cotec, Milan.

Goddard, J. A. , Wilson, J. O. S. (1999). "The persistence of profit: As new empirical interpretation". International Journal of Industrial Organization 17,663 - 687.

Gordon, T. J. , Munson, T. R. (1981). Research into Technology Output Measures. The Futures Group, Glastonbury, CT.

Granstrand, O. (1998). "Toward a theory of the technology-based firm". Research Policy 27, 465 - 489.

Granstrand, O. (1999). The Economics and Management of Intellectual Property. Edward Elgar Publishing, Cheltenham, UK.

Granstrand, O. (2005). "Innovation and intellectual property rights". In: Fagerberg, J. , Mowery, D. C. , Nelson, R. R. (Eds.), The Oxford Handbook of Innovation. Oxford University Press, Oxford, pp. 266 - 290.

Greenwald, B. , Stiglitz, J. (1986). "Externalities in economies with imperfect information and incomplete markets". Quarterly Journal of Economics 101(2),229 - 264.

Griliches, Z. (1957). "Hybrid Corn: An Exploration in the Economics of Technological Change". Econometrica, 25,501 - 522.

Griliches, Z. , Mairesse, J. (1997). "Production function: The search for identification". In: Str0m, S. (Ed.), Econometrics and Economic Theory in the Twentieth Century: The Ragnar Frisch Centennial Symposium. Cambridge University Press, Cambridge.

Grimaldi, R. , Torrisi, S. (2001). "Codified-tacit and general-specific knowledge in the division of labour among firms. A study of the software industry". Research Policy 30(9), 1425 - 1442.

Gritsevskyi, A. , Nakicenovic, N. (2000). "Modeling uncertainty of induced technological change". Energy Policy 28,907 - 921.

Grupp, H. (1992). Dynamics of Science-Based Innovation. Springer, Berlin.

Gschwandtner, A. (2004). "Profit persistence in the "very" long run: Evidence from survivors and exiters". Vienna Economics Papers 0401, University of Vienna, Department of Economics.

Hall, B. H. (1987). "The relationship between firm size and firm growth in the U. S. manufacturing sector". Journal of Industrial Economics 3(4),583 - 606.

Hall, B. H. (2005). "Innovation and diffusion". In: Fagerberg, J. , Mowery, D. C. , Nelson, R. R. (Eds.), The Oxford Handbook of Innovation. Oxford University Press, Oxford.

Hanusch, H. , Pyka, A. (2007). Elgar Companion to Neo-Schumpeterian Economics. Edward Elgar Publishing, Cheltenham, UK.

Hart, P. E., Prais, J. S. (1956). "The Analysis of Business Concentration". Journal of the Royal Statistical Society 119, 150 - 191.

Helfat, C. (Ed.), (2003). The SMS Blackwell Handbook of Organizational Capabilities Emergence, Development, and Change. Blackwell Publishing, London.

Helfat, C., Finkelstein, S., Mitchell, W., Peteraf, M. A., Singh, H., Teece, D. J., Winter, S. G. (2007). Dynamic Capabilities: Understanding Strategic Change in Organizations. Blackwell Publishing, Oxford.

Heller, M., Eisenberg, R. (1998). "Can patents deter innovation? The anti-commons in biomedical research". Science 280, 698 - 701.

Henderson, R. M., Clark, K. B. (1990). "Architectural innovation: The reconfiguration of existing product technologies and the failure of established firms". Administrative Science Quarterly 35, 9 - 30.

Hodgson, G. M. (1999). Evolution and Institutions: On Evolutionary Economics and the Evolution of Economics. Edward Elgar Publishing, Cheltenham, UK.

Hopenhein, H. A. (1992). "Entry, exit and firm dynamics in long run equilibrium". Econometrica 60(5), 1127 - 1150.

Hopkins, M. M., Martin, P. A., Nightingale, P., Kraft, A., Mahdi, S. (2007). "The myth of the biotech revolution: An assessment of technological, clinical and organizational change". Research Policy 36(4), 566 - 589.

Hughes, T. P. (1983). Networks of Power: Electrification in Western Society. Johns Hopkins University Press, Baltimore, MD.

Ijiri, Y., Simon, H. A. (1977). Skew Distributions and the Sizes of Business Firms. North-Holland, Amsterdam.

Iwai, K. (1984a). "Schumpeterian dynamics, Part I". Journal of Economic Behavior & Organization 5, 159 - 190.

Iwai, K. (1984b). "Schumpeterian dynamics, Part II". Journal of Economic Behavior & Organization 5, 321 - 351.

Jaffe, A. B. (2000). "The U. S. patent system in transition: Policy innovation and the innovation process". Research Policy 29(4 - 5), 531 - 577.

Jensen, B., McGuckin, H. (1997). "Firm performance and evolution: Empirical regularities in the US micro data". Industrial and Corporate Change 6(1), 25 - 47.

Jovanovic, B. (1982). "Selection and the evolution of industry". Econometrica 50(3), 649 - 670.

Jovanovic, B., Rousseau, P. L. (2002). "Moore's law and learning by doing". Review of Economic Dynamics 5(2), 346 - 375.

Kauffman, S. A. (1993). The Origins of Order: Self-Organization and Selection in Evolution. Oxford University Press, Oxford.

Kauffman, S. A., Levin, S. (1987). "Toward a general theory of adaptive walks on rugged landscapes". Journal of Theoretical Biology 128, 11 - 15.

Kerker, M. (1961). "Science and the steam engine". Technology and Culture 2, 381 - 390.

Kirman, A. P. (2001). "Market organization and individual behavior: Evidence from fish markets". In: Rauch, J. E., Casella, A. (Eds.), Networks and Markets. Russell Sage Foundation, New York, NY, pp. 155 - 195.

Klepper, S. (1997). "Industry life cycles". Industrial and Corporate Change 6(1), 145 - 181.

Klepper, S., Simons, K. L. (2005). "Industry shakeouts and technological change". International Journal of Industrial Organization 23, 23 - 43.

Klevorick, A. K., Levin, R. C., Nelson, R. R., Winter, S. G. (1995). "On the sources and significance of interindustry differences in technological opportunities". Research Policy 24, 185 - 205.

Kline, S. J., Rosenberg, N. (1986). "An overview of innovation". In: Landau, R., Rosenberg, N. (Eds.), The Positive Sum Strategies: Harnessing Technology for Economic Growth. National Academic Press, Washington, DC, pp. 275 - 305.

Kuhn, T. (1962). The Structure of Scientific Revolutions. University of Chicago Press, Chicago, IL.

Kumar, M. S. (1985). "Growth, acquisition activity and firm size: Evidence from the United Kingdom". Journal of Industrial Economics 33, 171 - 196.

Kuznets, S. (1972). Modern Economic Growth. Yale University Press, New Haven, CT.

Kwasnicki, W., Kwasnicka, H. (1992), "Market, innovation, competition: An evolutionary model of industrial dynamics", Journal of Economic Behavior & Organization, 19(3), 343 - 368.

Landes, D. S. (1969). The Unbound Prometheus. Cambridge University Press, Cambridge.

Landes, D. S. (1998). The Wealth and Poverty of Nations: Why Are Some So Rich and Others So Poor? W. W. Norton, New York, NY.

Lazaric, N., Lorenz, E. (Eds.), (2003). Knowledge, Learning and Routines. Edward Elgar Publishing, Cheltenham, UK.

Levin, R. C., Cohen, W. M., Mowery, D. C. (1985). "R&D appropriability, opportunity and market structure: New evidence on some Schumpeterian hypotheses". American Economic Review Proceedings 75, 20 - 24.

Levinthal, D. A. (1997). "Adaptation on rugged landscapes". Management Science 43, 934 - 950.

Levinthal, D. A., Warglien, M. (1999). "Landscape design: Designing for local action in complex worlds". Organization Science 10(3), 342 - 357.

Liebowitz, S. J., Margolis, S. E. (1995). "Path dependence, lock-in and history". Journal of Law, Economics, and Organization 11, 205 - 226.

Lotti, F., Santarelli, E., Vivarelli, M. (2003). "Does Gibrat's law hold in the case of young, small firms?" Journal of Evolutionary Economics 13(2), 213 - 235.

Louca, F., Mendonca, S. (2002). "Steady change: The 200 largest U. S. manufacturing firms throughout the 20th century". Industrial and Corporate Change 11(4), 817 - 845.

Lucas, R. E. (1978). "On the size distribution of business firms". Bell Journal of Economics 9, 508 - 523.

Lundberg, E. (1961). "Produktivitet och Rantabilitet". P. A. Norstedt & Soner, Stockholm. Quoted in Arrow (1962b).

Lundvall, B. A. (1992). National Systems of Innovation: Towards a Theory of Innovation and Interactive Learning. Pinter Publishing, London.

MacDonald, A., Schrattenholzer, L. (2001). "Learning rates for energy technologies". Energy Policy 29, 255 - 261.

Malerba, F. (2002). "Sectoral systems of innovation and production". Research Policy 31 (2), 247 - 264.

Malerba, F. (Ed.), (2004). Sectoral System of Innovation: Concepts, Issues, and Analyses of Six Major Sectors in Europe. Cambridge University Press, Cambridge.

Malerba, F., Brusoni, S. (Eds.), (2007). Perspectives on Innovation. Cambridge University Press, Cambridge.

Malerba, F., Orsenigo, L. (1995). "Schumpeterian patterns of innovation". Cambridge Journal of Economics 19(1),47 – 65.

Malerba, F., Orsenigo, L. (1996a). "Schumpeterian patterns of innovation are technology-specific". Research Policy 25(3),451 – 478.

Malerba, F., Orsenigo, L. (1996b). "The dynamics and evolution of industries". Industrial and Corporate Change 5,51 – 87.

Malerba, F., Orsenigo, L. (1997). "Technological regimes and sectoral patterns of innovative activities". Industrial and Corporate Change 6,83 – 117.

Malerba, F., Nelson, R., Orsenigo, L., Winter, S. (1999). "History friendly models of industry evolution: The case of the computer industry". Industrial and Corporate Change 8 (1),3 – 40.

Malerba, F., Nelson, R., Orsenigo, L., Winter, S. (2007). "Demand, innovation, and the dynamics of market structure: The role of experimental users and diverse preferences". Journal of Evolutionary Economics 17(4),371 – 399.

Malerba, F., Nelson, R., Orsenigo, L., Winter, S. (2008). "Vertical integration and dis-integration of computer firms: A history friendly model of the co-evolution of the computer and semiconductor industries". Industrial and Corporate Change 17(2),197 – 231.

Mandeville, B. (1714). The Fable of the Bees, or, Private Vices, Public Benefits. Clarendon Press, Oxford Reprinted in Kaye, F. B. (Ed.)(1924). Mandeville's Fable of the Bees: Or, Private Vices, Public Benefits. Clarendon Press, Oxford.

Mansfield, E. (1961). "Technical change and the rate of imitation". Econometrica 29(4), 741 – 766.

Mansfield, E. (1962). "Entry, Gibrat's law, innovation and the growth of firms". American Economic Review 52,1023 – 1051.

Mansfield, E., Schwartz, M., Wagner, S. (1981). "Imitation costs and patents: An empirical study". Economic Journal 91(364),907 – 918.

March, J. (1988). Decision and Organizations. Basil Blackwell Publishing, Oxford.

March, J., Simon, H. (1958). Organizations. Basil Blackwell Publishing, New York, NY (second ed., 1993).

Marengo, L., Dosi, G. (2006). "Division of labor, organizational coordination and market mechanisms in collective problemsolving". Journal of Economic Behavior & Organization 58,303 – 326.

Marengo, L., Dosi, G., Legrenzi, P., Pasquali, C. (2000). "The structure of problem-solving knowledge and the structure of organizations". Industrial and Corporate Change 9, 757 – 788.

Marengo, L., Pasquali, C., Valente, M., Dosi, G. (2009). Appropriability, patents, and rates of innovation in complex products industries. LEM Working Paper Series, 2009/05, Sant' Anna School of Advanced Studies, Pisa, Italy.

Marsili, O. (2001). The Anatomy and Evolution of Industries: Technological Change and Industrial Dynamics. Edward Elgar Publishing, Cheltenham, UK.

Marsili, O., Verspagen, B. (2002). "Technology and the dynamics of industrial structures: An empirical mapping of Dutch manufacturing". Industrial and Corporate Change 11(4), 791 – 815.

Marx, K. (1847). The Poverty of Philosophy (English version). Marx-Engels Institute, Moscow.

Mazzoleni, R., Nelson, R. R. (1998). "The benefits and costs of strong patent protection: A contribution to the current debate". Research Policy 27(3),273 – 284.

Mazzucato, M. (2002). "The PC industry: New economy of early life cycle". Review of Economic Dynamics 5,318 – 345.

Merges, R. P., Nelson, R. R. (1994). "On limiting or encouraging rivalry in technical progress: The effect of patent scope decisions". Journal of Economic Behavior & Organization 25(1),1 – 24.

Merton, R. K. (1973). The Sociology of Science: Theoretical and Empirical Investigations. University of Chicago Press, Chicago, IL.

Metcalfe, J. S. (1988). "The diffusion of innovations: An interpretative survey". In: Dosi, G., Freeman, C., Nelson, R., Silverberg, L., Stole, L. (Eds.), Technical Change and Economic Theory. Pinter Publishing, London, pp. 560 – 589.

Metcalfe, J. S. (1994). "Evolutionary economics and technology policy". Economic Journal 104(425),931 – 944.

Metcalfe, J. S. (1998). Evolutionary Economics and Creative Destruction. Routledge, London.

Metcalfe, J. S. (2005a). "Ed Mansfield and the diffusion of innovation: An evolutionary connection". Journal of Technology Transfer 30,171 – 181.

Metcalfe, J. S. (2005b). "Evolutionary concepts in relation to evolutionary economics". In: Dopfer, K. (Ed.), The Evolutionary Foundations of Economics. Cambridge University Press, Cambridge.

Metcalfe, J. S., Foster, J., Ramlogan, R. (2005). "Adaptive economic growth". Cambridge Journal of Economics 30(1),7 – 32.

Mina, A., Ramlogan, R., Tampubolon, G., Metcalfe, J. S. (2007). "Mapping evolutionary trajectories: Applications to the growth and transformation of medical knowledge". Research Policy 36(5),789 – 806.

Mitchell, W. C. (1925). "Quantitative analysis in economic theory". American Economic Review 15(1),1 – 12.

Mokyr, J. (1990). The Lever of Riches: Technological Creativity and Economic Progress. Oxford University Press, Oxford.

Mokyr, J. (2002). The Gifts of Athena: Historical Origins of the Knowledge Economy. Princeton University Press, Princeton, NJ.

Mokyr, J. (2010). The contribution of economic history to the study of innovation and technical change: 1750 – 1914, this volume.

Montgomery, C. (1995). Resource-Based and Evolutionary Theories of the Firm. Kluwer, Boston, MA.

Morroni, M. (1992). Production Process and Technical Change. Cambridge University Press, Cambridge.

Mowery, D. C., Nelson, R. R. (Eds.), (1999). Sources of Industrial Leadership.

Cambridge University Press, Cambridge.

Mowery, D. C., Rosenberg, N. (1982). Paths of Innovation, Technological Change in 20th CenturyAmerica. Cambridge University Press, Cambridge.

Mowery, D. C., Rosenberg, N. (1989). Technology and the Pursuit of Economic Growth. Cambridge University Press, New York, NY.

Mowery, D. C., Rosenberg, N. (1979). "The influence of market demand upon innovation: A critical review of some recent empirical studies". Research Policy 8(2),102-153.

Mueller, D. (1986). Profits in the Long-Run. Cambridge University Press, Cambridge.

Mueller, D. (1990). The Dynamic of Company Profits. An International Comparison. Cambridge University Press, Cambridge.

Murmann, J. P. (2003). Knowledge and competitive advantage. Cambridge University Press, Cambridge.

Murmann, J. P., Frenken, K. (2006). "Toward a systematic framework for research on dominant designs, technological innovations, and industrial change". Research Policy 35 (7),925-952.

Murray, F. E., Aghion, P., Dewatripont, M., Kolev, J., Stern, S. (2009). "Of mice and academics: Examining the effect of openness on innovation". NBER Working Paper Series, No. 14819.

Muth, J. F. (1986). "Search theory and the manufacturing progress function". Management Science 32,948-962.

Nakicenovic, N., Grubler, A. (Eds.), (1991). Diffusion of Technologies and Social Behaviour. Springer, Heidelberg.

Needham, J. (1962-1963). "The pre-natal history of the steam engine". Transactions of the Newcomen Society 35,3-58.

Nasbeth, L., Ray, G. F. (Eds.), (1974). The diffusion of new industrial processes. Cambridge University Press, Cambridge.

Neij, L. (1997). "Use of experience curves to analyse the prospects for diffusion and adoption of renewable energy technology". Energy Policy 25(13),1099-1107.

Nelson, R. R. (1959). "The simple economics of basic scientific research". Journal of Political Economy 67(3),297-306.

Nelson, R. R. (Ed.), (1962). The Rate and Direction of Inventive Activity. Princeton University Press, Princeton, NJ.

Nelson, R. R. (1968). "A diffusion model of international productivity differences in manufacturing industry". American Economic Review 58(5),1219-1248.

Nelson, R. R. (1981). "Research on productivity growth and productivity differences: Dead ends and new departures". Journal of Economic Literature 19(3),1029-1064.

Nelson, R. R. (1982). "The role of knowledge in R&D efficiency". Quarterly Journal of Economics 97(3),453-470.

Nelson, R. R. (1993). National Systems of Innovation: A Comparative Analysis. Oxford University Press, New York, NY.

Nelson, R. R. (1996). The Sources of Economic Growth. Harvard University Press, Cambridge, MA.

Nelson, R. R. (1998). "The agenda for growth theory: A different point of view". Cambridge Journal of Economics 22,497-520.

Nelson, R. R. (1999). "The sources of industrial leadership: A perspective on industrial policy". De Economist 147, 1 – 18.

Nelson, R. R. (2003). "On the uneven evolution of human know-how". Research Policy 32 (6), 909 – 922.

Nelson, R. R. (2004). "The market economy, and the scientific commons". Research Policy 33(3), 455 – 471.

Nelson, R. R. (2005). Technology, Institutions, and Economic Growth. Harvard University Press, Cambridge, MA.

Nelson, R. R. (2006). "Reflections on 'The Simple Economics of Basic Scientific Research': Looking back and looking forward". Industrial and Corporate Change 15, 145 – 149.

Nelson, R. R. (2008a). "Factors affecting the powers of technological paradigms". Industrial and Corporate Change 17, 485–97.

Nelson, R. R. (2008b). "Why do firms differ and how does it matter? A revisitation". Seoul Journal of Economics 28, 607 – 619.

Nelson, R. R. (2008c). "What enables rapid economic progress? What are the needed institutions?"Research Policy 37(1), 1 – 11.

Nelson, R. R., Nelson, K. (2002). "On the nature and evolution of human know-how". Research Policy 31, 719 – 733.

Nelson, R. R., Pack, H. (1999). "The Asian miracle and modern growth theory". Economic Journal 109(457), 416–36.

Nelson, R., Sampat, B. (2001). "Making sense of institutions as a factor shaping economic performance". Journal of Economic Behavior & Organization 44, 31 – 54.

Nelson, R. R., Winter, S. G. (1977). "In search of a useful theory of innovation". Research Policy 6, 36 – 76.

Nelson, R. R., Winter, S. G. (1982). An Evolutionary Theory of Economic Change. Harvard University Press, Cambridge, MA.

Nelson, R. R., Winter, S. G. (2002). "Evolutionary theorizing in economics". Journal of Economic Perspectives 16(2), 23 – 26.

Nelson, R. R., Wolff, E. N. (1997). "Factors behind cross-industry differences in technical progress". Structural Change and Economic Dynamics 8(2), 205 – 220.

Nelson, R. R., Peterhausl, A., Sampat, B. (2004). "Why and how innovations get adopted: A tale of four models". Industrial and Corporate Change 13, 679 – 699.

Nightingale, P. (1998). "A cognitive model of innovation". Research Policy 27, 689 – 709.

Nightingale, P. (2003). "If Nelson and Winter are only half right about tacit knowledge, which half? A Searlian critique of "codification"" Industrial and Corporate Change 12, 149 – 183.

Nordhaus, W. D. (2007). "Two centuries of productivity growth in computing". Journal of Economic History 67(1), 128 – 159.

Nuvolari, A. (2004). "Collective invention during the British industrial revolution: The case of the Cornish pumping engine". Cambridge Journal Economics 28, 347 – 363.

Nuvolari, A., Verspagen, B. (2009). "Technical choice, innovation and British steam engineering, 1800 – 1850". Economic History Review 63, 685 – 710.

Pasinetti, L. L. (1981). Structural Change and Economic Growth. A Theoretical Essay on the Dynamics of the Wealth of Nations. Cambridge University Press, Cambridge.

Pavitt, K. (1984). "Sectoral patterns of technical change: Towards a taxonomy and a theory". Research Policy 13,343 - 373.

Pavitt, K. (1986). "'Chips' and 'Trajectories': How does the semiconductor influence the sources and directions of technical change?"In: MacLeod, R. M. (Ed.), Technology and the Human Prospect. Pinter Publishing, London.

Pavitt, K. (1987). "The objectives of technology policy". Science and Public Policy 14, 182 - 188.

Pavitt, K. (1999). Technology, Management and Systems of Innovation. Edward Elgar Publishing, Cheltenham, UK.

Pavitt, K. (2001). "Public policies to support basic research: What can the rest of the world learn from US theory and practice? (and what they should not learn)". Industrial and Corporate Change 10(3),761 - 779.

Pavitt, K. (2005). "Innovation processes". In: Fagerberg, J., Mowery, D. C., Nelson, R. R. (Eds.), The Oxford Handbook of Innovation. Oxford University Press, Oxford, pp. 86 - 114.

Perez, C. (1985). "Microelectronics, long waves and world structural change: New perspectives for developing countries". World Development 13,441 - 463.

Perez, C. (2002). Technological revolutions and financial capital: The dynamics of bubbles and golden ages. Edward Elgar Publishing, Cheltenham, UK.

Perez, C. (2010). "Technological revolutions and techno-economic paradigms". Cambridge Journal of Economics 34,185 - 202.

Polanyi, M. (1962). Personal Knowledge: Towards a Post-Critical Philosophy. University of Chicago Press, Chicago, IL.

Polanyi, M. (1967). The Tacit Dimension. Anchor Books, New York, NY.

Possas, M. L., Salles-Filho, S., Silveira, J. M. (1996). "An evolutionary approach to technological innovation in agriculture: Some preliminary remarks". Research Policy 25(6), 933 - 945.

Power, L. (1998). "The missing link: Technology, investment and productivity". Review ofEconomics and Statistics 80,300 - 313.

Prencipe, A., Tell, F. (2001). "Inter-project learning: Processes and outcomes of knowledge codification in project-based firms". Research Policy 30,1373 - 1394.

Prencipe, A., Davies, A., Hobday, M. (Eds.), (2003). The Business of Systems Integration. Oxford University Press, Oxford.

Radner, R. (1992). "Hierarchy: The economics of managing". Journal of Economic Literature 30(3),1382 - 1415.

Radner, R. (1993). "The organization of decentralized information processing". Econometrica 61(5),1109 - 1146.

Ray, G. F. (1989). "Full circle: The diffusion of technology", Research Policy, Elsevier, 18 (1),1 - 18.

Roberts, P. W. (1999). "Product innovation, product-market competition and persistent profitability in the U. S Pharmaceutical industry". Strategic Management Journal 20, 655 - 670.

Romer, P. M. (1994). "The origins of endogenous growth". Journal of Economic Perspectives 8(1),3 - 22.

Rosenberg, N. (1963). "Mandeville and Laissez-Faire". Journal of the History of Ideas 24 (2),183 - 196.

Rosenberg, N. (1972). "Factors affecting the diffusion of technology". Explorations in Economic History 10,3 - 33.

Rosenberg, N. (1976). Perspectives on Technology. Cambridge University Press, Cambridge.

Rosenberg, N. (1982). Inside the Black Box: Technology and Economics. Cambridge University Press, Cambridge.

Rosenberg, N. (1994). Exploring the Black Box: Technology, Economics, and History. Cambridge University Press, Cambridge.

Rosenberg, N. (1996). "Uncertainty and technological change". In: Landau, R., Taylor, T., Wright, G. (Eds.), The Mosaic of Economic Growth. Stanford University Press, Stanford, CA.

Rosenberg, N. (2009). "Some critical episodes in the progress of medical innovation: An Anglo-American perspective". Research Policy 3(2),234 - 242.

Rosenberg, N., Nelson, R. R. (1994). "American universities and technical advance in industry". Research Policy 23(3),323 - 348.

Rosenberg, N., Trajtenberg, M. (2004). "A general-purpose technology at work: The Corliss steam engine in the late-nineteenth- century United States". Journal of Economic History 64,61 - 99.

Rosenbloom, R. S., Cusumano, M. A. (1987). "Technological pioneering and competitive advantage: The birth of the VCR industry". California Management Review 29(4),51 - 76.

Rumelt, R. (1991). "How much does industry matter?" Strategic Management Journal 12, 167 - 185.

Ruttan, V. W. (1997). "Induced innovation, evolutionary theory and path dependence: Sources of technical change". Economic Journal 107(444),1520 - 1529.

Sahal, D. (1981). Patterns of Technological Innovation. Addison-Wesley, New York, NY.

Sahal, D. (1985). "Technological guideposts and innovation avenues". Research Policy 14 (2),61 - 82.

Salter, W. (1962). Productivity and Technical Change. Cambridge University Press, Cambridge.

Saviotti, P. P. (1996). Technological Evolution, Variety and the Economy. Edward Elgar Publishing, Cheltenham, UK.

Saviotti, P. P., Trickett, A. (1992). "The evolution of helicopter technology, 1940 - 1986". Economics of Innovation and New Technology 2,111 - 130.

Saviotti, P. P., Pyka A. (2008a). "Micro and macro dynamics: Industry life cycles, inter-sector coordination and aggregate growth". Journal of Evolutionary Economics, 18 (2), 167 - 182.

Saviotti P. P., Pyka A. (2008b). "Product variety, competition and economic growth". Journal of Evolutionary Economics, 18(3 - 4),323 - 347.

Schmookler, J. (1966). Invention and Economic Growth. Harvard University Press, Cambridge, MA.

Schumpeter, J. A. (1911). The Theory of Economic Development. Harvard University Press, Cambridge, MA, English Edition, 1934.

Schumpeter, J. A. (1942). Capitalism, Socialism and Democracy. Harper, New York, NY.

Silverberg, G. (1988). "Modelling economic dynamics and technical change: Mathematical approaches to self-organisation and evolution". In: Dosi, G., Freeman, C., Nelson, R., Silverberg, G., Soete, L. (Eds.), Technical Change and Economic Theory. Pinter Publishing, London, pp. 531 – 559.

Silverberg, G. (2003). "Breaking the waves: A Poisson regression approach to Schumpeterian clustering of basic innovations". Cambridge Journal of Economics 27(5),671.

Silverberg, G., Lehnert, D. (1993). "Long waves and 'evolutionary chaos' in a simple Schumpeterian model of embodied technical change". Structural Change and Economic Dynamics 4(1),9 – 37.

Silverberg, G., Lehnert, D. (1994). "Growth fluctuation in an evolutionary model of creative destruction". In: Silverberg, G., Soete, L. (Eds.), The Economics of Growth and Technical Change. Edward Elgar Publishing, Aldershot.

Silverberg, G., Verspagen, B. (1994). "Learning, innovation and economic growth: A long-run model of industrial dynamics". Industrial and Corporate Change 3,199 – 223.

Silverberg, G., Verspagen, B. (1996). "From the artificial to the endogenous: Modelling evolutionary adaptation and economic growth". In: Helmstadter, E., Perlman, M. (Eds.), Behavioral Norms, Technological Progress and Economic Dynamics: Studies in Schumpeterian Economics. University of Michigan Press, Ann Arbor, MI, pp. 331 – 371.

Silverberg, G., Verspagen, B. (2005a). "A percolation model of innovation in complex technology spaces". Journal of Economic Dynamics and Control 29,225 – 244.

Silverberg, G., Verspagen, B. (2005b). "Evolutionary theorizing on economic growth". In: Dopfer, K. (Ed.), The Evolutionary Principles of Economics. Cambridge University Press, Cambridge.

Silverberg, G., Dosi, G., Orsenigo, L. (1988). "Innovation, diversity and diffusion: A self-organising model". Economic Journal 98(393),1032 – 1054.

Simon, H. (1957). Administrative Behavior (second ed.). Macmillan, New York, NY.

Simon, H. (1962). "The architecture of complexity". Proceedings of the American Philosophical Society 106(6),467 – 482.

Smith, A. (1776). An Inquiry into the Nature and Causes of the Wealth of Nations. Liberty Fund, Indianapolis, IN Reprinted in 1981.

Soete, L. (1979). "Firm size and inventive activity: The evidence reconsidered". European Economic Review 12(4),319 – 340.

Soete, L., Turner, R. (1984). "Technology diffusion and the rate of technical change". Economic Journal 94(75),612 – 623.

Srholec, M., Verspagen, B. (2008). The Voyage of the Beagle in innovation systems land. Explorations on sectors, innovation, heterogeneity and selection. Working Paper No. 2008 – 008, UNU-Merit, Maastricht.

Stadler, B. M., Stadler, P. F., Wagner, G. P., Fontana, W. (2001). "The topology of the possible: Formal spaces underlying patterns of evolutionary change". Journal of Theoretical Biology 213,241 – 274.

Stanley, M. H. R., Buldyrev, S. V., Havlin, S., Mantegna, R., Salinger, M. A., Stanley, H. E. (1996). "Zipf plots and the size distribution of firms". Economics Letters 49,453 – 457.

Starbuck, W. , Mezias, J. M. (1996). "Opening Pandora's Box: Studying the accuracy of managers' perceptions". Journal of Organizational Behavior 17(2),99 - 117.

Steindl, J. (1965). Random processes and the growth of firms. Griffin, London.

Stiglitz, J. (1994). Whither Socialism? MIT Press, Cambridge, MA.

Stoneman, P. (Ed.) (1995). Handbook on the Economics of Innovation and Technical Change. Blackwell Publishing, Oxford.

Stoneman, P. (2007). "Technological diffusion: aspects of self-propagation as a neo-Schumpeterian characteristic". In: Hanush, A. , Pyka, A. (Eds.), Elgar Companion to Neo-Schumpeterian Economics. Edward Elgar Publishing, Cheltenham, UK.

Suarez, F. F. , Utterback, J. M. (1995). "Dominant designs and the survival of firms". Strategic Management Journal 16,415 - 430.

Sutton, J. (1997). "Gibrat's legacy". Journal of Economic Literature 35(1),40 - 59.

Sutton, J. (1998). Technology and Market Structure: Theory and Evidence. MIT Press, Cambridge, MA.

Svennilson, I. (1954). Growth and Stagnation in the European Economy. UN Economic Commission for Europe, Geneva.

Syverson, C. (2004). "Product substitutability and productivity dispersion". Review of Economics and Statistics 86(2),534 - 550.

Teece, D. (1986). "Profiting from technological innovation: Implications for integration, collaboration, licensing and public policy". Research Policy 15(6),285 - 305.

Teece, D. , Rumelt, R. , Dosi, G. , Winter, S. G. (1994). "Understanding corporate coherence: Theory and evidence". Journal of Economic Behavior & Organization 23,1 - 30.

Teece, D. , Pisano, G. , Shuen, A. (1997). "Dynamic capabilities and strategic management". Strategic Management Journal 18(7),509 - 533.

Tesfatsion, L. , Judd, K. (Eds.), (2006). Handbook of Computational Economics, vol. 2: Agent-Based Computational Economics. North-Holland, Amsterdam.

Tushman, M. L. , Anderson, P. (1986). "Technological discontinuities and organizational environments". Administrative Science Quarterly 31,439 - 465.

Utterback, J. M. , Suarez, F. F. (1993). "Innovation, competition, and industry structure". Research Policy 22(1),1 - 21.

Verspagen, B. (1993). Uneven Growth Between Interdependent Economies: A Evolutionary View on Technology Gaps, Trade and Growth. Ashgate, Aldershot.

Vincenti, W. (1990). What Engineers Know and How They Know It. Johns Hopkins University Press, Baltimore, MD.

Von Hippel, E. (2005). Democratizing innovation. MIT Press, Cambridge, MA.

Von Tunzelmann, G. N. (1995). Technology and Industrial Progress: The Foundations of Economic Growth. Edward Elgar Publishing, Cheltenham, UK.

Walsh, V. (1984). "Invention and innovation in the chemical industry: Demand pull or discovery push". Research Policy 13,211 - 234.

Weisbuch, G. , Kirman, A. , Herreiner, D. (2000). "Market organization and trading relationships". Economic Journal 110,411 - 436.

Winter, S. G. (1971). "Satisficing, selection and the innovative remnant". Quarterly Journal of Economics 85(2),237 - 261.

Winter, S. G. (1982). "An essay on the theory of production". In: Hymans, S. H. (Ed.),

Economics and the World Around It. University of Michigan Press, Ann Arbor, MI.

Winter, S. G. (1984). "Schumpeterian competition in alternative technological regimes". Journal of Economic Behavior & Organization 5,287 – 320.

Winter, S. G. (1987). "Knowledge and competence as strategic assets". In: Teece, D. J. (Ed.), The Competitive Challenge: Strategies for Industrial Innovation and Renewal. Ballinger Publishing, Cambridge, MA, pp. 159 – 184.

Winter, S. G. (1993). "Patents and welfare in an evolutionary model". Industrial and Corporate Change 2,211 – 231.

Winter, S. G. (2003). "Understanding dynamic capabilities". Strategic Management Journal 24(10),991 – 995.

Winter, S. G. (2005). "Towards an evolutionary theory of production". In: Dopfer, K. (Ed.), The Evolutionary Foundations of Economics. Cambridge University Press, Cambridge, pp. 223 – 224.

Winter, S. G. (2006a). "Toward a neo-Schumpeterian theory of the firm". Industrial and Corporate Change 15(1),125 – 141(Original Working Paper, 1968).

Winter, S. G. (2006b). "The logic of appropriability: From Schumpeter to Arrow to Teece". Research Policy 35(8),1100 – 1106.

Winter, S. G. (2008). "Scaling heuristics shape technology! Should economic theory take notice?"Industrial and Corporate Change 17(3),513 – 531.

Winter, S. G., Szulanski, G. (2001). "Replication as strategy". Organization Science 12, 730 – 743.

Winter, S. G., Szulanski, G. (2002). "Replication of organizational routines: Conceptualizing the exploitation of knowledge assets". In: Choo, C. W., Bontis, N. (Eds.), The Strategic Management of Intellectual Capital and Organizational Knowledge. Oxford University Press, Oxford.

Winter, S., Kaniovski, Y., Dosi, G.(2000). "Modeling industrial dynamics with innovative entrants". Structural Change and Economic Dynamics 11(3),255 – 293.

Winter, S., Kaniovski, Y., Dosi, G.(2003). "A baseline model of industry evolution". Journal of Evolutionary Economics 13(4),355 – 383.

Wright, T. P. (1936). "Factors affecting the costs of airplanes". Journal of Aeronautical Sciences 10,302 – 328.

Wright, G.(1997). "Towards a more historical approach to technological change". Economic Journal 107(444),1560 – 1566.

Yelle, L. E. (1979). "The learning curve: Historical review and comprehensive survey". Decision Sciences 10,302 – 308.

第 4 章
创新活动与绩效——历时 50 年的实证研究

Wesley M. Cohen

杜克大学福库商学院

美国,北卡罗来纳州,达勒姆市

目录

摘要

　　本章回顾了研究企业和行业创新活动与绩效决定因素的实证文献,突出强调文献中要解决的问题、采用的方法、该领域研究进展中的阻碍和机会。同时,本章还回顾了"新熊彼特学派"的实证文献,文献研究公司规模和市场集中度对创新的影响,重点在强有力的研究结果、与解读发现相关的问题以及识别研究的重大空白。此外,本章也涵盖了少量的文献,研究除规模之外,企业的其他特征对创新的影响。最后,本章回顾了研究影响行业间在创新活动和绩效表现差异的三类因素的文献:需求、独占性和技术机会条件。

关键词

创新　市场结构　研发　技术变革

1. 引言

20 世纪相当长的一段时间内,产业组织经济学家一直在研究市场结构的决定因素及其对价格竞争和资源配置效率的影响,很大程度上忽略了技术变革。20 世纪上半叶,熊彼特的著作促使经济学家重视技术进步在影响经济增长和社会福利方面的根本性作用。自此以后,经济学家日益重视技术进步的经济意义,而且现在经常可以听到以下说法,一家企业、一个行业乃至一个国家的技术进步能力决定着其长远的经济发展情况。受熊彼特著作和 Solow (1957)随后关于技术进步对经济发展贡献研究的启发,产业组织经济学家已经开展了不计其数的实证研究,分析创新活动和绩效的决定因素。本章回顾了相关实证文献,突出强调了文献中要解决的问题、采用的方法和该领域研究进展遇到的阻碍。

然而颇具讽刺意味的是,其中一些阻碍因素是由于 Schumpeter 本人的原因。Schumpeter 拒绝了他那个时代的反垄断正统,以此作为解释创新重要性的理由。他认为,在集中市场中的中型企业已然成为技术进步的基地,因此产业组织中的大型垄断企业会带来决定性的福利优势。

受这些观点的启发,产业组织经济学家(例如 Mason,1951)开始专注于企业规模和市场集中度对创新的影响,并且忽视了其他可能决定技术进步更为根本的因素。本文简要回顾了创新、市场结构和企业规模之间关系的文献。然而,本文随后会更多地回顾一些近期研究,这些研究不仅重新阐述了"新熊彼特主义"关于创新和市场结构、企业规模之间的关系,而且还在更广泛的范围内研究了决定技术进步的因素。

本综述中大量的更新和引用内容源于作者本人曾撰写的一项调查(Cohen,1995),而此调查反过来也曾经大量参考 Richard 和作者本人更早时期所写的一项调查(Cohen 和 Levin,1989)。在先前的调查中,我们回顾了影响产业创新的产业和企业特征的实证文献。除了实证文献以外,我们还选择性地回顾了一些案例研究和机构文献,这些文献通常会就创新、市场结构、产业特征和企业特征之间的关系提供更丰富、更微妙的解释。尽管我们此处考虑的文献范围非常广泛,但是此次调查仅分析归属于产业组织经济学的创新研究。此外,鉴于自1995 年的文献综述以来,此类文献获得快速发展,所以我们会有选择地对近期实证文献予以概括。第 2 节回顾了"新熊彼特学派"文献中关于企业规模和市场集中度对创新的影响。在简要概述熊彼特文献中的实证发现后,第 2、3 节聚焦于解读研究结论和识别实证文献中的研究空白。第 3 节探讨一些折中的文献,研究了企业除规模之外的其他特征对创新的影响。第 4 节涵盖了近期文献中影响创新活动和绩效的行业间差异的三类要素：需求、独占性和技术机会条件。第 5 节是结论。

2.　熊彼特式的实证研究

此节探讨众多关于市场集中度/企业规模和创新活动之间关系的研究，该类研究由 Schumpeter 颇具争议的观点而引发：大型垄断企业在推进技术进步上发挥着关键作用。作为此文献综述的基础，理解 Schumpeter 本人关注的中心问题和没有关注的一些问题大有裨益。他想了解资本主义竞争对经济增长的影响，以及竞争可能以怎样的方式通过影响创新进而对经济增长产生关键性影响。他认为创新是经济增长过程的核心，而经济增长反过来也是长期改善社会福利的核心，因此这显然会涉及竞争可能驱动创新的不同方式，或者更确切地说是不同形式的竞争可能会如何影响企业（和个人）创新的动机和能力。然而，Schumpeter 并没有把创新的决定性因素作为关注的重点，因此本文的研究重点放在创新的决定因素方面。

在 Cohen & Levin（1989）以及 Cohen（1995）之前，其他三项文献调查（Baldwin & Scott，1987；Kamien & Schwartz，1982；Scherer，1980）巧妙地总结了关于两个"熊彼特假说"和相关命题的结论。就在最近，Gilbert（2006）综述了有关"熊彼特假说"的理论文献和实证文献，该假说将市场结构和企业规模与创新关联起来。因此，本章仅会简明扼要地总结具体结果，而相反会着重于确定强力的实证模式，以及大量此类研究提出的对问题的解释和方法论。[①]

2.1　企业规模和创新

Schumpeter（1942）经典讨论的本意表明他主要对以下情形印象深刻：小型创业类企业的创新活动和设有研发实验室的大型现代化企业在创新活动的质量方面存在显著差异。然而，很多实证文献将 Schumpeter 关于大型企业创新优势的观点解读为：创新活动的增长会随着企业规模的扩大而以更大比例上升。[②]但是也有一些例外（例如咨询公司 GRA，1976；Nelson 等，1967；Pavitt 等，

---

① 关于本小节提出的很多问题的讨论也可以参阅 Scherer（1992）。

② 但是，Markham（1965）和 Nelson 等人（1967）认为 Schumpeter 从未声称研究和企业规模之间存在持续性关系，而是仅认为创新不再取决于独立创业者的能动性和聪明才智，正如他先前的主张一样（Schumpeter，1934）。相反，研发已经在很大程度上由大型的官僚体制企业开展，成为现代资本主义社会创新的主要来源。

1987；Scherer，1965a)，对创新活动(投入或产出)的衡量数值和企业规模的衡量数值进行回归分析可以来检验 Schumpeter 关于企业规模的假说。

尽管 Schumpeter 混淆了企业规模和市场集中度对创新的影响，但是 Galbraith (1952)明确指出了企业规模越大，越能带来创新优势。长期以来，不同学者提出证实企业规模对创新活动产生积极影响的数条理由(其中 Schumpeter 仅提出其中部分理由)，其中一条理由认为资本市场的不完善为大型企业在确保高风险研发项目的融资安全方面提供了重要优势，原因在于企业规模与内生资金的可用性和稳定性密切相关。第二条理由是研发本身就存在规模经济。另一条理由则认为当创新者的销量足以摊薄创新，尤其是流程创新的固定成本时，研发收益率会相对较高。此外，也有人宣称大型企业研发的生产率会更高，原因是得益于研发和其他非生产性活动的互补(例如营销和财务规划)，而大型企业的非生产性活动可能会获得更好的发展。最终，有时人们也认为大型且多元化的企业能够获得范围经济，或者能够降低和创新预期回报相关的风险。

然而，也有人提出和以上观点相对立的论点(参阅 Scherer 和 Ross，1990，pp. 652-653)。也许最为著名的是：随着企业的发展壮大，研发效率会渐渐地降低，或是由于缺失管理控制，或是由于过度的行政控制，致使分散了企业实验室科学家和技术专家的注意力。另外，随着公司规模的扩大，激励个别科学家和创业者的要素可能会逐渐失去其效力，或是由于从各自努力中获利的能力逐渐下降，或是由于其创新动机因大型企业层级结构的保守特征而受挫。[1] Schumpeter (1942)本人也确实曾经推测大型资本主义企业固有的创造性活动的官僚化最终将会导致资本主义的衰退。[2]

基于历时 50 年关于企业规模和创新之间关系的实证研究，目前已经出现大量的颇具信服力的实证模式。尽管大多数模式都一直受到某种程度上的争议，但是现在专业人员趋向于达成一致观点。然而更具争议的是对以上各种模式的解读，虽然至少在一段时间内就实证模式曾达成过共识。我们对不同实证模式的表述和解读紧紧贴合 Cohen 和 Klepper (1996b)的观点。

基于美国国家科学基金会提供的 20 世纪 50 年代和 60 年代的数据，早期研究表明：随着企业规模的扩大和各大型企业采用方法一致性程度的提高，企业开展研发活动的可能性也会相应地增加(Hamberg，1964；Nelson 等，1967；Villard，1958；Worley，1961)。Bound 等(1984)和 Cohen 等(1987)人注意到在

---

[1] 参阅 Sah & Stiglitz (1986,1988)对等级结构可能抑制创新的理论性论据。

[2] Rosenberg (1994)认为熊彼特既高估了资本主义实现创新"自动化"的程度，同时也低估了商业成功对与下游研发及其相关活动相关联的更普遍和更理性化的流程的依存度。

控制产业效应时也出现了类似的模式。尽管早期 Schmookler（1959）对此持怀疑态度,但企业开展研发活动的可能性和企业规模呈正相关关系,已经被解读为大型企业在开展研发活动方面占据优势。

经济学家在探索企业规模的"熊彼特"优势时,将大部分注意力聚焦于研发和企业规模之间的连续性关系。往往局限于以研发执行的典型性样本为基础估测两者间的关系,而且是以对数形式、线性关系予以估量,或者将研发强度（也就是研发活动的衡量数值除以企业规模的衡量数值,通常是销量）视为因变量,而将企业规模的衡量数值视作回归量。正如 Cohen 和 Klepper（1996b）的观点,不同样本、不同规范、不同估测方式积累而得的大量证据表明:随着企业规模的扩大,研发力度呈单调递增趋势,而且在越过某个适度规模阈值之后成研发力度将恒定。此外,还发现行业内部研发的差异和企业规模密切相关,而且其中一半的研发差异往往是由于企业的规模差异而导致的。

最早关于企业研发与企业规模关系的研究采用的样本源自于多个行业（例如 Hamberg,1964；Horowitz,1962）,并得出以下结论:某种程度上企业研发的增长会随着规模扩大以更大比例的上升。然而,上述早期研究没有考虑控制产业效应。不同行业中企业规模分布的差异非常可能反映行业层面技术机会的差异,以及各经济体在生产和/或分布以及其他要素方面的差异,因而人们推测产业效应和企业规模相关联。如此一来,忽略此类产业效应很可能导致对企业规模影响创新的预测出现偏差（参阅 Baldwin 和 Scott,1987；Nelson 等,1967）。

随后开展的大多数研究使用的样本也源于多个行业,但同时或通过涵盖对技术机会等行业层面变量的粗略衡量,或通过涵盖产业固定效应,以控制产业效应。尽管其中的一些研究（例如 Comanor,1967；Meisel 和 Lin,1983）发现研发增长会随着规模扩大以更大比例上升,但是 Scherer（1965a,b）观察到一个更细微的关系——仅在企业规模达到某个阈值之前,创新活动（不论是以投入衡量,即人员数量;还是以产出衡量,即专利数量）的增加会随着规模扩大以更大比例上升,而在该临界点,两者之间的关系基本成一定的比例。其他调查（例如 Link,1981；Malecki,1980；Phlips,1971）都在不同程度上证实了 Scherer 得出的结论,而该结论在 20 世纪 80 年代早期一度成为相关专业人员的共识（参阅 Kamien 和 Schwartz,1982；Scherer,1980）。

Bound（1984）等采集众多美国公司的数据,以研究企业层面上规模与创新之间的关系,其样本数量和综合程度超过以往任何一次研究,结果发现在小企业中研发强度稍有下降,而在大企业中呈现稍微上升的趋势。Cohen 等（1987）研究使用的数据源于美国联邦贸易委员会的业务线项目以及 Levin 等（1987）关于产业内独占性和技术机会条件的调查,其研究结果表明:一旦关注产业效应控制,并区分企业的规模和业务部门的规模,那么在(选择的)研发主体样本中不论是业务部门的规模还是整个企业的规模都不会对业务部门的研发强度产生显著影响。

尽管相较于行业层面的样本研究,集合不同行业样本的综合研究具有探讨更多观察结论的优势,但是此类综合研究也存在一定的局限:限定不同行业的研发规模需要保持一致。而行业层面的分析(Link,1981;Link 等,1988;Mansfield,1964;Scherer,1965b,1984b;Soete,1979)则不受此类限制,研究结果表明大多数行业中,在研发投入层面,不能否认关于研发增长和企业规模扩大成比例的零假设[1]。而 Scherer (1965b,1984b)发现这同样适用于专利数量和研发强度层面。[2] 而仅有极少数行业的数据资料否认此零假设,且在这些行业中并未出现单一的模式。例如,研究发现在化学品行业中,研发增长会随着企业规模的扩大以更大比例上升(Mansfield,1964;Scherer,1965b);而在医药行业中,研发增长会随着企业规模的扩大以更小比例上升(Grabowski,1968;Mansfield,1964);在其他很多行业中,研发增长既会随着企业规模的扩大以更大比例上升,也会以更小比例上升(Soete,1979)。然而,此类行业层面研究的不足之处是:由于大多数行业的样本规模较小,统计假设偏向于服从有关统计量已知的某种概率分布的零假设(Cohen 和 Klepper,1996b)。

不论是基于单个行业的研究,或是集合不同行业的观察结果的研究,除了以上提及的局限还有其他数项限制因素。首先,回归分析使用的大多数样本并不是随机挑选的,但是也存在例外情况(Bound 等,1984;Cohen 等,1987;Crepon 等,1998),而且目前还没有学者尝试研究存在样本选择偏向的影响。许多较早时期的研究将注意力局限于制造部门规模排行前 500 或 1 000 的大型企业,而且往往将报告中没有研发的企业排除在样本之外。

其次,不同的研究在控制企业特征(而非企业规模)的程度上存在差异,尽管已经明确企业效应对解释研发程度(Scott,1984)而言非常重要,而且企业效应可能与企业规模呈共线性。在不控制企业特征的情况下,进一步强调了以下相关论点:很多假设企业规模和研发之间存在某种关系的研究诉诸以下理由,所称的企业特征与企业规模相关联,所提及的企业特征包括例如现金流动、多样化程度、互补性能力、研发的规模经济和范围经济、在产出中摊薄研发成本的能力等。然而,大多数研究并没有直接分析目前已观察到的企业规模和研发之间的

---

① 零假设是做统计检验时的一类假设,其内容一般是希望被证明为错误的假设或者是需要着重考虑的假设。——译者注。

② 正如 Griliches (1990)以及 Cohen & Levin (1989)所指出的,相较于衡量创新产出,与研发密切相关的原始专利数量可能更适宜衡量创新投入。

关系是否确实是由于以上任一假设要素的影响。

最后，尽管大多数关于企业研发与企业规模的研究试图控制产业效应，但是行业层面的数据样本中合理控制产业效应并不是轻而易举的小事，因为多数规模较大的企业往往是多个业务部门的组合，而其业务部门往往涉及很多不同的行业。许多尝试控制产业效应的研究将每个样本企业划归至相应的主要行业，然后或者使用固定效应模型作为协变量，或者使用特定的产业特征作为协变量。样本企业划分所在的行业往往出现在标准行业分类系统（Standard Industrial Classification，SIC）中的二位数层级上。正是该环节引致测量误差，以至于和四位数行业的产业特征相比存在巨大差异。而另一方面，如果样本企业被划归至三位或四位行业分类层级中，也会出现系统性的测量失准，因为很多企业（而且多为大型企业）也会在其划归的行业之外开展大量的商务活动。

预设企业规模与研发之间关系的相关文献提供了一项基本原理，而Henderson 和 Cockburn（1996）就该基本原理展开了非常细致的分析，具体研究内容是医药行业研发的规模效应和范围效应。相比其他关于研发的经济研究，他们开展的研究非常独特，因为所采集的数据源自项目层面，选取的项目反映了同类治疗方法中制药企业的研发活动。他们收集了 10 家企业约 20 年的项目数据，提供了 4 930 项观察结果。他们将"重要"专利数量〔定义为三个主要司法管辖区（美国、欧洲和日本）中的两个管辖区授予的专利〕视作独立变量，专门聚焦于研究（而非开发）支出，进而发现高强度的规模效应和范围效应；医药企业为这些研究项目划拨更多的研究预算，而且不同项目的数量越多，就越富有成效。两人在分析企业层面的数据时并没有获得如此清晰的结果；只有在他们将企业层面进一步细分为研究项目层面，并以其为分析单位时才得出如此清晰的结论。尽管他们转向分析企业层面时，观察结论从将近 5 000 项骤然下降至约 200 项，这一点并不出乎意料，但是企业层面的研究缺乏结论确实表明：往往在适度且更细化的集合层面开展研究更能揭示实际情况。Cockburn 和 Henderson（2001）之后开展了一项后续研究，分析规模效应和范围效应的衡量与企业药物开发活动效率之间的关系。他们使用逻辑回归的分析方式，并将开发是否成功定义为是否获得相关监管部门的批准。两人从中再次发现了高强度的范围效应，但是几乎没有出现规模效应。在这项研究中，如果包含企业的虚拟变量，那么他们所有的规模效应和范围效应变量（在治疗类型层面定义的变量）都会成为非常微不足道的存在，此处所提及的企业虚拟变量无疑呈现共线性，也包括其他企业层面出现的可能影响（例如管理、企业结构等）。尽管这些研究受企业层面有限观察结论的局限，但值得强调的是这些研究并不是在分析范围经济或规模经济可能在多大程度上导致已观察到的企业规模与研发之间的关系。

鉴于大多数企业的业务部门涉及众多不同的行业，所以简要地重新审视熊彼特假设会非常有益。尽管有些观点旨在为熊彼特假设辩解,宣称其假设指的是企业的整体规模(例如克服资本市场不完善性的能力),但是其他基于业务部门层面(例如研发成本的分担)的观点更合理可信。虽然我们所讨论的绝大多数研究分析的是企业规模对企业层面研发的影响,但是美国联邦贸易委员会的业务线项目数据使得分离业务部门的影响和企业规模的影响成为可能。Scherer (1984b)和 Scott (1984)研究业务部门规模对业务部门研发的影响,而 Cohen 等 (1987)以及 Cohen & Klepper (1996b)研究业务部门的规模和整个企业的规模分别对业务部门研发强度的影响。Cohen 等(1987)发现影响研发的可能是业务部门的规模,而不是整个企业的规模。Cohen & Klepper (1996b)进行了两个简单的回归分析:75 个行业中各业务部门研发和业务部门的规模;业务部门研发和整个企业的规模,进而发现仅业务部门的规模自身就导致了 65% 的业务部门研发变化,而且两者往往成一定比例。相比之下,整个企业规模仅仅导致了平均 15% 的研发变化。此外,对于 75 个行业中近 90% 的行业而言,业务部门研发与业务部门规模呈正相关,而且相关系数非常显著;而与整个企业规模的相关系数却极少呈显著性,相反,事实上 75 个行业中的 26 个行业甚至呈现负相关性。另外,Cohen 等(1987)以及 Cohen & Klepper (1996b)也都发现:如果控制业务部门的规模,那么整个企业的规模无法独立对业务部门的研发产生影响。以上结果共同表明,致使企业规模和研发之间存在密切关系的是业务部门的规模(或者相关因素),而不是整个企业的规模(或者相关因素)。

尽管评估研发与企业规模之间的关系面临诸多挑战,但是目前达成的共识是:不论是在大多数产业中,或是在更综合的样本中控制产业效应的情况下,研发的增长与企业规模的扩大成一定比例(例如 Baldwin 和 Scott,1987;Scherer 和 Ross,1990)。虽然现在还无法确定这种关系的根源,但是 20 世纪 90 年代该发现被普遍解读为:与 Schumpeter 的观点相反,大规模并不会为研发带来优势。此解读背后的直观认知是,如果两者成一定比例,那么保持行业销量不变的情况下,同样数量的研发将或者由大型企业构成的行业完成,或者由更多数量的较小企业构成的行业完成。然而,Fisher & Temin (1973)认为如果能够明确表述熊彼特假设,那么其假设一定是指创新产出与企业规模之间的关系,而不是研发(创新投入)和企业规模之间的关系,而后者却是在文献中最常被验证的关系。他们证实研发与规模的弹性系数较高并不一定意味着创新产出与规模的弹性系数就较高,以及其他相关结论。[①]

然而,不论是 Fisher 和 Temin 评论之前还是之后的研究,其中数项关于衡

---

① Kohn & Scott (1982)构建了某些条件,在这些条件下,前者关系的存在的确可以推出后者。

量创新产出的研究再次强化了先前的共识，即规模不会带来优势。Scherer（1965a）、GRA 咨询公司（1976，1982）、未来集团公司（1984）、Pavitt 等（1987）以及 Acs 和 Audretsch（1988，1990，1991b）的研究已经表明：无论是面板数据或是涵盖各种企业规模的横截面数据，都显示规模较小的企业所占据的创新份额之大往往与其规模不成比例。此外，研发生产率（例如每单位研发投入的创新成果）往往随着企业规模的扩大而降低。类似的，Bound 等（1984）分析专利活动后发现较小企业每美元的研发投入产出的专利量远高于较大规模的企业。Acs 和 Audretsch（1990，1991b）提供的相关证据表明该模式却是根据不同的产业而有所变化。此外，Pavitt 等（1987）以苏塞克斯大学科学与技术政策研究所（Science Policy Research Unit，SPRU）的数据集为基础，收集成功引入的"重要"新产品或新工艺，进而发现两者之间的关系可能在某种程度上呈 U 形，大型企业展示出相对较高的研发生产率（简单定义为每美元的研发投入产出的创新成果数量）。此外，Geroski（1994，第 2 章）同样利用 SPRU 的数据集，突出强调企业规模与研发生产率之间存在明确的负相关性。Lerner（2006）使用《华尔街日报》中关于金融服务创新的信息，也同样观察到规模较小的企业所占份额与其规模不成比例。因此，研发生产率的主导模式似乎是随着规模的扩大而不断降低。

　　尽管由于数据的可用性问题（详见下文），相较于对企业规模和研发生产率之间关系的探索，众多学者对企业规模和创新类型之间关系的探索较少，但是也有学者重点分析企业规模与流程研发/产品研发之间的相关度，或者渐进式与激进式创新之间的相关度。而其得出的关键发现是相对于规模较小的企业，规模较大的现有企业倾向于追求渐进式创新（Henderson，1993；Mansfield，1981；Wilson 等，1980），即偏向于过程的创新（Cohen 和 Klepper，1996a；Link，1982a；Pavitt 等，1987；Scherer，1991）。目前关于以下内容的讨论仍然十分匮乏：新企业和新进企业（更广泛而言，是相对于小企业）是否是激进式创新的主要实体（虽然是经常讨论的主题）。其中的一项例外是 Prusa 和 Schmitz（1991）的研究，提供源自个人电脑软件行业的实证，指出新企业趋向于创造新的软件目录，而现有企业趋向于在现有软件目录的基础上开发改进方案。

　　因此，目前关于研发及创新与企业规模之间的关系比较有信服力的实证模式为：在行业内的研发活动中，研发随着企业规模的扩大呈单调增长（通常成一定比例）；创新成果数量的增加往往会随着企业规模的扩大以更小的比例上升；随着企业规模扩大，专注于渐进式和流程创新的研发投入呈现增长的趋势。然而，以上模式也产生了种种问题。首先，为什么研发与企业规模之间会出现密切的正相关单调（近似于成一定比例）关系？此外，鉴于两者之间的这种关系，如何理解随着企业规模的扩大，研发生产率明显下降的现象呢？又如何理解企业规模和积累增量创新、过程创新之间的显著关联?

关于研发生产率随着企业规模的扩大而明显下降的现象有诸多不同的解释。例如有学者认为,相对于规模较大的企业,规模较小的企业,尤其是新企业的创新能力更强(例如 Acs 和 Audretsch,1990,1991b;Cooper,1964);或者类似的在相对于现有企业方面,规模较小的企业更能够产出更显著或更有特色的创新成果(例如 Baumol,2002;Henderson,1993)。Bound 等(1984)和 Griliches(1990)提出其他两种解释方式。其一是样本选择偏向,往往只有最成功的小企业创新者才会被列入研究样本,也许是因为企业规模较大能够增加生存概率,所以得以生存的较小企业很可能会展示出一些弥补性优势,例如更强的创新能力。另外,Griliches(1990)也指出可能出现的衡量误差也许是小企业的研发生产率较高的原因之一,因为相关人员可能会系统性地低估小企业的正式研发(参阅 Kleinknecht,1987;Schmookler,1959;Sirilli,1987)。然而,以上对研发生产率随着企业规模的扩大而下降的种种解释依然没有解决以下问题:我们为什么发现企业规模与研发之间也存在显著的正相关性?

Cohen & Klepper(1996a,b)提出在产出中创新的固定成本可能被分摊的情况下,随产出水平不断增加的研发收益能够将两者结合起来——研发与企业规模之间存在密切的正相关单调关系,而且往往成一定比例;研发生产率会随着企业规模的扩大而下降,以及规模较大的企业更倾向于追求渐进式和流程创新。[①] 他们认为成本分摊使研发能够随着同时期企业规模的扩大而增加,其中的原因是行业内创新的两项共同特征。其一,为了从创新中获利,企业常常依赖于专属机制,例如商业秘密或者将创新成果融入其本身产出的先发优势等;其二,企业因创新而获得的增长受其现有规模的制约。两个条件相加意味着:业务部门在开展研发活动时的产出水平越高,企业的未来预期产出就会越高,而创新的固定成本(例如研发支出)可以被分摊在这些产出中。因此,如果业务部门的规模较大,那么每一美元研发投入的预期收益会较高,而这反过来也会促使更多的研发投入。此外,假设研发生产率不断下降,如果行业内不同规模的企业面临类似的研发生产率递减(也就是不同规模企业的研发投入具有同等的效率),那么规模较大的企业每单位研发投入的平均创新产出会相对较低,原因在于较大的企业在开展研发项目时即使其研发边际生产率的递减速度快于较小企业也

---

① 上文已经提及,将研发成本分摊视作研发可能会随着企业规模的扩大而以更大的比例增加的可能原因之一(如 Scherer,1980)。研发成本分摊也常常用于其他研发模型(例如 Lunn,1982;Pakes & Schankerman,1984;Rosen,1991)。

能够从中获利。[1] 从该角度而言,较低的研发生产率根本不能反映出大型企业的创新能力相对缺乏效率,但却能够反映出规模较大的企业从研发中获利的能力更强,原因在于其分摊成本的优势。另外,规模较大的企业应该鼓励更多地投资流程创新研发和渐进式创新研发,因为相较于产品研发或更具突破性的创新,前者更能从企业的现有销量中获取更大的成本分摊优势。Rosen(1991)在一篇理论性的文章中也提出了类似的合理解释,从诱因动机的角度而不是能力的视角理解渐进式创新与企业规模的直接关系。他辩称规模较大的企业能够从更安全、更偏向渐进式创新的研发项目(所提及的渐进式研发项目以现有技术为基础)中获得更大的利润,原因是如果此类研发项目获得成功,便会扩大其现有的竞争优势,也会扩大其成本分摊优势——单位固定成本被分摊在更高的产出水平中。相比之下,更激进的创新(即替代现有产品或服务的创新)收益则较少依赖于企业的现有市场地位。

　　Cohen 和 Klepper(1996a,b)曾经在实证中测试并验证研发成本分摊模式的多项关键预测。首先,正如上文所述的二人提出的研发成本分摊模式,相较于整个企业的规模,研发与业务部门规模之间的关系更为密切。更具启迪作用的是他们证实了以下预测:研发成本分摊,进而也就是研发与企业规模之间的联系在制药业等特定行业中是最为微弱的。此处提及的特定行业是指在这些行业中创新成果以脱离实体的形式出现时最畅销,或者未来迅速增长的最重要因素是创新。此外,作为对比,成本分摊模式也做出如下预测:企业规模和特定类型研发之间的关系会相对较强(弱),此处特定类型的研究是指致使迅速、非连续性增长的可能性较小(大)的研发和创新,例如流程创新或者渐进式创新。因此,用于渐进式创新或流程创新的研发应该随着企业规模的扩大而增加。和上文引用的文献相一致(Link,1982a;Pavitt 等,1987;Scherer,1991),Cohen 和 Klepper(1996a)证实流程创新的研发确实随着企业规模的扩大而增加。此外,他们还发现相对而言规模较大的企业会偏向于追求渐进式创新,该结论与先前引用的发现也一致(Henderson,1993;Mansfield,1981;Wilson 等,1980)。

　　研发成本分摊的条件既包括研发速度也包括研发构成,该论点的重要含义之一是:通过简单对比不同规模企业的研发生产率,几乎得不到任何关于大企业和小企业相对研究能力的推论。类似的,大企业不成比例地追求更多渐进式

---

[1] Tether(1998)的研究表明大型企业因重大创新而获取的销售额更大。他对此结论的解读为大型企业往往会产生最具价值的创新成果,认为规模较大的企业在创造重大创新方面的能力更强。但是也可以有其他的解读。或许该结论表明的是大企业往往会产生更多融入创新成果的产出。因此,与 Cohen & Klepper(1996b)的观点相一致,同样的创新成果,大型企业的销售额高于小型企业。由此可见,此项结论可能并不能表明不同规模的企业在产生重要技术创新方面能力的大小。

创新可能和以下现象并不存在联系——规模较大的企业在追求更显著或更具突破性的创新方面相对处于劣势,这和 Henderson (1993)或 Baumol (2002)的观点相反。尽管大企业不成比例地追求渐进式创新的确反映的是投资动机而不是能力,但是也不能否认以下论点的合理性:随着时间的推移,较大企业采用的这种投资战略可能会导致其在开展更显著创新研发方面的能力减弱。

尽管 Cohen 和 Klepper 暗示大企业在获取研发收益方面拥有成本分摊优势,但是这种优势并不是企业规模固有的优势,而是源自于两类常见条件:第一,将企业创新主要限制在企业自身的产出范围内的独占性条件;第二,企业因创新而限制自身发展。[①] Arrow (1962a)和 Nelson (1959)等理论家提出的市场不完善性,以及我们对独占性条件(Cohen 等,2000;Levin 等,1987)的实证理解都表明:至少在大多数行业中,第一点合理可信;至于第二点,即企业因创新获得的增长往往受现有企业规模的限制,也在大量的实证研究得到证实。在实证研究中观察到(虽然没有理解)很多限制企业发展的现象(例如 Hart 和 Prais,1956;Mansfield,1962);另一个事实是大多数研究往往属于渐进式创新研究(Nelson 等,1967;Rosenberg 和 Steinmueller,1988)。[②] 研发和企业规模之间存在密切的单调关系,而相关的其他模式则取决于行业层面的种种条件,然而该观察结论却提出另一个问题。如果上述种种关系取决于行业层面的条件,那么为什么这些关系,尤其是研发与企业规模之间的单调关系在不同的行业中仍然适用且具有信服力,另外即使加入行业固定效应也依然适用? 对此问题简单的解释为:讨论的各种条件如此普遍以至于超越了绝大多数行业的界线。

由此得出明确且颇具说服力的结论,即研发支出与企业规模,或者更确切而言是研发支出与业务部门的规模密切相关。此外,该关系的根源似乎是研发成本分摊,而该优势的衰减似乎和技术授权或未来由于创新而获取的快速增长程度相关。而该结论的另一层含义——值得在下文中更详细地予以探讨——则与数十年以来的共识相反,此共识为更多的产出会为获取研发收益带来优势。因此,规模较大的企业在从其现有创新中获利方面处于上风,这反过来也就意味着技术进步速度可能不仅仅依赖于一个行业开展研发的总量,同时还取决于不同规模企业中的研发分布情况。然而,尽管很多研究提出小企业或新进企业可能在创造创新成果方面具备更强的能力,但是相关文献却很少阐述如下内容:在

---

① Acs & Audretsch (1987)以及 Dorfman (1987)发现大企业和小企业各自对创新的贡献程度可能取决于其他行业条件。Acs & Audretsch 观察到大型企业在准入壁垒高、集中度高的行业中更具创新性,而小企业在成熟度较低、集中度较低的行业中更具创新性。Dorfman (1987)在对五类电子行业的对比研究中也得出类似的结论。

② 一些研发理论模型(例如 Dasgupta & Stiglitz,1980a,b)采用与此相反的假设,即创新引致的增长仅仅受整个市场的限制。

产生创新成果方面,是大企业还是小企业具备更强的能力?

最终,关于研发与企业规模之间的联系,此类文献并未涉及的研究领域是相对于研发与创新的企业规模的内生性。这一点其实非常出乎意料,原因在于目前人们已普遍认同市场结构和研发的同步性(详见下文讨论);而另一个原因是Hall (1987)发现研发与企业的增长高度相关,而且企业的增长会随着研发的增加以更大的比例上升,尤其是规模较小的企业更是如此。Mowery (1983b)也发现 1921—1946 年期间研发有助于企业的生存。正如下文的探讨,Sutton (1998)以研发对企业发展的重要性为专题开展研究,这是个例外情况。

2.2 垄断和创新

Schumpeter 关于市场势力影响创新的讨论中有两大明确的主题。第一,Schumpeter 意识到企业需要某种短暂市场力量的刺激以投资研发。当然,这是专利法的基础原则;将发明创造的诱因动机和事后(也就是创新之后)市场势力的预期联系起来,此处的事后市场势力是指与研发创新成果相关联的市场势力。第二,Schumpeter 辩称拥有事后市场势力——与事先的寡头(或垄断)市场结构相关联——也有利于创新。例如,他认为寡头垄断市场结构增加了竞争行为的稳定性和可预测性,从而降低过度竞争导致的不确定性,而这些不确定性往往会减弱发明的动力。另外一层隐含的意义,他也提出假设资本市场是不完善的,从事前市场势力中获取的利润为企业提供了投资创新活动所需的内部金融资源。最终,他似乎也认为事前市场势力往往会带来一定的事后市场势力。

实证文献原则上重点关注市场集中度对创新行为的影响。因此部分文献已经直接检验 Schumpeter 关于事前市场结构影响的猜想。近 20 年来,许多学者也开始验证 Schumpeter 关于事前市场势力的论断。一些实证研究探索事后市场势力预期对创新的影响,但是却没有采用衡量市场结构的传统标准。相反,这些文献在描述通过创新而获取的潜在事后市场势力时,将其总体归结于独占性条件,而且以专用性调查指标为衡量标准,下文会对此加以探讨。

经济学家已经提出众多理论观点,由此产生很多关于市场结构影响创新的彼此相异和互相冲突的预测。部分预测支持 Schumpeter 的观点:在高度集中的市场中,企业投资创新的动机更强。而其他一些观点表明,一个行业中事前竞争力更强的企业会从创新中获取更多的边际收益。例如 Arrow (1962a)就曾经提出过后一种观点,重点强调目前所知的"替代效应"——假设可以从创新中获取理想的事后专属收益,那么现任垄断者引入的制造流程等创新成果将会取代部分先前获得的垄断租金。因此,垄断企业的创新收益仅仅是除了先前所获垄断利润之外的增量收益。相较之下,竞争市场中的企业不会获取任何垄断利润,因此从流程创新中获取的收益全部为创新收益。由此可见,在 Arrow 的模型中,竞争行业中的企业投资研发的动力更大。[①] 此外,Gilbert 和 Newbery (1982)同样假设理想的专属收益,但聚焦于现任垄断者面临潜在新进企业的情形,却得出与此相反的结论:他们认为垄断者投资创新的动力更大。假设为避免因创新型新进企业而失去垄断地位,现任垄断者会先发制人,相较于新进企业积极投入更多的创新投资。另一方面,Reinganum (1983)表明如果考虑研发过程的不确定性并假定遵循指数过程,那么就可以推翻以上结论。Dasgupta 和 Stiglitz's (1980b)假定两个对称式的古诺竞争对手[②],而放弃不现实的理想独占性假设。他们分析降低研发成本后也同样指出,随着行业内的竞争越来越激烈,企业的研发强度会越来越低。

另外,也出现了很多偏向以制度为基础的观点。例如,与 Schumpeter 的原始观点相反,Scherer (1980)认为规避竞争压力可能会导致墨守成规,进而妨碍创新。此外,Porter (1990,p. 118)从行为的视角出发研究国家竞争优势,也指出"竞争对手之间的积极压力可以刺激创新,担心落后于对手,因而诱导其超越对手"。Porter 认为不同国家的市场中更激烈的竞争有助于促进能力更强、更具创新性企业的产生。

在所有你来我往的争论中,理论学家强调了很多应用经济学家忽略的重点问题。比如,Aghion 和 Griffith (2005)指出,分析企业投资研发的决策就是要考虑企业引入创新成果前所获的预期利润和未来创新成果商业化以后的预期利润之间的差异。Arrow 认为尽管如上文所述,和创新相关的事后市场势力是决定此差异的要素之一,但是该差异在一定程度上也是企业起点的决定要素,反映着企业的事前市场势力。因此,按照这一逻辑,企业的事前市场势力应该会影响其研发投资——尽管不是以 Schumpeter 提出的方式,而且市场结构在一定程度上和市场势力相关,因此事前市场结构也应该会造成一定的影响。Gilbert 和 Newbery (1982)也提供了一个非常重要的视角,他们进一步延伸 Arrow 的逻辑,提出企业考虑事前利润和事后利润时需要预测竞争对手引入创新的可能性,因而意味着在一些情况下,当前的垄断利润可能代表着未开展创新的机会成本。

除了上述种种一般性观点以外,一些具体的理论模型——此处简要回顾的理论模型以及其他大量的模型——也得出很多彼此冲突的结论,而且极度依赖于有关如下内容的假设:独占性条件、创新类型(例如产品创新和流程创新)、创

---

① 然而,Gilbert (2006)指出,在产品市场存在一定程度的横向差异化的假设下,Arrow 的观点并不适用于产品创新。其次,假如旧产品淘汰而新产品上市,Arrow 的替代效应甚至在这种情况下都会占据主导地位。

② 古诺竞争是由法国经济学家古诺所提出的一项垄断理论,其精神为"边际收益等于边际成本的垄断均衡"。——译者注。

新的重要性问题("激进型创新"和"非激进型创新")以及和创新相关的竞争强度变化。实证研究学者面临的问题是这些理论是否可以提供可检验的观点,其中哪些理论能够提供可检验的观点。另一个问题——既和本领域中现代理论研究相关,又与偏向随机动机的实证研究相关——是竞争的本质和强度究竟对其它研发和创新决定因素的重要程度如何,此处的决定因素既包括行业层面的因素,也包括企业层面的因素。我们在下文中会回到以上两个问题,但是首先要回顾关于市场结构的熊彼特主义文献。

关于市场集中度与研发之间关系的大多数研究发现两者呈正相关,其中以 Horowitz (1962),Hamberg (1964),Scherer (1967a),以及 Mansfield (1968) 等为先驱代表。但是也有一些研究的证据表明市场集中度会对研发产生不利影响(例如 Bozeman 和 Link,1983;Mukhopadhyay,1985;Williamson,1965)。Geroski 和 Pomroy (1990)以及 Geroski (1990)并没有研究市场结构与研发(作为一种投入)之间的关系,而是考虑市场结构与创新之间的关系,此处的创新是指创新活动的结果,而这些创新活动相应的衡量指标是 SPRU 数据库中重大商业创新的数量(参阅 Geroski,1994,第 2 章;Robson 和 Townsend,1984)。此外,Geroski (1990)也不同于先前的文献,他不仅采用市场集中度等众多衡量市场结构的标准,还采用了许多其它的标准,例如进入市场、退出市场、进口渗透的衡量指标以及小企业的数量等。Geroski (1990)发现竞争与创新之间的关系呈正相关,这是对先前多数发现的质的逆转,他将其归因于研究中对技术机会的控制。

相较于先前引用的聚焦事前市场结构的各种研究,Blundell 等(1999)探究的是企业事前市场势力和创新之间的关系。以市场份额衡量前者、以重大商业创新的数量(此处也是引用 SPRU 数据库中的资料)衡量后者,在分析 1972—1982 年间 340 家企业的相关数据之后,他们发现市场份额会对创新产生积极影响,而整体市场集中度对创新却会产生消极影响。这表明尽管市场份额(或者市场势力)可以刺激创新,但是在市场集中度较高的产业中创新活动的数量可能相对较少。此外,他们还通过涵盖先前创新积累的 RHS,充分探讨了时间序列和创新数变量之间的关系,以控制未观察到的、持久的企业效应对创新倾向的影响。

Scherer (1967a)的一项发现早在很久以前便备受无数理论家的关注,即一些证据表明研发强度与市场集中度之间存在非线性的倒 U 形关系。Scherer 引用人口普查的相关数据,发现在一个行业中四家公司的集中度上升至 50%～55% 之前时,研发人员的就业人数占总就业人数的比例会随之上升;但是集中度达到以上临界值之后,会随之下降。Scherer 使用简单回归分析法探究研发强度与市场集中度之间的关系,其中市场集中度为平方项,而由此得出的倒 U 形关系在 Scott（1984）和 Levin 等（1985）的研究中再次得到验证,他们研究引用的数据来自于美国联邦贸易委员会的业务线项目。Aghion 等（2005）分析了 17 个二位数行业从 1973—1994 年跨度 21 年的数据,观察到行业层面的市场势力和行业创新之间存在类似的倒 U 形关系,其中以平均勒纳指数[①]（相较于市场集中度,可能是衡量竞争强度更好的指标）衡量前者,以被引证的平均专利数量测度后者。[②]

在研究创新与事前市场结构或事前市场力量关系的熊彼特假设中,鲜有研究进行任何博弈论模型,而博弈论模型可能用于分析两者之间存在的关系。然而也存在例外情况,其中包括 Blundell 等（1999）和 Aghion 等（2005）的研究。Blundell 等（1999）验证 Gilbert 和 Newbery（1982）提出的如下观点：具备更强市场力量的企业开展创新活动的动力更大,目的是先发制人以超越新进企业,否则可能会降低其高于正常水平的利润。但他们并没有直接验证,而是采用排除法。Blundell 等人观察到市场份额与创新之间存在正相关的关系,他们通过排除可以解释该现象的可能原因验证 Gilbert 和 Newbery（1982）的上述观点。可以解释 Blundell 等人发现的可能原因之一是资金流动,而另一个可能原因是更持久的企业效应或行业效应对创新绩效的影响。Blundell 等人成功排除了以上两种原因,然而并没有测试其他可能的原因。例如,他们的分析并没有控制业务部门（而不是企业）规模的成本分摊激励效应对研发的影响。另外,Gilbert（2006）也提出 Blundell 等人使用的滞后变量控制内生性仅仅在某种程度上有效,即在被忽略的一些企业层面变量或行业层面变量随着时间的推移保持稳定的情况下才有效,此处被忽略的变量是指可能会驱动市场份额、创新和财务收益的变量,例如技术机会、独占性或者甚至是外生的企业能力。

为了探究 Aghion 等人 1997 年提出的理论模型,Aghion 等（2005）进一步解释了竞争强度与创新之间存在倒 U 形关系的原因。他们假设创新是逐步发生的（此处排除重大的进步发展,例如跨越式进步）,并据此构建了一个渐进式创新的模型。在此模型中,竞争对手的状态是两类形式中的一种——或是"并驾齐驱",或是领先者与落后者的关系。在前一种情况下,Aghion 等（2005）发现不断上升的竞争强度（以企业之间的合作程度为代表）能够强化创新激励,原因在于竞争强度上升可以导致创新前利润和创新后利润出现更大的差异,其利润差异源自于创新企业"逃避竞争"。相较之下,竞争强度增加会减弱落后者的创新激

[①] 勒纳指数是阿贝·勒纳提出的一种以垄断势力强弱来衡量市场结构的方法,反映产业绩效量度指标,表示价格与边际成本的偏离率。——译者注。

[②] Acs & Audretsch（1990）在研究市场集中度与创新成果数量之间的关系时发现,每单位销售额的平均创新成果数量随着市场集中度的增加而下降。该结论和本文先前小节中的一项讨论结果一致,即创新成果的数量往往随着企业规模的扩大而以较小的比例上升。

励,因为落后者几乎无法从中有所收获,从仅仅一步的创新中收获极少,而且落后者的创新后租金也因和领先者竞争而处于很低的位置,故而落后者从创新投资中收回成本的可能性微乎其微,更不必说从中获利。[1] 由此,在经济层面上,竞争既可能促进创新也可能阻碍创新,这取决于经济中以上两种竞争形式的具体结构。Aghion 等人认为由于竞争对不同竞争者之间技术差距稳定状态分布的影响,在行业构成中两类竞争形式都会存在,因此人们也应该会观察到倒 U 形关系。[2] 此外,也有很多其他关于倒 U 形关系的理论模型和行为解释,例如 Scott (2009)提出的理论模型认为,可以通过以下方式解释该模式:假设在市场集中度较高的行业中,各企业关注彼此的行为举措而且采取咄咄逼人的、非合作性的互动方式,而在更具竞争性的行业中,各企业之间的决策互不影响;各企业仅仅看到负面的独占性激励,此负面激励可能会出现在更偏向完全竞争的市场结构中。

尽管 Aghion 等(2005)的模型成功预测了许多其他观察所得的实证模式,但是此模型过于格式化,例如假设竞争形式是两类中的一种,以及创新是渐进式的创新。正如 Gilbert (2006)的观点,鉴于落后者向前推进仅仅一步创新的种种不利因素,为什么不允许落后者实现跳跃式发展而超越领先者呢? 此外,不少实证预测也假设在面对落后企业时,领先企业不会投资研发。然而,Aghion 等(2005)确实提出了非常有益的观点:在研究市场结构与创新之间的关系时,区分不同形式的竞争关系可能会非常有帮助,竞争对不同企业的不同影响可能取决于企业的竞争地位和能力。Lee (2009)的发现和 Aghion 等(2005)的观点一致,Lee 分析了世界银行对 7 个国家中 9 个行业的调查数据,进而发现竞争强度可能会刺激能力较强的企业加大研发投资力度,而刺激能力较弱的企业降低投资力度。[3] 此外,Aghion 等人对落后者创新激励的分析也和 Koeller (1995)的发现相一致。Koeller 发现市场集中度对小企业的创新产出会造成负面影响,同时这也提出一个问题,即市场结构对大企业和小企业创新活动的影响不同(参阅 Van Dijk 等,1997)。

为了解市场竞争与创新之间的联系,实证分析必须打破仅仅考虑现有企业行为的桎梏,将新进企业纳入研究范围内。Geroski (1989,1990,1991b,c,1994),Acs 和 Audretsch (1991a)以及其他学者在一定程度上受 Blair (1948,1974)如下观点的启发——20 世纪的创新主要是一股去中心化的力量,探究创

---

[1] 然而,该观点似乎认为在这个设定下,领导者的创新动力极小或者没有。
[2] Scherer (1967b)率先开发了一个详细的研发竞争理论模型。正如 Kamien & Schwartz (1976)的推断,该模型的结论和实证研究的结论一致,即研发投资和市场集中度之间的关系呈倒 U 形。
[3] 不论 Lee 得出的结论多么有趣,鉴于所采用的大多数数据都具有自我报告式的特征,以及样本国家之间的制度和市场环境存在巨大差异,该结论应该受到更严格的审查。

新、新进企业和市场机构之间的关系。Geroski（1991b）仅关注可观察的反映进入速率和创新速率的内生变量，发现创新与进入呈正相关，而且短期内根据格兰杰因果关系，是进入引发创新，而非创新引发进入。他在解读行业固定效应（分别估算创新和进入）的首要作用时，提出市场的持久特征既能驱动创新，又能推动进入，从而导致在所有的横截面中以上两个要素存在正相关的关系。Geroski认为固定效应能够反映技术机会和进入壁垒，并将进入与创新之间的关系归结为技术机会与低进入壁垒存在密切的正相关联系。[①] Geroski（1994）推测（按照Klepper 的观点）高技术机会为现有企业和潜在进入者都可以带来机会，但是由于在多数行业中以非实体形式（例如许可）售卖创新成果非常困难，所以创新企业本身必须尽可能多地进入市场才能充分利用其发明成果。Gans 等（2002）证实了这种直观认知的部分内容，他们发现在技术市场由于有效的专利制度运行良好的行业中，初创企业往往通过许可和联盟关系从其发明成果中获利，而非经由进入市场获利。因此，在专利制度足够完备以使局外人可以通过向现有企业颁布许可而从创新成果中获利时，技术机会对竞争的影响可能微乎其微，甚至可能会抑制竞争。相反，在专利制度较弱时，技术机会将提高竞争强度，因为局外人需要通过自身进入市场才能从其创新成果中获利。更广泛而言，Geroski 关于进入的研究并不意味着市场集中度可以产生创新。相反，进入、创新和竞争强度由技术机会和独占性共同决定，其中技术机会为创新创造潜力，而独占性则通过影响潜在进入者进入相应行业或是颁布许可给现有企业而决定创新对竞争强度的影响。

虽然 Nickell（1996）没有聚焦竞争与研发或创新之间的关系，但是他的研究归属于熊彼特式实证研究的范围，因为其研究内容是竞争与全要素生产率增长之间的关系。Nickell 采用 17 个两位数分类半导体集成电路行业（Semiconductor Integrated Circuit Industry，SIC 行业）中 600 多家公开上市企业的面板数据，发现竞争与生产率增长之间存在非常显著的正相关关系，具有重大的经济意义。这和 Schumpeter 假设的本质精神相背离，但是却与 Porter（1990）的质量分析和 Geroski（1994）的观察结论，即产业进入与生产率增长的正相关关系相一致。Nickell 采用两种指标测度竞争强度。第一种是基于调查的衡量标准，每家响应企业（目前可获取 147 家企业的数据）面临的竞争对手数量；第二种是每家企业（目前可获取 600 多家企业的数据）收益和附加值的比率，类似勒纳指数。另外，Nickell 也采用市场集中度和市场份额的 RHS 衡量，发现两者都对创新造成显著的负面影响，进一步强化了其基础结论。他在分析中控制资本和劳动力的内生性，并涵盖两位数 SIC 行业的固定效应。Nickell 承认其

[①] Breschi 等人（2000）发现市场进入和技术机会之间存在很强的联系，这也部分证实了 Geroski 对其结论的解读。

本人并不清楚更激烈的竞争与全要素生产率增长相关联的原因。另外,尽管我们了解研发对生产率增长发挥着非常重要的促进作用,但是并不清楚此特定结果反映出的竞争对研发或创新的协调作用,尤其是鉴于 Nickell 和 Blundell 等人的发现,即市场份额与创新的正相关关系并不一致。例如,竞争可能主要推动企业更贴近其生产前沿,这符合 Leibenstein (1966)提出的"X 效率"概念,或者类似的,可能刺激企业采纳创新成果。不论如何,Nickell 耐人寻味的结论为我们留下了相应的研究任务,探究其可信性,并寻找其背后的机制——希望能够与我们所知的竞争、研发和创新之间的关系(虽然呈现出种种不同的关系)相融合。

关于竞争与创新之间关系的实证研究面临两大核心挑战,上文有关进入和创新的讨论已经对此有所暗示。第一,竞争和创新很可能同时被确定,不论是互为因果,或是竞争与创新由其他外部因素共同决定;第二,就行业层面的因素而言,两者之间的关系有一定的敏感性,以及这种敏感性可能会影响竞争对创新影响的本质和重要性。

Phillips (1966)率先提出创新可能是市场结构的原因,而非市场结构的结果。尽管 Schumpeter 曾经预想从成功创新中积累的市场力量只是暂时的,而且会随着竞争对手的加入而不断衰减。但是 Phillips 认为一定程度上而言"成功孕育成功",高度集中的产业结构往往可能是之前创新的结果。Phillips (1971)在其关于民用飞机制造的专题著作中,详细解释了市场结构如何演变成创新的结果,以及市场结构又如何影响创新的条件。

有观点认为创新的迅速发展导致市场集中的提高,而关于企业增长随机模型的文献为此观点提供了理论支撑,尤其是 Nelson 和 Winter (1978,1982b)构建的仿真模型。Klepper (1996)的分析模型也强调随着时间的推移创新对各行业市场集中度的贡献,认为研发固定成本分摊适用于这些行业的市场。此外,Sutton (1998)提出的模型也突出强调内生性沉没成本的重要性。然而,大多数关于此观点及其相关论断的分析结果并不趋同(参阅 Rothblum 和 Winter,1985)。相较而言,短期内企业和消费者的长期资本和高成本的调整措施意味着创新,甚至是突破型创新,可以提高或降低市场集中度。Mansfield (1983)为该观点提供了相应的实证支持。在某种程度上,创新对市场结构的短期影响取决于实现创新商业化的是既有企业还是新进企业。[1]

---

[1] 创新还可以通过增加或减少有效生产规模来影响市场结构。如果技术变革导致企业有效规模的增长速度快于需求,那么市场集中度往往会随着时间的推移而不断提高。关于内生性规模和集中度变化的理论阐释,请参阅 Levin (1978)。关于在各种不同行业中,技术变革增加了有效规模的依据,请参阅 Hughes (1971)对发电的分析,Levin (1977)对多个化工业的讨论,Scherer 等人(1975)对钢铁、水泥、酿造、冰箱、涂料和电池等行业的分析。

　　一些调查人员(Howe 和 McFetridge,1976;Levin 等,1985)意识到创新与集中度可能同时被决定之后,在关于市场结构影响创新活动的回归研究中将市场集中度视为重要工具。类似的,Blundell 等(1999)也以市场份额为分析工具,而 Aghion 等(2005)以勒纳指数为工具意在反映事前市场力量。其他学者(Connolly 和 Hirschey,1984;Farber,1981;Levin,1981;Levin 和 Reiss,1984,1988;Wahlroos 和 Backstrom,1982)则使用行业层面的数据预估多方程模型,把市场集中度和研发均被视为内生性因素。[①] 有学者认为上述方法非常合理。Levin (1981),Connolly 和 Hirschey (1984),Levin 和 Reiss (1984)以及 Levin 等(1985)都发现 Wu-Hausman 检验证伪了如下假设(回归分析中的普通最小二乘法设定,即 O-L-S 设定):市场集中度变量正交于误差项,然而此结论很可能是由不当的设定或遗漏的变量所导致的。Howe 和 McFetridge (1976)发现在任何情况下,相较于普通最小二乘法,研发方程中两阶段最小二乘法在市场集中度项的系数上产生的变化微乎其微。

　　也许关于市场集中度影响研发强度最持久可信的发现是其影响取决于其他行业层面的变量。Scherer (1967a)曾经发现市场集中度的统计显著性会随着一些虚拟变量的加入而衰减,此处的虚拟变量用于划分行业技术(化学、电子、机械和传统)和相应产品(耐用品/非耐用品,消费品/生产者商品)的类型。虚拟变量,尤其是代表技术类型的虚拟变量,具有非常高的统计显著性,解释的独立变量差异远远高于市场集中度。Wilson (1977)得出类似的结论,而 Lunn 和 Martin (1986)将其分析样本划分为两大类别,发现市场集中度仅在"低技术机会"行业才会对研发强度产生显著影响。Geroski (1990)观察到,不考虑行业固定效应——被解读为反映技术机会——会大幅度颠覆其基本结论,即竞争与创新之间的正相关关系。

　　Scott (1984)和 Levin 等(1985)提供了非常有力的证据,证实市场集中度对研发的影响对行业条件十分敏感。Scott 采用美国联邦贸易委员会关于业务部门层面研发强度的数据发现,加入企业的固定效应和两位数行业的固定效应会降低市场集中度及其平方项系数的统计显著性。Levin 等人使用美国联邦贸易委员会业务线层面(此层面是指介于三位和四位分类 SIC 行业之间的集合)的数据,发现加入一系列衡量技术机会和独占性条件的指标后,再次验证了 Scott 得出的有关研发强度和创新绩效的方程式。加入新变量之后,市场集中度的系数

[①] 数据的局限性简化了研究人员的工作,他们将市场集中度和研发强度视作同时被决定的变量,但是根据 Phillips (1966,1971)的解读,这不符合基本的熊彼特理论。从这个视角而言,同期的市场集中度应该影响研发支出,但是当前的市场集中度却是过去创新活动的结果。Levin (1981)以这种形式估测了一种模型,其中在市场集中度等式右边的应该是过去创新活动的分布滞后,而不是当前的研发强度。

和 t -统计量在研发强度方程式中的重要性下降了一个数量级。

其他一些学者发现 Schumpeter 假设的有效性取决于行业特征,Comanor (1967)曾发现产品的差异化程度决定着市场集中度与研发强度之间的关系,但是他用广告宣传强度(假定为共同影响决策的变量之一)来代表一系列预先确定的产品特征。Shrieves (1978)根据最终产品市场的本质划定行业类型,进而得出了类似的结论,从某种程度上而言其发现更具辩护效力。[1] Angelmar (1985) 提出市场集中度对创新的影响可能取决于技术的不确定性程度,但是他对不确定性的衡量标准,即启动新产品开发和最终引入市场之间的平均间时间隔却备受质疑。Wedig (1990)曾经通过探究和研发相关的财务不确定性更直接地验证了该假设。Wedig 将 214 家制造企业调整后的值视作独立变量,首先证实了 Schumpeter(以及其他学者)的假设——研发的风险度尤其高,因为他发现和研发相关的系统风险度远远高于和非研发资产相关的系统风险度。然而,Wedig 随后仅提供了少量的证据,证实市场集中度和企业规模会抵消部分风险,而这也正是 Schumpeter 的观点。

因此,无数研究且往往是跨部门研究,都强调市场结构与研发/创新之间的关系对其他行业层面因素的依赖性。尽管目前一些学者已经提供了几种理论解释,以说明独占性或技术机会可能决定或导致此关系的原因(例如,Nelson 和 Winter,1982a;Scherer 和 Ross,1990),但是跨部门分析,甚至是采用时间跨度较大的面板数据的分析,却极少深度探究这些行业层面因素的实际作用。然而,这些其他行业层面因素的关键作用表明市场结构不能独立对创新产生重要影响(至少不会以任何直接的方影响创新)。市场结构对创新的重要性遭到质疑,而实证评估又进一步加深了怀疑的程度。例如,关于市场集中度的许多简单测验发现,市场集中度在解释研发强度差异方面的能力极其有限。Scott 发现业务线集中度及其平方项仅仅能解释 3 388 个业务部门中 1.5% 的研发强度差异,而两位数行业的固定行业效应却能解释 32%。类似的,重新审核 Levin 等(1985)使用的数据后发现,市场集中度及其平方项仅仅能够解释 127 条业务线中 4% 的研发强度差异(Cohen 和 Levin,1989)。相较而言,Cohen 等(1987)的报告称,需求、机会和独占性衡量指标能够解释约 50% 的行业间差异,此处的行业被定义为大致从三位数分类到四位数分类的 SIC 行业。

Sutton (1998)在其标志性的著作中提出一种不同的方式,用于解读关于市场结构与创新之间关系的各种理论和实证结果。[2] Sutton 仅提出两种关于企业行为的核心假设,即"企业规避亏损策略以及如果出现新进企业可以填补的盈利

---

[1] Shrieves 根据要素分析划分行业类型,其中要素分析考虑行业需求的构成和产品耐用性。
[2] 关于 Sutton 本人作品和相关贡献的综述,参阅 Sutton (2007)。

空白,那么此空白一定会被填补"(1998,p.9),基于此他提出一系列"合理"的博弈理论模型,并能够以更详细的方式使用不同行业之间和同一行业内部的可观察量加以验证。Sutton 容许其模型的假设发生改变,以限制研发强度、市场集中度和子市场同质性等可观测量描述的一系列结果,因为他意识到先前可能几乎没有任何基础区分其提出的各种模型。这种"限制方法"意味着,如果最理想的情况是宽泛描述可接受的范围,那么运用标准回归分析法估计市场结构与研发强度之间的关系这一做法便不再合适。

在 Sutton 的理论中,影响研发投资的两大关键市场层面的因素分别为:①通过增加消费者购买产品的意愿程度(或减少单位生产成本变量),研发投资增加企业单位成本利润率的程度;以及②新产品或改进产品的市场覆盖范围,此处的市场覆盖范围不仅是指整体市场需求的函数,而且还指其市场可能被分解为不同子市场的程度,而区分这些子市场的外生特征是产品作为替代物的可能性程度。以上两项要素中的第一项符合技术机会的定义,这是目前许多文献的称法,例如 Spence (1984)将其描述为单位合格产出成本在研发方面的弹性,或者 Nelson 和 Winter (1982a)将其描述为研发成功可能会带来的生产率提升程度(p. 311)。然而,Sutton 率先将第二类要素,即某个行业能被划分为以产品间的不完全替代性为特征的子市场,应用于研发与创新的分析中。因此,两类因素(我们分别称之为技术机会和子市场同质性)均能够增加研发支出的收益。技术机会增加了企业单位产出的利润;而更高的子市场同质性能够使企业实现更大的研发成本分摊优势,进而增加研发收益。另外,在他提出的模型中,随着由内生因素决定的研发不断增加,企业会提高其产品或服务的可取性和覆盖范围,从而提高其在整个市场中所占的份额。但是,这仍然没有回答研发强度与市场集中度之间的可能关联性问题。

Sutton 将研发描述为内生性沉没成本,这表明随着研发的不断增加(而研发是对技术机会和市场覆盖范围的响应),一个既定市场可以支持的高研发支出企业的数量会越来越有限,但是该结论是在以下情况下成立:鉴于某种整体需求,其它条件保持不变,且假定企业保持盈利状态(而且相应的,能够从研发中获利)。因此,在技术机会大和子市场同质性较高的情况下,市场集中度与研发强度也会更高。然而,如果技术机会大,但子市场同质性低,进而限制企业从研发成本分摊优势中获利的能力,那么会出现什么情况呢? 在这种情况下,研发支持可能会随着销量而上升,但是通过创新而获取的销量会因为子市场的异质性而受限。研发强度(也就是研发支出除以企业销量)可能会比较高,而市场集中度(以整体市场定义)可能会比较低。因此,整体市场将能够支撑更多数量的研发密集型企业,而市场集中度可能会非常低,致使很多规模相对较小的独立子市场相互共存。总而言之,高研发强度既可能出现在高市场集中度行业,也可能出现在低市场集中度行业，这取决于子市场的同质化程度。高技术机会和高研发强度的行业意味着有界区域内相应的高子市场同质性和市场集中度，市场集中度会超过某个临界值，而该临界值随着子市场同质性的提高而上升。相较之下，在低技术机会行业中，企业几乎没有动力投资研发，因此市场也几乎无须支持沉没成本，对研发较密集的行业而言这意味着市场集中度和子市场同质化之间存在扩散性关系。

Sutton 采用研发强度和市场集中度的横截面数据，并构造子市场同质性测量方法，来检测并支撑他的理论，其数据来源为美国联邦贸易委员会业务线计划和 20 世纪 70 年代中期美国制造商普查数据。此外，他还通过自己所称的特定行业（例如彩色胶片、数字交换机、流量仪表等）的自然试验再次证实上述模式。Matraves（1999）曾经以全球制药行业为例检验 Sutton 提出的模型，而且在很大程度上证实了该模型，而 Marin & Siotis（2007）以美国和欧洲化学行业工厂层面的数据为基础对其模型进行检验，也得出同样的结论。

Sutton 的分析深化了我们对技术机会基本作用的理解，向我们介绍了考虑子市场同质性的重要性。继而也描述了横向产品差异化及其相关需求条件的重要性，以上种种要素均为投资研发的根本驱动力。但是 Sutton 的分析对解析事前市场结构或市场力量影响研发和创新又意味着什么呢？再次重申 Sutton 的理论和发现几乎没有提供支持如下观点的证据：作为一项独立、重要且显著的因素，市场集中度决定着创新行为和绩效。本质上而言，这表明整体的市场需求、子市场的同质性和技术机会驱动着研发支出，而且在研发密集型行业中市场结构也会驱动研发支出，但是不论是事前市场结构还是市场力量都不会对研发产生影响，甚至不会以间接的方式影响研发。

2.2.1　市场结构、创新和行业动态

针对行业内企业、竞争和技术长期演变的分析，提出如下问题：应该如何假定技术机会或者甚至是子市场同质性对研发的外生影响程度，参阅 Sutton 的分析，或上文回顾的跨部门实证分析。更宽泛而言，倾向于聚焦跨部门实证模型的应用经济学家能够从行业动态分析和诸多实证模型中了解到大量信息，此处的实证模型是指 Abernathy（1978），Abernathy & Utterback（1978），Utterback（1979），Gort & Klepper（1982），Klepper & Graddy（1990）以及 Klepper & Simons（2005）所观察到的联系以下两方面的各种模型：一方面是创新活动和技术；另一方面是表征进入、退出、价格和市场结构的规律。一定程度上而言，实证学者认可基本动态，往往表现为以下形式：或者将创新与市场结构之间的同时性关系隐含在其静态模型中，或者仅仅采用一些工具以控制可能的内生性。如此的同时性结构显然并不会有助于这些学者探索更多元化动态关系的尝试。但是也有例外情况，Sutton（2007）没有采用这种方式，而是结合选定行业的案

例发展史进行跨部门分析，并测试其本人提出的模型。然而，对企业增长、竞争和技术变革之间长期互动的研究将大大有助于了解行业层面因素和企业特定性能力可能会对研发和市场结构的影响，其中行业层面的因素包括独占性、技术机会和需求等。[1]

Mueller 和 Tilton（1969）早在很久以前就已经提供相关实证，证实市场结构的作用与行业所处的产品生命周期阶段相关，反映出产品市场经历一个生命周期，其间创新的本质以可预见的方式不断变化（Abernathy & Utterback，1978；Utterback，1979）。在行业发展的早期阶段，无数小企业彼此竞争以争取市场地位，此时重点强调的是产品创新。众多构思新颖的新产品接受测试，最终出现"主导设计"。随着主导设计的产生，产品标准化被提上日程，而此时的重点发生改变，转而聚焦于流程创新。在该阶段，追求流程创新。各方努力集中于通过大规模生产、机械化提高产量并盈利。然后，该行业的集中度便会越来越高，而进一步开展流程创新的潜力也消耗殆尽，由此该行业会遭受竞争性产品的外部威胁，此处提及的竞争性产品会避开主导设计。尽管此生命周期模型可以非常连贯地解读美国汽车行业的发展史（Abernathy 和 Utterback，1978），但是其普遍性却十分有限。例如，此模型符合全球半导体行业某些领域（存储器、装置）的历史，但是却不符合另一些领域（逻辑装置和微处理器）的发展史。[2] 此外，Klepper 和 Simons（2005）详细研究汽车、轮胎、盘尼西林和电视行业的发展史后，提出在以上行业中难以识别 Abernathy 和 Utterback 提出的作为分水岭事件的主流设计，而主流设计的产生会引发行业内质量的重大改组。

Geroski（1991b）提出产品的生命周期和进入、退出、市场结构、创新的诸多模式相关，辩称在生命周期的早期阶段，高技术机会推动进入，但是随着产品日趋成熟，进入壁垒上升，而相应地进入量衰减，集中度上升，创新更倾向于渐进式创新和流程创新。Klepper（1996）提出的模型指出，在生命周期内创新本质向渐进式创新和流程创新倾斜的变化是由主导企业随着时间的推移而内生性地决定的。主导企业不仅会因其规模扩大而增加投入，而且还会增加如下类型的研发投入：利用现有产出能够获取不成比例的收益，也就是流程创新和渐进式创新。因此，技术变革演化的特征可能含有非常重要的内生要素，虽然不论是产品生命周期模型（例如 Abernathy 和 Utterback，1978），或是 Nelson 和 Winter（1977）的观点，或是 Dosi（1982）提出的"自然"或技术轨迹，都将技术变革演化

---

[1] 从演变的角度看待技术变革和行业动态，其文献综述参阅本手册的第 3 章。

[2] 尽管该生命周期模型的独特特征对很多化工业并不适用，但是 Achilladelis 等人（1990）研究发现，1930—1982 年间化学加工行业的企业，其创新活动的演变模式随着时间的推移，的确呈现出一种从激进式创新转变至渐进式创新的趋势。

的特征隐含描述为外生性。这就提出了更广泛、更根本性的问题,即技术机会的来源,具体而言,技术机会在很大程度上来源于公共研究或者其它可以合理定性为外生性的行业外来源吗? 或者来自于现有企业? 如果来自于现有企业,那么外生性的假设就会遭到质疑。在多数情况下,技术机会的来源是混合的、多样的,因而学者需要考虑在不同行业和不同时期这种混合性的具体变化。

Nelson 和 Winter (1978,1982a)对行业发展的解读颇具影响力,其中关于技术演变和市场结构的仿真模型非常清楚细致地解释了技术机会和独占性条件如何影响市场集中度与研发强度之间的跨部门联系。在他们提出的随机模型中,以一系列规模类似的企业为起点,技术机会越大(体现在一系列促进生产率增长的潜在机会中),技术进步的幅度便会越大,而与之相关的企业销售额也会相应地上升。而随着销售额的上升,企业会开展更多的研发活动(在他们提出的模型中,假设研发占销售额的百分比保持固定,或者从资金流动中获取研发基金),而这会为该企业在下一轮的竞争中创造优势,以及其它诸如此类的有利条件。在 Nelson 和 Winter 构建的模型中,偏弱(偏强)的独占性条件——以竞争对手模仿彼此技术进步的能力反映其强弱——会降低(提高)市场集中度。此外,一定程度上而言技术进步本身往往不可分割,而且技术进步越显著,市场集中度会越高。

强烈建议分析横截面数据和面板数据的学者重点关注关于行业动态的模型和实证分析。首先,此类分析在研究关于跨部门模式的各种理论和采用的各类实证方法时应虑及发展这一因素。其次,在试图解读跨部门实证关系时应该考虑行业动态发展的结果。例如,尽管跨部门研究可能会表明技术机会等行业层面的种种条件会对市场结构与创新之间的联系产生一定的影响,但是动态研究更进一步深入探究行业层面的条件为何以及如何产生影响。

技术演变和市场结构的变化在以下情况下显著相关:一个行业中产品或生产流程的基本技术发生根本性变革时,大批现有企业纷纷退出市场。正如 Schumpeter (1942)很久以前强调的一样,他提出的"创造性破环"概念简要概述了这种现象,这种情况的出现有一定的规律性,而且会产生非常重要的影响。从蒸汽机车到内燃机车,从螺旋桨式到喷气式航空发动机,以及从真空管到晶体管的过渡,领先企业改变技术体制的时机太晚,或者为此付出的努力太少。而且在以上两种情况下,既定的市场结构会发生翻天覆地的变化。Scherer 和 Ross (1990)指出,行业新进企业引入革命性产品创新或流程创新的案例不计其数,而且往往会对此行业的现有企业产生重大影响。

尽管全方位的综述此类文献超出了本章的范围,但是此处重点强调影响市场结构和创新之间关系的几个重要问题。首先,第一个问题是"激进式"或"突破性"创新的构成要素究竟是什么。鲜有研究明确回答该问题,但是也有显著的例外情况：Arrow（1962a），Henderson 和 Clark（1990），Henderson（1993），Ehrnberg 和 Sjoberg（1995），Christensen（1997），Rosenbloom 和 Christensen（1994）以及 Tripsas（1997b）。在研究驱动市场结构或领导力发生变化时，各学者也需要注意应该避免以因变量为假设条件定义突破性创新（例如，将现有领先企业探索失败的相关创新定义为突破性创新）。反过来，这又提出另一个问题：究竟突破性创新（不论如何定义此类创新）导致市场发生剧烈变化的频率如何。例如，有人可能会辩称，尽管近 30 年来药物发明方面的基础科学出现了巨大的变革，但是医药行业的多数主要企业仍然保持其主导地位（尽管现在已经成为合并的实体）。该结论要求相关学者考虑主导性企业会在什么样的情况下失败，以及为什么会在面临重大创新时失败。相关文献已经对此提出大量建议。

Ehrnberg 和 Sjoberg（1995）研究了一系列案例，从手工制作到数控金属切削机床，从单机到柔性制造系统，从非蜂窝到蜂窝移动电话，据此提出在技术过渡阶段如果新的通用技术既能够取代现有技术，又能够迅速扩散，那么更具突破性的创新可能会颠覆现有的市场结构。Tushman 和 Anderson（1986）聚焦于所需专业技术的变化。Henderson（1993）在其对光刻设备行业的分析中也考虑了新技术可能需要的组织能力类型，强调组织能力在解释导致如下现象的原因时扮演的角色：现有企业在开发利用重大技术变革（甚至不是激进型变革，详见上文）时面临重重困难。Christensen（1997）详细分析磁盘驱动器行业后认为，诸如此类的技术过渡和企业的能力并没有太大的关系——企业如果受相关激励的驱动，便会及时购买技术或投资开发技术。因而，他研究的焦点是现有企业的投资动机，提出只要新技术能够吸引现有企业的已有消费者，现有企业就会投资新技术，而且即便是突破性新技术，亦是如此。但是，现有企业不会投资仅仅会吸引新消费者或边缘消费者的新技术。此外，正是这些现有企业不会投资的新技术以及起初追求这些技术的小企业最终分别取代了当时的主导技术和主导企业。然而，Tripsas（1997a）注意到其实很多现有企业确实及时地投资了新技术，但是由于贯彻实施环节的失败而无法提供具有竞争力的产品。Tripsas（1997a）以早期 Mitchell（1989）对医学影像行业的分析为基础，重点研究特定的创新是否会削弱现有企业专业化互补能力的价值或效用。[1] 最后，Tripsas 和 Gavetti（2000）以 Polaroid 对数字影像行业的详细分析为基础，辩称罪魁祸首是管理层的认知。即便高层管理人员或许可以做到购买或开发新技术，但是可能并未意

---

[1] 此处列举与 Christensen 一般性论点相反的例子，Chesbrough（1999）的研究表明日本磁盘驱动器行业中的现有领先企业之所以能够保持其市场主导地位，主要是因为：公司本身的能力、扩展的企业联盟结构、采纳和开发新技术，以及来自新进企业较少的威胁。后者反映出日本欠发达的风险融资，以及阻碍劳动力流动的惯例和雇佣规范，这常常是新创企业背后的原因。

识到需要采用完全不同的商业化战略，以支持新技术。高层管理人员的认知停留在与其现有商业模式相关的"模型框架"中。

我们认为，关于行业动态的文献中非常关键的一点是，创新与市场优势之间的实际联系比跨部门研究通常揭示的联系更复杂、更具多面性。此外，面临重大新技术的引入，现有企业中出现颠覆性变化很可能有多种多样的原因，而且从经济学以外的其它学科视角解析其中一些原因可以获得最佳效果，如组织科学和社会心理学的角度。例如，Henderson（1993）一项颇具挑衅性的发现——Gilbert 和 Newbery（1982）提出，现有企业期望尽量避免因新企业进入而引起的损失，而这只有在控制新技术的组织需求时才成立。最终，各种各样的相关文献未能系统性阐述行业内部所有企业的总数和规模分布情况（也就是市场结构）——而不是领先企业的地位——是否会因突破性创新而发生变化。[1]

2.3　熊彼特式实证研究的评估

在这部分中，我们简要回顾第一和第二部分的关键结论，然后聚焦结论解读，并识别实证文献中的空白领域，以突出强调未来研究的潜在机会。

2.3.1　企业规模与创新

熊彼特式实证研究中最具信服力的发现是，横截面数据表明企业规模与同期的研发往往存在密切的单调正向关系。而且在多数行业中，规模与研发执行者大致成比例地增长，或者在更综合的样本中控制行业效应的情况下，两者呈比例性地增长。此外，创新产出的衡量方式多种多样，但是其增长会随着企业规模的扩大以更小比例上升。先前数十年学界达成的共识是这些关系意味着规模对创新的影响微乎其微，大型规模不会为创新带来优势，甚至可能会带来劣势。[2]然而，最近的研究却表明企业规模（或者更确切而言是业务部门的规模）与创新之间密切的单调关系很可能标志着规模较大的企业在研发方面的成本分摊优势。Klepper's（1996）以及 Klepper 和 Simons（2005）的分析也指明企业规模带来的此类优势会随着时间的推移而不断自我强化。随着企业规模不断扩大，假定其研发取得一定的成功，那么其研发收益会不断增加，而反过来研发投资也会相应地增加，故而企业规模便会不断扩大，并如此循环发展下去。

此外，研发产出随着企业规模的扩大而衰减的现象普遍存在，但并不意味着规模较大的企业在创新方面效力较低。根据 Schumpeter 对创新和发明的区分，

---

① King & Tucci（2002）提出一个部分的例外，他们指出在 Christensen（1997）的研究中美国磁盘驱动器行业的技术变革确实导致很多新企业和新产品进入市场，但是并没有像通常的情况那样导致原先占据主导地位的企业退出市场。

② 这确实是作者在 Cohen & Levin（1989）中表达的观点，尽管 Cohen（1995）对其有所改动。

种种实证模式表明大型的企业规模能够为创新带来优势,但是几乎没有证据证实企业规模对发明效率的影响。因此,企业规模与研发效率之间的关系依然有待解决,评估大企业和小企业的研发生产率时,相关的衡量标准和样本选择面临的种种挑战,也只是进一步说明解决该问题的难度。

根据 Cohen 和 Klepper (1996b)的观点,业务部门规模带来的研发成本分摊优势具备的重要特点之一是对两类条件的依赖性。第一类独占性条件,常常限制企业通过将创新成果融入自身产出而获取利益,而是通过颁布许可等方式从其创新中获利;第二类企业的规模条件,企业规模通常限制其从创新中获取发展。Sutton (1998)对市场结构和研发的分析表明存在第三种影响企业规模与研发之间关系的因素,即子市场的同质化程度,反过来也就是购买者偏好的本质。

如果在多数行业中规模较大的企业能够在成本分摊方面具有独特的优势,那么是不是也会带来社会福利优势呢? 这个问题并不容易回答,其中至少有两个原因。其一,规模较大的企业在研发成本分摊方面的优势会产生一定的动态影响,而这会对社会福利造成一定的阻碍。如果研发成本分摊意味着:随着规模的扩大,企业追求渐进式创新的动机也不断强化(不论可用的技术机会如何),那么随着时间的推移,根据特定的进入条件很可能会放弃一些技术机会,进而对社会造成不利影响。其二,随着市场中企业规模的扩大,如果保持其他条件不变,那么市场容纳的企业数量便会不断减少。倘若假设技术的多样性既能促进行业内部的技术进步,同时又涉及更多数量的企业,那么就如同 Cohen 和 Klepper (1992b)的观点,规模较大的企业可能会放弃技术多样性带来的利益。[1]虽然无数学者已经提出行业内部的技术多样性程度越高,此行业的技术进步速度就会越快(例如 Jewkes 等,1958;Metcalfe,1988;Nelson,1981;Porter,1990;Scott,1991),但是并没有任何实证研究深入探讨行业内企业数量与技术多样性之间的关系,以及技术多样性与创新之间的关系。目前我们关于以上关系的所知内容至多是建议性的观点。例如,Cohen 和 Malerba (2001)采用 Levin 等(1987)的调查中对行业内技术多样性的粗略测量,发现基于调查的技术多样性测度(参阅 Klevorick 等,1995)与行业技术进步率的主观测量之间存在显著的正相关关系。[2] 更一般的,无论是多样性的作用,还是由于更大的企业规模和更加渐进式的创新之间这种系统性的、自我强化的联系,都不能得出由更大规模

---

[1] 从社会福利的角度而言,一旦技术挑战的技术和方法多得超过某个限度,将会变得过剩且低效(Gilbert,2006)。

[2] 此外,由于竞争者的数量较多,Nickell (1996)所观察到的竞争与生产率增长之间的联系可以很好地反映技术多样性的中介效应。

的企业组成的产业从长远来看更具创新性的结论，尽管企业的大型规模具有成本分摊的优势。此外，这些抵消效应意味着与企业规模相关的社会福利的权衡，并要求我们理解可能决定这种权衡的因素。无论如何，市场结构与技术多样性之间的联系，以及技术多样性对技术进步的影响都值得进一步研究。

2.3.2　市场结构与创新

继续考虑市场结构与研发之间的关系。经验模式是混杂的，并且提供的信息也不丰富。即便是在控制行业效应之前，由市场集中度来解释的研发强度的方差也很小。此外，在控制行业特征的情况下，任何跨部门的联系都变得极其细微。其中，行业特征或许是以行业固定效应的形式呈现，或许是基于调查的衡量标准，也或许是其他测度行业特征的指标，例如技术机会、独占性条件和需求。和数十年积累的多种结论相对应，很多理论学家也已就市场结构与创新之间的联系发表诸多结果模棱两可的文献，其数量之多几乎等同于各种结论的总数。

我们应该如何看待市场结构与创新间的联系对行业层面其他变量的敏感性呢？又如何对待从横截面数据中观察到的市场结构的较小解释力呢？在缺乏理论共识的情况下，我们应该如何考虑这种关系呢？正如上文所述，针对尚无定论的实证分析和理论分析，Sutton（1998）制定了一系列博弈论模型，从而产生很多种可能的纳什均衡，限制一些可能的可衡量结果。其分析的实质结论与Cohen 和 Levin（1989）早期得出的结论一致，即尽管市场集中度与研发强度之间也许存在关联，但是市场集中度并不是决定创新的唯一因素，也不是重要因素。虽然存在时间跨度的问题，但市场结构不是创新的根本决定因素的论点仍然引发了证实如下结论的实证案例：市场结构至少在某种程度上是其他合理外生变量的函数，甚至可能是创新本身的函数。因此，目前所观察到的市场结构和研发强度之间的关系或者反映两者的共同决定因素，或者反映创新对市场结构的影响。[1] 上述结论引发了对"熊彼特式权衡"的质疑——至少是配置效率与动态效率之间的权衡，前者和事前市场结构相关联，而后者和技术进步速度相关联。[2]

Gilbert（2006）回顾"熊彼特式"（新古典主义）理论和实证文献时，提出不应该因为各种混杂的实证文献得出市场结构对创新没有影响的结论，而妄下断言。相反，他认为我们应该考虑到二者之间关系的理论并非只有一种，而是有很多

---

[1] 事实上，从各种混杂的理论和实证结果来看，人们可能会认可 Griliches（1962，p.353）近 50 年前的观点："我并不否认行业组织形式与创新性之间的联系可能与行业组织人员相关，我只是怀疑其对创新和经济增长研究的重要性……即使市场控制程度与发明活动速率之间存在着某种关系，充其量也不过是二级影响。"

[2] 此处我们回顾上文的内容，然而 Schumpeter 也认为因成功创新获取的预期事后市场力量为随后开展创新活动提供了重要激励和动力。

种。关于市场结构与研发之间的实证关系对行业固定效应的敏感性，以及结论的不确定性，Gilbert 做出如下回应：第一，行业效应"掩饰"了两者之间的关系；第二，实证学者尚未控制理论学家强调的偶然事件；第三，实证学者在获取数据、衡量指标和分析方法方面受到种种限制。至于需要考虑的偶发事件，实证学者应该更努力地去了解可能会影响二者关系的关键性的行业和技术特征，至少需要虑及理论家(和实证家)重点强调的偶然事件，这些偶然事件包括企业保护创新成果的能力和创新的类型，尤其是流程创新和产品创新。然而，验证关于研发竞争对手的博弈论模型时面临重大挑战，即仅在情况最精简、最简化的前提下才可以获得明确的、可检验的实证影响(详见下文)，部分原因是学者在高度程式化和与事实相悖的前提条件下分析企业行为，例如许多模型集中讨论一个现有企业和一个潜在的进入企业，或者与之势均力敌的竞争对手之间的相互作用。此外，本文献中得到的很多结论取决于通常无法验证的假设，这些假设涉及信息的分布、决策变量的认同以及行进的顺序。

至于衡量指标方面，学界对 Gilbert 的如下观点几乎没有异议：通常采用的衡量市场结构、市场集中度的标准并不能准确反映竞争的本质或强度。然而，此方面也已经取得很多进展，尤其是市场力量的衡量标准方面，例如 Nickell(1996)和 Aghion 等(2005)采用有所修正的勒纳指数，尽管此类衡量指标的数量非常有限。另一个前景良好的策略是采用多种衡量竞争的指标，正如 Geroski(1990)以及随后 Artes(2009)的做法，试图探寻隐含在多种指标背后的具有信服力的共性结论。

关于竞争与创新之间关系的研究，缺乏衡量竞争强度的合适指标从根本上限制了研究的进展，而同样从根本上限制研究进展的另一项因素是我们对企业究竟如何在创新方面相互竞争的理解非常有限。Grabowski 和 Baxter(1973)首次开展战略互动方面的实证研究，其中仅有少量证据表明化学行业中企业的研发投入与竞争力相匹配。在 20 世纪 90 年代以前，鲜有研究关注此主题。但是 20 世纪 90 年代涌现了很多关注此主题的研究(例如，Cockburn 和 Henderson，1994；Khanna，1995；Lerner，1997；Meron 和 Caves，1991)，其时很多学者探究关于研发支出战略互动模式的证据。然而，由于理论文献的结论会根据具体情况的不同而不同，所以这些研究关注的均为最简化的形式，即或是研发投入与竞争力的匹配，或是新产品引入与竞争力的匹配。Henderson 和 Cockburn(1994)从伦理医药行业治疗类药物中寻求项目层面的研究投入与竞争力存在正相关关系的实证。Meron 和 Caves(1991)试图识别 28 个美国制造行业中整体研发支出与竞争力的匹配关系。而 Khanna(1995)了分析高端计算机行业的市场细分，Lerner(1997)研究温彻斯特磁盘驱动器行业，均尝试寻求关于产品引入和竞争力相匹配的证据。以上分析面临的共同困难是，解释研发或产品引入与竞争存在正相关联系的说法不计其数,但解释战略举措与竞争正向关系的说法却少之又少。此处提及的战略举措包括:行业层面技术机会和需求条件的常见变化;领先企业的外溢效应,可以增加竞争对手的研发边际生产率;或者仅仅是简单的赶超现象,具备同等能力的企业参与类似活动,并以相似的速度朝着同一个方向前进,故而任何一家企业领先于其他企业仅是机会和运气问题。

鉴于控制以上种种要素的困难程度,各类研究目前尚无定论也就不足为奇了。Cockburn 和 Henderson(1994)发现有目的的匹配并不能解释伦理医药行业中的"大量研究投资"。尽管很多定性的证据表明存在某种目标明确的匹配关系,但是 Lerne(1997)并不能否认随机"赶超"这一更简单的解释。相较之下,Khanna(1995)以定性和定量实证为基础得出如下结论,在计算机行业的细分市场中存在竞争力与产品引入的匹配关系。Meron 和 Caves(1991)通过分析其样本中多数行业的实证发现,一些证据表明在每个行业内部,核心企业群体的战略与竞争力相匹配。[①]

因此,一些研究认为战略互动会影响创新活动,而一些研究却持相反的观点。此外,我们从以上研究结果中也很难判定:对不同行业的研究缺乏共性结论是否意味着战略互动在不同行业中的影响不同,或者战略互动对某些行业的影响是否大于其他行业。但如果答案是肯定的,那么了解影响战略互动本质和重要性的因素便具有重要意义。然而,即便在表明竞争互动影响重大的研究中,关于互动对其他要素的重要性程度我们几乎也一无所知。Geroski(1991c)确实曾推测相较于技术机会等因素的影响,战略竞争行为的重要性可能需要排在第二位。而 Cockburn 和 Henderson(1994)则提出除了技术机会以外,企业能力的异质性似乎也占据更重要的位置。但是这些论点并不能表明我们应该忽略战略互动对创新的影响,相反,这表明我们需要开展更多有关于此的研究。

2.3.3　横截面注意事项

关于企业规模、市场集中度和研发的研究表明,不论是解读观察所得的关系,或是探索关系的根源一直都是困难重重的风险之旅。而且如果不以一个或多个简单理论模型施加种种限制,那么其风险性甚至会更大。更普遍而言,就是需要在更全面的技术进步决定要素模型中评估 Schumpeter 的种种假设,只有在

---

① Cohen 等人(2000)开展的卡内基梅隆大学调查也涉及了一些研究战略行为模型的信息前提,也就是企业在相对较早的时间阶段知道其竞争对手追求的研究项目是什么。询问调查对象(研发实验室经理和负责人)他们是在什么阶段知晓其竞争对手开展的重大研究项目,调查结果如下:1 000 名调查对象中只有 15% 的人表示在项目启动阶段或研究阶段知晓;85% 的人表示直到项目开发阶段或随后的产品引入阶段才知晓,这两类比例各占一半。由此可得企业往往很晚才知晓其竞争对手的行为,从而企业意识到竞争对手研发活动的时效性假设受到质疑。

此类模型中，我们才能了解切实存在的可信关系的基础，例如企业规模与研发之间的关系，或者市场集中度与研发强度之间的关系，或者其他微弱关系的根源。理论上而言，实证分析中值得警醒的是，目前我们关于企业规模、市场结构与创新之间联系的大部分实证知识或源自于描述性的实践记录，或只是出于随意动机的实践记录。而且这些实证模式及对其可信性的判定反过来会影响和引导随后的理论化，例如 Sutton（1998），Nelson 和 Winter（1982a），Klepper（1996）以及 Klette 和 Kortum（2004）总结的理论，进而加深我们的理解。

尽管熊彼特式的实证研究被划归为两类，即企业规模的研究和市场结构的研究，但是 Sutton（1998）和其他学者的研究都表明结合以上两个层面的分析会颇有成效。其中的原因很简单——不论可能助力单个企业获取行业主导地位的、与创新相关联的力量是什么，这股力量显然也是市场结构的决定因素。此外，正如 Blundell 等（1999）的分析，一定程度上市场力量会影响创新，而这种影响可能在企业层面或者业务部门层面最明显。

正如上文所述，在该领域居于主导地位的横截面数据和面板数据分析能够从行业研究的经验教训中获益，这在 Phillips（1971）对飞机制造业颇具影响力的研究中得到验证。此外，相关学者也应该关注日益增加的有关创新、进入、退出和市场结构动态的文献（例如 Nelson 和 Winter，Jovanovic，Klepper，Utterback 以及其他学者的著作）。诚然，Geroski，Phillips 以及其他学者的文章强调了从横截面数据或时间跨度小的面板数据中推断可能存在的重要动态关系非常困难。然而这些动态关系正是本文试图解释的许多关系的原因。

一直以来，熊彼特式的实证研究学者在分析行业动态时极少关注的空白领域是目前涌现的大量关于网络外部性[①]的研究，其中以 Katz 和 Shapiro（1985），David（1985）以及 Arthur（1989）为先驱代表，同时 Farrell 和 Klemperer（2007）也在本手册系列中进行了相关综述，即选定的技术的发展明显对高度集中的市场和主导企业有显著影响。熊彼特式实证研究对此领域的忽略反映出一个更广泛的观点——无论其重要程度如何，网络外部性也仅仅是动态收益递增现象的内容之一。在动态收益现象中，市场动态能够获得相关反馈以不断自我强化。动态收益递增现象不仅对技术进步产生影响，也和市场结构相关联，除了网络外部性以外，动态收益递增现象的其它源头包括"干中学"（参阅第 10 章）和"用中学"（参阅 Rosenberg，1982）。研发成本分摊优势是动态收益递增现象的另一个源头，但是上文相当详细地阐述了成本分摊对行业演变和技术进步的影响。如

---

① 又称网络效应或需求方规模经济，指在经济学或商业中，消费者选用某项商品或服务，其所获得的效用与"使用该商品或服务的其他用户人数"具有相关性时，此商品或服务即被称为具有网络外部性。——译者注。

下文我们关于技术机会的分析，为了将动态收益递增现象的上述种种源头和创新、市场结构联系起来，区分各种源头可能会非常有益，而区分的根据是其源头依赖特定公司的程度（例如，"干中学"或研发固定成本的分摊）以及依赖特定技术的程度（例如，网络外部性或"用中学"），其中特定技术可能会脱离首次引入该技术的企业。在后一种情况下，创新的本质（可能连同特定技术与其他技术的互补性）往往会驱动市场结构的变化，反过来则不行。

大多数关于企业规模、市场结构和研发的实证研究有一项共性的局限，就是有关创新过程的隐含假设：企业在创新方面属于自给自足型，从发明创造到商业化的整个创新过程都是在既定企业的内部进行。上文关于企业规模和研发的讨论表明，向其他企业或组织颁布许可的能力显著影响着企业规模带来的创新优势。因此，仅仅只是认识到对外颁布许可的可能性便能增进我们对企业规模角色的理解。然而，目前我们尚未研究对内许可对企业规模或市场结构作用的影响。近 20 年来，对内许可现象越来越普遍（Arora 等，2001），对内许可和研发联盟的相关扩散（参阅 Ahuja 等，2009）对数据衡量和实证分析提出重大挑战。例如，如果对内许可发明成果，且许可费用并未计入企业的研发预算中，那么研发强度代表的意义是什么？为了说明技术市场对此类文献的重要性，Gilbert（2006）描述了 Czarnitzki 和 Kraft（2004，2005）对 Gilbert 和 Newbery（1982）如下假设的检验：现有主导企业的研发投资应该多于新进企业，以达到先发制人的目的，避免因新进企业而致使其垄断租金归零。Czarnitzki 和 Kraft（2004）仅集中考虑研发支出，并采用德国企业的相关数据，发现新进企业的投资比例大于现有企业。相较之下，Czarnitzki 和 Kraft（2005）也发现现有企业对内许可的支出多于新进企业。更广泛而言，虽然企业常常利用源于外部的知识（参阅 Jewkes 等，1958，第 2 版，1969；Mueller，1962），但是以市场为中介的这种合作关系却越来越普遍，至少一些行业中是如此。因而在研究企业规模与创新之间的关系时，我们应该考虑到对内许可、对外许可和附属关系等因素（参阅第 15 章）。

总而言之，更好地理解和评价 Schumpeter 提出的假设可以促进我们提高数据质量并进一步完善技术变革模型。然而，目前也有充分的理由证明专业人员的研究方向应该超越 Schumpeter 提出的假设，聚焦技术进步更为根本的决定因素。首先，与技术进步相关的福利收益非常重要。其次，目前我们对如下内容的理解非常有限：驱动创新的主要经济力量；这些经济力量在不同产业中的差异，尤其是在同一行业中不同企业间的差异。

3. 企业特征

此节探究创新活动和创新业绩在企业层面的决定因素（此处不考虑企业规

模)。① 正如上文所述,应用经济学家在研究创新活动时经常控制企业规模,并使用研发强度作为独立变量衡量创新活动。Scott(1984)分析美国联邦贸易委员会业务线项目的数据后发现,一旦控制企业规模并用业务部门销量作为标准化数据表达研发强度,那么企业固定效应便能解释约50%的企业间研发强度差异。Cohen和Levin(1989)发现当时衡量企业特征最普遍的两项指标,即资金流动和多样化程度,相加在企业固定效应解释的业务部门研发强度差异中所占比例却低于10%。然而自此以后,经济学家在解释企业间研发强度和绩效差异方面取得的进步非常有限。

反映企业特征的变量可能会影响单位合格产出的创新成本(参阅Spence,1984)。诸如资金流动等一些企业特征可能会作为独立变量,而如企业研发能力等其它企业特征则更宜概念化为多维变量。

资金流动是可能影响研发的决定要素,也可能是相关文献探究最详尽的企业特征(例如Antonelli,1989;Armour和Teece,1981;Branch,1974;Caves等,1980;Elliot,1971;Grabowski,1968;Hall,2002;Hamberg,1966;Hao和Jaffe,1993;Himmelberg和Peterson,1994;Johannisson和Lindstrom,1971;Kamien和Schwartz,1978;Kraft,1989;Link,1981;Mueller,1967;Smyth等,1972;Switzer,1984;Teece和Armour,1977)。资金流动影响研发的确是Schumpeter(1942)证实大规模会为企业带来优势的论据之一。

资金流动是决定研发的一个重要因素,该观点的论据往往假设:第一,资本市场是有缺陷的;第二,这些缺陷尤其限制投资,导致投资结果更具不确定性;第三,研发作为一类投资支出,其收益相比于企业投资房产、厂房和设备的收益更加充满不确定性。② 研发支出可能因资本市场的不完美而受资金流动性的约束,这一点对决策者而言非常重要——除了广泛认可的市场失灵以外还有其他影响研发投资的与研发外溢相关的因素,这一点也得到很多人的普遍认同。

很多(但并非所有)研究发现,企业的资金流动性与研发强度或未以标准化数据表达的研发努力相关。众多学者对此发现的解读持有不同的见解。有些学者认为很难区分作为流动性衡量指标的资金流动和可能作为研发投资未来营利性信号的资金流动(Elliot,1971)。此领域中研究人员面临的最具挑战性的实证问题很可能确实是研发和资金流动性对相同需求或其他相同冲击做出响应的

---

① 参阅Ahuja等人(2009)关于该问题的管理文献综述。
② Antonelli(1989)以意大利的大型和小型企业为样本,现金流对研发的影响进行辩护。与Cyert & March(1962)的"问题式"搜索(假设企业搜索的目标是在其绩效低于某个最低接受限度临界值时,寻求更优的做事方法——这是一种对研发活动的一般性表述)相一致,他发现企业在其绩效低于最低临界值时会增加创新投资。此外,现金流与创新活动呈正相关关系。

可能性。其他学者则质疑资金流动性是否能够促进研发,也许资金流动性仅仅反映先前研发支出的营利性随着时间的推移趋于稳定(Branch,1974)。[①] 此外,资金流动性与研发支出之间的正向关系可能仅仅反映两者均由企业的基础能力决定。研发支出在不同时期的平稳性特征也增加了辨识两者之间关系的难度。

　　Hao 和 Jaffe(1993)采用简单的滞后结构发现相关证据,表明至少在规模较小的企业中,资金流动性和研发之间是因果关系。Himmelberg 和 Peterson (1994)的发现和上述结论一致,179 家小型企业历时 5 年(1983—1987 年)的面板数据表明其研发支出随着资金流动性的上升而增加,其中研发和资金流动性均以研究时期开始之初的资产价值衡量。Himmelberg 和 Peterson 控制企业固定效应,发现企业内部和企业间的资金流动性对特定参数的影响非常显著,包括控制营利性的指标,即销售量和托宾 Q 值。此外,Himmelberg 和 Peterson 也发现了向下偏误的相关证据,向下偏误的原因是抑制企业间短暂影响的估测值。Hall 等(1999)引用源于美国、以色列和日本的面板数据,观察到相较于日本或以色列,美国的研发投资(以及房产、厂房和设备投资)受资金流动性的影响更大。

　　目前探究资金流动性影响研发的一个研究分支领域已经将研发支出视为一类投资,而且相关实体同时决定此类投资和其他形式的投资(例如 Mueller,1967),或者同时决定此类投资和其他投资、财务决策(例如 Guerard 等,1987;Switzer,1984)。Switzer(1984)并没有大力支持资金流动性能够对研发产生积极影响这一观点,而 Guerard 等(1987)提供了一些证据表明股息可能构成另一种替代使用资金;两项研究均发现研发和资本性支出呈正相关关系的一些证据。[②] Hall(1990)将其对资金流动性的研究置于企业财务和研发投资关系的大背景中,进而发现企业提高资金利用率会降低其研发强度,有时甚至是大幅度地降低。而 Acs 等(1991)发现规模较大的企业也采取类似的做法,债务较多的较小企业实际上会增加研发力度,而且研究表明规模较大的企业主要通过股权融资为其研发提供财务支持,而规模较小的企业则主要通过债务达到该目的。另外,经济学家也探究了研发融资成本的决定因素,发现广泛而言企业为创新筹资的方式多种多样,包括债务、股权、风险投资以及内部资金等(例如 Acs 等,1991;Hall,1990,2002)。

[①] 有证据表明,一些案例研究(Mansfield 等,1971)和经济计量工作(Ravenscraft & Scherer,1987)中,研发支出收益的滞后均值为 4~6 年。

[②] Lach & Schankerman(1989)选取科学产业中的 191 家企业为样本,在对研发与资本投资之间的关系进行的结构严谨的分析中,也发现了二者之间存在密切的联系。他们同时也指出,尽管研发看似是格兰杰因果关系性质的投资,但是这种关系的出现主要是因为同时决定研发和投资的相同的持续性因素。

在回顾了很多研究(例如 Bhagat 和 Welch，1995；Bond 等，1999；Bougheas 等，2003；Brown，1997；Hall 等，1999；Harhoff，1998)的基础上，Hall (2002) 在总结最近的文献时表明："债务作为研发投资的一种筹资来源并不受企业的青睐"，以及"盎格鲁-撒克逊经济体，因其雄厚的基础、高度发达的股票市场以及相对透明的所有权结构，相较于欧洲大陆经济体其研发对资金流动性更敏感，响应也更显著"。因此，尽管目前并没有完全解决困扰此类文献的方法，但是其发现足以表明至少在美国和英国，资金流动可能有助于增加研发支出。本手册第 14 章会更全面地评估资金流动的作用和其他研发筹资方式。

另一项被广泛研究的企业特征是产品多样化。Nelson (1959)首次提出产品多样化对基础研究支出的影响，他认为基础研究的结果往往不可预测，多样化程度高的企业拥有更多充分利用新知识的机会。另外，关于多样化与创新努力之间的联系，也有学者认为产品多样化程度高的企业在利用多种活动的互补性和可能与研发相关的范围经济方面占有优势。然而，该观点并不一定意味着，对于任何给定的业务线而言，多样化程度与研发强度之间存在正相关关系。然而，以上两种观点做出如下隐含假设，Arrow (1962a)对此的表述非常明确：市场在信息方面并不完备，而且相较于对外出售转让知识，内部应用知识也许能够获取更高程度的独占性。

在首次研究多样化程度与研发支出之间的关系时，Scherer (1965a)发现一种多样化指数高度显著，并且通过引入专利和研发强度大小的简单横截面回归分析后，解释了相当大的方差。然而，两位数行业层面上的独立回归分析却极少辨别多样化程度的影响，这表明 Scherer 对多样化的衡量可能反映了所有跨部门研究中都忽略的两位数行业效应的影响。

随后研究的结果多种多样。例如，Grabowski (1968)发现多样化程度在化学和医药行业能够促进研发支出，但在石油行业却并非如此；而 McEachern 和 Romeo (1978)获得的结果却完全相反。Link 和 Long (1981)明确测试 Nelson 提出的假设，尤其是多样化程度与基础研究之间关系的假设。Link 和 Long 采用 Tobit 预测模型[①]，分析样本为 250 家《财富》1 000 强企业在 1977 年的调查回复，两人发现企业的多样化程度与基础研究强度之间存在显著的正相关关系。然而，他们承认鉴于此次研究的跨部门性质，基础研究可能是因，而多样化程度可能是果。Scott 和 Pascoe (1987)检验了如下假设，研发支出取决于企业多样化的具体模式。他们发现当企业在技术上涉及多个相关行业时，其研发支出的模式不同于"刻意实现"多样化时的研发支出模式。而且尤为显著的一点是这样

---

① Tobit 模型也称为样本选择模型、受限因变量模型，是因变量满足某种约束条件下取值的模型。——译者注。

的企业往往会向独占性较高的行业分配大比例的研发支出。

MacDonald（1985）研究了两者之间的反向因果关系，试图解释企业多样性的方向如何影响其涉足主要行业的累积的无形研发资本。他发现多样化企业在其涉足主要行业的研发强度与目标行业的研发强度类似。Montgomery 和 Harihan（1991）发现研发密集型企业更可能呈现多样性，而 Ravenscraft 和 Scherer 观察到研发密集度高的行业往往会导致更加多样化的活动。Montgomery（1994，p. 174）在其对企业多样性的文献综述中对这些发现做出如下解读，"现有的组织能力，尤其是研发和营销能力，往往引导着多样化的扩展。"

鉴于困扰此类研究的种种问题，目前关于多样化程度对研发的影响缺乏有力结论，这一点不足为奇。首先，关于两者之间的关系，早期研究中假定多样化程度为因，而研发强度为果，但是两者之间的因果关系也可能是反向的，而且其可能性至少不低于正向因果关系的可能性。此外，除了 Link 和 Long（1981），Doi（1985）以及 Scott 和 Pascoe（1987）的研究外，鲜有研究控制行业层面变量的影响。

关于研发与多样性的关系，也许最具启迪作用的研究是医药行业内部不同子市场中创新绩效与企业多样性之间的关系。正如上文所述，Henderson 和 Cockburn（1996）观察到以下两者之间存在显著的正相关关系：一方面是医药企业开展研究项目（按照治疗领域区分研究项目）的总数；另一方面是每个项目研发的生产率，以产生的"重要"专利（也就是由三大司法辖区中的两个授予的专利）数量衡量生产率，此项结论表明相关子市场的不同研发活动中存在范围经济。[①]

企业间研发活动与创新绩效的差异将经济学家的关注点聚焦在企业间研发相关能力的差异对研发的影响。然而，在讨论此类文献之前关注 Scott 的（1991）以下观点非常重要：我们不应该擅自假设企业间研发活动或绩效的异质性必然意味着能力的差异而不是意味着能力相当的企业在动机激励方面的差异。诚然，在 Cohen 和 Klepper（1996b）提出的研发成本分摊模型中，不同规模的企业开展不同类型的研发，可能不是由于其能力方面的差异，而是由于其规模而决定不同的研发动机。然而，显然能力差异可能是导致研发努力水平和方向呈现差异的原因。

Rothwell 等（1974）在 SAPPHO 项目中根据更现代的研究进行预测，尝试识别可能助力创新的企业管理和组织特征。Rothwell 等（1974）详细分析了 43 对创新成功和失败案例后发现最重要的成功决定因素为：第一，密切关注用户

[①] 一些案例研究表明在垂直相关的不同行业中存在研发范围经济。例如，Malerba（1985）对半导体行业的研究表明，创新活动的垂直融合优势依据技术生命周期阶段的不同而不同。

需求;第二,有效的市场营销;第三,开发流程的有效管理;第四,利用外部技术的能力,以及和创新尤其相关的外部科学社区进行沟通的能力;第五,由相对资深的人员负责项目管理,在组织内部能够有效担任"产品带头人"的角色。[1]

经济学家一直以来都相信影响研发绩效的企业特征是研发和企业其他因素的融合程度。以 Mansfield(1968)的研究为开端,Teece(1986,1987)以及 Mowery 和 Rosenberg(1989)等经济学家强调营销、制造和研发在决定创新成功与否方面的联系。确实正如下文我们对独占性条件的讨论,Teece 认为难以开发或获取的互补性能力对多种行业中创新成果的成功商业化而言至关重要。Teece(1986)以 Williamson(1975)的研究为基础提出,鉴于独占性资产、不确定性和机会主义的存在,内部组织的差异与企业间的合同关系可能会对创新行为和绩效产生重要影响。Teece 采用交易成本框架,认为企业为了成为成功的创新者往往需要具备一系列互补性能力,包括制造能力和营销能力,他将其称为"成本专用资产",以实现新产品或新工艺的商业化。[2] Teece 等学者已经无数次解释并强调这些关联的重要性,但鲜有研究直接检验 Teece 有关互补性能力重要性的论点。[3] Teece 和其他学者提出的另一个未经探究但非常重要的观点是,在一定程度上互补性能力是研发绩效的决定因素,因而应该在决定研发的同时也确定对该能力的投资(例如包括一定比例的营销支出)。[4] 在该领域取得的重要进展确实是更细致地广泛探究互补性能力及其对创新绩效的影响。下文我们会再次讨论该课题。

经济学家迟迟才开始探究研发自身的功能中企业能力的角色。尽管可以观察此类能力,但构建衡量研发相关能力的指标,并使其适于分析创新在多个行业的大量样本中的作用,确实是一项艰巨的挑战。构建此类衡量指标要求详细了解每一个样本行业中技术的本质以及其它的创新相关活动。另外,在广泛的跨部门研究中如何定义或区别此类能力目前甚至还尚不明确。在概念化企业研发

---

[1] 关于 SAPPHO 项目的其他讨论和创新的相关研究,参阅 Freeman(1982)。

[2] 参阅本手册第 16 章中 Teece 关于技术创新和企业能力的讨论。此外,更多关于 Teece 框架的讨论,参阅本章下文 4.3 节对独占性条件的探究。

[3] 在少数尝试直接检验 Teece 预测(具备互补性能力应该有利于降低研发支出)的研究中,Helfat(1997)"……发现拥有更多互补性资产(以煤储量的形式)的企业在合成衍生于煤的燃料方面投入的研发支出更多"(Teece,2006,pp.1134-1135)。另外,Khazam & Mowery(1991)针对 Teece 的该观点提供了一个反例,其中阐述了阳光公司在不具备室内互补性生产能力的情况下实现了精简指令系统计算机芯片(即 RISC 芯片)的商业化。阳光公司的早期发展史非常具有启发意义,表明存在如下的一种可能性:如果能够获取标准元件而且市场上具备丰富的有形与无形投入原料,正如其时的硅谷,那么互补性能力对研发成果商业化的重要性就会降低。

[4] Comanor 曾大规模研究研发与广告宣传,并认为这两项活动在导致产品差异化方面确实彼此相关,但即使是 Comanor(1964,1965,1967)也从未在其实证分析中考虑这两项活动同时被决定的情况。

相关能力的差异方面,目前获取的进展非常有限,仅限于提出假设和检验假设。这一方面反映出上述的种种困难,另一方面也反映出经济学家没有关注组织流程,或更广泛而言,没有关注组织的本质。

20 世纪 80—90 年代早期,一小部分实证研究探讨企业能力在决定行业内部创新绩效中扮演的角色。[①] Clark 等(1987)以及 Clark 和 Fujimoto (1991)发现在跨国汽车制造行业中不同企业的研发生产率呈现广泛的差异,而 Iansiti (1995a,b)在电脑主机行业中也发现类似的差异。这些研究提供的相关证据表明,造成研发生产率差异的原因是这些企业在组织产品开发方面的差异,包括工作任务的细化程度,开发过程中不同阶段的协调方式,技术问题的解决方法,项目领导者的相对自主权,以及产品开发与上游应用研究之间联系的本质。Henderson (1988,1993)以及 Henderson 和 Clark (1990)曾经研究光刻对准设备行业中研发相关能力对创新绩效的影响,他们对比新进企业和现有企业利用基本技术显著变革机遇的能力。Henderson (1993)发现新进企业往往占据优势,尽管目前还没有小容量样本的证据证明新进企业在激进式创新或重大创新中的投资多于现有企业,也没有证据表明新进企业的研发生产率高于现有企业。基于对某一行业中企业的调查访问,Henderson (1988)推测这样的结论可能是由于企业信息处理能力的差异。[②]

Henderson 和 Cockburn (1994)以及 Cockburn 和 Henderson (1998)在研究中更灵活地衡量选定行业的企业研发能力,探究选定的企业特征对重要专利产生的影响,既包括医药行业治疗项目层面的影响(Cockburn 和 Henderson,1994),也包括企业层面的影响(Cockburn 和 Henderson,1998)。两位作者提出可能影响企业研发生产率的几类变量有:第一,企业在相关领域的专业知识,包括基于学科的知识和特定领域的技术知识,而对于医药企业而言,即为特定的疾病领域;第二,企业掌握和应用知识的能力,这也是影响企业知识整合能力(整合不同学科的知识和整合企业内部不同部门的知识,以及整合外部知识)的影响因素。尽管作者得益于项目层面丰富的数据,但是在数据获取方面的种种限制依然制约着作者构建衡量以上两种变量的标准。两位作者采用的衡量指标仅在宽泛意义上对应他们认为应该非常重要的变量。

在 Cockburn 和 Henderson 的研究中,在项目层面和企业层面显著影响研

---

① 尽管超越了对创新本身的研究,但是 Chandler (1990)对大型制造企业的历史性分析结果表明,生产、影响和研发方面组织能力的发展支撑着大型制造企业的发展和成功。

② 以该行业中规模较大的三家企业的经历为基础,Henderson (1988)提议分析结果可能部分反映了现有企业和新进企业在沟通渠道、信息过滤和问题解决策略方面的差异。而这些都是在以先代技术为基础追求渐进式创新的过程中得以形成。

发生产率的衡量指标是企业奖励科学家发表研发成果的程度。他们宣称此项衡量指标能够反映企业和更广泛科学家社区之间的融合程度。然而,此项衡量指标也可能反映对其因变量,即专利的更为直接的影响,因为生物医药领域的专利往往和出版物相关联。在他们对企业层面的分析中,另一个与研发呈显著正相关关系的相关变量是和专业学者合著的文章数量。相较之下该变量更能反映企业与公共研究之间关系的力量。此外,Cockburn 和 Henderson 在合著的两篇文章中还指出,项目领导人的权威越大,研发生产率往往越低。这种现象也许反映了专制决策流程的影响。两位作者谨慎地以描述性的方式表述其研究结果,承认其研究的变量"可能是对症状结果的衡量,也可能是对原因的衡量,两者的可能性不分上下……"(Cockburn 和 Henderson,1994,p. 79)。正如下文所述,此类文献普遍的关注点是表征企业研发相关能力的变量可能是外生性因素。

另外一项可能影响企业创新活动及其成功的能力是企业管理层激励其研发人员的方式。对此企业特征的实证研究才刚刚起步。Lerner 和 Wulf(2007)曾经分析 1987—1998 年间 300 多家上市企业的样本,发现设有中央实验室的企业如果为其高级研发经理提供更多长期的激励作为其总体报酬的一部分,那么便会产生更多的专利、更多引用次数高的专利和更多原创专利。他们在分析中还通过控制向其他高管人员提供的长期报酬而探究假性关联的可能性。两人的分析结构和如下观点相一致,即研发管理层在获取长期财务激励时会就项目选择和管理做出更佳的决策。然而,正如两位作者所承认的那样,以上结果可能也是受选择效应的驱动;更优秀的经理往往会被提供此类薪酬方案的企业所吸引。此外,Lerner 和 Wulf 的分析结果也与 Cockburn 和 Henderson(1998)以及 Henderson 和 Cockburn(1994)的研究结果相一致,即鼓励其科技人员的医药企业,至少在刊物发表方面予以鼓励的医药企业会产生更多重要专利。①

关于企业特定能力影响创新的有限文献,提出如下问题:究竟是怎样的能力影响着创新活动和创新绩效,广泛而言,此类研究分为两类。Clark,Henderson,Mansfield,Mowery,Nelson(1991)和其他学者强调组织能力或程序能力在决定企业研发生产率方面的作用。从这个视角而言,各企业可能会开展类似的创新活动,但是一些企业会因其出众的内部组织流程而比其它企业更

---

① 以 Manso(2006)和 Amabile(1996)的研究为基础,Azoulay 等人(2009)虽然探究的是学术科学家、而非产业科学家的创新绩效,但他们考虑的却是财务激励的结构方式是否会影响创新绩效。被测试的特定主张是:为搜索和反馈提供更多时间和机会的激励机制可以激发更大的创造力。因为这样的激励机制鼓励研发人员在思维上超脱现实,更具探索精神,进而更愿意采取高风险、高回报的方式应对挑战。Azoulay 等人(2009)充分利用他们所称的"自然试验"发现,如此做法可能与"准入的"体制相关联,该体制以非常耐心的资本投入和鼓励大胆举措为特征,也就是类似对霍华德·休斯医学研究所研究员的支持。

成功,或产生更多创新成果,或从创新中获取更多收益。与此相反,Jewkes 等(1958)、Cohen 和 Klepper(1992a,b)、Lerner(1997)以及其他一些学者则聚焦于不同企业在实质技术知识或领域专业知识方面的差异,正是这些差异导致各企业开展不同的创新活动,并获得不同程度的成功。[①]

尽管有人认为能力的类型会产生一定的影响,但是很多关于企业能力的研究经常隐含假设研发相关的关键能力是外生性因素。然而,此类文献并未为此假设提供有利的理论解释,也没有提供相关证据表明该假设是否正确,或者在什么样的情况下该假设可能正确,但 Henderson(1993)提供的有限证据是例外。

尽管仅仅只是一定时间范围的案例研究和轶事证据,但是仍然能够突出强调企业的"核心"能力很难改变这一事实,进而在一定程度上证实如下假设,即与研发相关的一些特定能力属于外生性的。然而,研发能力是否属于外生性这一问题意味着试图解决 Clark 等(1987,p.781)提出以下问题的实际效用情况,包括如此差异为什么存在、具体如何演变,以及为什么持久。有人怀疑这些问题的答案会依据研发活动和行业的类型而不同,并取决于创新基础知识的本质以及知识随着时间而不断累积的方式。从此方面而言,Winter(1987)关于基础知识或能力隐性或显性程度的讨论以及 Merges 和 Nelson(1990)对一些专业知识累积性本质的探究也许可以对回答以下问题具有指导意义:如何看待不同能力可能会持续存在的方式;不同能力在决定创新活动和绩效方面扮演着怎样的角色。然而,Holbrook 等(2000)开展的更兼容更综合的研究也可以对回答 Clark 所提出的问题有所启发,其研究主题为半导体行业的早期历史,综合了经济学、组织科学和技术以及商业发展史等内容。[②]

Holbrook 等(2000)在一些因素中着重强调基础条件的持续性影响,既包括对企业专业领域的影响,也包括对企业组织特征的影响。然而,除了基础条件以外,考虑其他可能影响发展或掌握重要能力的因素也非常有益,例如可用的专业人才、可能会影响知识流性质和密度的地区属性以及可能影响企业评估因掌握

---

① 正如上文的讨论,Henderson & Cockburn(1994)认为这两种能力相互关联。

② Holbrook 等人(2000)展示了四个早期竞争者之间的重要区别:肖克莱公司(Schockley)、摩托罗拉公司(Motorola)、斯普拉格公司(Sprague)、飞兆半导体公司(Fairchild)在技术目标和解决类似问题的方法方面的差异。公司间另一个关键差异在于最高管理层在如下方面的能力水平,"整合企业研发、生产、销售等不同功能部门间信息流动和活动的能力"。Holbrook 等人总结称这些差异的外部原因源自于"企业进入市场前的经历和早期经历……或企业的统领准则,这些经历会对管理层的思想和信念产生长期的持续性影响,包括管理层判断什么是值得做的事和做事能力"。此外,这些作者还注意到这些经历的影响之所以具有持续性,"不是因为企业没有看到改变的需要,而是因为当企业意识到需要改变时发现面临艰巨的困难。制约变革的因素部分来自于企业无法确保获取必要类型的专业知识和技术,更无法将其足够快速地整合于不同的功能部门中,以确保始终走在科学的前沿"(Holbrook 等,2000,pp.1037 – 1038)。

该类能力而获取收益的不确定性程度。[1]

正如上文所述,企业内部研发和其他功能可能存在互补关系或研发功能本身内部的不同活动也可能互为补充,这样的观点为研究方法和衡量测度带来一定的挑战。面临的问题是:鉴于不同活动或不同能力之间也许存在的明显互补性很可能反映的是未观察到的企业异质性的影响,在这种情况下如何估测其互补性,例如,一些未观察到的企业特征在驱动着人们所认为的互补性活动以及研发绩效本身。又比如,在一项探索性分析中,Kremp 和 Mairesse(2004)运用欧盟创新调查(CIS)[2]的数据,观察到创新绩效和企业内部四类知识管理实践之间存在的启发性关系,包括企业"知识共享文化"的推进,为留住研发专业人员而采取的激励政策,建立知识获取联盟以及书面知识管理政策。他们观察到上述四种实践对创新绩效都会产生积极影响,但问题是这些因素及其相关的更高绩效是否反映的是这些因素本身对其它企业特征的影响。很多研究尝试控制未观察到异质性的可能性,例如包括 Cassiman 和 Veugelers(2006)对企业获取外部知识和内部研发之间关系的探究。两位作者强调估测互补性能力影响——在他们的案例中,也就是和获取外部知识相关的互补性能力——所面临的挑战,以及寻找对此至关重要的合适工具的难度。此外,以 Arora(1996)以及 Athey 和 Stern(1998)使用横截面数据探讨估测互补性的研究,Leiponen(2005)以 1992 年芬兰开展的欧盟创新调查数据为基础,尝试描述存在于企业技术能力和企业创新之间的互补性。[3]

虽然上述研究探讨了未观测到的企业异质性扮演的角色,但除此以外众多经济学家在解释不同企业在创新活动和绩效方面的差异时,往往聚焦于更易于衡量的企业特征。Cohen 和 Klepper(1992a)采用一种与众不同的研究方法,他们并不假设企业异质性的关键根源是可观测的。他们以 99 类制造行业为样本,研究行业内部企业研发强度的分布情况,以此为出发点进行分析,进而发现行业内部的研究强度分布呈现一定的规律——单峰模式,内部模式或外部模式,峰向右偏,尾部拖长,包括大量表现欠佳的研发因素。Cohen 和 Klepper 认为这样的分布规律意味着可能存在一种共同的基本概率过程,通过影响未观察到的研发强度的决定因素发挥作用。

为了验证上述猜想,Cohen 和 Klepper(1992a)开发出一种概率模型,其中

---

[1] 但是,此类不确定性对企业投资和能力发展的影响在某种程度上而言可以被认为是"先有鸡还是先有蛋"的问题,这是因为掌握某种能力的预期收益极有可能受企业现有专业知识和能力的影响(Cohen & Levinthal,1994)。

[2] 关于欧盟创新调查数据的简要讨论,参阅下文第 5 节内容。

[3] 与此类似,Mohnen & Roller(2005)也采用欧盟创新调查数据探究企业研发与可能影响创新的政策环境不同维度之间的互补性效应。

行业内部各企业的研发活动以及相应的研发强度取决于通过简单伯努利过程而分配至各企业的和研发相关且未观察到的特定能力。[①] 该随机过程结合业务部门规模，该因素决定着任何既定研发活动的收益（参阅 Cohen 和 Klepper，1996b），由此得出的结果是业务部门研发强度的二项分布。Cohen 和 Klepper（1992a）指明此类分布也许可以解释最初观察到的行业研发强度分布所呈现的模式。更重要的是，该结果也成功预测了跨行业的前三项矩量的关联和行业内部研发强度分布的变异系数。但是在另一项分布拟合研究的过程中，Cohen 和 Klepper 发现实际的分布情况一定程度上偏离了二项分布。尽管如此，一些实证依然有力地证明了行业内部研发强度的分布可以表述为某种常见概率过程的结果。[②] 下一步的有效举措应该是制定概率过程的参数衡量依据，并评估其解释力。

各企业在其创新活动和能力方面存在差异，与该观察结论相关的观点是没有任何一家企业会开展产生并商业化既定创新成果所需的所有活动。此结论应该会推动经济学家接受 Jewkes 等（1958；第 2 版，1969）提出的论点，他们以 61 项创新案例史为研究背景：一个行业内部的技术进步往往通过各企业间的互动得以实现，而这些企业在规模、专业知识和技术、能力以及其他属性方面彼此相异。例如，大企业经常购买小企业的全部产权以将创新成果推向市场，或者和小企业/独立发明者签订合同以掌握关键技术或知识。该观点随后得到了 Nelson 等（1967），Scherer（1980），Dorfman（1987），Jewkes 等（1958，第 2 版 1969）学者的响应，"对于任何行业而言，很可能并不存在最优企业规模，而仅仅存在最优模式，其中各企业依照规模、特征、前景等的分布能够确保最高效的企业聚集方式，商业方面优化新想法的流动和传播"（p.168）。也许有人会以此为基础认为：首先，为了实现技术进步，任何一家企业都不可能拥有最优的特征组合；此外，任何最优的企业特征分布都不可能脱离既定行业或技术的关键性能。

---

① Cohen & Klepper（1992a）认为随机分配的独特企业特征会影响创新活动和绩效。与此观点一致，Nelson & Winter（1982a）早期曾提出在有限理性的情况下，各企业在技术能力方面的差异（一部分源自于经验积累，一部分源自于从随机环境中抽中的好签）可能是各企业在行为和绩效方面呈现差异的原因。（此外，关于企业战略的相关文献在规定企业应该充分开发和利用其核心能力时，也隐含性地假设此类能力源自于外部，例如 Porter 1980 年所著的文章）。与 Nelson & Winter 一样，Cohen & Klepper 打破传统，认为任何时间点企业间能力的分配可能是随机结果，而不是最优过程。但是 Cohen & Klepper 提出的模型不同于 Nelson & Winter 的视角，他们假设能力一旦被获取便会被充分利用。关于各企业在创新活动方面的差异，Scott（1991）表达了不同的观点，在他所提出的模型中行业内部各企业的能力完全等同，但是企业选择开展不同的研发活动，以获取不同程度的垄断性优势。

② Lee（2002）利用世界银行关于 6 个国家中 7 个行业的数据证实不同的国家和不同的行业中存在着共同的分布模式，但是他也发现相较于二项式分布，该共同模式更偏向于对数正态分布。此外，他还发现这些模式也适用于世界银行调查数据中企业自报的"技术能力"分布情况。

Jewkes 等人的猜想就如同一封邀请函，邀请相关学者继续由 Nelson (1986，1989，1993) 和 Freeman (1987) 开启的探究之旅，探究创新与各企业间的互补性和关系，以及企业和其他机构（例如大学、技术社区、政府等）之间的互补性和关系。我们需要考虑：在何种情形下，机构与企业之间会出现高效的劳动分工，其中机构产生新知识，而企业参与新知识的产生和商业化。如此高效的"创新劳动分工"依据不同的行业条件可能会如何变化，例如独占性和技术机会；以及"创新劳动分工"依据不同的知识特性可能会如何变化，不同的知识特性可能影响其在不同组织间传播的难易程度（参阅 Malerba 和 Torrisi，1992；Pavitt，1987；von Hippel，1994）。在第 15 章中，Arora 和 Gambardella 所著文献综述的主题是企业间关系（尤其是市场交易）的影响和本质，而企业间的关系可能会促进行业内部的创新发展。

4. 行业特征

为了探究不同行业在创新活动的参与度方面出现差异的原因，实证研究者们如 Pakes 和 Schankerman (1984) 将解释变量分为三类：产品的市场需求、技术机会和独占性条件。尽管很多历史文献、案例研究和一些先驱性的实证研究中已经阐述了以上三种解释变量的重要性，但是相对而言在 20 世纪 80 年代中期之前相关人员一直以来都忽视了对以上变量的研究和衡量。被忽视的原因之一是相关的专业人士集中关注企业规模和市场结构的影响。而另一个原因是未能清晰且精准地理解划分在技术机会和独占性类别下的变量如何概念化并赋予其实用性定义。最后，尽管已经明确定义某个特定变量，而且关于其影响也已提出清晰的假设，但是往往无法获取实证研究所需的数据，或者所获数据不可靠。

接下来的小节总结和解读需求、技术机会和独占性条件这三个方面如何依据不同的行业而变化，以及这三类因素在解释不同行业创新活动差异方面发挥着怎样的作用。此外，我们也提供相关建议，用以指导进一步探究上述变量所扮演的角色。

4.1 需求

Schmookler (1962，1966) 对多类资本品行业的技术变革研究颇具影响力，其中他提出两个论点。第一个论点更具普遍性，即技术变革的方向和速度可以被解释为企业目的性、营利性行为的结果，因而经得起经济分析的检验。为了证实总体上经济诱因的重要性，他着重强调需求的作用。另外，为了充分证明需求决定了创新活动的方向和进展速度，Schmookler 整理了相关证据，表明资本品的产出周期与下游行业的资本支出周期"导致"时间序列与资本品专利的周期相关。

Schmookler 以需求的作用为焦点的研究在经济历史学家和其他经济学家当中引发了一场激烈的辩论，争辩围绕着技术变革背后的主要驱动力量是"需求拉动"或是"技术推动"展开。以行业组织中目前应用的专业术语而言，这场争论的主题便是市场需求和技术机会的相对重要性。[①] Schmookler 认为市场需求占据首要地位，并断言科学知识和技术能力适用于广泛的行业意图，而且易于获取。尽管他认可一般性知识和能力会不断发展，但是仍然坚称在任何时间节点都存在一个共同的、可供行业应用的储备。在应用研究和开发方面进行互补性投资，进而充分利用该共同资源的行业做出该举措的原因是受庞大且不断增长的市场的驱动。Schmookler 提供的支持市场需求重要作用的数据虽然引人瞩目，但是他从未试图验证下述保留假设：各个行业的创新供应条件（技术机会）都是一致的。

Schmookler 认为几乎仅市场需求本身就决定了技术变革的速度和方向，但是并未经得起实证研究的详细验证。在经过数十项案例研究后，相关人员达成的共识是"马歇尔的剪刀模型"，两种因素同时发挥作用。或许对 Schmookler 上述见解最具说服力的反驳是 Parker（1972）和 Rosenberg（1974）提出的观点，整合归档数项重要的历史案例（例如农业中手动操作的机械化、煤作为工业燃料的应用），其中某项通用技术理念的特定应用顺序并非取决于市场需求，而是取决于知识的状态和特定行业应用的内在技术复杂程度。Stoneman（1979）提供了证实两类因素均发挥重要作用的相关统计资料，进而表明创新的成本和对创新的需求都影响着创新努力的水平。Scherer（1982c）也提供了其他的证据，发现从统计数据上而言按照技术类型划分行业（化学、电力、机械等）的虚拟变量和代表需求条件的变量在业务线专利活动的回归分析中都呈现出非常大的显著性，但是技术变量所能解释的变化远远超过需求变量。Geroski 和 Walters（1995）采用英国 1948—1983 年间的创新专利数量和制造产业指数的总时间序列数据，发现产出与创新数量、专利之间存在格兰杰因果关系，进而提供相关证据证实了需求的重要影响。然而，他们也得出另一项结论，即累计需求对创新的影响相较于他们估测的随机决定因素（他们将其解读为供应侧的冲击）而言相对较小，进而指向技术机会的作用。

关于需求拉动／技术推动的争论，Walsh（1984）提出一个非常有趣的视角。他将案例研究方法和 Schmookler 采用的时间序列方法相结合，进而发现在数个化学行业中，生产序列确实会导致专利序列，但是生产的增长也往往随着一项或

[①] Mowery & Rosenberg（1979）已经对早期的讨论进行了详尽的综述，此处不需详细阐述。

数项重大创新成果而变化。其中对该模式的一类解读为相对而言外生性的重大创新引发需求的增长,而反过来也会为随后的渐进式创新提供动力。有人认为重大创新可能会引发需求的变化,这对历史学家而言可能是显而易见的,但是经济学家却对此有所迟疑,因为经济学家总是将模型偏好设为既定且不可变。与 Walsh 的观点一致,Kleinknecht 和 Verspagen (1990)重新分析了 Schmookle 收集的数据,也分析了更细化的荷兰行业层面的相关数据,结果表明需求条件和创新活动互为因果关系。

需求条件可能会影响参与创新活动的动力,而各行业在需求条件方面的差异主要体现在两大方面。首先,正如 Schmookler 本人强调的内容,市场规模在静态上可能表示为尺度参数,而在动态上可能表示为发展速度。该论点非常简单直接。单位成本达到既定的降低值,或者产品质量实现既定的改进目标所需的(预期)投资与产出水平无关,此处的产出是指应用创新而获取的产出。然而,此类投资获取的收益与创新应用的市场规模成一定比例。因此,如果保证创新成本不变,那么更具创新性的活动应该出现于两个市场中较大的一个;两个市场的规模相等,那么更具创新性的活动应该出现于发展速度更快的市场中。

其次,Kamien 和 Schwartz(1970)认为需求的价格弹性也会影响研发投资的边际收益。他们证实如果需求的弹性越大,那么从降低生产成本(流程创新)中获取的收益也就越大。另一方面,Spence (1975)证实在很多情况下,如果需求的弹性越小,那么从提高产品质量(产品创新)中获取的收益就会越大,原因在于无弹性的需求往往会扩大从需求曲线右移中获取的收益。因此,在不区分流程创新和产品创新的实证研究中,价格弹性的影响会模糊不清。

流程创新和产品创新的差异提出一个细微的概念性和实用性问题,即如何表述和产品创新相关的需求条件。至于中间产品,例如 Schmookler 研究的中间产品,原则上而言关于其更高质量投入要素的需求函数可以追溯至对最终产品需求和下游产品技术的估测。另外,难度更大的是表述和估测消费者产品创新的需求。很多计量经济学技巧可用于从产品质量的可测量维度估测常规改进的需求(例如特征价格模型、兰卡斯特需求模型和离散选择模型)。上述方法虽然在特定应用中非常有用,但却不可能在跨行业分析中获取丰硕的成果,其根源在于跨行业分析要求提供非常详细的数据,而且针对每个特定的产品都需要构建相应的模型。引入全新产品(例如电视机、汽车等)的重大创新会带来难度更大且普遍存在的问题。在引入全新产品的情况下,无法根据现有产品的相关数据直接描述其潜在需求,尤其是在认可消费者的偏好可能会因重大创新成果而改变的情况下。此外,在更常见的情况下,即企业在添加全新性能至现有产品的情况时也面临着类似的挑战,但是艰巨程度相对较低。在实际操作中企业如何评估客户购买市场全新产品或全新产品属性的意愿或称之为市场规模,这确实是一个耐人寻味的实证研究问题。[①]。

　　尽管在研发投资的回归分析中，需求条件极少被集中研究，但研究人员也常常虑及这一因素。目前已经应用很多类型的变量，假定代表各行业在价格弹性方面的差异，其中最常见的是区分耐用品和非耐用品的变量以及区分消费品、投入材料或投资物品的变量。一些研究人员则采用处理行业产出（即用于个人消费、中间应用、出口、政府部门等的产出份额）的投入-产出数据。尽管上述类型的投入-产出变量有时在解释创新活动衡量依据的回归分析中具有统计显著性，但是目前并未出现有关于此的重大确凿性发现。

　　Levin（1981）试图制定衡量行业层面需求的指标，他从一组消费品的恒定需求弹性估算函数和投入-产出表中，推测出针对每个四位数行业的三类需求参数：价格弹性、收入弹性和指数转换参数。尽管以上三类参数作为解释变量，在针对规模和其它行业特征的研发强度简单回归分析中占据显著地位（Cohen 等，1987），但是衡量失误也可能损害其在估算更复杂技术参数时的有用性（Levin 和 Reiss，1984，1988）。[②]

　　研究人员往往使用销量及其增长速度表示市场规模和增长效应，尽管这种方式存在明显的问题，即这些变量衡量的并不是需求条件，而是需求与供应之间的相互作用。此外，由于改进后的产品将占据较大的市场，因而销售收入和增长速度在创新层面属于内生性。市场规模的衡量依据无疑是外生性因素且独立于供应条件，该衡量指标已经被列入 Acemoglu 和 Linn（2004）以及 Cerda（2007）关于创新和研发的研究范围，但仅限于医药行业。在 Acemoglu 和 Linn（2004）的文章中，因变量是美国食品和药物管理局对新药物的审批数量，按照治疗效果总体划分药物类型，两位作者区分非通用名药物和通用名药物。相较而言，Cerda（2007）的文章仅聚焦于被称为"新分子实体"的内容，不包括通用名药物。在上述两篇论文中，潜在市场规模的外生性要素均源自于关于人口趋势的最新人口调查，并结合人口不同年龄层的支出分布差异和使用药物类型的差异。两项研究均发现市场规模对产品的引入具有重要的经济意义和影响。例如，Acemoglu 和 Linn（2004）估算市场规模 1％的增长和非通用名新药引入 4％的增长相关。此外，他们也发现总体而言当前的市场规模产生的影响最显著，尽管引入新药之前 5 年的市场规模也会对新分子实体和通用名药物产生重要影响。特定治疗类别中技术机会可能随时间的变化而变化，而 Acemoglu 和 Linn 考虑的一项重要问题为是否需要控制这种变化。Acemoglu 和 Linn 引入很多方法控

---

① 正如 Urban 等人（1996）所指明的那样，在这种情况下，企业如何评价市场需求也是营销文献面临的一项挑战。

② 行业层面价格弹性的质量并不能促进信心的增加。Mueller（1986）也并不否认如下假设：Levin 提出的价格弹性与 Ornstein & Intriligator 提供的另一组估测值没有关联。

制技术机会的变化,但几乎没有影响到市场规模的影响程度。[①]

正如上文所述,Sutton(1998)重点强调了子市场的异质性,主张将其视为影响研发支出的另一个需求维度。在他提出的模型中,子市场的异质性以及产品本质和购买者偏好之间的相互作用影响着企业规模(或更合适的说法是业务部门的规模)带来的研发成本分摊优势的大小,因而也影响着企业规模为开展研发活动增加动力和激励的程度。尽管 Sutton 详细讨论了市场的定义需要在实证中具有实用性,但是有人依然可能会提出子市场的异质性只是假定市场的定义已经得到证实(但其实并未得到证实)。此外,产品的差异也有可能使得子市场的异质性仅是程度问题。

目前经济学家在关于需求的研究中面临的一个局限是假定购买者是创新过程的被动参与者,Malerba(2007)曾着重强调该局限。但事实远非如此。例如,Cohen 等(2002b)的调查研究显示,在所有新研发项目的想法和理念来源中,除了研发实验室本身之外还包括供应商、竞争对手、大学和政府实验室,甚至是企业自身的制造运营部门,消费者在重要性方面遥遥领先。Von Hippel(1976,1977,1988)的研究表明,在半导体和科学仪器行业中,一些消费者(他称之为"领先用户")可能不仅提出建议想法,还可能进行实际操作,改造企业的产品。von Hippel 认为这部分消费者预示着或甚至是塑造着产品创新的未来方向。[②] 如果能够更细致地了解购买者在影响技术进步速度和方向层面的作用和角色,那么经济学家无疑能够从中受益。创新可能是企业及其客户之间相互交流、相互作用的总体产物,这一观点为进一步的研究提出很多问题。这些相互作用对预期需求的影响是什么?企业的营销和销售参与这些互动交流的程度如何?正如上文所述,与最后一点相关的论点:如果开始尝试理解企业研发投资和销售营销投资之间的关系,那么可能会获取丰硕的成果。

最后,经济学家目前还没有实证分析需求动态可能影响研发动力的方式,尤其是当需求本身作为创新本质和创新扩散的函数时。例如,一些产品受直接相关产品较高的和较低的产品的网络效应的影响。对于直接相关较低的产品而言,相关度虽然较低,但互补性技术对于这些产品而言至关重要。

4.2 技术机会

很多实证文献理所当然地认为一些行业相较于其他行业更"易于"(成本较

[①] 虽然 Acemoglu & Linn(2004)发现市场规模会显著影响新产品的引入,但是在样本企业的专利领域中,他们发现市场规模对专利数量并没有影响。

[②] 根据 Riggs & von Hippel(1994)的报告,用于研究固体表面化学性质的科学工具中,44%的工具是由用户开发的。详见本手册第9章中 von Hippel 关于用户创新的讨论。

低)获取技术进步,投入材料的价格低于其他行业。尽管人们普遍认可不同的行业面临不同的获取技术进步的机会,但是目前并没有就如何精准定义技术机会并使定义具有实用性而达成共识。在标准新古典主义生产理论框架中,技术机会可以被视作各种生产的可能性,将研发资源转化为采用传统投入材料的新生产技术。因此,一些理论以生产函数的一个或多个参数代表技术机会,该生产函数将研发资源和知识储备的增量相关联;反过来在关于产出的生产函数中,知识储备和传统投入材料也可以作为一项参数(Griliches,1979;Pakes 和 Schankerman,1984)。相关的研究方法将技术机会视作单位成本的弹性或研发支出的单位成本利润率(Dasgupta 和 Stiglitz,1980a;Spence,1984;Sutton,1998);还有一个转换参数,该参数代表了创新在技术变革方向上的可能折中边界位置(Levin,1978);以及另一种转换参数,该参数代表了研发项目时间和成本之间的折中边界位置(Scherer,1984b)。

以上表述方式原则上用于指导计量经济学的估算,但前提是要获取足够的数据以锁定每个行业的技术机会参数和其它相关参数。目前仅有 Pakes 和 Schankerman(1984)曾经尝试采用这种结构性的估算方法。他们使用的面板数据并未成功找到代表技术机会的参数及其在解释研发强度变化方面的作用。然而,他们却成功锁定了机会和独占性共同导致的变化部分,而且这部分变化的比例不容小觑。

在实际操作中,将技术机会转化为单位研发投入的技术进步,这一举措在实证上面临的最大挑战或许是技术进步的衡量,此处提及的技术进步和以下内容相关:产品质量和种类的变化以及全新产品的引入(参阅 Griliches,1979)。在 Trajtenberg(1989,1990a,b)对计算机断层扫描系统的研究中,他在评估与重大产品创新相关的社会福利收益时面临着类似的挑战。以 Trajtenberg(1990b)的研究方法(即以某专利在其他专利申请中被引用的次数为衡量依据)为基础制定相应的追溯性衡量方法,追踪衡量与显著产品创新相关的技术机会,如此做法可能会卓有成效(参阅 Carpenter 等,1981;Narin,1983;Narin 和 Wolf,1983)。

许多研究人员试图在回归分析中将技术机会作为创新活动的决定因素,并遵循 Scherer(1965a)引入的相关惯例,按照各行各业与科学或技术相关的亲疏程度将各行业划分为两大类型,一类以科学领域为基础,一类以技术领域为基础。Scherer 在其随后的著作中进一步完善了该分类方案(化学、电力、机械)(Scherer,1967a,1982c),而且该分类的多种变化形式已经被无数的调查人员广泛采用。虽然 Scherer 有意从基础科学和技术知识进步的视角表述各行业间的差异,但他意识到使用此粗略的变量分类而获得的统计结果也可能反映未指明行业做法或需求效应的影响,而这是其他回归变量所未能表述的内容。然而,将各行各业简单划分为少数的技术群组对统计而言具有非常显著的影响,这一分类可以解释专利活动

(Scherer,1965a,1982c)和研发强度(Scott,1984)相当一部分的变化。

数位调查人员已经采纳与技术机会相关的代理变量这一想法以解释创新活动。Shrieves(1978)对 411 家企业的科学和技术员工在各领域的分布情况进行要素分析,制定了数个技术要素,然而他构建的上述变量在关于研发支出的回归分析中影响甚微。Jaffe(1986,1988,1989b)运用专利在其不同类型中的分布情况数据,将企业划分为 21 个"技术机会集群"。技术机会集群虚拟变量的向量在解释各行业在研发、专利、全要素生产率、利润、托宾 Q 比率等方面差异的回归分析中具有统计显著性。然而,Jaffe 还有另一个颇具代表性的发现,传统行业各项虚拟变量的显著性水平彼此等同。而且在解释研发的回归分析中,研究人员很难区分集群变量的效应和行业变量的效应。Geroski(1990)曾使用较早时期的创新成果数量作为代表随后时期内行业层面技术机会的代理变量,进而观察到技术机会非常显著的影响。

Levin 和 Reiss(1984)在其优化模型中将成本函数的特定参数视作技术机会和独占性条件不可观测的衡量指标。然后将每项指标从形式上视为可观测变量的一个函数。为了代表技术机会,Levin 和 Reiss 将一组技术类型的虚拟变量和数项衡量指标相结合:包括行业时间阶段(旨在传达技术生命周期的效应)、基础研究的研发活动(旨在传达行业与科学的"亲密度")、政府研发活动(旨在传达私营资本资助研发活动的外生机会)等。上述各项变量在关于研发强度的公式中都具有非常重要的统计显著性。

Levin 等(1987)和 Klevorick 等(1995)描述的调查中,访问了 130 个制造行业的研发主管,用数项变量代表此行业的技术机会。其中包括各类基础科学和应用科学为每个行业的技术进步所做出的重要贡献,以及行业技术知识的多种外部来源,例如上游的行业原料、生产、研究设备供应商;下游的行业产品用户;多所大学;政府机构和实验室;专业和技术社区;独立发明人等。尽管上述调查中的种种变量(从语义上构建)会受到大量测量错误的干扰,但是其中的很多变量在创新活动的回归研究中发挥了重要作用。Levin 等(1985),Cohen 等(1987)以及 Cohen 和 Levinthal(1989)均发现代表科学联系密切度和行业知识外部来源的机会变量联合占据重要地位,而且能够解释各行业间在研发强度方面的相当一部分差异。[①] 但是在 Levin 和 Reiss(1988)更结构化的优化模型

---

① 一定程度上而言,科学和行业外知识来源贡献的重要性反映了行业的技术机会,我们由此推断以上变量与创新产出之间呈正相关关系。但是更大的技术机会不一定意味着更多的研发支出。因此,尽管 Levin 等人1985)发现从研发调查中衍生出的各项技术机会衡量指标在解释每个行业自报创新率的公式中都是正相关系数,但是 Levin 等人(1985)和 Cohen 等人(1987)发现设备供应商对研发贡献度的增加会导致行业本身研发强度的降低。

估测中，调查中的上述变量所发挥的作用并不如在创新活动的回归研究中发挥的作用大。毋庸置疑，这反映出高度程式化模型的缺陷和数据的不精确性。尽管 Levin 等人以调查为基础衡量技术机会的指标在结构化程度较低的模型中表现尽如人意，但是鉴于难以制定衡量不同样本行业的技术机会指标，Geroski（1990）建议将技术机会视作不可观测的变量，这也许是最佳做法。

为了更全面地描述技术机会的作用，涵盖丰富的体制文献、历史文献和一些有趣的理论猜想将大有裨益。首先探讨科学所扮演的角色。在诸多经济学家中，Rosenberg（1974）对科学进步和技术进步之间密切关系的呼声最高，并提供了颇具信服力的阐述以解释为什么如果没有某些基础科学的进步，一些技术创新便不会出现的原因。在晶体管发明的案例研究中，Nelson（1962）指明科学对发明的贡献绝不简单。首先，他解释称晶体管发明人使用的基础科学知识出现于此项发明问世的 15 年前。此外，他还阐释了在通往晶体管最终发明的过程中，科学知识如何一步步引导贝尔实验室研发团队的思路，又如何将其思维结构化。然而，最引人瞩目的是该设备本身的发明引发了一项探究活动，最终使人们获取对晶体管运行方式的完整科学认识。Rosenberg（1982）以及 Kline 和 Rosenberg（1986）详细阐述了以下观点：技术的发展和面临的种种挑战可能会使焦点汇聚于基础科学研究，促进其发展，并强调上游研发从下游研发、开发和商业化活动中获取反馈的重要性。

此外，Rosenberg（1974）也提出一个简单的机制，其中科学知识的发展促进创新的进步。他宣称"随着科学知识的发展，成功从事任何以科学为基础的既定发明的成本会相应地下降……"（p. 107）。类似的，Evenson 和 Kislev（1976）以及 Nelson（1982a）将研发概念化为随机搜索过程，并提议"发展强劲"的科学通过提高应用研究的生产率影响创新的成本。而且 Nelson 尤其强调强大的科学基础会减少研发选项的范围，从而聚焦于最富有成效的方法。由此，研究过程的效率得以提高，试验和错误的次数减少；为了达到既定的技术目标，需要评估和探究的方法数量也会减少。从这个角度而言，科学的贡献便是提供强大的启发式探索，引导和技术变革相关的搜索过程。Evenson 和 Kislev（1976）以及 Nelson（1982a）进一步丰富了对科学作用的此类表述。他们认为较强的科学可能也会引发更多的备用选项以实现某种技术目标，从而增加预期收益，但同时也需要付出相应的代价，即扩大搜索范围。Cohen 和 Klepper（1992b）提出一种观点对以上表述进行补充，更关键的基础科学和技术可能也会增加所追求的技术目标数量，而不是简单地增加实现既定技术目标的方法数量。

尽管科学进步对企业和行业研发投资动力的影响毫无疑问是行业技术机会

的一项重要维度,但是目前并没有关于此主题的跨行业实证研究。Klevorick 等(1995)采用 Levin 等(1987)所描述的调查数据,探究多种制造业中 11 个基础科学和应用科学领域与每类制造行业技术进步之间的总体联系,以及与大学研究之间的关联。Klevorick 等人发现报告中科学与技术进步之间的关联度依据特定行业的不同而呈现出很大的差异。他们还识别出与科学关联度最高的相关行业。总体而言在科学方面,他们发现在收到 10 项以上反馈的各行业中,医药和半导体行业与科学的关联度最高。此外,他们还发现总体来说,大学研究的关联度低于科学,但也存在例外情况:生物科学的农业应用和医药应用领域。[1] 尽管上述调查结果代表着在探究技术机会的重要维度方面迈出了至关重要的第一步,但是实证经济学家需要以这些初步努力为基础进一步获取更易于解读、更直接表明一些理论概念的相关数据(调查数据和其他数据),此处所提及的理论概念的内容是科学在推动技术进步方面所扮演的角色。

历史文献和案例研究也重点强调技术机会的另一个层面,认为技术发展可能遵循的路径相对而言不受市场的影响。在任何给定的时间点,某个行业或者相关行业的集成中,创新活动往往集中于特殊且识别度高的少数难题。某个领域取得的突破性进展通常会产生新的技术难题,导致不平衡性,进而要求进一步开展创新活动以充分实现初始突破带来的利益。Rosenberg(1969)从机床行业的技术发展史中引用相关实例,将这种现象称为"必然顺序"。例如,超切钢的发明进一步改进了切割工具,由此触发了驱动切割工具的机器的发展,促使其朝着更坚固、更适用的方向发展。类似的"瓶颈—突破"顺序也出现于 19 世纪的纺织制造技术、钢铁技术、煤和蒸汽技术(Landes,1969),20 世纪的石油提炼技术(Enos,1962),以及其他技术中(Ayres,1987)。

与此相关的现象是技术的发展趋势沿着 Nelson 和 Winter(1977)所定义的"自然轨道"前进。[2] 此理念是指:在某些情况下,技术沿着相对清晰的路径发展,就如同朝着某种物理极限前进。工程技术人员并非缺乏远见地从一个瓶颈移向下一个瓶颈。他们反复聚焦于特定的一类工程技术难题,充分开发并强化类似的解决方案。关于自然轨道非常典型的实例是规模经济可实现产出的逐步拓展,包括 Hughes(1971)对电力的记录和 Levin(1977)对数个化学行业的阐述等。在以上两个案例中,持续近 25 年的时间范围内,工程技术人员了解了如果能够解决建设大型工厂过程中遇到的设计方面的问题,那么就有可能实现生

---

① Klevorick 等人(1995)解释了技术进步与科学的整体关联度和与各科学领域大学研究的关联度之间的差异。他们认为前者也反映了在这些领域中教育培训与技术进步的关联,而且近期的科学发现(大部分源于大学)与技术进步的即时关联度相对较低。

② Sahal(1981)和 Dosi(1982)进一步发展了该理念。

产成本的降低。另一个实例是半导体设备的逐步小型化（例如 Braun 和 Macdonald，1982；Levin，1982）。在此案例中，近 50 年间工程技术人员一直都很清楚更紧密排列的电路元件可能会实现更快速地执行逻辑或数据存储操作。但是每一代新设备都要求解决一系列相关的技术难题，例如获取充足的纯原料和在硅上蚀刻更细的线路等。

　　研究人员为了实现既定的技术目标必须探究各种各样的方法，而强大的科学基础可以缩小研究人员的探索范围。同样的道理，或许可以这么认为，在特定的技术体制内探索可以减少所追求目标的数量，进而缩小待调查特定技术问题的范围。因此，科学和自然轨道之间的联系可以被理解为应对和降低巨大不确定性的方法，这种不确定性是制定最佳研发策略，做出该复杂决策所固有的特征。

　　至少在一些行业中可以识别出"技术体制"或轨道，这意味着实证研究中的两个方向未来可能会取得丰硕的成果，而且彼此互为补充。其一，在此类行业中，参与研发过程的人员相对而言可能比较清楚地了解如何表述技术机会和技术进步的限制因素。因此，访问面谈和调查问卷可能是收集有用数据非常合适的方法。其二，存在特定轨道或其他技术体制的领域中，研究人员通过对行业特定基础的慎重建模或许可以做到识别和估测表示技术机会的参数，而这在跨行业的计量工作中是很难实现的。

　　尽管案例研究的相关文献提供了很多技术演变的实例，但是我们对诸多现象在整个制造行业中的代表程度却知之甚少，这些现象包括自然轨道、必然顺序和其他模式。Klevorick 等（1995）以很多行业为研究对象分析这一主题，探究在任何给定的时间点企业研发部门开展各类技术活动（业界广泛定义的 11 类技术活动）的"持续性和反复程度"，也就是 Nelson 和 Winter（1977）提出的"自然轨道"。这些技术活动的实例包括生产规模的变化、工艺成品率的提升、投入原料的改进、产品特性的改善和细分市场的设计。除了仅有的数个例外情况，至少 30% 的调查对象表示 11 类技术活动中每项活动都非常重要。Leiponen 和 Drejer（2007）的观点基于 Pavitt（1984）的以下论点：各行业的创新活动可以划分为四类——供应商主导、规模集约化、以科学为基础和供应商专门化。Leiponen 和 Drejer（2007）以欧盟创新调查中丹麦和芬兰 1994—1996 年间的数据为分析对象，发现对于大部分行业而言，行业内部的各企业往往开展多类不同的技术活动，几乎没有证据表明任何一类技术活动在创新中占据主导地位。

　　"自然轨道"和技术进步的其他模式具有一定的代表性，但是我们对催生以上模式的驱动力知之甚少。动态收益递增领域的理论研究（例如 Arthur，1989；Katz 和 Shapiro，1985）在解释上述其中一些模式的起源方面提供了重要见解，而且普遍而言进一步推进经济学家深度了解历史在影响技术进步方面的作用。在技术变革方面，其核心理念是一些技术的发展或应用可能是自我强化和积极反馈的循环周期，即一旦被人们可能视为随机的小事件启动，也许会被"锁定"在特定的发展时间路径。在此框架内，由于可能遵循的动态路径不止一条，所以最终出现的特定路径不必是事后证明的社会最优路径，这表明 Adam Smith"看不见的手"在上述背景中也并不一定发挥其作用。经济学家关于这一主题的早期研究充分考虑了技术标准的出现和影响，这些技术标准（例如铁路轨距、彩色电视标准、编程语言）引发了用户间的外部经济性。比如，David（1985）解释了为什么 QWERTY 键盘会成为"锁定"的主流，尽管事后表明 Dvorak 键盘优于 QWERTY 键盘。此外，Arthur（1990）和 David（1988）以及其他一些学者也提供了很多实例。[①]

除了用户间的外部经济性以外，理论文献和实证文献还识别出动态递增收益的其他起源。其中的一些起源仅仅与创新相关，而在另一些起源中创新是非常重要的因素。上述的创新收益递增来源包括：专业知识的学习和发展（参阅 Arrow，1962b；Cohen 和 Levinthal，1994）；自我强化的正外部性，得益于创新企业、消费者、供应商、大学和其他机构（有时被称为"聚集经济"）地理分布的邻近性；创新应用产出的非竞争性（参阅 Romer，1990）。尽管收益递增的上述来源曾一度获得认可，但是直到近期研究人员才开始考虑随着时间的推移，行业内部这些来源对技术进步模式的影响。

关于技术进步模式的起源，另一项能够激发人们兴趣的提议是这些模式可能与既定技术及其外部驱动力的属性并没有太大的联系，而有可能是受不断变化的企业经济诱因的驱动，反映行业内部各企业数量和规模分布的演变。正如上文所述，Klepper（1996）指出一些行业中，规模较大的企业享有研发成本分摊优势，在这种情况下，随着时间的推移和企业规模的不断扩大，企业研发的动力逐渐向内生性转移，由原来的产品和重大创新转变成流程和渐进式创新。因此，一些行业的创新方向逐渐偏向渐进式创新和流程创新，这一演变模式反映的可能并不是机会的枯竭，而是企业随着规模的扩大而转变其经济动机。

基础科学和技术的进步可能会影响行业的技术机会，而与基础科学和技术

---

① 在其他学者之中，Farrell & Saloner（1985,1986）以及 Katz & Shapiro（1985,1986）开发了动态递增收益的理论模型，其中有可能出现非优化的帕累托标准。此外，Cowan（1990）也阐述了在核电反应堆行业出现的"锁定"主导技术。但是，Liebowitz & Margolis（1990）对因网络效应而占据"锁定"主导地位却持怀疑态度，他们以历史记录为根据辩论称 Dvorak 键盘并没有展示出优于 QWERTY 键盘的标准。Spulber（2002）对其质疑表示赞同，他还提出一些其它经不住推敲的其它"锁定"实例，并认为"技术史学家面临的挑战是充分探究消费者选择和生产者竞争对技术标准造成的复杂影响"（p. 14）。

密切相关的便是来自行业以外的技术知识——供应商、消费者、大学、技术社区、政府和独立发明人。大量的制度文献都记载了行业外技术知识来源对技术进步的重要贡献。[①] Jewkes 等(1958)所做的案例研究中涵盖了每类外部影响的实例。在关于该主题的制度-实证研究中,非常值得关注的是 von Hippel(1976,1977,1988)的相关探究:在多种行业中,用户对技术发展的贡献,包括科学仪器和半导体工艺设备。Klevorick 等(1995)针对源自行业以外的具体化和无形知识对技术进步的贡献,首次开展涉及范围广泛的跨行业实证研究。他们发现所称的"行业链条上",例如消费者、原材料和设备供应商等,对大部分行业技术进步的贡献大于非行业来源,例如大学和政府实验室等。

Bresnahan 和 Trajtenberg(1995)认为技术机会(反映一个行业的创新可能对下游技术和互补性技术造成的影响)的关键来源之一是"通用技术"——拥有"通用目标"的技术,也许会引发不同市场中的各种应用;而其未来的应用往往会引致后续研究,进而展现"创新的互补性"。[②] 换句话而言,一些技术一旦得到发展,往往会为其他行业创造重大的创新技术机会,而且常常是无所不在的技术机会。正如 Lipsey 等(1998)详尽的阐述,很多技术及其各种不同的应用随着时间的推移会不断被修正和改进,从这个层面而言,通用技术也是动态性的,为未来创造了进一步发展的机会。此类实例包括发电机、晶体管、内燃机、互联网,等等。Lipsey 等(1998)非常细致地表述了通用技术的起源,他们宣称根据特定的通用技术,其可能对经济体系而言属于内生性(例如 Newcomen 发明的大气引擎),或者对经济体系而言可能是外生的,而对于科学和/或政治-军事体系而言是内生性的(pp.35 - 36)。对于既定的通用技术,有些学者也许会系统性地探究其在下游行业和相关行业创新中的应用,并从这个角度评估其对技术机会的贡献。

在影响技术机会的行业外部因素中,很多相关人员也广泛研究了政府的作用。在众多领域中,尤其是农业、航空、电子和机械行业,政府凭借多种方式助力于降低创新的私人成本并影响行业研究的方向,具体方式包括:政府自身的研究、支持学术研究、补贴和赞助私人部门的研究、传播政府自身实验室和其它机

---

① 此处列举一些实例,Brock(1975)指明大多数计算机行业的创新可以追溯到行业外的技术发展。Peck(1962)在铝行业创新研究中提出相同的观点。Mueller(1962)的研究中,1920—1950 年间杜邦公司的大部分产品和工艺创新的起源可以追溯至行业以外,包括独立发明人。

② Klevorick 等人(1995)强调了相同的现象。他们在讨论技术机会(以技术进步代表技术机会)的行业外来源时,陈述道"新通用组件的发明,例如电源或电子元件,常常会为使用该组件的各个行业创造新的技术机会。因此,轻型内燃机使得新型汽车设计和机械动力飞行器成为可能……"(Klevorick 等,1995,pp.190 - 191)。

构创造的技术知识等。[①] 政府的研发支出在各行业的分布呈现出高度的倾斜和偏向,尤其在美国,为军队提供产品的行业和近期开展生命科学研究的大学是获得政府大力研发支持的两大主体。[②] 尽管政府在一些行业中创造和传播知识的直接作用非常显著,但是政府也会通过很多其它渠道间接地对各行业实施不同的影响。最重要的莫过于政府需求对创新发展速度和方向的影响。[③]

近20年来,众多学者也重点研究了大学研究对行业创新的影响。由于Foray 和 Lissoni 所著的第6章综述了此领域的研究,因而此处仅选择性地回顾一些学者所做出的贡献。例如,基于 Levin 等(1987)对美国制造业独占性和技术机会条件的调查,Nelson(1986)和 Klevorick 等(1995)发现大学研究仅在一些特定的行业才是创新的重要来源,尤其是和生物相关的行业。相较而言,Cohen 等(2002b)同样以调查数据为依据,只是他们采用的是10年后收集的数据,但是发现公共研究(包括大学和政府)的影响范围更广泛。[④] Blumenthal 等(1986),Jaffe(1989b),Adams(1990,1993),Mansfield(1991),Acs 等(1992)以及 Jaffe 等(1993)均发现大学研究对创新活动和绩效的影响非常显著。对于一些特定的研发密集型行业,Mansfield(1991)提出:如果没有近期的学术研究,1975—1985 年间实现商业化的新产品中约 1/10 的新产品会大幅度延时出现。Jaffe(1989b),Acs 等(1992)和 Jaffe 等(1993)各自以国家层级的专利、创新成果和专利引用数据为基础,发现大学研究对创新的影响程度会随着地理分布邻近性的上升而增加,进而为此主题的讨论又添加了一个重要维度。[⑤] 另外,Jaffe(1989b)和 Acs 人(1992)也观察到大学外溢效应的影响依据行业群组的不同而不同。Link 和 Rees(1990)发现小企业往往会比大企业更充分地利用大学

① Nelson(1982b)总结和编辑的案例研究集非常好地介绍了美国政府的角色。关于政府政策对计算机行业发展的影响,Flamm(1988)提供了一个很好的案例。关于 OECD 主要成员国的政府在促进技术发展的不同贡献度调查,参阅 Nelson(1984)。此外,Nelson(1993)也提供了令人印象深刻的一系列案例,阐述17个国家中影响技术进步的政府、企业和很多其他机构之间的互动合作。许多研究还发现,政府的研发,尤其是政府采购支出,对企业研发支出的影响十分显著(例如 Levin & Reiss,1984;Levy & Terleckyj,1983;Lichtenberg,1987,1988)。参见第28章 Steinmueller 关于技术政策的文献综述。

② 参阅第29章,Mowery 关于国防创新支出影响的文献综述。

③ 关于半导体、计算机和航空器的案例研究,参阅 Nelson(1982b)的文章。此外,关于医药行业的案例研究,参阅 Temin(1979),Grabowski & Vernon(1982)以及 Baily(1972)。关于民用航空领域的案例研究,参阅 Caves(1962)。

④ 目前尚不清楚这种差异反映的是两个调查相隔的11年间公共研究与技术进步关联度的增加,或是两个调查中问题和反馈的框架组织形式的差异。而后者的可能性较大。

⑤ 但是,Thompson & Kean(2005a)则对 Jaffe 等人(1993)的发现提出质疑。他们提出技术分类不够精细,而且在控制专利方面也没有选择具备足够技术相似性的专利。关于此主题的进一步讨论,参阅Henderson,Jaffe & Trajtenberg(2005)以及 Thompson & Kean(2005b)。

研究。与此相反,Cohen 等(2002b)则发现除了尤其显著的初创企业特例以外,规模较大的企业从大学研究中的受益程度呈现不均衡性。与政策相关的另一项发现是大学研究影响行业研发实验室的主要途径是开放型科学的传统渠道,包括出版物、公开会议、非正式的互动沟通和咨询(Agrawal 和 Henderson,2002;Cohen 等,2002b)。此外,正如 Cohen 等(2002b)的报告,以上渠道的重要性远远高于近期决策者关注的许可授权和正式合作活动。Adams 等(2003)在研究美国联邦研发实验室与企业的互动合作时得出了不同的结论。基于 1996—1997 年间所收集的 220 个行业研发实验室的调查结果和其它数据,Adams 等(2003)发现在影响行业研发实验室的众多途径(包括人才交流、颁布许可或者知识流动的引用衡量)中,合作研发协议尤其占据主导地位,这一点也可见于实验室的专利和研发支出。①

源自行业外的知识外溢效应可能会增加接受方企业的技术机会。同样的道理,行业内部的溢出效应也可能会减少企业为达到既定技术水平自身需要开展的研发活动。正如下文的讨论,溢出效应也可能会通过以下两种方式产生互补性效应:提高接受方企业的研发生产率;激励企业投资自主研发,进而发展 Cohen 和 Levinthal(1989,1990)所称的"吸收能力",以充分利用相关知识和技术。② 然而,行业内部的溢出效应也会弱化企业参与研发的动机,原因在于企业必须与其竞争对手共享投资收益。我们在下一节中将进一步讨论对企业动机的此类影响。

数项计量经济学研究曾经尝试衡量行业外和行业内溢出效应对企业生产率的影响。Jaffe(1986,1988,1989a)采用 Griliches(1979)提议的方法,以 500 多家企业为样本,用专利在不同类型中的分布数据衡量配对企业的技术相关度。他为每家企业构建了"溢出库",将其定义为其他所有企业的研发(以相关度的度量权衡)。他发现"溢出库"的规模对企业的专利、研发和全要素生产率都有非常

---

① 虽然关于大学与行业关系的很多研究都聚焦于大学研究和教育对行业创新的影响,但是 Dasgupta & David(1987,1994)认为探索行业创新对以大学为基础的科学研究的影响。他们认为随着以大学为基础的科学与行业之间的联系越来越紧密,驱动行业创新的利益诱因可能会取代通常激发大学研究人员积极性的"社群主义"诱因(参阅 Merton,1962)。在此过程中,基础研究的公开披露准则,甚至基础研究本身,都可能会遭到破坏,可能还会对技术进步造成长期的损害。本手册的第 5 章回顾了此观点,而且综述了日益增加的相关文献,探索学术研究与行业之间的联系对学术研究造成的影响。

② Cohen & Levinthal(1989,1990)以及 Rosenberg(1990)认为利用外部知识的动机也许可以解释为什么企业会投资基础研究,尽管基础研究往往不会直接产生令人满意的合适结果。这种观点意味着在外部知识对创新尤其重要的行业中,应用研究和开发的生产率可能会促进企业的基础研究。Gambardella(1992)用 1973—1986 年间 14 家医药企业的年度专利申请数衡量创新,用出版科学文献的数量衡量每家企业的基础研究能力,进而的确发现对于既定水平的研究支出,基础研究能力更强的企业会产生更多的创新成果。

显著的积极影响。此外,Adams 和 Jaffe(1993)在探究"溢出库"对化学领域中企业全要素生产率的影响时,也发现在化学行业中,技术相关度低或地理距离远的研发实验室对工厂全要素生产率的溢出效应较小。Geroski(1991a)进一步验证了 Jaffe 早期得出的结论,他发现未纳入创新的知识外溢对技术"相邻"行业生产率的影响比较微弱。

Bernstein(1988,1989),Bernstein 和 Nadiri(1988,1989)以及 Nadiri(1993)采用更直接的方法估测溢出效应的量级,他们将其他企业或行业的研发资金纳入接受方企业或行业的成本函数中。他们发现一些证据表明得益于行业内和行业外的溢出效应,企业大幅度提高其效率。[1] 以上述研究和其他研究为基础,Griliches(1992)在其关于研发外溢效应的计量经济学文献综述中总结道,"研发的溢出效应切实存在,其量级可能会非常高,而且社会收益的等级远远高于个人收益"(p.24)。本手册第 24 章综述了关于研发技术外溢效应最近的文献。

因此,近十年来关于技术机会的大部分研究都聚焦于一些特定的技术机会来源,其中比较引人瞩目的是公共研究和其他企业。许多著名学者认为技术机会不仅是研发和技术进步的关键决定因素,还是市场结构和进入企业/产品演变的基础,也是连接市场结构、进入企业/产品和创新的关键(例如 Geroski,1994;Sutton,1998)。尽管如此,除了 Klevorick 等(1995)的研究以外,鲜有研究探索技术机会的本质和来源。此外,虽然 Griliches 等(1991)进行了创新性尝试(尽管以失败告终),即通过识别企业专利数量对市场价值的影响以衡量技术机会(控制需求和研发),但是自数十年前首次采用技术和行业虚拟变量以及 20 世纪80 年代开发的以调查为基础的衡量指标以来,在制定技术机会的衡量标准方面几乎没有取得任何进展。

4.3 独占性

由于新知识从其创造者手中传播到潜在竞争者手中的成本相对较低,尤其是新知识催生的新工艺或新产品能够以较低的成本被模仿或复制,仅用独占收益可能不足以促进创新。对创新收益问题的认识早于古典经济学,更遑论新古典经济学。的确,需要垄断特权以激励创新活动,这在 15 世纪威尼斯的公共政策中就有所体现(Kaufer,1989),也促进了英国议会于 1623 年通过《垄断法规》(Penrose,1951),之后美国宪法的制定者也认识到了该问题[2]。

---

[1] Bernstein & Nadiri(1989)发现行业内溢出效应方面,机械工具行业平均成本的弹性为近 −0.1,化学品和石油行业为近 −0.2。大多数行业间的弹性范围(Bernstein & Nadiri,1988)为 −0.05∼−0.1。

[2] 制宪者授权国会授予"作家和发明家一定时间内对其著作和发现的专属权",主要是为了"促进科学和实用艺术的进步"(Article 1,Section 8)。

　　理论上，专利权弥补了独占性的不足，通过限制发明的使用，由社会赋予的独占权可以促进发明。对于发明者而言，拥有专利意味着之后拥有市场的支配权，Schumpeter 认为这能极大地促进创新。但实际上，专利权所发挥的作用会因行业不同而有所不同。证据表明，专利权仅在少数行业中可以保护创新。在大多数行业中，企业更多地采用其他获利手段。有时，即使没有强大的专利权保护，但仿造本身代价很高。有时，如果没有专利权或技术壁垒阻止仿造，投资营销或制造等互补领域也有助于独占。在本节，我们首先通过大量案例回顾不同行业和不同企业之间独占情况的差异，然后讨论独占性如何影响创新，但相关证据比较有限。

　　Scherer 等（1959）早期的研究表明，不同企业的专利活动有很大的区别，由此他们提出，专利保护可能在不同行业发挥着不同的作用。根据这一思路，Taylor 和 Silberston（1973）继续进行了调查，他们以英国四大行业的 27 家企业为小型样本，研究了其专利使用情况和有效性。他们发现，医药、化学、机械工程和电子工业领域对专利保护的依赖程度分别是 60%、15%、5% 以及几乎为零。Mansfield 等人（1981）则对 48 项产品发明进行了调查，他们的结论是：如果没有专利权，90% 的医药创新以及 20% 的化学、电子和机械创新都不会实现。

　　专利权在不同的行业具有不同的效力和价值，Mansfield（1986）为此论点提供了更加充分的证据。他在 12 个行业（主要是两位数行业）中随机选取了 100 家企业作为样本，然后请这 100 家企业的主管估计，如果没有专利保护，1981—1983 年间会有多少发明创造无法产生。只有医药和化学行业十分依赖专利，受访者表示，65% 的医药发明以及 30% 的化学发明都不会产生。在 3 个行业（石油、机械和金属产品）中，专利权保护了 10%～20% 的商业发明。在余下的 7 个行业（电气设备、仪器、原料金属、办公设备、机动车辆、橡胶及纺织品）中，这一数字则低于 10%。在最后这 4 个行业（办公设备、机动车辆、橡胶及纺织品）中，专利权对于调查期间的发明甚至无关紧要[①]。

　　Levin 等（1987）的研究进一步证实了 Mansfield 的调查结果。1983 年，Levin 对财富 1 000 强企业 130 种更加细分的业务进行了研究。在获取创新收益这一点上，专利权在 5 个行业（包括药品、有机化学品和杀虫剂）被认为非常有用（总分 7 分，可以达到 6 分以上）。在其他 20 多个行业（主要生产化工产品或

---

① 尽管除了医药和化工业，其他行业的专利相对而言有效性较低，但 Mansfield（1986）发现，在 1981—1983 年期间，所有的 12 个样本行业至少为其一半发明申请了专利。这意味着在大多数情况下，专利带来的收益超出其成本，表明专利可能会有其它的回报，但 Mansfield 未能发现。这与下面的讨论一致。

相对简单的机械设备)被认为比较有用(5~6 分)[1];只在 3 个行业,专利权被认为基本不起作用。

1994 年,Cohen 等(2000)将不同规模的企业作为更典型的样本进行研究,证实了 Levin 等(1987)的基本结论:专利权对制造业基本不起作用。Cohen 等(2000)发现,仅在药品和医疗设备这两个行业,专利权可以保护 50%以上的产品创新;仅在 3 个产业,专利权可以保护 40%~50%的产品创新。

了解仿造成本以及时间差(参阅 Mansfield,1985)的量化证据有助于了解专利权对于保护创新的作用。Mansfield (1981)和 Levin 等(1987)发现,在化学和石油行业,专利权大幅提高了仿造的成本;但在电子行业,专利权只是稍微提高了仿造成本。而且,Levin 等人发现,在一些行业,尤其是航空航天和工业机械部门,尽管专利保护程度较低,但是仿造成本和时间差都非常高。在这些情况下,由于产品相对复杂,即使没有专利保护,想要仿造也并不容易[2]。

Levin (1987)和 Cohen 等(2000)采用的研究方式稍有不同,他们探索了企业认为专利权有效性有限的原因。Levin 等(1987)的研究表明,专利权有效性有限的主要原因是竞争对手可以合法地"打擦边球",而且如果专利发挥的作用不大,还可能会泄露信息。Cohen 等(2000)用稍有不同的方法研究此问题。他们请受访者回答,最近一次决定不申请专利保护的原因。结果发现,害怕竞争对手"打擦边球"的确是一个很重要的原因。但是,与 Levin 等人不同的是,Cohen 发现,受访者担心的是专利申请中的信息披露。这两个原因常被放到一起,是因为每当出现"打擦边球"的情况时,企业会尤为担心信息泄露的问题。

Levin 等人的研究表明,很多企业都将其他机制,而非专利,视为获取创新利润的有效手段。80%的行业都认为,可以依靠营销或服务打动顾客,给予其研发活动以比较优势。相比之下,只有 4%的行业认为专利在这方面非常有用。除了化学和制药行业,很多其他行业的企业都认为利用先发优势,更快更熟练地掌握新技术比专利更有用。Cohen 等(2000)于 1994 年所做的研究发现,企业一般不会把专利作为保护发明创新的最有效手段。而且,在 34 个三位数制造业

---

[1] Levin 等人认为,专利在化工业尤为有用,最大的原因可能是化工业有比较明确的标准来评估化学专利的有效性,抵御侵权行为。展示某个分子的独特性,要比展示某项新发明,如电气系统或机械系统中的新元件,要容易得多。同样,很容易确定某个涉嫌侵权的分子是否等同于申请了专利的分子;但是,要确定两个复杂系统的相似元件,按照专利法的说法,"基本以同样的方式运行",要更加困难。

[2] Levin 等人(1987)的调查中有 85%以上的受访行业表示,仿造一件尚未申请专利的发明,其成本至少是创新者研发成本的一半。40%以上的受访行业表示,仿造成本超过了创新成本的 75%。这表明即使没有专利保护,仿造(无须合作)的成本也非常高。与技术转让(需要合作)相关的调查研究,进一步巩固了该结论。从文献中可知,如果企业想要利用从其他企业获得的技术,即使是同一家企业要利用其他工厂转移的技术,都需要作出大量投资(参阅,Mansfield 等人 1982 年的研究)。

中,有 17 个都认为商业机密是最有效的机制;另外还有 13 个认为先发优势最为重要,这一点与 Levin 等人的结论有所不同。但是,对于专利和其他独占机制的不同有效性,我们在解释时应慎重。例如,Cohen 等(2000)的调查显示,不同机制的使用并非相互排斥[①]。因此,他们将不同的有效性评估结果解释为反映了企业不同的创新获益方式,并且认为,这些数据并不能透明地反映它们能产生的经济收益,下文将对此进行详述。

通过控制 Levin 等(1987)和自身的研究样本中企业规模分布的差异,Cohen 等(2000)将他们两组实验中制造业的情况做了一个跨时期对比。他将 33 类制造业作为"对比行业",这些行业在两项研究中都至少有 4 项观察结果。在他本人的研究中,24 类行业将商业机密作为最有效或第二有效的机制,而这一数字在 Levin 等人的研究中则为 0。同样,很多行业都认为相对于保护产品创新,商业机密对于保护流程创新的作用更大,在 Levin 等人的实验中有 12 类行业都这样认为,但这一数字在 Cohen 等人的实验中则高达 31。

Levin 等(1987)实施该项研究是在 1983 年,而 Cohen 等(2000)的研究在 1994 年进行,在这 11 年间,可能由于法律与政策环境都变得更加重视专利,因此专利在创新独占性机制的排名稍有提高:在 Levin 等人的研究中,有 7 类行业将专利排在前列,而这一数字在 Cohen 等人的研究中则是 12。

虽然 Levin 等人的研究是针对美国制造业领域的独占情况所做的第一次全面调查,但其调查数据仅限于制造业的大企业,对于不同独占机制的有效性评估,大型企业和小型企业可能会有区别。Cohen 等人的样本则更具代表性,在控制行业变量的情况下,他们对不同独占机制的有效性与企业规模之间的关系进行了偏相关分析。结果出人意料:除专利外,其他机制(即互补能力、先发优势、商业机密)的有效性与企业规模并无明显关系。而专利有效性与业务部门规模以及企业整体规模正相关,系数分别为 0.23 和 0.18,这表明大企业认为专利更为有效。维护专利的费用可能会驱使企业决定放弃申请专利,这一点与企业规模呈负相关关系,相关系数为 -0.23,这表明大企业认为专利更为有效的原因可能是它们拥有更优越的法律资源。

独占情况在不同时代以及不同规模的企业间均有所不同,也可能有地域差别。Arundel(2001)对于欧盟创新调查的分析数据与美国的情况有些类似,尽管一些细节不尽相同。先发优势明显是主要机制,而专利只是辅助手段。在 Akira Goto 的领导下,日本科技政策研究所(NISTEP)实施了一项与 Cohen 等(2000)在美国所做的基本相同的平行试验。Cohen 等人发现(2002a),结果惊人

[①] 例如,在企业申请专利,或者透露要进行专利申请之前,一般都会使用商业机密这一手段。此外,专利可以促进先发优势。而且,互补能力也可能为企业带来先发优势。

得不同。首先,在日本,专利是一种主要的保护产品创新机制,其作用与日本最有效的机制(先发优势)旗鼓相当。即使对于流程创新而言,专利也是除了互补的制造能力之外最有效的机制。还有一点值得注意:专利在美日两国的绝对得分接近,这可能表明并非专利在日本起的作用更大,而是其他机制的作用更小。如果是这样,反倒说明日本总体的独占性不高。Cohen 等人对于仿造时间差的比较(2002a)证实了这一点:日本仿造新产品和新流程的时间差大约比美国短三分之一。这种跨国比较分析说明,即使技术和市场相同,但独占情况仍可能存在地区差异。而我们需要研究的问题是,这些不同的独占机制对于创新和科技进步有何影响。事实上,尽管日本企业从创新中获益的能力较低,但在同一期间,日本制造业的研发强度却更高。如果说独占性对促进研发起到了重要的作用,那我们又如何解释日本的这种情况? 下面我们回到这一问题。

尽管独占情况有行业和国家的区别,但并没有明确的实证研究表明独占性越高,创新活动就更多。支持专利系统的派别认为,因为溢出会阻碍创新活动,所以独占性越高,创新活动就越多。按这种说法,独占手段越强,或者行业内溢出越弱,产业研发投资就会越高。但是,如果考虑到溢出的"效率效应"(反映为重复研发减少),一些简单的模型(如 Spence,1984)预测,虽然研发强度会随独占性上升而增强(随溢出下降),但行业的创新产出可能会下降(随溢出上升)。

基于 Spence 的早期思路,Cohen 和 Levinthal (1989)建立了一个模型。他们发现,溢出的确有"阻碍效应",但有一个抵消其不利影响的"吸收能力",可以激励企业从事更多的创新活动,这表明研发溢出并不是以前设想的公共物品。Levin 和 Reiss (1988)又提出了另一个具有抵消作用的刺激因素,如果自身和竞争对手的产品不同,但是彼此互补,那么,竞争对手创造的知识可能会提高自身研发的边际产出。因此,虽然新知识削弱了独占性,但是增加了其它企业的研发效率,刺激了对研发的投资(参阅 Cassiman 和 Veugelers,2002)。无论哪种情况,溢出的增加(独占性降低)对于产业研发的影响都不明确。如果我们将Levin 和 Reiss 以及 Cohen 和 Levinithal 的模型放到一起,考虑研发溢出的互补效应,那么理解产业层面研发激励机制与创新的一个关键问题是:除了要考虑Spence 的溢出效率效应,还有什么因素促成了溢出对独占性所起的负面影响与它们积极的互补效果之间的此消彼长。

至今为止,所有的实证研究都未能确定独占性对于研发的影响是积极抑或消极,我们也不知道这种影响如何随行业的不同而变化。尽管 Bernstein 和Nadiri (1989)发现在美国的四类行业中,行业内溢出对于研发有消极的影响,但是 Bernstein 发现,在加拿大的三类研发密集型行业中,溢出的影响是积极的。Levin 等(1985)和 Levin (1988)发现,在解释行业研发强度的回归分析中,调查独占性的不同方法,无论是单独使用还是一起使用,其实作用都微乎其微。但是,Cohen 等(1987)通过研究业务部门的数据,发现某些方法在混合回归分析中,对研发强度有重要的影响,虽然在两位数行业回归分析中,这些结果并不稳定。例如,他们发现在电气设备领域,独占性的效果是负面的。Cohen 和 Levinthal(1989)重复了这个实验,得出了同样的结果,他们解释为:可能反映了投资吸收能力的高回报率。如果要更全面地理解不完善独占性的实证结果,我们需要更严格地区分溢出对创新研发的影响、技术能力开发投资与仿造之间的关系。

然而,对于独占性总体影响的研究,在过去 20 年一直停滞不前,这是由于经济学家把注意力转到了一个更加细分,同样也很重要的问题,即专利对于研发和创新的影响①。之所以出现这样的情况,原因之一是自 20 世纪 80 年代早期以来,美国的政策和法律都出现了有利于专利的转变(参阅 Jaffe,2000;美国国家科学研究委员会,2004)。经济学家认为,专利以及更强的专利保护对于创新的作用并不像普遍认为的那样简单。而且,Arora 等(2008)注意到,确实有充足的理论和实证理由质疑专利是否促进了研发。例如,虽然垄断租金这种可能性应该会促进创新,但如果专利信息遭到泄露,私人从专利中的获益将减少(参阅 Horstmann 等,1985)。此外,"更强的"专利意味着不仅自身,而且竞争对手的专利也更强(参阅 Gallini,2002;Jaffe,2000),这样也有可能阻碍创新。Merges 和 Nelson(1990)、Scotchmer(1991)以及后来的 Bessen 和 Maskin(2009)认为,当技术不断进步,但专利仍很宽泛时,上游发明者的许可或执行决定可能会阻碍下游创新。Heller 和 Eisenberg(1998)、Shapiro(2000)以及 Hunt(2006)也认为,有时某种技术的专利权可能有重叠之处,而不同利益相关者四处分散,或者越来越多的情况则会大幅提升交易费用,进而会延缓,甚至阻碍创新②。

Levin 等(1987)和 Cohen 等(2000)的调查结果都显示:专利是企业保护创新效力最低的手段之一。既然如此,为什么企业仍热衷于申请专利? 尤其是在那些专利作用据说并不大的行业,比如半导体或通信设备。这两个行业产品创新的研发加权平均专利效率,在此是指创新产品申请专利数的比例③,分别只有49％和59％④。而且,Cohen 等人从制造业样本中发现,其总体研发加权平均产品以及流程专利效率分别只有 49％和 31％,而且 30％的受访企业在过去 3 年从

---

① 参阅 Rockett 在第 7 章中对于知识产权的文献回顾。
② 根据 Encaoua 等(2006)的文献回顾,专利常常会"激励发明、技术公开和交换,但是专利也会造成垄断租金,阻碍知识的传播和使用,以此产生社会成本。
③ 在很多其他文献中,专利效率被定义为每投入 1 美元研发所产出的专利数量。
④ 通过对 604 家欧洲大型企业的研究,Arundel & Kabla(1998)发现其销售加权平均专利效率也有类似的结果。对于产品创新和流程创新,这一数据分别是 36％和 25％;最低为纺织业,8％,最高为药品行业,79％。

未申请过专利①。Kortum 和 Lerner（1988）以及 Hall（2004）思考了以下问题：为什么自 20 世纪 80 年代早期至 90 年代晚期，企业申请专利的数量增长了 3 倍？而且对研发每投入 1 美元，专利就增长 50%？出现这种增长的半导体和通信设备等行业，其专利的有效性低于其它产业，如药物或医疗设备（Hicks 等，2001）。

　　首先解决企业为什么要申请专利这个问题。Cohen 等人（2000）的报告显示，对于产品创新而言，96% 的受访者表示他们申请专利是为了防止仿造。由于这一结果可能受到社会赞许度偏误的影响（即企业如此回答是因为它们认为，专利就应该发挥此类作用），Cohen 等人将注意力转移到第二个重要的原因：为了不让其他企业对同样的创新申请专利或将其商业化。在探索这一原因，以及另外一个常见的原因是利用专利进行谈判，Cohen 等人发现美国制造领域各行业申请专利的原因有系统性的差别。为了理解差异产生的原因，Cohen 等人对"复合产品行业"和"离散产品行业"进行区分，前者是指商业化的产品含有大量（如上百个）可以申请专利的元素，而后者的产品只含有一个或几个可以申请专利的元素。对于前一种行业，他们认为任何一个企业都不太可能为所有的元素申请专利，而是会有策略地申请专利，换取在交叉许可谈判中的优势来获得对手的专利，或者实现自主运行或自行设计，这与 Grindley 和 Teece（1997）以及 Levin（1982）的研究结果一致。从实地研究与实证分析中，Hall 和 Ziedonis（2001）也发现，在半导体这一复合产品行业中，这样的策略可能使得企业竞相申请专利组合，造成该行业专利申请数量的迅速增长。在大致区分了"复合"和"离散"产品行业之后，Cohen 等人（2000）发现，大多数复合型企业申请专利的确是为了谈判（如交叉许可），而离散型企业基本不需要借助对手的技术来开发产品，其申请专利主要是为了防止竞争对手仿造或生产出替代产品②。

　　从以上研究中可以得出的一个明显的结论：企业申请专利的原因，并不仅仅是保护某产品或工艺的商业化，或进行许可交易。而我们关注的重点是，即便专利被用于交叉许可，或实现自主运行及设计之类的目的，专利对研发又会有什么影响？但首先要解决的问题是，专利是否可以通过增加发明的价值来产生回报？Pakes，Schankerman，Lanjouw 和他们的同事研究了欧洲企业续展专利的

---

① 药品和医疗设备行业经常为其产品申请专利，专利效率分别为 96% 和 67%。为流程创新申请专利最为密集的产业包括石油产品和化学品，它们为 60% 以上的流程创新申请了专利。在 Cohen 等人（2000）的样本中，产品专利效率介于金属业的 3% 与药品业的 96%。

② Cohen 等人认为，这种使用专利的区别是由每一产品的专利数量造成的。在日本，由于专利的权利要求更少，对于权利要求的司法解释也更狭隘，需要更多的专利才能对产品起到保护作用。Cohen 等（2002a）发现，日本企业的专利使用情况类似于美国的复合行业。关于专利在美国和日本所起的不同作用，Ordover（1991）提供了一些信息。

决定（如 Deng，2007；Lanjouw，1998；Pakes，1986；Schankerman，1998；Schankerman 和 Pakes，1986），发现在欧洲，申请专利保护的确可以产生回报，有时数目并不小，可以为研发补贴的 10%（Lanjouw，1998）至 25%（Schankerman，1998）。

通过使用卡内基梅隆大学对于美国制造业的调查数据，Arora 等（2008）估算出了"专利溢价"，即申请专利为发明增加的价值。他们为企业的研发和申请专利的决定构建了一个结构模型，发现研发与专利不仅互相影响，还受到许多相同因素的驱动。他们的研究结果表明，尽管大多数发明并不值得申请专利，但专利对于另一部分发明非常重要，因此也确实会促进研发。而且，企业预期专利溢价平均可以达到 50%，在医疗行业平均高达 40%，而电子行业平均达到 40%。Arora 等人通过使用估计的系数模拟了溢价的改变对于研发的影响。他们发现，增加样本中制造企业的专利溢价分布均值能够极大地促进研发，尤其是在专利溢价较高的产业，比如药物、生物技术、医疗器械。即使是在专利溢价较低、更依赖于其他方法保护发明的行业，如电子和半导体，专利也会促进研发，只是程度更低。

Arora 等（2008）的研究结果与 Levin 等（1987）和 Cohen 等（2000）的结果一致。他们发现专利仅在少数行业中是保护发明的主要手段。他们的研究也证实了在大多数行业中，为主要创新申请专利的确无利可图。但是，即使在这些行业中，为某些创新申请专利仍然有利。这也是尽管专利的有效性低于其他独占机制，但企业依然申请专利的原因[1]。

Arora 等（2008）的研究带给我们一些方法论上的启发。尽管上述研究表明，大多数行业都未将专利视作保护创新的手段，但我们不应该解读为：专利保护不会为潜在的发明增值，也不会促进研发。Arora 等（2008）的分析也表明，调查中的一些主观自陈法也可以用于构建结构模型，定量估算特定行为的回报和影响。估算出的专利溢价以及研发产出弹性确然都符合之前文献的估计（如 Pakes 和 Criliches，1984；Schankerman，1988）。在一个严谨的结构模型中应用这样的调查结果，也会比直接进行描述性分析更加有理有据，连贯一致。

对专利持有的研究以及 Arora 等人的研究都有一个明显的局限，即都将重点放在专利带来的直接的、对企业的收益上。但是，由于专利会限制研发溢出，也会使其他情况变得更为复杂，因此会产生一些更加全面系统的影响，而仅仅简

---

[1] 基于 Schankerman & Pakes（1986）的模型，Schankerman（1998）也得出了计量经济学的证据，证明相对于其他机制，专利在从独占创新获益这方面的有效性较低。通过对法国 1969—1972 年间专利持有数据的分析，Schankerman 得出的结论是：虽然专利可能是从创新中获益的重要手段，但不是主要手段。

单地通过模拟企业对于自身专利强度的回应,并不能发现这些影响。的确,在国家和行业整体层面,关于专利与创新关系的实证研究并未能明确阐明专利对创新的影响,这部分是由于难以控制专利政策的内生性或者研发与专利这两个联合定量[①]。因此,专利持有研究以及 Arora 等人的研究(2008)都不能说明:专利必然会产生惠及所有人的社会净福利。

此外,还有一个所有研究都未解决的问题——在其他创新保护手段不变的情况下,如果没有专利,研发支出会受到怎样的影响? 通过分析 19 世纪后半期两次世界博览会期间的发明数据,Moser (2005)的研究为我们提供了一种思路。他发现,在没有专利法的国家,发明家倾向于发明有其他手段保护的技术。这表明,如果没有专利,企业不一定会使用替代的保护手段进行相同的发明,而可能会转而致力于发明其它技术。

除了专利对于研发回报影响的研究外,还有一小部分实验试图研究专利对研发的直接影响。一些实证研究是针对企业层面,专利强度或政策对研发的影响,其中 Sakakibara 和 Branstetter (2001)发现了日本 1988 年专利政策的变化:从一个专利只允许一项权利要求,到一个专利允许多项权利要求。Sakakibara 和 Branstetter 认为这代表专利保护强度的增加。他们利用日本企业一组固定样本数据的简化模型,估计这种政策转变所起的积极作用很小。Bessen 和 Maskin (2009)推测,专利保护对于 20 世纪 80 年代和 90 年代的软件产业研发或创新并没有促进作用。但是 Lerner 和 Zhu (2007)发现,由于 20 世纪 90 年代早期,软件版权保护降低,企业更加依赖专利权,结果促进了研发的投资。

从 Levin 等(1987)和 Cohen 等(2000)的调查中,我们学到的关键一点就是,企业会利用一系列的独占机制,而专利并不是美国制造业使用的主要保护措施。但是经济学家并未像对待专利一样,投入精力对其他机制进行实证研究;也没有明确说明专利是任何行业都可能使用的机制。使用不同方法从创新中获益的有关假说相互矛盾,而经济学家们很难找到合适的数据及制定准确的测试来区分这些假说,可能是科学家们对此不甚重视的原因之一。最重要的特例之一就是

---

① Arora 等(2008)总结道,关于专利对于创新和增长影响的整体研究产生的结果并不一致,有时甚至难以解释。使用整体跨国数据的研究通常都发现,专利会产生积极重大的影响(如 Kanwar & Evenson, 2003;Lederman & Maloney, 2003;Park & Ginarte, 1997)。但这些研究都有一个局限性,即没有考虑政策与创新之间的内生性。为了解决内生性问题,Lerner (2002)采用了工具变量法,以研究 60 个国家 150 年间 177 项政策变化对于创新的影响。他发现加强专利保护似乎并未促进企业进行专利申请。

　　Eaton & Kortum 等(1999)为研发影响、创新和扩散这三者建立了一个一般均衡模型,以研究专利对于研发和增长的影响及其他问题。通过估计关键参数,以及阅读文献来确定其他参数(尤其是申请专利的发明 vs. 未申请专利的发明之间的模仿率差别),他们得出结论,如果没有专利保护,研发和经济增长会降低。在 Eaton & Kortum 的模型中,专利和研发决策由创新价值和专利保护强度决定,这与 Arora 等人(2008)一致,但与其他关于专利保护和研发的研究结果相反。

Teece（1986）提出的定性框架，描述了企业在何种条件下会使用不同的措施从创新中获益。该框架强调这些条件及随之采取的战略，不仅在行业之间，而且在各行业的企业之间都存在很大的不同。Teece 认为以下两种情况会影响企业从其创新成果中获利的能力：①企业是否拥有，或很容易获得，或会开发互补的生产、营销及其他商业化能力；②"独占性机制"，即某种新产品或流程是否容易被模仿，反过来说这又体现了以下功能，即专利是否能够有效地保护某一特定的技术，或一个新产品及流程是否因为其复杂性，或需要应用晦涩的知识等而难以复制。

Teece 的框架为许多研究创新的学者所接受，尤其是研究领域侧重管理的学者。经济学家认为该框架包括以下几种含义。第一，某些互补性能力难以获得，而独占性依赖于这些能力，因此该框架表明独占性情况有企业层面的因素参与。第二，企业的规模大小与研发存在着一种关系，而该框架为这种关系提供了另一个理论基础；互补能力对商业化至关重要，因此企业应加大对研发的投资，直到其拥有可以进行商业化的互补能力。创新企业为什么最终无法成功地将其创新成果商业化，Teece 的框架也对此提出了真知灼见。如果产权薄弱，而一个创新企业没有或者无法获得创新成果商业化所必需的互补能力，其它能力较强的企业可能就会抢占先机。

尽管 Teece 及其他人提供了很多与该框架一致的量化报告，但是几乎没有涵盖面广的计量经济工作来直接验证其框架对研发支出的影响，上文第 3 节已对此有所提及。但是，Gans 等（2002）尝试对 Teece 的框架进行拓展。他们认为，如果由于强大的专利及互补能力，技术市场对于独占的重要性降低，现有企业被成功的初创公司取代的风险就会降低，因为初创公司可以通过授权经营及出售创新成果而从创新中获利，而非通过进驻市场达成目的。通过对 118 家初创企业样本的研究，他们发现那些拥有专利的新兴企业授权经营或将专利出售给其它企业的概率要比进驻市场高出 23%。Arora 及 Ceccagnoli（2006）还提出了另一种可能性。通过使用卡内基·梅隆调查数据，他们发现随着专利有效性的增强，缺少互补能力的企业更有可能许可其它企业经营，而拥有这些能力的企业授权经营的可能性会降低。这表明，专利效力增强使得特许经营的可能性上升，实力强大的企业也因此更有可能从创新中获利。

尽管 Cohen 等（2000）及 Arundel（2001）强调，商业机密对欧美企业独占策略至关重要，但至今只有为数不多的研究讨论了企业使用商业机密对研发的影响。在所有的独占机制中，商业机密对知识流动的抑制最明显，因此使用商业机密时，独占对研发的刺激性影响与互补性和溢出效益之间会产生强烈的此消彼长。如此一来，企业自身的刺激因素与整个行业的创新表现形成鲜明的对比。Cohen 及 Walsh（2000）在对行业层面上的探索性研究表明，商业机密是唯一一种既可以减少行业层面的知识流通，也可以增加与之相关的独占刺激影响的独占机制。

Gilson(1999)谈道,在加利福尼亚州,无法实行非竞争性条约,原因就是商业机密不仅会阻碍思想传播(尤其是与劳动力流动相关的思想传播),而且不利于创新,至少是区域层面上的创新。他推测硅谷的欣欣向荣体现在企业创建及创新上,而这又部分得益于加州一直以来都未实行非竞争协定;企业间的人员流动性因此增加,而这种知识共享继而促进了创新。为了验证Gilson猜测的前提,Fallick等人(2006)使用了当前人口调查来验证硅谷及其他地区企业的劳动力流动性。得出的结果与Gilson的假说几乎一致。他们发现与其他各州相比,加利福尼亚州对流动性有一个积极的"加州效应"。尽管他们只能将员工非竞争法规①排除在外。Marx等(2009)通过利用密歇根州的一个"自然实验",更清楚地发现了非竞争协议对专利权发明人的流动性产生的影响。在这个试验中,密歇根州议会于1985年无意中废除了该州的非竞争政策。他们发现,非竞争条款的确会减弱流动性,特别在专业性非常强的技术领域。

尽管Fallick等人和Marx等人的结果基本上证实了Gilson观点的第一要素,但是仅有少量数据显示这样的流动性与企业创建和创新有关。然而,Stuart及Sorensen(2003)注意到,没有实行非竞争协定的州拥有更多的新兴企业,但是这并不能证明创新及非竞争条款有明确的关系。在马萨诸塞州等实行员工非竞争协定的地区,由于独占性变强,与劳动力流动性相关的溢出互补效应减弱,企业需要加大对创新的投入。

因此,尽管针对商业保密的研究才刚刚开始,这项研究已占据非常重要的地位。因为该研究不仅能够帮助我们弄清创新活动和绩效的决定因素,还能帮助我们了解政策决定因素。例如,在讨论与专利强度相关的政策时,应考虑到企业保护其创新成果的其他方式。换句话说,专利的弱化可能会促使企业更加依赖商业机密,研发的溢出效应只会减少,不会增加。

不仅如此,在研究商业机密,尤其是其非竞争性的表现形式以及对人员流动的影响时,有关独占性及研发溢出的一个普遍问题得以彰显。衡量不同独占机制的有效性以及各自的应用大有裨益。但是,如果要研究独占情况及其对创新的影响,我们仍需制定出能够反映知识流动并更好衡量溢出效应的指标。而知识流动有时体现在技术上,有时又脱离技术,有时存在于流动人员的头脑里②。

---

① 而且该影响似乎针对计算机行业,这表明这种影响并不一定是位置的影响,而可能是行业与位置的一个相互作用。

② 这支持了以下观点,即具有溢出效应的重要知识并不一定是有关一个有形产品或工艺的详细知识。Levin等(1987)在其报告中采访了研发经理,结果表明了解竞争对手正式试图解决什么问题,这些竞争对手使用了何种技术方法,何种方法获得了成功对研发经理来说非常有帮助。这表明独占问题并不限于保护成功的创新成果。如果某企业知道一个项目已告失败,可能会节省其竞争对手的成本或帮助竞争者获得成功。

另外，在考虑知识流动的影响时，我们一方面需要关注与之相关的研发和创新的此消彼长，另一方面也需要关注其互补性及效率效应。

至于我们为什么要了解行业内通常会用何种独占机制，其中最重要的原因之一就是独占机制会间接影响研发的刺激因素。本报告表明，不同的机制会对以下因素产生不同的影响：一个行业中知识流动的性质及范围、从发明中获利的方式、基于创新的参与是否可行、市场结构与创新的关系，以及一个行业中发明活动的速度及方向（参阅 Arora 和 Ceccagnoli，2006；Cohen 和 Klepper，1996b；Gans 和 Stern，2003；Gans 等，2002，2008；Teece1987 等）。如上所述，我们应该考虑到商业机密的广泛使用（而非专利的普遍使用）往往会阻碍知识流动，甚至于减少研发溢出对技术进步的贡献。或者说在某些行业，使用互补能力而非专利最有利于独占。规模较大的企业往往在从创新中获利时更有优势，从而进一步扩大其规模。由此产生的结果可能包括击败能力较弱的竞争对手、阻碍创新企业进入市场，同时对随市场进入而产生的技术多样性和技术创新产生不利的影响（参阅 Teece，1986）。我们也从 Gans 等（2008）及 Arora 和 Ceccagnoli（2006）的研究中得知，专利的有效性会显著影响小型企业是否出售非实体创新成果（与自主生产这些创新成果相对），继而会影响研发中企业规模的优势（Cohen 和 Klepper，1996b）[①] 及技术进步的性质（Cohen 和 Klepper，1996a）。然而，关注不同保护措施的主导性对创新的影响的同时，也回避了问题的实质，即哪些因素决定了一个特定技术或行业偏向于使用何种机制[②]。除此之外，评估不同的独占机制的决定因素及影响所面临的一个挑战是，缺乏使用不同机制的数据，而专利除外。

尽管大部分文献主要的关注点是一个行业中独占条件如何影响其创新活动，但是 von Hippel（1982，1988）提出，垂直相关行业的创新会导致利润独占，而这会影响创新活动的发生地。von Hippel 尝试说明，在何种条件下机器由机器制造商而非使用方研发。在此过程中，von Hippel 强调了以下条件：该机器包含多少新知识；专利或商业机密的相对效力；该机器是否应用于一个行业或者多个行业；机器制造企业及使用企业的市场结构；近期出现的条件；获取解决问题所需信息的难易程度——这种难易程度是相对于机器研发的组织环境而言的。据猜测，这些因素决定了垂直相关企业的创新发生地，同时也可能影响创新

[①] 据上所述，如果专利没有产生效果的话，企业可能会依赖商业机密或者先发优势，这就要求企业在其产出中体现自身的创新成果。

[②] 为什么专利在医药行业的效果尤其明显呢？Levin 等（1987）就这个问题提出了具有说服力的观点。即化学结构及特定药物作用之间存在一一对应的关系，导致"打擦边球"的难度上升。

成果的数量[①]。

5. 结论

早在 20 年前，Richard Levin 等人就首次以本调查为内容写了一本书（Cohen 和 Levin，1989），此后有关技术变革和创新经济学的著作层出不穷。事实也的确如此。基于该主题的著述就达三卷手册之多，包括本手册（Fagerberg 等，2005；Stoneman，1995）以及 1989 年《工业组织手册》（*Handbook of Industrial Organization*）中两章以上[②]的内容（Schmalensee 和 Willig，1989）。然而，这些著作在促进人们对本报告的主题，即企业或行业的创新活动及绩效的理解方面，取得的进展却参差不齐。本报告的重点是与研发定量和研发成果相关的重要且具有说服力的实证发现。我们探究调查的三个主要领域：一是将创新与市场结构和企业规模联系在一起的熊彼特假说，二是企业特征的角色，三是行业层面的变量所扮演的角色，广义地认为这三个变量具有反映需求、技术机会和需求状况的特点。

通过对两个熊彼特假说的回顾，我们主要强调了一个经久不衰、具有说服力的发现：企业规模与研发之间存在着单调关系。我们有理由认为，企业规模对研发产生的成本分摊影响是导致该关系产生的根源。然而，企业规模的成本分摊影响本身就反映了潜在的独占性，在这些条件的限制下，企业只能利用自身产量中的创新成果，而企业的产出通常会因为创新和市场分割而增长乏力。市场结构与研发之间的关系仍然问题重重，目前还没有清晰的理论基础支撑这种关系。虽然相关的研究人员使用了一些措施得出了实证结论，但是这些措施不甚理想，所以这些结论仍然站不住脚，这也解释了研发支出变化微小的原因。更重要的是，Scherer（1967a），Scott（1984），Levin 等人（1985），Sutton（1998）及其他人的研究表明，这可能反映了技术进步其他决定性因素所产生的影响，特别是技术机会、独占条件以及市场分割程度。熊彼特消长均衡关系可能适用于企业规模（企业规模与市场势力的关系紧密度），而事实上这种均衡关系对市场结构（控制企业规模）的适用性却不太明显。行业层面上的因素可能会影响市场结构

---

① 尽管计量经济学文献并未对这些问题进行深入的探索，Farber（1981）介绍并找到了一些材料支持以下假说，即由买方主导的市场会影响卖方在研发上的投入。Harhoff（1996）表明还有其它因素会影响垂直相关行业间的研发活动，他认为垄断力量很大的供应商，比如以前的铝制造商受其他因素刺激可能会对其产品在下游的应用开展研发，从而通过增加市场对下游产品的需求，提高下游行业的竞争力，拉高市场对产出的需求。

② 除了 Cohen & Levin（1989）书中有关研发的实证文献中的章节，Reinganum（1989）也对理论文献做出了综述。

与创新之间的关系,而我们需要深化对其影响方式的理解。

我们记载了跨时 50 年的研究运动,并未纠结于企业规模与市场集中度的作用,而是聚焦于更广泛的主题,Schmookler,Arrow,Nelson,Griliches,Rosenberg,Mansfield,Scherer 及其他先驱者先后投身其中。他们主要考虑的是 Cohen 和 Levin(1989)归纳的行业研发更"根本"的决定性因素,包括需求、独占、技术机会和企业的关键特征。至于创新活动的某个决定因素是否关键,则需要我们自行判断。例如,由于一些创新更为激进,技术机制会相应地发生改变,进而导致判断力、技术机会和独占条件自身会随着时间变化。尽管如此,在相当长的时间里,人们可能会认为这些条件决定着不同行业间创新活动的差别。从这一点上而言,人们可能认为这些行业层面的条件至关重要。而关于区分各行业内企业变量的相对重要性,人们的观点却大相径庭。例如,是否存在一些针对企业的研发相关技能,不论何时都难以获取或获取的成本非常昂贵,我们因此考虑将其视作外生因素?

需求、独占性及技术机会是创新活动和绩效的重要影响因素,人们对此的看法普遍一致。尽管如此,人们对这些变量作用的探究还远远不够。以上三类行业层面的关键变量,表面上似乎解释了企业创新活动中大量的变化和差异。但是对于这些变量的影响方式,我们的理解还非常有限。不同维度的技术机会和独占性如何影响创新活动及其绩效,我们有一些看法,有些较模糊,有些则较清晰。然而我们在验证以上特定影响的存在及其重要性时往往不够直接。关于不同行业间需求、技术机会以及独占性的性质及影响的差异,相关描述性的证据开始日益增加,但我们收集以上三类变量的原始数据所付出的努力却微乎其微——只有 Levin 等(1987),Cohen 等(2000),欧盟创新调查及其他相关调查对此付出了努力。另外,如果没有合适的数据,我们就无法更细致地调查行业层面的因素所产生的作用。例如,关于独占性弱化创新动机的消极影响与研发溢出效应的积极互补影响之间的此消彼长,以及各行业研发动机激励因素的此消彼长方面,我们的实证研究还非常少。另外,探讨以上影响的实证研究可能需要更严密、更经得起实证检验的模型。

与我们对行业层面变量的理解相比,我们对企业层面变量产生的作用的理解还非常落后。20 世纪 80 年代中期到 90 年代中期,经济学家再次强调研究企业特征的影响。但是自此之后,这方面的研究少之又少。这也许再次反映出收集合适数据时面临的挑战。除此之外,我们不仅很难收集到许多企业特征的相关数据,而且在这些数据中有许多可能存在内生性,导致我们在分析这些特征对创新的影响时面临很大的挑战。因此我们需要另外确定和衡量相关数据。与此同时,最容易出现问题的是对研发相关能力的研究。我们在调查研发相关能力的性质及作用时,可能需要更细致的行业研究。比如 Henderson 和 Cockburn

(1996)等研究以详细了解相关企业和相关技术为基础。

至于与研发相关的企业能力所扮演的角色,存在行业层面上的变量分析问题。企业所拥有的专业技能不同,追求创新的方法及业绩也不同。这一观点表明,行业层面上的因素对行业内各企业的影响可能不一样。这些因素包括技术机会、需求、研发的溢出效应以及独占性。越来越多的人意识到,技术信息的加工成本高昂,他们也更加意识到企业能力创新的重要性。一段时间里加工成本的多少,取决于信息的性质及企业评估及使用该信息的能力。这个观点表明三大类行业层面上的变量对创新活动及能力的影响,取决于企业对知识的吸收和应用,而不论这些知识是关于需求条件,还是竞争企业的知识流动,抑或是新科技进步的信息。而且,企业的学习能力有赖于其对此类能力的前期投资,事实也的确如此,因为我们发现投资自身研发成果的企业吸收外生知识的能力更强(Baldwin,1962;Evenson 和 Kislev,1973;Mowery,1983a)。Cohen 和 Levinthal(1989)曾创建并成功验证一个模型,其中企业投资研发出于两个目的:创造知识以及如上文所述,增强"吸收能力",即评估、吸收及利用外部知识的能力①。因此,有人可能认为,某一行业内的不同企业会拥有一些相同的潜在技术机会。尽管如此,企业是否拥有评估、吸收以及利用相关知识的能力,都会影响该机会对企业的影响。更广泛地说,为了了解行业层面上的因素如何产生影响及影响的程度,我们需要深入了解行业内及行业间企业学习及信息加工的影响因素。Malerba(1992)提供了一个企业学习的分类法,该方法划分了三种学习方式,即企业就生产及使用经验的学习有助于企业利用外部知识的学习,以及关注解决内部问题的学习,这表明这些不同类型的学习事实上会影响企业追求创新活动的类型。

自 20 世纪 70 年代中期以来,实证文献越来越关注的问题是创新的动态、企业的发展以及市场结构。在这些方面,Nelson 和 Winter(1982a)的仿真模拟模型走在研究前沿。自此以后,Klepper(1996)及其同事的分析模型及实证分析为这些问题提供了理论以及实证上颇具启迪性的解决方法。然而,相关数据特别是历史数据的缺乏成为阻碍实证测试进步的主要因素。

很久之前,Schmookler(1962),Griliches(1957),Nelson(1959)以及 Arrow(1962a)等经济学家将利润看作技术变革背后的主要驱动力。他们因此

---

① Cohen & Levinthal(1989)通过利用美国联邦贸易委员会的行业数据及 Levin 等(1987)的调查数据发现该模型具有可靠的数据支撑,因此其本身依赖的内生性吸收能力及其他能力才会存在,我们也可以使用基于调查的标准来衡量技术机会的范围(Klevorick 等,1995)。Adams 应用了对隶属于 115 家企业的 200 多个研发实验室的调查数据,估计真正投入到知识学习中的研发份额一方面来自其他企业,另一方便来自于大学。

认为技术变革的速度及方向可以被理解为企业在利润的驱动下理性投资创新的结果。进而，他们将个人的影响以及个人对技术进步的影响放在次要的位置。然而近期的调查表明，企业内每个研发员工的动机及激励因素，包括他们的非金钱动机可能有助于深化我们对创新绩效的理解[①]。Stern（2004）曾对刚毕业的医药博士生在选择医药企业就业职位时所考虑的因素进行了实证分析，分析结果显示，非金钱动机会对行业调查的成本产生重要影响。具体而言，据Stern估计，如果某些工作允许求职者做更多学术方面的科学研究，他们愿意接受工资减少25%。因为他们"热爱科学"。Sauermann和Cohen（2008）以将近2 000位从事行业研究的博士生为样本，对美国科学基金会的科学家与工程师统计数据进行系统调查。调查发现，对企业影响及个人能力的控制、培训和努力的程度、个人对智力挑战的渴望程度与创新产出的提升有很大的关系。而创新产出的衡量标准是专利申请和商业化专利的数量。[②] 即使控制了企业的影响，个人动机仍然可能影响行业创新，这表明经济学家在考虑行业创新的决定因素时不应只关注企业及行业的特征，还应考虑行业层面的动机和激励机制，以及行业研发人员的其他特征。对于经济学家而言，扩大考虑范围会带来显著成效。

我们可以从有关创新活动及绩效的实证文献中学到以下重要经验。其一，本书一再提出该领域需要更多、更准确的数据，包括以下一些独立变量：行业层面的变量、企业特征甚至上文提议的个人层面的变量。更好地衡量创新活动本身同样至关重要，因为考虑到如下一些情况，例如，目前美国缺乏行业层面分类足够细化（例如四位数）的数据，研发集合中行业层面的数据也不多，无法区分①流程研发和产品研发；②为了促进渐进式改进而开展的研发和全新产品、全新

[①] Schumpeter（1934，1942）自身的确表明了一系列动机在创业及创新活动中扮演着至关重要的作用。尽管Schumpeter的这个观点言之有理，为什么科学家及工程师个人的动机或激励而非整个企业的利润动机对创新非常重要呢？Sauerman及Cohen（2008）指出首先企业的研发人员比大部分员工的自主权都要高。原因是关于如何解决技术上的挑战往往存在不确定性，而技术专家对技术问题更加在行。因此，让技术专家保留很大程度的自主权符合管理层的利益。不仅如此，技术专家们在发明和创意中付出的努力很难受到外人注意。因为研发项目的成果存在不确定性，所以外界能够看到的成果不能够充分地反映员工所付出的努力。因此在研发实验室这个环境中，员工个人往往有很大的权威，而官僚式控制的机会非常小（Prendergast，1999）。因此企业的创新绩效在很大一方面取决于其科学家及工程师的动机。

[②] 该研究的一个问题是如果对挑战的热爱会提高研发的生产力，那为什么还要控制个人努力的层次呢？Sauermann及Cohen（2008）基于社会及认知心理学方面的文献推测这种内在动力可能与调查对象的认知及他们解决问题的能力有关。然而，本书作者承认他们无法排除反向影响关系的可能性，即技术专家在创新中获得的成功可能会使他们对智力挑战更加感兴趣。

流程的研发;③以及基础研究和应用研究研发支出的分配与发展①(NRC,
2005)。Lunn(1986)曾强调,公众普遍认为研发活动本质上类型相同。以上种
种导致我们很难明确表述一个实证模型。例如,一些原本影响流程创新的变量
可能对产品创新并无影响。个别企业或行业层面上的解释性变量在各种活动中
的重要性也可能不同。专利保护对产品研发产生的影响预计将大于对流程研发
的影响(Levin 等,1987)。或者说,一个企业多元化的程度对基础研发产生的影
响,要大于对应用研发的影响(Nelson,1959)。除此之外,上文也提到过,企业
规模与流程及渐进式研发的联系,要比与产品创新的联系更紧密。另外,上述关
系在不同的行业间也可能有所不同。美国存在的另一个数据限制是:缺乏正规
实验室及统计目录之外的创新活动衡量标准。Mansfield(1968)以企业组成的
很小的非正式样本为研究对象,发现研发支出仅占生产商对产品和流程创新投
入的 50%。迄今为止几乎所有的研究都基于一个不明确且未经验证的假设,即
研发支出是反映更广泛的投资活动的可靠指数。过去 50 年中,我们开始着手纠
正这种情况。加拿大、欧洲及其他地区在欧盟创新调查的引领下就数据收集做
出了很多努力。在此过程中,他们发现创新不仅与研发企业和收集数据有关,还
应考虑广泛意义上创新活动的特点及关联因素(详见 Arundel,2007;Arundel
等,2006;Gault,2003;Smith,2005;Mairesse 以及 Mohnen 在第 26 章中关于
创新调查的综述)。

　　然而另一个长期为我们所知的数据限制是缺乏准确衡量创新本身的标准。
这可能是所有限制因素中影响最严重的一项。创新本身指的是创新活动的产出
(Cohen 和 Levin,1989)。尽管我们应用专利引用次数衡量创新,并取得了进
步,但由于行业和企业之间的专利倾向不同而我们对引用行为的了解又非常有
限,所以这样的衡量标准仍然存在缺陷。②

　　我们在理解创新活动及绩效的决定因素时存在一个重大空白,即除了在金

---

① 美国国家科学基金会正在大力拓展及改善研发数据及其他相关数据的收集。并逐步开始收集企业层
　面的数据。过去,学者们偶尔会收集有关研发组成的数据。比如,Mansfield(1981)和 Link(1982b)收
　集并分析相关数据,这些数据能够将企业层面的基础研究与应用研发区分开来。Link(1982a)收集了
　企业层面有关流程及产品研发的数据。Scherer 将所有于 20 世纪 70 年代中期授予的有效期为 10 个
　月的专利归类为来源企业或使用企业。这种分类使范围更广的行业也能做此区别。在 Scherer 的框
　架中,流程创新由是来源企业中使用的专利标识,而产品创新成果代表了平衡。Scherer 不仅提供了技
　术在跨行业流动时一个有趣的情况,在假定一个行业或单个企业投入流程中的研发百分比等于专利百
　分比的条件下,Scherer 的数据还被用于区别流程及产品研发之间的一个行业或企业单位的研发支出
　(Cohen & Klepper,1996a;Levin & Reiss,1988;Lunn,1986)。
② 共同体创新调查及有关调查也收集了数据,这些数据反映了产品,工艺及服务在企业销售量中所占的
　比例。而这些产品,工艺及服务有的刚刚驻进市场,有的由企业最新研发出来。尽管这并非创新的一个
　直接衡量标准。这个标准至少从某一方面反映了创新在商业方面对任何企业的重要性。

融服务领域为数不多的研究文献外①，我们对服务领域的创新几乎一无所知。这个空白不能简单地归因为缺乏数据，而是反映了我们对创新的理解：当大量的创新发生在研发实验室之外，特别是发生在特定客户关系的背景下时，如何才能记录这些创新。然而这也和研发的衡量方式相关。比如，如果一个企业在为客户提供服务的过程中进行创新，按照统计惯例，企业会用所售产品的成本进行统计；而我们统计时，并不能将其作为研发因素。但是服务业中大量的创新恰恰以这样的方式存在。

从实证文献中我们或许能学到的最基本的一点就是，尽管我们在宽泛地验证动机激励假说时可能会产生的实证结果，但无论研究结果的合理性如何，我们对其进行解读时仍然面临很大的挑战，从调查发现中总结的见解也往往因为缺乏潜在理论支撑而导致其影响非常有限。构建模型可以有效地服务于实证分析，虽然此观点人尽皆知，我们在研究创新时却往往忽视这一点。诚然，即使非常简单的理论也能从根本上修正实证关系表面上最明确的解释，比如研发生产率与企业规模之间的实证关系。

然而，归纳性更强的实证方法也扮演着非常重要的角色。比如，我们对创新的实证理解并非来自对计量经济学模型的判断，而是来自对其他实证方法的使用。如上文所述，历史文献及案例分析文献提供了海量的见解和事实信息，这往往能够帮助我们形成假说，给予我们灵感，从而找到更严密的方法。最明显的体现就是很多可信度最高的实证规律并不是通过利用已发布数据预测及验证详尽的模型而总结出来的，而是通过不辞劳苦地收集原始数据而得来，数据收集模式通常表现为回应简单的调查问题。无论计量经济学方法如何发展、已发布数据的质量如何改善，我们都要秉持包容的精神应用实证方法，这一点至关重要。

致谢

感谢 James Melnick，Marcelo Ochoa，Fabrice Smieliauskas 和 Ulya Tsolmon 提供的研究协助，以及本卷的编辑们提供的有用的意见。

参考文献

Abernathy，W. J. (1978)．"The Productivity Dilemma"．Johns Hopkins University Press，Baltimore，MD.

---

① 关于对决定金融服务创新因素的实证研究，请参照 Lerner (2006)，研究金融服务业创新的文献为数不多，如想了解对这些文献的综述，请参照 Frame 及 White (2004)。

Abernathy, W. J. , Utterback, J. M. (1978). "Patterns of industrial innovation". Technology Review 41 – 47.

Acemoglu, D. , Linn, J. (2004). "Market size in innovation: Theory and evidence from the pharmaceutical industry". Quarterly Journal of Economics 119,1049 – 1090.

Achilladelis, B. , Schwarzkopf, A. , Cities, M. (1990). "The dynamics of technological innovation: The case of the chemical industry". Research Policy 19,1 – 34.

Acs, Z. J. , Audretsch, D. B. (1987). "Innovation, market structure, and firm size". Review of Economics and Statistics 71,567 – 574.

Acs, Z. J. , Audretsch, D. B. (1988). "Innovation in large and small firms". American Economic Review 78,678 – 690.

Acs, Z. J. , Audretsch, D. B. (1990). Innovation and Small Firms. MIT Press, Cambridge, MA.

Acs, Z. J. , Audretsch, D. B. (1991a). "Innovation as a means of entry: An overview". In: Geroski, P. , Schwalbach, J. (Eds.), Entry and Market Contestability: An International Comparison. Basil Blackwell, Oxford.

Acs, Z. J. , Audretsch, D. B. (1991b). "R&D, firm size, and innovative activity". In: Acs, Z. J. , Audretsch, D. B. (Eds.), Innovation and Technological Change: An International Comparison. Harvester Wheatsheaf, New York, NY.

Acs, Z. J. , Audretsch, D. B. , Isberg, S. C. (1991). "Innovation, firm size and corporate finance". Economics Letters 35,323 – 326.

Acs, Z. J. , Audretsch, D. B. , Feldman, M. (1992). "Real effects of academic research: Comment". American Economic Review 82(1),363 – 367.

Adams, J. D. (1990). "Fundamental stocks of knowledge and productivity growth". Journal of Political Economy 98(4),673 – 702.

Adams, J. D. (1993). "Science, R&D, and invention potential recharge: U. S. evidence". American Economic Review: Proceedings 83,458 – 462.

Adams, J. D. (2006). "Learning, internal research, and spillovers". Economics of Innovation and New Technology 15,5 – 36.

Adams, J. D. , Jaffe, A. B. (1993). "On the microeconomic structure of R&D spillovers". Mimeo, University of Florida.

Adams, J. D. , Chiang, E. P. , Jensen, J. L. (2003). "The influence of federal laboratory R&D on industrial research". Review of Economics and Statistics 85,1003 – 1020.

Aghion, P. , Griffith, R. (2005). Competition and Growth: Reconciling Theory and Evidence. MIT Press, Cambridge, MA.

Aghion, P. , Harris, C. , Vickers, J. (1997). "Competition and growth with step-by-step innovation: An example". European Economic Review 41,771 – 782.

Aghion, P. , Bloom, N. , Blundell, R. , Griffith, R. , Howitt, P. (2005). "Competition and Innovation: An inverted U-relationship". Quarterly Journal of Economics 120,701 – 728.

Agrawal, A. , Henderson, R. (2002). "Putting patents in context: Exploring knowledge transfer from MIT". Management Science 48,44 – 60.

Ahuja, G. , Lampert, C. M. , Tandon, V. (2009). "Moving beyond Schumpeter: Management research on the determinants of technological innovation". The Academy of Management Annals 2,1 – 98.

Alcacer, J. , Gittelman, M. , Sampat, B. (2009). "Applicant and examiner citations in U. S.

patents: An overview and analysis". Research Policy 38,415-27.

Amabile, T. (1996). Creativity in Context. Westview Press, Boulder, CO.

Angelmar, R. (1985). "Market structure and research intensity in high technological-opportunity industries". Journal of Industrial Economics 34,69 – 79.

Antonelli, C. (1989). "A failure-inducement model of research and development expenditure". Journal of Economic Behavior & Organization 12,159 – 180.

Armour, H. O., Teece, D. J. (1981). "Vertical integration and technological innovation". Review of Economics and Statistics 62,470 – 474.

Arora, A. (1996). "Testing for complementarities in reduced-form regressions: A note". Economics Letters 50,51 – 55.

Arora, A., Ceccagnoli, M. (2006). "Profiting from licensing: The role of patent protection and commercialization capabilities". Management Science 52,293 – 308.

Arora, A., Fosfuri, A., Gambardella, A. (2001). Markets for Technology: Economics of Innovation and Corporate Strategy. MIT Press, Cambridge, MA.

Arora, A., Ceccagnoli, M., Cohen, W. M. (2008). "R&D and the patent premium". International Journal of Industrial Organization 26,1153 – 1179.

Arrow, K. J. (1962a). "Economic welfare and the allocation of resources for invention". In: Nelson, R. R. (Ed.), The Rate and Direction of Inventive Activity. Princeton University Press, Princeton, NJ.

Arrow, K. J. (1962b). "The economic implications of learning by doing". Review of Economic Studies 29,155 – 173.

Artes, J. (2009). "Long-run versus short-run decisions: R&D and market structure in Spanish firms". Research Policy 38,120 – 132.

Arthur, W. B. (1989). "Competing technologies, increasing return, and lock-in by historical events". Economic Journal 99,116 – 131.

Arthur, W. B. (1990). "Positive feedbacks in the economy". Scientific American 262,92 – 99.

Arundel, A. (2001). "The relative effectiveness of patents and secrecy for appropriation". Research Policy 30,611 – 624.

Arundel, A. (2007). Innovation survey indicators: What impact on innovation policy? Science, Technology and Innovation Indicators in a Changing World: Responding to Policy Needs. OECD Publishing, Paris, pp. 49 – 64.

Arundel, A., Kabla, I. (1998). "What percentage of innovations are patented? Empirical estimates for European firms". Economic Journal 27,127 – 141.

Arundel, A., Bordoy, C., Mohnen, P., Smith, K. (2006). "Innovation surveys and policy: Lessons from the CIS". Mimeo, MERIT, University of Maastricht .

Athey, S., Stern, S. (1998). An empirical framework for testing theories about complementarity in organizational design. Working paper No. 6600. National Bureau of Economic Research, Cambridge, MA.

Ayres, R. U. (1987). "Barriers and breakthroughs: An "expanding frontiers" model of the technology-industry life cycle". Technovation 7,87 – 115.

Azoulay, P., Manso, G., Zivin, J. (2009). "Incentives and creativity: Evidence from the academic life sciences". Mimeo, MIT Sloan School of Management.

Baily, M. N. (1972). "Research and development costs and returns: The U. S. pharmaceutical industry". Journal of Political Economy 80,70 – 85.

Baldwin, W. L. (1962). "Contracted research and the case for big business". Journal of Political Economy 70, 294 - 298.

Baldwin, W. L. , Scott, J. T. (1987). Market Structure and Technological Change. Harwood, Chichester.

Baumol, W. J. (2002). The Free-Market Innovation Machine. Princeton University Press, Princeton, NJ.

Bernstein, J. I. (1988). "Costs of production, intra- and inter-industry R&D spillovers: Canadian evidence". Canadian Journal of Economics 21, 324 - 347.

Bernstein, J. I. (1989). "The structure of Canadian inter-industry R&D spillovers, and the rates of return to R&D". Journal of Industrial Economics 37(3), 315 - 328.

Bernstein, J. I. , Nadiri, M. I. (1988). "Interindustry R&D spillovers, rates of return, and production in high-tech industries". American Economic Review: Proceedings 78, 429 - 439.

Bernstein, J. I. , Nadiri, M. I. (1989). "Research and development and intraindustry spillovers: An empirical application of dynamic duality". Review of Economic Studies 56, 249 - 267.

Bessen, J. , Maskin, E. (2009). "Sequential innovation, patents, and imitation". RAND Journal of Economics 40, 611 - 635.

Bhagat, S. , Welch, I. (1995). "Corporate research and development investments: International comparisons". Journal of Account? ing and Economics 19, 443 - 470.

Blair, J. M. (1948). "Technology and size". American Economic Review 38, 121 - 152.

Blair, J. M. (1974). Economic Concentration. Harcourt Brace Jovanovich, New York, NY.

Blumenthal, D. , Gluck, M. , Louis, K. , Wise, D. (1986). "Industrial support of university research in biotechnology". Science 231, 242 - 246.

Blundell, R. , Griffith, R. , Van Reenen, J. (1999). "Market share, market value and innovation in a panel of British manufacturing firms". Review of Economic Studies 66, 529 - 554.

Bond, S. , Harhoff, D. , Van Reenen, J. (1999). Investment, R&D, and financial constraints in Britain and Germany. Working paper No. 99/4. Institute of Fiscal Studies, London.

Bougheas, S. , Goerg, H. , Strobl, E. (2003). "Is R&D financially constrained? Theory and evidence from Irish manufacturing". Review of Industrial Organization 22, 159 - 174.

Bound, J. , Cummins, C. , Griliches, Z. , Hall, B. H. , Jaffe, A. (1984). "Who does R&D and who patents?" In: Griliches, Z. (Ed.), R&D Patents and Productivity. University of Chicago Press for the NBER, Chicago, IL.

Bozeman, B. , Link, A. N. (1983). Investments in Technology: Corporate Strategies and Public Policy Alternatives. Praeger, New York, NY.

Branch, B. (1974). "Research and development activity and profitability: A distributed lag analysis". Journal of Political Economy 82, 999 - 1011.

Braun, E. , MacDonald, S. (1982). Revolution in Miniature. Cambridge University Press, Cambridge, MA.

Breschi, S. , Malerba, F. , Orsenigo, L. (2000). "Technological regimes and Schumpeterian patterns of innovation". Economic Journal 110, 388 - 410.

Bresnahan, T. , Trajtenberg, M. (1995). "General purpose technologies—Engines of growth?" Journal of Econometrics 65,83 – 108.

Brock, G. W. (1975). The U. S. Computer Industry. Ballinger, Cambridge, MA.

Brown, W. (1997). " R&D intensity and finance: Are innovative firms financially constrained?" Mimeo, London School of Economics Financial Market Group .

Carpenter, M. P. , Narin, F. , Wolf, P. (1981). "Citation rates to technologically important patents". World Patent Information 3,160 – 163.

Cassiman, B. , Veugelers, R. (2002). "R&D cooperation and spillovers: Some empirical evidence from Belgium". American Economic Review 92,1169 – 1184.

Cassiman, B. , Veugelers, R. (2006). "In search of complementarity in innovation strategy: Internal R&D and external knowledge acquisition". Management Science 52,68 – 82.

Caves, R. (1962). Air Transport and Its Regulators. Harvard University Press, Cambridge, MA.

Caves, R. , Porter, M. , Spence, M. (1980). Competition in the Open Economy: A Model Applied to Canada. Harvard University Press, Cambridge, MA.

Cerda, R. (2007). "Endogenous innovations in the pharmaceutical industry". Journal of Evolutionary Economics 17,473 – 515.

Chandler, A. (1990). Scale and Scope. Harvard University Press, Cambridge, MA.

Chesbrough, H. (1999). "Arrested development: The experience of European hard disk drive firms in comparison to U. S. and Japanese firms". Journal of Evolutional Economics 9,287 – 330.

Christensen, C. (1997). The Innovator's Dilemma: When New Technologies Cause Great Firms to Fail. Harvard Business School Press, Boston, MA.

Clark, K. B. , Fujimoto, T. (1991). Product Development Performance. Harvard Business School Press, Boston, MA.

Clark, K. B. , Chew, W. B. , Fujimoto, T. (1987). "Product development in the world auto industry". Brookings Papers on Economic Activity, pp. 729 – 771.

Cockburn, I. , Henderson, R. (1994). "Racing to invest? The dynamics of competition in ethical drug discovery". Journal of Economics & Management Strategy 3,481 – 519.

Cockburn, I. , Henderson, R. (1998). "Absorptive capacity, coauthoring behavior, and the organization of research in drug discovery". Journal of Industrial Economics 46,157 – 182.

Cockburn, I. , Henderson, R. (2001). "Scale and scope in drug development: Unpacking the advantages of size in pharmaceutical research ". Journal of Health Economics 20, 1033 – 1057.

Cohen,W. M. (1995). "Empirical studies of innovative activity". In: Stoneman, P. (Ed.), Handbookofthe Economics ofInnovation and Technical Change. Basil Blackwell, Oxford.

Cohen, W. M. , Klepper, S. (1992a). " The anatomy of industry R&D intensity distributions". American Economic Review 82,773 – 788.

Cohen, W. M. , Klepper, S. (1992b). "The tradeoff between firm size and diversity in the pursuit of technological progress". Small Business Economics 4,1 – 14.

Cohen, W. M. , Klepper, S. (1996a). "Firm size and the nature of innovation within industries: The case of process and product R&D". Review of Economics and Statistics 78, 232 – 243.

Cohen, W. M. , Klepper, S. (1996b). "A reprise of size and R&D". Economic Journal 106, 925 – 951.

Cohen, W. M., Levin, R. C. (1989). "Empirical studies of innovation and market structure". In: Schmalensee, R., Willig, R. (Eds.), Handbook of Industrial Organization. North-Holland, Amsterdam.

Cohen, W. M., Levinthal, D. A. (1989). "Innovation and learning: The two faces of R&D—Implications for the analysis of R&D investment". Economic Journal 99, 569 – 596.

Cohen, W. M., Levinthal, D. A. (1990). "Absorptive capacity: A new perspective on learning and innovation". Administrative Science Quarterly 35, 128 – 152.

Cohen, W. M., Levinthal, D. A. (1994). "Fortune favors the prepared firm". Management Science 40, 227 – 251.

Cohen, W. M., Malerba, F. (2001). "Is the tendency to variation a chief cause of progress?" Journal of Industrial and Corporate Change 10, 587 – 608.

Cohen, W. M., Levin, R. C., Mowery, D. C. (1987). "Firm size and R&D intensity: A re-examination". Journal of Industrial Economics 35, 543 – 563.

Cohen, W. M., Nelson, R. R., Walsh, J. P. (2000). Protecting Their Intellectual Assets: Appropriability Conditions and Why U. S. Manufacturing Firms Patent (or Not). Working paper No. 7552. National Bureau of Economic Research, Cambridge, MA Revised 2004 (February).

Cohen, W. M., Goto, A., Nagata, A., Nelson, R. R., Walsh, J. P. (2002a). "R&D spillovers, patents and the incentive to innovate in Japan and the United States". Research Policy 31, 1349 – 1367.

Cohen, W. M., Nelson, R. R., Walsh, J. P. (2002b). "Links and impacts: The influence of public research on industrial R&D". Management Science 48, 1 – 23.

Cohen, W. M., Walsh, J. P. (2000). "R&D Information Flows, Appropriability and R&D Intensity". In: Spivack, R. N. (Ed.), Papers and proceedings of the Advanced Technology Program's International Conferences on the Economic Evaluation of Techno logical Change, Washington, DC. NIST Special Publication 952. USGPO, Washington, pp. 22 – 29.

Comanor, W. S. (1964). "Research and competitive product differentiation in the pharmaceutical industry in the United States". Economica 31, 372 – 384.

Comanor, W. S. (1965). "Research and technical change in the pharmaceutical industry". Review of Economics and Statistics 47, 182 – 190.

Comanor, W. S. (1967). "Market structure, product differentiation, and industrial research". Quarterly Journal of Economics 81, 639 – 657.

Connolly, R. A., Hirschey, M. (1984). "R&D, market structure; and profits: A value-based approach". Review of Economics and Statistics 66, 682 – 686.

Cooper, A. C. (1964). "R&D is more efficient in small companies". Harvard Business Review 42(3), 75 – 83.

Cowan, R. (1990). "Nuclear power reactors: A study in technological lock in". Journal of Economic History 50, 541 – 567.

Crepon, B., Duguet, E., Mairesse, J. (1998). "Research, innovation and productivity: An econometric analysis at the firm level". Economics of Innovation and New Technology 7, 115 – 158.

Cyert, R., March, J. (1962). A Behavioral Theory of the Firm. Wiley-Blackwell, New York, NY.

Czarnitzki, D., Kraft, K. (2004). "An empirical test of the asymmetric models on innovative behavior: Who invests more into R&D, the incumbent or the challenger?" Journal of Economic Behavior & Organization 54,153－173.

Czarnitzki, D. , Kraft, K. (2005). "License expenditures of incumbents and potential entrants: An empirical analysis on German firm behavior". ZEW—Centre for European Economic Research Discussion Paper No. 05－035. Available at SSRN: http:// ssrn. com/ abstract=732303, http://papers. ssrn. com/sol3/papers. cfm? abstract_id=732303♯.

Dasgupta, P. S. , David, P. A. (1987). "Information disclosure and the economics of science & technology". In: Feiwel, G. R. (Ed.), Arrow and the Ascent of Modern Economic Theory. , pp. 519－542

Dasgupta, P. S. , David, P. A. (1994). "Toward a new economics of science". Policy Research 23,487－521.

Dasgupta, P. S. , Stiglitz, J. E. (1980a). "Industrial structure and the nature of innovative activity". Economic Journal 90,266－293.

Dasgupta, P. S. , Stiglitz, J. E. (1980b). "Uncertainty, industrial structure and the speed of R&D". Bell Journal of Economics 11,1－28.

David, P. A. (1985). "Clio and the economics of QWERTY". American Economic Review: Proceedings 75,332－337.

David, P. A. (1988). Path-dependence: Putting the past into the future of economics. IMSSS Technical Report No. 533. Stanford University, Stanford, CA.

Deng, Y. (2007). "The effects of patent regime changes: A case study of the European patent office". International Journal of Industrial Organization 25,121－138.

Doi, N. (1985). "Diversification and R&D activity in Japanese manufacturing firms". Managerial and Decision Economics 6,47－52.

Dorfman, N. S. (1987). Innovation and Market Structure: Lessons from the Computer and Semiconductor Industries. Ballinger, Cambridge, MA.

Dosi, G. (1982). "Technological paradigms and technological trajectories: A suggested interpretation of the determinants and directions of technical change". Research Policy 11, 147－162.

Eaton, J. , Kortum, S. (1999). "International technology diffusion, theory and measurement". International Economic Review 40,537－570.

Ehrnberg, E. , Sjoberg, N. (1995). "Technological discontinuities, competition and firm performance". Technology Analysis & Strategic Management 7,93－107.

Elliot, J. W. (1971). "Funds flow versus expectational theories of research and development expenditures in the firm". Southern Economic Journal 37,409－422.

Encaoua, D. , Guellec, D. , Catalina, M. (2006). "Patent systems for encouraging innovation: Lessons from economic analysis". Research Policy 35,1423－1440.

Enos, J. L. (1962). Petroleum Progress and Profit. MIT Press, Cambridge, MA.

Evenson, R. E. , Kislev, Y. (1973). "Research and productivity in wheat and maize". Journal of Political Economy 81,1309－1329.

Evenson, R. E. , Kislev, Y. (1976). "A stochastic model of applied research". Journal of Political Economy 84,265－281.

Fagerberg, J. , Mowery, D. C. , Nelson, R. R. (2005). The Oxford Handbook of Innovation. Oxford University Press, Oxford.

Fallick, B. , Fleischman, C. , Rebitzer, J. (2006). "Job-hopping in Silicon Valley: Some evidence concerning the micro-foundations of a high technology cluster". Review of Economic Statistics 88,472 – 481.

Farber, S. (1981). "Buyer market structure and R&D effort: A simultaneous equations model". Review of Economics and Statistics 62,336 – 345.

Farrell, J., Klemperer, P. (2007). "Coordination and lock-in: Competition with switching cots and network effects". In: Armstrong, R. H., Porter, R. H. (Eds.), Handbook of Industrial Organization, vol. 3. Elsevier, Amsterdam.

Farrell, J., Saloner, G. (1985). "Standardization, compatibility, and innovation". RAND Journal of Economics 16,70 – 83.

Farrell, J., Saloner, G. (1986). "Installed base and compatibility: Innovation, product preannouncements, and predation". American Economic Review 76,940 – 955.

Fisher, F. M., Temin, P. (1973). "Returns to scale in research and development: What does the Schumpeterian hypothesis imply?" Journal of Political Economy 81,56 – 70.

Flamm, K. (1988). Creating the Computer. The Brookings Institution, Washington, DC.

Frame, W. S., White, L. J. (2004). "Empirical studies of financial innovation: Lots of talk, little action?" Journal of Economic Literature 42,116 – 144.

Freeman, C. (1982). The Economics of Industrial Innovation (second ed.). MIT Press, Cambridge, MA.

Freeman, C. (1987). Technology Policy and Economic Performance: Lessons from Japan. Pinter, London.

Galbraith, J. K. (1952). American Capitalism: The Concept of Countervailing Power. Houghton Mifflin, Boston, MA.

Gallini, N. (2002). "The economics of patents: Lessons from recent U. S. patent reform". Journal of Economic Perspectives 16,131 – 154.

Gambardella, A. (1992). "Competitive advantages from in-house scientific research: The US pharmaceutical industry in the 1980s". Research Policy 21,391 – 407.

Gans, J., Stern, S. (2003). "The product market and the market for 'ideas': Commercialization strategies for technology entrepreneurs". Research Policy 32,333 – 350.

Gans, J., Hsu, D., Stern, S. (2002). "When does start-up innovation spur the gale of creative destruction". RAND Journal of Economics 33,571 – 586.

Gans, J., Hsu, D., Stern, S. (2008). "The impact of uncertain intellectual property rights on the market for ideas: Evidence for patent grant delays". Management Science 54, 982 – 997.

Gault, F. (2003). Understanding Innovation in Canadian Industry. McGill-Queen's University Press, Montreal, QC.

Gellman Research Associates. (1976). Indicators of international trends in technological innovation. Final Report to the National Science Foundation, NTIS Document PB-263 – 738. Gellman Research Associates, Jenkintown, PA.

Gellman Research Associates. (1982). The relationship between industrial concentration, firm size and technological innovation. Final Report, U. S. Small Business Administration. The Futures Group, Inc., Glastonbury, CT

Geroski, P. A. (1989). "Entry, innovation and productivity growth". Review of Economics and Statistics 71(4),572 – 578.

Geroski, P. A. (1990). "Innovation, technological opportunity, and market structure".

Oxford Economic Papers 42,586 – 602.

Geroski, P. A. (1991a). "Innovation and the sectoral sources of UK productivity growth". Economic Journal 101,1438 – 1451.

Geroski, P. A. (1991b). "Entry and the rate of innovation". Economic Innovation and New Technology 1,203 – 214.

Geroski, P. A. (1991c). Market Dynamics and Entry. Basil Blackwell, Cambridge, MA.

Geroski, P. A. (1994). Market Structure, Corporate Performance and Innovative Activity. Clarendon Press, Oxford.

Geroski, P. A., Pomroy, R. (1990). "Innovation and the evolution of market structure". Journal of Industrial Economics 38,299 – 314.

Geroski, P. A., Walters, C. F. (1995). "Innovative activity over the business cycle". Economic Journal 105,916 – 928.

Gilbert, R. (2006). "Looking for Mr. Schumpeter: Where are we in the competition-innovation debate?" In: Jaffe, A., Lerner, S., Stern, S. (Eds.), Innovation Policy and the Economy, vol. 6. MIT Press/National Bureau of Economic Research, Cambridge, MA, pp. 159 – 215.

Gilbert, R., Newbery, D. (1982). "Preemptive patenting and the persistence of monopoly". American Economic Review 72,514 – 526.

Gilson, R. J. (1999). "The legal infrastructure of high technology industrial districts: Silicon Valley, Route 128, and covenants not to compete". New York University Law Review 74, 575 – 626.

Gort, M., Klepper, S. (1982). "Time paths in the diffusion of product innovations". Economic Journal 92,630 – 653.

Grabowski, H. G. (1968). "The determinants of industrial research and development: A study of the chemical, drug, and petroleum industries". Journal of Political Economy 76, 292 – 306.

Grabowski, H. G., Baxter, N. D. (1973). "Rivalry in industrialresearch and development: An empirical study". Journal ofIndustrial Economics 21,209 – 235.

Grabowski, H. G., Vernon, J. M. (1982). "The pharmaceutical industry". In: Nelson, R. R. (Ed.), Government and Technical Progress: A Cross-Industry Analysis. Pergamon Press, New York, NY.

Griliches, Z. (1957). "Hybrid corn: An exploration in the economics of technological change". Econometrica 25,501 – 522.

Griliches, Z. (1962). "Comment". In: Nelson, R. R. (Ed.), The Rate and Direction ofInventive Activity. Princeton University Press, Princeton, NJ.

Griliches, Z. (1979). "Issues in assessing the contribution of research and development to productivity growth". Bell Journal of Economics 10,92 – 116.

Griliches, Z. (1990). "Patent statistics as economic indicators: A survey". Journal of Economic Literature 28,1661 – 1707.

Griliches, Z. (1992). "The search for R&D spillovers". Scandinavian Journal of Economics 94,29 – 47.

Griliches, Z., Hall, B. H., Pakes, A. (1991). "R&D, patents, and market value revisited: Is there a second (technological opportunity) factor?" Economics ofInnovation and New Technology 1,183 – 201.

Grindley, P., Teece, D. (1997). "Managing intellectual capital: Licensing and cross licensing in semiconductors and electronics". California Management Review 39,8 – 41.

Guerard, J. B., Jr., Bean, A. S., Andrews, S. (1987). "R&D management and corporate financial policy". Management Science 33 (11),1419 – 1427.

Hall, B. H. (1987). "The relationship between firm size and firm growth in the U. S. manufacturing sector". Journal of Industrial Economics 35,583 – 606.

Hall, B. H. (1990). The impact of corporate restructuring on industrial research and development. Brookings Papers on Economic Activity. The Brookings Institution, Washington, DC.

Hall, B. H. (2002). "The financing of research and development". Oxford Review of Economic Policy 18,35 – 51.

Hall, B. H. (2004). "Exploring the patent explosion". Journal of Technology Transfer 30, 35~- 8.

Hall, B. H., Ziedonis, R. H. (2001). "The patent paradox revisited: An empirical study of patenting in the U. S. semiconductor industry, 1979 – 1995". RAND Journal of Economics 32,101 – 128.

Hall, B. H., Mairesse, J., Branstetter, L., Crepon, B. (1999). "Does cash flow cause investment and R&D: An exploration using panel data for French, Japanese, and United States firms in the scientific sector". In: Audretsch, D., Thurik, A. R. (Eds.), Innovation, Industry Evolution and Employment. Cambridge University Press, Cambridge, MA.

Hamberg, D. (1964). "Size of firm, oligopoly, and research: The evidence". Canadian Journal of Economics and Political Science 30,62 – 75.

Hamberg, D. (1966). R&D: Essays on the Economics of Research and Development. Random House, New York, NY.

Hao, K. Y., Jaffe, A. (1993). "Effect of liquidity on firms' R&D spending". Economics of Innovation and New Technology 2,275 – 282.

Harhoff, D. (1996). "Strategic spillovers and incentives for research and development". Management Science 42,907 – 925.

Harhoff, D. (1998). "Are there financing constraints for R&D and investment in German manufacturing firms?" Annales d'Economie et de Statistique 49 (50),421 – 456.

Hart, P. E., Prais, S. J. (1956). "The analysis of business concentration". Journal of the Royal Statistical Society 119(2),150 – 181 (May-August).

Helfat, C. E. (1997). "Know-how and asset complementarity and dynamic capability accumulation: The case of R&D". Strategic Management Journal 18,339 – 360.

Heller, M., Eisenberg, R. (1998). "Can patents deter innovation? The anticommons in biomedical research". Science 28,698 – 701.

Henderson, R. M. (1988). "The failure of established firms in the face of technical change: A study of photolithographic alignment equipment". Ph. D. Thesis, Harvard University.

Henderson, R. M. (1993). "Underinvestment and incompetence as responses to radical innovation: Evidence from the photolitho graphic alignment equipment industry". RAND Journal of Economics 24(2),248 – 270.

Henderson, R. M., Clark, K. B. (1990). "Architectural innovation: The reconfiguration of existing product technologies and the failure of established firms". Administrative Science

Quarterly 35,9 - 30.

Henderson, R. M. , Cockburn, I. (1994). "Measuring competence: Exploring firm effects in pharmaceutical research". Strategic Management Journal 15,63 - 84.

Henderson, R. M. , Cockburn, I. (1996). "Scale, scope, and spillovers: Determinants of research productivity in the pharmaceutical industry". RAND Journal of Economics 27,32 - 59.

Henderson, R. M. , Jaffe, A. , Trajtenberg, M. (2005). "Patent Citations and the Geography of Knowledge Spillovers: A Reassess ment: Comment". American Economic Review 95, 461 - 464.

Hicks, D. , Breitzman, T. , Olivastro, D. , Hamilton, K. (2001). " The changing composition of innovative activity in the U. S. —A portrait based on patent analysis". Research Policy 30,681 - 704.

Himmelberg, C. , Peterson, B. (1994). "R&D and internal finance: A panel study of small firms in high tech industries". Review of Economics and Statistics 76,38 - 51.

Holbrook, D. , Cohen, W. M. , Hounshell, D. , Klepper, S. (2000). "The nature, sources and consequences of firm differences in the early semiconductor industry". Strategic Management Journal 21,1017 - 1041.

Horowitz, I. (1962). "Firm size and research activity". Southern Economic Journal 28, 298 - 301.

Horstmann, L. , MacDonald, J. M. , Slivinski, A. (1985). "Patents as information transfer mechanisms: To patent or (maybe) not to patent". Journal of Political Economy 93, 837 - 858.

Howe, J. D. , McFetridge, D. G. (1976). " The determinants of R&D expenditures". Canadian Journal of Economics 9,57 - 61.

Hughes, W. R. (1971). "Scale frontiers in electric power". In: Capron, W. M. (Ed.), Technological Change in Regulated Industries. The Brookings Institution, Washington, DC.

Hunt, R. (2006). "When do more patents reduce R&D?" American Economic Review: Papers and Proceedings 96,87 - 91.

Iansiti, M. (1995a). "Technology integration: Managing technological evolution in a complex environment". Research Policy 24,521 - 542.

Iansiti, M. (1995b). " Science-based product development: An empirical study of the mainframe computer industry". Production and Operations Management Journal 4, 335 - 359.

Jaffe, A. B. (1986). "Technological opportunity and spillovers of R&D". American Economic Review 76,984 - 1001.

Jaffe, A. B. (1988). "Demand and supply influences on R&D intensity and productivity growth". Review of Economics and Statistics 72,431 - 437.

Jaffe, A. B. (1989a). "Characterizing the "technological position" of firms, with application to quantifying technological opportu? nity and research spillovers". Research Policy 18, 87 - 97.

Jaffe, A. B. (1989b). "Real effects of academic research". American Economic Review 79, 957 - 970.

Jaffe, A. B. (2000). "The U. S. patent system in transition: Policy innovation and the innovation process". Research Policy 29,531 - 558.

Jaffe, A. B., Trajtenberg, M., Henderson, R. (1993). "Geographic localization of knowledge spillovers as evidenced by patent citations". Quarterly Journal of Economics 108,576 - 598.

Jewkes, J., Sawers, D., Stillerman, R. (1958). The Sources of Invention. Macmillan, London.

Johannisson, B., Lindstrom, C. (1971). "Firm size and inventive activity". Swedish Journal of Economics 73,427 - 442.

Kamien, M. I., Schwartz, N. L. (1970). "Market structure, elasticity of demand, and incentive to invent". Journal of Law and Economics 13,241 - 252.

Kamien, M. I., Schwartz, N. L. (1976). "On the degree of rivalry for maximum innovative activity". Quarterly Journal of Economics 90,245 - 260.

Kamien, M. I., Schwartz, N. L. (1978). "Self-financing of an R&D project". American Economic Review 68,252 - 261.

Kamien, M. I., Schwartz, N. L. (1982). Market Structure and Innovation. Cambridge University Press, Cambridge, MA.

Kanwar, S., Evenson, R. (2003). "Does intellectual property protection spur technological change?" Oxford Economic Papers 55,235 - 264.

Katz, M., Shapiro, C. (1985). "Network externalities, competition, and compatibility". American Economic Review 75,424 - 440.

Katz, M., Shapiro, C. (1986). "Technology adoption in the presence of network externalities". Journal of Political Economy 94,822 - 841.

Kaufer, E. (1989). The Economics of the Patent System. Harwood, Chichester.

Khanna, T. (1995). "Racing behavior technological evolution in the high-end computer industry". Research Policy 24,933 - 958.

Khazam, J., Mowery, D. (1991). "RISC: Rewriting the dominant order in the microprocessor industry". Mimeo, University of California, Berkeley.

King, A. A., Tucci, C. L. (2002). "Incumbent entry into new market niches: The role of experience and managerial choice in the creation of dynamic capabilities". Management Science 48,171 - 186.

Kleinknecht, A. (1987). "Measuring R&D in small firms: How much are we missing?" Journal of Industrial Economics 36,253 - 256.

Kleinknecht, A., Verspagen, B. (1990). "Demand and innovation: Schmookler re-examined". Research Policy 19,387 - 394.

Klepper, S. (1996). "Entry, exit, growth, and innovation over the product life cycle". American Economic Review 86,562 - 583.

Klepper, S., Graddy, E. (1990). "The evolution of new industries and the determinants of market structure". RAND Journal of Economics 21,27 - 44.

Klepper, S., Simons, K. L. (2005). "Industry shakeouts and technological change". International Journal of Industrial Organization 23,23-3.

Klette, T. J., Kortum, S. (2004). "Innovating firms and aggregate innovation". Journal of Political Economy 112,986 - 1018.

Klevorick, A. K., Levin, R., Nelson, R. R., Winter, S. (1995). "On the sources and significance of interindustry differences in technological opportunities". Research Policy 24,

195 - 205.

Kline, S. J., Rosenberg, N. (1986). "An overview of innovation". In: Landau, R., Rosenberg, N. (Eds.), The Positive Sum Strategy. National Academy Press, Washington, DC.

Koeller, T. (1995). "Innovation, market structure and firm size: A simultaneous equation model". Managerial and Decision Economics 16, 259 - 269.

Kohn, M. G., Scott, J. T. (1982). "Scale economies in research and development: The Schumpeterian hypothesis". Journal of Industrial Economics 30, 239 - 249.

Kortum, S., Lerner, J. (1998). "Stronger protection or technological revolution: What is behind the recent surge in patenting?" Carnegie-Rochester Conference Series on Public Policy 48, 247 - 304.

Kraft, K. (1989). "Market structure, firm characteristics and innovative activity". Journal of Industrial Economics 37, 329 - 336.

Kremp, E., Mairesse, J. (2004). Knowledge management, innovation and productivity: A firm-level exploration based on French manufacturing CIS3 data. Working paper No. 10237. National Bureau of Economic Research, Cambridge, MA.

Lach, S., Schankerman, M. (1989). "Dynamics of R&D and investment in the scientific sector". Journal of Political Economy 97 (41), 880 - 994.

Landes, D. S. (1969). The Unbound Prometheus: Technological Change and Industrial Development in Western Europe from 1750 to the Present. Cambridge University Press, Cambridge, MA.

Lanjouw, J. O. (1998). "Patent protection in the shadow of infringement: Simulation estimations of patent value". Review of Economic Studies 65, 671 - 712.

Lederman, D., Maloney, W. F. (2003). R&D and development. Working paper No. 3024. World Bank, Washington, DC.

Lee, C. Y. (2002). "Industry R&D intensity distributions: Regularities and underlying determinants". Journal of Evolutionary Economics 12, 307 - 341.

Lee, C. Y. (2009). "Competition favors the prepared firm: Firms' R&D responses to competitive market pressure". Research Policy 38, 861 - 870.

Leibenstein, H. (1966). "Allocative efficiency vs. "X-efficiency"" American Economic Review 56, 392 - 415.

Leiponen, A. (2005). "Skills and innovation". International Journal of Industrial Organization 23, 303 - 323.

Leiponen, A., Drejer, I. (2007). "What exactly are technological regimes? Intra-industry heterogeneity in the organization of innovation activities". Research Policy 36, 1221 - 1238.

Lerner, J. (1997). "An empirical exploration of a technology race". RAND Journal of Economics 28, 228 - 247.

Lerner, J. (2002). Patent protection and innovation over 150 years. Working paper No. 8977. National Bureau of Economic Research, Cambridge, MA.

Lerner, J. (2006). "The new financial thing: The origins of financial innovations". Journal of Financial Economics 79, 223 - 255.

Lerner, J., Wulf, J. (2007). "Innovation and incentives: Evidence from corporate R&D". Review of Economics and Statistics 89, 634 - 644.

Lerner, J., Zhu, F. (2007). "What is the impact of software patent shifts? Evidence from

Lotus v. Borland". International Journal of Industrial Organization 25,511 – 529.

Levin, R. C. (1977). "Technical change and optimal scale: Some evidence and implications". Southern Economic Journal 44,208 – 221.

Levin, R. C. (1978). "Technical change, barriers to entry, and market structure". Economica 45,347 – 361.

Levin, R. C. (1981). Toward an empirical model of Schumpeterian competition. Working paper series A, No. 43. Yale School of Organization and Management, New Haven, CT.

Levin, R. C. (1982). "The semiconductor industry". In: Nelson, R. R. (Ed.), Government and Technical Progress: A Cross-Industry Analysis. Pergamon Press, New York, NY.

Levin, R. C. (1988). "Appropriability, R&D spending and technological performance". American Economic Review: Proceedings 78,424 – 428.

Levin, R. C., Reiss, P. C. (1984). "Tests of a Schumpeterian model of R&D and market structure". In: Griliches, Z. (Ed.), R&D Patents and Productivity. University of Chicago Press for the NBER, Chicago, IL.

Levin, R. C., Reiss, P. C. (1988). "Cost-reducing and demand-creating R&D with spillovers". RAND Journal of Economics 19,538 – 556.

Levin, R. C., Cohen, W. M., Mowery, D. C. (1985). "R&D appropriability, opportunity, and market structure: New evidence on some Schumpeterian hypotheses". American Economic Review 75,20 – 25.

Levin, R. C., Klevorick, A. K., Nelson, R. R., Winter, S. G. (1987). "Appropriating the return from industrial R&D". Brookings Papers on Economic Activity, pp. 783 – 820.

Levy, D., Terleckyj, N. (1983). "The effects of government R&D on private R&D and productivity: A macroeconomic analysis". Bell Journal of Economics 14,551 – 561.

Lichtenberg, F. (1987). "The effect of government funding on private industrial research and development: A reassessment". Journal of Industrial Economics 36,97 – 104.

Lichtenberg, F. (1988). "The private R&D investment response to federal design and technical competitions". American Economic Review 78,550 – 559.

Liebowitz, S. J., Margolis, S. E. (1990). "The fable of the keys". Journal of Law and Economics 33,1 – 25.

Link, A. N. (1981). Research and Development in U. S. Manufacturing. Praeger, New York, NY.

Link, A. N. (1982a). "A disaggregated analysis of industrial R&D: Product versus process innovation". In: Sahal, D. (Ed.), The Transfer and Utilization of Technical Knowledge. Lexington Books, Lexington, MA.

Link, A. N. (1982b). "An analysis of the composition of R&D spending". Southern Economic Journal 49,342 – 349.

Link, A. N., Long, J. (1981). "The simple economics of basic scientific research: A test of Nelson's diversification hypothesis". Journal of Industrial Economics 30,105 – 109.

Link, A. N., Rees, J. (1990). "Firm size, university based research, and the returns to R&D". Small Business Economics 2,25 – 31.

Link, A. N., Seaks, T. G., Woodbery, S. R. (1988). "Firm size and R&D spending: Testing for functional form". Southern Economic Journal 54(4),1027 – 1032.

Lipsey, R. G., Bekar, C., Carlaw, K. (1998). "What requires explanation?" In: Helpman, E. (Ed.), General Purpose Technologies and Economic Growth. MIT Press,

Cambridge, MA.

Lunn, J. (1982). "Research and development and the Schumpeterian hypothesis: Alternate approach". Southern Economic Journal 49, 209 – 217.

Lunn, J. (1986). "An empirical analysis of process and product patenting: A simultaneous equation framework". Journal of Industrial Economics 34, 319 – 330.

Lunn, J., Martin, S. (1986). "Market structure, firm structure, and research and development". Quarterly Review of Economics and Business 26, 31 – 44.

MacDonald, J. M. (1985). "R&D and the direction of diversification". Review of Economics and Statistics 47, 583 – 590.

Malecki, E. J. (1980). "Firm size, location and Industrial R&D: A disaggregated analysis". Review of Business and Economic Research 16, 29 – 42.

Malerba, F. (1985). The Semiconductor Business: The Economics of Rapid Growth and Decline. University of Wisconsin Press, Madison, WI.

Malerba, F. (1992). "Learning by firms and incremental technical change". Economic Journal 102, 845 – 859.

Malerba, F. (2007). "Innovation and the dynamics and evolution of industries: Progress and challenges". International Journal of Industrial Organization 25, 675 – 699.

Malerba, F., Torrisi, S. (1992). "Internal capabilities and external networks in innovative activities: Evidence from the software industry". Economics of Innovation and New Technology 2, 49 – 71.

Mansfield, E. (1962). "Entry, Gibrat's law, innovation, and the growth of firms". American Economic Review 52, 1023 – 1051.

Mansfield, E. (1964). "Industrial research and development expenditures: Determinant prospects, and relation of size of firm and inventive output". Journal of Political Economy 72, 319 – 340.

Mansfield, E. (1968). Industrial Research and Technological Innovation: An Econometric Analysis. Norton, New York, NY.

Mansfield, E. (1981). "Composition of R and D expenditures: Relationship to size, concentration, and innovation output". Review of Economics and Statistics 62, 610 – 614.

Mansfield, E. (1983). "Technological change and market structure: An empirical study". American Economic Review: Proceed? ings 73, 205 – 209.

Mansfield, E. (1985). "How rapidly does new industrial technology leak out?" Journal of Industrial Economics 34, 217 – 223.

Mansfield, E. (1986). "Patents and innovation: An empirical study". Management Science 32, 173 – 181.

Mansfield, E. (1991). "Academic research and industrial innovation". Research Policy 20, 1 – 12.

Mansfield, E., Rapoport, J., Schnee, J., Wagner, S., Hamburger, M. (1971). Research and Innovation in the Modern Corporation. Norton, New York, NY.

Mansfield, E., Schwartz, M., Wagner, S. (1981). "Imitation costs and patents: An empirical study". Economic Journal 91, 907 – 918.

Mansfield, E., Romeo, A., Schwartz, M., Teece, D., Wagner, S., Brach, P. (1982). Technology Transfer, Productivity, and Economic Policy. Norton, New York, NY.

Manso, G. (2006). "Motivating innovation". Mimeo, MIT Sloan School.

Marin, P. , Siotis, G. (2007). "Innovation and market structure: An empirical evaluation of the 'bounds approach' in the chemical industry". The Journal of Industrial Organization 55,93 - 111.

Markham, J. W. (1965). "Market structure, business conduct, and innovation". American Economic Review 55,323 - 332.

Marx, M. , Strumsky, D. , Fleming, L. (2009). "Mobility, skills, and the Michigan non-compete experiment". Management Science 55,875 - 889.

Mason, E. S. (1951). "Schumpeter on monopoly and the large firm". Review of Economics and Statistics 33,139 - 144.

Matraves, C. (1999). "Market structure, R&D and advertising in the pharmaceutical industry". Journal of Industrial Economics 47,169 - 194.

McEachern, W. A. , Romeo, A. (1978). "Stockholder control, uncertainty, and the allocation of resources to research and development". Journal of Industrial Economics 26, 349 - 361.

Meisel, J. B. , Lin, S. A. Y. (1983). "The impact of market structure on the firm's allocation of resources to research and development". Quarterly Review of Economics and Business 23,28 - 43.

Merges, R. P. , Nelson, R. R. (1990). "On the complex economics of patent scope". Columbia Law Review 90,839 - 916 (May).

Meron, A. , Caves, R. E. (1991). "Rivalry among firms in research and development outlays". Mimeo, Harvard University .

Merton, R. K. (1962). "Priorities in scientific discovery: A chapter in the sociology of science". In: Barber, B. , Hirsch, W. (Eds.), The Sociology of Science. Free Press, New York, NY.

Metcalfe, J. S. (1988). "Evolution and Economic Change". In: Silberston, A. (Ed.), Technology and Economic Progress. Macmillan, London.

Mitchell, W. (1989). "Whether and when? Probability and timing of incumbent's entry into emerging industrial subfields". Administrative Science Quarterly 34,208 - 234.

Mohnen, P. , Roller, L. H. (2005). "Complementarities in innovation policy". European Economic Review 49,1431 - 1450.

Montgomery, C. (1994). "Corporate diversification". Journal of Economic Perspectives 8, 163 - 178.

Montgomery, C. , Hariharan, S. (1991). "Diversified expansion in large established firms". Journal of Economic Behavior & Organization 15,71 - 89.

Moser, P. (2005). "How do patent laws influence innovation? Evidence from 19th-century world's fairs". American Economic Review 95,1215 - 1236.

Mowery, D. C. (1983a). "The relationship between intrafirm and contractual forms of industrial research in American manufacturing, 1900 - 1940". Explorations in Economic History 20,351 - 374.

Mowery, D. C. (1983b). "Industrial research and firm size, survival, and growth in American manufacturing, 1921—1946: An assessment". Journal of Economic History 43,953 - 980.

Mowery, D. C. , Rosenberg, N. (1989). Technology and the Pursuit ofEconomic Growth. Cambridge University Press, Cambridge, MA.

Mowery, D. C. , Rosenberg, N. (1979). "The influence of market demand upon innovation:

A critical review of some recent empirical studies". Research Policy 8,102 – 153.

Mueller, W. F. (1962). "The origins of the basic inventions underlying DuPont's major product and process innovations, 1920 to 1950". In: Nelson, R. R. (Ed.), The Rate and Direction of Inventive Activity. Princeton University Press, Princeton, NJ.

Mueller, D. C. (1967). "The firm's decision process: An econometric investigation". Quarterly Journal of Economics 81,58 – 87.

Mueller, D. C. (1986). Profits in the Long Run. Cambridge University Press, New York, NY.

Mueller, D. C. , Tilton, J. E. (1969). "Research and development costs as a barrier to entry". Canadian Journal of Economics 2,570 – 579.

Mukhopadhyay, A. K. (1985). "Technological progress and change in market concentration in the U. S. : 1963 – 77". Southern Economic Journal 52,141 – 149.

Nadiri, W. I. (1993). Innovations and technological spillovers. Working paper No. 4423. National Bureau of Economic Research, Cambridge, MA (August).

Narin, F. (1983). "Patent citation analysis as an analytical tool inmarketing research". Mimeo, CHIResearch/Computer Horizons, Inc.

Narin, F. , Wolf, P. (1983). "Technological performance assessments based on patents and patent citations". Mimeo, CHI Research/ Computer Horizons, Inc.

National Research Council (NRC). (2004). In: Merrill, S. A. , Levin, R. C. , Myers, M. B. (Eds.), A Patent System for the 21st Century. National Academies Press, Washington, DC.

National Research Council (NRC). (2005). Measuring Research and Development Expenditures in the U. S. Economy. National Academies Press, Washington, DC.

Nelson, R. R. (1959). "The simple economics of basic scientific research". Journal of Political Economy 67,297 – 306.

Nelson, R. R. (1962). "The link between science and invention: The case of the transistor". In: Nelson, R. R. (Ed.), The Rate and Direction of Inventive Activity. Princeton University Press, Princeton, NJ.

Nelson, R. R. (1981). "Assessing private enterprise: An exegesis of tangled doctrine". Bell Journal of Economics 12,93 – 111.

Nelson, R. R. (1982a). "The role of knowledge in R&D efficiency". Quarterly Journal of Economics 97,453 – 470.

Nelson, R. R. (Ed.), (1982). Government and Technical Progress: A Cross-Industry Analysis. Pergamon Press, New York, NY.

Nelson, R. R. (1984). High-Technology Policies: A Five-Nation Comparison. American Enterprise Institute, Washington, DC.

Nelson, R. R. (1986). "Institutions supporting technical advance in industry". American Economic Review: Proceedings 76,186 – 189.

Nelson, R. R. (1989). "Capitalism as an engine of progress". Research Policy 19,193 – 214.

Nelson, R. R. (1991). "Why do firms differ, and how does it matter?" Strategic Management Journal 12,61 – 74.

Nelson, R. R. (Ed.), (1993). Technical Innovation and National Systems. Oxford University Press, New York, NY.

Nelson, R. R. , Winter, S. (1977). "In search of useful theory of innovation". Research

Policy 6,36 – 76.

Nelson, R. R. , Winter, S. (1978). "Forces generating and limiting concentration under Schumpeterian competition". Bell Journal of Economics 9,524 – 548.

Nelson, R. R. , Winter, S. (1982a). An Evolutionary Theory of Economic Change. Harvard University Press, Cambridge, MA.

Nelson, R. R. , Winter, S. (1982b). "The Schumpeterian tradeoff revisited". American Economic Review 72,114 – 132.

Nelson, R. R. , Peck, M. J. , Kalachek, E. D. (1967). Technology, Economic Growth, and Public Policy. The Brookings Institution, Washington, DC.

Nickell, S. J. (1996). "Competition and Corporate Performance". Journal of Political Economy 104,724 – 746.

Ordover, J. (1991). "A patent system for both diffusion and exclusion". Journal of Economic Perspectives 5,43 – 60.

Pakes, A. (1986). "Patents as options: Some estimates of the value of holding European patent stocks". Econometrica 54,755 – 784.

Pakes, A. , Griliches (1984). "Patents and R&D at the firm level: A first look". In: Griliches, Z. (Ed.), R&D, Patents and Productivity. University of Chicago Press, Chicago, Illinois.

Pakes, A. , Schankerman, M. (1984). "An exploration into the determinants of research intensity". In: Griliches, Z. (Ed.), R&D Patents and Productivity. University of Chicago Press for the NBER, Chicago, IL.

Park, W. G. , Ginarte, J. C. (1997). "Intellectual Property Rights and Economic Growth". Contemporary Economic Policy 15,51 – 61.

Parker, W. N. (1972). "Agriculture". In: Davis, L. E. , Easterlin, R. A. , Parker, W. N. (Eds.), American Economic Growth: An Economist's History of the United States. Harper & Row, New York, NY.

Pavitt, K. (1984). "Sectoral patterns of technical change: Towards a taxonomy and a theory". Research Policy 13,343 – 373.

Pavitt, K. (1987). "The objectives of technology policy". Science and Public Policy 14,182 – 188.

Pavitt, K. , Robson, M. , Townsend, J. (1987). "The size distribution of innovating firms in the UK: 1945 – 1983". Journal of Industrial Economics 35,297 – 316.

Peck, M. J. (1962). "Inventions in the postwar American aluminum industry". In: Nelson, R. R. (Ed.), The Rate and Direction of Inventive Activity. Princeton University Press, Princeton, NJ.

Penrose, E. (1951). The Economics of the International Patent System. Johns Hopkins University Press, Baltimore, MD.

Phillips, A. (1966). "Patents, potential competition, and technical progress". American Economic Review 56,301 – 310.

Phillips, A. (1971). Technology and Market Structure. D. C. Heath, Lexington, MA.

Phlips, L. (1971). Effects of Industrial Concentration: A Cross-Section Analysis for the Common Market. North-Holland, Amsterdam.

Porter, M. E. (1980). Competitive strategy: Techniques for analyzing a business, industry and competitors. Free Press, New York, NY.

Porter, M. E. (1990). The Competitive Advantage of Nations. Free Press, New York, NY.

Prendergast, C. (1999). "The provision of incentives in firms". Journal of Economic Literature 37, 7 – 63.

Prusa, T. J., Schmitz, J. A. Jr. (1991). "Are new firms an important source of innovation?" Economics Letters 35? 339 – 342. Ravenscraft, D., Scherer, F. M. (1987). "The lag structure of returns to research and development". Applied Economics 14, 603 – 620.

Reinganum, J. F. (1983). "A dynamic game of R and D: Patent protection and competitive behavior". Econometrica 50, 671 – 688. Reinganum, J. F. (1989). "The theory of innovation: Research, development and diffusion". In: Schmalensee, R., Willig, R. D. (Eds.), Handbook of Industrial Organization. North-Holland, Amsterdam.

Riggs, W., von Hippel, E. (1994). "Incentives to invent and the sources of innovation: The case of scientific instruments". Research Policy 23, 459 – 469.

Robson, M., Townsend, J. (1984). "Users manual for ESRC archive file on innovations in Britain since 1945: 1984 update".

Mimeo, Science Policy Research Unit, University of Sussex.

Romer, P. M. (1990). "Endogenous technological change". Journal of Political Economy 98 (5), 71 – 102.

Rosen, P. J. (1991). "Research and development with asymmetric firm sizes". RAND Journal of Economics 22, 411 – 429. Rosenberg, N. (1969). "The direction of technological change: Inducement mechanisms and focusing devices". Economic Development and Cultural Change 18, 1 – 24.

Rosenberg, N. (1974). "Science, invention, and economic growth". Economic Journal 84, 90 – 108.

Rosenberg, N. (1982). Inside the Black Box: Technology and Economics. Cambridge University Press, New York, NY. Rosenberg, N. (1990). "Why do firms do basic research (with their own money)?" Research Policy 19, 165 – 174.

Rosenberg, N. (1994). Exploring the Black Box: Technology, Economics and History. Cambridge University Press, Cambridge, MA.

Rosenberg, N., Steinmueller, W. E. (1988). "Why are Americans such poor imitators?" American Economic Review: Proceedings 78, 229 – 234.

Rosenbloom, R., Christensen, C. (1994). "Technological discontinuities, organizational capabilities, and strategic commitments".

Industrial and Corporate Change 3, 655 – 685.

Rothblum, U. G., Winter, S. G. (1985). "Asymptotic behaviour of market shares for a stochastic growth model". Journal of Economic Theory 36, 352 – 366.

Rothwell, R., Freeman, C., Horsley, A., Jervis, V. T. P., Robertson, A. B., Townsend, J. (1974). "SAPPHO updated—Project SAPPHO phase II". Research Policy 3, 258 – 291.

Sah, R. J., Stiglitz, J. E. (1986). "The architecture of economic systems: Hierarchies and polyarchies". American Economic Review 76, 716 – 727.

Sah, R. J., Stiglitz, J. E. (1988). "Committees, hierarchies and polyarchies". Economic Journal 98, 451 – 470.

Sahal, D. (1981). Patterns of Technological Innovation. Addison-Wesley, New York, NY.

Sakakibara, M., Branstetter, L. (2001). "Do stronger patents induce more innovation? Evidence from the 1988 Japanese patent law reforms". RAND Journal of Economics 33, 77 –

100.

Sauermann, H., Cohen, W. M. (2008). What makes them tick? Employee motives and industrial innovation. Working paper No. 14443. National Bureau of Economic Research, Cambridge, MA.

Schankerman, M. (1998). "How valuable is patent protection? Estimates by technology field". RAND Journal of Economics 29, 77 – 107.

Schankerman, M., Pakes, A. (1986). "Estimates of the value of patent rights in European countries during the post-1950 period".

Economic Journal 96, 1052 – 1076.

Scherer, F. M. (1965a). "Firm size, market structure, opportunity, and the output of patented inventions". American Economic Review 55, 1097 – 1125.

Scherer, F. M. (1965b). "Size of firm, oligopoly, and research: A comment". Canadian Journal of Economics and Political Science 31, 256 – 266.

Scherer, F. M. (1967a). "Market structure and the employment of scientists and engineers". American Economic Review 57, 524 – 531.

Scherer, F. M. (1967b). "Research and development resource allocation under rivalry". Quarterly Journal of Economics 81, 359 – 394.

Scherer, F. M. (1980). Industrial Market Structure and Economic Performance (second ed.). Rand McNally, Chicago, IL.

Scherer, F. M. (1982a). "Inter-industry technology flows in the United States". Research Policy 11, 227 – 245.

Scherer, F. M. (1982b). "Inter-industry technology flows and productivity growth". Review of Economics and Statistics 44, 627 – 634.

Scherer, F. M. (1982c). "Demand-pull and technological innovation: Schmookler revisited". Journal of Industrial Economics 30, 225 – 237.

Scherer, F. M. (1984a). "Using linked patent and R&D data to measure interindustry technology flows". In: Griliches, Z. (Ed.), R&D Patents and Productivity. University of Chicago Press for the NBER, Chicago, IL.

Scherer, F. M. (1984b). Innovation and Growth: Schumpeterian Perspectives. MIT Press, Cambridge, MA.

Scherer, F. M. (1991). "Changing perspectives on the firm size problem". In: Acs, Z. J., Audretsch, D. B. (Eds.), Innovation and Technological Change: An International Comparison. Harvester Wheatsheaf, New York, NY.

Scherer, F. M. (1992). "Schumpeter and plausible capitalism". Journal of Economic Literature 30, 1419 – 1436.

Scherer, F. M., Ross, D. (1990). Industrial Market Structure and Economic Performance. Houghton Mifflin, Boston, MA. Scherer, F. M., Herzstein, S., Jr., Dreyfoos, A., Whitney, W., Bachmann, O., Pesek, C., Scott, C., Kelly, T., Galvin, J. (1959).

Patents and the Corporation (second ed.). Privately published, Boston, MA.

Scherer, F. M., Beckenstein, A., Kaufer, E., Murphy, R. D. (1975). The Economics of Multi-plant Operation. Harvard University Press, Cambridge, MA.

Schmalensee, R., Willig, R. (Eds.), (1989). Handbook of Industrial Organization. North-Holland, Amsterdam.

Schmookler, J. (1959). "Bigness, fewness, and research". Journal of Political Economy 67,

628 – 632.

Schmookler, J. (1962). "Economic sources of inventive activity". Journal of Economic History 22,1 – 10.

Schmookler, J. (1966). Invention and Economic Growth. Harvard University Press, Cambridge, MA.

Shumpeter, J. A. (1934). The Theory of Economic Development. Harvard University Press, Cambridge, MA.

Shumpeter, J. A. (1942). Capitalism, Socialism, and Democracy. Harper, New York, NY.

Scotchmer, S. (1991). "Standing on the shoulders of giants: Cumulative research and the patent law". Journal of Economic Perspectives 5,29 – 41.

Scott, J. T. (1984). "Firm versus industry variability in R&D intensity". In: Griliches, Z. (Ed.), R&D Patents and Productivity. University of Chicago Press for the NBER, Chicago, IL.

Scott, J. T. (1991). "Research diversity and technical change". In: Acs, Z., Audretsch, D. (Eds.), Innovation and Technical Change. University of Michigan Press, Ann Arbor, MI.

Scott, J. T. (2009). "Competition in research and development: A theory for contradictory predictions". Review of Industrial Organization 34,153 – 171.

Scott, J. T., Pascoe, G. (1987). "Purposive diversification of R&D in manufacturing". Journal of Industrial Economics 36,193 – 206.

Shapiro, C. (2000). "Navigating the patent thicket: Cross licenses, patent pools, and standard setting". In: Jaffe, A., Lerner, J., Stern, S. (Eds.), Innovation Policy and the Economy, vol. 1. National Bureau of Economic Research/MIT Press, Cambridge, MA. Shrieves, R. E. (1978). "Market structure and innovation: A new perspective". Journal of Industrial Economics 26, 329 – 347. Sirilli, G. (1987). "Patents and inventors: An empirical study". Research Policy 16,157 – 174.

Smith, K. (2005). "Measuring innovation". In: Fagerberg, J., Mowery, D. C., Nelson, R. R. (Eds.), The Oxford Handbook of Innovation. Oxford University Press, Oxford.

Smyth, D. J., Samuels, J. M., Tzoannos, J. (1972). "Patents profitability liquidity and firm size". Applied Economics 4,77 – 86.

Soete, L. L. G. (1979). "Firm size and innovative activity: The evidence reconsidered". European Economic Review 12,319 – 340.

Solow, R. (1957). "Technical change and the aggregate production function". Review of Economics and Statistics 34,312 – 320.

Spence, A. M. (1975). "Monopoly, quality, and regulation". Bell Journal of Economics 6, 417 – 429.

Spence, A. M. (1984). "Cost reduction, competition, and industry performance". Econometrica 52,101 – 121.

Spulber, D. F. (2002). Famous Fables of Economics—Myths of Market Failure. Blackwell Publishers, Oxford.

Stern, S. (2004). "Do scientists pay to be scientists?". Management Science 50,835 – 853.

Stoneman, P. (1979). "Patenting activity: A re-evaluation of the influence of demand pressures". Journal of Industrial Economics 27(4),385 – 401.

Stoneman, P. (Ed.), (1995). Handbook of the Economics of Innovation and Technical Change. Basil Blackwell, Oxford.

Stuart, T. , Sorensen, O. (2003). "Liquidity events and the geographic distribution of entrepreneurial activity". Administrative Science Quarterly 48,175 – 201.

Sutton, J. (1998). Technology and market structure. MIT Press, Cambridge, MA.

Sutton, J. (2007). "Market structure: Theory and evidence". In: Armstrong, M. , Porter, R. H. (Eds.), Handbook of Industrial Organization, vol. 3. Elsevier, Amsterdam.

Switzer, L. (1984). "The determinants of industrial R&D: A funds flow simultaneous equation approach". Review of Economics and Statistics 67(1),163 – 168.

Taylor, C. T. , Silberston, Z. A. (1973). The Economic Impact of the Patent System: A Study of the British Experience. Cambridge University Press, Cambridge, MA.

Teece, D. J. (1986). "Profiting from technological innovation: Implications for integration, collaboration, licensing and public policy". Research Policy 15,286 – 305.

Teece, D. J. (1987). "Profiting from technological innovation: Implications for integration, collaboration, licensing, and public policy". In: Teece, D. J. (Ed.), The Competitive Challenge: Strategies for Industrial Innovation and Renewal. Ballinger, Cambridge, MA.

Teece, D. J. (2006). "Reflections on "profiting from innovation"" Research Policy 35, 1131 – 1147.

Teece, D. J. , Armour, H. O. (1977). "Innovation and divestiture in the U. S. oil industry". In: Teece, D. J. (Ed.), R&D in Energy—Implications of Petroleum Industry Reorganization. Institute for Energy Studies, Stanford, CA.

Temin, P. (1979). "Technology, regulation, and market structure in the modern pharmaceutical industry". Bell Journal of Economics 10,429 – 446.

Tether, B. S. (1998). "Small and large firms: Sources of unequal innovations?" Research Policy 27,725 – 745.

The Futures Group. (1984). Characterization of Innovations Introduced on the U. S. Market in 1982. U. S. Small Business Administration, Office of Advocacy. , Washington, DC NTIS No. PB84 – 212067 (March).

Thompson, P. , Kean, M. F. (2005a). "Patent citations and the geography of knowledge spillovers: A reassessment". American Economic Review 95,450 – 460.

Thompson, P. , Kean, M. F. (2005b). "Patent citations and the geography of knowledge spillovers: A reassessment: Reply". American Economic Review 95,465 – 466.

Trajtenberg, M. (1989). "The welfare analysis of product innovations, with an application to computed tomography scanners". Journal of Political Economy 97(2),444 – 479.

Trajtenberg, M. (1990a). Economic Analysis of Product Innovation—The Case of CT Scanners. Harvard University Press, Cambridge, MA.

Trajtenberg, M. (1990b). "A penny for your quotes: Patent citations and the value of innovations". RAND Journal of Economics 21,172 – 187.

Tripsas , M. (1997a). "Unraveling the process of creative destruction: Complementary assets and incumbent survival in the typesetter industry". Strategic Management Journal 18,119 – 142.

Tripsas, M. (1997b). "Surviving radical technological change through dynamic capability: Evidence from the typesetter industry". Industrial and Corporate Change 6,341 – 377.

Tripsas, M. , Gavetti, G. (2000). "Capabilities, cognition and inertia: Evidence from digital imaging". Strategic Management Journal 21,1147 – 1161.

Tushman, L. M. , Anderson, P. (1986). "Technological discontinuities and organizational environments". Administrative Science Quarterly 31,439 – 465.

Urban, G. L. , Weinberg, B. D. , Hauser, J. R. (1996). "Premarket forecasting of really-new products". Journal of Marketing 60,47 - 60.

Utterback, J. M. (1979). "The dynamics of product and process innovation in industry". In: Hill, C. T. , Utterback, J. M. (Eds.), Technological Innovation for a Dynamic Economy. Pergamon Press, New York, NY.

Van Dijk, B. , Den Hertog, R. , Menkveld, B. , Thurik, R. (1997). "Some new evidence on the determinants of large- and small-firm innovation". Small Business Economics 9, 335 - 343.

Villard, H. (1958). "Competition, oligopoly and research". Journal of Political Economy 66, 483 - 497.

von Hippel, E. (1976). "The dominant role of the user in the scientific instrument innovation process". Research Policy 5,212 - 239.

von Hippel, E. (1977). "The dominant role of the user in semiconductor and electronic subassembly process innovation". IEEE Transactions on Engineering Management 24, 60 - 71.

von Hippel, E. (1982). "Appropriability of innovation benefit as a predictor of the source of innovation". Research Policy 11,95 - 115.

von Hippel, E. (1988). The Sources of Innovation. Oxford University Press, New York, NY.

von Hippel, E. (1994). "'Sticky information' and the locus of problem solving: Implications for innovation". Management Science 40,429 - 439.

Wahlroos, B. , Backstrom, M. (1982). "R&D intensity with endogenous concentration: Evidence for Finland". Empirical Econom? ics 7,13 - 22.

Walsh, V. (1984). "Invention and innovation in the chemical industry: Demand pull or discovery-push?" Research Policy 13,211 - 234.

Wedig, G. J. (1990). "How risky is R and D? A financial approach". Review of Economics and Statistics 74,296 - 302. Williamson, O. E. (1965). "Innovation and market structure". Journal of Political Economy 73,67 - 73.

Williamson, O. E. (1975). Markets and Hierarchies. Free Press, New York, NY.

Wilson, R. W. (1977). "The effect of technological environment and product rivalry on R&D effort and licensing of innovations".

Review of Economics and Statistics 59,171 - 178.

Wilson, R. W. , Ashton, P. K. , Egan, T. P. (1980). Innovation, Competition, and Government Policy in the Semiconductor Industry.

Lexington Books, Lexington, MA.

Winter, S. G. (1987). "Knowledge and competence as strategic assets". In: Teece, D. J. (Ed.), The Competitive Challenge: Strategies for Industrial Innovation and Renewal. Ballinger, Cambridge, MA.

Worley, J. S. (1961). "Industrial research and the new competition". Journal of Political Economy 69,183 - 186

第二部分

发明与创新

第 5 章
科学经济学

Paula E. Stephan
佐治亚州立大学安德鲁·杨政策研究学院
美国,佐治亚州,亚特兰大
国家经济研究局
美国,马萨诸塞州,剑桥

目录

摘要

本章研究经济学家对科学研究的卓越贡献以及未来的研究方向,重点强调知识的公共性

创新经济学手册(第一卷)

和鼓励知识生产和分享的奖励体系的特点,探讨认知与非认知资源对科学发现的作用和研究中的资源成本,并介绍研究资助的不同模型。同时,本章论述了科学劳动力市场以及在预测科学家供需时面临的难题。最后,就科学研究与经济增长的关系展开讨论,并对未来的研究给予建议。

关键词

科学经济学　知识生产　专利申请　优先权　出版　研究

248

1. 引言

经济学家对科学的关注至少出于以下三个理由。

其一，科学是经济增长的源泉。虽然研究与增长间的滞后期较长，但是科学对经济的影响无可争议。上述言论的相关证据切实可见。例如，近年来信息技术的进步大力推动了服务业的发展。医学研究首先引入抗生素，近期则采用新型药物和医疗设备，致力于延长人们的工作年限和期望寿命。

其二，科学研究具有公共物品属性。分享科学研究不会削减其价值，并且，一旦科学研究为公众所享，很难轻易地排除其他人对它的使用。经济学家特别担心经济体无法高效地生产公共物品。科学领域中不断发展的奖励体系能够帮助解决与公共物品相关的独占性问题，这是研究科学的主要原因之一。

其三，研究的公共性和奖励体系固有的溢出效应是内生增长理论的基础，该理论由 Paul Romer 等学者发展壮大，目前是经济学增长理论的基石。

本章旨在综合不同科学的研究途径，并将其他学科研究者所观察到的科学及科学家的相关重要事实纳入讨论范围。首先我们讨论知识的公共性和奖励体系的特征，重点关注科学发现优先权是一种财产权这一认知，然后我们探索科学的产生方式，不仅强调劳动投入，也强调科学发现过程中资料和设备的重要作用以及技术进步对科学发现的影响途径，并讨论科学竞赛和研究特性，随后我们阐述结果，探讨性别与劳动生产力的关系以及出版和专利申请中的不平等现象。

本章的后半部分讨论效率注意事项和资助制度，包括科学奖励体系的效率注意事项以及某些科学竞赛中是否竞争者过多这一问题。以上讨论引发关于研究人员及时公开信息的激励措施与财产权之间的关系的研究。我们认为产业科学家通常会出版论文，而非营利部门的科学家"私有化"信息的情况也并不罕见。产业科学家及关于科学家和工程师市场的一些论述也属于我们的讨论范围，最后我们讨论把经济增长和内生增长理论与科学研究相联系的实证研究。

2. 知识的公共性和科学奖励体系

1962 年 Kenneth Arrow 在关于信息经济学的论文中讨论知识之所以成为公共物品的相关特性。其他学者(如 Dasgupta 和 David，1987，1994；Johnson，1972；Nelson，1959)也针对知识的公共性做出以下评论：分享知识不会削减其价值,并且,一旦知识为公众所享,很难轻易地排除其他人对它的使用。① 另外,一个新增知识使用者的增量成本几乎为零。② 知识与其他公共物品不同,广泛使用知识非但不会缩减知识存量,反而会增大存量。这意味着知识传播是一场正和博弈(Foray,2004,p.93)。③

知识公共性的第一个发现者不是经济学家。190 余年前 Jefferson(1967 版,p.433,4045 节)写道:

> "如果说自然使某一事物与其他独占性事物相比更加不易受外界影响,那么这一事物即是思维行为,名为想法,只要个体独占此想法,那么此想法为其独有。但是一旦公开此想法,它将为每一个人所拥有,接收方无法摆脱对其的拥有。此外,想法的独特点是人人所得均等,因为所有人都完全拥有此想法,接收我方想法的他方在自己获得指示时未减少我方想法,正如他人借我之烛火点燃蜡烛时未削弱我之烛火。"④

竞争市场无法有效激励公共物品生产的论断是经济理论的基础。公共物品的非排他性特征引来"搭便车者",以至于公共物品提供者难以获得经济回报,因此,没有任何可激励某人提供公共物品的措施。另外,公共物品的非竞争性特征意味着如果(当)公共物品被生产,由于市场边际成本和边际收益持平,且一个新增使用者的边际成本为零,所以市场无法有效地供应物品。但是,公共物品供应的相关观察结果与基于市场的激励措施有关。科学社会学家和经济学家做出了卓越贡献,他们扩大了研究范围,证实非市场奖励体系在科学中不断发展,激励科学家生产和分享知识,使其行为符合社会期望。我们将在下节分析奖励体系的构成及其所鼓励的行为。

2.1 优先权的重要性

Robert Merton 建立了科学发现的优先权理论,后续的经济学家从中受益

---

① 只有当研究成果为他人所理解时,才称其为公共物品。知识和信息的区别导致此差异,知识是研究成果,而信息则是知识的显化(Dasgupta 和 David,1994,p.493)。

② 事实上,知识使用者的边际成本高于零,因为使用者必然花费时间机会成本、获取学术期刊或参加会议的直接成本。当然,信息仅对掌握必要知识框架并了解该"密码"的人有用。Michel Callon (1994)认为科学的公共性被过于夸大。隐性知识(下文将对其进行探讨)无法显化,因而隐性知识的学习成本高于显性知识。

③ 知识的使用价值不会随使用而减少,而知识的市场价值会随知识传播而减少。

④ Jefferson 也指出想法"在整个空间里像火焰般地扩展,而且任何一点都不会减损它们的密度"(转引自 David,1993,p.226)。David 强调知识的无限扩展性而不是知识的非竞争性。

良多。自 20 世纪 50 年代后期，Merton（1957，1961，1968，1969）发表了一系列论文，强有力地表明科学家的首要目标是传播知识进步，进而建立科学发现优先权，而对优先权的奖励则是科学界对其"第一人"的认可。Merton 进一步认为将优先权利益和知识产权授予科学发现"第一人"是司空见惯的现象，至少在过去的三个世纪中这是科学的一个最重要的特征。

优先权的认可以多种形式呈现，这取决于科学界对科学发现的重视程度。第一种形式是命名法，即以科学家的姓名来命名科学发现。例如，哈雷彗星、普朗克常数、霍奇金氏病和哥白尼学说。[①] 奖项也是形式的一种。其中诺贝尔奖最负盛名，奖金最高（2009 年约为 140 万美元）；还有其他数以百计的奖项，其中多数奖金超过 50 万美元，例如，麻省理工莱梅尔逊奖（50 万美元）、邵逸夫奖（100 万美元）和斯宾诺莎奖（150 万欧元）。[②] 近年来奖项数量持续增长，Zuckerman（1992）估计 20 世纪 90 年代早期仅北美就约有 3 000 个科学奖项，数量是 20 年前的 5 倍。尽管目前尚未有关于奖项的系统性研究，但是有人说有证据表明了奖项的数量将继续增长。《科学》杂志（美国科学促进会的高引用量期刊）定期刊登近期奖项得主的专题报道，其中许多人获得公司或新建基金会的奖励，奖金常常超过 25 万美元。[③]

论文发表是较为少见的认可方式，不过它是建立优先权的必要步骤。多数科学家无法享受命名和授予奖项的优待，但是发表论文是触手可及的梦想。计算科学家一篇文章的引用量或某位科学家全部著作的引用量是衡量一位科学家贡献重要性的常见方法。在过去这是个劳心劳力的过程，但是对研究者及其他评估者而言，技术变革和新产品（如谷歌学术）的出现有助于其快速（有时会出现错误）计算著作引用量和了解自身与同行的差距。例如，汤普森科技所经营的一款排名产品，以引用量为标准为某领域的科学家排名。[④]

---

① 由于欧洲核子研究中心成功建造新型加速器（大型强子对撞机）及四大相关对撞机，新闻媒体热烈报道希格斯粒子，其名称源于苏格兰物理学家 Peter Higgs。Peter Higgs 最先预测希格斯粒子的存在，目前所有对撞机均探测到希格斯粒子。

② 数学界的菲尔兹奖可与诺贝尔奖相媲美。该奖每四年评选年龄不超过 40 岁的数学家，且人数不超过 4 人，其名义奖金约为 1.3 万美元。2007 年 Grigory Perelman 因证明庞加莱猜想而获奖，但是其拒领菲尔兹奖，此事引发公众极大关注。2002 年挪威政府建立数学界的阿贝尔奖。2006 年该奖的奖金达 92 万美元，是数学界奖金最高的奖项。

③ 例如，2005 年强生集团建立保罗·杨森药学研究奖，其奖金为 10 万美元；海因茨基金会颁发海因茨奖，其奖金为 25 万美元；格鲁博基金会自 2000 年起颁发数个奖项，其中一个遗传学相关奖项的奖金为 25 万美元；1995 年英国通用电气公司与《科学》杂志合作建立青年生命科学家大奖，其奖金为 2.5 万美元；美国通用汽车公司颁发通用汽车癌症研究奖，其奖金为 25 万美元。

④ 此类排名并非没有错误。由于论文作者名中有许多常见的名字，特别是在亚洲国家，所以作者归属可能会出现错误。因此必须谨慎使用并仔细监督此排名。

必须强调成为科学发现"第一人"是建立优先权的前提。奖励体系引发的行为是本章的主题之一。奖励体系会激励科学家迅速发表其科学发现。科学家们有可能在同一天完成论文撰写工作并投稿,这种情况并不罕见。科学家也会与知名期刊的编辑商讨出版时机或是为论文加注,以使得科学家在投稿与出版间隙完成的科研成果也能够被报道出来,借此使其对此发现的优先权更为可信(Stephan 和 Levin,1992)。科学期刊接收稿件和出版的间隔时间远短于社会科学期刊。《科学》杂志的极端做法是要求审稿报告需在接收稿件后 7 日内交回,并在编辑决定接收后尽快出版稿件。Ellison(2002)整理了不同学科论文出版的差异及其随时间的变化。电子出版加快了出版过程,并可能弱化科学和社会科学论文出版的时间差异。

基于优先权的奖励体系也可能促使科学家投入更多精力开展研究,以先于竞争者宣布对某一发现的优先权。另外,此类做法已成惯例,Merton(1969,p. 8)描述了 Newton 采取极端方法,从而取代 Leibniz 成为微积分创始人的事例。[1]

有时科学被称为"赢家通吃"的竞赛,即亚军和季军将一无所获。科学难以监督科研工作,这一特点导致了此奖励体系的形成(Dasgupta,1989;Dasgupta 和 David,1987)。这一类问题并不仅仅见于科学领域。Lazear 和 Rosen(1981)调查了激励相容的补偿机制,发现监督成本较高。亚军所做贡献的低社会价值是造成此类奖励体系形成的另一原因。"同一科学现象的第二次、第三次或第四次发现无增值的可能。"(Dasgupta 和 Maskin,1987,p. 583)。

但是将科学视为"赢家通吃"的竞赛又有些极端。即使是此言论的支持者也认为该说法有失偏颇,因为复制和查证具有社会价值,且常见于科学领域。从某种程度上来说,目前仅有少数竞赛的说法也是错误的。某些竞赛的确是世界级的,例如,希格斯粒子的鉴定或高温超导体的开发。但是也有许多其他包含多组成部分的竞赛。此类竞赛的数量不断增长。例如,多年前人们以为癌症仅有"唯一"的疗法,但是现在人们知道癌症类型多样,需寻找不同治疗方法,所以将出现多位赢家打破"赢家通吃"的局面。

更为现实的比喻则是假设科学遵循高尔夫或网球等比赛安排,输家也能获得一些奖励。这一做法促使比赛选手不断培养技能,提高在未来赛事中获胜的可能性。科学中也有相似的情况,虽然某博士未能摘得拉斯克奖[2],但是因为其成就足够卓越,她不断受邀发表重要演讲,不断获得研究支持,而且本科母校授予其荣誉学位。

---

[1] 物理实验家和理论家之间的冲突源于"荣誉困境"。"谁应获得科学发现的殊荣:是提出猜想的理论家还是证明猜想的实验家?"(Kolbert,2007,p. 75)。

[2] 拉斯克奖是始自 1946 年的年度奖,奖励取得重大医学科学贡献的在世医学研究者。——译者注。

2.2 经济报酬和解开科学谜团的成就感

经济报酬是科学奖励体系的另一个方面。科学家非常重视优先权,对解开科学谜团的浓厚兴趣促使其不断探索,但是金钱显然也是奖励体系中的一个重要因素。Rosovsky(1990)曾说在担任哈佛大学文理学院院长时,他曾询问一位作为哈佛大学最杰出的科学家之一的科学家的科学灵感来源,得到的答复是("毫不犹豫的答复")是"金钱和恭维"。(p. 242)。

竞赛的淘汰制使科学家背负极大的风险,[①]因此在科学界报酬通常为两部分:一部分与竞赛中的个人成就无关;另一部分则是基于优先权及科学家贡献的价值。虽然此举过于简化报酬体系,但是至少美国学者的晋升和加薪就与其出版量和引用量息息相关,尽管上述关系的实证研究多数已不合时宜(Diamond,1986b;Tuckman 和 Leahey,1975)。[②] 在其他国家,生产力也是薪酬和资源的基础。根据文献计量法,排名位于团队前半部分的中国研究员,其薪酬是同事的 3~4 倍(Hicks,2007)。英国学术部门获得的资助一定程度上取决于科研成果的发表,这与澳大利亚相同(Hicks,2007)。可惜的是,我们对行业和政府实验室科学家所享受的奖励体系知之甚少,特别是关于优先权的奖励体系。[③]

科学家(至少是学术界的学者)平坦的薪酬曲线常为人瞩目。例如,Ehrenberg(1992)计算得出,物理和生命科学正教授的平均薪酬仅比新晋助理教授的平均薪酬高 70%。在教师属于公务员行列的国家,其薪酬曲线更为平坦。可以说曲线形状与监督问题和对科学家工作风险性的补偿需求相关。另外,如果薪酬中包含其他形式的补偿,那么曲线将不如假设般平坦。成功的科学家会得到额外的金钱奖励,比如奖项奖金、演讲费、咨询费和专利使用费。若收入的定义范围扩大,包含其他补偿形式,那么收入曲线的形状这一研究领域具有极大研究价值。下文将简要叙述其他补偿形式。

某些大学教师能通过专利使用费获取额外补偿。Thursby 和 Thursby(2007)发现 1999 年美国名牌大学中 10.3% 的教师曾向技术转让办公室公开其发明。尽管许多发明并未获取专利,且多数专利最多也只能获取少量使用费,但是还有一些专利的使用费较为可观,甚至有些专利的使用费相当丰厚。例如,2005 年 7 月吉利德科学公司和皇家医药公司花费 5.25 亿美元从埃默里大学手

---

① Arrow(1962)发现由于研究者所获报酬基于教学活动而非研究活动(这会引发高度不规则形态),所以两类活动归属同一行业是意外现象。

② 讲座教授所得补贴高于科学家的工资,会加深生产力和工资的关系。美国部分高校通过与教师分担间接成本以鼓励其提交繁琐的申请,此举进一步加深补贴与生产力的关系。

③ 相关证据表明更多风险已转移至科学家。例如,美国高校的科学家,甚至享有终身职位的科学家,他们的工资中补贴和合同的比重可能增加。

中买断恩曲他滨的未来销售提成权利,此药物用于治疗艾滋病。埃默里大学三位与该药物研究相关的科学家获得买断价的 40%,这表明当时高校政策十分到位(http://sec. edgar-online. com/2005/08/04/0001193125 – 05 – 157811/Section7. asp)。

高校获得的使用费逐年看涨,这表明教师获得的使用费薪资也不断上涨。例如,1993—2003 年美国大学的使用费年净收入由 1. 95 亿美元飙升至 8. 668 亿美元(国家科学委员会,2006,表 5 – 28,卷 2)。各高校专利使用费的分配政策不同,但是所有专利发明者均可获得部分使用费。Lach 和 Schankerman(2008)调查共享模式结构与公开发明的关系,并利用实证证据证明以公开发明为衡量标准的发明活动与教师所得使用费的份额成正相关。[①]

教师也可能凭借在初创公司的角色而赚取收入。在最极端情况下,教师可在公司上市时获取收益。至少在名义上,有时教师的持股份额惊人。Eric Brewer 即为一个实例,此人是加州大学伯克利分校的计算机科学家,1999 年 10 月他以 8 亿美元的净资产荣登《财富》杂志美国 40 位 40 岁以下富豪榜。这完全是因为其创建的公司于 1998 年成功上市(Wilson,2000)。Edwards 等(2006)研究了一家首次公开募股的生物技术公司,根据 IPO 收盘价格得出,某位与该公司建立正式合作关系的学者的股价中值介于 340 万~87 亿美元之间,此数据的时间跨度为研究分析涵盖的时期。科学家本人是否是科学顾问委员会的一员也至关重要,Ding 等(2006b)确认美国有 785 位学院科学家供职于一家或多家公司的科学顾问委员会,这些公司均为首次公开募股的生物技术公司。

科学的另一奖励则是科学家在解开科学谜团后的满足感。早期科学社会学家 Hagstrom(1965,p. 16)发现这一满足感并认为:"从许多方面而言,研究是一场游戏,是一场解谜游戏,谜底即为游戏的奖励。"科学哲学家 Hull(1988,p. 305)认为科学家天性好奇,而科学则是"延续至成年的游戏行为"。Feynman(1999)撇清自己与诺贝尔奖的关系(其于 1965 年获得诺贝尔奖):"瑞典学院的研究员决定某项科学研究足以获得诺贝尔奖的行为是毫无意义的,因为我已经获奖了。寻得答案的欢愉、发现过程的快感即为我所获之奖……",这表明科学发现所用时间是科学家的效用函数中的一个自变量。Pollak 和 Wachter(1975)证明此类最大化问题通常难以解决,因为隐含价格取决于生产者的偏好。虽然这为将发现过程从科学行为模型中删去提供了理论依据,但是经济学家拒绝将

---

① 不是所有教师的发明专利都由高校授予。Thursby 等(2009)发现 29% 的教师发明专利权属于企业。同样,数个欧洲国家实行"教授特权",即教授的发明无需归属高校。Crespi 等(2009)发现在研究样本中,大部分高校的发明专利均不属于高校。相反,事实上多数属于企业。我们对高校外的专利使用费一无所知。

解开科学谜团视为激励力量的举动使得科学行为的经济学模型缺少可信度。Sauermann 和 Cohen（2007）最近的研究一定程度上为产业科学家和工程师解决了这一问题。

3.　知识生产方式

　　"若没有投入大量时间、智力和研究资源，人们无法完全掌握一个新想法（一个既有问题的新概念、一个新方法论或对新领域的调查），无法将其发展为暂时为人接受的假说，也无法对其开展某些实证研究。"

　　Stigler（1983，p. 536）在 1982 年的诺贝尔奖演讲中如此描述知识"生产函数"。在此我们将进一步探索上述因素。

3.1　时间和认知投入

　　尽管人们常常认为科学家具有敏锐的洞察力，但是研究表明科学探索相当耗费时间。研究者经常将高产量科学家，特别是杰出科学家，视为探索动力强、耐力足、工作勤、坚持追求长期目标的人（Fox，1983）。[1]

　　认知资源的数个方面与科学发现相关。一方面是能力，人们普遍认为高智商者应从事科学工作，且数个研究证明科学家群体的平均智商高于常人。[2] 同时大家一致认为某些人特别擅长科学工作，其中一部分人对科学游刃有余。[3]认知投入的另一方面是科学家开展某一项目所拥有的知识基础，这一知识不仅可用于解决问题，而且可用于选择问题及问题的解决顺序。

　　研究人员根据知识在科学发现中的重要作用得出数个观察结果。首先，知识加剧竞争，因为知识的公共性意味着许多研究者均可获得用于解决问题的知识。第二，知识既可体现在科学家的研究中也可与之脱离，但是可从文献（或其他方式）中获取。不同类型的研究对知识的依赖程度不同。核物理学家 Leo Szilard 由物理界转向生物界，他曾向生物学家 Sydney Brenner 吐露在离开物理

---

[1]　Hermanowicz（2006）在研究样本中发现，在回答"你认为自身所处行业中何为取得成功的最重要品质？"这一问题时，半数以上的物理学家从 25 个形容词中选取了"坚持"，这一品质遥遥领先。聪慧占 25%，位居第二。

[2]　Harmon（1961，p. 169）发现物理学博士的平均智商接近 140。Catherine Cox 运用传记技术估算杰出科学家的智商，结果发现 Leibnitz 的智商为 205，Galileo 的智商为 185，Kepler 的智商为 175。Roe（1953，p. 155）总结了 Cox 的发现。

[3]　Feist（2006）调查了心理力量在个人科学兴趣、才能和创造力发展中的作用。

界后,他甚至不能洗个舒服澡。"当他还是物理学家时,他可以躺在浴缸里思考数小时,但是作为生物学家他必须起身查找一个又一个事实"(Wolpert 和 Richards,1988,p. 107)。

第三,如果科学家未能紧跟学科变化,那么他的知识基础将无法与时俱进。另一方面,科学界流行一时的现象(如量子物理学)表明最新的教育并非总是最好的教育(Stephan 和 Levin,1992)。时间年限在科学中或许占据非常重要的地位,但是其重要性却并不总是如同 Mincer 所言的"知识的长期进步"(Mincer,1974,p. 21)。

第四,轶事证据表明"过量"知识对科学发现可能是有害的,因为知识会"妨碍"研究者。例如,年轻学者有时可能会击败杰出研究者,因为年轻学者比年长学者知识"储量"少,所以他们在选择问题和解决方式时更为自由。[①]

最后,可组建研究团队或至少与其他实验室或国家的研究者合作以增加某问题的认知资源。鲜有人可以独立完成研究工作,实验研究与理论研究相比尤为如此(Fox,1991)。科学家在实验室工作,各国实验室的工作人员配置不同。例如,欧洲研究实验室常雇用永久编制的资深科学家,然而愈来愈多的临时研究员出现在此岗位(Stephan,2008)。美国实验室提供资深科学家和研究员等职位,然而实验室的多数工作人员多为博士或博士后。Stephan 等(2007b)研究了415 个隶属于纳米科技中心的实验室发现,除主要研究者外,平均每个实验室有12 名技术人员,其中半数为研究生,16%为博士后,10%为本科生。[②] 该人员模式表明美国实验室中年轻的临时研究者所占比例过大。此体系暗含金字塔结构;若实验室未有大范围扩大人员规模的计划,那么对该体系的依赖会导致许多新晋科学家作为主要研究者留任高校的难度越来越大,然而目前美国培养的科学家数量不断增长(在美国境外培养,而后前往美国攻读博士后学位的人数也不断上升),使得新晋科学家供给上升。[③]

调查合著模式的发展趋势是观察团队规模和合作变化的方法之一。例如,Adams 等(2005)发现截至 1999 年,18 年以来论文作者数的均值由 2.8 升至4.2。[④] 因为电子邮件和互联网的使用者飙升,所以 1991—1996 年该数值的增

---

① 一篇文献表明在此体系下,来自边缘的个人(或"局外人")比科学界的资深学者的贡献更为卓越(Gieryn 和 Hirsch,1983)。Stephan 和 Levin (1992)认为这是年轻学者更可能做出显著贡献的原因之一。在研究诺贝尔奖得主后他们总结道,尽管获奖者并非非常年轻,但是职业生涯中期的获奖概率大幅下降。

② 约有三分之一的主要研究者隶属于工程部门,另外三分之一属于化学部门,其他则属于物理部门。

③ Hollingsworth (2006)认为研究机构的组织结构有助于提高生产力。他认为权力的绝对分散给予高产科学家高度自治权和灵活度,这是实现重大科学发现组织的关键特征。

④ 该研究仅限全美前 110 所高校的科学与工程论文,论文作者数为一人或多人。

长速率最大。实验室规模不断扩大,越来越多的研究机构(特别是国外研究机构)开展研究项目合作,也推动了该数值的增长。例如,1988—2003 年间文章通信地址数(至少包括一个美国通信地址的文章)增加了 37%,而国外地址数则增长两倍以上(国家科学委员会,2006,表 5 - 18)。[①]

多个因素推动研究合作的增长。[②] 首先,跨学科研究的重要性及新兴学科常常实现重大突破的事实促进合作的开展,如生物学、工程学和物理科学的交叉学科系统生物学。[③] 显然,没有人掌握某领域要求的全部必要技能,所以研究者必须依赖他人的工作。第二,与第一点相关,可以说为弥补与教育需求相关的知识增长,研究者汲取的专业知识愈加狭隘(Jones,2005b)。愈加狭隘的专业知识导致研究者在科学发现中愈发依赖团队合作。第三,网络连接发展迅速,20 世纪 80 年代早期许多高校采用 BITNET[④],20 世纪 90 年代早期互联网快速扩张加速了网络连接的发展,发展降低了机构的合作成本(Agrawalh 和 Goldfarb,2008;Levin 等,2006)。推动合作的另一因素是海量数据的可获取性,如人类基因组计划数据(及相关的基因银行数据库)。尽管上述所列数据已经为人们所熟知,但近期也可在网上获取许多其他大型数据库。例如,PubChem 数据库和关于蛋白质结构信息的世界蛋白质数据库(wwPDB)。[⑤] 在撰写本文时 PubChem 数据库包含 17 655 303 种已知物质。分享研究资料的做法使合著论文者的数量不断增加。

研究仪器的复杂化也促进了研究合作,最极端的例子就是研究员组建团队以研究对撞机。欧洲核子研究中心四台对撞机的研究团队规模略低于 6 000 人:紧凑型 μ 介子螺线管探测器实验团队为 2 520 人,超环面仪器实验团队为 1 800 人,大型离子对撞机实验团队为 1 000 人,LHC 底夸克侦测器实验团队为 663 人(Overbye,2007)。Barnett 等(1998)认为两大因素促使研究者寻求论文合著者。其一,通过合作丰富个人研究成果并实现风险最小化。其二,降低时间机会成本。另一额外因素是研究质量。科学生产力的相关文献表明与独立科学家相比,科学家通过合作所得成果更为优质(Andrews,1979;Lawani,1986;Wuchty 等,2007)。上述推动合作的因素部分为新兴因素(如网络连接),但是

---

① 在此期间,论文作者数量增加 50%,说明实验室规模的增长略快于机构合作规模的增长(国家科学委员会,2006,表 5 - 18)。

② 合作模式的变化给不同组织带来挑战。例如,合著者数量的上升增加了任职和晋升时评估简历的难度。例如,过去如果个人在完成博士后科研任务后仅发表与其导师合著的论文,那么其会受罚。但是,近年来宾夕法尼亚大学的药学院等已放松该要求,并考虑相关人员的晋升问题。

③ 系统生物学对生物系统设计和系统任务之间的关系开展研究。

④ 一种联接世界教育单位的计算机网络。——译者注。

⑤ 欧洲核子研究中心的大型强子对撞机能够产生大量数据。根据 Kolbert(2007,p. 74),"如果将大型强子对撞机的数据录入磁盘,那么磁盘堆叠的高度会一个月增加一英里。"

合著者数量的增长这一现象早已存在。Wuchty 等（2007）发现在过去的 45 年中，171 个科学工程领域中仅有一个领域的团队规模未扩大。

本卷其他章节会重点阐述研究中网络的作用。在此我们发现大西洋两岸的国家政府强调资助机构间合作研究的重要性。美国国立卫生研究院（NIH）建立 P01 项目计划基金以资助进行多学科研究的研究者，鼓励开展合作研究。大西洋另一边的欧盟（EU）则致力于资助卓越网络项目。显然此类奖助能激励个人开展合作，然而调查显示其效力与其他形式的资助有关。建立以上网络可能旨在促进实验室间的数据和资料共享。

3.2 研究资源

知识生产同样需要资源。在社会科学领域，资源指个人电脑、数据库和 1～2 名研究生研究助理。实验物理科学所需资源更为广泛，包括大量设备。有时设备是在实验室里的，然而粒子物理实验需耗费大量时间运作加速器，天文学家则需通过望远镜进行长期观察，纳米技术研究要求"清洁"实验室和扫描隧道显微镜等专有设备。理论和实验研究对超级计算机的依赖日益加深。另外，由于研究人员可从越来越多的渠道获取大型数据库，所以超级计算机的使用率与日俱增。

生物医学研究也要求很多精密设备。现代分子生物的技术基础是 DNA 基因及蛋白质的测序仪和合成仪。质谱分析法等分析工具对蛋白质组和系统生物学革命具有决定性作用（Chait，2006）。在蛋白质测序方面，机器人技术愈加重要。生物医学研究不仅仅是试管研究，活体研究也日渐重要。在以哺乳动物为实验对象的研究中，小鼠活体研究占 90％以上（Malakoff，2000）。

生物医学研究工具的精密度日益提高，导致实验室产出激增。1990 年配备顶尖设备的实验室每天测序 1 000 个碱基对，而到 2000 年 1 月全球 20 家实验室参与人类基因图谱的绘制，全天 24 小时每秒可对 1 000 对碱基对进行测序。单个碱基对测序成本由 1990 年的 10 美元降至 2003 年的 0.05 美元（Collins 等，2003），到 2007 年则为 0.01 美元（www. biodesign. asu. /edu/news/232/）（见图 1）。假设每位研究人员操作多台机器，以每人每天完成的碱基对测序数量为标准，2007 年的生产力是 20 世纪 90 年代初期的 20 000 余倍，即每 12 个月生产力翻一番（http：//www. bio-era. net/news/add_news_18. html）。[①] 2007 年首次上

[①] 由于测序成本下降，所以个人基因组测定的价格有望降至 1 000 美元或更少（www. biodesign. asu. edu/news/232/）。2007 年 3 月，阿坎基因组 X 奖（Archon X Prize for Genomics）建立，旨在奖励 1 000 万美元给第一个能够"制造一台设备，并且使用这台设备能在 10 天之内为 100 个人类基因组测序的设备，且误差率低于十万分之一，覆盖基因组上至少 98％的碱基对，每个基因组的经常成本低于 1 万美元"的研究小组。（http：//thepersonalgenome. com/category/sequencycost/）。

市的新一代测序机器能立刻读取数百万序列,所以早期测序技术已遭淘汰。

日益精密的研究工具表明生物医学等领域的"资本-劳动比率"正在改变。例如,2008 年克雷格·文特尔研究所裁减 29 个测序中心岗位,并声明此次裁员的"直接原因是技术进步,而不是目前美国所面临的经济困难"。(http://www.jcvi. org/cms/press/press-releases/full-text/article/j-crai... quencing-staff-positions/? tx_ttnews%5baclkPid%5D=67&Hash=db443577b0)。

以资本替代劳动的相关研究领域乏人问津,显然科学家需要探索该领域。论文研究的本质也因技术剧变而彻底改变。例如,化学领域的核磁共振、X 射线晶体学和先进的计算机能力加快了蛋白质结构的解读。过去博士论文仅关注单个的蛋白质结构域,而如今相似研究领域的论文则致力于研究和比较几十余种结构。

设备的重要性是强调科学发现非线性的原因之一。科学研究可实现技术进步,而技术深刻影响着科学进步。资源和设备对科学发现的重

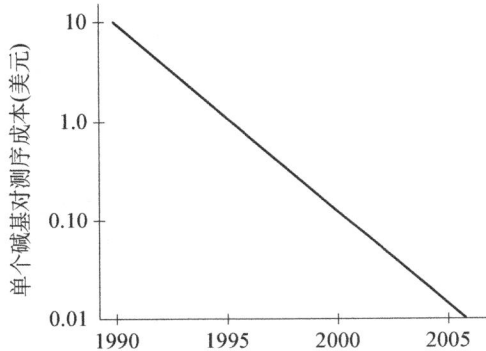

图 1　单个碱基对测序成本

资料来源: 根据 Collins 等,2003 的研究。

要性足以撰写一部历史,这也是一部科学史。多位学者就该主题开展研究,其中 Rosenberg 和 Mokyr 的研究最具代表性。在一些实例中,科学家同时是某项新技术的研究者和发明者,这一形式可能最具成效(Franzoni,2009)。1987 年拉斯克基础医学研究奖得主 Leroy Hood 是一名生物学家,一生写就 500 余篇论文,其经历证明了上述论断。Leroy Hood 发明自动 DNA 测序仪和自动 DNA 合成仪等设备,出于对其成就的认可,京都奖为其颁发先进技术奖。2003 年,他因发明"自动 DNA 测序仪等四大揭开人类生物面纱的仪器"而获得莱梅尔逊奖。[1] (http://web. mit. edu/invent/n-pressreleases/n-press-03LMP. html)。

研究设备价格昂贵。[2] 加速器的建造和运行成本是天文数字。欧洲核子研究中心的大型强子对撞机周长达 27 公里,成本为 80 亿美元;美国橡树岭国家实

---

[1] Hood 对工具和前沿研究的浓厚兴趣归因于其导师 William Dreyer 的知识灌输。据说 William Dreyer 曾对加利福尼亚理工学院的博士生说:"如果你想从事生物学,你要从学科前沿入手。如果你想进入学科前沿,你得发明新型工具以解密生物信心。"(http://web. mit. edu/invent/a-winners/a-hood. html)。

[2] 2003 年美国学术机构花费 18 亿美元用以置备研究设备,以实际美元计算该数值是 20 年前的 2.5 倍(全国科学委员会,2006,附录表 5 - 13)。

验室开展散裂中子源项目,成本为 14.1 亿美元(科学,312 卷,2006 年 5 月 5 日; p. 675)。纳米技术研究的显微镜成本为 75 万美元(http://www.unm.edu/^market/cgi-bin/archives/000132.html)。美国应用生物系统公司的 3730 型测序仪的成本约为 30 万美元。下一代测序仪的成本约在 40 万~50 万美元之间。

实验小鼠的成本也需考虑。一只可用的近亲交配小鼠的成本在 17~60 美元;诱变品种的起始价约为 40 美元,而后可升至 500 美元以上。以上价格针对来自繁殖群体的小鼠。但是许多品种仅可从低温冻存材料中培育,此类小鼠成本更高:2009 年从低温冻存组织(冷藏精子或胚胎)中培育的品种要价高达 1 900 美元。因此,研究者至少需要两对有繁殖能力的小鼠以建立其繁殖群体。[①] 定制小鼠价格更为昂贵。例如,约翰·霍普金斯大学估计基因定制小鼠的价格为 3 500 美元。

实验小鼠数目庞大(1.3 万余只小鼠已向社会公开),所以小鼠的饲养成本也成为研究的重要因素之一。例如,2000 年美国高校的每只实验小鼠每日花费 0.05~0.1 美元(Malakoff,2000)。此项费用迅速增加。斯坦福大学的 Irving Weissman 博士发现在斯坦福大学改变其笼率前,其所在实验室每年为饲养 10 000~15 000 只小鼠花费 80 万~100 万美元。[②] 因为免疫缺陷小鼠易感染疾病,所以饲养成本更高(0.65 美元/天)。[③]

科学研究中设备和研究资料的重要性表明科学研究的惯例——交换的重大意义(Hagstrom,1965),交换能促进研究,鼓励科学家采取行动。例如,科学家通常为引用相关文献、参与论文合著而交换研究资料的获取渠道、研究信息和专业知识。[④] 然而,由于研究资料日渐重要,所以交换过程的重要性也不言而喻。Walsh 等(2005,2007)以生物医学领域学术研究者的交换行为(细胞系、试剂和抗原等)为对象开展研究,发现在其样本中,75% 的调查对象在两年中至少会进行一次资料交换,平均每人会索要七次其他学术领域的资料,两次行业实验室资

[①] 美国国立卫生研究院和其他数个基金会为美国杰克逊实验室提供长期支持,该实验室在实验小鼠保护和饲养方面发挥关键作用,为研究者提供实验小鼠和重要的规模经济。杰克逊实验室提供的 67% 以上的品种只可从低温冻存材料中培育。

[②] 由于上述成本,所以"小鼠服务包"("mouse package")会影响职员聘用。例如,蒙大拿大瀑布城的麦克劳克林研究机构向应聘者承诺每天为单只"实验小鼠的服务包"支付 0.036 美元,随后成功招聘到一名研究员(Vogel,2000)。(笼数成本转化为小鼠成本,即每笼五只小鼠)。

[③] 研究员既需要购买小鼠和用以照料小鼠的设备,也要购买用以观察和记录小鼠活动的设备。例如,根据《科学》杂志的一则广告,钛背部皮褶室(可置于小鼠背部)使研究者得以"在不伤害小鼠的情况下记录和观测微血管功能"(2006 年 6 月 9 日,p.1439)。

[④] LaTour(1987)详细描述了学者如何通过交换活动培养专业技能。

料(Walsh 等,2005)。[①]

过去 100 年间基因专利的出现影响了小鼠研究者间的资料交换模式。Murray 就此开展研究,她认为尽管小鼠基因学家反对此专利的强制实施,但是近年来他们已接受此专利,并将其纳入交换行为中:"如果你拥有专利,对其他科学家而言你是有价值的交换搭档,因此与你合著论文也是一桩值得的买卖。虽然科学合作向来充满偏见,但是在商业制度下,专利能向他人表明自身价值,并可借自身声望选择合作对象。"(Murray,2006,p.34)。

研究过程中使用的设备及设备的相关成本至关重要,这表明在多数领域开展研究的必要条件是获取资源。标准人力资本模型可能假设研究决定不足以开展研究,研究人员必须有获取研究投入的渠道。在美国高校,院长在建立课题组时通常以项目启动资金包的形式购置设备,为研究生和博士后提供助学金。[②]因此,科学家需要对设备、教授的时间档期[③]和研究生及博士后的助学金负责。某些科学家要求使用校外"大型"机器,但必须申请资助以购买此研究设备的使用时间(如电子束时间)。这意味着在多数研究领域,资助成为"独立"研究的必要条件(独立研究的发起者和构想者都是科学家自身)。上述领域的美国科学家具备许多企业家特质。研究生和博士后必须努力科研,通过在其他实验室所获研究成果建立"信誉"。如果他们的种种尝试都大获成功,且实验室恰有空位(参见代群效应的相关讨论),那么他们便可在研究型大学的实验室工作,随后数年便可利用该资本获得资助。如果转化成功,那么他们将长期为实验室寻求支持;如果转化失败,其他高校为他提供启动资金包的可能性将减小。许多其他国家为政府资助或政府运作的实验室雇用研究员,如法国国家科学研究中心,这些国家对个体科学家的资源生产要求远低于美国。然而,此类项目资助时有时无,这可能意味着当研究条件良好,某些同辈科学家能进入实验室市场而其他科学家则无缘该市场。

3.3　意外发现
许多科学发现实为意外发现。研究者在科学发现中有时能够获得比其预

[①] 这并不意味着科学家经常"分享"和交换数据和资源。参见 6.4 节中关于"拥有并分享他人蛋糕"的讨论。

[②] Ehrenberg 等(2003)就项目启动资金包对美国高校开展研究。他们发现化学领域的助理教授所获资金包的平均数额为 48.9 万美元,而生物领域的助理教授则为 40.307 1 万美元。化学领域的最高金额为 58 万美元,生物领域则为 43.7 万美元。化学领域的高级教师所获资金包为 98.392 9 万美元(最高达 117.222 2 万美元),而化学领域则为 95.714 3 万美元(最高达 157.5 万美元)。

[③] 高校越来越期待教师勾销部分学年工资,以资助替代这部分工资。对依靠资助获得工资的教师而言,这一举措十分必要,但是在拥有终身教职的教师中以上措施也愈加普遍。

期目标更为新奇而卓越的成果，这在科学界并不罕见。尽管有时意外发现被称为"幸福的事故"，但是此说法有些许不当。Pasteur 在试图解决法国葡萄酒行业的难题时"发现"了细菌，这确为事实。但是其意外发现并非"一场事故"。研究者在探索未知事物时难以分辨何为意外，何为"事故"。科学发现的相关类比证明了该说法：哥伦布未发现心中所念，但是新世界的发现并非一场"事故"。①

因此也许将意外发现视为对未提问题的答案的探寻之旅更为贴切。例如，重大医学进步均来源于非任务导向的基础研究。研究海蜗牛的科学家发现可治疗慢性疼痛的新型特效药。电流对微生物影响方式的相关研究催生了目前广泛使用的癌症药物。② AGM-1470 是一款不同于以往癌症治疗方式的测试药物，该药物的发现过程起源于一场"实验室事故"。事故概况如下，Don Ingber 用以培养毛细血管内皮细胞的培养皿被真菌污染，Ingber 注意到真菌导致细胞变圆，在其前期研究中此现象与毛细血管增长的抑制相关。③ 肿瘤依赖血管增长而生存，所以研究人员希望此药物能抑制血管增长。这本可能是一场事故，但是正如 Pasteur 所言："在观察领域内，机遇只垂青有准备的头脑。"

科学家不仅受益于意外发现，他们有时也能注意到意外现象。1996 年诺贝尔物理学奖得主 Robert Richardson 在其个人小传中说道（美国国家科学院，2005，p. 148）：

"1966 年他（Richardson）在杜克大学获博士学位，其论文导师为 Horst Meyer 教授。1996 年秋，他开始在康奈尔大学 David Lee 教授的实验室工作。其实验目标是观测固体氦-3 的核磁相变，这恰与 Richardson 在杜克大学和 Horst Meyer 教授合作的论文相关。1967 年 Douglas Osheroff 加入研究组，他们三人为研究低温下的液氦和固氦而研发冷却技术和核磁共振仪器。1971 年秋他们意外发现液氦与超导体经历相似的对相变。1996 年三人共同获得诺贝尔奖。"

---

① 为以上类比向 Nathan Rosenberg 致谢。
② 国立综合医学研究所：2008—2012 战略计划（http://publications. nigms. nih. gov/strategicplan/chapter2. htm）。
③ www. aids. org/atn/a-135-04. html.

4. 科学竞赛选择和研究特性

4.1　竞赛选择

科学发现优先权的重要性表明科学家需小心翼翼地选择所参与的竞赛,因为他们一直生活在被他人抢先的潜在威胁中。在常规科学中情况确实如此,下一代科学突破所需的知识积累和研究重点往往悬而未决。[①] 年轻科学家尤为如此,如果他们要成功展现其能力和"资源价值"以获得资助,就必须谨慎选择竞赛。年轻的美国生物医学研究者必须选择不同于导师的独立研究轨迹以吸引资助者,但同时又必须展现其研究培训的成效。

科学家可想方设法垄断某一研究领域以最小化被他人抢先的威胁。17～18 世纪,正在进行的科学发现有时以字谜形式呈现,其目的有二。"其一,获得概念优先权;其二,避免对手注意其原始想法。在科学发现实现进一步发展时,才会向大众揭开谜底"(Merton,1957,p. 654)。科学界人士也会将密封的、注有日期的手稿存放于学术团体以保护优先权和想法。近期,相关证据已证明设备和品种的所有权是垄断某一研究领域的捷径。减小被他人抢先的风险的另一策略是为研究开发一项新颖的技术,然后与他人合作并应用该种方法或技术来解决一系列问题。科学家也可选择解决非主流的"常规科学"问题或致力于停滞不前的研究领域,上述方法也可减小被他人抢先的风险(Stephan 和 Levin,1992)。该策略的缺点在于尽管竞争者数量少提高了成为"第一人"的可能性,但是若整个科学界对该领域兴趣寥寥,那么即使有所成就也难以获得认可。

研究者的研究领域不可单一。他们也必须选择一种研究战略,因为同一问题的解决方法具有多样性(Dasgupta 和 David,1994)。在生命科学领域,这不仅涉及研究主题的选择,也与研究方法有关。因而方程式中也存有不确定性。[②] 例如,新颖的研究方法可能值得一试,然而也会有空手而归的风险,当非常规方法可能不适于研究问题时,或者当要解决一个不能被分解成中间产出的复杂问

[①] 关注社会风险和个人风险的差异。因为在科学发现过程中知识积累是重要的输入,从社会角度而言,常规科学的风险性较小(Arrow,1962;Dasgupta 和 David,1987,p. 526)。但是从个人研究者角度而言,风险可能巨大化:"悬而未决"和在某科学家手上"悬而未决"是两种截然不同的说法。

[②] Susan Linquist 是麻省理工学院霍华德·休斯医学研究所的研究员,其研究领域为蛋白质功能。她表示早期职业生涯的冒险选择使她的研究重点由果蝇转向酵母(Dreifus,2007)。

题时。① 发现过程的不确定性极大,因为发现结果不可预知,也不可保证其与研究目标的相关性。如上所述,Pasteur 在尝试解决法国葡萄酒行业所面对的发酵和腐败等实际问题时,建立了现代细菌学(Rosenberg,1990)。

科学研究常常回答尚未提出的问题。② 因此,科学家可在研究过程中改变目标以减少研究风险。Nelson(1959)认为与营利组织的科学家相比,非营利组织的科学家更适于该策略,因为后者不受研究方向的影响,更易获得奖励。另一方面,研究目标的多样性有利于拥有广泛技术基础的企业。例如,通用电气公司成功开发人造金刚石,它是美国最具多样性的公司。

科学界已发展出许多制度安排以实现风险最小化或提供抵御风险的保障。比如某一研究领域的垄断能力等已经备受关注。③ 其他措施包括:可采用包含不确定性相异的项目的研究组合,建立研究团队和网络。科学家也可通过"馈赠"减小风险,如通过引用文献认可同行的学术成就,也可缴纳"保护费"以避免同行"否认其专有权、散播谣言或全盘否认其工作成就。"(Fuller,1994,p. 13)。

4.2　研究特性

以基础研究和应用研究为研究分类标准是长期以来的惯例,而且许多政府统计机构仍沿用该分类标准。尽管该标准适用于政府统计机构,但是其过于简化研究过程和研究原因。Stokes(1997)认为"使用"目的和对基本理解的追问激发了许多当前的研究。为纪念 Louis Pasteur,Stokes 将此类研究归为"巴斯德象限"。Stokes 发现越来越多科学家的研究范围属于"巴斯德象限",这一定程度是因为近年来研究者更易获得分子生物学和纳米技术等领域的科学机会。他将属于"巴斯德象限""波尔象限"和"爱迪生象限"的研究进行对比。仅以基本理解为研究对象的研究属于"波尔象限",仅出于使用目的的研究属于"爱迪生象限"。

对公共部门研究与其他部门研究的分割也过于简单,二者的研究界限日益模糊。Gibbons 等(1994)将此特征视为一种新型知识生产模式,称为模式 2,该模式与模式 1 截然不同。模式 1 的研究范围局限于高校且各学科界限分明,具有同质性和层次性。"由于模式 2 的研究问题属于跨学科框架,所以模式 2 在应用环境中运作。该模式不是单一学科或多学科模式,而是一种跨学科模式,其运

---

① 竞争团队常常选用高度相关的研究策略。从社会角度出发,如果社会以最大化成功概率为宗旨分配资源,那么高度相关的研究策略因无法提供可供社会选择的多样性组合而导致低效(Dasgupta 和 David,1994)。Scherer(1966)以受到社会资助的不同学科研究为对象,研究其所得成果。

② Polanyi(1962)探索了科学发现的不可预测性。

③ 由于数据库和种种规则(如要求公开基因序列的百慕大规则)要求研究员尽快公开研究发现,所以研究垄断性不断被弱化。

作环境严谨有序,具有瞬态性、异质性和非层次性等特点。模式 2 并未制度化,也不局限于高校。"(p. vii)。

上述声明引发争议(如模式 2 的"新";Pavitt,2000),但是显然高校研究者确与其他学科的研究者开展合作。学术圈外的研究和技术机会颇多,高校研究者与校外科学家和工程师的合作日益增加,以上现象深刻影响了高校研究者。另外,参与跨部门研究能提高学术科学家和工程师的学术活动生产力。例如,Zucker 等(1988a,b)发现与生物技术公司科学家的合作提高了学术科学家的生产力。Mansfield (1995)发现与公司开展合作的学术研究者称其学术研究问题往往来源于行业咨询活动,且咨询活动影响他们所申请的政府资助研究的性质。

4.3 二元知识的生产

公共部门科学家必须做出抉择,是否仅通过发表论文而公开其发现,是否寻求知识产权保护,还是既申请专利又出版论文。尽管知识生产函数中的时间变量表明专利申请和论文出版具有互替性,但是互补性可能更为贴切,且专利作为研究活动的合乎逻辑的产物,其最先的目的便有论文出版的考虑。互补性的理由有以下三方面。其一,研究结果具有双重性,既可申请专利也可出版,属于巴斯德象限的研究结果尤为如此。其二,学术研究者与行业合作的机会与日俱增,这可能会提高生产力,鼓励专利申请。其三,学术界的奖励结构鼓励将专利视为研究成果之一。

近年来许多研究调查了由出版到专利的关系(Agrawal 和 Henderson,2002;Calderini 等,2007;Carayol,2007;Wuchty 等,2007)。虽然内生性等方法论的问题层出不穷,但是多数证据表明出版和专利具有互补性而非互替性。研究者也调查了专利和出版的关系。例如,Azoulay 等(2009)调查了专利对生物技术领域高校研究者出版活动的影响,发现专利对出版有一定的积极影响。Markiewicz 和 Di Minin (2004)以美国高校科学家为研究样本,也发现专利对出版具有重大积极影响。Breschi 等(2009)以意大利科学家为研究对象,得出了相同的结论。[①]

5. 成果

科学研究的主要产出即论文。论文数量随时间不断增加,论文作者的分布范围也越来越广。图 2 显示 1988—2003 年这 16 年间世界范围内科学与工程论

---

① 其研究表明积极影响并非由于专利申请本身,而是因为与产业的强联系而掌握的优势。

文的产出(以分数计数)。相关数值相当引人注目——最新数据表明论文产量达65万余篇(以分数计数)。图2也表明美国在学术论文的统治地位不复存在,欧盟15国以及东亚四国和地区的论文数剧增。

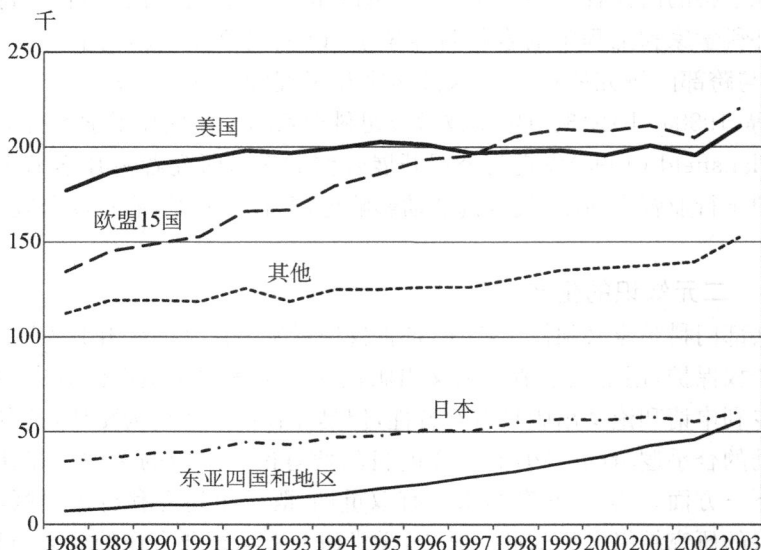

图2　主要科学与工程出版中心的科学与工程论文产出(以分数计数)(1988—2003)

注:论文数以分数计数,指多个出版中心合作机构的论文。每个出版中心基于其参与机构所占的比重获取分数信用。东亚四国和地区包括中国、新加坡、韩国和中国台湾。中国包括香港地区。
资料来源:国家科学基金会(2007,图6)。

学术界论文在期刊论文中所占份额极高。表1显示了1988—2003年美国各部门的论文产出(以分数计数)。在此期间,学术界论文所占份额由72%升至74%。行业和联邦政府所发表的论文份额持续下滑,然而私人非营利组织和联邦政府资助的研发中心所占比重则大概持平。本章后半部分我们会就此表格讨论产业科学家的情况。

表1　美国机构的科学与工程论文产出(以分数计数)(1988—2003)(千)

年份	联邦政府资助的研发中心	联邦政府	其他	私人营利组织	私人非营利组织	研究院	总数
1988	4.9	14.4	3.5	15.1	12.4	127.3	177.6
1991	5.1	15.2	3.8	16.9	13.5	139.3	193.8

（续表）

年份	联邦政府资助的研发中心	联邦政府	其他	私人营利组织	私人非营利组织	研究院	总数
1993	4.7	15.3	4.1	16.4	14.6	142.3	197.4
1995	5.4	15.5	3.7	16.4	15.4	146.5	202.9
1997	5.2	14.3	3.9	14.6	15.0	144.6	197.6
1999	5.2	13.9	4.1	14.5	15.4	145.5	198.6
2001	5.2	14.0	3.7	14.2	16.0	147.8	200.9
2003	5.7	14.1	4.0	14.5	16.3	156.6	211.2

资料来源：全国科学委员会(2006，表 5 - 19 及据图 5.51 所得表格)。

　　研究产出的另一指标是专利。与前面论文的情况类似，专利数量随时间大幅上升，授予学术机构的专利数量也是如此。例如，1990—2003 年间美国的专利数几乎翻一番，由 9 万升至 16.9 万(国家科学委员会，2006，表 6 - 12)。[①] 毫无疑问专利数的大幅增长一定程度上与专利体系相关(Jaffe 和 Lerner，2004)。同一时期，美国高校所获专利数增加了 1.5 倍，由 1993 年的 1 300 个升至 2003 年的 3 450 个(国家科学委员会，2006，表 5 - 28)。欧洲的专利数量与美国呈现出相似趋势，尽管许多国家实施"教授特权"导致难以跟踪学术专利数的变化。

　　许多研究者以科学家和工程师的生产力为对象开展研究，特别关注学术界的科学家和工程师。尽管多数研究关注论文发表量，但是近年来研究者也调查教师的专利产量，社会学家则负责许多早期研究。近年来社会学家和公共政策经济学家及研究者合作，以期理解与生产力相关的因素，且特别关注个人角度。其感兴趣的问题包括：①科学是否是年轻人的游戏；②科学界代群效应[②]的影响程度；③产出与性别的相关度，以及若存在相关度差异，何为差异背后的原因。另外，研究人员也对科学家的产出分布和造成极端不平等现象的因素产生浓厚兴趣。

　　生产力研究数据来源广泛。例如，早期研究数据一般来源于特地为此研究收集的调查数据。一些研究者将公共数据和成果数据进行匹配(Levin 和 Stephan，1991)；一些研究者从国家资助机构或组织收集数据(Gonzalez-Brambilia 和 Veloso，2007；Turner 和 Mairesse，2003)；而其他研究者则从简历

---

① 美国授予国外发明者专利权的数量是同期的两倍之多。

② 某个群体与其他不同年龄段的群体的差异是由这个群体成长时的相似的文化背景、社会风俗、价值观、经历、受教育程度、生活习惯等影响造成的，而不是由真正的心智上的发展带来的。——译者注。

中获取数据(Canibano 和 Bozeman，2009)。在此我们将调查数项研究，并根据已解决的研究问题的类型进行讨论。我们对两类结果进行研究，分别与出版衡量方法和专利衡量方法相关。

5.1　科学是年轻人的游戏吗？

Einstein 曾说："一个人没有在 30 岁以前实现科学上的最大成就，那他永远都不会实现。"(Brodetsky，1942，p. 299)。大量轶事证据(Stephan 和 Levin，1992)已证明上述言论的正确性，认为科学是年轻人的领地。但是从统计学角度而言，该言论的正确性有待考量，可能有这些问题：衡量方法的多样性、年龄效应与代群效应相混淆及数据库的适用性。我们针对以上问题进行调查，首先列举数个理论依据证明年龄与生产力相关。

对经济学家而言，年龄与生产力关系的理论依据源于人力资本理论。[1] 人力资本的一般模型预测由于生命的有限性，所以投资行为会随时间而(最终)减少。数位研究者采用人力资本框架开发科学家或学者的生命周期模型。以上模型具有相似之处，它们均以生命有限性为基础，探究生命有限性对于研究对象在其生命周期内为科研所分配的时间的影响。各模型中科学家目标函数的相关假设不同，但是所得结论相似。目标的最简形式为收入最大化，此为信誉资本函数(Diamond，1984)。形式更为复杂的目标为效用函数的最大化，其中包括收入和研究产出(Levin 和 Stephan，1991)。[2] 在科学研究领域，解开科学谜团是科学奖励的一部分，轶事证据已强有力地证明此说法，所以研究产出可纳入效用函数。[3] 以上模型表明在一个人的职业生涯中，信誉资本存量达到顶峰后开始衰减，出版曲线随生命周期而衰落。在目标函数中加入解谜变量可以得出结论：在任何时点，研究活动愈加活跃，则解决科学谜团带来的满足感愈加强烈；此外，它还表明研究曲线愈加平缓，则解谜所得满足感愈发强烈。[4]

以生命周期为研究背景的科研生产力相关研究存在数种问题，包括衡量方

---

[1] 社会学家、心理学家和神经学家对年龄与生产力的关系有不同解释。参见 Stephan 和 Levin (1993)所做总结。

[2] 名誉在目标函数中既可作为获取收入的工具，也可视为最终目的。

[3] 这种处理解决科学谜团的方式不尽如人意，因为它将科学发现的产出代入效用函数，而不是科学发现过程中的时间投入。但是往往是科学发现的过程才是为科学家带来乐趣的部分。

[4] Thursby 等(2005)扩展了生命周期模型以研究使用许可对学术研究的影响。其模型基于 Levin 和 Stephan (1991)的研究，但是将研究划分为基础研究和应用研究。应用研究可通过许可证为科学家带来收入。Doh-Shin Jeon(通信作者)正在开展的研究表明科学研究团队会弱化生命周期效应，特别是有著名科学家参与的团队。也就是说，拥有著名科学家的研究团队具有认证价值。由于某领域研究员数量的增加，科学家提出的想法数量也在增加，所以著名科学家可在最佳想法中挑选。这不仅提高了著名科学家的生产力，同时也使其更有可能在更长生命周期内保持活跃度。

法、年龄效应和代群效应的混淆及数据库的适用性等问题。

一般而言出版量代表研究活动成果。各类科学期刊对此说法的接受度高达70%（Hargens，1988），同时出版是交流研究发现和建立优先权的必要条件的说法也证明了上述论断。有时，可以以按比例分配合著者的论文数的方式来解决合著论文的归属问题。我们根据各类引用标准按权重计算论文数，并以此为评判论文质量的标准。

因为不同年龄的科学家来自不同代群，所以跨部门研究常混淆年龄效应和代群效应。代群效应类型多样，其中一类与科学领域中知识库的变化相关。例如，如果知识保持长期进步（改述自 Mincer，1974，p.21），那么在其他方面保持相同的情况下，最新的受教育者应当是最好的并且是最具生产力的受教育者。另一影响科研生产力且因代群而异的因素是与研究有关的资源可获取性。就业市场的波动导致部分代群更易找到资源充足的工作，而那些毕业之际正值研究部门空缺岗位稀少时的代群则难以找到可提升生产力的资源，差异主要在此时显现。

代群效应对使用混合时间序列横截面数据库的研究设计具有决定性作用。[1] 此类数据库的创建成本高昂：保密问题会减少获取现有数据的渠道。Diamond（1986a）使用其为加州大学伯克利分校数学家创建的数据库；国家科学基金会在 1973—1979 年对博士学位获得者开展调查，该调查每两年开展一次，Levin 和 Stephan 将此调查数据与科学引文索引的公开数据进行配对。Weiss 和 Lillard 以以色列科学家为样本开展研究。Turner 和 Mairesse 调查法国国家科学研究中心固体物理学家的生产力；Bombaradaro 和 Veloso 研究了科学家生产力，且研究对象均为获墨西哥全国研究系统资助的科学家。

5.1.1 年龄和出版

Levin 和 Stephan 就六个科学领域开展研究。他们发现在控制住动机和能力等因素等具体的固定效应模型中均存在生命周期效应，但就职于博士学位授予学部的粒子物理学家是例外。[2] 在固体物理学、原子与分子物理学和地球物理学领域，相关证据表明职业生涯初期的出版活动呈增长趋势，而在职业生涯中期则开始下降。对联邦政府资助的研发中心的粒子物理学家和地球物理学家而言，下降曲线贯穿其整个职业生涯。博士学位授予学部的粒子物理学家无生命周期效应，这一点是可预见的，人们常认为大统一理论学家继承了爱因斯坦的

---

[1] 参见 Hall 等（2007）关于科学研究生产力的调查，他们讨论了在确认年龄、群体和周期效应时出现的问题。

[2] 时间年限的相关变量（相关讨论参见下文）不可代入固定效应模型，因为该变量对于一个个体不随时间而改变。包含时间年限变量、但剔除了固定效应的方程也被估计了。

"宗教追求",或者如文学作品所言在"追寻圣杯"。

Diamond 发现加州大学伯克利分校数学家的出版活动随年龄增长而略微下降。Weiss 和 Lillard 使用合并模型估计 1 000 名以色列科学家的出版增长率。他们发现出版物的年平均量在科学家学术生涯早期不断增加,随后下降。他们也发现与平均数一致,学术生涯的前 10～12 年的出版方差也显著增加。

Turner 和 Mairesse 发现在其样本中,1986—1997 年间法国国家科学研究中心的凝聚态物理学家未受年龄效应影响。其研究结果与 Levin 和 Stephan 研究结果的差异可能出于以下数个原因。Turner 和 Mairesse 控制了与年龄高度相关的职业阶段因素;使用经过精挑细选的样本(按照定义,全部样本均为"研究型"科学家),而 Levin 和 Stephan 的研究对象为高校教师,其中许多人不从事研究工作;因为 Turner 和 Mairesse 的研究时间范围在 Levin 和 Stephan 的研究时间范围之后,随着出版对研究者职业生涯的重要性的增加以及论文合著者数量的增加,使得研究者保持高产的激励措施与能力等在长时间里可能已经发生改变。他们也可控制研究者实验室的相关变量,这是 Levin 和 Stephan 无法实现的。Gonzalez-Brambilia 和 Veloso 调查了得到墨西哥全国研究系统支持的科学家的出版活动,其样本对象是在观察期限内至少发表一篇论文的个人。他们发现一定时间内,在广泛学科领域中获得研究系统支持且至少发表一篇论文的科学家的出版量基本保持一致。

5.1.2　年龄和杰出贡献

针对诺贝尔奖得主的研究表明,年龄与杰出贡献的关系比年龄与生产力的关系更为显著,因为生产力与科学家的"熟练程度"相关。例如,Stephan 和 Levin(1993)调查了 1901—1992 年的诺贝尔奖得主发现,虽然获奖者并非非常年轻,但是职业生涯中期的研究成果获奖的可能性大大降低。年龄与杰出贡献关系的决定因素有二,其一是研究领域,其二是科学家取得获奖成果的年龄的相关衡量标准。但是即使不考虑研究领域,科学家在 40 岁后开展研究并获得诺贝尔奖的可能性锐减,少有人凭借 55 岁后的研究成果赢取诺贝尔奖。在研究时间范围内,凭借 55 岁后所得研究成果获得诺贝尔奖的科学家不足 2%。Jones(2005a)发现 20 世纪诺贝尔奖得主实现研究产量巅峰的年龄已上升。随后 Stephan 和 Levin 将研究范围扩展至 1993—2006 年的诺贝尔奖得主,他们发现获奖者取得获奖研究成果的中值年龄由 31 岁升至 32 岁,上升了一岁。

5.1.3　年龄和专利申请

随着申请专利的教师人数的增加,大量研究调查了教师专利申请行为的决定性因素。部分研究关注(参见本章 4.3 节)专利申请和著作出版的关系,特别是两者之间的互替性或互补性。其他研究的关注点更为广泛,关注专利申请活动的具体决定性因素。Azoulay 等(2006)研究了 3 884 位学术型生命科学家的专利申请行为。研究以科学家获得博士学位的年份为观察起点,观察年限为1967—1999 年。在观察年限内离开学术界的科学家自离开之日起从样本中剔除。作者发现"专利申请往往呈现显著生命周期效应,较之年轻和年老的教师,处于职业生涯中期的学者申请专利的可能性更高"(Azoulay 等,2005,p. 1)。[①]Thursby 和 Thursby (2007)以一组来自六所高校的科学家和工程师为对象,研究其 17 年内的专利公开活动。他们也发现专利申请数随年龄增长而下降,且在其他因素相同的情况下,年轻群体申请专利的可能性低于上一代。

5.2 代群效应

多个原因表明科学家的产出不仅与年龄相关,也与其所属代群相关。例如,Levin 和 Stephan 关注生产力和科学家所处时期的关系,认为在某段时间内某些领域科学家的生产力较高。他们确认其研究的六大分支领域所发生的变化会淘汰该分支的某些科学家,并根据此发现研究上述假说。他们通过面谈、小型邮件调查和出版物开展案例研究,以认定变化的发生。随后他们估算得出模型,并对年龄、时间效应[②]和时间年限加以控制。研究结果中最惊人的发现是在正常的显著性水平之下,在所有领域中几乎都是早期科学家的生产力高于新晋科学家。换言之,尚未有证据表明被认为拥有最新知识的新晋科学家比早期科学家参加更多科研工作。另外,根据采用的产出衡量标准,在数个分支领域中新晋科学家的生产力低于早期科学家。

当然,我们有理由相信由于就业市场条件的历时变化或研究"文化"的变化,可能会出现其他类型的代群效应。例如,近年来美国的年轻生命科学家难以谋求终生职位,意大利、法国和德国的年轻研究者也面临相同的困境。这与早年的情况截然相反,当时研究预算不断上涨,且高校(以美国为例)有足够的预算提供新岗位(Stephan,2008)。Oyer (2006)以经济学家为研究对象,从长远角度出发,调查早期劳动力市场产出的变化如何影响研究,其研究结果表明"早期就业安置对经济学家的职业生涯至关重要"。这说明该影响会一直影响一个人内在的能力,即早期的就业安置对独立能力来说非常重要,这与代群假说相吻合。

5.3 性别

出版量中的性别差异显而易见。例如,Fox (2005)发现自 20 世纪 90 年代早期,三年内女性发表或被期刊接受发表的论文数为 8.9,而男性则为 11.4。生

[①] 作者也发现在上一年,专利申请与出版活动"波动"同时发生。他们建立了一个变量,通过关键词衡量科学家研究的潜在专利性,随后发现该衡量方法和专利申请倾向呈正相关关系。

[②] 考虑到研究资源等因素会随时间而改变,所以将时间效应纳入其中是可取的选择。

产力分配的两极分化是导致差异的原因所在。在研究时间范围内,女性不发表或仅发表一篇论文的可能性是男性的两倍(女性 18.8% 与男性 10.5% 相比),而男性发表 20 篇论文以上的可能性是女性的两倍(男性 15.8% 与女性 8.4% 相比)。[1] 性别差异随时间而淡化。Xie 和 Shauman (1998)发现 20 世纪 60 年代后期女性与男性出版量的比例为 0.6,而 1993 年该数值升至 0.82。

科学生产力的研究者对性别与研究产出关系背后的原因深感兴趣。从经济学角度而言,研究者常从需求特点和供应特点入手。例如,女性的出版量少于男性是否是因为家庭特点、研究时间等具体特征,还是由于雇佣、资助决定及可能的网络效应等使得女性相比男性机会更少,进而影响其论文产量。当然,一定程度而言上述二分法具有误导性,因为两种原因具有交互作用。例如,安置机会差异可能使女性分配更多时间于回报性活动(如教学),进而导致出版活动的减少。近年来许多研究者就此课题开展深刻研究,社会学家也是其中一员(Xie 和 Shauman,1998,2003,p. 23)。社会学家仔细分析了时间跨度为 24 年的四个数据库发现,"女性科学家的出版量低于男性科学家是因为女性更可能缺少个人特征、结构位置和资源利用等有利于出版著作的条件和能力。"换言之,需求和供应均会影响出版量。

学术科学家专利申请数量的增加引发了性别是否造成专利申请模式差异的问题。研究者出于以下三个原因纷纷关注该问题。其一,专利申请是产出的另一指标;其二,专利使用费可作为报酬;其三,专利可能影响交换活动,进而间接促进生产力发展(见下)。

Ding 等(2006a)研究了 1967—1995 年取得博士学位的生命科学家的性别,这是迄今为止专利申请的最详尽研究。4 227 个样本在取得博士学位后,在学术机构至少有五年的出版历史。根据样本发现,女性拥有至少一项专利的可能性远低于男性:女性样本的比例为 5.65%,而男性则为 13.0%。研究者估算得出的风险模型表明某些因素无法清楚解释性别差异,相关因素包括与行业的接触、合著者数量、过往出版量、机构的专利支持(以机构收录的专利数为衡量标准)或分支领域等。尽管控制以上衡量特征可减少性别差异,但是在比例风险模型中女性的系数为正的且为显著的,这表明在其他因素相同的情况下,女性拥有的专利数和男性的比例为 0.4。有趣的是,根据上文的论述他们也发现显著的代群效应。在研究早期(1967—1975 年)取得博士学位的男性面临的专利申请累积风险是女性的 4.4 倍;在中期研究阶段(1976—1985 年)该数值降为 2.1;在最新研究阶段(1985—1986 年)该数值进一步跌至 1.8。较为年长的女性科学家在接

---

[1] Kelchtermans 和 Veugelers (2007)发现天主教鲁汶大学的男性教师比女性教师发表论文的可能性更大,而在高绩效群体中,该可能性仅略高于女性。

受采访时称在职业生涯早期,她们感觉与行业关系隔离,且无法了解商业科学的运作方式,上述发现与此言论相吻合。[1]

5.4　不平等

竞争具有"赢家通吃"的典型特征,而科学的典型特征则表现为奖励分配的极端不平等。同时,科学的极端不平等也表现在科学生产力和优先权奖励方面。不平等的衡量标准之一是出版的高度偏态性质,Lotka(1926)在 19 世纪的物理学期刊中首先观察到该现象。Lotka 发现约 6% 的科学家论文占出版论文总数的一半。自从被发现以来,Lotka 的这一"法则"符合数个不同学科在不同阶段的数据(Price 和 Solla,1986)。[2]

专利的偏度与出版相比更甚。例如,Stephan 等(2007b)以 10 962 个美国学者为研究样本,调查了 1990—1995 年间其拥有的专利数,结果表明 90.1% 无专利,8.7% 拥有 1~5 项专利,0.4% 拥有 6~10 项专利,0.1% 拥有 10 项以上专利。而论文发表的情况则较好,仅 14.4% 无发表记录,40.8% 发表 1~5 篇论文,20.9% 发表 6~10 篇论文,23.9% 发表 10 篇以上论文。[3]

科学家开展创造性研究(以获得"理想要素")的能力和动机因人而异,这可能可以用来解释科学生产力的不平等。然而,科学生产力不仅在某一时间点呈现极端不平等,它在同一代群科学家的职业生涯中也呈现出趋于上升的不平等,这一现象表明至少有一些作用过程是状态依存的。例如,Weiss 和 Lillard(1982)以一组以色列科学家为研究对象,调查其职业生涯前 10~12 年的出版量,发现出版量的平均数和方差都有所增长。

Merton 将科学中的不平等现象命名为"马太效应",认为社会对声誉卓著的科学家所获科学成果的认可度不断提高,而尚未有所建树的科学家则无法获得社会认可(Merton,1968,p.58)。

他认为浩如烟海的科学资料出版物造成了马太效应,因为这促使科学家根据作者的名声筛选阅读资料。其他社会学家(如 Allison 和 Stewart,1974;Cole 和 Cole,1973)认为这是"积累优势"在科学中起作用的过程,如利用以往成就获取研究资助的能力以及过往成就培养对认可度的"品味"。美国国立卫生研究院

---

[1] 大量证据表明高校科学家的企业活动中存有性别差异(Stephan 和 El-Ganair,2007)。

[2] Lotka 的法则认为如果 k 代表发表一篇论文的科学家数量,那么发表 n 篇论文的科学家数则为 k/n^2。在许多学科适用此法则的结果是,5%~6% 的科学家,他们的出版量占整个学科论文的一半。尽管 Lotka 的法则长时间为不同学科所推崇,但是 David(1994)表示其他统计分布也符合观察到的出版量。

[3] 不平等也出现在科学的其他方面。Terviö(2006)使用与谷歌网页排序相似的方法衡量学部影响,并发现在所研究的学科领域中学部影响分布的偏度高于学术分级分布。

为过往研究成果发放补助金(至少在一定程度上),此类资助体系显然有助于积累优势的形成。尽管"理想要素"和积累优势过程的交互作用尚未完全清晰,但是我们可以确定研究中的许多因素助力积极探索的科学家充分利用以往成就,同时某种形式的反馈机制在研究中发挥着作用。该观察结果与其他"赢家通吃"竞赛的相关研究相吻合。Frank 和 Cook(1992,p.31)观察到"所有研究均表明,赢家通吃效应已将人力资本潜在分布的细微差异转换为经济奖励分布的更大差异"。

6. 效率注意事项和资助制度

6.1 奖励体系的效率

社会所需的大量财产均依附于以优先权为基准的奖励体系。优先权可以解决监督的难题,"由于努力程度无法被监督,所以奖励也不能以此为标准。因此科学家的奖励标准并非其做出的努力而是其成果。"(Dasgupta 和 David,1987,p.530)。优先权同时还意味着科学领域几乎不存在怠工的问题。由于多重发现已司空见惯,因此科学家们必须付出大量努力。[1] 基于优先权的奖励体系要求科学家做到适时分享信息,以此建立起优先权。而这一过程又能推动同行之间互相评估,从而减少抄袭与学术造假行为,建立起科学领域的共识(Dasgupta 和 David,1987;Ziman,1968)。该过程还能确保科学家拥有原创思考的能力(Merton,1957),鼓励科学家追根溯源,确认自身观点的源头,从而推动社会进程。部分科学家希望在研究中使用他人的研究成果,并且避免承担重述和查证该成果的成本,对他们而言,声誉也是"可信度"的标志之一。对研究基础而言也是如此。于是声誉便可以解决 Coase(1937)提出的代理问题(Turner,1994)。[2]

从经济学家的角度而言,基于优先权的奖励体系最为诱人的特性之一即"知识"这一公共品的生产创造了非市场型的激励(Stephan,2004)。1986 年 10 月28 日,Merton 在根特大学发表演说时曾提及奖励体系的功能。两年后该演说

---

[1] 下文将详细讨论科学领域常见的多重发现。Fox(1983)和 Hull(1988)探讨了成功科学家的努力和工作模式。

[2] 这并不意味着奖励体系就不存在问题。科学领域的学术造假和其他不端行为并不少见(Kohn,1986)。近年来许多涉及学术不端和造假的案件吸引了大量关注,例如 Woo Suk Hwang 在胚胎干细胞研究中涉嫌数据造假(各种网络资源),以及据威斯康星大学调查,该校研究员 Elizabeth Goodwin 在经费申请时曾篡改数据(Couzin,2006)。在中国,"个别研究人员被指存在欺骗行为,包括为了名望和升职而伪造简历、篡改数据等"(Xin,2006,p.1464)。据中国科学院原院长路甬祥曾说:"太多的激励在某些人的头脑中把从事科学的理由弄得模糊不清。"(p.1464)。Feigenbaum 和 Levy(1993)曾探讨(不)可复制的成果的市场;Fox 和 Braxton(1994)则探讨与学术造假相关的其他问题。另一大问题则是科学领域的奖励体系似乎偏向白人和亚洲男性,存在针对女性和少数群体的不公现象。

在 *Isis* 杂志①上发表，Merton 在谈到科学的公共性时写道："……科学界过度使用某项知识并不会使其减少，相反会使其更加丰富……"（Merton，1988，p. 620）。Merton 不仅指出了这一点，还清晰划分了公共和私人的界线，提出科学领域的优先权奖励体系会使公共物品私人化。"我想说的看起来是一个悖论，但是在科学界，私人财产就是通过免费满足他人的利用需求而建立起来的。"他还说过（1988，p. 620）："科学家需要发表自己的研究并且对公众开放，最好是发表文章、专题著作和图书，只有此时其研究成果才通过合法途径真正成为他的成果"，他又在别处曾说："私人财产只有拱手让出其内容才能得以建立"（1988，p. 620）。

Dasgupta 和 David（1987，p. 531）很好地表述了私有和公有的悖论："优先权能通过放弃对一项新知识的专有权而创造一项私有资产———一种知识财产。"Arrow（1987，p. 687）在评论他们的研究时阐述了该体系的聪明之处：

"研究激励相容性的文献需要向优先权体系学习；针对怠工问题和搭便车问题的奖励措施不一定是金钱形式；社会应该比市场更为精明。"

6.2　资助制度

传统观点认为，由于存在独占性问题，所以将公共物品交由私人部门生产会导致生产不足。虽然优先权能解决科学界的独占性问题，但是这种巧妙的补偿形式并不能保证有效率的结果的产生。除不确定性和不可分割性问题外，还有科学研究的资源需求问题。除非优先权可以被转为资源，否则它将无法为创造社会最优的研究数量。研究必须由政府机构或慈善机构提供补助。② 政府支持科学研究的基本原因还在于研发对国防的重要性，即在 Johnson（1972）所称的"科学奥林匹克竞赛"中胜出的欲望，还有科学对经济增长的重要性。

很多国家通过资助科学家所在的研究所来间接资助他们，比如法国国家科学研究院、意大利国家研究理事会以及新加坡分子和细胞生物学研究所。在某些情况下，这意味着科学家由政府直接雇用；而有时候，资金则是从政府流入雇用科学家的研究所。美国学术界资助科学家比资助研究所更常见，但是这种做法不仅限于学术界。例如，由联邦政府资助的美国国家标准与技术研究所就是以该模式运营，并且已经产生数位诺贝尔奖得主。以美国 SLAC 加速器实验室（原名斯坦福直线加速器中心）为例的联邦资助研发中心也以该模式运营，美国

---

① *Isis* 杂志为人类历史上第一份科学史研究专门刊物。——译者注。
② Callon（1994）提出科学需要公共支持以保证多种研究方法共存并行。

国立卫生研究院拥有数个大型内部研究项目。尽管如此,在以欧洲为主的美国以外的地区,资助研究员同样存在竞争过程。以英国为例,英国工程和自然科学研究委员会等各种委员会开展补助计划以支持研究人员;在比利时,比利时国家科研基金会为被支持的研究创建了同行评审系统。欧盟长期以来通过"框架计划"为研究提供支持,现在该计划已发展至第七个版本(即第七框架计划,简称FP7)。近年来,人们尤其重视建立国际和大学间的沟通网络。[①] 欧洲研究委员会建立于 2006 年,重视前沿基础研究,旨在鼓励研究员主导的同行评审式研究(Vogel,2006,p.1371)。

正如前文所述,美国学术界和某些研究所的科学家需要向资助机构申请资金。最大的学术研究资助机构依次为美国国立卫生研究院、美国国家科学基金会、国防部以及能源部。虽然每家机构都有自己的评估方案,但是国立卫生研究院和国家科学基金会主要依靠同行评审。[②] 前者的评审过程既重视初期数据也强调过去的成就,包括出版物和科学家的"出身",即其受教育的地点和攻读博士后的地点。后者对声誉的重视程度稍低,但是需要提供一份两页的个人简历。

学术部门和研究所要获得资助也必须重视声誉。例如在英国,部门获得资助的标准之一即其研究质量和学生人数,研究评估考核体系每五年对相关部门进行一次评估。[③] 荷兰也存在类似体系。德国科学理事会负责评估"蓝色名单(Blaue Liste)"的候选机构。该体系的结果之一即招募精英以提升排名,从而获得资助。

某些私人基金会也会为大学的研究机构提供支持。美国最大的私人基金会是霍华德·休斯医学研究所,资助生命科学领域的研究。一些规模较小和针对具体疾病的基金会(比如美国癌症协会)同样会资助相关研究。美国以外的地区也有资助研究的慈善组织。法国抗肌病协会为生物医学研究提供大量资金;英国惠康基金会是世界上最大的医学研究慈善机构,资助人类和动物健康领域的研究。

工业也为学术研究提供一定支持。20 世纪 80 年代和 90 年代,工业资助的重要性在美国和其他 OECD 成员国均得到提升(National Science Board,2006,图 4-44)。另外,某些国家的工业资助数量十分庞大。德国工业目前为学术研究提供 12% 的资金,加拿大工业的资金占比则将近 8%。相较而言,美国工业资

---

① FP7 分为四个部分:①资助需要欧洲大陆多家实验室或公司参与的应用研究项目以发展合作;②资助玛丽居里行动(注:玛丽居里行动是欧盟框架计划在科研人才培养方面发起的旨在增强欧盟科研人员竞争力的计划。——译者注)以帮助年轻研究人员;③资助新的研究基础设施;④资助新建立的欧洲研究委员会(Enserink,2006)。

② 并非所有的政府资助都需要通过评估发放。美国常见的做法(De Figueiredo 和 Silverman,2007)是在国会拨款时为大学留出部分资金。

③ 2006 年末,雷丁大学成为 1997 年以来英国第 21 所宣布关闭物理系的大学。原因是新生人数不足——或研究收入不足(Another Physics Department Down,2006)。

助的学术研究比例(1999 年达到最高值 6%)相对平庸。

政府(还有少数非营利基金会)也会提供奖学金以鼓励科学和工程发展,支持相关研究。此类资金资助直接以学生为对象(例如美国国立卫生研究院的培训基金、美国国家科学基金会的论文奖和玛丽居里奖)或通过资助教授课题研究的形式间接资助研究生和博士后学生。面对不同时期和不同需求,资金数量差异较大,例如当年美国为发射人造卫星建立了国防教育法案,以此鼓励 20 世纪50 年代末的科学研究。①

资助制度的差异引发了一个问题:能加快知识进步的是同行评议授予系统,还是"研究所"方法。据我们所知,经济学家们忽视了该问题。因此,我们希望接下来的讨论能激发针对这一重要话题的研究。

研究所方法有自身的好处,能保证科学家在很长一段时间内遵循研究议程(研究结果未知),并且节省其寻找资源的时间,上述益处的作用不可小觑。

然而研究所方法的代价也十分明显。首先是研究议程的问题。很多研究所的议程由其领导规定,年轻科学家受到约束,不能按照自己的想法选择研究方向。资源保障的同时也会催生怠工的现象,因此还必须找到另外的监督方法。研究所方法还会推动科学界分层,因而可能浪费人力资源。大部分人的职位在职业生涯早期就已确定。如果一位科学家没能获得终生职位,在他余下的职业生涯中,在该国能获取的资源就会降到最低限度。此体系的一大影响即是促使无法获得终身职位的人进行转移。

而授予系统的优势在于能鼓励科学家一直保持高产,因为如果他们希望拥有一间实验室就必须保持活跃。在授予系统下获得成功不完全倚赖过去的成就,该系统会为上年的失败者提供机会助他们成为今年的赢家。同行评审可能会提升信息质量,有利于信息分享。该系统还鼓励科学家的创业精神,风险资本家提供的资助与资助机构提供的资助并无太大差别,要获得资助的话都需要向这两者发挥"三寸不烂之舌",说服这两者进行投资。

就像授予系统的部分优势是研究所系统的劣势所在,同理,研究所方法的某些好处也会成为授予系统的坏处。拨款申请和行政程序占用了科学家的精力,使其不能专心科研。② 2006 年针对美国科学家的调查显示,科学家 42%的研究时间都花在填写表格和参加会议中,授予前后的任务量的划分几乎一样(分别为22%和 20%)。被认为最累赘的任务即填写拨款进度报告、招募人员和管理实

①　政府资助的重点以及数量具有很强的可变性。以近年的美国为例,虽然生命科学领域的资金大幅增长,但是物理科学、地球科学和数学领域的资金却有所缩减,最近工程学研究也面临同样的境况。
②　欧盟的框架计划会奖励合同而非资金。欧洲研究委员会则会奖励研究资金,因为其领导层认为该奖励造成的负担较少(Vogel,2006)。

验室资金(Kean,2006)。① 授予系统会鼓励科学家选择短期成功率大的项目,但此类项目从长远看并不具备较高的社会价值。同时该系统还鼓励科学家歪曲其研究以获得特定的研究结果。例如,科学家往往会申请接近尾声的工作项目(但是不提及该项目的完成程度),将部分资金用于可能获得更多资金的研究或用于高风险而无法获得资金的研究。

评估申请的过程也不无问题,用于评估的同行评审系统就存在大量疑虑。例如在美国国立卫生研究院,随着预算加倍,申请量也有所增长,从而导致被筛除而失去评估机会的申请比例也逐步上升。相关机构报告称让经验丰富的个人担任评估者存在困难,于是有人指控评估质量正在逐渐下降。与之相关的一个问题即科学家有可能会刻意为熟人或合著者提供积极评价。

虽然授予系统理论上比研究所系统更开放,但证据表明国立卫生研究院中处于事业初期的科学家正在面临一定的困难。收到第一笔独立资金的平均年龄从 1985 年的 37.3 岁上升至 2005 年的 42.0 岁;获得 R01 研究基金的 40 岁及以下的个人从 1995 年的 25.2% 下降至 2005 年的 15.0%,而 51 岁及以上的个人则从 29.1% 升至 45.8%。②

6.3 某些竞赛中竞争者是否过多?

政府也通过赋予发现者知识产权鼓励知识生产。通常情况下,经济学家主要研究的知识产权形式就是专利,他们认为专利能提供独占性并且将知识归为公共财产。③ 另外,据称(Dasgupta 和 Stiglitz,1980)很多情况下社会的低效主要源于竞争群体之间的专利之争。这种低效主要表现为"研究中过多的重复劳动(或)……知识前沿进步的速度过快"(Dasgupta 和 David,1987,p.532)。

承认优先权为财产权的一种会引出一个问题,即特定科学竞赛的竞争者是否"过多"? 减少其数量是否能为社会创造好处? Merton 在 Francis Bacon 诞辰 400 周年的纪念大会上具体阐述了一项科学发现中的重复现象,他将其称为"多重发现"。而 Merton 并不是首位发现该现象存在的学者。在 Merton 所说的"戏中戏"里,他列出了 20 份 1828—1922 年多重发现的清单。Merton 紧接着指出,一项多重发现没有出现在清单中,可能是因为当一项发现被公开时,它的"多

---

① 该调查由 6 083 位大学科学家完成。联邦示范伙伴关系赞助了此次调查,该联盟由致力于简化政府研究制度的大学和联邦政府官员组成。

② R01 是美国国立卫生研究院授予的基础独立研究基金。该机构 50% 以上的资源都用于支持 R01 研究。上述数据由院外研究处提供。

③ 虽然专利过程并未完全做到这两点,但是最困难的大概是公开。"专利作为一种知识的奖励性公开存在一些不足之处,这是意料之中的。现实中一石二鸟并不是一件容易的事"(Dasgupta 和 David,1987,p.534)。

重发现"尚在进行中。这是删失数据(censored data)的典型例子,一旦某人成为公认的赢家,正在开展相同研究的科学家便会放弃自己的研究。Merton 认为"独立多重发现其实是科学领域的主流模式,并非附属现象,这一点也不奇怪。"(Merton,1961,p. 356)。[1]

多重发现现象产生的原因之一即科学家能免费获取知识,另一原因则是由于科学家不确定谁会最终成功所以他们会选择互相关联的研究项目组合(Dasgupta and Maskin,1987)。[2] 知识重叠使科学家不再怠工,并且推动科学事业高速发展。这些现象同时也使人们开始思考,科学是否发展过快,某些竞赛是否吸引了过多的参与者。Dasgupta 和 David(1987,p. 540)认为由于"发现者能获得的奖励足够诱人",所以优先权制度和专利制度一样会产生这些过度现象。他们没有尝试定义诱人的程度,但是令人疑惑的是虽然通过某些竞赛能获得诺贝尔奖,但是这一公认的事实并没有吸引过多科学家。[3]

一个与之相关的问题是大学里的科学家是否在研究上花费过多时间而忽视了教学。事实上,大部分产出是少数科学家的功劳,这意味着自由科学家将大量时间投入研究会导致效率大幅下降。博士后庞大的人数也会产生效率问题。Lazear 和 Rosen(1981)的研究表明,低效的资源配置会产生与科学领域情况类似的竞赛模型。摇滚明星、歌剧演唱家和足球运动员都没有终身任期,但是教授却有。这意味着尽管富有创造力的年轻科学家才华横溢,但他们很难拥有属于自己的实验室,如果终身职位的数量不增长,情况会更糟糕。[4]

6.4 及时分享知识的激励措施

虽然优先权和专利等所有权存在共同之处,但它们对及时公开研究发现的推动作用大有不同。一方面,对优先权的需求促使科学家加快分享发现的速度,因为优先权只能通过分享建立。另一方面,对所有权的需求阻碍了信息的快速

---

① Stigler(1980)认为实际上多重现象没有 Merton 所说的那么常见,而且其产生的唯一原因是不了解谁"在进行研究,他的研究成果又会如何"。

② 虽然专利竞赛模型极受欢迎,但是科学领域的多重发现比技术领域更常见。其原因在于科学涉及定律和事实,而技术的目的是寻找解决实际问题的方法。因此,虽然一个科学问题通常只有一个正确答案,但是解决实际问题的方法却是各式各样。

③ 另一方面,相关利益集团常常哀叹某些诺贝尔奖竞争领域的参与者不足(例如治愈乳腺癌),这使得人们在进行宽泛概括时变得小心翼翼。当然,这些集团有可能是在担心其社区低估了胜利的价值。但是也可能该治愈方案尚未"成型",在该竞赛中投入更多资源是一种低效的做法。

④ 还有其他的效率问题。其中之一是累积优势会如何阻碍有才华的个人获得研究成果。另一个问题则是科学家得到的额外研究资源转化为边际成果时是否存在临界点。该问题关系到政策决定,因为美国国立卫生研究院预算翻倍后,某些极为成功的科学家所获得的 R01 研究基金从两项变成了三项,甚至更多。Dasgupta 和 David(1994,p. 506 – 507)探讨了其他的效率问题。

分享,因为所有权的目的就是帮助发现者保留其新产品或技术带来的经济效益。虽然某些形式的所有权要求发现者分享知识以承认其公共属性(例如专利手续),但是还不存在能促进知识快速曝光的激励措施。[①]

其间的差异十分关键,Dasgupta 和 David (1987,p.528)认为这两种类型的财产权及其背后的独占性和信息公开将科学和技术分割开来。"如果一个人进入科学领域,他的发现发明必须完全公开,然而在技术领域,这样的发现并不需要完全展示给其他人。"

科学与技术之间的区别往往引导人们得出一条(错误的)结论,即大学以及公共实验室的科学家从事的是科学,科学知识会被出版公开,而在相关产业工作的科学家则专注开发独家技术(Nelson 和 Winter,1982)。[②] 虽然及时分享信息的激励措施与地点有关,但是其间的关系并非完美。有的企业会公开他们的研究成果;而有的专业学者则潜心钻研知识"私有化"的方法。很多情况下,代理人能够选择性地出版其研究发现,独占部分信息,希望能在日后得到收益,同时享用和拥有他们的成果。Eisenberg (1987)认为学者间的此类行为可能比预想的还要常见,因为他们能出版研究结果并且同时保留部分数据(无法根据要求提供菌株或限制老鼠等实验动物的交换),以此实现某些研究方面的"私有化"。[③] 如果这一切发生在 1987 年,由于学术科学家越来越热衷于申请专利,所以根据当时人们的推测如今的境况会比实际情况更甚。但是在限制后续研究使用相关知识和材料方面,知识产权似乎并未发挥主要作用。Walsh 等人(2007)发现,专利几乎并无作用,主要原因在于可执行性。但是细胞株、试剂和抗原等其他研究材料确实得到了限制:上述样本提出的材料请求中有 19% 遭到拒绝。研究人员之间的竞争和提供材料的成本在其中发挥了重要作用。拒绝请求的相关因素还包括该材料是否为药物、潜在供应方是否有从事商业活动的历史。[④] 这并不意味

---

① 在美国,专利申请必须在出版发表后一年内提出。很多其他国家则要求专利申请必须早于出版发表。

② Philippe 等人(2008)提出了一个模型,其中研究的公共属性并非学术研究的基础,该模型依赖的是控制权因素。具体而言,他们认为"学术界和私人部门的权衡归根结底是创意控制和重点的权衡"。(p.617)。学术界的科学家能根据自己的兴趣自由开展研究,因此学术界培养的是初期研究。相比之下,私人部门引导科学家开展高回报的研究,即后期研究。

③ Eisenberg (1987)提出,与生命科学特定领域的出版手续相比,专利手续与公开、复制等科学规范的一致性可能更高。这是因为生物科学专利要求申请者保存相关实验材料,而出版并无此要求,材料本身也并非出版文字的一部分。

④ 此处存在一个与之紧密相关的反公问题,即多项产权要求(有时数以百计)使研究人员必须通过多方交易才能获得基础的上游发现,从而影响研究的开展(Heller 和 Eisenberg,1998)。Walsh 等人(2007)以学术界人士为对象,调查了他们放弃项目的原因。最常见的原因是资金不足(62%)和过于忙碌(60%)。科学竞争(29%)也是放弃项目的主要原因之一。而与投入需求相关的技术控制权(10%)和专利(3%)并未被大量提及。

着专利的限制作用很弱。其中一则事例与人类胚胎干细胞有关。发现者威斯康星大学通过专利和物权对其研究成果进行控制，对其他学者强加限制条件（Murray，2007）。

出版与复制并不同义，但这不是唯一一个有利于同时享用和拥有成果的因素。另一因素则是以技术知识为主的特定知识往往转移成本高昂，原因之一在于此类技术知识为隐性知识，（即使可以也）难以用书面（或编码）形式交流传播。因此，隐性知识难以转移（Von Hippel，1994），并且需要面对面交流。出于这条原因，我们可以认为知识也许会被限制在特定地理区域，进而想象溢出效应具有地理维度。[1]　专利并不是成功研发的必要条件主要是因为技术的私人性质，而这一性质成为相关产业愿意出版知识、分享知识的基础。

这并非企业公开相关知识的唯一原因，其中最主要的原因是人才招募。在行业中工作的科学家和工程师重视出版能力，而且愿意为这一特权付出代价。Stern（2004）对一群博士后生物学家开展调查发现，允许员工出版研究内容、参与科学规范的企业其薪资水平平均比其他企业低 25%。[2]　这不仅仅与优先权有关，出版机会使科学家能够选择在非营利领域工作。实验室的声誉与出版活动直接相关，同时也会影响公司雇用科学家和工程师的能力（Scherer，1967）；它还可能影响实验室吸引政府合同的能力（Lichtenberg，1988）。Hicks（1995）发现了一系列引导公司选择出版公开的其他因素。其中关键的一点即监察被出版资料的能力，从而保留公司的所有权利益。然而在此过程中，企业必须注意出版延迟会消磨研究型科学家的斗志。Hounshell 和 Smith（1988，p. 369）曾阐述杜邦公司因暂停出版而面临的士气低沉问题。

我们可以从表 1 看到产业领域每年创作出版约 16 000 篇文章（不完全估计），在所有包括一名美国作者的文章中占 7.5%。20 世纪 90 年代初这一数量达到顶峰，在接下来的十年间又逐步下滑，2003 年营利部门的产出量有所上升。化学、物理和工程技术领域的下滑最为明显（National Science Board，2006）。虽然表中并不包含合著模式的数据，但是该模式确实存在。同时期私人营利部门和学术界的合著份额（全面计数）从 1988 年的 31.1% 上升至 2003 年的 47.3%（National Science Board，2006，表 5-22）。

---

[1] 技术知识的某些部分具有强烈的隐性属性，这意味着它们无法被完全清晰表达，也无法在蓝图或说明中得到明确解释，但是它们却能够通过实践习得。Nelson 和 Winter（1982）以及 Foray（2004）均探讨过隐性知识，尤其是与技能相关的知识。Dasgupta 和 David（1994）对"隐性"一词的理解有所不同，他们认为隐性知识是指不论出于何种原因，未能被编码的知识，并且他们提出被编码的知识和隐性知识的分界线并不能被简单归为认识论。相反，正如上文所述，分界线"也是一个经济学问题，因为与编码相关的保密利弊是其内生性决定因素。"(p. 502)。

[2] 该发现取决于研究人员的固定效应，因此 Stern 认为这一发现是以科研能力为条件的。

7. 产业科学家

1999 年欧盟 15 国、日本和美国的商业企业雇用了约 200 万研究员。其中美国占比略高于 50%,其中私人部门雇用研究员的比例约为 83%,同期欧盟 15 国的该比例为 51%,日本为 67%(欧盟委员会,2003,表 4.1.1 和图 4.1.4)。尽管产业中的研究不仅限于获得博士学位的人员,但是确有许多博士在行业中工作,尤其是在美国,有足足三分之一获得科学与工程博士学位的人员在私人部门工作。此外,该比例近年一直有所上升,从 1973 年的 23% 左右上升至 2003 年的 36%(见表 2)。

表 2　美国雇用博士学位科学家的部门(1973—2003 年)(%)

年份	总计	公司/产业	大学与四年制学院	联邦政府	其他
1973	130 355	30 887 (23.7)	77 289 (59.3)	12 522 (9.6)	9 657 (7.4)
1979	175 588	45 518 (25.9)	100 073 (57.0)	15 634 (8.9)	14 363 (8.2)
1985	218 328	64 962 (29.8)	119 365 (54.7)	16 860 (7.7)	17 141 (7.9)
1991	233 303	82 166 (35.2)	114 417 (49.0)	17 616 (7.5)	19 104 (8.2)
1997	279 430	97 300 (34.8)	133 530 (47.8)	23 670 (8.5)	24 930 (8.9)
2003	321 950	114 580 (35.6)	150 550 (46.8)	25 550 (7.9)	31 270 (9.7)

注:① 包含在科学定义之内的领域为:物理、数学、计算机、环境以及生命科学。自由职业者包括在公司和产业之内。"其他"包括州政府和当地政府、私人非营利、"其他"教育机构和"其他"。
② 1991 年数据的巨变也许在某种程度上反映了调查方法的变化。
资料来源:Stephan (1996,表 2),美国国家科学基金会(1999,表 17),美国国家科学基金会(2006,表 13)。

尽管一般假设产业雇用科学家和工程师的目的是研发,但是 Stephan (2002)指出这是过度简化的假设,并证明许多科学家和工程师的工作并非传统的公司研发活动。毫无疑问,这一现象反映了管理水平的提升,但亦表明销售、并购以及通信部门等非研发部门同样会产生创新。因此,对在产业中工作的科学家和工程师的研究能够提供创新活动的另一视角(和方式),而与研发支出数据或专利数据等方法不同。研究私人部门中科学家与工程师的就业模式同样能够阐明经济体中非制造部门的增长。例如近些年来,经济体服务行业雇用获得博士学位的科学家和工程师的人数逐年增加,而且为该行业近年的增长做出巨大贡献。

公司参与研究的原因多种多样。在某些情况下,研究实际上是开发新产品或新流程的副产品(Rosenberg,1990)。而在其他情况下,产生通用知识本身即为目标,而且动力是坚信通用知识能够产生特别的新产品或流程创新。研究活动(及相关出版物)同样可以成为公司值得第三方资助的标志,无论是以小企业创新研究计划(SBIR)奖励等研究拨款的形式还是以风险投资的形式。正如上文所言,允许科学家和工程师参与基础研究同样是一种录用机制。如果公司希望与相关科学领域的发展齐头并进,并且做好准备吸收其他科学家的研究成果,那么该公司需要开展基础研究(Cohen 和 Levinthal,1989)。有时公司的动力是期望基础研究能够为公司的技术提供科学基础。甚至一直以来为人所知,公司参与基础研究的原因是感到忧虑,因为缺乏行业发展所需的知识,而且无法从学术部门获取现成知识。例如,1926 年 Charles Stine 为杜邦公司的执行委员会做展示时就曾指出,基础研究十分必要,因为"应用研究正面临其主要原材料的匮乏"(Hounshell 和 Smith,1988,p. 366)。

这意味着事实上,部分在公司工作的科学家和工程师所做的研究与学术部门的科学家和工程师所做研究别无二致[1]。对于贝尔实验室、IBM 和杜邦公司等主要工业实验室雇用的科学家而言,过去更是如此。而对制药、医疗器材以及信息技术等特定行业的科学家而言,情况并没有多少改变,但是贝尔实验室的关闭、IBM 以及杜邦公司使命的改更一直是造成美国产业基础研究衰败的因素之一[2]。

上文已经阐述了产业发布研究成果的原因以及采纳基础研究的经济激励,然而,这不应该表明经济学家(或是其他与此相关的人员)已经对于在产业中做"科学"的科学家以及创新中金钱与非金钱激励措施的作用做了充分的研究。Sauermann 和 Cohen (2007)正在开始研究这一空白领域,途径是分析个人对福利和工作特点的偏好对创新工作和创新表现的影响。但是许多问题仍未得到解决,甚至没有被提出[3]。例如,公司为何采用损害科学家生产效率的薪酬策略,将工资增长与承担管理责任捆绑在一起? IBM 和杜邦公司采取的战略——创

---

[1] 许多来自产业的科学家和工程师已经获得自身领域可以赋予的最高奖项。贝尔实验室、杜邦公司、IBM、中美史克、索尼以及通用电气等一直以来均是诺贝尔奖获得者的研究家园。1994 年,美国国家科学院 2 088 名成员中 3.8% 来自产业。

[2] 20 世纪 50 年代中期,美国约有三分之一的基础研究在产业中完成;2004 年,即可获得数据的最新年份,这一比例下降至约 16%(美国国家科学理事会,2006,表 4-8,卷 2)。除了特定大型行业实验室的倒闭或方向调整之外,造成衰退的要素还包括将研究外包给大学部门的一时兴盛以及定义与分类的可能变化。随着基础研究中产业的比例降低,其在应用研究中的比例从 56.3% 上升至 61.8%(美国国家科学理事会,2006,表 4-12,卷 2);基础研究与应用研究之和的比例从 50.1% 下降至 40.3%。

[3] 我们对产业科学家的了解主要来自于许多优秀的案例研究。包括 Gambardella (1995)对制药行业的研究、Hounshell 和 Smith (1988)对杜邦公司的研究、Willard Mueller (1962)对杜邦公司的探讨、Nelson (1962)对晶体管发展的研究以及 Sobel (1986)对美国无线电公司的研究。如需了解对具体行业的研究,请参见 Mowery 和 Rosenberg (1998)。

造待遇优厚的研究职位——是否有助于缓解这一问题？在促进产业和非营利部门之间的活动时，成果发布发挥了怎样的作用？怎样监督行业所做的基础研究？研究具有的不可预测的本质，以及人们对于创造力需要有选择的自由的坚信表明如果过于严格地管理公司科学家，那么将会阻碍其走向成功的脚步，但是现实情况却是公司无法资助与公司目标前景（最终）无关的研究①。

8. 科学劳动力市场

自第二次世界大战以来，科学兴起并且日益受到尊重。科学的成功被认为在于缩短了战争时间，降低盟军的死亡率。而且人们越来越能理解科学在和平时期可以起到刺激经济增长和就业的重要作用。在一次为白宫欢迎会准备的报告中，Bush（1945）称科学研究的范围是没有界限的，应当受到政府重金资助，对布什报告的一个回应即为 1950 年成立的美国国家科学基金会②。

在 20 世纪 50 年代因受到苏联科学与技术优势的威胁，西方国家支持科学的高涨热情明显增加，强调科学劳动力市场的作用，引起了对顶尖人才的重视。首先，Blank 和 Stigler（1957）出版了一本有关科学人员供需的书籍；其次，Arrow 和 Capron（1959）合著了一篇有关科学劳动力市场的动态缺点的文章。两项研究皆为之后的研究做好铺垫。

8.1 科学劳动力市场概述

8.1.1 培训场所

如图 3 所示，美国和欧洲（此处定义为法国、德国和英国）多年来是自然科学和工程博士的主要产出国。（1989 年欧洲数据的剧增是因为包含了法国数据，而此前未能连续获得该国数据。）然而，这一模式在 20 世纪 90 年代发生变化，彼时亚洲授予的博士学位数量开始迅速增长，目前已超过美国授予的数量。亚洲授予博士学位数量的增长部分反映了亚洲学生越来越倾向于在亚洲而非美国接受培养的趋势。例如，20 世纪 90 年代韩国授予的博士学位数量稳步上升，与此同时，在美国获取博士学位的韩国人数量在 20 世纪 90 年代初期达到顶峰，在此后的 7～8 年内逐步降低。然而，近些年该数据重新增长（Sunwoong，2007），部

① Scherer(采访)报告指出贝尔实验室解决这一问题的途径是"目光呆滞地盯着"已经与实验室使命相去甚远的科学家。接受者知道自身的选择有两个：修改自身研究或是被排斥在外。
② 布什报告体现为线性模型，甚至认为创新来源于基础研究。但讽刺的是，布什报告通过增加可以在行业中工作的科学劳动力而造成创新系统的非线性。这虽是间接影响，但却影响深远。为公共实验室提供研究经费使其对博士生和博士后产生需求。而且新晋博士前往各行业就业的人数越来越多，因为事实证明，学术部门越来越无法吸收新增长的新晋博士供给。

学位数量

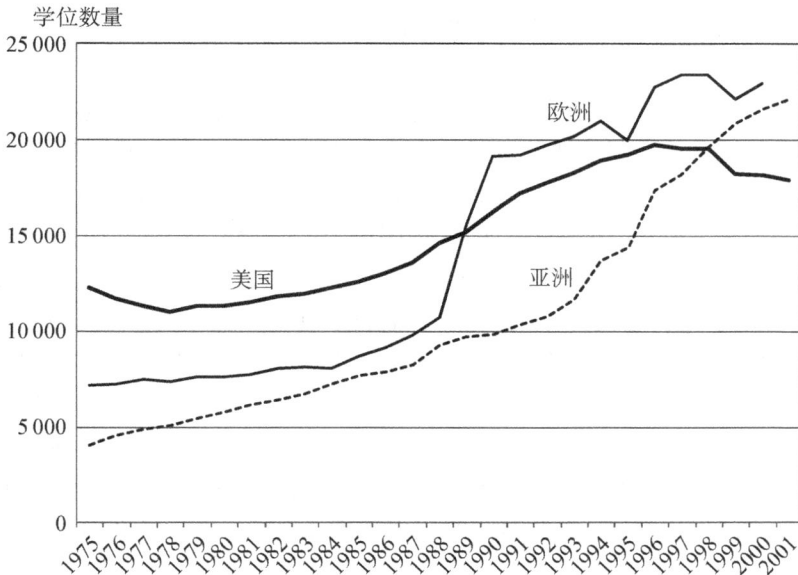

图 3　美国、欧洲与亚洲自然科学与工程博士学位数量（1975—2001 年）

注：自然科学与工程包括自然（物理、生物、地球、大气以及海洋科学）、农业以及计算机科学、数学以及工程。欧洲仅包括法国、德国和英国。亚洲仅包括中国、印度、日本和韩国。1989 年欧洲数据猛增是因为将法国数据纳入计算，该国 1989 年之前的数据无法获取。2000 年法国的数据为预估值。

资料来源：美国国家科学委员会（2004，图 2-38）。

分原因在于自 20 世纪 90 年代亚洲金融危机之后，在韩国获取学位的韩国人的就业前景有些恶化。

8.1.2　工作地点

描述博士科学家和工程师的就业模式更是难上加难。目前仍无法获取美国和加拿大以外用于研究就业部门的数据，但是目前在欧盟和其他 OECD 成员国已有部分研究产生按照行业分类的可靠博士就业数据。因此就目前而言，我们必须不无遗憾地将对就业方面的探讨限制在美国。自 1973 年起，美国培养并在美国工作的博士科学家和工程师的就业情况数据均一直有人按照惯例收集。

正如表 2 所示，美国博士科学家的工程师主要受雇于高等教育机构以及公司与产业。亦有一小部分人在联邦自主研发中心、政府和非营利机构工作。随着时间推移，行业构成已经彻底改变，公司和行业雇用科学家的比例增加，学术方面雇用的比例降低。1973 年全部科学家中约 60％在大学和四年制学院工作，而 2003 年这一比例下降至 47%①。与此同时,在公司和产业(包括自由职业)工作的比例增长了 150%,从 23.7% 增长至 35.6%。

8.1.3　国际流动模式

就规模而言,科学比任何企业更具国际化特点。我们就培训地点、工作地点以及上文提到的合著模式得出该结论。就培训而言,尤其是在欧洲和美国,大量学位授予外籍学生。尽管这一比例会因时间不同而波动,如受到可用经费和签证政策等因素的影响,但是总体而言,美国授予国际学生博士学位的比例在过去 30 年间大幅增长。至 2006 年,科学博士学位中的 36.0% 以及工程博士学位中的 58.6% 授予持有临时签证的候选人,而科学博士学位中的 6.0% 以及工程博士学位中的 4.5% 授予持有永久签证的非美国公民(美国国家科学基金会,2006,表 3)②。欧洲亦出现类似情况,尤其是在英国,2003 年超过 50% 的工程博士学位以及大约 45% 的数学和计算机科学学位授予外籍学生(美国国家科学理事会,表 2-40)。法国授予外籍学生博士学位的比例略低,但是 2001 年授予外籍学生数学/计算机科学博士学位的比例仍接近 30%;22% 的工程博士学位授予外籍学生。

就工作地点而言,科学亦具有国际性。1990 年(截至本文完稿之时最新数据获取年份)在美国工作的博士科学家中,24.7% 的出生地不在美国境内(Levin 和 Stephan,1999)。尽管其中许多人去往美国的目的是接受教育,却有大量人员在国外拿到学士学位(16%)或博士学位(10.7%)后去往美国。当可以获取更新的数据后,我们期望看到这一数据有所增长,从而反映发放给美国国外出生科学家和工程师博士学位比例的提升,以及在国外获取博士学位后去往美国的博士后比例上升。此外希望能够看到 20 世纪 90 年代具有博士学位的外籍人才尤其是俄籍人才流入美国。

正如 Zucker 和 Darby(2007)指出,明星科学家的流动度极高。他们近期的研究跟踪了 1981—2004 年这一时期内引用次数最多的科学家和工程师。他们通过首篇出版物上的地址衡量"祖国"和随后出版物上出现的地址衡量流动性。结果表明,明星科学家中 8.6% 有从祖国到另一个不同国家的"单程"经历,而 8.4% 具有往返经历③。

导致国际流动的一个因素即为国家之间研发资助的巨大差异。从图 4 可以

---

① 从终身制岗位转变为包括研究员在内的非终身制岗位的结构变化一直存在。1993 年 78% 的学术任职为任期制岗位或终身制岗位,而 2003 年,这一数据为 62%(美国国家科学基金会,1996,表 17;2006,表 21)。

② 需注意,由于部分个人未能回应有关公民身份的问题,因此不见得剩余学位全部发放给美国公民。

③ 该分析针对在排名前 25 名的科技强国工作的科学家和工程师(Zucker and Darby,2007)。

明显看出,即便是 OECD 成员国之间亦存在研发资助数量的巨大差异。图 4 为 1981—2003 年 8 个 OECD 成员国研发强度占国内生产总值的比例。意大利(近年的俄罗斯)位于底部,而日本和美国则位于顶部。图 4 同样表明,任何国家内均存在研发支出的巨大波动,而波动直接影响科学家与工程师市场,同时产生代群效应。由于数据具有综合性,因此掩盖了单一国家研发支出的差异。近些年来,这一点在美国被放大,因为美国国立卫生研究院的预算在五年之内翻了一倍,从约 140 亿美元增加至 280 亿美元,而其他研发预算最多持平或略有增长。

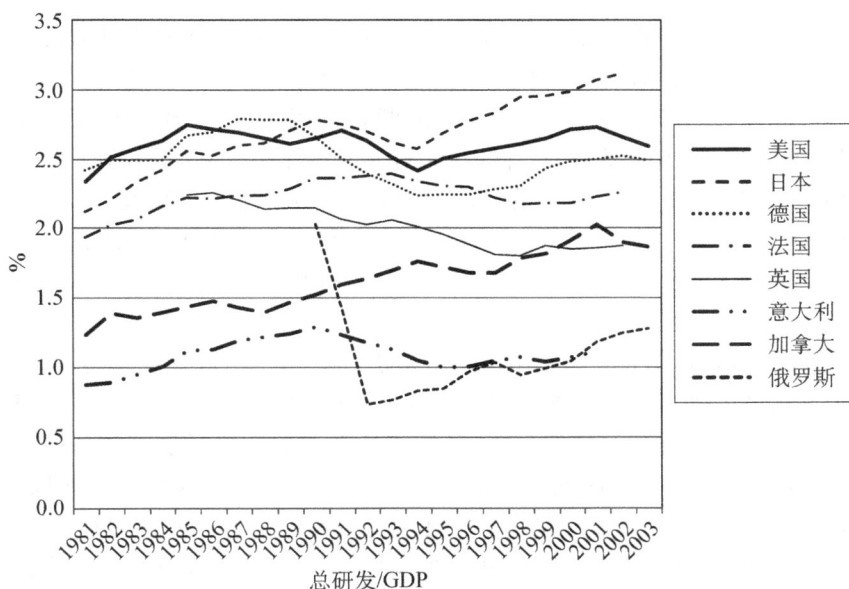

图 4 选中国家的研发占国内生产总值的比例(1981—2003 年)

资料来源:美国国家科学理事会(2006,图 4 - 30)。

8.2 关于科学界新进者供需的研究

多项研究已经调查了科学界新进入者的市场。Leslie 和 Oaxaca (1993)是这方面研究的佼佼者,调查了此类文献并总结得出主要研究发现,Ehrenberg (1991,1992)亦是如此[①]。研究结果发现,影响 j 领域内被录用者供给(或者毕业生数量)的变量包括 j 领域内工资、法务和商业等备选职位的工资以及(男性)兵

---

① 大部分研究关注长期调整。不过,极少研究验证短期市场回应,同样通过关注领域和行业之间训练有素的人员的流动(Blank 和 Stigler,1957)。

役延期政策[1]。此类变量几乎总是与期望的符号一致,并且得到的结果也是高度显著的。不过,即便保持领域不变,不同研究隐含的弹性水平差异依然巨大(Ehrenberg,1992)。在预测供给时经常包括另一个市场变量,即对现在、过去和未来供给的某个衡量变量。保持其他变量不变,录用数量与当前同辈规模呈正相关。在预估上述模型时采用不同滞后结构,而且通常假设某种形式的适应(或理性)期望。供给变量通常被上述研究所忽略(首要原因在于依赖合计数据),包括在校时可获取的支持类型、大学毕业时债务水平以及获取学位的平均时长。

详细说明需求方程更是难事,部分原因在于我们对大学和政府的行为知之甚少。不过,仍有可靠证据表明需求与研发支出有关,并且支出进而影响供给决策。Freeman(1975)发现1950—1972年期间物理学的本科学位、硕士学位和博士学位均与研发支出明显相关。同时,工资亦发挥作用。例如,美国近些年毕业学生前往产业工作的繁荣景象部分反映了产业中相对较高的工资水平(Ehrenberg,1991)。毋庸置疑,大部分毕业生和博士学生表达出强烈的愿望,希望在研究型大学就职,同样反映出学术劳动力市场的疲软(Davis,2005;Fox和Stephan,2001)。

数个要素解释了近些年美国学术市场的疲软。首先,近些年尤其是21世纪早期公共资助的削减和捐助支出的降低,明显影响了雇佣关系。其二,终身制教师的工资高于非终身制教师的工资,导致继任者远离非终身制岗位(Ehrenberg和Zhang,2005)。其三,研究员等非终身制岗位可以从研究拨款中获取资助。同时,启动资金的高昂成本也是影响上述趋势的重要因素。假定启动资金为30万～100万美元以上不等,当大学的确要雇用终身制员工时,他们试图从其他大学雇用高级教师,而非雇用尚未经受考验的初级教师。前者财务风险明显较低。尽管高级教师的启动资金通常较高(Ehrenberg等,2003),大学却能够立刻得到资金转账,因为高级教师在转换岗位时通常会带去已有的研究经费。

近些年来,美国并不是唯一一个学术部门科学家和工程师市场持续疲软的国家。例如,意大利大学年轻博士的就业前景同样一直黯淡。这一情形在2003年进一步恶化,当时一项"不再增加新的永久岗位"的政策开始实施。该政策导致某些情况下,大学的临时研究员比例达到50%,而年轻员工大量集中在临时岗位上(Avveduto,2005)。以下数据可以反映上述问题:2003年意大利大学中研究岗位教师的平均年龄为45岁;副教授职位平均年龄为51岁;而教授职位平均年龄为58岁(Stephan,2008)。

---

[1] Groen和Rizzo(2007)总结得出曾经盛行一时的美国男性入职研究院在20世纪70年代早期衰退,其主要原因是越南战争对研究生造成的兵役延期结束。

德国的学术劳动力市场同样表现疲软。根据 Schulze（2008）的记录，1993年德国大学教授数量达到顶峰，约为 23 000 人，而且除少数年份有所例外，此后一直持续下降。2004 年，即 Schulze 报告中的最后一年，该数字为略高于21 000。而该数字下降的原因并非是学生数量减少。同一时期，高中毕业生数量明显增长，而对应每 100 名高中毕业生的教授数量"明显降低，从 1996 年的11.26 下降至 2004 年的 9.43"（p. 23）。与此同时，特许任教资格的数量却大幅增长，特许任教资格是在大多数机构和领域任命教授时的必备资格①。通过粗略计算，Schulze 估计在其分析的 14 年间，职位空缺新申请的比例从约 3/2 上升至 5/2。

韩国亦存在类似情形，大学尤其是私立大学面临削减教师费用的压力，因此愈加依赖兼职教师。Sunwoong（2007）估计 2006 年四年制学院和大学中全职教师的数量约为 43 000，而 2003 年兼职教师的数量超过 50 000。由于人员流动速度较慢而且新职位增加速度基本停滞，新晋博士的问题很可能会发酵。

8.3　预测科学劳动力市场

尽管科学劳动力市场模型在某种程度上成功帮助人们理解影响供求的要素，但并不存在有关科学劳动力市场的可靠预测，部分原因在于无法可靠预测外生变量。尽管这一问题在通常的预测中十分常见，但是研究资助的高低起伏（见图 4）以及政策的变化使得对科学劳动力市场的预测尤其不可靠。

有关科学劳动力市场结果的预测错误十分常见（Leslie and Oaxaca，1993）。1989 年美国国家科学基金会曾经预测美国将会出现科学与工程博士的短缺（美国国家科学基金会，1989）。其他学者同样曾经预测 20 世纪 80 年代即将出现短缺（Atkinson，1990；Bowen 和 Sosa，1989）。其基本原理主要基于两种假设：①20 世纪 50 年代后期及 60 年代，美国高等教育扩张时雇用的教师上了年纪，因此将会退休并由新人接班；以及②学生群体的扩大，因为婴儿潮时期出生的孩子进入大学，将会增加对教师的需求。如果此前情况尚未明晰，那么 20 世纪 90年代中期情况已经十分明了，上述预测已被证明不准确，因为非终身职位中新晋博士的比例大幅增加，博士后职位时长延长，而且近年博士占据终身制职位的比例下降。预测失准的原因在于预测者未能预测需求的变化。产生需求变化的原因在于强制退休制度取消，经济萧条以及削减联邦预算的压力和冷战的结束，后者导致联邦资助遭到削减或处于停滞状态。

为应对预测错误，美国成立了国家科学研究委员会以验证与预测供求有关

---

① 在德国，常见的学术生涯途径包括准备特许任教资格。在获取资格，并出现可行职位时，个人可以受雇进入 C3 职位，该职位一定属于无须特许任教资格的其他机构。

的问题,该委员会主席为 Daniel McFadden。2000 年发布的这篇报告(国家科学研究委员会,2000)对于想要进入这一领域的人而言应当成为必读文章。委员会总结得出预测错误的产生原因为:①模型的错误设定,包括变量、滞后结构以及错误结构;②数据有瑕疵,或是在不恰当的层面收集数据;③不可预知的事件。即便改善模型设定和滞后结构,不可预知的事件仍会继续损害预测的可靠性。柏林墙倒塌和"9·11"事件皆对科学劳动力市场产生深远影响,然而却很难将其纳入任何一个预测模型。

尽管有此报告,而且众所周知预测往往会失准,但是大西洋两岸的政策小组却仍一致宣称将会出现科学家和工程师的短缺。2003 年美国国家科学研究委员会发布了一篇报告,总结出"对当前趋势的分析……表明未来存在严重问题,也许将会威胁我们的长期繁荣和国家安全"(p.7)。欧盟在 2004 年发布的一篇报告总结道,"研究投入增加将会令对研究员的需求增加:还需约 120 万研究人员,其中包括 70 万研究员,以达成目标,此外还需接替研究工作中已经年长的劳动力"(欧盟委员会,2004,p.11)。

9. 科学、生产力和新经济增长理论

经济学家研究科学最重要的原因在于科学与经济增长之间的关联。传统观念一直以来都认为这种关系确实存在,由 Smith([1776] 1982,第 113 页)首次提出。随着 Rosenberg 和 Mokyr 以及其他学者探究及阐明技术对科学进步的促进作用,这种关系是非线性的这一观点近来才被普遍接受。这种非线性不仅体现在设备在科学发现中发挥的作用,而且还体现在技术突破对于促进科学见解所起的作用,以及两者在鼓励公共部门的科学家开发新项目和研究议程中所扮演的角色。固态物理学便是例证之一。

认为科学对经济增长产生影响,或者承认研发活动与盈利能力之间存在关联是一回事;确定科学知识在经济行业内以及行业间溢出的程度,以及衡量在溢出过程中存在的滞后效应,又是另一回事。为探究这些关系,迄今为止相继出现 4 种不同的调研途径。其中之一是探究已发表的知识和增长之间的关系。另一种途径是对公司进行调研,以期获悉公共知识在创新中扮演的角色。第三种调研途径是通过使用创新评估以及专利申请和公司首次公开募股时提供的书面记录,探究公司的创新活动如何与大学(和其他公司)的研究活动相关联。第四种途径着重研究公司绩效在何种程度上通过与公共研究的关联来达到某种平衡。

Adams(1990)采用已公开发表的知识这一途径,调研 1953—1980 年间 18 个制造产业中研究与增长之间的关系。这可谓是一项宏大而又雄心勃勃的研究。例如,Adams 通过计算较长一段时间内(通常始于 1930 年之前)某一领域

的出版物数量，来测算在特定时期该领域内可用的知识存量。通过将这些计算出来的出版物数量在每一个被研究的产业中按照该产业中各细分领域的科学家的数量进行加权，Adams 首创了产业"知识存量"这一概念。之后将 28 年时间里 18 个产业中的生产力增长与"自有知识"存量及从其他产业流入的知识存量联系起来。Adams 发现两种类型的知识存量均是生产力提高的主要推手。其还发现滞后时间较长：就"自有知识"而言，滞后时长约 20 年；就来源于其他产业的知识而言，滞后时长约 30 年。

在 Adams 所记录的这个关于增长的故事中，必不可少的一步是：公共科学会"泄露"给其他公司。Adams 等所著的文献（2006）通过分析从产业撰写的论文到大学撰写的论文的引用模式，估算在这一阶段涉及的滞后时长。结果显示，在 6 个所研究的学科中各个滞后时间的众数的均值为 3.02 年。计算机科学的滞后最长（4.12 年），最短的是物理学科（2.06 年）。[①]

研究公共科学与创新之间关系的另一途径是对公司进行调研，以期明确大学研究在产品开发中发挥的作用。Mansfield（1991）采用的便是该方法。其对 7 个制造行业的 76 家公司进行调研，目的是明确在 1975—1985 年间公司已被商业化的新产品和新流程所占的比例，如果没有首次引进创新后 15 年内所做的学术研究，这些产品和流程不可能得以开发（基本无延时）。Mansfield 发现，若没有近期的学术研究，这些行业引进的 11% 的新产品和 9% 的新流程不可能得到开发，使用这些产品和流程的销售数据估算平均时间滞后约 7 年；同样使用这些数据估算社会回报率的量级为 28%。

公司和大学教师之间的互动互惠双方：与公司保持联系同样可提高大学教师的生产力。Mansfield（1995）发现，一些与公司存在联系的学术研究人员表示，他们的学术研究问题通常或者绝大多数是借助产业咨询得以解决，而且此类咨询也会影响到他们在政府资助的研究项目中的工作性质。Agrawal 和 Henderson（2002）在对麻省理工学院专利申请和授权活动的研究中发现类似的倾向。受访的一名工程师称："与存在实际问题的产业人士交谈大有助益，因为他们通常会揭示一些有趣的研究问题……"（第 58 页）。Zucker 等（1998a，b）发现，当学术科学家与生物技术公司的科学家合作时，前者的生产力会随之提高。

Cohen 等（2002）采用相关方法并使用从 1994 年对产业研发所做的卡耐基梅隆大学调查（Carnegie Mellon Survey，CMS）中得出的数据，以期确定公共知识在公司研发活动中的利用程度和知识从公共部门流到私人部门的方式。他们发现，一些产业中公共研究对于研发举足轻重，尤其是在药品行业；而且较之其

---

① 隐性知识最容易通过面对面互动而传播。Stephan（2007）追踪刚拿到毕业证书的博士在产业中的就业岗位，将其作为知识从公共部门向私人部门传输的另一途径。

他行业,公共研究通常在制造业中更为重要。人员和出版物是传输的关键因素:公司规定的出版物、会议的出席人数以及非正式互动是评估公共研究最重要的途径。相比之下,大学专利许可的作用则有些微不足道。如果该数据是在当下收集,那么该许可结果是否依然如此,仍需拭目以待。① 他们还发现,"公共研究"使用频繁,至少在和解决现存问题及需求与提出新的研究工作方面一样频繁(Cohen 等,2002,第 2 页)。②

通过调研公司创新活动的数量与大学研发支出之间的关系同样可以研究知识溢出。这种生产函数方法可追溯到 Griliches (1979)所著的文献,他提出的设想就是日后人们所熟知的知识生产函数。此种研究途径不考虑滞后结构,但却聚焦溢出效应的存在及其对地理的依赖程度。认为这些溢出存在地理界限有据可依:面对面的交流可极大促进隐性知识的传播。该方法不仅限于探究创新与大学研究之间的关系,也可以用来衡量某个地理区域内私人研发支出量对在私人部门内部发生的知识溢出程度的影响。有时创新活动的衡量标尺就是专利数量(Autant-Bernard,2001;Jaffe,1989);有时是创新数量(Acs 等,1992);有时(Black,2004)是小型企业创新研究的授权数量。总之,在地理水平上衡量,创新活动均与在该地理区域中的大学和公司研发支出相关。一些迹象表明,这些溢出,尤其是来源于大学的溢出对于小公司比对于大公司更为重要(Acs 等,1994)③

由于存在引用先前技术这一要求,专利数量可作为创建知识溢出书面记录的方法之一。尽管对于包括哪些引文是由专利审查员最终敲定的,但法律规定申请人需披露所有先前技术的知识。Jaffe 等(1993)使用其他专利的引文用以分析知识溢出。他们发现引用专利较之控制专利样本(其同样拥有时间和技术上的分布但不是通过引文连接)在地理上更加靠近被引用专利。该影响力在美国标准大都市统计区(Standard Metropolitan Statistical Area,SMSA)层面上最为显著,但在美国各州和国家层面上的影响力则相对较弱。

引用大学文章的专利引文同样提供知识溢出的书面记录,这里同样有证据表明溢出存在地理纬度(Hicks 等,2001)。

根据在专利文件中标注的发明者地址来调查发明者在一段时间内的流动情况,发明者信息同样可以建立书面记录。Breschi 和 Lissoni (2003)使用该书面

---

① Jinyoung 等(2005)发现越来越多的公司专利会列出一个或多个发明者,其之前在转让给大学的专利中就曾以发明者的身份出现。

② Adams (2006)调查了 220 个研发实验室,发现南方和中西部地区的州立大学被成熟产业作为知识来源引用得更为频繁,而较为新兴的产业更有可能参考美国私立大学和沿海地区的大学。

③ Adams (2002),以 220 个研发实验室作为样本发现,较之行业溢出,学术溢出的本地化程度更高。

记录研究意大利的专利情况得出,研究人员在公司间的流动便是知识溢出机制。此外,由于人员通常在同一地理区域内流动,因此知识溢出拥有地理维度。其研究确实表明,若没有发明者之间的关系网,本土化效应(根据引文衡量)往往会消失。他们的研究与 Almeida 和 Kogut (1999)的研究不谋而合,后者通过分析半导体行业中专利持有者在公司间的流动发现,劳动力市场具有很强的空间性特征,硅谷尤其如此,其中区域间流动性很大,而局域内流动性则小很多。Zucker 和 Darby 的研究(2007)同样证实人员在溢出过程中的重要作用。研究发现,在决定生物技术公司选址的过程中,杰出科学家云集且靠近大学城的地方就是首选。

初创企业为知识溢出提供又一指标。斯坦福大学估计(http://www.stanford.edu/group/wellspring/index.html),在过去数十年间 2 400 多个专职公司由斯坦福社群成员创立。BankBoston 的研究(1997)通过旁征博引以证实在波士顿地区麻省理工学院对创立新公司所发挥的重要作用。

科学咨询委员会(Science Advisory Board,SAB)的创始人和成员为研究知识溢出提供了另一书面记录。Audretsch 和 Stephan (1996)调研了以大学为基地的科学家的地理位置分布,这些科学家与生物科技公司有着非常正式的联系。研究发现邻近性很重要,但也并不是那么重要。大多数科学家(70%)的居住地离公司并不近。研究还发现,当溢出通过人员传播时,如果公司需要本地没有的专家,溢出并不存在地理界限。该研究与 Mansfield (1995)的研究遥相呼应,其表明当产业寻求学术咨询时,就有可能聘用当地人才从事应用研究,但会努力达到"最佳"而忽略涉及基础研究的实际距离。[①]

第四个研究的风向标则探究公司绩效的衡量标准与公司和开放科学联系之间的关系。Zucker 等(1998a,b)发现,无论是由开发中的产品、市场中的产品还是就业率来衡量,生物科技公司与杰出科学家共同撰写的文章越多,公司绩效就越好。Cockburn 和 Henderson (1998)发现,以科研生产力为衡量标准,与政府资助的研究人员共同撰写文章的药品公司具有更好的业绩表现。

以引用模式为衡量标准,公司专利组合的特征同样与公司的市值相关。Deng 等(1999)根据与科学的紧密度(以公司专利中的引文数量为衡量标准)和专利产生的影响(以专利被引用次数为衡量标准)建立一个股票绩效的模型。CHI 研究公司使用该方法找出估值过低的公司,并将其与估值过高的公司相

---

① 在这里没有提及,但显然非常重要,就是科学家在何种程度上可以调拨其知识租金(Zucker 等,1998a,b,第 302 页)。之后问及另一个相关问题,有关在公司间传输的知识。若是人员提供知识在公司间的传输途径,那么由此引发的外部性可被完全捕捉到,充其量只有货币外部性可能产生(Breschi 和 Lissoni,2003)。

比。通过回顾性分析 20 家估值最低的公司和 20 家估值最高的公司,并每年更新公司名单,CHI 研究公司(CHI Research, Inc.)发现,估值过低公司的绩效指数在 1990—2001 年期间从 100 飙升至约 2 500,而估值过高的公司在这一时期仅从 100 上升到约 250。在一项相关研究中,Hall 等(2001)指出,公司从市场到账面的价值与公司专利在其他专利申请中被引用的次数有关。

尽管这些方法本身存在一些问题和不成熟的测算方式,但这些研究对于证实科学研究与创新之间存在显著的溢出效应和时间滞后起到了极大的推动作用,但增长历程不能止步于此——知识溢出不仅是增长的来源而且具有内生性。增长历程可以这样来写:公司在获取租金的同时就卷入了研发之中。之后该研发的公共部分会溢出到其他公司,由此不断创造规模收益和长期增长回报(Romer,1994)。Schmookler(1966)和 Scherer(1982)所著的文献论证了研发对需求因素的反应,这与内生性增长这一概念相符。Jaffe(1989),Acs 等(1992),所著的文献以及其他人的文献表明公司会将其他公司的研发成果占为己有。上述总结的实证文献表明,一个经济实体中学术部门所做的科学研究会溢出到企业中。

这是否意味着学术部门的研究是新经济增长理论一个重要的组成部分呢?答案则依据公共部门的科学研究是否具有内生性来判定。[1] 如果不具有内生性,从公共部门到公司的溢出则至关重要,但并非新经济增长理论的一个重要组成部分。根据本章我们已详尽阐述的有关科学的五个方面,我们得出:学术研究的内生性要素确实存在。第一,追求利润的公司支持学术研究;第二,学术科学家的问题解决通常来自于产业咨询过程中产生的灵感;第三,市场若不是全然驱动技术也会对其产生导向作用,技术又影响科学(Price,1986;Rosenberg,1982);[2]第四,政府会大力支持公共领域研究,支持的力度显然涉及经济的整体福祉;第五,证据表明,相对工资和空置率影响一个领域中择业人员的数量和质量。热门领域,比如生物科技和计算机科学近些年已经吸引了相当一大部分人的注意,原因在于近些年来该领域的薪酬颇丰(至少对部分人如此),这对学术研究的影响尤为显著。[3]

有人甚至认为,公共研究者(以及他们效力的机构)为了科学或者为了经济

---

[1] 不言而喻,应用于公司的科学是内生的,并且会向其他公司溢出。本章中一部分内容证实,追求利润的公司会雇用科学家,以指导基础研究,而且通常允许(鼓励)他们和他人分享研究成果。

[2] "科技推力"的反论点同样重要。

[3] 这就是在很多情况下新技术的发明会产生新的需求。并不表明产出 X 是内生的,而仅仅表明公共知识的增长只是内生性的一部分。无论何时,发现中都存在时间限制,无论是通过现有技术来解决问题,抑或因欠缺该调查中某个特定领域不可或缺的基础知识。这些限制必须被视作由外生决定,至少是在某一特定时间段(Rosenberg,1974)。

长期的发展,对于经济刺激措施变得过于敏感。数百个专利就可以织成一张复杂而细密的网;竞争可导致科学家禁止其他人接触研究素材;公共研究获得的产业赞助会使得研究讳莫如深,公开发表延迟。

我们甚至可以认为,一直以来,公共机构在向当地经济发展兜售自己的贡献方面都过于成功。然而,发现知识外溢是一码事;创立新的大学和研究项目以期促进本地经济的巨大发展又是另一码事,各国各地政府做的正是第二件事。2005 年秋,加利福尼亚大学在梅德塞开设了新校区,促成新校区建立的部分原因在于加州立法机构深信投资会促进圣华金河谷的经济增长。据 2006 年 8 月德克萨斯州新闻报道,政府已决定向德克萨斯州系统内的大学投资 25 亿美元用于科学教学和研究。该做法关注的重点是提升圣安东尼奥、埃尔帕索和阿灵顿分校的科研能力,旨在将这些城市如果不是打造成下一个硅谷,也要打造成下一个奥斯汀。德克萨斯州和加利福尼亚州并不是特例。纵观全球,各国政府均在努力将大学和公共研究机构打造成经济发展的引擎。长期来看,这些投资无疑有助于经济增长,但是该促进当地经济发展的该举措是否明智依然无法确定。

10.　结论

本章提出若干探究领域,其中经济学家对于科学以及科学在经济中的地位有了更深刻的领悟。很多讨论广泛引用社会学家的文献,并且指出从跨学科的视角继续从事对科学的研究的必要性。

第一,无论就回报还是滞后结构而言,我们已经着手量化科学与经济增长之间的关系。由于研究的两根主线交汇,我们同样对于科学与增长的关系有了更深的了解。其一表明公司从知识溢出中获利。其二表明知识溢出是增长的来源以及这些溢出具有内生性。尽管新经济增长理论的作者关注的是公司研发活动在该溢出过程(既作为溢出的创造方又作为溢出的接收方)中所起的作用,但仍有实例表明非营利部门的研究中同样包含被逐利行为驱动的内生因素。

第二,科学中逐渐演变生成的基于优先权的奖励体系为科学家以有益于社会的方式作为提供了激励,尤其是对优先权的奖励促进知识的生产与共享,因此对于解决知识这一公共品创造过程中固有的独占性问题有极大的促进作用。

第三,科学并不只是名,同样也关乎利。很多科学里的财务奖励都是优先权的产物,比如工资水平就与文章和被引数量成正相关。由于财务奖励通常以咨询收入和版税收入形式发放,故只有我们取得科学家收入的非工资部分的可靠数据之后才能完全知晓个中关系。另外,有证据表明名誉对于产业而言也至关重要。比如我们知道一些公司鼓励科学家发表论文。我们也知道初创企业因被引用量高的科学家的加入而获利。

第四,经济学一直试图理解科学劳动力市场的运行方式。这转而能为不同的政府政策有意或者无意地影响科学家和工程师市场的方式提供新的想法。但我们对于劳动力市场的理解能力和建模能力在某些国家由于缺乏现行数据而受到严重阻碍。

第五,通过了解很多影响供需的外生因素,我们得出:我们无法准确预测科学家和工程师的市场条件。而人们也针对决策小组没有做出的预测(往往出现预测不足的情况)提出质疑,这同样也敲响了警钟。

第六,20世纪90年代末和21世纪初所做的众多研究极大地加深我们对于科学家和工程师生产力的理解。此外,我们已将生产力的研究继续扩展,现已包含专利和出版物,众多研究专利到出版以及出版到专利之间关系的文献也应运而生。

但很多研究仍待建模和继续加深理解。首屈一指的是对于实验室的研究。通过研究个体科学家而非该科学家工作的实验室来着手探讨生产力问题,经济学家对这一做法百试不爽。尽管个人举足轻重,但科学日益看重团队和协作。但我们还是将研究对象聚焦于个人科学家,我们的偏见至少有以下三个原因:①数据采集便捷;②计量经济学工具包有助于分析个体行为;③尽管实验室也很重要,但至少在美国的仍然十分重视个体科学家。

一旦开始转向研究实验室,很多问题等待我们去探究。例如,我们需学习更多实验室的生产函数,资本和劳动力的可替代性程度,以及随着设备越来越完善,判定资本-劳动力比是否随着时间不断变化。我们须知更多如何确定实验室规模的方法,经济因素在多大程度上发挥作用? 实验室规模是不是还是传统做法——给研究人员两个房间,每个房间里八个人坐在一张长凳上。这是一个高效的实验室规模吗? 扩大实验室规模是不是就有效呢,比如效仿美国国立卫生研究院将实验室扩大两倍的做法?

经济学家还可以通过其他方式更好地理解科学的运作方式。这里提及七种方式。

第一,我们需更好地理解产出如何与资助变化相关。举例来说,出资部门的做法以及以出版物和引文的数量来衡量的项目在何种程度上可产生"即时"雇佣? 这种做法在何种程度上改变科学家的提交和发布模式? 尤其是在美国以外,哪个国家的变化最显著? 这些又如何反过来影响评判过程? 与之相关的问题是出资机构花重金打造的网络系统在何种程度上促进生产力的提高。

第二,经济学家可以推进对于其他效率问题的探讨。在特定的科学竞赛中是不是有过多的进入者,或者更通俗地说,过多的科学家? 相关问题关乎科学是否以最有效的方式得以组织,尤其是在非营利部门。对于作为研究助理以及最终作为博士后的毕业生的需求是否太过强劲，以至于对研究职位的长期有效的市场信号变得模糊，并且鼓励了对人力资本的无效投资？其他类型的人员（例如长期从事研究的科学家）能否取代实验室中的毕业生和博士后。

第三，经济学家在理解和分析风险和不确定性在科学中扮演的角色中具有相对优势。例如，我们可以解释为何出资机构的风险厌恶可劝阻秉性爱冒险的科学家不参与此类研究。我们拥有足够的工具包，从博弈结果的角度理解做出的选择，而且运用实证经济学或许可以帮助我们更好地理解奖励和资助对最终结果的影响方式和作用。

第四，一些科学方法也被已证实在公司研究方面成果丰硕，为加深对于科学的理解，经济学家可以将研究触角延伸至这些方法中。产业组织中对于新公司进入和存活的调研可提供研究职业生涯的框架。另一个可能性是透过演变模型观察科学家的科研成果（Nelson 和 Winter，1982）。演化经济学的核心——多样性和选择性——可通过科学家的训练、培养和奖励方式清晰地呈现。

第五，对于更好地理解科学的奖励结构如何促使科学家以对社会有利的方式行事，经济学家发挥着积极作用。问题包括过度关注文章数量而导致的知识碎片化，以及卷入舞弊行为的不良企图。

第六，作为一个学科，我们需投入更多精力以理解产业中科学工作的组织、监控和奖励方式。我们还需了解在传统行业研发实验室之外，科学家如何推动生产力。例如，通过对来自服务业的科学家和工程师进行研究，我们会获益匪浅。

第七，创业行为所面临的机遇如何影响科学实践，这一问题仍需不断地探讨。所以同样的，决策者对于知识溢出可促进本地和区域经济发展这一观点是否太过痴迷？

总而言之，在关于科学的研究中，经济学家已经做出巨大贡献，但其他问题仍需探究，希望本章的研究可以有助于这一进程。

致谢

本章广泛借鉴 Stephan（1996）的观点。感谢 William Amis，Cristiano Antonelli，Wesley Cohen，Richard Freeman，Bronwyn Hall，Fiona Murray 和 Nathan Rosenberg 的评述。感谢 Kelly Wilkin 和 Erin Coffman 的研究协助。本章始著于 2007 年秋，彼时笔者是一名哈佛大学韦特海姆研究员；成于 2009 年秋，笔者就职于国际经济研究中心，Torino（Italy）。

参考文献

Acs, Z. , Audretsch, D. , Feldman, M. (1992). "Real effects of academic research: Comment". American Economic Review 82,363 – 367.

Acs, Z. , Audretsch, D. , Feldman, M. (1994). "R&D spillovers and recipient firm size". The Review of Economics and Statistics 76(2),336 – 340.

Adams, J. (1990). "Fundamental stocks of knowledge and productivity growth". Journal of Political Economy 98,673 – 702. Adams, J. (2002). "Comparative localization of academic and industrial spillovers". Journal of Economic Geography 2,253 – 278. Adams, J. (2006). "Learning, internal research, and spillovers". Economics ofInnovation and New Technology 15(1),5 – 36. Adams, J. , Black, G. , Clemmons, R. , Stephan, P. (2005). "Scientific teams and institution collaborations: Evidence from U. S. universities, 1981 – 1999". Research Policy 34(3),259 – 285.

Adams, J. , Clemmons, R. , Stephan, P. (2006). How Rapidly Does Science Leak Out? NBER Working Paper 11997.

Agrawal, A. , Goldfarb, A. (2008). "Restructuring Research: Communication costs and the democratization of university innovation". American Economic Review 98,1578 – 1590.

Agrawal, A. , Henderson, R. (2002). "Putting patents in context: Exploring knowledge transfer from MIT". Management Science 48,44 – 60.

Allison, P. , Stewart, J. (1974). "Productivity differences among scientists: Evidence for accumulative advantage". American Sociological Review 39,596 – 606.

Almeida, P. , Kogut, B. (1999). "Localization of knowledge and the mobility of engineers in regional networks". Management Science 45(7),905 – 917.

Andrews, F. M. (1979). Scientific Productivity: The Effectiveness of Research Groups in Six Countries. Cambridge University Press, Cambridge. Another Physics Department Down. (2006). Science 314,1363.

Arrow, K. J. (1962). Economic welfare and the allocation of resources for invention. The Rate and Direction of Inventive Activity: Economic and Social Factors. Princeton University Press, Princeton, NJ.

Arrow, K. J. (1987). "Reflections on the essays". In: Feiwel, G. R. (Ed.), Arrow and the Ascent of Modern Economic Theory. New York University Press, New York.

Arrow, K. J. , Capron, W. M. (1959). "Dynamic shortages and price rises: The engineering-scientist case". Quarterly Journal of Economics 73,292 – 308.

Atkinson, R. C. (1990). "Supply and demand for scientists and engineers: A national crisis in the making". Science 248,425 – 432.

Audretsch, D. B. , Stephan, P. E. (1996). "Company-scientist locational links: The case of biotechnology". American Economic Review 86,641 – 652.

Autant-Bernard, C. (2001). "Science and knowledge flows: Evidence from the French case". Research Policy 30,1069 – 1078. Avveduto, S. (2005). Characteristics and Organization of Research in Italy: A Specific Glance on Human Resources. IRPPS-CNR, Rome.

Azoulay, P. , Ding, W. , Stuart, T. (2009). "The impact of academic patenting on the rate, quality, and direction of (public) research output". Journal of Industrial Economics 57,

637 - 676.

BankBoston. (1997). MIT: The Impact of Innovation.

Barnett, A. , Ault, R. W. , Kaserman, D. (1988). "The rising incidence of co-authorship in economics: Further evidence". Review of Economics and Statistics 70,539 - 543.

Black, G. (2004). The Geography of Small Firm Innovation. Kluwer, New York.

Blank, D. , Stigler, G. J. (1957). The Demand and Supply of Scientific Personnel. National Bureau of Economic Research, New York.

Bowen, W. , Sosa, J. A. (1989). Prospects for Faculty in the Arts and Sciences: A Study of Factors Affecting Demand and Supply. Princeton University Press, Princeton, NJ.

Breschi, S. , Lissoni, F. (2009). Mobility of skilled workers and co-invention networks: An anatomy of localized knowledge flows", Journal of Economic Geography 9,439 - 468.

Breschi, S. , Francesco, L. , Montobbio, F. (2007). "The scientific productivity of academic inventors: New evidence from Italian data". Economics of Innovation and New Technology 16,101 - 118.

Brodetsky, S. (1942). "Newton: Scientist and man". Nature 150,698 - 699.

Bush, V. (1945). Science: The Endless Frontier. U. S. GPO, Washington, DC.

Calderini, M. , Franzoni, C. , Vezzulli, A. (2007). "If star scientists do not patent: The effect of productivity, basicness and impact on the decision to patent in the academic world". Research Policy 36,303 - 319.

Callon, M. (1994). "Is science a public good? Fifth Mullins lecture, Virginia Polytechnic Institute". Science, Technology and Human Values 19,395 - 424 23 March, 1993.

Canibano, C. , Bozeman, B. (2009). "Curriculum vitae method in science policy and research evaluation: State-of-the-art". Research Evaluation 18(2),86 - 95.

Carayol, N. (2007). "Academic incentives, research organization and patenting at a large French university". Economics of Innovation and New Technology 16 (1&2),71 - 99.

Chait, B. T. (2006). "Mass spectrometry: Bottom-up or top-down". Science 314,65 - 66.

Coase, R. (1937). "The nature of the firm". Economica, New Series 4 (16),386 - 405.

Cockburn, I. , Henderson, R. M. (1998). "Absorptive capacity, coauthoring behavior, and the organization of research in drug discovery". Journal of Industrial Economics 46,20(2), 157 - 182.

Cohen, W. , Levinthal, D. (1989). "Innovation and learning: The two faces of R&D". The Economic Journal 99,569 - 596.

Cohen, W. , Nelson, R. R. , Walsh, J. P. (2002). "Links and impacts: The influence of public research on industrial R&D". Management Science 48(1),1 - 23.

Cole, J. R. , Cole, S. (1973). "Social Stratification in Science". University of Chicago Press, Chicago.

Collins, F. , Morgan, M. , Patrinos, A. (2003). "The human genome project". Lessons from Large-Scale Biology, Science 300 (5 617),286 - 290.

Couzin, J. (2006). " Scientific misconduct: Truth and consequences ". Science 313, 1222 - 1226.

Crespi, G. , Geuna, A. , Nomaler, O. , Verspagen, B. (2010). "University IRPs and knowledge transfer: Is university ownership more efficient?" Economics of Innovation and New Technology Forthcoming.

Dasgupta, P. (1989). "The economics of parallel research". In: Hahn, F. (Ed.), The

Economics of Missing Markets, Information, and Games. Clarendon Press, Oxford.

Dasgupta, P., David, P. (1987). "Information Disclosure and the Economics of Science and Technology". In: Feiwel, G. R. (Ed.), New York University Press, New York.

Dasgupta, P., David, P. (1994). "Toward a new economics of science". Research Policy 23, 487 – 521.

Dasgupta, P., Maskin, E. (1987). "The simple economics of research portfolios". Economic Journal 97, 581.

Dasgupta, P., Stiglitz, J. E. (1980). "Uncertainty, industrial structure, and the speed of R&D". Bell Journal of Economics 11, 1 – 28. David, P. (1993). In: Knowledge, property and the system dynamics of technological change. Proceedings of the World Bank Annual Conference on Development Economics 1992. World Bank, Washington, DC.

David, P. (1994). "Positive feedbacks and research productivity in science: Reopening another black box". In: Granstrand, O. (Ed.), The Economics of Technology. Elsevier Science, Amsterdam.

Davis, G. (2005). "Doctors without orders". American Scientist 93 (3) Supplement.

De Figueiredo, J. M., Silverman, B. (2007). "How does the government (want to) fund science". In: Stephan, P., Ehrenberg, R. (Eds.), The Economics of Science. University of Wisconsin Press, Madison, WI.

Deng, Z., Lev, B., Narin, F. (1999). "Science and technology as predictors of stock performance". Financial Analysts Journal (3), 20 – 32.

Diamond, A. M. Jr., (1984). "An economic model of the life-cycle research productivity of scientists". Scientometrics 6, 189 – 196. Diamond, A. M. Jr., (1986a). "The life-cycle research productivity of mathematicians and scientists". Journal of Gerontology 41, 520 – 525.

Diamond, A. M. Jr., (1986b). "What is a citation worth?" Journal of Human Resources 21, 200 – 215.

Ding, W., Murray, F., Stuart, T. (2006a). "Gender differences in patenting in academic life science". Science 313, 661 – 665. Ding, W., Murray, F., Stuart, T. (2006b). "Commercial science: A new arena for gender stratification in scientific careers?" Paper presented at the 2006 Annual Meeting of the American Sociological Association. Montreal, Quebec, Canada.

Dreifus, C. (2007). Watching a Cell Fold, and Witnessing Disease. International Herald Tribune, April 26.

Edwards, M., Murray, F., Robert, Y. (2006). "Gold in the ivory tower: Equity rewards of outlicensing". Nature Biotechnology 24(5), 509 – 515.

Ehrenberg, R. G. (1991). "Academic labor supply". In: Clotfelter, C. (Ed.), Economic Challenges in Higher Education. Part II. University of Chicago Press, Chicago, IL.

Ehrenberg, R. G. (1992). "The flow of new doctorates". Journal of Economic Literature 30, 830 – 875.

Ehrenberg, R. G., Zhang, L. (2005). "The changing nature of faculty employment". In: Clark, R., Ma, J. (Eds.), Recruitment, Retention and Retirement in Higher Education: Building and Managing the Faculty of the Future. Edward Elgar, North- ampton, MA.

Ehrenberg, R. G., Rizzo, M., Jakubson, G. (2003). Who Bears the Growing Cost of Science at Universities? NBER Working Paper 9627.

Eisenberg, R. S. (1987). "Proprietary rights and the norms of science in biotechnology research". Yale Law Journal 97,177 - 231. Ellison, G. (2002). "Evolving standards for academic publishing: A q-r theory". Journal of Political Economy 110, 994 - 1034. Enserink, M. (2006). "Unprecedented budget increase draws faint praise". Science 314, 1523 - 1525.

European Commission. (2003). Third European Report on Science and Technology Indicators. Directorate-General for Research, Brussels.

European Commission. (2004). Europe Needs More Scientists. Directorate-General for Research, Brussels.

Feigenbaum, S., Levy, D. M. (1993). "The market for (Ir) reproducible econometrics". Social Epistemolagy 7,215 - 232.

Feist, G. (2006). The Psychology of Science and the Origins of the Scientific Mind. Yale University Press, New Haven, CT. Feynman, R. P. (1999). The Pleasure of Finding Things Out. Perseus, Cambridge, MA.

Foray, D. (2004). The Economics of Knowledge. The MIT Press, Cambridge, MA.

Fox, M. F. (1983). "Publication productivity among scientists: A critical review". Social Studies of Science 13,285 - 305.

Fox, M. F. (1991). "Gender, environmental milieu, and productivity in science". In: Zuckerman, H., Cole, J. R., Bruer, J. T. (Eds.), The Outer Circle: Women in the Scientific Community. W. W. Norton, New York.

Fox, M. F. (2005). "Gender, family characteristics, and publication productivity among scientists". Social Studies of Science 35,131 - 150.

Fox, M. F., Braxton, J. M. (1994). "Misconduct and social control in science: Issues, problems, solutions". Journal of Higher Education 65,373 - 383.

Fox, M. F., Stephan, P. (2001). "Careers of young scientists: Preferences, prospects and realities by gender field". Social Studies of Science 31(1),109 - 122.

Frank, R., Cook, P. (1992). Winner-Take-All Markets. Cornell University.

Franzoni, C. (2009). "Do scientists get fundamental research ideas by solving practical problems?", Industrial and Corporate Change 18,671 - 699.

Freeman, R. B. (1975). "Supply and salary adjustments to the changing science manpower market: Physics, 1948 - 1973". American Economic Review 65,27 - 39.

Fuller, S. (1994). "Comments on 'The Economics of Science'". In: Arthur, J., Diamond, M. (Eds.), University of Nebraska at Omaha, Omaha, NB.

Gambardella, A. (1995). Science and Innovation: The U. S. Pharmaceutical Industry During the 1980s. Cambridge University Press, Cambridge.

Gibbons, M., Limoges, C., Nowotny, H., Schwartzman, S., Scott, P., Throw, M. (1994). The New Production of Knowledge: The Dynamics of Science and Research in Contemporary Societies. Sage Publications, London.

Gieryn, T. F., Hirsch, R. F. (1983). "Marginality and innovation in science". Social Studies of Science 13,87 - 106.

Gonzalez-Brambilia, C., Veloso, F. (2007). The Determinants of Research Productivity: A Study of Mexican Researchers. Carnegie Mellon University.

Griliches, Z. (1979). "Issues in assessing the contribution of research and development to productivity growth". Bell Journal of Economics 10,92 - 116.

Groen, J. A. , Rizzo, M. (2007). "The changing composition of American-citizen PhDs". In: Stephan, P. , Ehrenberg, R. (Eds.), Science and the University. University of Wisconsin Press, Madison, WI.

Hagstrom, W. O. (1965). The Scientific Community. Basic Books, New York.

Hall, B. , Jaffe, A. , Trajtenberg, M. (2001). The NBER Patent Citation Data File: Lessons, Insights and Methodological Tools. NBER Working Paper 8498.

Hall, B. , Mairesse, J. , Turner, L. (2007). "Identifying age, cohort and period effects in scientific research productivity: Discussion and illustration using simulated and actual data on French physicists". Economics of Innovation and New Technology 16 (1 & 2), 159 – 177.

Hargens, L. L. (1988). "Scholarly consensus and journal rejection rates". American Sociological Review 53, 139 – 151.

Harmon, L. R. (1961). "The high school backgrounds of science doctorates". Science 133, 679 – 688.

Heller, M. , Eisenberg, R. (1998). "Can patents deter innovation? The anticommons in biomedical research". Science 280, 698 – 701.

Hermanowicz, J. (2006). "What does it take to be successful?" Science Technology and Human Values 31(2), 135 – 152.

Hicks, D. (1995). "Published papers, tacit competencies and corporate management of the public/private character of knowledge". Industrial and Corporate Change 4, 401 – 424.

Hicks, D. (2007). "Research competition affects measured U. S. academic output". In: Stephan, P. , Ehrenberg, R. (Eds.), Science and the University. University of Wisconsin Press, Madison, WI.

Hicks, D. , Breitzman, T. , Olivastro, D. , Hamilton, K. (2001). "The changing composition of innovative activity in the U. S". Research Policy 30(4), 681 – 703.

Hollingsworth, J. R. (2006). "The dynamics of American science: An institutional and organizational perspective on major discoveries". In: Beckert, J. , Ebbinghaus, B. , Hassel, A. , Manow, P. (Eds.), Transformationen Des Kapitalismus: Festschrift Fur Wolfgang Streeck Zum Sechzigsten Geburstag. Campus Verlag, Frankfurt and New York.

Hounshell, D. A. , Smith, J. K. Jr. (1988). Science and Corporate Strategy: Du Pont R&D, 1902 – 1980. Cambridge University Press, Cambridge.

Hull, D. L. (1988). Science as a Process. University of Chicago Press, Chicago, IL.

Jaffe, A. B. (1989). "Real effects of academic research". The American Economic Review 79, 957 – 970.

Jaffe, A. B. , Lerner, J. (2004). Innovation and Its Discontents: How Our Broken Patent System is Endangering Innovation and Progress, and What to Do About It. Princeton University Press, Princeton, NJ.

Jaffe, A. B. , Trajtenberg, M. , Henderson, R. (1993). "Geographic localization of knowledge spillovers as evidenced by patent citations". The Quarterly Journal of Economics 108(3), 577 – 598.

Jefferson, T. (1967). Foley, In J. P. (Ed.), The Jefferson Cyclopedia. Russell and Russell, New York, vol. 1.

Jinyoung, K. , Sangjoon, J. L. , Marschke, G. (2005). The Influence of University Research on Industrial Innovation. NBER Working Paper No. 11447.

Johnson, H. G. (1972). "Some economic aspects of science". Minerva 10,10 - 18.

Jones, B. (2005a). Age and Great Inventions. NBER Working Paper 11359.

Jones, B. (2005b). The Burden of Knowledge and the Death of the Renaissance Man: Is Innovation Getting Harder?. NBER Working Paper 11360.

Kean, S. (2006). "Scientists spend nearly half their time on administrative tasks, survey finds". Chronicle of Higher Education A23.

Kelchtermans, S., Veugelers, R. (2007). Top Research Productivity and Its Persistence. Katholieke Universiteit Leuven, Leuven.

Kohn, A. (1986). False Prophets. Basil Blackwell, Oxford.

Kolbert, E. (2007). "Crash course: The world's largest particle accelerator". The New Yorker 68 - 78 May 14.

Lach, S., Schankerman, M. (2008). "Incentives and invention in universities". Rand Journal of Economics 39(2),403^-33.

LaTour, B. (1987). Science in Action: How to Follow Scientists and Engineers Through Society. Harvard University Press, Cambridge, MA.

Lawani, S. M. (1986). "Some bibliometric correlates of quality in scientific research". Scientometrics 9,13 - 25.

Lazear, E. P., Rosen, S. (1981). "Rank-order tournaments as optimum labor contracts". Journal of Political Economy 89,841 - 864.

Leslie, L. R., Oaxaca, R. L. (1993). "Scientist and engineer supply and demand". In: Smart, J. C. (Ed.), Higher Education: Handbook of Theory and Research. Agathon Press, New York.

Levin, S., Stephan, P. (1991). "Research productivity over the life cycle: Evidence for academic scientists". American Economic Review 81,114 - 132.

Levin, S., Stephan, P. (1999). "Are the foreign born a source of strength for U. S. science?" Science 285(5431),1213 - 1214.

Levin, S., Stephan, P., Winkler, A. (2006). The Diffusion of Information Technology across Institutions of Higher Education: Effects on Productivity by Type of Institution and Gender. Proposal to the Andrew W. Mellon Foundation.

Lichtenberg, F. (1988). "The private R&D investment response to federal design and technical competitions". American Economic Review 78,550 - 559.

Lotka, A. J. (1926). "The frequency distribution of scientific productivity". Journal of the Washington Academy of Sciences 16,317 - 323.

Malakoff, D. (2000). "The rise of the mouse, biomedicine's model mammal". Science 288, 248 - 253.

Mansfield, E. (1991). "Academic research and industrial innovation". Research Policy 20,1 - 12.

Mansfield, E. (1995). "Academic research underlying industrial innovations: Sources, characteristics, and financing". The Review of Economic and Statistics 77,55 - 65.

Markiewicz, K., Di Minin, A. (2004). Commercializing the Laboratory: The Relationship between Faculty Patenting and Publishing. University of California, Berkeley, CA.

Merton, R. K. (1957). "Priorities in scientific discoveries: A chapter in the sociology of science". American Sociological Review 22,635 - 659.

Merton, R. K. (1961). "Singletons and multiples in scientific discovery: A chapter in the sociology of science". Paper read at Conference Commemorating the 400th Anniversary of the Birth of Francis Bacon. October 13,1969.

Merton, R. K. (1968). "The Matthew effect in science". Science 159,56 – 63.

Merton, R. K. (1969). "Behavior patterns of scientists". American Scientist 57,1 – 23.

Merton, R. K. (1988). "The Matthew effect in science, II: Cumulative advantage and the symbolism of intellectual property". Isis 79,606 – 623.

Mincer, J. (1974). Schooling, Experience, and Earnings. NBER, Columbia University Press, New York.

Mowery, D. C., Rosenberg, N. (1998). Paths of Innovation: Technological Change in 20th Century America. Cambridge University Press, Cambridge, MA.

Mueller, W. F. (1962). The origins of the basic inventions underlying DuPont's major product and process innovations, 1920 to 1950. Economic and Social Factors, NBER, Princeton University Press, Princeton, NJ, The Rate and Direction of Innovative Activity.

Murray, F. (2006). The Ocomouse that Roared: Resistance and Accommodation to Patenting in Academic Science. MIT Press, Cambridge, MA.

Murray, F. (2007). "The stem-cell market—Patents and the pursuit of scientific progress". The New England Journal of Medicine 356 (23),2341 – 2343.

National Academies. (2005). Policy Implications of International Graduate Students and Postdoctoral Scholars in the United States. National Academies Press, Washington, DC.

National Research Council. (2000). Forecasting Demand and Supply of Doctoral Scientists and Engineers: Report of a Workshop on Methodology. National Academies Press, Washington, DC.

National Science Board. (2003). The Science and Engineering Workforce: Realizing America's Potential. National Science Foundation, Arlington, VA.

National Science Board. (2004). Science and Engineering Indicators. National Science Foundation, Arlington, VA.

National Science Board. (2006). Science and Engineering Indicators. National Science Foundation, Arlington, VA.

National Science Foundation. (1989). Future Scarcities of Scientists and Engineers: Problems and Solutions: Division of Policy Research and Analysis. National Science Foundation, Arlington, VA.

National Science Foundation. (1996). Characteristics of Doctoral Scientists and Engineers in the United States 1993. National Science Foundation, Arlington, VA.

National Science Foundation. (1999). Characteristics of Doctoral Scientists and Engineers in the United States 1997. National Science Foundation, Arlington, VA.

National Science Foundation. (2006). Characteristics of Doctoral Scientists and Engineers in the United States 2003. National Science Foundation, Arlington, VA.

National Science Foundation. (2007). Changing U. S. Output of Scientific Articles: 1988 – 2003. National Science Foundation, Arlington, VA.

Nelson, R. R. (1959). "The simple economics of basic scientific research". The Journal of Political Economy 67,297 – 306.

Nelson, R. R. (1962). "The link between science and invention: The case of the transistor". In: The Rate and Direction of Inventive Activity: Economic and Social Factors. Princeton University Press, Princeton, NJ.

Nelson, R. R. , Winter, S. (1982). An Evolutionary Theory of Economic Change. Belknap Press of Harvard University Press, Cambridge, MA.

Overbye, D. (2007). "A Giant Takes on Physics' Biggest Questions". New York Times D1, D4 – D5 May 15, CLVI.

Oyer, P. (2006). "Initial labor market conditions and long-term outcomes for economists". Journal of Economic Perspectives 20(3),143 – 160.

Pavitt, K. (2000). "Why European Union funding of academic research should be increased: A radical proposal". Science and Public Policy 27(6),455 – 460.

Philippe, A. , Dewatripont, M. , Stein, J. C. (2008). "Academic freedom, private-sector focus, and the process of innovation". Rand Journal of Economics 39(3),617 – 635.

Polanyi, M. (1962). "The republic of science". Minerva 1,54 – 74.

Pollak, R. , Wachter, M. (1975). "The relevance of the household production function and its implications for the allocation of time". Journal of Political Economy 83,255 – 277.

Price, D. J. D. , Solla, D. E. (1986). Little Science, Big Science. . . and Beyond. Columbia University Press, New York.

Roe, A. (1953). The Making of a Scientist. Dodd, Mead, New York.

Romer, P. (1994). "The origins of endogenous growth". Journal of Economic Perspectives 8, 3 – 22.

Rosenberg, N. (1974). "Science, invention and economic growth". Economic Journal 84, 90 – 108.

Rosenberg, N. (1982). Inside the Black Box: Technology and Economics. Cambridge University Press, Cambridge.

Rosenberg, N. (1990). "Why do firms do basic research (with their own money)?" Research Policy 19,165 – 174.

Rosovsky, H. (1990). The University: An Owner's Manual. Norton, New York.

Sauermann, H. , Cohen, W. (2007). What Makes Them Tick? Employee Motives and Industrial Innovation. Fuqua School of Business.

Scherer, F. M. (1966). "Time-cost tradeoffs in uncertain empirical research projects". Naval Research Logistics Quarterly 13,71 – 82.

Scherer, F. M. (1967). "Review of technology, economic growth and public policy, by Richard R. Nelson, M. J. Peck, and E. D. Kalachek". Journal Finance 22,703 – 704.

Scherer, F. M. (1982). "Demand-pull and technological innovation: Schmookler revisited". Journal of Industrial Economics 30,225 – 238.

Schmookler, J. (1966). Invention and Economic Growth. Harvard University Press, Cambridge, MA.

Schulze, G. G. (2008). "Tertiary Education in a Federal System—the Case of Germany". In: Albert, M. , Schmidtchen, D. , Voigt, S. (Eds.), Scientific Competition. Mohr Siebeck, Tubingen.

Smith, A. (1982). The Wealth of Nations. Penguin, Harmondsworth, UK.

Sobel, R. (1986). RCA. Stein and Day, New York.

Stephan, P. (1996). "The economics of science". Journal of Economic Literature 34, 1199 – 1235.

Stephan, P. (2002). "Using human resource data to illuminate innovation and research utilization". In: Merrill, S., McGeary, M. (Eds.), Using Human Resource Data to Track Innovation. National Academy Press, Washington, DC.

Stephan, P. (2004). "Robert K. Merton's perspective on priority and the provision of the public good knowledge". Scientometrics 60, 81 - 87.

Stephan, P. (2007). "Wrapping it up in a person: The location decision of new phds going to industry". In: Jaffe, A., Lerner, J., Stern, S. (Eds.), Innovation Policy and the Economy. MIT Press, Cambridge, MA.

Stephan, P. (2008). "Job market effects on scientific productivity". In: Albert, M., Schmidtchen, D., Voigt, S. (Eds.), Scientific Competition. Mohr Siebeck, Tubingen.

Stephan, P., El-Ganainy, A. (2007). "The entrepreneurial puzzle: Explaining the gender gap". Journal of Technology Transfer 32, 475 - 487.

Stephan, P., Levin, S. (1992). Striking the Mother Lode in Science: The Importance of Age, Place, and Time. Oxford University Press, New York.

Stephan, P., Levin, S. (1993). "Age and the Nobel prize revisited". Scientometrics 28(3), 387 - 399.

Stephan, P. E., Gurmu, S., Sumell, A., Black, G. (2007a). "Who's patenting in the university? Evidence from the survey of doctorate recipients". Economics of Innovation and New Technology 16(2), 71 - 99.

Stephan, P. E., Black, G., Chaing, T. (2007b). "The small size of the small-scale market: The early-stage labor market for highly skilled nanotechnology workers". Research Policy 36(6), 887 - 892.

Stern, S. (2004). "Do scientists pay to be scientists?" Management Science 50(6), 835 - 853.

Stigler, G. J. (1980). Merton on multiples, denied and affirmed. In: Science and Social Structure: A Festschrift for Robert K. Merton. Transactions of the New York Academy of Science.

Stigler, G. J. (1983). "Nobel lecture: The process and progress of economics". Journal of Political Economy 91, 529 - 545.

Stokes, D. (1997). Pasteur's Quadrant. Brookings Institution Press, Washington, DC.

Sunwoong, K. (2007). Brain Drain and/or Brain Gain: Education and International Migration of Highly Educated Koreans. University of Wisconsin, Milwaukee, WI.

Tervio, M. (2006). Network Analysis of Three Academic Labor Markets. Hass School of Business.

Thursby, J., Thursby, M. (2007). "Patterns of research and licensing activity of science and engineering faculty". In: Stephan, P., Ehrenberg, R. (Eds.), Science and the University. University of Wisconsin Press, Madison, WI.

Thursby, J., Thursby, M., Mukherjee, S. (2005). Are There Real Effects of Licensing on Academic Research: A Life-Cycle View. Georgia Institute of Technology, Atlanta, GA.

Thursby, J., Thursby, M., Fuller, A. (2009). "U. S. patenting activity: Inside and outside the university". Research Policy 38, 14 - 25. Tuckman, H., Leahey, J. (1975). "What is an article worth?" Journal of Political Economy 83, 951 - 968.

Turner, S. (1994). "Comments on 'The Economics of Science'". In: Arthur, J., Diamond, M. (Eds.), University of Nebraska at Omaha, Omaha, NE.

Turner, L., Mairesse, J. (2003). "Individual productivity differences in scientific research: An econometric study of publishing of French physicists". Paper presented at the Zvi

Griliches Memorial Conference Paris, France.

Vogel, G. (2000). "The mouse house as a recruiting tool". Science 288,2254 – 2255.

Vogel, G. (2006). "Basic science agency gets a tag-team leadership". Science 313,1371.

Von Hippel, E. (1994). "Sticky information and the locus of problem solving: Implications for innovation". Management Science40(4),429ˉ39.

Walsh, J. P., Cho, C., Cohen, W. (2005). "View from the bench: Patents and material transfers". Science 309,2002 – 2003.

Walsh, J., Cho, C., Cohen, W. (2007). "Where excludability matters: Material vs. intellectual property in academic biomedical research". Research Policy 36,1184 – 1203.

Weiss, Y., Lillard, L. (1982). "Output variability, academic labor contracts, and waiting times for promotion". In: Ehrenberg, R. G. (Ed.), Research in Labor Economics, vol. 5, pp. 157 – 188.

Wilson, R. (2000). "They may not wear armani to class, but some professors are filthy rich". Chronicle of Higher Education 46 (26), A16 – A18 March 3.

Wolpert, L., Richards, A. (1988). A Passion for Science. Oxford University Press, New York.

Wuchty, S., Jones, B., Uzzi, B. (2007). "The increasing dominance of teams in the production of knowledge". Science 316,1030 – 1036.

Xie, Y., Shauman, K. (1998). "Sex differences in research productivity: New evidence about an old puzzle". American Sociological Review 63,847 – 870.

Xie, Y., Shauman, K. (2003). Women in Science: Career Processes and Outcomes. Harvard University Press, Cambridge, MA. Xin, H. (2006). "Scandals shake Chinese science". Science 312,1464 – 1466.

Ziman, J. (1968). Public Knowledge. Cambridge Press, Cambridge, UK.

Zucker, L., Darby, M. (2007). "Star scientists, innovation and regional and national immigration". Paper read at Kauffman-Max Planck Research Conference on Entrepreneurship July 19 – 21, Dana Point.

Zucker, L., Darby, M., Brewer, M. (1998a). "Intellectual human capital and the birth of U. S. biotechnology enterprise". The American Economic Review 88(1),290 – 306.

Zucker, L. G., Darby, M., Armstrong, J. (1998b). "Geographically localized knowledge: Spillovers or markets". Economic Inquiry 36(1),65 – 86.

Zuckerman, H. A. (1992). "The proliferation of prizes: Nobel complements and Nobel surrogates in the reward system of science". Theoretical Medicine 13,217 – 231.

第 6 章
高校科研和公私合作

Dominique Foray* 和 Francesco Lissoni††
* 洛桑联邦理工学院创新经济与管理系主任
瑞士,洛桑
† 布雷西亚大学机械工程与工业工程系
意大利,布雷西亚
‡ 博科尼大学知识、国际化与技术研究中心
意大利,米兰

目录

摘要

　　高校依靠与产业界的合作,不断加强在公共研究体系中的中心地位。但合作也带来两个矛盾。其一有关个人科学家。科学家需要在基础研究活动和成功进行学术发明并实现商业化所需的活动之间做出权衡。其二出现在系统层面。产业界需要依赖明确可靠的知识产权,而科技企业的知识积累需要能够免费获取学术研究成果。实证文献表明,前一矛盾不如多数人想象的激烈,而后一矛盾更为棘手:商业利润可能会加剧研究成果普及中常见的威胁,且知识产权可能会阻碍部分科学家利用现有研究成果,推动知识进步。现有的高校内外中介机构对解决上述两个矛盾的贡献也显得微乎其微。

关键词

　　学术创业　知识产权　研究　技术转让　高校

1. 引言

在发达国家中,高校是活跃至今的最古老的机构之一。经过漫漫历史,高校不仅成功应对众多外部冲击,还使规模和活动多样性大幅增加(Ben-David,1977)。现阶段,高校具有基础研究和教学的双重功能。这两项活动均在经济发展中意义重大,产生的外部性可为经济提供人力资本和基础知识——两者都是准公共物品的特性(Clark,1993)。[①] 随着国家逐步转型为知识型经济体,对基础知识和高技术人才的需求与日俱增。高校也积极予以供给。就此而言,高校在发展生产力、扩大工业和服务业方面发挥着间接但关键的作用。

同时,高校为工业和服务业提供技术和设备支持,或参与研究应用,直接推动创新发展。此作用与高校"渗透机构"(Lécuyer,1998)的本质相一致。高校关注商业公司(通常为本国或当地公司)直接面临的问题,并为其提供解决问题的资源。高校的直接作用并非新说。早在19世纪,高校间时而和谐共存,时而互相竞争,但都以基础研究和教学为重,直接推动创新(Rothblatt and Wittrock,1993)。然而,近年来,政府和大部分公共舆论一致强调,高校需将学术发明商业化。这要求高校拥有更多知识产权并加以管理,甚至要参与创业活动,如成立新公司(Martin,2003;Slaughter and Leslie,1997;Yusuf and Nabeshima,2007)。这一变化主要体现在一系列立法的通过,旨在鼓励高校申请专利,并在有利可图时发放许可。最早的相关立法为1980年美国的《拜杜法案》(Bayh-Dole Act),之后许多国家纷纷效仿;一些欧洲国家也废除了德国学术界中典型的"教授特权"。[②] 学术商业化新态度的另一结果是,政府增加对研究项目的直

---

① 高校毕业生作为人力资本综合性强,专业对口程度不高,可归为公共资源;即使不是,也不属于专用人力资本,即已签订类似契约的劳动合同的人力资本。

② 《专利商标法修正案》,又称《拜杜法案》,颁布于1980年。在此之前,美国研究系统无法将科学发现转为创新的严重失败已引发持续一世纪的讨论。法案允许高校和其他非营利研究机构对联邦政府资助的研究成果持有知识产权,并可颁布独占许可。《史蒂文森-魏德勒技术创新法案》颁布于《拜杜法案》之前,也针对联邦实验室出台过类似规定(Jaffe,2000)。关于20世纪90年代《拜杜法案》后的欧洲立法潮,详见经合组织(2003)以及Mowery和Sampat(2005)。关于"教授特权",详见4.2.1和相关参考文献。

接投资（不同于一般性高校拨款和地方补贴），且多数专用于技术领域。[①]

伴随此趋势，产业界对高校研究的重视度与日俱增，将其作为产业总体战略的一部分。而总体战略为，以利用外部知识资源为基础，由研发的"垂直"模式向创新的"网络战略"转变。[②] 自 20 世纪 80 年代起，经合组织成员国中，产业界对学术科研的投资不管从绝对数值还是 GDP 占比上都有大幅增长。对高校科研的公共投资金额也有所增加，但涨幅不及 GDP 和行业投资增长。因此，政府对学术研究资助比例从 1981 年的 80％下降到了 2003 年的 72％。与此同时，产业界资助科研比例则从 3％翻番至 6％；高校自主资助科研比例从 13％升至 16％，这主要归功于教育领域和科技商业化中不断增多的新型创业活动（Vincent-Lancrin，2006）。有迹象表明，即使政府仍愿意为学术研究支付大部分费用，但这些政府仍希望高校能从其他途径获取资源，特别是依靠行业内的合作研究伙伴，并向市场寻求技术。

目前，多数现代化研究型高校与大型综合性高校极为相似。该概念由 20 世纪 60 年代加利福尼亚大学校长 Clark Kerr 提出，他预言："大型综合性高校"是一座"知识工厂……政策专家可获得专业技能；实业家可获得研究结果；政府机构寻求融资提案；捐款者能为慈善事业创造最大化影响"（Wagner，2007）；可能还要加上一条，高校行政人员能利用知识自筹经费。[③]

上述所有利益相关者共同塑造了学术科学家的基本激励机制，调节不同边际收益间的平衡，分别关联基础研究、教育以及商业化参与。高校如此改革，既能创造机遇，又可能导致风险，摧毁高校对科学发展和人类幸福的一切贡献。

人们尤其担心高校可能被迫减少基础研究和教学的产出。这些准公共物品是市场导向型企业无法提供的。随着国家逐渐转型为知识经济体，高校产出具有重要的战略地位。上述威胁显然与时代要求不符。

总之，高校与企业间两种形式的合作看似并存，且都旨在使双方获得最大可能的创新互补。合作形式之一为传统模式，包括共享人才网络、共同出资研究项目，以及非正式来往。商业部门雇用高校毕业生也包括其中，且通常为两者联系的最强纽带。另一种互动形式为高校优化利用其发明，包括对知识产权的专门管理，开设技术许可办公室，成立自己的子公司和初创企业。

[①] Vincent-Lancrin（2006）表示，在经合组织国家中，直接学术研究投资占学术研究总投资的平均比重从 1981 年的 27％增长到 2003 年的 39％，一般性投资比重从 78％下降到 65％。投资政策也发生了相应转变，体现在按绩效分发的资金有所扩散。因研究绩效评定不仅取决于出版物数量和质量，还参考专利和技术转让活动（Geuna 和 Martin，2003）。

[②] 关于上述战略转变，详见本卷 Powell 所著章节。关于开放式创新，详见本卷 Hippel 所著章节。

[③] "大型综合性高校"一词最初由 Clark Kerr 在 1963 年哈佛大学戈德金讲座中提出，现见于多部再版的 Kerr（2011）文献中。

第二种是新兴的合作方式，很难判断它能否为科学进步和长期经济发展做出如之前模式的贡献。同时，自第二次世界大战以来，美国成为世界最重要的学术研究基地，也是高校转型最为成功的国家。然而，在除美国外的其他国家，向新合作模式过渡的普遍性和有效性难以评估。经济理论和应用研究已能为初步评估提供足够材料，同时也为日后的研究方向提供重要指导意见。

本章将结合具体情况，针对高校的作用展开讨论，论述高校在公共研究体系中的中心地位随时间推移持续增强，即使在通常委托不同机构完成公共研究的国家中亦是如此（第 2 节）。之后，本文将总体陈述高校与产业界合作的机遇与挑战（第 3 节）。第 4 节针对高校与产业界间的技术转让经济学，探讨这个越来越多相关实证文献提出的重要问题。最后，第 5 节讨论了政策影响和未来研究方向。

2. 政府实验室和研究型高校：两大公共研究机构

作为准公共产品，知识需要特殊的社会经济制度使其生产和分配更加有效。私有市场（涉及知识产权等允许私人机构获得经济回报的机制）和公共部门是本文需要研究的两大系统，以此设计出基于经验和分析的知识政策。本节重点关注两者之间的相互影响。首先，笔者须先详细介绍其中的公共部门系统。

显然，知识公共部门（至少在概念上）分为两种类型（Dasgupta，1988）：一种为直接参与知识生产的政府部门；另一种是在政府资助下进行研究的私人机构。前者便是我们所称的政府实验室（GRLs），后者则为研究型高校（RUs）。[①] 研究型高校是政府将工作下放的结果，其中生产决策由一个自我管理的行业成员（科学家）自主制定，其工作得到政府补贴。而政府实验室的模式更接近"命令规划法"。其生产对象和产量全权由政府决定。政府实验室包括致力于基础研究活动的大型研究院（如德国马克斯·普朗克研究所和法国国家科学研究院）；以及一些致力于具体领域科技进步的任务导向型机构，通常由部长级官员直接管理（如国家宇航局、卫生研究院或原子能机构等）。通常由中小型企业（SMEs）支持的应用研发实验室网络也属于政府实验室的一种，典型例子为德国弗劳恩霍夫协会（Fraunhofer Gesellschaft）（Beise 和 Stahl，1999）。政府实验室通常的运

[①] "研究型高校"的说法主要用于美国，指有权授予博士学位的高等教育机构，区别于培养硕士以及其他不进行研究活动的大学（培养博士等同于进行研究）。1967 年，美国卡内基高等教育委员会发布第一篇报告，使此概念得以传播，并将其系统化。随着高校不断发展，报告也进行了修改（Carnegie，2009）。最新的卡内基报告认定了 200 所公立和私立的研究型高校。欧洲和亚洲的学术界也越来越多使用该说法，指那些在研究领域的国际地位不输于美国同等高校的机构（至少机构管理者如此认为）。

作模式和要求规定与研究型高校类似,实验室的科学家也自视为学术界的一员,但大部分政府实验室有明确界定的目标,即使在利用学术科学家提供的服务(如合同制研究或咨询业务)时亦是如此。[1]

政府实验室和研究型高校构成了众所周知的公共研究部门。两者通过共享知识、人力和财力相互关联(大型政府实验室通常掌握研究型高校公共基金的管理权,并与研究型高校拥有同一劳动力市场)。然而,仍有必要保留两者间的差异性,因两者的经济激励措施和资源分配机制本质上是不同的。在研究型高校系统中,个人能够按本人意愿自由选择研究目标(虽然赞助人通常有特定的研究领域偏好)。作为投资的回报,研究型高校系统中的个人和机构须向专业团队(如医生、律师、工程师等)提供教学指导和质量监督。在此过程中,若研究获得成功,现代科学家除可获得教学和质量检查的报酬外,还可享受其他待遇(如升职和提高声望)。[2]　相比之下,在政府实验室系统中,研究针对特定目标,由国家组织进行。此系统中的个人没有研究型高校系统中的自由度,因其必须遵守研究的规定指示。这也意味着他们无需提供其他服务项目,如举办讲座等。如此,利弊可稍加平衡。

上述两系统作为资源分配方法都具有明显缺陷。研究型高校系统中,对研究个人和团队的资助分配具有滞后效应(声誉使获得新资助的机会增加,而新资助将继续提高其声誉)。该效应将降低系统的人才识别能力,无法留住"顶尖"研究人员。研究型高校系统正面临巨大挑战,即难以创造(自上而下)新的学科或进行新的研究活动来弥补现有领域外的空缺。而政府实验室系统中存在信息不对称问题,使研究行政人员难以管理科学家的研究活动。该问题将会导致政府失职(而非市场失灵)。此外,政府实验室进行的大型基础科学项目为任务导向型,属于高风险投资,如同在少数领域上大举押注。这些项目可能引发竞争扭曲,因其仅扶持个别行业和行业中的个别支柱企业。

这两种资源分配方法各有功能,互相弥补。两系统的差异主要体现在知识外溢至产业的方式及社会管理方式上。使知识外部性最大化是研究型高校存在的基础,政府实验室则与之不同。政府实验室的知识外溢取决于管理者的意图,规模可大可小。不管在何种情况下,知识外溢都不是政府实验室公共基金数量的主要依据。

纵观历史,大多数走在科技前沿的国家,主要知识体系都经历过逐渐转型,从政府实验室和教学型高校相结合转变为以研究型高校为中心。当然,各国情

---

[1] 政府实验室分类详见 Nelson (1993,第 1、2、4、6 章)和 Ergas (1987)。更多关于中小型企业支持的政府实验室,详见 Semlinger (1993)、Kelley 和 Arora (1996)、Feller (1997)以及 Beise 和 Stahl (1999)。

[2] 本书 Paula Stephan 所著章节详细讲述了科学研究活动的激励机制和组织结构。

况有所不同(如德国的政府实验室一直是高级研发中心),但在大部分经合组织国家,此转变均呈明显上升趋势(见图1)。[①]

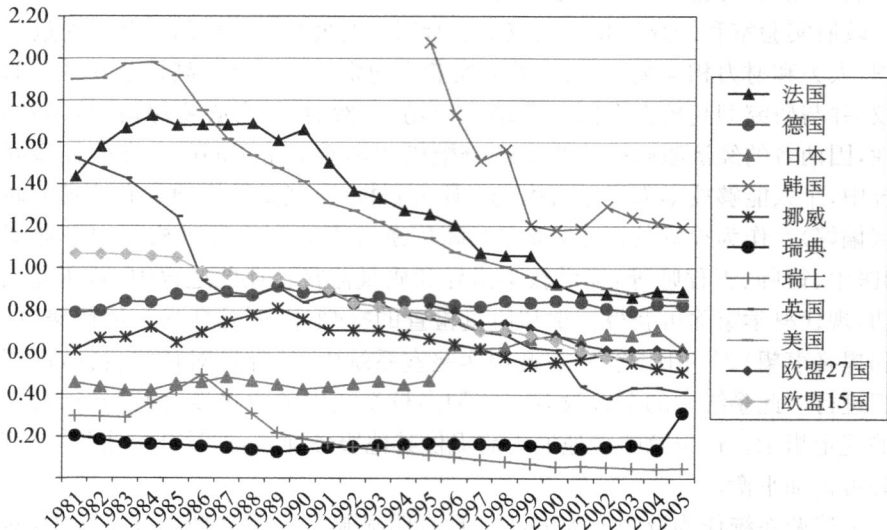

图 1　政府实验室(GL)与研究型高校(RU)研发的权重比

资料来源:OECD(2007),由 S. Lhuillery 测算。

高度依赖政府实验室早已是陈年旧事。在经济发展的特定阶段,西方国家的主要挑战在于建立科技基础设施。依靠这些任务导向型机构是最快捷的方法。此时,对政府实验室的高度依赖符合时代要求。然而,随着国家走向技术前沿(即不再处于追赶和模仿状态,转而引领国际创新走向[②]),研究型高校提供的更多资源显然必不可缺。研究型高校可将人力资本和基础研究作为"关联产品",产生外部性(因而产生范围经济和内部溢出);而政府实验室切断了研究和高等教育之间的紧密联系,且它能提供的正外部性只占研究型高校可带来的很小一部分。Zucker 和 Darby(1998,p. 62)做出如下解释:

"研究机构这个概念听起来很具吸引力,尤其对于一些小国家来说。它们把研究机构当成发展的工具,将国内最杰出的科学家聚集起来,形成规

---

① 转变原因多样。主要原因包括非民间研发和核能研究(两者均不属于研究型高校系统)开支减少,以及一些国家(如英国)政府实验室私有化。不管是何原因,都使经合组织国家中研究型高校占据研发的主导地位。

② 某经济体在特定时间"走在技术前沿"的准确定义为,t 时间该经济体的全要素生产力与 t 时间所有国家中最高的全要素生产力的比值。比值可在 0(基本无效)到 1(最有效)之间波动。

模。事实上,我们也希望在退休前,我们的研究均能得到足够资金,且一直有胜任的团队,无需培养和训练接任的毕业生和博士后。尽管这是个人意愿,但我们能预见上述情况将对创业精神造成巨大打击,同时无法履行机构作为知识型机构的最重要任务——培育高质量的人力资本。"

下文将重点阐述研究型高校。原因有二:其一,也是首要原因,研究型高校已超越政府实验室,成为知识型经济和创新体系的中心。其二,有关政府实验室组织和影响的文献数量不如研究型高校丰富。[①]

3. 高校研究和产业研究管理互补性问题的概念化方法

David 和 Metcalfe(2008)在一份为欧洲委员会"知识驱动增长"专家小组撰写的报告中进行了有力论证,认为创新过程不仅仅限于研发活动。创新要取得成就,除利用"科技"一词所包含的内容外,还需使用和结合更多类型的知识与能力,如关于市场和公司以及输入的可用性和质量的知识。创造这些知识资产是创新过程一个重要方面,但并非由高校和其他公共研究机构进行。高校的组织和管理目的并非进行利己的创新。其首要任务在于做出对自然现象和技术的新的理解,据此可判断高校在本质上即具有创造性。相反,在现代自由市场经济中,具有创新动机和管理结构的公司将创新定为主要任务,并几乎成为创新的唯一来源。创新领域中,公共研究机构永远只能屈居二等。

考虑各自的知识生产功能,可以说高校和商业企业间的劳动力分配模式确实值得肯定,将创新功能分配给商业领域也是明智之举。然而,对于任何劳动分工,各种任务的效率与日俱增(一方发明,另一方创新)需要付出的代价是两方合作的问题:界限问题可能会阻碍机构间的合作。

3.1 经济机会

现存在大量学术成果向企业转让的潜在经济机会。当两个系统已在专职机构中制度化,且能充分发挥各自优势时,两者合作便能实现互补;历史也证明,合作对保持经济长期增长、增加人民财富、提升人民幸福感十分有益。两者合作的来源通常有三种(David,1993)。其一,在宏观经济中,基础科学知识的进步为应用研究者提供了外部性(见 David 等,1992)。

第二种提供的经济机会同样重要,体现在对研究者和研究管理人员的有效

---

① 需注意 Jaffe 和 Lerner(2001)、Jaffe 等人(1998)提出的反例。

培训可增加企业研发项目的盈利能力。将开放性科学研究活动与科学家和工程师的研究型培训相结合是十分有效的途径,不仅可以提高人力资本的质量,还为企业雇主提供甄选人才经济而有效的方法。

第三种机会渠道由高校提供。高校向研究密集型企业开放关于研究方法和研究发现的最新信息,使后者掌握科技进步的能力显著增强,而这些进步可能为技术和市场带来变革。

上述三种渠道证明高校支持企业研发的互补性。互补性还包括企业对高校的补益。如行业研究能为高校科学家提供新兴强大的工具和仪器(Rosenberg, 2004);同时也能克服学术研究者的保守主义,如提出具有挑战性的问题,提供实验证据,以及为拓展新学科提供支持。换言之,企业研发为高校提供了研究方向,且使其摆脱短浅而低端的不必要目标。

双方补益的主要优势在于提高了预期收益率,减少应用研发的投资风险。因此,政策的主要关注点在于确保两者互补得到妥善管理,使合作取得预期成效。同时,公共研究机构研究活动的成果外溢到私人领域且被即时利用,将不会对公共研究机构的长期活力造成损害,因而政策还将关注再次创造可盈利的研发投资机会。

3.2 机制障碍

知识在学术科学领域和私人企业的专利研发组织间的直接转让尤其难以制度化,因为两系统中特有的奖励机制的共存使参与者行为难以预计。这会动摇团队成员互相合作的统一文化规范,削弱文化共识对合作的促进作用。显然,技术转让面临的问题最初并非由不合理或不适应现实条件的机构框架、法律体系和文化规范造成。事实上,问题根植于转让的过程。所有国家都面临相同问题,即要在将更多学术知识用于经济发展与坚守高校的根本任务(长期研究和教育)之间做出权衡,而这二者都是好事。

知识创造和转让的后期阶段,即从知识在高校中被发明到商业应用这段时间更具重要性;知识创造与转化的这一特点则使上述问题愈加难以解决。高校发明稍加修改即可被商业化或被私人企业用于经营的案例屈指可数。大部分高校发明需要经过大幅度的修改和后期改进才能引入商业用途(见 4.2.1)。

本节无法具体论述学术机构生产的新知识在转让和运用过程中涉及的所有问题。后文的讨论将集中在对经济学家日后研究至关重要的几点问题。

3.2.1 论知识产权的回报、溢出和分配

对于"专属权"和知识充分扩散且免费的好处之间的相对重要性,高校和产

业界有着截然不同的经济逻辑。[①] 按照私人企业的创新模式，经济收益产生于私有物品以及控制新知识专有权的能力。在此模式中，任何免费开放和无偿传播的专有技术都会削减创新者投资所得的利益。然而，学术研究领域则有另一套奖励机制。其来源是，科学家在第一时间发表其发现或发明，并予以传播，则能作为作者获得优先求偿权。[②] 高校的奖励机制与行业内企业的通常运行模式截然不同。因此，若其中某一领域的惯例与另一领域的产生矛盾，两者的关系紧张便不足为奇。

高校和产业界在技术归属和控制权上颇有争议，主要矛盾在于平衡两者权限，既准许私人企业拥有技术专利权，又准许公共研发及高校科研机构拥有应用和出版自由。

当学术发明需要大量后期投资才能进入市场时，矛盾便会加剧。在此情况下，将想法变为现实，投资需要稳定的经济环境。当公司无法保障竞争损失得到补偿时，公司将不愿负担成本。这就是美国于 1980 年出台《拜杜法案》的主要原因，也由此欧洲和日本于 20 世纪 90 年代出台了类似的规定。这些法规使高校近年来能够更加直接地参与专利授予和许可管理过程（Mowery 和 Sampat，2005）。[③] 高校的参与对整个激励机制造成潜在威胁，一直推动知识转让活动进行的机制可能会扭曲：上述法规关注独占许可，对公共研究部门与企业合作的渠道持有狭隘观点。现实中有多种渠道促进知识转让，而法规推出的激励机制仅针对其中之一（专利和许可），忽略了其他（Mowery 等，2004）。法规也会增加制度崩溃的危险。此后，为科学知识、工具和信息在社会中分享传播提供空间的制度，以及保障致力于发展知识的私人投资权益的制度，两者将更难兼容（Cockburn 和 Henderson，1998）。

当涉及专利保护和针对研究工具（如科学仪器、数据等，尤其是用于生物研究的遗传物质）的独占许可时，制度崩溃问题则更加严峻。研究工具的独占许可或通用许可的过高价位可能使科学研究领域形成进入壁垒，造成与预期相反的后果，如使研究者基础更窄，限制科技进步。Heller 和 Eisenberg（1998）表示从 20 世纪 80 年代末开始，专利便进入生物医学研究初期阶段，个人研究者所需的研究工具或专有或收费，再也不能让研究者无偿或低偿使用。更糟糕的情况是，许多研究工具的知识产权被分割，由数个不同持有人控制。[④] Heller 和

---

① 见本卷由 Katherine Rockett 所著章节。

② 见本卷由 Paula Stephan 所著章节。

③ 见本章引言及注释。

④ 1980 年，美国最高法院作出的一项重要决定（Diamond 诉 Chakrabarty 案）为专利推广至转基因生物领域奠定了基础。该决定确立"有生命的人造微生物可作为'制造品'或'合成物'获得专利"。随后，欧洲和亚洲国家也出台了类似立法。

Eisenberg 将这种现象称为"反公地悲剧",因为研究者需获得多种许可才能进入科学发现工地,继续进行实验。该现象还可能派生所谓的延伸许可协议,基础研究发明的专利持有者可对下游研究权利加以利用控制。如此将会加剧"反公地悲剧"的消极影响。[①]

3.2.2 论认知焦点、心理动机和时限

制度障碍还包括,各方对"最优发明质量"的看法出现分歧。学术界和行业都追求"最优质量",但对最优的定义并不相同。就学术研究而言,最优质量需要在新颖性上实现飞跃,或具有创造性步骤、考究的解决方案或关键且普适的新知识(能够在不同领域产生累积效应)。就行业而言,最优质量意为效率最优、新系统稳定性高、营销时间短以及开发新产品功能所需的各项投入经济可行。因此,主要矛盾在于,学术研究者希望找到极富创新的解决方案,该方案要能激起同行间有趣且有挑战性的讨论;而行业工程师则注重稳定性和效率。因此,"心理动机"和"认知焦点"强调问题的不同方面。最坏的情况是其中差异永远无法消除。而最好的情况是,经共同努力,最优质量的参数在某个点上逐渐改变,从"好奇心驱使"的研究转为实际应用(Argyres 和 Liebeskind,1998)。

3.2.3 论资源分配:教师的时间和付出

公开发明是个典型问题。科学家新发明的研究方法或仪器供内部使用,学术事业体系无法激励科学家们为此申请专利。由于科学家的事业建立在其声誉之上,旨在通过自身探索与实践解决问题,他们此时并不追求盈利。此时就需要设立专门的激励措施和管理结构(如技术审计、必要发明公告等),以解决科学家拒绝将发明公开的问题,以防创新机会流失的危险。而当发明进入后期阶段(开发阶段),此类激励措施和管理则更为必要。

首先,教师发挥着至关重要的作用,能够帮助公司甄别相关发明。最重要的机制是基于个人合同(公司与教师之间)的一对一途径,其次是私人公司调查公开信息;而技术转让办公室的直接营销可能作用最小(Thursby 和 Thursby,2002,2003)。

第二,教师参与技术的深入开发是技术转让成功的关键因素。若协议谈判

---

① Madey 诉杜克大学案(307 F3d 1351—Fed Cir 2002)常被作为研究工具专利的反公地效应的典型案例。美国联邦法院判决杜克大学侵犯了某些由 John Madey 教授持有的自由电子激光器(FELs)专利权。Madey 被免除杜克大学实验室主任一职,在辞去教授职位后,谴责杜克大学继续使用其专利内的设备和方法。杜克大学则因实验使用例外进行抗辩。但在上诉过程中,法院称例外只能限制在"为娱乐,满足无聊的好奇,或者为严格意义上的哲学探究"的使用上;而且只要使用是"明确的、可以辨识的并且实质上是出于商业目的",如大学的使用,那么抗辩就不再适用。大学的非营利性被判定不影响判决。Madey 教授的胜诉引起学界的担忧。专利持有者(如 DNA 序列或蛋白质结构)可以起诉科学家在研究中使用相关材料(见 Argyres 和 Liebeskind,1998)。

时,技术开发仍处于早期阶段,该点则尤为重要。这主要是因为教师掌握着关于技术的专业知识,而这无法编纂成文,继而通过许可协议转让(Zucker 和 Darby,1996;Zucker 等,1998b)。但现有规范和文化差异阻碍了技术流动的机动性。

总而言之,教师对技术转让的成功至关重要。毋庸置疑,其重要性体现在发明公开阶段,而且显然不止于此。然而,教师参与发明后期的开发和转让,需要掌握一门高难度艺术,即将学术任务和转让(可能还有商业化)活动结合起来。

3.2.4　困境

总结起来,上文论述大致体现了两大困境(Thursby 和 Thursby,2003):

- 与产业界成功建立关系,教师需要花费精力管理这些关系(包括公开发明、挑选合作伙伴和参与技术开发);而这可能分散其学术研究的精力。
- 公司愿意投入资源进行发明后期活动的原因,是活动能为投资创造稳定的经济环境。对公司而言,最理想的机制就是利用独占性许可。然而,独占性许可带来的"稳定性"可能对整个系统造成负面影响。因为许可的各种反馈和影响会弱化知识开放共享的社会规范,如反公地现象支持者所描述的知识产权破碎。其中之一正如反义词知识产权的碎片化,如支持者所述的反义词隐喻。

3.3　管理互补性的结构因素

本节着眼于一些结构因素,这些因素可有效使上述矛盾冲突最小化,并改善对互补性的管理。

3.3.1　工程科学的作用

所谓"转让科学"或称工程学的制度化和发展是相关例证中的典型一例。导致抽象研究和具体运用之间发生"系列事件",其中一个关键因素就是强大的工程学科(计算机工程学、化学工程学、航空工程学、电气工程学)。工程科学为知识的渐进式转变提供基础,促进知识从想法转变为操作概念,从一种呈现形式(高级抽象概念)转变为另一种呈现形式(实际运用知识)。因此,在纯基础研究活动中,上文提及的矛盾有望得到缓和。根据 Nelson 和 Rosenberg(1994)的观点,美国高校很早就将工程学认定为学术学科,这是美国成功将知识转移至产业的主要原因。将工程学认定为学术学科,就可以开设教学项目,明确允许工程师参与其中,在科学观念的基础上改进产品和工艺,从而为科学研究的营利性奠定了基础。相比艺术和科学院校,工程学校对产业需求的渗透度更高。不仅如此,工程学校还承担多项研究任务。这些任务不同于传统学术科学或营利性研发实验室的工作,能够有效促进技术转让(Lecuyer,1998)。

3.3.2　产业新管理实践

随着"科学驱动型发现和创新"的重要性日趋显著,公司层面急需改变管理实践，作为提高吸收能力(或引用 Marshallian 所说的企业"外部组织")的一种方式。科学驱动型发现和创新既是一项发现和开发新产品的技术，也是组织和激励公司研究人员的一系列管理实践(Cockburn 等，2000)。因此，科学驱动研发需要公司成为科学的参与者，而不仅是科学知识的使用者。这意味着解决办法之一是公司设计和采用新的人力资源管理实践(以改善结构条件、促进知识转让)，即使在政策讨论和指标确定过程中，这方面通常被忽视。

3.3.3 中介机构

David 和 Metcalfe (2008)提醒我们，有效的互补性管理需要创立与企业连接的专门机构。鉴于高校为技术进步做出了间接贡献(通过基础研究和培训)，中介的责任通常落在高校以外的机构身上，如地方或产业发展公共机构，或支持特定类型公司(典型的是中小型企业)的公共机构。这种机构包括大规模技术转让项目[如法国国家科研成果推广委员会(ANVAR)或现已私有化的英国技术集团(BTG)曾负责的项目]，以及高校实验室网络[如德国史太白学院，或美国国家标准与技术研究院负责的"制造业扩展伙伴计划"(MEP)和"先进技术法规计划"(ATP)的学术伙伴]。[①]

近年来，高校发挥其中介作用，发起技术转让，设立产业联络办公室，更多参与到教师发明和专业技能商业化的活动中，使其越来越走向国际化。早期高校对知识和基础设施的"直接营销"经验就是 20 世纪八九十年代盛行的科学园区。

原则上说，不管是内部还是外部中介机构，都应促进知识从高校向行业转移。通常，政策制定者在协助或推广高校发明时，会将重点放在中小型企业的利益上。因为相比于大型企业，中小型企业需要更多协助与学术科学接触。中介机构帮助完成这一任务过程主要存在两大困难。

首先，从服务各方看来，所有中介机构都面临合理性问题。高校技术转让办公室(TTOs)的情况就是很好的例证(但绝不仅限于这一例)。一系列委托代理问题常常会影响其办公效率。技术转让办公室作为一类机构，需要达到特定的目标(如专利、许可证、子公司及其盈利等的数量)，才能证明其存在的合理性。而这些目标可能与其服务双方(学术科学家和产业代理人)的目标有所冲突。两方或许在办公室成立并介入前已经进行协商合作了。在此情况下，两方会将技术转让办公室视为高校行政的代理方，意在改变现有格局，使其符合自身利益，并不承认它是合作的促进者。只要高校行政人员或政策制定者对办公室的运营利润(特别是专利权使用费)抱有较大期望，该问题都会存在。而科学家倾向于报

---

① 关于 ANVAR(现隶属法国中小企业及创新署，支持中小型企业发展的更大型组织)实验，详见 Laredo 和 Mustar (2002)。关于史太白学院、MEP 和 ATP，分别详见 Hassink (1996)、Feller 等(1996)和 Hall 等(2003)。关于 BTG 详见本章 4.2.1。

酬以研究资助的形式发放,这就与前者的期望产生冲突,并将导致产业界对高校行政层产生贪婪的印象,造成企业的不满。为此,Jensen 等人(2003)提出了理论上的解决方法。Siegel 等(2004)则提供了相关论证(笔者将在 4.4 中详细阐述)。

第二,中介机构可能无法成为高校和企业互通的双向渠道。所谓双向渠道,不仅要推动知识从高校向企业转移,还要促进数据、仪器获取和有趣研究问题的回流(Meyer-Krahmer 和 Schmoch,1998)。以此为标准,学术科学家对中介机构的活动并无兴趣,因而活动的发展最终会受到抑制。

更普遍地说,所有中介机构都面临着一个共同的挑战,那就是建立并维护其与两方(学术科学家和行业)的关系,同时依照第三方(无论是高校行政层还是地方政府)的利益行事。理解上述困难,需要将中介机构的研究和规划置于更加宏观的背景中,即高校科学家和行业间的现有社会联系的大背景下,并在明确双方合作动机的基础上进行分析。

4. 实证文献: 刊物与成果

过去 20 年间,关于高校和产业间研究关系的实证文献持续增多。本节不会全部涉及。一方面,笔者会有针对性地重点关注高校与行业间明确合作的相关问题,而不是更宽泛、间接形式的知识交流(如教育或科学对生产力的长期影响)。另一方面,笔者会调查多种形式的合作,从非正式交流到高校在商业研发和专利授予方面的参与。读者可能希望将本章与其他更广泛或更具体的调查相结合,其中最具价值的五个是: Mowery 和 Sampat(2005),探讨了高校在国家创新体系中的作用,而比本文更加关注政策问题;Agrawal(2001),深入研究了一系列方法论细节,特别关注选择与高校合作的公司的特征;Verspagen(2006),专门调查高校专利申请这一新兴现象;Rothaermel 等(2007)有关高校创业的文献综述,是目前可知范围内最为完整的;Link 和 Scott(2007)则研究了关于高校科学园区的最新文献。

下文将首先讨论衡量学术研究对产业创新贡献的两大经典方法。其一是基于问卷数据,另一是基于专利和创新数量(详见 4.1)。接着,文章研究有关高校通过专利或创立公司直接参与商业创新活动的最新文献。在 4.3 中,笔者将讨论尝试评估学术研究与产业合作利弊的最初定量研究。最后,在第 4.4 小节中,笔者将对有关两种中介机构(即技术转让办公室和科学园区)有效性的实证文献做出综合性研究。

4.1　从高校到产业界: 对"相关知识"的探索

理解学术科学对技术变革的影响方式,一直是关于高校与产业关系的实证

文献的研究目标。其中,三组问题一直被强调:

(1)学术研究作为一种创新来源,相比内部研发、用户(消费者)及供应商等其他来源,与公司相关度有多高?

(2)该相关度是否会因产业或公司规模而异?是否会使研发密集型产业中的大型公司比其他公司获益更多?中小型企业是否会因内部研发设施支出过高,而更愿意与学术界寻求合作?

(3)学术知识的获取情况是否会因地理距离而异?靠近领先的研究型高校是否为一种竞争优势?中介机构能否助推技术向地方产业转移,或通过吸引和创立活跃于高科技领域的公司而改变地方产业的专业性?

近来,政策领导下的实证研究开始探讨第四个问题:

(4)将学术研究成果归为何种财产才能更有效地支持研究成果扩散?公司是以公共物品的名义获得相关成果,因而高校被视为正外部性的生产者;还是公司应与高校建立合同关系(如公司为发明颁发许可证或进行合约式研究)?

通过研究一系列数据来源,对上述问题做出了回答。研究首先包括创新调查,于本手册第 29 章(由 Jacques Mairesse 和 Pierre Mohnen 撰写)详细讨论。

另一批相关实证研究利用了专利数据和创新数据。这类研究通常依赖"知识生产函数"的建模工具和"知识外溢"的相关概念。

两类研究都解决了上述四个问题。本节中,笔者将讨论前三个问题。最后一个问题见 4.2~4.4。

4.1.1 创新调查发现

在对高校的创新贡献进行量化研究的较短历史中,有四个调查最为突出,为经济学家和商科学生提供了关于该问题的大部分数据。耶鲁大学以部分美国大中型研发公司为对象的调查;卡内基梅隆大学开展于 20 世纪 90 年代早期的调查,可视为耶鲁大学调查的后续;同期进行的调查还有产品及周期优化法(Product And Cycle-time Excellence,PACE)调查,在欧洲与耶鲁大学调查齐名;以及社区创新调查系列的四个调查(1991—2004),亦仿照耶鲁大学调查的模式,并扩大对象公司范围,包括所有规模(除员工少于 10 人的公司)和所有研发强度的公司,覆盖欧盟整个地区的行业。在这些大型通用调查的基础上,可能还需补充三个较小规模的专项调查,即 Edwin Mansfield 于 20 世纪 90 年代进行的调查,该调查结果直至今日依旧意义重大,同时也提出了具有挑战性的问题。

耶鲁大学对高校研究作用的调查所得数据仍十分有限。调查向公司咨询了众多问题,其中之一是划分科研机构的研究对其创新活动直接贡献的等级,而并未涉及公司内部研发及由供应商、顾客和竞争者提供信息或产品所做的贡献。另外还调查了科学对有效知识储备的重要性等问题。调查显示,高校(亦属于广义的科研机构)对调查对象的创新活动所做的贡献低于其他因素,而科学则显得尤为重要。Nelson（1986）和 Klevorick 等称该发现证实了 Nelson（1959）最先提出的关于基础研究经济学的理论，即科学在短期内无法满足产业需求，但从长远看最为有效，因为所有公司均可在这个知识库中找到未预见问题或市场机会的技术途径。上述科学作用模式也存在反例，最典型的是在制药、化学和某些电子领域等行业中，科学新发现能够立即转化为实际成果。

近期，Cohen 等（2002）发表了卡内基梅隆大学的调查结果。其调查问卷比之前的调查更直接关注高校与产业的关系问题。具体而言，经理人被问及产业最感兴趣的学术研究产品、与产业最相关的学科和最常用的信息获取渠道等问题。

在所有学术研究产出中，被调查者认为与产业联系最为紧密的是新发现和科学仪器，而非原样。据 Cohen 等（2002）的观点，这违背了鼓励高校申请专利的初衷。[①] 在学科方面，纯科学学科和化学学科的相关性低于工程学科。最后，科学出版物是高校与产业界间最常用的互通渠道，紧随其后是其他两个"开放科学"渠道，即参加大小会议和非正式合作。接下来，同样常用的渠道还包括咨询。经研究，咨询渠道通常与"开放科学"渠道共同使用。最令人震惊的是，专利和许可证倒很少使用，也鲜与其他渠道联合使用。该发现与之前的理论和政策有所矛盾，否定了知识产权对技术转让的重要性。[②] 上述结果均会因产业和公司规模而异，这点与先前耶鲁大学调查结果相似。

Mansfield（1991a，b，1995，1998）调查了由 50 多家研发密集型公司组成的三个样本，证实学术研究相比于其他创新资源，对产业的直接影响十分有限，且程度因产业而异。然而，在 1986—1994 年这段时间，Mansfield 又发现，大约 9% 的新产品和 3.5% 的新流程依赖于或得益于学术输入取得的发展，该段时间内产生的总价值超过 1 000 亿美元。他同时发现，如此衡量，学术研究的贡献较 1975—1985 年间得出的结果有所增加。最后，当被问及接触过最有影响力的学术研究者时，被调查者认为是那些地位较高，且一直与行业保持咨询关系的学者。之后，研究者对这些被提及的学者进行采访，发现他们均得到政府支持，即他们并不完全依赖于与产业界的联系；更有趣的是，他们认为自身的科学工作也会受到产业界的影响。这与本文 4.3 小节中讨论的近期定量评估调查结果一致。Mansfield（1995）还探究了地理位置对高校与产业界联系的促进作用，发现只有在应用研究领域，地理位置才能产生积极影响；相反，在基础研究领域，公司为获取研究成果可打破地域限制。

---

① 见本章 4.2.1。

② 然而，Cohen 等（2002）并没有测试高校专利的独占性许可对提供给产业发展专利下的新发明的动机是否必不可少。关于动机问题的实证研究，详见本章 4.2.2 以及本卷 Arora 和 Gambardella 所著章节。

Arundel 和 Geuna（2004）通过 PACE 调查研究了从高校至产业知识流的地理维度。研究发现，公共科学对地理邻近的创新来源要求度最高，而对供应商向顾客投入的要求较低。然而，两位作者并未对该发现做出解释。与预期（及许多理论）相反，两位还发现，通过与个人研究者进行非正式接触获取公共科学资源的公司，降低了对本地科研机构的依赖度。直觉认为非正式接触传递的是隐性知识，需要频繁的人员来往，且无法进行远距离传输。而该发现推翻了上述说法。

Laursen 和 Salter（2004）调查了国际研究中心（CIS）关于英国的数据，研究了影响学术研究与行业创新之间相关度的因素，探究除行业和公司规模等结构变量外，相关度是否还会因公司政策规划而改变。关于该点，研究发现那些秉持创新追求的公司，即高度重视所有投入创新的外部资源的公司，同样是那些十分关注学术研究的公司。Veugelers 和 Cassiman（2005）调查比利时数据时也得出了相似结论。调查数据显示，与高校签订合作协议是长远战略的一部分，旨在探索公共信息资源，或寻求与供应商及顾客的合作可能。总的来说，基于 CIS 数据的研究认为高校与行业间正式合作的影响较大，重要性高于其他调查的发现[参见 Monjon 和 Waelbroeck（2003）对法国的研究]。Mohnen 和 Hoareau（2003）发现能与高校进行正式合作的都是大型和/或专利密集型公司，且政府资助对合作关系的建立意义重大。而调查显示，研发密集型公司或致力于突破性创新的公司多利用学术研究成果，无需建立正式合作关系。

基于 CIS 数据的研究多次得出结论，与之前的调查发现不同，较少调查者认为对创新过程的学术投入具有重要性。然而，很大部分原因是之前调查的公司既有创新纪录，又有内部研发设备；而 CIS 的样本包括各种规模的公司，其中许多均无任何创新纪录和研究活动，且仅进行过渐进式创新（Mohnen 和 Hoareau，2003）。Arundel 和 Geuna（2004）指出，为使调查结果具有可比性，对 CIS 数据样本进行调整后，结果与 PACE 调查结果的差异便消除了。

4.1.2　专利数据和创新统计："知识溢出"途径[①]

长期以来，创新经济学的实证研究都依赖于专利数据，也会参考创新统计。具体而言，专利和创新统计常被作为研究结果的输出方式，用于基于知识生产函数模型（研发为投入；详见 Griliches，1979）的研究当中。

这些研究历来重视"知识外溢"或"外部性"的概念。在知识生产函数框架中，一个普遍发现是，公司专利或创新输出并不完全依赖于内部研发，其他公司的研发活动或公共研究成果也会产生积极影响（Griliches，1992）。事实上，该

---

① 该小节部分参考 Breschi 等（2005a）。

发现有待进一步解释。因此,将学术研究成果归为公共物品自然是对知识生产函数方法的补充。

自 20 世纪 90 年代开始,大多数计量经济学尝试衡量知识从学术研究中溢出的程度,与衡量知识溢出地理范围的实践并肩而行。[①]

Jaffe (1989)的论文被公认为该领域的开山之作。为评估学术研究的实际影响,Jaffe 模拟了一个"知识生产修正函数"。该函数将美国某一州内一项特定技术所生产的私企专利数量作为独立变量,而解释变量中尤其重要的是高校的研究支出和某一州内企业研发实验室及高校研究在地理邻近程度方面的量化。

在控制私人研发投入和以人口衡量的州规模后,Jaffe 得出的结果显示,企业专利数量与地方高校的研发呈正相关。许多论文都进行了与 Jaffe 类似的研究。Audretsch 和 Feldman (1996)以及 Feldman 和 Audretsch (1999)基于小企业创新数据库(Small Business Innovation Data Base,SBDIB)得出结论,即使控制了产出的地理集中度,在重视研发、高校研究和熟练技工的行业中,创新活动仍呈现更大的空间集聚倾向。Acs 等(1994)同样发现,高校研发的创新产出对于小企业的弹性大于大企业。该发现表明,小企业虽然缺乏内部知识投入,但可利用高校实验室的溢出效应,具有开发外部性的相对优势。据此思路,Acselin 等(1997)完善了 Jaffe 原先的方法论,纳入跨境效应,得出高校研究对地区创新的概率具有积极影响。[②]

近年来,对于上述发现的合理解释引发了一场争论。起初,最普遍的解释是知识的确属于公共物品,但其包含隐性元素,仅通过纸质出版物无法完整传播,还需面对面交流(空间距离较短时更易进行或更可能发生)作为补充。

然而,该解释有自相矛盾之处。事实上,知识的隐性元素是一个强有力的排他方法。由于知识的新颖性,或知识生产者的明确战略,导致关于该知识的出版物较少,可用于防止其他行为者完全理解科技信息的内容(Foray,2004)。若仔细研究,知识的本地流动不仅仅是纯粹的外部性,更可能是完全通过市场机制完成的知识交流(Geroski,1995)。当然,上述发现不仅限于学术知识,还包含了更宽泛的科技知识。

在该方面,近期几篇论文做出了研究。Varga (2000)借鉴了在此之前空间计量经济学的研究,估算出一些美国大都市中学术研发的创新弹性。这些城市的市场有着不同规模的商业服务,高科技行业的专门化程度也各不相同。Varga 发现仅当某一地区的商业服务和高科技行业出现大量显著集群时,该地区的学术研究支出才会对其创新产生重大影响。

---

① 见本卷 Feldman 和 Kogler 所著章节。
② 关于本地化知识外溢的综合性计量经济学文献综述,详见 Breschi 和 Lissoni (2001a,b)。

Agrawal 和 Cockburn（2003）以大学出版物数量为基本面，对专利数量进行了横截面回归分析。这些大学来自美国 200 多个都市地区的三大科学技术领域。在控制研究地区的规模和专门化程度后，他们发现专利和出版物数量联系最紧密的地区存在至少一个"关键承租人"。该承租人为大型专利密集型公司，对相关技术有一定吸收能力。研究者认为可能存在垂直溢出（从高校到地方企业），但溢出需要一家大型研发密集型公司作为中介。

此类研究结果印证了上文谈及 Mansfield（1995）的研究。这两项研究均提出需要抛弃将学术知识定义为公共物品的假设，并促使后人考察学术研究对地区发展的影响时，需要重点关注高校和市场中的学术科学家对技术的作用。

4.2 市场中的高校

高校在教育和研究领域均参与了市场和类市场活动。在过去近 20 年中，高校的市场参与程度越来越高，原因包括高校的政策决定和政府分发补助的方式，这也不断成为竞争标准和类市场机制（Bok，2003；Clark，1998）。

本节主要讨论的实证文献关注高校参与市场的两方面，即高校专利化程度和学术创业程度，以及上述两种商业活动对高校与企业间技术转让的影响。

4.2.1 学术专利

自 1980 年美国出台《拜杜法案》以来，美国高校的专利申请数量呈惊人上升趋势，这也使高校专利问题在近 20 年成为经济分析的重点关注领域（参见前文3.2.1）。

尤其是高校向美国专利商标局提交的申请数量增速大大高于商业企业和个人。首次进入专利系统的学术机构数量也有所增加，从 1965 年的 30 所增长到1991 年的 150 所（详见 Henderson 等，1998）。然而，大部分专利仍归大型研究型高校所有。1991 年，排名前 20 所高校持有 70％的专利[①]。

高校专利最集中的领域起初为生物技术，之后是软件。早在《拜杜法案》之前，美国学术界已盛行高校申请专利。但长期以来，至少在高校内，专利都没有与盈利挂钩。Mowery 和 Sampat（2001）提及加州大学伯克利分校教授 Frederick Cottrell 的历史贡献。他于 1912 年向研究公司投资，并授予其自身专利。之后，该公司成为大型学术发明代理商。Apple（1989）和 George（2005）也讲述了类似的故事。威斯康星大学教授 Harry Steenbock 于 1925 年建立了威斯康星校友研究基金会（WARF）。

研究公司和基金会均致力于在美国学术体系中传播知识产权管理知识。在

---

① Mowery 等（2004）亦得出类似结论。

欧洲,相似的机构只有英国技术集团。该集团成立于 1948 年,原名为国家研究开发公司,其目标为将英国公共研究成果商业化以及对高校系统内项目再投资(Clarke,1985;Gee,1991)[①]。

评估《拜杜法案》的影响是美国研究的一个主要方向。在众多调查问题中,下文将特别详述以下两个问题:其一,法案是否对高校专利的增加有直接贡献?或是生物技术及软件领域的进步本身(与同时期知识产权管理法案的加强一起)即可带来现有增长?其二,法案是否通过增加对研究的整体投入或对应用领域研究的投入,改变了专利的经济激励因素或高校的研究模式?

为解决上述问题,调查首先在高校申请专利的发明类型方面展开。《拜杜法案》旨在为发明概念和发明原型的证明提供市场,使其得以转让、开发,最终投入市场。为高校提供知识产权被视为防止潜在市场失灵的必要举措。在 Zucker(1998a)研究的案例中,由于发明的开发需要专家的专业知识技能,因此,美国杰出生物技术学家的专利被批准转让,不管对于大企业还是新公司都有重要意义。在此方面,Thursby 和 Thursby(2002)基于调查数据提出,高校专利和许可数量增加,或许是因为从各层次上说"高校都变得更加企业化"。法案颁布之后,科学家更加愿意公开他们的发明,高校行政部门也提高了公开发明的专利申请率;学术研究并没有从基础层面转向应用层面,但商业化程度过高使得小发明也能获得专利。这些调查结果可能同时解释了 Henderson 等(1998)此前的发现,即《拜杜法案》之后,高校专利质量有所下降(由所获例证得出)。

调查结果也受到了质疑。Mowery 等(2001)对斯坦福大学、加州大学和哥伦比亚大学进行案例研究后,认为《拜杜法案》对近期历史发展的影响被夸大了。若对立法加大范围,以加强美国知识产权制度,产生的影响或许更大。尤其是,使生物医疗研究结果的专利申请更具自由对学术界来说意义非凡。同时,Mowery 等(2001)批判之前研究的方法,因就专利数据而言,学术研究的基本目标并未改变。Mowery 等还提出,《拜杜法案》的影响在于将一些大型私立高校纳入专利领域。而此前,由于伦理道德原因,这些高校一直被排除在外。

Colyvas 等(2002)研究了从哥伦比亚大学到斯坦福大学的 11 个轰动性专利,发现这些专利并非来自应用研究,而是旨在解决实际问题的基础研究。与学术发明观下的"为发明概念和发明原型提供证明"相比,这些专利可直接运用于对其赞助或密切监控的行业。

近期,一些实证研究验证了关于科学研究担保和个人科学家专利之间交易的假说。第 4.3 小节中将会详细阐述。与美国相比,欧洲有关学术专利的研究

[①] 英国技术集团自 1985 年起不再拥有学术发明的垄断权力,1992 年被私有化。然而,集团仍持有大量高校专利投资组合。

要晚很多。大部分研究都探讨了欧洲与美国学术体系中的制度差异。此类探讨的目的有二。其一,为欧洲和美国高校专利组合的规模差异提供合理解释;其二,为两系统采用不同学术专利活动衡量方法做出辩护。

在所有制度差异中,下文特别详述以下两种:

其一,学术研究知识产权的合法所有权,概括来说就是所谓的"教授特权"。该特权使学术人员无法将发明所得的权益给予员工。

其二,欧洲高校行政部门在知识产权方面相对较弱的自治权和能力。教授特权最初是德国专利法案的一项代表制度,反映了19世纪末期学术科学的强大权力。在20世纪,该制度也被许多模仿德国学术系统和科学政策的国家所采用。考虑到教授很少使用,该特权近期已被德国、奥地利和丹麦废除了,而瑞典仍在考虑是否继续采用(OECD,2003;PVA-MV,2003)[①]。

更普遍而言,不管国家立法是否规定了学术特权,多数欧洲高校由于缺乏自治能力和行政技巧,一直无法从教授的专利申请活动中获利。传统上,高校不愿参与专利申请活动,反而允许科学家走捷径,与商业企业和政府实验室进行合作或合同制研究,签订一揽子协议,并将知识产权拱手让给合作伙伴。

这表明欧洲绝大部分学术专利未被纳入常用数据中,因这些数据对专利来源的分类是根据授予人或申请者的身份,而非根据发明者。

据此,Meyer(2003)、Balconi等(2004)、Iversen等(2007)和Lissoni等(2008)根据发明者将专利重新分类,将发明者的名字与可知高校教师的信息相匹配,分别得出了对芬兰、意大利、挪威、法国和瑞典等国学术专利的首次评估结果。在上述所有国家中,商业公司的专利中有相当比例(3%~8%)涉及学术科学家的发明。法国国家科学研究院(CNRS)、意大利国家研究会(CNR)、芬兰国家技术研究中心(VTT)(分别为三国最大的政府实验室)也持有许多学术发明家署名的专利。瑞典商业公司的专利中同样有很多来自个人教授的发明。(在瑞典仍盛行教授特权制度)[②]。

Walsh和Nagaoka(2009)同时证实,美国的学术专利情况是个例外。他们还发现日本高校(与欧洲高校相似)的专利占其科学家专利的少数份额(约18%);而多数专利归商业企业所有,很少用于建立学术初创企业。

---

① 意大利则是最典型的例外。该学术特权早在2001年就已采用。

② 德国的学术专利数据估算则采用更为粗糙的策略,即在发明家的专利应用领域,搜索含有德文"教授"的标题,这种标题表明专利归属于有职称的教授。Schmiemann和Durvy(2003)表示,根据估算结果,欧洲专利局中5%的德国专利为高校持有。Gering和Schmoch(2003)的计算得出,德国专利局注册的学术发明家专利数量从1970年的200项左右增加到2000年的近1 800项。通过该方法,Czarnitzki等(2007,2008)也收集了一大批德国学术专利;学术专利不仅代表专利所有权,经研究,其特征还与非学术专利形成鲜明对比(尤其,他们对比了高校或个人科学家持有的专利与商业企业持有的专利)。

Thursby 等(2007)收集的样本数据显示,比起高校,美国商业企业的专利持有率比欧洲的要低许多。这表明单从高校持有专利来看,欧美高校专利发明对技术转让的贡献并没有如此大的差距。因此,研究继续关注学术专利的财产制度差异是否会影响其商业价值和利用可能性(Crespi 等,2006)[①]。

学术专利领域研究的最后一个方向是个人激励机制。Lach 和 Schankerman (2004)阐明金钱奖励确实能使科学家更愿意向高校技术转让办公室公开其发明。两个作者观察到高校间学术科学家所获许可使用费的差别,估算出金钱激励措施与公开率之间具有正相关性。该研究十分独特,因其关注的是公开阶段,即商业化过程中申请专利和应用专利前的阶段。相反,对于学术科学家激励机制的大部分文献引用的是后期阶段数据,在公开到应用过程中处于应用阶段,即发行许可或通过学术子公司进行商业化阶段。下文则将重点阐述公开阶段文献。

4.2.2 学术创业[②]

最初,关于学术创业的实证研究主要关注学术初创企业,将其视为建立商业企业学术专利许可的替代品。当一项学术发明还处于概念证明的公开阶段,很难让一家公司承担长期冒险的开发工作,将新产品推入市场。且单靠外部公司,开发工作也很难有效进行,因为其中涉及高维度的专业内部知识(Audretsch,1995;Audretsch 和 Stephan,1999;Jensen 等,2003;Thursby 等,2001)。不管何时,当知识在本质上具有排他性时,唯一可行的转让方式可能就是创立企业,以致力于开发科学家的独有知识(Shane,2004)。

许多技术经纪人仍将学术子公司视为技术转让的一种高级途径,认为成立子公司能寻得将越来越多专利组合商业化的可行策略(Franklin 等,2001)。

案例研究和定量分析均提供了相关实证证据。Shane(2001b,2002)发现,当技术处于独占性较强的机制中,一项发明更有可能促成新公司建立。在相关研究中,Shane 还发现随着技术的新颖性提高,子公司的基础价格也会增加(Shane,2001a)。Lowe(2006)对加利福尼亚大学的技术转让活动进行了研究,发现技术基础强、私有化程度高的专利,极利于原发明者获得许可。这也印证了上文的观点,即当科学家的知识未被编入文献且高度独有时,建立子公司十分必要[③]。

---

① Czarnitzki 等(2009a,b)发现在德国,学术专利的引用率(专利质量指标之一)比非学术专利的高出许多,在授予阶段的反对率(专利基础性指标之一)也小很多。而近期专利或商业企业持有的专利并未明显体现这些特征。

② 本章部分参考 Franzoni 和 Lissoni(2009)论文。

③ Feldman 等(2002)报告称,美国高校比经验更丰富的技术办公室投资新企业的热情度普遍更高。这表明高校管理机构占有股权或许是解决向市场转移知识的难题的次佳方案。该方案也可能降低优秀科学家从原先任务中分心的风险。

作为学术初创企业的竞争对手,高科技公司则无法依赖于学术发明家的直接参与。在此方面,学术初创企业是否拥有相对优势还须进一步论证。生物科技企业首先提供了证据[①]。Zucker 和 Darby(1996)认为,生物科技企业的商业成功,与参加学术委员会并持有股权的学术研究者的科学成就正相关。Zucker 等还指出,借助学术界与公司研究员的共同出版物能够预估企业专利引用率,这说明坚实的学术基础将提升发明活动的质量(1998b)。Mustar(1997)的报告称,法国学术子公司的研发强度较之其他新科技初创企业要高。英国公司的样本研究(Shane,2004)也得出了类似结果。

Shane 和 Stuart(2002)研究了 134 家利用麻省理工学院(MIT)发明的企业的成功率,并发现发明者的学术头衔和专利在公司资产组合中的占比均可提高首次公开募股的成功性,降低失败率[②]。然而,该证据并非毫无争议。例如,Nerkar 和 Shane(2003)发现利用 MIT 降低失败率仅对低集中度行业中的初创企业可行。行业研究和对科技经理的大量采访显示,参与公司科技的科学家对科学有着敏锐的感觉,而对市场目标的追求则想法相对幼稚(Thursby 和 Thursby,2003)。

更普遍而言,据发现,许多学术科学家参与企业活动并非主要出于获利,而是因为该企业可为其本身的科学项目募得更多资金(Shinn 和 Lamy,2006)。因此,潜在学术创业者需承担的机会成本不仅在于外生偏好和个人兴趣,还在于研究基金的可获得性。

生命周期效应也是重要因素。与年轻科学家相比,老一辈科学家更愿意将自己知识资产的市场利润兑现,因为年轻科学家需要对其在学术界的科学声望进行大量投资。特别是当学术界普遍斥责盈利活动时尤为如此,这与有声望的科学家才敢于挑战这一社会规律是相一致的。然而,其他研究显示,对于更加年轻的科学家,比如刚毕业的博士生和研究助理,新成立的企业仍具吸引力。他们的职业前景有限,且希望继续进行与高校紧密联系的研究活动(参见 Franklin 等,2001;另见 Lenoir 关于瓦里安联合公司的历史,1997)。

最后一点,同辈效应也有可能发挥作用,因年轻一代的科学家开始学术职业生涯时,对商业化和与行业的互动抱有不同的利弊观,且通常更加积极。虽然现阶段没有量化证据可证明上述观点,Owen-Smith 和 Powell 已得出了相关定性

---

① 见本卷 Darby 和 Zucker 所著章节。

② 在高度不完善的信息环境中,学术创业者在科学界的名声或在相关机构的头衔,能作为公司价值的一个可能衡量标准(Shane 和 Khurana,2003;Stuart 和 Ding,2006)。Stephan 和 Everhart(1998)对生物技术公司的首次公开募股进行研究,发现公司的募股规模和首轮发行股票的市值与公司合作高校科学家的声誉呈正相关。Di Gregorio 和 Shane(2003)也得出了类似结论,顶尖高校的子公司比声誉较低高校的子公司更易募得风险投资。

结果。

4.3　从产业界到高校：个人合作和系统级别合作

前文讨论了关于从高校至产业界知识流的实证文献。然而，众多技术史和科学社会学成就表明，很多情况下产业界对学术科学的进步也有所贡献。

正如作者 Nathan Rosenberg 和 Scott Stern 在第 3 章中论述，学术科学家通常愿意与产业界建立亲密联系，以获得除资金外的认知输入，如数据访问、科学仪器以及最重要的新颖研究课题。从 4.2 小节对学术创业者的动机研究中，亦能找到该方向的线索。

现代历史阶段，产业界为新兴学科提供了法规及共识，而最初这是无法从学界获得的。学界的保守倾向往往会阻碍学科创新。Lenoir（1997）和 Murmann（2003）解释了 19 世纪德国医学和化学科学"学科建设"的科学家们与行业合作重要性的历史原因。与此类似，Latour（1988）描述了 Louis Pasteur 向法国商界借债的案例。即使对于分子生物学等更为新晋的学科，也需要克服来自高校的阻力，在行业中找到有效的同盟（Jong，2006）。

而若学术科学家欲从与企业合作中获利，须能抵抗产业界的压力，拿出现时成果，并且限制该成果的编纂和扩散。为学术科学提供的慈善基金和公共基金，是保证科学家在商业中保持独立的关键因素。科学家获得独立，才能在面对行业时拥有更强的溢价资本，以防短期主义和保密压力。

在 4.2 小节中，笔者描述了学术研究中商业利益的井喷。许多科学家、社会学家和从业人员认为此现象将对科学知识的公共物品本质造成威胁。

因此，实证研究的首要任务为量化科学家参与产业的净效应。近期出现了大量调查数据分析，以及对专利、出版物和引用数据的计量经济学分析。这些分析调查了下述两种不同但相关现象的程度。其一，在权衡基础科学研究和以商业为目的的应用研究中，个人出现短期主义和科学生产力降低的可能性。其二，即在 3.2.1 小节中涉及的反公地假说。我们将依次讨论上述两个问题。

4.3.1　学术型发明人和企业资助型研究者的科学生产力

在过去五年中，关于专利和出版物的电子数据的获得性越来越高。相关数据通过定量或定性方式，被用于检测商业利益对科学家的出版活动是否会造成消极或积极的影响[①]。

---

① 此方面的研究包括 Agrawal 和 Henderson（2002），Azoulay 等（2006），Breschi 等（2007），Calderini 等（2007），Fabrizio 和 Di Minin（2004），Meyer（2006）以及 Thursby 等（2005）。另一研究辅助探究了两者的反向因果关系，对高生产力科学家在何种程度上能产出专利及提出商业倡议进行评估（Azoulay 等，2006；Breschi 等，2005b；Stephan 等，2007）。关于德国学术发明家，另参见 Czarnitki 等（2007）。

据调查,学术发明家均为富有成效的科学家,其生产力确实比"非发明"科学家高。然而,尚不清楚该现象是由个人特征(高产科学家比低产科学家能产出更多专利和出版物)所致,还是源于专利发布的正向反馈(如科学家将其知识产权向行业发售后,能得到认知资源和经济资源,可为后期研究提供便利)①。

为解决内生性问题,所有研究均采用大样本学术科学家出版活动的面板数据,将专利申请作为处理影响因素:研究计算了学术发明家(测试组)相对于非发明科学家(对照组)的生产力优势是否在获得专利后增加。至今,没有研究得出否定结果。然而,专利属于内生处理影响因素,因为只有高产科学家才希望成为发明家。对于此第二个内生性问题,Azoulay 等(2007)和 Breschi 等(2005b)已尝试予以解决,但有效性尚未得到证实。

另一发现表明,专利对研究质量和方向似乎没有影响。经调查,学术发明家的出版物比控制组的出版物引用次数更多,解决的问题也更具基础性。该发现恰与 Mansfield(1995)对美国大型研发密集型公司的学术顾问的调查结果不谋而合。

根据近期的案例研究(Callaert 等,2008),欲使学术研究与商业诉求达成平衡,以下两个条件不容忽视:

(1)话题重合度高;此时,产品的应用和商业开发成为产业与基础研究的联合产出,并为规模经济提供可能。

(2)研究团队的规模及构成与多任务议程相协调。

最后,值得一提的是 Beherens 和 Gray(2001)的研究。研究对象为来自美国六所高校的一组年轻毕业生样本,其中一些接受过企业资助。研究发现,相比没有受过资助或受公共基金资助的学生,企业资助的学生发表了更多论文,研究目标也更加长远。

4.3.2 反公地假说

众多关于科学生产力的研究已消除人们的担忧,证实商业利益不会对个人科学进步产生消极影响。即使如此,依然不能排除系统受其不良影响的可能性。

由于科学是累积型事业,科学家能够获得同行的研究结果、数据和工具,对于防止 3.2.1 提及的反公地假说的实现十分重要。更普遍而言,对行业资源的过度依赖可能使科学家迫于商业伙伴的压力,拒绝分享其数据或发表难以取得的结果。该现象在医学研究中尤为显著。这也说明了该领域大量数据受到保

---

① 此方面,已有明确证据证明个人特征的重要性,即学术发明家在签署专利之前已有较高的生产力。Lee(2000)间接证明,通常源于企业合作的学术专利,有希望为基础研究带来更多资源(经济及认知方面):Lee 对有企业合作经历的教师进行了大量研究,证实最主要的预期收益为对毕业生的资助和有效的研究见解。

护，顶级期刊出版具有选择性的原因①。

Blumenthal 等(1996)通过对 50 所美国高校 2 000 多名医学研究员进行问卷调查，分析了行业资助对科学家开放性和道德行为的影响。受企业支持的被调查者比其他人更加高产。然而，他们中生产力最高的也是对企业资助依赖度最低的。大约十分之一的企业资助受益者称拒绝其他科学家获得其研究结果，大多数遵守了商业资助人的要求，对研究结果保密。

Campbell 等(2002)根据这些数据，调查了来自 100 多所美国高校遗传学家的行为。近一半被调查者表示，在其职业生涯中，请求访问同事数据时，至少被拒绝过一次，但其中仅有十分之一拒绝过他人。拒绝访问的原因之一是保护研究结果的商业利益。然而，更多科学家提出，该行为仅仅出于科学界的竞争意识，就像他们希望成为相关话题新论文的首个发布者一样。

有趣的是，Campbell 等发现，相比于其他医学家，遗传学家中拒绝数据访问的情况更为普遍。他们解释，遗传学的发现在医学进步中经济价值相对更高，还表示该情况在 20 世纪 90 年代有增加趋势。

Blumenthal 等(2006)通过进一步调查，发现与产业界合作使年轻遗传学家更倾向于限制数据访问。与此同时，导师建议、官方指示和出版竞争的失败经历也具有至关重要的影响。

总而言之，上述调查提供的证据可能表明商业利益促成了科学界的不端行为，但并不能确定该影响是否由激烈的科学竞争造成(Stossel，2005)。

近期，经济学家和社会学家也进行了自身领域的调查。特别是 Walsh 等(2005)发现，当科学家获得企业资助时更倾向保留数据。然而，该现象并不普遍，且若科学家有过专利申请，也不会造成影响。

此时专利与数据保留的相关度低，一个可能原因是科学家行为的"双重标准"：他们即使愿意持有专利，并遵循行业要求，也需要与同行保持良好关系，甚至不限制同行使用已申请专利的研究工具。例如，对于科学界对待"肿瘤鼠专利"的"双重标准"，Murray (2005)解释了历史原因。该专利由哈佛大学的 Phil Leder 于 1984 年签署，授予杜邦公司。针对管理和协商知识产权归属，同时保留一定的信息共享，Cassier 和 Foray (2002)记录了大量生产规则和制度创新内容。

学术研究者似乎能掌握行业合同的谈判技巧，以便既保护公共领域的知识，又能将通用知识和公私合作产生的专有知识区别对待，前者须归为公共物品，而后者可供私人占有。与此同时，公司也常能意识到保留开放独立的学术研究的

---

① 关于医学研究中行业介入的影响，Bekelman 等(2003)做出了综合调查。

重要性(基础知识共享总能为新发明奠定基础)。因此,公司尝试制定高校可遵循的惯例,而不针对行业。无论公司有何动机,一些公司正追求一种"公有策略"(Agrawal 和 Garlappi,2007)。

然而,仍需质疑的是,某研究领域已存在的专利,将使科学家进入该领域前犹豫再三,因担心侵犯某些产权或被迫承担高额的许可费用。

为验证上述假设,Murray 和 Stern(2007)进行了"自然实验"。他们搭配出多对"专利-出版物",即同一发现者对这些科学发现(如基因序列)既申请了专利又在学术刊物上进行发布。该文作者研究了在科学界得知专利存在后,相关出版的引用是否会减少,并将没有任何专利的科学发现出版物作为比较(引用被视为相关出版物研究命题持续累积研究的指标)。据此推论,即使专利的负面影响有限,也无法否定反公地假说的可能性。Sampat(2004)运用相同方法,也得出了类似结论。Fabrizio(2007)注意到,随着高校专利增加和与之相关的扩散减少、使用受限或访问成本高,学术专利的引用率正不断降低。Murray 等(2009)近期发表的一篇论文也发现,供实验测试的转基因小鼠的限制使用影响了实验方法的多样性,阻碍了科学进步。

4.4　中介机构

关于中介机构的实证文献数量有限,也缺乏连贯性。原因有二:其一,"中介"机构须具有异质性;其二,许多(小型)数据集和案例研究得益于政策评估,而非由更深层次理论问题的系统研究得出。本节主要针对"内设"机构,如高校的技术转让办公室和大学科技园区①。

关于技术转让办公室的职能及工作绩效研究,主要发表在《技术转让期刊》(*Journal of Technology Transfer*)的两期特别版(Siegel 等,2001)和一些后期相关资料上。Bercovitz 等(2001)对比了美国三所高校技术转让机构的活动,从以下三方面评估其工作:

(1)授权许可和资助研究间的协调,以及承担技术转让费用的不同单位间的协调。

(2)信息处理能力(公开发表量、许可量、受资助研究协议量和其他技术转让交易量)。

(3)不同转让机制间的激励联盟,如许可和研究协议。

在研究的几所高校中,技术转让活动的组织方式各不相同。组织模式有些与 Chandler 提出的"M 型"类似,也有些参照 Williamson 提出的"H 型",另有矩

---

① 关于各种中介机构综述,详见 Martin 和 Scott(2000)。

阵结构的。根据上述三个参考维度，每个模式都有其显著优劣势。然而，更换技术转让的组织模式，不仅仅意味着转让活动的重组，还事关纪律的相对权重、学院和教师的自主权以及对当地经济发展的使命，因为每一种模式都与高校漫长复杂的历史密切相关。Debackere 和 Veugelers（2005）的案例研究为可供参考的研究之一。他们研究了比利时天主教鲁汶大学，该校是佛兰德高等教育体系中的一流机构（另见 Clark，1998）。自 1972 年，该校就将其所有技术转让活动（包括科学园区管理）授权给一家独立机构——鲁汶大学研究与发展机构（KU-Leuven Research and Development，LRD）。Debackere 和 Veugelers 总结了 LRD 的固有特征，这些特征或许是它获得成功的原因：拥有悠久历史纪录，使其成为学术机构不可或缺的一部分；对预算和人力资源管理具有自主权；与"研究部"相互依存，该部门为研究员的自发联盟，这些研究员均由 LRD 协助达成商业目标；LRD 激励机制允许科学家使用他们转让活动的大部分资金，为后续研究提供财政支持。Jain 和 George（2007）也提供了有趣的支持例证。该文阐述 WARF（见 4.2.1）对发展人类胚胎干细胞技术的资源调动做出了无可替代的贡献。该案例表明，技术转让已不限于某一或某些发明的商业化，而拓展至构建制度框架，以使研究为整个社会所接受。

对技术转让办公室的大规模研究相对较少，可能因为针对此类异质性实体开展问卷调查有一定难度。而现有结果显示，其中的问题多于成绩。其中典型的例子包括 Siegel（2004）的实验。

他研究了 55 个美国技术转让办公室，发现其组织结构均为依据技术转让的线性结构。与之对比，第 3 章中所述的动机和高校与产业界的则更具复杂性。他还采访了各类利益相关者（如科学家、企业家和技术转让办公室人员），发现他们对预期产出、障碍和转让过程中必定涉及的关系有着不同理解。更有甚者，采访显示技术转让办公室与科学家和企业家两者的意见出入较大，而后两者的看法相对一致。于是，不难理解技术转让办公室难以获得合法认可，也常被其他利益相关者排除在交易之外。基于对美国高校和政府实验室的技术转让活动的综合研究，Bozeman（2000）汇总了各组织使用的绩效评价标准。特别包括注重量化方法的某些评价标准，因政策制定者或行政人员倾向于追求综合评价，因而采用率非常高。然而，这些标准的效率极低，无法指导技术转让办公室的工作。

而科学园区的相关资料并不能帮助人们更好地理解高校与企业的关系。事实上，这些资料总体上来说相当于载满重复性失败的日志，记载了一系列目标模糊的评价尝试。正如 Link 和 Scott（2003，2007）指出，"科学园区"没有明确的定义。此概念盛行于欧洲，而在美国（通常称"研究园区"或"大学研究园"）和亚洲（"技术园区"更加普遍）则较少使用。总体而言，上述园区旨在汇集高新技术或科技型公司的建筑群，并会提供部分技术转让活动，活动涉及地方高校和各级政府，也很可能包括私人企业。Link 和 Scott（2003）回顾了自 20 世纪 80 年代起园区在美国的发展情况。那时，英国一些地方政府也设立了许多科学园区。接着，园区在其他欧洲国家和亚洲国家兴起（Bakouros 等，2002；Lee 和 Yang，2001；Phillimore，1999；Vedovello，1997）。科学园区的创办者无一例外地将斯坦福科学园区视为模仿对象。但他们对该园区周围独特的环境一无所知，也很难真正复制该园区[①]。英国经验早已遭到众多批判，首当其冲的观点包括：建立科学园区是复兴非工业化区域和支持地方高校的有效方式。然而，这并没有阻止此后模仿的继续（MacDonald，1987；Massey 等，1992）。

大部分评价科学园区有效性的量化标准参考的是企业绩效。通常，园内企业的指标，包括研发强度、发展情况和生存概率，会被拿来与园外企业组成的控制样本进行比较（Lofsten 和 Lindelof，2002；Phan 等，2005；Siegel 等，2003；Westhead 和 Storey，1995）。许多案例表明园内企业并无优势。而即使得出肯定结果，该结果也需谨慎参考。因研究基于跨行业分析，无法控制行业的内生性和自选性。包括 Hansson 等（2005）在内的众多案例研究均未发现园区内企业在获取学术知识方面享有优势。

5. 政策问题和开放性讨论

5.1 市场中的学术界：克服困境

在本章第 2、3 节中，笔者提出了高校与产业界互动的两种理论方法，随之而来的是以下两组困境。第一组涉及科学家个人，需要处理基础研究活动与学术发明成功开发并商业化所需活动之间的潜在交易；第二组产生在系统层面，学术研究商业化过程中涉及的企业需要依赖明确有效的知识产权，而科技公司的整体发展要求学术研究成果免费开放，两者难以平衡。

第 4 节中调查的实证文献显示，科学家个人矛盾不难处理，因为涉足专利并不会使科学家的科学生产力下降，公司也不会迫使他们放弃基础研究目标。相反，有证据表明后一矛盾更加严重。商业利益将使研究成果公共化过程中的威胁更加激化，且专利或会阻碍一些科学家基于现有学术研究成果进行深入研究。

由此，商业化活动参与度高的教师与其他教师间产生了愈加显著的悬殊。对单一机构和机构总体而言，这都是影响"系统平衡"的问题。中央政权对此的态度尤为关键。中央政权是否鼓励教师进行技术商业化，并切实将此视为合法且值得制度表彰的活动？又是否放任不管，适应行业要求，默许颁发许可证，

---

① 详见 Leslie 和 Kargon（1996）对 Frederick Terman 失败经历的记录。Frederick 在担任斯坦福大学校长时负责监督科学园区的建设。而此后，他也尝试过复制园区，却失败了。另参见 Saxenian（1985）。

允许抑制将研究发现公开发表？又或许在探索一套"中立"的奖励机制，使那些不直接参与商业化活动，拖累企业合作伙伴的科学家无利可图？

另一对矛盾，即授予独家代理权以保证企业动力，与实行自由政策而保留某些"开放端口"之间的矛盾，也可通过制定相关规则办法解决。在将产权授予定义明确的部分知识的同时，保持其他部分知识、信息或工具免费获取。上述规则办法通常由研究员制定，作为合作者间的私人协定，在"专业合作关系自律"的原则下实行。

5.2　操纵激励：从"副产品经济"到"联产品经济"

第 4 节中，针对学术专利和学术创业文献的研究表明，经济激励对学术科学家确有影响作用。教师是否决定参与知识转让或商业发展方面的活动，大部分取决于各种收支对比，即该活动的各种成本利润与其他传统学术任务的对比。

现阶段针对商业化动员的政策和机构实践缺乏，教师的主要激励机制极不平衡，过分偏向包括基础研究和教育的传统学术任务。上述两任务是为行业增益的两种基础溢出效应。而在激励机制中，所有与发展、解决产业问题和商业化挂钩的活动都只能作为副产品。此过程中，因传统学术任务和主次排序没有改变，实现承诺和交易反而更加容易。然而，许多机会不免错失，如某些尖端发明会被公开，或最富成效的教师不愿将用于新项目的时间花在公开发明活动上，甚至他们不愿参与后期研发。

下一步挑战则是，在高校研究中，技术转让和商业化活动的地位需得到提高，从"副产品"地位升至"联产品"地位。这对概念来自会计学。联产品指的是在同一成本下获得的两种产品，且两者均具有相对较高的（商业）价值。而副产品是主产品生产过程中附带的产品，仅占（商业）总价值的很小一部分，主产品才是（商业）总价值的主要组成。上述概念可用于厘清基础研究和技术应用的关系，改变学术教授对商业价值的"感知价值"。首先要提高的是学术教授对后期研发与商业化的"感知价值"。这就要求激励机制取得新的平衡。

对教师公开发明（及参与后期研发）增加物质奖励，或许能提高教师参与技术转让的积极性。然而，该策略亦存在风险。前文曾提及委托与代理理论中存在多任务问题，即当员工应付多项任务时，需在任务中分清主次，取得平衡，才能有效获得产出。否则，员工将在高边际收益的任务上投入过多，从而降低效率（Cockburn 和 Henderson，1998）。

科研生产力的长期水平取决于投入在基础研究上的精力水平。因此，避免任何激励机制中的偏见尤为重要。这里需要注意的是，激励机制中的任何改变（如增加发明公开和商业化的比重）必须与学术激励的负责机构综合协调。

5.3 未来研究的方向

本章中涉及的文献仍有众多缺陷,需要未来研究加以克服补充。

理论上说,科学界的经济问题与技术转让中的经济问题仍有重合。第4节中研究的实证文献探究了在个人层面,基础研究和行业合作间,以及出版和专利间的互补性及相互平衡。然而,结论分析通常局限在基于直觉的事后解释,也没有在系统层面为推进合作和商业化做出努力。要解决这些研究问题,需要所有学术生涯理论和科学生产力理论提高对技术转让和商业化的重视,同时兼顾基础研究和出版。由此形成的学术科学家的活动模式既比由传统社会科学衍生而来的模式更加精准明确、与时俱进,又有希望为实证研究提供更多建议。

实证文献的另一主要局限在于以美国为中心的偏见。这既是理论缺陷,也是实证缺陷。关于科学家、技术转让办公室和高校行政部门间关系的少数文献均引用参考了对美国研究型高校的实地调查。更为普遍的是,许多文献中隐含的假说明显参考了美国的高校体系,包括关于学术事业机制、科学家机动性和出版及转让活动相对重要性的文献。不过,美国高校系统具有特殊性,与其他国家的情况存在巨大差异。美国高校对其学术员工实行一定程度的控制,这在其他国家较为少见。其他国家的高校科学家是(或自认为是)公务员,而不是高校雇员。同时,美国高校独立于中央政府的自治权是其他国家无法企及的,其研发型私立大学的规模和数量也领先于世界水平。最后一点,美国各行业对新技术和博士学位获得者的需求举世无双,且为新思想、科学家和工程师提供了巨大的市场。该市场的一大特色是,高校和产业界之间的流动性强,高科技咨询公司的机遇较多。这在其他国家,包括许多发达国家,是无法实现的。若高校间以及高校与产业界间的流动性不强,科学家如何对学术体系中的技术转让机会做出回应?当高校对成功的技术转让,甚至对科学成就并无奖励,且同时对员工活动基本不加限制时,学术科学家如何获得激励以进行产品商业化或与商业企业合作?

若上述基本问题没得到解决,将导致对技术转让办公室或科学园区等科技中介机构的实证研究失去动力。即使进行,也如以往一般,基于对高校与标准关系的抽象想象,而非基于参考多数国家机构特征的远景。

而关于与企业合作对学术生涯或科学生产力造成的影响,实证研究仍需开展大量工作,既需研究美国案例,也需考虑其他国家,尤其需关注除生物科技领域外的其他学科。目前面临的挑战是,针对科学发展对技术进步的重要性,以及从产业界获取知识和资金对科学发展的重要性的研究,需要定量分析的支撑。此方向的研究将对现有指标进行深入探讨,并创造新的指标。至于出版和专利等即有指标,已有研究按作者和发明者重新分类进行考察,以揭示个人层面的合作模式和激励措施,以及由此而产生的社会网络和专业网络。而个人层面也需要产生新指标,才能考察科学家和工程师的劳动市场对技术转让的重要性。现阶段，采访研究已得出许多定性证据，而关于其规模与范畴仍鲜有研究说明。该问题也许是未来几年实证研究所面临的最严峻挑战。

参考文献

Acs，Z. J.，Audretsch，D. B.，Feldman，M. P. (1994). "R&D spillovers and recipient firm size". Review of Economics and Statistics 76(2),336 - 340.

Agrawal，A. (2001). "University-to-industry knowledge transfer: Literature review and unanswered questions". International Journal of Management Reviews 3(4),285 - 302.

Agrawal，A.，Cockburn，I. (2003). "The anchor tenant hypothesis: Exploring the role of large, local, R&D-intensive firms in regional innovation systems". International Journal of Industrial Organization 21(9),1227 - 1253.

Agrawal，A.，Garlappi，L. (2007). "Public sector science and the strategy of the commons". Economics of Innovation and New Technology 16(7),517 - 539.

Agrawal，A.，Henderson，R. (2002). "Putting patents in context: Exploring knowledge transfer from MIT". Management Science 48(1),44 - 60.

Anselin，L.，Varga，A.，Acs，Z. J. (1997). "Geographic spillovers and university research: A spatial econometric approach". Growth and Change 31,501 - 515.

Apple，R. D. (1989). "Patenting university research. Harry Steenbock and the Wisconsin Alumni Research Foundation". Isis 80,375 - 394.

Argyres，N.，Liebeskind，J. P. (1998). "Privatizing the intellectual commons: Universities and the commercialization of biotechnology". Journal of Economic Behavior and Organization 35,427 - 454.

Arundel，A.，Geuna，A. (2004). "Proximity and the use of public science by innovative European firms". Economics of Innovationand New Technology 13(6),559 - 580.

Audretsch，D. B. (1995). Innovation and Industry Evolution. MIT Press，Cambridge，MA.

Audretsch，D. B.，Feldman，M. P. (1996). "R&D spillovers and the geography of innovation and production". American Economic Review 86(3),630 - 640.

Audretsch，D. B.，Stephan，P. E. (1996). "Company-scientists locational links: The case of biotechnology". American Economic Review 86(3),641 - 652.

Audretsch，D. B.，Stephan，P. E. (1999). "Knowledge spillovers in biotechnology: Sources and incentives". Journal of Evolutionary Economics 9,97 - 107.

Azoulay，P.，Ding，W.，Stuart，T. (2006). "The Effect of Academic Patenting on (Public) Research Output"，http://www. nber. org/papers/w11917，NBERWorkingPaperNo. 11917.

Azoulay，P.，Ding，W.，Stuart，T. (2007). "The determinants of faculty patenting behaviour: Demographics or opportunities?" Journal of Economic Behaviour and Organization 63(4),599 - 623.

Bakouros，L.，Mardas，D.，Varsakelis，C. (2002). "Science Park an hi tech fantasy? An analysis of the science parks of Greece". Technovation 22,123 - 128.

Balconi，M.，Breschi，S.，Lissoni，F. (2004). "Networks of inventors and the role of academia: An exploration of Italian patent data". Research Policy 33,127 - 145.

Beherens，T. R.，Gray，D. O. (2001). "Unintended consequences of cooperative research:

Impact of industry sponsorship on climate for academic freedom and other graduate student outcome". Research Policy 30, 179 - 199.

Beise, M., Stahl, H. (1999). "Public research and industrial innovation in Germany". Research Policy 28,397 - 422.

Bekelman, J. D., Li, Y., Gross, C. P. (2003). "Scope and impact of financial conflicts of interest in biomedical research. A systematic review". Journal of American Medical Association 289,454 - 465.

Ben-David, J. (1977). Centres of Learning: Britain, France, Germany, United States. McGraw-Hill, New York (repr. 1992, Transaction Publishers). 308 D. Foray and F. Lissoni

Bercovitz, J., Feldman, M., Feller, I., Burton, R. (2001). "Organizational structure as a determinant of academic patent and licensing behavior: An exploratory study of Duke, Johns Hopkins, and Pennsylvania State Universities". Journal of Technology Transfer 26 (1 - 2),21 - 35.

Blumenthal, D., Campbell, E. G., Causino, N., Louis, K. S. (1996). "Participation of life-science faculty in research relationship with industry". New England Journal of Medicine 335,1734 - 1739.

Blumenthal, D., Campbell, E. G., Gokhale, M., Yucel, R., Clarridge, B., Hilgartner, S., Holtzman, N. A. (2006). "Data withholding in genetics and the other life sciences: Prevalences and predictors". Academic Medicine 81(2),137 - 145.

Bok, D. C. (2003). Universities in the Marketplace. Princeton University Press, Princeton, NJ.

Bozeman, B. (2000). "Technology transfer and public policy: A review of research and theory". Research Policy 29(4),627 - 655.

Breschi, S., Lissoni, F. (2001a). "Knowledge spillovers and local innovation systems: A critical survey". Industrial and Corporate Change 10(4),975 - 1005.

Breschi, S., Lissoni, F. (2001b). "Localised knowledge spillovers vs. innovative milieux: Knowledge 'tacitness' reconsidered". Papers in Regional Science 80(3).

Breschi, S., Lissoni, F., Montobbio, F. (2005a). "The geography of knowledge spillovers: Conceptual issues and measurement problems". In: Breschi, S., Malerba, F. (Eds.), Clusters, Networks and Innovation. Oxford University Press.

Breschi, S., Lissoni, F., Montobbio, F. (2005b). "From publishing to patenting: Do productive scientists turn into academic inventors?" Revue d'Economie Industrielle 110(2), 75 - 102.

Breschi, S., Lissoni, F., Montobbio, F. (2007). "The scientific productivity of academic inventors: New evidence from Italian data". Economics of Innovation and New Technology 16(2),101 - 118.

Calderini, M., Franzoni, C., Vezzulli, A. (2007). "If star scientists do not patent. The effect of productivity, basicness and impact on the decision to patent in the academic world". Research Policy 36(3),303 - 319.

Callaert, J., Van Loy, B., Foray, D., Debackere, K. (2008). "Combining the production and the valorization of academic research: A qualitative investigation of enacted mechanisms". In: Mazza, C., Quattrone, P., Riccaboni, A. (Eds.), European Universities in Transition. Edward Elgar, Cheltenham, UK.

Campbell, E. G. , Clarridge, B. R. , Gokhale, M. , Birenbaum, L. (2002). "Data withholding in academic genetics: Evidence from a national survey". Journal of the American Medical Association 287,473 – 480.

Carnegie, (2009). Carnegie Classification of U. S. Institutions of Higher Education. Carnegie Foundation for the Advancement of Teaching. http://www. carnegiefoundation. org/ classifications/last visited: March 2009.

Cassier, M. , Foray, D. (2002). "Public knowledge, private property and the economics of high-tech consortia". Economics of Innovation and New Technology 11(2),123 – 132.

Clark, B. (1993). The Research Foundations of Graduate Education: Germany, Britain, France, United States, Japan. University of California Press, California.

Clark, B. R. (1998). Creating Entrepreneurial Universities: Organizational Pathways of Transformation. Pergamon-Elsevier Science.

Clarke, M. (1985). "British technology group—UK technology transfer grows". Nature 316 (6027),385.

Cockburn, I. M. , Henderson, R. M. (1998). "Absorptive capacity, coauthoring behavior, and the organization of research in drug discovery". Journal of Industrial Economics XLVI, 157 – 182.

Cockburn, I. M. , Henderson, R. M. , Stern, S. (2000). "Untangling the origins of competitive advantage". Strategic Management Journal 21,1123 – 1145.

Cohen, W. M. , Nelson, R. R. , Walsh, J. P. (2002). "Links and impacts: The influence of public research on industrial R&D". Management Science 48(1),1 – 23.

Colyvas, J. , Crow, M. , Gelijns, A. , Mazzoleni, R. , Nelson, R. R. , Rosenberg, N. , Sampat, B. N. (2002). "How do university inventions get into practice?" Management Science 48(1),61 – 72.

Crespi, G. , Geuna, A. , Verspagen, B. (2006). "University IPRs and Knowledge Transfer. Is the IPR Ownership Model More Efficient?" http://www.sussex.ac.uk/spru/documents/ sewp154. pdf SPRU Electronic Working Paper 154, University of Sussex.

Czarnitzki, D. , Glänzel, W. , Hussinger, K. (2007). "Patent and publication activities of German professors: An empirical assessment of their co-activity". Research Evaluation 16 (4),311 – 319.

Czarnitzki, D. , Hussinger, K. , Schneider, C. (2008). "Commercializing Academic Research: The Quality of Faculty Patenting". ZEW Discussion Paper No. 08 – 069, Mannheim.

Czarnitzki, D. , Hussinger, K. , Schneider, C. (2009a). "The Nexus Between Science and Industry: Evidence from Faculty Inventions". ZEW Discussion Paper No. 09 – 028, Mannheim.

Czarnitzki, D. , Hussinger, K. , Schneider, C. (2009b). "Why Challenge the Ivory Tower? New Evidence on the Basicness of Academic Patents". ZEW Discussion Paper No. 02 – 029, Mannheim.

Dasgupta, P. (1988). "The welfare economics of knowledge production". Oxford Review of Economic Policy 4,1 – 12.

David, P. A. (1993). Knowledge, property and the system dynamics of technological change. Proceedings of the World Bank Annual Conference on Development Economics. The World Bank, Washington, DC.

David, P. A., Metcalfe, S. (2008). "Universities and public research organisations in the ERA: fulfilling universities' critical societal roles in the advancement of knowledge and the support of sustained innovation-driven economic growth in Europe", http://ec. europa. eu/invest-in-research/monitoring/knowledge_en. htm. Knowledge for Growth Expert Group, Director General for Research, Directorate C, European Commission.

David, P. A., Mowery, D. C., Steinmueller, W. E. (1992). "Analyzing the economic payoffs from basic research". Economics of Innovation and New Technology 2,73 - 90.

David, P. A., Foray, D., Steinmueller, W. E. (1999). "The research network and the new economics of science: From metaphors to organizational behaviors". In: Gambardella, A., Malerba, F. (Eds.), The Organization of Inventive Activity in Europe. Cambridge University Press, Cambridge, pp. 303 - 342.

Debackere, K., Veugelers, R. (2005). "The role of academic technology transfer organizations in improving industry science links". Research Policy 34(3),321 - 342.

Di Gregorio, D., Shane, S. (2003). "Why do some universities generate more start-ups than others?" Research Policy 32,209 - 227.

Ergas, H. (1987). "Does technology policy matter?" In: Guile, B., Brooks, H. (Eds.), Technology and Global Industry, Company and Nations in the World Economy. National Academy Press, Washington, DC.

Fabrizio, K. R. (2007). "University patenting and the pace of industrial innovation". Industrial and Corporate Change 16(4),505 - 534.

Fabrizio, K. R., Di Minin, A. (2004). "Commercializing the laboratory: The relationship between patenting and publishing", http://mgt. gatech. edu/news_room/news/2005/reer/index. html. Paper Presented at Fifth Annual Roundtable for Engineering Entrepreneurship Research (REER), Atlanta GA, December 4 - 5.

Feldman, M. P., Audretsch, D. B. (1999). "Innovation in cities: Science-based diversity, specialisation and localised competition". European Economic Review 43,409 - 429.

Feldman, M., Feller, I., Bercovitz, J., Burton, R. (2002). "Equity and the technology transfer strategies of American Research Universities". Management Science 48 (1), 105 - 121.

Feller, I. (1997). "Manufacturing technology centers as components of regional technology infrastructures". Regional Science and Urban Economics 27,181 - 197.

Feller, I., Glasmeier, A., Mark, M. (1996). "Issues and perspectives on evaluating manufacturing modernization programs". Research Policy 25,309 - 319.

Foray, D. (2004). Economics of Knowledge. MIT Press, Cambridge, MA.

Franklin, S. J., Wright, M., Lockett, A. (2001). "Academic and surrogate entrepreneurs in university spin-out companies". Journal of Technology Transfer 26,127 - 141.

Franzoni, C., Lissoni, F. (2009). "Academic entrepreneurs: Critical issues and lessons for Europe". In: Varga, A. (Ed.), Universities and Regional Economic Development. Edward Elgar, Cheltenham, UK.

Gee, H. (1991). "Privatization ahead for BTG". Nature 349 (6307),272.

George, G. (2005). "Learning to be capable: Patenting and licensing at the Wisconsin Alumni Research Foundation 1925 - 2002". Industrial and Corporate Change 14(1),119 - 151.

Gering, T., Schmoch, U. (2003). Management of Intellectual Assets by German Public Research Organisations. OECD.

Geroski, P. (1995). "Markets for technology: Knowledge, innovation and appropriability". In: Stoneman, P. (Ed.), Handbook of the Economics of Innovation and Technological Change. Blackwell, Oxford, pp. 90 - 131.

Geuna, A., Martin, B. R. (2003). "University research evaluation and funding: An international comparison". Minerva 41, 277 - 304.

Griliches, Z. (1979). "Issues in assessing the contribution of R&D to productivity growth". Bell Journal of Economics 10, 92 - 116.

Griliches, Z. (1992). "The search for R&D spillovers". Scandinavian Journal of Economics 94 (Suppl.), 29 - 47.

Hall, B. H. (2004). "On copyright and patent protection for software and databases: A tale of two worlds". In: Granstrand, O. (Ed.),

Economics, Law, and Intellectual Property. Kluwer Publishing Co., Amsterdam/Dordecht. 310 D. Foray and F. LissoniHall, B., Link, A., Scott, J. T. (2003). "Universities as research partners". Review of Economics and Statistics 85, 485 - 491.

Hansson, F., Husted, K., Vestergaard, J. (2005). "Second generation science parks: From structural holes jockeys to social capital catalysts of the knowledge society". Technovation 24(9), 1039 - 1049.

Hassink, R. (1996). "Regional technology policies in the old and new Länder of Germany case-studies from Baden-Württemberg and Thuringia". European Urban and Regional Studies 3(4), 287 - 303.

Heller, M. A., Eisenberg, R. S. (1998). "Can patents deter innovation? The anticommons in biomedical research". Science 280, 698 - 701.

Henderson, R., Jaffe, A., Trajtenberg, M. (1998). "Universities as a source of commercial technology: A detailed analysis of university patenting 1965 - 1988". Review of Economics and Statistics 80, 119 - 127.

Iversen, E. J., Gulbrandsen, M., Klitkou, A. (2007). "A baseline for the impact of academic patenting legislation in Norway". Scientometrics 70, 393 - 414.

Jaffe, A. B. (1989). "Real effects of academic research". American Economic Review 79(5), 957 - 970.

Jaffe, A. B. (2000). "The U. S. patent system in transition: Policy innovation and the innovation process". Research Policy 29(4 - 5), 531 - 557.

Jaffe, A. B., Lerner, J. (2001). "Reinventing public R&D: Patent policy and the commercialization of national laboratory technologies". RAND Journal of Economics 32, 167 - 198.

Jaffe, A. B., Fogarty, M. S., Banks, B. A. (1998). "Evidence from patents and patent citations on the impact of NASA and other federal labs on commercial innovation". Journal of Industrial Economics 46, 183 - 205.

Jain, S., George, G. (2007). "Technology transfer offices as institutional entrepreneurs: The case of Wisconsin Alumni Research Foundation and human embryonic stem cells". Industrial and Corporate Change 16, 535 - 567.

Jensen, R., Thursby, J. G., Thursby, M. C. (2003). "Disclosure and licensing of university inventions: 'The best we can do with the s * * t we get to work with'". International Journal of Industrial Organization 21, 1271 - 1300.

Jong, S. (2006). "How organizational structures in science shape spin-off firms: The biochemistry departments of Berkeley, Stanford, and UCSF and the birth of the biotech industry". Industrial and Corporate Change 15(2),251 – 283.

Kelley, M. , Arora, A. (1996). "The role of institution-building in US industrial modernization programs". Research Policy 25,265 – 280.

Kerr, C. (2001). The Uses of the University. Harvard University Press.

Klevorick, A. , Levin, R. , Nelson, R. , Winter, S. (1995). "On the sources and significance of interindustry differences in technological opportunities". Research Policy 24 (2), 195 – 205.

Lach, S. , Schankerman, M. (2004). "Royalty sharing and technology licensing in universities". Journal of the European Economic Association 2,252 – 264.

Laredo, P. , Mustar, P. (2002). "Innovation and research policy in France (1980 – 2000) or the disappearance of the Colbertist state". Research Policy 31,55 – 72.

Latour, B. (1988). The Pasteurization of France. Harvard University Press.

Laursen, K. , Salter, A. (2004). "Searching high and low: What types of firms use universities as a source of innovation?" Research Policy 33(8),1201 – 1215.

Lécuyer, C. (1998). "Academic science and technology in the service of industry: MIT creates a 'permeable' engineering school". American Economic Review 88(2),28 – 33.

Lee, Y. S. (2000). "The sustainability of university-industry research collaboration". Journal of Technology Transfer 25(2),111 – 133.

Lee, W. , Yang, W. (2001). "The cradle of Taiwan high technology industry development, Hsinchu Science Parks (HSP)". Technovation 20,55 – 59.

Lenoir, T. (1997). Instituting Science. The Cultural Productivity of Scientific Disciplines. Stanford University Press, California.

Leslie, S. W. , Kargon, R. H. (1996). "Selling Silicon Valley: Frederick Terman's model for regional advantage". Business History Review 70,35 – 72.

Link, A. N. , Scott, J. T. (2003). "U. S. science parks: The diffusion of an innovation and its effects on the academic missions ofuniversities". International Journal of Industrial Organization 21(9),1323 – 1356.

Link, A. N. , Scott, J. T. (2007). "The economics of university research parks". Oxford Review of Economic Policy 23,661 – 674.

Lissoni, F. , Llerena, P. , McKelvey, M. , Sanditov, B. (2008). "Academic patenting in Europe: New evidence from the KEINS database". Research Evaluation 16,87 – 102. Ch. 6: University Research and Public-Private Interaction 311 Löfsten, H. , Lindelöf, P. (2002). "Science parks and the growth of new technology-based firms-academic-industry links, innovation and markets". Research Policy 31(6),859 – 876.

Lowe, R. A. (2006). "Who develops a university invention? The impact of tacit knowledge and licensing policies". Journal of Technology Transfer 31,415 – 429.

Macdonald, S. (1987). "British science parks: Reflections on the politics of high technology". R&D Management 17(1),25 – 37.

Mansfield, E. (1991a). "Academic research and industrial innovation". Research Policy 20, 1 – 12.

Mansfield, E. (1991b). "Academic research and industrial innovation: A further note". Research Policy 21,295 – 296.

Mansfield, E. (1995). "Academic research underlying industrial innovations: Sources, characteristics, and financing". Review of Economics and Statistics 77,55 - 65.

Mansfield, E. (1998). "Academic research and industrial innovation: An update of empirical findings". Research Policy 26,773 - 776.

Martin, B. R. (2003). "The changing social contract for science and the evolution of the university". In: Geuna, A., Salter, A. M., Steinmueller, E. D. (Eds.), Science and Innovation: Rethinking the Rationales for Funding and Governance. Edward Elgar, Cheltenham, UK.

Martin, S., Scott, J. T. (2000). "The nature of innovation market failure and the design of public support for private innovation". Research Policy 29,437 - 444.

Massey, D. B., Quintas, P., Wield, D. (1992). High-Tech Fantasies: Science Parks in Society, Science and Space. Routledge,London.

Meyer, M. (2003). "Academic patents as an indicator of useful research? A new approach to measure academic inventiveness". Research Evaluation 12,17 - 27.

Meyer, M. (2006). "Knowledge integrators or weak links? An exploratory comparison of patenting researchers with their non-inventing peers in nano-science and technology". Scientometrics 68(3),545 - 560.

Meyer-Krahmer, F., Schmoch, U. (1998). "Science-based technologies: University-industry interactions in four fields". Research Policy 27,835 - 851.

Mohnen,P., Hoareau, C. (2003). "What type of enterprise forgesclose links with universities and government labs? Evidencefrom CIS 2". Managerial and Decision Economics 24 (2 - 3), 133 - 145.

Monjon, S., Waelbroeck, P. (2003). "Assessing spillovers from universities to firms: Evidence from French firm-level data". International Journal of Industrial Organization 21 (9),1255 - 1270.

Mowery, D. C., Sampat, B. N. (2001). "Patenting and licensing university inventions: Lessons from the history of the research corporations". Industrial and Corporate Change 10 (2),317 - 355.

Mowery, D. C., Sampat, B. N. (2005). "The Bayh-Dole act of 1980 and university-industry technology transfer: A model for other OECD governments?" Journal of Technology Transfer 30, 115 - 127.

Mowery, D. C., Nelson, R. R., Sampat, B. N., Ziedonis, A. A. (2001). "The growth of patenting and licensing by US universities: An assessment of the effects of the Bayh-Dole act of 1980". Research Policy 30(2),99 - 119.

Mowery, D. C., Nelson, R. R., Sampat, B., Ziedonis, A. A. (2004). Ivory Tower and Industrial Innovation: University-Industry Technology Transfer Before and After the Bayh-Dole Act in the United States. Stanford Business Books.

Murmann, J. P. (2003). Knowledge and Competitive Advantage. The Coevolution of Firms, Technology, and National Institutions. Cambridge University Press, Cambridge.

Murray, F. (2005). "The oncomouse that roared: Resistance and accommodation to patenting in academic science", http://web. mit. edu/fmurray/www/papers/ Unpublished manuscript.

Murray, F., Stern, S. (2007). "Do formal intellectual property rights hinder the free flow of scientific knowledge? An empirical test of the anti-commons hypothesis". Journal of Economic Behaviour and Organization 63(4),648 - 687.

Murray, F., Aghion, P., Dewatripont, M., Kolev, J., Stern, S. (2009). Of Mice and Academics: Examining the Effect of Openness on Innovation. National Bureau of Economic Research, Cambridge, MA NBER Working Paper No. 14819.

Mustar, P. (1997). "Spin-off enterprises. How French academics creates high tech companies: Conditions for success or failure". Science and Public Policy 24(1),37 - 43.

Nelson, R. (1959). "The simple economics of basic scientific research". Journal of Political Economy 67,297 - 306.

Nelson, R. (1986). "Innovation and public policy, institutions supporting technical advance in industry". American Economic Review 76(2),186 - 189.

Nelson, R. R. (1993). National Innovation Systems. Oxford University Press, Oxford.

Nelson, R. R., Rosenberg, N. (1994). American universities and technical advances in industry. Stanford Institute for Economic Policy Research, Stanford University CEPR Publication 342.

Nerkar, A., Shane, S. (2003). "When do start-ups that exploit patented academic knowledge survive?" International Journal of Industrial Organization, 21(9),1391 - 1410.

OECD. (2003). Turning Science into Business. Patenting and Licensing at Public Research Organizations. Organisation for Economic Co-operation and Development, Paris.

OECD. (2007). Science, Technology and Industry Scoreboard. Organisation for Economic Co-operation and Development, Paris.

Owen-Smith, J., Powell, W. W. (2001). "Careers and contradictions: Faculty responses to the transformation of knowledge and its uses in the life sciences". Research in the Sociology of Work 10,109 - 140.

Phan, P. H., Siegel, D. S., Wright, M. (2005). "Science parks and incubators: Observations, synthesis and future research". Journal of Business Venturing 20(2), 165 - 182.

Phillimore, J. (1999). "Beyond the linear view of innovation in science park evaluation, an analysis of Western Australian Technology Park". Technovation 19,673 - 680.

PVA-MV. (2003). Report on the Abolition of the German Professors Privilege: Overview of Changes and Challenges. Vinnova—Swedish Agency for Innovation Systems, Stockholm.

Roberts, E. B. (1991). Entrepreneurs in High Technology. Oxford University Press.

Rosenberg, N. (2004). "Science and technology: Which way does the causation run?" http://www. crei. cat/activities/sc _ conferences/23/papers/rosenberg. pdf. Center for Interdisciplinary Studies in Science and Technology, Stanford University.

Rothaermel, F. T., Agung, S., Jiang, L. (2007). "University entrepreneurship: A taxonomy of the literature". Industrial and Corporate Change 16, forthcoming.

Rothblatt, S., Wittrock, B. (1993). The European and American University Since 1800. Historical and Sociological Essays. Cambridge University Press, Cambridge.

Sampat, B. N. (2004). "Genomic patenting by academic researchers: Bad for science?" http://mgt. gatech. edu/news _ room/news/2004/reer/index. html. Paper Presented at Fourth Annual Roundtable for Engineering Entrepreneurship Research (REER), Atlanta, GA, December 3 - 5.

Saxenian, A. (1985). "The Genesis of Silicon Valley". In: Hall, P. G., Markusen, A. R. (Eds.), Silicon Landscapes. Taylor and Francis.

Schmiemann, M., Durvy, J.-N. (2003). "New approaches to technology transfer from publicly funded research". Journal of Technology Transfer 28,9 - 15.

Semlinger, K. (1993). "Economic development and industrial policy in Baden-Württemberg: Small firms in a benevolent environment". European Planning Studies 1,435 - 464.

Shane, S. (2001a). "Technological opportunities and new firm formation". Management Science 47(2),205 - 220.

Shane, S. (2001b). "Technological regimes and new firm formation". Management Science 47 (2),1173 - 1190.

Shane, S. (2002). "Selling university technology: Patterns from MIT". Management Science 48(1),122 - 137.

Shane, S. (2004). Academic Entrepreneurship. University Spin-Offs and Wealth Creation. Edward Elgar, Cheltenham, UK.

Shane, S. , Khurana, R. (2003). "Bringing individuals back in: The effect of career experience on new firm founding". Industrial and Corporate Change 12(3),519 - 543.

Shane, S. , Stuart, T. (2002). "Organizational endowments and the performance of university start-ups". Management Science 48(1),154 - 170.

Shinn, T. , Lamy, E. (2006). "Paths of commercial knowledge: Forms and consequences of university-enterprise synergy in scientist-sponsored firms". Research Policy 35, 1465 - 1476.

Siegel, D. S. , Thursby, J. G. , Thursby, M. C. , Ziedonis, A. A. (2001). "Organizational issues in university-industry technology transfer: An overview of the symposium issue". Journal of Technology Transfer 26 (1 - 2),5 - 11.

Siegel, D. S. , Westhead, P. , Wright, M. (2003). "Assessing the impact of university science parks on research productivity: Exploratory firm-level evidence from the UK". International Journal of Industrial Organization 21(9),1357 - 1369.

Siegel, D. S. , Waldman, D. A. , Atwater, L. E. , Link, A. N. (2004). "Toward a model of the effective transfer of scientific knowledge from academicians to practitioners: Qualitative evidence from the commercialization of university technologies". Journal of Engineering and Technology Management 21(1),115 - 142.

Slaughter, S. , Leslie, L. (1997). Academic Capitalism: Politics, Policies, and the Entrepreneurial University. Johns Hopkins University Press.

Stephan, P. E. , Everhart, S. S. (1998). "The changing rewards to science: The case of biotechnology". Small Business Economics 10, 141 - 151.

Stephan, P. E. , Gurmu, S. , Sumell, A. J. , Black, G. (2007). "Who's patenting in the university? Evidence from a survey of doctorate recipients". Economics of Innovation and New Technology 16(2),71 - 99.

Stossel, T. P. (2005). "Regulating academic-industrial research relationship: Solving problems or stifling progress?" New England Journal of Medicine 353 (10),1060 - 1065.

Stuart, T. E. , Ding, W. W. (2006). "When do scientists become entrepreneurs? The social structural antecedents of commercial activity in the academic life sciences". American Journal of Sociology 112,97 - 144.

Thursby, J. G. , Thursby, M. C. (2002). "Who is selling the ivory tower? Sources of growth in university licensing". Management Science 48(1),90 - 104.

Thursby, J. G. , Thursby, M. C. (2003). "Industry/university licensing: Characteristics, concerns and issues from the perspective of the buyer". Journal of Technology Transfer 28,

207 – 213.

Thursby, J. G. , Jensen, R. , Thursby, M. C. (2001). "Objectives, characteristics and outcomes a survey of major U. S. universities". Journal of Technology Transfer 26,59 – 72.

Thursby, M. C. , Thursby, J. G. , Mukherjee, S. (2005). "Are there real effects of licensing on academic research? A life cycle view". http://www. nber. org/papers/w11497. NBER Working Paper No. 11497.

Thursby, J. G. , Fuller, A. , Thursby, M. (2007). "US faculty patenting: Inside and outside the university", http://www. nber. org/papers/w13256. NBER Working Paper No. 13256.

Varga, A. (2000). "Local academic knowledge transfers and the concentration of economic activity". Journal of Regional Science 40(2),289 – 309.

Vedovello, C. (1997). "Science parks and university-industry interaction: Geographical proximity between the agents as a driving force". Technovation 17,491 – 502.

Verspagen, B. (2006). "University research, intellectual property rights and European innovation systems". Journal of Economic Surveys 20(4),607 – 632.

Veugelers, R. , Cassiman, B. (2005). "R&D cooperation between firms and universities. Some empirical evidence from Belgian manufacturing". International Journal of Industrial Organization 23 (5 – 6),355 – 379.

Vincent-Lancrin, S. (2006). "What is changing in academic research? Trends and futures scenarios". European Journal of Education 41(2),169 – 202.

Wagner, J. W. (2007). "Multiversity or University? Pursuing competing goods simultaneously", http://www. emory. edu/ACAD_EXCHANGE/ Academic Exchange 9/4.

Walsh, J. P. , Nagaoka, S. (2009). "The R&D process in the US and Japan: Major findings from the RIETI-Georgia Tech Inventor Survey". http://hdl. handle. net/1853/27804 School of Public Policy Working Paper 48, Georgia Institute of Technology.

Walsh, J. P. , Cho, C. , Cohen, W. M. (2005). "Viewfrom thebench: Patentsand materialtransfers". Science309 (5743),2002 – 2003.

Westhead, P. , Storey, D. J. (1995). "Links between higher education institutions and high technology firms". Omega 4,345 – 360.

Yusuf, S. , Nabeshima, K. (2007). How Universities Promote Economic Growth. The World Bank, Directions in Development,Washington, DC.

Zucker, L. G. , Darby, M. R. (1996). "Star scientists and institutional transformation: Patterns of invention and innovation in the formation of biotechnology industry". Proceedings of the National Academy of Sciences of the United States of America 93, 12709 – 12716. Colloquium Paper 93.

Zucker, L. , Darby, M. (1998). "The economists' case for biomedical research". In: Barfield, C. , Smith, B. (Eds.), The Future of Biomedical Research. AEI Press, Washington, DC.

Zucker, L. G. , Darby, M. R. , Armstrong, J. (1998a). "Geographically localised knowledge: Spill-overs or markets?" Economic Inquiry 36,65 – 86.

Zucker, L. G. , Darby, M. R. , Brewer, M. B. (1998b). "Intellectual human capital and the birth of US biotechnology enterprises". American Economic Review 88,290 – 306.

第 7 章
知识产权与发明

Katharine Rockett[*][†‡]

[*] 埃塞克斯大学经济系
英国．埃塞克斯，科尔切斯特
[†] 特罗姆瑟大学
挪威．特罗姆瑟
[‡] 经济政策研究中心
英国．伦敦

目录

摘要

本文旨在对知识产权的经济理论进行选择性调研。简要介绍制度框架后，我们将围绕政策目标以及知识产权设计中的基本福利权衡展开探讨。同时，在研究专利设计前，我们还将针对知识产权保护缺失的问题探讨社会目标的完成情况。此外，本文还研究在最简单的情况下（如单一创新）得出的结论，探讨当创新活动互为基础或互为补充时，结论会发生怎样的变化。同时，本文对现有保护体系与最佳创新采购方案亦略有涉及。最后，本文简要概述强制执行与竞争政策问题。

关键词

激励措施　创新　知识产权　专利　采购

1. 引言

本章侧重对知识产权理论与创新激励措施相关文献进行选择性调研。我们将着眼于各类建模风格及相关问题，对其产生的广泛影响展开探讨。遗憾的是，考虑到篇幅问题，本文将仅围绕专利进行讨论。

首先，我们会简述专利权及相关制度背景，并在后续进行模型分析时会再次回顾。接下来，我们把目光投向宏观建模问题，包括专利制度及决策者们如何将其转化为具体目标。同时，归纳总结知识产权设计的基本原理及其涉及的福利权衡。作为参照，我们也考虑了在缺乏知识产权保护的情况下社会目标的完成情况，抑或当参与者将保密专利作为保护知识产权的一种方法时，如何进行创新激励措施定位。之后，我们将对近 40 年以来的专利设计研究问题进行分析。我们从最简单的单一创新出发，然后探讨当创新活动互为基础或互为补充时，专利设计结论会产生怎样的变化。首先，我们将着眼于同现有制度颇为相似的知识产权保护系统模型，其次对促进最优创新采购的相关机制展开讨论（该类机制起初几乎为"一片空白"）。本文亦涉及了专利强制执行问题，并在调研结尾简要介绍了竞争政策与知识产权政策之间的相互作用。

2. 专利权简介

为了更好地开展分析，此节我们将对专利权的一些主要特征进行阐述，为后文的模型分析奠定基础。[①] 美国与欧洲是我们讨论的重点。事实上，美国和欧洲之间的差异恰恰说明了政策工具范围对专利设计的影响。并且，种种差异最终造成了大西洋两岸颇为不同的专利权体系，欧洲的专利制度更侧重于行业，且制度更为严格、成本更加昂贵。

2.1　什么是专利

专利[②]是对某项发明授予的临时财产权。专利所提供的是一项权利，而非

[①] 对专利权及其发展历史的更多详细内容，可参考 Scotchmer（2004），Guellec 和 van Pottelsberghe（2007），以及 Jaffe 和 Lerner（2006）。

[②] 关于欧洲和美国对专利不同解读的详细哲学差异，参见 Guellec 和 van Pottelsberghe（2007）以及 Jaffe 和 Lerner（2006）。Nard 和 Morriss（2006）还涉及了专利权的构成基础问题。

保障,即专利无法禁止他人制造、使用或贩卖专利资产。事实上,专利持有者往往并没有义务或权利进行创新活动。例如,如果发明家 A 获取了某项专利,但如果使用该专利会侵犯到发明家 B 的权利,那么发明家 A 则不可自行授权执行其专利。可以说,发明家 A 的专利权取决于发明家 B 的专利权。[①] 并且,行使专利权亦须受其他法律的管辖,例如反垄断法。正如同一个人拥有持枪的权利但却不可用其射击他人一样,发明家可以被授予发明专利,但却不可随意使用——必须在法律范围内实施。

若想获得独家所有权,作为向社会披露专利文件的一部分,专利持有者应对公众公布其所持有的专利。在美国,此类信息披露需由具有足够背景知识的人士来操作(所属技术领域的专业人员),从而可以使发明在申请期间将“最佳实施例”(best mode)展示给社会。诚然,对于处于研发周期的专利“最佳实施例”尚有待完善,发挥发明的经济效益仍有较大进步空间。虽然欧美对此方面的解读各有不同,[②]但这种信息披露对于希望了解创新特性的第三方群体来说却是颇有助益。不过,尽管创新发明受专利的保护,但事实却并非如此。并且,这一情况应该且普遍在申请过程中颇为显而易见的。

创新特性在一系列专利权利要求中均有体现,并对专利的范围进行了界定。未做权项申请的特性不受专利保护。尽管权利要求通常被视为真实创新特性,但人们却很难区分真实特性与疑似特性。[③] 对于那些飞速发展的领域而言,主流方法的变化会影响对权利要求的解读,且即便人们在申请期间在描述权项范围时颇费了一番功夫,但对权利要求的事后分析仍十分具有挑战性。

专利适格标的(patentable subject matter)可谓是多种多样,可以是某种程序、产品、合成物质(例如化学成分)、机械,抑或对上述事物的任何新型补充或是实用性改良。法院的一系列裁决使得过去 30 年间美国的专利适格标的得以大大拓展[④],基因操作产品、软件及商业方法亦从而被囊括在内。事实上,“任何由人创造的事物”均有可能通过一次性裁定获得专利适格性。[⑤] 即便其他地区的专利适格标的范围有所拓展,但相较之下美国在此方面仍占优势。部分原因在

---

① 换言之,一项发明即便可以注册专利,但仍可能侵犯其他专利的权利。

② 见 See Guellec 和 van Pottelsberghe (2007),尤其是 pp. 39 - 41。

③ 见 Guellec 和 van Pottelsberghe (2007, p. 139)以及 Bidgoli (2010)。

④ 例如,可参考 Diamond 诉 Chakrabarty, 447 U. S. 303 (1980), Diamond 诉 Diehr, 450 U. S. 175 (1981)以及美国道富银行及信托公司诉签记金融集团 149 F. 3d 1368 (Fed. Cir. 1998)。关于对道富银行案标准的补充与限定,*In re Bernard L. Bilski* 和 Rand A. Warsaw 545 F. 3d 943, 88 U. S. P. Q. 2d 1385(2008)规定了“在下列情况下,权利要求方法一定具有第 101 条项下的专利适格性:①该方法是与某特定机器或设备搭配的;或②该方法可将某特定物品转变为其他形态或物体”。

⑤ Diamond 诉 Chakrabarty 中有涉及,447 U. S. 303 (1980)。

于欧洲地区比美国更注重技术性与行业实用性,即专利适格标的宏观哲学体系的不同。而这些差异也正是欧洲在商业方法、基因材料与手术方法等领域专利获批进展缓慢的症结所在。[①]

对于大部分专利制度而言,具有专利适格性的创新必须建立在实质性创新成果的基础上。诚然,相比于其他形式的知识产权保护途径,专利主要特点之一就是专利制度往往被视为具有较大的发展空间。换言之,强大的排他性专利授权需以披露"有价值"的信息为前提。事实上,不同国家对专利重要性的要求规定均有差异,并随着时间的推移亦会有所改变。在美国,符合专利适格性的创新必须具备非显著性与新颖性。而判断一项创新是否确实具备适格性条件便是美国专利商标局的主要任务。与此相反,部分专利制度向来却只是一种"登记制度",在精简环节中几乎未见任何筛选工作。Jaffe 和 Lerner(2006)指出,由于巨大的工作量、激励制度以及美国专利商标局的其他方面压力,致使近来美国创新"重要性"的进入门槛有所下降。因此,重要性不应被视为一成不变的静态概念,而是随着专利审批事项有意或无意的变动而改变。欧洲专利局曾试着对欧洲专利申请资格的创造性标准进行统一。各国在该项规定上可谓是相去甚远,有的认为"小发明"即可申请专利,有的则对新颖性与创造性要求较高。而至于对创新重要性的评估,美国和欧洲地区通常以该创新在科学或技术领域能够做出的贡献来衡量。商业成功仅仅是事后分析中证明创新重要性的一种有限途径,不过相对于欧洲地区而言,美国对此要更为重视。[②]

一旦获得授权,专利便可与其他形式的财产一样进行操作、交易(出售或通过专利实施许可合同"出租",抑或转让),或放弃。实际上,专利交易合同十分普遍,约占颁发专利的 10%～20%。[③] 虽然事后达成许可合同颇为常见,即颁发专利后,但这并非唯一的签订时机。原则上,许可证可在发明问世之前甚至是科研投资开始之前便可达成。此类预期合同或事后合同明确规定,双方应对任何通过科研项目产生获得的专利达成共享协议。定价方案也是各式各样,从完全免费到固定预付费用,从单位或基于收益的专利使用费到利润分成,以及其他专利的互惠贸易或许可合同中的实物报酬。[④] 但即便制定了相当标准的定价方案(例如合同规定了专利使用费),针对分期支付问题衍生出不同的合同版本。

专利有别于其他形式财产的主要特性在于它是一项临时性权利,而非永久

---

① 关于欧洲商业方法专利实践的讨论,见 Harhoff 和 Wagner(2006)。关于欧洲专利适格标的的全面讨论,见 Guellec 和 van Pottelsberghe(2007),尤其是 pp. 119 - 132。

② 见 Guellec 和 van Pottelsberghe(2007, p. 137)。

③ 见 Guellec 和 van Pottelsberghe(2007, p. 92)。

④ 专利许可合同结构详见 Anand 和 Khanna(2000)。

性。法律规定,自申请日起计算的专利保护期限最多为 20 年。1994 年,美国成为《与贸易有关的知识产权协定》(Trade-Related Aspects of Intellectual Property Rights,TRIPS)的成员,意味着专利保护上限由 17 年延长至 20 年。事实上,大多数国家的专利期限在不同时期均有不同。[1] 然而,为了维护专利在法律规定最高上限期内的权利,人们需要定期缴纳续展费,因此就某种程度而言,无需制定如此长期的法律保护。专利往往可以提前终止作废。在欧洲,仅有 8％的专利完成了存续周期,而美国的这一比例则要高很多。[2] 相关维护费用的不同很可能是造成该差异的一大原因。当翻译、维护、处理以及外部成本(包括法律成本)被附加于某项专利时,期限同为 20 年的专利,欧盟成员国公认有效的欧洲专利要比美国的专利维护成本高出近 10 倍。[3] 而若想获得高于 20 年的专利保护期限显然更是难上加难,只能通过一些迂回策略进行延期。[4] 在美国,"延续"是指在原始申请的基础上形成的新申请,类似于通过延期来获取某些事物。目前,处理"延续"申请是美国专利审查官工作的重要组成部分(约三分之一),因此该情况并非罕见。[5] 实际上,Jaffe 和 Lerner(2006)近来曾对该制度的滥用进行过讨论。[6] 在欧洲,最为接近专利延期的概念应是所谓的"从属"专利。但一般来说,这类行为在欧洲似乎远比在美国要受限得多。[7]

2.2　专利协议和专利管理

美国的专利基本制度体系在美国宪法中的第一条第八款予以规定,国会有权"为促进科学与实用技艺的进步,对作家及发明家的著作和发明,在一定期限内给予专利权保障"。在此基础上,国会制定了多项专利法律,第一部法律颁布于 1790 年,并随着发展衍生了诸多修订版本。而这些专利法律则被编纂收录于

---

① 见 Jaffe 和 Lerner(2006),尤其是 pp. 82‐94。

② 欧洲数据参考详见 Guellec 和 van Pottelsberghe(2007,p. 148)。而在美国,该比例则达到了近三分之一,见 Lemley(2001)。

③ 关于美国专利商标局、欧洲专利局和日本专利局之间业务操作的详细比较,参见 Guellec 和 van Pottelsberghe(2007,第七章)。根据 2008 年 5 月通过的《伦敦协议》,专利翻译费用预计将会大幅下降。

④ 互联网提供了一系列通过"系统破解"获得有效延期方案的网站,例如 2008 年 7 月 29 日的访问案例:http://www.mewburn.com/Patent/US_Patents:_Term_extensions.htm。

⑤ 详情请访问 http://www.uspto.gov。关于专利延续战略应用的完整讨论,见 Lemley 和 Shapiro(2005)。Hedge 等(2007)根据经验得出,尽管不同类型企业及不同专利价值与相应的专利程序颇不成比例,但近年来专利延续情况整体仍有所下降。Graham 和 Harhoff(2006)对欧洲专利申请程序的战略问题进行了实证分析。

⑥ 一般来说,信息披露程序的战略滥用应参考 Van Zeebroeck 和 Van Pottelsberghe(2008)及文中的参考文献。

⑦ 见 Guellec 和 van Pottelsberghe(2007,p. 145)。

《美国法典》第 35 卷中。同时，国会还设立了美国专利商标局来实施这些法律并履行其他与专利保护相关的职责。近来，TRIPS 对不同国家（包括美国）的专利相关法律进行了统一。其他重要条约还包括：《保护工业产权巴黎公约》（规定凡在一个缔约国初次提出的专利申请，如申请人再向其他成员国提出同样申请，其后来申请日期可视同首次申请日期，《欧洲专利公约》（奠定了欧洲专利局在欧洲地区统一授予专利权的地位）以及《专利合作条约》（在缔约国间建立起统一的专利申请程序）。

在欧洲，专利可由某个国家的专利局或欧洲专利局进行颁发，抑或两者兼备。实际上，按照一般惯例，申请人通常会在某个欧洲国家或美国的专利局进行申请后，方向欧洲专利局进行申请。[①] 诸如美国专利商标局与欧洲专利局等负责专利颁发的行政机构，会对专利申请进行审核从而决定候选人的发明是否符合专利适格性的最低标准：其中新颖性与非显著性是最主要的特点。如果候选技术被认定不符合该最低标准，此专利则可予以驳回。审查程序结束后即可颁发专利，[②]但这往往需要经过多年的等待，在美国大约有三分之一的专利申请最终被驳回。[③] 尽管排他期自专利颁布之日便开始生效，但专利披露——创新特性的信息披露——却要自向专利局初次申请的 18 个月后方可公布（不过如申请人能够证明该专利没有在美国之外的对应申请，则不必进行公布）。这也意味着相比 1999 年《美国发明人保护法》生效之前必须在颁发专利时进行信息披露的旧制度，美国专利体系已发生改变。

2.3　专利权执行

专利权执行的强大与否决定了专利的发展状况。在美国，专利权执行往往通过法院系统进行私了（大部分为民事诉讼）。例如，如果专利持有者在专利管辖期间发现有侵权行为（即未经授权制造或使用专利材料），专利持有者可在法庭上起诉侵权者。侵权诉讼成本往往十分昂贵，[④]且实际上占据了总研发经费

---

① 该方法赋予了申请人多次申请获取有效国家专利的机会。相比于欧洲各国的国家专利局或美国专利商标局，欧洲专利局对创新的专利适格性反馈速度较慢，而上述策略则可让人们尽早获悉是否应继续进行申请的宝贵反馈。另外，由于美国专利商标局允许在专利申请后对专利文件进行大幅度修改，因此先在美国专利商标局递交申请，日后再向欧洲专利局递交改良版本则可谓是顺理成章。关于专利申请途径，见 Guellec 和 van Pottelsberghe（2007，pp. 155-159）。

② 就专利文件撤回或修正等其他可能结果，欧美两地均不尽相同，详见 Guellec 和 van Pottelsberghe（2007）或 Jaffe 和 Lerner（2006）。

③ 可参见 http://www.uspto.gov/web/offices/com/speeches/07-46.htm。根据该新闻稿，显然各年的数据均有较大差异。其他信息可参考 Harhoff 和 Wagner（2005）。另外，Ebert（2004）对美国专利制度中延续制度所扮演的角色问题进行了评析，并得出了一个相对较低的驳回率（1/4）。

④ 估算参见 Bessen 和 Meurer（2008a）。

的很大一部分比例。[1] 并且,这一成本不仅仅包括从侵权者到专利持有者的转移成本,而是全方位的巨大损失(Bessen 和 Meurer,2008b)。如法院判专利持有者胜诉,法院则将对侵权者施加禁令,禁止其销售侵权物品,并可能通过另一种货币补偿方式征收罚金,例如损害赔偿。事实上,甚至可以在此之前便实施临时禁令。自然,被告也可以进行反诉。对专利侵权诉讼的常见反击则是先去证明侵权专利诉讼的无效。总的来看,极少数专利——平均为已颁发专利的1.5%——接受过诉讼,而进行到审判阶段的专利则更是少之又少——大概仅为0.1%。[2] 而那些接受过诉讼的专利似乎通常具有高附加值,或是属于诉讼频率高的技术领域。[3] 随着时间的推移,专利持有者在审判中胜诉的比率亦逐渐提高,[4]而这一变化则应归功于 1982 年美国联邦巡回上诉法院(统一的专利诉讼法院)的成立。

欧洲则更依赖于异议制度,从而及时地淘汰"不良"的专利授权。通常在某项专利授权后的异议集中审核阶段,第三方可在此期间就是否应对专利予以授权的情况适当发表意见。[5] 相比于经法院审理的完整诉讼流程,上述提出专利异议的方法的确更能节省时间及资金成本,且比美国的诉讼方法要更为普及:已颁发专利中有超过 6%通过上述方式接受了异议审查。[6] 尽管极少已获授权专利经受过异议审查,但该制度及接受异议审查的潜在性被誉为欧洲专利局质量控制的核心,使得不良专利,即那些"实际上"不符合标准的专利,能够在颁发不久便被剔除出列。[7]

除了异议审查程序以外,欧洲与美国在专利权执行方面的第二大区别则是,欧洲专利局颁发的专利实际上是一系列国家专利的集合(申请人指定的国家)。如某项专利提出了国家层级的法律诉讼,那么该国法律则适用于此项专利。换言之,欧洲地区的专利纠纷并没有固定的审理法庭。如此一来,则很可能导致各

---

[1] Lerner (1995)通过估算得出,美国 1991 年时开始进行的专利诉讼的最终费用占据了当年全美基本研发开支的 27%(按 1991 年的美元计算)。

[2] 见 Lanjouw 和 Schankerman (2001),Lemley (2001).

[3] 详细数据及分析见 Lanjouw 和 Schankerman (2001,2004)以及 Lerner (1995)。Lanjouw 和 Schankerman 发现,尽管有些行业的专利诉讼比例高达 6%,但实际上专利诉讼的平均比例却要低于 2%。相关概述参见 Scotchmer (2004,第 7 章)。

[4] 详见 Jaffe (2000)。Allison 和 Lemley (1998)发现,进行至最终判决的专利诉讼案有 46%为无效。

[5] Hall 等(2003)和 Harhoff 与 Reitzig (2004)对该制度的应用进行了研究。另可参考 Guellec 和 van Pottelsberghe (2007,p. 176)。

[6] 关于欧洲专利局异议审查的详细分析与数据,见 Harhoff 和 Reitzig (2004)。随着时间的推移,异议审查频率似有所下降。

[7] 见 Guellec 和 van Pottelsberghe (2007,p. 178)。

欧洲司法管辖区的各类诉讼案审理结果大相径庭。[①]

最后,就构成专利侵权的内容而言,欧美两地也是不尽相同。"等同原则"可以在侵权产品即便未对专利发明完全照搬的情况下,来判断其是否属于侵权。换言之,发明的描述语言越宽泛模糊,专利保护"范围"则越大。此外,"实验免责权"允许以研究目的对专利技术进行使用。而相比于美国,欧洲在等同原则问题上更加严格,不过当涉及大学研究时,则放宽了对实验免责权的限制。因此,基于上述分析,欧美在处理相似专利侵权诉讼案偶尔出现的裁定结果差异也就不难理解了。[②]

2.4　总结

本章专利权简介针对专利制度衍生出的创新激励措施,列举了一系列相应的政策杠杆。显然,第一套政策杠杆适用于专利权体制构建本身,尤其是有关法律保护期限,排他性权利的范围界定,信息披露内容及披露时间,获得专利权保护的独创性最低标准以及专利适格标的范围等问题。在历史上,欧美两地均采用了上述杠杆进行政策干预,专利权因而得以演变进化。[③] 第二套杠杆适用于专利管理,例如专利申请流程如何体现专利权保护的主旨,包括审查流程结构,收费结构,专利审查人员激励措施及其他管理功能。[④] 同样,这些特性也会随着历史的发展不断演变。而第三套杠杆则适用于法院的专利权执行问题,包括专利持有者在侵权诉讼案中的胜算,救济类型与规模以及受理专利辩护和攻击的法院等内容。[⑤] 最后一组政策杠杆则用于确保专利持有者可在其他法律体系下自由地行使权利。竞争政策对专利权收益的影响便是一典型案例[⑥]——从对超

[①] 欧洲专利诉讼协议拟定建立统一的专利诉讼庭审,但尚未被采纳。详情请访问: http://www.epo.org/patents/law/legislative-initiatives/epla.html。

[②] 近来,美国费斯托集团诉 Shoketsu Kinzoku Kogyo Kabushiki Co (535 U. S. 722 (2002))一案的裁定对等同原则的解读造成了一定影响。关于欧美两地等同原则差异的对比分析,参考 Weston (1998)。2001/82/EC 号第 13(1)到第 13(7)条以及 2001/83/EC 号第 10(1)到第 10(5)条欧盟指令试图对欧洲地区的实验免责权进行统一。关于欧美对待大学研究方面的态度差异分析,参考 Guellec 和 van Pottelsberghe (2007, pp. 190191)。最近一起有关实验免责权的重要案例是 Madey 诉杜克大学, 307 F. 3d 1351 (Fed. Cir. 2002),Janis (2003)对该案进行了总结。

[③] 例如,近年来美国符合 TRIPS 的专利延续申请,以及欧洲专利适格性标的较为缓慢的发展进程(相对于美国而言)。

[④] 关于欧美两地行政流程变化的详细分析,见 Jaffe 和 Lerner (2006)以及 Guellec 和 van Pottelsberghe (2007)。

[⑤] Allison 和 Lemley (1998)以及 Jaffe 和 Lerner (2006)针对美国上诉法院的统一进程是如何影响诉讼策略及成功率的问题进行了探讨。

[⑥] 关于本章后半部分讨论的问题,可以通过一简单案例进行记忆消化,即欧盟指令第 82(a)条严禁主导厂商的"过高定价"行为。

高定价的简单限制到对实施专利许可能力或必要性条件的限制,再到对专利许可合同结构等方面作出的规定。众多研究均基于上述各级干预措施以及某些情况下不同杠杆间的相互作用,开展了相关调研活动。专利权执行方法与专利质量间的相互作用分析便是一大典型案例,我们将在后文中对其进行讨论。诚然,将现有行政与法律政策杠杆转化为有效的经济模型才是关键挑战。因此接下来,我们将重点讨论这一难题是如何解决的。

3. 专利过程的经济学阐释

由于其他模型需依托于基本经济基础,本章将以美国的专利制度为例,就专利过程中决定基本经济基础的相关问题进行概述。我们将主要围绕决策者目标函数、专利价值模型以及决定专利私人与社会福利效应的专利基本功能等问题展开探讨。总体而言,这些基本特性多体现于非美国的专利制度,因此本章将重点放在美国仅出于阐释的方便。

3.1 对专利政策目标的阐释

《美国宪法》第一条第八款明确指出,知识产权制度的目的旨在促进"科学与实用技艺"的进步。[①] 如果仅从字面来理解,人们可能不会想到将社会福利甚至经济增长作为衡量知识产权制度模型的最优化标准。反之,人们可能会选择创新速度,或是相对间接的研发速度与开发支出来做参考,即多多益善。人们选择的解释方式对于得到的知识产权保护制度最优性结论至关重要。例如,Horowitz 和 Lai (1996)针对以下两种不同情况进行了对最优专利设计的比较,一是以实现创新速度最大化为目的,二是以实现消费者剩余贴现值的最大化为目的。而由于随着各个质量等级产生的消费,中间品亦会产生经济剩余,因此相比于强调创新速度的制度体系而言,注重实现消费者剩余最大化的制度体系会更加重视创新的持续性。尽管人们应如何解读建立知识产权制度目标的这一问题可谓是错综复杂,但大部分经济学文献均认为社会福利(决策者促进了其最大化)可作为合适的衡量目标。

关于第一条第八款的第二个问题在于我们如何理解"科学与实用技艺"中所谓的"进步"。大多数模型基于创新专利为社会所创造的价值来判断其重要性。

[①] 并非所有的专利制度均有宪法依据,因此美国的专利制度可谓颇为特殊。尽管我们不对美国这一特色专利制度带来的影响进行深入讨论,但 Nard 和 Morriss (2006)认为相比于诸如分肥制等制度体系,专利权宪法保护法更强化了国家与发明者之间的契约关系。关于专利制度历史及其法律依据,详见 Jaffe 和 Lerner (2006)以及 Scotchmer (2004)。

部分模型将该价值解读为自由市场价值。[1] 然而,实际的专利审批流程不会直接将商业价值与科学或技术价值联系到一起。诚然,专利文档和审查流程能够明确地识别技术及其来源价值以及技术的"实用性",但并不会对其货币价值进行深入讨论。因此,专利局不对所授予的市场专利或发明家的其他任何个人价值予以直接判断,且在该领域亦无专业经验,无法将市场价值确立为衡量专利适格性的一项明确标准。[2] 因此,很难针对该类市场价值概念对专利采取事前保护。

尽管原则上来讲,追求利润最大化企业的所获价值与技术进步所产生的价值之间的联系相当脆弱,但实际上二者间的关联远要紧密得多。由于专利申请成本昂贵,如果发明者认为专利无法为其带来相应的个人商业价值,就不会做出申请。正如 Scotchemer (1999)和 Comelli 与 Schankeman (1999)的解读,即便专利局对于某项专利能否产生相应的自由市场价值所知甚少并无意深究,发明者们也会自行探究了解相关情况。发明者的专利申请行为多少反应了其自身情况。据调查,那些具有较高个人价值的发明往往更容易获得专利权,且无需缴纳延续费便可获得延续。因此,(延续)专利权保护通常与一项创新在发明者眼中是否具有较高个人价值息息相关。[3]

最后,不论发明贡献的大小,都会涉及专利权颁发与社会价值或发明者自身价值实现之间的起效期问题。La Manna (1994)指出,如在早期尚未有大量创新开发支出时获得专利权,那么该项排他性权利便可确保专利持有者能够将相关全部回报在开支产生前投入使用。如果迟迟未能获取专利权,则将面临与众多公司共同竞争的局面,那么潜在专利持有者只能根据预期收益获得少量研发投资。由于在后种情形下,专利持有者若想将专利转化为投资成果必然将面临与其他公司共同"竞争"的局面,而前一种情形则无此顾虑——两种情况间的差异势必会对投资意愿产生影响。

一般而言,当涉及社会福利"何时"产生之际,"如何"产生的相应问题也随即而来。专利的社会及私人价值并不一定直接由技术创造,但很大程度上由其衍生。价值主要产生于提前授予的专利所生成的一系列创新(后续创新),抑或基于随之产生的创新来共同创造有价值的产品(互补性创新)。在上述两种情况中,孤立的专利几乎不具备私人价值。实际上,我们后续将针对"纯理论研究工具"进行探讨,即那些具有技术价值却无货币价值的创新。这种情况下,专利权

---

① 例如,Gilbert 和 Shapiro (1990)将该价值解读为利润流。

② 然而正如我们上文曾指出的,由于创新的"非显著性"与"实用性"仅能通过事后证明进行判断,因此某些司法管辖区的创新商业价值十分有限。

③ 诸多论文均对专利价值及其相关内容进行过探讨,见 Bessen (2006)及文中参考文献。

的主要功能之一便是通过后续创新或互补性创新签订专利许可合同,促进价值转移,从而将"核心"专利返还至其专利持有者手上。实际上,Hall(2007)的确给出了有关专利有助此类知识产权贸易发展的例证。

3.2　专利的奖励与契约论

《美国宪法》第一条第八款还指出如何实现其促进"科学与实用技艺的进步"这一目标的相关方法。具体来说,即该项排他性权利制度规定了仅可在有限期间内进行创新活动、兜售以及使用。专利权促进科学进步的作用主要体现在两种方法上。

第一种方法便是建立创新私人奖励机制,有时亦被称为专利保护的"奖励理论",Nordhaus(1969)在其经典著作中曾有涉及。其中认为,随着潜在垄断势力的发展,进而产生专利垄断租金,排他性保证了成功的创新者能够得到其应得的奖励。如果发明者个人常需为创新自掏腰包,那么在当下代理商们纷纷追求利润最大化的市场环境中,获得这类私人补偿的"奖励"更显得尤为必要。如果该项排他性权利不属于创新者本人,而是纯粹从为公众谋福利的角度出发,便会造成发明被随意仿冒滥用的局面,任何人均可与专利持有者一道进行竞争,向买家兜售。这种竞争或将削弱创新奖励制的作用,但必然会导致前功尽弃。因此,考虑到信息正外部性会导致市场创新发展动力不足,专利制度则恰可弥补这一缺陷,促进创新发展。

首先,我们将针对发明者为一人的情况下通过排他性权利维护其有用发明的"典型案例"进行分析。那么,该发明者适用于垄断者的剩余需求曲线。如果发明者设定了单一价格,作为垄断者则能够赚取图 1 中标记为 π 的所示利润,即通过创造努力所获得的私人奖励。诚然,垄断利润亦会随之产生消费者剩余价值 s,垄断定价则也会形成无谓损失 d。因此,创新回报的保障必然会涉及社会成本问题。发明者所获得的私人价值要远小于创新带来的社会价值,只有通过对全部社会剩余进行奖励,即 $W=(\pi+s+d)$ 这一三角形,方可形成与社会现状接轨的激励措施。因此,尽管促进科学进步的激励措施

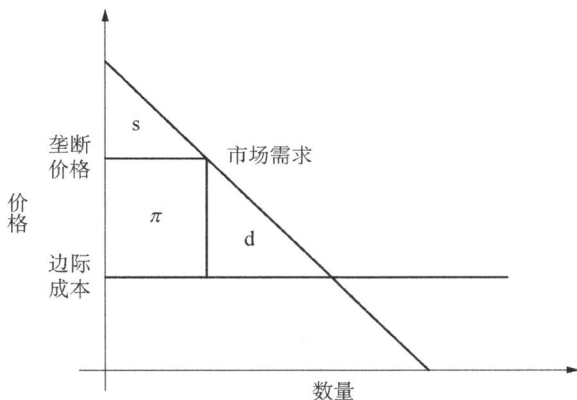

图 1　利润、消费者剩余以及垄断的无谓损失

较为积极,但其社会性在该制度体系下却仍旧过低,从而导致了动态福利损失。

但即便如此,关于临时排他性权利体系在现实中是否会必然导致社会性不足的创新激励措施,人们仍无法妄下定论。排他性也可能会产生过度社会化的创新激励措施。专利权并未规定仅许一方进行创新尝试活动,任何人都可以去竞争知识产权及其衍生的利益。事实上,如出现几个潜在发明者一同竞争赢取创新"奖励"权利的情况,则很可能是由于创新的社会投资激励措施过强的原因。每个潜在的发明者均具有赢得奖励,从其竞争对手中"窃取业务"的动机。换言之,该项奖励的竞争者们在争取获胜中并不会考虑负外部性的相互作用影响,致使失败者们所付出的私人及社会努力成绩无人知晓。因此,尽管在单一创新的情况下,如有多个潜在的创新者,市场仍可能产生过度社会化的创新激励措施。

继 Scotchmer(2004)之后,下面我们将主要针对两家公司为潜在研究者的情况展开探讨。任何一家公司的成功创新均可产生社会价值 W,但复制创新却无法生成附加的社会价值。π 则是指公司作为唯一创新者所获取的奖励。假设创新具有概率性,因此投资者投资的成功创新概率为 p,而失败概率则为 $1-p$。自然,也的确可能存在二者同时成功的情况。假若如此,两家公司间应对奖励进行均匀分配。在此框架中,当每个额外研究者的成功概率彼此独立互不关联时,其对社会剩余价值的贡献则为:

$$p(1-p)-W.$$

只有当前一个研究者失败第二个研究者成功的情况下,第二研究者才具有价值。如果这超出了后继研究者的研究增量成本,社会将从第二个研究者的努力中获益。而至于单一研究者是否愿意加入则是由私人贡献所决定,即取决于后继研究者失败情况下成为唯一赢家的可获奖励以及共赢情况下的可得回报:

$$p(1-p)\pi + p^2(1/2)\pi = (p-p^2)\pi + p^2(\pi/2).$$

如超出研究增量成本,那么一家私人公司则将因此获益。

这两个表达式间存在两项差异。首先,价值在前一个表达式中由 W 指代,而在后者中则为 π。从该角度而言,开展研究的激励措施依然不足。那么回到图 1,使 $W = \pi$,这样 π 即可反映创新的全部社会剩余价值。第一项私人激励措施现等同于社会效益,但在两家公司同时投资且"运气好"的情况下,第二项私人激励措施则可反应任何一个发明者的可获收益。

这便为发明家提供了相应的私人激励措施。由于比起一家公司的成功,两家公司成功所获社会剩余价值并未能有所增长,因此类似项并不属社会效益范围——社会只关心是否有人能够做出发明。相反的,个体发明者则十分在乎输赢:胜者赢得奖励,输家一无所得。因此,此第二项特性决定了私人激励措施要优于社会激励措施。事实上,如果研究战略能够完全呈正相关(由此一来两家公司的成功势必相辅相成），则第二研究者的增加便不会产生任何社会收益。另一方面，由于每家公司的获奖概率相当，各公司均有机会获得正向私人收益。因此，创新专利奖励能够激励发明，但这些激励措施往往远超出/未达到社会最优水平。

通过上述推理可以得出：有关新研究轨迹进入条件的基本假设或将影响我们就创新激励措施是否需要增加或减少的相关结论。如果研究轨迹得以公开，相应资源亦唾手可得，我们则应警惕过度创新激励情况的出现。如果创新者能以独特的方式获取相关创意，那么对于社会上过度获取"公共资源"的担忧也就大可不必了。在这种"私人信息"的情况下，我们需要相应地增加发明激励措施。

下面我们将探讨专利的排他性权利通过发明创造收益并促进"科学与实用技艺进步"的第二种途径。信息随着创新的发展应运而生。它可以是关于创新特性的特定信息，抑或是针对某问题提供的可能/有效的特定解决方法。创建该类信息的私人成本颇为昂贵，但由于可以借此通过他人推动创新发展，因此社会实用性较强。而由于其实用性或可归于全然不同的领域或市场，私人创新奖励因此无需低于投资成本。尽管如此，信息创造者提供的正外部性依旧存在。这样一来则造成了私人激励措施与社会奖励措施在推动创新活动间的分歧，表明应对信息提供予以鼓励，从而应对市场上相关信息的匮乏局面。[①] 对于那些尽管已提供充分的报酬促进信息创造，相关信息却仍可能不为人知的情况则更是如此。

信息传播可谓是专利制度的一项明确目标。专利契约理论将专利视为发明者与社会间签订的"契约"，专利权颁发则意味着拥有了信息传播的权利，即那些对于模仿者、追随者或其他旨在进一步促进社会收益的信息使用者而言的实用信息。[②] 专利文件则相当于为该类信息打造了一个免费图书馆。即便对于原始发明者而言，专利奖励与保密奖励相差无几（因此存在同样的信息创造激励措施），而也恰恰是由于信息披露补偿为"图书馆"的其他类信息带来了相应收益，专利制度的过人之处则方能得以彰显。当然，这一观点建立在专利图书馆能够生成易于查阅与便于解读的信息且假设制度允许通过保密生成保密的基础之上。我们也将会在下文中继续讨论这些问题。

总而言之，专利的"奖励"与"契约"理论为专利促进科学进步打下了基础。

---

① 前一种表达式中，在垄断定价导致的无谓损失情况下 $W > \pi$。在第二种表达式中，尽管不存在定价问题亦有 $W > \pi$。

② 相关探讨见 Denicolo 和 Franzoni（2004）。关于"天赋人权"法则以及专利权传播的相关详细法律理论，见 Eisenberg（1989）和 Miller 与 Davis（1983）。在早期文献中，Arrow（1962）曾指出专利有助于鼓励信息披露。

奖励与信息收益均适用于专利设计的单一创新模型与多元创新模型,我们亦会进行后续讨论,不过其模型核心与设计则由加权来决定。但在此之前,我们首先会在假设没有知识产权保护的情况下进行基准测试。因此通过该框架,即便缺乏知识产权保护的情况下,我们亦能得出促进创新激励措施的有效方法。

4. 缺乏知识产权保护情况下的创新激励措施

是否给予创新者排他性权利的制度体系必然伴随着一定奖励或信息披露呢?那么让我们假设一下不存在知识产权保护的情况。进一步说,一旦一个创新产品被出售或使用后,大众对该发明逐渐熟悉接受,自此种下了模仿的种子。如果创新产生了一定利润,众多潜在的模仿者们便会蜂拥而至,并复制生成自己的版本。在此过程中会产生无数创新产品或工艺的供应商,拉低了产品价格,从而使得原发明者利益受到损害。如果该工艺周期较短或较为廉价,那么初始发明者所能获得的剩余价值则更是少之又少。事实上,如果创新开发成本最初由个人承担,那么即时的效仿复制行为则会削减创新收益,而其成本却远低于原发明成本。如果发明者能够预计到这一情况,则一开始便不会有人对创新进行投资。本质上来说,当发明者们进行创新发明或实践之际,对公共知识储备的贡献是毋庸置疑的。这一正外部性如果无法被发明者捕获,则必然会引发创新私人激励措施的不足。而专利则使得创新得以具象化,从而解决了上述问题。换言之,专利将一项创新变为了可在市场上进行交易的实际"物体",进而实现了发明者私人利益与公共利益(核心)的双赢。

然而这一观点遭遇了诸多异议。反对意见主要集中在有关货币收益是发明创新源动力的假设一说上,并对于模仿过程快速、廉价以及纯粹复制性行为的观点亦是不以为然。相关观点认为,如果的确存在上述问题,那么专利制度或许也是一种错误的解决方案。我们首先将着重解决前面的问题,并在本章后半部分再去讨论最优化设计问题。

不过,许多发明者们并不关心货币收益,而是注重创新外部性或创新过程的效用价值,正是这样的利他主义精神反而引发了公众的担忧。[1] 当然,由于专利制度具有自愿性,因此奖励并不一定会促进发明创造,而创新分享也并非是违背制度——发明者们有权将自己的创新成果捐献给社会。此外,尽管创造的乐趣足以带动技术雏形的产生,但若要获得更大的发展进而推动创新产品面世,却依

---

[1] 见 Middendorf (1981)以及 Maurer 和 Scotchmer (2006b)。Giuri 等(2006)基于 PATVAL - EU 调查结果,针对发明者行为与动机提供了大量最新资料。

旧远远不够。

　　抑或说，个体发明者的私人激励措施可能主要来自于对就业市场的信号传递。尽管将创新归因于发明者的手段是该机制的运作基础（例如，创新信息传递到其他就业市场中具有署名权资格的求职者或存在一定延迟），该情况下专利保护对创新激励措施的作用则颇为间接。实际上，根据就业市场的竞争结构，求职者在彼此竞相展示发挥其才华之际，往往会生成过度社会化或社会化不足的创新激励措施。Lerner 和 Tirole（2002）以及 Lakhani 和 Wolf（2005）认为，开源代码开发者的发明活动往往旨在提高其自身技能。① 因此，尽管创新或能为他人创造外部收益，但是如果该私人利益大于创新成本，那么不论是否有知识产权保护，即便社会激励措施与私人激励措施尚未完全统一，该创新亦能得以面世。

　　有些人坚称专利制度可有可无，也有人认为，即便专利制度不可或缺也是作用有限。Cohen 等人（2000）的调查表明，管理人员并不认为专利能产生有效的直接创新回报。而尽管诸如生物技术与制药等行业似乎从专利授权中受益匪浅，但人们亦普遍认为各类先发优势（例如"干中学"）要比知识产权能产生更大的创新回报。并且，如果公司借助其他诸如进入壁垒等市场"摩擦"来赚取发明收益，专利则更可谓是附赘悬疣。另一方面，Farrell（1995）认为，专利保护的"蜜月"期也许会造成那些潜在长期的先发优势捷足先登。因此，专利对利润的贡献或许要比调查结果更为乐观。不过，如果摩擦与非专利活动能够产生一定回报，那么或许我们应考虑削弱或废除专利制度，毕竟专利制度不但维护成本昂贵且获利平平。

　　在面对一系列市场"摩擦"的情况下，Cohen 和 Levinthal（1989）最早认识到了削弱知识产权保护所带来的益处，他们认为模仿复制行为并非"免费或即时"。确切地讲，创新模仿是一项颇为耗资的技术，需费力将知识从"公共资源"中"吸收"出来。② 如果吸收作业成本昂贵，且能与公共资源贡献区别开来，那么削弱专利保护则必然有所裨益。专利的弱化可促进共同知识元素的发展，进而实现公共资源的扩充。因此尽管专利保护作用减弱，而市场摩擦或壁垒亦足以从资源更丰富的环境中赚取利益，缓解从公共资源中进行知识吸收的耗资情况。Henkel（2004）在相关模型中曾提出过"点唱机"的类比：尽管人们的音乐品味各异，所创造的正外部性亦不尽相同，但每人都或多或少地对音乐赏析做出了各自的贡献。同样，Harhoff 等（2003）认为，创新活动可归为对改进过程的一种输

---

① 针对开源制度及开源社区带来的可能影响相关讨论，见 Lerner 和 Tirole（2005）。

② 更多有关溢出效应的探讨与参考文献，见 Cassiman 和 Veugelers（2002）以及 Bloom 等（2007）。对公共资源的贡献被称为知识的"输出溢出"，而吸收则被称为"输入溢出"。

入,而这一改进过程产生于市场,且由于人们的"特质"各不相同,竞争者们亦无法独揽全部资源。因此,虽然每项创新均对公共资源有所贡献,但所获收益却远大于其个人贡献。基于公共资源的存在以及劣势与资源容量之间的联系,弱化的知识产权更能够精准地刺激创新活动。此外,公共资源中可能出现的"搭便车"行为,某种程度上也有助于消除重复研究开支。

Bessen 和 Maskin(2009)对市场摩擦观点进行了分类并得出,相比于专利制度(一种特殊变体)而言,极小的摩擦亦可能使得一种所有信息均在一定(外生)程度上可获取的制度体系成为主导。Bessen 和 Maskin 的研究成果主要建立在三大要素之上。第一,尽管摩擦非常小,但摩擦的存在便意味着发明者的现阶段收益并未由于模仿行为而骤降至零。模仿行为通常要么成本昂贵,要么耗费时间,抑或既耗资又耗时。第二,公共资源中的每个参与者既为贡献者,亦为其受益者。换言之,创新外部性是一种双向的过程,由发明者产生,最终又回归至发明者。[1] 第三,每个公司在公共资源中的私人利益份额通常会随着公共资源参与者的增多而增多,因此可谓是"多多益善"。这也许是受互补性或网络外部性的影响,抑或两者的共同作用。并且,自创新发明问世之日起,不断的分化亦有利于众多公司对研发费用进行分摊。[2]

显然,相对于某些领域(例如制药业)而言,该模型提出的假设更适用于诸如信息与通信技术等行业。此外,"开源"制度的益处亦无法与最优的专利制度相比。事实上,Maurer 和 Scotchmer(2006b)曾指出,专利许可效率的预测结果决定了人们对于创新的专利申请或开源制度的相对意向。[3]

然而,技术采用成本昂贵或过程耗时并不一定意味着开源制度会占据支配地位。有些人对采用过程展开了更为充分的建模,旨在对专利与免费制度的盈利点进行精确对比判断。专利的一大优势便在于采用过程的统一。Glachant 和 Meniere(2008)的一篇论文曾对此做过简单阐释。假设示范效应能够促进未来技术采用活动,那么早期采用者便能对晚期采用者形成正外部性影响,且无须在早期采用者行为中体现。另一方面,上游专利持有者作为技术的垄断持有方,能够对正外部性进行内部化。另外,上游专利持有者可通过跨时差别定价,对技术采用激励措施进行控制。学习溢出效应为其模型增添了两种无效率情况。第一,尽管早期采用符合社会需求,但却不一定能产生私人利益。第二,延期采用

---

[1] Belenzon(2006)列举了一组美国企业在序贯性或累积性创新情况下,溢出效应被最初发明者"再吸收"的相关案例。

[2] 在累积性创新的后续模型中,我们会发现一些模型往往被认为其中缺乏"创意"。如果只有原创新者的参与,识别创新进步的可能性便几乎为零,原因就在于原创新者并不一定具备促进创新进步的"创意"。在第一阶段后引入独立个体的参与对于后续发展可谓至关重要。

[3] 关于依靠市场摩擦的专利弱化或无专利收益建模,见 Boldrin 和 Levine(2003)。

的激励措施使得消费者可从成本下降中获利。因此,推动过程的"开始"以及保证过程不会过度延期均十分重要。诚然,由于模仿行为逐渐限制了专利对差别定价的垄断能力,并随之产生采用模式的次优化,模仿行为也许并不为大众接受。尽管专利是解决使用外部性问题的方法之一,但其仍受制于其他政府机构的管辖可谓是毋庸置疑。垄断者的市场协调方式并不一定要同社会计划者保持一致。然而关键问题在于,当出现采用正外部性情况时,则需对免费制度进行特定的干预辅助补充措施。早年的论文(Katz 和 Shapiro,1986,1987 等)将同类效应进行整合,生成了包括战略效应在内更为复杂的模型,并对采用正外部性来源展开了大量建模(例如需求方的网络外部性)。

截至目前,我们参阅的论文对专利制度与权利保护的开源制度体系展开了一系列比较。Anton 和 Yao(1994)就保密制度给予创新者回报程度的问题上,持截然相反的观点。换言之,即便没有专利,但通过未建模的法律框架亦有可能形成"牢固"的保密机制。那么保密制度是否足以促进创新私人奖励的产生? 假设 A 女士的创新发明在开发过程中亦可确保其保密性(例如流程创新)。而 A 女士深知该创新价值极高,但潜在买家 B 先生对此却并不知晓。由于信息的不对称,该创新的交易则很可能会出现市场失灵,即 B 不愿为这种无甚价值的创新买单。如果创新的盈利潜力取决于销售情况,则会出现创新激励措施不足的情况。若想解决这一市场失灵情况,A 女士可以试着将该创新信息提供给 B 先生。但在缺乏专利保护的情况下,将信息对 B 先生全盘托出则意味着他可以利用这些信息进行创新开发,而无须再向 A 女士支付任何酬劳。那么在这种情况下,A 女士如何才能获得其应得的创新奖励?

如果 A 女士握有一商业机密,并将其透露给一买方供其使用,她仍有可能从该机密中赚取其应得的全部收益,因为她可以威胁(可置信威胁)该买方会将机密提供给第三方 C 女士。因此,创新价值披露的同时亦伴随着巨大损失的"惩罚"——创新价值越高,将机密透露给 C 女士可能造成的价值损失则越大。更确切地说,由于该创新属于非专利机密,披露风险与不对创新施加限制条件的可置信威胁可谓相辅相成,这样一来 C 女士则成为受限竞争者。而保密制度的这一"缺点"亦恰恰是该制度的强大谈判筹码。此外,该过程不仅存在一定的威胁风险(因为 C 女士属于 A 女士与 B 先生间私人交易外的另一选择),且威胁程度的大小与技术价值也息息相关。那么,一旦酬劳与实际利益不相符,A 女士便可 C 与女士建立联系;但如果其所得许可费用与创新许可赚取的总利润相符——假设该比收入可经受观察验证——那么只要 A 女士能够获得其应得的收益,便可保持当下的垄断结构。在适当条件下,尽管 C 女士从相同技术中获得的收益相比于 B 先生要小得多,维持独家垄断结构所获的收益仍要大于双头垄断,而商业机密不但与贸易紧密相连,亦是对创新者的一种回报。①

该观点取决于当事方对秘密的保守,以确保模仿行为不会破坏交易当事方对创新价值的掌控。任何一方均可将此归为模型的隐含摩擦,这样即便缺乏强大的知识产权保护,亦可从中赢取收益,抑或可以将其归功于强大的法律体系对贸易保密制度的执行推动作用。显然,考虑到对后续谈判可能造成的影响,创新者不得在进行创新信息披露后继续使用其创新,这一前提情景可谓是尤为特别。且基于对市场产品的事后观察,创新亦不可实施逆向工程。因此,相比于本节开篇处将保密制度排除在外的案例,保密制度对此模型可谓具有绝对的掌控权。然而,他们的论文表明,即便未取得专利,在能够对信息进行长期控制的情况下亦能产生足够的创新回报。并且在此类制度掌控下,弃用专利亦符合部分信息的披露利益。因此,当我们对专利制度和保密制度进行比较时,我们不应理所当然地断定专利制度下所有信息必然会进行披露,而保密制度下则应完全相反。

因此在特定情况下,人们完全可以对专利权提出理论质疑。如果摩擦导致了专利的边缘化,抑或保密成为一种有效工具,则恰恰说明了没有必要设置这些专利。那么是否存在知识产权制度弱化从而促进创新发展的情况?凭经验来看,该问题尚未定论。Hall(2007)认为,加强专利制度(无论是延长专利保护期限,扩大标的覆盖面抑或加强强制执行)虽然提高了专利制度的使用度,但对整体创新活动发展却影响甚微。实际上,Sakakibara 和 Branstetter(2001)发现,在日本加强专利保护对研发活动的作用可谓是微不足道。实证研究提出了关于研究强度与知识产权保护之间的同步性关系问题。而 Qian(2007)恰恰负责此环节,却并未发现增强知识产权保护与投资活动之间存在必然联系。通过专利强度的一项广义全国范围调研,Lerner 发现,在专利保护较弱的情况下加强专利制度有利于创新发展,但如专利保护过强则会出现截然相反的结果,因此在两者间求取平衡似乎对促进创新活动最有助益。检测方法便是对上述理论具体内容设置变量,但也很难判断具体是哪种机制在起作用。创新与专利保护强度存在联系的情况通常集中在几个特定行业,例如制药、医疗设备以及生物科技等专利保护效果显著的领域(见 Arora,2003)。我们将在第 6 节讨论创新回报的最优替代制度,并与免费创新获取制度相结合,有望大大超越专利制度。

---

① 正式来讲,只有在对 B 先生的(或许)收费不超出其从对称双头垄断向独家垄断转移的所得收益情况下,即 $\pi_M - \pi_D$,B 先生方能接受该许可。而若要保证 A 女士不会与 C 女士进行联系,则必须保证 A 女士从 B 先生处获取的利益大于从 C 女士处能够获取的利益($\pi_D - \pi_L$),其中 π_L 为 C 女士在未得到创新情况下的所得收益,加上当 B 先生知道后续会向 C 女士进行信息披露所付的额外费用。与大多标准产业结构一样,如果 $\pi_M + \pi_L > 2\pi_D$,那么即便对所有参与方进行信息披露的收费为正,但只有当高价值的创新信息仅面向 B 先生一人时,参数范围方能达到平衡。

5. 最优专利设计：保护期限与范围

我们在上文讨论到专利通过奖励技术进步能够产生一定的社会福利，但若说专利促进技术的最优发展是基于其潜在形成的无谓损失，则略为牵强。前文中同样提到了，除了产生的无谓损失外，我们亦有理由认为专利奖励能够产生社会化不足抑或过度社会化的创新激励措施。然而，完全弃用知识产权保护或完全依赖贸易保密机制的观点需建立在特定条件之上。最优替代方法应是在现有制度基础上对其中若干参数进行调整，从而达到更佳效果。这一方法的相关文献可谓历史悠久。而接下来，我们将首先针对第一套模型中单一创新的问题进行讨论，然后拓展至多元创新模型，这些模型均主要与"奖励理论"相关。我们将在最后一节讨论有关信息披露问题的模型。

5.1　单一创新模型

第一部分文献主要围绕单一创新的情况展开研究。Nordhaus（1969）提出了专利保护期限应对两种力量进行平衡，为研究工作奠定了基础。第一，对于对社会具有永久潜在效益的创新，专利保护期限应尽可能地延长（可能为无限延长）。由于专利保护建立在排他性所有权基础之上，但受垄断定价的影响则很可能会导致出现无谓损失。而若想实现无谓损失的最小化，则意味着保护期限应尽量缩短。保护期限的最优化需要在上述问题中寻找平衡——保护期限越长，越能带动创新活动，但也同时加剧了无谓损失。假设若能实现即刻免费获取创新信息，创新则能够产生一个最大化的社会价值名义贴现值 $\overline{W}$，但每一保护周期均会产生无谓损失 d。[1] 设每个保护周期的创新者利润流为 π。保护期满后，利润降至基线水平，重新归零。当存在 T 周期专利保护情况下，给定 $X(T) = (1 - e^{-rT})/r$，创新产生的净收益为 $\overline{W} - dX(T)$。该表达式根据 T 值递减。受贴现收益取决于创新活动这一约束条件影响，我们既可以考虑对该表达式取最大值，也可对 $dX(T)$ 取最小值，若要创新产生贴现受益则 $X(T)\pi$ 须达到数值 c。注意 $X(T)\pi$ 根据 T 递减，而解决该问题的关键便在于求出满足约束条件的 T 的最小值。

当然，任何影响垄断定价的工具（包括竞争政策）均有可能产生类似效应。例如，人们可以对每个保护周期执行价格限制［例如根据欧洲法规的第 82 条 (a)］，但允许延长保护周期，从而通过每一周期少量回报的累积，达到理想回报收益。因此，建议将专利保护周期延长，但同时需对价格进行严格限制。该观点

---

[1]　在前面的公式中，如果每周期福利依然等于 $d+s+\pi$，但整个福利三角会后于专利保护期满失效，则每周期社会收益仅为 $s+\pi$。

来自 Tandon（1982），提出通过强制许可准则进行价格限制。正式来说，随着边际成本的增加，每个周期的社会福利随溢价递减，且专利在 T 周期失效，因此社会的问题在于要将创新产生的整体社会福利贴现最大化（或将社会成本贴现最小化）。如果我们用 π 来代表价格－边际成本差额，则出现了下列社会计划者问题：

$$\max_{\pi, T} \overline{W} - X(T)d(\pi) \text{ 或} \min_{\pi, T} X(T)d(\pi)$$

约束条件：$c \leqslant X(T)\pi$

其中必须满足数值 c 方可实现促进创新的目标。与前面的公式相比，该公式的不同之处便在于它有两种控制手段（价格－边际成本差额和法定保护周期），其中价格－边际成本差额是无谓损失模型中的自变数，因此我们现得出了函数 $d(\pi)$。Tandon 还提出在线形需求的情况下，当最小值与贴现因子 $X(T)$ 的变化呈正比时，它亦通过无谓损失与专利使用费（决定溢价）的平方呈正比。这样一来就补偿创新者而言，专利周期 T 要比价格－边际成本差额更为有效。针对这一问题，Ayres 和 Klemperer（1999）指出，通过对垄断扭曲进行限制的同时，延长专利期限从而保持稳定的预期收益是拉姆齐定价法则的一种表现形式——在确保能够达到目标收益的情况下，定价应尽可能满足价格扭曲最小化。[1]

在此模型中，专利设计者控制权较大，价格－边际成本差额与保护期限均可创造边际收益，二者同为直接手段。模仿行为的消失一定程度上限制了租金赚取时间（这样有效专利期限则为法定专利期限），并且模仿行为的消失与其他竞争顾虑亦限制了可得的价格－边际成本差额。在下文中，我们将进一步就模仿行为对模型结果与政策建议的影响进行讨论。

Gilbert 和 Shapiro（1990）将该研究路线向两个方向进行了拓展。第一，他们将获取价格－边际成本差额的自由与"专利宽度"进行了关联。专利宽度可视作专利的强度指数，利润流越大则意味着专利保护越强。对此一种观点认为，更宽泛的权利主张范围更容易通过专利局审核，从而围绕一项创新在产品空间中获取更大的"排他区域"。这就意味着，如果禁止近似替代创新行为，必然会产生更高的垄断收益。因此，这也便是为什么专利制度现由两部分组成：专利长度与宽度，其中关于专利宽度政策可视作是对 Tandon 研究的延伸。

第二，Gilbert 和 Shapiro 证明了，无论专利期限长短覆盖范围宽窄，只要创新者所得回报均能够带动预期投资水平，便可将专利政策产生的无谓成本最小化。而哪种设计更优则要取决于社会福利与收益之间的关系。假设二者呈负相

---

[1] 允许制定超竞争市场价格相当于允许专利持有者收税。如可对所有商品及所有时期进行集中征税更为有效，但这需要通过了解恰当目标回报水平的政府机构进行干预。正如我们在后文中所讨论的，多数情况下该目标不过是不切实的信息推测。更多讨论见 Ayres 和 Klemperer（1999）。

关，但二阶导数能够真实地反应二者中的任一符号信息。二阶导数决定了最优政策。而两人所考虑的福利最大化问题亦同上。方法是假设"目标利润"为 $\pi(T)$，利润流价值为 π，并满足某给定水平内 c 值这一约束条件。那么社会总福利 $W(T, \pi(T))$ 则可得到关于函数 T 的方程。他们根据 T 的变化，对函数 W 的形状进行分析来考虑最优政策。该形状由直接与间接效力决定：

$$\frac{\mathrm{d}W}{\mathrm{d}T} = \frac{\partial W}{\partial T} + \frac{\partial W}{\partial \pi} \frac{\mathrm{d}\pi}{\mathrm{d}T}$$

等号右边第一项代表延长专利期限的直接效力，受每一保护周期产生的无谓损失影响，显然为负。右边的二阶偏导数表示福利收益增加的直接效力，同样受无谓损失影响为负值。而第三项代表了以"目标利润"水平为前提，延长专利保护期限的影响，数值亦为负。因此，等号右边各项取决于受 W 二阶导数决定的效果加权。为了实现无限寿命专利的最优设计，需令表达式等号右边的所有项为正。当专利持有者利润函数中社会福利曲线下凹，即 $\partial^2 W / \partial \pi^2 < 0$ 时，则会出现上述情况——其原因便在于受无谓损失影响，产生社会福利所需的专利奖励成本过于昂贵。奖励实际应由少量利润流构成，但却能通过不断累积达到我们的期望水平，从而实现动态效益的最大化。因此，实现福利最大化应采取覆盖范围窄，保护期限长的专利制度。本质上这正是 Tandon 所分析的情况。不过，Gilbert 和 Shapiro 认为仍存在第二种情况，即随着覆盖范围的拓宽，无谓损失亦会随之增长（社会福利的二阶导数为异号）。这种情况下，期限短、覆盖范围宽的专利制度则是最优的。如此一来，很难得出明确的最优专利设计政策。

不过，将专利宽度视为一种绝对的排他区域未免不合时宜。毕竟如果其他企业推出了非侵权创新替代品，专利保护制度亦无法阻止此类竞争。Gallini（1992）认为，覆盖范围更宽的专利制度由于对周边创新行为进行了限制，反而成本更为昂贵，并指出无论是 Gilbert 和 Shapiro 还是 Tandon，均没有对模仿可能性进行说明。就此而论，专利政策由专利长度与宽度组成——现将后者定义为模仿成本。我们之前提及的限制条件①现亦存在第二种考虑因素，即当进入成本 E 恰好可被行业寡头垄断所得收益抵消时，便会出现自由进入局面。由于专利持有者所得奖励的提高，进入的吸引力愈发强烈，决策者必须将此考虑在内。该过程中产生的进入成本自然同时也是社会成本。因此，社会计划者应针对创新者创建补偿奖励，促进无谓损失最小化，减少重复开支。更正式来讲，设任何该行业公司的所得利润为 π，并为关于参与者数量 m 的连续递减函数。进入条

---

① Gallini 模型对"创新约束"有不同的阐释。创新者选择采用专利制度而非保密制度则是一种约束条件。因此，尽管在各公式区间中含义相同，c 代表"不进行专利申请获得的价值"，而约束条件为专利保护制度优于无专利保护下的保密制度。该阐释恰恰符合模型对模仿行为的强调。

件由 $E = X(T)\pi(m)$ 决定。如果我们令 $m(\pi)$ 为该利润函数的反函数,则会出现社会计划者问题:

$$\max_{\pi,\, T} \overline{W} - X(T)d(\pi) - m(\pi)E$$

约束条件:$E = X(T)\pi$ 与 $c \leqslant X(T)\pi$

换言之,在满足自由进入限制条件的前提下,我们现令无谓净损失剩余与进入净成本剩余最大化,从而使得创新酬劳足以激发专利申请。当 E 值足够小,即威胁因素恰能抑制模仿行为,且在公司总数量($m+1$)的产出弹性不超过 1 的条件下,该专利长度方能实现社会剩余的最大化。相对于额外参与者的无谓损失收益,弹性条件即意味着过度进入相对成本较高。如果对模仿行为进行抑制,那么任何既定水平的行业利润均不会产生模仿资源成本。此外,在未出现模仿行为的情况下,任何既定水平的行业利润均可全部归创新者所有。因此,如对任何给定 E 值的最优专利长度规定上限,便会出现政策对进入完全限制的情况($m=0$)。[①] 如果专利保护期限 T 和保护覆盖范围 E 均为政府的政策杠杆,那么最优政策(若相同产出条件成立)则是将 E 值——控制模仿行为的直接工具——设为足够大,从而抑制所有模仿行为,并通过保护期限 T 生成理想的创新回报。因此,我们根据第二个约束条件解决保护期限问题(假设无进入情况),并对进入成本水平进行设定,确保不会在第一约束条件下出现进入情况。由于进入成本对专利持有者所得收益上限放松了限制并同时抑制了模仿行为,使得利润均流向了创新者。因此,该进入成本政策工具在此框架中可谓十分有效,于是也有观点认为最优专利设计应短期限,宽范围。

Klemperer(1990)将专利宽度视为任何给定发明周围产品空间的排他区域,当下最优的设计受专利保护,这样模仿者的产品只能属于伪劣产品。因此,专利覆盖范围的增加迫使针对高人气设计的模仿成本向人气不足产品进行转移,致使对选择"仿冒"产品而非人气产品的消费者造成了一定福利损失。从这个意义上说,该观点拓宽了对模仿行为的考量,覆盖了对(伪劣)模仿行为可能性的预测以及排他区域问题。可以说,专利覆盖宽度是基于竞争性供给模仿行为,归属于专利持有者的一部分产品谱系[②](如此一来,最佳非侵权设计便能按照"原价"供给)。这样,社会成本现不但包括由专利产品价格扭曲导致的无谓损失,还包括消费者"远行"至专利边界进行购买产生的"交通费用",以及由"远行"

[①] 可通过进入约束条件得到。

[②] 从技术角度具体来说,诸多专利并不具有明确同等法律效力意义上的产品空间排他区域。尽管如此,我们也可以列举出一些与该特性颇为接近的专利。例如,在舞台幻术中使用的专利鞋(美国专利号5255452),它包括系带式与捆绑式两种变体。而正如该模型所推测的,"山寨"鞋子只能采用非标准系鞋方法,并很可能导致该类伪劣"仿冒"产品在产品空间中的积聚。

消费者"交通费用"引发的进一步需求缩小。鉴于再定向已实现模仿行为向排他区域外部的转换，但由于专利覆盖宽度催生的消费模式或可导致消费偏移至"错误"的产品种类，因此该方法就社会成本而言整体上并不理想。设"远行"损失为 $\tau(z)$。现在我们来看一下社会成本总贴现最小化的社会计划者问题：

$$\min_{z,\,T} X(T)\big[d(z) + \tau(z)\big]$$

约束条件：$c = X(T)\pi(z)$,

其中 z 代表专利排他区域的宽度，而无谓损失与利润 p 均与该宽度呈正比。将该约束条件与最小化功能结合，我们便可改写该表达式，取专利生命周期的最小值以满足创新约束条件，从而对专利社会成本比率的每单位支出费用进行最小化。即令 z 和 T 满足：

$$\min_{z} \frac{c\big[d(z) + \tau(z)\big]}{\pi(z)} \text{ 与 } X(T) = \frac{c}{\pi(z)}$$

就专利覆盖范围较宽的情况而言，由于几乎不会出现替代行为，因此社会成本主要来自垄断扭曲。然而对于专利覆盖范围较窄的情况，近似替代品之间存在高度竞争压力，因此无谓损失较低。另一方面，由于在专利覆盖范围较窄的情况下更容易发生替代现象，因此社会成本主要来自于"远行"费用。因此，最优专利设计对消费者偏好模式可谓是高度敏感。如果消费者的运输成本均完全相同，那么专利持有者必须尽可能降低定价，以防出现消费者转移。然而，如果定价后未出现消费者转移，那么社会计划者决策唯一相关的社会成本则为标准无谓损失。正如上文中所提及的，正是得益于专利覆盖范围的充分缩小，方能够实现社会成本的最小化。相反，如果消费者对于最优产品类别的保留价格均完全相同（因此需求缺乏弹性），那么专利持有者便可以最优的（一般）保留价格对消费者进行收费。这样全部消费者均参与了购买，但却不会产生无谓损失。如果专利保护覆盖范围足够宽，那么全部行业利润都归专利持有者所有，并将"远行"成本降到最低。因此，较宽的覆盖范围能最大限度地降低专利持有者的每单位资金激励的社会成本。不论何种情况，专利生命周期的设计必须满足专利持有者具有创新动机这一约束条件：覆盖范围窄的专利必须保护周期较长；覆盖范围宽的专利则必须尽可能缩短保护时间。[1]

---

① Waterson（1990）亦对专利覆盖宽度给出了空间排他区域阐释。他的结论为，受公司更优区位决策的影响，流动社会福利可随着专利覆盖宽度的增加而增加。换言之，如果一位不受专利覆盖范围约束的模仿进入者若与现有企业社会定位高度接近，则意味着其具有窃取创新的潜在可能，但第一进入者周围的排他区域却能实现创新者与社会的共赢。对于创新者而言，排他区域确保了更大程度的产品差异化，因此减少了竞争活动，保证了社会商品种类的多样化，降低了"远行"成本损失。

Gilbert 和 Shapiro（1990），Klemperer（1990）以及 Gallini（1992）三人的论文均表明了对于实现社会福利的优化与覆盖范围宽窄的关系而言，并没有确切的标准答案。Gilbert-Shapiro 的研究结论认为，覆盖范围窄保护周期长的专利制度与关于社会福利的递减凹函数呈正相关，该观点可谓颇为有趣，但他们也同时表明了这并非唯一情况。实际上，Gallini 和 Klemperer 的案例表明，的确存在社会福利为凸函数或社会福利随专利覆盖宽度的拓宽而增长的情况。正是由于不同模的存在，才形成了千差万别的各类最优政策。

关于该类专利设计问题，主要有两种一般性意见。第一，大部分模型将原始创新者身份设为前提条件。Denicolo（1996）指出，缩短覆盖宽度可能会造成更多研究者进入市场的情况。如果随着研究阶段市场进入的增多，低效生产者不断涌现，并出现了产品种类不足或重复研究成本等情况，那么增加覆盖宽度总的来说是否利大于弊将取决于这些产品的成本及收益与社会福利的权衡。同时，他在论文中还对以往的模型进行了论证，从而可在原始创新者身份通过专利竞赛最终确定后，推演出获得最优（最宽或最窄）专利宽度的充分条件。根据他的表达式，则有：

$$\max_{k,\,T} \overline{W} - X(T)d(k)$$

约束条件：$c \leqslant X(T)I(k)$

其中 I 代表获胜"激励措施"，通过失败竞争者利润（根据失败概率衡量）来衡量，而专利保护利润收益则通过获胜概率来进行衡量。I 为关于专利持有者的利润流函数。Denicolo 提出假设，认为相对于输家而言，专利覆盖宽度越窄，赢家的所得收益则越小。因此，我们用 k 来表示专利宽度指数，则获胜激励措施和无谓损失为关于覆盖宽度的正比例函数。专利覆盖范围较窄往往容易催生更多竞争，但由于社会福利既可能减少（由于研发竞赛或低效生产导致重复研究开支）也可能出现增长（无谓损失下降导致），且社会福利在任何覆盖范围内均存在二阶导数，因此覆盖范围变窄对社会福利所产生的影响仍不甚明朗。其论文采取简约化模型法，证明了期限长覆盖范围窄或期限短覆盖范围宽的最优专利政策取决于流动福利关于覆盖宽度的二阶导数。而本章所要阐释的观点为，即便对专利期限长度与覆盖宽度进行了精确规定，早期模型的一般论证亦不受竞争担忧影响。

第二，Gallini（1984）曾在早期作品中指出，专利许可对于允许市场参与者节约重复研究开支可谓大有助益。自然，现有企业面对模仿支出所催生的进入威胁，更倾向于同潜在进入者签订事前合同，从而节省模仿开支。如此一来，双方至少均能取得可观收益。此类观点说明，鉴于模仿顾虑的存在，引入许可制度可大大改变我们所得出的保护期限长度—覆盖范围宽度的权衡结论。实际效应

取决于建模。参考 Klemperer（1990）与 Gallini（1992）提出的表达式。在
Klemperer 的模型中，进入成本为零，因此许可行为不会改变基本结论：出于抑
制模仿活动的目的，专利持有者或将对大量公司进行许可授权，显然这是行不通
的。另一方面，在 Gallini 的论文中，进入成本既有助于相关分析，亦是其核心所
在。专利持有者的事前许可将模仿者的进入费用计为创新者收入。由此，该策
略则成为一项专利持有者创新激励措施——但鉴于其属于市场参与者间的单纯
转移，①所以并不属于社会福利损失。这样便促使问题发生了巨大转变，而该方案
在创新约束条件（现包括从准模仿者处获得的许可收入）下，实际上成为最小化的
无谓损失之一。某种程度来说，该策略压制了主张宽覆盖范围的论点。因此，当我
们将许可事项纳入考量时，保护期限长覆盖范围窄的专利政策则相对更占上风。

5.2　累积性创新模型

上述论文均建立在单一创新的基础上，即便可能存在模仿者或仿冒行为。
单一创新虽属于简单的启发性案例，却未必为常见现象。而基于该问题衍生出
了两类多元创新，且其相关论点与上文中各文献讨论得出的结论可谓是截然不
同。本节将对第一类——累积性创新进行讨论，即创新建立在前人努力贡献的
基础之上。该类别同时衍生出了一系列专利设计新挑战。假设若无初始创新，
则不会有后续进步。事实上，初始创新为其自身后续发展也奠定了基础，也就意
味着从初始创新到二次创新阶段具有正外部性。如果后续创新者有别于初始创
新者，则无需对该外部性进行内部化处理。因此，本节文献重点将围绕单一的利
润流的最优分配问题，讨论应如何根据此正外部性进行初始创新者酬劳发放，从
而促进后续创新发展。

更确切来说，根据 Scotchmer（1991，2004）及上文中的公式，假设一公司推
出了一项能够进行后续创新的发明，若无初始创新的铺垫，出现后续创新的可能
则微乎其微。好比一种迄今为止从未有过的基础创新，并就此开辟了一片全新
的研究领域。初始创新则基于此，在面世后同时催生了正外部性。从社会角度
来看，初始创新为一系列后续创新创造了可能，而其全部收益则主要来自后续创
新累积获得的利润，并最终为消费者带来福音。然而，如果这些创新分别归属于
不同的独立发明者，那么我们则势必将面临同步生成充分激励措施的挑战，从而
帮助初始创新者"开拓"创新道路，并为其他改进者的后续创新提供助力。假设
二次创新能够自行产生正社会价值总贴现 W_2。那么，如果我们将 W_2 全部给予

---

① 事实上，在鼓励创新者进行自我保护的情况下，Maurer 和 Scotchmer（2002）则认为模仿成本应基于私
人许可行为实现最小化，因此专利设计策略不应由模仿成本所决定。在该调研的后续模型中，我们可
以看到针对侵权损失对创新者进行的（最优）补偿。

二次创新者,我们则可得到足够充分的投资动机以促进后续创新活动。然而,仍有一大难题摆在我们面前——我们应该将初始创新产生的直接价值 W_1 与二次创新产生的价值 W_2 均划归给初始创新。因此,为了维护充分激励措施从而激发初始创新,我们需对 W_2 进行两度分配。不然,则必然会导致创新激励措施的社会收益过低。

确立排他性权利在某种程度上的确可以解决一部分"重复分配"问题。如果一个单一创新者能够掌握对全部创新序列的控制权,则无需对 W_2 进行两度分配。而若社会计划者或其他任何单一发明者可将外部性内部化,我们便可高效地进行资源配置。如果同一创新者能够有效地推出初始创新及其后续创新,上述方法则不失为一种直接简单的解决方案。然而,如果单一个体无法在单一发明的信息基础上进一步开发所有后续创新,那么即便存在多方参与者,知识产权制度仍会对外部性收益进行分配,以便达到理想中的技术进步水平。这也正是为什么专利许可或许具有一定的存在意义。专利许可为拥有排他权的初始创新者继续进行后续创新提供了机遇,但不包括利用上述权利获取二次创新所产生的利润流。只要二次创新者能够获得足够支付二次创新成本的收益,那么两阶段的创新者在放开市场进入以及开展研究从而促进二次发明等问题上可谓利益一致。如此一来,排他性知识产权则无法对创新节奏进行干预。反之,回顾科斯定理,知识产权能够促进由未来创新到初始创新者的净收益转移,且实现了开发创新产品的激励措施的扩充。

现在,我们必须采用 O'Donoghue 等人(1998)的专业术语,针对专利设计中专利宽度在创新模仿行为下的保护策略("滞后宽度")与不同抑或质量更高的后续创新的专利宽度保护策略("领先宽度")进行区分。换言之,完全的模仿复制行为(如与专利药品药效、成分相同的药物)会对覆盖范围的滞后宽度造成影响,而小幅度的改进(例如,对专利药品的药效稍作改良)则会影响到领先宽度。单一创新仅与前者相关。但对于累积创新而言,在后续创新究竟是否对原专利构成侵权的这一问题上,初始创新者所获得的领先宽度可谓是举足轻重,并可从而禁止其侵权销售行为。在(领先)保护范围外具有专利适格性的创新不会构成侵权,但在该范围内的则会被视为侵权。那么,覆盖范围宽的初始专利则意味着后续创新者需要通过初始创新者的明示协议方可开展后续创新。因此,初始创新者可通过协议在创新序列中将外部性分配回初始创新者的手上。

Green 和 Scotchmer(1995)对该基本观点进行了阐释与规范。首先来看"研究工具"的情况,其中初始创新的自身价值为零($v_1 = 0$)。[1]如仅存在一位潜

---

[1] 有证据表明,研究工具在过去的 20 年间有所增长,在生物技术领域尤为显著。见 Walsh 等人(2003)。

在创新者,那么只要专利期限足够长,创新者总利润能够超过总开发成本,第一阶段创新发展至第二阶段创新产生的外部性则不会降低创新决策效率。尽管创新约束条件为 $c_1 + c_2 \leqslant X(T)\pi_2$,但重点问题依然如旧,仍与单一创新情况下所存在的问题大体相同。只要存在 $W_2 - c_1 - c_2 > 0$,便会产生创新序列。并且,必须制定相应的专利保护期限政策,从而使得垄断利润能够覆盖全部投资费用 $c_1 + c_2$。在该情景中,专利覆盖宽度并未有什么新变化。然而,如果二次创新的发明者与初始发明者并非同一人,那么我们则不应单单考虑总利润,亦应针对利益分配的问题进行斟酌,毕竟两阶段的发明者均需获取足够多的收益用以支付开发费用。所以,我们现有两大创新约束条件:初始创新者在专利周期内的收益必须超过投资成本 c_1,且二次创新者的收益必须超过投资成本 c_2。这则是由于收益或将包括各参与方之间的转移成本,因此谈判现已成为本节的分析重点。

领先专利宽度既能影响参与方技术进入协议(许可)的谈判地位,亦能对各方"签订协议"的需求构成影响。由于初始创新的自身价值为零,除非第二阶段的部分利润可转移到第一阶段,否则初始创新者必然不会进行投资。专利许可合同下或能出现此类转移,但其中合同的履行时机可谓是至关重要。无论该合同是在二次创新者投资之前(事前)还是投资后(事后)进行履行,c_2 对双方谈判达成的条件均能起到决定性作用。[①] 这是由于事后协议可能会使二次创新者受到(沉没)成本 c_2 的阻碍。因此,专利宽度与许可执行时机决定了谈判博弈结果。

假设两阶段创新均具备专利适格性,但仅可选择进行事后许可,且专利宽度会导致二次创新对初始创新的侵权。在该情况下,任何创新者均可有效抑制二次创新的市场进入。如果公司不同意授权许可,则不会发生创新转移,初始创新者亦无法从二次创新中获益。此外,若后续创新为原始专利持有者所限,二次创新者必然导致开发成本流失,且不会获得任何回报。另一方面,如果公司同意平分剩余价值,初始创新者便与后续创新者一样,只能获得一般的利润。如果 π_2 为每周期奖励,那么专利期限长度 T 的累积奖励则为 $\Pi_2 = X(T)\pi_2$。[②]因此通过事后许可,初始创新者与二次创新者均可各自获得利润($1/2\Pi_2 - c_1$,$1/2\Pi_2 - c_2$)。而由于二次创新者仅能获得第二阶段创新 50% 的收益,那么当 $[1/2\Pi_2 < c_2 < \Pi_2]$ 时,创新很可能由于"阻碍"而无法继续开展。换言之,即便利润足以覆盖成本,亦不会出现后续创新。所以,事后许可无法一劳永逸地解决一阶段与二阶段的创新奖励问题。并且,若我们为了避免二次创新侵犯初始创新的权益,将专利宽度进行缩短,但如此一来便相当于直接打消了第一阶段创新的可能,初始

---

① 也可以考虑在第一阶段创新出现前,尽早达成协议。如此一来,便能够产生研发联合体。见 Tao 和 Wu (1997),或 Miyagiwa (2007)中的参考文献。

② 原理或可来自纳什讨价还价模型,决定了许可谈判中的收益平分。

创新者则失去了捕获价值的根基,无法承担投资成本 c_1。

当二次创新者已产生沉没成本 c_2 时,事前许可协议则可确保初始创新者通过谈判降低许可费用,从而解决上述问题。二次创新公司亦能取得覆盖投资成本的相应收益。另外,只要所得利润能够覆盖全部成本费用,即 $\Pi_2 > c_1 + c_2$,则两阶段创新均能获得足够的创新剩余价值。因此,将事前许可与较宽的专利覆盖政策相结合,我们便可得出理想的投资激励措施。实际上,在专利宽度最大化为最优政策的情况下,若二次创新者在投资前便能获得 Π_2 与 c_2 的有关信息,那么所有后续产品均会对基础创新构成侵权。而事前协议则针对二次创新者所得收益的最小化进行了明确。换言之,若二次创新者的产品构成侵权,则必然会将自己置于最为不利的谈判地位,使得初始创新者仅需支付较少的费用便可实现二次创新。而最终,这类"外包"协议亦可确保将所得利润作为对创新外部性的回报,回流至初始创新者。

作者指出,由于在竞争政策下可能发生事前串谋,因此事前许可协议的合法性(诸如我们上文讨论的情况)仍存质疑。另一方面,如我们把目光仅局限于事后许可协议,则不得不接受无法开展后续创新的现实,并且人们可能需要延长专利保护期限来增加专利持有者的应得奖励,从而满足其创新约束条件。换言之,我们需要"适当地增加" Π_2。而至于该方法是否能够奏效,则主要取决于有关专利保护期限的无谓损失。需要注意的是,由于严格的侵权认定标准及事前专利许可旨在更好地对许可收益(单纯的转移)进行分配,专利宽度变化与无谓损失并没有什么直接关系。无谓损失仅与专利保护期限有关,而如果初始专利持有者拥有较宽泛的控制权及事前许可权,便可在促进两阶段创新产生的同时,将无谓损失降到最低。

该论据强调了在累积性创新中,侵权问题是制定专利宽度政策的关键所在。然而,该策略并非初始创新者与后续创新者间进行剩余价值分配的唯一政策工具。Scotchmer (1996)针对第二代产品的专利适格性如何影响利益分配这一问题进行了研究。这在事前无法获得二次创新者相关身份信息的情况下可谓颇有助益。

另外,考虑到初始创新不具有独立价值,假设后续创新者不必和初始创新者一样,且二次创新会对初始创新构成侵权。如此一来,初始创新者则可能仅向一家代理商颁发独占性许可(在后续研究开展前),以期获得足以覆盖其基础创新成本的收益。然而,若二次创新由具有专利适格性的独立创新组成,那么任何取得专利的独立二次创新者(无论是否为受让方)均能够阻止后续创新销售。假设两个独立创新者的潜在投资成本为 c_2,则每个创新者获得后续专利的概率为 $1/2$。因此,无论二次创新者是否已取得授权,初始创新者与二次创新者均须进行事后谈判来商讨剩余价值 Π_2。假设参与方能够平分该剩余价值,使得每个人均可获得 $\Pi_2/2$,则获得许可的二次创新者有 $1/2$ 的概率继续后续创新,赚得收

益 Π_2，但亦存在 1/2 的失败概率。在后一种情况下，若无二次创新许可，即便对初始创新给予了授权也仍旧无济于事。因此在达到预期利润 $1/2\Pi_2 + 1/2\Pi_2/2 - c_2$ 时，许可便同时失效。全部创新序列预计能为受让人带来 $3\Pi_2/4 - c_2$ 的收益。如果一家公司不属于受让人，并在后续创新中惨遭失败，则不会取得任何收益；但若其大胜而归，则有 1/2 的概率通过谈判获得 $\Pi_2/2$ 的收益。因此，非受让人预计可取得 $\Pi_2/4 - c_2$ 的利润。独占性许可的中标产品所得收益仅为 $\Pi_2/2$，甚至要小于失标情况下的利润 $\Pi_2 - c_2$。另一方面，如果二次创新不具有独立的专利适格性，独立后续创新者则不具有排他性权利。如此一来，初始创新者则绝不会与非受让者举行谈判，而非受让者亦不会进行投资。在该情况下，初始创新者可获得创新序列产生的全部收益 $\Pi_2 - c_2$，并将其视为对（事前）独占性许可的一种补偿。

那么我们可以发现，与具备专利适格性的第二代创新相比，初始创新者在其不具备专利适格性情况下所获得的回报奖励相对要少很多。二代产品的专利适格性在该情况下存在两大缺陷：某种程度上导致了潜在研发成本的重复开支——减少了谈判参与方可获得的剩余价值，并使得部分利润流转移到后续发明者的囊中。在上述两篇论文的基础上，我们往往对具有开创性意义的创新提供强大的权利保障，而后续创新所获得的保护力度则相对较弱。

自然，决策者们的有效调节手段并非仅限于专利适格性。正如上文所述，我们可将专利产生的价值 Π 设为专利保护期限 T 的递增函数。而专利长度则能够反映所得回报。在此情况下，我们可针对专利适格性及专利保护期限如何共同生成创新者奖励的问题进行讨论。如专利未产生无谓损失，则意味着无限期保护的策略为最优。更一般来说，假设在一创新约束条件下，专利保护存在一定的无谓损失。那么为了收回初始创新者的投资成本 c_1，则应在二代创新具有专利适格性的情况下，对专利生命周期进行适当延长，从而促进初始创新者发起投资。基于上述可能与前期专利适格性的观察结果，由于在形成沉没成本前，我们往往能通过许可合同进行奖励调整并将外部性内部化，因而事前协议通常适用于较短的专利保护周期。然而纵使合同有效，二次创新的专利适格性却往往采用更长的专利保护期限政策，从而确保激励措施的延续。但受无谓损失的影响，若较长的专利保护期限不为众人所接受，该专利则应将重点放在具有较高新颖性与非显著性的累计创新结构上。根据该项政策，相对较小的创新进步（属后续创新）往往不具备专利适格性。①

---

① 该论据亦存在一定局限，例如保护期限较短专利的研究剩余价值对初始创新的转移存在一定延迟，这就意味着二次创新至少在一段时间内不会出现侵权现象。另外，如果后续创新与初始创新间的联系不够紧密，外部性观点则会逐渐落败。在上述两种情况下，关于二次创新专利适格性的论点渐占上风。详细讨论见 Scotchmer（1996）。

我们可将累积性创新视为质量阶梯模型中的创新发展过程,以便改进创新以取代过时的早期创新产品。质量阶梯中的创新发展必然伴随着熊彼特的"创造性破坏"这一过程。然而由于创新早在法定保护期限截止前便已新意不再,因此法定专利期限在该过程中的确可谓是无足轻重。而人们尚不清楚法定保护期限是否具有同样的"缩放"功能。事实上,我们已无法如从前一般,将专利保护作为独立政策工具,严格区分专利长度与宽度。如今,覆盖范围较窄的领先宽度与无限垄断租金之间亦不再有必然联系。尽管滞后宽度这一概念定义颇为严谨,但理想的有效保护长度取决于领先宽度与法定保护期限两种因素。另一种观点认为,如改进发展缓慢,法定保护期限则可相应提高创新收益;但若改进发展较快,法定保护期限则可能无法促进创新发展。如此一来,人们可能需要通过其他政策工具(例如领先宽度)来解决该问题。

对上述累积创新模型的另一种观点认为,早期模型是建立在初始创新者与二次创新者"角色"已分配明确的假设之上。实际上,同一家公司有时可能功能不同,有时可能扮演后续创新者的角色,有时则可能是初始创新者。然而,即便初始创新与二次创新之间存在明显差别,初始发明者与二次发明者之间的界线却十分模糊。尽管专利设计问题在谈判环节中可谓举足轻重,但专利设计并非从一类创新者到另一类创新者的利润转移——各公司均有覆盖全部类型的可能。反之,专利设计旨在对每个创新者进行总利润分配,从而抵消产生的无谓损失。从这个意义上讲,我们又回到了单一创新文献中提及的权衡问题。

O'Donoghue 等(1998)基于质量阶梯问题展开了一系列调研,针对各公司既能担当创新领导者亦能扮演追随者的情况进行了分析,并讨论了领先宽度与法定保护期限对专利奖励的共同决定作用。根据 Hopenhayn 和 Mitchell(2001),质量阶梯中的专利制度好比一种计时器,创新质量较低公司的动力来自于垄断权,而创新质量较高的公司则以权利许可为发展动力。设创新相对早期前沿技术的质量改进幅度为 v,那么除非后续创新或专利失效(无论哪个先发生)抑制了创新改进活动,v 同时意味着创新改进具有收益性。如此一来,每项改进均可产生社会收益 $v/r-c$,其中 c 为创新改进的开发成本,而改进则可在速率 r 的基础上促进价值的持续生成。另一方面,如果创造性破坏贯穿于各个创新阶段,而创新者的每阶段收入为 v,那么该产品必然会在一段时间后"过时"。此类私人奖励不足以覆盖开发成本 c。尽管各个创新催生的社会价值为无限永久,从而导致创新激励措施不足,但创新者仅会在特定期间内进行价值收集。事实上,即便法定专利生命周期为无限永久,创新者亦无法获得充分的激励措施。

将该框架下的领先宽度定义为质量保证金 k,这样如果某项改进创新的质量保证金小于该数值,则会构成专利侵权。现在我们切换到该框架下的专利保护替代设计策略。首先假设在某种专利保护期限下,所有改进均构成侵权(因此领先宽度为无穷大）。独立代理人可获得少量的改进创意。由于允许达成事前许可，那么所有净价值为正的改进创新均会被执行，但随之产生的许可费会导致改进者与原专利持有者之间的剩余价值拆分。如果专利保护期限为 T，则每项创新 v 能够获得"直接"贴现收益 $X(T)v$，但同时还包括向改进者收取的许可费用，即早期受到侵权专利仍在有效期时产生的许可支付。设净许可收益为函数 $L(T, h)$，其中 h 代表早期质量改进的历史数据。因此，创新约束条件现为 $c \leqslant X(T)v + L(T, h)$。我们可以将 $v(T)$ 理解为质量阶梯的日程表，不同专利期限均满足该约束条件：该组步骤对有待发明的边际创新活动进行了界定。

下面我们来讨论一下另一种设计策略，即令专利期限无限延长，并对专利覆盖范围进行限制，这样一来创造性破坏则便是专利"过期"的唯一影响因素。任何范围在保证金 k 之内的改进创新均会产生利润，直到其被一项非侵权改进所取代。也就是说，应使该项改进创新的保证金落在 k 以外的区域。根据事前许可协议，只要改进创新创造的剩余利润不为负，侵权创新则必然会持续发展。因此，在专利保护期间，专利持有者所得利润由直接收益与许可费及其支付组成。在非侵权创新产生之前，该创新者可依然保持市场参与者的身份，继续获得收益。正式来讲，设在创造性破坏抵消专利贴现利润之前，该专利的持续期限为 t，但泊松过程的到达率 Γ（反映了不确定研究过程）则将对该期限 t 进行拆分；作者假设对于任何改进创新 v，均有预期净贴现利润 $\{v/[r + \Gamma(k)]\} - c$。设 $v(k)$ 为质量阶梯，使其关于专利覆盖宽度 k 的净贴现利润等于零。这样一来，即便所有创新均存在一定侵权现象（因而需要专利许可），但至少与 $v(k)$ 规模相当的创新项目均可面世，$v(k)$ 则亦可在该替代机制中表示边际创新。

根据上述两项政策，边际创新无需保持一致，因而两种保护机制下创新速率与研发费用也不尽相同。随着专利保护程度在宽度与长度上的无限延伸，创新速率亦逐渐趋近社会最优水平。因此，与早期以加强专利保护为最优策略的累积性创新模型相比，二者可谓是颇为相似。

然而正如我们所指出的，上述两种政策却并非等效。若要实现创新速率的相同，第一项政策则需要设置相对较短的有效专利期限。在第一项政策中，专利保护固定维度为其法定保护期限，从而确保专利持有者对未来创新留有诉求。在这种情况下，较窄的覆盖范围便可激发同等程度的创新动机。由于创新回报较高，因而很快便可覆盖创新成本，法定保护期限便可得到缩短。另一方面，覆盖范围宽保护期限短的专利政策可能会造成创新使用权集中在少数人手中，"同类"质量竞争稀少，从而产生了无谓损失，如单周期模型。在第二项政策中，固定维度为专利宽度，因而可以避免后续创新出现侵权现象，且考虑到覆盖宽度有限，必须制定有效的专利保护期限。换言之，该情况下少有针对未来创新的索赔案例。而若想获取同等的初始投资激励措施，则针对覆盖范围较窄的专利必须相应地延长保护期限,对于覆盖范围较宽的专利则适当缩短保护期限。[1] 当存在弹性需求时,后一种政策的研发成本更低,原因便在于较长的保护期限不会产生无谓损失。若无谓损失与专利保护期限有关,那么由于第一项政策专利保护期限较短,因此比第二种政策要相对更为合适。

若想将本章提及的相关策略转化为专利法规必然会颇为棘手。或许,通过准确地运用等同原则的有关内涵(在质量阶梯上等同),领先宽度较窄法定保护期限较长的专利政策能够相应地针对覆盖范围有限的专利申请进行宽度延伸。[2]

正如 O'Donoghue (1998)所指出的,完善的许可市场是达成上述领先宽度相关结论的前提保障。若不具备有效许可条件,(或由于在实际生活中很难识别后续创新者,抑或由于交易成本过高)主张重视专利适格性相关标准的观点则会更占优势,以便在质量阶梯框架中能够获取最优创新行为。[3] 注意,在此我们仅就 O'Donoghue 等人提出的侵权标准进行讨论,而至于后续创新是否各自均需具备专利适格性的问题并不在我们考虑范围内。O'Donoghue 推理得出,若我们假设不具备专利适格性的创新不会产生利润,则大可不必在研究中将该类创新案例包括在内。因此,更严苛的专利适格性规定能够促进企业开展大型创新——毕竟大项目更为有利可图。如果这些重要创新耗时较长,考虑到较大规模创新可能导致有效责任期限的延长,我们可考虑将创新奖励政策与该政策进行结合。所以,研究奖励的增加与专利适格性标准的提高二者呈正相关关系。换言之,专利在某种程度上既可促进创新发展,亦能在质量阈值中有效抑制创新,因此专利适格性标准可针对选定的创新规模在质量阶梯中进行调整。实际上,正是基于专利适格性的相关要求规定,动态效率方能得以提高,而公司创新目标亦无需再局限于社会最优水平。这种情况往往由公司在面临被追随者所取代的情况下投资过少所导致。专利适格性的有关规定往往能够提升研发动机(对社会福利有一阶效应),而当创新接近社会最优水平时,针对该"等级"创新的调整则对社会福利具有二阶效应。那么问题的关键在于,如果许可条件不够充

---

[1] Horowitz 和 Lai (1996)通过专利长度与"创造性破坏"频率对该问题进行了预测,从而明确了能够产生大型创新的激励措施。他二人将专利长度解读为法定保护期限,而 O'Donoghue 等人(1998)则指出法律保护期限和领先宽度均可能为有效长度的决定因素。

[2] 该领域的近期专利法律诉讼,见费斯托集团诉 Shoketsu Kinzoku Kogyo Kabushiki Co.,535 U. S. 722 (2002)。

[3] 关于专利许可阻碍的相关讨论,见 Gallini (2002),Merges 和 Nelson (1990)以及 Heller 和 Eisenberg (1998)等。Comino 等(2007)证明了当许可条件不充分的情况下,由于初始创新者无法了解到后续创新者是否已经开展研发活动,初始创新者与追随者则均可从覆盖宽度的缩短中获利(通过降低许可效力)。

分，专利适格性规定的效果则将"大打折扣"。根据经验来看，Moser（2005）指出，公司往往会避开不具备专利适格性的项目，将其研究方向与专利适格要求尽量靠拢，因此该模型的基本假设存在一定的现实依据。[①]

根据到目前为止我们所参考的累积性创新文献来看，如果一家公司拥有足够的资源，能够独自包揽整个创新序列则是再好不过。如果一个独立的代理商能够对整个创新序列负责，则可实现外部性的内部化。为创新贡献提供强有力的保障则是以上模型发展的根源所在。然而，以单一公司为基准则忽视了若干潜在创新者"竞相"争取某项"创意"的保护权利而产生的潜在收益与成本。如果该"创新"并非公开信息，那么便不会存在这些潜在收益：每个创新者均可根据自己的"创意"自由发挥，而不必担心被竞争对手抢占先机。但如果研究创意的公共知识维度比例较大，则必然无法忽略创新"竞争"产生的潜在收益与成本对专利设计的影响。该问题由 Denicolo（2000）提出，他认为由于存在潜在重复劳动与先发动机，私人市场很有可能出现创新过剩的局面。因而，最好适当地减少创新奖励。如此一来，对创新贡献颇丰的公司给予大量奖励这一策略的最优性亦会随之下降。事实上，由于重复支出可能产生巨大浪费，因此市场若存在公司创新竞赛的苗头，不考虑重复浪费便进行创新私人受益与社会收益调整，此类政策则颇为失当。

Maurer 和 Scotchmer（2002）主张为独立发明的专利侵权提供辩护（目前适用于版权保护材料），并对创新竞赛问题进行了分析。换言之，他们认为竞赛担忧能通过另一种政策工具得以解决。即允许进行非复制性重复创新的公司将其发明商业化。因此，将更多竞争主体引入终端市场则有助于减少无谓损失。该政策工具同时对创新收益上限进行了"限制"，从而减少竞争者的市场进入，避免出现过度重复支出。若减少无谓损失的社会效益能够抵消无谓损失对创新者激励措施所产生的负面影响，那么多众独立发明者在市场中共存则有利于社会收益。当然，判断某发明是否真正独立或仅仅是对其他创新的模仿，亦是一项十分艰巨的任务。

通过对以上有关累积性创新中专利长度与宽度问题的论文进行总结，我们

[①] 更准确地说，在没有专利机制的情况下，企业投资主要集中在拥有其他专用机制的领域的创新项目上。若存在专利，企业投资则更为多元化。相关文献见 Lerner（1995）。与 O'Donoghue（1998）的模型颇为相似，Hunt（2004）发现，导致创新速率最大化的专利适格性的独创性标准仅处于中级水平。尽管提高独创性标准会导致边际发明不具备专利适格性（从而"浪费"了研究支出），但由于此类发明通常达不到专利适格性门槛，因此该政策能够提高对具备专利适格性发明的创新回报。如此一来，创新的责任期限亦同时受到延长。假设外生参数能够促进行业的发明频率，那么由于其贴现价值较低，那么独创性的增加则会对租金产生较大的边际效应。因此，相对于那些鲜有创新的行业而言，"高科技"行业（创新频发）会采取更为严苛的独创性标准。

可得出以下结论。第一,制定创新保护制度从而抑制纯粹模仿行为(滞后宽度较大),这一观点的有关论据可谓非常充分。领先宽度策略呼声同样较高,其收益取决于创新者就许可范围所做的假设。如果专利许可协议十分灵活且颇为有效,那么领先宽度便可获得充分的论据支撑。如果许可的可能性受限,那么采用领先宽度策略的可能性则更是微乎其微。当许可效果不甚理想时,高专利适格性标准则更受欢迎。而当我们把创新竞赛引发的重复投资考虑在内时,针对给予任何发明大额奖励的反对意见则会随之而来。事实上,创新竞赛补偿在某种程度上削弱了人们对强大专利保护政策的青睐。

5.3　互补性创新

Lemley 和 Shapiro (2007)认为,外部性分配困难不仅在于创新的累积性。如果专利间彼此互补,且专利组合能够产生的协同效应要优于分散专利能够取得的收益(例如一个产品仅能通过专利组合方可成功面世),我们则可获得高于社会平均水平的创新投资。原因便在于该策略为我们带来一个前所未有的外部性机遇与投资协调问题。在累积性创新中,获得外部性的方法仅有一种,即通过初始创新向后续创新的发展。现在,获得外部性的途径增为两种,而每项创新在这一合成最终复合产品的"拼图"过程中,均为不可或缺的组成部分。并且,各创新间无需进行时间赛跑。也就是说,当创新发生累积时,除非存在初始创新,否则不会出现任何后续投资。然而在互补性创新中,所有投资均可同时开始。那么,很有可能会出现多重创新均衡,或所有创新同时产生的均衡局面,或所有创新均裹足不前。因此,基于互补性创新的双向外部性与时间差异,我们仅需将精力放在之前未曾出现过的投资协调问题上。

假设许可交易成本较高,且进行专利权组合方能获得最终产品,因此 Heller 和 Eisenberg (1998)提出,当面临必须对多个独立的专利持有者进行组合方能产生社会价值的情况下,则可能由于出现交易成本补偿而造成创新供给不足。二人将此称为"反公共地悲剧",与经典的"公地悲剧"理论构成鲜明对比。虽然这一问题多发生于累积创新案例中,但假如一组覆盖多领域多项专利的产品,仅仅由于某些相关专利到期后无法再做重新申请,从而导致专利同时发生失效并短期内无法使用时,问题则显然更为严重。如果无法达成许可协议,则可能造成创新产品无法面世,导致社会损失。[①]

当多项专利权所用者促成了一项新产品或工艺,则形成了"专利丛林"问题,意味着新产品一旦问世便可能面临对其他创新的侵权,Shapiro (2001)则针对该

---

① Walsh 等人(2003,2005)认为,根据经验判断,至少对于生物医学行业的研究工具而言,"反公共地"问题不至于太过严重。

情况展开了详细的调研活动。Shapiro 对"古诺互补"问题进行了类推,其中制造商必须从 n 个不同垄断者处购买 n 项基本专利输入。假如每个 $i = 1, \ldots, n$ 独立的公司均拥有促进最终产品在竞争市场中销售必不可少的专利。设每个公司的每单位专利"输入"的特许权使用费为 r_i,且每项专利的"输入"均有边际成本 o_i。则最终产品价格 p,是由装配制造成本与全部专利权特许使用费的总和所组成:

$$p = c + \sum\nolimits_{i=1}^{n} r_i$$

如果每项创新的特许权使用费均彼此独立且具有非合作性,那么对于最终需求 ε 的价格弹性,价格上涨覆盖边际"输入"生产成本则有:

$$\frac{p - (c + \sum\nolimits_{i=1}^{n} o_i)}{p} = \frac{n}{\varepsilon}$$

可谓是标准垄断提价幅度的 n 倍。相比于单一的垂直一体化企业所能提供的(全部)输入与输出,垂直分离结构下的制成品最终价格要相对更高。同时,垂直分离结构下的企业定价仍高于竞争结构下的终端市场定价,其中终端市场的所有关键输入均来自独立的垄断供应商。整体而言,创新利润率下降的主要原因在于个体企业无法将(负)定价外部性进行内部化处理。如此一来,便导致了社会科研激励措施的缩水。

而由于古诺互补问题将行业成员与消费者均置于了不利地位,人们则期望可以利用特定的制度对该状况进行限制。高科技产品主要由不同相关方的多个关键专利技术标准组成,且往往需要根据"合理非歧视原则"(reasonable and nondiscriminatory, RAND)进行专利授予。尽管该方法可被视为限制特需收费的一种有效途径,但 Schmidt(2008)认为,人们很难根据"合理性"这类模糊的字眼去落实上述原则。诚然,正如 Swanson 和 Baumol(2005)所指出的,"实际上,对于某项许可是否满足 RAND 并没有相关检验标准,该问题可谓是众所周知。"

我们刚刚提出的古诺互补推理显然可将社会效率参数应用于多项策略。Schmidt(2008)将专利持有者间的横向兼并视为一种补救措施。同时,他允许市场势力向下游发展,因此双重边际化问题中亦有可能出现互补性问题。得益于足够灵活的许可合同(如两部收费制),横向兼并能够解决以上两种效率低下的问题。然而他亦指出,Layne-Farrar 和 Lerner(2008)二人发现,其研究中所涉及的全部专利工具均以线性使用费模式为蓝本。当 Schmidt 以该方式对合同进行限制规定时,发明者之间的横向兼并依然十分顺利,但垂直一体化企业却不会出现该情况。原因在于每个垂直一体化实体无法通过向其他(垂直一体化)个体征收使用专利费税率而实现外部性的内部化。相反的是,每一实体特许费的提高,均相应地增加了竞争对手的生产成本。此外,每个实体均会在购买必需专利时遭遇双重边际化行为。

若我们假设"专利丛林"中的专利组合并不固定,但在持续研究的影响下,专利亦可随着时间的推移逐渐累积。而 Noel 和 Schankerman（2006）则提出,古诺互补问题的合理解决方案应在于公司对大型专利组合的积累。毋庸置疑,他们的确获得了一些有关软件业存在过度专利激励的经验性证据。[①] Arora 等（2001）,Hall 和 Ziedonis（2001a）以及 von Graevenitz 等（2008）的相关研究显示,近期专利申请数量的增长应归功于专利在"复合"行业的防御性应用[②],即存在"专利丛林"问题的行业。

抑或允许互补性专利进行统一价格"捆绑"交易,而不进行单独买卖,这样则更容易产生收益。因此,当涉及专利权互补时,我们不妨考虑采用宽松的专利联盟协议——多个专利持有者之间达成协议,将联盟内成员的专利进行组合,销售给非成员企业。[③] 交叉许可亦能取得同样效果。[④]

并非所有行业均易产生互补性问题。Cohen 等（2000）根据"复合性"这一特质,对各行业进行了分类,这样便可确定价值是源自互补的个体,还是源自独立的个体。若是如此,那么针对专利联盟或兼并的目标产业政策便能够解决互补性问题。我们或许可以通过相关专利设计结论来判断某行业的复合性问题,如专利覆盖范围较窄,那么几乎所用产品均会出现互补性"成分"。就此而论,合理的策略应为拓宽专利覆盖范围,从而减少出现互补性问题。

然而,上述两种解决方案均颇为草率。原因便在于这两种情况均建立在互补性程度不会因生产者的差异而发生变化的基础之上。Lerner 和 Tirole（2004）的看法则恰恰相反,二人认为尽管古诺模型提供了一个良好开端,但实际生活中却很难针对某项专利与另一项专利互为补充抑或互为替代的问题进行精确判断。因此,与其说专利的互补性是指专利的一种不变的"客观"特性,不如说它是关于某生产商将技术应用于最终产品的最优决策。然而随着时间的推移,这些特征可能会随着技术及其应用的进步而发生变化,从而或将使我们的应对

---

① 二人假设"专利库"越大,发明者的谈判地位则越高,并且随着潜在谈判数量的下降,交易成本亦随之减少。Dewatripont 和 Legros（2008）在关于专利贡献标准的分析中,利用沙普利值来证明拥有专利比例在谈判中的优势。

② 该防御性应用可包括诉讼问题,我们将在下文进行讨论。

③ 关于美国近期政策"理性原则"的发展趋势,Schmidt（2008）针对专利工具是否仅包括互补性创新抑或可将替代者囊括在内的问题进行了总结与点评。Layne-Farrar 和 Lerner（2008）对美国的专利工具政策历史进行了概述。

④ 关于专利联盟及其多样性(大型联盟具备应用广泛的管理结构,必然会涉及大批量的专利管理工作,而小型联盟仅能达成几项多边合同,为专利权的巩固提供了有效的解决方案,并针对许可收益的分配生成了相关规定),见 Merges（1999）。

策略遭到各方的质疑。

若要对 Lerner 和 Tirole 的论点进行总结,则需假设用户能够购买专利"输入",并由 n 个上游专利持有者进行提供,其中每人均拥有一项专利。用户通过多种方法对这些专利进行组合,从而创造出一项有价值的产品。而主要方法之一便是将输入成本考虑在内(即专利特许定价),采用剩余价值最大化模型进行组合。用户可以通过关于 n 个现有专利的子集 m 抑或整体现有组合,从而创建剩余价值。更确切地说,用户可通过对专利进行组合,从而创造价值 $\theta + V(m)$,其中 V 代表实际使用专利数目的递增函数,$m < n$,且数值 θ 的分布服从在所给用户群体区间某累积分布函数 G。因此,单独一项专利虽能够产生价值,但一组专利组合则可创造更高的价值,且用户从最终"成果"中所获取的价值亦各不相同。

专利拥有人能够以价格 P 将这些创新授权给用户。用户需求取决于从专利中提取出的价值 $\theta + V(m)$,专利实际售价即为 P。当所有 n 项专利均被购买时,某些 P 值很可能为从专利能够获得的最高净值。这就好比当每项专利的售价 p_i 小于第 m 项专利的增值时,对于所有 m 均存在 $V(m) - V(m-1)$。注意,当所有专利均被使用时,某项专利价格的提高亦会带动最终产品价格的上涨,从而整体上削弱了最终产品的吸引力。因此,专利 i 的价格上涨会造成对其他专利的需求下降。这意味着专利在低价区间存在需求互补 —— 某项专利的价格上涨会导致对另一专利的需求下降。另一方面,基于一定的专利基数,专利价格亦有可能超越其边际贡献。这种情况下,只有一个子集的专利方会被购买,并进行组合从而产生最终值。例如,假若 $n = 2$,且每个专利的定价均超过单个专利的贡献 $\theta + V(1)$,但却低于二次创新的边际贡献 $V(2) - V(1)$,则仅有一个专利会被购买使用。在这种情况下,由于用户往往选择相对便宜的产品,因此一个专利价格上涨同时带来对其他专利需求的上升。所以,可以说专利互为替代品。

那么,当我们设定许可费用时,专利持有者需将两种影响考虑在内。第一,需要考虑是否应将该专利保留在所购买的专利"组合"中。第二,需要考虑到自身支付成本对于(由专利创造)产品最终价格所产生的影响(并因此对专利"组合"的最终需求造成影响)。如果第二种影响更占主导,则当定价未达成统一时,如果专利持有者进行价格下调,那么受所有专利"组合"相应需求上涨的影响,每个专利持有者均对其他专利持有者有正外部性输出。当该外部性实现内部化后,组合价格下跌,于是便可进行联合统一定价,降低用户价格,提高整体社会福利。这一论点让我们联想到了上文的古诺推理。另一方面,如果第一种影响占主导,未经统一的定价可能导致各专利价格的集体下滑,并导致专利持有者间相互"抢占生意"。如果专利彼此间具有高度可替代性,那么未统一定价的专利福利收益则要高于联合定价专利所产生的福利收益。因此,专利联盟的公共政策颇为模糊:当内生"互补效应"(而非外生给定的"互补性特征")占主导时,宽松的政策与专利联盟则是我们唯一的期望。

5.4 信息披露问题

正如本章前几节中所提到的,专利制度的主要功能之一是传播信息。我们可将其理解为根据专利信息披露的相关要求,将私人创意及其实施方案转化为公共知识。因此,创意的"私人"化程度既是专利制度的一种政策工具,亦是公司可在创新专利申请或商业机密之间进行权衡的选择变量。然而,专利制度中信息披露程度与保密制度中的信息保留程度的高低仍有待商榷,我们将在下文中对此进行具体分析。

Maurer 和 Scotchmer(2006a)强调了信息披露的协调作用,认为信息披露产生效益的根源之一便在于向发明群体传达了谁在从事什么工作并达成了什么成果等相关信息,以及学术界中不同出版方式的有关情报。某种意义上说,专利法的信息披露政策催生了"公共知识库"。[①] 如果初始发明者能够轻松地对合格的"下一代"发明者进行锁定,则可就相关信息收取一定的费用,并向后续发明者进行私下披露,从而促进研究路径效率的提高且同时从中获益。对于持有技术或创意的人来说,若不了解相关信息,诸如陌生领域陌生技术的专利申请,公共知识库或许是将创意转化为创新贡献最为有效的方法。而在专利许可允许对技术进行组合应用的情况下,"公共存储库"亦有助于发明者在其技术专攻领域实现长足发展。许可市场越是有效,协调效益的作用则越为重要。

Denicolo 和 Franzoni(2004)对专利资料的协调效益进行了补充,提出专利信息披露或许无意中能够减少重复研究工作。对于信息披露是否是一种有效的政策工具——人们能否轻松地获取并解读信息——这一问题仍值得商议。Bessen 和 Meurer(2008a)认为,实际上很多侵权案件均为无意行为。这可能意味着专利资料的潜在协调效益未能得到充分发挥。

即便竞争者们均察觉到市场存在有利可图的投资机遇,披露信息仍会对该领域发明竞赛的性质造成影响。信息披露设研发竞赛中的信息结构为参与者的一个选择变量。例如,假设 A 女士拥有一项保密性创新,并能够从中窥见未来的创新设计。A 女士知晓 B 先生亦在研究同样的问题,但对方尚未得出中间产品。如果 A 女士选择申请专利并披露相关信息,则意味着放弃了研发竞赛中的信息先发优势。从用户角度看来,该披露制度存在较大的漏洞。但另一方面,得益于专利对中间品的保护,A 女士则可不必考虑模仿风险并放心地将其进行商业化。在专利申请具有自愿性的制度体系下,商业保密制度一直都是保护创新

---

① Aoki 和 Spiegel(1998)指出,通过对现有研究基地的改善,美国近来提早披露政策的趋势对促进技术的发展可谓大有助益。

成果的一种替代方法,而 A 女士所面临的权衡局面则表明,并非所有创新都会进行专利申请与信息披露。只有那些在研发竞赛中损失较少,并能通过专利权保护获得巨大收益的创新方会申请专利。因此,专利的披露制度并未覆盖全部创新,并非所有创新都要进行披露。同样,这也会削弱专利制度的协调作用。

如果信息披露能够带来一定益处,那么在没有保密制度的情况下,社会发展则会更好。且不论执行这种政策存在诸多困难,我们仍有理由相信专利申请能够促进企业发展。如果企业可在商业保密制度和专利制度间进行选择(则可能会出现企业虽拥有商业机密,却无法了解该保密信息的确切内容),那么专利申请行为则具有信号价值。Horstmann 等(1985)曾在早期研究中指出,简单的专利申请行为代表了发明者在研发阶段所积累的信息。如果信息披露导致竞争者围绕专利进行模仿的可得利润上升,那么专利策略的人气则会随之下降。由于模仿研发支出的增加会造成一定福利损失,因此完全披露并不意味社会福利必然会出现增长。①

且 Anton 和 Yao 曾指出,某种程度上来说,当发明者私下将其创新成果披露给少数受让人时,保密制度下亦可能出现少量的信息泄露。Anton 和 Yao(2004)根据信号框架,就什么类型的创新更倾向于进行专利申请而非商业保密制度的问题进行了论述。其模型显示,相比于大型创新,小型创新往往采用专利制度(信息披露)。而由于"知识库"催生的创新通常为微小发明,可能导致专利披露收益下降。更确切地说,作者认为在专利制度中进行信息披露并不一定会引发竞争对手对创新成果的抄袭。创新者可选择在专利文件中披露大量信息,从而向竞争对手挑明该创新的重要性。无疑,此类信息会激发模仿行为,从而产生了针对模仿行为的侵权损害赔偿费用。创新者亦可以选择商业保密制度,其中信息披露可忽略不计,但在出现模仿行为时也不具有申请损害赔偿的索赔权利。当小型创新进行了专利申请,并在专利文件中充分披露信息且尚未被模仿时,则会出现分离均衡;而大型创新由于未进行披露,因而仍处于保密状态,且不会出现模仿现象。假设该模型的专利授权标准较低,这样有可能存在部分披露。除了授权标准中的指定信息,信息授权标准可谓十分繁多:我们必须掌握全部信息中的哪一部分得到了披露方能达成均衡。然而最关键的问题在于,仅需对保密制度加以充分控制,即可实现部分披露。此外,只要申请专利为选择性行为而非义务行为,那么通过专利制度进行信息公开的创新仍仅为少数。如果获得专利的创新并不属于最具社会披露价值的类型,那么专利披露则无法发挥其最

---

① 近来,Langinier(2005)开发了该线形模型。

优功能。[1]

尽管授权标准与信息在专利制度中的披露程度有关,但它并非影响披露制度功能的唯一工具。那么,我们应如何对专利的其他方面进行设计从而发挥信息披露的最佳效应。Scotchmer 和 Green (1990)针对专利适格性的新颖性标准及应如何利用该标准推动信息披露的问题,展开了相关调研。如果专利适格性的新颖性标准较低,即便小型创新亦能获得专利授权,则此时信息披露能够取得最佳效果。如果微小的中间品创新能从专利申请中获益,那么建立在现有工艺基础上的科学进步则可实现飞速发展。如果公司为了避免有价值信息的泄露,不对中间品的创新进行专利申请则会削弱该策略的优势;而由于该制度下不存在进一步信息披露,因此较高的新颖性标准并不会促成该问题的解决。然而,新颖性标准亦会影响专利竞赛中的激励措施。较低的新颖性标准则可能导致市场上充斥着颇为相似的替补创新,因此可获利润并不高。而较高的新颖性标准可能会导致研究人员研发过程的放缓,而对竞赛参与者承诺的回报越大,创新活动的市场进入则越多。市场进入反过来亦能加快最终发明的面世进程。然而专利具有自愿性,也就是说,即便存在相近的替代品,受较低的新颖性标准影响,我们亦无法保证必然会产生相应的专利申请。相反,Scotchmer 和 Green 的研究显示,一旦出现利润损失时,公司会选择抑制临时发明。因此,新颖性低不一定意味着低回报。然而高新颖性标准可以信号理论为支撑:如果新颖性标准较低,一家公司则可在专利申请为可行备选策略时,从抑制发明行为中推断出某些结论——若一项发明尽管已被发现但却受到抑制,该现象则会导致投资者认为该公司在竞赛中落后于竞争对手,从而抑制创新投资。[2] 如果新颖性标准较高,则无法进行专利申请,因此亦不会产生信号价值。当然,随着整体披露收益与专利信号价值的下滑,较低的授权标准——这样专利披露信息无需完整——可能会颠覆上述论点。[3]

对此,相关文献中亦存在不同的法律解读。Baker 和 Mezzetti (2005)以及Bar 提出了在专利竞赛中临时创新的信息披露会对现有技术产生影响。这意味

---

[1] Anton 和 Yao (2002)对进行部分创意披露的情形进行了研究,其中部分信息可获得披露,而其他信息则仍可作为非专利的"独门技艺"进行私下交易。二人在 1994 年的论文中曾提及,在不存在部分披露的情况下,购买者向发明者发起的许可合同只需证明不存在向第三方进行信息披露的动机便可。在Anton 和 Yao (2002)的论文中,披露同时意味着卖方拥有的未公开信息范围。买家互相竞相出价购买未公开信息,但根据利益均衡性,并非所有信息都会被披露。

[2] 关于通过战略披露将竞争对手踢出研发竞赛的相关讨论,详见 Gill (2008)。

[3] 与此相关,Aoki 和 Spiegel (1998)指出通过对现有研究基地的改善,美国近来提早披露政策的趋势对促进技术的发展可谓大有助益。Shapiro (2004)亦指出,根据经验判断,提早披露很可能会涉及不合需要的次战略活动,例如"潜水艇"专利。

着临时创新的信息披露亦会对后续创新的专利适格性构成影响,原因便在于涉及现有技术时,后续创新必须具备较高的新颖性。在他们提出的框架中,尽管信息披露不伴有专利保护制度,信息披露仍为最优策略。由于现有技术是公共信息的组成基础(无论是否已获专利),为了使一项创新满足专利申请的新颖性标准,领先企业必须付出更多的努力来进行调整改进。因此,为了延长竞赛以便获得能够促进其长远发展的奖励,滞后企业更希望进行信息披露,信息披露为他们争取到了在随机研发竞赛框架中领跑的先发时间。那么,专利申请的决策通常伴随着研发阶段更为激烈的信息竞赛。某种程度而言,信息、排他权与专利适格性标准之间精确的相互作用决定了企业竞赛的激烈程度以及发明诞生时机的早晚。

　　Matutes 等(1996)主要针对专利信息披露中创新实施方案与基本理念之间的区别展开讨论,不过专利保护仅适用于创新实施方案。另外,在我们讨论过的其他建模中,我们通常认为所有参与者均知悉保密信息的存在,并对其特性有粗略的了解,这样便可从"无专利"与"无信息"中得出很多信息。Matutes 等人采取了相反的假设方法,假设直到关键信息被披露前,竞争者们均无法获悉该创新存在。因此,"无信息"不能算为一种信号。相反,他们将重点放在信息披露既能促进专利保护制度下创新的商业化,亦能催生余下未获得专利基本理念的专利申请竞赛。对其"等待策略"进行概述,设每个有利可图的基本观点(专利)申请的开发时间为一单位,那么每个创新者均有动机在进行申请前对该观点执行一段时间的保密制度,原因便在于保密制度能够拖延他人发现该观点高可塑性特征的时间,并以此为基础开发自己的应用。换言之,一旦机密遭到泄露,市场便会涌现出 m 个潜在进入者,对初始创新者尚未开发且未申请专利保护的创新成果进行开发。因此,信息披露的正外部性未能被初始创新者内部化,即便等待期间会产生极大的不良社会影响,但由于该策略拖延了创新应用的商业化速度,因此初始创新者仍可利用贸易保密制度来推迟这场比赛,抢占应用先机。从初始发明者的角度来看,应用商业化的急躁风气使得早期申请专利的动机要大于延长创新"保密"期的动机。更确切地说,如果存在潜在的创新应用,而初始创新者在进行信息披露前的等候时间为一单位,那么当每个应用均能获得相等的固定收益时,创新者会选择根据下列公式判断是否应继续等候:

$$\max_{\lambda}\left(\lambda e^{-\lambda r} + \int_{\lambda}^{\lambda[A-(n-1)\lambda]/m} e^{-rt}\,dt\right)$$

　　他们还针对如何利用专利制度对等候时间进行限制的问题开展了相关研究,即对尚未成型的应用给予法律专利保护。这一策略也被称为通过专利授予"狩猎许可"。由于狩猎许可对一些可能有利可图的创新设置进入壁垒——排他区域,因此授予有限的狩猎许可有助于增加信息披露动机。[①] 诚然,根据该理念,我们应对包含诸多(非重叠)申请的重大专利给予宽松政策,而在前期阶段进行申请则可提高实用信息披露速度并产生相应的福利收益。[②] 当然,普遍认为披露在以下情形中是有用的:潜在研究人员在进行大量专利申请工作时不会遇到阻碍。[③] 本章表明,在配件遵循某个原始"平台"的情况下,会发生助长囤积的延迟。[④]

因此,专利信息披露与申请专利行为本身涉及的相关信息均会对模仿行为与创新行为造成影响。尽管授权信息的正外部性具有社会效益,私人当事方信息披露程度仍可能小于社会最优标准。如此一来便限制了专利作为"知识库"的相应价值。虽然保密制度的信息披露仅限授权合作伙伴,但的确能够产生少量的信息披露。另一方面,可实施标准、新颖性标准、现有技术定义中历史专利所扮演的角色,以及预期申请的宽松授权政策都是专利制度下左右信息披露数量的有效工具。是否进行专利申请存在复杂的战略原因,而人们则可通过披露模型对竞争对手的行为进行操控——后一种功能源自专利的非强制性以及某些情况可行的商业替代策略。

5.5 专利替代方案:最优创新采购

在上一节的相关讨论中,我们默认人们会倾向采用某些制度(例如当下的专利制度)去生成创新激励措施。我们考虑了利用现有政策工具对该制度进行适当调整,例如法定专利保护期限、侵权标准、专利适格性标准、授权标准,以及达成社会目标最有效的权利要求解释等方法。然而,若一切从零开始,我们则更是无从了解已知专利是否为"促进科学与实用技艺进步"的最优方案。事实上,许多其他方案均已实现该目标且目前仍在使用中。[⑤]

Wright (1983)提出一种观点,即专利制度或许并非创新激励措施最优模型

[①] 在发展迅速的新兴产业中,专利申请可谓难以捉摸,根据 Bidgoli (2010,第 216 章"创新与知识产权"),该特点在制药业尤为明显。

[②] La Manna (1994)的作品中亦涉及有关对尚未成型的专利申请给予预期保护的理念,而尽管在此模型中扩散收益并不成问题,但在形成投资前为单一专利持有者提供一定的保留收益仍是颇有益处。Kitch (1977)提出,早期开发中所授予的专利存在"预期函数"。关于该问题的相关讨论,见 Merges and Nelson (1990)。

[③] Chen 和 Iyigun (2006)设计了一个关于延期专利申请与信息披露担忧的经济增长模型。由于该模型中通常并不涉及重复研发支出问题,因此我们能在其最优专利设计中发现一定的模仿现象,与上文中的大部分论文形成了鲜明对比。

[④] Noel 和 Schankerman (2006)提出复合行业存在囤积现象。在 Matutes 等人的模型中,由于各创新基础配件应为彼此独立等大的"金罐子",以便人们对其进行创新,因此即便不存在互补性创新,亦会发生专利囤积。

[⑤] 关于其他促进创新的发展方案的深入历史回顾,包括奖励、津贴及直接采购,见 Scotchmer (2004)。

的最佳机制。比起通过垄断机制创造创新奖励,国家政府不妨给予发明者等额的酬金,同时亦可获取福利增益。换言之,无论专利制度能够提供怎样的奖赏,将该奖赏一次性转交给创新者而不是作为市场扭曲的结果,能够产生同样的创新激励,且无谓损失要相对更小。他将此类以提前交付为前提条件,由某当局机构所支付的报酬称为"奖赏"。因此,如果创新的价值与成本为公开信息,且奖赏出资的价格扭曲相对为零,那么奖赏制度则将超越专利制度,成为主导创新激励措施。Wright 还指出政府津贴制度亦能抢占上风。竞争性投标则可在研究成型前对其进行外包,从而确保只有最具实力的研究人员方可参与其中。尽管该制度将正常竞赛激励措施扼杀于萌芽,但若能根据效能要求即时催生创新成果,该制度则可比专利制度产生更高的福利效益。

但信息无法覆盖如此全面。尤其在现实中,相关机构颁发奖赏时关于候选人创新价值与成本的有关信息可谓少之又少,仅有的信息也不过是关于创新者本人。根据信息不对称原理,Wright 指出,以下三种机制中的任意一种——专利、奖赏或合同研发——均有可能是最优机制。专利的优势在于它能够促进向"当事人"提供投资的相应授权。若关于哪个投资能够产生最大价值的信息全部归发明者所有,而赞助者并不知晓(未产生费用损失),则意味着奖赏制度可基于政府执行"优胜劣汰"的方案而日臻完善。[1] 这一增益远大于专利制度产生的无谓损失。此外,由于奖励制度无法限制市场进入,因此在多方均可参与创新活动的情况下,奖励制度的弊端亦随之暴露出来。由于上文中奖励理论部分提及的"公共资源问题",从而导致奖赏制度的研发费用超支。而降低重复开支诱因的方案之一便是降低奖励规模。然而,如果投资人方面研发价值或研究成本的相关信息颇为匮乏,该制度也许仅能生成低质创意。而研究外包不但能够激发足以创造价值的激励措施,还能消除研究竞赛,从而避免了研发超支现象的发生。换言之,尽管专利竞赛存在过度激励的情况,但单一的特定合同研究员的发明激励措施则显然不足。合同设计应确保最佳创意能够获得资助,从而维护发明激励措施。而设计该类合同的可行性取决于投资人所能观察到的信息以及可交付成果付款承诺的可信度。[2]

Gallini 和 Scotchmer（2002）指出,当信息不对称时,可将创新激励措施设

---

[1] Shavell 和 Ypersele（2001）指出,回报性专利制度的人气远要高于纯粹专利制度,好比将创新根据其价值进行排序,将专利保护制切换至专利奖励制,即便是最低层级的创新"类型"(价值)亦存在激励措施。尽管设定最小奖励额度无须对各创新类型了如指掌,但依然能减少无谓损失,并规避优胜劣汰的难题。

[2] 关于自主研究竞赛的相关讨论见 Scotchmer（2004）。社会计划者对研究目标、研究价值及研究成本越是了解,专利替代方案则会越多。Maurer 和 Scotchmer（2004）对一系列采购机制进行了讨论,包括拍卖、原型竞赛,政府补助与对等基金。Trajtenberg（2002）针对上述政府扶持替代方案是怎样帮助以色列获得先发优势的问题展开了详细的论述。

计分解为以下三个步骤。第一,是否应开展某项目的决策问题。第二,哪些公司应承担投资的授权问题及投资比例大小的问题。最后,如何奖励投资的资金问题。一系列论文已着手通过创新激励措施设计体制,从而去试着解决上述三个问题。

方法一旨在通过专利收购,将改良的"奖赏"制度与专利制度结合起来。Kremer(1998)提出建立一种无需依赖计划者对潜在创新价值的预判,便可有效发放奖赏的相应制度。假设企业正常持有专利时,产生了一定的运行时间。在该运行时间过后,除已获专利公司之外,其他企业则很有可能对该创新的私人价值有了一定了解。而随后,计划者则可对该信息进行整理,并采用第二价格密封拍卖从私人当事人手中购买专利权,从而创造创新回报。出于维护投标动机,作为对成功中标的交换,专利将转让给出价最高的投标人。否则,创新则会被划归至公共领域。无论哪种情况,拍卖所得收益都将由政府以奖赏的形式发放给原专利持有者,且不收取一般税款(或其他与收购事宜相关的办公室经费)。事实上,为了区别专利的私人价值与社会价值,政府可在中标支付时适当提高其所付费用。专利持有者可自行判断是否进行专利拍卖(或"收购")。如果出价相对较低,专利持有者可以拒绝出售。毋庸置疑,该提案仅意在对专利制度进行补充,[①]而非取而代之——一项专利的初次授标对于该机制可谓是至关重要。只要收购的行政成本与公共资金成本不至于过高,该方案则仍将在纯粹专利制度中占主导地位。

Hopenhayn 等(2006)针对质量阶梯框架中的专利收购问题进行了研究。作者首先就创新者的"类型"(其创新能力)具备可观测性的情况展开探讨。他们指出,最优专利制度可对某一质量阶梯中阈值水平之上的产品授予"排他性"权利,而创新者的其他原有权益将被全部终止。更确切地说,假设社会计划者能确保在 k 期间内的不同周期中,不会产生其他任何创新应用,但每个周期均会产生新的创新者。那么在该情况下,对当前创新者给予垄断权则可能剥夺了计划者授予未来创新者垄断权的能力。此外,将一定期限的排他性权利划分出去,可能会推延人们未来能从更优创新者身上赚取收益的时间。计划者问题需将几个限制条件考虑在内。第一,创新者设质量增量 v 为关于创新基本能力 θ(创新"类型")及其垄断权持续周期 k 的二元函数,因此若仅考虑创新者们在 k 期间内所能赚取的收益,则有 $v(k, \theta)$。第二,计划者须确保已分配的累计保护期限 K 与对所有创新者(已实施创新)承诺的期限相等。因此,如果每

---

① Brunt 等人(2008)发现,在专利制度下,即便是非货币性质的奖励亦可产生创新诱导效应。然而,这些奖励并非一次性买断,而是针对创新专利申请给予科学家们的研发奖励。

周期均对先前创新者分配有 $k_p(\theta)$，则可得出 $K = \int k_p(\theta)g(\theta)d\theta$，其中密度函数 $g(\theta)$ 表示创新类型的分布情况。第三，给予先前创新者与当前创新者的每周期分配期限总额 $k_p(\theta) + k_c(\theta)$ 不应超过投资回报期的总贴现值 $(1-\beta)^{-1}$，其中 β 为贴现因子。最后，每周期 K 存在下列变化规律，即每当一周期的 $k_p(\theta) + k_c(\theta)$ 得到了分配，一时间区间亦同时随之减少，因此 $\widetilde{K}(\theta) = (1/\beta)[k_p(\theta) + k_c(\theta) - 1]$ 为下一周期的平均期限。在上述约束条件下，假设有 K 单位时间已得到分配，社会计划者对先前创新者分配有 $k_p(\theta)$ 及 $k_c(\theta)$，以便将所有未来创新的期望现值 W 最大化。该数值由创新者对社会福利的贡献组成，即质量改进对开发成本的贡献，以最优社会计划者政策为基础，乘以包括创新在内的整个未来持续期限，即 $(1-\beta)^{-1} - k_p(\theta)$。综上所述，我们可得出下列 W 关于 K 的函数表达式：

$$W(K) = \max_{k_p(\theta),\, k_c(\theta)} \int \Big[\Big[\frac{1}{1-\beta} - k_p(\theta) \Big] v(k_c(\theta),\, \theta) -$$

$$c(v(k_c(\theta),\, \theta)) + \beta W(\widetilde{K}(\theta)) \Big] g(\theta) d\theta$$

受上述条件约束，基于合理的排序假设，Hopenhayn 等人得出了相应的充分条件，其中以创新者观测类型处于某阈值 θ 之上时便可获得排他性权利，且自授权日起即刻生效的体系为最优专利制度。换言之，当 $k_c(\theta)$ 为正值时，$k_p(\theta)$ 为零。若条件不变，当前的权利持有人所获保护权益不变。

注意，拟议机制针对是否应进行投资以及 Gallini 和 Scotchmer（2002）提出的授权问题——只有当所有公司类型处于某阈值的代表能力之上才具投资吸引力——给出了相应解决方案。该机制还同时设计了一套辅助的奖励制度。该机制与 O'Donoghue 等（1998）提出的有限（且恒定）的专利覆盖范围及无限的法定保护期限策略十分相似。然而，由于该框架与现有专利制度法律体系关联不甚密切，因此若想将该模型的提案转化为明确的现行法律条款仍存在一定难度。

我们尚未讨论如何根据 Hopenhayn 等人所设计的模型进行专利收购这一问题。当 θ 类型不可观测时，上文中的"排他性专利制度"可分解成强制性收购制度。收购的表现形式往往为给予当前市场领导者一定报酬从而取而代之，抑或将新市场领导替换出局所达成的收购价格。进行收购往往会对转让方给予一定的转让费，或根据创新者类型存在金额上的不同。为获取能够确保相同期限的收购方式，基于上文所述的最优专利制度中的 $k_c(\theta)$，作者制定了一种显示机制，以便 θ 类型的创新者能够真实地反馈其所属类型。最优策略下的补偿行为可分为两部分。第一,$\sigma(\theta)$是仅存在自变量为创新者类型的函数;第二,$\gamma(K)$是仅存在自变量为累积保护期限 K 的函数。作者们认为,新创新者必须向当前(独家)专利持有人支付收购价格 $\gamma(K)$,并向未来有助其获得收购 $\gamma(k_c(\theta))$ 的社会计划者支付费用 $f(\theta)$。而由于该费用有助于专利持有人获得收购,因此其一部分包括基于创新者类型的($\sigma(\theta)$)收费,一部分为未来的收购费用。这样一来,创新者便可买下当前创新者的全部权益,而他向社会计划者所支付的费用其中一部分将由未来创新者进行"偿还"。由于该方案仅涉及少量的相关费用与收购问题,因此形式可谓颇为简单。不过作者们指出,若要落实该制度,社会计划者必须对创新制度结构有足够的了解,包括创新开发成本以及类型分布。另外,该模型仅适用于孤立的可定义质量"阶梯"。事实上,我们很难判断某项创新位于哪一级质量阶梯。而至于是否能对专利制度进行调整,使其与拟议机制逐渐靠拢,作者们指出,预先支付的有效最优许可费用或与由赞助商募集的收购费用有着异曲同工之处,均能有效地适用于最优制度。得益于该策略,我们距离早期文献中涉及的有效许可最优专利制度设计更近了一步。

Kremer(1998)在其提案中列举了收购方案的诸多现实问题。以下的几个例子足以证明实施该制度的困难程度。第一,正如 Wright (1983)所强调的,该制度中描述的"真实私人估价"应将"偷生意效应"考虑在内。正如我们在前文中讨论的,在存在偷生意效应的情况下,私人价值可能会超过社会价值。Kremer 的"涨价"方案反映了社会价值与私人价值之间的差别,但受偷生意效应影响,可能反而会出现反作用。但一般来说,该"涨价"取决于创新产业结构以及专利情报特性。Kremer 根据自己提出的"自愿收购制度",指出市场中存在的柠檬问题,即深知自己研究方向上的新创新将超越现有创新的公司,往往会将其创新进行拍卖,利用该机会大赚一笔。因此,信号传递问题则有可能对该制度的实施效果及其设计造成影响。另一方面,诸如 Hopenhayn 等人提出的强制性制度,则或可凭借其强制性避免出现上述问题。第三,最优制度取决于专利间的相互作用,即专利间是否互补,互为替代抑或位于同样独立的质量阶梯上。根据 Lerner 和 Tirole 的分析,我们已知在多数情况下,专利间的可替代性或一般相互作用难以明辨。第四,对于以拍卖为基础的收购制度,其好坏仅取决于其所依赖的拍卖机制。而没有什么拍卖机制是完美无缺的。例如,第二价格密封拍卖法很容易受到参与者间相互勾结的影响。最后,如果政府对价值不大的专利进行大肆收购这点广为人知——该类专利似乎不占少数,[1]那么一般税款的纳税人则可能

---

[1] Jaffe 和 Lerner (2006)对专利质量进行了讨论。

对此颇为不快。①

Scotchmer（1999）和 Cornelli 以及 Schankeman（1999）针对补助金问题，提出将专利制度与其他激励工具进行结合。两方均着眼于保留专利制度中的自我选择特性，同时保留补助金不会导致无谓损失这一优势。然而，补助金很可能促使那些社会价值甚小的发明申请人也跃跃欲试，试图从中捞上一笔。

根据 Comelli 和 Schankerman 对涉及机制问题的描述，假设存在多种类型的企业，政府则希望高产能企业能够承担更多的研发工作，从而将创新社会成本最小化。那么，最优专利制度则为已公布创新者类型 θ 关于保护期限 T 的函数。在该情况下，我们可将 θ 视为研发者创新技能指数（见上文 Hopenhayn 等人论文中所讨论的内容），抑或创新对于社会与研发者而言所具备的价值。例如，我们可将 $\pi = \theta e$ 这一表达式视为创新所产生的利润，其中 e 表示取得的成果。因此，基于保密信息 θ，公司可通过设定 e 值来选择创新"规模"π。政府方面仅能获得有关 θ 分布的相应信息。而成本的前期投入则不为凹函数。

假设研发者公布类型 $\hat{\theta}$，社会计划者则通过所公布的 $\{T(\hat{\theta})，f(\hat{\theta})\}$ 值来决定专利保护期限 T 和费用 f（由专利申请者进行支付）。根据该方案，研发者可得出成果 e^*。而关于福利最大化问题，其中 w 代表通过专利所获得的福利增益（等于利润加上创新及持续福利贡献创造的消费者剩余），d 代表了专利保护而导致的无谓损失流量（一旦专利在 T 时间后失效，则可视为一种增益），因此有：

$$\max_{T,\ f} \int_0^{\bar{\theta}} \left[\frac{w(\pi(\theta,\ e^*))}{r} + \frac{d(\pi(\theta,\ e^*))}{r} e^{-rT(\theta)} - c(e) \right] \mathrm{d}G(\theta)$$

约束条件：

$U(\theta,\ \theta) \geq 0$（个体合理性），

$\theta = \arg\max_{\theta} U(\theta,\ \hat{\theta})$（激励相容），

其中，

$$U(\theta,\ \hat{\theta}) = \int_0^{T(\hat{\theta})} \left[\pi(\theta,\ e^*) - c(e^*) - f(\hat{\theta}) \right] \mathrm{d}G(\theta)。$$

而该问题则可通过向 θ 值较低的企业提供消极补贴得以解决。换言之，政府向特定类型的研发者提供补助金或相关费用。作者同时指出，实施该策略既需要通过制定监控方案来确保 θ 值较低的企业切实开展创新，同时还需要提供

---

① 如果买断制度并非建立在自筹资金策略之上，我们则需考虑一般市场融资的影响。专利的优势之一在于对创新市场中参与者们的"征税"机制。由于发生价值转移的制度能够消除全部无谓损失，因此尽管奖励制度/买断制度下的一般纳税人能够从零无谓损失中获益，我们仍需建立一定的转移机制。并且对于创新者而言，上述无谓损失通常属于潜在收益，而非显性补偿。

补助的公共资金支持。为了满足激励相容机制,专利保护期限自然会随 θ 值的增长而延长。因此,保护期限 $T^*(\theta)$ 为关于 θ 的严格递增函数,这样便有多种保护方案适用于各类型的研发者。诚然,该最优直接机制可通过预先设置的专利保护期限方案与预付费用抑或续展费用方案来实施。①

在更宽泛的框架中,Scotchmer(1999)指出,当市场经济中有一家孤立的企业进行创新,而创新的成本与价值对于社会计划者而言不可观测(但创新者了解相关信息)时,类似于专利制度或 Comelli 和 Schankerman 制度的相关机制则必须适用于激励相容原理。在该体系中,为了使得专利专责机关允许企业开展研究工作,进行创新价值与成本信息汇报的所得奖励至少应与创新研发的社会收益不够理想(个体合理性)情况下的所得报酬相等。此外,必须对低价值创新给予补助,但保护期限较短,而高价值创新则必须支付相关费用以获得更久的专利保护期限,从而实现激励相容。如此一来,低价值创新则不会去仿冒高价值创新,否则便会失去补助,并支付一定的费用。同时,较强的专利保护亦无法给予低价值创新发明者足够的价值。该补助金工具的目的在于市场一旦实现激励相容,便可借此向企业进行优化征税。

上述两篇论文得出的结论颇为有趣,即最优制度与现实中附带续展费用的专利制度无过多差别。确切地说,上述论文中的最佳方案便是其中一种续展制度,该制度针对获得更长专利保护期限的问题,制定了一系列付费方案。专利持有者通常愿意为高价值创新付费从而获得保护期限的延续,而也只有该类创新拥有较长的寿命。② 另外,正是由于高价值创新能够获得更长的专利保护期限,因此其开发动机也更为强烈。然而 Comelli 和 Schankerman 指出,其理论框架推测的续展费用模型与实际情况有较大出入。第一,最优机制方案建议对所有微小创新进行补助,但现实中并不存在(至少在专利局)。第二,在最优结构中,续展费应随时间的推移有着大幅增加,但实际上续展费却出现了回落(以欧洲国家为例)。他们指出,考虑到现实中专利续展费往往被用于专利局运营经费,而非促进最优专利制度的创意实施,上述差异便不足为奇。尽管如此,上述论文还

---

① 由于 $T^*(\theta)$ 为严格单调递增函数,可通过价值转化得出每个专利保护期限的相应类型。$T^*(\theta)$ 函数可由最优收费标准函数 $f^*(\theta)$ 替代,该函数在最优专利保护期限的条件下,可由上述问题的限制条件推导得来。因此,我们得出 $F(T) = f^*(\theta(T))$,其中所涉费用均与专利保护期限相关。换个角度来看,由于专利每年均会产生维持费用,因此专利寿命期限内维持费总额 $T^*(\theta)$ 若等于 $f^*(\theta)$,则可实施该解决方案。

② Pakes(1986)将专利视为探索阶段的一种备选方案,而相关信息则会随着时间的推移逐渐得到披露。早期延续决策通常建立在现有(已知)价值与未来延续的选择价值之上。专利价值更高则延续时间更久,但专利价值同样要随着时间推移方能渐渐显现,包括渐弱的交易性与渐强的确定性。该价值理念符合我们在此处所讨论的模型。

指出政策"工具"的确存在,且可通过适当调整生成符合社会需求的相应制度。

正如我们在上文中所提及的,这些模型的另一大特点便在于不同类型创新的有效专利保护方案各不相同。在实践中,统一化的专利保护制度并非最优方案。Comelli 和 Schanker 针对多样化的专利保护制度与统一的专利保护制度之间的社会福利损失差异问题进行模拟实验,并得出,最优制度相对统一的专利保护制度可促进社会福利 2%~7% 的提升。

Hopenhayn 和 Mitchell(2001)对最优机制中的多样化保护方案进行了探讨,允许专利专责机关选择合适的保护期限与(领先)保护宽度以及续展费方案。换言之,Hopenhayn 和 Mitchell(2011)不仅将续展费和保护期限考虑作为政策工具,同时还再次引入了覆盖宽度(当涉及质量阶梯中的质量增量时,覆盖宽度与之有着直接的关系,并可在产品类型中代表排他区域,与 Klemperer 1990 年提出的框架类似)的概念,从而决定三种工具怎样通过社会计划者实现最优组合。他们的论文促成了专利设计文献的"完整循环",及将早期研究得出的政策工具融入机制设计框架。论文同时得出在该背景下,最优费用为零。那么后一种情况下,我们则可得出最优费用方案,该结论以上述论文研究为基础,其中不将专利覆盖范围考虑作为政策工具。

Hopenhayn 和 Mitchell(2001)假设发明者获得类型 $\theta \in \Theta$ 创意的可能性为 $g(\theta)$。社会计划者无法对该类型进行观测。创新开发成本为 c。创新者只要能获得 T 专利保护期限与 k 的覆盖范围,便可获得利润,函数为 $\pi(k, T, \theta)$。社会计划者必须将该保护制度的社会福利 W 最大化,当该值可决定专利覆盖范围、保护期限以及征收费用时,受个体合理性与激励相容制度约束。因此,问题颇为直接:

$$\max_{k(\theta), T(\theta), f(\theta)} \sum_{\Theta} W[k(\theta), T(\theta), \theta] g(\theta)$$

并有:

$\pi(k(\theta), T(\theta), \theta) - c - f(\theta) \geqslant 0$(个体合理性),

$\pi(k(\theta), T(\theta), \theta) - c - f(\theta) \geqslant \pi(k(\hat{\theta}), t(\hat{\theta}), \theta) - c - f(\hat{\theta}) \, \forall \hat{\theta}$(激励相容),

且 $f(\theta) \geqslant 0$。

注意,由于上述费用仅为纯粹的转移费用,因此并不属于目标函数覆盖范围。在该背景下,该费用即可基于合适的筛选条件进行优化,将其缩减为零。原因便在于政策设计问题在一定约束条件下可促进社会福利的最大化,约束条件包括研发成本覆盖。由于该费用提高了这些成本,因此也同时增强了约束条件。如此看来,相比于专利覆盖范围与保护期限(以提升价值为基础),费用调节工具相对效率较低。

如果我们可根据专利保护期限为创新者提供剩余价值的有效程度对创新进

行归类,那么最优契约则应包括为不同类型创新设计的专利保护期限与覆盖范围方案,其中从保护期限中获得价值较少的创新主要关注覆盖范围问题(较宽覆盖范围,较短保护期限),而可从保护期限中获得较大价值的创新则将重点放在保护期限上(较窄覆盖范围,较长保护期限)。原因则在于一些创新颇为"多产",可产生一系列后续创新——由其他公司开发——并能在较短时间内取代原有创新。正如其他案例所示,由于"有效期限"较短,法定保护期限在该情况下几乎不具备任何价值。例如,假设某项 θ 类型的多产创新进行专利申请后第一个 t 周期中出现后续创新的可能性为函数 $p(t,\theta)$。专利持有人在每周期均可获得利润 π,并有基本创新开发成本 c。假设对于某些 θ_1 类型的低产创新,当一项创新有 T_1 保护期限但无覆盖范围时(这样所有创新改进均不构成侵权),便可获得足以覆盖开发成本的贴现收益。由于在时间跨度 T_1 中很难发生创新改进,因此上述情况的确可能存在。但另一方面,另一种创新可能为 θ_2 类型的高产创新。即便拥有无限长的专利保护期限,该类型创新也可能难以在无覆盖范围的情况下承担其开发费用。反之,由于改进创新发展迅猛,此类创新需有正覆盖宽度 k——在专利期限内,所有后续改进均无法进入市场。因此,专利制度可包括保护水平 $(0,T_1)$ 和 (k,T_2),其中 $T_1 > T_2$。低产的创新类型倾向于第一种保护方式,而高产的创新类型则更倾向于后者。如此一来,专利专责机关便可根据上述保护方案来筛选创新。

在该框架下,由于引入(领先)宽度概念可"延缓"高产创新被取代的时间(O'Donoghue(1998)的作品中涉及了相关具体方法),从而能更有效地创造利润。注意,此处不存在许可行为,且专利适格性与侵权界定问题可谓关系甚密。另外,根据不同情况调整保护期限,从而可确保最优方案中创新者至少能获得促进创新活动开展的"最小"收益。如此看来,似乎各类要求标准颇为复杂,很难向发明群体进行解释,更不用说对公众进行说明并根据实际杠杆在合理的成本内满足上述要求。尽管如此,一些行业的新建议指出,专利申请人可自由选择"高级"专利抑或"一般"专利方案。[①] 另一方面,尽管 Cornelli 和 Schankerman(1999)指定的模型似乎能够通过现有工具在实际生活中得以运用,但该机制——尤其是其中的设想与覆盖范围控制——若要真正投入实施,依然任重道远。

6. 如何保障权利? 强制执行

只有知识产权的强制执行足够强大,才能确保知识产权能够得到保障。强

---

① IBM 建议共同体专利采用该双轨制度,见 http://www.epip.eu/conferences/epip02/lectures/European%Interoperabily%20Patent%201.1.pdf.

制执行通常为个人发明者或集体发明者对其他发明者发起的私人诉讼。事实上，Crampes 和 Langinier（2002）指出，专利权仅授予了专利持有者起诉已认定的侵权者的相应权利。专利持有者须付出一定的监督成本进行侵权认定，且即便侵权者已经确定，专利持有者依然可以自行选择处理方案——或通过法院诉讼捍卫专利权，或通过庭外自行协商达成协议价格，抑或直接允许市场进入。若辩护发起质疑专利有效性的反诉，专利持有者则很有可能失去对知识产权的全部权利。Lemley 和 Shapiro（2005）提出建立关于专利的"概率"模型（Ayres 和 Klemperer（1999）亦提出过同样的理念），以便证明专利所提供的不过是一种可能性，而无法确保持有者能够获得相应奖励。如果专利在法院上受到质疑，潜在模仿者的进入决策取决于对进入反应的激烈程度，也取决于当事人对专利保护强度的先验知识。反之，进入反应亦取决于专利保护强度、相关公司特点、市场以及各种替代策略成本。

Lanjouw 和 Schankerman（2001）指出，虽然专利诉讼率平均较低，仅占总体的 1%，但某些领域的高价值专利诉讼率可能高达 10%以上，制药行业更是超过了 25%。相对无效诉讼而言，侵权诉讼（例如 Crampes 和 Langinier 所建立的相关模型）案例更为普遍。除导致无效诉讼率较低的内因外——无效诉讼通常为侵权指控的一种反击形式——Lanjouw 和 Schankerman 指出，由于诉讼当事人提出无效诉讼能够创造一定的正外部性，因此无效诉讼率较低也的确是不足为奇。换言之，审判诉讼费全部由诉讼当事人承担，但是如果一项专利被证明无效，这项技术的所有潜在消费者都可从中受益。面对诉讼的高成本与庭外和解可获得的高附加值（可覆盖诉讼成本），发起私人诉讼的当事人必须在二者间作出权衡。就侵权被控方费用而言，Lanjouw 和 Lerner（2001）发现，临时禁令——禁止涉嫌侵权活动——往往被用于对（占研究案例的 20%）侵权行为进行补救。因此，该禁令很有可能造成一项业务完全"停牌"，且必然会导致被指控方成本迅速飙升（暂且不论正确与否）。

专利的概率性引发了以下现象。第一，根据 Ayre 和 Klemperer（1999）二人的观点，由于侵权或可带来一定回报，因而专利的概率性必然会引发侵权现象，专利或可被视为无效（或者未进行强制执行）。[1] 这或可对侵权者侵犯有效专利所承担的风险形成一定补偿。侵权者所冒风险的等级取决于发现不端行为与延迟发现侵权行为所需支付的赔偿。因此，若某种机制存在专利概率性且解决争

---

[1] Hall 和 Ziedonis（2001a）指出，根据对行业现有厂商的采访，"在柯达宝丽来一案之前，人们通常认为侵权公司仅需对受侵犯专利覆盖范围下的过去使用行为支付特许费（相比从最开便支付特许费，从期望价值层面上讲，该方案风险适中且成本不高）；然而，在柯达宝丽来一案判决之后，侵权公司则发现自己不仅要对侵权支付赔偿费用，同时还面临着关门停业的风险。"

议速度缓慢,便可确保在不损害创新激励措施的前提下,[1]使消费者从中获益,例如 Tandon (1982)提出的有利于消费者的强制许可策略,或是 Gilbert 和 Shapiro (1990)行之有效的限制竞争政策。Ayres 和 Klemperer 指出,最优制度应能赋予专利持有者在不同专利保护期限与强制执行方案中进行选择的权利。当侵权率较低时,该类方案能够得益于较低的无谓损失从而实现效率提升,向创新者返还预期的奖励,并可有效地利用专利持有者的私人信息。从这个层面来看,Ayres 和 Klemperer 二人拓展了 Cornelli 和 Schankerman (1999)的某些基本观点,并针对专利概率性问题,对 Scotchmer (1999)制定的相关框架进行了补充。

Ayres 和 Klemperer (1999)针对其关于专利权不确定性的正面效应,给出了详细的解释。而不确定性的负面效应在其他论文中已得到了充分讨论,[2]其中之一便是专利的概率性可能会导致专利研究出现偏差。Farrell 和 Shapiro (2007)指出,在法庭上对争议专利的有效性发起质疑属于侵权被控方的典型反击行为。我们可考虑用 S 来代表专利强度,该指数反映了专利承受自身有效性检验的可能性(例如,一项发明未能满足新颖性、非显著性或有效性等标准)。而在未发生私人诉讼的情况下,强度较弱的专利(S 值较低)则可能在许可收益上"超水平发挥"。

例如,假设某上游部门实验室收益取决于下游产业的许可收入。由于单位制收取特许费的授权机制提高了受让方的有效边际成本,并同时抑制了下游竞争,因此可谓是对专利持有者而言的最优方案。事实上,合适的特许费或可复制垄断结果。此外,如果许可收益有固定的费用组成,便可针对该机制中新生"共谋"产业中的参与者(包括实验室),通过该费用进行利润分配。即便强度较低的专利亦有可能存在上述自私性动机。

诚然,我们方才论及的许可协议的反垄断地位颇为脆弱。然而即便我们不采用此类共谋机制,保护强度较弱的专利仍可产生大量的惊人收益。若任何单一诉讼人发起诉讼能够揭示某项专利强度较弱的事实均伴随正外部性的产生,且若该专利许可由多家公司共同持有,那么没有公司愿意为诉讼产生的内生费用买单。例如,假设某一流程创新将边际成本由 c 减少到 $c-\varepsilon$。如潜在受让人发起无效诉讼,则可选择签订许可协议(立即)抑或被(永久)驱逐出市场。因此诉讼人的增加不会导致法院判决专利无效性概率随之上升。只要潜在受让方可获

---

[1] 若想获得全部利润,需保证同时具备不确定性与延迟性。如果争议能得以迅速解决,那么专利持有者则或可设置无约束条件的垄断价格。而若不存在不确定性,但补偿专利持有者的损害赔偿金数额庞大,侵权者则无法保本,因此在知晓专利"牢不可破"的情况下,侵权者不会进入市场。

[2] Farrell 和 Shapiro (2007),Lemley 和 Shapiro (2005,2007)以及 Shapiro (2008)。

得的收益能超过诉讼回报，便会接受专利持有者所给出的特许费率：

$$\pi(c-\varepsilon+r, c-\varepsilon+r) \geqslant S\pi(c, c-\varepsilon+r) + (1-S)\pi(c-\varepsilon, c-\varepsilon),$$

其中 π 代表利润，并存在两个参数：受让方的有效边际成本及其竞争对手的有效边际成本。不等式左边表示，当所有公司接受提议的特许费 r 时所获得的利润，$c-\varepsilon$ 为创新产生的边际成本最低值。不等式右边的第一项代表发起诉讼的"被驱逐"公司其所得回报（和损失）根据发生概率加权。最右边一项表示诉讼成功时，使用免费技术的收益。由于仅许一家公司发起诉讼，所有涉事公司均可获益，因此至多只会选定一家公司作为"被驱逐"对象。其他公司则非常乐于在等待诉讼结果的同时，考虑接受提议的特许费率。所有公司均可接受的最高特许费率取决于一家公司自行承担促进微小变革的相关费用，相对整个行业付出成本可换得的微小变革的重要性，这也决定了特许费率的变化会对等式左右两边产生什么样的影响。尤其是，如果一项专利保护强度为 S 的专利在"合理"的特许费用下减少的边际成本为 ε，则该特许费用为 S_ε，那么绝大多数特许费用所能减少的边际成本均可超过 ε 这一数值。

因此，强度较弱的专利相对其真实强度可能出现"过度补偿"（按基准值 S_ε 计算）。不仅特许费过高会导致无谓损失，且研究动机往往会向低于专利适格性标准的"小型创新"方向进行偏离，而正是市场上的过度补偿导致了这一现象。

Farrell 和 Shapiro 的模型指出，由于专利审核可在许可博弈发生前便将强度较弱的专利淘汰出局，因此专利局的此项策略可谓有一定的益处。为落实 Farrell 和 Shapiro 策略框架下的相关问题，需重点对创新的新颖性和非显著性进行审核。若某项创新由于其所含标的迄今仍未获得授权而导致专利强度较弱，则重大创新亦很有可能受阻成为"弱势专利"。因此，审核制度必须对"弱势"一词进行明确的界定。Encoua 和 Lefouili（2008）指出，我们的论点主要适用于"足够小"的发明。如果将类似框架套用在规模较大、影响深远的发明上，那么在一定情况下会产生与强度较弱专利同样不尽如人意的结果。[1] 尽管如此，Farrell 和 Shapiro 指出，试图通过法院授予专利来纠正"错误"可能会造成扭曲，而此类扭曲可通过更细致的专利局审核进行规避。正如 Lemley（2001）所说的那样，依靠私人诉讼排除错误成本极高，而专利局审核往往可避免出现巨额支出。[2] 所以我们需要找寻能够尽量排除较多错误的折中方法。

因此，针对强制执行建模问题，我们应将专利视为一种创造收益的潜在途

---

[1] 相关推理见 Encoua 和 Lefouili（2008）。

[2] 两个发明者间专利所有权有效性竞争的不确定性会导致创新预期奖励的分散。如此，该现象反而可能引发基于"共同所有权"的多方市场进入。见脚注 1 及 Ayres 和 Klemperer（1999）中的参考文献。

径,而非一种保障。无须赘言,概率模型的结果取决于在法院审判成功的情况下,专利持有者可采取的补救措施。因此我们可根据对损害赔偿制度和禁令制度之间的对比,从而建模支持专利权策略。诚然,一个基本的法律问题在于是否应通过彻底禁止某些行为从而进行市场管理,例如禁止行为,或在构成损害的情况下,允许支付损害赔偿金。Hylton(2006)针对 Calabresi 和 Melamed(1972)的早期论点做出评论,并指出我们目前所分析的产权规则,例如知识产权,能够阻止他人在未获得持有者授权情况下侵犯产权。与之相反,责任规则无需事先征得同意,而只规定在发生损失时支付损害赔偿金。鉴于责任规则或可使得某项活动变得无利可图,那么禁令的出现便可直接阻止侵权行为的发生。[1] 正如我们在上文所提及的,Anton 和 Yao(2004)对该论点进行了完善并形成正式理论,其中明确论及在专利信息披露导致出现模仿行为的情况下,发明者根据相应损害补偿获取"奖励"的这一可能性。在该体制中,若假设损害赔偿金尚未过高且其金额受实际创新价值决定,那么促成模仿行为对专利持有者而言则颇为有利。实际上,在此类模型中,损害赔偿金与专利许可可发挥相同的作用。Hylton更加关注成本问题,并通过分析交易成本的作用与产权估值的分布,从而判断产权规则或责任规则哪个更为可取。例如,若无法达成交易,那么基于产权规则,高价值消费者将无法进行价值创造。该案例与早期有关专利设计论文中提及的无专利许可方案十分相似。而损害赔偿金本身亦存在一定问题,损害程度的信息不对称性会造成法院判定的损害赔偿金与专利持有者实际遭受的损害之间的差异。因此,知识产权转让的市场失灵将催生一系列责任与产权规则制度。

Ayres 和 Klemperer(1999)主要集中研究了损害赔偿金,他们认为由于模仿者在专利持有者尚未(成功)强制执行专利时会去"碰运气",认为损害赔偿金会引发更多的有限侵权案例。由于有限侵权能够有效地为总损失设定上限,因此有限侵权可能正是一个有效的制度应该实现的目标,但研究活动仍能产生累积性周期奖励。这种情况下,损害赔偿金与 Tandon 的强制授权体系中特许费上限所具备的优势相同。关于这点,我们已在单一创新模型部分进行了讨论。然而禁令则没有此番优势,尽管平心而论,美国的三倍赔偿制度能够缩小这种差异。禁令相当于全面禁止,因而不能实现有限侵权同样的效率增益,不论是无限侵权还是并未发生侵权的情况。[2]

---

[1] Ayres 和 Klemperer 对Ⅰ类和Ⅱ类错误进行了类比:设零假设为有效专利。赔偿制度与有效专利可能不会强制执行的制度相对应,产生Ⅰ类错误。而禁令体制则与可强制执行的无效专利制度相对应,产生Ⅱ类错误。

[2] Maurer 和 Scotchmer(1999)针对有限进入收益提出了相似的论点,指出侵权发生时允许引入独立发明辩护。

　　Schankerman 和 Scotchmer（2001）对损害赔偿金与禁令在谈判中所发挥的作用进行了细化，以便对比二者产生的影响。他们指出，在未能达成专利协议的情况下，不同的规则会形成不同的可置信威胁。不同程度的可置信威胁会影响侵权者和受害者之间的利润分配。例如，假设一家独立公司开发了一种有利可图的专利创新应用，这个创新侵犯了原来的专利。如果原来的专利持有者有能力禁止侵权公司的行为，那么侵权者则具有不去侵权"可置信威胁"。如果侵权者守信"拒绝"创造价值，那么在进入协议中，该拒绝威胁可用于从原来的专利持有者那里获取价值。相反，假设一个发明者被高价值侵权者侵权，可以使用损害赔偿金事后收取价值。如果侵权者可以利用发明，创造比发明者更多的价值，侵权对发明者是有利的。这种价值可以事后通过损害赔偿和解获取。因此，损害赔偿金在把收益重新返给原专利持有者的同时，允许价值创造活动，该种权利相比对一家侵权公司进行禁止，对于发明者而言更有价值。损害赔偿金的该种作用与 Scotchmer 之前关于累计创新的研究颇为契合，其中提及了专利授权发挥的社会价值作用，这些在上文中早已做过总结。Hylton 对此做出补充说明，要注意授权市场可能不能很好地发挥作用，而且法院也可能没有判定适当的损害赔偿金所需要的信息。①

　　最后一组关于强制执行的论文将诉讼问题与互补性创新（专利丛林）问题结合在一起进行讨论。Lemley 和 Shapiro（2007）阐明了两种情况下的模型基本动力。他们调查了禁令对（专利授权）进入专利协议的影响。正如上文中 Farrell 和 Shapiro 提出的基准研究一样，Lemley 和 Shapiro 建议对所有专利设立"合理"的报酬基准水平——不但可反映专利贡献的产品价值，还可衡量谈判中的协议技巧和专利的优势。随后，根据该基准水平对比分析了在讨价还价博弈中所得到的实际赔偿。因而，该论点与 Farrell 和 Shapiro（2007）二人观点颇为相似，但前提为研究的是由大量的专利元素组成的"复杂"产品。因此，此处的基准也更加复杂。

　　Lemley 和 Shapiro 发现，当一个产品涉及大量专利时，协议的特许费会超过基准水平，原因便在于过高的索价。假设当发明者和生产商试图谈判特许费时，开发产品的成本大幅下降。这种情况下，如果特许费谈判失败，授权被禁令所取代从而禁止产品销售，单一专利持有者则可通过"支持"生产商获得该产品的全部价值。相比单一专利持有者对产品最终价值的贡献，上述策略赋予了专

---

① Boyce 和 Hollis（2007）提出一个更有力的论点来反驳禁令，由于倡导保护专利垄断而不进行消费者补偿，因此其方案或可作为"法院命令共谋方案"。并且，他们声称如果模仿者未构成侵权，美国专利法亦有助于专利持有人从禁令中获得较多收益。因此当专利处于弱势时，便产生了申请禁令的临时性动机。

利持有者更多的收益。实际上,如果一个产品涉及多项小型专利,每个专利持有者可能都热衷于利用这种不合理的讨价策略提升其授权收入。Hall 和 Ziedonis(2001b)则针对投资大幅下降的情况下出现的不合理讨价现象进行了记录。[1]

此类无理的讨价行为将产生以下几种不良影响。第一,若专利持有者通过与生产者进行单独谈判可以获得大量特许费,则可能导致专利持有者不愿加入批量发放专利的标准制定组织。尽管专利持有者可通过将其专利汇集在一起,潜在地增加总剩余收益,但由于每个专利持有者均希望利用无理讨价为自身牟利,因此很难达成一个协调的解决方案。而且,为大量专利进行单独谈判授权是个成本极高的过程,可能造成直接社会福利损失。其次,生产商会选择避开可能发生无理讨价的行业,从而导致某种类型产品的缺乏,进一步造成福利损失。当然,围绕这些专利进行设计,可能是避免要价过高的最佳途径,但是若重新设计成本过高,反而会招致一定损失。因此,作者总结指出,各种政策方案(包括限制禁令的使用)和征收一些合理的特许费,对于解决上述问题大有助益。这些方法再次重申了 Scotchmer 从前的观点:在外部性条件下,基于事后许可更为相关的假设,事前的授权工作比事后的授权发放能更加有效地协调技术共享问题。毕竟等到投资减少以便潜在受害者能够发现其存在可能更加符合专利"流氓"的利益。换言之,专利流氓往往"躲在桥下",然后突然出击并获取大量收益。关于这种潜在行为的实证研究,Siebert 和 von Graevenitz(2005)发现半导体行业的事前授权与日渐增,而该行业通常会出现专利丛林。[2]

这些争论主要建立在互补性假设的基础上,而正如 Lerner 和 Tirole 所指出的,要确定一组专利的互补程度和可替代程度可谓相当困难,并且可替代程度还可能出现变化。[3] Galasso 和 Schankerman(2008)分析了当专利并非完全互补时,高价值"奖励"的专利申请会分散对法律纠纷造成的影响。假设产生市场价值的单个产品涉及大量专利,如果更大程度的分化将减少单一产品对最终产品的贡献——也就是说,如果专利并非完全互补——任何专利的诉讼(或继续诉讼)价值均会由于预期损害赔偿金的减少而出现下降。[4] 他们通过实证表明,在解决专利诉讼中,更大程度的分化与更少的人均延误纠纷相关,这意味着每个提

---

① 相关作品请参阅 Gilbert 和 Katz(2006,2007)。"专利流氓"一词通常用于描述通过强制性侵占专利,并通过敲诈勒索来获取高额许可费的经济实体。包括美国 NTP 公司,以及黑莓手机生产商移动研究公司(Research in Motion, RIM)在内的一系列行为,可谓是专利流氓的典型案例。在上述情况中,"流氓"通常潜伏于暗处,直至最终产品的价值被成功挖掘出来方才现身。

② Geradin 等人(2007)针对许可证有效期是否"合理公平"的问题,对相关检验提案进行了评估。

③ 其他涉及诉讼和专利联盟的作品还包括 Choi(2003),将诉讼问题融入专利联盟模型,并发现低质专利诉讼会招致反诉,因此低质专利联盟成员通常不会对彼此发起诉讼。

④ 关于该论点还可参考 Lichtman(2006)。

起诉讼的专利必须具有更小的价值。假设世界上存在包括严格互补专利的分化，则不大可能出现上述问题，毕竟每个专利对最终产品都至关重要，因此"价值"相等。因此，根据经验来看，Lemley 和 Shapiro 研究中提及的无理讨价效应，实际上取决于单一专利重要性的降低。

Galasso 和 Schankerman（2008）提出另一独立论点：一定程度上，统一上诉法院减少了法院争议的不确定性，从而大大降低了诉讼协议过程中信息不对称性的影响。换言之，不论法院判决是否存在偏见，与和解速度都关系不大。事实上，如果法院总是采用某种特别的方法进行判决，判决结果可能更容易确定。因此，统一上诉法院的判决往往使得专利诉讼更快地得以解决。尽管这一发现益处良多，但同时却与多年来人们对该事件形成的观点相背离，即在专利权分化的领域存在"过度"诉讼。他们声称，虽然他们发现每个争议的延迟时间减少，但是随着专利的分化加剧，争议总数亦随之增长，因此总解决时间相应增加。也就是说，如果当前的技术更为"复杂"，便会产生更多冲突，所以"预期"基准诉讼量也应随着分化的增加而进行调整。

总而言之，表述强制执行作用的途径之一便是认识到专利并非"坚不可摧"，反而具有一定的概率性。此处一大重要发现在于即便专利可能经不起法院的质疑，但亦能产生大量的授权收益，因为从社会层面讲，任何使用者质疑专利的动机都可忽略不计。在美国，我们可根据欧洲法律体系进行专利后期审查辩护，从而减少弱势专利的负担。第二种方法则是检查专利持有者在侵权发生时所使用的工具，以便观察其差异如何影响效率。工具的作用之一就是当获取专利使用权的协商失败时，针对潜在威胁提供解决方案。当侵权对专利持有者构成伤害的情况下，分配损害赔偿金的简单责任规则可在将新发明分配给高价值消费者的同时，对使用其新发明的创新者进行补偿。一些人认为如果法院不能判定反映新发明创造者的价值赔偿，则需要诉诸禁令。然而，禁令和无理讨价的共同作用会使单一专利持有者获取过高的特许费，并可能导致必须通过专利方能创造有价值的终端产品的生产商被勒令延迟进入市场。此时侵权方需要为其侵权行为支付损害赔偿金，做出一定的补偿。

7. 专利权和竞争政策

竞争政策和知识产权已然发展成为相互独立的两大法律领域，有着各自的目标和方法。虽然该问题并非研究重点，但通过前几节的分析，我们已了解到竞争政策与专利政策间相互作用并共同决定创新激励措施。回顾 Gilbert 和 Shapiro（1990）的观点，两人认为竞争政策可以决定任何专利权政策的专利奖励。竞争政策通过参数设定来发挥这一功能，而专利权则决定需排除的参数。

尽管人们可能认为限制奖励可能与专利政策的目标相矛盾,但 Ayres 和 Klemperer(1999)则认为竞争政策与发明者奖励不应该"相互矛盾"。正如我们在单一创新模型中所讨论过的,无约束条件的垄断程度对专利持有者定价存在一定限制,从而对垄断者利润(因为在价格不受约束时,利润能实现最大化)产生二阶效应,但对无谓损失(由于社会福利情况的不同)却产生一阶效应。[1] 重新平衡专利权与使用参数,以获得更为长久但较低水平的市场势力,从而创造可使消费者即刻收益且不损害发明者利益的效率增益。为证明这一观点,一些人采用了 Kaplow(1984)的比值审敛法——某特定实践中的专利持有者递增奖励与递增社会损失之比。该实验结果可谓是立见分晓——比例越高,实践越可行。Ayres 和 Klemperer 认为,这种比值审敛法不对垄断势力进行约束,颇为不妥,在无约束垄断时,比值为零。

Evans 和 Schmalensee(2002)指出发明者常常会针对市场展开竞争,而非 Ayres 和 Klemperer 文中所述的市场利润。创新行业的竞争政策问题一般很少涉及特定市场的每周期奖励控制,而主要围绕排除新兴市场上其他竞争对手的新发明这一主题展开设计。诚然,网络行业对此贡献巨大。而竞争政策与创新激励措施相互作用的第三点则在于竞争政策决定了一个行业独立参与者之间建立合作的时间与合作方式。如此一来,竞争政策则对许可协议的范围产生影响,而我们已知晓许可协议在专利设计的累积性创新和互补性创新中所发挥的关键作用。

另一问题在于,当我们提及竞争性政策规范市场结构这一特点时,仍不清楚哪种市场结构有助于促进创新最大化。通常,如果一家企业在某行业已经处于高盈利水平,那么该企业几乎没有动力通过创新来实现自我"超越"。另一方面,该类公司可能希望通过创新阻止其他的外部公司抢占市场。如此,创新在产品市场中的作用就不明显。实际上,对于创新激励措施来说,社会最佳的市场结构取决于多种因素的相互作用,必须对这些因素进行平衡从而提供明确的指导。[2] 此外,创新过程的自身结构首先便决定了创新的社会经济激励措施是否过多或过少。[3] 正如 Shapiro(2008)指出,是否应通过增加或减少创新激励措施,实现社会与私人创新激励措施的结合。如果我们不了解要达成何种市场结构或不清楚我们是高于还是低于政策分析的起点"目标",那么便很难给出与结构相关的一般性指导建议。

---

[1] 对于并不过于凸显的需求曲线来说,这同样会带来价格的大幅下跌。

[2] 见 Arrow(1962)的经典著作,及其他包括 Gilbert 和 Newbery(1982),Vickers(1986)以及近来 Aghion 等(2005)的论文。

[3] 关于"创新市场","创新市场"如何从产品市场脱颖而出及如何基于反垄断政策搭建理论结构等问题,见 Gilbert(1995)。

　　Regibeau 和 Rockett（2007）建议制定竞争性政策与知识产权之间相互作用的整体规则。[①]其出发点在于知识产权法赋予的排他性权利无法确保产生（垄断）租金，但若能够获得则不失为一种有效的创新激励措施。事实上，正如我们所讨论过的大多数模型一样，任何单一创新要么未能发现可赢利市场，被抢占了先发优势，要么被先发优势迅速占有，因而只能为发明者带来极小的价值。然而，往往事前预期租金是促进创新产生的一大要素。因此，必然能够获得一定程度的租金。实际上，当一项任何类型的资产成为大量垄断租金的基础以后，竞争性政策只能选择性地进行干涉。时机不同造成了——纵然知识产权政策和竞争政策机构拥有相同的目标与技能——各机构所获得的信息可能各有不同。诚然，考虑到竞争管理机构往往能获得比知识产权机构更为详尽的信息，促使人们对知识产权生成的创新激励措施和无谓损失之间展开重新权衡。不同时机造成的另一结果则有关不同产权干预措施无法平均分布的问题，而该问题则将在预期奖励的水平得以体现。

　　如果我们从知识产权可为发明者带来一定奖励的角度来看，正如 Ayres 和 Klemperer（1999）及 Maurer 和 Scotchmer（2002）所强调的，即便竞争法对产权所有人使用知识产权的程度做出了限制，依然会产生奖励。从这个意义上而言，一旦竞争法固定不变，知识产权便可作出调整以符合竞争法且同时达成基本目标。唯一的要求则是竞争政策不会将这些利润全部抵消。第二，由于收益预期是关键所在，因此除非这些决议代表竞争法政策的变动，那么知识产权法则无需适用于单一竞争法决议。另一方面，任何试图通过竞争法系统地在静态和动态效率之间进行重新权衡的做法均不尽如人意。这些权衡（基于事前角度）首先决定了知识产权设计，因此后来的重新权衡（事后角度）则不大可能提高创新激励措施（由事前评估决定）。事实上，在后续阶段，监督机会主义的确存在实际风险。由于知识产权可免费获取事后社会最优政策，因此当所有权产生后，相关机构开展选择性干涉的激励措施与其事前最优化创新激励措施并不一致。这在一些个案中尤为明显，由于每个案例对预期酬金的影响很小，因此很难确定在一个案例中被剥夺所有权会产生怎样的"损失"。因此，无论选择哪种政策，均需提供相应的承诺保障。

　　Scotchmer（2004）指出，关于这种相互作用的另一种思考角度则是协调政策主张，而非仅依赖于一次孤立的法庭裁决。正如我们所强调的，个体法院可能缺乏保护事前创新动机的决策动机。从这个意义上来说，基于立法层面的决策要优于法庭层面的决策。

　　最后一个普遍性问题便是政策的清晰性。如果反垄断政策在处理某些行为

[①]　关于知识产权法和竞争政策的全面解读，见 Anderson 和 Gallini（1998）。

上含糊不清或自相矛盾，投资者很难计算投资能够带来的持续回报。

此套准则未对某则竞争法规或知识产权政策的特定要素给出过多指导。尽管上文中的相关论点已得到普遍应用——甚至可应用于以垄断势力为基础的其他类型产权，超出了知识产权的范围——这两种法律体系针对知识产权亦存在相互作用，且必须分别进行建模。专利许可政策如今已赢得广泛关注，而人们的主要关注点则集中在阻止定价过高这些不良元素的同时，能够保持许可收益的增加。Maurer 和 Scotchmer（2006a）建议指出，一个合理的政策目标应是：在同样的生产环境下，授权方授权所得收益应与制造产品产生的利润大体相同。该观点并非对许可活动进行限制，例如许可活动会由于发明者面临的财务限制而变得不可或缺。"利润中立"的原则为相关机构提供了一种有效的基准参照，以便制定许可活动与费用的具体规则。

Shapiro（2003）对另一类"中立"情况展开了调查，以解决专利争议解决方案提案的反垄断措施。他指出，如果发生诉讼，和解至少能够获得同等的消费者剩余收益。和解的确切特性无需详细说明，它可以代表并购、合资、许可或其他协议。问题的关键在于，尽管创新激励措施需要保留，但效率亦是一大关键问题。我们需要制定具体规则进而对二者进行平衡。正式说来，解决方案设计问题正是拉姆齐定价法的"两大方面"，其中我们要解决，

$$\max_x \pi(x)$$

约束条件：$s(x) \geqslant s^*$，

其中 x 代表双方事前在同一合同中明确指定的一系列行为，π 代表产业利润，s 为消费者剩余，s^* 是诉讼产生的剩余。由于诉讼仍为一种备选策略，双方总有办法能够达成和解。

剩下的问题便是将这种普遍规则转化为解决方案策略。例如，在专利许可案例中，我们可以对特许费设置上限，以确保消费者最低剩余水平。在并购案例中，可以将一种因素——假设并购涉及知识产权问题——应用于一般补偿效率，此效率可用于解释并购的反竞争伤害。例如，设定一种比率，[①]该比率为涉及专

---

① 正式来说，该比率等于 $(\bar{S} - S_M)/(S_D - S_M)$，其中 S_D 代表双头垄断市场的消费者剩余，$\bar{S}$ 代表独家垄断时的剩余，S_M 为剩余最大值。若想了解该比率在现实中的应用案例，让我们通过专利强度的两个极端案例进行说明。如果一项专利颇为强大，且若诉讼判决较快，那么消费者剩余的"预留"水平刚好等于垄断程度，且相对没有专利保护的情况，专利的存在并不会对消费者利益构成损害。事实上，该比率的分子为零，因此无须提高效率促成合并。另一方面，若专利无法在法院判决中胜出，诉讼结果则是双头垄断获益。在该情况下，由于分子和分母均代表双头垄断与独家垄断剩余的不同，因此比率为 1。当存在专利保护时，不考虑专利问题情况下的效率增益问题则可等于考虑专利存在情况下的合并。更全面的讨论见 Shapiro（2003）。

利问题的并购对消费者造成的损害与不涉及专利问题的并购造成的损害之比。如果标准合并需要补偿效率 E 来进行消费者补偿，那么涉及专利方的并购则需将 E 与该比率相乘来进行说明。如意一来，我们一个便得到了"比例因数"，从而应用于标准合并指导与过程，此比例因数取决于优质专利。[1]

更多具体问题已经成为一系列合并竞争政策和知识产权政策模型研究的主题。在多样性（互补性）创新背景下，Lemley 和 Shapiro（2007）将许可价格政策作为基准，从而用于评估许可是否颁发于公平环境之中。[2] 诸如回授条款（Choi，2002；Van Dijk，2000）、交互授权（Choi，2003；Eswaran，1994；Fershtman 和 Kamien，1992）、标准环境下的授权（Farrell 等人，2007）、合资企业（Scotchmer，1998）和捆绑销售（Whinston，1990，2001）等授权限制条件均已开展过调查研究。[3] 诸多出现冲突的领域均存在一定的网络效应，因此该领域的建模问题已经获得了人们的特别关注（Farrell and Katz，1998，2000）。此类模型大多依靠具体的结构特征或难以实践的判决模型而催生结果（例如专利是否可替代或是否具有互补性）。因此，很难根据这些模型制定出滴水不漏的规则，供政策制定者应用于各大实践案例。通过文献中所取得的一致意见进行规则制定或仍需要建立更多模型，方可能催生深思熟虑的共识观点。或者说，根据某些宽泛的指导原则实施合理方法，可谓是理论发展能够达到的极限水平。

最后，相对于本文涉及的大多论文，竞争政策与创新之间的相互作用建立在成长性环境中，以期能够创造出不同结论。在近期的一个案例中，Segal 和 Whinston（2007）指出，保护新进入者免受既有厂商排斥的竞争政策能够增加新进入者的利润，鼓励其进行创新。另一方面，如果新进入者获得成功，同样的竞争政策在未来会再次对其构成困扰。既有厂商未来较低的利润率最终会降低创新速度。因此，对新进入者有利的反垄断政策会影响创新利润的时间分配，出现收益"头重脚轻"。增长模型可有效地解决此类时机问题。Segal 和 Whinston 根据增长模型和若干反垄断政策，对新进入者和既有厂商奖励之间的矛盾展开分析并发现在某些情况下，该政策对双方均有利好，但是在其他情况下，双方亦存在利益上的冲突。

---

[1] 作为一个实际议题，由于专利保护强度决定了诉讼结果，因此最大化问题与比率水平的解决方案均取决于专利保护强度。Shapiro 指出，任何相关方都很难准确判断其保护强度，外部人士自然更不必说。Katz 和 Shelanski（2006，2007）以及 Carlton 和 Gerntner（2003）亦考虑了其他因素，例如减少重复工作，专门化收益，以及对创新产业并购案例和"标准"案例进行对比时，并购竞争减少所产生的溢出效应等方面。

[2] 司法部 1995 年有关互补性专利许可的相关准则与规定，可参阅 Gilbert（1995）以及 Gilbert 和 Sunshine（1995）。

[3] 还可参阅 Gilbert and Shapiro（1997），二人的后续作品中涉及了大量相关问题。

8. 结论

此篇文献还远未完成,许多基本问题仍有待解决,例如什么类型的专利保护机制方能促进创新发展,以及何种程度的激励措施能够促成社会最优水平。申请专利行政流程、诉讼流程的复杂特性以及知识产权与竞争法的特定领域之间相互作用的经济建模确有很多,但是均未涉及既有厂商应如何将发明撤出市场的现实问题。某些话题相关领域的争论颇为激烈。例如,上网搜索一下便会发现,认为"专利流氓"属于英雄抑或魔鬼的观点均不占少数,两方论据均十分充分,而学术文献中只有部分模型涉及了该问题。最后,创新政策对于决策者而言颇具吸引力。如果有人希望为某项激烈的辩题贡献一份力量,该领域不失为一种不错的选择。

本章尚未对许多问题进行充分的讨论——由于它们在现有文献中鲜有论及——但尽管如此,这些问题仍至关重要。其中一个便是如何对科学家进行补偿激励从而促进其开展创新活动。Aghion 和 Tirole (1994)还针对研究单位(譬如科学家自身)或消费者(譬如可利用专利去创造价值的制造公司)是否应拥有专利这一问题进行了讨论,毕竟这不仅仅涉及专利权设计问题,还包括融资、创造价值以及从不同代理商处获取奖励时,各利益相关方的权益分配问题。作者们还指出,研究活动的重要性及其特性(譬如创新规模)会随不同的组织架构而有所变化。尽管科学家的部分研究(契约、激励措施及其理论架构)能够保留下来,[1]但仍有许多工作有待解决完善。

这一调查覆盖面相对较窄。未能包含所有知识产权,且颇为遗憾的是,亦未涉及版权与商标。版权和专利之间很多问题都十分相似,但并非完全等同。诚然,当前数字媒体技术发展迅猛,因此版权问题亦是一大有可为的研究领域。例如,关于数字媒体版权(而非专利文献)存在一个问题,即应选择通过法定权利还是用技术限制(譬如加密)来进行知识产权保护。[2] 而商标经济学则与专利及版权存在较大差异,包括声誉机制、消费者研究及重复采购。然而,由于许多产品同时采用多种保护措施——某些领域采用专利权保护,某些则采用保密机制,而对整个产品进行版权设计与商标化——上述权利的共同应用也是一成果丰硕且

---

① Kim 和 Marschke (2005) 二人重点研究了劳动力流动性问题,Sena (2004)则主要探讨了溢出效应与合作协议。Sorenson 和 Fleming (2004) 主要针对科学规范与科研机构对专利活动的影响开展研究。Severinov (2001)则主要研究了保密协议。

② 关于商标和版权的法律及经济学问题,可参阅 Menell 和 Scotchmer (2007)。Varian (2005)则针对版权问题进行了相关研究。

值得研究的领域。实际上,结合使用这三种工具,生成某些单一创新模型中存在的创新排他区域,可谓是此类策略的一大目标,但在商业机密与专利相互作用方面,相关研究仍十分有限。[①]

相关研究较少的第三个问题便是影响创新活动的现行替代工具与制度的有关研究。例如,Acharya 和 Subramanian(2007)针对破产法对创新的影响问题展开了研究,其中创新是一项具有相当"风险"的投资。财务结构亦能影响创新,因此创新动机取决于破产法的债权人友好或债务人友好程度。由于财务结构与创新之间存在一定的实证联系(Hall,2002),就财务制度对创新的影响开展系统性调研的确颇有助益。与此相关的是,Hall 和 Lerner(2010)在本卷中还针对融资方式对创新研发的影响进行了概述。

最后,近期文献还针对信息本地化扩散与全球化扩散对行为的影响进行了对比(Boncinelli,2008)。尽管人们认为创新信息或可通过一群专注的研发者口口相传得以迅速传播,但专利同时亦能发挥其信息仓储的功能,将信息传播到往往难以接收新信息的人群中。这大有可能左右未来的发展轨迹及发展速度。相对于更针对"关键"个体的其他政策工具而言,社交网络理论的发展亦有助于判断专利库的有效性。

参考文献

Acharya, V., Subramanian, K. (2007). "Bankruptcy codes and innovation". Centre for Economic Policy Research Discussion Paper 6307.

Aghion, P., Tirole, J. (1994). "The management of innovation". Quarterly Journal of Economics 109(4),1185 – 1209.

Aghion, P., Bloom, N., Blundell, R., Griffith, R., Howitt, P. (2005). "Competition and innovation: An inverted-U relationship". Quarterly Journal of Economics 120(2),701 – 728.

Allison, J., Lemley, M. (1998). "Empirical analysis of the validity of litigated patents". American Intellectual Property Law Association Quarterly Journal 26(3),185 – 275.

Anand, B., Khanna, T. (2000). "The structure of licensing contracts". Journal of Industrial Economics 48(1), 103 – 135. Anderson, R., Gallini, N. (Eds.), (1998). Competition policy and intellectual property rights in the knowledge-based economy. University of Calgary Press, Calgary.

Anton, J., Yao, D. (1994). "Expropriation and inventions: Appropriable rents in the absence of property rights". American Economic Review 84(1),190 – 209.

Anton, J., Yao, D. (2002). "The sale of ideas: Strategic disclosure, property rights and

---

[①] 关于该论点的法律视角,见 Merges 等(2006)。Manelli 等(1994)针对商标与专利间的相互作用问题进行了探讨。而近期关于专利的实证研究,可参考 Von Graevenitz(2007)和 Greenhalgh 以及 Rogers(2007a, b)。

contracting". Review of Economics Studies 69(3),513 – 531.

Anton, J., Yao, D. (2004). "Little patents and big secrets: Managing intellectual property". RAND Journal of Economics 35(1),1 – 122.

Aoki, R., Spiegel, Y. (1998). "Public disclosure of patent applications, R&D and welfare". Foerder Institute Working Paper 30 – 98.

Arora, A., Fosfuri, A., Gambardella, A. (2001). Markets for Technology: The Economics of Innovation and Corporate Strategy. MIT Press, Cambridge, MA.

Arora, A., Ceccagnoli, M., Cohen, W. (2003). "R&D and the patent premium". National Bureau of Economic Research Working Paper 9431.

Arrow, K. (1962). "Economic welfare and the allocation of resources to invention". In: Nelson, R. (Ed.), The Rate and Direction of Inventive Activity: Economic and Social Factors. National Bureau of Economic Research, Cambridge, MA, pp. 609 – 626.

Ayres, I., Klemperer, P. (1999). "Limiting patentees' market power without reducing innovation incentives: The perverse benefits of uncertainty and non-injunctive remedies". Michigan Law Review 97(2),985 – 1033.

Baker, S., Mezzetti, C. (2005). "Disclosure as a strategy in the patent race". Journal of Law and Economics 48(1),173 – 194.

Bar, T. (2006). "Defensive publications in an R&D race". Journal of Economics & Management Strategy 15(1),229 – 254.

Belenzon, S. (2006). "Knowledge flow and sequential innovation: Implications for technology diffusion R&D and market value". Oxford University Working Paper 259.

Bessen, J. (2006). "The value of U. S. patents by owner and patent characteristics". Boston University School of Law Working Paper 06 – 46.

Bessen, J., Maskin, E. (2009). "Sequential innovation, patents and imitation". RAND Journal of Economics 40(4),611 – 635.

Bessen, J., Meurer, M. (2008a). "The private costs of patent litigation". Boston University School of Law Working Paper 07 – 08.

Bessen, J., Meurer, M. (2008b). "The value of U. S. patents by owner and patent characteristics". Research Policy 37(5),932 – 945.

Bidgoli, H. (2010). The Handbook of Technology Management, vol. 3. Management Support Systems, Electronic Commerce, Legal and Security Considerations. Wiley, New York.

Bloom, N., Schankerman, M., Van Reenen, J. (2007). "Identifying technology spillovers and product market rivalry". National Bureau of Economic Research Working Paper 13060 (April).

Boldrin, M., Levine, D. (2003). "Rent-seeking and innovation". Journal of Monetary Economics 51(1),127 – 160.

Boncinelli, L. (2008). "Global vs. local information in (anti-) coordination problems with imitators". The B. E. Journal of Theoretical Economics 8(1), (Article 17).

Boyce, J., Hollis, A. (2007). "Preliminary injunctions and damage rules in patent law". Journal of Economics & Management Strategy 16(2),385 – 505.

Brunt, L., Lerner, J., Nicholas, T. (2008). "Inducement prizes and innovation". Centre for Economic Policy research Discussion Paper 6917.

Calabresi, G., Melamed, D. (1972). "Property rules, liability rules and inalienability: One view of the cathedral". Harvard Law Review 85(6),1089 – 1128.

Carlton, D., Gertner, R. (2003). "Intellectual property, antitrust, and strategic behavior". In: Jaffe, A., Lerner, J., Stern, S. (Eds.), Innovation Policy and the Economy, vol. 1. MIT Press, Cambridge, MA, pp. 29 – 59.

Cassiman, B., Veugelers, R. (2002). "R&D cooperation and spillovers: Some empirical evidence from Belgium". American Economic Review 92(4),1169 – 1184.

Chen, M., Iyigun, M. (2006). "Patent protection and strategic delays in technology development: Implications for economic growth". University of Colorado Working Paper 04 – 09(Revised 2007).

Choi, J. (2002). "A dynamic analysis of licensing: The 'boomerang' effect and grant-back clauses". International Economic Review 43(3),803 – 829.

Choi, J. (2003). "Patent pools and cross-licensing in the shadow of patent litigation". CESifo Working Paper 1070.

Cohen, W., Levinthal, D. (1989). "Innovation and learning: The two faces of R&D". The Economic Journal 99(397),569 – 596.

Cohen, W., Nelson, R., Walsh, J. (2000). "Protecting their intellectual assets: Appropriability conditions and why U. S. manufacturing firms patent (or not)". National Bureau of Economic Research Working Paper 7552.

Comino, S., Manenti, F., Nicolo, A. (2007). "Sequential innovations with unobservable follow-on investments". Universita Degli Studi Di Padova "Marco Fanno" Working Paper 41.

Cornelli, F., Schankerman, M. (1999). "Patent renewals and R&D incentives". RAND Journal of Economics 30(2),197 – 213.

Crampes, C., Langinier, C. (2002). "Litigation and settlement in patent infringement cases". RAND Journal of Economics 33(4),258 – 274.

Denicolo, V. (1996). "Patent races and optimal patent breadth and length". The Journal of Industrial Economics 44(3),249 – 265.

Denicolo, V. (2000). "Two-stage patent races and patent policy". RAND Journal of Economics 31(3),488 – 501.

Denicolo, V., Franzoni, L. (2004). "The contract theory of patents". International Review of Law and Economics 23(4),365 – 380.

Dewatripont, M., Legros, P. (2008). "'Essential' patents, FRAND royalties and technological standards". Centre for Economic Policy Research Discussion Paper 6925.

Ebert, L. (2004). "How high are the grant rates at the USPTO?" Journal of the Patent and Trademark Office Society 86(7),568 – 576.

Eisenberg, R. (1989). "Patents and the progress of science: Exclusive rights and experimental use". The University of Chicago Law Review 56,1017 – 1086.

Encoua, D., Lefouili, Y. (2008). Licensing Uncertain Patents: Per-Unit Royalty vs. Up-Front Fee. Paris School of Economics, University of Paris-I Pantheon Sorbonne, Paris.

Eswaran, M. (1994). "Cross-licensing of competing patents and a facilitating device". Canadian Journal of Economics 28(3),698 – 708.

Evans, D., Schmalensee, R. (2002). "Some economic aspects of antitrust analysis in dynamically competitive industries". In: Jaffe, A., Lerner, J., Stern, S. (Eds.), Innovation Policy and the Economy, vol. 2. MIT Press, Cambridge, MA, pp. 1 – 49.

Farrell, J. (1995). "Some arguments for weaker intellectual property protection in network industries". StandardView 3(2),46 - 49.

Farrell, J., Katz, M. (1998). "The effects of antitrust and intellectual property law on compatibility and innovation". Antitrust Law Bulletin 43(3),609 - 650.

Farrell, J., Katz, M. (2000). "Innovation, rent extraction, and integration in system markets". Journal of Industrial Economics 48(4),413 - 432.

Farrell, J., Shapiro, C. (2007). "How strong are weak patents?" Competition Policy Center Paper CPC05 - 54.

Farrell, J., Hayes, J., Shapiro, C., Sullivan, T. (2007). Standard Setting, Patents, and Hold-Up. University of California at Berkeley, Berkeley.

Fershtman, C., Kamien, M. (1992). "Cross-licensing of complementary technologies". International Journal of Industrial Organi? zation 10(3),329 - 348.

Galasso, A., Schankerman, M. (2008). "Patent thickets and the market for innovation: Evidence from settlement of patent disputes". Centre for Economics Policy Research Discussion Paper 6946.

Gallini, N. (1984). "Deterrence by market sharing: A strategic incentive for licensing". American Economic Review 74(5),931 - 941.

Gallini, N. (1992). "Patent policy and costly imitation". RAND Journal of Economics 23(1), 52 - 63.

Gallini, N. (2002). "The economics of patents: Lessons from recent U. S. patent reform". Journal of Economic Perspectives 16(2),131 - 154.

Gallini, N., Scotchmer, S. (2002). "Intellectual property: When is it the best incentive system?" In: Jaffe, A., Lerner, J., Stern, S. (Eds.), Innovation Policy and the Economy, vol. 2. MIT Press, Cambridge, MA, pp. 51 - 77.

Geradin, D., Layne-Farrar, A., Padilla, A. J. (2007). "The ex ante auction model for the control of market power in standard setting organisations". Centre for Economic Policy Research Discussion Paper 6304.

Gilbert, R. (1995). The 1995 Antitrust Guidelines for the Licensing of Intellectual Property: New Signposts for the Intersection of Intellectual Property and the Antitrust Law. Department of Justice, Washington, DC.

Gilbert, R., Katz, M. (2006). "Should good patents come in small packages? A welfare analysis of intellectual property bundling". International Journal of Industrial Organization 24(5),931 - 952.

Gilbert, R., Katz, M. (2007). "Efficient division of profits from complementary innovations". Competition Policy Center Paper CPC07 - 076.

Gilbert, R., Newbery, D. (1982). "Preemptive patenting and the persistence of monopoly". American Economic Review 72(3),514 - 526.

Gilbert, R., Shapiro, C. (1990). "Optimal patent length and breadth". RAND Journal of Economics 21(1),106 - 112.

Gilbert, R., Shapiro, C. (1997). "Antitrust issues in the licensing of intellectual property: The nine no-no's meet the nineties". In: Winston, M. N., Baily, M. N., Reiss, P. C. (Eds.), Brookings Papers on Economic Activity, Microeconomics 1997. Brookings Institution Press, Washington, DC, pp. 283 - 349.

Gilbert, R., Sunshine, S. (1995). "Incorporating dynamic efficiency concerns in merger analysis: The use of innovation markets". Antitrust Law Journal 63,569 - 602.

Gill, D. (2008). "Strategic disclosure of intermediate research results". Journal of Economics & Management Strategy 17(3),733 – 758.

Giuri, P., Mariani, M., Brusoni, S., Crespi, G., Francoz, D., Gambardella, A., Garcia-Fontes, W., Geuna, A., Gonzales, R., Harhoff, K., Hoisl, K., Lebas, C., et al. (2006). "Everything you always wanted to know about inventor (but never asked): evidence from the PATVAL-EU survey". Centre for Economic Policy Research Discussion Paper 5752.

Glachant, M., Meniere, Y. (2008). Technology Diffusion with Learning Spillovers: Patent versus Free Access. Ecole des Mines, Paris.

Graham, S., Harhoff, D. (2006). "Can post-grant reviews improve patent system design? A twin study of US and European patents". Centre for Economic Policy Research Discussion Paper 5680(May).

Green, J., Scotchmer, S. (1995). "On the division of profit in sequential innovation". RAND Journal of Economics 26(1),20 – 33.

Greenhalgh, C., Rogers, M. (2007a). Trade Marks and Performance in UK Firms: Evidence of Schumpeterian Competition through Innovation. Oxford Intellectual Property Research Centre, Oxford University, Oxford.

Greenhalgh, C., Rogers, M. (2007b). The Value of Intellectual Property Rights to Firms. Oxford Intellectual Property Research Centre, Oxford University, Oxford.

Guellec, D., van Pottelsberghe de la Potterie, B. (2007). The Economics of the European Patent System: IP Policy for Competition and Innovation. Oxford University Press, Oxford.

Hall, B. (2002). "The financing of research and development". Oxford Review of Economic Policy 18(1),35 – 51.

Hall, B. (2007). "Patents and patent policy". Oxford Review of Economic Policy 23(4),541 – 567.

Hall, B., Lerner, J. (2010). "Financing R&D and innovation". In: Hall, B., Rosenberg, N. (Eds.), Elsevier Handbook of the Economics of Innovation, vol. 2. Elsevier, Amsterdam.

Hall, B., Ziedonis, R. (2001a). "The patent paradox revisited: An empirical study of patenting in the U. S. semiconductor industry, 1979 – 1995". RAND Journal of Economics 32(1),101 – 128.

Hall, B., Ziedonis, R. (2001b). "The effects of strengthening patent rights on firms engaged in cumulative innovation: Insights from the semiconductor industry". In: Libecap, G. (Ed.), Entrepreneurial Inputs and Outcomes: New Studies of Entrepreneur ship in the United States, vol. 13. Advances in the Study of Entrepreneurship, Innovation, and Economic Growth. Elsevier, Amsterdam.

Hall, B., Graham, S., Harhoff, D., Mowery, D. (2003). "Prospects for improving U. S. patent quality via postgrant opposition". In: Jaffe, J., Lerner, J., Stern, S. (Eds.), Innovation Policy and the Economy, vol. 4. MIT Press, Cambridge, MA, pp. 115 – 143.

Harhoff, D., Reitzig, M. (2004). "Determinants of oppositions against EPO patent grants: The case of biotechnology and pharmaceuticals". International Journal of Industrial Organization 22(4),443 – 480.

Harhoff, D., Wagner, S. (2005). "Modelling the duration of patent examination at the

European Patent Office". Centre for Economic Policy Research Discussion Paper 5283.

Harhoff, D. , Wagner, S. (2006). Business method patents in europe and their strategic use— Evidence from franking device manufacturers. Discussion Paper in Business Administration 1265 Munich School of Management, University of Munich, Munich, Germany.

Harhoff, D. , Henkel, J. , von Hippel, E. (2003). "Profiting from voluntary information spillovers: How users benefit by freely revealing their innovations". Research Policy 32 (10),1753 – 1769.

Hedge, D. , Mowery, D. , Graham, S. (2007). "Pioneers, submariners, or thicket-builders: Which firms use continuations in patenting?" NBER Working Paper 13153(June).

Heller, M. , Eisenberg, R. (1998). "Can patents deter innovation? The anticommons in biomedical research". Science 280(5364),698 – 701.

Henkel, J. (2004). "The jukebox mode of innovation—A model of commercial open source development". Centre for Economic Policy Research Discussion Paper DP4507(July).

Hopenhayn, H. , Mitchell, M. (2001). "Innovation variety and patent breadth". RAND Journal of Economics 32(1),152 – 166.

Hopenhayn, H. , Llobet, G. , Mitchell, M. (2006). "Rewarding sequential innovators: Prizes, patents, and buyouts". Journal of Political Economy 114(6),1041 – 1068.

Horowitz, A. , Lai, E. (1996). "Patent length and the rate of innovation". International Economic Review 37(4),785 – 801.

Horstmann, I. , MacDonald, G. , Slivinski, A. (1985). "Patents as information transfer mechanisms: To patent or (maybe) not to patent". The Journal of Political Economy 93 (5),837 – 858.

Hunt, R. (2004). "Patentability, industry structure, and innovation". Journal of Industrial Economics 52(3),401-26.

Hylton, K. (2006). "Property rules and liability rules, once again". Review of Law and Economics 2(2),137 – 191.

Jaffe, A. (2000). "The U. S. patent system in transition: Policy innovation and the innovation process". Research Policy 29,531 – 557.

Jaffe, A. , Lerner, J. (2006). Innovation and Its Discontents: How Our Broken Patent System Is Endangering Innovation and Progress and What to Do About It. Princeton University Press, Princeton.

Janis, M. (2003). Experimental Use and the Shape of Patent Rights for Plant Innovation. University of Iowa School of Law, Iowa.

Kaplow, L. (1984). "The patent-antitrust intersection: A reappraisal". Harvard Law Review 97(8),1813 – 1892.

Katz, M. , Shapiro, C. (1986). "Technology adoption in the presence of network externalities". Journal of Political Economy 94(4),822 – 841.

Katz, M. , Shapiro, C. (1987). "R&D rivalry with licensing or imitation". American Economic Review 77(3),402 – 420.

Katz, M. , Shelanski, H. (2006). "Merger policy and innovation: Must enforcement change to account for technological change?" In: Jaffe, A. , Lerner, J. , Stern, S. (Eds.), Innovation Policy and the Economy, vol. 1. MIT Press, Cambridge, MA, pp. 109 – 165.

Katz, M. , Shelanski, H. (2007). "Mergers and innovation". Antitrust Law Journal 74, 1 – 86.

Kim, J., Marschke, G. (2005). "Labour mobility of scientists, technological diffusion, and the firm's patenting decision". RAND Journal of Economics 36(2),298 – 317.

Kitch, E. (1977). "The nature and function of the patent system". Journal of Law and Economics 20(2),265 – 290.

Klemperer, P. (1990). "How broad should the scope of patent protection be?" RAND Journal of Economics 21(1),113 – 130.

Kremer, M. (1998). "Patent buyouts: A mechanism for encouraging innovation". Quarterly Journal of Economics 113(4),1137 – 1167.

La Manna, M. (1994). "Research vs. development: Optimal patenting policy in a three-stage model". European Economic Review 38(7),1423 – 1440.

Lakhani, K., Wolf, R. (2005). "Why hackers do what they do? Understanding motivation and effort in free/open source software projects". In: Feller, J., Fitzgerald, B., Hissam, S., Lakhani, K. (Eds.), Perspectives on Free and Open Source Software. MIT Press, Cambridge, MA.

Langinier, C. (2005). "Using patents to mislead rivals". Canadian Journal of Economics 38(2),520 – 545.

Lanjouw, J., Lerner, J. (2001). "Tilting the table? The use of preliminary injunctions". Journal of Law and Economics 44(2),573 – 603.

Lanjouw, J., Schankerman, M. (2001). "Characteristics of patent litigation: A window on competition". RAND Journal of Economics 32(1),129 – 151.

Lanjouw, J., Schankerman, M. (2004). "Protecting intellectual property rights: Are small firms handicapped?" Journal of Law and Economics 47(1),45 – 74.

Layne-Farrar, A., Lerner, J. (2008). To Join or Not to Join: Examining Patent Pool Participation and Rent Sharing Rules. Harvard University, Cambridge, MA.

Lemley, M. (2001). "Rational ignorance at the patent office". Northwestern University Law Review 95(4),1497 – 1532.

Lemley, M., Shapiro, C. (2005). "Probabilistic patents". Journal of Economic Perspectives 19(2),75 – 98.

Lemley, M., Shapiro, C. (2007). "Patent holdup and royalty stacking". Texas Law Review 85,1990 – 2049.

Lerner, J. (1995). "Patenting in the shadow of competitors". Journal of Law and Economics 38(2),463 – 495.

Lerner, J. (2005). "150 Years of patent office practice". American Law and Economics Review 7,112 – 143.

Lerner, J., Tirole, J. (2002). "Some simple economics of open source". Journal of Industrial Economics 50(2),197 – 234.

Lerner, J., Tirole, J. (2004). "Efficient patent pools". American Economic Review 94(3),691 – 711.

Lerner, J., Tirole, J. (2005). "The economics of technology sharing: Open source and beyond". The Journal of Economic Perspectives 19(2),99 – 120.

Lichtman, D. (2006). Patent Holdouts in the Standard-Setting Process. Academic Advisory Council Bulletin 1.3. Progress and Freedom Foundation, Washington, DC.

Manelli, A., Regibeau, P., Rockett, K. (1994). "Trademark protection and post-patent competition". Cuadernos Economicos de ICE 57(2),115 – 139.

Matutes, C., Regibeau, P., Rockett, K. (1996). "Optimal patent design and the diffusion of innovations". RAND Journal of Economics 27(1),60 - 83.

Maurer, S., Scotchmer, S. (2002). "The independent invention defence in intellectual property". Economica 69(276),535 - 547.

Maurer, S., Scotchmer, S. (2004). "Procuring knowledge". In: Libecap, G. (Ed.), Intellectual Property and Entrepreneurship, vol. 15: Advances in the Study of Entrepreneurship, Innovation and Economic Growth. Elsevier, Amsterdam, pp. 1 - 31.

Maurer, S., Scotchmer, S. (2006a). "Profit neutrality in licensing: The boundary between antitrust law and patent law". American Law and Economics Review 8,476 - 522.

Maurer, S., Scotchmer, S. (2006b). "Open source software: The new intellectual property paradigm". In: Hendershott, T. (Ed.), Handbook on Economics and Information Systems. Elsevier, Amsterdam Chapter 5.

Menell, P., Scotchmer, S. (2007). "Intellectual property". In: Polinsky, M., Shavell, S. (Eds.), Handbook of Law and Economics. Elsevier, Amsterdam.

Merges, R. (1999). Institutions for Intellectual Property Transactions: The Case of Patent Pools. School of Law, University of California at Berkeley, Berkeley.

Merges, R. P., Nelson, R. R. (1990). "On the complex economics of patent scope". Columbia Law Review 90,839 - 916.

Merges, R., Menell, P., Lemley, M. (2006). Intellectual property in the new technological age (4). Aspen, New York.

Middendorf, W. (1981). What Every Engineer Needs to Know About Inventing, vol. 7. What Every Engineer Should Know. CRC Press, Boca Raton, FL.

Miller, A., Davis, M. H. (1983). Intellectual Property: Patents, Trademarks and Copyright in a Nutshell. West Publishing, St. Paul, MN.

Miyagiwa, K. (2007). "Collusion and research joint ventures". The Institute of Social and Economic Research, Osaka University, Discussion Paper 704.

Moser, P. (2005). "Do patent laws influence innovation? Evidence from nineteenth-century world's fairs". American Economic Review 95(4),1214 - 1236.

Nard, C., Morriss, A. (2006). "Constitutionalizing patents: From Venice to Philadelphia". Review of Law and Economics 2(2),223 - 321.

Noel, M., Schankerman, M. (2006). "Strategic patenting and software innovation". Centre for Economic Policy Research Discussion Paper 5701.

Nordhaus, W. (1969). Invention, Growth and Welfare: A Theoretical Treatment of Technological Change. MIT Press, Cambridge, MA.

O'Donoghue, T. (1998). "A patentability requirement for sequential innovation". RAND Journal of Economics 29(4),654 - 679.

O'Donoghue, T., Scotchmer, S., Thisse, J.-F. (1998). "Patent breadth, patent life, and the pace of technological progress". Journal of Economics & Management Strategy 7(1), 1 - 32.

Pakes, A. (1986). "Patents as options: Some estimates of the value of holding European patent stocks". Econometrica 54(4),755 - 784.

Qian, Y. (2007). "Do additional national patent laws stimulate domestic innovation in a global patenting environment? A cross - country analysis of pharmaceutical patent protection, 1978 - 2002". Review of Economics and Statistics 89(3),436 - 453.

Regibeau, P., Rockett, K. (2007). "The relationship between intellectual property law and competition law: An economic approach". In: Anderman, S. (Ed.), The Interface Between Intellectual Property Rights and Competition Policy. Cambridge University Press, Cambridge, MA.

Sakakibara, M., Branstetter, L. (2001). "Do stronger patents induce more innovation? Evidence from the 1988 Japanese patent law reforms". RAND Journal of Economics 32(1), 77 – 100.

Schankerman, M., Scotchmer, S. (2001). "Damages and injunctions in the protection of intellectual property". RAND Journal of Economics 32(1), 199 – 220.

Schmidt, K. (2008). "Complementary patents and market structure". Centre for Economic Policy Research Discussion Paper 7005.

Scotchmer, S. (1991). "Standing on the shoulders of giants: Cumulative research and the patent law". The Journal of Economic Perspectives 5(1), 29 – 41.

Scotchmer, S. (1996). "Protecting early innovators: Should second-generation products be patentable?" RAND Journal of Economics 27(2), 322 – 331.

Scotchmer, S. (1998). "R&D joint ventures and other cooperative arrangements". In: Anderson, R., Gallini, N. (Eds.), Competition Policy and Intellectual Property Rights in the Knowledge-Based Economy. University of Calgary Press, Calgary.

Scotchmer, S. (1999). "On the optimality of the patent renewal system". RAND Journal of Economics 30(2), 181 – 196.

Scotchmer, S. (2004). Innovation and incentives. MIT Press, Cambridge, MA.

Scotchmer, S., Green, J. (1990). "Novelty and disclosure in patent law". RAND Journal of Economics 21(1), 131 – 146.

Segal, I., Whinston, M. (2007). "Antitrust in innovative industries". American Economic Review 97(5), 1703 – 1730.

Sena, V. (2004). "The return of the Prince of Denmark: A survey on recent developments in the economics of innovation". The Economic Journal 114, F312 – F332.

Severinov, S. (2001). "On information sharing and incentives in R&D". RAND Journal of Economics 32(3), 542 – 564.

Shapiro, C. (2001). "Navigating the patent thicket: cross-licenses, patent pools and standard-setting". In: Jaffe, A., Lerner, S., Stern, S. (Eds.), Innovation Policy and the Economy, vol. 1. MIT Press, Cambridge, MA, pp. 119 – 150.

Shapiro, C. (2003). "Antitrust limits to patent settlements". RAND Journal of Economics 34(2), 391 – 411.

Shapiro, C. (2004). "Patent system reform: Economic analysis and critique". Berkeley Technology Law Journal 19(3), 1017 – 1047.

Shapiro, C. (2008). "Patent reform: Aligning reward and contribution". In: Jaffe, A., Lerner, J., Stern, S. (Eds.), Innovation and the Economy, vol. 8. MIT Press, Cambridge, MA, pp. 111 – 156.

Shavell, S., Ypersele, T. (2001). "Rewards versus intellectual property rights". Journal of Law and Economics 44, 525 – 547.

Siebert, R., von Graevenitz, G. (2005). "How licensing resolves hold-up: Evidence from a dynamic panel data model with unobserved heterogeneity". CEPR Discussion Paper No. 5436.

Sorenson, O. , Fleming, L. (2004). "Science and the diffusion of knowledge". Research Policy 33(10),1615 - 1634.

Swanson, D. , Baumol, W. (2005). "Reasonable and nondiscriminatory (RAND) royalties, standards selection, and control of market power". Antitrust Law Journal 73,1 - 58.

Tandon, P. (1982). "Optimal patents with compulsory licensing". Journal of Political Economy 90(3),470 - 486.

Tao, Z. , Wu, C. (1997). "On the organization of cooperative research and development: Theory and evidence". International Journal of Industrial Organization 15(5),573 - 596.

Trajtenberg, M. (2002). "Government support for commercial R&D: Lessons from the Israeli experience". In: Jaffe, A. , Lerner, J. , Stern, S. (Eds.), Innovation Policy and the Economy, vol. 2. MIT Press, Cambridge, MA, pp. 79 - 134.

Van Dijk, T. (2000). "Licence contracts, future exchange clauses, and technological competition". European Economic Review 44(8),1431 - 1448.

Van Zeebroeck, N. , Van Pottelsberghe de la Potterie, B. (2008). "Filing strategies and patent value". Centre for Economic Policy Research Discussion Paper 6821.

Varian, H. (2005). "Copying and copyright". Journal of Economic Perspectives 19(2), 121 - 138.

Vickers, J. (1986). "The evolution of market structure when there is a sequence of innovations". Journal of Industrial Economics 35,1 - 12.

Von Graevenitz, G. (2007). Which reputations does a brand owner need? GESY Discussion Paper 215LMU, Munich, Germany.

Von Graevenitz, G. , Wagner, S. , Harhoff, D. (2008). Incidence and Growth of Patent Thickets—The Impact of Technological Opportunities and Complexity. Munich School of Management, Ludwig Maximilians University, Munich, Germany.

Walsh, J. , Arora, A. , Cohen, W. (2003). "Effects of research tool patents and licensing on biomedical innovation". In: Cohen, W. , Merrill, S. (Eds.), Patents in the Knowledge-Based Economy. National Academies Press, Washington, DC, pp. 285 - 340.

Walsh, J. , Cho, C. , Cohen, W. (2005). "View from the bench: Patents and material transfers". Science 309(5743),2002 - 2003.

Waterson, M. (1990). "The economics of product patents". American Economic Review 80 (4),860 - 869.

Weston, R. (1998). "A comparative analysis of the doctrine of equivalents: Can European approaches solve an American dilemma". IDEA: The Journal of Law and Technology 39, 35 - 91.

Whinston, M. (1990). "Tying, foreclosure, and exclusion". American Economic Review 80 (4),837 - 859.

Whinston, M. (2001). "Exclusivity and tying in U. S. v. Microsoft: What we know and don't know". Journal of Economic Perspectives 15,63 - 80.

Wright, B. (1983). "The economics of invention incentives: Patents, prizes, and research contracts". American Economic Review 73(4),691 - 707.

第 8 章
创新地理学中的程式化事实

Maryann P. Feldman* 和 Dieter F. Kogler†

* 北卡罗来纳大学教堂山分校公共政策系
美国，北卡罗来纳州
† 多伦多大学地理科学与规划系
加拿大，安大略省，多伦多市

目录

摘要

创新地理学是研究空间距离和地理位置与科技创新活动相互关系的学科。创新地理学是新经济地理学的分支学科，该研究领域的历史尚不足 20 年，如今已得到长足发展，其探讨的主题主要围绕特定程式化且人们普遍接受的事实：

- 创新的空间集聚性。
- 地理环境为组织的经济活动提供平台。
- 区域不平等：城市化、本地化与多样性。
- 知识溢出在地理环境层面的本地化。
- 知识溢出差别甚微、不易察觉、无处不在且难以衡量。
- 地方高校是创新的必要不充分条件。
- 创新受益于地方传播和全球渠道。
- 随着时间的推移，演化过程决定区位。

本章旨在总结针对上述主题的创新与区位研究,思考此类程式化事实如何阐明更为宽泛的技术变革与经济增长历程。

尽管公司是组织经济活动的场所之一,但催生创新所需的资源绝不仅限于公司内部。地理环境是其获取生产要素的另一个场所。此外,地理环境超越经济范畴,是多层次复杂社会关系、人类社会以及创造力发生的场所。经济体十分复杂:高度融合、全球互联,并且围绕活动中心高度聚集。一直有人试图单独分析经济机构与经济参与者,不过新兴的经济地理学文献却着眼于大局,从地理学的角度分析创新。当然,这首先就需要了解历史,在具体的背景和环境中了解一个地区及其各种代表性关系。之前的文献综述概括了该方向的研究进展,但是也指出依然存在很多其他的公开研究方法,因而鼓励其他学者致力于发现经济地理学的研究新地带。

关键词

集聚经济　创新地理学　知识溢出　本地化　新经济地理学　城市化

1. 引言

毋庸置疑,创新具有一个影响经济增长与技术变革的地理学维度。在理解创新过程的动态时,其中一个关键要素为经济参与者因物理距离和区位集聚而形成的知识循环。本章目的在于总结近期有关创新与地理位置的文献,思考此类程式化事实如何阐释越来越宽泛的技术变革与经济增长过程。

地理环境与特定地区的交互作用造就了产业的形成。行内人讨论"风水条件(*terroir*)",该词来源于法语,原来用于指代地理环境赋予的特殊特征。这一术语可被直译为"风水",或是更具诗意的"地方感"。这一术语描绘了本地环境对产品的总体影响,其总体影响大于各部分影响的总和,而且这种整体效应难以复制(Feldman,2009)。就酒类与咖啡而言,产地气候、太阳高度角、贮存年份以及种植与收割的传统共同打造出独特的产品风味。即便是最好的酒庄酿造的葡萄酒也会有差异,反映出酿造时不同的环境条件。除此之外,尽管优质葡萄酒的酿造方法正在世界范围内传播,但是葡萄酒的质量却变得更复杂,差异化程度也更高,而非同质化。

2. 创新地理学中的程式化事实: 路线图

历史上,经济地理学家考虑到创新扩散的根本决定因素之后,曾研究过经济活动的区位因素(Brown,1981;Hagerstrand,1967)。地理学家曾察觉经济活动的空间分布不均衡(Amin,1994),从而专注研究产业集聚,尤其强调其中因国际竞争加剧而导致的标准化制造消失(Harrison and Bluestone,1988)。而这种产业集聚的积极影响则体现为技术密集型行业不断发展以及对创新成果和创业精神的重视程度增加。

自 Krugman(1991a,b)指出地理环境与贸易之间的关联之后,这一研究主题便逐渐融入主流经济学。Krugman 发现随着时间的推移,国家经济非但没有集聚反而变得更加分散。这与新古典增长理论所做的预测背道而驰。Lucas(1988)和 Romer(1990)指出由于外部性是知识生产与利用中的固有特性,因此知识往往属于收益递增,从而挑战了规模收益固定不变或递减的假设。在网络效应(如参与者数量庞大,导致对任何一个用户的效用增加)的作用下,知识的价值非但没有递减,反而有所增加。此外,非排他性(即知识对于任何投资以搜寻知识的人而言均可获取)以及非竞争性(即多个用户可同时利用同一知识)是进一步支撑收益递增这一概念的两个重要特征。Porter (1990)在《国家竞争优势》（*Competitive Advantage of Nations*）一书中介绍了管理学领域内的地理学思考，并探索公司如何从本地化竞争中受益。Porter 将其研究扩展至公司竞争力，以建立一个包含四个要素的钻石模型，该模型解释了"供应与需求条件、生产要素，以及相关产业和支持产业的加强"。可以说 Porter 为国家创新体系文献提供了一个更规范的视角(Lundvall，1992；Nelson，1993)，描述并分析创新过程与技术变革的完全形态。Porter 的钻石模型正式确定了参与者及其相互之间的各种关系。

大量的文献关注创新地理学这一主题，并描述距离、区位因素、地理位置对于创新活动的重要作用。长久以来，此类文献被称为"新经济地理学"，是一个历史尚不足 20 年的研究领域(Clark 等，2000)。目前这一领域已获得长足发展，因此关于这一主题的探讨可以围绕以下数个特定程式化且人们普遍接受的事实展开：

- 创新的空间集聚性。
- 地理环境为组织经济活动提供平台。
- 区域间并非平等：城市化、本地化与多样性。
- 知识溢出在地理环境层面的本地化。
- 知识溢出差别甚微、不易察觉、无处不在且难以衡量。
- 地方高校是创新的必要不充分条件。
- 创新受益于地方传播和全球渠道。
- 随着时间的推移，演化过程决定创新地点。

以上事实将在下文逐一展开。

2.1 创新的空间集聚性

创新往往在空间和时间上产生集聚效应。目前学界激烈探讨世界是否是平的，即机会在全球平均分布，还是特定时期的特定地点享有更多机遇。Friedman (2005)的扁平世界视角关注的是全球化的影响——它的确影响显著，值得深思。扁平世界的认识属于新古典主义的观点，即经济活动发生在一个毫无特征的平面上，其生产要素可以在地区之间随意流动而不会产生摩擦。但是纵观人类历史，我们发现创造性活动一直以来均在特定地点、特定时期发生，如美第奇家族统治时期的佛罗伦萨、20 世纪 20 年代的巴黎、工业革命时期的英国以及近期的硅谷，甚至是华尔街。每一个时代均有某个地区令人心驰神往，成为创造性活动和创造力的集聚地。创造性活动可能会发生改变，但是区域的重要性却始终如一。

全球外包的形式令公司可以降低生产成本，然而技术成熟的公司却凭借差异化的表现和创新成果与他人竞争。尽管公司才是将创意带入市场并将创新成果转化为价值的实体,但是即便是规模最大的跨国企业仍需要根植于支撑和维持其活动的生态系统中(Gassler 和 Nones,2008)。上述生态系统在全球范围内皆相互连接,但是最高价值的活动却通常集中于特定区域。研究文献在某个专业化行业或技术中定义公司集聚,而该行业或技术集中于同一地理区域,并用如高技术中心、高技术园区等名词来描述这一区域。Marshall(1890)在文中提到了这一趋势,并指出其背后的三个原因:支持产业发展的相关基础设施建设;经验丰富且具备专业技能的人力资源;以及非金钱外部性的出现,原因是临近便于知识交换的强大知识库。分析对象往往是此类与地理集聚有关的要素。

在所有的经济活动中,创新活动从地理位置中受益最多。创新是指混合并统筹不同类型的知识以形成某些前所未有又具有经济价值的新事物的能力。与艺术类似,创新成果是对创意的表达;但是其与艺术的不同之处在于无法以持有者的角度衡量创新成果,而是以市场的接受程度为衡量标准,而市场会为创新实体产生商业回报并为社会提供经济福利、繁荣和增长方面的回报。

与发明相比,创新更具地理集聚性,而发明通常被视作创新过程的第一阶段。得益于大型专利数据库的产生,许多研究专注于研究发明,而后者不应与创新混淆。作为一种指标,专利的局限性可谓众所周知(Griliches,1990;Scherer,1984)。专利的地理集聚性反映了研发活动的集聚特性。但是这并不一定意味着该地区享有经济优势。Feldman(1994)发现新产品的上市地点与宽泛专利分类的相关系数为 0.8,而创新成果与企业研发支出的相关系数为 0.7。部分研究通过以发明为焦点得出有关创新的推论,因此需要谨慎解读此类研究文献。基于 Jaffe(1989)的研究成果,Acs 等(1994)发现与专利相比,新产品的上市更具地理集聚性,因为大学和行业研发是其中的重要投入。Feldman(1994)表明,相关产业的出现和专业化商业服务等其他本地因素的出现同样是将发明最终转化为产品创新的决定因素。

与生产相比,创新更具地理集聚性。即便在控制生产的地理分布之后,创新成果仍然体现出一种显而易见的空间集聚趋势(Audretsch 和 Feldman,1996a)。Ellison 和 Glaeser(1997)提出了影响深远的标靶方法,并用该方法反复证明了地理集聚现象无处不在,同时证明了大部分行业的集聚程度不高。其目标在于捕捉飞镖模型产生的随机集聚,并判断其与因溢出和自然优势产生的具体行业集聚力是否有所差异。研究结果表明,部分产业极度聚集的主要原因在于自然优势,例如将涉及重物航运的成本列入位置选择要素时,靠近水源则成为自然优势。不过高度异质性亦是导致大部分其他行业空间集聚的原因之一。

地理位置的影响在行业生命周期的早期阶段最为深远。一旦某件商品处于生命周期的成熟阶段,其生产成本的重要地位随即提升。创新活动具有空间集聚的倾向,而该倾向受制于行业生命周期,这说明创新的本地化与地域内特定行业的成熟度之间具有直接关联(Audretsch 和 Feldman,1996b)。行业生命周期的早期阶段以隐性知识占据重要地位为特征。一旦某件产品实现了标准化而且需要大量生产以满足需求时,那么该行业就会出现地理分散现象。

辨别市面上新产品与成熟产品之间的差异是区分集聚力强度的方法之一,此外辨别有形生产单位与服务型的生产单位也是一种有效方法。传统的制造业,尤其是极度依赖外部生产投入的制造业似乎比服务型行业更加不受束缚,而后者的基础设施需求以及外部资本投入通常均较少,而且其经济收益的最主要投入要素为技术高度纯熟的工人。开源社区是具有地理分散特性的创新平台,经常被看作这一平台的典型案例(von Hippel,2001)。开源社区的成员在全球范围内形成一个分散的网络,这一点令人印象深刻;但是我们应该注意到,实际被用来生产开源软件产品的大部分工具要依赖硬件和 UNIX[①] 等源代码,而UNIX 在某段时期内一度仅在特定的生产中心集聚得以开发。另一方面,即便经历过从高度工业化的地域到发展中国家的惊人空间转移,一旦重新融入新的地理环境和机构环境,劳动密集型的低科技行业依然会体现出强烈的集聚趋势(Scott,2006a)。

在为经济增长提供潜力的同时,新技术与新行业并未得到长足发展,而是以科学发现、产品用户或供应商提出的建议或是企业家提出的新创意等形式开始低调地发展。起初其商业潜力不为人知,仅有少数专家或领先用户方能认识到其重要性。将这一新发现转化为商业活动并实现其经济潜力,此过程包括察觉潜在的投资者、用户和员工中存在的可能情形,以及创建公司和创造价值链。人们越来越意识到对于具体区域的行业发展而言,决定一切的并不一定是资源与初始条件,而是社会动态。社会动态发生于区域内部,并决定新兴技术或新兴行业周围的共同利益社区(Feldman 和 Romanelli,2006)。当然,这仅限于用户定义的创新成果(von Hippel,1988,2005)。与孤立的科学对话相反,通过建立对新兴技术的共识并理解新兴技术,社区建设对于区域性行业发展而言至关重要(Lowe 和 Feldman,2007)。

当面对新的技术机会时,企业家将易于掌握的机会塑造成与现有技术相适应的解决方案。企业家采取的方案更可能来自于当地——有时是利用研究类似内容的人脉网络,有时可能是意外所得的想法。最重要的是企业家能够因地制宜,创造性地利用当地资源,因此企业家精神是知识溢出的一个渠道(Audretsch和 Keilbach,2008,p. 1698)。有效的解决方案一再被采用,而且因时而动,逐渐

---

① 贝尔实验室的一组 AT&T 雇员于 1969 年最早开发出 UNIX 系统(更多详细历史与时间轴参见 http://www.unix.org)。直到 1975 年,人们才能在贝尔实验室之外广泛使用 UNIX 系统。

演化为可接受的惯例与操作流程——成为为当地定制的产业处方。机构采用此类处方决定业内的普遍做法以及普遍视角。这有助于进一步的试验与调整。而哪些做法行不通,哪些之前就尝试过却走进了死胡同,与这些相关的知识均是地方性知识的一部分(Eisenhardt 和 Martin,2000;Feldman,2000;Sitkin,1992)。

　　与专业化理论相反,交叉渗透与合作将会产生益处。由于地理位置相近,因此合作的成本十分低廉。而且合作各方会增加发现意外机会的概率,而意外发现往往意味着新的用途、新的解决方案以及改进方法。同一管辖区内不同行业之间的多样性被视作对创新产出(Feldman 和 Audretsch,1999)与总体经济增长(Glaeser 等,1992;Jacobs,1969)有益。但是不相关多样性与相关多样性之间的区别也许可以帮助我们深入理解这一点。对地理相近性影响最大的也许就是根本的技术共性或相关多样性(Boschma 和 Iammarino,2009)。相关多样性与 Jacob 所提的外部性概念相似,与产业活动之间的相关多样性亦有雷同之处,后者将会产生创意转移并产生大量创新。当然,大部分关于集聚经济的探讨均关注产业本地化,后者也许代表生产导向或是反映产业生命周期中的成熟阶段,但是两者皆与新创意和新颖性无关。另一方面,相关多样性是指就投入组合而言认知距离较短的行业(Frenken 等,2007),并被认为通过互补行业之间的溢出,即传统意义上 Jacobs 提出的外部性刺激创新。

　　造成这种情况的一个重要原因是区域嵌入的隐性知识越来越重要(Maskell 和 Malmberg,1999,p. 171)。在一个人们可普遍获取显性知识的全球化市场中,机构设置、公司及市场竞争力、知识与可用技术等部分隐性要素因其具有地域性和演化性而不易描述,而且要素组合在成功的司法管辖区内超过单个组成部分的总和,上述要素尤其是要素组合的重要性被夸大。这一视角明显以资源为中心或是以供应为驱动力,关注创新经济体如何适应新区域,并表明如果做出恰当的努力,也许能够复制并效仿成功案例。然而,本地化的学习过程需要显化以完成对改良或新型产品和流程的持续创造,不过由于此类过程素来以隐性知识为驱动力,因此为区域所特有且很难显化。需要特别指出,知识是基础资源,因此学习是塑造当代技术经济与创新驱动经济的重要过程(Lundvall 和 Johnson,1994,p. 23)。

2.2　地理环境为创新活动提供平台

　　公司是组织经济活动的一种方式,地理环境则为经济活动提供了组织资源与关系的平台。除了拥有资源禀赋、靠近市场以及气候条件等自然优势外,某些特定地区还拥有内在活力,能够提升投资生产率和创新及创造力(Feldman 和 Romanelli,2006;Rosenthal 和 Strange,2003)。内在活力需要通过全社会的努力而实现,包含各种各样的行为主体。最重要的是,由于很难预测未来的技术变革以及市场演化趋势,因此竭尽全力参与创造活动的人越多,该地区(无论是城市、区域或国家)受益的可能性就越大。

产生创新成果的资源通常并不局限于个别公司内部。公司往往为了外部资源而签约,而且可以远程实现。然而签约的目的虽然通常是为了节省成本,但却可能会降低动态效率(Pisano,1997)。将创新产品价值链中的要素通过签约转让,这意味着将会失去任何预示未来改进或新机会的不可预期的结果。价值链的地理集聚程度越高,观察和互动的机会就会出现。如果距离较为遥远,这种关系须以合同形式严格约定。

在塑造组织经济活动和创新活动的地理平台时,应当考虑三种基本空间尺度:全球、国家以及地方。部分对创新过程产生直接影响的因素会在三个空间尺度中持续发生,其他方面则会在具体的某一个空间尺度中发生。从福特主义①转变为后福特主义②,信息时代的出现触发了全球化趋势,生产过程与生产力的弹性有所提升,从区域或国家主导的市场转变为全球主导的市场,这些变化均表明:如今经济活动可在全球范围内统筹协调(Dicken,1998)。这一观点促使部分学者宣判"距离已死"(Cairncross,1997),并称未来的经济活动将由不受束缚的全球企业所主导,不受束缚意味着此类企业不具有真正意义上的母国关联和民族认同(Ohmae,1990)。跨国公司是全球创新活动调查中公司层面的焦点(Pavitt 和 Patel,1999)。人们认为全球层面的组织内部网络和组织外部网络均能显著推进跨国公司内部的产品与流程创新。不过还需注意,尽管跨国公司明显不受束缚,但是国家或者欧盟等跨国组织会干涉并影响跨国公司对地理位置以及创新战略的选择。虽然跨国公司可以随意重新选择其生产和研发的地址,这些决策却明显受到当地资源可获取性的影响,因此显然跨国公司仍会在数个关键地区完成真正的创新过程(Rugman,2000)。

全球尺度的重要性日益提升似乎损害了国家经济体的主权,使得它们在全球博弈中力不从心(Ohmae,1995;Strange,1997)。部分文献提出反对意见,认为如今民族国家的重要地位比以前大大提升,"随着为保护国内竞争力较弱的公司和行业而实施的贸易壁垒的减少,母国的重要性日益提升,因为母国是构成竞争优势的技能与技术的来源"(Porter,1990,p.19)。国家公共部门在推动和支持创新以及技术变革中发挥了潜在的实际作用,互联网的早期发展即为例证

---

① 福特主义是指以市场为导向,以分工和专业化为基础,以较低产品价格作为竞争手段的刚性生产模式。——译者注。

② 后福特主义是指以满足个性化需求为目的,以信息和通信技术为基础,生产过程和劳动关系都具有弹性的生产模式。——译者注。

（Greenstein，2007；Mowery 和 Simcoe，2002；Rogers 和 Kingsley，2004）。美国国防部提出优先资助去中心化的通信和运输技术的发展，萌生了互联网概念，此后美国国家科学基金会的持续资助又促进并提高了大量领先用户的参与度（Kahn，1994），将这一潜在技术从公共领域转入市场。此外，利好政策、反垄断政策、知识产权政策以及允许公共部门投资风险资本的联邦资本投资政策携手为互联网的进一步发展拾柴加薪，刺激了商业内容和应用程序的开发。最终结果为通用技术的产生，这与 20 世纪 90 年代的创新和经济增长密切相关，后者在很大程度上归功于国家层面的政策（Lipsey 等，1998）。

近期的文献开始研究政府基础设施投资对经济增长与竞争能力的重要程度（Klein 和 Luu，2003；La Porta 等，1999）。例如，有形商品贸易中交通运输基础设施的质量通常得到公认；然而，基础设施也会直接影响区域间知识交换的速度和时机（Parent 和 Riou，2005）。发达的基础设施可能会让知识溢出远高于估计值，以至于交通紧密连接的区域沟通并互相学习的程度远高于根据其相对空间距离所做的估算。另一方面，即便两个地区在地理位置上极为靠近，如若没有先进的交通运输基础设施作为支撑，知识溢出的程度同样可能会低于估计值。

在区域创新系统的分析中，除了将所有空间尺度看作讨论起点外，在过去数十年间最受瞩目的也许就是区域尺度或地方尺度，吸引了各个学科的参与者。下文提供对“区域是一个创新系统”的两种解读。其一，区域仅仅是国家系统或是行业系统的子系统。其二，也许是最重要的一点：即便处在同一个国家环境中，区域仍然主要依赖本地机构的能力。有学者认为区域创新系统（Cooke，1996；Maskell 和 Malmberg，1999）是本地化学习最重要的因素（Howells，1996），其源于根植性本土机构能力的特殊优势并以隐性知识的形式出现。非正式性交流包括基于面对面交换的隐性知识、惯例、习惯和规范、交流传统以及相互作用，并被看作形成某个区域创新潜力的重要资产（Storper，1997）。

区域尤其是城市逐渐备受瞩目的一个主要原因在于人们发现，投资者极度依赖地方信息或地方知识，将其看成是新产品或新工艺的投入要素。决策者的确可以得知信息的地方性变化，而且在大多数情况下，区域间的信息传递会产生高昂的成本。产生此类信息“黏性”的原因有很多（von Hippel，1994）。首先，信息黏性源于信息本身，如信息编码的方式等（Nelson，1982，1990；Rosenberg，1982）。第二，信息“黏性”可能源于信息持有者或信息搜寻者。某个特定信息搜寻者如果缺乏“吸收能力”（Cohen and Levinthal，1990），那么其获取信息的能力会因缺乏某些工具或缺乏互补信息而无法施展。第三，转让群体等专业化组织结构的可获得性（Katz and Allen，1988）将会极大影响组织之间以及组织内部的信息转让成本。

除了“黏性”这一概念之外，研究“实践社区”的文献（Brown 和 Duguid，

1991；Wenger，1998)进一步解释了为何创新者倾向于利用地方性信息。该流派认为知识的区域性质源于一个社区中有着共同分享实践或问题的个体。主要的争论点之一在于，人们的实际工作方式通常与组织在项目实施方案中所描述的工作方式不同(Granovetter，1985)。知识不仅仅被看作是隐性的,也就是说无法用语言准确描述(Nonaka，1994)，而且总体上知识与知晓不可与个人的实践相分离(Cook 和 Brown，1999)。实践社区的存在环境变化多端，而且在新闻群组、网络社区或知识论坛等与传统经济组织地理平台不同的环境中,实践社区可能会改善产品、服务和工作实践或创造新的产品、服务和工作实践。这意味着关系邻近性也许能够替代空间邻近性(Amin 和 Cohendet，2004)。不过必须明确区分知识(即引起催生新产品开发的专业技术)和内容(即有趣但不具特殊经济价值的随机数据或信息字节)之间的差异。如果已经可以获取内容,那么面对面互动是传播知识的最佳方式。尽管个体可以暂时聚集在一起,但是可信任的互动还是会经常在集体空间内发生。城市是典型的知识交换区域,此外还是创造力产生 (Scott，2006b) 以及知识产生和溢出的主要区域(Feldman 和 Audretsch，1999)。

创新具有固有的演化特点,其根本本质由跨越不同空间和规模的多种社会经济互动组成(Edquist 等,1998)。地理环境为组织上述互动提供了平台,但是仅仅关注其中某一个空间尺度也许不足以完全理解创新过程(Bunnell 和 Coe，2001)。形成某个地域的经济活动还包括许多不同的方面(Feldman 和 Martin，2005)。其中包括在吸引科学机会以及在创新扩散中发挥重要作用的非营利组织,如大学、研究联盟以及标准制定组织等；还包括其他公共部门,如资助研究和打造市场的基金会等。此外,民间社会组织同样为探讨和参与创造机会,规范社会网络以及无形资产,如某地商业环境的声誉,甚至是连接该地与其他政治体的地缘政治环境。可以从多种空间尺度研究机构环境,如地方、区域、国家以及全球等空间尺度。就理解地域动态而言,不同空间尺度之间的内在关联以及机构作为国家法律规定的次一级政府能够完成的事宜是最重要的部分。任何复制硅谷的尝试注定不能成功。人们需要理解创新与经济增长所在的独特地理平台。

2.3 区域间不平等：城镇化、本地化与多样性

特殊区域会因外部范围经济或集聚经济而获得优势。当提及集聚经济时,我们需要考虑三种不同的概念：城镇化、本地化以及多样化经济体。

经济实体力求利用既定的投入组合获取最大产出,目的是在市场中掌握相对优势。内部范围经济(即因产品组合管理而提高效率)和规模经济(即提高生产要素的利用效率)某种程度上在简单的盈利能力框架之外解释了公司表现各异的原因(Bercovitz 和 Mitchell，2007；Henderson 和 Cockburn，1996)，但是如

果因外部范围经济形成相对优势,那么仍然无法解释地理位置对公司业绩是
影响。

作为集聚经济的重要表现形式,城市化经济关注区域实际规模本身以解释
不同水平的生产率。该方向的研究结果并不一致,但是大部分研究结果表明,如
果城市规模扩大一倍,生产率通常会上升 3% ~ 8%(Segal,1976;Sveikauskas,
1975;Tabuchi,1986)。近期有关城市化经济的研究多为调查发明产出,而非总
体生产率水平。Bettencourt 等(2007)发现,大型城市群的发明者数量远高于小
城市群的发明者数量,专利产出也更多,这表明专利回报的提升是城市规模的尺
度函数。但是大城市群比小城市群更能够吸引或产生更多的发明家还是两者皆
有,这一点尚待考证。

本地化经济是因某个行业聚集在一个特定区域而产生的。针对"同一行业
公司的空间集聚产生优势"这一现象的最早探讨可以追溯至 Marshall (1920)。
在此情况下,三种具体益处得以突显:买方与供应商网络之间投入-产出空间集
聚的联系、高度专业化的本地劳动力储备的特点,以及促进技术知识扩散的有形
知识溢出(Marshall,1885)。当同步研究本地化和城市化经济时,研究结果表明
前者对生产率的影响更大,但是对不同行业的影响程度似乎有所不同
(Henderson,2003;Rosenthal 和 Strange,2003)。有关"城市化经济和本地化
经济对生产率和增长的相对重要性"的探讨仍然焕发生机,而外部范围经济的影
响研究却经常关注专业化与多样性问题(Rosenthal 和 Strange,2004)。

与 Marshall 有关城市专业化的观点相左,Jacobs (1969)指出作为一种外部
投入资源,城市多样性对提高创造力从而增加经济活动具有重要意义。关于这
一问题的主要争论点在于:集聚经济显现的多样性是否形成并增加了行业板
块之间创意的交叉渗透。尽管 Marshall (1920,pp. 273 - 274)早就发现就易受外
部冲击的需求或是排斥特定人员的本地劳动力的一致性而言,严格本地化的行
业会产生固有风险,但 Jacobs 却一再强调多样性对于经济发展的重要性。因
此,多样化能够促进发展,同理经济体中不同行业知识与技术的交叉渗透会产生
基本生产流程的差异化、多样化以及转化,进而直接影响总体要素生产率
(Ellerman,2005)。诸多致力于调查集聚性对创新和生产率影响的研究近期开
始在两分类框架中讨论外部规模经济,即本地化与多样性,因此产生了两者之间
的基本分歧(Baptista 和 Swann,1998;Feldman 和 Audretsch,1999;Glaeser
等,1992)。研究结果各有不同,有时 MAR(Marshall-Arrow-Romer)外部性[1]影
响较大(Baptista 和 Swann,1998),但是有时 Jacobs 外部性(Feldman 和

---

① Glaeser 等(1992)在 Marshall (1890)、Arrow (1962)和 Romer (1990)的发现基础上规范了 MAR 外部
  性,其中涉及同一行业不同公司之间的知识溢出。

Audretsch，1999)被用于描述本地知识溢出过程,有时两种外部性均很显著 (Capello，2002)。研究结果产生的大量分歧令人不满,使得这一领域内的进一步研究更加热情高涨;不过研究结果同样表明需要回顾引导集聚经济研究的基本原则,尤其需要重新考虑区域之间潜在的不平衡性。

马歇尔式外部性涉及行业内部的本地化经济,这一点与 Jacobs 外部性有所不同。Jacobs 外部性是指在某个特定大城市区域内不同技术和产业之间的行业间交换,因此两种外部性并不是非此即彼的关系(Ibrahim 等,2009)。同样,尽管在解释因创意的交叉渗透及随后的经济发展而造成的表现时,大城市内的总体经济活动多样性以及日益增加的文化活动(Scott，2006b)十分关键,但是却无法排除专业化进程会与同一城市中某个特定行业的集中就业同时发生。另一个需要考虑的方面是,多样性与专业化在其产生的创新种类中会发挥不同作用。当不同的行业知识库结合在一起时,产生彻底的破坏性创新成果的可能性应当大大提高,但是渐进式创新需要专业化知识,改善现有技术也必须拥有专业化知识(Schumpeter，1942)。本地专业化和多样性对于经济增长的相对重要性关系似乎并非是从演化性创新到革命性创新的连续进程,但也不是一个两分过程(Christensen，1997)。

最后一点也是最重要的一点,从空间视角来看,许多试图研究和区分两种外部规模经济的文献均依赖聚合数据,看似具有统计学意义,却无法捕捉某个特定区域存在的大量行业及空间差异。因此,大部分研究成果并未揭开基本创新维度的面纱,而是稍逊一筹,为产生可适用于所有区域的普遍结论提供了警示作用(Scott，2006b)。这却引出了另一个范畴,即应当在集聚经济的综合分析中考虑时间范畴(Rosenthal 和 Strange，2003)。区域具有固有的演化特性,因此需要强调本地经济活动中历史事件的重要性。有关集聚经济静态或动态本质的研究证实了溢出效应的动态成分,但却没有完全指出促进溢出的背后机制(Glaeser 和 Mare，2001；Henderson，1997)。

大型城市—区域均位于生产率最高的区域(Ciccone，2002；Ciccone 和 Hall，1996；Feldman 和 Audretsch，1999；Harris 和 Ioannides，2000)。Glaeser 和 Mare (2001)证明工资水平和工资增长效应共同造成的城市工资溢价确实存在,这可能解释了城市劳动者的工资为何通常高于非城市区域的劳动者。尽管城市中更有效的劳务市场协调或者促进学习的要素是否会令城市工资更快增长尚无定论,但是分析同样表明离开城市的工人依然享有相对较高的工资溢价。近期亦有证据表明,在特定大城市的职业类别中,工作小时数与专业人员的密度之间存在正相关,因此城市的生产率水平也许会更高。除了空间集聚之外,专业人才竞争对手的出现似乎也会进一步增加工作小时数从而提高生产率(Rosenthal 和 Strange，2008)。尽管"城市是充满活力的繁忙区域"已经不再是新理念,真正意义上的"城市竞争激烈"则由 Akerlof(1976)首先提出,将集聚与工作产出之间的关系概念化,但是一直以来逆向选择过程或专业人员竞争等与城市集聚中专业人员工作惯例相关的概念却不受关注。

2.4　知识溢出的本地化地理局域性

知识是一个十分宽泛的概念,最好将其视作人力资本的体现,而人力资本是能够理解、融合并创造新知识的个体。个人生产力势必会受到区域的影响,也就是说特征已定的个体会因区位不同而拥有不同水平的生产力(Rigby 和 Essletzbichler,2002)。

Abramovitz(1956)和 Solow(1957)的发现史无前例,指出资本积累未能解释的综合生产率增长还有许多,加上 Kuznets(1962)对发明本质的开创新研究,三位学者将知识看作推动区域和国家长期经济增长的关键经济资产。尤其是知识外部性或知识溢出的概念及其对创新活动集聚过程的影响已经成为与区域动态有关的跨学科研究的焦点。空间环境下与知识溢出有关的当代研究基于两个普遍认可的事实,并将其考虑在内。其一,创新活动在空间内集聚(Feldman,1994,1999;Moreno 等,2005);其二,知识流动在地理环境层面的本地化(Bottazzi 和 Peri,2003;Branstetter,2001;Jaffe 等,1993;Maurseth 和 Verspagen,2002;Sonn 和 Storper,2008)。

知识投入在创新产生和技术变革以及随后的经济增长中发挥了重要作用,加上知识溢出在很大程度上具有地方性,这说明组织管辖权的执行高度依赖内部产生的知识的类型和数量。区域社群内发明代理人之间的强烈相关性完全有利于扩散过程,但更重要的是可以接触增加创造力和创新力的新知识和新视角(Cowan 和 Jonard,2004)。此外,区域网络集聚(即空间集聚内此前分散的社区之间的衔接)为技术突破提供机会,而后者又将在特定区域内增加知识溢出(Burt,2004)。

作为知识创造和创新活动的一个要素,地理位置在依赖电子信息技术进行即时交流的世界中似乎无关紧要,甚至似非而是。归根结底,电子信息技术已经触发了真正的空间革命。地理位置分散的活动也许会在实时交易中通过网络连接。不过在具体情境下,仍须明确区分显性与隐性知识投入。显性知识是可以在出版物中找到的技术信息,易于通过传统媒体传播,因此具有延展的空间外沿。与之相反,隐性知识是个体具体能力的组成部分,在很大程度上描述了某个特定区域内社会与机构环境产生的结果。此类知识最佳的转让途径是面对面的互动,而且总体上很难远程交换(Gertler,2003)。

不过仅有空间邻近性也许不足以产生知识溢出。个人和公司还必须克服认知距离和社会距离以参与有效的知识交换,而知识交换会引发学习过程进而引发后续创新。换言之,只有参与各方展示出恰当的认知距离,知识才会溢出(Nooteboom,2000),因为只有这样才有可能吸收并利用外部知识从而引发技术变革并刺激创新(Cohen 和 Levinthal,1990)。当个人或行业经营的知识库和/或机构环境差异较大时,认知距离过长可能会阻碍沟通从而完全消除知识溢出。另一方面,过多的认知临近存在于产品组合相似、问题解决技巧相关的公司之间,也许会造成溢出包含的附加值极低,甚至也许会令一家公司失去对于其竞争者的潜在发明优势。相关多样性不一定是区域多样性或区域专业化,而是指最佳的认知距离,被看作有效知识溢出的最有利因素,而有效知识溢出实际上会促进某个特定区域的创新产出(Boschma 和 Iammarino,2009;Frenken 等,2007)。

2.5 知识溢出差别甚微、不易察觉、无处不在且难以衡量

在做任何有关知识外部性的研究调查时,需要考虑诸多因素。首先,知识溢出之间的差别微小,存在各种各样的差异。Griliches(1979)最早做出了大致区别,找出两种知识溢出之间的差异。一方面,部分知识溢出涉及商品交换,被标记为"租金溢出"并指代本质为竞争性和排他性的知识。与之对应,纯粹来源于研发过程的知识被称为"纯知识溢出"或"创意溢出"。此类知识溢出是指以非竞争性和非排他性为特点的知识,因为其可同时被多个用户利用并免费获取。由于上述特殊性质,此类知识的本质被视作与公共物品相似(Arrow,1962)。Arrow(1962)在公共物品研究中首次指出,纯知识溢出的两个特性会造成重大影响。首先,非排他性意味着无法阻止任何人使用知识。换言之,如果通过期刊、图书出版或网站等常规传媒渠道传播研究结果,那么知识随即进入公共领域,任何搜索者均可获取此类知识。第二,非竞争性知识或商品不仅可同时被多个个人使用,而且可被上述知识的其他用户使用,但却不会减少或降低其他人获取知识的数量或质量。已经可以获取的研究结果实际上构成了一种非竞争性商品,其利用度并不会受实际用户群体规模的影响。

由于知识的复杂本质及其相关溢出,很难严格地将其一分为二。但是纯知识的外部性却受到市场机制的调节(Geroski,1995),因此,通过费用而非通过纯知识外部性,市场机制可以间接影响当地公司的创新机会(Breschi and Lissoni,2001a)。真正的知识溢出可被视作"通过交换信息得到的知识,而知识的生产者并不会因此获得直接报酬或其所得报酬远低于知识的价值"(Caniels,2000,p.6)。

尽管在创新的形成过程中知识溢出无处不在,但是其内在的差别十分细微,导致很难辨别并衡量这一现象。Paul Krugman 的论文反映了其对溢出的衡量难度的质疑,指出"知识流动……无法察觉;没有书面记录可以用于衡量并追踪

知识流动，没有东西可以阻止理论家假设任何其喜欢的知识流动内容"（Krugman，1991b，p.53）。与此观点相异，Jaffe 等（1993，p.578）认为，"有时可以找到知识流动的书面记录——以专利引用的形式出现，而且以此表明该方法将来可被当作研究跨地区、技术以及时间的复杂知识溢出网络的一种方式。专利引用分析是对以往专利引用的研究，为了解知识流动的过程提供了一个窗口，而非仅仅提出一个代理标准"（Jaffe 和 Trajtenberg，2002）。同样，专利引用提供了一个探究纯知识溢出的方法，因为专利引用符合知识的非竞争本质，而这才是内生增长的基础，而非源于商品交换的定价或经济外部性（Griliches，1979）。

美国专利及商标局（USPTO）和欧洲专利局（EPO）等国家级专利局将专利数据输入计算机，加之商业数据供应商提供的专利数据（如汤森路透德温特世界专利索引），因此研究人员可以广泛获取专利数据。不过，正是第一篇美国国家经济研究局专利引用的数据文件（Hall 等，2001）[①]和 Jaffe、Trajtenberg 与 Henderson（1993，下文简称 JTH）合写的一篇论文中提出的原始方法展示了知识溢出的本地化效应，从而使得专利引用分析成为这一领域内最常用的方法。JTH 提出的原始方法尤其启发了地理学家和经济学家，并为其展开一系列研究提供方法。JTH 原始实验设定的目标是通过对比专利引用和被引专利的地理位置，验证知识溢出是否具有本地化特点。另一个目标是，如果知识溢出确实具有本地化特点，则要衡量本地化的程度。试验设置了对照样本，以根据不均衡的专利产出增长和空间实体之间不同的技术焦点水平随时调整。每一个引用原始专利样本的专利均设有相应的对照专利，而其对照专利被证明属于同一技术类别而且尽量接近申请日期，以保证对照专利与被引专利的发明技术与时机十分相似。对照专利在地理位置上与原始或被引专利匹配，在对比实际引用-被引专利配对之间的地理匹配频率时被用作比较基准或参考值。合理之处在于对比引用与相似专利的本地化程度，而参与对比的相似专利并未通过引用与原始专利相连。结果确认专利引用隐含的知识溢出确实具有本地化特点。就城市[②]层面而言，在分析中排除自我引用的情况后，同一管辖区内引用数量是对照专利的2～4倍。[③]

在利用专利数据研究知识溢出的领域内，JTH 的对照技巧已经在某种程度上成为标准方法，自创立之初便一直被用于大量的类似研究（Almeida，1996；

[①] 美国国家经济研究局正在研究一家主要基金会——美国国家科学基金会。美国国家科学基金会资助数据的升级与延期；新版美国国家经济研究局专利数据文件于 2010 年发布。

[②] 此处城市是指基于 1981 年规定的标准大都市统计地域（SMSA）。

[③] Jaffe 等（1993）文中提到的自我引用是指引用的专利与原始专利同出一门，不能体现任何外部性。

Almeida 和 Kogut，1997；Hicks 等，2001），并沿用至今（Sonn 和 Storper，2008），但也一直饱受诟病，如 Thompson 和 Fox-Kean（2005，以下简称 TFK）。TFK 提出的主要质疑在于 JTH 的配对案例对照方法也许不足以用于现有产业活动模式，因为该方法会导致研究结果中出现系统性偏差，从而可能描述有利于得出知识溢出本地化结论的证据，实际上此类证据并不存在。TFK 总体概括了这一方法的两个重大问题。其一，该方法使用美国国家专利及商标局的宽泛三位数技术分类法为引用专利匹配对照专利，但是由于太过宽泛，可能会抑制"族内异质性"。其二，大部分专利包含多个不同的专利申请，除了匹配过程中使用的原始编码，每项专利申请均有其对应的技术编码。这使得对照专利匹配成为一项随机任务，因为对照专利可能和与原始专利相关的引用专利并不相似。总而言之，TFK 认为根据行业相似性匹配对照专利与引用专利也许是错误的并质疑其精确度，行业相似性会对推导得出的"对照次数"产生重要影响，而对照次数将在评估引用专利和匹配对照专利与原始专利之间的地理匹配度时用作参考值。通过在选择对照专利的过程中引用子类别而非宽泛的三位数分类，TFK 获取的结果表明并不存在国家内本地化效应的统计数据证据，但亦验证了 JTH 早期所做的国家层面本地化研究结果。TFK 的重新评估得出：总体而言，JTH 方法能够辨别知识溢出的本地化，但是必须根据相关技术子类别的具体分类谨慎选择对照专利。

Henderson 等（2005）评价了 TFK 对 JTH 方法所做的重新评估，特别指出结果中国内本地化效应缺失的原因可能是 TFK 测试的最后一步出现样本选择偏差，而最后一步中样本仅可在与引用专利基本子类别相匹配的对照专利中选择。Henderson 等（2005）指出的关键问题和 TFK 试验中使用的方法涉及一个被遗漏的理由：为何知识溢出只能在狭隘界定的子类别中发生？从根本上依赖内部技术流动所做的分析将基本沿袭对专业化的争论，但与此同时也将排除任何发明过程中来自其他技术部门知识溢出的可能证据，因此引发了关于多样化不充分的争论。如果知识溢出主要为行业内溢出，那么行业专业化的影响及其带来的知识流动模式与行业间技术溢出自由流动系统中的截然不同（Lucas，1988）。控制"技术的地理与时间分布以辨别知识溢出是一件十分棘手的事情……JTH 中所做的实验几乎不能被视作该领域的最终结果"（Henderson 等，2005，p.463），借此说明仍需进一步研究。

Maurseth 和 Verspagen（2002）为获取在 JTH 方法论领域内素来饱受批评的技术关联提供了一个备选方法，即针对欧洲所有地区建立一个地区兼容性索引。不过 Maurseth 和 Verspagen 亦得出相似结论，表明地理环境十分重要。此外，部分研究试图验证宏观研究中发现的知识溢出的较强邻近性是否也适用于微观层面，并从总体上确认邻近性对溢出的影响，发现邻近性和地理位置与技术距离变量呈负相关(Verspagen 和 Schoenmakers，2004)。

专利引用分析并非是量化知识外部性的唯一研究框架。另一个分析方向关注人员流动，以"知识内嵌于个人"这一想法为基础。专利引用分析专注于显性知识的评估，而上述研究方向与其相悖，试图测量隐性知识的流动(Polanyi，1958)，后者亦是知识溢出中无处不在却完全不同的部分。隐性知识不仅被视作隐性，即无法用语言清晰表达(Nonaka，1994)，亦有人将其理解为知识内嵌于个体而且无法从个人的功能中剥离(Cook 和 Brown，1999)。例如，Zucker 和 Darby (1996)所做研究发现，生物技术领域内的明星科学家(定义为发现主要科学突破的高产个人)的集聚直接导致同一区域内新生物科技供应商的高度集聚。在一个类似研究中 Almeida 和 Kogut (1997)表明，半导体行业中明星专利持有人的流动模式与知识转让相呼应，因此直接影响知识溢出的地理模式。

当单个(熟练)劳动者的流动被用于展示知识溢出时，核实纯知识溢出的产出量随即成为问题，而纯知识溢出即帮助新公司提高创新水平的专业知识。知识看似具有隐性特点，这一点值得存疑，因为实际上知识内嵌于人力资本之中。换言之，当个人从一家公司流动至另一家公司时，此间发生的与其说是知识溢出，不如说是知识转让。该领域中研究演化经济学(Nelson 和 Winter，1982)的文献提供了大量有用信息。

这篇文章探讨了组织知识的形式，组织知识体现于公司的组织惯例而非具体人员之中。公司能力最后皆被标准化，尤其是曾经成功创新的公司，从而产生通常扎根于本地实践的内部路径依赖。但是与此同时，一家公司的路径依赖越强烈，其表现出对外部知识来源的接受程度却越低。因此，以技术高度纯熟的流动劳动者为形式的知识来源效率就取决于路径依赖的程度。Song 等(2003)举例阐明流动工程师加入一路径依赖程度更高的公司后，尤其当该工程师的主要专业领域正好是新公司核心技术领域时，其依赖前任公司知识的可能性会降低。此外，具备相关知识的劳动者也许倾向于在本地转移，原因有如下几个：风险规避、本地化沉没成本以及已有的社会关系。但是由于已经融入当地实践，因此无论与技术或组织惯例有无关联，他们也许无法提供期望得到的技术转让。技术转让会引发结构性变革，后者又将不断提升创新产出的水平。

当然，非竞争性和竞业禁止契约是特定地区的常见活动，可能会影响技术高度纯熟的劳动力的流动，因为劳动力流动的本质主要体现为跨境，因此间接影响本地知识溢出的数量与方向(Stuart 和 Sorenson，2003)。Saxenian (1994)的研究表明，此类契约的缺席也许会提高公司间的流动率，如今这已被视作推动硅谷创新创业文化形成的核心要素。值得注意的是，加利福尼亚州非竞争条款并不是由加利福尼亚州立法者出台的战略性创业政策。Gilson (1998，p. 5)指出，"恰恰相反，19 世纪 70 年代的加州禁酒令是历史巧合的意外产物，植根于美国法典化运动与新建州遇到的问题：脱离继承自西班牙、墨西哥和英国法律的混乱系统，进而建立协调一致的法律体系。"

自然并非所有社区均由实际空间距离所界定。近期研究表明，学术界的科研人员形成了极高层次的信任度，而且无论距离远近，彼此的交流十分频繁。学术界被定义为一群致力于生产知识并且在某些领域具有公认的专业水准和竞争能力的个体，在其领域内分享问题解决的观点和专业术语（Amin 和 Cohendet，2004）。人们需要交流在空间上分散的小型群体的科学发现，这一需求表明在密切的实际接触中，与特殊群体的互动比与其他无关人员的互动更多。因此社会邻近性也许可以解释大部分的知识外部性，而且在研究知识溢出时，实际上是学术界的边界而非地方或国家边界决定了研究规模（Breschi 和 Lissoni，2003；Singh，2004）。不过这并不意味着就知识扩散和溢出而言地理环境不再重要，因为人际网络实际上内嵌于物理空间之内（Singh，2005）。人际关系网络可被视作由之前的邻近接触建立的人文地理关系的剩余部分（Bercovitz 和 Feldman，2010）。

为了更直接地测量知识溢出，Feldman 等（2009）采用发明家通过调查数据所得并提供的知识来源指标，而没有采用诸如专利引用等二手资料。通过研究知识服务中介的基本地理分布情况表明，即便控制现存发明活动的分布，知识溢出仍将受益于地理邻近性。该分析进一步证实了微观层面知识溢出的广度，即在促进技术变革的过程中，个人发明者实际上一直在利用知识溢出。

另一个用于探索知识溢出的方法基于以下发现：知识可以体现在商品之中。最后结论为交易模式可用于定位知识外部性（Feldman，1999）。不过由于大多数情况下无法获取地方层面的交易模式数据，因此该分析方法无法上升至国际水平（Coe 和 Helpman，1995）。此外，即便在国际环境中考虑交易模式，交易模式仍然关注技术扩散而非知识扩散（Jaffe 和 Trajtenberg，1998），因此该方法被解读为国际知识溢出的精简版。众所周知，双边贸易流动与不同形式的沟通和信息转让密切相关，导致很难区分"纯知识流动效应和由高级资本品从一国销售到另一国所体现的技术流动效应"（Jaffe 和 Trajtenberg，2002，p. 200）。第 19 章中 Keller 详细探讨了如何将进口、出口以及外商直接投资（FDI）数据融入对国际技术溢出的分析之中。

毋庸置疑，我们认为知识接受程度会随着物理空间增加而降低。Van Thunen 的城市租金从市中心向外围逐级降低。与此相似，我们也看到知识传输随物理空间的转移而减弱。但是，面对面联系、社会和文化共性以及特殊技术领域内的共识和语言均暗示知识溢出具有本地化特点。研究文献对知识溢出这一概念的广泛使用和重要性达成了基本共识，但是这一现象内在的细微且无处不在的特点以及测量方式的复杂程度仍将产生分歧，因此在某种程度上知识溢出仍是一个黑匣子，还需进一步研究其内涵以完全理解创新过程的本地化（Breschi 和 Lissoni，2001b）。

2.6　地方高校是创新的必要不充分条件

高校越来越被视作是推动创新和经济增长的引擎。在知识经济体中，无论是从提供熟练劳动力还是提供创意角度而言，高校均是重要的投入供应方，而且是通过不同机制形成技术流程的重要机构，Salter 和 Martin（2001）将上述机制概括如下：

- 增加知识存量。
- 培养训练有素的毕业生。
- 创造新手段与新方法。
- 推动形成问题解决网络。
- 提高问题解决能力。
- 创建新公司。

自创建以来，高校便一直为其所处的地区塑造经济优势。因而，将高校降格为一个简单的生产要素忽略了以下事实：高校长久以来一直是思考与探索的场所，自由研究、自由表达，可以公开讨论，在很大程度上塑造了区域和国家的社会文化环境，从而形成地方特性。Gertler 和 Vinodrai（2005）将高校比作创造力的靠山，能够通过科学研究和学生教育吸引高度熟练的人才。人才能够增加区域现有的知识资产，进而增强当地的创新竞争力。

历史上对创新的概念化将技术变革描述为线性过程，将高校置于知识创造的最早阶段（Bush，1945）。不过自从封闭的创新系统变得更加开放以来（Chesbrough，2003），这一点在以知识为基础的当代经济体中愈加明显，高校也越来越被视作应用研究的高级生产场所而非仅仅是基础科学成果的供应方。这将对本地经济增长产生巨大影响，因为高校衍生企业通常被看作技术变革与经济增长的关键驱动力，会推动经济发达地区进一步发展（Bercovitz 和 Feldman，2006）。如今，最发达的国家经济体通过商业化高校研究成果的方式利用和扩散公共研究成果，尽全力产生经济财富（Clarysse 等，2005）。但是在许多情况下，所付出的努力不一定能获得成功（Callan，2001），尽管硅谷、128 公路区以及三角研究园（RTP）等综合性案例研究均突显地方高校的支持作用，文献仍指出研究型高校是地方经济发展的必要不充分条件。

尽管通常高校被视作经济增长的引擎之一（Feller，1990；Miner 等，2001），却也存在个别高产机构既未成功也未积极追求商业化研究成果的案例，但是此类高校对知识进步与传播所做的贡献仍然深远而且不应被低估（Feldman 和 Desrochers，2004）。尽管是间接影响，高校产生的新创意、培养的熟练劳动力仍对创新和经济增长十分重要。商业公司的唯一动力即为盈利;与此不同,高校的目标职能十分复杂,包含不同的教育和社会目标,还有教职工、学生、政客以及学术界的利益。而且知识转让的速率与方向以及高校-产业伙伴关系的强度与重要性在不同的行业之间差异很大。在科学发挥重要作用的产业中,如生物技术以及信息技术领域,高校知识投入的重要性必然高于其他知识密集度较低的产业,而某些特定地区已经可以适度获取高校知识投入以通过本地化后的知识溢出获取竞争优势。

一个尤其重要而且高度本地化的转让机制是通过人与人之间发生知识交换,知识溢出可以通过该机制实现。掌握特别技能、特殊知识以及重要专有技术的个人提出的创意也许会极大影响某个特定地区技术变革的速率和方向。这种情况下,高校发挥着重要作用,因为高校雇用并培养高度熟练的科研人才。需要特别注意的是"明星"科学家,Zucker 和 Darby (1996)将其定义为发现重大科学突破的高产个人。依据这一标准,在"此类个人表现出促进尖端研究成果商业化的智慧资本"的基础上,Zucker 等(1998)研究了形成新生物技术实体(NBE)过程中"明星"科学家的影响。结果表明,在智慧资本集聚的区域内,也就是这些"明星"科学家的成果输出地,NBE 的启动率明显较高。"明星"科学家与 NBE之间的强烈关联表明,与不存在此类关联的地区相比,有此关联的区域生产力水平更高。总体而言,特定区域内"明星"科学家及其合作伙伴的数量表现为智慧资本,被视作美国生物科技行业发展的主要区位因素(Zucker 等,1998)。Almeida 和 Kogut (1999)做过类似研究,在半导体行业中跟踪公司间主要专利持有人的流动模式中的智慧资本。一个重要发现是,高度熟练的知识人才在公司间的流动显著影响知识转让,而且转让机制体现在区域劳动力网络之中。不过 Almeida 和 Kogut (1997,1999)同样指出,知识扩散的本地化在区域间差异较大,因此知识外部性空间分布存在差异。硅谷是该行业最高产的地区,对其的观察结果亦发现了强烈的本地化效应。研究强调小型公司尤其是初创公司的作用,因为其表现出的研究生产力水平远高于大型公司,与其他国家相比,美国在这方面更为明显,特殊行业亦会体现出此类特点(Pavitt 等,1987;Scherer,1984),原因在于小型公司和初创公司对高校研究投入尤其敏感,而后者通常发生于空间邻近的情况下(Feldman,1994)。根据上述观点,当地高校研究的影响也许是一个普遍现象,但在公司形成过程中被放大,转而反映了经济体推动技术变革进而推动经济增长的整体与部分的关系。

高校在发达经济体中应该发挥怎样的作用,这一基本问题必然伴随着以下顾虑:目前高度强调高校-行业伙伴关系也许会损害长期经济增长中高校发挥的重要作用(Nelson,2001)。第 6 章深入分析了高校研究与公司合作对创新与经济增长的重要作用。

2.7　创新受益于地方传播和全球渠道

公司位于集群内的一个主要优势在于空间邻近性有利于隐性知识的交换，而隐性知识的交换是创新经济中一个极为重要的要素（Saxenian，1994）。然而，近期实证研究已经开始质疑地方知识流动相对于全球知识流动的优越性（Gertler，2003；Malecki 和 Oinas，1999）。鉴于此，Bathelt 等（2004）形成一个理念，既认可地方传播动力，显示身处该地的重要性（Gertler，1995），又认可外地知识来源的重要作用，即渠道结构（Owen-Smith 和 Powell，2004）。城市化经济产生的一个重要益处是无可避免地接触与公司核心能力认知距离远近不同的各种本地知识库。空间上靠近不同的活动会开启不同维度的互动型学习过程（Malmberg 和 Maskell，2006），即互动中学习和监管中学习。此背景下的知识交换通常是无意为之而且是意外所得，而非市场交易时深思熟虑的产物。参与主体共享的社会标准和习俗进一步提高了组织和机构的本地嵌入，而本地嵌入会推动定期会面和频繁的面对面交流，令其远远优于本地学习过程，从而在特定区域产生所谓的传播（Storper 和 Venables，2004）或噪音（Grabher，2002）。功能多样但紧密相关的高水平活动是本地化经济的特点，同理专业化集群中互动的水平会因为参与主体的关系邻近性而进一步提升。诚然本地知识来源是影响知识密集型行业绩效的决定因素，但是在所有因素之中，竞争压力和全球化动力是在本地环境之外增加知识储备的必备要素。然而，与本地化学习相比，全球知识寻求过程要更加结构化和规范化，更有章可循（Bathelt 等，2004）。由特定地区知识生产的空间集聚性决定，仅仅针对特定核心活动中拥有特定竞争能力的特殊区域，寻求个人或公司的远程知识投入是有意为之的过程（Bathelt，2005a）。在某种程度上，这将引发传播—渠道的一分为二，其中本地知识流动与隐性知识相关，而全球知识则与更规范化或显性知识相关。不过上述论点仅仅基于一小部分实证证据（Gertler 和 Wolfe，2006），一直以来饱受质疑，近期尤甚，尤其是在讨论特定行业时（Moodysson，2008）。总体而言，尽管寻求新的有益知识投入是一个普遍过程，但是地方范围和全球范围内采用的方式却截然然不同。

远程合作无疑是知识创造的一部分。随着创造性活动日益复杂，团队合作随之变得日益重要。但是跨越远程距离的个人合作是否意味着距离并不重要？毋庸置疑，新技术已经降低了远程合作的成本，但却回避了如何达成远程合作的问题。Bercovitz 和 Feldman（2010）研究了数个发明团队，目的是探究合作是否由先前的雇佣关系、先前的社会关系或因受到"明星"科学家的吸引推动。他们发现大部分外部成员曾经和团队内部人员拥有社会关系——或者是曾经的同事，或者是学生，或者是长期合著者。此类合作反映了此前地理学的痕迹，即合作反映此前的地区集聚。仅有 25% 的团队在组队之前从未有过任何工作关系——曾经在同一机构任职或长期合著文章。在没有过往关系的情况下,对外部成员而言最重要的是"明星"科学家产生的吸引力——被频繁引用的个人更有可能加入远程合作关系。Mansfield 发现,行业合作更有可能在本地发生,而学术合作则往往以远程的形式出现,从而确认认知共同体的关联性。此外,拥有外部成员很可能会产生具有经济价值的知识,说明外部成员的加入是为了应对特殊需求。然而,最高产的团队均是公司内部团队,包括部分发明家的新组合。

在最糟糕的情况下,个人和公司在"本地真空"的状态下运行,即与同一地区其他研究类似问题的主体没有或仅有非常少的本地互动。此外,个人和公司亦体现出"全球空白",因为他们缺乏远程获取各自行业相关知识的能力。其结果为创新产出必然下滑,导致无法提高劳动生产率,最终导致经济停滞。例如,Bathelt(2005b)阐明莱比锡传媒行业缺乏与外部公司和市场的联系,加之本地网络和本地集群内互动学习活动有限,因此尽管在历史上以及近期的国际经济重组过程中取得了部分基础性的良性增长,却导致德国第二大媒体集群的衰败。

2.8　演化过程决定区位

硅谷被视作高科技产业集群的典范,其取得的显著增长令其成为各种政策措施的样本,目的是在其他区域复制硅谷的成功轨迹。Moore 和 Davis(2004)在一篇历史概述中强调:学习是促成硅谷转型的关键过程,而非具体机构、单个事件或机遇使然。总体及特定区域的增长要素之间的相互关联发挥极其重要的作用,这种关联被科学家-经理人的演化进程放大,彼时这种演化是一种全国趋势,而在区域内则因许多科学家在仙童半导体等知名公司学习管理而被放大。空间集聚的学习过程会产生商业资质的巨大转变,最终导致机遇增加,其中往往被看作不利的风险投资却成为重要的区域特性,带来强劲的经济增长表现。从产业集群形成的视角出发,学习被视作区域活动的体现,最易在本地社会和机构网络密集的区域产生,因为该区域的竞争会导致严格的筛选过程,从而通过改进生产方式和加速创新的方式提高效率。更重要的是,学习同样是具有内在演化性、累积性以及最重要的动态性。因此,任何静态集群政策措施注定会失败,尤其是如果政策措施未能将当地环境纳入考虑,其中开拓区域吸收能力等重要过程以一种路径依赖的方式被强调。

在考虑产业集聚的形成时,有两种截然不同的模型。第一种是中国式模型,依赖政府规划促进特定科技园区的增长(Hu,2007)。这是一种自上而下的经济发展方式,已经在新加坡和中国台湾取得成功。中央政府将某个具体区域规划为研发集聚区域,并且在相对较短的时间内实施这一举措。假设创新比简单地实施研发更为复杂,那么区域是否会成功创造可持续的竞争优势尚无定论。另一种模型是美国及其他市场经济体的模型,依赖自我组织和当地政策。在市场经济体中,中央政府无法规定私人企业的活动,只能激励公司选择位置和投资研发。北卡罗来纳州的三角研究园是我们最熟悉的政府引导集群,是州政府和当地政府共同运作的成果。三角研究园是一项耗时很久的项目,自 20 世纪 20 年代开始筹划,如今是世界上最大的研究园(Link,1995)。尽管有许多其他案例可以证明政府努力在市场经济体中建立集群,但结果通常与当初的设想完全不同(Leslie 和 Kargon,1994)。

假设创新与人员和创意流动有关,那么机构流动与本地环境必然极为重要。在三角研究园中,随着时间的推移,企业家离开之前的东家或者返回该地创立公司,加入这个生机勃勃的产业格局(Avnimelech 和 Feldman,2009)。

我们总是很难辨别因果关系:与集群良好运转相关的属性是其成功的结果,而非根本原因。尽管总是很难确定因果关系,而且许多政策制定者寻求行业集群发展和经济活力的解决方案,但是仍有证据表明集群的起源是一个社会化的过程(Braunerhjelm 和 Feldman,2006)。事实上,许多与风险投资或高校积极参与等成功集群案例相关的要素会削弱行业活力,而非提高活力(Feldman,2001)。灵光闪现的创业精神才是使得区域生根并转型的最重要因素。在最成功的区域内,企业家创立机构并分享产生集群和建立公司的资源(Feldman 和 Francis——《建立公司的同时建立集群》)。久而久之,一个新创意或一项新技术的未来潜力逐渐得到社会的普遍认可,进而新商业模式开始涌现,该地区成为从事独特事业的地方,无法被其他地区轻易复制(Lowe 和 Feldman,2008)。然而,还是有许多人尝试将集群形成的各个阶段建模(Avnimelech 和 Teubal,2004;Maggioni 等,2007)。

即便硅谷这一技术密集型集群的典范开始时也不过是星星之火。Lecuyer(2005)研究了自 1970 年至今的硅谷历史,记录了斯坦福大学的教职工和行政人员如何利用与本地公司的邻近性建立了一个有关固态电子学的重大研究项目,而该项目最终成为硅谷中计算机行业发展的基础。Levuyer 从基于技术的角度解读了硅谷的形成,发现本地企业家在生产电子管和半导体时形成了独一无二的专有技术。股票期权等重要社会制度创新提供了吸引和留住熟练劳动者的有效机制。

尽管经济发展部门和政府规划者想要确定长期战略,即便不无可能,但却很难预测科学发现、新技术和新机遇。行业领先者 IBM 公司低估了计算机行业的潜力,这为新公司生产个人电脑创造了机遇。鲜少有人预测过互联网的潜力,以及互联网将如何改变我们获取信息和交流的方式。此外,成功企业家的机遇是由其自身创造出来的,为了生存而不断地调整和适应。创业行为并未经过深思熟虑,也不是高瞻远瞩的结果,反而必然是一团乱麻、适应环境而且不可预测。同样,经济发展战略亦须适时调整。最大的问题在于不可能预测何种技术即将产生收益。当一个新行业名声已定而且逐渐变得家喻户晓时,如生物科技或纳米技术,其他地区此时才决定参与其中并成为重要中心却为时已晚。在市场经济体中,打造集群是一个混乱的社会过程,设计有效的经济发展战略也许才是终极的本地化创新。

3. 结论

在入门课程中,学生被告知经济学由三个主要问题构成:生产什么、如何生产以及为谁生产。在全球经济体中,第四个日益突显的问题即为在哪生产——将生产要素配置在何处方能发挥最大效力和生产效率。创新区位研究即为选址何处的一个子问题。但是,区域的特点并非静止不变,而受到身处该地的经济主体的影响。尽管公司是组织经济活动的场所之一,但是产生创新成果所需的资源却不仅限于单独一家公司。地理环境是组织生产要素的另一个场所。此外,地理环境超越经济范畴,是一个多层次复杂社会关系、人类社会以及创造力发生的场所。

经济体十分复杂:高度融合、全球互联且高度聚集的活动中心。一直有人试图单独分析经济机构与经济参与者。但是,新兴的经济地理学文献却是放眼全局。当然,一旦人们着手从地理学的角度分析创新和经济,首先就必须了解历史,在具体的背景和环境中了解一个地方以及代表该地方的各种关系。

本章探讨了与创新地理学有关的程式化事实。尽管我们已经了解良多,但仍需做更多研究,而且许多公开的研究手段尚有所保留。我们希望本篇文献综述能够鼓励其他学者为这一新兴经济地理学领域做出更多贡献。

致谢

作者感谢 Bronwyn Hall 对本章的评论和建议。我们从与 Stefano Breschi、Francesco Lissoni 和 Franco Malerba 的讨论中受益匪浅。

参考文献

Abramovitz, M. (1956). "Resource and output trends in the United States since 1870". American Economic Review 46, 5 - 23. Acs, Z., Audretsch, J. D. B., Feldman, M. P. (1994). "R&D spillovers and innovative activity". Managerial and Decision Economics 15 (2), 131 - 138.

Akerlof, G. (1976). "The economics of caste and of rat race and other woeful tales". Quarterly Journal of Economics 90(4), 599 - 617.

Almeida，P. (1996). "Knowledge sourcing by foreign multinationals: Patent citation analysis in the U. S. semiconductor industry". Strategic Management Journal 17,421 – 431.

Almeida，P. , Kogut, B. (1997). "The exploration of technological diversity and the geographic localization of innovation". Small Business Economics 9,21 – 31.

Almeida，P. , Kogut, B. (1999). "Localization of knowledge and the mobility of engineers in regional networks". Management Science 45(7),905 – 917.

Amin，A. (Ed.), (1994). Post-Fordism: A Reader. Blackwell, Oxford.

Amin，A. , Cohendet, P. (2004). Architectures of Knowledge: Firms Capabilities and Communities. Oxford University Press, Oxford.

Arrow，K. (1962). "Economic welfare and the allocation of resources for inventions". In: Nelson, R. R. (Ed.), The Rate and Direction of Innovative Activity. Princeton University Press, Princeton, NJ, pp. 609 – 625.

Audretsch, D. B. , Feldman, M. P. (1996a). "R&D spillovers and the geography of innovation and production". American Economic Review 86,630 – 640.

Audretsch, D. B. , Feldman, M. P. (1996b). "Innovative clusters and the industry life cycle". Review of Industrial Organization 11,253 – 273.

Audretsch, D. B. , Keilbach, M. (2008). "Resolving the knowledge paradox: Knowledge-spillover entrepreneurship and economic growth". Research Policy 37,1697 – 1705.

Avnimelech, G. , Feldman, M. P. (2009). "The industrial genesis of Research Triangle Park". Working Paper.

Avnimelech, G. , Teubal, M. (2004). "Venture capital start-up co-evolution and the emergence and development of Israel's new high tech cluster". Economics of Innovation and New Technology 13(1),33 – 60.

Baptista，R. , Swann, P. (1998). "Do firms in clusters innovate more?" Research Policy 27, 525 – 540.

Bathelt，H. (2005a). "Geographies of production: Growth regimes in spatial perspective (II)—Knowledge creation and growth in clusters". Progress in Human Geography 29(2), 204 – 216.

Bathelt，H. (2005b). "Cluster relations in the media industry: Exploring the 'distanced neighbour' paradox". Regional Studies (1),105 – 127.

Bathelt，H. , Malmberg, A. , Maskell, P. (2004). "Clusters and knowledge: Local buzz, global pipelines and the process of knowledge creation". Progress in Human Geography 28, 31 – 56.

Bercovitz，J. B. L. , Feldman, M. P. (2006). "Entrepreneurial universities and technology transfer: A conceptual framework for understanding knowledge-based economic development". Journal of Technology Transfer 31(1),175 – 188.

Bercovitz，J. B. L. , Feldman, M. P. (2010). "The mechanisms of collaboration in inventive teams: Composition, social networks, and geography".

Bercovitz，J. , Mitchell, W: (2007). "When is more better? The impact of business scale and scope of long-term business survival, while controlling for profitability". Strategic Management Journal 28,61 – 79.

Bettencourt，L. M. A. , Lobo, J. , Helbing, D. , Kuhnert, C. , West, G. B. (2007). "Growth, innovation, scaling, and the pace of life in cities". Proceedings of the National Academy of Sciences of the United States of America 104(17),7301 – 7306.

Boschma, R. A. , Iammarino, S. (2009). "Related variety, trade linkages and regional growth in Italy". Economic Geography 85(3),289 - 311.

Bottazzi, L. , Peri, G. (2003). "Innovation and spillovers in regions: Evidence from European patent data". European Economic Review 47,687 - 710.

Branstetter, L. G. (2001). "Are knowledge spillovers international or intranational in scope? Microeconometric evidence from the U. S. and Japan". Journal of International Economics 53,53 - 79.

Braunerhjelm, P. , Feldman, M. P. (eds.) (2006/2007). Cluster Genesis: The origins and emergence of technology-based economic development. Oxford University Press, Oxford.

Breschi, S. , Lissoni, F. (2001a). "Localised knowledge spillovers vs. innovative milieux: Knowledge "tacitness" reconsidered". Papers in Regional Science 80, 255 - 273.

Breschi, S. , Lissoni, F. (2001b). "Knowledge spillovers and local innovation systems: A critical survey". Industrial and Corporate Change 10, 975 - 1005.

Breschi, S. , Lissoni, F. (2003). "Mobility and social networks: Localised knowledge spillovers revisited". CESPRI Working Paper No. 142, pp. 1 - 27.

Brown, L. A. (1981). Innovation Diffusion. Routledge, London.

Brown, J. S. , Duguid, P. (1991). "Organizational learning and communities-of-practice: Toward a unified view of working, learning, and innovation". Organization Science 2, 40 - 57.

Bunnell, T. G. , Coe, N. M. (2001). "Spaces and scales of innovation". Progress in Human Geography 25,569 - 589.

Burt, R. S. (2004). "Structural holes and good ideas". American Journal of Sociology 110 (2),349 - 399.

Bush, V. (1945). Science: The Endless Frontier. U. S. Government Printing Office, Washington, DC.

Cairncross, F. (1997). The Death of Distance. Harvard Business School Press, Boston, MA.

Callan, B. (2001). "Generating spin-offs: Evidence from the OECD". Science Technology Industry Review 26,13 - 56.

Caniels, M. C. J. (2000). Knowledge Spillovers and Economic Growth—Regional Growth Differentials Across Europe. Edward Elgar, Cheltenham, UK.

Capello, R. (2002). "Entrepreneurship and spatial externalities: Theory and measurement". Annals of Regional Science 36,387 - 402.

Chesbrough, H. W. (2003). Open Innovation: The New Imperative for Creating and Profiting from Technology. Harvard Business School Press, Boston, MA.

Christensen, C. M. (1997). The Innovator's Dilemma: When New Technologies Cause Great Firms to Fail. Harvard University Press, Cambridge, MA.

Ciccone, A. (2002). "Agglomeration effects in Europe". European Economic Review 46, 213 - 227.

Ciccone, A. , Hall, R. E. (1996). "Productivity and the density of economic activity". American Economic Review 86(1),54 - 70.

Clark, G. L. , Feldman, M. P. , Gertler, M. (2000). Handbook of Economic Geography. Oxford University Press, Oxford.

Clarysse, B. , Wright, M. , Lockett, A. , van de Velde, E. , Vohora, A. (2005). "Spinning out new ventures: A typology of incubation strategies from European research institutions".

Journal of Business Venturing 20(2),183 - 216.

Coe, D. T. , Helpman, E. (1995). "International R&D spillovers". European Economic Review 39,859 - 887.

Cohen, W. M. , Levinthal, D. A. (1990). "Absorptive capacity: A new perspective on learning and innovation". Administrative Science Quarterly 35,128 - 152.

Cook, D. N. , Brown, J. S. (1999). "Bridging epistemologies: The generative dance between organizational knowledge and organizational knowing". Organization Science 10, 381 - 400.

Cooke, P. (1996). "Regional innovation systems: An evolutionary approach". In: Baraczyk, H. , Cooke, P. , Heidenreich, R. (Eds.), Regional Innovation Systems. UCL Press, London.

Cowan, R. , Jonard, N. (2004). "Network structure and the diffusion of knowledge". Journal of Economic Dynamics and Control 28,1557 - 1575.

Dicken, P. (1998). Global shift: Transforming the world economy. Paul Chapman, London.

Edquist, C. , Hommen, L. , Johnson, B. , Lemola, T. , Malerba, F. , Smith, K. (1998). The ISE Policy Statement: The Innovation Policy Implications of the 'Innovation Systems and European Integration' (ISE) Research Project. Linkoping University, Linkoping, Sweden.

Eisenhardt, K. M. , Martin, J. A. (2000). "Dynamic capabilities: What are they?" Strategic Management Journal 21,1105 - 1121.

Ellerman, D. (2005). "Labour migration: A developmental path or a low-level trap?" Development in Practice 15(5),617 - 630.

Ellison, G. , Glaeser, E. L. (1997). "Geographic concentration in U. S. manufacturing industries: A dartboard approach". Journal of Political Economy 105(5),889 - 927.

Feldman, M. P. (1994). The Geography of Innovation. Kluwer Academic, Boston, MA.

Feldman, M. P. (1999). "The New Economics of Innovation, Spillovers and Agglomeration: A Review of Empirical Studies". The Economics of Innovation and New Technology 8, 5 - 25.

Feldman, M. P. (2000). "Where science comes to life: University bioscience, commercial spin-offs, and regional economic development". Journal of Comparative Policy Analysis: Research and Practice 2,345 - 361.

Feldman, M. (2001). "The Entrepreneurial Event Revisited: Firm Formation in a Regional Context". Industrial and Corporate Change 10(4),861 - 891.

Feldman, M. P. (2009). "The geography of emerging industries". Presentation to the Regional Studies Association, (March 22).

Feldman, M. P. , Audretsch, D. B. (1999). "Innovation in cities: Science-based diversity, specialization, and localized competition". European Economic Review 43,409 - 429.

Feldman, M. P. , Desrochers, P. (2004). "Truth for its own sake: Academic culture and technology transfer at Johns Hopkins University". Minerva 42(2),105 - 126.

Feldman, M. , Martin, R. (2005). "Constructing jurisdictional advantage". Research Policy 34(8),1235 - 1249.

Feldman, M. P. , Romanelli, E. (2006). "Organizational legacy and the internal dynamics of clusters: The U. S. human biotherapeutics industry, 1976 - 2002". Cinquiemes Journees de la Proximite: La proximite, entre interactions et institutions, Bordeaux, 28 - 30 June, p. 31.

Feldman, M. P. , Gambardella, A. , Mariani, M. (2009). Geographic knowledge spillovers as evidenced by patent inventors. Working Paper.

Feller, I. (1990). "Universities as engines ofR&-D-based economic growth: They think they can". Research Policy 19(4),335 - 348.

Frenken, K. , Van Oort, F. , Verburg, T. (2007). "Related variety, unrelated variety and regional economic growth". Regional Studies 41(5),685 - 697.

Friedman, T. L. (2005). The World Is Flat—A Brief History of the Twenty-First Century. Farrar, Straus and Giroux, New York, NY.

Gassler, H. , Nones, B. (2008). "Internationalisation of R&-D and embeddedness: The case of Austria". Journal of Technology Transfer 33(4),407 - 21.

Geroski, P. (1995). "Markets for technology: Knowledge, innovation and appropriability". In: Stoneman, P. (Ed.), Handbook of the Economics of Innovation and Technological Change. Blackwell, Oxford, pp. 90 - 131.

Gertler, M. S. (1995). "'Being there': Proximity, organization, and culture in the development and adoption of advanced manufacturing technologies". Economic Geography 71,1 - 26.

Gertler, M. S. (2003). "Tacit knowledge and the economic geography of context, or the undefinable tacitness of being (there)". Journal of Economic Geography 3,75 - 99.

Gertler, M. S. , Vinodrai, T. (2005). "Anchors of creativity: How do public universities create competitive and cohesive communities?" In: Iacobucci, F. , Tuohy, C. (Eds.), Taking Public Universities Seriously. University of Toronto Press, Toronto, ON, pp. 293 - 315.

Gertler, M. S. , Wolfe, D. (2006). "Spaces of knowledge flows: Clusters in a global context". In: Asheim, B. , Cooke, P. , Martin, R. (Eds.), Clusters and Regional Development: Critical Reflections and Explorations. Routledge, London, pp. 218 - 235.

Gilson, R. J. (1998). "The legal infrastructure of high technology industrial districts: Silicon Valley, Route 128, and covenants not to compete". 10. 2139/ssrn. 124508 Stanford Law School, John M. Olin Program in Law and Economics, Working Paper No. 163. Available at http://ssrn. com/abstract - 124508.

Glaeser, E. L. , Mare, D. C. (2001). "Cities and skills". Journal of Labor Economics 19(2), 316 - 342.

Glaeser, E. L. , Kallal, H. , Scheinkman, J. , Shleifer, A. (1992). "Growth in cities". Journal of Political Economy 100, 1126 - 1152.

Grabher, G. (2002). "The project ecology of advertising: Tasks, talents and teams". Regional Studies 36(3),245 - 262.

Granovetter, M. (1985). "Economic action and social structure: The problem of embeddedness". American Journal of Sociology 91,481 - 510.

Greenstein, S. (2007). "Innovation and the evolution of internet access in the United States". In: Aspray, W. , Ceruzzi, P. (Eds.), The Commercialization of the Internet and Its Impact on American Business. MIT Press, Cambridge, MA.

Griliches, Z. (1979). "Issues in assessing the contribution of R&-D to productivity growth". Bell Journal ofEconomics 10,92 - 116.

Griliches, Z. (1990). "Patent statistics as economic indicator: A survey". Journal of Economic Literature 28,1661 - 1707.

Hagerstrand, T. (1967). "The computer and the geographer". Transactions of the Institute of British Geographers 42,1 – 19.

Hall, B. H. , Jaffe, A. B. , Trajtenberg, M. (2001). "The NBER patent citations data file: Lessons, insights and methodological tools". NBER Working Paper No. 8498, pp. 1˜6.

Harris, T. F. , Ioannides, Y. M. (2000). "Productivity and metropolitan density". Tufts University, Department of Economics Working Paper.

Harrison, B. , Bluestone, B. (1988). The Great U-Turn: Corporate Restructuring and the Polarizing of America. Basic Books, New York, NY.

Henderson, J. V. (1997). "Externalities and industrial development". Journal of Urban Economics 42,449 – 470.

Henderson, J. V. (2003). "Marshall's scale economies". Journal of Urban Economics 53,1 – 28.

Henderson, R. , Cockburn, I. (1996). "Scale, scope, and spillovers: The determinants of research productivity in drug discovery". RAND Journal ofEconomics 27(1),32 – 59.

Henderson, R. , Jaffe, A. , Trajtenberg, M. (2005). "Patent citations and the geography of knowledge spillovers: A reassessment: Comment". American Economic Review 95(1),461 – 464.

Hicks, D. , Breitzman, T. , Olivastro, D. , Hamilton, K. (2001). "The changing composition of innovative activity in the US—A portrait based on patent analysis". Research Policy 30(4),681 – 703.

Howells, J. (1996). "Tacit knowledge, innovation and technology transfer". Technology Analysis & Strategic Management 8(2),91 – 106.

Hu, A. G. (2007). "Technology parks and regional economic growth in China". Research Policy 36,76 – 87.

Ibrahim, S. E. , Fallah, M. H. , Reilly, R. R. (2009). "Localized sources of knowledge and the effect of knowledge spillovers: An empirical study of inventors in the telecommunications industry". Journal of Economic Geography 9(3),405 – 431.

Jacobs, J. M. (1969). The Economy of Cities. Wiley, New York, NY.

Jaffe, A. B. (1989). "Real effects of academic research". American Economic Review 79, 957 – 970.

Jaffe, A. B. , Trajtenberg, M. (1998). "International knowledge flows: Evidence from patent citations". NBER Working Paper No. 6507, p. 42.

Jaffe, A. B. , Trajtenberg, M. (2002). Patents, Citations, and Innovations: A Window on the Knowledge Economy. MIT Press, Cambridge, MA.

Jaffe, A. B. , Trajtenberg, M. , Henderson, R. (1993). "Geographic localization of knowledge spillovers as evidenced by patent citations". Quarterly Journal of Economics 108 (3),577 – 598.

Jones, C. I. (2002). Introduction to Economic Growth. W. W, Norton, New York.

Kahn, R. E. (1994). "The role of government in the evolution of the internet". Communications of the ACM 37(8),15 – 19.

Katz, R. , Allen, T. J. (1988). "Organizational issues in the introduction of new technologies". In: Katz, R. (Ed.), Managing Professionals in Innovative Organizations. Ballinger, Cambridge, MA.

Klein, P. G. , Luu, H. (2003). "Politics and productivity". Economic Inquiry 41(3),433˜47.

Krugman, P. (1991a). "Increasing returns and economic geography". Journal of Political Economy 99,483 – 499.

Krugman, P. (1991b). Geography and Trade. MIT Press, Cambridge, MA.

Kuznets, S. (1962). "Inventive activity: Problems of definition and measurement". In: Nelson, R. R. (Ed.), The Rate and Direction of Inventive Activity: Economic and Social Factors. Princeton University Press, Princeton, NJ.

La Porta, R., Lopez-de-Silanes, F., Shleifer, A., Vishny, R. (1999). "The quality of government". Journal of Law, Economics, and Organization 15(1),222 – 279.

Lecuyer, C. (2005). Making Silicon Valley: Innovation and the Growth of High Tech, 1930 – 1970. MIT Press, Cambridge, MA.

Leslie, S., Kargon, R. (1994). "Electronics and the geography of innovation in post-war America". History and Technology 11,217 – 231.

Link, A. N. (1995). Generosity of Spirit: The Early History of the Research Triangle Park. Research Triangle Foundation of North Carolina, Research Triangle Park, NC.

Lipsey, R. G., Bekar, C., Carlaw, K. I. (1998). "What requires explanation?" In: Helpman, E. (Ed.), General Purpose Technologies and Economic Growth. MIT Press, Cambridge, MA, pp. 15 – 54.

Lowe, N., Feldman, M. P. (2007). "Constructing entrepreneurial advantage: Consensus building, technological uncertainty and emerging industries". Cambridge Journal of Regions, Economy and Society 1(2),265 – 284.

Lowe, N., Feldman, M. P. (2008). "Constructing entrepreneurial advantage: consensus building, technological uncertainty and emerging industries". Cambridge Journal of Regions, Economy and Society 1(2),265 – 284.

Lucas, R. (1988). "On the mechanics of economic development". Journal of Monetary Economics 22,3 – 39.

Lundvall, B. (1992). National systems of innovation. Towards a theory of innovation. Pinter, London and New York.

Lundvall, B. A., Johnson, B. (1994). The Learning Economy. Routledge, London.

Maggioni, M. A., Nosvelli, M., Uberti, T. E. (2007). "Space versus networks in the geography of innovation: A European analysis". Papers in Regional Science 86(3),471‑93.

Malecki, E. J., Oinas, P. (Eds.), (1999). Making Connections—Technological Learning and Regional Economic Change. Ashgate, Aldershot.

Malmberg, A., Maskell, P. (2006). "Localized learning revisited". Growth and Change 37 (1),1 – 18.

Marshall, A. (1885). The Present Position of Economics. Macmillan, London.

Marshall, A. (1890). Principles of Economics. Macmillan, London.

Marshall, A. (1920). The Principles of Economics. Macmillan, London.

Maskell, P., Malmberg, A. (1999). "Localised Learning and Industrial Competitiveness". Cambridge Journal for Economics 23,167 – 186.

Maurseth, P.-B., Verspagen, B. (2002). "Knowledge spillovers in Europe: A patent citations analysis". Scandinavian Journal of Economics 104,531 – 545.

Miner, A. S., Eesley, D. T., Devaughn, M., Rura-Polley, T. (2001). "The magic beanstalk vision: Commercializing university inventions and research". In: Bird Schoonhoven, C., Romanelli, E. (Eds.), The Entrepreneurship Dynamic: Origins of

Entrepreneurship and the Evolution of Industries. Stanford University Press, Stanford, CA, pp. 109 - 146.

Moodysson, J. (2008). "Principles and practices of knowledge creation: On the organization of "buzz" and "pipelines" in life science communities". Economic Geography 84 (4), 449 - 469.

Moore, G. E. , Davis, K. (2004). "Learning the silicon valley way". In: Bresnahan, T. , Gambardella, A. (Eds.), Building High-Tech Clusters: Silicon Valley and Beyond. Cambridge University Press, Cambridge, UK, pp. 7 - 39.

Moreno, R. , Paci, R. , Usai, S. (2005). "Spatial spillovers and innovation activity in European regions". Environment and Planning A 37,1793 - 1812.

Mowery, D. C. , Simcoe, T. (2002). "Is the internet a US invention? An economic and technological history of computer networking". Research Policy 31(8 - 9),1369 - 1387.

Nelson, R. R. (1982). "The role of knowledge in R&D efficiency". Quarterly Journal ofEconomics 97,453 - 470.

Nelson, R. R. (1990). What is public and what is private about technology? Consortium on Competitiveness and Cooperation Working Paper No. 90 - 9. Center for Research in Management, University of California at Berkeley, Berkeley, CA.

Nelson, R. R. (1993). National innovation systems: a comparative analysis. Oxford University Press, Inc. , New York.

Nelson, R. R. (2001). "Observations on the post-Bayh-Dole rise of patenting at American universities". Journal of Technology Transfer 26(1 - 2),13 - 19.

Nelson, R. R. , Winter, S. G. (1982). An Evolutionary Theory of Economic Change. Belknap Press of Harvard University Press, Cambridge, MA.

Nonaka, I. (1994). "A dynamic theory of organizational knowledge creation". Organizational Science 5,14 - 37.

Nooteboom, B. (2000). Learning and Innovation in Organizations and Economies. Oxford University Press, Oxford.

Ohmae, K. (1990). The Borderless World: Power and Strategy in the Interlinked Economy. Free Press, New York, NY.

Ohmae, K. (1995). The End of the Nation State: The Rise of Regional Economies. Free Press, New York, NY.

Owen-Smith, J. , Powell, W. W. (2004). "Knowledge networks as channels and conduits: The effects of spillovers in the Boston biotechnology community". Organization Science 15, 5 - 21.

Parent, O. , Riou, S. (2005). "Bayesian analysis of knowledge spillovers in European regions". Journal of Regional Science 45(4),747 - 775.

Pavitt, K. , Patel, P. (1999). "Global corporations and national systems of innovation: Who dominates whom?" In: Archibugi, D. , Howells, J. , Michie, J. (Eds.), Innovation Policy in a Global Economy. Cambridge University Press, Cambridge, MA, pp. 94 - 119.

Pavitt, K. , Robson, M. , Townsend, J. (1987). "The Size Distribution of Innovating Firmsinthe UK: 1945 - 1983". http://www. jstor. org/action/showPublication? journalCode= jinduecon. The Journal of Industrial Economics 35(3),297 - 316.

Pisano, G. P. (1997). The Development Factory: Unlocking the Potential of Process Innovation. Harvard Business School Press, Boston, MA.

Polanyi, M. (1958). Personal Knowledge: Towards a Post-Critical Philosophy. University of Chicago Press, Chicago, IL.

Porter, M. P. (1990). The Comparative Advantage of Nations. Free Press, New York, NY.

Rigby, D. L., Essletzbichler, J. (2002). "Agglomeration economies andproductivity differences in US cities". Journal of Economic Geography 2, 407 – 432.

Rogers, J. D., Kingsley, G. (2004). "Denying public value: The role of the public sector in accounts of the development of the internet". Journal of Public Administration, Research & Theory 14(3), 371 – 393.

Romer, P. (1990). "Endogenous technological change". Journal of Political Economy 64, 1002 – 1037.

Rosenberg, N. (1982). Inside the Black Box: Technology and Economics. Cambridge University Press, New York, NY.

Rosenthal, S. S., Strange, W. C. (2003). "Geography, industrial organization, and agglomeration". Review of Economics and Statistics 85(2), 377 – 393.

Rosenthal, S. S., Strange, W. C. (2004). "Evidence on the nature and sources of agglomeration economies". In: Henderson, V., Thisse, J. (Eds.), The Handbook of Urban and Regional Economics, vol. 4. Elsevier, Amsterdam, pp. 2119 – 2172.

Rosenthal, S. S., Strange, W. C. (2008). "Agglomeration and hours worked". Review of Economics and Statistics 90(1), 105 – 119.

Rugman, A. (2000). The End of Globalization. Random House Business Books, London.

Salter, A. J., Martin, B. R. (2001). "The economic benefits of publicly funded basic research: A critical review". Research Policy 30(3), 509 – 532.

Saxenian, A. (1994). Regional Advantage Culture and Competition in Silicon Valley and Route 128. Harvard University Press, Cambridge, MA.

Scherer, F. M. (1984). Innovation and Growth: Schumpeterian Perspectives. MIT Press, Cambridge, MA.

Schumpeter, J. (1942). Capitalism, Socialism and Democracy. Harper, New York, NY.

Scott, A. J. (2006a). "The changing global geography of low-technology, labor-intensive industry: Clothing, footwear, and furniture". World Development 34(9), 1517 – 1536.

Scott, A. J. (2006b). "Entrepreneurship, innovation and industrial development: Geography and the creative field revisited". Small Business Economics 26(1), 1 – 24.

Segal, D. (1976). "Are there returns to scale in city size?" Review of Economics and Statistics 58, 339 – 350.

Singh, J. (2004). "Innovation and knowledge diffusion in the global economy". Ph. D. Thesis, Harvard School of Business Administration and Department of Economics.

Singh, J. (2005). "Collaborative networks as determinants of knowledge diffusion patterns". Management Science 51(5), 756 – 770.

Sitkin, S. (1992). "Learning through failure: The strategy of small losses". In: Staw, B. M., Cummings, L. L. (Eds.), Research in Organizational Behavior, vol. 14. JAI Press, Greenwich, CT, pp. 232 – 266.

Solow, R. M. (1957). "Technical change and the aggregate production function". Review of Economics and Statistics 39, 312 – 320.

Song, J., Almeida, P., Wu, G. (2003). "Learning-by-hiring: When is mobility more likely to facilitate inter firm knowledge transfer?". Management Science 49(4), 351 – 365.

Sonn, J. W., Storper, M. (2008). "The increasing importance of geographical proximity in knowledge production: An analysis of US patent citations, 1975 – 1997". Environment and Planning A 40, 1020 – 1039.

Storper, M. (1997). "Regional economies as relational assets". In: Lee, R., Willseds, J. (Eds.), Geographies of Economies. Arnold, London.

Storper, M., Venables, A. J. (2004). "Buzz: Face-to-face contact and the urban economy". Journal of Economic Geography 4(4), 351 – 370.

Strange, S. (1997). The Retreat of the State. Cambridge University Press, Cambridge, UK.

Stuart, T. E., Sorenson, O. (2003). "Liquidity events and the geographic distribution of entrepreneurial activity". Administrative Science Quarterly 48, 175 – 201.

Sveikauskas, L. (1975). "The productivity of cities". Quarterly Journal of Economics 89, 393 – 413.

Tabuchi, T. (1986). "Urban agglomeration, capital augmenting technology, and labor market equilibrium". Journal of Urban Economics 20, 211 – 228.

Thompson, P., Fox-Kean, M. (2005). "Patent citations and the geography of knowledge spillovers: A reassessment". American Economic Review 95(1), 450 – 460.

Verspagen, B., Schoenmakers, W. (2004). "The spatial dimension of patenting by multinational firms in Europe". Journal of Economic Geography 4, 23 – 42.

von Hippel, E. (1988). The Sources of Innovation. Oxford University Press, New York, NY.

von Hippel, E. (1994). "Sticky information and the locus of problem solving: Implications for innovation". Management Science 40, 429 – 439.

von Hippel, E. (2001). "Innovation by user communities: Learning from open source software". MIT Sloan Management Review 42(4), 82 – 86.

von Hippel, E. (2005). Democratizing Innovation. MIT Press, Cambridge, MA.

Wenger, E. (1998). Communities of Practice. Cambridge University Press, New York, NY.

Zucker, L. G., Darby, M. R. (1996). "Star scientists and institutional transformation? Patterns of invention and innovation in the formation of the biotechnology industry". Proceedings of the National Academy of Sciences of the United States of America 93, 12709 – 12716.

Zucker, L. G., Darby, M. R., Brewer, M. B. (1998). "Intellectual human capital and the birth of U. S. biotechnology enterprises". American Economic Review 88, 290 – 306.

第9章
开放式用户创新模式

Eric Von Hippel
麻省理工学院斯隆商学院
美国,马萨诸塞州,剑桥

目录

摘要

约 30 年前,研究人员从终端用户和用户公司着手,系统地研究创新。彼时用户创新常被视作小打小闹,难成大事。而如今,用户创新无疑运用广泛,蕴含巨大能量,而且通常情况下,用户创新均是开放共享的。用户创新的飞速进步归功于电脑计算和通信技术的持续发展,很多领域以生产商为中心进行创新,对该创新模式而言,用户创新既是强悍对手,亦是创新源泉。笔者在本章中探讨了国际研究机构对此现象的见解。

关键词

协作创新　开放式创新　用户创新

自 1934 年 Schumpeter 阐述其经济发展理论后，经济学家、政策制定者和企业管理者都理所当然地认为：创新的首要模式是生产商模式。他们认为最为重要的创新来自生产商，生产商再通过销售商品将创新提供给消费者。

表面上看，该论点似乎无懈可击——大多数生产商客源充足，因此有能力利用单个创新设计的不同版本牟取利润。相反，个人用户则需使用商品消费某项创新并从中获取益处，以此收回投资。由此可以推断，相比个人用户，拥有大量客户的生产商拥有足够财力对创新进行投资。按此逻辑分析，与起用户设计的产品相比，生产商设计的产品理应占有绝大部分市场份额。

然而，生产商模式只是诸多创新模式之一。另一种模式正异军突起，即开放式用户创新模式。在此模式下，具有重要经济价值的创新由用户和其他机构共同创造，双方分工合作，分摊研发费用，最终无偿贡献其研发成果。在此过程中，用户可直接享用研究成果，而其他参与者也可从诸多方面受益，例如享受创新过程、学习知识、积累声誉及增加互补商品和服务的需求。

在现代经济体系中，用户和开放式协作创新已在逐渐取代生产商创新模式（Baldwin 和 von Hippel，2009）。越来越多的实践清晰地表明，用户在研发多类（甚至是大多数）产品的过程中都首当其冲。另外，随着时间的推移，用户主导的产品和服务开发越来越重要。带来这一改变的两大相关技术趋势为：计算机硬件和软件在设计能力（创新工具包）方面的稳步提升使得用户设计成为可能；通过类似因特网的新兴传播介质，用户可以合作创新，取长补短，因此个人用户的创新能力也日益精进。

创新不断转向用户这一趋势存在以下数个引人注目的特点。首先，通过自主设计，用户发现，精准地获取自我需求已然易如反掌；其次，用户创新也为生产商创新提供必要的补充和来源；最后，用户创新在增加社会福利方面也颇有裨益。然而，对于生产商而言，产品研发逐渐实现从生产商转向用户是一个艰难的过程。开放式、分散式创新正给社会分工的主要模式带来挑战，相关公司和行业必须彻底改变其长久以来的商业模式，以适应新的创新模式。另外，政府政策和立法会向生产商创新模式倾斜，此举不利于社会福利的增加，有待改变。知识产权系统方面的工作仍有待加强，监管存在难点，但是以用户为中心的创新体系值得我们为之努力。

如今，诸多创新过程的研究人员正试图理清开放式创新过程。本章中，笔者回顾了该领域以往经典协作学习案例。

1. 用户创新之重要性

本手册提到的"用户"是指期望通过使用产品或服务来赚取利益的公司或者个人消费者;而与之对应的生产商则期望通过利用销售产品或者服务来获取利益。不同的产品或创新,不同的公司和个人客户与其关系也会相异。例如,波音公司是飞机生产商,同时也是机床用户。作为飞机生产商,波音公司为改善其出售的飞机而进行的创新应被视作生产商创新;作为机床用户,波音公司为改进自身飞机制造技术在锻压机械方面进行的创新应该被视作用户创新。

"创新用户"与"创新生产商"被用来描述"创新"与"创新者"之间的两类函数关系。用户与众不同的一点在于:用户本身即可从创新中直接获利。其他群体(此处以"生产商"概括)都必须将创新相关产品或服务销售给用户(直接或间接),以此利用创新获取利益。因此,为了盈利,投资者必须将创新相关的知识出售或者申请专利,而生产商则必须出售创新产品或服务。同样,提供创新相关产品或服务的供应商为了获利,也必须将这些产品或服务出售,除非供应商自身可直接利用这些产品或服务。

创新与创新者之间的关系可以通过"用户"和"生产商"来划分,亦可以根据产品和服务的特定功能、属性和特征等进一步细分。例如,对于家用电灯开关而言,住户需要的功能是开关属性——他们利用该属性进行开关电灯的操作。但是开关还具有其他属性,例如"易安装"的特点,而该特点可能只有安装开关的电工才会考虑,因此如果电工试图提升开关安装方面的性能,可视作用户创新模式。

多领域的定性观察和量化研究明确了用户在产品和服务开发中的先驱地位,之后这些产品和服务会由生产商公开出售。Smith(1776)较早注意该现象,他指出大量机器的发明提高了工作效率,缩短了工作时间,一个工人的工作量相当于以前好几个。Smith还提到分工最为细致的制造业所使用的大部分机器,最初都是由普通工人发明创造。这些工人进行的操作重复简单,却在工作中萌生了简化操作过程的想法,并最终将其变为现实。Rosenberg(1976)从用户公司而非个人用户的角度探索创新问题,他研究了美国机床行业的历史,发现类似车床和铣床这样基础但很重要的机器都是由用户公司发明制造,因为用户公司对此类基本机器需求供不应求。纺织公司、枪支制造商和缝纫机制造商都是早期重要的机床用户和创新主体。

根据用户创新定量研究记载,在诸多领域,重要的产品和过程创新都是由用户公司和个人用户完成。因此,Enos(1962)称炼油领域的绝大多数重要创新均由用户公司创造。Freeman(1968)发现所获许可最为广泛的化学生产工艺均由用户公司发明创造。Von Hippel(1988)发现 80% 最为关键的科学仪器创新和半导体生产领域的绝大多数创新都来源于用户。Pavitt（1984）发现利润相当可观的英国公司创新乃为自用。Shah（2000）发现在四大体育领域，最具商业价值的设备创新多以个人用户为主导。

实证研究还发现，诸多用户（10％～40％）亲身参与产品研发或改良过程。此研究结果来源于特定类型的工业产品和消费品案例，以及加拿大和荷兰多数跨领域"创新过程"的研究。综合来看，上述发现明确表明在众多领域，用户承担着大量产品研发和改良工作。

表 1 用户创新频率研究

创新领域	样本中用户的数量和类型	为了自用而研发和生产产品的比例（％）
工业产品		
1. 印刷电路 CAD 软件[1]	136 家参与 PC-CAD 会议的用户公司	24.3
2. 管道吊架硬件[2]	来自 74 家管道吊架公司的员工	36
3. 图书馆信息系统[3]	来自 102 家位于澳大利亚、利用计算机化 OPAC 图书馆信息系统的图书馆员工	26
4. 医疗手术设备[4]	261 位来自德国大学诊所的外科医生	22
5. Apache 服务器操作系统软件的安全特性[5]	131 位技术娴熟的 Apache 用户（网站管理员）	19.1
消费产品		
6. 户外消费产品[6]	153 位户外运动消费品邮件目录收件人	9.8
7. 极限运动设备[7]	197 位四大极限运动特别俱乐部会员	37.8
8. 山地自行车装备[8]	291 位来自某知名"创新热点"区域内的山地自行车手	19.2
多产业过程创新调查		
26 项"先进制造技术"[9]	加拿大九大制造领域的制造工厂（食品加工较少），1997（以 4 200 位样本进行人口估算）	28％研发；26％改良

（续表）

创新领域	样本中用户的数量和类型	为了自用而研发和生产产品的比例(%)
39项"先进制造技术"⑩	16 590家制造业企业符合营业收入至少250 000美元且员工至少20人	22%研发;21%改良
任一种过程创新/过程改良⑪	各方代表,来自498家荷兰高科技中小企业跨行业样本	41%仅研发;26%仅改良;54%研发和/或改良

注：① Urban and von Hippel (1988).

② Herstatt and von Hippel (1992).

③ Morrison et al.（2000）.

④ Lüthje（2003）.

⑤ Franke and von Hippel（2003b）.

⑥ Lüthje（2004）.

⑦ Franke and Shah（2003）.

⑧ Lüthje et al.（2002）.

⑨ Arundel and Sonntag（1999）.

⑩ Gault and von Hippel（2009）.

⑪ de Jong and von Hippel（2009）.

针对创新用户的研究(既有个人创新也有创新公司)表明他们拥有"领先用户"特质(Herstatt和von Hippel,1992;Lilien等,2002;Olson和Bakke,2001;Urban和von Hippel,1988),即在洞察—市场主要趋势方面,他们领先于同领域的绝大多数用户,并且他们希望迎合发现的新需求,从而获取相对较高的利润。研究发现用户创新与领先用户联系紧密,且后者对前者影响重大(Franke and Shah,2003;Lüthje等,2002;Morrison等,2000)。

由于领先用户在发现市场主要趋势方面处于领先地位,因此可以推断他们研发的自用创新产品对其他用户也极具吸引力,因此便有了进一步商业化的可能,事实证明的确如此。大量研究记载领先用户带来的多数创新被认定具有商业价值且被生产商推入市场。

研究为该实证发现提供确凿证据。领先用户的两大显著特点与其开发新产品或改良产品的可能性之间紧密相关(Morrison等,2004)。除此之外,创新者所表现出的领先用户特质越明显,其所研发的创新产品的商业潜力就越大(Franke和von Hippel,2003a)。在图1中,越往右创新密度越大,表明用户的领先用户指数越高,其发明创造的可能性就越大。自左向右,平均创新魅力的逐渐升高表明领先用户的创新更加吸引消费者(创新魅力指创新的新奇度与未来预期市场需求的总和)。

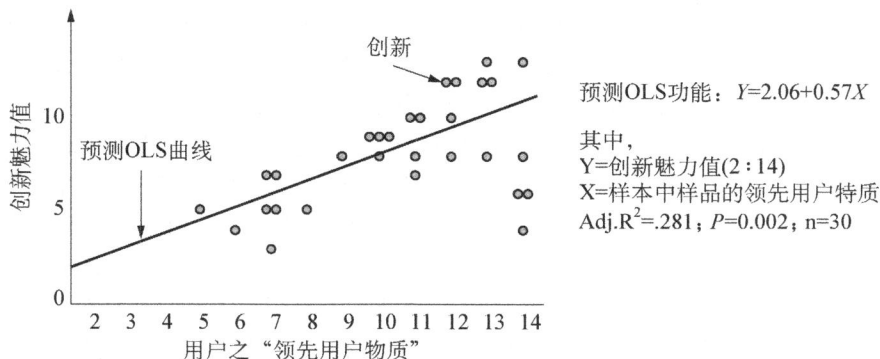

预测OLS功能：$Y=2.06+0.57X$

其中，

$Y=$创新魅力值$(2:14)$

$X=$样本中样品的领先用户特质

Adj.$R^2=.281$；$P=0.002$；n=30

图 1　拥有较明显"领先用户"特质的创新用户研发出的创新在大众市场上吸引力更强

资料来源：Franke and von Hippel，2003b.

2. 诸多用户追求个性化产品的原因

为何大量用户为满足自用需求亲自对产品进行研发或改良？如果用户需要某样产品，但市场上不存在该产品，与此同时用户有能力并愿意为其研发承担费用，用户就有可能亲自进行创新，而且在市场上找不到自己所需产品的可能性的确存在。市场细分研究的分析表明用户对于产品的需求，在诸多方面是极具多样性（Franke 和 Reisinger，2003）。

进行大规模生产的生产商倾向于研发针对较大目标市场的产品，从而吸引大量用户购买该产品并从中获取丰厚利润。当用户需求趋向多样化，生产商"以偏概全"的策略或引发个别用户对公司提供的产品不满，甚至可能会使一些用户大失所望。Franke 和 von Hippel（2003b）选取一定数量的 Apache 网络服务器软件用户组成样本，用户看中的是该软件的安全特性，但各自的需求五花八门，其中不乏期望付费以精确获取自身所需服务的客户。样本中 19％的用户为了让功能更契合自我需求，竟亲自上阵，对 Apache 软件进行改良，结果他们的满意度显著提升。

3. 用户"创新还是购买"之决策

尽管大量用户需要"理想的产品"，同时愿意为其开发付费，我们仍需了解为何用户通常亲自动手，而非雇用个人定制生产商为其研发该特定产品，毕竟定制生产商专为单个或多个用户研发产品。相比用户本身，此类公司乃行内专家，他们有能力为单个用户或者用户公司更加快速地研发并制造物美价廉的定制产品。尽管如此,以下几个因素有可能促使用户自我创新而非购买创新。首先是代理成本,无论创新主体是公司还是个人,代理成本都是一项重要考量因素。其次对个体创新用户而言,享受创新过程也可能是重要原因之一。

就代理成本而言,需要考虑如若用户自己设计定制产品,便可最好地维护公司自身利益;若是雇用生产商研发定制产品,面对的情况更为复杂。该情况下,用户成为当事人,雇用定制生产商作为代理,按其利益行事。如若两者利益发生冲突,便产生代理成本。总体而言,代理成本主要包括:监管代理以确保其按照当事人利益行事所产生的费用;代理确保自身不违反当事人利益所产生的费用;为使最终产品完全符合当事人利益所产生的相关费用(Jensen 和 Meckling,1976)。在产品与服务研发的特定时期,用户与定制产品生产商之间确实存在利益分歧:用户希望准确获取所需,迫切程度让其不惜花掉重金;然而定制产品生产商却希望降低研发费用,途径便是整合已有的解决方案或者预测未来其他当事人的需求——尽管此举并不完全符合当前客户的需求。

用户之所以要细化自身需求,是希望确保最后总体解决方案质量尽可能高,而价格也比较合理。例如,某个用户需要一双登山靴,该用户便会提出具体要求,以确保靴子满足其独一无二的登山技巧,进而在登珠穆朗玛峰的时候,便可事半功倍。如若靴子设计出现任何偏差,客户认真练习且已变成习惯的登山技巧便需做出相应改变,这对用户来说得不偿失。对比之下,定制靴子的生产商的想法则有出入:尽管生产出的靴子不一定完全符合客户的要求,生产商依旧希望利用到已有的材料和生产过程,并且希望这项创新在未来也能派上用场。例如,生产商没有兴趣去了解组合靴子部件的新方法,尽管此方法可为客户提供最佳产品。由此带来的结果便是当某个或多个用户想获取某种特别的产品时,自我创造成为最佳方式。

创新还是购买之决策的模式(von Hippel,2005)以一种量化方式表明,对产品有着独特需求的公司,自我研发新产品是最优选择。同时,如果拥有相同需求的用户公司数量大于等于 n 时,选择生产商进行研发是最为经济的选择。然而,当用户公司数量在 1 到 n 之间时,生产商也许会发现仅为少量用户研发一款新产品很难盈利。此种情况下,由于市场不作为,不同用户可能会分别投资开发同一款产品。从社会福利角度而言,造成资源浪费。该问题可以通过设立新机构形式解决,例如用户创新社区,本册会在后续章节提及。

除了上述的代理成本以外,还有一个诱因驱使个人用户自我创新而非购买创新:用户因创新带来的享受或知识而重视该过程——听着似乎不可置信,用户对开发过程的热爱居然驱使用户进行自我开发,毕竟生产商都是付钱请产品开发者进行此项工作。然而事实上,至少在某些特定领域,享受解决问题的过程激励着诸多爱好此过程的个人用户。数以百万计的字谜爱好者可见一斑。显然,对该类群体而言,重要的是解决问题带来的快感,而非最终结果。证明这一点并非难事,只需给一位字谜爱好者一份已解决的字谜——他/她为之辛苦奋斗的最终结果,他/她很有可能不会接受字谜,同时会指责你剥夺了其解谜过程的快乐。快乐作为一种动力同样可以应用到具有商业价值的创新活动中。一些大众广泛使用的软件由某些程序员无偿开发,有关其动力来源的研究表明,该群体工作时,易从快乐和知识中获取动力。

4.　用户低成本创新环境

回顾产品和服务发展的基本历史,发现用户和生产商往往会开发出不同种类的创新。这类现象部分归因于信息的不对称,即用户和生产商常常掌握不同的信息。产品开发者需要两种类型的信息以胜任他们的工作:需求信息和应用环境信息(由用户提供)与一般的解决方案信息(最初通常由致力于某一特定解决方案的生产商提供)。结合这两类信息并非易事。需求信息和解决方案信息通常都极具黏性。也就是说,将信息从产生处传递到其他地方的成本很高(von Hippel,1994)。值得注意的是,信息通常极具黏性这一观点与经济理论中的主流观点相悖。诸多对信息市场特性的研究以及对发明创新难以创造效益的研究都基于同一理论,即信息能够以极低的成本转移。因此,Arrow 指出,"传递一定量的信息成本通常很低……然而,由于缺失专项法律保护,信息持有者不能在公开市场上直接出售信息。任一购买者都可以破坏信息的垄断,因为其能够以微乎其微的成本复制信息"。(Arrow,1962,pp. 614 - 615.)

由于信息具有黏性,创新者通常十分依赖已获取的信息。用户和生产商之间信息不对称的典型后果之一便是,用户常开发出具有新功能的创新,开发此类创新需要大量的有关用户需求和应用环境的信息。与之相反,生产商往往开发出改进已知需求的创新,开发此类创新需要对解决方案信息了如指掌。同样,对于如何改善与使用相关的活动,用户往往比生产商拥有更为适当的信息,因为他们可以"干中学"(Rosenberg,1982)。

黏性信息效应在创新研究中广泛存在。Riggs 和 von Hippel(1994)曾研究用户和生产商创造的不同创新成果,这些创新成果用于改善两类主要的科学仪器功能。他们发现,比起生产商,用户更倾向于创造新功能,从而使得仪器可以完成一些与以前截然不同的新操作。与之相反,生产商则往往专注于改良既有功能,使得操作这些仪器更加便捷或稳妥(见表 2)。例如,用户首先改进仪器,使其能够在微观层面捕捉磁场图像并分析磁场。相反,生产商则优先调整仪器使其计算机化,让操作更加便捷。数据显示,对仪器灵敏性、分辨率和准确性的改善,二者皆可。以改善准确性为例,此类进步既可以由致力于开发特定新功能的用户推动,也可以由以技术专长提升既有功能的开发商实现。

Stigler(1951)指出,劳动分工受市场化程度的限制。这一观点不适用于黏性信息效应。当预期效益一定时,黏性信息对创新产生的影响仍显而易见(Ogawa,1998)。

如果进一步拓展信息不对称这一论点,我们就会发现,信息的黏性使得每个用户和生产商所拥有的信息都相异。某一用户(或某一生产商)所拥有的信息资产更易于开发出某一创新,且其开发该创新的成本相对较低。其结果为,用户根据其掌握的信息资产分配创新活动。就创新而言,一个用户绝不可能完全取代另一用户。

表 2   按照改进性质分类的创新来源

创新改进的类型	创新来源			
	用户(%)	用户	生产商	合计
1. 新功能	82	14	3	17
2. 敏感度、分辨率或者精度改进	48	11	12	23
3. 便利性或者可靠性改进	13	3	21	24
合计				64

资料来源:Riggs and Von Hippel (1994).

5. 用户无偿贡献创新的原因

在单一创新由单一用户开发的体系里,如果用户将自己已开发的创新分享给他人,该体系的社会效率将会提高。当创新生产商在公开市场上出售某类产品或某项服务时,他们在某种程度上也提高了社会效率(不能完全认为生产商提高社会效率的原因在于他们传递的是包含某种创新的产品而不是完整的信息,其他人可能无法完全理解和复制这一创新)。如果创新用户因故不传递自身已开发的创新,那么诸多拥有极其相似需求的用户不得不再次开发出极为相同的创新。从社会福利角度看,此是对资源的浪费。实证研究表明,用户往往通过出人意料的方式实现广泛传播:他们通常"无偿公开"他们已开发出的创新。当我们说一个创新者无偿公开了其所开发的一个产品或一项服务的信息,是指该创新者自愿放弃该信息的全部知识产权,所有相的人员都可以获得这一信息,该信息成为一项公共福利(Harhoff 等,2003)。

实证研究发现用户经常无偿公开他们的创新,这一发现对创新研究者来说是一个意外收获。表面上看起来,如果一个用户创新者的创新专有信息对他人也有价值,通常认为该用户创新者会尽量避免信息的无偿传播。然而很明显,个人用户和企业用户(甚至生产商)都经常无偿分享与其创新相关的详细信息。

开源软件开发中的一些做法极具参考价值,其使得公众意识到"用户无偿分享"这一现象。在这些开发项目中,项目的贡献者定期、系统地公开其自费开发的代码已然成为一种惯例(Raymond,1999)。事实上,产品创新的无偿公开远早于开源软件的诞生。在对 18 世纪钢铁行业的研究中,Allen(1983)为第一个系统考虑这一现象的研究者。后来,Nuvolari(2004)讨论了在矿井抽水机发展早期的无偿信息公开现象。von Hippel 和 Finkelstein(1979)记录了当代医疗设备领域的无偿信息公开,而 Lim(2000)、Morrison(2000)等人以及 Franke 和 Shah(2003)分别探究了当代半导体工艺设备、图书馆信息系统和运动器材等领域的信息无偿公开。Henkel(2003)则记载了在嵌入式 Linux 软件的案例中生产商之间的无偿信息公开现象。

创新者常无偿公开信息,原因在于这往往是其最佳或唯一可行的选择。将一项创新作为商业秘密而隐藏起来,这不可能带来长久成功:研究人员都懂得,"秘密"的持有者公开其所知的信息只会面临微乎其微的损失或毫发无损。研究发现,在许多领域,创新者都认为专利的价值非常有限(Harhoff 等,2003)。版权保护和版权许可只适用于"作品",例如书籍、图形图像以及计算机软件。

创新者积极主动地无偿公开信息不是被动接受,有其根本原因。无偿公开信息可以给创新者带来显著的私人收益,但同时也可能会遭受损失,或者承担损失的风险。用户无偿公布已开发的创新,他人为改进该创新或提出改进意见,形成互利互惠(Raymond,1999)。无偿公开创新的用户有助于声誉的增加,或者其创新被广泛扩散从而带来正面的传播效应等。第一个无偿公开特定创新的人所获的好处颇丰,所以创新者往往争先公开信息,就如同科学家迫切发表文章以成为第一个做出某项进步的人,从而获取益处。

6. 创新社区

用户创新往往分布广泛,而不是仅仅集中在少数的创新用户中(见表 3)。因此,对用户创新者而言,设法结合和充分利用不同用户的成果尤为重要。用户通过参与多种合作形式来达到这一目标。直接的、非正式的用户与用户的合作(如协助他人创新、回答他人问题等)尤为普遍。有组织的合作也较为常见。用户通过加入社交网络和社区聚集到一起,这些社交网络和社区为用户间的交流以及创新的传播提供了有利的组织结构和工具。创新社区可以加快用户和生产商之间开发、测试和传播创新的速度,并提高相应的效率。创新社区也使得创新者能够利用社区参与者建立的互联网络来打造更为庞大的体系。

在以互联网为基础的创新社区中,无偿的开源软件项目是一种相对成熟和成功的形式。然而,创新社区绝不仅限于软件或信息产品,在实体产品开发中也可以发挥重要作用。Franke 和 Shah (2003)记录了创新社区在创新用户开发运动器材领域实体产品时发挥的作用,这与开源创新社区有着异曲同工之妙。

无偿公开创新的本质是为创造社会福利做出集体努力,而研究"集体行为"的文献多数对此进行了探讨。然而,现存创新社区的行为与这些文献的主要观点并不相符。本质上,创新社区比文献所预测的更易于招募和激励成员。其原因是,创新的贡献者能够获得某些个人好处,而这些好处是那些搭便车者(只获取而不作为的人)无法获得的。例如,某用户创新者开发出来的产品可能完全符合其自身的需求,但却完全符合搭便车者的要求。因而,创新社区呈现出"私人集体"式的创新激励(von Hippel 和 von Krogh,2003)。

表3　用户创新分布广泛:少数用户带来不止一种主要商业化创新

用户样本	每位用户的创新数量					
	1	2	3	6	NA	样本(n)
科学仪器用户[①]	28	0	1	0	1	32
科学仪器用户[②]	20	1	0	1	0	28
工艺设备用户[③]	19	1	0	0	8	29
运动器材用户[④]	7	0	0	0	0	7

注:① von Hippel (1988,附录:制导计算机 GC、横向电磁场 TEM、核磁共振 NMR 创新)。
② Riggs 和 von Hippel (1994, Esca 和 AES)。
③ von Hippel (1988,附录:半导体和拉挤工艺过程创新)。
④ Shah (2000,附录 A:用户主导的溜冰、滑雪和风帆冲浪创新)。
资料来源:von Hippel (2005,表 7 - 1)。

7. 调整政策以适应用户创新

用户创新是"好事"吗?福利经济学家通过研究一种现象或变化如何影响社会福利来回答这一问题。Henkel 和 von Hippel (2005)研究了用户创新对社会福利产生的影响。他们发现,相较于仅有生产商创新的领域,用户无偿公开的创新极有可能增加社会福利。这一发现意味着,政策制定者应当支持用户创新或者至少保证法律法规不会牺牲用户创新者让生产商受益。

如若在用户创新和生产商创新之间保持中立,需要进行大规模的政策调整,只需想想以往和现在的政策决定对创新公开和传播的影响即可明白。以往 30

年的研究已说服诸多学者，知识产权法有时甚至无法达到预期的效果。知识产权法本应为增加创新投资，然而现在看来，专利和版权都会衍生范围经济，公司利用这些知识产权法的方式与政策制定者最初的意图及社会福利背道而驰（Foray，2004）。大型公司可以投资开发出一系列组合专利，接着打造出"专利丛林"，即大量的专利权利要求，使其可以在很多领域威胁甚至起诉侵犯其知识产权的人或行为。由此可阻止他人引入更好的创新以及（或者）在有利可图时要求较弱的竞争对手提供许可证（Bessen，2003；Shapiro，2001）。类似的，电影、出版和软件公司也可以利用一系列版权作品达到相似目的（Benkler，2002）。考虑到用户创新具有传播性，每一用户往往只能创造少量的知识产权，这样的政策很有可能将用户置于不利地位。

　　同样值得注意的是，出于经济效益考虑，用户和生产商往往通过改良市场上已有产品来建立其自身的创新原型，以满足新需求。诸如美国《数字千年版权法案》，旨在阻止消费者非法复制受保护的作品或产品，却也有可能阻碍用户改进其购买的产品（Varian，2002）。出于公正和社会福利两方面的考量，创新相关的政策应当对创新的来源保持中立。

　　立法或政策制定有可能消除现存对用户创新的阻碍。然而，现行法律和政策的受益者会抵制该转变。幸运的是，现有问题的一个解决之道掌握在创新者自己的手中。假设某一领域的创新者决定无偿公布其所开发的创新——他们常常也有理由这么做，此种情况下，用户可以共同建立一个信息数据库（免费为所有人提供已有信息）。该信息数据库可为用户提供一定数量或较大数量的替代信息，用以代替当前受知识产权保护的私有信息。用户创新者便可利用这些无偿公开的替代信息以摆脱知识产权法的约束（Lessig，2001）。

　　该模式在软件领域正进行，而且势头明显。在很多问题上，软件领域的用户创新者已经可在专利、微软和相关公司提供的封闭软件以及开源软件之间进行选择。他们可以从网络上合法下载开源软件并进行修改以满足其特定需要。同时，该现象也存在于用户开发的室内加工设备领域，虽然并不明显。加拿大和荷兰的数据显示，该领域大约有 25% 的用户将创新无偿转让给生产商。大量创新（约一半）都处于转让过程中，既不受知识产权保护，也不收取任何费用（de Jong 和 von Hippel，2009；Gault 和 von Hippel，2009）。

　　政策改变会给用户和生产商创造公平的竞争环境，这无疑会迫使生产商尽快进行转变，但绝不会给生产商造成致命打击。在某些开放式和分散式创新过程更加成熟的领域经验表明，生产商可以并切实做出了调整。例如，一些生产商尝试提供专有平台产品，为用户创新者提供开发和改进的框架（Jeppesen，2004）。

8. 用户创新的扩散

如若用户将其开发的产品、服务和流程分享给社会上其他可因此受益的群体，其创新价值便会随之攀升。如若不然，有相似需求的其他众多用户不得不投入到类似的研发过程中，正如前文所述，从社会福利角度而言，会造成资源浪费。以信息产品为例，用户可以承担大部分或者全部研发工作，而无需生产商的服务。开源软件项目这一客观实例启示我们：以用户创新社区为背景，用户可自行创造、生产、扩散、提供用户支持、更新以及自行使用复杂化产品。在实体产品领域，情况有所不同。用户可自行研发产品，但是生产并销售实体产品涉及的经济规模较为庞大，相比之下，生产商比"自行创造"的用户更有优势。

可造福大众的用户创新如何才能或者是应该如何延伸至生产商领域，以进行大规模的扩散呢？为达到此目的，在此提出三项概括性举措。首先，生产商应积极探索由领先用户研发出的创新产品，从而为打造可盈利的商业产品奠定基础；其次，生产商可通过为创新用户提供"用户创新工具包"将其纳入联合设计交互过程；第三，用户可转变身份，成为生产商使创新得到广泛扩散。下面将依次探讨这三项举措的可行性。

首先，为了系统定位用户创新，生产商必须重新设计产品研发过程。到目前为止，几乎所有的生产商都认为自身的使命是发现需求进而满足需求，而非偶尔发现领先用户已经完成的创新并将其商业化。为此，生产商设立市场研究部门探索目标市场受众的相关需求，设立产品研发部门以研发相关产品等等，以满足该需求。在此类产品开发系统中，即使该需求与领先用户的样本解决方案有望对接，相关开发人员也通常将其视作无关的离群值予以剔除。确实也不可否认当领先用户的创新真正进入公司生产线时，通常具有滞后性，而且既不合常规，也不具系统性。例如，只有当创新用户公司主动联系生产商，并提议大规模生产该设计以满足该创新公司内部需求时，生产商才意识到此项领先用户创新的存在。另一种发现用户创新的方式是：生产商雇用销售或者服务人员浏览客户网站，过程中可能会发现某一模型具有商业前景。

因此，通过改变创新模式，生产商能够更加系统地搜集并进一步开发领先用户的创新。用户创新的确行之有效，能够为生产商提供更好的创新来源，从而提高绩效。3M 公司进行的一项自然实验证明了该项举措的可行性。在 3M 公司，管理层保守预计，传统方式研发的产品带来的年销售额为 1 800 万美元，而由领先用户开发的普通项目每年带来的销售额是 1.46 亿美元，比前者高出 8 倍。除此之外，研究也发现，领先用户项目还能激发新的生产线创意，但传统的市场研究方法只对已有的生产线进行不断的改进。因此，3M 公司相关部门资助了一些领先用户创意项目,其主要生产线的生产率达到 50 年以来的峰值(Lilien 等,2002)。

　　用户创新自主设计工具包需要将产品开发与服务开发项目划分为方案信息集中型子任务和需求信息集中型子任务。然后分配到需求集中型子任务的用户同时也会被分到一套工具,帮助其有效执行该子任务。在实体产品案例中,用户利用工具包创造出的设计会被生产商应用到生产阶段(von Hippel 和 Katz,2002)。工具包降低创新成本的同时提升了客户价值。因此,Franke 和 Piller(2004)在一项消费者腕表研究中发现,对于技术含量相同的两款腕表,消费者为自主设计腕表买单的意愿是畅销腕表意愿的 200%。意愿的提升主要源于价值的提升,既包括自主设计腕表本身的价值,也含有消费者利用工具包参与设计过程的价值。

　　为消费者提供工具包的生产商可以吸引创新用户,与之建立关系,从而生产出更加符合消费者意愿的产品。定制半导体行业便是为消费者提供工具包的先驱之一。在 2003 年,有价值超过 1 500 万美元的半导体都是通过该途径制造(Thomke 和 von Hippel,2002)。

　　创新用户有时会创建公司以生产其创新产品并进行销售,此时创新用户摇身一变成为生产商,其创新可以得到广泛扩散。Shah(2000)指出运动商品领域也存在该模式。在医疗领域,Lettl 和 Gemnden(2005)指出一种模式:创新用户承担了将新兴医疗产品商业化所需的诸多企业功能,但自身依旧保持用户身份。而在此领域,纽约正探索如何将用户变为企业家,而无需改变创新以创立新公司(Hienerth,2004;Shah 和 Tripsas,2004)。

9. 结论

　　总结本章,笔者再次强调,用户创新能力正迅速提升,而且发生质的改变。该现象主要源于计算机软硬件的稳步提升,获取便捷工具和创新要素的渠道拓宽,以及不断丰富的创新资源的开放。如今,无论是用户公司还是个人爱好者,都可以获取先进的软件编程工具以及设计先进硬件和电子元件所需的计算机辅助设计工具。此类基于信息的工具可在个人电脑上运行,并且成本在迅速降低。为获得理想产品,不同的客户拥有不同的投资需求和意愿,即便一直如此,用户创新依旧会保持增长趋势(Baldwin 和 von Hippel,2009)。

　　公司和少数个人早已拥有前文提及的创新资源或者类似资源。公司的高级设计师早已配备工程师和设计师,听其指挥,他们也利用相应资源进行快速样品设计并对设计进行测试。其他领域情况类似,包括汽车设计和服装设计。为了让顶级汽车设计师快速设计并检测而为其配备的众多工程师和模具制造师便可见一斑。

但正如我们所见,如果进行重要创新所需的信息得到广泛传播,传统的"众多创新资源支持个体"的创新模式效率会显得尤为低下。昂贵的创新资源无法有效地分配到"掌握正确信息的个体"身上,在创新未展现其普遍价值前,难以判定谁是进行创新的合适人选。当高质量的设计与原型制作成本变得低廉(前文所描述之趋势),而创新资源又可广泛扩散,分配问题便迎刃而解。于是一种新模式便形成——产品研发和服务创新逐渐向用户转移,这一模式对于用户抑或是生产商均意义重大。

参考文献

Allen, R. C. (1983). "Collective invention". Journal of Economic Behavior & Organization 4 (1),1 - 24.

Arrow, K. J. (1962). "Economic welfare and the allocation of resources of invention". In: Nelson, R. R. (Ed.), The Rate and Direction of Inventive Activity: Economic and Social Factors. A Report of the National Bureau of Economic Research, 609 - 625. Princeton University Press, Princeton, NJ.

Arundel, A., Sonntag, V. (1999). Patterns of Advanced Manufacturing Technology (AMT) Use in Canadian Manufacturing: 1998 AMT Survey Results. Research Paper No. 12. Science, Innovation and Electronic Information Division, Statistics Canada, Ottawa.

Baldwin, C. Y., von Hippel, E. (2009). "Modeling a Paradigm Shift: From Producer Innovation to User and Open Collaborative Innovation". MIT Sloan School of Management Working Paper 4764 - 09, http://papers. ssrn. com/sol3/papers. cfm? abstract_id - 1502864.

Benkler, Y. (2002). "Intellectual property and the organization of information production". International Review of Law and Economics 22(1),81 - 107.

Bessen, J. (2003). "Patent thickets: Strategic patenting of complex technologies". Research on Innovation and Boston University School of Law, Working Paper. de Jong, J. P. J., von Hippel, E. (2009). "Transfers of user process innovations to process equipment producers: A study of Dutch high-tech firms". Research Policy 38(7),1181 - 1191.

Enos, J. L. (1962). Petroleum Progress and Profits: A History of Process Innovation. MIT Press, Cambridge, MA.

Foray, D. (2004). Economics of Knowledge. MIT Press, Cambridge, MA.

Franke, N., Piller, F. (2004). "Value creation by toolkits for user innovation and design: The case of the watch market". Journal of Product Innovation Management 21(6),401 - 15.

Franke, N., Reisinger, H. (2003). "Remaining within cluster variance: A meta analysis of the "Dark" Side of cluster analysis". Vienna Business University, Working Paper.

Franke, N., Shah, S. (2003). "How communities support innovative activities: An exploration of assistance and sharing among end-users". Research Policy 32(1),157 - 178.

Franke, N., von Hippel, E. (2003a). "Finding commercially attractive user innovations". MIT Sloan School of Management, Working Paper No. 4402 - 03.

Franke, N., von Hippel, E. (2003b). "Satisfying heterogeneous user needs via innovation toolkits: The case of Apache security software". Research Policy 32(7),1199 – 1215.

Freeman, C. (1968). "Chemical Process Plant: Innovation and the World Market". National Institute Economic Review 45(August),29 – 57.

Gault, F., von Hippel, E. (2009). "The prevalence of user innovation and free innovation transfers: Implications for statistical indicators and innovation policy". MIT Sloan School of Management, Working Paper No. 4722 – 09, http://papers. ssrn. com/ sol3/papers. cfm? abstract_id – 1337232(January).

Harhoff, D., Henkel, J., von Hippel, E. (2003). "Profiting from voluntary information spillovers: How users benefit by freely revealing their innovations". Research Policy 32 (10),1753 – 1769.

Henkel, J. (2003). "Software development in embedded Linux—Informal collaboration of competing firms". In: Uhr, W., Esswein, E., Schoop, E. (Eds.), Proceedings der 6 Internationalen Tagung Wirtschaftsinformatik, vol. 2. Physica-Verlag, Heidelberg, pp. 81 – 99.

Henkel, J., von Hippel, E. (2005). "Welfare implications of user innovation". Journal of Technology Transfer 30(1 – 2),73 – 87.

Herstatt, C., von Hippel, E. (1992). "From experience: Developing new product concepts via the lead user method: A case study in a "low tech field". Journal of Product Innovation Management 9(3),213 – 222.

Hertel, G., Niedner, S., Herrmann, S. (2003). "Motivation of software developers in open source projects: An Internet-based survey of contributors to the Linux kernel". Research Policy 32(7),1159 – 1177.

Hienerth, C. (2004). "The commercialization of user innovations: Sixteen cases in an extreme sporting industry". Vienna University of Economics and Business Administration, Working Paper.

Jensen, M. C., Meckling, W. H. (1976). "Theory of the firm: Managerial behavior, agency costs, and ownership structure". Journal of Financial Economics 3(4),305 – 360.

Jeppesen, L. B. (2004). "Profiting from innovative user communities: How firms organize the production of user modifications in the computer games industry". Department of Industrial Economics and Strategy, Copenhagen Business School, Copenhagen, Denmark, Working Paper No. WP-04.

Lakhani, K. R., Wolf, B. (2005). "Why hackers do what they do: Understanding motivation and effort in free/open source software projects". In: Feller, J., Fitzgerald, B., Hissam, S., Lakhani, K. R. (Eds.), Perspectives on Free and Open Source Software. MIT Press, Cambridge, MA.

Lessig, L. (2001). The Future of Ideas: The Fate of the Commons in a Connected World. Random House, New York, NY.

Lettl, C., Gemnden, H. G. (2005). "The entrepreneurial role of innovative users". Journal of Business and Industrial Marketing 20(7),339 – 346.

Lilien, G. L., Morrison, P. D., Searls, K., Sonnack, M., von Hippel, E. (2002). "Performance assessment of the lead user idea generation process". Management Science 48 (8),1042 – 1059(August).

Lim, K. (2000). "The many faces of absorptive capacity: Spillovers of copper interconnect technology for semiconductor chips". In: MIT Sloan School of Management, Working Paper No. 4110.

Luthje, C. (2003). "Customers as co-inventors: An empirical analysis of the antecedents of customer-driven innovations in the field of medical equipment". Proceedings of the 32nd EMAC Conference, Glasgow.

Luthje, C. (2004). "Characteristics of innovating users in a consumer goods field: An empirical study of sport-related product consumers". Technovation 24(9),683 – 695.

Luthje, C., Herstatt, C., von Hippel, E. (2002). "The dominant role of local information in user innovation: The case of mountain biking". MIT Sloan School, Working Paper No. 4377 – 02.

Morrison, P. D., Roberts, J. H., von Hippel, E. (2000). "Determinants of user innovation and innovation sharing in a local market". Management Science 46(12),1513 – 1527.

Morrison, P. D., Roberts, J. H., Midgley, D. F. (2004). "The nature oflead users and measurement of leading edge status". Research Policy 33(2),351 – 362.

Nuvolari, A. (2004). "Collective invention during the British industrial revolution: The case of the Cornish pumping engine". Cambridge Journal of Economics 28(3),347 – 363.

Ogawa, S. (1998). "Does sticky information affect the locus of innovation? Evidence from the Japanese convenience-store industry". Research Policy 26(7 – 8),777 – 790.

Olson, E. L., Bakke, G. (2001). "Implementing the lead user method in a high technology firm: A longitudinal study of intentions versus actions". Journal of Product Innovation Management 18(2),388 – 395(November).

Pavitt, K. (1984). "Sectoral patterns of technical change: Towards a taxonomy and a theory". Research Policy 13(6),343 – 373.

Raymond, E. (1999). The Cathedral and the Bazaar: Musings on Linux and Open Source by an Accidental Revolutionary. O'Reilly, Sebastopol, CA.

Riggs, W., von Hippel, E. (1994). "The impact of scientific and commercial values on the sources of scientific instrument innovation". Research Policy 23,459 – 469(July).

Rosenberg, N. (1976). Perspectives on Technology. Cambridge University Press, New York, NY.

Rosenberg, N. (1982). Inside the Black Box: Technology and Economics. Cambridge University Press, New York, NY.

Schreier, M., Franke, N. (2004). "Tom Sawyer's great law in action: Why users are willing to pay to design their own products via toolkits for user innovation and design". Vienna University of Economics and Business Administration, Working Paper.

Schumpeter, J. A. (1934). The Theory of Economic Development. Oxford University Press, New York, NY.

Shah, S. (2000). "Sources and patterns of innovation in a consumer products field: Innovations in sporting equipment". MIT Sloan School of Management, Working Paper No. 4105.

Shah, S., Tripsas, M. (2004). "When Do User-Innovators StartFirms? Towards A Theory of UserEntrepreneurship". University of Illinois, Working Paper No. 04 – 0106.

Shapiro, C. (2001). "Navigating the patent thicket: Cross licenses, patent pools, and standard setting". In: Jaffe, A., Lerner, S., Stern, S. (Eds.), Innovation Policy and the Economy, vol. 1. MIT Press, Cambridge, MA, pp. 119 – 150.

Smith, A. (1776). "An Inquiry into the Nature and Causes of the Wealth of Nations". 1776; 5th ed. , 1789. Modern Library Edition. Edited by Edwin Cannan. New York: Random House, 1937.

Stigler, G. J. (1951). "The division of labor is determined by the extent of the market". Journal of Political Economy 59(3),185 – 193(June).

Thomke, S. H. , von Hippel, E. (2002). "Customers as innovators: A new way to create value". Harvard Business Review 80(4),74 – 81.

Urban, G. L. , von Hippel, E. (1988). "Lead user analyses for the development of new industrial products". Management Science 34(5),569 – 582.

Varian, H. R. (2002). "New chips can keep a tight rein on consumers". New York Times (July 4).

VonHippel, E. (1988). The Sources of Innovation. Oxford University Press, New York.

VonHippel, E. (1994). "Sticky information and the locus of problem solving: Implications for innovation". Management Science 40(4),429 – 439.

VonHippel, E. (2005). Democratizing Innovation. MIT Press, Cambridge, MA.

VonHippel, E. , Finkelstein, S. N. (1979). "Analysis of innovation in automated clinical chemistry analyzers". Science and Public Policy 6(1),24 – 37.

VonHippel, E. , Katz, R. (2002). "Shifting innovation to users via toolkits". Management Science 48(7),821 – 833.

VonHippel, E. , von Krogh, G. (2003). "Open source software and the "private-collective" innovation model: Issues for organiza tion science". Organization Science 14(2),209 – 2

第 10 章
干中学理论

Peter Thompson
佛罗里达国际大学经济学院
美国,佛罗里达州,迈阿密

目录

摘要

　　本章对干中学理论和相关实证文献进行回顾。许多与干中学相关的独特理论含义中,大多数假设实证研究中观察到的成本—数量关系很大程度上来自于被动学习,且部分根源甚至在于无界被动学习。而实证文献则对上述假设持怀疑态度。若成本—数量关系表明生产力持续增长,则是被动学习之外的因素在起作用。若被动学习是主导因素,则生产力增长始终存在界限。因此,干中学的相关经验主义理论属于混合模型,既包含被动学习,也包含其他增长来源。但在这些混合模型中,被动学习的诸多独特意义就变得无关紧要。此外,被动学习并非取得长期增长的核心因素,过度学习反而会导致增长停滞。

关键词

成本—数量关系　遗忘　知识溢出　干中学　学习曲线　被动学习　进步曲线

1. 引言

干中学(Learning by doing，LBD)是经济学家采用的简称，指与某公司生产经验累积相关，而又附属于生产经验累积的生产力增长现象。某公司在任何特定时间点的经验可通过多种方法衡量，例如公司年限、公司先前的累积产出、员工平均任期和员工工作经验平均时长。而最常用的方法是：假定某公司在年龄 v 的当前单位成本 $c(v)$ 是公司先前累积产出的递减函数 $\gamma(v) = \int_0^v x(s)\,\mathrm{d}s$；在众多研究，特别是实证研究和宏观经济应用中，则假定为乘幂规则 $c(v) = c(0)\gamma(v)^{-\beta}$。

干中学概念在 20 世纪早期开始流行，主要由于这种概念作为教育方法的思想体系得到广泛肯定(Dewey，1897)。即使是在经济学期刊中，几个世纪以来此概念都仅局限于教育领域。Arrow (1962)最先用该概念代指公司学习；此后，干中学在公司甚至更高层次的集合中迅速传播。20 世纪六七十年代，相关文献集中论述该概念的重要性和普遍性，尤其对于工业领域。70 年代末到 80 年代末的文献主要是关于干中学战略意义的理论研究，其中一段时期，理论工作是在工业贸易政策的背景下进行的。自 90 年代起，干中学被大量运用于内生增长的宏观经济模型中。近期，相关研究重点开始转向实证工作，主要研究干中学的潜在来源。

自 Arrow 在论文中提出干中学概念后，该概念迅速流行，并经久不衰。究其原因主要有以下几点。首先，Abramovitz(1956)和 Solow (1957)的研究颇具影响力，表明技术变革对长期经济增长的重要性远超过此前的认识。将长期增长理论简化为一种时间趋势是不明智的，为经济学家的政策研究带来一定的难度(Arrow，1962，p155)。同时，将干中学概念作为技术变革来源从直观认知上看似合理，且通过适当政策干预即可加以控制，但这并未能为经济学家解决未知问题的最优方案。

第二，干中学对企业行为和政策有着特殊意义，并足以维持其在模型的地位。例如，使静态边际成本与边际收益相等，对个人与社会均不是最优选择；均衡定价行为或许并不存在；且在竞争市场中，垄断将是更好的社会选择。在此情况下，不管在观念上(传统反垄断政策是不明智的)还是在实施方面(定价低于边际成本不一定表示掠夺行为)，竞争政策必须十分复杂。此外，干中学具有滞后效应，即暂时性冲击和政策干预一旦改变产出，就会对生产力产生持久影响。因此在干中学过程中,制定政策干预和合理持续期都会变得更加复杂。

　　第三,干中学频繁出现在众多实证文献中,尤其是工程管理领域,说明累积性产出和单位成本间存在紧密联系。通过乘幂规则,研究通常能准确揭示两者联系的特征。Wright(1936)研究了飞机制造领域的成本—数量关系,首次在学术文献中提及组织学习曲线(见图 1)。不过此时,人们对飞机制造行业中存在的干中学现象并不惊讶。第二次世界大战期间,美国政府对与其签订合同的飞机制造商(Asher,1956,p84)和轮船制造商(Lane,1951)存在高期望,希望这些组织增强其学习能力。战后研究表明,政府的期望最终得以实现(Alchian,1963[1950];Middleton,1945;Montgomery,1943;Searle,1945)。20 世纪 60 年代,诸多研究记录了其他行业中成本—数量关系的高关联度。一些研究承袭先例,继续估算平均成本随时间推移的变化(例如 Baloff,1966;Hirsch,1952 关于机械制造,以及 Preston 和 Keachie,1964 关于雷达)。波士顿咨询公司(1972)估算出上百条曲线,以完善管理战略,扩大市场份额。至此,这一活动获得市场比例。同一时期,以 Rapping(1965)和 Sheshinski(1967a)的研究为起点,其他研究开始预估生产函数中投入的经验。若无经验投入,这些函数亦符合一般规律。研究结果显示学习效应作用显著。

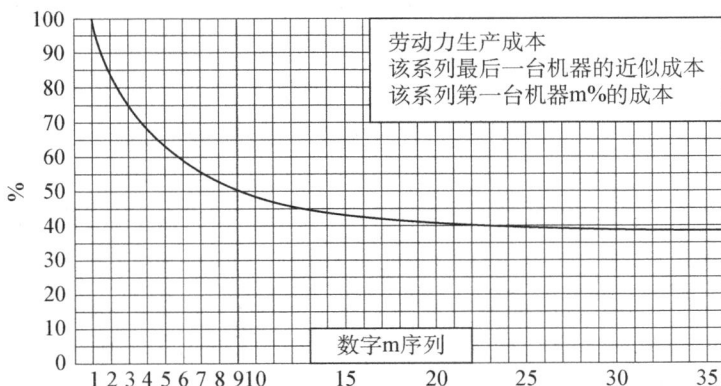

图 1　Wright(1936)提出的学习曲线。

注:Wright 没有提供该曲线的数据来源,信息有可能来自不同飞机的横截面数据。

　　本章回顾过去 40 年间针对干中学经济意义的理论研究,以及对其特征和重要性的实证研究。总体而言,本章目的在于区分 Wright(1936)统称为成本—数量关系的不同概念。本章中,被动学习指非常规零成本的组织干中学,产生于具有传统经济学特征的公司生产活动。公司通过被动学习提高生产力,被称为沿经验曲线推进。进步曲线代表当期单位成本(或生产力)和公司累积经验间的实证关系。成本—数量关系在本章中的定义与 Wright 所指相同，指根据观察累积性产出和生产该累积性产出的平均成本进而得出二者之间关系。最后，学习曲线这一特殊概念指个人在任务中积累经验后表现出的生产力增加或更加普遍的知识进步[①]。

进步曲线的增长来源比经验曲线更为广泛。除被动学习之外，进步曲线认为研究、创新、产品设计改进、资金投资和其他成本高昂的活动能够随时间的推移提高公司的生产力。同样，成本—数量关系的概念范围比进步曲线更大。Wright（1936，P124）曾在飞机制造行业担任工程师和管理人员，根据个人经历对该概念做出了三点解释。首先是"工人通过实践提升专业能力"，以学习曲线为代表。及"规模生产中机械和固定装置的安装时间延长"，以及"引入越来越多的生产器械和标准化程序后，对劳动力技术要求降低"。当然，后两者属于静态规模经济，即使没有学习过程，成本—数量关系依然存在。

这些概念具有显著差异。例如，若进步曲线仅靠高成本研发推动，完全不依靠被动学习，则使静态边际成本与静态边际收益相等是最优社会选择。同理，若成本—数量关系仅因静态规模经济形成，则该关系和进步函数都具有特殊经济意义，比如不确定的短暂需求冲击将使生产率在一段时期内增加。进步曲线则预计了之后单位成本的长期下降。相反，静态规模经济认为短暂冲击不会对长期成本造成影响。即使长期平均成本呈下降趋势，短期内单位成本仍可能因产出冲击增加或减少，因为公司必须对无法预计的冲击进行应对，即沿着短期成本曲线推进[②]。总而言之，当公司进步不受被动学习影响时，干中学的许多特殊（且有趣）意义则不复存在。

第 2 节首先回顾被动学习的理论意义。同时，本节还讨论了被动学习对单一公司定价决策的影响、竞争性均衡的存在条件及其战略意义。学习带来的有趣影响依据的是尚未得到证实的辅助假设。例如，学者们普遍认为学习能产生动态规模经济，此时定价均衡无法与之兼容。而该观点是否成立取决于静态成本函数以及对经验曲线形式做出的假设。第 3 节对实证文献进行选择性论述。实证文献重点提出两个问题。第一，被动学习影响了成本—数量关系中的哪一部分？第二，被动学习随经验累积的贡献是否无界？现有的数据质量欠佳，为实证研究造成诸多困难，因而上述问题至今仍未得到有效解决[③]。早期研究均表

---

① 学习曲线的实证研究比进步曲线的研究早很多。参见 Ebbinghaus（1885）关于记忆的实验，Bryan 和 Harter（1899）对报务员进行的研究，以及 Book（1908）的打字员研究。

② 若长期平均成本呈下降趋势，需求少量增加的冲击将使平均成本减少；而当冲击量达到一定程度时，平均成本将增加。

③ 或许更准确的说法是，上述问题对数据要求极高，即使高质量数据集也未必能达到要求。

明被动学习意义重大，对符合无限生产力参数的被动学习尤为青睐。但近期研究采用了高精度数据，对传统观点提出质疑。后期文献主要表明，在观察行业范围内的成本—数量关系时发现仅有部分与被动学习有关，这也说明许多相关理论工作的重点出现了偏差。而当干中学或被动学习可能是成本—数量关系的主要因素时，其结果也可能是有界的。

　　第 4 节分两部分回顾学习理论。首先回顾研究被动学习乘幂规则的理论，之后探讨有界学习模型。通过研究模型可知，关于潜在的不同政策影响的众多理论经观察是完全或近乎完全相等的。第 5 节回顾经济增长的宏观经济模型，尤其关注有界学习的相关模型。上述模型本质上是混合模型，依次介绍了数代产品和技术，以及各代中的被动学习。虽然各代产品之间存在学习外溢效应，但新一代或通过外生渠道引进，或为被动学习以外的目的性活动所创，例如研发。在这些混合模型中，被动学习通常是长期增长的非核心因素。相反，在特定情况下，过度被动学习反而会导致增长停滞。

2. 被动学习的微观经济学意义

　　传统观点认为学习与累积生产量同步增减。本节在与在此观点引导下被动学习的理论意义。2.1 节讨论单一公司的定价与产出决策。由于被动学习产生的动态回报递增，多数早期理论文献的研究范围仅限于不完全竞争。然而，当静态边际成本增速足够快时，被动学习则可在完全竞争中存在。而 2.2 节揭示了定价均衡的存在条件。2.3 和 2.4 节探究了被动学习对产业集中度的意义。2.5 节论述被动学习在不完全竞争市场中的战略意义。该节首先限定公司数量，之后探讨被动学习在战略层面中影响定价行为的方式。第 2 部分主要论述被动学习激励现有公司采取掠夺行为，阻碍新公司进入或使得其他公司退出竞争。该节最后总结被动学习公式的众多替代形式。

2.1　定价和产出决策

　　设定 $x(t)$ 表示某公司的产出率，$y(t) = \int_0^t x(s)\mathrm{d}s$ 代表其累积产出，$R(x(t))$ 表示收益，$c(x(t),\ y(t))$ 代表总成本。假设 $c_x \geqslant 0$，$c_y < 0$，$c_{xy} < 0$；且静态边际成本在任何经验水平上都是非降的，但在任何产出水平上，经验均比总成本和边际成本更低。公司的计划周期为 T，利率为 r。公式目标为：

$$V = \max_{\{x(t)\}_0^T} \int_0^T \left[R(x(t)) - c(x(t),\ y(t)) \right] \mathrm{e}^{-rt} \mathrm{d}t,\qquad (1)$$

符合 $\dot{y}(t) = x(t)$ 的限制。设定 $\lambda(t)$ 代表经验的影子价格。公式(1)为标准自由端最优控制问题,因此 $\lambda(T) = 0$。内部最大化的必要条件是:

$$c_x(x(t)) = R'(x(t)) + \lambda(t), \qquad (2)$$

若用前向解法代替影子价格收益,可得:

$$c_x(x(t)) = R'(x(t)) - \int_t^T c_y[x(s), y(s)]e^{-r(s-t)}ds. \qquad (3)$$

最优决策中,边际成本较边际收益更高,差值为由经验节省下成本的现值贴现。而在静态情况中,该差值取决于成本函数形式及未来产出走向。Rosen (1972)是提出该问题的先驱。其使用形式不明确的 $c(x(t), y(t))$,因此局限于对条件(3)的导出和讨论。Spence (1981)进一步研究了特殊情况。他假设实际利率为零,静态边际成本恒为 $c(x(t), y(t)) = c_0\theta(y(t))x(t)$。而此时 $d\theta/dt = \theta'(y)\dot{y} = \theta'(y)x$,Spence 的特殊案例将等公式(3)简化为:

$$c_0\theta(y(T)) = R'(x(t)). \qquad (4)$$

公式(4)就是 Spence 提出的著名终端边际成本规律。公司将边际收益设为与计划期结束时的边际成本等值。因此,在公司生命周期内,即使现阶段的边际成本会降低,但价格和产出均保持恒定。现阶段边际成本始终高于边际收益,尽管它在某时间点是否高于价格取决于需求弹性和学习速率。

边际成本规律不限制于特定形式的经验曲线,但面对辅助假设中的变化仍不具说服力。例如,若 $r > 0$ 且计划期无限,公式(3)将变为:

$$rc_0\int_t^\infty \theta(y(s))e^{-r(s-t)}ds = R'(x(t)), \qquad (5)$$

因此,边际收益与未来所有边际成本的年化现值贴现相等。在此情况下,随着 $\theta(y)$ 逐渐降低,边际收益也会随现阶段边际成本单调递减。

若静态边际成本不恒定,最具信息价值的最优情况通常为公式(3)所描述的情况。即使边际收益确实比边际成本低,也不表明收益随时间推移是非递增的。成本函数 $c(x(t), y(t)) = c_0 + h(x(t))\theta(y(t))$ 中,h 是递增的凸函数,使得边际收益曲线单调递减,函数 $c(x(t), y(t)) = c_0 + h(x(t)) + \theta(y(t))$ 的曲线亦单调递增(Clarke 等,1982;例 1 参考 Petrakis 等,1997),而其他函数形式可不具单调性。

总而言之,公司战略对于社会而言并非是最优决策。单一公司最优产出计划和社会最优产出计划之间存在偏差是公司市场势力单独作用的结果。为进行进一步研究,设定 $p(x)$ 为反需求函数。假设利率与折现率一致,决策者制定的最大值为：

$$W = \int_0^T \int_0^{x(t)} p(v)\mathrm{d}v - c(x(t), y(t))\mathrm{e}^{-rt}\mathrm{d}t, \tag{6}$$

产生必要条件：

$$c_x(x(t)) = p(x(t)) - \int_t^T c_y(x(s), y(s))\mathrm{e}^{-r(s-t)}\mathrm{d}s. \tag{7}$$

当且仅当对于任何 t 值，$R'(x(t)) = p(x(t))$，即公司是价格的决定者时，公式(3)和公式(7)解法相同。若公司市场势力强大，则其最优战略的产出量和学习速度均比社会政策制定者期望的情况要差。静态市场势力产生垄断，垄断者造成低于社会最优的产出，因此降低了经验累积的速率。上述与静态最优的偏差大小取决于削减成本所获的收益多少。当需求曲线向下倾斜时，部分社会收益归消费者所有。因此，社会政策制定者从削减成本中获得的收益将比垄断者多。此时，静态和动态的考虑因素对私人最优行为和社会最优行为将产生相同的偏差信号。换句话说，被动学习加剧了垄断产出的次优性，但不会降低垄断者自身的效率。

2.2 成本函数和定价行为

被动学习能否产生利好效应主要取决于定价行为能否维持均衡。而维持均衡又依赖于边际成本结构。Fudenberg 和 Tirole（1983）证明，当静态边际成本保持恒定时，定价均衡便不存在。由此，其特别研究了垄断产出的次优性。而 Petrakis 等（1997）表示，当静态边际成本增加时，存在定价均衡。从公式(7)的论述中可得，此时的均衡是社会有效均衡。

公式原理简单明了。当静态边际成本恒定，学习对定价均衡的影响与静态收益增长的影响水平相当，都使得平均成本低于边际成本，造成损失。例如，在 Spence 的案例中，定价者的最优情况，即公式(4)，是 $c_0\theta(\gamma(T)) = p$。但公司寿命期内平均成本为 $T^{-1}c_0\int_0^T \theta(\gamma(s))\mathrm{d}s > c_0\theta(\gamma(T))$。另一种思路为事先假定所有公司条件一致，分两阶段思考任一公司的情况。阶段二的定价均衡需要众多单一定价者的平均成本相同，且收益为零，这就要求每家公司的产出与阶段一相同。但当静态边际成本与规模无关时，仍无法达到均衡状态。任何公司在阶段一均可使定价低于成本，以提高边际产出。因此，公司将能保证阶段二的成本低于其他竞争者，进而占领整个市场。相反，当静态边际成本上升速度足够快时，公司寿命期内的平均成本将不再高于边际成本。另一方面，提高现阶段产出可以降低未来边际成本，但付出的代价是增加现阶段的边际成本。当公司采取最优方案时,自身的边际成本会增加。最终,成本更低的公司即使不能占领整个市场,也占据更大的市场份额,定价均衡也能够得以维持。

2.3 内生异质性

被动学习能使事先条件完全相同的公司产生内生异质行为。Petrakis 等(1997)在两阶段模型(没有进入和退出门槛)中揭示了以上论点,研究三种可能的均衡情况。第一种情况,所有公司均进入阶段一,且经历整个行业生命周期。第二种情况,所有公司均进入阶段一,但其中一些在阶段一结束时退出。第三种情况,阶段一结束时没有公司退出,且有些公司只经历阶段二。当有公司早期退出,又有新公司后期进入时,无法达到均衡情况。为探究深层原因,设 $c(x(t), y(t))$ 代表成本函数,并假设静态平均成本为 U 型。因此,所有进入阶段一的公司在阶段一的成本为 $c(x_{1i}, 0)$,阶段二的成本为 $c(x_{2i}, x_{1i})$。另外,设定 $p_m = \min_x c(x, 0)/x = c(x_m, 0)/x_m$ 代表零经验公司的最低平均成本。零准入门槛意味着任何阶段价格不得超过 p_m,但可以低于 p_m。

在第一种均衡中,有些公司在阶段一后退出,因此 $p_1 = p_m$。提前退出的公司在阶段一产出为 x_m,利润为零。若要在此情况达到最优,则阶段二价格不得高于 $\min_{x2} c(x_2, x_m)/x_2 < p_m$。由此,有公司提前退出时,均衡要求价格呈严格下降趋势,这与后期有新公司进入不符。一直留在行业内的公司欲从被动学习中获益,需保证产出为 $x_{1c} > x_m$。结果,上述公司在阶段一负盈利,但在阶段二实现正盈利,从而获益[1]。因此在该种均衡中,一些公司起初产量超过其他公司,售价低于自身平均成本;这些公司生存下来,而其他小公司退出。若阶段二价格超过 $c(x_2, x_m)/x_2$,则不会有提前退出的情况。此时,若 $c(x_2, x_m)/x_2 < p_2 < p_m$,则后期没有新公司进入的情况;若 $p_2 = p_m$,阶段二有新公司进入。只要有公司后期进入(有时没有进入也成立),$p_2 > p_1$,则被动学习与价格上升并存。

2.4 学习和产业集中度

从 Petrakis 等对定价均衡的分析可以得知,被动学习通常与行业集中度的增加密不可分。没有学习之前,事先假定完全一样的公司在每个阶段的任意时间都占有相等的市场份额。学习将带来后期异质性,从而增加集中度。行业集中度不仅是由被动学习造成,同时也与不完全竞争市场有关。Dasgupta 和 Stiglitz(1988)对具有线性行业需求的双头垄断市场进行研究。从而得出,即使没有考虑战略决策,被动学习亦能增强初期成本较低公司的优势,甚至最终淘汰

---

[1] 由于产出 $x_{1c} > x_m$,一直留在行业内的公司在阶段二必须降低成本,以弥补阶段一为满足 $p_2 < \min_{x2c}(x_2, x_m)/x_2$ 所造成的损失。

劣势公司。当公司眼光不远,且学习速度随经验增加未过快下降时,上述影响最为显著。Cabral 和 Riordan (1994)则用差异化双头垄断模型探究该问题。在此模型中,公司客户为一系列需求不确定的买家。公司发现随着时间推移,两家公司保证下一单规模扩大的可能性起初存在差异的充分条件是贴现率过大或过小。

下文将对战略决策进行归纳(2.5 节将详述),垄断竞争行业中,起初成本差异影响产业集中度发展的方式。时间连续,公司组成的闭联集用 $i \in [0, 1]$ 表示,行业收益统一,替代弹性为 6,且 $\sigma > 1$。静态边际成本恒定,根据 2.1 节的注释,静态边际成本满足 $c_i(t) = c_i \theta(\gamma_i(t))$,其中 $\theta'(\gamma_i(t)) \leqslant 0$。为简化过程,此处考虑极端情况,假设公司目光短浅,或无贴现,进而研究被动学习的影响。

首先讨论目光短浅的情况。通过标准计算,需求为:

$$x_i(t) = \frac{p_i(t)^{-\sigma}}{\int_0^1 p_j(t)^{1-\sigma} dj},\qquad(8)$$

在该情况下,最优价格相对于现阶段边际成本不断上涨,公式为:

$$p_i(t) = \frac{\sigma c_i \theta(y(t))}{(\theta - 1)}.$$

公司 i 的行业收益份额为:

$$s_i(t) = \frac{\left[c_i \theta(y_i(t))\right]^{1-\sigma}}{\int_0^1 \left[c_j \theta(y_j(t))\right]^{1-\sigma} dj},\qquad(9)$$

该份额的增长率满足:

$$\frac{\dot{S}_i(t)}{s_i(t)} = \frac{(1-\sigma)\theta'(y_i(t))x_i(t)}{\theta_i(y_i(t))} - \frac{(1-\sigma)\int_0^1 c_j^{1-\sigma}\theta(y_j(t))^{-\sigma}\theta'(y_j(t))x_j(t)dj}{\int_0^1 \left[c_j \theta(y_j(t))\right]^{1-\sigma}dj}$$

$$= \frac{(\sigma-1)^2 \theta'(y_i(t))c_i^{-\sigma}}{\theta_i(y_i(t))^{1+\sigma}\int_0^1 \left[c_j \theta(y_j(t))\right]^{1-\sigma}dj} - \mu(t),\qquad(10)$$

若 $\mu(t) > 0$,则表示公司由于竞争者的学习而丧失了市场份额。由于对任何 i,$y_i(0) = 0$,由公式(9)和(10)得出市场份额及其增长率最初在 c_i 均降低。因此,产业集中度在最初是增加的,但是否会持续增加取决于学习曲线的方程形式。尤其,若在有限经验积累后学习停止(即对于任何 $\gamma > \gamma^*$,$\theta'(\gamma) = 0$,),则集中度在早期增加后会下降,因起初处于劣势的公司奋力追赶。

再考虑另一种极端情况,即贴现率非常小。此时,被动学习也会增加产业集中度。假设贴现率为零,计划期长为 T,可运用 Spence 的终端边际成本定价法,

$c_i\theta(\gamma_i(T)) = R'(x_i(t))$。公司 i 设定的恒定价格为 $p_i = \infty c_i\theta(\gamma_i(T))/(\sigma-1)$。同时,在价格恒定时,$y_i(T) = x_iT$,且需求为:

$$x_i = \frac{[c_i\theta(x_i(T))]^{-\sigma}}{\int_0^1 [c_j\theta(x_j(T))]^{1-\sigma}\mathrm{d}j}. \tag{11}$$

分别求公式(11)对 x_i 和 c_i 的微分,在对称均衡状态下求值,得出:

$$\frac{\mathrm{d}x_i}{\mathrm{d}c_i} = -\frac{(\sigma-1)c^{-(1+\sigma)}\theta^{-\sigma}}{\int_0^1 c_j^{1-\sigma}\theta_j^{1-\sigma}\mathrm{d}j(1+(\sigma-1)x_iT\theta'/\theta)}. \tag{12}$$

只要 $(\sigma-1)x_iT\theta'/\theta > -1$,这是 Hamiltonian 函数呈凹形的必要条件,公式(12)即为负值。若没有学习过程(即 $\theta'=0$),公式(11)中的 θ 恒定,则可明显得出产出的直接结果为 $\mathrm{d}x_i/\mathrm{d}c_i = -(\sigma-1)c^{-(1+\sigma)}\theta^{-\sigma}/\int_0^1 c_j^{1-\sigma}\theta_j^{1-\sigma}\mathrm{d}j$。$(1+(\sigma-1)_{x_i}T\theta'/\theta)^{-1} > 1$ 是学习乘数,表示公司 i 由于降低最初成本获得的产出增加,在学习过程中幅度更大。不仅如此,学习影响越强,计划期越长,学习乘数越大。

2.5 学习的战略意义

由于存在战略行为的可能性,少数公司被动学习下的定价和产出决策面临情况十分复杂。在垄断和定价背景下,每家公司都会不断面临现有利润与通过过度生产提高学习率进行投资之间的权衡。而权衡过程十分复杂,因一家公司的现有产出不仅影响竞争者现有产出水平,同时能促使竞争者改变行业成本结构,影响竞争者未来的产出水平。被动学习也可能使得公司创造过量生产,因公司意图阻碍潜在进入者,或采取掠夺性定价迫使现有公司退出。

动态寡头垄断市场模型较为棘手,故仅分析在特定情况下的情形。因此,下一小节的结论在辅助假设改变条件后不再成立。然而,仍有某些结论适用普遍。首先,以下结论对于公司数量固定的行业始终成立:在此类市场中,被动学习能促进竞争,使产出高于不存在学习经历时的水平。即使市场产出随时间减少,垄断者的产出仍持续增加;学习将削减行业成本,提升经济福利,但仍会使行业利润下降。关于战略行为的一系列结果旨在阻碍新公司进入,加速已有公司退出。特别是,被动学习使现有公司制定侵略性价格,以防新公司进入,同时引发掠夺性行为。

2.5.1 固定企业数量

首先考察 Fudenberg 和 Tirole (1983)[①]提出的两阶段线性双头垄断模型。设定两家垄断公司为公司 a 和公司 b,设定他们在阶段 $i=1,2$ 的产出分别为 x_i^A

---

① 此处的定性结果针对公司 n 的寡头垄断,且这些垄断间具有相等的附属假设。

和 x_i^B。需求为 $p_i = 1 - (x_i^A + x_i^B)$，各公司在第一阶段的单位成本为 $c \in (0, 1)$。第二阶段的单位成本可通过 $c_2^j = c - \lambda x_1^j$，$j = A, B$ 算出。在产量竞争中，阶段二是标准的静态古诺竞争，即平均成本是阶段一产出的单调递减函数。因此，阶段二产出相对于学习速度和阶段一产出增加。

设定 β 代表贴现系数。阶段一产出的纳什均衡为：

$$x_1^j = \frac{(1-c)(9+4\beta\lambda)}{27 - 4\beta\lambda^2},$$ (13)

对于除目光短浅公司外的其他公司，λ 均是增长的。因此，被动学习可使阶段一产出增加。接下来，在阶段二中，成本减少，产出继续增加。当然，在没有战略性考虑的情况下，上述结论依然成立。因此，更为有效的是将公式(13)与预先承诺均衡中的产量进行比较。根据 Fudenberg 和 Tirole 的定义，预先承诺均衡是由于公司忽略成本结构的动态变化对竞争者未来产出造成的影响而达到的均衡。在此均衡中，阶段一产出为：

$$x_1^{-j} = \frac{(1-c)(3+\beta\lambda)}{9 - \beta\lambda^2}.$$ (14)

即使在预先承诺均衡中，每家公司都忽略学习对其竞争者未来产出的影响，公司对现阶段产出仍采取战略举措，也会考虑阶段一自身产出对其未来成本的影响。在双头垄断市场中，被动学习对战略行为的影响程度比率可归纳为 x_1^j / x_1^{-j}。当 $\lambda = 0$ 时，该比率为 λ；且在 λ 期间，比率持续增加。因此，考虑被动学习的战略将促进阶段一和相应阶段二的竞争。事实上，当学习效率够高，且公司不过多贴现未来收益时，阶段一的市场表现良好。若 $\beta\lambda^2$ 能达到极限值的 $3/4$ [①]，市场贴现系数统一，双头垄断将占据竞争性产出的 $32/33$。[②] 在第二阶段，若按边际成本定价，即使学习使双头垄断成本减少，其产出也占总产出水平的 $2/3$。[③]

双头利润与生产成本负相关的结论是标准结论。因此，令人惊讶的是，在将 λ 和 β 众多不同取值代入后，被动学习会减少公司生命周期的贴现利润 $v^j(\lambda, \beta) = \pi_1^j + \beta\pi_2^j$。尤其是，若 β 值足够大，对于任何可行学习率，$V^j(\lambda, \beta)$ 在 λ 内均减少[④]。在预先承诺均衡中，利润在 λ 内总是增加的。上述结论明显由竞争造成，因此增

[①] "传统"比较静态分析和稳定性要求 $\beta\lambda^2 < 3/4$。

[②] 注意在静态双头垄断中，且需求线性、边际成本恒定时，产出是竞争市场中产出的 $2/3$。该产出水平在 $\lambda = 0$ 或 $\beta = 0$ 时实现。

[③] Spence (1981)在其计算机检测非线性寡头垄断模型中，通过一部分有记录的最大剩余测算市场表现，得出类似结论。其报告中的市场表现率在 $84\%\sim94\%$ 之间，且比学习率更高，绩效更好。颇有意思的是，市场表现并不随公司数量单调递增。

[④] 对于取值更小的 β，$v^j(\lambda, \beta)$ 随 λ 先增加后减少。

加阶段一产出影响了竞争者未来的产出。该结论无法适用任何情况,但 Spence (1981)表示,在他的模型中,回报率通常在学习较快时更低。

静态边际成本恒定,寡头垄断的产出则单调递增。该结论对双头垄断的预先承诺均衡同样适用,但在由公式(14)表示的子博弈精炼均衡中则不适用。增加阶段一产出的战略动机明显,使得即使阶段二成本降低,阶段一产出也高于阶段二产出。

2.5.2 掠夺和进入遏制

上文分析不可避免地假设成本固定,与产出无关(即使产出将影响双头垄断是否在一开始即成立)。然而,当成本固定时,由于存在退出的可能性,公司间的战略互动更加复杂。具体而言,不可避免固定成本为学习存在时的掠夺行为提供动力。Cabral 和 Riordan (1997)对 Fudenberg 和 Tirole 的两阶段双头垄断模型进行扩展,得出上述结论。

回到模型本身,假设在阶段二,公司 a 仍继续生产,但公司 b 若要维持生产,需承担固定成本 k。为保证一阶条件顺利可行,假设固定成本对分布函数 $\Phi(k)$ 和密度函数 $\varphi(k)$ 随机,在阶段一结束时观察固定成本的实现情况。若已实现的固定成本过低,公司 b 仍能维持生产,其在阶段二的收益由双头垄断利润匀出:

$$\pi_D^j = \left(\frac{1-c+2\lambda x_1^j - \lambda x_1^{-j}}{3}\right)^2, \quad j = A, B. \tag{15}$$

公司 b 能承担该成本的概率为 $\Phi(\pi_D^B)$,公司 b 退出的概率为 $1-\Phi(\pi_D^B)$。此时,公司 a 在寡头垄断中能获利,

$$\pi_M^A = \left(\frac{1-c+\lambda x_1^A}{2}\right)^2. \tag{16}$$

当考虑退出的可能性,阶段一公司 a 的必要条件为:

$$(1-c-2x_1^A - x_1^B) + \beta\left[\Phi(\pi_D^B)\frac{\partial \pi_D^A}{\partial x_1^A} + (1-\Phi(\pi_D^B))\frac{\partial \pi_M^A}{\partial x_1^A}\right]$$

$$= \beta\phi(\pi_D^B)\frac{\partial \pi_D^B}{\partial x_1^A}(\pi_M^A - \pi_D^A). \tag{17}$$

当等式左边的第一项为零时,该项为古诺双头垄断通常的静态一阶条件。第二项表示当公司 b 的退出概率确定时,学习对公司决定产生的影响。对 λ 值限制,且 b 在上一小节确定,等式左边部分在 x_1^A 严格下降。等式右边的项充分体现学习对掠夺行为的激励作用。从公式(15)可知,$\partial \pi_D^B / \partial x_1^A < 0$,因此该项为负。公司 a 增加产出,因可在双头垄断中使公司 b 利润降低,增加 b 退出市场的可能性。Cabral 和 Riordan 给出公司 a 的掠夺程度的量化定义,即由公式(17)而得 a 的产出与将公式(17)右边项替换为零时 a 的产出之差。由于 $\partial \pi_D^B / \partial x_1^A = -2\lambda$

$\sqrt{\pi_D^B}$，根据该定义，学习效应越强，掠夺程度越高。若无被动学习过程，公式（17）右边项相当于零，则公司没有采取掠夺性定价的动力。

上述讨论可能假设公司产品价格在竞争者面临退出风险时将降低阶段一的价格。该假设无疑是确定的，因为公司 b 面对退出风险将做出两种反应，其中一种被抵消。公司 b 的一阶条件为：

$$(1 - c - 2x_1^B - x_1^A) + \beta \frac{\partial \pi_D^B}{\partial x_1^B}[\Phi(\pi_D^B) + \phi(\pi_D^B)\pi_D^B] = 0. \tag{18}$$

一方面，只有当 $\Phi < 1$ 时，利益增加才会导致阶段二成本减少。此时，公司 b 阶段一的产出降低。另一方面，阶段二成本削减将增加留在行业内的可能性，增加可能性多少取决于 ϕ 的大小。括号内的项在退出不可避免时等于 1；但当退出仅为可能情况时，该项值大于 1 或小于 1。因此，退出的可能性（更确切说是通过在阶段一采取积极定价避免退出的可能性）或使公司 b 在阶段一的产出增加，继而降低公司 a 在阶段一的产出。这种模棱两可的情况会因公司不可避免地面临固定成本而加剧。

前文提到，在存在被动学习的情况下，低于边际成本的定价不构成掠夺证据，这将增加反垄断政策的实施难度。但 Cabral 和 Riordan 研究出被动学习促进本可避免的掠夺行为产生原理。由此得出结论，在存在被动学习的情况下更可能产生掠夺，但要在法庭上却难以证明。即使原告在法庭上胜诉，不易得到恰当的补救措施，因掠夺对其福利造成的后果难以确定。Cabral 和 Riordan 在模型中分析禁止掠夺对福利产生的影响，发现若将福利定为非法，消费者剩余可能上升也可能下降。原理简洁明了，掠夺降低了阶段一的价格，使消费者获利。而在阶段二，成功的掠夺将造成垄断定价，也就会损害消费者利益，但单位成本比没有掠夺时的低。

市场进入威慑的原理与掠夺原理相似。现有的寡头垄断者为减少未来成本增而加大产出，由此限制新公司进入市场（可参见 Saunders，1985；Scherer，1980，250-252）。成功限制新公司的市场进入与维持垄断价格密不可分。但其对消费者福利的影响尚不确定，因为垄断者未来成本在阶段一积极定价的情况下较没有积极定价时的成本更低。根据本节分析，可以得出关于市场结构直截了当、全凭直觉的这一结论不总是成立的。Hollis（2002）建立了另一种两阶段模型。其中公司学习速度各不相同，可能出于公司的先天学习优势，也可能因为公司处于进步曲线的较后期阶段。Hollis 发现，若公司现阶段学习空间相对较小，则可能对进入市场踌躇不定。而当公司毫无进入意向时，可能希望有大批进入者。仅有少数进入者时，每个进入者都有足够的学习空间，可在阶段二成为高效竞争者。一旦进入者增加，已进入均无法获取足够学习及成为高效竞争者。

2.6 衍生学习理论

上文讨论均认为被动学习是公司自身经验的产物。经验的最佳衡量标准为累积产出，而非其他如实际耗时或累积投资等替代指标。学习属于私有财产，且过往经验的效应是持续有效的。本小节简要探讨更换假设中的某些因素产生的变化和结果。

2.6.1 溢出效应

战略意义和被动学习的相关研究大多默认学习所得属于私有财产。Ghemawat 和 Spence（1985），Stokey（1986）以及 Lieberman（1987a）均认为，当学习速度与学习溢出效应程度反向变化时，将会抵消被动学习的积极影响，包括先发优势、进入壁垒提高和超额集中度。更有甚者，当溢出效应足以完全消除偏离最优静态定价和产出水平的动机时，价格与静态边际成本同步下滑。而多数研究大型经济体中被动学习对战略贸易政策产生影响的模型均默认学习过程仅涉及外部学习，这有些自相矛盾（如 Krugman，1987；Redding，1999）。然而，上述案例通常假定国际知识扩散过程中存在壁垒进行有效阻碍，因此国家政策制定者得以参与战略行为。

诸多证据表明众多行业中存在显著的学习溢出效应。Mansfield（1985）调研了十个行业，通过调查数据发现新工艺和产品的信息在一年内得到广泛传播。其他行业的计量经济学研究也发现溢出效应，包括 Irwin 和 Klenow（1994）研究的半导体行业、Thornton 和 Thompson（2001）研究的战时造船业、Lieberman（1989）研究的化学制品行业、Foster 和 Rosenzweig（1995）关于研究的高产种子品种应用以及 ConleyUdry（2007）研究关于加纳菠萝种植最佳实践方法。然而，关于溢出效应证据的可靠性对公司层面测算误差问题尤为敏感。在诸多应用中，公司层面经验是不可测算的，可能由于累积产出测算错误，或测算指标仅为更恰当但未被注意的经验指数的替代品。产生学习溢出效应的行业整体经验通常由平均或总体行业累积产出测算。在构建阶段，该变量的测算误差较公司经验误差更低。同时，变量与公司经验成正相关，尤其因为各公司影响产出决定的市场状况相互关联。得出的结论中，自身经验系数影响被削减，而行业整体经验对公司生产力的贡献被夸大[①]。

2.6.2 学习的累积投资函数

最早的关于被动学习的宏观经济学模型来自 Arrow（1962），Levhari（1966）和 Sheshinski（1967b）著作中。学者们将学习与累积投资而非累积产出

[①] Tambe 和 Hitt（2007）也解决过类似问题。两位学者测算通过投资信息技术获得的知识溢出，得出测算 IT 资本两种独特的方式，并表示每种的测算误差可能互不相关。这就使一种测算成为另一种测算的工具。这种应对被动学习外溢效应测算误差的方法还没有人尝试，主要因为难以找到可行备选工具。

联系起来。Sheshinski（1967a）认为，因新投资可改变生产环境，提供更新学习的动力，所以学习与投资存在联系的假设是可靠的。很久之后，Mishina（1999）也做出类似论证。该论文仔细研究了战时 B17 重型轰炸机的生产，认为学习源自工厂生产能力增加获得的新经验。同样有理由认为，被动学习的影响不仅能够促进产出增长，也可促进投资增长——由被动学习带来的超出静态最优水平的过量产出，事实上常被视为一种投资形式。

然而，鲜有微观经济学理论家关注学习与投资间的联系[1]。原因如下：首先，20 世纪 80 年代早期产业组织理论家开始关注被动学习时，已有大量文献研究物理能力作为战略机制的运用，尤其为阻挠进入，或超过现有竞争者（Salop，1979；Spence，1977；Wenders，1971 等；文献综述详见 Lieberman，1987b）所发挥的作用。第二，即发现战略投资意义如同被动学习，对衍生假设异常敏感。例如在线性模型中，对进入后的过剩产能进行投资与现有公司利益不符（Dixit，1980），因此进入前的过剩产能投资对潜在进入者不构成实质性威胁。然而，该结果可能因适当的非线性需求曲线结论不符（Bulow 等，1985）。第三，将学习对投资的影响与产能增加的规模经济进行区分，或与资本代际效应进行区分，对实证研究而言是巨大的挑战[2]。

2.6.3　学习的时间函数

若学习是关于生产时间的函数，则上文讨论的被动学习大部分战略性结论将毫无意义。原理直截了当，静态最优的产出偏差不会使学习速度增加，因此当行业成本结构随时间发展，从公司角度来说，学习本质上是外生的过程。然而，需注意学习作为所经历时间的函数时，能够继续创造先发优势并激励寡头垄断市场进入这一例外。

证据并未显示经历时间比累积产出或投资的效用更为明显（Argote，1993，p41）。原则上，调查其原理与估算回归方程 $\ln x = a + b\ln \gamma + c\ln t_e$ 的系数同样简单。但共线性使早期研究通常使用的样本产生误差。面板数据扩大了有效样本的范围，虽然代价是使各单位间关键参数不尽相等。Rapping（1965）研究了战时建造自由轮的 15 家造船厂的面板结构，以评估累积产出和经历时间对现阶段产出率的相对贡献。Rapping 计算每一造船厂的水平效应，但默认各厂的斜率系数相等。最优回归测算得出累积产出系数为 0.26，而经历时间系数为

---

[1]　其中一例值得注意的例外是 Jovanovic 和 Lach（1989）。该论文虽是基于非战略背景，但同时研究溢出效应。

[2]　辨别战略之一是对比生产力能力收缩的影响：生产力下降与资本的规模经济有关，而与学习无关。假设能力下降是由于替换老旧机器，资本代际效应则会使生产力上升。不幸的是，资本专用性保证工厂能力在大多数据集中不会出现频繁显著的下降。

0.03,结论与进步曲线的传统公式相符[1]。

然而,同样要注意一个重要问题。当各单位间的进步 sudu 不同时,面板分析法得出的支持传统公式的证据具有欺骗性[2]。例如,若公司依靠时间取得进步,但公司间的进步速度不同,面板估算仍假定各公司的时间系数相等,且包含累积产出,因此总是显示累积产出的影响显著。正如将未观测异质性与扩散效应相混淆的著名问题,导致上述问题的原因是累积产出蕴含了公司多种类型的信息[3]。

2.6.4 遗忘

Argote,Epple 及同事撰写的一系列论文(Argote 等,1990,1997;Darr 等,1995;Epple 等,1991,1995)表明,当公司产出量下滑时,单位成本在此过程中不断增加。研究者表示,可以用包含组织遗忘的知识生产函数解释上述生产力发现[4]。

要实现该想法,一个简单的方法是将累积产出替换为有效经验 $E(t)$,则现阶段单位成本为 $c(v) = c(0)E(v)^{-\beta}$。由此,经验随现阶段产出增加,但相对于时间以固定速率 δ 贬值:

$$\dot{E}(t) = x(t) - \delta E(t). \tag{19}$$

对贬值率的估算表明组织遗忘在经济层面十分显著,即使不同背景差异很大。例如,在比萨连锁店中,Darr 等(1995)发现知识的周贬值率竟高达 17%,意为"几乎一半知识储备从月初到月末保持不变"。而在战时自由货轮建造行业,Argote 等(1995)的报告显示知识月贬值率为 25%。然而,其他研究得出的遗忘速度要低得多(如 Benkard,2000;Thompson,2007)或者为零(Ingram 和 Simons,2002;Ohashi,2005;Watkins,2001)。

尽管存在多方努力,Benkard(2000)仍呼吁对组织遗忘的战略影响进行进一步理论调查。Besanko 等(2007)首先接受该挑战。Besanko 等人在 Cabral 和 Riordan(1994)的学习双头垄断模型中增加了遗忘因素,用 Ericson 和 Pakes(1995)建立的马尔科夫完美均衡框架探讨学习对行业动力的影响。稍加思考,便可得出遗忘能抵消学习的成果,削弱学习对产业集中度和战略行为的影响。

---

[1] 即使 Rapping 的发现与大多数文献相符,但也存在例外。例如,Levin(2000)得出结论,汽车的生产时间比累积产出更适合用于预测可靠性。

[2] Thompson(2007,表 A.1)显示进步速度在不同造船厂之间差异明显。

[3] 在技术数据的长期历史中,混淆问题一直存在。最早从 Greenwood 和 Yule(1920)开始。关于学习近期较重要的一例应用可参见 Wilcox(2006)。

[4] 早期研究显示生产中断可能导致生产力下降(Anderlohr,1969;Baloff,1970;Hirsch,1956),但近期研究表示即使在持续生产中也可能发生组织遗忘。

因而进一步得出存在遗忘的行业相当于未遗忘行业和未学习行业的中间状态，然而该猜想与事实完全不符。

Besanko 等指出，遗忘并不是对干中学的简单否定；相反，遗忘能改变行业状态（在案例马尔科夫框架中两公司的当前单位成本明显说明此点），在状态空间中前后波动。造成的后果主要为带来多重太阳黑子均衡，某些参数配置中多达 9 个参数，即使 Cabral 和 Riordan（1994）在没有遗忘的情况下已经确定了均衡的唯一性。没有遗忘时，未退出的公司无一例外地实现终端生产力，而这个确定的端点确定唯一的均衡路径。在另一个极端中，即遗忘率极高时，初始成本几乎没有变化，产生的唯一固定均衡与未学习的双头垄断模型中的均衡相似。但若遗忘率处于中间水平，尤其与学习率相近时，学习曲线上的不同点在长期均可达到便能维持多重均衡。例如，若两家公司均认为长期均衡需两个生产商成本稍有降低，则会失去积极定价的动力。最终，净学习很少发生，且相关观点在均衡中已得到证实。另一方面，如果两家公司相信长期均衡需要一家公司成本较低，两者皆会积极定价，以期成为存留下来的一家。在此情况下，Besanko 等发现公司有遗忘时的定价行为比没有时更为积极。

3. 实证证据

关于公司进步曲线的实证研究浩如烟海，其中包括各种不同行业的上千份报告[1]。该类文献涉及的大部分研究略显不成熟，由产出或生产力对累积产出或时间的最小二乘回归构成，通常使用对数线性函数形式。由于不成熟研究普遍存在，进步曲线也是普遍现象。研究人员也发现进步率极易发生变化，影响因素可能包括行业、公司、公司内不同产品甚至同一产品的不同生产流水线（见图 2）。

对进步曲线的估值存在许多现实无法解决的统计问题。其中较突出的例子是，进步曲线将两个非静态变量联系起来，因此普通最小二乘法（OLS）回归的可信服力必然较高。即使如此，样本外预测通常并不准确（Alchian，1963[1950]；Conway 和 Schultz，1959；Hirsch，1952，1956），估算的进步率作为管理规划工具也并不可靠。确定系数高（同时缺乏指导理论）也使得许多研究者认同乘幂规则规范的恰当性。当然，相关研究探讨其他可替换规范，但通常都没有得到广泛认同。由此，不同模型间的比较，尤其是对于在样本期结束仍未达成终端生产力的短期样本，继而确定性系数的比较，但相关系数不存在实质经济或统计

---

① Asher（1956）对机身生产的早期文献进行详细综述。其中，Yelle（1979），Argote 和 Epple（1990），Dutton 和 Thomas（1994）以及 Dar‑El（2000，第 8 章）为后续文献广泛引用。

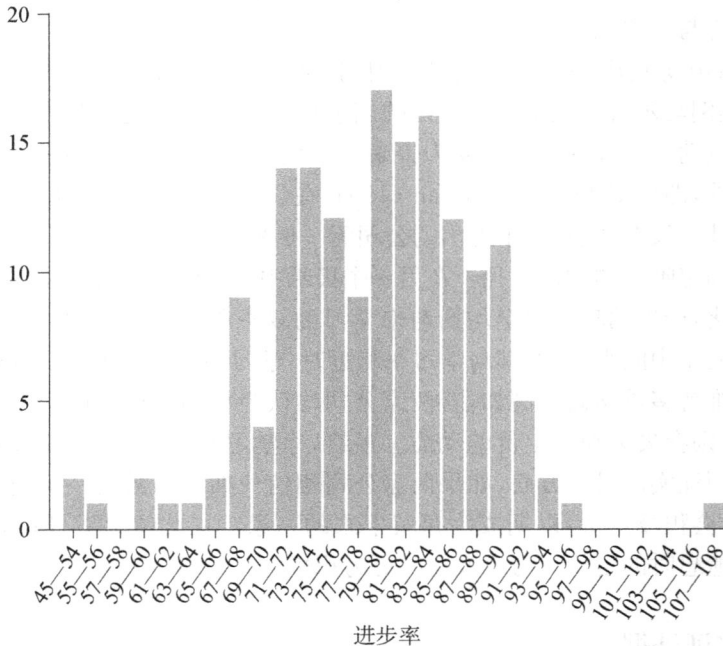

图 2 总计 24 项研究中的 162 个进步率估值分布图

注:设定 y 为累积产出,$c(y)$ 为当期单位成本。则进步率为 $c(2y)/c(y)$。在乘幂规则的规范中,有 $c = ay^{-b}$,进步率为 2^{-b}。

资料来源:Dutton 和 Thomas (1994,图 1)。

利益[1]。

在证据表明足够时间后,进步率大幅下降甚至降为零,乘幂规则的持续性更加令人震惊。图 3 和图 4 来自 Searle (1945)及 Conway 和 Schultz(1959),是两个早期原始图解。在 Conway 和 Schultz 的论文中,10 幅图中有 6 幅均提供强有力证据表明重端生产力达成,所有进步停止。根据研究连同其他研究,Baloff (1966)认为即使乘幂规则曲线可能描述制造的启动阶段,也并不能描述随后的稳定状态阶段。

若干造船项目的单位工时需求,生产轮船交货时间为 1941 年 12 月—1944 年 12 月

---

[1] Feller (1940)很早便提出难以区分增长函数的各个替代品。

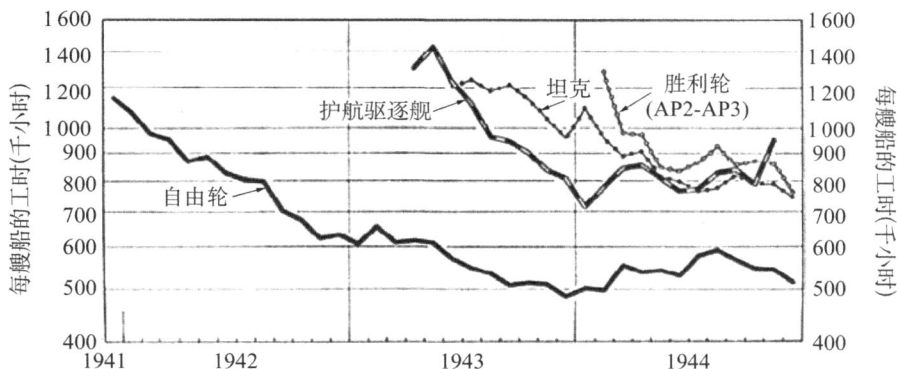

图 3　美国战时造船厂的进步曲线

资料来源：Searle（1945）。

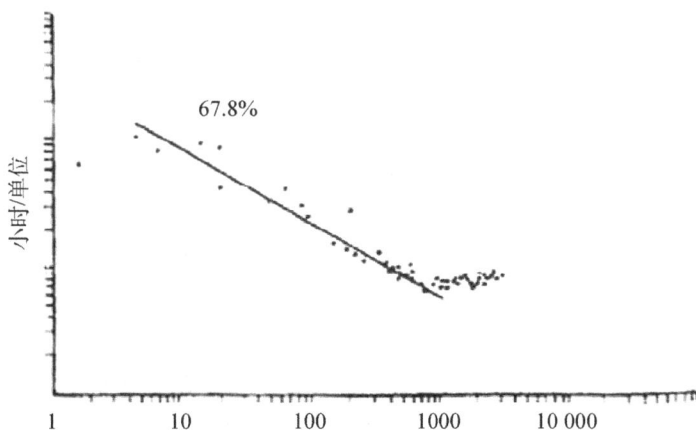

图 4　某个大型机电产品总装的进步曲线

资料来源：Conway 和 Schultz(1959,图 9)。

　　笔者认为现代学者应继续完善早期实证文献,本章将选择性介绍近期的实证文献。3.1 节回顾测算大型厂级数据集中学习的尝试,3.2 节简要讨论实证研究中的个人学习现象(干中学)。

　　最后,3.3 节回顾详细案例研究中的小样本证据,这些数据更为明显的表明被动学习的作用,也进一步揭示难以测算大样本中被动学习重要性。

3.1　大样本证据

　　到 20 世纪 80 年代,由于相关研究者可获得已建立的机密数据库,大量证据证明公司规模随公司年龄增长而扩大。新建工厂通常比现有工厂小,但存留工厂的成长率不如从前。在一项著名的研究中,Dunne 等(1989)报道在随机 5 年观察期内存留的 20.8 万美国制造厂中,5 年以下的工厂年平均员工增长率为7.6%,6～10 年工厂的该数据为 3.7%,而 11～15 年工厂为 2.9%。由普查数据建立的其他行业样本也可测得类似的年龄效应(Baldwin 等,2000;Disney 等,2000;Persson,2002);其他得出类似结论的数据来源包括 Dun 和 Bradstreet 数据(Evans,1987a,b),Compustat 数据(Hall,1987)以及诸多专业样本(Audretsch,1991;Audretsch 和 Mahmood,1995;Baldwin 和 Gorecki,1991;Mata 和 Portugal,1994;Wagner,1994)。

即使这些发现通常归因于年轻工厂进行学习[1],因为工厂规模和生产力之间的关联十分微弱,基于公司规模的被动学习价值有限。例如,Baily 等(1992)主张,在 23 个美国制造行业中,老工厂的生产力事实上比年轻工厂的生产力稍低。Bartelsman 和 Dhrymes(1998)的研究更加集中,对来自美国 3 个高科技行业大样本工厂的生产力等级进行研究,最终发现年轻工厂的平均生产力比老工厂稍高。类似的,Jensen 等(2001)表示,其研究样本中制造工厂的平均劳动生产力未发生任何系统性变化。

关于年龄效应对规模和生产力产生的影响有所差异,原因可能是生产力数据混淆资本代际与公司进步。一方面,新公司通常投资新代技术,以使自身生产力相对高于既有公司。为弥补代际效应的劣势,老公司可能使进步曲线更加向前。Jensen 等(2001)总结出,上述两效应在纵向研究数据库(Longitudinal Research Database,LRD)中的重要性大致相等。例如,1992 年进入美国市场的工厂其生产力比 1967 年批工厂初进市场时的生产力高 51%;而 1967 年批存留工厂的生产力在 1992 年已平均增长 57%。分析其他年份亦得出类似结果,因此至 1992 年,存留工厂的所有批次平均生产力占行业平均生产力的 7%[2]。

并非对确定年龄和代际效应重视不足。众所周知(参见 Hall,1971),同时具有代际效应和年龄效应的生产力回归和产出回归,在包含行业整体因素的时间效应同时存在时,是无法进行区分的。Jensen 等假设时间效应可通过如平均劳动生产力和总产量等行业整体变量进行估算,并解决了上述问题。这些变量与时间均不完全相关,在之后的回归分析中已被排除。Bahk 和 Gort(1993)也使用 LRD 区分代际效应和学习效应,但他们采取了不同的辨识战略。对工厂生命周期中的任何一年,其建立了投资历史中资本的现阶段平均代际。此做法打

---

[1] 例如,Dunne 等求助于 Jovanovic(1982)的学习和选择模型进行实证研究(在 4.2 节中将做出回顾)。
[2] 该均衡结果并不出人意料。如果代际效应比学习效应更强,早期代际公司则鲜能存活;而如果学习效应更强,则鲜有后期进入者。

破了代际、时间和年龄之间的共线性，尤其对于旧工厂，也使作者深刻认识到具有时间趋势的行业整体效应。Bahk 和 Gort 发现工厂年龄解释新工厂产出年增长率接近 1％ 的原因，此贡献相当于物质资本呈现的技术变革对产出贡献估值将近一半左右[①]。

Jensen 等谨慎关注到存留工厂的年龄效应显著。原因众多，主要包括随时间扩张的规模经济、设备投资、选择效应，当然还有被动学习。Bahk 和 Gort 倾向于将年龄效应等同于被动学习，其研究较其他研究更加深入，试图分解学习来源。为此，他们反复估算相同年龄工厂的横截面数据，得出生产关系的公式：

$$\ln_\tau y_{i\tau} = \beta_\tau + \beta_\tau^K \ln K_{i\tau} + \beta_\tau^L \ln L_{i\tau} + \beta_\tau^w lnw_{i\tau} + \varepsilon_{i\tau} \tag{20}$$

在公式（20）中，$y_{i\tau}$ 代表工厂 i 在年龄 τ 时的产出，$K_{i\tau}$ 为代际调整资本，$L_{i\tau}$ 表示劳动，$w_{i\tau}$ 为平均工资，由此可测算总体人力资本。Bahk 和 Gort 认为可根据估算弹性随时间增加来推断被动学习。其区分学习的三种潜在来源：员工完成工作投入的人力或任务学习，资本使用方法学习和组织学习。后者旨在改善员工技能与任务需求的匹配性，以期提高员工生产力（参见 Prescott 和 Visscher，1980）。工厂级别数据无法区分人力学习和人力资本增加，后者与工厂发展阶段员工构成的变化有关。因此 Bahk 和 Gort 关注资本使用方法学习和组织学习，这两种学习可分别通过测算 β_τ^K 和 $\beta_\tau^L \& \beta_\tau^w$ 获得。图 5 总结学习来源

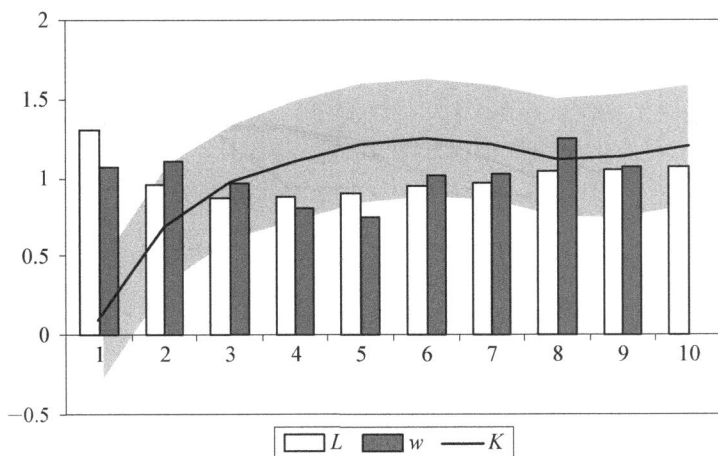

图 5　被动学习的分解

注：所有系数均被标准化为其在 10 个横截面平均数的相对指数。L 和 w 系数用柱形图表示；折线表示 K 的系数；阴影部分表示 95％ 的置信区间。

资料来源：Bahk 和 Gort（1993，表 4）。

[①] Power（1998）进一步发展该方法，考察投资达到顶峰后的生产力反应。其发现控制投资飙升对工厂年龄的生产力将产生正向影响，而没有观察到投资飙升后的时间效应。

分解的结果,该结果否定了关于辨识看似强有力,实则实现次数有限的假设。其未发现任何证据显示组织学习;两项指标均在出现上升迹象之前就先下降。相反,关于物质资本的产出弹性大幅上升。然而,即使对于资本,"学习"在四五年后都得以完成,Bahk 和 Gort 甚至还注意到大部分明显学习很可能出于生产资料并非一开始便均已配置或具可操作性。

使用大样本的研究提供大量证据证明年龄效应对工厂或公司的规模和发展有影响。但正由于年龄和生产力间的联系微弱,这些研究仅间接证明了被动学习的存在。直接测算生产力动态的大样本研究相对较少,而测算被动学习重要性的研究则更为稀缺。大样本研究面临的挑战之一是研究者仅能测算沿公司进步曲线的运动,缺乏摆明该进步中多少是由被动学习驱动及有多少归因于未测算因素的详细数据。这些研究无法直接测算被动学习,也无法显示被动学习是否为短期或有界的。

3.2 个体干中学理论

研究特殊案例可打破现有僵局,案例中所述进步几乎完全由被动学习决定。不幸的是,几乎所有特殊案例均将学习的重点放在个人干中学上。Jovanovic 和 Nyarko (1995)将一些商界干中学数据集进行汇总。图 6 展示第一次世界大战期间伦敦一家军需品工厂流水线新员工的生产力。该图显示的最为典型结果表

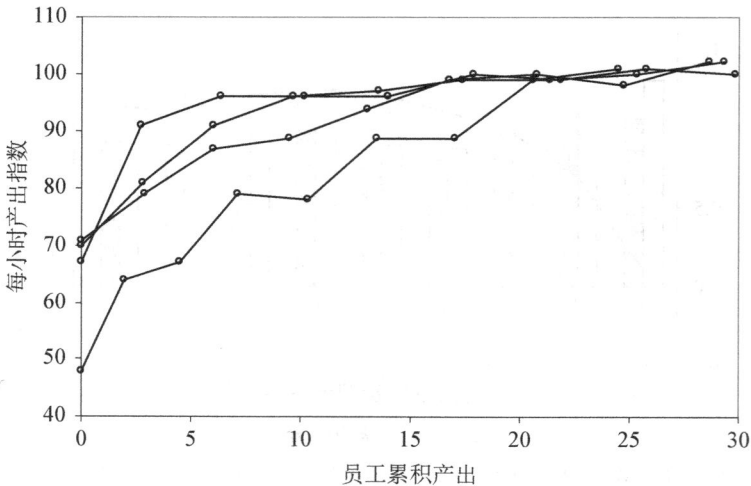

图 6 军需品工厂中某四项任务新员工的平均生产力(指数),以及员工人均累积产出(观察结果每周记录,图中用圆圈表示)

资料来源:Jovanovic 和 Nyarko (1995,表 A-4)。

示生产力会迅速达到上限（在此案例中为开始雇佣后 4～5 周）。对外科医生[①]及实验家干中学（如 Mazur 和 Hastie，1978）的研究也得到类似结果。

然而，若要达到目的，干中学研究还存在两个局限性。首先，公司或工厂可实现高于个人平均水平的表现，因为工厂可以将个人学习率的进行不同更为适当的配置，使员工完成最适合的任务（参见 Prescott 和 Visscher，1980）。此过程也可一直延长，直到公司开除无法学习的个人，并雇用仍有学习能力者取而代之。第二，在诸多情况下，学习为结构所限，因此研究得出的终端生产力不适用于其他情况。医学应用领域尤为如此，此情况下，术后并发症发生率或存活率是行业表现最普遍的测算指标。

3.3　案例研究证据

突破大样本证据研究局限性的第二种方法为研究个别工厂。此类案例研究可提供大样本研究遗漏的详细信息，也可深入研究公司沿进步曲线的运动。此时，由于构建增长来源的遗漏数据需要耗费大量时间，所以案例研究十分必要。3.3 节将详细描述两个案例研究。两个案例不仅生动，而且阐释了两个有效要点。第一，研究不断表明大样本研究可能具有误导性，因为许多被断定为被动学习的现象实际上是不同力量综合作用的结果。第二，这些案例研究发现的定性为增长来源的综合力量造成难以测算被动学习的贡献。

3.3.1　遗漏变量

大样本研究存在的最显著挑战无疑是经验的测算与促进劳动生产力增加的变量有关，而这些变量偏偏无法获得。变量的遗漏必然使得我们过分夸大被动学习的重要性（Rosenberg，1976）[②]。例如，Thompson（2001）指出关于自由轮建造项目的早期研究无法获得股本数据，因此只能对资本做出粗略估计，且使其一直保持恒定。估测的不准确性可参考图 7 的照片。Thompson 从国家档案馆复原了 13 家造船厂中 6 家的股本数据，得出结论，上述船厂中至少一半的人均产量增加归因于资本深化[③]。同样，Mishina（1999）仔细研究了 Alchian 关于飞机制造厂的样本，尤其总结出在生产空中堡垒轰炸机时，资本投资是劳动生产力增长的重要来源。

Sinclair 等（2000）分析的一例的案例说明建立必要数据需要的工作。其调

① 参见 Waldman 等（2003）对此领域大量文献中一部分文献的引用。

② 正如 Abramovitz（1956，p.10）提醒读者谨慎对待索洛剩余，测算出的被动学习的强大效应可能只是无效的结果。

③ Bell 和 Scott-Kemmis（1990），Thompson（2001），以及 Thornton 和 Thompson（2001）进一步编录仍不可得数据的遗漏变量。

图 7　上图：第一艘自由号轮船的龙骨被铺放在 Houston 的 Todd, 1942 年 5 月 (由
于需要紧急交货，早在船厂完工、所有资本到位之前，轮船就已开始生产)
下图：两年后正式运营的船厂

资料来源：Lane (1951)。历史文献办公室原始资料，美国联邦海事委员会档案，RG178，国家
档案馆。

查了一家财富 500 强企业生产专门化学制品时成本削减的来源。企业生产上千
种不同化学制品，但许多品种只有几批是在 30 个月的取样期生产的。因此，集
中分析 99 种化学制品，每种在取样期内至少生产 10 批。Sinclair 等拥有这些化
学制品大量信息的优先获得权，包括批次生产成本和产出以及品种(最主要的)
研发支出。同样，他们可获得员工信息及公司记录，通过记录能较完整地理解公
司的运营实践。

Sinclair 等首先估算出学习曲线的方程 $c_{ij} = \alpha r_{ij}^{-\gamma} t_{ij}^{-\beta_j} e^{\omega_j}$。其中 c_{ij} 是化学制品 j 各批次的单位制造成本，y_{ij} 是批次 ij 生产的数量，经验 t_{ij} 通过该品种首次投入生产至今的经历时间测算。表 1 中的第（1）栏表示了 99 种学习参数的估值 $\hat{\beta}_j$ 分布。平均值为 0.48，极差很大，有三分之一的估值摆明生产力在下降。Sinclair 等识别出四组互不重合的品种：参加促销的 7 个品种[①]，生产过程中减少采样频率项目中的 13 个品种[②]，经正规研发的 25 个品种以及剩下的 59 个品种。第（2）～（5）栏概括了每组产品学习率估值的分布情况。前三组与最后一组差异十分明显：参加促销的 7 个品种的学习率均在分布曲线的高值部分，平均 $\hat{\beta}_j$ 为 1.4%；第二组几乎所有产品均有正回报率 $\hat{\beta}_j$，平均值超过 1.0。相反，第四组的 $\hat{\beta}_j$ 都接近于零，平均值为−0.1。

表 1 总计 99 种特殊化学制品的学习参数 OLS 估值分布

范围	（1）所有 99 种产品	（2）7 种促销产品	（3）13 种取样减少产品	（4）25 种研发产品	（5）其余 59 种产品
$\hat{\beta}<-1.4$	4	0	0	0	4
$-1.4<\hat{\beta}<-1.0$	5	0	0	0	5
$-1.0<\hat{\beta}<-0.6$	2	0	0	0	2
$-0.6<\hat{\beta}<-0.2$	13	0	0	2	11
$-0.2<\hat{\beta}<0.2$	14	0	1	1	12
$0.2<\hat{\beta}<0.6$	21	0	4	5	12
$0.6<\hat{\beta}<1.0$	11	2	0	5	4
$1.0<\hat{\beta}<1.4$	10	2	4	3	1
$1.4<\hat{\beta}$	19	3	4	9	3
平均值	0.48	1.41	1.04	1.20	−0.11

资料来源：Sinclair 等（2000，表 1）。

Sinclair 等利用其他研究者的数据证实研发在成本削减中的主要作用，非研发所得化学制品几乎没有削减任何成本。当然，也有可能出现以下情况：生产

---

① 在取样期间，大量产品发行，需要大反应器。于是这 7 种化学制品被替换到小反应器中。为使成本受到的影响最小化，每种化学制品在同一反应器中连续生产。此举最重要的是小反应器无需在过程中进行清洗。结果，在控制了批次大小变化后，替换反应器使得单位成本降低。
② 团队成立的目的是研究生产过程各阶段总是进展顺利的化学制品，因此无需取样。13 种产品的取样数量减少，因此取样成本大幅削减。

过程中积累的经验揭示出哪些化学产品会遇到可能需要通过研发工艺而解决的问题。但 Sinclair 等注意到某一特定化学产品对研发工艺的需求仅有两个来源,且两者均无法通过生产经验明确表示出来。第一种需求来源是企业无法达到行业对该品种的规格要求水平。第二种更加普遍,即营销和销售需求,要求研发开发利用大量潜在需求,以增加产量并削减单位成本。最后,Sinclair 等注意到,如果预期未来需求影响研发支出,而且未来需求与过去需求相关,那么过去的累积产出将与成本呈负相关,而其前提是无法获取充分数据以控制高成本的研发。

3.3.2 制度复杂性:马萨诸塞州洛厄尔市劳伦斯公司第二工厂

David(1973)著作记载一例看似纯属被动学习的案例,该案例以劳伦斯制造公司第二工厂为研究对象。该厂建于 1834 年,是马萨诸塞州洛厄尔市一家综合纺织厂。David 表示建厂后 20 年内几乎无任何资本投资,尤其是 1834 年安装的每台织布机到 1856 年仍在使用。然而,此过程中员工人均产出的年平均值为 2%。David 根据 Arrow(1962)所引起经济学家注意的 Horndal 钢铁厂,做出了如下总结:

> "这些证据……使美国历史学家有充分理由认为伦斯工厂与 Horndal 具有同等的荣耀……均依靠固定工业设备运营,因此在学习的生产力效应中成为重要案例。"(David,1973,p142)

David 所获数据(来源于 McGouldrick,1968)包括工厂级别的年度单位生产成本数据。利用哈佛 Baker 图书馆更加详细的资料,Lazonick 和 Brush(1985)也记录人均产量的显著增加。然而,他们对于原因的结论更为微妙,其认为被动学习的作用很小。

Lazonick 和 Brush 的结论是依据 19 世纪 30 年代末到 50 年代末工厂劳动力构成的两个巨大变化而得出。19 世纪 30 年代,工厂劳动力主要为居住于短租屋、与工厂签订霸王合同的美国"乡村姑娘"。工厂的女工都受过教育,但两个特点限制了她们的生产力。第一,女工缺乏经验,且结婚后离开工厂已成为定式。第二,女工在夏天经常休工,或因丰收季返回农场帮忙,或兼职教书[1]。上述两个特征都限制农场员工从经验中学习的程度,也限制工厂管理者增加工作强度的程度。若工厂工作过于繁重,大部分员工会选择返回农场[2]。

---

[1] 在 1839—1840 年间,马塞诸塞州 93% 的夏季教师由女性担任;而冬季女性教师仅占 33%。

[2] 该说法源于劳动力利用,或经济学家更喜欢的外部选择价值对均衡工作造成的影响(例如 Shapiro and Stiglitz,1984)。

到 30 年代末,农场姑娘开始供不应求。而在 1835—1847 年间,劳伦斯的工厂数量翻了一番。同时新英格兰的务农人口不管是绝对数量还是占总劳动力比重都在下降。而劳伦斯的人数显著增加,从而抵消这些变化,主要因为当地居民大量加入。新加入的劳动力绝大部分是女性,使劳动力经验水平得以提升,从而增加生产力[①]。然而,Lazonick 和 Brush 表示管理者增加工作强度的能力仍然有限,因为当地家庭中的男性作为家庭主人已可挣得足够工资支持经济,女性员工仍然在婚后离开工厂。

40 年代中期第二轮劳动力变革开始,爱尔兰移民涌入新英格兰。移民大多数都没受过教育,起初无任何纺织经验。然而,他们选择其他工作的机会更低。爱尔兰家庭支柱无法单独挣得足够工资,也无法反对工作规定中工作量的增加。此外,爱尔兰劳动力"后备军"的存在使本地员工也无法拒绝工作量的加强,并使他们迅速离开工厂。由此,第二工厂的非爱尔兰劳动力人数占总人口的比例从 1845 年的 93% 降到 1855 年的 35%。

因此,Lazonick 和 Brush 提出上述两次变革导致人均产出提高。第一次一直持续到 19 世纪 40 年代中期,主要出于个人干中学。然而,劳动力组成的变化提高员工平均经验水平,才能将个人学习转变为工厂层面的生产力提高。第二次变革是工作强度的增加使产出在劳伦斯第二次人口结构变化时有了提高的可能。Lazonick 和 Brush 的发现有两个重要证据。第一,即使劳动生产力不断增加,实质工资直到 40 年代中期才有所提高。此后到取样期结束这段时间内,工资又显著降低。第二,工作强度的直接增加出现于被劳伦斯称为"增加强度管理制度"实施的情形下。在 1835—1842 年间,大多数纺织工都操控两台纺织机。然而,到 1842 年,人均操控的纺织机数量增加至三台,1851 年更是到四台。工厂监工负责监督员工和出现问题时解决问题,其数量并未减少,结果为增强对工作强度的有效监控。

Lazonick 和 Brush 试图分解工厂生产力增加的来源,尤其是个人学习和工作强度。两种贡献的变量并不是互相独立的,因此只能提供一部分范围。他们认为生产力变化中的 4%～14% 可用学习效应解释,11%～23% 用工作强度效应解释。因此,他们总结道,

"结果显示生产关系假设在'Horndal 效应'研究中应受到与干中学假设至少同等的关注。劳动生产力增长除显示投入技术发展外还包含了更广泛的信息,因此也必须研究生产力增长的社会影响。"(Lazonick 和 Brush,

---

① Lazonick 和 Brush 没有涉及经验趋势。然而,从 Bessen (2003,图 1)可获得相关证据,显示劳伦斯第二工厂有经验的新员工从刚开厂的 10% 增加到 40 年代中期的 50%。

1985，p83)

研究到此还未结束。Bessen（2003)再一次回顾了第二工厂的学习：

> "Lazonick 和 Brush 并未试图完全描述雇主促进这些变化的动力(在工作强度需求方面)……依其所述,雇主原本可以在早年雇用服从福管理的爱尔兰人和"底层"姑娘,但他们没有……更值得注意的是……故事没有计时。"(Lazonick 和 Brush，1985，p83)

Bessen 注意到纺织工工作强度从两台纺织机增至三台发生在 1842 年,当时爱尔兰移民还未大批进入,但劳伦斯中已有大量本地永久居民。Bessen 认为增加员工工作强度的决定必定是由美国永久居丰富的工作经验推动的。为验证该观点,Bessen 对被分到两台纺织机的员工比有三四台纺织机的员工学习效率更高,即使后者最后生产力更高这一现象进行解释。两台机器的员工起初的生产力是终端生产力的 25%,到达终端生产力的时间为六个月。三四台机器的员工其初始生产力不到终端生产力的 20%,却需要一年时间才可实现。因此,增加强度管理制度的盈利性依靠劳动力流动率：员工被期待长期留在岗位上,直到收回两台机器以上员工人力资本的更大初始投资。Bessen 计算了增加强度管理制度盈利性直接作为流动率的函数,在 1842 年是赢利的,但到 1834 年则不是。

两项研究均认为从美国农村姑娘变为美国永久居民的员工提高了生产力,因为平均工作经验增加,并且此案例中干中学至关重要。Bessen 从第二次人口结构变革角度做出进一步解释,而 Lazonick 和 Brush 将原因归于工作强度。第一次增加工作强度似乎与 Bessen 的观点相符,但 1851 年的第二次工作强度增加,但实质工资却在 40 年代末下降,与 Lazonick 和 Brush 观点一致,笔者也许应再一次分析第二工厂的数据方能决定孰对孰错。不管深入研究结果如何,但从案例研究中明确可得出结论：进厂后一段时间,即使个人干中学很强,若未造成劳动力结构改变的广泛社会变革,也无法解释工厂层面的进步。

4. 被动学习模型

本文已讨论多个包含被动学习的模型,但还未涉及学习模型。此章首先将讨论两个小节标题中的理论,即 4.1 小节将讲述包含幂次规则的学习模型,4.2 小节将描述产生有界学习的模型。

4.1　无界学习模型

Muth (1986)证实 March 和 Simon (1958)是第一批建立组织学习理论的经济学家。之后,Crossman (1959),Levy (1965),Sahal (1979)以及 Roberts (1983)都做出一定贡献。Muth 充分认识上述所有著作[①]后,但立即一一否定,因为相关著作都没有归纳出被动学习幂次规则,抑或因它们采取"假定期待答案"的方式(p952)。

Muth (1986)建立学习理论,并从更加深入的假设中得出幂次规则。其建立从成本目标分布中随机取样过程的模型,在这些目标分布中,当期单位成本是最小的目标。设定 $F(c)$ 代表成本分布,令 $F(c_0) = 0$,并设定 $\underline{c}_{(n)}$ 代表样本中的目标最小值 n。当取样过程随机时,$\underline{c}_{(n)}$ 的分布为:

$$G(\underline{c}_{(n)}) = 1 - [1 - F(c)]^n. \tag{21}$$

设定 $u(c) = nF(c)$,对任何目标而言,$\mathrm{pr}\{c \leqslant x\} = \mathrm{pr}\{u(c) \leqslant u(x)\}$,因此 $\mathrm{pr}\{\underline{c}_{(n)} \leqslant x\} = \mathrm{pr}\{\min u(c) \leqslant u(x)\}$,从而:

$$G(\underline{c}_{(n)}) = 1 - \mathrm{pr}\left\{\min F(c) \geqslant \frac{u(\underline{c}_{(n)})}{n}\right\} = 1 - \left(1 - \frac{u(c_{(n)})}{n}\right)^n. \tag{22}$$

第二行公式利用 $F(c)$ 为分布公式,因此在 $[0, 1]$ 中均匀分布。公式(22)的大样本近似表达式为:

$$G(\underline{c}_{(n)}) \approx 1 - \lim_{n \to \infty}\left(1 - \frac{u(\underline{c}_{(n)})}{n}\right)^n = 1 - \mathrm{e}^{-nF(\underline{c}_{(n)})}. \tag{23}$$

Muth 假设,至少在分布接近左端时,$F(c)$ 可近似为幂函数 $\alpha(c - c_0)^{1/\lambda}$。公式(23)为韦伯分布:

$$G(\underline{c}_{(n)}) \approx 1 - \mathrm{e}^{-[(\alpha n)^\lambda(\underline{c}_{(n)} - c_0)]^\lambda}, \tag{24}$$

期望值为:

$$E[\underline{c}_{(n)}] \approx c_0 + \Gamma\left(\frac{1+k}{k}\right)(\alpha n)^\lambda. \tag{25}$$

若进一步假设成本下界为零,取样率与当期生产力成正比,公式(25)可转为幂次规则形式:

$$E[\underline{c}_{(y)}] \approx Ay(t)^{-\lambda}. \tag{26}$$

认为分布下端可充分近似为幂函数的假设实则简单:在极端值分布中,只

[①] 此处则不详细描述。

要 $F(c)$ 在零值无质点，假设就能成立[①]。而将 $F(c)$ 的取样视为随机这一假设更加复杂：当成本降低时，公司耗费越来越多的时间观察做事的新方法，而这比当期行为方式糟糕得多。一些学者认为公司是在遵守当期行为方式的变化形式，此时分布 $F(c)$ 自身随时间的变化而变化。例如，公司或许能够从检索空间中消除比特定值（例如 $c+v$）更大的成本。于是，取样空间在 $c \in [0, c+v]$ 的分布为 $F(\underline{c}+v)^{-1} F(c)$；反之则为零。此时，导出被动学习的幂次规则的辅助假设则显得极为牵强[②]。

4.2 有界学习模型

4.2.1 两个简单模型

幂次学习规则普遍应用的原因之一为，其在实证研究中易于实施。但数学心理学家早已建立一些与之同样直接的有界学习模型。其中两种形式运用尤为普遍（Restle 和 Greeno，1970，第 1 章）。其一是关于生产力 q_t 的替代模型：

$$q_t = a - (a-b)(1-\lambda)^{y_t-1}, \tag{27}$$

其中 a，b 和 λ 是正参数，$\gamma = 1, 2, \cdots$，是累积产出。其二是累积模型，公式为：

$$q_t = \frac{b + a\lambda(y_t - 1)}{1 + \lambda(y_t - 1)}. \tag{28}$$

两模型估算得出初始生产力 b 和终端生产力 a，其中参数 λ 为主导学习率。在替换模型中，$\lambda = (q_{i+1} - q_i)/(a - q_i)$，表示生产力变化，即有待学习的一部分。替换模型稍显复杂，因 $\lambda = (q_{i+1} - q_i)/(a - q_i - i(q_{i+1} - q_i))$ 分母中包含一额外项。

两模型的名称源于产生两函数的两个罐子问题。有两个罐子分别为 A 和 B，罐子 A 装有固定数量的弹珠，一部分 b 是红色的，另一部分 $1-b$ 是白色的。每次从 A 中取出一颗弹珠。若为红色则记为"正确"。罐子 B 中装有无限数量的弹珠，其中部分 a 为红色，且 $a>b$。在替换模型中，现在 A 内 λ 部分的弹珠每次抽取后都会被 B 中的弹珠替换。设定 q_t 表示"正确"的概率。由公式（27）中可得出 $E[q_t \mid y_t]$。在累积模型中，起初在 A 内数量为固定部分 λ 的弹珠从 B 转到 A。在

---

① 事实上，大量独立点值在最小值［最大值］的有限分布为韦伯分布，因为任何有上［下］限的分布在该界都没有质点（例如 Galambos，1978）。

② Roberts（1983）指出，机构能够消除部分样本空间。他的模型自旅行推销员问题改编，从考虑因素中易于剔除搜索空间，因为没有经过调查的子集所包含的路线已经不是已知的最为快捷路线。Robers 将此模型用于机器效率，并衍生出一系列辅助假设，最终得出学习的幂次规则。但 Muth 反对 Roberts 的假设，因其认为该假设可能对机器效率有效，但在制造成本模型中则不成立。

此模型中,由公式(28)可得出 $E[q_t \mid y_t]$。

4.2.2　贝叶斯模型

用罐子问题难以理解学习过程。罐子问题抓住了学习的本质,即学习既可被理解为用正确的行为方式替换不正确的处理方式,也可被理解为在现有技能基础上新技能的累积。但即便如此,认为此类类比方式仍过于粗糙,经济学家更倾向于将模型明确建立在贝叶斯学习模型上。

贝叶斯学习模型有两种主要形式:学习完成任务的不变能力,以及学习完成任务的方法。两种模型都能适用于个人干中学和组织级别的被动学习。Jovanovic(1979,1982)开辟个人和公司两个层面的学习能力,Jovanovic(1979)对个人对公司特定任务的解决能力学习对工作流动的影响进行研究。个人若发现自己不适合现阶段工作,将寻求完成其他活动。这类模型现通常指关于匹配素质的学习模型[①]。Jovanovic(1982)则研究公司学习生产成本对行业动力的影响,这里涉及的成本是随机的,且也随时间变化。当公司觉察到生产成本低,则会扩张;反之,发现成本高,则在完全退出前会缩小规模。Jovanovic 和 Nyarko 为最先将贝叶斯方法应用于完成任务学习的研究者之一(Jovanovic 和 Nyarko, 1995,1996)。

设定某一机构在经验期 t 内的当期产出为:

$$x_t = A_t h_t, \tag{29}$$

其中 A_t 表示素质匹配,h_t 表示任务学习。
则 A_t 可通过下式算出:

$$A_t = (\mu + u_t). \tag{30}$$

在各阶段,u_t 是从 $N(0, \sigma_u^2)$ 随机抽取的数值,但 m 是原先从先验分布 $N(0, \sigma_\mu^2)$ 中随机抽取的数值。机构及雇主面临的一个问题是计算 μ 值。任务型学习项的表达式为:

$$h_t = (1 - (\theta - z_t + \varepsilon_t)^2), \tag{31}$$

其中包含目标 θ,期限 t 内的决定 z_t 和干扰项 ε_t。目标在期限内固定,但最初只知是从 $N(0, \sigma_\theta^2)$ 抽取的数值。每阶段的干扰项是从 $N(0, \sigma_u^2)$ 随机抽取的

[①] 由于公司既有效益不固定,因此无需将公司能力与生产力或产出增加联系起来。然而,在选择中高成本公司被淘汰,而存留下来的一定是在过去已成熟的公司。此外,总体来说公司仍能从个人任务能力学习中成长,因为他们有机会将员工分配到更适合的任务岗位上(Jovanovic, 1979)。

独立同分布项。机构的第二个和第三个难点是学习 θ 并在每阶段选择最优决定 z_t。[1]

若 $\sigma_\mu^2 = 0$,且匹配素质已知,则式(29)简化为纯粹的任务型学习模型。同样,若 $\sigma_\theta^2 = 0$ 且目标已知,式(29)为纯粹的匹配素质模型。在标准假设中,即假设机构通过观察序列 $\{x_t\}_1^\tau = 1$ 进行学习,每个模型都能直接用于分析。然而,组合模型在该假设中则无法轻易分析。Nagypal (2007)假设机构在各阶段分别观察 A_t 和 h_t,大大简化了问题。简化假设的讨论到此为止。

进行深入讨论之前,还需评定使模型易于分析的两个特性。第一,不管产出水平如何,都假定每阶段观察一个指标。最终,从静态最优选择中无法得出 z_t 的动力。这显然与获得的信息量取决于产出率这一传统假设不符。第二,变量已知,所有分布都是正态分布。该假定简便地保证后验方差取决于获得的指标数量,而非这些指标的实现数值。此外,观察到指标的数量方差不断减少,因此学习可理解为单调函数[2]。

首先探讨任务型学习函数 h_t。z_t 已知,所以观察 h_t 相当于观察正态分布指标 $s_t = \theta + \varepsilon_t$。因此,机构在期限 t 后目标的后验方差为(如 DeGroot,1970,第9章):

$$E_{t-1}[\theta - E_{t-1}(\theta)]^2 = \frac{\sigma_\theta^2 \sigma_\varepsilon^2}{(t-1)\sigma_\theta^2 + \sigma_\varepsilon^2}. \tag{32}$$

机构在期限 t 内的决定被设为 $z_t = E_{t-1}[\theta]$,之后可得:

$$E_{t-1}[h_t] = 1 - \frac{\sigma_\theta^2 \sigma_\varepsilon^2}{(t-1)\sigma_\theta^2 + \sigma_\varepsilon^2} - \sigma_\varepsilon^2. \tag{33}$$

再看 A_t,易得:

$$E_{t-1}[A_t] = \frac{\sigma_\mu^2 \sum_{\tau=1}^{t-1} A_\tau}{(t-1)\sigma_\mu^2 + \sigma_u^2}, \tag{34}$$

因此,

$$E_{t-1}[x_t] = \left(\frac{\sigma_\mu^2 \sum_{\tau=1}^{t-1} A_\tau}{(t-1)\sigma_\mu^2 + \sigma_u^2} \right) \left(1 - \frac{\sigma_\theta^2 \sigma_\varepsilon^2}{(t-1)\sigma_\theta^2 + \sigma_\varepsilon^2} - \sigma_\varepsilon^2 \right). \tag{35}$$

公式(35)端点为 $E_0[x_1] = 0$,且 $\lim_{t \to \infty} E_{t-1}[x_t] = \mu(1 - \sigma_\varepsilon^2)$,因此该函数为

---

[1] 分布的选择使符号最小化。由此,模型承认负产出,但可通过假定产出是 x_t 的恰当单调变换轻易加以纠正(不添加观点)。

[2] Pakes 和 Ericson (1998)指出,在替换分布假设中,机构即使在得到无限数量的信号后,也可能无法得到未知参数。Thompson (2000)通过不确定学习的替换分布假设建立增长模型。

有界函数。由于 μ 的先验均值为零,仅当 μ 的实现价值大于零时,公式(35)(随机)产生关于 t 的正斜率函数。通过给个人严格正向的匹配素质以利用个人, $E_{t-1}[x_t]$ 为严格凸性,虽然对个人来说 $E_{t-1}[x_t]$ 和 x_t 均随机增长。

4.2.3　经验歧视

在现场数据中难以区分两种学习类型。例如,假设目标无确定性,任务型学习的成分仅为 $(1-\sigma_\epsilon^2)$。于是,求所有机构与公式(35)相对匹配素质 μ 的期望值,得出:

$$E[E_{t-1}[x_t]\mid\mu]=\frac{\mu\varpi_\mu^2(t-1)(1-\sigma_\epsilon^2)}{(t-1)\sigma_\mu^2+\sigma_u^2}. \tag{36}$$

反之,若不存在匹配素质不确定性(即 μ 未知),那么会存在任务型学习,得出:

$$E_{t-1}[x_t]\mid_\mu=\frac{\mu\varpi_\theta^2(t-1)(1-\sigma_\epsilon^2)}{(t-1)\sigma_\theta^2+\sigma_\epsilon^2}+\frac{\mu\varpi_\epsilon^2(1-\sigma_\theta^2-\sigma_\epsilon^2)}{(t-1)\sigma_\theta^2+\sigma_\epsilon^2} \tag{37}$$

公式(36)初始值为零,若公式(37)的初始值亦为零,需要 $\sigma_\theta^2+\sigma_\epsilon^2=1$。将 σ_u^2 和 σ_μ^2 替换为 σ_ϵ^2 和 σ_θ^2,此时公式(37)简化为公式(36),两学习模型的表达式相同。适当改变 $\sigma_\theta^2+\sigma_\epsilon^2$ 可使 μ 有不同先验均值。因此,纯粹个人匹配素质模型中给定 μ 的平均行为可通过任务型学习模型特定参数化的平均行为复制。

因此,要区分模型,必须超出平均行为这一局限。Farber(1994)利用两种模型对工作分离产生不同影响这一事实,成功打破局限。当仅存在匹配素质学习时,匹配微弱的员工—公司需时间观察诸多指标后,方能得出已有足够证据支持工作分离这一结论。经过足够长时间,只有高度匹配才能存留,因此工作分离的危害大小先升后降。相反,当只有(正)任务型学习时,危害随工作任期单调递减。在此情况下,生产力提高将员工与外生冲击隔绝;而外生冲击本会使雇佣关系失去吸引力(对公司或员工)。Farber 利用全国青年纵向调查的大样本研究工作分离作为工作任期函数的危害,其认为与匹配素质模型一致,危害大小先升后降,在大约三个月左右时达到峰值。因此,Farber 称在雇佣开始数月内,素质匹配学习占主导地位,之后两种学习的重要性均比之前有所提高。

而 Nagypál(2007)则更为关注特定公司价格波动对流动性的影响。在任务型学习模型中,负价格波动主要影响有限任期的员工,原因前文已做出解释。比较而言,负价格波动在匹配素质模型中对所有任期员工产生不利影响。此现象由两个互补原因引起,一方面,选择意味着任期较短员工的素质匹配总体更低;而在任务型模型中,这点使短期员工更易受到不利影响。另一方面,由于任期较长员工在此素质中的学习空间已不大,所以其持续匹配的选择价值更小,使得长期员工易受到不利影响。Nagypál 在利用上述结论估算包含两种学习结构模型中的参数过程中发现,不同于 Farber 的结论,任务型学习在初始数月占重要位置,而匹配素质学习主导较长任期。任务型学习在约 6 个月内就几乎完成,但素质匹配学习却持续近 10 年。然而,Nagypál 的点估算表明任务型学习的程度在两者中更高:平均产出增长中大约 80% 是源于任务型学习。

上述两个研究是至今旨在区分匹配素质与任务型学习所仅有的研究,因此需谨慎对待它们互相对立的结果以及各自存在的局限性。Nagypál 提出反对观点,其认为危害的预计在任期开始数月极易受到测量误差影响,因此 Farber 的推断并不具可靠性。同时,Nagypál 估算的任务型学习率十分不准确(从统计上无法与零区分),因此,这些学习理论可供测验的空间很大。

5. 被动学习和总体增长

本节重点讨论被动学习对总体增长的影响。5.1 节介绍单一行业内被动学习驱动增长的一个简单模型,该模型包含 Arrow(1962)和 Romer(1986a)建立模型的关键特征。两个模型预测人均收入增长与人口规模或其增长率成正相关,但结论均与证据不符。此外,两个模型要求被动学习无界,也与实证证据不一致。因此,5.2 节将范围缩小至包含既定技术内有界学习的混合模型,但由于被动学习以外存在其他机制,将引入新技术。

5.1 简单模型

设定总体增长为 $Y(t) = A(t)K(t)^\alpha L(t)^{1-\alpha}$,其中 A 表示知识,K 是总体物质资本,L 为劳动力。劳动力以速率 n 外生增加,K 也根据 $\dot{K}(t) = sY(t)$ 不断发展,其中 s 是外生性储蓄率(未贬值),且知识在被动学习影响下进步。传统公式中,知识进步率取决于累积产出,但参考 Arrow(1962)和 Romer(1986a)相关论文,将知识与累积投资 $A(t) = \beta K(t)^\lambda$ 联系起来更为容易。不考虑对紧密度长久以来的争论,通过恒定的规模收益能够得出该模型的密集型公式。设定小写字母代表人均变量,人均收入为:

$$y = Ak^\alpha, \tag{38}$$

该等式可转换为:

$$\frac{\dot{k}}{k} = sAk^{\alpha-1} - n \tag{39}$$

并且,

$$\frac{\dot{A}}{A} = \lambda n + \lambda \frac{\dot{k}}{k}. \tag{40}$$

因此，人均收入增长率为：

$$\frac{\dot{y}}{y} = \lambda n + (\lambda + \alpha)(sAk^{\alpha-1} - n), \tag{41}$$

所以人均收入增长率恒定的稳定状态对知识增长率和资本的关系要求表示为：

$$\frac{\dot{A}}{A} = (1-\alpha)\frac{\dot{k}}{k}. \tag{42}$$

这就意味着人均收入和劳动力资本比率的增长率相同。由公式（40）和（42）可得：

$$\lambda n = (1-\alpha-\lambda)\frac{\dot{k}}{k}. \tag{43}$$

从公式（43）可得出长期增长取决于所做出的辅助假设。首先探讨 Romer（1986a）提出的内生性增长现代理论。其设定 $n=0$，此时稳定状态增长只有在可累积系数产生完全恒定的规模收益 $\alpha + \lambda = 1$ 的刀刃假设中才能实现[①]。若 $\alpha + \lambda > 1$，即使程度很小，增长即会无限加快，且在有限时间内可获得无限收入；若 $\alpha + \lambda < 1$，稳定状态则保持停滞。刀刃假设要求学习参数 λ 完全等于总体产出与劳动力 $1-\alpha$ 的弹性。正如 Solow（1994，p51）所言："你必须像相信存在牙仙一样期待这种巧合。"

即使出现这种巧合，Romei 的模型产生大范围规模效应。当 $n=0$ 且 $\lambda = 1-\alpha$ 时，人均收入增长为：

$$\frac{\dot{y}}{y} = s\beta K^{\lambda} K^{\alpha-1} L^{1-\alpha} = sL^{1-\alpha}. \tag{44}$$

长期增长率易受到使得储蓄率永久改变政策（此时增长率应为呈内生性）的影响。而，公式（44）也表明，像印度等国家需要比像新加坡等国家更具内生增长优势（Lucas，1993，p. 263），但这一结论没有得到实证支持。

Arrow（1962）设想 $\alpha + \lambda < 1$ 已达到人口正增长。于是，从公式（43）中可得：

[①] Romer 的研究结果名义上更具一般性，其发现只要知识累积率存在上限，即可在收益增加时达到稳定状态（正式证明见 Romer，1986b）。当然，上限确定了一个点，该点以下的规模收益增加，点以上经验的边际产出为零。

$$\frac{\dot{k}}{k} = \frac{\dot{y}}{y} = \frac{\lambda n}{1 - \alpha - \lambda}. \tag{45}$$

人均收入增长并不由储蓄率决定(因此 Arrow 的假设建立了无内生增长模型),但模型的优点是增长不再在经济规模中增加。然而,Arrow 的公式仍得出同样观点,即收入增长与人口增长率成正比。该预测同样没有实证支持,至少对现代数据如此(参见 Mankiw 等 1992,表 4 和表 5)[①]。

上述分析与"新增长理论"学者们方法相同。Romer 所提出的被动学习模型中的规模效应在早期研发驱动内生增长模型中出现(Aghion 和 Howitt,1992;Grossman 和 Helpman,1991;Romer,1990),同时为 Jones(1995a)探究对象。Jones(1995a)消除规模效应的方法催生一种新型的研发驱动增长模型,Jones 称之为"半内生增长"。这些模型是 Arrow 被动学习模型的翻版,同时也得出长期人均增长与人口增长率成正比的结论。另一种替换方法(Aghion 和 Howitt,1998,第 12 章;Dinopoulos 和 Thompson,1998;Peretto,1998;Young,1998)在消除规模效应的同时保留内生增长,但代价是除 Romer 模型中的刀刃假设,之后又引入第二个刀刃假设。

解决内生增长模型中的规模效应问题在过去 15 年中占据很大部分,但将被动学习视为增长引擎的模型却鲜在文献中出现。并不是因为被动学习具有无法克服的技术障碍(相反,研发驱动内生增长的无标度模型易于转变为被动学习),而是因为被动学习模型在第一代研发模型出现时就确定不同方向。

5.2 混合模型

实证证据表明如果没有全新激励来源,由被动学习实现的生产力增长最终会终止。由此,看似可靠的长期增长模型可能无法依靠单一行业以被动学习作为唯一增长动力的模型建立起来。该发现促进了混合模型的产生,模型将被动学习与新代际的高级技术结合。在每一代际技术中,被动学习都会发生,但速度随该代技术经验的活动减小。

混合模型有三种。第一种,高级技术永久可得,但首先需要次级技术经验的积累(如 Jovanovic 和 Nyarko,1996;Parente,1994;Stokey,1988;Young,1991)。第二种,新技术以一种外生速度出现(如 Chari 和 Hopenhayn,1991)。第三种,新技术通过研发建立(如 Stein,1997;Young,1993)。被动学习仅在第

[①] Kremer(1993)提供将人口增长与长期收入增长相联系的提示性数据,但人口转变之前的数据部分反映 Malthusian 收入效应对人口增长的影响。

一种模型中是增长的唯一引擎,但此类模型无法解释出现高级技术的原因[1]。第二种模型对高级技术的相继出现进行合理可行的解释,但也存在完全无法解释增长动力的风险[2]。第三种模型最能代表我们期待的混合模型。

在混合模型中,被动学习率如何影响总体增长率的答案取决于辅助假设,几乎可以有任何答案。学习率增加可能对长期增长毫无影响,也可能使其增加或减少。过度学习可能导致停滞,也可能出现独立于学习率的停滞。被动学习或许能使创新集聚,或更普遍地带来周期性增长。

5.2.1　独立于学习速度的增长

本节首先讨论第二类由 Lucas（1993）建立的简单混合模型。该模型是个小型开放经济体,其中相对时间以恒定速率 γ 不断引进新产品。较新代的技术更为高级,在此意义上,新产品的世界价格比前代产品超出固定比例 e^{μ},因此在引进时间 v 时产品价格为 $p(v) = e^{\mu\gamma v}$。劳动力供给标准化为 1,在时间 t 代际 v 的产出可用李嘉图模型表示:

$$x(v,\ t) = e^{\mu\gamma v}A(v,\ t)\phi(v,\ t),\tag{46}$$

其中 $\varphi(v,\ t)$ 为生产代际 v 的劳动力部分。$A(v,\ t)$ 作为代际内被动学习的结果增加:

$$\dot{A}(v,\ t) = A(v,\ t)^{\lambda}\phi(v,\ t),\tag{47}$$

其中 $\lambda < 1$ 是学习参数。设定 $A(v,\ v) = \alpha > 1$ 代表产品引进时的生产力。从公式(46)和(47)可判断代际 v 的产出为:

$$x(v,\ t) = e^{\mu\gamma v}\phi(v,\ t)\left[\alpha^{1-\lambda} + (1-\lambda)\int_v^t \phi(v,\ s)\mathrm{d}s\right]^{\lambda/(1-\lambda)}\tag{48}$$

综合所有代际,总体产出为:

$$y(t) = \int_0^t e^{\mu\gamma v}\phi(v,\ t)\left[\alpha^{1-\lambda} + (1-\lambda)\int_v^t \phi(v,\ s)\mathrm{d}s\right]^{\lambda/(1-\lambda)}\mathrm{d}v.\tag{48a}$$

假设不同年龄产品的劳动力分布随时间保持恒定（平衡增长路径的必然要求）,并设定 $a = t - v$ 表示产品年龄。同时,劳动力贡献于产品整个生命期,$\int_v^t \phi |$ $(v,\ s)\mathrm{d}s$ 即为贡献于年龄小于 $t - v$ 产品的跨行业劳动力。设定 $\Psi(a)$ 代表有关年

---

[1] 但其对其他问题十分有参考价值。尤其是此类模型曾被用于评估公司在何种条件下会抛弃旧技术,即使对新技术尚不熟悉也尚不如旧技术好。

[2] 同样,此类模型对其他问题十分有参考价值。例如,Chari 和 Hopenhayn（1991）利用这一模型解释为何一些公司选择投资次等技术,而另一些同类公司采用前沿技术。

龄 a 产品的就业,因此 $\phi(v,t) = \Psi(t-v)$,并设定 $\Psi(a)$ 代表相应分布。公式(48)现在可转化为:

$$y(t) = \int_0^t e^{\mu\gamma(t-a)}\phi(a)\left[\alpha^{1-\lambda} + 1 - \lambda\Psi(a)\right]^{\lambda/(1-\lambda)}da, \qquad (49)$$

由此产生下式总体增长率:

$$\frac{\dot{y}(t)}{y(t)} = \mu\gamma + \frac{\Psi(t)\left[\alpha^{1-\lambda} + (1-\lambda)\right]}{\int_0^t e^{\mu\gamma(t-a)}\phi(a)\left[\alpha^{1-\lambda} + (1-\lambda)\Psi(a)\right]da}. \qquad (50)$$

公式(50)的积分项是无界的,因此渐进增长率为:

$$\lim_{t\to\infty}\frac{\dot{y}(t)}{y(t)} = \mu\gamma. \qquad (51)$$

总体增长仅由两个外生性参数决定:产品引进率和代际间产品价值增长率。尤其,学习参数 λ 与渐进增长率无关。正如 Lucas 指出,此简单模型中仅有等级效应。

5.2.2 学习速度伴随增长

Lucas 认为产品仍未达到的潜在生产力与生产旧代产品获得的经验正向波动,进而使简单模型具有一般性。假设在时间 t 引入的产品初始生产力为 $A(t,t)$,与之前各代产品的加权平均生产力成正相关。而前代生产力的重要性又与外溢参数 $\theta < 1$ 正相关,但更老旧产品的贡献率比较新产品更低,衰变参数为 $\delta > 0$:

$$A(t,t) = \theta\int_0^\infty \delta\gamma e^{-\delta\gamma(t-v)}A(v,t)dv. \qquad (52)$$

初始生产率是从时间 0 开始生产所有产品生产力现值的加权数值,权重为参数 δ_γ 在所有之前代际的指数分布。

将公式(48)的解替换为 $A(v,t)$,设定 $A(t,t) = \alpha$,得:

$$\alpha = \theta\delta\gamma\int_0^\infty e^{-\delta\gamma a}\left[\alpha^{1-x} + (1-\lambda)\Psi(a)\right]^{1/(1-\lambda)}da. \qquad (53)$$

同时,被动学习对长期增长的影响取决于所做的辅助假设。公式(53)将初始生产力和员工在代际间的分布与产品引进率、外溢参数和学习参数联系起来。该模型显然具有不完全确定性。考虑到模型的参数,可推断初始生产力和员工分配取决于均衡考虑,正如 Stokey (1988),Young (1991)及 Parente (1994)的模型。将 λ、θ 和 δ 视为纯粹外生技术参数是合理的,但对 γ(很可能或对 μ)则不尽如人意。参数 γ 必须取决于世界某地的创新工作(例如 Grossman 和 Helpman,1991,第 11、12 章;Segerstrom 等,1990;Stokey,1991;Young,

1991）。

　　Lucas 将对这些进行详细阐述的工作留给后人完成，并将公式（53）中的 γ 限定为其他函数，或为外生参数或为函数。需注意公式（51）继续定义渐进增长率，如果公式（53）可解，其解应满足：

$$\frac{\dot{y}}{y} = \mu\gamma(\lambda, \delta, \theta, \Psi(a)), \tag{54}$$

此时 γ 在 λ 和 θ 增加，而在 δ 减少。新产品的引进率也会因劳动力集中于近期，代际从而变得更大，对新产品产生的外溢利益也比对旧代际的更为显著。因此，固定除 γ 以外的其他参数，学习外溢效应使被动学习率能够对长期增长率产生积极影响。外溢效应越大（即 θ 取更大值或 δ 取更小值），学习率变动对长期增长的影响越大。

　　被动学习存在外溢效应时，通过促使经济体更快采用新代际产品从而促进长期增长。但假设在他地亦可生产新产品，如在更发达经济体中，且模型仅适用于落后于技术前沿的发展中经济体（这正是 Lucas 关注的模型），则上述机制不再成立。另一个合理的替代假设用公式（53）确定 α，并使 γ 恒定。但在此情况下，即使存在外溢效应，学习参数的变量也只具恒定效应。

　　在发达经济体中，两极端中的假设可能均为合理的，在此意义上 γ 和 α 都是内生的，这就属于第三种情况，即创新率取决于研发成本。然而在这些模型中，各种产出均有可能。Young（1993）通过研究某一模型的稳定情况（其中研发在本地进行，行业间也有完全学习外溢）发现：首先，稳定情况中的新产品发明后立即投入生产；第二，当研发成本与市场规模相关度低时，新产品发明的时间和投入生产的时间便有间隔，发明者等到学习外溢充分提高生产力后才考虑实行。在上述两种均衡中，增长率随学习率递增，随发明成本递减。

5.2.3　独立于学习速度的停滞

　　Young 的模型包含第三种稳定状态——没有创新，因创新仅在创新成本与市场规模高度相关时才会出现。随着时间的推移，公司停止从旧技术中的学习行为，因此该状态是停滞状态。学习率在零增长稳定状态（该状态仅取决于经济规模、创新成本和折现率）下不会出现：若学习已耗尽，耗尽前的学习率不会影响从现有技术中盈利的现值。Young 将注意力聚焦于稳定状态分析，因此在多变的初始条件下，或初始条件无关于学习率时，是否能达到零增长稳定状态也尚无定论。

5.2.4　学习引发的停滞

　　如果技术间的学习外溢效应不明显，学习所得经验可能使新技术的采用和发展均出现停滞。从某一产品中获得大量经验的公司可能发现，延续旧技术比采用新技术获利更大，即使新技术在一段时间后会变得更为高级。

Lucas 的模型承认停滞的存在,但此停滞由缺乏生产力外溢效应造成,而非由于缺乏被动学习。要明白这点,需注意公式(53)的 γ 有正解当且仅当:

$$\theta > [1+(1-\lambda)\alpha^{\lambda-1}]^{1/\lambda-1}. \tag{55}$$

就直观认知而言,代际间外溢效应必须足够大才能维持长期增长。公式(55)右边项的上限为 $\alpha/(\alpha+1)<1$,在完全外溢(即 $\theta=1$)时永远存在正增长。然而,公式(55)右边项在 λ 又完全下降:被动学习使维持增长阻碍停滞的外溢规模更小了[1]。

Jovanovic 和 Nyarko (1996)使用 4.2 节描述的单一机构任务型学习模型,详细分析停滞中的经济学。他们认为,当公司拥有与现有技术相关的大量经验(通过当期目标的后验变量测算)时,产品代际间外溢效应较弱(通过目标中产品间的相关性测算),且代际间产品在终端生产力上的差异较小,则停滞更有可能发生。其结果可凭直觉判断:前一种特性提高了现有技术的盈利性,而后一种特性降低了新技术的预期盈利。

Jovanovic 和 Nyarko 假定公司目光短浅,仅比较沿用现有技术和采用新技术在单一阶段内的回报。对于任何给定的经验水平而言,相较于更换技术在单一阶段内可以获取的回报,在沿用现有技术的情况下高学习率能够带来更多的静态回报。当所有经验均针对特定产品时,更换技术的单一阶段回报和学习率无关。因此,加快学习速度明显增加了停滞的可能性。然而,假设中所述的目光短浅不代表无知,且当公司具有前瞻性时,上述结论便可能不成立。虽然当快速学习时沿用现有技术的价值通常更高,但更换技术的价值马上便会超过原有价值。有前瞻性的公司将在快速学习的两结果间做出权衡,但何种条件决定哪一影响主导仍有待探究。

5.2.5 学习引发的集群和周期

Klenow (1998)考虑前瞻性公司的情况,但集中讨论产生周期的可能性。目光短浅公司仅在初始生产力超过旧技术现有生产力时才会更换新技术。具前瞻性公司注意到更换技术早期属于投资,但经过经验积累后最终能变得更具效率。由此,前瞻性公司会更换初始生产力低的新技术,从而在工厂或公司层面产生周期性生产力[2]。

---

[1] 出乎意料的是,停滞的可能性并不取决于衰变参数 δ,或产品间的员工分布 $\Psi(a)$,即使两者均在增长率为正时对其有影响。

[2] Stein (1997)中的被动学习通过完全不同的机制导致周期形成。特定公司学习使潜在进入者投资及排挤现有公司愈加困难。因此,潜在进入者面对长期稳固的现有公司时会减少在研发上投入的资源。如果现有公司被替换,新公司最终会因没有经验更加容易被日后出现的创新打败。结果,新的潜在进入者大力投资研发,使快速创新成为可能。如此,创新通过以感染为特点的随机过程产生集群。

　　Klenow 模型与表明更换技术的工厂始初生产力低（例如 Cochran，1960；Garg 和 Milliman，1961；Yorukoglu，1998）的实证结果相一致，但对产生总体周期的机制而言，必须以某种方式协调创新活动。Shleifer（1986）认为之所以协调创新活动是因为总体需求的外部效应，但协调机制会导致反周期生产力。影响多个行业发展的通用技术可能导致：诸如 reenwood 和 Yorukoglu（1997）认为信息技术的广泛应用导致 20 世纪 70 年代生产力下滑。

　　然而，Basu 等（2006）对此通用技术机制持反对意见，认为价格黏性和拒绝学习才是致使技术进步的同时出现经济萧条的原因。

6. 结论

　　本章对干中学的理论和实证文献进行了回顾。关于干中学的独特理论成果大多建立在假设实证研究的成本—数量关系多是被动学习结果的基础上，其中一部分甚至要求无界被动学习。实证文献对上述假设提出质疑。当成本—数量关系显示持续生产力增长时，通常是非被动学习因素在起作用。当被动学习居于主导地位时，生产力增长总是有界的。因此，实证相关理论采用包含干中学的混合模型，其中学习与其他增长来源并存。但在此类模型中，诸多被动学习的显著影响变得不再重要。此外，被动学习通常并不是长期增长的重要来源；相反，过度学习可能导致增长停滞。

参考文献

Abramovitz，M.（1956）．Resource and Output Trends in the United States Since 1870. National Bureau of Economic Research，New York.

Aghion，P.，Howitt，P.（1992）．"A model of growth through creative destruction". Econometrica 60(2)，323 – 351.

Aghion，P.，Howitt，P.（1998）．Endogenous Growth Theory. MIT Press，Cambridge，MA.

Alchian，A.（1963）．"Reliability of progress curves in airframe production". Econometrica 31 (4)，679 – 693（Originally RandCorporation RM-260 – 1，1950）.

Anderlohr，G.（1969）．"Determining the cost of production breaks". Management Review 58 (12)，16 – 19.

Argote，L.（1993）．"Group and organizational learning curves：Individual，system，and environmental components". British Journal of Social Psychology 32，31 – 51.

Argote，L.，Epple，D.（1990）．"Learning curves in manufacturing". Science 247，920 – 924.

Argote，L.，Beckman，S. L.，Epple，D.（1990）．"The persistenceand transfer of learning in industrial settings". Management Science 36(2)，140 – 154.

Argote，L.，Epple，D.，Rao，R. D.，Murphy，K.（1997）．The Acquisition and Depreciation of Knowledge in a Manufacturing Organization：Turnover and Plant Productivity. Carnegie

Mellon University, Working Paper.

Arrow, K. J. (1962). "The economic implications of learning by doing". Review of Economic Studies 29(3),155 – 173.

Asher, H. (1956). Cost-Quantity Relationships in the Airframe Industry. RAND Corporation, Santa Monica, CA.

Audretsch, D. B. (1991). "New firm survival and the technological regime". Review of Economics and Statistics 60(3),441 – 450.

Audretsch, D. B., Mahmood, T. (1995). "New firm survival: New results using a hazard function". Review of Economics and Statistics 77(1),97 – 103.

Bahk, B. K., Gort, M. (1993). "Decomposing learning by doing in new plants". Journal of Political Economy 101(4),561 – 583.

Baily, M. N., Hulten, C., Campbell, D. (1992). "Productivity dynamics in manufacturing plants". Brookings Papers on Economic Activity: Microeconomics 1992,187 – 267.

Baldwin, J. R., Gorecki, P. (1991). "Entry, exit and productivity growth". In: Geroski, P., Schwalbach, J. (Eds.), Entry and Market Contestability: An International Comparison. Basil Blackwell, Oxford, pp. 244 – 256.

Baldwin, J. R., Bian, L., Dupuy, R., Gellatly, G. (2000). Failure rates for new Canadian firms: New perspectives on entry and exit. Statistics Canada, Working Paper.

Baloff, N. (1966). "Startups in machine-intensive production systems". Journal of Industrial Engineering 31,679 – 693. Ch. 10: Learning by Doing 471

Baloff, N. (1970). "Startup management". IEEE Transactions on Engineering Management 17,132 – 141.

Bartelsman, E. J., Dhrymes, P. J. (1998). "Productivity dynamics: U. S. manufacturing plants, 1972 – 1986". Journal of Productivity Analysis 9(1),5 – 34.

Basu, S., Fernald, J. G., Kimball, M. S. (2006). "Are technology improvements contractionary?" American Economic Review 96(5),1418 – 1448.

Bell, R. M., Scott-Kemmis, D. (1990). The Mythology of Learning-by-doing in World War II Airframe and Ship Production. University of Sussex, Science Policy Research Unit, Working Paper.

Benkard, C. L. (2000). "Learning and forgetting: The dynamics of aircraft production". American Economic Review 90(4),1034 – 1054.

Besanko, D., Doraszelski, U., Kryukov, Y., Satterthwaite, M. (2007). Learning-by-Doing, Organizational Forgetting, and Industry Dynamics. Northwestern University, Working Paper.

Bessen, J. (2003). "Technology and learning by factor workers: The stretch-out at Lowell, 1842". Journal of Economic History 63(1),33 – 64.

Book, W. F. (1908). The Psychology of Skill. University of Montana Publications in Psychology Bulletin No. 53.

Boston Consulting Group. (1972). Perspectives on Experience. Boston Consulting Group, Boston, MA.

Bryan, W. N., Harter, N. (1899). "Studies in the telegraphic language: The acquisition of a hierarchy of habits". Psychological Review 6,345 – 375.

Bulow, J., Geanakoplos, J., Klemperer, P. (1985). "Holding idle capacity to deter entry". The Economic Journal 85,178 – 182.

Cabral, L. M. M., Riordan, M. H. (1994). "The learning curve, market dominance, and predatory pricing". Econometrica 62(5),1115 – 1140.

Cabral, L. M. M., Riordan, M. H. (1997). "The learning curve, predation, antitrust, and welfare". Journal of Industrial Economics 45(2),155 – 169.

Chari, V. V., Hopenhayn, H. (1991). "Vintage human capital, growth, and the diffusion of new technology". Journal of Political Economy 99(6),1142 – 1165.

Clarke, F. H., Darrough, M. N., Heineke, J. M. (1982). "Optimal pricing policy in the presence of experience effects". Journal of Business 55(4),517 – 530.

Cochran, E. B. (1960). "New concepts of the learning curve". Journal of Industrial Engineering 11,317 – 327.

Conley, T. G., Udry, C. R. (2007). Learning About a New Technology: Pineapple in Ghana. University of Chicago, Working Paper.

Conway, R. W., Schultz, A. Jr., (1959). "The manufacturing progress function". Journal of Industrial Engineering 10(1),39 – 54.

Crossman, E. (1959). "A theory of the acquisition of speed skill". Ergonomics 2,153 – 166.

Dar-El, E. M. (2000). Human learning: From Learning Curves to Learning Organizations. Kluwer Academic Publishers, Dordrecht, The Netherlands.

Darr, E. D., Argote, L., Epple, D. (1995). "The acquisition, transfer, and depreciation of knowledge in service organizations: Productivity in franchises". Management Science 41 (11),1750 – 1762.

Dasgupta, P., Stiglitz, J. E. (1988). "Learning-by-doing, market structure, and industrial and trade policies". Oxford EconomicPapers 40(2),246 – 268.

David, P. A. (1973). "The 'Horndal effect' in Lowell, 1834 – 1856: A short-run learning curve for integrated cotton textile mills". Explorations in Economic History 10 (1), 131 – 150.

DeGroot, M. H. (1970). Optimal Statistical Decisions. McGraw-Hill, New York.

Dewey, J. (1897). "My pedagogic creed". School Journal 54,77 – 80.

Dinopoulos, E., Thompson,P. (1998). "Schumpeterian growthwithout scaleeffects". Journal of Economic Growth 3(4),313 – 337.

Disney,R., Haskel, J., Heden,Y. (2000). Entry, Exit and Establishment Survivalin UK Manufacturing. Queen Mary and Westfield College, London Working Paper.

Dixit, A. (1980). "The role of investment in entry deterrence". The Economic Journal 90, 95 – 106.

Dunne, T., Roberts, M. J., Samuelson, L. (1989). "The growth and failure of U. S. manufacturing plants". Quarterly Journal of Economics 104(4),671 – 698.

Dutton, J. M., Thomas, A. (1994). "Treating progress functions as a managerial opportunity". Academy of Management Review 9(2),235 – 247.

Ebbinghaus, H. (1885). Memory: A Contribution to Experimental Psychology. Columbia University, New York (Transl. by Henry A. Ruger and Clara E. Bussenius [1913]). 472 P. Thompson

Epple, D., Argote, L., Devadas, R. (1991). "Organizational learning curves: A method of investigating intra-plant transfer of knowledge acquired through learning by doing". Organization Science 2(1),58 – 70.

Epple, D., Argote, L., Murphy, K. (1995). "An empirical investigation of the microstructure of knowledge acquisition and transfer through learning by doing". Operations Research 44(1),77 – 86.

Ericson, R. , Pakes, A. (1995). "Markov-perfect industry dynamics: A framework for empirical work". Review of Economic Studies 62(1),53 – 82.

Evans, D. S. (1987a). "Tests of alternative theories of firm growth". Journal of Political Economy 95(4),657 – 674.

Evans, D. S. (1987b). "The relationship between firm growth, size, and age: Estimates for 100 manufacturing industries". Journal of Industrial Economics 35(2),567 – 581.

Farber, H. S. (1994). "The analysis of interfirm worker mobility". Journal of Labor Economics 12(4),554 – 593.

Feller, W. (1940). "On the logistic law of growth and its empirical verifications in biology". Acta Biotheoretica 5(1),51 – 66.

Foster, A. D. , Rosenzweig, M. R. (1995). "Learning by doing and learning from others: Human capital and technical change in agriculture". Journal of Political Economy 103(6), 1176 – 1209.

Fudenberg, D. , Tirole, J. (1983). "Learning-by-doing and market performance". Bell Journal of Economics 14(2),522 – 530.

Galambos, J. (1978). The Asymptotic Theory of Extreme Order Statistics. Wiley, New York.

Garg, A. , Milliman, P. (1961). "The aircraft progress curve-Modified for design changes". Journal of Industrial Engineering 12(1),23 – 27.

Ghemawat, P. , Spence, A. M. (1985). "Learning curve spillovers and market performance". Quarterly Journal of Economics 100(Suppl.),839 – 852.

Greenwood, J. , Yorukoglu, M. (1997). "1974". Carnegie-Rochester Conference Series on Public Policy 46,49 – 95.

Greenwood, M. , Yule, G. U. (1920). "An enquiry into the nature of frequency distributions representative of multiple happenings, with particular reference to the occurrence of multiple attacks of disease or repeated accidents". Journal of the Royal Statistical Society 83,255 – 279.

Grossman, G. M. , Helpman, E. (1991). Innovation and Growth in the Global Economy. MIT Press, Cambridge, MA.

Hall, R. E. (1971). "The measurement of quality changes from vintage price data". In: Griclihes, Zvi (Ed.), Price Indexes and Quality Change. Harvard University Press, Cambridge, MA, pp. 240 – 271.

Hall, B. H. (1987). "The relationship between firm size and firm growth in the U. S. manufacturing sector". Journal of Industrial Economics 35(4),583 – 606.

Hirsch, W. Z. (1952). "Manufacturing progress functions". Review of Economics and Statistics 34(2),143 – 155.

Hirsch, W. Z. (1956). "Firm progress ratios". Econometrica 24(2),136 – 143.

Hollis, A. (2002). "Strategic implications of learning by doing". International Journal of the Economics of Business 9(2),157 – 174.

Ingram, P. , Simons, T. (2002). "The transfer of experience in groups of organizations: Implications for performance and competition". Management Science 48(12),1517 – 1533.

Irwin, D. A. , Klenow, P. J. (1994). "Learning-by-doing spillovers in the semiconductor industry". Journal of Political Economy 102(6),1200 - 1227.

Jensen, J. B. , McGuckin, R. H. , Stiroh, K. J. (2001). "The impact of vintage and survival on productivity: Evidence from cohorts of U. S. manufacturing plants". Review of Economics and Statistics 83(2),323 - 332.

Jones, C. I. (1995a). "Time series tests of endogenous growth models". Quarterly Journal of Economics 110(2),495 - 525.

Jones, C. I. (1995b). "R&D-based models of economic growth". Journal of Political Economy 103(4),759 - 784.

Jovanovic, B. (1979). "Job matching and the theory of turnover". Journal of Political Economy 87(5 part 1),972 - 990.

Jovanovic, B. (1982). "Selection and the evolution of industry". Econometrica 50 (3), 649 - 670.

Jovanovic, B. , Lach, S. (1989). "Entry, exit, and diffusion with learning by doing". American Economic Review 79(4),690 - 699.

Jovanovic, B. , Nyarko, Y. (1995). "A Bayesian learning model fitted to a variety of empirical learning curves". Brookings Papers on Economic Activity. Microeconomics 1995,247 - 305.

Jovanovic, B. , Nyarko, Y. (1996). "Learning by doing and the choice of technology". Econometrica 64(6),1299 - 1310.

Klenow, P. J. (1998). "Learning curves and the cyclical behavior of manufacturing industries". Review of Economic Dynamics 1,531 - 550.

Kremer, M. (1993). "Population growth and technological change: One million B. C. to 1990". Quarterly Journal of Economics 108(4),681 - 716. Ch. 10: Learning by Doing 473

Krugman, P. R. (1987). "The narrowmoving band, the Dutch disease and the competitiveconsequencesof Mrs. Thatcher:Notes on trade in the presence of dynamic scale economies". Journal of Development Economics 27(1),41 - 55.

Lane, F. C. (1951). Ships for Victory. Johns Hopkins University Press, Baltimore, MD.

Lazonick, W. , Brush, T. (1985). "The 'Horndal Effect' in early U. S. manufacturing". Explorations in Economic History 22(1),53 - 96.

Levhari, D. (1966). "Extensions of Arrow's 'learning by doing'". Review of Economic Studies 33(2),117 - 131.

Levin, D. Z. (2000). "Organizational learning and the transfer of knowledge: An investigation of quality improvement". Organization Science 11(6),630 - 647.

Levy, F. K. (1965). "Adaptation in the production process". Management Science 11(6), B136 - B154.

Lieberman, M. B. (1987a). "The learning curve, diffusion, and competitive strategy". Strategic Management Journal 8(5),441 - 452.

Lieberman, M. B. (1987b). "Excess capacity as a barrier to entry: An empirical appraisal". Journal of Industrial Economics 35(4),607 - 627.

Lieberman, M. B. (1989). "The learning curve, technology barriers to entry, and competitive survival in the chemical processing industries". Strategic Management Journal 10 (5), 431 - 447.

Lucas, R. E. Jr. (1993). "Making a miracle". Econometrica 61(2),251 - 272.

Mankiw, N. G. , Romer, D. , Weil, D. N. (1992). "A contribution to the empirics of economic growth". Quarterly Journal of Economics 107(2),407 - 437.

Mansfield, E. (1985). "How rapidly does new industrial technology leak out?" Journal of Industrial Economics 35,607 – 635.

March, J. G. , Simon, H. A. (1958). Organizations. Wiley, New York.

Mata, J. , Portugal, P. (1994). "Life duration of new firms". Journal of Industrial Economics 27,227 – 246.

Mazur, J. E. , Hastie, R. (1978). "Learning as accumulation: A reexamination of the learning curve". Psychological Bulletin 85(6),1256 – 1274.

McGouldrick, P. F. (1968). New England Textiles in the Nineteenth Century: Profits and Investment. Harvard University Press, Cambridge, MA.

Middleton, K. A. (1945). "Wartime productivity changes in the airframe industry". Monthly Labor Review 61(2),215 – 225.

Mishina, K. (1999). "Learning by new experiences: Revisiting the flying fortress learning curve". In: Lamoreaux, N. , Raff, D. M. ,

Temin, P. (Eds.), Learning by Doing in Markets, Firms, and Countries. University of Chicago Press, Chicago, IL (for NBER).

Montgomery, F. J. (1943). "Increased productivity in construction of Liberty vessels". Monthly Labor Review 57(11),861 – 864.

Muth, J. F. (1986). "Search theory and the manufacturing progress function". Management Science 32(8),948 – 962.

Nagypál, É. (2007). "Learning by doing vs. learning about match quality: Can we tell them apart?" Review of Economic Studies 74(2),537 – 566.

Ohashi, H. (2005). "Learning by doing, export subsidies, and industry growth: Japanese steel in the 1950s and 1960s". Journal of International Economics 66(2),297 – 323.

Pakes, A. , Ericson, R. (1998). "Empirical implications of alternative models of firm dynamics". Journal of Economic Theory 79(1),1 – 45.

Parente, S. L. (1994). "Technology adoption, learning-by-doing, and economic growth". Journal of Economic Theory 63(2),346 – 369.

Peretto, P. (1998). "Technological change and population growth". Journal of Economic Growth 3(4),283 – 311.

Persson, H. (2002). The Survival and Growth of New Establishments in Sweden, 1987 – 1995. Stockholm University, Working Paper.

Petrakis, E. , Rasmusen, E. , Roy, S. (1997). "The learning curve in a competitive industry". RAND Journal of Economics 28(2),248 – 268.

Power, L. (1998). "The missing link: Technology, investment, and productivity". Review of Economics and Statistics 80(2),300 – 313.

Prescott, E. C. , Visscher, M. (1980). "Organization capital". Journal of Political Economy 88(3),446 – 461.

Preston, L. E. , Keachie, E. C. (1964). "Cost functions and progress functions: An integration". American Economic Review 54(2),100 – 107.

Rapping, L. (1965). "Learning and World War II production functions". Review of Economics and Statistics 47(1),81 – 86.

Redding, S. (1999). "Dynamic comparative advantage and the welfare effects of trade". Oxford Economic Papers 51(1),15 – 39.

Restle, F. , Greeno, J. G. (1970). Introduction to Mathematical Psychology. Addison-

Wesley, Reading, MA. 474 P. Thompson

Roberts, P. C. (1983). "A theory of the learning process". Journal of the Operations Research Society 34(1), 71 – 79.

Romer, P. M. (1986a). "Increasing returns and long-run growth". Journal of Political Economy 94(5), 1002 – 1037.

Romer, P. M. (1986b). "Cake eating, chattering and jumps: Existence results for variational problems". Econometrica 54(4), 897 – 908.

Romer, P. M. (1990). "Endogenous technological change". Journal of Political Economy 98 (5), S71 – S102.

Rosen, S. (1972). "Learning by experience as joint production". Quarterly Journal of Economics 86(3), 366 – 382.

Rosenberg, N. (1976). Perspectives on Technology. Cambridge University Press, Cambridge, UK.

Sahal, D. A. (1979). "A theory of progress functions". AIIE Transactions 11(1), 29 – 39.

Salop, S. C. (1979). "Strategic entry deterrence". American Economic Review 69 (2), 335 – 338.

Saunders, R. S. (1985). "Learning by doing and dominant firm pricing strategy". Review of Industrial Organization 2(1), 32 – 39.

Scherer, F. M. (1980). Industrial Market Structure and Economic Performance (second ed.). Rand McNally, Chicago, IL.

Searle, A. D. (1945). "Productivity changes in selected wartime shipbuilding programs". Monthly Labor Review 1132 – 1147(December).

Segerström, P. S., Anant, T. C. A., Dinopoulos, E. (1990). "A Schumpeterian model of the product life cycle". American EconomicReview 80(5), 1077 – 1091.

Shapiro, C., Stiglitz, J. E. (1984). "Equilibrium unemployment as a worker discipline device". American Economic Review 74(3), 433 – 444.

Sheshinski, E. (1967a). "Tests of the 'learning by doing' hypothesis". Review of Economics and Statistics 49(4), 568 – 578.

Sheshinski, E. (1967b). "Optimal accumulation with learning by doing". In: Shell, Karl (Ed.), Essays on the Theory of OptimalEconomic Growth. MIT Press, Cambridge, MA, pp. 31 – 52.

Shleifer, A. (1986). "Implementation cycles". Journal of Political Economy 94 (6), 1163 – 1190.

Sinclair, G., Klepper, S., Cohen, W. (2000). "What's experience got to do with it? Sources of cost reduction in a large specialty chemical's producer". Management Science 46(1), 28 – 45.

Solow, R. M. (1957). "Technical change and the aggregate production function". Review of Economics and Statistics 39(3), 312 – 320.

Solow, R. M. (1994). "Perspectives on growth theory". Journal of Economic Perspectives 8 (1), 45 – 54.

Spence, A. M. (1977). "Entry, capacity, investment and oligopolistic pricing". Bell Journal of Economics 10(1), 1 – 19.

Spence, A. M. (1981). "The learning curve and competition". Bell Journal of Economics 12 (1), 49 – 70.

Stein, J. C. (1997). "Waves of creative destruction: Firm-specific learning-by-doing and the dynamics of innovation". Review of Economic Studies 64,265 – 288.

Stokey, N. L. (1986). "The dynamics of industry-wide learning". In: Heller, W. P. , Starr, R. M. , Starrett, D. A. (Eds.), Essays in Honor of Kenneth Arrow Volume II. Cambridge University Press, Cambridge, UK.

Stokey, N. L. (1988). "Learning by doing and the introduction of new goods". Journal of Political Economy 96(4),701 – 717.

Stokey, N. L. (1991). "The volume and composition of trade between rich and poor countries". Reviewof Economic Studies 58(1),63 – 80.

Tambe, P. , Hitt, L. (2007). The Effects of Measurement Error on Knowledge Spillover Estimates. Wharton School, University of Pennsylvania, Working Paper.

Thompson, P. (2000). "Learning from the experience of others: Parameter uncertainty and economic growth in a model of creative destruction". Journal of Economic Dynamics and Control 24(9),1285 – 1313.

Thompson, P. (2001). "How much did the Liberty shipbuilders learn? New evidence for an old case study". Journal of Political Economy 109(1),103 – 137.

Thompson, P. (2007). "How much did the Liberty shipbuilders forget?" Management Science 53(6),908 – 918.

Thornton, R. A. , Thompson, P. (2001). "Learning from experience and learning from others: An exploration of learning and spillovers in wartime shipbuilding". American Economic Review 91(5),1350 – 1368.

Wagner, J. (1994). "The post-entry performance of new small firms in German manufacturing industries". Journal of Industrial Economics 42,141 – 154.

Waldman, J. D. , Yourstone, S. A. , Smith, H. L. (2003). "Learning curves in health care". Health Care Management Review 28(1),41 – 54.

Watkins, P. N. (2001). "The persistence of learning and acquisition strategies". Acquisition Review Quarterly 15 – 30(Winter).

Wenders, J. T. (1971). "Excess capacity as a barrier to entry". Journal of Industrial Economics 20(1),14 – 19.

Wilcox, N. T. (2006). "Theories of learning in games and heterogeneity bias". Econometrica 74(5),1271 – 1292. Ch. 10: Learning by Doing 475

Wright, T. P. (1936). "Factors affecting the cost of airplanes". Journal of the Aeronautical Sciences 3(4),122 – 128.

Yelle, L. E. (1979). "The learning curve: Historical review and comprehensive survey". Decision Sciences 10(2),302 – 328.

Yorukoglu, U. M. (1998). "The information technology productivity paradox". Review of Economic Dynamics 1(2),551 – 592.

Young, A. (1991). "Learning by doing and the dynamic effects of international trade". Quarterly Journal of Economics 106(2),369 – 405.

Young, A. (1993). "Invention and bounded learning by doing". Journal of Political Economy 101(3),443 – 472.

Young, A. (1998). "Growth without scale effects". Journal of Political Economy 106(1),41 – 63.

第 11 章
计算和互联网市场的创新行为

Shane Greenstein
Elinor 和 Wendell Hobbs 教授
西北大学凯洛格商学院
美国·伊利诺伊州,埃文斯顿市

目录

摘要

计算机和互联网市场领域的创新和竞争在过去的半个世纪是如何发展的? 在本章的第一部分,笔者围绕六大主题讨论上述问题:技术推动的有限作用、通用技术的扩散、专有平台的组织、创新激励机制的不对称性、市场导向型学习的重要性和经济活动的本地化。尽管在最终结果、主导产品市场、主要销售商的地位等方面发生了剧烈的变化,但是从几年甚至几十年的时间跨度来看,市场结构条件始终从众多不变的经济层面影响着企业的创新活动。

在本章第二部分,笔者细致观察并探究了美国 20 世纪 90 年代的商业互联网发展历程。虽然推动商业互联网诞生的独特事件致使美国商业互联网市场呈现出一些与众不同的特点,但事实上互联网领域的许多创新活动和计算机市场几十年的发展经历如出一辙。该部分着重分析新增的三个主题：技术领导力的分化、合作平台开放型组织形式的崛起、互联网所触及的极度广泛的活动。以上三种要素也是互联网市场的创新活动呈现众多新特点的重要原因。

关键词

商业化 计算机硬件 计算机软件 扩散 创新 互联网 发明 市场行为 技术

1. 引言和概论

计算机和互联网市场的创新和竞争行为在过去的半个世纪是如何发展的？该问题比较宽泛，其答案不会也不可能是单一的，原因有二。其一，在过去的几十年里，创新和竞争活动的核心决定因素处于时刻变化的过程中；其二，商业计算机和互联网市场所经历的发展途径多种多样，任何单一的结论都会显得以偏概全。

但这个问题的确值得我们思考，因为计算在经济领域的作用举足轻重。计算领域的任何风吹草动都可能对绝大多数劳动者的个人生活和专业领域造成重要影响。在过去的 50 多年里，商业计算机用户的基本体验也经历了深刻变化。从 20 世纪 50 年代的小型商业起步，90 年代信息技术商品的名义投资已达 1 315 亿美元，约占私人非住宅设备和软件投资的 33%，截至 2000 年，总投资已达 4 060 亿美元，占比 44%。[①]

类似的，家用电脑领域也经历了翻天覆地的变化。从 20 世纪 70 年代时的一无所有，到 1995 年一项调查发现拥有个人电脑的家庭占比不足 20%（美国电信和信息管理局，1995），而与之形成鲜明对比的是 2003 年 10 月的一项调查发现，62% 的受访者家中拥有电脑，而办公用电脑数量更多（Mankiw 等，2005）。

以上种种引发了很多微观经济学问题，这些问题以美国商业计算中的创新活动为主题。在本文第一部分，笔者围绕以下六大常见研究命题讨论上述微观经济学问题：

- 尽管计算机技术前沿的扩展可能是源于被人们合理地称为"技术推动"的事件，但是更多极具价值的创新是内生性的，这些创新是对市场激励机制、市场导向事件的回应。
- 计算机的扩散和发展与通用技术的扩散和发展异曲同工。对一项通用技术而言，为了满足用户特定需求而定制技术需要支付非常高昂的成本。
- 计算机平台推动了创新的发展，而技术领导力的集中与分散决定着平台内和平台间的价值分配。
- 具有领先地位的既有企业和新进企业创新的动力不同，一方创新强化市场结构，一方改变市场结构。

---

① 见 Doms（2004）。2000 年、2001 年和 2002 年数据有所下降，但是在 2003 年及以后又恢复至基本相同的水平。

- 以市场为基础的学习活动在创新行为中扮演着关键角色,尤其是在发掘多种途径将前沿成果转化为有价值的创新商品和服务方面至关重要。
- 经济活动的集聚导致某些特定类型的创新行为在小范围内聚集。

以上命题通过市场结构和生产行为之间始终存在的潜在经济联系,勾勒出不同时代的连续性。事实上,本文的中心观点着重强调的正是连续性,而非变化。尽管在最终结果、主导产品市场、主要销售商的地位等方面发生了剧烈的变化,但是从几年甚至几十年的时间跨度来看,市场结构条件始终从相同的经济层面影响着企业的创新活动。

在第二部分,笔者细致观察并探究了美国 20 世纪 90 年代的商业互联网发展历程。该分析以第一部分中的已有框架为基础,讨论了该领域的优势和劣势。自商业互联网兴起之初,众多参与者便认为该行业与众不同,似乎互联网行业现存价值链内的创新不同于广受认可的创新原型。这一观点带来了另一个新问题:互联网行业内的创新可否以计算机行业采用的经济学概念衡量。

本文强烈支持上述做法可行。尽管推动商业互联网诞生的独特事件导致美国商业互联网市场呈现出与众不同的特点,但事实上互联网领域的许多创新行为和计算机市场几十年的发展经历如出一辙。

然而在分析市场结构和生产行为之间经济联系的连续性时,笔者却得出了完全相反的结论,分离出了当代互联网发展与众不同的几点经济因素。通过以下三个相互联系的观点,笔者解释了互联网市场创新行为众多新颖的方面:

- 与商业互联网相关的创新行为确实促进了平台的产生,但是与此同时也带来了技术领导力高度分散的市场。因此,不协调的创新行为便前所未有地分布在大量互联网的组件中。
- 商业互联网市场中出现新的组织模式,以协调代表不同商业利益的公司,例如开源平台。这种新模式的存在和成功是导致一些创新活动与众不同、超出预期的原因。
- 商业互联网市场的众多企业家和现有企业雄心勃勃,涉足的经济活动范围极广。

本文引用的案例多来自美国,对此的解释是:尽管如今计算机行业,尤其是商业互联网行业,无论是运营还是终端服务市场,都已经遍布全球。本文的地理偏好出于实用目的,方便不同时间段的比较,而非不同地理层面的比较。虽然国家之间(例如日本、英国或者德国)的比较也可实施,但其涉及的范围会扩大,讨论的主题也会过多。本文缩小了地理范围,以便比较不同时段,讨论的重点是早期计算公司和早期商业互联网参与者,主要但不是全部位于美国。尽管该方法有助于我们更清楚地比较不同时代的差异,但也限制了本文的讨论范围,在创新行为决定因素方面,很多比较性问题尚有待进一步研究,即本文所提出的命题在美国以外的区域是否依旧适用尚待进一步研究。

2. 商业计算机领域的创新

计算机技术始于 20 世纪 40 年代后期的军事领域和学术领域，逐渐渗透至商业领域并从此踏上扩张之路，涉及众多经济事业，涵盖了美国大部分经济活动[1]。众多经济学家认为上述扩张是美国经济得以发展的动力之一[2]，而推动该扩张的因素众多。笔者首先着重讨论"技术推动"，但却发现在很多方面，单独的技术推动似乎不足以促进计算机技术的发展，因而笔者将目光转向市场结构和探究行为之间的联系。

2.1　技术前沿拓展与技术推动

大众普遍认为计算机领域的进步等同于微处理器的进步，这源于 1965 年 Gordon Moore 的一项观察。Moore 和他人共同成立了英特尔并最终成为英特尔的主席，他成功预测了芯片每两年电路翻一番的趋势，这一项关于技术进步的预测便成为后来的"摩尔定律"。事实上，过去的 30 年里，微处理器和动态随机存取存储器每 18 个月其电路便会翻一番[3]。

众多用于制造标准个人电脑、服务器和其他计算机辅助设备的其他电子元件也经历了类似的改进历程——尽管速度不同。例如磁盘驱动器、显示屏幕、路由设备、网络和通信设备、操作系统、通信软件、中央交换机、大型机和微机、存储设备、输入设备、路由器、调制解调器、手持设备和互联网接入服务等，不一而足[4]。

事实上，几乎所有的电子应用中，相关估测发现无论以何种方式计算，单位计算能力的价格正飞速改善。另外以新特性为衡量标准也是常见的做法——以元件新特性的数量衡量改进程度。此项发现的信服力很强，在很多计算设备中都得到了证实[5]。例如在 Trajtenberg（1990）有关计算机断层摄影的研究中发现，进行单次基本扫描的成本急剧下降。另外，每一年扫描仪的清晰度在上升，

---

[1]　众多作者曾研究过计算机技术从研究领域扩展到商业形式的历程。综述详见 Flamm（1987），或者 Aspray 和 Campbell-Kelly（1996）及其他。

[2]　对立观点见 Gordon（2000），Jorgenson（2001）和 Stiroh（2002）。

[3]　摩尔定律历史较长，始于 Moore（1965）。有关基础组件的分析见 Flamm（2003）。

[4]　有关众多改变的详细分析见 Jorgenson 和 Wessner（2005）。

[5]　讨论利用内涵价格估算衡量价格上升率的文献众多，Triplett（1989）综述了对较大系统的估计。Berndt 等（1995）对个人电脑进行了估算。半导体位于大多数计算设备上游，有关半导体的类似趋势，参见 Aizcorbe（2006）或者 Aizcorbe 等（2007）。

新服务的性能也在提升,其达到的高度是过去任何价格都难以企及的。

性能的持续提升支持了计算机领域的众多改变源于"技术推动"这一观点,即技术发明推动技术或科学前沿向前发展,从而其他商业主体寻找有价值的应用。该观点确有可取之处,但却需要适当的限制条件。

该观点的证据人尽皆知,无数计算机领域的原型技术在发明许久之后才成功转变为产品和服务。这些发明源于大学实验室或者商业实验室,可能是基本科学研究目标的副产品,也可能商业应用目标比较模糊。之后这些发明通过学术论文得以传播,既可以通过专利许可的方式,也可能是科学家、工程师流入公司的方式。[①]

这类发明中,很多都来源于政府大力资助建成的原型技术。例如,美国国防部高级研究计划局(Defense Advanced Research Agency,DARPA)最初投资的包交换技术未能立刻获得有实际应用价值的商业产品,但多年大力资助后却给互联网基本构造块的发明和运行提供了足够的资金,例如部分实验确立了传输控制协议/互联网协议(TCP/IP)栈,实现了工作环境和计算网络情境下的实际应用。该资金早在商业互联网可操控前就已存在。

事实上,多年来互联网都是工程界的新事物,主要是少数精通技术的网络研究人员使用的一项伟大发明。[②] 但是,政府持续不断的资助推动了互联网的发展。美国国家科学基金会创立国家科学基金网后,政府在全国展开联网工作,从而使得互联网涉及的范围得以扩大,其操作也更加合理,从而相对不那么专业的用户也可以使用网络。在互联网得以广泛传播后,互联网研究活动的影响才得以显现。[③]

以上提及的例子显示了技术推动在普及计算机创新方面所扮演的角色,但与此同时也给人们留下一个错误的印象,认为摩尔定律和相关现象都是外因,似乎计算机领域的突破性创新发展历程是提前规划好的,井然有序;而且每一项进步都源于一项发明,在发展成模型后成功蜕变为有价值的产品和服务。从表面上判断,该论断肯定是错误的,毕竟许多结果背后的行为虽声称受摩尔定律影响,实则受商业驱动,经理们根据自身利益、股东利益和其他出资方的利益做出

---

① 见 Flamm (1987),Langlois 和 Mowery (1996),Waldrop (2001)的相关解释,或者国家研究委员会的综述(2003)。

② 关于互联网商业化之前的全球网络状况,参见 Quarterman (1989)。关于美国之外互联网的起源,见 Mowery 和 Simcoe (2002b)。

③ 例如,根据某些衡量标准,该通信技术对 20 世纪 80 年代的科学行为几乎没有影响。Agarwal 和 Goldfarb (2006)跟踪了 Bitnet 对研究工程师合著行为的影响,该网络正是互联网的前身。尽管包交换技术早在几年前就已经被发明利用,Bitnet 在 80 年代开始向大学扩散,直到 80 年代中期才对合著行为产生了影响,到更晚些时候,大多数影响才成为增量影响。

相关决策，他们的目的是获利。这些公司推动技术前沿（与摩尔定律一致）的原因在于此举有利于其商业利益，并不是因为他们有志于支持整个行业从广泛传播的技术推动力中获取进步，或是具有宏观的战略利益观。

在实际操作过程中，计算技术和商业共同演进发展。与此同时，研究人员和设计人员进一步推动我们更好地理解实现不同技术目标（体现在产品和服务中）的成本和商业价值。因此，在现行经济活动中通过计算预测结果，并在具体背景中看待很多创新活动对其预测的影响，分析市场竞争和用户群体反馈如何影响商业创新方向和速度是非常有益的做法。简言之，技术动力远未达到经济分析家、经理和政策制定者的预期。

技术推动有诸多替代品，首先我们将计算技术概念化为通用技术。

2.2　作为通用技术的计算机技术

Bresnahan 和 Trajtenberg（1995）将通用技术定义为一种可适应不同背景的能力，该能力可提高各背景下发明活动的边际收益。通用技术与较高的技术发明固定成本以及较低的边际成本有关。该成本结构既可以创造大量早期投入——在技术扩散前及过程中都可以发生，也可以促进重点发明的再利用。Rosenberg（1976）将该现象描述为"引进相对较少但极其相似的生产过程到大量行业中。"[①]

计算机技术的广泛传播可视作通用技术第一个特点的佐证——通用技术的广泛传播性。计算机技术，或是信息技术，覆盖的领域从协助交易自动追溯（该功能对自动计费、管理航空公司库存座位价格、地理分布较广的零售店进补货都非常必要）到信息密集型任务的协调工作，例如调度时间要求较为严格的快递或紧急服务。除此之外，通用技术的第二个特点从计算机技术改进先进数学计算等性能上得以体现，该功能对众多活动都有效，例如计算贷款利率和估计地下地质矿床。此处列举一个重点发明再利用的连续性实例，与高级数学计算紧密相关的另一项功能便是计算机辅助精密功能，可用于提高从金属形状制造到通信转换自动化等过程的效率[②]。

类似软件和联网等中间产品的到来影响了人们评估信息技术应用和资本产品采用的评估方式。由于互联网技术被应用于商业组织中，因而深深扎根于商业过程。对应的，若要商业化互联网技术，商业过程和技术需要相互适应，此举有可能带来高额的转换费用，而确定最有效的输入输出连接组织方式也可能比

[①] 引自 Ames 和 Rosenberg 关于机械工具的章节，出自 Rosenberg（1976）。正如 Rosenberg 书中的多篇文章所提及那样，这些观点由来已久，应用范围远超出计算领域。

[②] 有关众多不同应用的分析，见 Cortada（2003）或者麦肯锡全球研究院。

较缓慢。[1] 该问题之所以如此复杂,一部分源于现代经济活动涉及的计算机应用极其复杂。大范围非资本投资共享有可能会出现,尽管对大型组织而言,共享的单位成本比较低,但是这种共享通常不会突然出现,而且其协调成本通常也非常高[2]。

通用技术的采用和实施成本可能非常高昂,因为组织的其他方面可能也会因此发生改变。例如,一项通用技术可能会促使经理重新分配大公司内部的决策权和自由裁量权(Brynjolfsson 和 Hitt,2000)。若是本地企业试图应用信息技术到本地的商业过程——例如结算、账户监控、库存管理或者本地服务,如零售销售、财务数据的传递和娱乐服务等,则上述现象会更加明显。该情况下,组织界限可能会随着互联网技术的应用随之改变,使得追溯组织绩效与互联网技术之间的直接联系相对困难[3]。

尽管如此,研究人员一直试图追溯信息技术投资和单个组织以及整体经济生产率提高之间的联系[4]。一般情况下很难找到合适的微观统计证据,因为经济生产规模要足够小,数据变化需达到一定标准。

这让 Atrostic 和 Nguyen 的研究显得弥足珍贵,他们证明了网络技术的使用提高了 20 世纪 90 年代后期大批制造厂商的生产力。[5] Bloom 等(2007)也发现了一个有趣的案例,该案例将互联网技术的应用对生产力的作用独立了出来,在并购了英国公司的美国企业中寻找到了相关证据。这些机构在被收购后对信息技术业务进行了再投资,从而带来了可观的生产力提升。[6]

信息技术经济学表明这类证据确实应该比较稀少,抛开多样性数据的缺乏不论,即使有足够的数据,输入和输出之间的联系也不会是线性的。计算机技术带来的全新服务和产品是否能提供永久或暂时的竞争优势尚未可知。

此外,就增值和全要素生产率的角度而言,这类变化可能无法直接衡量。一旦新服务有理由永久持续下去,私人公司的投资便会产生回报,既可以是最终收益增加的形式,也可以是获得战略性优势的形式。如果一个新产品或服务被所有企业迅速模仿,则该产品或服务成为在下游市场经营的标准特征。新技术带

---

[1] 关于某位经济历史学家对此的观点,见 David(1990)。信息系统研究社区的分析人士着重强调决定这些成本的关键因素。见 Attewell(1992),Fichman 和 Kemerer(1997),Bresnahan 和 Greenstein(1997),Forman(2005)。Forman 和 Goldfarb(2006)在将理论应用到互联网相关的科技中去时,总结出上述因素。

[2] 有关机床的采用分析,见 Astebro(2002,2004)

[3] 该现象导致这些投资的价值在无形投资中显现。可参阅 Brynjolfsson 等(2002)。

[4] 微观和宏观经济证据,可参见 Jorgenson 等(2005)或 Draca 等(2007)。

[5] 见 Nguyen 和 Atrostic(2006)。

[6] 相关证据,见 Harrison 等(2006)。

来的益处迅速以产品的低价和质量更优的形式传递到消费者身上。该情况下，公司依旧可从中获益，只是不以额外收益的形式出现，但公司却避免了经营不当带来的损失。

2.3　协作发明成本与利用通用技术的价值创造

协作发明成本是特定时间、特定地点，为定制某种特定技术产生的各种费用，协作发明活动的竞争性工具供给可以降低但无法彻底消除成本。上述费用决定了配置和采用通用技术的最终经济成本。

要量化协作发明的成本通常是比较困难的，这些成本具体表现为产量损失、资源分流、常规活动的中断以及其他组织"内部"成本。事实上，如果算上流程改进，成本会更高。流程改进会导致日常活动产生较大的变化和重组，公司必须针对无法预测的成本自行投保。David（1990）在有关制造业电动发电机的分析中提到，计算机技术远非面临如此高昂的业务中断调整成本的第一种通用技术。

Bresnahan 和 Greenstein（1997）推测由于各个用户组织需求复杂而独特，通用安装方式不再完全使用，大规模的用户安装导致协作发明的成本提高。他们还分析了已有大型机企业内部从大型机到客户端–服务器架构的转变。样本既包括众多当时最依赖计算技术的企业，也包括最早的商业计算采用企业，因此该分析为我们提供了一个平台，得以了解组织内调整过程放缓的原因。他们的研究着重强调了两点至关重要的因素：计算技术新功能的发明成本、适应特殊和/或复杂背景。上述两点引发的成本减缓了新技术的扩散过程，通常是扩散到能够创造最大效益的用户。

协作发明的成本并非仅仅来自配置通用技术期间的用户，供应商也会引发相应的成本，作为新服务开发战略方针的一部分，受限于自身组织的特性和市场定位。随着通用技术的扩散，各公司会寻求新途径从服务中获取商业利益。以拨号上网为例，由于第一代互联网服务提供商（ISP）与电话系统互补，因此面临的增量成本相对较低，其次他们也借鉴了公告板服务市场的许多做法。各公司迅速通过扩大生产来创收。还有一些公司建立起配套产业，期望得以生存或者大展拳脚。①

另一个极其重要的开放性问题是：公司支持计算机技术的创新，是否会导致市场中"技术偏见"的存在（或消失）。若简单假定技术不存在偏颇，则技术的采用会改变生产规模，但却不会改变实现生产规模的必要因素——投入要素的比例。与之形成对比的是，技术偏见可能有多种呈现形式，因而无法轻易确定。

---

① Greenstein（2000）研究了互联网早期发展过程中产生的此类成本。他的研究强调本地状况会影响回报，位于城市地区的企业会呈现大量不同的产品和服务。

在计算机技术出现的前几十年,大众普遍认为计算机技术青睐拥有熟练工种的企业,即典型的"劳力节约型设备"。常见的机器人替代流水线工人、自动取款机替代银行柜员,都为这一观点增添了证据。

但事实远比大众认知复杂得多,个人电脑的普及为我们正确认识这一现象扫除了障碍。近来越来越多的研究倾向于强调技能偏向型技术进步,[①]也就是说,技术精湛的劳动力越多(超出正常的比例),采用计算技术的可能性就越大,与计算技术相关的高附加值回报通常流向技术精湛的劳动力,而不是非熟练工。[②]

如果其他因素(例如规模化经营或者是最终产品的有价特性)无法保持不变,观察上述转变是比较困难的。如果投资方观察到以上转变而更加青睐某些投资类型,则会改变基于股权的隐形投资机会成本,那么情况就会更加复杂。[③]

有关采用信息技术的几项微观研究表明,追溯信息技术协作发明的采用和业绩之间的联系是比较复杂的。以货运行业为例,计算机技术改变了货物的运输分配。Hubbard(2000,2003)对计算机技术的使用进行了考察,以监控货车的性能。两种截然不同的应用脱颖而出,一是货车实时追踪,二是任务完成后的性能审计,两种应用都非常有意义。如果生产率的提升主要是因为货车满载的频率更高,即更精准地将货车与运输任务进行匹配,使得回程也可以装载货物或者将未满载的货车进行合并,则可以确定计算机技术在提高运货效率中扮演的正面角色。

引进机载计算机可提升跨区域资源协调能力,它可以更好地检测驾驶员行为,带来诸多好处,例如降低卡车的贬值速度。但是想要完全实现这些提升会涉及资产所有权重组,因此想要对该行业的前因后果了解得一清二楚仍然充满挑战。[④]

另一个例子是信息技术如何提高应急服务效率。Athey 和 Stern(2002)研究了紧急服务中的计算机应用。只有救护车调度员及时地获取信息,紧急服务的价值才能得以体现。他们针对心脏发作的患者进行了同步排序,尤其是加强版 911 系统(E911)可以让救护车调度员准确定位求救者的地理位置。及时性是紧急应对心脏病事件可能性的关键因素,并提供准确的信息,以便能够确保更加快速地做出反应。E911 的引入减少了患者到达医院时出现脉搏过高或过低

---

① 有关偏见的更多内容可见 Caroli 和 Van Reenen(2001),Bresnahan 等(2002),Acemoglu 等(2007)和 Beaudry 等(2006)。

② 可参见 Beaudry 等(2006),Autor 等(2003),Card 和 DiNardo(2002),Kreuger(1993)。

③ 关于市场评估一项比较激烈的讨论参见 Shiller(2000)。

④ 例如,见 Baker 和 Hubbard 的分析(2003,2004)。

的情况,同时降低了 48 小时内的死亡率。

　　各研究往往更加关注推高协作发明成本的因素,突出强调导致新技术未被采用的种种因素。但是高昂的协作发明成本并非必然,这也是通用技术为何可以快速扩散的重要原因之一。例如,Forman(2005)考察了来自特定行业的20 000家企业对早期互联网技术的采用。他集中选择了拥有前沿互联网技术采用历史的行业,同时研究了影响采用的微观经济过程。他发现,基本技术(例如电子邮件和浏览功能)的应用需要一定的网络支持,一旦网络的协作发明成本较低,这些技术便能会得到广泛应用。

　　后期 Forman 等(2003a)将上述研究的范围扩大至美国经济的所有非农业领域,调查对象为雇员超过 100 人的企业。在这些企业中,有超过一半的企业都拥有精确而翔实的互联网应用数据。窥一斑而知全豹,通过该研究他们对美国的整体经济进行了测算,至 2000 年底,美国所有企业中,大约有 90% 引入了电子邮件和浏览技术。一些行业已然达到饱和状态,例如印刷业、配件供给和许多金融活动,剩下一些行业的普及率也很高(超过了 80%);还有一些行业的普及率相对较低,例如废弃物管理、园林供应、社会救助等。他们认为协作发明的成本在几乎所有行业都如此之低原因有三:个人电脑已经普及;全国都有相关服务供给,即使是技术低密度区;实施这些额外活动的增量成本涉及的步骤较少。

　　Forman 等(2005)还考察了各因素对边际采纳者的影响。假设其他变量守恒,他们发现在乡村地区,企业参与互联网的可能性高于城市地区,尤其是可促进企业间交流的技术。但是,现在谈城市消亡似乎为时尚早。针对企业内交流的前沿互联网技术在城市地区出现的概率相对更大,即使是在某些特定行业,结果亦如此。大城市的行业结构有所差别,这很好地解释了边际利率和平均利率之间的差别,互联网技术密集型行业往往在城市地区集聚。城市领导力和行业结构之间相互作用,互相补充,促进了互联网技术应用的产生,同时也加剧了城市集聚效应。

　　虽然基本浏览技术的协作发明成本很低,但却比企业计算机任何一次重大投入都要高很多。例如,如果企业想要建立和入侵防御系统(IPs)相容的企业资源规划系统(ERP),并将其纳入企业的日常运行,企业需要付出巨大的努力进行技术定制,从而反映出不同企业的运营、报告规范、安全和计费流程以及同供应商的关系。这类投资要么给管理者提供额外的自由裁量权,要么帮助公司集中权力。[1] 受类似问题影响的还有一系列以互联网为基础的应用,例如采购、分销、库存追踪、工资协调等。这些应用可获得的企业层面投资会受到相应的

---

① 例如,见 Brynjolfsson 和 Hitt (2000)或者 Bloom 和 Van Reenen (2007)。

影响。[1]

将一项通用技术转变为有效应用会涉及诸多成本,协作发明成本是很好的分类方法,但计算机领域的创新行为分析却另有乾坤,需要分析创新行为的具体制度细节带来的影响,例如用户目标、全行业组织的程序化模式和领先企业的地位。下文中我们将对此进行深入讨论。

2.4 平台竞争形成经济激励

创新机遇的方向由企业之间的关系决定,而企业间的关系则受平台的影响。在任何特定的时代,计算机市场都围绕平台展开——一个由标准技术组件组成的集群。买家利用该集群实现前文提及的众多应用。平台塑造动力决定创新活动发展方向和发展速度(有待论证)。[2]

上述平台包括长期资产,既有市场上售卖的组件(例如硬件和一些软件),也有买家进行的投资(例如培训以及大多数软件)[3]。历史上出现过的重要计算平台包含 UNIVAC、IBM 360 及衍生产品、Wang 小型计算机、IBM AS/400、DEC VAX、Sun SPARC、英特尔/Windows 个人电脑、Linux 和以 TCP/IP 为基础的服务器平台。

供应商往往采用伞状结构将兼容的产品卖给特定的平台用户。最初,领先公司对计算机技术的各个方面进行整合,并从专有源提供商品和服务。后期发展阶段,最大和最受欢迎的平台囊括了不同的计算机、通信和外围设备厂商、软件工具开发人员、应用软件程序员、咨询顾问、系统集成商、经销商、用户群、新闻出版商和服务供应商。尽管这当中会有部分选择满足专有利益,但他们对平台都忠心耿耿,希望平台能持续发展。

平台展示的是一种递增的回报,有时被称作"网络效应"或者是"从众效应"[4],即参与者越多,参与的回报越高。上述回报通过一系列机制得以积累:用

---

① 进一步分析和相关研究见 Forman 和 Goldfarb (2006)。

② "平台"一词在工程领域意义有所不同。本文所述之平台强调具有价值的相互关联的经济联系的形成,以及平台的存在如何改变参与创新活动的激励机制。可参见 Bresnahan 和 Greenstein,2000,或 Gawer 和 Cusumano,2002,及其他。

③ 在计算行业内部,用户投资常被烙上"血汗产权"的标签,意味着销售部门必须意识到它的存在并创造销售额。Cortada (2003)以及 Shapiro 和 Varian (1998)的描述恰恰相反,前者使用的是行业白话,后者则利用"转换成本"经济理论讨论了同一现象。

④ Jeffrey Rohlfs 是最早对该现象建模的研究人员,其模型来源于他对美国电话电报公司失败的可视电话的观察。Rohlfs (2001)讨论了无数案例研究,以及他对从众效应的思考过程。Katz 和 Shapiro (1985,1986)提出了一个内生定价网络模型,称其为"网络外部效应"。他们的模型包含大量不同的背景,既有内在化的外部效应,也有非内在化的外部效应。相关网络效应也可参见 Farrell 和 Saloner (1985)。关于该途径的综述,见 Katz 和 Shapiro (2000)。

户加入大平台可因此受益，原因在于大平台意味着多选择、低价格、更多机会"混合和匹配"来自多个供应商的组件。供应商也可从大平台中获利，大平台意味着利基产品的需求更加旺盛，同时能够更好地认识现有客户群体的长期稳定性。除此之外，大平台允许企业专注于少数领域的创新，而将余下的其他市场留给互补性强的专门化企业。

平台总是随着标准组件包而出现。标准组件包是一套可提供服务的标准组件，大多数平台用户对此都不陌生。

这也揭示了为何部分用户和参与者会拒绝加入平台，因为标准包可能会对功能有所限制。例如，相比大众用户，熟悉技术的用户更倾向于不同的标准组件包，这限制了为大众提供标准组件的供应商施展拳脚的能力。出于战略考虑，厂商偶尔会尝试打破标准组件以实现创新。①

直到 20 世纪 90 年代初期，平台成为影响大多数细分市场之间差距的因素之一，这些细分市场各自代表着一群对某一共同功能拥有共同兴趣的销售商/用户。这些细分市场代表着公司的技术技能集群和用户的操作集群。这些共同的兴趣表明了企业所需开拓的市场规模，以及用户所能接受的技术复杂程度。大型机、小型机、工作站和个人电脑依次递减，组成不同规模的细分市场。②

20 世纪 80 年代末和 90 年代最受欢迎的平台不同于早期比较突出的平台。例如，工作站吸引的是对技术有复杂要求的用户，而且通常采用的是先进的微处理器和 Unix 操作系统的改良版本。无数的公司利用专有的软硬件设计版本参与竞争。最终，该细分市场的龙头公司地位花落太阳微系统公司（SUN Microsystems），该公司采用了专有和非专有技术的组合，吸引了众多用户和一大批软件应用程序开发人员。③

另一个受欢迎的小系统是个人电脑。个人电脑始于 20 世纪 70 年代中期，引发了技术精通爱好者的好奇心。经历了细分市场内的短暂设计竞争后，个人电脑成功在 IBM 的设计进入市场后成为大众办公工具。不同于之前的计算平台，个人电脑最终普及到了千家万户和办公领域。一开始个人电脑平台就包含了数以千计大大小小的软件开发商、第三方周边设备和存储卡开发商以及其他一些主要参与者。④

---

① Bresnahan 和 Yin (2007) 精辟地分析了标准大战中进行创新的策略必要性，同时也分析了影响成败的因素。
② 有关计算历史持续性和平台变化的另一种解释，见 Bresnahan 和 Greenstein (1999)
③ 可参见 Baldwin 和 Clark (1997) 的解释以及 Baldwin 和 Clark (2006) 的更新
④ 上述事件非常有名，且被记录在案。可参见 Cringley (1992) 或 Frieberger 和 Swaine (1984) 等。关于该竞争现象的数据分析，见 Gandal 等(1999)。Bresnahan 和 Greenstein (1999) 根据平台经济学分析了上述事件。

后期,对标准的掌控权从 IBM 全面过渡到微软和英特尔,微软生产 Windows 操作系统,英特尔生产最常用的微处理器,因此该平台通常被称为微特尔(Wintel)。

20 世纪 90 年代后期的网络和互联网革命模糊了从前非常清晰的界限,最初这些新技术是工作站、个人电脑和局域网相互连接的组合。改革之后,大型企业内部和不同所有制之间也可建立客户端服务器系统。最早在客户端服务器平台占主导地位的企业包括网威公司、3Com 公司、甲骨文和思科公司。

在客户端服务器系统完全普及到所有企业之前,另一种创新改变了原有的发展轨迹——互联网。技术上,互联网由一系列标准协议组成,这些协议允许用户在各网络内部或网络之间传输数据,只要这些网络遵循相同的协议。

商业互联网有诸多特点,但有两个特点作为商业计算机网络技术尤为突出。首先,网络设计最初将用户设计在了网络端,即用户必须学会使用互相兼容的个人电脑和工作站,但是无须担心任何网络内的设备或者协议。[1]

第二,自从商业互联网成功普及之后(至 1997 年,已经普及美国各大主要城市),一系列新的可能性随之出现。互联网使得用户和供应商进行低成本远距离数据传输成为可能,无论是操作成本还是安排数据传输所需的高级设置成本都不高。上述两个特点使用户和供应商的资料得以结合,这在之前需要双方协作——因此成本高昂。简言之,互联网带来了前所未有的网络效应,汇集了以前从未想过加入类似网络的各方参与者。

如今类似的网络系统采用了以互联网为基础的计算系统,该系统将地理上可能相距甚远的各方联系了起来,催生了"网络的网络"[2],它采用了非专有设计组合,这些设计分别来自电器电子工程师协会(Institute of Electrical and Electronics Engineers,IEEE)、互联网工程任务组(Internet Engineering Task Force,IETF)、万维网联盟(World Wide Web Consortium,W3C)和其他机构(后文会有详细说明)。这些机构和提供专有产品及服务的企业共存,后者的赞助商包括微软、SAP 公司、甲骨文、谷歌、雅虎等公司,他们相互竞争,同时也会利用围绕自身设计开发的软件和围绕开放源代码设计开发的软件,例如 Linux,Apache,MySQL 和其他(详细内容参见后面章节)。

---

[1] 关于协议是如何被置入电子邮件的,见 Partridge (2008)。关于互联网背后的设计原则,以及为何近期发生的事件影响了他们的持续性,Blumenthal 和 Clark (2001)进行了深入浅出的探讨。

[2] "网络的网络"研究可见 Noam (2001)。关于网络操作和试图大规模管理所引发的无数问题的研究,见 McKnight 和 Bailey (1997),Kahin 和 Keller (1995,1997),Mansell 和 Steinmueller (2000),Compaine 和 Greenstein (2001),Cranor 和 Greenstein (2002),和 Cranor 和 Wildman (2003)。

2.5　平台内和平台间创新

自计算技术诞生之日起,平台便始终存在。创新活动的方向受到平台竞争的限制,因此平台至关重要。拥有所有权的企业(同一平台)到底是全权控制还是部分控制平台决定了平台之间竞争的出现。创新活动改变了平台内和平台间的竞争状况。有关平台间曾经出现过的竞争少有实证研究,主要是因为这样的竞争并不常见。新平台的建议很少能够概念化为商业形态激发用户购买欲望。除此之外,一旦平台广泛普及,现存的平台很少会停止发展或者减速发展,因此,市场没有创造出足够机会让数个可用平台持续竞争。

例如,许多有关大型机时代的研究试图理解 IBM360 系统如何崛起并最终成为主要的计算平台。此举可以理解,毕竟 360 系统作为计算机技术史上最有利可图的创新持续了数十年。时任 CEOThomas Watson 付出了巨大的努力,几乎赌上了整个公司的资产。该系列产品成功晋升为无数办公室计算机应用的主要平台,包括银行、薪资、库存核算和其他 20 世纪六七十年代关键的创新应用。

曾有几项研究试图理解 IBM 成功的原因及其后期影响。例如,Katz 和 Phillips (1982)集中讨论了 IBM 成功的原因。他们强调了以下因素的重要性:通过学习改变企业组织和产品设计,从而适应用户不停变化的需求。他们发现大规模计算始于科学和军事目的,最初的大部分开发由政府资助。科学和军事应用计算方面的早期技术领导者发现,想要预测需求不同的商业用户理想的操作需求和再设计是比较困难的。大众市场办公计算用户的出现凸显了了解商业用户的价值,因此也改变了早期 IBM 公司的价值。

Fisher 等(1983a, b)集中对 IBM 的成功带来的影响进行了研究。他们着重强调了市场的动态改变和领先公司(此处主要是 IBM)创业商业计划的回报。他们将 IBM 的成功归功于其管理模式,一边创造一边运营的模式成功将学习到的新技术和用户经验转化为新产品的设计。[1]

理解平台内竞争如何运作有两种方法,第一种是理解平台内关系是如何为创新添砖加瓦。买方和卖方技术上相互依存、经济上相互依赖,因而产生了一定的联系。也因此,供应商和用户组成的生态系统围绕同一个组件包升级换代。创新机会和限制都依赖于脱离标准包的新产品。

根据不同的服务需求,供应商和用户构成的生态系统在稳定性、销售额和规模上都会有所不同。[2] 以安全软件和打印机系统为例,两者都是标准的个人电脑配件,但是软件安全市场首先考虑的是预测黑客行动,一旦病毒传播,整个系统几乎是严阵以待,随时准备面对危机。而打印机市场面对的客户更加依赖特

---

① 见 Fisher 等(1983a,b)。

② 见 Messerschmitt 和 Szyperski (2003)的广泛分析。

定的生产商,涉及的方面有常规零部件和组件供应链、第三方分销和终端产品服务等。

另一种理解平台内竞争的方式是在研究方法中加入最新情况。一般情况下,没有一家公司可以控制单一平台的各个方面,竞争行为分析家着重研究所有参与者作为一个整体(平台内)是如何表现的,无论各方是竞争还是合作。[①] 现存文献对格式战争或标准战争也有少部分讨论,但是否涉及大量同一平台上提供标准包的企业无从可知。[②] 近期的研究调查了单一所有权时代走向末路的原因,这就引出了本文下一部分要讨论的内容——分散型技术领导力。

2.6 分散型技术领导力和创新行为

在 20 世纪 50 年代,计算是一项新技术,只有屈指可数的专家了解所有的关键功能。在过去的 50 年中,专业知识的分散急剧变化,分散到了大量拥有不同技术和商业背景的参与者身上,他们各有各的目的。该转变与计算机技术所处的商业背景变化一致。少量专家工程师了解计算机的方方面面已经成为过去式,但这并不意味着专业知识失去了价值,相反这意味整个计算机领域的技术发展方向和速度不再主要由一小部分专家决定。

换言之,计算机领域出现了一个长期趋势,拥有必要技术背景和足够经济实力的公司越来越多,它们凭借自身实力为市场提供部分组件,为计算机用户提供有价值的服务。实力不足的公司在市场手段的作用下被合并也是轻而易举,例如雇用一批合格的工程师。Bresnahan 和 Greenstein (1999)将该特点称之为"分散型技术领先"。

为了说明这一点,我们可以考虑不同时期的关键创新。20 世纪 60 年代,技术知识尚未广泛扩散,商业计算领域最有利可图的创新便是 IBM360 系统,进行发开的设计师和开发人员完全来自同一家企业。该系统涉及商业计算各个主要方面的重新设计。许多发明来源于 IBM 公司外部,也有不少来自 IBM 内部。更重要的是,最关键的发明根本没有发源地,因为最关键的发明是将所有的发明集合在一起。协调规模如此庞大、分类如此众多的团队已经达到了 IBM 的上限,任何有着类似雄心壮志的公司都不可能超越该管理上限。后期创新时,IBM

---

① 例如,Bresnahan 和 Greenstein (1997)的分析以大公司大型机和客户端服务器之间的转换为背景,讨论了此类竞争。Bresnahan (1999)考虑了早期"智能聋哑客户服务"平台面临的某些阻碍,提供了一个依次从"相邻组件市场到下一个市场"的模型。除此之外,Gandal 等(1999)也提供了一个例子。他们观察了早期个人电脑市场不同平台之间的竞争,强调了组件市场之间反馈的重要性。

② 关于 VHS/Beta 之战,见 Ohashi (2003),关于 DVD 采用过程中软件和硬件之间的相互作用,见 Gandal 等(2000),关于 DiVX 之战,见 Dranove 和 Gandal (2003),关于 56K 调制解调器之战,见 Augereau 等(2006)。

采用了 360 系统的部分功能用于开发新应用,例如航空订票系统和金融用户新账户追溯系统。尽管 IBM 面临着众多跟风者,但它将自己独一无二的资本和产品应用到产品的生产、运输和服务过程中,避免了其他公司对自身产品的模仿。

另外,分散型技术领先还激励了在创新组件供应方面处于领先地位的供应商进行商业拓展。因此,广义上而言,部分公司在设备层面遥遥领先;另一部分公司利用最新的操作传输数据;部分公司将新的存储设备引入市场;部分公司为用户提供最新的软件应用;还有另外一部分公司提供最前沿的服务。为了区分集成系统的竞争,我们有时会把该现象称作水平领先或者是组件层面的领先。[①]

供应专门化是当代计算机行业独特的战略问题之一。具备不同能力的公司在一种或一小部分组件供应方面出类拔萃,和对应的公司进行合作。以个人电脑为例,大量不同的公司异军突起,专门为个人电脑供应不同的零部件(例如许多公司供应电子组件),其他公司则提供软件,还有一些公司负责最终产品的分销,提供相关服务。用户混合搭配不同组件和服务带来的益处远超公司内部协调生产带来的好处。

领导力分散的市场中企业通常呈现多样化的特点,此处之多样化有以下含义:各公司利用的商业资产不同、所处的地点不同、配置的人员拥有的技能不同、不同的财政支持结构和不同的阶段评估方法,甚至关于技术前景各公司的理念也不同。一家公司的创新回报评估方式未必要和另一家公司相同。不同的评估方式可以带来不同的获利方式,但商业目标依旧可以相同,由此产生的成本可能不同,甚至整体的商业目标也可以不同,例如针对的是不同的客户。

分散型技术领导力还可以减少组件市场的进入壁垒,进而可以让组件或服务的潜在供应商广泛分布。因此,新的组件公司进入市场有以下三种路径:

(1)某技术领域的专业化组件公司可能会在运作过程中获取“相邻”领域的专业知识。例如,一家主机公司可以学习关于安全软件的诸多知识。该公司可以利用相关领域现有的人员和资源研发出另一种专业组件,扩展现有业务。

(2)第二种可能是白手起家的新公司。该公司可以装配其他公司的组件,或者根据新目标或者重新优化的组织形式雇用技术人才。这类公司通常能获得风投资助,目标是通过竞争在功能上超过某专业领域的所有其他公司。

(3)拥有众多专有平台的公司,例如英特尔或者微软,可能会试图渗入同现有产品功能比较类似的市场。可以通过合并专业公司(通过方式 2 进入市场),也可以发展自己的专有版本(方式 1)。

竞争如此激烈,任何单个供应商都不太有可能拥有一整套完全不同于其他

---

① 著名的总结,见 Andy Grove,英特尔首席执行官,他曾对个人电脑行业的不同层面进行描述,见 Grove (1996)。

公司的资产,遑论雇用所有的创新专家。一旦企业利用技术实力获取商业利益,企业本身的技术也成为商品,而企业则成为产品(技术实力)供应商,众多供应商都有供给产品的能力。上述问题影响了 20 世纪 90 年代中期盈利最多的计算机创新。

首先以微软的 Windows95 为例。该创新涉及个人电脑操作系统每个主要部分的重新设计,也达到了微软管理能力的上限。[1] 微软在 Windows95 系统中嵌入了众多功能,过去这些功能都由专业软件公司提供。尽管内部能力有限,微软的经理特地保留了一大批商业计算技术未进行开发,尤其是在微软既没有产品,也没有战略利益的设备和应用市场。此举是明智的,既承认了自身的缺陷,也承认了其他公司的能力。[2]

紧接着我们讨论 20 世纪 90 年代中期另一项创新——英特尔对微处理器的升级。英特尔的经理们总是面临一个抉择:究竟是开发新项目还是继续投资现有项目,其中一些是"个人电脑的主板"项目,主板与微处理器相辅相成。如果经理认为投资可扩大对个人电脑的最终需求,那么投资就势在必行。而他们也确实这样做了,例如对个人电脑总线重新设计项目的投资。[3] 贯穿整个 20 世纪 90年代,经理投资了与现有产品线直接兼容的接口,避免了众多其他供应商也可以以较低成本实现的最新技术项目。[4]

有人可能会就此总结:徘徊于各平台间的用户最后根据价格选择平台,而价格又由平台间的竞争决定,分散型技术领导力决定了平台之间的收益竞争和最后的收益分配。这两种边际效益各有不同,这取决于公司行为的差异。

市场出现增长之后才会出现分化,而市场增长和分散型技术领导力是导致全球范围内计算机行业呈现一些显著特点的一部分原因,例如某些本地区域内部分活动的地理聚集。由于众多企业专攻不同的组件,大多数计算机硬件和软件产品的供应链不再是同一家公司控制,生产区域受制于竞争力量,公司的领先地位也随时可能改变。众多计算机配件领域都见证了上述趋势,例如显示器、移动设备和其他硬件设备等。[5] 除此之外,其他制造领域也出现了复杂信息技术的使用,协调来自不同国家和大洲的企业参与生产和设计,与此同时也推动了地理分散。分散型技术领导力同时也会影响软件,该领域劳动力集中,协调和检测

---

[1] 例如,见 Cusumano 和 Selby (1995)。

[2] Bresnahan 等(2009)对此进行了详细讨论。

[3] 他们的原话为,如果"每个人分到的派都变大",经理会尝试提升个人电脑的各个方面。见 Gawer 和 Cusumano (2002)的讨论。

[4] 有关这类问题的讨论详见 Henderson 和 Gawer (2002)。

[5] 关于个人电脑的采购,可参阅 Dedrick 和 Kraemer (2005),有关平板显示器,可参阅 Hoetker (2006)。

成本都已下降到足以进行分散制造的程度。①

尽管存在分散型技术领导力的现象,计算机市场领先企业的地位却很少更替,原因何在? 本文将在下文讨论持久性和竞争问题,以期对该问题做出回应。

2.7　在位企业和新进入企业间的竞赛和持续性

高于单位成本的定价对专业供应商有特殊的要求,例如有价值的品牌、身处行业前沿、与众不同的服务或者是更广的分销渠道。企业竭尽所能在技术市场发展上述能力,哪怕只是昙花一现。简言之,企业有着各种各样的动机利用私有财产(例如现有的分销渠道)进行创新研发。

在上述过程中,各公司相互竞争以取得独一无二的技术进步,此类竞争常被归为"竞赛"。企业引入新产品或者对现有产品进行升级都会导致竞赛的产生。竞赛行为发生在各个领域,例如磁盘驱动器、打印机、软件和其他组件领域。而竞赛初期的胜利者在后期的表现也会产生较大差异。②

尽管技术前沿的巨大技术进步很常见,但大多数常见的现有平台几乎保持不变,即使改变速度也非常缓慢,我们将之称为"持续性"。即使是前沿企业已经远超绝大多数常见现有技术,"持续性"依旧存在。

该现象带来一个问题:现有企业和初创公司为何不将每项技术都利用起来? 竞赛和持续性又会带来什么样的失与得。事实证明,不是每家公司都有能力或没有意愿像行业领先企业那样参与竞赛、保持持续性,因为构成平台的众多组件都是持久性的。随着新的前沿产品层出不穷,旧的技术尽管会过时,失去前沿者的身份,但是依旧可以为用户提供一系列有价值的服务。简言之,服务即使不再处于前沿位置,只要原有的投资价值得以延续和加强,可以为用户提供新功能,那么服务就依然有价值。

"向后兼容"升级或者改进是指适应现有设备或与之保持相容性。这个标签极具启示意义。"逆向"技术是指故意不向"前"发展的技术,与此同时与先前功能保持相容性。该现象还创造了一种新需求,即支持并创新相关服务活动,以削减从旧到新的转变所涉及的成本。

试图进步的强烈愿望和向后兼容升级之间存在着本质冲突。尽管两者之间

---

① 可参阅 Mowery (1996)或 Arora 和 Gambardella (2005)。

② 例如,Khanna (1995)有关前沿计算领域引入的新产品研究记录了这类行为。Stavins (1995)考察了个人电脑企业进入产品空间的前沿或"中段"的动因。Lerner (1997) 考察了硬盘公司是否从开发新前沿产品的定价中获得溢价。Greenstein 和 Wade (1998)考察了竞争环境是否能够促进企业带来新产品。Cockburn 和 MacGarvie (2006)研究了知识产权是如何为新软件企业带来动力。De Figueiredo 和 Kyle (2006) 观察了现有企业(主要是惠普)和新公司如何为激光打印机发展产品空间的新前沿。Prusa 和 Schmitz (1994)证明了个人电脑软件领域的新公司很少能够成功进入其他领域。

的权衡始终存在,平台领先者一旦管理不善,面临的机会成本就会很高。对于逆向组件和前沿产品这两种需求,企业的解决方案尽管不同,但这两种需求都会得到妥善解决。若既要满足逆向组件用户,又要满足前沿产品用户,企业可能需要不同的设计方案。一个尚待解决的问题是用户对平台领先者提供的相同设计是否会感到满意?

例如在大系统时代,IBM 在 360 系统大获成功之后面临一系列问题,IBM 没有选择重新设计下一代主机,反而选择引入一个家族系统——370 系统。该系统与 360 系统的众多功能保持了相容性。由于大型机的现有用户众多,370 为 IBM 带来了盈利颇丰的业务。但与此同时,IBM 在满足特定次区域用户上面临困境,尤其是那些专注于创新高速计算机技术的用户。[①] 事实上,IBM 面临该权衡已经很多年。在各个案例中,IBM 总是会选择一个既适用于现有客户,又适用于大多数大型机用户的选择,在不失去之前投资的条件下进行升级。

IBM 的经理曾经尝试扩大系统范围以吸引新用户,结果喜忧参半。在上述例子中,IBM 的竞争者试图设计出可以吸引利基市场用户的系统,但是这些系统和平台不相容。很明显,低端领域的竞争中,升级更为少见,而且对向后兼容性的需求也更弱,因此 IBM 面临的竞争者和新公司更加多样。IBM 曾尝试利用多种部分相容的系统和其他公司竞争,表现极佳的产品一直没有出现,直到 1981 年的个人电脑和几年之后的 AS400。[②]

在个人电脑的分散型技术领导力年代,也出现了类似的两难。个人电脑领域出现 386 计算机后,IBM 在个人电脑领域风头略减。英特尔高层考虑了几种新的微处理器设计,尤其考虑了公司应不应该跟随其他几家前沿公司,打破原有设计从而占领技术前沿。尽管突破过去的设计可以帮助英特尔与其他表现卓越的企业竞争,但同时也会牺牲部分向后兼容功能。相反,在经历无数次讨论之后,英特尔选择在 20 世纪 80 年代进行向后兼容改进。如今回顾,这对于公司股东的确是个明智的决定,尽管在当时看来并不明显。[③]

在 20 世纪 90 年代中期,微软的战略思想也面临了同样的困境。例如,虽然对于个人电脑而言,Windows 95 是一个全新的操作系统,但是微软扩大了曾在 Window 3.0 和 3.1 上运行过的软件应用程序的可移植性,而 Windows 3.0 和 3.1 则是基于 DOS 操作系统。1995 年 8 月推出后,Windows 95 包含了一个次

---

① 相应的,其他平台提供者,例如数据控制公司和克雷公司关注的便是创新高速计算机技术。可参阅 Fisher 等(1983a,b).

② 见 Bresnahan 和 Greenstein (1999)或 Bresnahan 等的分析(2009)。

③ Grove (1996)描述了围绕这一重要决策的激烈辩论,他采用前沿设计的初始目的,采用 RISC(精简指令集)而非 CISC(复杂指令集)的原因。Tedlow (2006)对此进行了回顾。

窗口用于兼容 DOS 文件。DOS 系统中绝大多数非前沿程序仍得以保留。微软做出这样的决定有无数原因,但其中一个担忧是——如果新系统无法兼容 DOS 文件,DOS 现有的用户可能不会转而选择 Windows95,而是形成一个亚组用户,其他操作系统的竞争对手可能会以这个亚组为基础发展出自己的市场。[①]

以上两组实例暗含了一个隐秘但非常重要的原因,为何竞赛和持续性之间的冲突对创新分析和平台领导力如此重要:不同的现有企业和新公司选择迎合向后兼容的动因各有不同。

在一个共同的情境中,新公司会试图模仿已有向后兼容产品的公司,从而分得某一组件市场的一杯羹。例如,美国无线电公司曾尝试利用一项向后兼容设计模仿 IBM 的 360 系统,却发现此举费用昂贵、无利可图。另一个例子是 DR - DOS 试图模仿微软的 DOS 系统,到头来发现获取分销渠道费用太过昂贵,困难重重。[②]

上述情境较为常见,这类情境下会产生什么样的创新成果则取决于现有企业的决策。例如,IBM 多年来试图与所有的新公司竞争,在 20 世纪 60、70 和 80 年代针对企业计算的大型机市场收获了巨大成功。相比之下,在其他细分市场的创新实践则经历了比较复杂的过程。例如,20 世纪 70 年代和 80 年代,美国数字设备公司(Digital Equipment Corporation,DEC)在工厂车间计算和通用小型计算机领域取得了更加辉煌的商业成就。另外,在 20 世纪 70 年代,王安电脑公司在文字处理方面处于领先地位,其领先地位一直持续到直到 20 世纪 80 年代 IBM 个人计算机的崛起。

早期用户对于"不完美"产品的包容性在另一个场景中发挥着一定的作用——新公司在建立了自己的客户群后,[③]会试图满足被现有企业向后兼容产品所忽略的用户需求。例如,在 20 世纪 80 年代中期,普通的个人电脑无法满足用户对高速计算的需求,而大型机价格又过于昂贵,于是许多工作站公司试图满足用户对高速计算的需求。事实证明,在 20 世纪 90 年代初,正是这些工作站公司成为客户端服务器架构最忠实的支持者,因为他们希望再次扩大自己的功能版图,填补现有平台未能满足的功能空缺(虽然不是由于缺乏尝试)。

简言之,平台领先者有足够的动力来源扩大平台范围,因为平台是他们获利

---

① 例如,那时微软刚刚经历了来自 OS2 和 DR - DOS 的竞争威胁。OS2 是 IBM 开发的一个操作系统,与 Windows 3.0 极其相似,且功能超过了 3.0。DR - DOS 则是模仿 DOS 系统而来。

② 有关微软面临的问题及相关行为的分析,见 Gilbert (1998)。

③ 有关部分上述问题的分析,可参见,Bresnahan 和 Greenstein (1997),Bresnahan 和 Yin (2007),Arora 等(2006)。

之本,平台得以延续对他们而言喜闻乐见。但是新公司却需要考虑究竟是加入现有平台,还是加入对立平台。也正因为如此,企业极其支持现有平台新专有标准的设立,而不支持可能会加剧平台间竞争的非专有性标准。另一方面,对新公司而言,兼容平台越多对其越有利,因此它们会更偏向于非专有性标准,或者是其他能够减少跨平台应用成本的技术工具。

近来发生的众多事件也取决于现有企业的决策。例如,在 20 世纪 90 年代初,微软投入巨大的精力来组织生产 Windows 95,并获得巨大的利润。与此同时,微软管理层误读了网络界的重大事件,没有认识到不同来源的一系列创新可以为基于浏览器计算的公司带来利润。因此,微软利用 20 世纪 90 年代中后期及以后的时间试图弥补进入较晚带来的损失,但与此同时微软继续大量销售Windows 95。微软改变了投资方向,支持了部分互联网技术,确保了现有投资的回报。[1] 后期,围绕互联网和网络标准建立的替代平台潜力减弱,微软减少了这方面的许多相同投资。[2]

每一个平台通常情况下只有少数企业能占有领先地位,现有企业面对新企业时会采取一定的措施,维护自己在现有的宝贵的市场地位。上述举动会引发反垄断审查也不足为奇。例如,IBM 于 50 年代和 60 年代在周边股市的行为引发了反垄断审查,英特尔和微软在 20 世纪 90 年代中期也曾受到过审查。[3] 这类审查是否影响了企业的创新行为? 几乎可以肯定答案是确定的,但是具体细节本文不作讨论。[4]

2.8　经济试验和基于市场的学习

笔者到目前为止始终强调,计算机市场的创新既不是来自试验室,也不遵循可预测的时间顺序。相反,试验室以外的活动往往是创新的首要来源,例如从市场经验中汲取而来的相关创新。计算机领域的一系列创新研究的重点是发掘企业的学习途径。市场经验有时会改变商品和服务的价值,有时会改变服务的供给成本,这都是企业要着重学习的领域。跟随 Rosenberg （1994） 和 Stern（2005)的脚步,我们将上述现象定义为经济试验。

经济试验不仅包括改变现有知识以适应技术发明,也会改变对商业运作和企业的认知,从而将技术转化为经济价值。在广义定义下,经济试验涵盖范围广

---

[1] 这在很多地方都有记录。有关网景创立的描述,见 Cusumano 和 Yoffie （2000）。

[2] 关于该行为最初的解释见 Bank （2001）,Bresnahan 等（2009）,文章对微软的行为进行了总结。

[3] 有关不同观点的综述,可参见 Schmalensee （2000）,Fisher （2000）,Henderson （2000）,或 Bresnahan（2004）。

[4] 可参阅 Gilbert （2006）和 Baker （2007）。

泛,它是以市场为基础的学习。经济实验旨在学习相关经验后立即将其应用到商业中。尽管是渐进式的,经济试验带来的改变可能会对商业产生极其深远的影响,例如学习新技术服务的定价信息。

　　从某种角度上看,经济试验平凡无奇,多是例行公事。经理们批准资源支出、改变运营方向、改变现有服务特点、制定新服务、决定是否进行广告宣传,剩下的工作便是等待,静观上述变化能否带来额外收入、能否扩大市场份额、能否带来一定的定价自由。即使失败了也并不意味着资源浪费,这也是宝贵的学习经验(例如小规模失败可以帮助经理避免大规模的灾难性后果)。

　　那么市场参与者从经济实验中究竟学到了什么? 首先,通过经济实验,企业更加确定哪些市场资源更有价值。那么实验前的"不确定性"又从何而来呢? Rosenberg(1996)有关计算机市场不确定性的分析为我们提供了一个框架,通过这个框架我们可以了解经验如何影响以市场为基础的学习。在该框架中,市场参与者在预测未来时主要面临五大阻碍:

- 原始技术。
- 预料之外的互补品。
- 带来预料之外广泛应用的有限调查。
- 意料之外的系统。
- 不可预测的用户价值。

　　不确定性源于技术引进时的原始性。在技术更加细化之前,市场参与者无法预料它会被如何应用。例如,1975 年的人们很难想象 1995 年出现的高级个人电脑会有什么样的功能,因为那时的处理器除了加减没有别的功能。只有在经历了更快的处理器之后,人们才能理解个人电脑拥有的功能。

　　没有经验的市场参与者也无法理解关键的互补产品。新的发明往往会激励人们进行互补产品的开发,而此举会带来的后果通常难以预料。例如,微处理器的改进带来了一系列互补发明:主板、软件、打印设备、屏幕和无数的输入/输出设备。反之这些发明又进一步推动了微处理器的进步。上述良性循环发生的前提是公司必须引入新的产品。

　　第三个障碍比较微妙,有限的调查可能会带来超出预期的一系列广泛应用。例如,短距离的无线网络技术——现在普遍被称为 WiFi——并非某家公司的独创。事实上,对其起到促进作用的早期潜在应用包括最早的无线终端[1]和针对

---

[1] Vic Hayes,最早的无线技术和标准研发者之一,它是 20 世纪 90 年代无线局域网(WLAN)的介质访问控制协议及物理层技术规范协会的主席,最初为全国现金出纳机公司研发了无线技术(当时是美国电话电报公司子公司,如今是杰尔系统的一个部门)。他首先为股票经纪人发明了无线终端。见 Khariff(2003)。

大学校园发明的局域网。[①]

WiFi 由无线局域网的介质访问控制协议及物理层技术规范委员会设计,众多商家启动定向实验,以支持后来为大家所熟知的热点。这是为无线计算商用设施而生的创新理念。公共空间的热点可以由住户免费安装,由建筑协会负责管理。也可以安装在咖啡馆、餐厅、图书馆或者为本地用户提供服务支持的图书馆。无线局域网也可以基于订阅,用户和 WiFi 提供方签订协议,由咖啡馆、机场、餐馆或者其他商业实体提供相应服务(通常外带其他商业安排)。热点完全超出了该创新的原始目的。

互联网完美地诠释了另一种不确定性,即难以预测的系统。市场经验必须认识到互补产品构成的系统的价值。几项组件组成的系统,其功能远超任何单一组件的功能。例如计算机技术中,很难想象个人计算机、光纤和合适的软件能够创造出互联网这样强大的功能。对很多用户而言,如果没有经历过,的确很难想象。

最后,终端产品的用户价值是很难预测的,非亲身体验,很难理解。市场多年积累下的用户评价之多,是任何单一调查都无法一言以蔽之的。低估市场热情的例子比比皆是,都非常有名,被低估的包括后台大型机、通用小型机、个人电脑、浏览器、移动计算机处理技术和其他一些电子商务领域的例子。

经济试验对商业计算机技术领域的影响仍在持续,例如互联网接入市场。1995 年基于浏览器的商业互联网开始之初,众多互联网供应商在如何将互联网商业化上殚精竭虑,他们不确定到底是模仿公告板业务的定价策略,还是采用新的定价策略。在公告板业务领域,用户拨号至作为存储库存在的单一服务器(也因此服务器相当于电子版本的公告板)。[②] 最终,包月定价在美国出现。到 1997年为止,互联网服务供应商成功地将互联网服务普及到美国的每一个主要城市,众多大型企业甚至已经开始建造国家级网络工程。[③]

为了解决众多悬而未决的问题,人们展开了无数经济试验,而上述例子只是沧海一粟。例如,一个曾经非常重要的问题便是如何设计网站首页,即后来所说的门户网站。用户单击浏览器时便可看到网页,究竟是做成类似本地网站黄页那样的网站目录,还是借助另一家公司做成搜索工具,让不同口味的用户有不同

[①] Hills (2005)描述了最初位于匹兹堡的卡耐基梅隆大学校园一个相当于 WiFi 的网络设计,始于 1993年。

[②] Greenstein (2007a,b)对此进行了完整论述。

[③] 截至 1996 年秋天,有 12 000 个本地电话号码申请了商业互联网,截至 1998 年秋天,这一数字超过了65 000。关于拨号上网市场,参见 Downes 和 Greenstein (2002),关于某些区域比其他区域新加入的用户更多的分析,可参见 Downes 和 Greenstein (2007)。

的选择?①

互联网服务供应商提供的服务器也各不相同。不同的供应商会有截然不同的选择,他们从这些选择中学到的经验也各有不同。没有任何一项单一决定可以一直持续下去,随着企业学到的东西越来越多,看待成本和收益的角度也会随之改变。②

虽然经济试验为计算机领域带来意想不到的创新,但大多数情况下,创新还是要归功于企业之间的互动,单个企业是无法做到这一点的。该观察促发了对学习外部性更加细致的考察。

2.9　具有学习外部性的经济实验

定向试验是指企业为了达到自身目的而进行的试验,非定向试验是指公司间行为相互作用引发的实验,两种试验都可能产生学习外部性。企业间信息的外部性发生于企业之间。例如,一家公司的定向实验可能会启发另一家公司,或者一系列行为在非定向试验中相互作用,最终让每位行业参与者都受益。跨时空的外部性需要一定的时间,例如,前期试验学习到的经验可以成为后期试验学习的基础。在实践过程中,两种外部性是比较难区分的。

企业间信息的正外部性有两种呈现模式。其中一种是,其他公司了解了一家公司的经验之后进行模仿(例如,1996 年某乡村互联网服务提供商的一次经济试验大获成功,这意味着其他公司也可能因此受益);反之,一家公司的失败可以帮助其他公司避免类似的失败,无线计算首次设计遇到的困难在 1997 年为大众所知,因此各企业纷纷推迟了相关计划直到更加合适的新设计出现,该新设计具备了实施互操作的制度支持。③

另一种模式是企业的失败教训也可以让其他企业受益匪浅。互联网发展史上充满了失败案例,其他企业则从这些失败中吸取了经验。比如如今人们普遍认为想要的不再仅仅是以打包软件共同出现的浏览器和电话号码——但当初敏捷网络(Spry)首次推出的正是这种“盒子网络”。相反,顾客希望网络服务供应商能够提供拥有不同市场特点的服务,能够将满足客户即时需求的定制软件与本地服务结合到一起(甚至是结合用户尚未想到的需求)。当年 CompuServe 公司大范围推广缩写登录名以及不符合自然语言规律的登录名,如今早已是过眼云烟。大多数用户也会避免综合业务数字网(Integrated Services Digital

---

① 也可参见 Haigh (2007)的讨论。
② 详见 Greenstein (2000)。完整总结,见 Greenstein (2007a,b)。
③ Greenstein (2007a,b)对这些例子进行了翔实的讨论。

Network，ISDN)这样费时又费力的技术设置。① 这样的例子不胜枚举。

跨期外部性也可能导致私人成本及效益和全行业成本及收益之间的分歧。单方(发生于定向经济试验)或者多方(发生于非定向经济试验)承担经济试验的成本，但是后期获益的却不止自己。这意味着早期市场中付出代价的不一定是最后受益最多的，而双方之间并无任何形式的合同对早期试验究竟是定向还是非定向进行说明。

跨期外部性一个重要的特征便是商业试验失败的成本和获利是不对称的。避免商业失败的相关知识可以很有价值，但是经历失败的那家公司很少(如果说有的话)将其分享给其他公司以帮助它们避免失败。而且前者也没有任何契约义务必须将自己从失败中获取的经验分享给其他企业。极端情况下，一家公司本可能汲取经验并帮助其他公司，但是这家公司在这之前便已破产了。尽管对启动试验的股东而言，失败的成本极其高昂，但对最终存活下来的企业而言，这不过是小小的投资。

跨期外部性对互联网早期的发展也起到了推动作用。浏览器鼓励了众多互联网服务供应商开辟其所在区域的服务。② 越来越多的人开始使用互联网，这令众多企业家提出业务方案以寻求风投支持。反之，互联网服务在普通家庭和商业中的普及也激励其他软件商开发相应的商业领域，以利用蓬勃发展的电子商务，而电子商务的发展让更多的家庭用户采用了互联网。③ 简言之，买方和卖方之间完全不协调但极具互补性的一系列行为加强了进入市场带来的益处，同时鼓励双方朝着积极方向共同进步。该情况一直持续到(20世纪90年代后期)价值创造的天花板变得透明。事实上，直到2000年的春天，新客户继续增加，原有用户的使用频率也在增加，但是新企业的进入速度有所放缓。

上述例子中，关于怎样最好地利用经济试验或者是如何提供服务，这类知识涉及的经济试验都不是单个公司发起的。相反，众多公司对以下方面做出了回应：用户需求的本地化、新应用的展示、有形市场经验、供应商对新市场形势做出的反应，以及其他事件，这些事件无法预测，但却为企业指明了创造利润的最佳商业途径。

尽管定向试验可能在一定程度上诱导了单个公司的行为，但若将经验总结为公司的一己之力则是大错特错。相反，经验是公司间相互作用、公司行为和经

---

① 例如，在 Savage 和 Waldman (2004)关于宽带需求的估计中，他们发现大多数用户愿意付费以避免设置带来的麻烦从而获得可靠的服务。

② 见 Downes 和 Greenstein (2002，2007)的分析。

③ Mowery 和 Simcoe (2002a)以及 Kenney (2000)的几项分析将上述事件分别置于国家创新系统和硅谷结构的大背景下。有关互联网的创业浪潮，详见 Goldfarb 等(2005)。

济实验的共同产物，它以意外收获的形式出现——来自不同行为和来源的经验意外地组合成为学习。

2.10　计算机领域创新活动的本地化

创新者之间常常互通有无，这对技术史学家已然不是什么秘密，个人电脑行业发展史对此也多有提及。[①] 由于学习外部性需要随时间积累，因此出现了局部集聚，致使创新活动也在一小部分地理区域内集聚。

产生集聚效应的原因有很多。例如，如果没有不断的面对面交流，有关原型运作的隐性知识很难传播，而跳出小范围地理区域之后，信息传播便会放缓。除此之外，新商业市场的早期拓展阶段需要给予企业家或者经理充分的自由裁量权，也不存在正式的监督机制。管理自身投资的风险资本家可能更加青睐频繁的"亲自"交流，这是地理集聚的另一个好处。

对企业本地网络产生影响的另一个因素是技术人才所处的劳动力市场。位于同一地点的公司（或者距离较近的公司）面对的必定是同一个劳动力市场。尽管买方众多会让薪酬水涨船高。但另一方面，充足的劳动力供给也方便企业满足自身独一无二甚至可能是短期的专业技能需求。[②]

圣塔克拉拉谷常被称作硅谷，让我们回忆起 20 世纪六七十年代，那时诸多集成电路企业在此生根，共享一个劳动力市场、输入供给市场和金融支持结构。不同企业之间的新想法得以在较近的地理距离内传播。[③]

地理集聚对计算机领域的创新产生了一定的影响。例如，早期事件对后期创新的速度和方向影响深远，一个著名的例子便是施乐公司的帕洛阿尔托研究中心，这是 20 世纪 70 年代后期小型系统办公计算机几项关键发明产生的地方。复印公司（后来主导市场）和计算机领域的众多领先者共同建立了一个实验室。几项关键设计的原型便来自这个实验室，包括鼠标、图形用户界面和局域网。在种种内部原因的影响之下，该公司商业化这些产品的步伐比较缓慢，而人员离职

---

① 早些年里，创业热情促进该行业的发展是最显著的特征。同时各公司借助其他公司的创新成果进行创新。可见 Cringley（1992）和 Frieberger 和 Swaine（1984）。分析人士还强调了第三方供应商对非专有标准的依赖，促使了个人电脑的供应垂直解体。Langlois 和 Robertson（1992，1995）深入分析了个人电脑和其他电子器件垂直解体的原因和后果。

② 可参见 Fallick 等（2006）和 Franco 和 Filson（2006）。

③ 这些地理相近的区域是如何产生的？又是如何持续下去的？两者有明显区别。本文将重点放在后者。对于集成电路的起源，最出名的历史原因莫过于肖克利实验室的成立，该实验室由 William Shockley 创于圣塔克拉拉。在这之前，他同 John Bardeen 和 Walter Brattain 在贝尔实验室进行晶体管的研究。很多年里，肖克利实验室都被视作名人创立电子企业的典范，吸引了无数工程师和技术人才。但是，Shockley 过于强势的管理风格迫使众多高级经理离开，其中一些人创立了自己的公司，并且部分公司后来成为电子行业最著名的公司，例如仙童半导体公司和英特尔。

和信息泄露更让这些发明背后的创意最终转移到附近的其他公司,例如 3Com 公司和苹果公司。[①]

Von Burg(2001)认为,信息共享可以吸引装备制造公司。例如,Bob Metcalfe 的以太网设计源于他在大学多年的数据通信研究,Metcalfe 后来成为施乐公司研发团队的一员。不满于公司做出的部分管理决策,他决定建立自己的商业公司(3Com)。在 3Com,他发现了多种与他人分享信息技术核心的方法。随后,一系列企业和技术人员组成的社区围绕以太网成长起来。随着社区逐渐壮大,其他人都相信该社区能得以保留,因此吸引了更多人加入。该社区也因此致力于 Metcalfe 的设计,双方共同享有网络效应带来的好处(此处有双关)[②]。最后,其他设计无法占据足够的市场份额,Metcalfe 的以太网设计占据了大部分市场。[③]

地理集聚也促进了新业务生根发芽。在北美,新业务往往集中在少数地区,如波士顿地区和硅谷。[④] 当然,并非过去 30 年里所有极其年轻的公司都起源于硅谷——毕竟,这几十年来最大的大型系统电脑商 IBM 总部一直位于纽约。如今,美国最大的个人电脑硬件公司(戴尔,成立于 20 世纪 80 年代中期)总部位于得克萨斯州,最大的个人电脑软件公司(微软,成立于 20 世纪 70 年代末)总部位于华盛顿州,而最大的拨号互联网服务供应商(AOL,成立于 20 世纪 80 年代中期)的总部在过去很多年里一直位于弗吉尼亚州/华盛顿地区。但是,新业务的集聚现象的确意味着许多公司都源于旧金山湾区,或者是位于附近。在过去的 30 年里,成立于硅谷附近的公司还有甲骨文(70 年代末)、太阳计算机系统公司(80 年代初)、3Com 公司(80 年代初)、思科(80 年代中期)、易趣(90 年代中期)、雅虎(90 年代中期)、谷歌(中期到 90 年代末),等等。

本地化学习能够起到自我强化的功能,一项成功投资会吸引更多的成功投资,有经验的工人和金融机构持续为公司创造价值。硅谷还造就了 20 世纪 70 年代末、80 年代初的个人电脑市场热潮和 80 年代后期的网络繁荣,当然还有 20 世纪 90 年代的互联网泡沫。一些分析人士认为,硅谷地区发明的高度集聚源于优秀员工之间的信息交流和人员流动,为硅谷带来比大波士顿地区更加巨大的

[①] 例如 Steve Jobs 当时是苹果公司的首席执行官,他在去了施乐实验室之后,为苹果电脑启动了图形用户界面和鼠标项目。

[②] 原文为 network,既指实际意义上的网络,也指关系网络。——译者注。

[③] 事实上,无线局域网的介质访问控制协议及物理层技术规范作为标准设定依旧活跃。它曾支持过 Metcalfe 的设计,如今发展衍生到了远超 Metcalfe 最初设想的范围。IEEE 是各行业代表组成的联盟,也曾同时支持两项相互竞争的技术。许多公司后来都售卖过包含 Metcalfe 设计的一套产品,包括 3Com 公司,该公司曾与其他公司竞争替代标准,例如 IBM。

[④] 该问题现存大量文献论述。例如,见 Saxenian(1994)、Kenney(2000)和 Lee 等(2000)。

发展潜力。[①]　小公司也发现硅谷的环境有助于公司成长,因为可以轻而易举地利用现有的众多关键投入、充足的技术人才储备、风险资本的资金支持以及最新的技术趋势信息。

当然,集中供应也面临一些阻碍因素,即地理分布广泛的用户,以及利用缩短距离获利的供应商。为了解释上述问题,Arora 和 Forman(2006)研究了在信息技术服务的外包过程中,哪些服务是可交易的。他们在 2002 年和 2004 年收集了 99 775 家企业组成样本,分析了这些企业在两种信息技术服务上所做的外包决定:编程与设计,以及主机。编程与设计项目需要互相沟通用户的具体要求,而主机则不需要同客户进行大量的协调工作。他们发现,在本地供应外包方面,外包编程与设计的可能性在上升,由于编程与设计不可交易或者"本地"组件无法轻易消除,外包也是预料之中。相比之下,主机外包对本地供给并不敏感,除非用户有安全顾虑。

引人注目的是,随着时间的推移,没有任何一个单一集群可以为整个计算机行业提供服务。计算机领域供应链的每个环节都会涉及不同公司,相比之前的公司,这些公司的地理分布更加广阔,总部和运营地点分布各地,不断有新公司加入供应链涉及的各个市场,这已经成为世界范围内非常重要的现象。众多互补组件供应链涉及的公司也遍布全球,包括西欧、中国、印度、爱尔兰、以色列、日本、韩国和新加坡。软件产业已经遍布世界各个角落。[②]　计算机服务公司的分布更广,它们跟随着用户遍布全球。

尽管过去 50 年见证了企业的全球扩张,美国企业依旧在新平台创造和为用户创造最有价值的前沿科技两方面保持领先地位(Bresnahan 和 Malerba,1999)。其中一部分原因在于特定细分市场内的平台领先会持续一定时间;另外,美国企业在每次平台领导力发生改变时,都占尽优势地位。但是上述模式在 21 世纪似乎面临转折,因为很多非美国企业也拥有了领先地位,无论是为众多平台生产组件领域,还是相关的电子产品领域,例如消费类电子产品、通信设备和专业软件。

在创造和供应新型计算机技术,以及这些技术的采纳和应用方面,本地化扮演的角色有所不同。前沿计算机应用的采用不一定集聚在某一特定地理区域,而且通常情况下,采用前沿应用的用户会更加分散。而前沿计算机技术支持性服务的供给在地理分布上也比较分散。这解释了为何在 50～100 个美国主要的城市区域,新型计算机技术的采用模式并未出现显著的差异。但数据显示,某些地区的采用率的确更高,例如旧金山和波士顿。该现象很容易解释,该地区劳动力组成和行业组成确实不同于其他地区。

---

① 可参阅 Saxenian(1994)或 Kenney 和 von Burg(1999)。
② 该运动由来已久。可参见 Mowery(1996)或 Arora 和 Gambardella(2005)。

另外,主要乡村地区之间也存在差异,但是差异较小。而主要城市地区与缓慢发展的小镇或者贫困的乡村地区之间的差距则要明显得多。上述差异既出现在个人电脑使用领域,也出现在互联网应用和供给领域,无论是针对家庭还是企业。[①]

3. 美国的商业互联网

人们对计算机各细分市场、地理位置和不同技术之间的区别并不陌生,而20世纪90年代末的网络和互联网革命模糊了区分以上要素的界限。例如,新的网络技术可在大企业内建立跨所有权边界的客户端服务系统,系统包含以互联网为基础的计算机网络,缩短了潜在的远距离,以前所未有的规模支持"网络的网络"的到来。

决定创新行为的经济因素是否具有连续性? 如果存在又是怎样的连续性? 互联网的增长便是很好的研究案例,证明连续性远比人们所见更持久。事实上,本文在寻找连续性的过程中,总结出完全相反的结论——最近时期创新实践的与众不同之处。

可以确定的是,答案并不明显。互联网与大型机、个人电脑有所不同,它不仅仅是由不同供应商提供的组件组合而成的单一设备。另外尽管互联网有助于计算机之间的数据传输,它和依附于现有计算机技术的局域网也有所不同。互联网的价值链复杂得多,涉及的企业也更多。它不等同于新的软件应用,也不仅仅是一个安装在电脑上提供一系列新功能的程序。

互联网和在它之前出现的任何通信网络都不太一样,它一定程度上是计算机用户之间数据传输的分组交换网络。但是,互联网呈现的商业模式不止如此。互联网必须将一项复杂的技术嵌入一个多层网络,众多不同的参与者操作各个部分。除此之外,互联网同时也改变了众多电脑组件和软件市场,因此计算机技术市场的边界也发生了变化。在20世纪60年代,"基于硬件"的计算机市场在经济分析上的作用已是差强人意。在如今的互联网时代,已经远远无法满足经济分析的需求。

此外,互联网的商业扩散方式也独树一帜。少数应用在经过多年商业发展后,终于为数以千万计的决策者带来相当可观的回报。但在大众眼里,商业扩散在创造出浏览器的那一刻便已经完成。但事实上,互联网的商业扩散已经持续了20几年,开始于DARPA的第一个政府资助项目,而浏览器正是众多项目中比较靠后的一个。值得庆幸的是,就在浏览器面市之前,互联网服务的商业市场已经到位。对互联网经济的规模进行简要的回顾,可以帮助我们了解互联网商

[①] 更多关于美国互联网的地理信息,可参见 Greenstein (2005)或 Greenstein 和 Prince (2007)的综述。关于个人电脑使用的近期证据,可参阅 Beaudry 等(2006)。

业化后的需求会有多大？Greenstein 和 McDevitt（2009）讨论了庞大的互联网经济，分析了其中小部分内容——互联网领域自 20 世纪 90 年代末以来的总收入。提供接入服务带来的收入是互联网服务价值链中收入最高的领域之一，收入颇多。在 1989 年之前，只有零星商业服务供应商提供互联网接入技术。但是到 2006 年，该领域总收入已达 390 亿美元，成就非凡。

在此增长过程中，互联网开始积聚实力、扩展功能。一系列公司开始利用互联网的各个方面改善付费服务。随着时间的推移，"互联网"成为一个标签，不仅指代互联网，也指代所有围绕互联网衍生出的众多应用、互联网部分组成要素的应用、互联网新功能商业化的应用。以上所有应用为用户提供了一系列多种多样的服务。

整体而言，四种截然不同的应用其功能却相似：浏览和发邮件，往往采用低带宽，允许出现延迟；视频下载，可以采用高带宽，可承受一定程度的延迟；语音支持和视频通话，往往采用高带宽，延迟会致使质量下降；P2P 应用，往往采用一段时间内的高带宽，允许出现延迟，但某些应用中（例如比特流）可能会致使对方出现延迟。[①]

互联网的使用和应用范围之广的确值得称赞，但与此同时也让人有些不知失措。商业互联网不仅仅是将技术熟练的用户连接起来的电子邮件网络，对某些人而言，它是电子邮件或者信息交流的网络；对另一些人来而言，它是游戏网络；对一些人而言，它又是新闻来源；而对另一些人而言，它是视频音乐娱乐的传播渠道。而对不少用户而言，它也是散布在天涯海角的伙伴互相交流的主要媒介。

因此，从基础出发进行实证分析极具挑战性——分析内容是什么？衡量手段又该如何？本文将采用现有框架，以互联网商业化之前的技术推动为基本的历史事实，并以此为基础探讨互联网的扩散和互联网的采用方式。

3.1　先于商业化的前沿扩展

互联网在 1992 年左右开始商业化进程。[②] 短短几年内，美国的互联网基础

---

① Ou（2008）对此进行了详细解释。

② 尽管互联网的商业化历程有时会追溯到 1994—1995 年国家科学基金网私有化计划的发展和实施，但却忽视了在这之前众多早期进入者所做的投入。在互联网操作方面做出的私有化努力可追溯到 20 世纪 80 年代后期，带来的结果是两组公司之间的对立，一组公司是与国家科学基金会签署了合同运行国家科学基金网的商业公司，例如 IBM 和 MCI；另一组公司也试图建立商业服务，在不违反国家科学基金会的"可接受使用"政策条件下，与其他运营商互联互通，例如 Sprint 公司、PSINET 公司和 UUNET 公司。1992 年，对于源头追溯的争议结束，《科学和先进技术法》得以通过，公法编号 102 - 476，由里克·鲍彻赞助（D-第九区，VA）。该法案修改了原有的可接受使用政策。可参阅 Kahin 和 McConnell（1997）或 Hussain（2003）。

设施吸引的商业投资呈爆炸性增长，原因何在？互联网从早期研究阶段进入商业阶段涉及三大相互关联的事件：互联网的私有化、万维网的创建和浏览器的商业化。三者共同为互联网的爆炸式商业进程提供了发挥空间。

客观看待互联网的发展历程，我们会发现发明者/发起人并未充分预测到自己的行为带来的后果。[①] 大多数业内人员都对互联网带来的商业变化感到意外。这的确证明了"技术推动"在互联网发展早期发挥了作用，但不可将功劳全部归于技术推动，它并非天上掉下的馅饼。想要理解互联网发展早期的一系列事件，必须理解制度因素如何影响商业行为。

20 世纪 60 年代末 DARPA 的一个研究项目起名为阿帕网，即互联网最早的前身。正是这些研究为通信网络奠定了基石，数据得以传输，尽管存在一定的延迟。到 20 世纪 80 年代中期，整个互联网都采用 TCP/IP 分组交换技术连接大部分高校和国防承包商。

20 世纪 80 年代中期，大部分的网络管理任务都转嫁给了国家科学基金会。国家科学基金会通过国家科学基金网为超级计算机和高速骨干网提供连接服务，由于国家科学基金网仅限于学术和研究领域，提供商业流量的运营商，例如 UUNET、PSINET 和 Sprint 自行研发出了主干网，以供企业利用 TCP/IP 连接他们的系统(Kahn，1995)。

到 20 世纪 90 年代初，国家科学基金会制定了一项计划，将政府的互联网所有权转让给私人部门。进行私有化有几个原因。例如，人们预测(实事也的确如此)私有化的互联网比国有互联网效率更高，从而用户可享受更加低廉的价格。同时，考虑到国家科学基金会不可能永远资助网络运营，私有化能够为互联网提供更加稳定的资金来源。在私有化过程中又产生了另一个问题：数个数据服务提供商对国家基金会的"可接受使用"政策提出异议，该政策禁止提供商利用公有资源达到私人目的。一旦实现完全私有化，该问题便会迎刃而解。

私有化计划有三点关键因素，其中一点便是数据中转站的私有化，联邦数据中转站曾尝试过私有化操作。商业互联网交换中心(Commercial Internet eXchange)是最早的私有化手段，让多方数据在共同资助建立的站点进行中转成为可能(可以免费"浏览"数据)。国家科学基金会的私有化计划促进了更多数据中转站的开放，被称为"网络接入点"。最初的这些事件让多个因素得以进入市场，避免了单个供应商独占鳌头。[②]

第二个关键因素便是域名系统的私有化，当时的私有化操作已经比较成熟，

---

① 意料之外的因素是如何改变众多不同互联网市场的最终结果，更详细的长篇解释参阅 David (2001) or Greenstein (2007b)。

② Hussain (2003)对相关改变进行了综述。

只是相对不那么正规。域名系统的私有化大获成功（且利润丰厚）。由于其商业模式始终存在某些垄断特征，针对域名系统的公共政策饱受争议，持续至今。[①]

第三点也是最后一个关键因素便是国家科学基金网的关闭。该网络于1995 年关闭，仅剩一些营利性组织负责运营商业主干网，接入点业务则由商业和非营利性机构共同运营。在实现全面私有化之后，互联网在美国的扩散途径主要依靠市场力量和经济激励措施。[②]

国家科学基金会的私有化计划创造了一个可扩展的网络，用户数量可以增加，但更新路由表、交换数据、获取域名和建立应用程序等操作基本保持不变。能力供给方面没有遭遇瓶颈，因为各私人企业抓住机会便采取行动，未给任何公司独占网络、战略性屏蔽其他公司的机会。

一个关键的早期发明在私有化期间产生——万维网。万维网和另一项尤其重要的发明——商业浏览器之间关系尤为密切。Tim Berners-Lee 和 Robert Cailliau 发明了万维网的关键部分。除此之外，Berners-Lee 组织了万维网联盟，为日益壮大的用户社区设定了众多标准协议。上述工作耗费了好几年，但即使是 Berners-Lee 本人，一开始也并未预料到万维网会产生如此重大的影响。事实上，Berners-Lee 最初并没有什么雄心壮志，他的主要目的是满足雇员的需求，同时帮助某个研究社区。[③]　而这一切恰好符合 Rosenberg（1996）曾提到的一项框架因素——可带来原始搜索范围以外结果的有限调查。

当时 Cailliau 和 Berners-Lee 就职于欧洲核子研究中心——一个位于瑞士的高能物理实验室。二人试图创造出帮助研究人员分享文本和非文本文件的程序。为了达到该目的，他们需要一个兼容性够强足以处理不同类型文件的程序。计算机科学领域关于如何设计这样一个系统争论了很多年，Berners-Lee 的核心观点却不是设计出一个完美的系统。相反，他寻找的是超文本解决方案，从而符合本地"用户"的需求。该解决方案让技术导向型用户（不是计算机大师的物理学家）能够更加简便地发送文件，下载文件也无需对整个计算机系统了如指掌。

上述发明虽然有用，但作用并不大，除非能够广泛普及。1991 年，Berners-Lee 在共享网站公开了两项可供免费下载的发明：html（超文本标记语言）和URL（统一资源定位符），这是一种超文本语言和标识系统，简化了文本和非文本文件的传输过程。一旦主机电脑安装了 html 和 URL，两者便适用于上文所提到的本地"用户"，主要表现在以下两方面：①帮助用户组织已有文件的传输；

---

① 不同观点可参见 Kesan 和 Shah（2001）或 Mueller（2002）。
② 关于私有化途径的不同观点，参见 Abbate（1999），Kahin 和 McConnell（1997），Hussain（2003），Mowery 和 Simcoe（2002a，b），和 Greenstein（2007b）。
③ 可参见 Berners-Lee 和 Fischetti（1999）以及 Gilles 和 Cailliau（2000）。

②无须进行大量传输前搜索,便可找到目标文件。接下来几年里的试验和操作进一步完善了上述过程,具体改进下文会进行讨论。

随着 HTML 和 URL 使用量的增加,Berners-Lee 预测用户会需要一个新的机构负责整合代码、设定标准,从而形成一个适用于超文本内容的更广泛的标准系统。为了达到该目标,他在 1994 年离开了原来的公司,在剑桥创立了万维网联盟。该联盟最终促进了众多软件标准和工具的普及,这些软件标准和工具对后期商业互联网的某些操作意义重大,例如 html 和相关的配置工具。

3.2 学习外部性和商业化

经过一些研究人员改进后的浏览器可在 Unix 操作系统上工作。研究社区的内部人员和技术娴熟的编程人员对此都比较了解。随着技术不断改进,另一项补充发明应运而生——商业浏览器,该发明反过来又推动了众多后续发明。[①]

美国国家超级计算机应用中心(National Center for Super Computing Applications,NCSA)是国家科学基金会资助的一个超级计算机研究中心。1992 年,伊利诺伊大学位于该中心的一个团队试图为非研究人员设计出便于使用的浏览器。NCSA 为研究人员提供了一个巨大的社交网络,他们不仅自己经常使用共享软件,还将其分享给其他人,因此 Mosaic 浏览器最初只是一个常规项目(Mosaic 的到来还有其他原因)。Mosaic 的编程团队包括一位本科生 Marc Andreeson 和 Eric Bina,后者受雇于 NCSA,刚毕业不久。他们对待 Mosaic 项目一丝不苟,不仅负责编程和设计,还负责程序的普及、调试以及根据用户反馈做出相应的改进。

建立在先前的设计基础之上,Mosaic 从前人那里借鉴了诸多元素,编程人员还为新用户量身打造了新的设计。该项目的诸多特点简化了操作。以 Unix 为基础的项目获得成功之后,他们又开发了众多新颖功能。他们为基于 Windows 的系统设计了一个浏览器,那时 Windows 是个人电脑端使用最广泛的操作系统。精通技术的人员为非技术用户编写具有价值的应用,这还是第一次。

Mosaic 浏览器发布于 1993 年初,同年晚些时候又发布了基于 Windows 的浏览器。在短短一年内,下载量超过了 100 万。眼见浏览器大受欢迎,伊利诺伊大学厄巴纳-尚佩恩分校的管理人员意识到该发明潜力巨大,他们为该浏览器注册了商业许可,期望浏览器能够通过免费的共享软件和商业许可得以广泛普及。该愿望本可实现,但是第三渠道的到来改变了一切。该第三渠道由学生编程人

---

① 名为 Viola 的版本会影响某个团队的诸多决策,该团队明确致力于研发出一个受欢迎的浏览器。见 Gilles 和 Cailliau(2000)。

员发掘,并未涉及任何教职工或者是任何其他管理人员,尽管他们曾经帮助开发了 Mosaic 浏览器。大约就在学校开始申请商业许可的同时,这些学生开始创业。

确切地说,Marc Andreessen 便是 Mosaic 项目的首席程序员之一。他 1993 年毕业之后迁居至西海岸,在一家软件公司工作。他很快吸引了 Jim Clark 的注意,Clark 是美国硅图公司(Silicon Graphics)的创始人,同西海岸的计算机界有着非常良好的关系。Clark 和 Andreesen 的合作关系在 1994 年的春天升级为一个商业计划,Mosaic 通信公司得以成立。他们共同规划了一个通过售卖浏览器盈利的计划,曾经对 Clark 早期业务进行投资的风险资本家再次递来了橄榄枝,他们利用获得的资金招徕了曾在尚佩恩 NCSA 工作过的同一批编程人员,迅速成为一家支持全球浏览器的大公司。最终,他们的业务扩展到浏览器以外的范围,衍生出非常广泛的业务,支持一系列围绕 Mosaic 浏览器、服务器工具和服务范围的互补性活动。事实上,他们最终的目的便是淘汰伊利诺伊大学注册的浏览器。[①]

大学方面采用的官方渠道是通过第三方为浏览器注册许可———一家名为 Spyglass 的公司,坐落在伊利诺伊州,有对 NCSA 的发明进行商业化的经验。大学将 Mosaic 的商标名注册权给了 Spyglass,为了维护自己的知识产权,Spyglass 不仅强制要求 Mosaic 通信公司更名为网景公司(Netscape),还提出了一些其他要求。由于惧怕面临更多的法律问题,网景的编程人员慎之又慎,生怕与大学专利产生重叠。[②]

网景的测试版浏览器发布于 1994 年秋末,备受瞩目。1995 年冬天发布了第一款商业版本,1995 年 8 月进行了首次公开募股。网景的商业模式和市场方面做出的努力在带动众多其他市场参与者方面获得了巨大成功,相比其他申请许可的企业发挥了更加积极的作用。作为众多影响中的一部分,网景的活动促使 Bill Gates 推翻了最初不参与浏览器市场的想法。[③]

事实上,伊利诺伊大学在该过程中也起到了一定的作用。1995 年夏天微软试图收购网景,至少阻止网景的一项阻碍微软统领所有应用软件开发的战略,但都没有成功。于是微软开始提供浏览器,最快的途径便是注册 Spyglass 浏览器,而微软员工极有远见地早在 1995 年的 1 月就已经注册了该浏览器(是改变组织机构优先事项的内部活动的一部分)。这之后,微软为 Spyglass 浏览器新

[①] 可参见 Cusumano 和 Yoffie(2000)。
[②] 网景管理层宣称网景会重新编译该浏览器,因为他们正在研发软件以支持长期目标,这需要从头做起。但是,知识产权方面的顾虑让这一目标成为必须完成的任务而不是享受。
[③] 见 Bresnahan 等(2009)。Gate 宣布该方向变化的原始备忘录可参见 Gates(1995).

增了一些功能,更换了名字,最后在 1995 年的 12 月发布了 IE 浏览器。[1]

事实上,使用最广泛的 HTTP 服务器也起源于伊利诺伊大学。该发明集合了多种技术以支持浏览功能,尤其是硅图公司的设计和网页技术,它就是人们熟知的阿帕奇服务器,但它的出现并不是大学管理者的初始目的。该服务器可提供类似共享软件之类的服务,众多网络管理员会根据需求对该服务器进行改良。

但是到了 1995 年 2 月,大学未能继续跟上用户的步伐,部分核心员工离开网景是原因之一。众多 NCSA 服务器软件的用户希望进一步改良软件。中心曾在 1995 年 4 月试图挽救该软件,但是了解阿帕奇做出的努力之后,改变了原有计划转而支持服务器软件的共享软件版本,和阿帕奇建立了合作关系。[2] 商业互联网史上使用最广泛的服务器——阿帕奇服务器,正是在这一背景下诞生,该服务器成为 Linux 之后应用最广泛的开源项目。

大学资助的研究可开辟出被企业忽视的新技术领地,浏览器和服务器便是很好的例子。反之,商业公司又可以为产品带来附加价值:产品改良、品牌打造、服务供给以及通过无数种方式推动技术的扩散。

同时这也表明,软件生产的商业化也出现了集聚现象。尽管 Spyglass 公司生根于伊利诺伊,但是却没有任何浏览器或者服务器技术转移至总部设在伊利诺伊州的公司,也没有转移到芝加哥附近,尽管作为美国第三大城市的芝加哥并不缺少合适的基础设施或技术人才市场,但是生产的确还在美国国内进行。当时 Clark 已经在旧金山湾区,毫无疑问他会选择把新公司设在湾区,从而更好地利用现有的软件企业集群、风险投资资助和技术人才劳动力市场。他们的策略便是通过招揽人才快速扩张——布局众多商业投入,在诸多互补企业的帮助下成长——这一切都要依赖于地理位置。[3]

这也是为何网景作为当时互联网行业内最重要的浏览器公司,其核心发展业务却在加利福尼亚。数年后,微软的 IE 浏览器超过了网景,当时 IE 浏览器的生产地就在微软总部西雅图附近,微软后来把互联网产品和工具部门设在了西雅图。

---

[1] 见 Sink (2007) 的解释。他认为 Spyglass 的高层很乐意看到微软注册许可证。在他们注册了浏览器之后,微软又新增了更多的编程人员,从而支持其他应用的发展。其他注册方最终选择要么从微软获得支持,要么找网景,没有人继续和 Spyglass 合作。

[2] 名字 apache(阿帕奇)是玩了个文字游戏,在 1995 年的 2 月 1 日,各方共同努力创造出一款软件,而该软件涉及众多"patches"(方面)。参考 http://httpd.apache.org/ABOUT_APACHE.html,详见 2007 年 3 月。

[3] Cusumano 和 Yoffie (2000) 详细描述了对外部互补商的依赖。但是他们在策略中并未强调地理集聚的角色,显然每个人都知道用户在地理上是分散的,众多互补商之间地理位置较近,大多数软件供应商比较青睐网景的竞争性目标,而非微软。

　　有趣的是,对比之下,阿帕奇公司有几位创始人,其中几位关键领导者都位于(后来继续待在)旧金山湾区。但是从某种意义上而言,阿帕奇公司不位于任何地方,它作为一个虚拟组织,其成员和代码都来自全世界的编程人员。

3.3　互联网软件产品的本地化和商业化

　　随着浏览器的普及,新进企业开始探索新业务。作为风险投资资助的创业型社区,旧金山湾地区吸引了众多新进企业。这些社区希望支持初创企业和其他公司现有的熟练技术人员,他们熟悉商业网络的最新发展状况。这些新进企业包括雅虎、Hotmail、Excite、易趣网、威猛和其他众多期望建立基于浏览器的计算业务的公司。[①]

　　当时的创业运动早已跳出旧金山的界限。例如,Bill Gates 于 1995 年 5 月发表了名为"互联网浪潮"的备忘录,他建议其他高管应该浏览一下 Lycos 公司、雅虎、甲骨文、赛门铁克、宝蓝、奥多比、莲花、圣何塞水星报、网威、即时播音系统、迪士尼、帕拉蒙、MCI、索尼、娱乐与体育节目电视网的网站,以及其他众多网站。[②]

　　尽管前八家公司当时都位于海湾地区、但剩下的公司都在湾区以外。[③] 另外、1995 年 5 月 *Boardwatch* 杂志——美国公告板服务市场的首选贸易出版方——列举了 700 多种从全美的互联网服务供应商那里获取商业互联网接入服务的价格计划。[④]

　　在这样的大环境下,行业内部人士、未来预测家和风险投资家纷纷预测对家用和商用互联网的强烈需求会迅速增长,众多公司纷纷启动项目将部分业务转向基于浏览器的计算机业务,尤其是那些必须抢占大众市场才能得以生存的技术公司。[⑤] 网景公司在 1995 年 8 月首次公开募股,上市之后出现了超额认购(或者说是定价过低),也因此交易价格在交易首日上升了很多倍。

---

① 以事后诸葛亮的眼光去看,该结果显而易见。Ferguson (1999)洞察了早期企业家所面临的不确定性。

② 见 Gates (1995),该备忘录中,Gates 宣布他希望改变公司的战略方向,将注意力放在互联网技术上。Gates 认为这些网站是其他公司的高管们应该从多方面学习的榜样。

③ 另一项有关地理分散程度的分析考虑了一项略晚时期的互联网市场商业前景分析——该分析最先由摩根士丹利的分析专家 Meeker 和 DuPay 在 1995 年首先进行,发生在 1995 年摩根士丹利成功帮助网景进行首次公开募股之后。该分析强调了来自加利福尼亚的年轻互联网公司的重要性,例如硅谷图形公司、太阳公司、思科、Excite 公司、网通公司和网景。同时也提及了众多全国范围内的公司,例如美国在线、CompuServe、UUNet、戴尔、康柏、美国机器人、IBM 及其他公司。

④ 该估计比较保守,还有更多的公司也在名单上,但是未提供定价信息。见 Stranger 和 Greenstein (2007)。

⑤ 有关美国企业对新机遇做出的反应,不同观点请参阅 Mowery 和 Simcoe (2002a,b),Kenney (2000)和 Greenstein (2001)。

无论是个人电脑、局域网还是用户-服务器系统都是由技术引导的发明浪潮,而如今互联网所涉及的投资界和创业界之间的关系,无论是其涉及的规模,还是发展的速度,都和前几次浪潮有所不同。感知机会的广度有所不同是影响因素之一。互联网不再是几十家公司之间新组件和相关系统的生产竞争,它包括一系列涉及诸多活动的新思维——后台计算、家庭计算以及众多信息密集行业的信息检索活动,例如金融、仓储物流、新闻、娱乐等。最终,互联网鼓励了众多创业公司持续不断地加入这个领域,一直持续到 2000 年春天。到达峰值是在 1998 和 1999 年。新加入的企业涉及了前几十年互联网技术促成的商业领域的各个方面。

移动运营行业也应运而生。该行业涉及现有企业和新企业的结合,在互联网服务供应商中尤为明显。到 1998 年为止,美国出现了 5 000 多家这类企业,大多数为小企业,专门服务当地客户。[①] 少数几家杰出的企业也随之诞生,主要包括美国在线、EarthLink 公司、思泉公司、网络零点、三级系统公司、PSInet 公司和少数其他公司。他们同老牌企业的新部门相互竞争,例如美国电话电报公司和 MCI。

最受关注的也许要数一类新公司,大众称之为互联网公司(dot-com)。这个标签来自互联网域名系统的特点之一,即互联网最初的五种域名设置——gov、net、org、edu 和 com。[②] gov 专属于政府机构,edu 指代教育机构。net、org 和 com 则分配给了非营利和私人实体、组织和网络。com 成为最受商业公司欢迎的标签(到目前为止),即便公司并不在美国。

新互联网公司涉及的业务非常广泛。起初,大量新公司投身广告支持网站或免费网站。[③] 很多网站都有目录,可进行搜索;还有一些网站则专门支持特定话题或组群之间的交流和信息共享。[④]

一组完全不同的公司开始以多种形式展开电子商务,一些公司主要出售和分销商品和服务,例如书籍、旅行服务和服装;一些公司旨在吸引用户订阅某些服务,例如《纽约时报》的填字游戏或者是该报纸定期更新的行业新闻;还有一些公司负责连接买方和卖方,要么通过公开拍卖的形式,要么根据客户需求进行定制匹配。

当时,利用互联网重塑经济活动是一种非常普遍的意识形态。考虑到大众

---

① 具体细节见 Stranger 和 Greenstein (2007)。

② 每个国家拥有两位数国家代码之下的域名分配权,美国的国家域名为 US。见 Mueller (2002)描述该现象是如何演变的。

③ 见 Goldfarb (2004)。

④ Haigh (2007)对该领域进行了讨论,Goldfarb 等(2005)对众多新进入者进行了讨论。

口中对新经济的定位,该意识形态承认了互联网的特殊性质。该观点认为互联网带来的商业过程会重塑生产结构,重新设计组织内的决策轨迹。强烈支持该理论的人认为:如果众多现有企业无法快速或者有效地调整技术,以适应现有业务并与新加入的公司竞争,那么新公司便可借此良机进入该行业。[①]

尽管如此,现有企业却并未止步不前。众多龙头企业投资了新工艺和新网站以支持他们的业务。还有一些企业聘请了顾问和专家,帮助公司适应新的潜在趋势,抵御新的商业风险。这也是为何在 20 世纪 90 年代末,类似埃森哲、电子数据系统公司(EDS)和众多其他公司的咨询业务得以壮大。另外,一大批供应主机和网页设计等软件基础设施的公司也在该阶段也得以发展。

早期在各企业的领导下出现了新技术机会热潮,例如个人电脑、局域网和服务器网络热潮;而如今围绕互联网产生的创业和投资热潮虽说与其有些相似,但是在大小、规模和发展目标上依旧有所不同。互联网的到来鼓励了一些新进企业创造新业务、重塑生产到终端用户分销的价值链,对此曾有过公开讨论,即是否要改变整个行为链,该行为链可支持任何有价值的信息密集型活动,例如音乐、出版、新闻、金融和娱乐产业。

对许多投资者而言,若不是 20 世纪 90 年代末普遍的乐观主义情绪,他们可能会对背后的价值来源感到极度的不安。尽管如此,曾有人公开质疑以广告为支撑的经济,其线上形式能够扩张到什么程度? 用户需要多久才能使用线上零售渠道? 而这些业务的增长究竟会更倾向于现有企业还是新进企业的加入? 另外如何根据最有价值的特点、计算机语言和日益壮大的互联网用户的新型使用模式进行设计也存在问题。简言之,该阶段最显著的特点便是:无论是各种与计算机应用交叉的活动,还是与之相关的上下游活动,都可以看到经济试验的身影。

3.4　商业互联网的平台开发

人们可能会认为在一个技术领导力已经分化的市场,互联网的商业化能够为平台发展引入诸多变量,但是关于这些变量是否有价值、每个不同的战略又应该如何命名,各市场参与者之间仍然存在大量分歧。即使事后看来,关于哪些战略投资是有效的? 为何有效? 依旧存在不同意见。

新平台的开发也可以尽可能地利用现有资源,只需鼓励现有用户采用标准

[①] 部分观点基于严肃的学术研究,例如 Bower 和 Christensen(1997)或 Christensen(1997),但是逐渐发展成为一个未经检验的信条系统,与结果不一定一致。但它的确解释了无数信息技术工程出现的原因,而这些工程最终的检验标准是生产力(例如见 McKinsey,2001 的总结)。不同观点可参阅 Forman 和 Goldfarb(2006),Goldfarb 等(2005),或 Shiller(2000)。

组件包,而该标准组件包便来自现有公司的私有资产。在互联网商业化之前,一些公司在计算机和数据传输业务方面拥有领先平台优势,包括 IBM、MCI、微软、英特尔、诺威、3Com 以及思科。这些公司最初通过渐进式创新为用户创造价值,与此同时也继续努力维持现有的领先地位。除了这一点上比较相似,各公司在采取的具体行动上差异明显。

本文继续讨论一些极具戏剧性的事件,都来自个别公司和不同类型的公司为了成功开发平台所采取的行动。首先讨论 IBM。在 20 世纪 90 年代初,即互联网尚未商业化之前,IBM 的大型机业务出现了大幅下滑。董事会开除了当时的首席执行官,打破惯例从公司外部聘请了一位首席执行官——Louis Gerstner。Gerstner 卖掉了几个业务部门,例如网络运营商业务,同时集中公司资源,为其他公司提供咨询服务,咨询的内容主要是关于如何有效落实可创造价值的互联网技术。此举很好地利用了 IBM 现有的人脉关系,同时为 IBM 带来了可观的咨询和系统融合方面的业务,在兼并了几家小公司之后,业务范围进一步扩大。[①]

思科也是大众常常讨论的公司之一,几个原因各有不同。思科曾试图通过内部增长和企业内部研发部门的设计,成为企业级数据设备的领先供应商。值得注意的是思科也曾试图通过收购风投资助的小型初创公司增加生产线、扩大人员规模,而这些初创公司大部分只有一个原型产品(如果有的话),而且雇员不超过 100 人。在 20 世纪 90 年代末,思科收购了 80 多家公司,创立这些公司的风险资本便在此组成了一个生态系统。[②]

当然,风险投资进入计算机市场并非新鲜事,新鲜的是大公司所采用的系统策略——通过风投资助的公司增加创新项目的多样性。类似思科和 JDS Uniphase 这样的公司会监控外部创新项目,"挑拣"出符合自身策略的项目,手段包括兼并/收购或其他形式的合作。[③]

所有抓住商业互联网机遇的现有计算机公司中,微软应该是最受大众关注的公司,因为微软发起了一系列为人们所熟知的浏览器大战,网景的浏览器业务和微软的浏览器业务之间产生了非常激烈的竞争。另外,微软咄咄逼人的竞争策略引来了联邦政府的垄断调查。

基本上大家对微软的目标都了然于心。该公司在个人电脑操作系统和应用市场上所处的地位足以让公司获得超额利润;而在利润丰厚的网络操作系统市

---

① 该解释过度简化了任务的艰巨性。更多细节见 Gerstner (2002)或 Carr (1999)。

② 思科的壮举大家都心知肚明,但是其交易数量和频繁程度前所未有,可参见 Paulsen (2001)。

③ 更多此类策略,可参阅 Paulsen (2001),Arora 等(2001),Gans 和 Stern (2003),Gans 等(2002),Gawer 和 Cusumano (2002)。

场上,其地位也日益提升。为了维护现有地位,微软采取的措施便是竭尽所能阻止任何潜在平台的出现。[1] 要做到这一点,微软首先需要提供一个浏览器,后来命名为 IE 浏览器。第二步便是引导程序开发人员只开发与 IE 浏览器兼容的程序,此举自然损害了网景平台的价值。要做到这一点,必须说服用户在浏览时基本都使用 IE 浏览器,这样微软才有筹码同开发人员讨价还价。事实上,微软最终实现了自己的第一个目标,让 IE 浏览器成为大多数个人电脑的默认浏览器。最终 IE 浏览器的互联网用户占比在某一段时间内超过了 90%。[2]

如果说微软的目标本身没有问题,但它采取的策略却饱受争议。作为互联网技术关键投资领域的新手,当初开始投资支持专有平台时,微软已经远远落后于最接近自己的对手。后来担心其他公司会发展出持久性平台,微软利用自己与其他公司的关系坚持双方履行合同义务(例如第一屏幕限制、"事实"独家协议、有争议的等价现状)从而限制原始设备制造商的创新行为。这些策略受到了严格的审查,而微软每次受到质疑时,统一选择采取强势的法律手段,从未进行任何妥协。这种对抗引来司法部对微软进行了一起反垄断诉讼,这也是为何在微软实现商业目标后的很长一段时间内,依旧要面临浏览器大战的新闻见诸于报纸的尴尬局面。[3]

英特尔和上述例子一样,也根据新机会调整了创新重点。20 世纪 90 年代,英特尔开始改进众多内置了英特尔微处理器的电脑设计,从而慢慢渗入了主板业务。[4] 同时英特尔也加快投资制造技术,取得了似乎是英特尔史上最快的价格/性能改善速率。[5]

还有一系列新进企业试图利用新机会创造具有价值的互联网技术。各类公司试图连接买方和卖方,或者匹配具有相似兴趣的用户,甚至将提问题的人同提供翔实答案的人匹配到一起。经济学家将上述不同渠道定义为中介(Lucking-Reilyand Spulber,2001)或者是双边市场(Evans 等,2006)。上述各方案在定价结构上有所不同,即如何保证从他们提供的新服务中创造实际收益。一些公司通过改变订阅费用盈利(例如异性交友服务),其他一些公司则在相关信息旁放

---

[1] Gates (1995)的分析令人信服,他分析了为何互联网会催生影响微软边际利润的平台。简言之,其他公司控制的浏览器支持的平台里可能会出现影响微软操作系统独一无二地位的软件,损害微软的利润。

[2] 可参见 Cusumano 和 Yoffie (2000),Bresnahan 和 Yin (2007)。

[3] 不同解释和观点,可参见 Cusumano 和 Yoffie (2000),Henderson (2000),Fisher (2000),或 Bresnahan(2004)、Schmalensee (2000)。Chapman (2006),第 10 章的洞察极具讽刺性。

[4] 见 Gawer 和 Cusumano (2002),Gawer 和 Henderson (2007)。

[5] 关于带来进步的决定性因素,可参见 Aizcorbe (2006)和 Flamm (2003)。关于为何相比通信设备,对计算设备的益处更大,可参见 Aizcorbe 等(2007)。

置广告而盈利。

与此相关的一个重要创新便是门户网站。门户网站成为最受互联网用户欢迎的网站之一,是大多数用户的访问首页。作为组织网上冲浪的工具之一,用户上网的绝大多数时间都在浏览门户网站。最初有两种提供门户网站服务的方法,第一种是延伸其他服务,几乎所有采用该方法的公司都是针对主流用户。例如网景和微软将首页设为浏览器默认设置,将大量流量导向了 netscape. com 和 msn. com。上述两个网站在美国在线服务(AOL)的浏览量都低很多。美国在线服务的首页是拨号上网服务的延伸,首页内容是易于操作的专有格式——该策略后来成为著名的"围墙花园"(walled garden)。

另一种方法是独立门户网站,但是不同的门户网站对不同的技术和非技术用户吸引力也不同。20 世纪 90 年代中期到末期大多数早期的门户网站为网络上的大量内容提供目录服务。雅虎、Lycos、Excite 和其他网站采用的便是第二种方法。雅虎通过发展,拥有了对网页内容的强大组织能力,很受用户喜爱。Excite 将自己卖给了@home,成为帮助有线互联网用户战略的一部分。在 20 世纪 90 年代后期,一家新成立的公司——谷歌进入市场,同时带来了一种新的搜索方式——根据网页链接数量对网页进行排名,同时利用广告支持公司运行,结果该方法非常受用户欢迎。进入 2000 年之后,谷歌继续发展该业务并最终超过了早期领导者雅虎,无论是用户使用量、收入还是资本价值都超过了雅虎。

创新计算技术带来了无数电子商务良机和信息密集型的活动,将计算机市场的结构和其他众多企业联系了起来,而上述简短的调查只反映了其中的冰山一角。[①] 零售企业开始制定战略,提供不同于其他企业的服务,同时为众多客户定制与众不同的活动版本。媒体市场的企业——新闻机构、音乐发行商、娱乐公司——开始开发软件解决方案,从而调整服务结构以适应互联网。反之,上述机会带来了一个创新聚宝盆,软硬件计算机公司共同支持新方向的发展,创造有价值的产品。[②]

浏览器领域的经验让很多人对互联网领域持悲观态度,但商业互联网出现的第一个十年里却并未出现任何主导性或专有互联网平台,没有任何一家公司单独控制整个商业价值链。尽管众多公司在增长期收入颇丰,控制了利基市场或者是价值链的某一部分,却没有任何一个专有公司能够主导所有方面的技术

---

① 其他平台包括 Motion(黑莓)、苹果(苹果手机、苹果音乐播放器)、甲骨文(企业数据库)、易趣(拍卖)、脸书(社交关系)及其他。每一个平台都值得更长篇幅的探讨,本文之所以未做进一步探讨,是文章长度所限,并不意味着这些平台不重要。

② 关于更多影响竞争性活动、电子商务和技术集中型信息行业的经济因素,参见 Shapiro 和 Varian (1998)、Varian (2000)、Smith 等(2000)、Bakos 和 Brynjolfsson (2000)、Bakos 等(1999)。关于市场结构的综述,见 Varian (2001)。

变革方向。但与此同时，出现了大家比较熟悉的一种现象：互联网横向纵向都出现了一些著名的企业，他们通过售卖大多数用户持续使用的组件和服务，业务做得风生水起。这是迈向标准包的一步，在未来便会成为互联网平台。

如今看来，这一观察的确是正确的。自从互联网开始向大众扩散，它便被称为"网络的网络"，但事实上"网络的网络"具有误导性，因为它没有反映出在过去的 15 年里商业行为是如何影响技术进步的。领先企业和他们的商业伙伴看待商业互联网的方式与他们看待计算机领域其他活动的方式是一样的。对他们而言，商业互联网是"平台的网络"。

3.5　协调企业行为的新型组织形式

一些观察家把实验的快速积累归因于设计标准的新型领导形式的出现，该形式将各市场参与者的设计都囊括其中。标准委员会负责设定互联网的关键标准，该委员会由众多企业代表以及对互联网感兴趣的大学研究人员、非营利性组织成员组成。根据定义，非定向经济试验需要多个组织共同合作，因而该委员会参与协调这类试验。标准委员会内部活动由此受到大众的关注，尤其是以达成共识为导向的不同形式的标准流程（涵盖大量互补产品和服务的标准流程）。

互联网行业知识的积累最终要依赖于从经济实验中学到的经验教训。在此经验基础上实施进一步创新，利用更多的试验继续积累经验，形成良性循环。这种经验的积累是市场发展的主要动力来源，因为它为创新行为创造了条件。标准委员会加入到这一循环中，通过影响类似定价、服务质量和领先企业的身份等因素影响互联网。

标准委员会一直对计算机市场起着一定的作用。他们的角色似乎以他们不是什么而更加出名：这些机构不受电话电报公司或 IBM 的管理。因此，这些委员会也不会轻易地遵从英特尔、微软或者思科的设计决定，尽管上述公司都有代表可以发声对最终结果产生影响。

标准委员会所做的重要决定涉及的范围之广，前所未有。例如 IEEE 曾经的设计影响了局域网市场、调制解调器和无线数据通信市场；IETF 的设计则影响了采用 TCP/IP 协议的每种设备的操作。[①] 这些机构做出的众多决策迅速发挥了作用，确保所有遵从这些决策的组件之间可交互操作，同时对企业的专有利益也带来重大影响。这些标准委员会中的企业共同所做的决定，其涉及的单一行业范围之广，影响的创新活动之多，前所未有。

上述委员会的另一个显著特点是他们的治理结构，他们的组织很大程度上

---

① Simcoe（2007）综述了互联网工程任务组的操作和扩张过程中的变化。

并未涉及太多政府指令或授权,尤其是在互联网产生初期。但是要说政府未参与其中是不正确的,毕竟国家科学基金会和国防部都扮演过重要角色,创立并支持了管理和改善互联网操作的企业。[1] 政府代表常常会出现在委员会里,影响某些特定的设计特点,有时政府会提供关键性的支持。只是在商业化初期,政府并未对这类标准做过多的法律规定,也未坚持要让政府人员对最终设计有唯一决定权。相反,20世纪90年代的商业互联网便是委员会诸多共识带来的进步集合,这种共识主要取决于既定执行规范的功能。[2]

标准委员究竟有多重要,通过与另一个最为接近的替代方法相比便能理解。该方法是全球网络治理的另一种方法——开放式系统互联(the Open Systems Interconnection)模型,也叫作 OSI 七层模型。该模型始于20世纪80年代末,其诞生的过程几乎和其他任何影响深远的标准都不相同。OSI 是一项正式的标准设计,用于连接诞生于国际标准组织的网络,代表的是多国、多参与者。美国的网络工程社区偏向于自下而上的方式而非 OSI 自上而下的方式;同时如有机会也会根据自己的喜爱进行投资。[3] 事实上,OSI 模型的某些部分今天依旧存在(存在多少尚待讨论),但是有关互联网标准的决策轨迹已经与这些剩下的部分毫无关联。美国互联网的其他方面也体现了政府较少的参与。例如,虽然美国联邦通信委员会规定所有的数字电视标准都必须符合某一标准(彩色电视也有规定),但委员会却并未对大多数互联网设备的设计决策做硬性规定。由于委员会未对以太网设计标准做规定,竞争无线以太网标准的众多组织便可各自开展试验,其最终产物便是无线上网技术 WiFi 的到来。同样的,联邦通信委员会也只对调制解调器的干扰程度做了相关规定。另外,20世纪90年代,委员会也未对网络运营商的交互连接做任何强制规定,明确允许企业对其商业往来结构进行创新,可随意对其业务往来进行更新,只要企业认为合适即可。[4]

共识决策另一个著名的创新形式名叫"开源",各组织利用的是通用公共许可证(GPL)的变体。通用公共许可证由 Richard Stallman 发明,他将自己的发明称作"无版权",目的是与版权形成对比。通用公共许可证要求所有贡献者放

---

[1] 互联网架构委员会和互联网工程任务组如今依旧是互联网协会的成员,在合并之前,情况正如上文所述。可参见 Abbate(1999)或 Russell(2006)。

[2] 有关这些协议的设计历史,参见 Abbate(1999)。有关推动电子邮件发展的各项工艺,参阅 Partridge(2008)。

[3] 可参阅 Russell(2006)。

[4] 企业做出让步是有原因的。关于对以太网设计的干涉过少,见 von Burg(2001)。关于 56K 调制解调器,见 Augereau 等(2006)。关于网络互联的规范过少,见 Oxman(1999)或 Kende(2000)的完整描述,或者 Nuechterlein 和 Weiser(2005)的解释。近期的发展逐渐偏离了上述趋势,尤其是最后一公里基础设施的监管条例,Greenstein(2007a)对此进行了总结。

弃所有权,贡献给集体。任何贡献者都可以使用其他人的代码,并以此为基础进一步发展。但是前提是不存在任何个人或者企业禁止其他人使用自己贡献的代码。

20 世纪 90 年代通用公共许可证的使用与 Stallman 最初的目标有了出入,他本希望减少专有自由裁量权,从而减少对用户改变电脑代码的限制。90 年代中期及以后,众多开源许可发展出多种变体,以兼容不同形式的商业活动,而用户依旧可以贡献代码并彼此分享。

一个非常著名的开源项目便是 Linux 系统,该系统是电脑操作系统的基础,由 Linus Torvald 在 90 年代初发明,起初是作为 Unix 的衍生版本,或者是"修复"版本。Linux 的传播是免费的,"试用"和"最终"版本交替发布。大概自 1994—1995 年开始,也就是互联网进入商业化阶段的时间,Linux 开始快速发展。这个原本是小项目的系统吸引了众多 Unix 用户,既有商业用户也有其他用户。很多用户开始从 Unix 专有版本(通常由硬件制造商销售)转换到非专有的 Linux 操作系统。他们中的很多人开始回馈 Linux 项目,增加了应用范围。该趋势愈演愈烈,最终以 Linux 为基础的系统成为微软软件之外最常见的服务器软件。类似 Red Hat 的诸多公司开始通过提供服务和相关组件创造收益。[①]

前文曾提到阿帕奇是另一个早期 HTTP Web 服务器"修复"项目,由 NCSA 的编程人员编写。到 2006 年,全世界超过 65% 的网站是阿帕奇的 HTTP 网络服务器支持的。同许多开源机构不同的是,阿帕奇的贡献者们需要"挣"到编码获取权。[②] 要成为一名贡献者,编程人员必须至少操作过一个阿帕奇项目。到 2006 年为止,阿帕奇的贡献人员基础已经极其强大,贡献人员热情高涨,大有无限持续下去之势。

另一个早期的开源项目 MySQL 追求的模式比较独特,一开始 MySQL 背后的组织便希望赚取利润。MySQL 是网站支持、软件包和企业应用的数据库。许多中小企业利用免费的基础版 MySQL 进行相关操作。该软件包是通过开源设置研发出的,用户使用无须付费。成百万的软件包分布各处,各企业只需为升级版的 MySQL 功能付费。数万付费用户是 MySQL 背后的公司唯一的收入来源。

最著名的开源形式可能技术性也最弱,它源于维基。维基由 Ward

①　关于 Linux 软件的生产增长,文献众多,角度也各有不同。可参阅 Dalle 等(2004),Lerner 和 Tirole (2002),Von Hippel (2005),West 和 Gallagher (2006),或 Arora 和 Bokhari (2007)。关于多少公司搭上了 Linux 的便车,可参见 Dedrick 和 West (2001) Fosfuri 等(2005)的记录和分析。

②　更多关于阿帕奇的历史和运营细节,见 Mockus 等(2005)。

Cunningham 于 1995 年研发,Cunningham 是俄勒冈州波特兰市的一名软件工程师。无论是封闭的工作组还是任意的互联网用户都可以使用 Wikis。Wikis 最初用于复制或者调整现有产品或服务,从而修复多个系统内的漏洞。这也是为何 Wikis 最初针对的是软件开发,但是逐渐突破了原有的应用范围,适用于多种应用领域。

维基百科是维基一个特别受欢迎的应用,受到全世界的关注。维基百科适用于网上的文本和非文本格式。2005 年,维基百科打败了微软的英卡塔,获得了互联网第一研究网站的美誉,从此以后,此美名一直花落维基百科。而且维基百科一直是互联网用户眼中前 20 的网站,它是仅限于网络版本的百科全书。维基百科的内容由用户创造、编辑。正如维基的主页自豪声称的那样,维基百科是"任何人都可以编辑的自由百科全书"。该网站从未向用户收费,且不接受广告。[①] 这些新的组织形式为计算和互联网领域的创新带来了不同的领导力结构——有些人将其称之为领导力结构的消失。不同于前几次计算机技术的新功能,商业互联网到来的第一个 10 年后,没有任何一家独立公司或者一小部分企业成为技术变革的主要推动者。技术领导力确实起到一定作用,但是无数附加的开源举措遍布各个应用,成为不协调的创新行为的主要驱动力。

这些以新组织形式进行的实验催生了一种新的信念,在 20 世纪 90 年代末相当普遍。"新经济"不仅会改变计算机的使用,也会改变其生产。然而,对精明的观察家而言,显而易见这种极端的预测不切实际。专有软件继续蓬勃发展,与开源软件共享繁荣,尽管两者会竞争某些边界功能。事实上,在很多案例中,例如 Linux,商业公司之所以得以繁荣发展,部分原因便在于大部分企业联合起来支持开源软件。比如 MySQL 最终便被甲骨文收购。

开但放式问题却依旧未得到解答,且有愈演愈烈之势:什么类型的创新活动将继续是专有的?哪些应用最好围绕开源软件展开?更广泛而言,即使领导力分散并且非专有标准发展也极其重要,但平台的基本经济学依旧存在,那么新的创新会以什么形式出现?除此之外,在赞助平台上如果没有专有权益,重点发展又该如何出现?

上述事件说明除了企业的支持,还存在其他不同的机制可以支持重点发展的出现,例如,一个有技术傍身的独立个体、丰富的发明历史,或者对一系列标准拥有决定权的权威身份(就像 Linus Torvald 或者 Tim Berners-Lee 的地位一样)。如果标准组织的领导者具有长远目光,那么该标准组织也可以发挥上述功能,正如 IEEE 委员会促进了无线以太网标准的诞生,以及 IETF 推动了一系列

---

① 更多信息见 Greenstein (2006)。

使用 TCP/IP 协议栈网络的技术的发展。

另外,无论是用户还是供应商都希望见到重点发展能够持续下去。所以对任何平台而言,支持发展的公司组成的联盟一旦达到可自我延续的规模,便不会消失。简言之,只要符合联盟标准的硬件、软件和服务继续为用户提供有价值的功能,供应商便不会停止对联盟的投入。

3.6　商业互联网的扩散

根据前文,我们可以明确判断互联网和计算机技术相似,固定发明成本较高而边际再利用成本较低。同时,互联网的早期投资成本极高,导致重点发明的频繁再利用。此外,互联网的扩散遵循通用技术的可预测规律。例如,将前沿技术从小范围的狂热用户推广至大部分潜在用户需要花费一段时间。从这个意义上而言,互联网的早期扩散规律符合一般的规律。

然而,互联网的扩散也拥有一些独特的地方,已经远远不止两波浪潮。低速/拨号连接和高速/硬线连接之间有着明显差别。在 20 世纪 90 年代早期,使用拨号连接的用户被视作前沿用户,但是到了 2000 年,前沿用户家里装的都是高速实线连接,主要通过 DSL 和有线调制解调器提供网络。

据国家电信信息管理局(NTIA,2004)的研究,截至 2003 年,约 61.8% 的美国家庭拥有个人电脑,互联网联网率达 54.6%。到 2006 年,家庭联网率达到 73%,仅有仍在下降的少数用户仍在使用拨号上网。[1] 上述数据表明每项技术的扩散进程已经进入晚期大众阶段,尽管关于如何描述余下家庭的采用率仍然存在分歧。任何实体(家庭、个人或者企业),只要有能力和其他实体通过互联网的物理结构交换信息,便默认该实体已经联网。网络速度有所不同(56K 拨号 vs. 宽带),供应商类型也不同(美国在线 vs. 电话公司)。图 1 提供了互联网家庭扩散的具体情况,以及宽带使用情况的变化。

2001 年的数据显示互联网使用率与家庭收入、就业状况、受教育程度成正相关(NTIA,2002)。至于年龄分段,采用率最高的是青少年,而美国的黄金工作年龄段(20～50 岁)互联网使用率也极高(大约为 70%)。尽管互联网使用率上并未出现性别差异,但是两种公认种族群体之间却出现了明显的差距:①白人、亚裔美国人、太平洋岛民(约 70%);②黑人和西班牙裔(低于 40%)(NTIA,2002)。出现如此大的区别,主要源于这两个族群之间的受教育程度和收入差距。例如,在收入和教育水平最高的人群中,并未出现种族差异。

由于绝大多数(87.6%)个人电脑用户都可以在家中上网,边际互联网采

---

① 见 Greenstein 和 McDevitt(2009)。

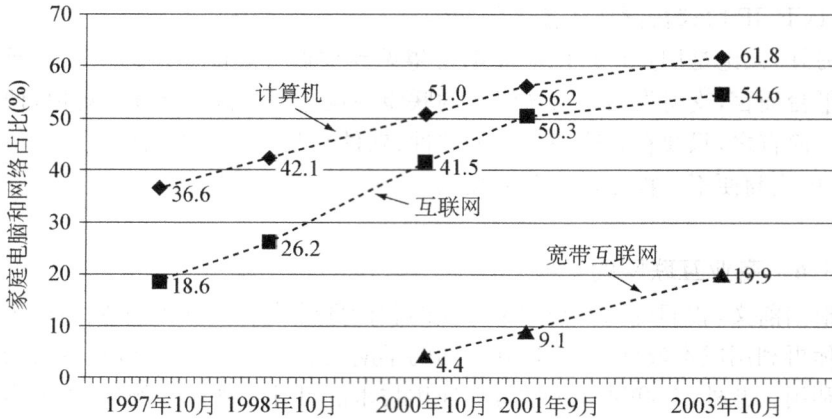

图1　拥有电脑和互联网的家庭百分比（1997—2003）

注：2001年和2003年反映的是2000年普查的基权数，这之前都是1990年的基权数。
资料来源：NTIA，2004年。

用者和边际个人电脑采用者很相似。对各家庭而言，个人电脑的需求主要来自两组人群：已经拥有个人电脑的人群（再次购买者）和从未买过个人电脑的用户（初次购买者）。在整个90年代，与这两组人群相关的有两种不同的互联网采用模式：现有个人电脑用户换成互联网，家庭购买个人电脑并换成互联网。

到2001—2002年期间，几乎现存的所有个人电脑用户都在家中使用过互联网。相应的，扩散过程也有所不同。现有用户和新用户购买新电脑的可能性也存在较大差别（Prince，2005）。初次购买的用户的相关性比较明显，因为他们代表的是个人电脑的边际采用者，所以同互联网的边际采用者极其相似。①

随着个人电脑继续深入成为主流产品，个人电脑的边际采用者转而成为对个人电脑质量而言边际价值较低的家庭，这些家庭面临高额的初次购买费用、对价格极其敏感而且在购买时机的决策上也面临潜在困难（不到万不得已不会买）。这解释了为何互联网早期采用经验对于理解后期采用者方面几乎毫无作用。早期采用者和后期采用者在做购买决定时，考虑的一系列因素完全不

_____

① Prince在他的文章中描述了三种划分电脑所有权的决定因素：异质性（个人电脑质量和个人所有的边际效用）、启动成本和动态变量。他的研究结果表明个人电脑质量的教育和收入边际效用快速上升，而年龄边际效用则快速下降。除此之外，随着价格的下降和质量的上升，是否要买新个人电脑的决策变得复杂，因为还需要决定购买时机。最后，初次购买者相比重复购买者对价格更加敏感，而且面临的启动成本也很高。也可参阅Goolsbee和Klenow（2002），他们强调了局部网络效应在推动早期采用中扮演的角色。

同。①

尽管拨号连接已经不再处于前沿阶段，且在美国已经接近饱和，宽带连接在通往前沿的过程中却遭遇了一些阻碍，好几年里都未实现全面普及，尽管到本文写作时已经发生了改变。② 由于互联网的总流量和复杂性快速增长，大容量和不间断宽带服务不断增加。另外，供应商通过宽带接入提供了更广范围的捆绑式通信服务（例如电话、电子邮件、网络视频等），同时宽带接入也加剧了实体基础设施供应商之间现有的竞争。

在互联网家庭扩散的最初几年里（2002 年之前），宽带网络的扩散受供给的驱动，因此供给侧的问题是影响互联网是否可用以及采用的决定性因素。电缆和电话公司需对现有工厂进行改进，这让很多地方的互联网暂时无法供给。在那些年里，宽带服务的普及相比拨号服务速度慢很多，而且分布也不如拨号服务那样均衡。人口集中地区获利能力更强，因为经济范围大，最后一公里花费更低。随着各类建设消除了种种限制，与需求相关的问题——例如价格、带宽和稳定性——在影响用户的最终选择上起着极其重要的作用。③

截至 2003 年 10 月，37.2％的网民拥有高速网络，主导宽带连接类型为有线调制解调器和 DSL。此外，宽带普及一直不均衡，使用网络的家庭中，41.2％的城市家庭和 41.6％的中心城市家庭使用的是宽带，但是在乡村该比例只有25.3％。这与供给侧问题比较一致。联邦通信委员会估计，截至 2000 年，人口最为密集的邮区有 97％的高速网络用户，而在人口最为稀疏的邮区，高速网络用户只有 45％（NTIA，2002）。截至 2006 年，73％的家庭拥有了互联网服务，供给侧问题开始缓解，仅人口最最稀疏的乡村地区缺乏供应商。

千禧年的第一个 10 年见证了发生在众多发达国家的另一波类似的（第二波）投资狂潮。图 2 展示了每 100 名居民中网络用户的增长趋势，涵盖的国家有加拿大、美国、英国、德国、法国、意大利、日本以及整个 OECD。尽管各个国家在宽带使用上各有差别——受到家庭规模和其他因素的影响，但相比之下这些国家之间的相似性更为明显。宽带使用在每个国家都出现了增长。

此时公司正在为一些互联网相关服务开发部署无线传输通道。他们的选择

---

① 该观察带来一系列不同的研究途径。例如，Sinai 和 Waldfogel（2004）研究了互联网的使用究竟是为了避免与社会脱节（尤其是少数族裔）还是克服地理距离（那些居住地离零售店太远的人）。Strover（2001）、Greenstein（2005）研究了城市与乡村在联网程度上的区别。一些观察家总结过去由是否拥有电脑决定，而未来由如何使用电脑决定，一些用户会比其他用户更加精明，从而计算机领域的投资也会因此产生差异。

② 联邦通信委员会定义：宽带至少支持单个方向至少 200 字节（无论是供应方还是接收方）http://www.fcc.gov。

③ 此外，还可参阅 Savage 和 Waldman（2004）。

在速度、质量和价格上都有差别。自从进入 21 世纪以来,便出现了来自主要移动运营商(如 Verizon 公司,AT&T 和其他公司)的数据服务,尤其是针对笔记本电脑的电子邮件传送的数据服务。过去一段时间最流行的机制是一款电子邮件传输的简单设备(例如黑莓)。更加复杂的设备正越来越流行(例如苹果手机和智能手机),这些设备的下载速度已经开始接近有线宽带速度的最低值。技术乐观主义者预测下一代无线运营商(例如,WiMAX 或 LTE)会更快。市场究竟会支持多少服务,又会达到怎样的价格和销售水平,以及这些价格和销售水平又会带来什么样的部署规模,都极其不确定。

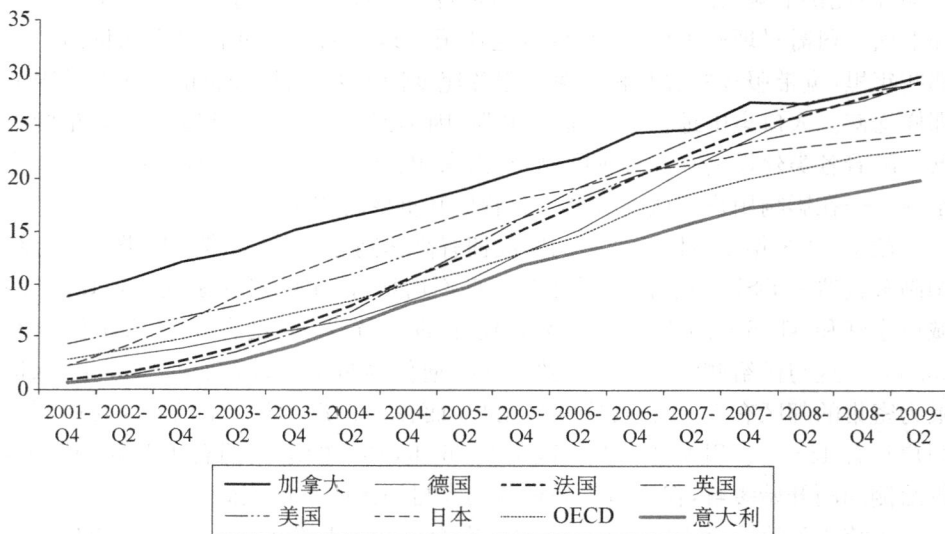

图 2　G7 国家的宽带渗透率

资料来源:OECD Broadband Portal,http://www.oecd.org/sti/ict/broadband,Table 1i

3.7　互联网技术的协作发明和商业流程

相比其他行业,某些行业的信息密集程度更高,因此在生产最终产品和服务时,对信息技术新兴发展(例如互联网)的利用更加频繁。历史上,大量使用计算机技术的行业有银行与金融、公用事业、电子设备、保险、汽车、石油提炼、石油管道运输、印刷和出版、纸浆和纸张、铁路、钢铁、电话通信和轮胎(Cortada,1996)。

个人电脑的普及并未立即改变这些行业原有的技术密集程度排名,但是它的确把计算机技术引进到一些原本只是中等密集的行业,比如仓储。个人电脑质量的不断提升,加之整个电脑行业价格的下降,使现有系统得以替换升级,同时也增加了个人电脑新用户。

20 世纪 90 年代,计算机设备的直接投资增长率极其惊人。1990—1995 年期间,软件年均投资增长率为 9.5%,1995—2000 年间增长率达到 14.2%。而计算机设备同时期年均增长率分别为 13.5% 和 7.1%。这两个时期内,通信设备的增长率分别达到 7.2% 和 15.5%。上述增长均超过非信息技术资本的增长,同时期非信息技术资本的年均增长率分别是 6.8% 和 4.9%。

20 世纪 90 年代末,互联网投资出现增长,这与互联网渗入企业有一定的关系,而其渗透方式多种多样。90 年代末,小型应用程序(比如电子邮件)的配置相当简单,只需一台个人电脑、一个调制解调器,与网络服务供应商签订一份合同,外加一些合适的软件。相反,在 20 世纪 90 年代后半期,对应用模块的互联网投资则相对较少,例如 ERP 软件。安装这类软件涉及互联网核心技术之外的技术难题,例如安全性、隐私权及浏览器和服务器的动态互联,而且组织程序也常常会发生改变。[①]

另一个激励因素也促使企业采用互联网——竞争压力。企业首先需要少量投资以开展业务;其次,企业需要对互联网进行一定的投资,从而相比对手能够产生竞争优势。除此之外,在这些竞争群体中,投资会因为位置、行业,甚至公司战略定位(例如价格领导者、高级服务提供商)而发生变化。[②]

Forman 等(2003a,b)衡量了媒体及所有行业大公司的全国互联网采用率。他们区分了两种目的,一种简单,一种复杂。第一种目的是参与,与电子邮件和网页浏览等活动相关,代表了出于基本沟通目的的最基本互联网应用。第二种目的是优化处理,是对与计算机设备关联的互联网前沿技术的投资。第二种应用是为人熟知的电子商务,涉及内部业务计算过程的互补变化。这些活动的经济成本和利润也明显不同,但是商业类报刊的随意分析常常模糊二者的边界。

他们指出,在大多数行业,出于参与目的的互联网采用接近饱和。除极少数落后行业外,大中型企业机构对互联网的应用随处可见。他们在优化处理方面的发现更是反差明显,城市明显倾向于采用先进互联网应用。研究总结道,地理位置本身不会阻碍企业采用互联网,相反,已经率先使用互联网高级功能的企业,在城市分布上往往不成比例。[③] 相关调查表明位置不佳的小型公司由于没有充足的劳动力市场带来的专业技术人才支持,可能无法利用创新机遇。[④]

---

① 见 Forman 和 Goldfarb(2006),该文回顾了企业网络投资的相关研究。Doms(2004)回顾了企业对个人电脑的加速投资。

② 正如 Porter(2001)所陈述的那样,互联网采用背后有两种竞争性目的。

③ 也可参阅 Forman 等(2005)。

④ 见 Forman 等(2008)。

3.8　无尽的经济试验

具有前瞻性的参与者会参与创新，但是只有在回顾时他们才能理解创新，而且经常是有了大量市场经验以后才能理解。在大事件彻底发生之前，参与者会进行合理、充满热情的辩论，究竟哪种价值创造模式会最准确地预测近期事件。这是夸张的说法，但是也不算太夸张。只有经济试验可以解决关于价值的不确定性问题。

在撰写本文时，创新活动的循环过程仍在计算机和互联网领域进行着，该现象随处可见。例如，在这个被称作网络 2.0 的新浪潮下（网站包括 You-Tube，Face Book 和 MySpace，这些网站利用了用户的社交网络），互联网的繁荣已经终结，而企业领导的创业浪潮再次重生。网络的发展还远未完成，新应用正一波又一波地到来，尤其是在软件应用领域和其他形式的电子商务方面。

相比之下，行业的其他层面也继续经历着剧变。例如，许多目录业务的早期进入者已经失去了市场份额和优越地位。谷歌利用关键词进行网络搜索和拍卖广告的创新方法很大程度上取代了许多现有的门户网站。甚至早期领先的雅虎也被谷歌抢占了一部分市场份额。[1]

另一个变化发生在数据运营商层面。由于用户从拨号连接变为宽带互联网访问，用户也在考虑变换供应商。这导致美国在线的地位大幅下降，同时让宽带供应商处于支配地位，这些宽带供应商大部分是当地的电话公司（主要有威瑞森、美国电话电报公司及奎斯特）和有线电视公司（主要有康卡斯特、考克斯、时代华纳和其他几家）。[2]

装备市场稳定后，思科在企业计算领域处于统治地位，这让思科能够提供数据通信服务。然而，思科的很多姊妹公司（这些公司在 20 世纪 90 年代急剧增长），如捷迪讯、康宁公司、朗讯、北电、3Com 等却未能齐头并进。这些公司由于需求减少（又加上网络经济泡沫的破灭）不得不经历运营方式大规模调整的阵痛。引人注目的是，新设备公司的创立速度放缓，使现有公司更加依赖内部研发活动而不是企业兼并（虽然 2004 年后随着经济情况的好转兼并又开始增加）。

英特尔在个人电脑的设计方面扮演的角色也越来越强势。在 20 世纪 90 年代英特尔逐渐增加了主板的原型设计，到 2000 年初，其主板制造进行得如火如荼，并且鼓励商业伙伴也进行类似的设计。

2003 年，英特尔发布了英特尔迅驰，标志着一个新的起点。迅驰开始将WiFi 连接嵌入所有使用英特尔微处理器的笔记本电脑中。需要澄清的是，嵌入WiFi 并不需要重新设计英特尔最为出名的组件——微处理器，但需要通过增加

---

[1]　Haigh（2007）对此进行了进一步探讨。

[2]　Greenstein（2007a,b）对此进行了进一步探讨。

新零件重新设计台式电脑和笔记本电脑的主板。该设计有一个明显的好处：笔记本电脑不再需要外卡，而外卡一般不由英特尔生产，由用户或原设备制造商安装在扩展槽中。英特尔希望既能够为用户提供标准化功能的简化和技术保证，也希望通过减轻重量、减小体积增加人们对笔记本电脑无线功能的需求。英特尔希望能为用户带来更多的实惠，如可靠性增加、装配困难减少、新设置不兼容频率降低，等等。

简言之，互联网正在经历第二次投资浪潮，当首批用户采用率接近饱和时，第二次浪潮便会席卷而来。与此同时，商业计算机和深化运营领域的进一步资本深化也是该次浪潮的助力之一。这一切意味着第二次投资浪潮不同于第一次投资浪潮，价值来源的不确定性已经降低。

新的计算机技术需要新的设计组织模式，但却面临着一系列新的检验。许多公司发现他们的业务前景太过依赖 Linux 操作系统，以至于缺失部分结构化格式后，运算便无法继续。因此，他们共同成立了一个由公司赞助的协会，雇用 Linus Torvald 和其他一些人，继续支持 Linux 的变革。与此同时，众多新组织继续发挥其职能并支持新发展，如阿帕奇服务器、万维网和 IETF 等。但是，这些组织不再独立运行，各企业开始涉足。标准化组织委员会发现组织中满是兴致勃勃的参与者，他们积极参与对盈利能力具有潜在影响的未来设计的决策过程。这些组织明显感受到了压力，因而放缓了决策过程（如果他们达成决议的话）。也许这值得庆祝，至少它表明决策对各方都利益攸关。[①]

3.9　创新行为的连续性和变革

新通用技术、互联网和万维网的扩散为计算机市场带来各式各样的变革。但是，最显著的变革却不是技术本身带来的。那么，将前后时代区分开的不是技术又是什么呢？

两个时代有众多相似之处。在很多方面，后期出现的经济机遇和挑战与前期计算机市场所面临的机遇和挑战类似。数据网络方面的技术推动创造了一个新的机遇，一旦前沿得以拓展，新的通用技术在扩散时便有机会创造价值。买方和卖方共同决定协作发明的成本，而该成本连同平台竞争的界限制约着不同企业可感知到的经济机遇。此外，利用市场实验学习毕竟存在先天约束，进而影响企业理解意外商业机遇创造价值的方式。

三大因素将互联网时代和之前的时代区分开来。首先，相比之前使用个人电脑和局域网的创新时代，分散的技术领导力横跨更广泛的活动范围，这让更多

---

① Simcoe（2007）另辟蹊径，记录了 IETF 出现的放缓现象。Mackie-Mason 和 Netz（2007）记录了 IEEE 对听证会的操控。

的市场参与者能够接触到机遇。分散的技术领导力也促成一些不同领域的合作伙伴关系。互联网出现之前,很多公司之间几乎没有经济联系,比如一家电缆公司和思科等设备公司,又或者美国有线电视新闻网 CNN 等新公司和雅虎这类门户网站。但如今这些公司之间不但有业务往来,其业务结果还会影响公司对未来增长的预期。人们由此不得不质疑和反思与支持有价值服务的价值链结构相关的商业假设,以及相应的合适创新行为。

第二个区分因素是新的组织形式,这些组织形式既可用于功能设备安装前的标准设计,也可改变已在运行的数据网络设计。开源代码运动是此次变革的一部分,Linux 操作系统和阿帕奇服务器等受到了充分关注。IETF、IEEE 和万维网联盟等都是供企业达成共识的平台,这些企业协调发展的方式多种多样,远不止开源软件这么简单。上述活动改变了平台竞争的边界,通过产品和服务再次聚焦创新竞争,不再仅限于设计的专有特征。短期而言,这些组织发挥的作用确确实实巩固了先前存在的趋势——专攻作为差异化和战略性优势来源的创新活动,但同时也提出了关于制定专有和非专有标准之间持久界限的问题,该问题目前尚未解决。

第三,互联网商业化的新颖性涉及其潜在的应用广泛性不仅使参与者萌生了更广泛的期望与追求,也改变了大量参与者对信息技术价值来源不确定性的看法。互联网商业化的普及会造成业务结构持续不断变化的威胁,而且并非所有的变化都是立即产生的。这种广泛性特征在 20 世纪 90 年代末随处可见,彼时互联网浪潮和全球化生产正如火如荼,后来该广泛性依旧以某些形式存在于众多公司中。广泛性的其中一个特征便是公司必须派经理追踪发展(之前被忽略的),以便对价值来源变化的方向做出全面的评估。例如,经营音乐发行业务的公司必须追踪互联网初创公司的发展,电话公司必须理解浏览器大战所暗示的含义等。

三个因素的结合可能促成轰动的大事件,即众多参与者全面探索众多应用,而这在 10 年前根本不可能。也就是说,从前在信息技术市场上从未大展身手的公司经理,如今正参与非专有和全行业标准制定机构,促进公司在关键战略问题上的谈判。这些机构与专有平台共存,有时互相竞争,有时相互补充。思科、英特尔、IBM 和许多 WiFi 公司是标准论坛的积极参与者。甚至像微软、美国电话电报公司和威瑞森等之前不愿加入的公司如今也已经发现参与并投资这类活动颇有用处。全新的论坛(比如为支持蓝牙而建立的组织)拥有数百名参与者。

3.10 经济行为:开放式问题

公司行为的决定性经济因素是什么?公司行为几十年间的发展又为我们带来什么样的关于决定性因素的启示?

技术推动几十年间一直发挥着重要作用。在计算机市场上，市场激励和市场导向型事件的重要性是否有丝毫减少？似乎并没有。市场力量继续影响着前沿的拓展、任何时间点变化的剧烈程度以及领先企业的地位。共同发明继续影响着通用技术的运用，而市场力量则继续影响着用户和公司的追求方向。

过去数十年的经验强调了一个问题的重要性：价值创造的成本究竟为何出现变化？为何个人电脑、局域网和互联网的价值创造成本不同？为何成本随着时间变化有所不同？什么样的经济机制把这种成本和新技术应用产生的规模经济效益连接起来？这便是过去数十年的经验所强调的一些悬而未决的重要问题。

计算机平台的经济作用被从未削弱，如今的平台整合与过去任何时候一样塑造着经济行为。部分原因是市场参与者已经知道平台战略对公司创造价值的重要性，例如英特尔和微软。在某种程度上，平台内和平台间技术领导力的整合与分化也在改变，影响着价值在公司间的转移过程，例如从雅虎到谷歌。平台的存在又是如何影响现有公司与新公司合作创新的经济动力来源？什么样的机制决定上述的经济动力来源？这些机制是否会推动公司进行创新，以巩固或者改变现有市场结构？这些都是尚待解决的问题。

以市场为基础的学习活动的作用也未减弱，但是过去几十年的经济行为也提出了一个问题：是什么决定了学习活动的普遍性和重要性。以减少不确定性为目标的行为——例如平台的广泛普及和创新行为在部分地区的集聚——如何改变学习活动？其他因素，如生产和应用的全球化，是否会对相关行为带来重大差异？出现在互联网扩散早期的非协调性创新行为的空前扩散也存在类似问题，该行为是否只是早期扩散的产物？又或者该行为是有着不同商业利益的参与者合作的结果（例如开源平台），预示着类似永久性竞争行为规范改变之类的重大事件？

另一组尚未解决的问题与计算机领域所触及的广泛经济活动相关。许多经济参与者以高度的技术相关性为基础建立了一个网络体系。将惯例规范融入商业活动能为所有参与方带来好处，但是惯例规范是否会压垮创新主体，进而限制其创新行为？到目前为止，经济试验的投资依旧看不到尽头，这似乎意味着广泛应用的信息技术一旦出现突破，整个经济都可能受到重大影响。

实验不会只存在于一段时期，也不会随着互联网经济泡沫的破灭而结束。事实上，在撰写本文时，关于信息技术不同方面的长期价值依然没有定论，企业也在继续探索创造价值的途径。尤其值得注意的是，面向技术的创业精神永不止息。在不远的过去，一些参与者曾期望不断进行经济实验，而其他参与者曾认为他们身处的市场并非鼓励创业的技术市场。事实上，参与者不同的期望早已汇聚成一点，几乎所有的市场参与者都期望企业能够带来持续不断的改变以及改变的双生子——经济的不稳定性。

致谢

　　在此感谢 Tim Bresnahan，Chris Forman，Avi Goldfarb，Bronwyn Hall，Rebecca Henderson，Jeff Prince，Nate Rosenberg，Alicia Shems，Kristina Steffenson McElheran 和 Scott Stern 提出的宝贵意见。此外，感谢塞尔基金会提供的财政支持。针对本章出现的所有错误，作者承担全部责任。

参考文献

Abbate，J. (1999). Inventing the Internet. MIT Press，Cambridge，MA.

Acemoglu，D.，Aghion，P.，Lelarge，C.，Reenen，J. V.，Zilibotti，F. (2007). "Technology，information and the decentralization of the firm". Quarterly Journal ofEconomics 122(4)，1759 - 1799.

Agarwal，A.，Goldfarb，A. (2006). "Restructuring research: Communications costs and the democratization of university innova tion". Working paper，University of Toronto.

Aizcorbe，A. (2006). "Why did seminconduction price indexes fall so fast in the 1990s?" Economic Inquiry 44(3)，485 - 496 (July). Aizcorbe，A.，Flamm，K.，Khursid，A. (2007). "The role of semiconductor inputs in IT hardware price decline: Computers vs. communications". In: Berndt，E. R.，Hulten，C. M. (Eds.)，Hard-to-Measure Goods and Services: Essays in Honor of Zvi Griliches. University of Chicago Press，Chicago.

Arora，A.，Bokhari，F. (2007). "Open versus closed firms and the dynamics of industry evolution". Journal of Industrial Economics 55(3)，499 - 527.

Arora，A.，Forman，C. (2006). "How local are IT outsourcing markets: Proximity and software programming". Available at http:// ssrn. com/abstract=953254.

Arora，A.，Gambardella，A. (2005). From Underdogs to Tigers: The Rise and Growth of the Software Industry in Brazil，China，India. Oxford University Press，Ireland and Israel.

Arora，A.，Fosfuri，A.，Gambardella，A. (2001). Markets for Technology: The Economics of Innovation and Corporate Strategy. MIT Press，Cambridge.

Arora，A.，Caulkins，J.，Telang，R. (2006). "Sell first，patch later: Impact of patching on software quality". Management Science 52(3)，465 - 471.

Aspray，W.，Campbell-Kelly，M. (1996). Computer: A History of the Information Machine. Basic Books，New York.

Astebro，T. (2002). "Noncapital investment costs and the adoption of CAD and CNC in U. S. metalworking industries". RAND Journal of Economics 33(4)，672 - 688.

Astebro，T. (2004). "Sunk costs and the depth and probability of technology adoption". Journal of Industrial Economics LII (3)，381 - 399.

Athey，S.，Stern，S. (2002). "The impact of information technology and job design on emergency health care outcomes". RAND Journal of Economics 33，399 - 432.

Atrostic，B. K.，Nguyen，S. V. (2005). "IT and productivity in US manufacturing: Do computer networks matter?" Economic Inquiry 43(3),493 - 506(July).

Attewell, P. (1992). "Technology diffusion and organizational learning: The case of business computing". Organizational Science 3,1 - 19(February).

Augereau, A., Greenstein, S., Rysman, M. (2006). "Coordination versus differentiation in a standards war: 56K modems". Rand Journal of Economics 34(4),889 - 911.

Autor, D., Katz, L. F., Kearney, M. S. (2003). "The skill content of recent technological change: An empirical exploration". Quarterly Journal of Economics 118(4),1279 - 1334.

Baker, J. (2007). "Beyond Schumpeter vs. Arrow: How antitrust fosters innovation". Accessed at http://nber15. nber. org/~ confer/ 2007/si2007/PRIPE/baker. pdf, Paper presented at NBER Summer Institute, Innovation Policy and the Economy.

Baker, G., Hubbard, T. (2003). "Make versus buy in trucking: Asset ownership, job design, and information". American Economic Research 551 - 572(June).

Baker, G., Hubbard, T. (2004). "Contractibility and asset ownership: On-board computers and governance in US trucking". Quarterly Journal of Economics 1443 - 1480(November).

Bakos, Y., Brynjolfsson, E. (2000). "Bundling and competition on the internet: Aggregation strategies for information goods". Marketing Science 19(1),63 - 82.

Bakos, Y., Brynjolfsson, E., Lichtman, D. (1999). "Shared information goods". Journal of Law and Economics 42, 117 - 155. Baldwin, C. A., Clark, K. B. (1997). "Sun wars: Competition within a modular cluster". In: Yoffie, D. B. (Ed.), Competing in the Age of Digital Convergence. Harvard Business School Press, Boston, MA.

Baldwin, Carliss A., Clark, Kim B. (2006). Architectural Innovation and Dynamic Competition: The Smaller Footprint Strategy. Harvard Business School, Boston, MA, Working Paper.

Bank, D. (2001). Breaking Windows: How Bill Gates Fumbled the Future of Microsoft. The Free Press, London.

Beaudry, P., Doms, M., Lewis, E. (2006). "Endogenous skill bias in technology adoption: City-level evidence from the IT revolution". Federal Reserve Bank of San Francisco, Working paper 06 - 24.

Berndt, E. R., Griliches, Z., Rappaport, N. (1995). "Econometric estimates of price indexes for personal computers in the 1990s". Journal of Econometrics 68(1),243 - 268 (July).

Berners-Lee, T., Fischetti, M. (1999). Weaving the Web, The Original Design and Ultimate Destiny of the World Wide Web. Harper Collins, New York.

Bloom, N., Van Reenen, J. (2007). "Measuring and explaining management practices across firms and countries". Quarterly Journal ofEconomics 122(4),1351 - 1408.

Bloom, N., Sadun, R., Van Reenen, J. (2007). "Americans do I. T. better: U. S. multinationals and the productivity miracle". CEP Discussion Paper 788, April.

Blumenthal, M. S., Clark, D. D. (2001). "Rethinking the design of the internet: The end-to-end arguments vs. the brave new world". In: Compaine, B., Greenstein, S. (Eds.), Communications Policy in Transition: The Internet and Beyond. MIT Press, Cam? bridge, MA, pp. 91 - 139.

Bower, J., Christensen, C. (1997). "Disruptive technologies: Catching the wave". In: Brown, J. S. (Ed.), Seeing Differently: Insights on Innovation. Harvard Business Review Book, Boston, MA.

Bresnahan, T. (1999). "The changing structure of innovation in computing". In: Eisenach, J. A., Lenard, T. M. (Eds.), Competition, Convergence and the Microsoft Monopoly: Antitrust in the Digital Marketplace. Kluwer Academic Publishers, Boston.

Bresnahan, T. (2004). "The economics of the microsoft case". Working paper accessed at http://www.stanford.edu/~tbres/research.htm.

Bresnahan, T., Brynjolfsson, E., Hitt, L. (2002). "Information technology, work organization, and the demand for skilled labor: Firm-level evidence". Quarterly Journal ofEconomics 117,339 – 376(February).

Bresnahan, T., Greenstein, S. (1997). "Technical progress and co-invention in computing and in the use of computers". Brookings Papers on Economics Activity: Microeconomics 1 – 78.

Bresnahan, T., Greenstein, S. (1999). "Technological competition and the structure of the computer industry". Journal of Industrial Economics 1 – 40(March).

Bresnahan, T., Greenstein, S., Henderson, R. (2009). "Schumpeterian competition and diseconomies of scope: illustrations from leading historical firms in computing". Working Paper accessed at http://www.kellogg.northwestern.edu/faculty/greenstein/ images/research.html.

Brensnahan, T., Malerba, F. (1999). "Industrial dynamics and the evolution of firm's and nations' competitive capabilities in the world computer industry". In: Mowery, D., Nelson, R. (Eds.), Sources of Industrial Leadership. Cambridge University Press, Cambridge.

Bresnahan, T., Trajtenberg, M. (1995). "General purpose technologies: 'Engines of growth'?" Journal of Econometrics 65(1),83 – 108.

Bresnahan, T., Yin, P.-L. (2007). "Standard setting in markets: The browser wars". In: Greenstein, S., Stango, V. (Eds.), Standards and Public Policy. Cambridge University Press, Cambridge, UK, pp. 18 – 59.

Brynjolfsson, E., Hitt, L. (2000). "Beyond computation: Information technology, organizational transformation and business performance". Journal of Economic Perspectives 14(4),23 – 28.

Brynjolfsson, E., Hitt, L. M., Yang, S. (2002). "Intangible assets: Computers and organizational capital". Brookings Papers on Economic Activity: Macroeconomics 1, 137 – 199.

Card, D., DiNardo, J. (2002). "Skill-biased technical change and rising wage inequality: Some problems and puzzles". Journal of Labor Economics 20(4),733 – 783.

Caroli, E., Van Reenen, J. (2001). "Sill biased organizational change? Evidence from the British and French establishments". Quarterly Journal ofEconomics CXVI (4),1449 – 1492.

Carr, D. (1999). IBM Redux: Lou Gerstner and the Business Turnaround of the Decade. Harper Collins, New York.

Chapman, M. R. (2006). In Search of Stupidity: Over Twenty Years of High Tech Marketing Disasters. Springer-Verlag, New York.

Christensen, C. (1997). Innovators Dillemma. Harvard Business School Press, Boston, MA.

Cockburn, I., MacGarvie, M. (2006). "Entry, exit and patenting in the software industry". NBER Working Paper No. W12563.

Compaine, B., Greenstein, S. (2001). Communications Policy in Transition: The Internet and Beyond. MIT Press, Cambridge, MA.

Cortada, J. W. (1996). Information Technology as Business History: Issues in the History and Management of Computers. Greenwood Press, Westport, CT.

Cortada, J. W. (2003). The Digital Hand: How Computers Changed the Work of American Manufacturing, Transportation and Retailing Industries. Oxford University Press, Cary, NC.

Cranor, L., Greenstein, S. (2002). Communications Policy and Information Technology: Promises, Problems, Prospects. MIT Press, Cambridge, MA.

Cranor, L., Wildman, S. (2003). Rethinking Rights and Regulations: Institutional Responses to New Communications Technol ogies. MIT Press, Cambridge.

Cringley, R. X. (1992). Accidental Empires. Harper Collins, New York.

Cusumano, M., Selby, R. (1995). Microsoft Secrets, How the World's Most Powerful Software Company Creates Technology, Shapes Markets and Manages People. Simon and Schuster, New York.

Cusumano, M., Yoffie, D. (2000). Competing on Internet Time: Lessons from Netscape and its Battle with Microsoft. Free Press, New York.

Dalle, Jean-Michel, David, Paul A., Ghosh, Rishab Aiyer, Wolak, Frank (2004). "Free & open source software developers and 'the economy of regard': Participation and code-signing in the modules of the Linux Kernel". Working paper, SIEPR, Stanford University, Open Source Software Project, Accessed on June, 2007, at http://siepr. stanford. edu/ programs/OpenSoftware_David/NSFOSF_Publications. html.

David, P. (1990). "The dynamo and the computer: An historical perspective on the modern productivity paradox". American Economic Review 80, 2.

David, P. (2001). "The evolving accidental information super highway". Oxford Review of Economic Policy 17(2),159 – 187.

Dedrick, J., Kraemer, K. L. (2005). "The impacts of IT on firm and industry structure: The personal computer industry". California Management Review 47(3),122 – 142.

Dedrick, J., West, J. (2001). "Open source standardization: The rise of Linux in the network era". Knowledge, Technology and Policy 14(2),88 – 112.

De Figueiredo, J. M., Kyle, M. K. (2006). "Surviving the gales of creative destruction: The determinants of product turnover". Strategic Management Journal 27(3),241 – 264.

Doms, M. (2004). "The boom and bust in information technology investment". Federal Reserve Bank of San Francisco Economic Review 20 – 34.

Downes, T., Greenstein, S. (2002). "Universal access and local internet markets in the U. S". Research Policy 31,1035 – 1052.

Downes, T., Greenstein, S. (2007). "Understanding why universal service obligations may be unnecessary: The private develop ment of local internet access markets". Journal of Urban Economics 62,2 – 26.

Draca, M., Sadun, R., Van Reenen, J. (2007). "ICT and productivity". In: Mansell, R., Avgerou, C., Quah, D., Silverstone, R. (Eds.), Oxford Handbook of ICTs. Oxford University Press, Oxford, UK.

Dranove, D., Gandal, N. (2003). "The DVD vs. DIVX standard war. Empirical evidence of network effects and preannouncement effects". Journal of Economics and Management Strategy 12(3),363 – 386.

Evans, D., Hagiu, A., Schmalensee, R. (2006). Invisible Engines. How Software Platforms Drive Innovation and Transform Industries. MIT Press, Cambridge, MA.

Fallick, B., Charles Fleischman, C., Rebitzer, J. A. (2006). "Job-hopping in silicon valley: Some evidence concerning the micro foundation of a high-technology cluster". Review of Economics and Statistics 88(3), 472 – 481.

Farrell, J., Saloner, G. (1985). "Standardization, compatibility, and innovation". Rand Journal of Economics 16(1), 70 – 83(Spring).

Ferguson, C. (1999). High Stakes, No Prisoners: A winners Tale of Greed and Glory During the Internet Wars. Times Books, New York.

Fichman, R., Kemerer, C. (1997). "The assimilation of software process innovations: An organizational learning perspective". Management Science 43(10), 1345 – 1363.

Fisher, F. M. (2000). "The IBM and microsoft cases: What's the difference?" American Economic Review 90, 180 – 183(May 2000).

Fisher, F., McGowan, J. J., Greenwood, J. E. (1983a). Folded Spindled and Mutilated: Economic Analysis and U. S. vs. IBM. MIT Press, Cambridge, MA.

Fisher, F. M., McKie, J. W., Mancke, R. B. (1983b). IBM and the US Data Processing Industry, An Economic History. Praeger Publishers, New York.

Flamm, K. (1987). Creating the Computer: Government, Industry and High Technology. The Brookings Institution, Washington, DC pp. 203 – 234.

Flamm, K. (2003). "The new economy in historical perspective: Evolution of digital electronics technology". In: Jones, D. C. (Ed.), New Economy Handbook. Academic Press/Elsevier, San Diego, Chapter 2.

Forman, C. (2005). "The corporate digital divide: Determinants of internet adoption". Management Science 51(4), 641 – 654.

Forman, C., Goldfarb, A. (2006). "Diffusion of information and communications technology to business". In: Hendershott, T. (Ed.), Economics and Information Systems, vol. 1. Elsevier, Amsterdam.

Forman, C., Goldfarb, A., Greenstein, S. (2003a). "Which industries use the internet?" In: Baye, M. (Ed.), Organizing the New Industrial Economy. Elsevier, Amsterdam, pp. 47 – 72.

Forman, C., Goldfarb, A., Greenstein, S. (2003b). "The geographic dispersion of commercial internet use". In: Cranor, L., Wildman, S. (Eds.), Rethinking Rights and Regulations: Institutional Responses to New Communications Technologies. MIT Press, Cambridge, pp. 113 – 145.

Forman, C., Goldfarb, A., Greenstein, S. (2005). "How did location affect adoption of the internet by commercial establishments? Urban density versus global village". Journal of Urban Economics 58(3), 389 – 420.

Forman, C., Goldfarb, A., Greenstein, S. (2008). "Understanding inputs into innovation: Do cities substitute for internal firm resources?" Journal of Economics and Management Strategy 295 – 316.

Fosfuri, A., Giarratana, M., Luzzi, A. (2005). "Firm assets and investments in open source software products". Druid Working Paper No 05 – 10. Copenhagen Business School.

Franco, A., Filson, D. (2006). "Spin-outs: Knowledge diffusion through employee mobility". RAND Journal ofEconomics 37(4), 841 – 860.

Frieberger, P., Swaine, M. (1984). Fire in the Valley: The Making of the Personal Computer. Osborne/McGraw Hill, Berkeley, CA.

Gandal, N., Greenstein, S., Salant, D. (1999). "Adoption and orphans in the early computer market: Chicken and eggs, hardware and software". Journal of Industrial Economics 87 – 105.

Gandal, N., Kende, M., Rob, R. (2000). "The dynamic of technological adoption in hardware/software systems: The case of compact disc players". RAND Journal ofEconomics 31,43 – 61.

Gans, J., Stern, S. (2003). "The product market and the market for ideas: Commercialization strategies for technology entrepre neurs". Research Policy 32 (2), 333 – 350.

Gans, J., Hsu, D., Stern, S. (2002). "When does start-up innovation spur the gale of creative destruction?" RAND Journal of Economics 33(4),571 – 586.

Gates, B. (1995). "The internet tidal wave", http://www. usdoj. gov/atr/cases/ms _ exhibits. htm, Government Exhibit 20, United States versus Microsoft accessed at.

Gawer, A., Cusumano, M. (2002). Platform Leadership: How Intel, Microsoft and Cisco Drive Innovation. Harvard Business School Press, Boston, MA.

Gawer, A., Henderson, R. (2007). "Platform owner entry and innovation in complementary markets: Evidence from Intel". Journal of Economics and Management Strategy 16(1).

Gerstner, L. V. (2002). Who Says Elephants Can't Dance? Leading a Great Enterprise Through Dramatic Change. Harper Collins, New York.

Gilbert, R. J. (1998). "Networks, standards, and the use of market dominance: Microsoft (1995)". In: Kwoka, J., White, L. (Eds.), The Antitrust Revolution: The Role of Economics. (third ed.). Oxford University Press, Oxford.

Gilbert, R. J. (2006). "Looking for Mister Schumpeter: Where are we in the competition-innovation debate?" In: Jaffe, A., Lerner, S., Stern, S. (Eds.), Innovation Policy and the Economy, vol. 8. p. 159, MIT Press Cambridge, MA.

Gilles, J., Cailliau, R. (2000). How the Web was Born. Oxford University Press, Oxford.

Goldfarb, A. (2004). "Concentration in advertising-supported online markets: An empirical approach". Economics of Innovation and New Technology 13(6),581 – 594.

Goldfarb, B. D., Kirsch, D., Pfarrer, M. D. (2005). "Searching for ghosts: Business survival, unmeasured entrepreneurial activity and private equity investment in the Dot-com era". Robert H. Smith School Research Paper No. RHS 06 – 027, Available at SSRN, http://ssrn. com/abstract-825687.

Goolsbee, A., Klenow, P. (2002). "Evidence on learning and network externalities in the diffusion of home computers". Journal of Law and Economics XLV (2, part 1),317 – 344 (October).

Gordon, R. J. (2000). "Does the new economy measure up to the great inventions of the past?" Journal of Economic Perspectives 14,4.

Greenstein, S. (2000). "Building and delivering the virtual world". Journal of Industrial Economics 391 – 411(December).

Greenstein, S. (2001). "Commercialization of the Internet: The interaction of public policy and private action". In: Jaffe, A., Lerner, S., Stern, S. (Eds.), Innovation Policy and the Economy.

Greenstein, S. (2005). "The economic geography of internet infrastructure in the United States". In: Cave, M., Majumdar, S., Vogelsang, I. (Eds.), Handbook of Telecommunication Economics, vol. II. Elsevier, Amsterdam.

Greenstein, S. (2006). "Wikipedia in the spotlight". Kellogg School of Management, Northwestern University, Teaching Case. Accessed at http://www. kellogg. northwestern. edu/faculty/greenstein/images/cases. htm.

Greenstein, S. (2007a). "Economic experiments and neutrality in Internet access markets". In: Jaffe, A., Lerner, J., Stern, S. (Eds.), Innovation, Policy and the Economy, vol. 8. MIT Press, Cambridge, MA.

Greenstein, S. (2007b). "The evolution of market structure for Internet access in the United States". In: Aspray, W., Ceruzzi, P. (Eds.), The Commercialization of the Internet and its Impact on American Business. MIT Press, Cambridge, MA.

Greenstein, S., McDevitt, R. (2009). "The broadband bonus: Accounting for broadband Internet's impact on U. S. GDP". NBER Working paper 14758, http://www. nber. org/papers/w14758.

Greenstein, S., Prince, J. (2007). "The diffusion of the Internet and the geography of the digital divide". In: Mansell, R., Quah, D., Silverstone, R. (Eds.), Oxford Handbook on ICTs. Oxford University Press, Oxford.

Greenstein, S. M., Wade, J. B. (1998). "The product life cycle in the commercial mainframe computer market, 1968 - 1983". Rand Journal of Economics 29, 772 - 789.

Grove, A. (1996). Only the Paranoid Survive: How to Exploit the Crisis Points That Challenge Every Company. Doubleday, New York.

Haigh, T. (2007). "Building the Web's missing links: Portals and search engines". In: Aspray, W., Ceruzzi, P. (Eds.), The Internet and American Business. MIT Press, Cambridge, MA.

Hargettai, E. (2003). "The digital divide and what to do about it". In: Jones, D. C. (Ed.), The New Economy. Academic Press, San Diego, CA, pp. 822 - 838.

Harrison, R., Griffith, R., Van Reenen, J. (2006). "How special is the relationship: Using the impact of the US R&D spillovers on British firms as a test of technology sourcing". American Economic Review 96(5), 1859 - 1875(December).

Henderson, R. (2000). "Declaration of Rebecca Henderson, United States v. Micros oft Remedies Papers", http://www. usdoj. gov/ atr/cases/f4600/4644. htm.

Hills, A. (2005). Smart WiFi. Scientific American, October.

Hoetker, G. (2006). "Do modular products lead to modular organizations?" Strategic Management Journal 27, 501 - 518.

Hubbard, T. (2000). "The demand for monitoring technologies: The case of trucking". Quarterly Journal of Economics 533 - 560(May).

Hubbard, T. (2003). "Information, decisions, and productivity: On-board computers and capacity utilization in trucking". American Economic Review 93, 1328 - 1353(September).

Hussain, F. (2003). "Historic role of the commercial Internet eXchange router and its impact on the development of the Internet eXchange points [IXCs]". http://www. farooqhussain. org/projects/cixrouter19912001/index_html, accessed at July, 2007.

Jorgenson, D. W. (2001). "Information technology and the U. S. economy". American Economic Review 91(1), 1 - 32(March).

Jorgenson, D. W. , Wessner, C. W. (Eds.), (2005). Deconstructing the Computer, Report of a Symposium. National Academies Press, Washington, DC.

Jorgenson, D. W. , Ho, M. S. , Stiroh, K. (2005). Productivity, Volume 3: Information Technology and the American Growth Resurgence. MIT Press, Cambridge, MA.

Kahin, B. , Keller, J. (1995). Public Access to the Internet. MIT Press, Cambridge, MA.

Kahin, B. , Keller, J. (1997). Coordinating the Internet. MIT Press, Cambridge, MA.

Kahin, B. , McConnell, B. (1997). "Towards a public metanetwork: Interconnection, leveraging and privatization of government- funded networks in the United States". In: Noam, E. , Nishuilleabhain, A. (Eds.), Private Networks Public Objectives. Elsevier, Amsterdam, The Netherlands, pp. 307 - 321.

Kahn, R. (1995). "The role of government in the evolution of the Internet". In: National Academy of Engineering, R. (Ed.), Revolution in the U. S. Information Infrastructure. National Academy Press, Washington, DC, pp. 13 - 24.

Katz, B. , Phillips, A. (1982). "The computer industry". In: Nelson, R. R. (Ed.), Government and Technical Progress: A Cross Industry Analysis. New York, Pergamon Press, pp. 162 - 232.

Katz, M. , Shapiro, C. (1985). "Network externalities, competition and compatibility". American Economic Review 75(3), 424 - 440.

Katz, M. L. , Shapiro, C. (1986). "Technology adoption in the presence of network externalities". Journal of Political Economy 94(4), 822 - 884.

Katz, Michael L. , Shapiro, Carl (2000). "Systems competition and network effects". Journal of Economic Perspectives 8(2), 93 - 115.

Kende, M. (2000). The Digital Handshake: Connecting Internet Backbones. Federal Communications Commission, Office of Planning and Policy, Washington, DC, Working Paper No. 32.

Kenney, M. (2000). Understanding Silicon Valley: The Anatomy of an Entrepreneurial Region. Stanford University Press, Stanford, CA.

Kenney, M. , Von Burg, U. (1999). "Technology, entrepreneurship, and path-dependence: Industrial clustering in silicon valley and route 128". Industrial and Corporate Change 8, 67 - 103.

Kesan, J. P. , Shah, R. C. (2001). "Fool us once, shame on you-Fool us twice, shame on us: What we can learn from the privatizations of the Internet backbone network and the domain name system". Washington University Law Quarterly 79, 89 - 220.

Khanna, T. (1995). "Racing behavior: Technological evolution in the high-end computer industry". Research Policy 24(6), 933 - 958.

Khariff, O. (2003). Paving the Airwaves for Wi-Fi. Business Week, April 1.

Kreuger, A. (1993). "How computers have changed the wage structure: Evidence from microdata, 1984 - 1989". Quarterly Journal of Economics 108(1), 33 - 60.

Langlois, R. , Mowery, D. (1996). "Spinning off and spinning on (?): The Federal Government role in the development of the U. S. computer software industry". Research Policy 25, 947 - 966.

Langlois, R. , Robertson, P. L. (1992). "Networks and innovation in a modular system: Lessons from the microcomputer and stereo component industries". Research Policy 21, 297 - 313.

Langlois, R., Robertson, P. L. (1995). Firms, Markets and Economic Change: A Dynamic Theory of Business Institutions. Routledge, London.

Lee, C.-M., Miller, W. F., Hancock, M. G., Rowen, H. S. (2000). The Silicon Valley Edge: A Habitat for Innovation and Entrepreneurship. Stanford University Press, Stanford, CA.

Lerner, J. (1997). "An empirical analysis of a technology race". RAND Journal of Economics 28, 228 - 247.

Lerner, J., Tirole, J. (2002). "Some simple economics of open source software". Journal of Industrial Economics 50(2), 197 - 234.

Lucking-Reily, D., Spulber, D. (2001). "Business to business electronic commerce". Journal of Economic Perspectives 15(1), 55 - 68.

Mackie-Mason, J., Netz, J. (2007). "Manipulating interface standards as an anticompetitive strategy". In: Greenstein, S., Stango, V. (Eds.), Standards and Public Policy. Cambridge Press, Cambridge, MA, pp. 231 - 259.

Mankiw, Gregory, Forbes, Kristin, Rosen, Harvey (2005). Chapter 6. Innovation and the information economy. Economic Report of the President. US Government Printing Office, Washington.

Mansell, R., Steinmueller, W. E. (2000). Mobilizing the Information Society Strategies for Growth and Opportunity. Oxford University Press, Oxford.

McKinsey Global Institute. (2001). U. S. Productivity Growth, 1995 - 2000: Understanding the Contribution of Information Technology Relative to Other Factors. McKinsey, Washington, DC.

McKnight, L., Bailey, J. (1997). Internet Economics. MIT Press, Cambridge, MA.

Meeker, M., DuPuy, C. (1996). The Internet Report. Harper Business, New York.

Messerschmitt, D. G., Szyperski, C. (2003). Software Ecosystems: Understanding an Indispensible Technology and Industry. MIT Press, Cambridge, MA.

Mockus, A., Fielding, R. T., Herbsleb, J. D. (2005). "Two case studies of open source software development: Apache and Mozilla". In: Feller, J. (Ed.), Perspectives on Free and Open Source Software. MIT Press, Cambridge, MA.

Moore, G. (1965). "Cramming more components onto integrated circuits". Electronics V38 (8), 114 - 117(April).

Mowery, D. (1996). The International Computer Software Industry. A Comparative Study of Industry Evolution and Structure. Oxford University Press, Oxford.

Mowery, D. C., Simcoe, T. S. (2002a). "The origins and evolution of the Internet". In: Nelson, R., Steil, B., Victor, D. (Eds.), Technological Innovation and Economic Performance. Princeton University Press, Princeton, NJ, pp. 229 - 264.

Mowery, D. C., Simcoe, T. S. (2002b). "Is the Internet a U. S. invention? An economic and technological history of computer networking". Research Policy 37, 1369 - 1387.

Mueller, M. L. (2002). Ruling the Root: Internet Governance and the Taming of Cyberspace. MIT Press, Cambridge, MA.

National Research Council. (2003). Innovation in Information Technology. National Academy Press, Washington, DC.

Nguyen, S., Atrostic, B. K. (2006). "How business use information technology: Insights for measuring technology and productiv ity". Working paper 06 - 15, Center for Economic

Studies, U. S. Census Bureau.

Noam, E. (2001). Interconnecting the Network of Networks. MIT Press, Cambridge, MA.

NTIA (National Telecommunications and Information Administration). "Falling through the net: A survey of the 'Have Nots' in rural and urban America. (1995). http://www. ntia. doc. gov/reports. html, assessed 17 March 06.

NTIA (National Telecommuncations and Information Administration). "A Nation online: How Americans are expanding their use of the Internet. (2002). http://www. ntia. doc. gov/reports. html, assessed 17 March 06.

NTIA (National Telecommunications and Information Administration). "A Nation online: Entering the broadband age. (2004). http://www. ntia. doc. gov/reports. html.

Nuechterlein, J. E. , Weiser, P. J. (2005). Digital Crossroads: American Telecommunications Policy in the Internet Age. MIT Press, Cambridge, MA.

Ohashi, H. (2003). "The role of network effects in the US VCR market, 1978 - 1986". Journal of Economics & Management Strategy 12(4),447 - 494.

Ou, G. (2008). "A policy maker's guide to network management". The Information Technology and Innovation Foundation, http://www. itif. org/index. php? id-205.

Oxman, J. (1999). The FCC and the Unregulation of the Internet. Federal Communications Commission, Office of Planning and Policy, Washington, DC, Working paper 31.

Partridge, C. (2008). "The technical development of Internet e-mail". IEEE Annals of the History of the Computing 3 - 29(April).

Paulsen, Ed. (2001). Inside Cisco: The Real Story of Sustained M&A Growth. Wiley, New York.

Porter, M. (2001). "Strategy and the Internet". Harvard Business Review 79(3),62 - 78.

Prince, J. (2005). Measuring the Digital Divide: Structural Estimation of the Demand for Personal Computers. Cornell University, New York. Mimeo.

Prusa, T. J. , Schmitz, J. A. Jr. , (1994). "Can companies maintain their initial innovative thrust? A study of the PC software industry". The Review of Economics and Statistics 76 (3),523 - 540.

Quarterman, J. S. (1989). Matrix Computer Networks and Conferences. Digital Press, Bedford, MA.

Rohlfs, J. (2001). Bandwagon Effects in High Technology Industries. MIT Press, Cambridge, MA.

Rosenberg, N. (1976). Perspectives on Technology. Cambridge University Press, Cambridge, UK.

Rosenberg, N. (1994). "Economic experiments". Exploring the Black Box. Cambridge University Press, Cambridge.

Rosenberg, N. (1996). "Uncertainty and technology change". In: Landau, R. , Taylor, T. , Wright, G. (Eds.), The Mosaic of Economic Growth. Stanford University Press, Stanford, CA, pp. 334 - 356.

Russell, A. L. (2006). "Rough consensus and running code and the Internet-OSI standards war". IEEE Annals of the History of Computing 48 - 61, July-September.

Savage, S. , Waldman, D. (2004). "United States Demand for Internet Access". Review of Network Economics 3(3),228 - 247.

Saxenian, A. L. (1994). Regional Advantage: Culture and Competition in Silicon Valley and

Route 128. Harvard University Press, Cambridge, MA.

Schmalensee, R. (2000). "Antitrust issues in Schumpeterian industries". American Economic Review 90, 192 – 196(May).

Shapiro, C., Varian, H. R. (1998). Information Rules. Harvard Business School Press, Boston, MA.

Shiller, R. J. (2000). Irrational Exuberance. Princeton University Press, New York.

Simcoe, T. (2007). "Delay and De jure standardization: Exploring the slow down in Internet standards development". In: Greenstein, S., Stango, V. (Eds.), Standards and Public Policy. Cambridge Press, Cambridge, MA, pp. 260 – 297.

Sinai, T., Waldfogel, J. (2004). "Geography and the Internet: Is the Internet a substitute or a complement for cities?" Journal of Urban Economics 56(1),1 – 24.

Sink, E. (2007). "Memoirs from the browser wars", http://biztech. ericsink. com/Browser_ Wars. html. Published at accessed March 2007.

Smith, M. D., Bailey, J., Brynjolfsson, E. (2000). "Understanding digital markets: Review and assessment". In: Brynjolfsson, E., Kahin, B. (Eds.), Understanding the Digital Economy. MIT Press, Cambridge, MA, pp. 276 – 288.

Stavins, J. (1995). "Model entry and exit in a differentiated-product industry: The personal computer market". The Review of Economics and Statistics 77(4),571 – 584.

Stern, S. (2005). "Economic experiments: The role of entrepreneurship in economic prosperity". Understanding entrepreneurship: A research and policy report, http:// research. kauffman. org/cwp/ShowProperty/web/CacheRepository/ Documents/Research__ Policy_Singles. pdf. Kaufman Foundation.

Stiroh, K. (2002). "Information technology and the U. S. productivity revival: What do the industry data say?" American Economic Review 92(5)1559 – 1576.

Stranger, G., Greenstein, S. (2007). "Pricing in the shadow of firm turnover: ISPs in the 1990s". International Journal of Industrial Organization 26,625 – 642.

Strover, S. (2001). "Rural Internet connectivity". Telecommunications Policy 25(5), 331 – 347.

Tedlow, R. (2006). Andy Grove: The Life and Times of an American. Penguin Group, New York.

Trajtenberg, M. (1990). Economic Analysis of Product Innovation, The Case of CT Scanners. Harvard University Press, Cam bridge, MA.

Triplett, J. E. (1989). "Price and technological change in a capital good: A survey of research on computers". In: Jorgenson, D. W., Landau, R. (Eds.), Technology and Capital Formation. MIT Press, Cambridge, MA, pp. 127 – 213.

Varian, H. (2000). "Versioning information goods". In: Kahin, B., Varian, H. R. (Eds.), Internet Publishing and Beyond. MIT Press, Cambridge, MA.

Varian, H. (2001). "High technology industries and market structure", http://www. ischool. berkeley. edu/~hal/papers/structure. pdf September, Working paper.

Von Burg, U. (2001). The Triumph of Ethernet: Technological Communities and the Battle for the LAN Standard. Stanford University Press, Stanford, CA.

Von Hippel, E. (2005). "Open source software projects as user innovation networks". In: Feller, J., Fitzgerald, B., Hissam, S. A., Lakhani, K. (Eds.), Perspectives on Free and Open Software. MIT Press, Cambridge, MA, pp. 267 – 278.

Waldrop, M. (2001). The Dream Machine: J. C. R. Licklider and the Revolution that Made Computing Personal. Penguin Books, New York.

West, J., Gallagher, S. (2006). "Patterns of innovation in open source software". In: Chesbrough, H., Haverbeke, W., West, J. (Eds.), Open Innovation: Researching a New Paradigm. OxfordUniversity Press, Oxford, pp. 82 – 108.

第 12 章
制药创新

F. M. Scherer
哈佛大学肯尼迪政治学院
美国,马萨诸塞州,剑桥

目录

摘要

新药的发掘和研究是循序渐进的过程,本文对其中涉及的成本、风险和挑战等问题进行了讨论,主要涉及以下几个方面:不同的新药发现方法、制药公司与学术研究之间的关联、不停变化的法律法规、新药成功获批日益飙升的成本、选择安全有效的药物所牵涉到的经典统计决策理论问题以及专利对药品至关重要的原因。制药行业的毛利率超高,但制药公司的投资回报率却只是刚刚高过正常水平,作者试图通过寻租理论对此进行解释。本文最后讨论了相关的经济福利难题。

关键词

创新　并行路径　药品　产品质量监管　盈利能力　研发　良性寻租

1. 引言

在所有的创新过程中,最引人入胜的莫过于新药物质的研究和开发。通常情况下,制药公司需要投入大量资金支持新药的研发,研发/销售比极其之高。政府实验室进行的基础研究和学术研究之间有着千丝万缕的联系。相比大多数高科技行业,专利保护对制药行业意义非凡。新产品不仅要接受市场考验,也要接受来自政府监管机构的严格审查。另外,进行药品销售的医疗服务市场本身就极其复杂,众多消费者的很大一部分开销(至少在富裕国家如此)由保险承担,因此药品还需面临道德风险和逆向选择的考验。问题虽不可避免,但也不乏令人信服的证据表明许多新药产品的引进在延长人类生命和减轻疾病侵害方面的确效果显著(Lichtenberg,2001,2004,2007;Longet 等,2006;Murphy 和 Topel,2006)。

本文首先讨论医药企业研发支出与销售额的极高比率。美国行业贸易协会,原名为药品制造商协会(Pharmaceutical Manufacturers Association,PMA),后更名为美国药品研究与制造商协会(Pharmaceutical Research and Manufacturers of America,PhRMA),该协会多年来系统地收集到的数据证实了这一点。图 1 中的实线代表 1970—2007 年美国境内的 PhRMA 所有成员公司其内部研发支出占当年销售额的百分比。数据从 1970 年的 12.4% 降至 1974

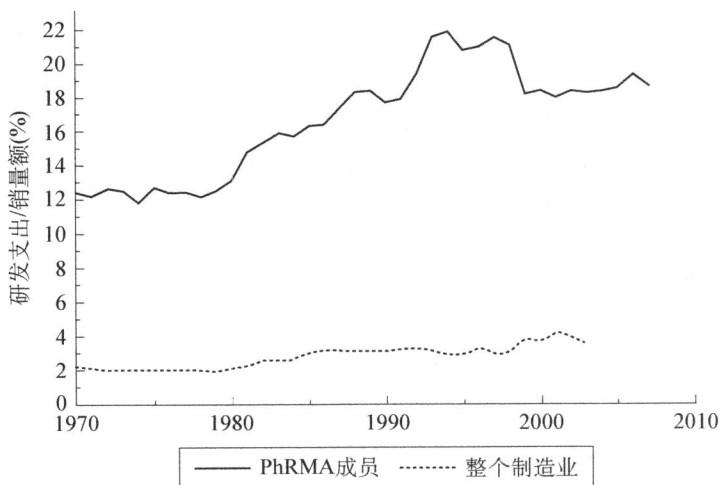

图 1 研发占销售额百分比(制药行业和整个制造业)

年经济衰退时的 11.8%,接着在 1996 年达到峰值 21.6%,又于 2001 年下降至 18%。与之进行比较的是一组不太完整的数据(虚线),该虚线代表所有定期向美国国家科学基金会(National Science Foundation,NSF)汇报数据的制造公司内部研发支出占销售额的百分比。1999—2003 年期间,制药行业的研发/销售比几乎是制造业的 5 倍。

NSF 的数据常被用作衡量制药业研究强度的指标。1999—2003 年期间,NSF"制药与药品"行业研发与销售的平均比率是 9.2%,该阶段 PhRMA 的数据却是图 1 中的 18.3%。NSF 的数据事实上偏低,因为它采用的是全公司方法。该方法下,公司所有的研发支出和销售额都被划归到该公司销售额最高的行业。因此,NSF 的研发数据既包括制药行业的数据,也包括其他研发强度相对较弱的行业,例如洗漱用品、化妆品、急救品、保险支付处理等行业。美国联邦贸易委员会(Federal Trade Commission,FTC)于 20 世纪 70 年代收集到的狭义的"行业"数据证实:PhRMA 的数据更加精确地展现了现代制药业研究成本极其高昂的现状(1985,p.31)。另外,1977 年 NSF 报道的"处方药"的公司研发/销售比例是 10.2%,但 PhRMA 同时期的数据是 11.3%(该数据剔除了许多时间较早的数据)。在 FTC 所提供的 1977 年(包含 1974—1976 年)220 个行业数据中,处方药的内部研发/销售比高于其他任何行业。这份 FTC 报告中,专卖药/专利药(例如非处方药)1977 年的该比例是 2.9%,洗漱用品和化妆品的数据是 2.5%,外科和医疗用品的数据则为 3.8%。

制药企业在研发方面下的功夫为他们创造出一系列新产品,图 2 记录的便是通过指定监管机构——美国食品和药品管理局(Food and Drug Administration,FDA)的批准得以在美国上市的新化学实体数据。现有产品的新配方、已获批实体的组合品、获批产品的新功能以及大多数新生物实体和疫苗[①]都被排除在外(即看似不同实则已经包含在现有行业的任何新药都不被纳入考虑)。FDA 在 1995 年和 1996 年审批积压情况得到大幅缓和,这是这两年数据异常波动(上涨)的原因。若排除 1995 和 1996 年,1970—2007 年平均每年获批的新化学实体是 21.2 项,而且明显随着时间推移上升。

2. 研发阶段

人们习惯用研发阶段定义新药的研究和开发过程,主要的划分方法便是将

[①] 在之后的几年里,新生物实体都被排除在外,目的是维护持久性,但此举有失公允。2004—2007 年,初始的新生物实体通过率为 9.5%,高于新化学实体 46%。美国人口普查局和国家科学基金会在收集数据时,将销售大量产品的生物公司列为化学药品生产商,而将不销售产品的生物公司列为研发服务商。

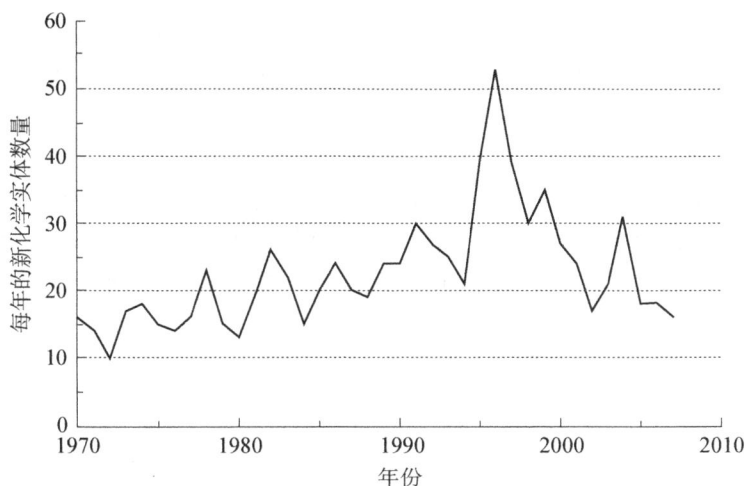

图 2　美国获批上市的新化学实体（1970—2007 年）

其分为临床前阶段和临床阶段。

在临床前阶段，第一步是分离可在体外产生治疗作用的化学或生物分子，然后在不同的动物身上进行测试，涉及的动物有若干不同的物种，从蠕虫、小鼠、豚鼠到狗、猴子。

如果测试表明该药物存在潜在疗效且没有毒性作用，药物开发人员便会将药物制成某种性状（如药丸），用于医疗用途，并争取获得人体实验权限，即我们所说的临床试验阶段。在美国，只有 FDA 颁布所谓的 IND（investigation of new drug）后，新药的临床实验才算正式获得批准。临床阶段的实验通常分为三个主要阶段：第一阶段，研究人员将药物施用到少数受试者，受试者可能患有目标疾病也可能未患目标疾病，以测试不同剂量的治疗安全性和药品的初步功效（前提是包含患有目标疾病的受试者）；第二阶段的实验更加精细、涉及范围更广，目的是确定治疗效果。若前两个阶段的实验结果理想，便进入第三阶段，药物会施用于至少两组有望从治疗中获益的患者，数量在 5 000 人上下。若针对的疾病已经可治愈或者需要长期治疗，受试者人数可能会超过 10 000。需要注意的是，不治即死疾病（例如艾滋病）的药物是例外，此类药物的临床试验是双盲的，一半受试者接受实验药物，一半接受惰性安慰剂或者其他对该疾病有效的药物（这种情况较少见）。在双盲实验的条件下，无论是药物接受者（最小化心理因素带来的微妙影响），还是管理者，都不知道某个具体的受试者究竟是服药还是惰性安慰剂。若第三阶段效果良好，药物的赞助公司将向 FDA（如果是欧洲，则是欧洲药品管理局①)申请新药审批,并呈递大量实验数据支持该申请。第四阶段的实验通常会在申请阶段和申请之后继续进行。该阶段的数据既可以应对监管机构提出的尚待解决的问题,也可以为赞助公司策划营销活动提供更多的资料。

图3呈现了典型的制药行业成功发现并开发一个新药物的年支出率,以及不同阶段的支出情况。未考虑阶段重叠的情况,尽管事实上这种情况是有可能发生的。在早期临床前阶段年支出率相对不高,临床试验开始后,支出率急剧上升,第三阶段进行人体实验时达到峰值,在申请监管部门批准和进入第四阶段(如果能够进入的话)后急剧下降。

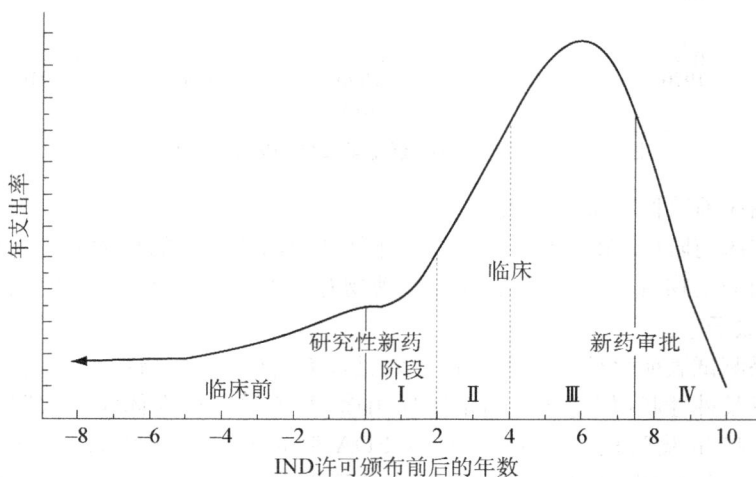

图3 不同阶段制药研发支出率

DiMasi 等人(1991,2003)对特定药物的开发历史进行了详细分析,估计了进入后续临床试验阶段和终极市场准入的损耗率。1970—1982 年,一些跨国制药公司将一些自行研发的药品推进到临床试验阶段,进入第一阶段的药品中有23%的新药在完成第三阶段实验之后最终通过了政府的上市审批。这批药品在1983—1994 年间经历了人体测试,预测成功率为 21.5%。② 在后期的研究中,第一阶段和第二阶段的损耗率为 29%,风险最大的是第二阶段,损耗率高达56%。对于保留进入到第三阶段的药品,进一步的损耗率下降至 31.5%,(整体的生存率等于 1 减去各个耗损率相乘之积,例如 $0.71 \times 0.44 \times 0.685 = 0.214$)。相比其他行业,在制药行业,实验彻底失败的巨大风险持续到研发周期的后期阶

---

① 见 Healy 和 Kaitin (1999)。2003 年之前,该组织被称为欧洲药品评价办事处。

② 对于更新的使用不同抽样方法的成功率估算,见塔夫茨药品研究中心(2006)。

段。不同于其他行业，制药行业的不确定性会随着研发支出率的上升而下降。关于药品是否会被市场接受，研发完成后的相当长时间内都无法确定(Branscomb 和 Auerswald，2001)。事实上，除非能以较低的成本解决关键性的技术难题，否则非制药行业的研发公司通常情况下会选择避免更高水平的年度支出。

根据美国最近的经验，阶段 I～III 平均跨度为 6～7 年，而监管部门的审批过程会额外再消耗 1～2 年，关于这一点后文会进行进一步的讨论。不同的药品之间差别往往很大，针对罕见病症和不治之症的药物实验和审批通常耗时较短。临床前研究时长的差别甚至更大，很多临床前研究甚至比人体实验早了几十年。

3. 发现方法的变化

在远古时代，人类通过反复试验发现了某些天然物质有药用功效。奎宁，存在于金鸡纳树皮中，在 1810 年首次通过化学方法提取，有助于减轻疟疾症状；疫苗接种，最初用的是活性天花病毒，得益于 Edward Jenner 在 18 世纪 90 年代的实验，他利用牛痘病毒制成了危险性更小的疫苗，帮助人类消除了天花的危害。

众所周知白柳树的树皮可缓解发烧和头痛，其中一种活性物质——水杨酸，在 19 世纪 30 年代完成了人工提取和鉴定。然而，水杨酸有严重的副作用，会造成胃溃疡和其他胃部不适。德国拜耳公司作为全球领先的合成染料生产商，通过操作合成有机化学分子获取了该合成物。1896 年，拜耳建立了一个实验室，用于合成和测试染料配方，以期获得人类药用效果。其中一个染料——乙酰水杨酸，被证实对发热和头痛作用显著，而作为其母体分子的水杨酸副作用过强。这种新合成的物质被命名为"阿司匹林"，拜耳注册了专利、商标和许可，在全世界售卖赚得盆满钵满(Mann 和 Plummer，1991)。拜耳和阿司匹林成为现代制药业的开端[1]。

德国染料制造商(法本公司的子公司之一)继续测试煤焦油基染料变体的治疗效果，并在 1935 年发现了一个全新类别的所谓磺胺类药物，其中第一种是磺胺噻唑。事实证明磺胺类药物对一系列细菌性疾病，如脑膜炎、各类肺炎和淋病等非常有效。其他变体作为利尿剂的安全性也得以证实，可降低患高血压的风险。

理论方面也有进步。在 19 世纪，研究人员关注的大多是人体细胞、疫苗和疾病。1899 年，Paul Ehrlich 成为美因河畔法兰克福实验治疗学研究所所长，他

---

[1] 有关早期制药发掘方法的不同观点，请参照 Schwartzman (1976，第 2 章)、Gambardella (1995)、Werth (1994)，和 Pisano (2006，第 2 章)。

假设有机小分子会靶向结合到特定位点上,将其命名为"亲和力"理论,例如人体细胞便具备这种亲和力。他还推测,如果能找到合适的"魔术子弹",便能在不伤害人体的情况下摧毁病变组织和病原体。Ehrlich 和他的同事合成并测试了600 多种分子后,最终发现了洒尔佛散,于 1908 年证实对梅毒有治疗效果,在当时梅毒是一种广泛传播,却基本无法治愈的疾病。

磺胺类药物提供了抵御细菌感染的第一道防线。抗菌大战始于 1928 年的伦敦,当时 Alexander Fleming 观察到飘到培养皿中的霉菌具有杀菌作用,杀死了他培养的细菌,但是他并未进行深入研究。20 世纪 30 年代末,牛津大学的Howard Florey 和 Ernest Chain 重新将这一研究拾起,意识到 Fleming 发现的物质——青霉菌属具有杀菌功效后,在洛克菲勒基金会的支持下,他们研究出了该物质的量产方法。经历了活体实验后,该药顺利应用到一般医疗实践中。该药在第二次世界大战中发挥了救死扶伤之效。美国政府从英国政府手中获得了配方,国防当局即提议大量生产青霉素,最终,通过玉米浆深桶发酵实现了青霉素的大量生产。该深桶发酵技术最初是由美国伊利诺伊州皮奥瑞亚的美国农业部实验室发明。签署青霉素生产合同的有 20 家化学公司,他们为了军队医院扩大生产,同时获取了抗生素生产的专业技术①。正是这次大规模生产,为美国制药行业后期的蓬勃发展提供了重要的推动力。

Alexander Fleming 发现了青霉素却没有深入下去,与此同时,罗格斯大学的 Selman Waksman 开始调查自然产生的孢子能否具有抗菌性能。在默克公司(Merck)的资金支持下,Waksman 和他的学生收集并检测了大约 10 000 个土壤样品组成的细菌培养物。他们有两大发现:一是链霉素——一种新的抗生素,除去其他功能不论,这种抗生素对结核病有治疗效果;更重要的是,他们还发现了一种新的药品发现方法——系统筛选霉菌、真菌和其他自然界中的物质。

在 Waksman 获得成功之后,迅速发展的医药行业拥有了两种主要方法用于识别潜在药物——对自然物质的筛选和半个世纪前由拜耳和 Ehrlich 率先发明的有机分子合成法。在每一种方法中,分子的药性都通过经验来确证,即检测分子对疾病的临床效用。对于抗生素,实验先在细菌身上进行,这些细菌一般生长在培养皿或试管中,我们称之为体外实验;对于具有麻醉或镇静作用的药物,最初测试可能在蚯蚓身上进行;若是检测对血压有调节作用及类似功效的药物,实验室小白鼠便是原始实验对象。

抗生素革命也给医药行业带来了意想不到的负面影响。青霉素生产技术被广泛普及,以适应战时对青霉素的极大需求。Waksman 获得了链霉素的专利保

---

① 有关抗生素生产的经济史,请参照美国联邦贸易委员会(1958)和 Kingston (2000)。

护，但很多人都拥有链霉素的专利许可证。价格竞争很快愈演愈烈，青霉素和链霉素的价格一落千丈，有时甚至低于平均生产成本。一些人认为生产这些新"特效药"已然是无利可图[1]。

解救方法来自新发现。制药公司利用发现青霉素和链霉素过程积累的经验，开始合成或修改天然存在的分子以创造出效用更强大的一系列新型抗生素，即所谓的广谱抗生素。1948 年的金霉素是最早合成的广谱抗生素，后来又衍生出几个分子变体。在为这些药品申请专利后，商人们便持续多年以远高于生产成本的价格出售药品。开发新药并为其申请专利成为一项有利可图的事业，越来越多的人开始开发不同种类的新药，制药行业的研发支出因此急剧上升。

在 20 世纪 50 和 60 年代，研究人员通过筛选看似可行的分子来发现具有疗效的新药，这种探索比较注重经验和直观感受。如果已有类似分子表现出治疗活性，筛选会缩小范围，研究人员要从相似的分子变体中筛选出类似疗效的分子。如果新分子的治疗功效尚无明显的先例，则筛选范围就会放宽到覆盖一批可能的疾病。Schwartzman（1976，p. 60）的报告显示：在 1970 年，PMA 的成员制备、提取或分离了 126 060 种物质，测试了 703 900 种物质的药理作用（大概可能有不少重复），其中约 1 000 种物质表现出了足以进入更高阶段动物测试和人体测试的可能。1966 年，一家公司接受政府跨部门的委托，把 20 000 种化合物放入一个窄筛以检测其抗菌活性，其中有大约 4 000 种化合物通过了前期活性测试，进入下一步动物实验。当时每种化合物的筛选成本大约是 50 美元，而进行动物实验，例如豚鼠和猴子身上实验的平均成本是 10 000 美元（Harbridge House，Inc.，1967，pp. III - 9 和 IV - 4）。通过此种筛选方式（又称作"随机筛选"），公司们发展出扩展性分子库，并备注它们的潜在效用，包括偶然发现的药理活性。一旦公司需要寻找新药以突破某个特定医学难题赚取利益时，该备选分子库便可发挥其作用。

随着医院、学术机构和制药行业在研究过程中积累起越来越多的医学知识，新药搜索过程也逐渐把重点放在理论上有望取得理想治疗效果的分子上。尽管这种"合理药物设计"早有先例，但其真正得以发展是在 20 世纪 70 年代和 80 年代。具体请参见 Gambardella（1995，第 2 章和第 4 章）和 Schwartzman（1996）。泰胃美便是一个显著的例子，该药由史克制药（SmithKline & French）于 20 世纪 70 年代晚期发现。科学研究表明，胃酸过多会导致胃溃疡，胃酸分泌由组胺引起，这是一种天然存于人体内的胺。研究人员试图找到比传统抗酸药（例如碳酸氢钠）更加有效的方法治疗溃疡，其研究重点是找到能够阻断胺产酸的试剂。

---

[1] 参考美国联邦贸易委员会（1958，第 6 章和第 7 章）。

在确定了研究重点后，研究范围大大缩小，当然反复试验依旧无法避免。史克制药的科学家在10年间人工合成了大约700种化合物并对其进行了检测，最终成功确定了极其有效的H2拮抗剂泰胃美（化学名，西咪替丁）。这家公司的成功激励了众多后来人对泰胃美的分子变体进行探索。葛兰素公司的雷尼替丁和默克公司的法莫替丁很快便超越了泰胃美。上述药物后来又被阿斯特拉公司的奥美拉唑（一种质子泵抑制剂）取代。一些人认为"合理药物设计"是革命性的突破，但Schwartzman（1996）却不这么认为。他认为科学知识提供的是不完美的指导，大量的分子变体筛选和定向筛选对于发现有治疗效果的分子是必要的。他的批评很有道理，但是科学知识至少缩小了分子搜索范围，不需要再"把架子上的每个瓶子都试一遍"。Gambardella（1995，p.20）提到，每获取一种上市新药，需要人工合成5 000种药物进行早期筛选，这与20世纪90年代早期的情况相似，"损耗率……似乎并没有下降"。

后来X射线晶体学和核磁共振成像技术手段逐步成熟，帮助研究人员确定人体内可能作为标靶的蛋白质的具体结构[1]，这让"合理药物设计"更上一层楼。在此条件下，研究人员尝试设计出治疗性分子，该分子的三维轮廓可与靶分子（通常是蛋白质）的受体位点契合，就如同钥匙和锁一般。当该治疗性分子与靶分子结合，便可阻止靶分子发挥不利于人体健康的功能或产生不良改变。技术发展到这一步，潜在药品搜索范围已经缩小至治疗剂的特定结构。但是经验主义依旧起着一定作用，许多通过计算机模拟等方式识别出的替代分子，有可能结合特定目标，却发挥不出所需的治疗效果甚至有毒。因此，必须继续搜索既有合适结构、又能与靶结合发挥预定的治疗功效的分子——这是一种与现有搜索理论略有出入的方法。例如，为了寻找能够消除身体排斥"外来"肾脏、肝脏、心脏和其他移植组织的分子，以获取比现有抑制剂环孢菌素更少的副作用，顶点公司（Vertex，一家在计算机辅助设计治疗性分子方面领先的初创公司）探索了367种不同的变体，最终确定了一种既可以与受体位点结合又能发挥出理想药理作用的分子[2]。正如一位对合理药物设计持怀疑态度的人所指出的那样[3]：

> "研究人员可以完美地设计出一种化合物——一切都绝对合理，但是要直到化合物在临床发挥你预期的效果、安全起见还必须口服有效，可存于体内且不会产生大的问题，到此才称得上是一种药。"

---

① X射线晶体学由Rosalind Franklin在20世纪50年代发明，对Francis Crick和James Watson确定DNA的研究至关重要。
② 参见Werth（1994，p.251）。最终研究人员也为成功找到拥有理想疗效的分子。
③ Werth（1994，pp.215-216），引自默克公司一位匿名副总裁。

后来人们又发明了用现代遗传学方法识别、合成治疗分子的方法。临床研究偶尔能够确定体内缺乏何种蛋白质（如胰岛素、人生长激素或促红细胞生成素）会给健康造成影响以及其中的缘由。某些基因序列存在于人体内会增加患严重疾病的概率，研究人员利用高速 DNA 测序技术可以识别这些基因序列，甚至隔离尚未患病人员体内的某些序列，防止先天/后天疾病的发生。上述的DNA 序列常常会表达为特定的蛋白质，成为疾病发生的基础。若某种蛋白质的缺失可能会致使某人患病，可通过基因重组方法合成该种蛋白质以满足患者需求，例如，将相关的 DNA 重组到大肠杆菌身上，然后将其放入发酵培养基中培养①。接着便可将其导入人体的相关器官，当然偶尔也会遇到困难。若研究人员发现某蛋白质会增加患病风险，可先找到其他蛋白质或者更小的传统有机分子，然后利用合理药物设计方法对抗该蛋白质的致病功能。治疗 HIV/AIDS 便采用了该方法，从而有效阻止了有害物质的复制。传统的筛选方法比较盲目，走的弯路也比较多。但是上述技术为我们提供了解决方案，减小了疾病发生的可能性。但是，科学并非易事，我们无法确保某特定的分子修饰能安全地工作，生产技术相比行之有效的"小分子"过程更难，也更容易出错。不确定性是无法消除的。

　　科学技术的进步也促进了新型高能分子筛选方式的诞生②。目前主要有三种方式：第一，通过"组合化学"方法，分子的碎片可以在单个多孔微量滴定板上通过化学处理以不同方式组合在一起，每个孔会分离出一些较大的有机分子的不同异构体，生成拥有可能性状新分子的过程便因此加快。第二，目标蛋白质和其他有机分子靶可被排列在类似的多孔滴定板上，向其中加入具有目标疗效的多样化分子变体。利用上述实验和相应的实验结果解释方法，研究人员可以快速筛选出哪一项疗效与靶结合，如果将单次试管/培养皿实验量产化，其过程将会非常乏味。③。第三，如上段提到的那样，DNA 测序速度已经大大加快，这使得个体 DNA 测序的成本大幅降低，无论是大量人群测序还是部分测序都成为可能。该方式搜集的数据可用于预测以及治疗疾病。

　　第三种技术带来了另一种可能性。针对某种特定疾病的药物不会对所有病人都有效；服用药物后，某些患者会产生不良副作用，其他患者却不会。对药物接受的差异无疑与受试者遗传方面的差异有关。一门名为"药物基因组学"（pharmagenomics）或者"转化医学"的新科学旨在通过大规模 DNA 测序，以确

---

① 关键性的发现是由斯坦福大学的 Stanley Cohen 和加利福尼亚大学旧金山分校的 Herbert Boyer 于 20世纪 70 年代发现的。但是 Cohen-Boyer 基因拼接技术的专利却是由数百个其他组织共同注册的。

② 对于主要进步的完美诠释，请参见 Carr（1998）。同时参见（2006）《受阻的新型芯片》，发表于《经济学人》。24－26（12 月 2 号）；（2005）《微生物标记发掘 DNA》，发表于《商业周刊》82—85（9 月 5 号）。

③ 对实际结果更加审慎分析，参见 Pisano（2006，p.94）.

定哪些人适合哪一类药物[①]。通过这种方式,医生会给特定的个体开特定种类的药物,这些药物仅发挥益处而不会有害处,针对性药物治疗由此得以更好地发挥作用。也有人认为药物基因组筛选能够排除可能没有疗效或是经受不良副作用的个体,从而简化新药的临床试验步骤,降低药物试验成本,提高治疗的准确性。由于这门学科资历尚浅,目前报道的成功应用案例不多(如果有的话),但是其前景不可估量。

总体而言,计算机辅助药物结构设计、低成本分子操纵和筛选、DNA 筛选、基因重组等方面所取得的巨大进步促使人们对制药研发燃起了"黄金时代"的期许,但是这个"黄金"似乎有些难以捉摸。新药研发方法确实取得了重要突破,但是数量非常有限,正如图 2 所展示的那样,在经历了 20 世纪 90 年代中期的快速上升之后,美国医学界在 20 世纪 90 年代末和 21 世纪前几年引入的新药数量停滞不前,甚至出现了下降(Cockburn,2006)。其中,有三个方面的因素在起作用:第一,新药的开发和引入耗尽了长期建立起的潜在药物库,新药想要替代已有的有效药品变得困难。第二,医学知识、实验方法和器材的进步与发展打开了及时引入新药的可能性。但是,第三,后者工作的滞后和强不确定性,对新药的引入速度带来了或多或少随机的实质性波动影响。乐观者相信新药发掘事业即将迎来黄金时代,但事实上究竟何时才会真正到来依旧难以预料。

4. 企业和学术研究之间的联系

新药发现逐渐从无头绪筛选(至多是跟着直觉随意筛选)进化至合理药物设计和具有生物逻辑性的筛选方法,这使得制药公司和大学及政府支持机构研究之间的联系日益密切。事实上,两者之间的联系在一定程度上已经存在了相当长时间。磺胺类药物的早期研究工作是由德国工业实验室的科学家来展开的,这些科学家受训于德国的顶尖大学——彼时化学研究和教学的领航员。青霉素从牛津大学的实验室迅速转移至无数公司,大规模生产满足了战时需求。塞尔公司(G. D. Searle Company)在 1960 年发明了口服避孕药,比所谓合理药物设计开始盛行的时间早了 10 年。但是伊利诺斯理工学院研究所(1968, pp. 58 - 72)为 NSF 进行的一项研究揭示了科学研究之"树"早在 1895 年就已存在,当时的研究为赛尔口服避孕药和后期改进打下了基础。后期药物发掘方法的改变基于科学与行业间丰富而紧密的联系,以及制药业赖以生存的深度科学知识积累。

---

① 参见 Vernon 和 Hughen(NBER, 2005)。根据一家生物技术公司的研究主任称,人类基因组大概含有 5 000 个与医学相关的基因,其中 2003 年最畅销的 200 中药品仅仅靶向了 47 个。(2004)《修好药品管道》发表于《经济学人》37(3 月 13 号)。

例如,2006 年,PhRMA 成员报道的研发支出为 340 亿美元,当年联邦资助的美国国立卫生研究院则分配了 280 亿美元用于支持内部研究和外部大型研究机构,大多数研究属于基础研究。经费支出的相当大一部分被用于直接或间接支持新药发掘。Adams 和 Clemmons（2008）通过科学论文引用方法研究了知识"溢出"现象。他们发现,药物和生物技术公司对高校作者的加权引用量是排在其后行业的 5 倍,对企业科学家的引用量则是 3 倍。

　　Cockburn 和 Henderson（2000）研究了 1965 到 1992 年之间进入市场的 21 种新药,根据专家评定,它们是疗效最佳的新药。这 21 种药物中只有 5 种,即 24% 的比例不涉及任何公共领域研究[①]。Maxwell 和 Eckhardt（1990）之前分析过更早的一组样本,对应数据则是 38%。Cockburn 和 Henderson 将样品分为 3 组——随机筛选发掘的药品、据称可以纳入合理药品设计行列的药品和根据基本科学知识发掘的药品。后两组分类中,各有 1 种药品未利用公共科学知识进行发掘;随机筛选组的 7 种药品中,有 4 种药品没有明显的公共科学先例。Cockburn-Henderson 研究的样本中有 18 种药品有详细的时间表,从前期可行性确定到有效药物的合成之间的平均时长为 17.3 年,中位数为 12.5 年,最低 2 年,最长 54 年。虽然公共部门的研究在高效药品的到来过程中扮演了种子角色,但 18 种有详细信息的药品中,14 种药品由私营公司合成或发现（针对天然存在的物质）。通俗地讲,劳动分工确实存在。学术界在推动药品发现所需的基础科学知识方面具有相对优势,制药公司则擅长把分子转换为具有治疗作用的合适形式。[②]

　　Mansfield（1998）用更加全面的方法辨识出学术研究对私营公司创新的重要性。分属于 7 个广义技术领域的 77 家公司的研发实验室负责人,为他提供了 1975—1985 和 1986—1994 两个阶段引入新药的估算。"在最近没有科学进展的情况下,无法实施开发（没有明显的拖延）"被视为"研究依赖"。就所有行业而言,第一阶段的"研究依赖"平均比例为 10%,第二阶段的比例为 11%。"药品和医疗产品"目前为止依赖比例最高——第一阶段 27%,第二阶段 31%。作为"没有科学进展就无法实施开发"的补充,13%～17% 的公司从最新的学术研究中获得了"相当客观的帮助"。通过他"最近"的框架型问题,Mansfield 发现从确定主要学术研究结果到药品成功上市之间的平均时长是 8.5～8.8 年。

　　学术知识通过与制药行业之间千丝万缕的联系成功转换为制药创新,期刊、

---

① Cockburn 和 Henderson 并未就公共科学对环孢霉素的作用做任何推断,但根据 Werth（1994,pp. 48 - 50）的研究,很显然学术和医院研究人员在环孢霉素的发现过程中扮演着关键角色,在合适剂量下,该试剂可作为免疫抑制剂使用。

② 见 Reichert 和 Milne（2002）,Ward 和 Dranove（1995）。

专业会议上的内容无疑是制药企业获取开放性科学知识[①]的途径之一。但除此之外,两者之间还存在着更紧密的联系,制药公司为学术研究提供资金支持,雇员有时会和学术研究人员共同进行研究工作,联合发表文章。他们也会与政府实验室,如美国国立卫生院(US National Institutes of Health)达成合作研究和开发协议(CRADA),从而进行联合研究、联合出版,并将研究专利分配给企业(法律依据为 1980 年的 Stevenson-Wydler 案,为 1986 年修订案的修正版)。近年来,许多制药公司已在顶尖学术研究机构附近开辟了新的实验室,以方便合作。当传统制药公司支持自己的主动基础研究工作,这些公司消化最新科学发现为自己所用的速度得以迅速提升。例如,1993 年 NSF 会的数据显示:制药公司总研发资金的 13.6% 用于基础研究,占所有行业基础研发的 18%,其他行业的基础研究平均仅占总研发的 6.3%。[②]

数以百计的小型生物技术新公司的出现表明学术界和工业界之间的联系远不止以上提及的那么简单,这些新公司通常位于学术中心附近,创始人往往是科学研究人员。董事会成员和/或科学咨询委员皆是著名的学术界研究人士。传统的"大型制药"公司只需"拿来"初创生物技术公司发现的分子进行专利注册,或者直接收购该公司(该做法越来越普遍),从而完全确保候选分子的开发权,并把相关的研究人员并入公司研发部门(Kettler,2000)。通过这种方式,大型制药公司扩大了候选药物的数量。除此之外,也填补了传统药物发掘效果不佳带来的空白。

对于成功向美国市场引入新药的制药公司而言,在早期阶段它们对其他公司的依赖程度到底多强? 作者实施的一项研究提供了部分解释。作者研究了2001—2005 年的这五年中 FDA 网站列出的通过批准得以上市的化学实体,通过搜索管理局所谓的"橙皮书",可获得被药物研发人员列为仿制药研发障碍的相关专利。85 种专利信息公开[③]的新药涉及了 251 项专利,平均每种新药 2.95个专利。总体而言,专利发放时的 47% 拥有专利所有权的公司和 FDA 批准进行样品药物上市的公司名字不同[④](理解为由于大公司并购带来的名字更替);相比后期(2000 年 1 月及以后)发放的专利,早期发放的专利则更有可能(54%)被分配给非 FDA 最初批准的公司。该差异具有非常重要的数据意义,显然,进行后期研究和测试的公司不同程度地依赖于其他公司或机构。在 251 项专利

[①] 例如 Gambardella(1995),Cockburn 和 Henderson(1998),Cockburn 等(1999),Zucker 等(1998),Powell 和 Grodal(2005),Pisano(2006,pp. 100 - 108)。

[②] 美国国家科学基金会,行业研究与发展:1993(美国国家科学基金会 96 - 304),P45。

[③] 部分药品种类免除申报专利背景义务。

[④] 见 Pisano(2006,p. 102)。

中,10.4%属于纯学术机构,即大学、医院和独立研究所;7%归属大学(其中一部分是与其他机构合办的,例如美国政府实验室)。251 项专利中,7%为多方共享专利,只有 10 项专利为个人独立拥有。由于尚未"上市"企业信息非常稀少,所以不可能出现完全的细化分类。尽管如此,很多非学术专利的持有者均为生物科技类企业。一些获得专利的公司和获得 FDA 许可的公司尽管名字不同,但不排除它们或许是同一家母公司的控股或全资子公司,或者获得 FDA 许可的正是母公司。

在一项时间跨度更广、更早的分析中,DiMasi(2000,p. 1177)发现 1963—1999 年间美国批准的 691 新化学实体中 38.2%的来源并非最后申请 FDA 批准的公司。在该样本中,1963—1969 的新化学实体来自外部资源,20 世纪 90 年代通过批准的新化学实体中有 39.1%来自外部资源。该结果同上段中的研究共同表明:制药公司对外部研究的依赖程度越来越强。

塔夫茨大学一个研究小组发表了两篇有关新药发现和临床试验费用的领先性实证分析,第一篇重点关注 1970—1982 年进行人体实验的 93 种化学实体,第二篇则是关于 1983—1994 年第一次进行人体测试的 68 种新化学实体(DiMasi et al.,1991,2003)。研究人员从 10~12 家制药公司获取了详细数据,用同样的方法分配了成功获得批准的药物的临床试验失败成本,以及成功分子的临床试验前研究成本。所有样品中的实体都是"自生"的,这意味着相关的公司并未从其他公司购买专利或者新发现的分子,因此所有的研发成本皆是内部成本。如果一直以美元为衡量标准,总的临床前支出占总的临床前加临床试验支出的比例如下(不含研究资本成本的变化):

1970—1982	总比例	57.7%
1983—1994	总比例	30.0%

下降非常明显[1]。一个可能的解释是,药物开发变得更加聚焦,因此临床前研究占研发总支出的比例较小。另一种可能性是,在后期,来自外部科学实验室的原型分子,即使是不是实际的化学分子,也被纳入考虑之中,尽管这在样本设计过程中本应该被排除掉。第三个可能性来自采样变化或测量误差,虽然这两者带来的误差不应该如此之大。第四个可能性便是临床试验成本在后期膨胀,我们将对该可能性进行讨论,尽管必须承认本文暂时无法解答该问题。

---

[1] 根据作者掌握的信息,现有公开发表的报告中尚未有针对该现象的解释。

5. 临床试验成本和相关规定

1906 年美国通过了《纯净食品和药品法》。后来,有大约一百人因服用含有毒杂质二甘醇磺胺(用于防冻)死亡,该法案于 1938 年通过修订版,自此以后,除非药商获得 FDA 的安全认证(新药申请),否则新药在美国不允许州际销售。FDA 的能力非常有限,新药入市时宣称的疗效通常是 FDA 工作人员主观判定,而非科学实证。后来一种名叫沙利度胺被引入市场,该药旨在消除晨吐,却导致众多服药孕妇生出了具有严重缺陷的患儿,因此针对新药入市更加严格的管控迫在眉睫。与此同时,在欧洲,沙利度胺被大范围使用,大约 8 000 名婴儿成为受害者,饱受畸形侵害。在美国,已知的例子只有 9 例,美国国会因此嘉奖了坚持要求厂商补充资料的 FDA 相关人员。在 1962 年,国会通过了《基福弗—哈里斯法》,改革药物审批流程。该法案要求 FDA 不仅要确保药品是安全的,还要确保它是有效的。早期的法案有一个漏洞:如果 FDA 在制药公司发出申请后的 180 天内未出审核结果,则该公司可自行开展全面的市场推广工作。该法案消除了这一漏洞。反之,FDA 发布了新的规定,要求制药公司如果想要申请新药批准,则必须遵循符合"具有科学依据的样本设计、试验控制和统计推断"等规范的后续临床试验。除此之外,还引入了临床试验的三阶段,安慰剂双盲测试变成了 FDA 进行监督的"黄金标准"。

到了 60 年代后期,制药公司纷纷抗议新规定导致临床试验成本急剧上涨,进而导致获得 FDA 批准的新化学实体数量急剧减少[1]。以下是四种设计合理的人为临床试验成本预估,皆致力于估测不同临床测试阶段进行的分子测试成本,它们有助于人们了解当时的测试成本之高[2]。其预测结果都根据 GDP 隐含价格平减指数调整为 2000 年的物价水平:

来源	试 验 阶 段	每个获得上市许可的新化学实体 平均现金成本(out-of-pocket cost)[a]
Mansfield	20 世纪 50 年代后期	540 万(美元)
Clymer	20 世纪 60 年代后期	402 万(美元)

---

[1] 后来的结果是,新药审批持续的时间比图 2 中的更长(例如 Scherer,1996,p. 351),是有意为之。原因在于 FDA 希望阻止大量具有"相同"功效的分子出现,这些分子新增的疗效通常都微不足道。

[2] 来源依次是 Mansfield (1970),Clymer (1970),DiMasi 等(1991)和 DiMasi 等(2003)。

（续表）

来源	试 验 阶 段	每个获得上市许可的新化学实体平均现金成本（out-of-pocket cost）[a]
DiMasi I	1970 年—20 世纪 80 年代早期	657 万（美元）
DiMasi II	1983 年—20 世纪 90 年代后期	282 万（美元）

[a]The Tufts group 按照 9%～11%的利率呈现现金成本和资本成本,从而反映测试过程中资本捆绑的机会成本,有时可能长达十几年。资本化使得平均新化学实体成本翻了番,虽然两个数据各有其道理,但是制药企业最常引用的是资本化成本。见美国技术评估办事处（1993）。

　　金额总共出现两次显著的增长：第一次发生在 1962 年,当时《基福弗—哈里斯法》开始实施,前后两个预测数据都来源于同一家单一的制药公司——史克公司[①]。第二次增长是 1983 年及以后进行临床试验的药品,与之对比的是 20 世纪 70 年代进入实验阶段的药品,两个期间采用的是相同的统计方法。

　　Grabowski 等（1978 年）利用自然实验的优势探索第一个显著成本上升的原因。在美国,1962 年后,制药公司需要证明药物具有疗效；在英国,此举在 1971 年才得以实行。对比 1960—1961 年和 1966—1970 年期间,英国根据通胀调整后的药物开发成本只上升了 3 倍,美国却上升了 6 倍。这一结果证明美国监管制度的变化是其成本增加两倍的原因,其余归因于其他因素,例如害怕侵权责任（继欧洲大陆的公司为沙利度胺带来的损害付出惨痛代价之后）和企业试图区分大量市场上已有的实体和新药。

　　第四组样本的临床试验成本在进行价格水平调整后是第三组样本的 4 倍,其中的原因尚不明了,和临床前支出急剧地相对下降一样,依旧是个谜。为了应对安全性不足问题,FDA 继续加强对临床证据的监管,导致试验方案越来越复杂。随着对抗相同特定病症的竞争性分子越来越多,各个制药公司有时会发现实施比管理局要求数量更多的阶段 III 和阶段 IV 实验对他们更有利。另一个可能性是国内生产总值平减指数只对购买力有效,用来衡量研发成本可能有所不妥,不论是整个行业还是制药行业。某些研发支出,例如电脑功能,涨幅比一般的通胀率要低得多。美国国立卫生研究院生物医学研究和开发价格指数从 1970—1990 年以年均 6.53%的速度增长,但是国内生产总值平减指数上升的速率是 5.8%。[②] 另外,临床试验是一个劳动力密集的活动,医生、护士和其他相关人员的工资上升速度也快于国内生产总值平减指数。许多临床试验是在医院进行,1970 年和 1990 期间每日住院的平均成本也以 11%的年均速度增长。另外,

――――――――――

[①] Mansfield 没有透露自己的数据来源,但他当时与史克公司关系密切,这让他的数据有了参考价值。

[②] 该数据来源于表♯304—美国国立卫生研究院 1950—2008 财年研究补助金。从美国国立卫生研究院外部研究办公司获取的该表,http://report.nih.gov。

部分医院将临床实验活动作为"利润中心",它们将飙升的管理费用转嫁到实验费用,从而让财大气粗的制药公司此买单——尽管该问题尚未有人认真研究过。当然,样本差别也不可忽视。DiMasi 等人的样本偏重的制药公司主要于瞄准具有治疗长期疗效市场、能够承受较高实验成本、具有广泛证据支持长期用药安全的新药,因此,治疗急性和罕见病的药物占比可能偏小。[①]

制药公司试图控制自身临床试验成本、最小化内部官僚主义,因而将一些临床试验任务外包给了独立的合同研究组织(CRO),这些组织专门从事临床试验管理。最近,他们正试图在低工资国家进行临床试验,但前提是遵循监管机构的相关规定(FDA 要求一些临床试验必须在美国国内进行[②])。Azoulay(2003)计算出,制药公司在 1999 年平均外包 23%的临床试验任务给独立组织,外包最频繁的是第四阶段。在早期阶段试验中,借助独立机构的频率较低,因为早期阶段的实验和疾病反馈需要复杂的实验程序和针对意外情况的快速反馈,不比第四阶段只是常规性的测试。制药公司甚至考虑利用囚犯进行后期临床试验,但该做法早在 20 世纪 70 年代就已经被废除。[③]

6. 决策理论问题

评估临床试验结果是一个典型的统计决策理论实践。FDA 和欧洲共同体自 1995 年成立的欧洲药品管理局都试图让不安全产品远离市场,只允许可以展示自身治疗功效的产品进入市场。但是由于药物在不同人体上反应各有不同,临床试验结果在统计结果上纷繁复杂。

但是,赞助公司和监管机构的决策者必须设法区分随机反应和真实疗效之间的区别。我们必须警惕这两种类型的错误,类型 I——得出的结论是该药物是安全和/或有效的,实则并非如此;类型 II——阻止某药品进入市场,而事实上该药品的效果会非常好。权衡也是必需的。几乎每一种药品都有一定副作用,无

---

① 针对所谓的罕见药和针对类似艾滋病等致死疾病的药物,FDA 规定实验样本可以较小、持续时间也较短。罕见药相关规定详见 Shulman 和 Manocchia(1997)。Love(2003)发现 1998—200 年每个新批准的实体实验平均耗资 3 400 万美元。近些年来,FDA 对"优先"和"标准"审批项进行了区分,"优先"用于对已通过审批的现存疗法进行大幅改善的分子。2001—2005 年期间,89%的罕见药物(即针对的美国患者少于 20 000)被列为"优先"审批项,仅有 38%的非罕见药被列为"优先"。
塔夫茨大学大学的研究样本中不同疗效分类的实验成本究竟差异如何,对此参见 DiMasi 等(1995)。非甾体类抗炎药的平均成本最高,这类药物需要数次较长的每日实验。抗感染药品成本最低,实验持续时间较短。

② (2005)《国外临床试验降低药企成本》发表于《纽约时报》(2 月 22 日);(2006)《外包》发表于《商业周刊》(1 月 30 日),Bemdt 等(2007)。

③ (2006)《小组建议在药物试验中使用囚犯》发表于《纽约时报》1(8 月 13 日)。

一例外,即使是拥有百年历史的阿司匹林也难以幸免,它可能会引发溃疡、抑制凝血和造成致命的瑞氏综合征(更罕见)。决策者必须权衡有利影响和不利影响,没有任何一方存在百分百的确定性。

对于 FDA 而言,临床试验的"黄金标准"一直是新药和安慰剂(例如糖丸)的双盲试验。但是,这种双盲测试不是必需的。阻止患有致死疾病的患者尝试潜在治疗方法是违反伦常的,因此 FDA 要么允许新药在任何临床试验受试者身上进行测试(例如,在早期的艾滋病毒/艾滋病危机的),要么以现有药品作为比较基准进行试验。以 Angell (2004)为例的一部分人认为,一旦新药研发成功,已有药品应该作为比较基准,因为"头对头"实验[①](Head to Head)能更好地利用获取的信息比较成本和收益之后决定使用哪种方法。但是该方法并非屡试不爽,默克公司的环氧合酶-2 抑制剂止痛药"万络"的一项最大的双盲实验室是与现有的一款非处方药萘普生钠(品牌萘普生)对照进行的,后者已知可以降低血液浓稠度,从而降低中风和心脏病发作的风险和严重程度。试验中,服用万络的患者患不良心血管疾病的风险比服用萘普生钠患者高,于是实验人员得出的结论是萘普生钠的正面疗效更佳,而非万络事实上会导致心血管疾病。最终这被发现是错误的,万络在 2004 年下架,随之而来的是一系列侵权诉讼。如果该实验采用的对照是相同规模的安慰剂,万络的不良作用可能会更清晰地显现出来,但万络在避免溃疡方面的显著效果可能就要沧海遗珠了。

通过 TPA 案例,人们可对"临床试验设计的决策理论问题"有更深入的认识。TPA(组织纤维蛋白溶酶原活化剂),是一种基因工程药物,靶向导致心脏病发作的血栓,过去人们服用的是一种较为成熟的药物——链激酶(SKA)。[②]疗效的零假设[③]是 TPA 的效用并不比安慰剂强,或者在特定标准下并不比链激酶(SKA)强。研究人员对试验结构进行精心设计,发现 6.3% 的受试者在注射 TPA 加肝素后死亡;7.4% 的受试者在注射链激酶(SKA)加肝素后死亡。假设该数据反映的是真实情况,图 4 显示了不同样本大小对最终结论产生的影响。实线表示 1 000 个样本单位下两种配药方式导致死亡的概率分布——样本数量为 20 世纪 90 年代 FDA 对临床阶段 III 的典型要求——1 000 个。若同食安慰剂的死亡率超过 8%,1 000 个 TPA 注射样本支持 TPA 进入市场。在该情况下类型 I 错误(误判药品有效)的可能性极其微小——TPA 曲线右侧尾部才超过 8%。但是该试验尚不足以判定 TPA 和 SKA 谁更有效。图中显示,SKA 比

---

① 是"非安慰剂对照"的试验,是以临床上已使用的治疗药物或治疗方法为对照的临床试验。仅仅指两种已经确认有效的治疗方法的比较。——译者注。

② 该例子来自 Scherer (1996, pp. 354 – 355).

③ 统计学术语,又称原假设,指进行统计检验时预先建立的假设。——译者注。

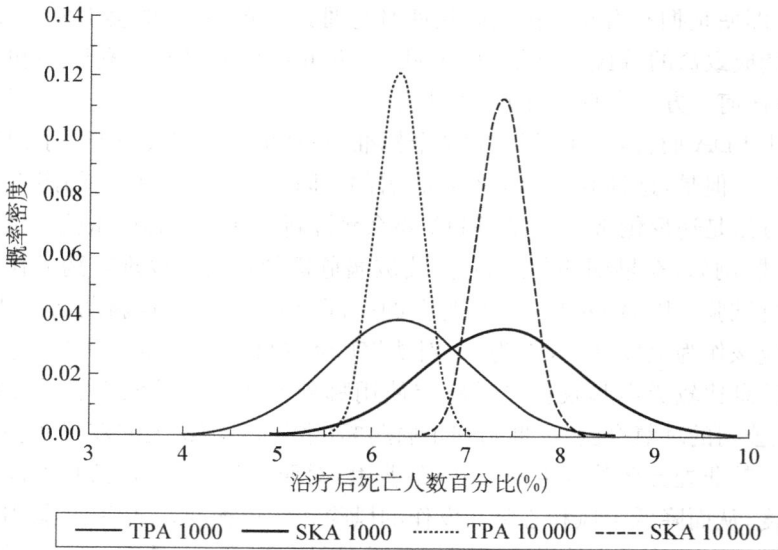

图 4　TPA 和 SKA 的对照试验

TPA 有效的概率是 1/3，但事实上 TPA 比 SKA 有效。意识到这一点后，TPA 的开发方 Genentech 生物技术公司决定自费进行"头对头"临床试验，而且实验样本远远大于 FDA 的要求，达到了 10 000 个。观察图 4，我们可以发现，SKA 功效优于 TPA 的概率极其小，为图中微乎其微的虚线交叉部分。因此，尽管 TPA 的售价是当初 SKA 上市时的 10 倍，TPA 仍然取代 SKA 成为治疗心脏病发和中风的首选药品。

　　类似的问题在不良副作用测试过程中也很常见。很多副作用是罕见事件，发生概率小于 0.01。例如万络在经历 12 周之久的试验后，每 1 000 个样本只有约 1.2 例心脏病发作，这意味着发病概率只有 0.001 2(若治疗时间延长，发病概率无疑会上升。)[1]若根据 FDA 要求的样本量，确定万络在实际应用中是否会造成心脏发作是极其困难的，同样，仅仅根据观察到的个别案例来判定未来是否会有类似实例也并非易事。

　　考虑到上述这些困难，政策制定者和公司人员会寄希望于大范围推广新药。因为一旦使用人口达到数以十万甚至百万计时，罕见的副作用自然就会显露出来。然而，该方法存在两个主要问题：首先，面对罕见的不良作用，仅仅针对少数患者用药的个别医生是无法判定该反应究竟是药物本身引起的还是偶然事件；其次，医生都很忙碌，他们不太可能将数据呈递给会对总数据进行处理的中

---

① (2005)《万络诉讼证据表明默克曾进行干预》发表于《纽约时报》1(4 月 24 日)。

心机构。考虑到以上因素,负责监督药品安全的部门便有义务对药品进行极其细致的把控,把从外界获取的不完全碎片化信息汇总成为比较连贯的信息。

但是,在美国却出现了另一个问题。药物的评估过程困难重重,以至制药公司将一大堆临床试验资料呈递给 FDA 之后,FDA 需要花很长时间才能做出决定。在 20 世纪 80 年代,FDA 处理每份新药申请的时间平均为 30 个月,制药公司开始抱怨,相对其他药物审批较为简洁的国家,这是一种“药品拖延”。公司声称由于审批带来的拖延降低了他们进行药物研发的热情。

该问题的解决方案是 1992 年《处方药用户收费法》(PDUFA),该法案允许 FDA 向医药企业征收用户费,一部分来自每份申请的费用,一部分与注册的药品生产数量成正比,还有一部分来新药批准费用。FDA 的收费达到了每年 25 亿美元,作为交换条件,FDA 可以扩招员工进行新药审批工作,承诺将审批时间减至 12 个月,[①]从而确保更多的药品获得 FDA 批准,其收入也随之增加。该机制的激励效果惊人,因为 FDA 审批通过的药品越多,其收入就越多。FDA 甚至会通过一些边缘药物,这些药物在没有激励机制的情况下可能不会通过审批。于是,1997 年该法案被重新修订,废弃了从新药批准中获得利润的条款,单个新药申请的费用提高,新药申请因而减少。尽管如此,另一个困难接踵而至。国会明确,禁止 FDA 把《处方药用户收费法》所获利益用于新药审批外的活动。在资金不充裕的情况下要支持 FDA 先前已经存在的职能,FDA 只能削减上市后监管的人力物力,其对上市后安全性问题的监管有所放松,对已获得审批药物的致死副作用反应迟缓。多亏了美国国家科学院医学研究所(2006)的一份重要报告,外加万络危机的爆发,相关更正措施才得以实施。

7. 重访不确定性

不确定性是本文反复出现的主题之一。随着研究和试验过程的不断进步,不确定性正逐渐减弱。数种方法将早期筛选的分子数量确定在 4 000~10 000 之间,从而在最后得到一种药品。根据 PhRMA(2006,p.4)的数据,单种药品的出现需要 5 种进行相关临床试验的化合物、250 种进行动物和其他实验室试验的分子、5 000~10 000 种经历筛选得来的分子。这种不停筛选的过程外加试验成本的持续上涨使得制药行业面临更大的风险。

获得销售许可并不意味着风险消失。正如我们所见,药品只有在市场上被

① 极其讽刺的是,当时 FDA 已经在进行一个名为 007 工程的计划,旨在利用已有的资金解决行政拖沓问题,正当该项目有了起色之时,FDA 选择了《处方药用户收费法》(PDUFA)系统以获取更多的资金预算。见美国 FDA(1993)。

广泛使用,潜在的严重安全隐患才可能得以显现[1]。审批成功和商业成功不可混为一谈。Grabowski 和 Vernon (1990,1994)发现准租(quasi-rents)——即单个药品收入减去各类生产成本后的剩余——分布非常不均衡。在任何给定的100 种上市的药品中,前 10(以销售量计数)种药品占折扣总准租的 48%～55%,后 80 种药品的盈利勉强回本,有的甚至入不敷出。除了准租分布不均衡,收益分布同其他任何新产品一样也存在分配不均衡,除非只考虑通过上市审批的药品,但此做法忽视了审批之前各个流程的不确定性,因而得到了较为均衡的收益分布。如果将进入早期研发阶段但未通过审批的药品纳入考虑,其收益分布会出现较大的差异(Harhoff 和 Scherer,2000)。通过多项目的投资组合来规避风险是高技术行业经常采用的一种方法,但是创新回报分布的不均衡性却让该方法面临困境。例如,Harhoff 和 Scherer (2000)利用 Grabowski-Vernon 数据进行的模拟分析显示,即使平均计算该数据囊括的 21 年中所有进入美国市场的新药,数据分布的不均衡性和少数极端数值的出现仍使得整个年行业总收益以 25%上下波动,整个行业的多样性不足以消除不同项目之间获利的巨大差别。

可以肯定的是,关于新药究竟会是一鸣惊人,还是表现平平,制药公司在新药上市前会有一定的基本预期。除去其他因素,第一个进入市场的药品必然比后来者享有更大的市场份额[2],但是也有例外。制药行业史上年销售额最高的药品立普妥(阿托伐他汀)一开始并不被看好,开发人员只是把它视作降低胆固醇药物市场的后来者。由于对该药期望有限,它差一点就被开发方华纳兰伯特放弃,但一个小小的临床试验却出人意料地发现了该药物在特定剂量时效果显著。[3]

在确认了该实验结果后,开发方以领先对手一半的价格将立普妥推向了销售额新高,领先于其他几种竞争分子。同样,雅培"高特灵"(特拉唑嗪)也是通过细微的分子结构改变得来的。辉瑞制药公司有一款四环分子构成的降压药,雅培公司通过将四环分子中原有的两个戊烷环双键替换为单键,合成了一种新分子,即"高特灵"。该药作为降压药的表现乏善可陈,但学术研究人员偶然发现高特灵可以减轻前列腺肿大的症状。经过再测试并获得验证后,这个药物类别收获了近十亿美元的年销售额,远超其创建团队最初的设想。另一方面,一些前景相当乐观的药品在后期测试中被证明具有无法接受的副作用,用于开发和试验的数亿美元便打了水漂。[4]

---

[1] 见 Gambardella (1995,pp. 20,40),Schwartzman (1996,p. 846),Pisano (2006,p. 56),PhRMA (2006,p. 4)。

[2] 见 Bond 和 Lean (1977),Robinson 和 Fornell (1985)。

[3] 见 Simons (2003)。

[4] (2006)《辉瑞公司降胆固醇药物的失败给充满前景的药品开发方法蒙上阴影》发表于《华盛顿邮报》(12月 4 日);Nocera,J. (2007)《一劳永逸的风险》发表于《纽约时报》(1 月 27 日)。

8. 专利对制药行业独一无二的作用

新产品的专利保护的预期深刻地影响着制药行业的研发决策。Levin 等 (1987)调查了 650 名公司研发经理,要求他们对专利作为新产品竞争优势保护方式的有效程度进行评价,有效程度从 1(完全无效)到 7(非常有效)。17 位医药行业受访者的平均评分为 6.53,包含所有 130 个行业的加权结果则是 4.33。在受访者超过 1 人的行业中,制药行业的专利保护有效性评分位列第二。该结果与 Mansfield (1986)的结果吻合,他采访了 100 家美国公司的首席研发官,要求他们回答 1981—1983 年之间如果没有专利保护,已上市的药品中会有多少比例会被放弃,结果制药行业是平均 60%,所有行业的平均数据是 14%。

专利保护对制药行业的研发决策如此之重要不仅仅是因为开发一个典型的新药需要投入大量资金,以及获得上市许可前研发过程中的种种不确定性。通过与另一个行业——飞机制造业的比较有助于我们对此有更加深刻的认识。飞机制造业覆盖了一系列极其复杂技术,需要数以十亿计算的资金进行开发,但是,在 Levin 的研究中,飞机制造业(既有民用飞机也有军用飞机)的"专利有效性"只有 3.79——处于 130 种行业分类中最低的第三档。

制药行业不同于其他行业,一个重要因素在于药物模仿相对简单,如果没有专利保护,通过模仿新药生产竞争性产品简直是易如反掌。就飞机行业而言,即使没有专利保护,那些试图模仿波音 787 的公司也不得不建立自己的比例模型、进行风洞试验、编制所有结构组件的详细工程图纸和规格手册、设定电子系统接口、构建全尺寸试验模型、测试地面和空中的结构安全和空气动力学性能及其他工作,这和波音开发 787 的成本并没有太大差别。另外,该公司还必须在项目开始前仔细研究波音的设计,等到模仿品推出时,波音公司已经在市场规模上领先十多年,下降到学习曲线的末端,生产成本大大降低。但是,制药研发和实验不同,研发的大量经费是用于保护知识——保护具有积极疗效分子的信息、分子在动物上实验效果的信息,以及最昂贵的药物在人体内是否安全有效的信息。如果没有专利保护,这些知识在获取的那一刻便成为公共知识。在美国,获取这些知识需要投入数以亿计的资金,但是对于大多数新药,尤其是小分子新药①,一般的模仿者在工艺流程上花费不到 100 万美元,就可以将仿制药引入市场。仿制药的进入会迅速破坏原始制药创新者的准租预期,令其无法获得预期的回报。因此,制药公司不得不重视专利保护。

---

① 小分子从生物制品中分离而来,生产小分子更加困难,而且需要利用更多的秘密"黑暗技术"。

在 20 世纪 80 年代，医药创新者和模仿者之间的研发成本差距还没有如此之大，因为根据当时 FDA 和最高法院的裁决，仿制药供应商必须和原始创新者一样投入相同数量的资金进行临床试验[1]。原始的新药开发方也并非没有麻烦。这些公司通常在开始人体实验前便申请专利保护，把潜在"疗效"记录在案。在规定的测试完成时，FDA 平均 30 个月的拖沓已经消耗了新药 17 年专利保护期的一部分时间。1984 年的《哈奇—维克斯曼法案》[2]意味着双方都做出了重大让步，该法案允许专利持有方延长专利保护期，以此补偿至新药入市时监管带来的拖延，尽管只是补偿了一部分。同时，该法案也降低了仿制药的实验要求，前提是专利已经过期。与过去情况不同的是，这次所谓的《博乐修正案》（Bolar Amendment）允许仿制药研发商在专利过期前生产少量药品用于临床试验，以完成 FDA 申请所需的文件，在专利失效后将药品尽快上市。该转变带来了一个戏剧化的影响，促使 2007 年美国医生所开的处方中仿制药占比从 19％飙升至 67％。专利失效后仿制药可快速上市的期望反过来激励制药创新厂商加强研发工作以弥补即将到来的损失，或者，如果此举无法奏效，就收购其他拥有更好新药研发管道的公司。

9. 盈利能力和研究投资

凭借强大的专利保护和高度差异化的产品，医药生产商在定价上享有较大的自由裁量权。20 世纪 80 年代药物支出的保险责任范围快速扩张，降低了需求弹性，给予生产商更多的定价权。衡量定价能力的一个指数是价格边际成本（price-cost margin，PCM），其定义为：

$$PCM = \frac{销售额 - 物料成本 - 厂内工资成本}{销售额}$$

1987 年公布的 459 家四位数制造行业中，医药行业 PCM 排名第六，为 61.4％。制造业整体平均 PCM 为 30.5％。另外，在每年《福布斯》杂志按照税后利润，即股东权益比的排序中，制药商从众多行业中脱颖而出，位居榜单前列甚至榜首。1968—2006 年期间有 27 年制药行业在 22～55 个行业中位居第一或者第二。早在 20 世纪 50 年代兴起的制药行业被大众声讨以牺牲消费者为代价赚取暴利。但商人们回应，高利润是超强创新的回报，也是刺激实施具有风险的制药研发的必要手段。

---

[1] 见 Kitch（1973），Bond 和 Lean（1977）。关键的裁决来自美国政府 VS 通用药物公司（Generix Drug Corp）等（1983）。

[2] 相关历史简介，见 Scherer（2009）。

美国技术评估办事处在制药企业的另一种解释持续发酵后进行了大规模调查分析(1993)。该解释认为由于制药过程的研发密集型程度、公认会计原则对待研发支出的特殊性,报告中公司资产的利润回报和股东权益都被系统性地夸大了。尤其是研发费用被计入当年的支出,但事实上这些研发费用是当年的投资,但其盈利却要在后续的时期显现出来。理想状况下,这些研发费用应当被归属资产科目,慢慢折旧。忽略制药行业的投资特点会低估公司资产,从而高估制药公司的利润率,因为股东权益或者公司资产作为分母被低估了。[①] 美国技术评估办事处进行的一项细致评估确认了该理论的有效性,同时总结道:经过合适的会计调整后,制药商的投资回报率仅仅比其 10% 左右的资产成本高出 2~3 个百分点。[②] 另外,这种差异的出现至少有一部分原因是来源于药企投资的风险性[③]。换言之,药企似乎并未获得超常的巨额收益。

该结论未能对高价格边际成本(PCM)、非典型高研发/销售比和略高于行业水平的净利润进行特殊行为动态解释。有关潜在利润和研发投资间关系的研究已经发表,笔者的分析尽可能地利用了目前可搜集到的最新数据[④]。潜在利润来自美国普查数据中"药物制剂"产业的销售额减去购买材料的费用和工厂工资成本(包括附加福利),我们将该变量称为"毛利润"。假设 1992 年价格基础水平为 100,数据根据 GDP 隐含价格平减指数进行了相应调整,覆盖时段为 1962—2004 年[⑤]。研发数据来自 PhRMA 美国制药商各项数据。假设美国制药商将资源在全世界范围内根据地理优势进行分配,同时海外研发受公司最大的单一市场——美国的盈利预期影响,研发数据包括"海外研发"和国内研发[⑥]。数据同样平减到 1992 年的价格水平。针对每个平减时段,指数增长趋势使用最小二乘回归拟合;对于变量毛利润,平均"真正"的增长速度是每年 4.84%;研发是 8.11%。利用拟合趋势,计算了趋势偏差百分比,图 5 中,毛利润偏差为实线,研发支出偏差为虚线。

在该研究阶段中,至少是前 30 多年里,两条曲线重合度惊人。当毛利润随

---

① 相关理论,见 Stauffer (1917)。

② 见 Grabowski 等(2002)。Pisano (2007,pp. 112 - 118)提出证据证明上市生物制药公司的净利润率为负。他认为该结果的首要原因是合理商业模型的缺乏,完整的解释可能是资助大多数生物技术初创公司的风险投资家是"不平衡"爱好者。

③ 通过维护具有高收益分布的投资组合进行风险对冲是比较困难的,这一点在分析中并未明确指出,对此 Harhoff 和 Scherer (2000)曾提及。

④ 从 Scherer (2001a)扩展而来。也见 Lichtenberg (2004),Scherer (1996,p. 388 标注),Grabowski 等(2002)。

⑤ 1996 年,人们采取了新的行业划分方法,旧数据和新数据之间出现细微不匹配,这之后对数据进行衔接是很有必要的。

⑥ 外资公司在国外分布实施的研发不纳入考虑范围。

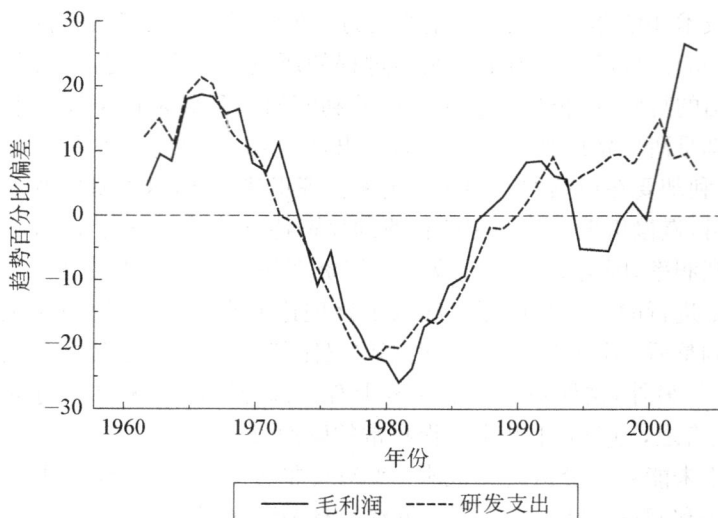

图 5　制药利润和研发支出的变化趋势图

着时间上升,研发几乎紧跟其后。但是因果关系在两者之间不一定成立,因为研发早在药品上市约 10 多年前就已经开始,即使是药品正式上市后,达到销售峰值和利润峰值仍需要几年时间。20 世纪 60 年代中期和 90 年代出现的转折大体一致,但是 80 年代中期利润率领先了研发 3 年。如果将利润视作盈利预期一个不太完美的预测指标,则可以解释这种现象。或者,公司也可以应用一些经验法则,利润上升时将研发提高,增长趋平时暂缓增长。两者的关联性似乎从 20 世纪 90 年代和新世纪的前几年开始被打破,其中一个可能的解释是在 90 年代早期,克林顿政府在价格控制方面施予企业诸多压力,企业并不欢迎政府的相关政策,强调研发投资依赖利润收入。更加保守的新总统上任后,利润偏差更加明显,而研发增长的下降可能是因为新产品获得上市批准率过低,企业信心受到打击。请与图 2 做比较。

　　无论真正的因果动态解释是什么,有两件事情是很明确的:①正确地把研发解释为长期投资,虽然没有完全否定,但至少大大削弱了以下论断:制药公司普遍都实现了超常利润回报。②毛利润和研发投资之间无论是短期还是长期都存在明显的关系。一个可能的理论解释是制药企业遵循了多尔夫曼—斯坦纳(1954)理论,该理论陈述了研发方面的利润最大化投资(以及药品推广活动产生接近研发的支出)越多,价格边际成本就越高。但是根据该理论,利润不会全部用于研发和推广[①]。另一个解释更符合实际,与人们普遍接受的理

[①] 见 Stigler (1968)。比较 Scherer (2004),该研究的一个模型与 Dorfman-Steiner 的假设相似,发现了均衡研发大约是准租的 29%、销售额的 17%。

论①也更加一致,那就是制药公司参与了竞争性寻租活动——可以确定的是,这种行为和一些早期理论强调的内容不同,是符合道德标准的。即当租金(PCM)很高,制药公司通过增加研发支出(推广支出)进行激烈竞争,获得超常利润的空间几乎没有;随着租金下降,研发支出缩减,于是较高的回报率得以维持。

10. 经济福利启示

如果这些理论正确的话,相应的经济福利问题随之而来。

有关寻租现象,图 6 做了简单解释。新产品通过研发产生,它的到来产生了新的需求曲线 D,通过研发过程(在前文中我们略有涉及),边际生产成本函数 $M-MC^*$ 出现。由于一定时间内处于专利垄断期,相应的公司通过设定边际收益等于边际成本获得最大化收益,得出价格 OP^* 和产出 OQ^*。在专利保护期,制药公司获得了准租金,也称之为生产者剩余,由长方形区域 P^*WXM 表示。生产者剩余代表了福利收益,正是对该福利的预期促使企业投入具有前景的研发。除此之外,新产品的供给带来消费者剩余,由 P^*WZ 区域表示。一旦专利失效,仿制药竞争开始(在 1984 年之前,比较缓慢),价格降到边际成本 OM,产出扩大至 OQC,带来了额外剩余 WYX,并且将生产者剩余 P^*WXM 调整到消费者剩余水平。公共政策之所以将专利寿命限制在一定时间内是因为,如果生产者剩余高到足以启动研发,政策制定者自然不希望推迟消费者剩余增量 WYX 的实现(Nordhaus,1969,pp. 70 - 90)。

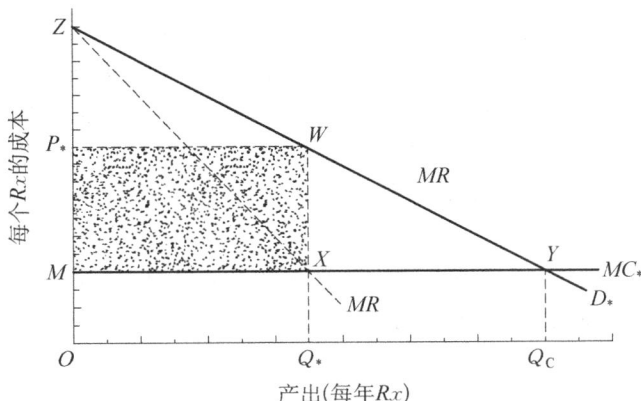

图 6　寻租下的新产品均衡

---

① 见 Tullock (1967)、Barzel (1968)、Krueger (1974)。

如果现在有竞争性寻租提高研发成本从而完全抵消生产者剩余,P^*WXM 则不再视作专利垄断期间的福利收益。相反,该收益被虚线部分所代表的研发成本抵消。专利失效后,长方形区域 P^*WXM 的剩余未被产品创新者捕捉到,因此不会产生新的额外研发,成为未被成本抵消的纯剩余。因此,专利失效前的福利收益只有三角形区域 ZWP^* 而非较大的不规则四边形 $ZWXM$,而专利失效后,福利收益增量(除去 ZWP^*)是不规则四边形区域 P^*WYM。竞争性寻租背景下,专利有效期间净福利收益相对较小而专利失效后收益增加。正如成本节约(过程)的简单模型所呈现的那样,该现象导致了专利寿命急剧缩短——例如,在那些模型中专利寿命只有 1 年,相比之下,没有竞争性租金损耗的模型中的专利寿命要长很多。[1]

但是,成本节约型发明注册模型(cost-saving patented invention model)是从几种重要的备选方案中总结出的,在市场主导的经济体系下,私营部门的研发投资受需求状况和科学基础是否扎实影响(也可能起决定作用)。图 7 展示了这些简单又看似可信的"需求拉动(demand-pull)"和"科技推动(science-push)"影响模型。[2] 假定实施具体某项创新的研发成本为 2 500(小数点后面的 0 可适当调整),而且随着科学的进步稳步下降。例如,图中以 3% 的年速率下降。若以 10% 的利率折算起始年的现值,图中就显示出下降的研发曲线(实线)(突然出现的科技突破会带来一次性的下降)。该方程式的需求方由图中私营收益函数表示,是准租的折现值(类似于毛利润),创新者可从中受益。原始年"流"深为 100,每年以 4% 的速率[3]随需求上升(需求的突然出现,例如新疾病的出现会致使曲线出现骤升)。在图 7 中的第 5.8 年前,折现的研发成本超过折现的私营收益。一家有远见的公司不会选择进行此类研发和实验工作。盈利初始——"平衡"点出现在 5.8 年时。但是,相关治疗市场的垄断会推迟研发项目的进行(为简单起见,假设为至多 1 年),直到第 17 年,即研发支出准租的折现剩余到达峰值。但是竞争可能会迫使公司加速研发工作,否则就要面临被已有对手或者早期对手先发制人的风险。如果此类竞争进行下去,我们会发现研发投入耗资巨大但平均回报却表现平平。

从经济角度而言,竞争性加速研发究竟是福是祸尚无定论。答案可能在于,即使存在垄断,创新者也无沦从创新中获取全部的私人收益。消费者剩余也必

---

[1] 详见 McFetridge 和 Rafiquzzaman (1986),其研究中包含一项分析,该分析专注于降低成本(过程)创新,而不是产品创新。产品创新见 Scherer (2004)。

[2] 该图总结自 Scherer (2007a),对自 Scherer (1967)所进行的研究进行了总结。Barzel (1968)引入了平衡点理论。

[3] 为了计算简便,我们假定租金是永恒的,例如一项永久专利。有限的专利寿命会致使私人利益下降,而社会福利会因此增加。

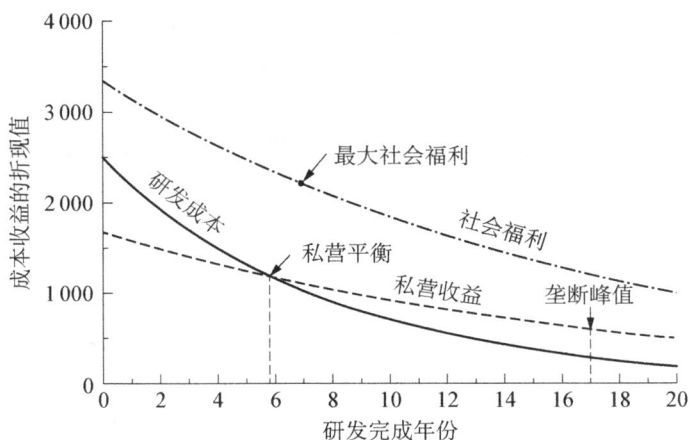

图 7　科技推动和需求拉动情况下的创新优化时间

不可少(例如图 6 中三角形区域 AWP^*)。图 7 中的虚线假定社会福利——即生产者剩余和消费者剩余之和——是私人利益的两倍。[1] 考虑到上述差异和其他参数,社会福利剩余峰值所需的时间减去研发成本达到峰值所需的创新时间为 7 年——接近平衡点。社会和私人利益之间的差距越大,其他条件均同,社会福利越早比私人收益达到峰值。[2]

　　该简单模型从不确定性的其他方面总结得来。事实上,正如我们所观察到的,不确定性贯穿整个研发过程,如果无法事先确定安全有效的分子,则平行途径,即合成试验大量备选分子通常是比较可取的。图 8 展示了最简单的平行途径策略。[3] 该途径假设所有的研发项目可同时在同一年内进行,一旦成功发现合适的分子,创新者便实现了多样化准租,该准租会一直持续到第 25 年以后[4]。假定每个研发项目成本为 1 美元(不影响数值的 0 可以根据情形适当增减),折现率为 6%,[5]统一预计每个路径的成功概率为 0.01(大概为临床前动物试验阶段)到 0.2(大概是全方位人体试验的成功率)。分布在图 8 中的是平行途径的最高利润数据,以准租流深度函数的形式体现[6]。我们可以发现,预测利润流越

────────────────

[1]　Mansfield(1977)是致力于衡量两者关系的领先研究者之一,他发现若是一个多样化的创新者样本(不包括制药公司),则社会福利的中值是私人利益的 2.25 倍。

[2]　假设 a 为研发成本下降速度,g 为年准租上升速度,r 为折现率,社会福利是私人利益的 k 倍,则 $k=(r+a)/(r-g)$ 时,社会福利最大值与私人利益平衡点重合。

[3]　改编自 Scherer (1966)。更为复杂的战略涉及平行和系列项目的组合,详见该文和 Scherer (2007b)。

[4]　多个成功案例自有增量价值,但此处假定单个成功就已足够。

[5]　假设第一年至少获得一次成功,同时假定销售额和准租始于第二年。

[6]　对少于 10 年的准租,在假定参数下,不存在单个或者平行获利途径。所有案例的平均研发成本为 42,约是折现准租的 19%。若支付周期缩短或者折现率升高,则平行路径的最佳值将下降。

深,平行途径的最佳值越大。某个途径的成功获利率越低,其他各途径的最佳值对准租流的深度差异的敏感度越高①。这种关系大体上与制药行业行为保持了一致性。例如,50～60 种用于治疗阿尔茨海默氏症(俗称老年痴呆)的药品——每年约消耗美国 1 000 亿美元医疗资源——在 2006 年②进入临床试验阶段,大约 2 000 种抗癌药物处于研发过程中③。两类中的任何一个成功药品都会给创新者和社会带来丰厚的回报。

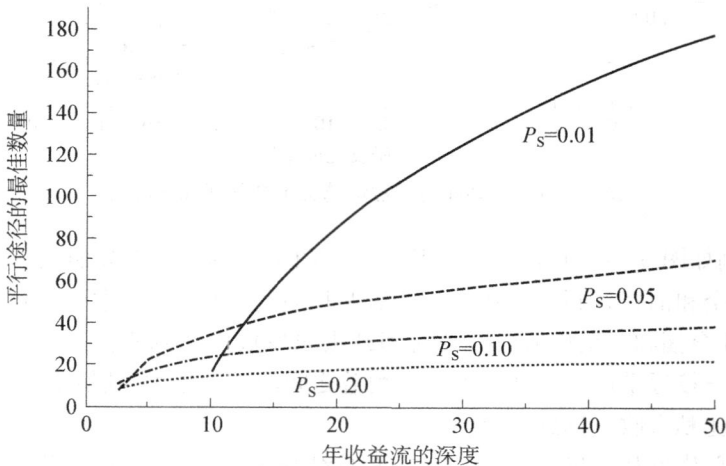

图 8　平行途径策略的最佳选择

对平行研究途径的追求可能发生在试验多种候选分子的独立公司,也可能发生在具有竞争关系的公司之间。一个可能性是,A 公司认为 B 公司正进行着一个研发项目以开发新药物 X,于是它启动自己的对抗项目以提供 X 的变体,甚至抢先在 B 之前发布自己的变体药。Cockburn 和 Henderson (1994)将此类竞争称为"竞赛",他们通过众多采访和一项集中于制药企业数据的分析发现这种可能性的证据支撑非常薄弱。相反,他们认为投资决策由出现的新技术机会驱动,同时根据企业的异质型人力资本能力在研发实验室之间分配投资。在该情况中,更合理的因果关系链是:科学基础或者市场需求的改变能够创造潜在利

① 最佳路径数值相对准租的弹性如下:$PS = 0.01$ 是 1.32, $PS = 0.05$ 是 0.64, $PS = 0.1$ 是 0.41, $PS = 0.2$ 是 0.32。

② 见(2007)《解码阿尔茨海默症》发表于《商业周刊》54(1 月 8 日);(2007)《逼近阿尔茨海默症》发表于《美国退休人员协会公告》10(6 月);(2007)《宣战阿尔茨海默症》发表于《纽约时报》3—1,4(6 月 10 日)。注意图 8 中,最深准租流的平行路径之最佳数量显示为39,单一的路径成功概率为 0.10,一些疾病尚无有效药,而针对这类疾病的药品在临床测试阶段的不确定性也接近 0.10。

③ (2007)《抗癌药物飞速发展》发表于《商业周刊》17(6 月 18 日)。

润，无论迟早，公司在认识到它们后展开竞争对它们进行探索，在这个过程中耗散大部分或全部租金。

DiMasi 和 Paquette（2004）发现，1960—1998 年之间通过上市批准的 72 种首发药品，到 2003 年有 235 种具有相同特定疗效的跟随者[1]。证据表明，对于后期药物群而言，平行研发和药物试验扮演着极其重要的角色。在 20 世纪 90 年代，先驱药物（例如首发药物）和第一个追随者之间的平均滞后时间为 2.25 年——这段时间根本不足以追随者探索首发者成功的原因然后模仿研发项目。第三个追随者与第二个追随者之间的平均差距是 2.5 年，第四追随者与第三追随者的差距是 1.4 年。由此可判断，平行临床试验似乎是抓住潜在市场机会的必要之选。

追求平行途径的公司是否耗尽了折现准租，损耗了原本超高的利润？一项更进一步的分析（Scherer，2007b）表明，在图 8 所展示的可能性范围内，即使是最少的研发成本也高达折现准租的 50%—90%。因此，观察到的追逐少量超高额利润分子的趋势，必定是公司间竞争带来的结果，而不仅仅是单个公司对不确定性做出的回应。

本文认为制药行业的竞争性寻租可以帮助逆转不确定性和公私获利差异带来的市场失灵。与平行途径有关的"正确"研发是否被诱发，从本文的简单模型中无法得到结论。该问题需要理论和事实研究作为进一步的论据支撑。

11. 第三世界新药和疫苗研发

医药创新完全是受利润驱使，对于这个简单假设，人们少有争议。由此我们便面临另一个困境：富裕的消费者有能力也有意愿付费（无论是直接还是间接通过赋税）获取大量药品治疗困扰他们的疾病和不适，[2]但是对于人均收入非常低的国家而言（这些国家主要集中在热带，那里充斥着类似疟疾、昏睡病和利什曼病等发达国家非常少见的疾病），它们对于药品的需求不那么旺盛，以至于新药无法产生足够的准租以吸引大量投资研发缓解相关疾病的药物。无国界医生（2001）展开的一项研究发现，1975—1999 年全世界新引入的 1 393 种新药物化学实体中，只有 13 种（如果把肺结核药包括进去，那么是 15 种）药品是针对所谓的"热带"疾病的。显然，无形的手在引导研发低收入人群所需药物时偏了方向。

---

[1] 考虑到 4～5 个分子中只有 1 个能够通过临床试验并获得 FDA 审批通过，意味着临床阶段测试的分子数必须是 4～5 的 307 倍（＝72＋235），或者每组疗效约 19 个平行备选。

[2] 治疗罕见但高度耐药细菌的抗生素所面对的市场可能也太小，导致研发力度不足。见 Groopman（2008）。

潜在的解决方案有几种。国际贸易谈判乌拉圭回合结束于 1994 年,在此之前,许多第三世界国家(和一些富裕国家)没有为新药提供专利保护。此次谈判产生的条约特别强调:截至 2005 年,新药专利保护需要普及到所有世界贸易组织成员方(后来针对最不发达国家,要求放宽至 2016 年)。人们希望这一政策变化能够推动热带疾病药物的研发,无论是跨国制药公司还是驻扎在低收入国家的公司(例如印度拥有几家世界领先的仿制药供应商),但实际效果如何,尚待观察(Lanjouw,1999,2002)。若依据图 6 的逻辑,低收入国家药物的需求曲线太过接近边际成本函数,可实现的准租金池太小,无法刺激逐利的公司进行热带疾病药品的研发。

即使私人市场失败,政府或慈善干预的人道主义型研发尚存。无论是作为供应方还是需求方,各国政府和慈善机构可进行相关干预。供给方面,热带药物的研究和测试可能会在政府或政府支持的实验室里进行,又或者可以将赞助发放给私人公司,补贴它们进行热带疾病治疗方法的研究。美国陆军沃尔特里德医院曾是防治疟疾和其他热带疾病药物研发方面的佼佼者,但是随着越南战争后美国在热带国家驻扎美军的愿望减弱,研究这类药物的兴趣也随之减弱。因此,慈善合同和捐款依旧是热带疾病研发的主要来源。类似盖茨基金会这样的组织做出了重大贡献,但是这些机构从事的主要工作是基础研究和治疗性分子的发现,距离收获实际效用为时尚早。另一种方法(尤其在制药公司已经达到高成本药物开发和临床试验阶段),是政府将新药研发的任务承包给民营企业,即各制药企业。但是该方法面临一个著名的代理理论问题,就像国防研发承包遭遇到的那样。政府机构并非总是善于挑选可行的技术路径,事实上,考虑到药物发现过程的不确定性,人们必须对政府的失败抱宽容态度——尽管立法机关很少对政府宽容。承包商越来越倾向于在早期提案时夸大成功的概率,从而降低成本预估,但是该趋势却使得政府决策更加困难。特殊的合同安排,例如成本加固定费用合同,可以将技术风险转嫁至政府,从而让私人公司规避过高的技术风险。但这在促进第三世界新药研发方面仍显得力不从心,而且会引发道德风险。

除了技术推动方面的干预,另一种方法是政府机构为研发创造特殊需求,从而引导药企进行热带药品研发。2005 年和 2006 年八国集团支持的“预先购买途径”不失为进行新型疫苗开发的一个好办法(Levine 等,2005;Berndt 和 Hurvitz,2005)。疫苗相比传统药品更具吸引力,因为只需接种一次或几次疫苗即可达到预防疾病的效果,而一旦患上某种疾病,则需要反复甚至终身治疗,令低收入国家的医保无力承担。但是疫苗也有缺点,其中之一便是其范围极广、耗时冗长的临床试验。从伦理角度出发,没有人可以预测谁会是下一位患者。疫苗用量少本是优点,但这在低收入国家反倒成为劣势,因为对制药公司而言,每位病人只需要接种一次或数次,其需求远少于普通的药品。若是普通药品,患者通常要每日服药,多达数日甚至好几年。意识到该问题后,8 国集团的方案确定了 3 种目标疾病——艾滋病、疟疾和肺结核。协议约定,如果疫苗研发成功,每支疫苗将获得 15 美元的补贴,每种疾病总疫苗数为 2 亿支,总补贴为 30 亿。如若疫苗有效,则购买协议生效,疫苗是否有效由协调委员会和疫苗注射国卫生当局判断(该国会对购买价格进行适当补贴)。采购量超过 2 亿时的采购价格待议,协议中并未做出具体说明。本文撰写时,八国集团政府尚未提供相应的财政承诺。但是,对已经进行到第二阶段临床试验的肺炎球菌疫苗,相关的资金已经到位[①]。现今判断该"预先购买承诺"方法是否成功还为时尚早,但是可以明确的是,在鼓励药企为 10 亿~20 亿低收入国家人民开发特有疾病治疗方法方面,市场失灵依然存在。

12. 结论

制药行业为我们提供了一个有趣的实验室,在这里我们可以全面探究创新经济学,无论是已知的还是未知的。制药行业在创新方面极为出众,在解决新的治疗难题方面面临着极大的风险和不确定性。制药行业与学术领域之间存在着千丝万缕的联系,其行业反应或者说是对经济刺激的惰性反应也值得深入探讨。综上所述,我们必须承认为了更深刻地理解制药创新过程,我们仍需不断学习,有待完成的工作还很多。

致谢

作者再次感谢美国国家经济研究局生产力小组的所有成员、Christina Scherer、Joseph di Masi 和 Bronwyn Hall 提供的宝贵意见。

参考文献

Adams, J. D. , Clemmons, J. R. (2008). "Industrial scientific discovery". National Bureau of Economic Research Working Paper No. 13823.

Angell, M. (2004). The Truth About the Drug Companies. New York, Random House.

Azoulay, P. (2003). "Acquiring knowledge within and across firm boundaries: Evidence from clinical development". National Bureau of Economic Research Working Paper 10083.

Barzel, Y. (1968). "Optimal timing of innovations". Review of Economics and Statistics 50, 348 - 355.

[①] (2007)《富裕国家宣布资金支持并开展疫苗研发》发表于《纽约时报》3(2 月 10 日)。

Berndt, E., Hurvitz, J. (2005). "Vaccine advance-purchase agreements for low-income countries". Health Affairs 24, 653 – 665.

Berndt, E., Cockburn, I., Thiers, F. (2007). "The globalization of clinical trials for new medicines into emerging economies". Paper presented at a UNU-MERIT conference, Maastricht, Netherlands.

Bond, R. S., Lean, D. (1977). Sales, Promotion, and Product Differentiation in Two Prescription Drug Markets. Federal Trade Commission staff report, Washington.

Branscomb, L., Auerswald, P. (2001). Taking Technical Risks. MIT Press, Cambridge, MA.

Carr, G. (1998). "The pharmaceutical industry". The Economist 21, 1 – 18, special survey (February).

Clymer, H. M. (1970). "The changing costs of pharmaceutical innovation". In: Cooper, J. (Ed.), The Economics of Drug Innovation. American University Center for the Study of Private Enterprise, Washington, pp. 109 – 124.

Cockburn, I. M. (2006). "Is the pharmaceutical industry in a productivity crisis?" Innovation Policy and the Economy 7, 1 – 32.

Cockburn, I. M., Henderson, R. (1994). "Racing to invest? The dynamics of competition in ethical drug discovery". Journal of Economics and Management Strategy 3, 481 – 519.

Cockburn, I. M., Henderson, R. (1998). "Absorptive capacity, coauthoring behavior, and the organization of research in drug discovery". Journal of Industrial Economics 46, 157 – 182.

Cockburn, I. M., Henderson, R. (2000). "Publicly funded science and the productivity of the pharmaceutical industry". Innovation Policy and the Economy 1, 1 – 34.

Cockburn, I. M., Henderson, R., Stern, S. (1999). "The diffusion of science driven drug discovery". National Bureau of Economic Research Working Paper 7359.

DiMasi, J. A. (2000). "New drug innovation and pharmaceutical industry structure: Trends in the output of pharmaceutical firms". Drug Information Journal 34, 1169 – 1194.

DiMasi, J. A., Paquette, C. (2004). "The economics of follow-on drug research and development". PharmacoEconomics 22, 1 – 14.

DiMasi, J. A., Hansen, R., Grabowski, H., Lasagna, L. (1991). "Cost of innovation in the pharmaceutical industry". Journal of Health Economics 10, 107 – 142.

DiMasi, J. A., Hansen, R., Grabowski, H., Lasagna, L. (1995). "Research and development costs for new drugs by therapeutic category". PharmacoEconomics 7, 152 – 169.

DiMasi, J. A., Hansen, R., Grabowski, H. (2003). "The price of innovation: New estimates of drug development costs". Journal of Health Economics 22, 151 – 185.

Dorfman, R., Steiner, P. O. (1954). "Optimal advertising and optimal quality". American Economic Review 44, 826 – 836.

Gambardella, A. (1995). Science and Innovation: The US Pharmaceutical Industry During the 1980s. Cambridge University Press, Cambridge, UK.

Grabowski, H., Vernon, J. M. (1990). "A new look at the returns and risks to pharmaceutical R&D". Management Science 36, 804 – 821.

Grabowski, H., Vernon, J. M. (1994). "Returns on new drug introductions in the 1980s". Journal of Health Economics 13, 383 – 406.

Grabowski, H., Vernon, J. M., Thomas, L. G. 1978). "Estimating the effects of regulation on innovation: An international comparative analysis". Journal of Law and Economics 21, 133 –

163.

Grabowski, H. , Vernon, J. M. , DiMasi, J. (2002). "Returns on research and development for 1990s new drug introductions". PharmacoEconomics 20(Suppl. 3), 16 - 27.

Groopman, J. (2008). "Superbugs". The New Yorker 46 - 55(August 11, 2008).

Harbridge House, Inc. (1967). Patent Policy Study: Task IV, Drug Study. Harbridge House, Inc. , Boston

Harhoff, D. , Scherer, F. M. (2000). "Technology policy for a world of skew-distributed outcomes". Research Policy 29, 559 - 566.

Healy, E. M. , Kaitin, K. (1999). "The European Agency for the Evaluation of Medicinal Products' centralized procedure for product approval: Current status". Drug Information Journal 33, 969 - 978.

IIT Research Institute. (1968). Technology in Retrospect and Critical Events in Science. National Science Foundation, Washington, DC.

Institute of Medicine, National Academies of Science. (2006). The Future of Drug Safety. National Academies of Science, Washington, DC.

Kettler, H. E. (2000). "Pharmaceutical and biotechnology industries coalescing". Presentation at the American Enterprise Institute, Washington, DC.

Kingston, W. (2000). "Antibiotics, invention, and innovation". Research Policy 29, 679 - 710.

Kitch, E. W. (1973). "The patent system and the new drug application". In: Landau, R. L. (Ed.), Regulating New Drugs. University of Chicago Center for Policy Study, Chicago, pp. 81 - 108.

Krueger, A. O. (1974). "The political economy of the rent-seeking society". American Economic Review 64, 291 - 303.

Lanjouw, J. O. (1999). "The introduction of pharmaceutical product patents in India". National Bureau of Economic Research working paper no. 6366.

Lanjouw, J. O. (2002). "Intellectual property and the availability of pharmaceuticals in poor countries". Center for Global Development working paper no. 5, Washington, DC.

Levin, R. C. , Klevorick, A. K. , Nelson, R. R. , Winter, S. (1987). "Appropriating the returns from industrial research and development". Brookings Papers on Economic Activity 1987 (3), 783 - 820.

Levine, R. , Kremer, M. , Albright, A. (2005). Making Markets for Vaccines: Ideas to Action. Center for Global Development, Washington, DC.

Lichtenberg, F. R. (2001). "The benefits and costs of newer drugs: Evidence from the 1996 medical expenditure panel survey". National Bureau of Economic Research working paper 8147.

Lichtenberg, F. R. (2004). "Public policy and innovation in the U. S. pharmaceutical industry". In: Holtz-Eakin, D. , Rosen, H. (Eds.), Entrepreneurship and Public Policy. MIT Press, Cambridge, MA.

Lichtenberg, F. R. (2007). "The impact of new drug launches on U. S. longevity and medical expenditure". American Economic Review 97(Suppl.), 438 - 441.

Long, G. , et al. (2006). "The impact of hypertension drugs on the number and risk of deaths, strokes, and myocardial infarctions". National Bureau of Economic Research working paper 12096.

Love, J. 2003). Evidence regarding research and development investment in innovative and non-innovative medicines. Consumer Project on Technology(CPTECH), Washington, DC.

Mann, C. C., Plummer, M. L. (1991). The Aspirin Wars. Harvard Business School Press, Boston.

Mansfield, E. (1970). "Discussion". In: Cooper, J. (Ed.), The Economics of Drug Innovation. American University, Washington, DC, pp. 149 – 154.

Mansfield, E. (1977). "Social and private rates of return from industrial innovations". Quarterly Journal of Economics 91, 221 – 240.

Mansfield, E. 1986). "Patents and innovation: An empirical study". Management Science 32, 173 – 181.

Mansfield, E. (1998). "Academic research and industrial innovation: An update of empirical findings". Research Policy 26, 773 – 776.

Maxwell, R. A., Eckhardt, S. B. (1990). Drug discovery: A case book and analysis. Humana Press, Clifton NJ.

McFetridge, D. G., Rafiquzzaman, M. (1986). "The scope and duration of the patent right and the nature of research rivalry". Research in Law and Economics 8, 91 – 129.

Medicins Sans Frontieres Access to Essential Medicines Campaign. (2001). Fatal Imbalance: The Crisis in Research and Development for Neglected Diseases. Medicins Sans Frontieres, Geneva, Switzerland.

Murphy, K. M., Topel, R. H. (2006). "The value of health and longevity". Journal of Political Economy 114, 871 – 904.

Nordhaus, W. D. (1969). Innovation, Growth, and Welfare. MIT Press, Cambridge, MA.

Peck, M. J., Scherer, F. M. (1962). The Weapons Acquisition Process: An Economic Analysis. Harvard Business School Division of Research, Boston, MA.

Pharmaceutical Research and Manufacturers of America. (2006). Pharmaceutical Industry Profile: 2006. Pharmaceutical Research and Manufacturers of America, Washington, DC.

Pisano, G. P. (2006). Science Business: The Promise, the Reality, and the Future of Biotech. Harvard Business School Press, Boston, MA.

Powell, W. N., Grodal, S. (2005). "Networks and innovators". In: Fagerberg, J., Mowery, D. C., Nelson, R. Eds.), Oxford Handbook of Innovation. Oxford University Press, Oxford, pp. 56 – 85.

Reichert, J. M., Milne, C. P. (2002). Public and private sector contributions to the discovery and development of 'impact' drugs. Tufts University Center for the Study of Drug Development White Paper, Boston, MA.

Robinson, W. T., Fornell, C. 1985). "Sources of market pioneer advantages in consumer goods industries". Journal of Marketing Research 22, 305 – 317.

Scherer, F. M. (1966). "Time-cost tradeoffs in uncertain empirical research projects". Naval Research Logistics Quarterly 12, 71 – 82.

Scherer, F. M. (1967). "Research and development resource allocation under rivalry". Quarterly Journal of Economics 81, 359 – 394.

Scherer, F. M. (1996). Industry Structure, Strategy, and Public Policy. HarperCollins, New York.

Scherer, F. M. (2001a). "The link between gross profitability and pharmaceutical R&D spending". Health Affairs 20, 216 – 220.

Scherer, F. M. (2001b). "The innovation lottery". In: Dreyfuss, R. et al. (Ed.), Expanding the Boundaries of Intellectual Property. Oxford University Press, Oxford, pp. 3 – 21.

Scherer, F. M. 2004). "A note on global welfare in pharmaceutical patenting". The World Economy 27, 1127 – 1142.

Scherer, F. M. (2007a). "Schumpeter and the micro-foundations of endogenous growth". In: Hanusch, H., Pyka, A. (Eds.), The Elgar Companion to Neo-Schumpeterian Economics. Edward Elgar, Cheltenham, UK, pp. 671 – 687.

Scherer, F. M. (2007b). Parallel Paths Revisited. John F. Kennedy School of Government, Harvard University, Cambridge, MA. Working Paper RWP07 – 040.

Scherer, F. M. (2009). "The political economy of patent policy reform in the United States". Journal on Telecommunications and High Technology Law 7, 167 – 216.

Schwartzman, D. (1976). Innovation and the Pharmaceutical Industry. Johns Hopkins University Press, Baltimore.

Schwartzman, D. (1996). "Has pharmaceutical research become more scientific?" Review of Industrial Organization 11, 841 – 851.

Shulman, S., Mannocchia, M. (1997). "The US orphan drug programme: 1983 – 1995". PharmacoEconomics 9, 312 – 326.

Simons, J. (2003). "The MYM10 billion pill". Fortune 20, 58 – 68(January).

Stauffer, T. R. (1971). "The measurement of corporate rates of return: A generalized formulation". Bell Journal of Economics and Management Science 2, 434 – 469.

Stigler, G. J. (1968). "Price and non-price competition". Journal of Political Economy 72, 149 – 154.

Tufts Center for the Study of Drug Development. (2006). Impact Report. Tufts Center for the Study of Drug Development, Boston, MA, vol. 8, no. 3, pp. 1 – 4.

Tullock, G. (1967). "The welfare costs of tariffs, monopolies and theft". Western Economic Journal 5, 224 – 232.

U. S. Federal Trade Commission. (1958). Economic Report on Antibiotics Manufacture. U. S. Federal Trade Commission, Washington, DC.

U. S. Federal Trade Commission. (1985). Statistical Report: Annual Line of Business Report: 1977. U. S. Federal Trade Commission, Washington, DC.

U. S. Food and Drug Administration, Pilot Drug Evaluation Staff. (1993). "The 007 experiment-An approach to change". unpublished internal assessment, Rockville, MD.

U. S. Office of Technology Assessment. (1993). Pharmaceutical R&D: Costs, Risks, and Rewards. U. S. Office of Technology Assessment, Washington, DC.

Vernon, J. A., Hughen, W. K. (2005). "The future of drug development: The economics of pharmagenomics". National Bureau of Economic Research Working Paper 11875.

Ward, M. R., Dranove, D. (1995). "The vertical chain of research and development in the pharmaceutical industry". Economic Inquiry 33, 70 – 87.

Werth, B. (1994). The Billion Dollar Molecule. Simon & Schuster, New York.

Zucker, L., Darby, M., Armstrong, J. (1998). "Geographically localized knowledge: Spillovers or markets?" Economic Inquiry 36, 65 – 86.

第 13 章
集体发明和发明家网络

Walter W. Powell[*] 和 Eric Giannella[†]
[*] 斯坦福大学
美国,加利福尼亚州,斯坦福
[†] 施乐帕克研究中心
美国,加利福尼亚州,帕罗奥图市

目录

摘要

　　集体发明的出现源自存在竞争关系的不同组织间共享新技术的设计思路和研发过程,发明者社区之间常常交流观点和经验,早在 19 世纪便已相当普遍,在工业聚集区尤为明显。直至 20 世纪早期,集体的创新体系被逐渐崛起的大公司的研发实验室取而代之。而最近几十年,独立运营的公司内部实验室日渐没落,遍布五湖四海、来自不同机构的发明家网络再次通过自身努力引来大众关注。本文搜集了经济学、创新研究、管理学和社会学等方面的文献进行研究,试图理解这一趋势的来龙去脉。通过比较分析 20 世纪 70 年代以及最近 10 年的专利数据,为本文提供进一步的证据支撑。

关键词

集体发明　治理　网络　技术变革

1. 引言

研究创新的学者中有历史学家、社会学家，也有经济学家，对于技术变革产生的背景，不同的研究者关注的重点有所不同。对众多商业史学家和经济学家而言，研究核心是大公司如何通过整合技术投资和公司战略谋求发展，因此"组织综合体"成为其研究重点（Chandler，1977；Galambos，1983）。1900 年之后，通用电气、杜邦、柯达、美国电话电报公司、美国无线电公司和其他一些大公司纷纷建立研究实验室，以激发内部创新，同时为技术变革提供长期的控制、更新平台（Carlson，1991；Hounshell 和 Smith，1988；Mowery，1984；Reich，1985）。正如 Graham（2008）指出的那样，即使是批判大公司垄断发明创造、阻碍工艺创造、打压工程师创造性的评论家们，也不得不承认大公司是技术变革的重要来源（Noble，1984）。

以上提及的商业史学家和经济学家将注意力锁定在公司身上，但研究工业进化的技术史学家和社会学家则将目光转向另一个创新发展趋势——系统技术（包括电力、电话及其衍生行业）。系统技术的进步既不是某个龙头企业的功劳，也不是大手笔的商业投入的结果，而是众多参与者对于系统进步的投入和兴趣总和，我们将其称之为集体"动量"（Bijker，1987；Hughes，1983，1987，1989；MacKenzie，1990）。这些系统技术是个人发明者、政府和大学研究人员以及公司试验室研究的共同成果。一项新技术的出现会激发众多强烈且广泛的研究兴趣，但这些研究比较分散，而技术系统则为这些分散的研究提供了汇聚点。随着某项科技的发展，其涉及的社会、经济和加工层面就随之扩大，此时作为独立个体的公司首要任务便是根据系统需求确定自身的研究方向。

随着以上两种趋势的持续发酵，创新流程的组织模式不断交替。19 世纪和 20 世纪初期的创新模式以工艺模式为主。在一项有关鼓风炉的研究中，Allen（1983）分析了一些公司如何通过分享新技术的设计理念和有效性实现集体发明。在关于钢铁行业如何完善加工过程的研究中，Allen 指出在集体发明的鲜明特征是：想法和经验的交流及传播冲破"公司"的樊笼，在由不同背景的个人组成的分布式发明家网络中得以实现。基于 Allen（1983）的研究，Nuvolari（2004：p. 348）在有关康沃尔（Comish）蒸汽发动机的研究中对集体发明做出了如下定义：集体发明是一种大的环境背景，"相互竞争的公司在此背景下，无偿向其他公司分享新技术的设计理念和性能信息"。

根据 Allen 和 Nuvolan 的分析，技术变革有四大来源：私人公司的研发实验室、非营利性机构、个人发明者和集体发明。Allen（1983）和 Nuvolari（2004）指出集体发明产生的典型背景条件有三：第一，技术变革必须有不断的技术进步作为动力；第二，公司和其他组织做出的任何技术改进都必须公开；第三，公司必须利用公开的技术提升改良已有的共同技术。本文以上述三项条件为基础，综合近期有关技术变革的相关经济学、社会学研究展开进一步探讨。

本文首先讨论在集体发明研究过程中理论上可以获取的利益。传统观点对集体发明能否获利持怀疑态度，但集体发明用事实打消了大众的疑虑，引来众多关注。也正因为如此，在定义集体发明时，应当明确其与知识产权的关系。其次，集体发明参与者的双重身份隐含的潜在冲突也值得我们注意：集体发明参与者受雇于参与集体发明的各竞争性组织，代表企业利益；其次，他们作为技术人员，在参与技术革新的过程中会牵涉到个人利益或职业利益。因此，本文中区分以下四个概念：竞争公司（或者更广泛地说，包括政府和大学实验室在内的各类组织）、遍布于这些组织之间的松散发明家网络、知识增长和技术进步。本文对于集体发明的定义与上述概念在本质上比较相似，但更加着重强调集体发明的社会定位：

> 集体发明是由一定数量的发明者共享知识所推动的技术进步，这些发明者通常受雇于相互之间竞争知识产权的组织。

在这个定义之下集体发明的范围被扩大，包含大学和大学之间、大学和公司之间的互动，同时也涵盖对经济活动尤为重要的自发组成的非正式组织（Granovetter，2009）。另外，专利库和其他可以推动技术变革的集体协议所扮演的角色更适合在此框架下加以分析。

我们应该认识到过去数十年知识分享呈上升趋势，而集体发明不过是知识分享的冰山一角，这种与竞争对手共享重要信息的做法远比"纯粹"的集体发明更普遍。但是作为知识共享体制连续体的端点之一，集体发明为研究人员了解推动技术变革的决定性因素提供了实证研究和创新理论研究的肥沃土壤。

前文讨论了集体发明的定义和背景，接着本文将目光转向其起源。本文认为集体发明出现的原因之一在于：劳动分工越来越细化，导致预测互补知识的来源越来越困难——为了紧跟前沿发展，参与者不得不更加频繁地共享知识。此外，对于某项技术的高期望值（例如技术机会）可以激励来自不同公司和非营利性组织的参与者并肩合作，推动集体发明，尽管表面上并没有任何具体的组织因此获取经济利益。

历史证明，集体发明推动了众多著名技术的进步（Lamoreaux 和 Sokoloff，2000；McGaw，1987；Meyer，2003；Scranton，1997）。无数的历史研究都得出

同一结论:集体发明的存在是为了消除现存经济和组织结构在获取信息方面的制约因素。对某些组织而言,无法从众多技术进步中获利致使他们失去了开展内部研究的动力。如果成功的概率如此之小,何苦投入高昂费用进行研发? 加入集体发明为这一难题提供了一条出路。如今众多企业参与集体发明共同解决问题,虽然无法再独享成果,却可以共同开展互相依赖的经济活动。另一方面,一些积极参与研发的公司希望他们的研发人员加入更大的技术社区。集体发明提供了更多样的知识来源获取机会,尽管整合这些多样化观点并非易事。

随着时间的推移,许多与集体发明相关的知识共享举措成为一系列规范或者约定(David,2008;Merton,1979;Sabel 和 Zeitlin,1985)。以贝塞麦酸性转炉炼钢法的普及为例,几乎所有制造商都签署了同一项专利许可,其中一项条款规定:任何后续的实际操作改良都要公开。这种强制性的知识共享带来的后果便是:不同公司的工程师组成一个小规模的实践组,不同的公司参与者展开生产竞赛(Allen,1983:p. 11)。许多做法,例如互相尊重价格、集体培训和设定技术标准,在工业领域已经是普遍现象,这些做法既可以分担风险又能弱化竞争。Nuvolari(2004)对 19 世纪康沃尔蒸汽发动机的分析发现,数个行业网点公开了技术进步后,发动机的效率大幅提高,这是无数的点滴进步积累带来的质的飞跃。尽管 19 世纪出现了多种多样的集体发明案例,且该领域的市场十分活跃,但集体发明最终还是没有逃脱在 20 世纪初被大公司研发实验室取代的命运。人们甚至一度认为集体发明可能就要腐烂在历史的阴沟里。

但在过去的 30 年中,大型公司的研发实验室风头不再,许多大名鼎鼎的公司实验室都未能逃脱消亡的命运。如今,第二波集体发明浪潮席卷而来,影响着无数高科技行业的科技发展速度和方向(Freeman 和 Soete,2009)。这类分散型创新过程遍布当代的众多行业,从早期电脑的发明,到软件的发展,再到生物技术的起步和发展。上述转变的根源在于策略、技术和经济因素带来的影响改变了创新劳动力的组织方式,与众多组织有联系的发明者更容易接触到多样化的观点,并因此受益。因此,各机构都希望和其他机构建立合作与联盟关系,从而跨越组织边界建立联系,以期某个领域的创新想法能催生其他领域的新方法(Burt,2004;Granovetter,1973;Powell 等,1996)。尽管各发明者认识到创新能够为自身企业带来不同的有形利益,但是他们对某一技术前沿的共同了解促使其采取一致的行动。核心的技术动力来自技术机遇的转变,决定着技术变革的潜在速率和方向(Malerba,2007);经济动力则来自需求(有关经济需求 VS. 需要,参考 Mowery 和 Rosenberg,1979)和营利性(Teece,1986;Winter,2006),这两个因素是公司投资研发的必要条件。

但正如许多研究人员发现的那样,历史和社会结构同样影响广泛(David,2008;Scranton,1993)。无论是产业发展还是技术社区的历史组织都各有其独特性,两者与经济和技术发展密不可分、互相影响。无论是 19 世纪的玻璃制造和高炉,还是当代生命科学和开源软件,创新者和研究者社区内的关系受到社会、政治和经济力量共同影响。我们对这三项不同的影响因素进行了以下总结:

(1) 将发明成本分摊至众多机构的需要。即很少有参与者拥有足够的理论认知,既能发展新想法,又能避免毫无方向的反复试验带来的高昂成本。

(2) 无法利用创新获利,导致私人利益和公共利益之间产生矛盾。

① 一些公司认为单独追求某项技术的私人收益太低,得不偿失,但这些公司内部的员工却可以认识到该发明的潜在价值。

② 尽管缺乏对需求的认知,而且知识产权保护太强,集体发明依旧推动科技的不断进步。

(3) 相关规范的产生和管理结构的识别(identification)促进了不同的法定单位之间知识共享。

(4) 一项科技究竟会朝哪个方向发展,而它又会衍生出什么样的应用,这都是不确定的。这种不确定性激发了创新社区内和创新社区之间更加激烈的讨论,为组织创新活动提供助力。

本章中,我们将讨论上述影响因素和其他相关原因,以解释近来集体发明蓬勃发展之势。我们既关注技术机遇不停改变的本质,也探讨影响创新劳动力的组织和管理形式的相关因素。众多颇具前景的技术机遇所需的知识越来越专业化,使得创新所需的相关专业知识和技能分散在了不同的机构中,关于这一点,研究仍有待深入。

众多社会和经济活动拓展了公司的知识界限,但这些活动与技术机遇的改变并无关联。正如 Schumpeter (1942)讨论的那样,期望公司立即采取行动并优化调整技术变革简直是异想天开(Rosenberg,2000)。事实上,几乎不存在所谓的理想条件,可以让新的技术知识顺利通过评估、解释过程并成功扩散,因为新知识本质上就与其产生的背景(即社会结构)存在不同程度的冲突。换言之,由于公司已有的创新知识(内部和外部)不足以满足公司实现新的创新目标的需要,某些情况下集体发明便成为优于内部研发的选择,因为其可行性更强。

技术变革难以预测,因此当一家公司想要发展多个技术机会时,承担创新所需的所有创新劳动力成本会更加困难。上述能力和机遇方面的不足可能会促使一些公司利用集体发明达到创新目的。一旦数据化决策替代了等级结构,(Knudsen 和 Levinthal,2007;Powell,1990),集体发明会更加风靡。与此同时,对于内部研究能力强,但所处领域的科技未来发展前景尚不明确的公司而言,集体发明能够让他们参与更广范围的探索和学习。

本章围绕以下四个论点展开,解释说明集体发明的持久性和极度可靠性。

(1) 在知识库存扩大的情况下,从独立组织外部获取专业知识的需求增加。

（2）当潜在互补知识的来源变得多样化，与外部社区的交流也随之加强。

（3）新型治理形式降低了集体发明的成本，但依旧与私人企业的目标保持一致。

（4）行业间持续存在的技术机遇差异和社会制度差别导致各领域的集体创新在可靠性和形式上都明显不同。

随着知识库存的增加，潜在的互补创新劳动力分散在各个机构，单个机构拥有的专业知识无论是广度还是深度都不足以进行创新（第 2 节）。从直观上判断，由于产品和生产工艺越来越复杂，而创新分工也越来越细化，更广范围的集体发明实乃众望所归。简言之，集体发明能够东山再起的原因在于每幅拼图的模块数量增加了，而每个玩家拥有的模块数却减少了。

发掘创新所需的互补性知识并非易事，致使积累多样化的互补知识成为明智之选。众多公司为了跟上最新的发展趋势，纷纷投身集体发明浪潮，因为单凭一己之力很难预测互补性知识分布在哪些组织、哪些技术领域以及对应的地理位置（第 3 节）。

治理结构的诞生为集体发明提供了又一个动力来源，确保来自不同机构的个人能够以较低的成本共享知识，同时也降低了滥用创新获利和不作为的风险。另外，组织集体发明的新型技术方式和实体方式可缓解不同步（asynchronous）和远程协助带来的挑战（第 4 节）。

最后，不同行业的集体发明在内容和深度上都存在差异。这些差异一部分源自不同行业所处的社会结构不同，而且各行业所处的技术变革时期也不同。这两项因素不仅改变了公司的效益预期，还决定了公司究竟是选择内部发明还是集体发明或者是两者相结合。因此，集体发明过程中所涉及的行业间差异性主要包括：技术机会的不同、技术渠道的不确定性以及源于集体知识的创新的获利方式不同。本文将对上述差异进行进一步讨论，关注不同科学和技术社区的不同标准，及其对观点创造与分享的影响（第 5 节）。

为了增强说服力，本文从众多技术密集型行业中搜集相关例证。为使文献综述更有分量，本文引用了一些关键技术领域的专利数据，以衡量近几十年来的改变程度。

2. 知识库存扩大化

最近数十年来，众多论著描绘了工业社会向知识经济的转型过程（Bell，1973；Gibbons 等，1994；Hicks 和 Katz，1996；Powell 和 Snellman，2004；Ziman，1994 年在该讨论中提出了其自身的观点）。这些论述概括出当代研究市场一个显著的转变——合作，无论是国内合作还是国际合作，均已经增加。越来越多的组织和国家为知识库存的扩大贡献自己的力量。除此之外,跨学科研究所占的比例也逐年上升,主要的研究资助机构在背后大力支持相关组织将基础研究活动转化为具体应用,解决紧迫的环境和医学难题。对集体发明而言,这一合作"加强化"、"跨学科化"的转变意义深远。

Hicks 和 Katz(1996)最早采用文献计量方法探讨科学格局的改变。他们分析了 376 266 篇 1982—1991 年之间发表的文献,发现每篇文章的平均作者人数从 2.63 上升至 3.34,而每篇文章署名机构和国家也出现了小幅上升。该研究对早期 de Solla Price (1963)的分析起到了补充作用,de Solla Price 记录了化学和物理科学领域"多作者"现象日益凸显的重要性,他将这些领域称为"大科学"(Big Science)。Wuchty 等(2007)从一项涵盖 1 990 万篇文章、210 万项专利的综合分析中得出结论:越来越流行的"多作者"(或者说"团队科学")现象已经从物理领域扩展到化学、生物学、工程学、社会学,甚至是数学和人文学等领域。

而 1955—2000 年这 45 年间,医学、生物学和物理学每个领域都见证了平均作者数翻番的盛况(Wuchty 等,2007:p.1037)。越来越多的研究人员选择团队合作,原因在于知识划分越来越具体,研究成本也越来越高。然而即使是在整体研究人员增速下滑、研究成本重要性也随之下降的科研领域,每篇文章的作者数仍旧保持上升趋势。Wuchty 等(2007)发现,也许最重要的影响因素在于:即使是在无数相关控制下,相比个人论文,团队发表的论文被引用的频率更高,发挥重要影响力的可能性也更大。在后续的研究中,Jones 等人(2008)参考了 420 万篇 1975—2005 年间发表于美国大学的论文组成的样本,发现各个团队的作者所属的大学也趋于多样化。

为证明创新库存的确已经扩大,本文比较了 1975—1979 年以及 2001—2005 年两个时间段内美国五个专利类目的单项专利作者数量。我们将"技术"作为衡量行业发展的晴雨表,这些行业既包含有创新经验的老行业(航空航天),也囊括了 20 世纪最后 25 年才逐渐兴盛起来的新领域(光通信、半导体和生物科技)。我们从 Delphion 知识产权网获得相关专利数据,这是一家提供专利搜索服务的商业机构,隶属于路透社。为了更好地说明情况,我们搜索了与上述五大专利分类相关的所有专利(只需包含任一分类,即会纳入数据),表 1 记录了两个时间段内每个专利分类下的所有专利。发明者一栏包含了发明者平均数。例如,在 20 世纪 70 年代晚期,1 118 个航空航天领域的专利的平均发明者为 1.5 个;而在 70 年代的早期,该数据则为 2.2。我们可以看到,创新劳动力的组织方式发生了转变,每项专利的发明者都出现了大幅上升,生物技术领域是例外,该领域一开始集体发明率便很高,而且保持至今。上述向多作者转变的趋势表明,整合更广范围知识库的需求在增加。生物科技起源于 20 世纪 70 年代的大学实验室,如今依旧以科技为发展动力,而生物科技的发明团队也顺理成章地成为上述数据中平均发明者数量最高的科技领域,这也暗示着这些团队的功能最为多样化。

表 1　指定专利类目中每项专利中发明者的数量*

专利类目	1975—1979		2001—2005	
	平均发明者	专利数量	平均发明者	专利数量
航空航天	1.5	1 118	2.2	1 619
生物技术	6.4	6 533	6.5	22 881
光通信	1.6	511	2.4	6 217
药物化学	2.5	2 467	4.3	7 212
半导体设备制造	2.0	5 630	2.7	79 069

注:* 上述科技领域对应以下专利类目名和编号:
　　航空航天——航空学和航天学;244
　　生物技术——化学:分子生物学和微生物学;435
　　光通信——光学通信;398
　　药物化学——药物、具有生物效用可作用于人体的合成物;424
　　半导体设备制造——半导体设备制造过程;438

尽管整体上发明者数量呈上升趋势,但我们仍需关注一些关键性差异。如果不考虑生物技术领域,半导体制造过程和医药合成之间的反差最为鲜明。与医药行业不同,半导体发明的各个制造步骤已经高度模块化,这些步骤通常与特定的学科或者是两门学科存在交叉连接。例如,大量现代半导体制造的基础来源于化学工程、光学、材料学以及软件优化和设计等特定学科,而其制造过程涉及的每个步骤都与特定的知识体系相对应(Orton,2004),如激光蚀刻晶片所需面具的制造技术、机器人机械的设计,以及用于去除支撑结构的化学浴等。这些学科之间的合作最初的目的便是促进制造过程中的协调合作。考虑到制造业比较容易分解成各个模块,团队之间无需同步解决复杂问题,研究团队的规模可以相对较小。

与之形成对比的是,制药行业面临的问题通常不能分解,即无法在保证最终结果质量的情况下将问题分解成各部分并单独解决(Simon,1962)。这也解释了为何半导体制造业的平均发明者人数从 2 上升到 2.7,而制药业却从 2.5 攀升至 4.3。经济学家将药物描述成"离散"技术,因为它不具有模块化的特性;而半导体和通信设备则被称作"合成"技术,因为需要组合的部件众多(参阅 Arora等,2001)。因此大多数情况下,制药行业的发明无法具体地模块化对应各项专业知识。通常情况下,制药行业的发明需要有机化学家、微生物学家、生物化学学家以及免疫学家和病理学家的大力合作,以达到发现药物靶标和潜在药品的目的。因此,发明团队的规模取决于以下两个因素:需要整合的整体专业知识数量和这些专业知识(科学和工程训练专业技巧)用于解决技术问题的方式。

本文研究了近几十年来合作增加的原因,并从集体发明演变的角度看待这些原因。首先,参与任何科学或工程领域所需的知识都越来越尖深,这也是研究团队中的专家学者越来越多的原因;其次,有些行业面临的问题可以分解,有些无法分解,闭门造车已经很难解决问题,相互合作乃大势所趋。因此,研究团队的规模越来越大,功能也更加多样化。如果各机构试图解决最新的技术难题,就必须调整知识界限,但成本过高,集体发明便成为极具吸引力的方案。各组织将集体发明作为平台,了解并参与技术进步,尽管这些技术进步能否带来经济利益尚不确定。

3. 知识来源多样化

知识细化对技术变革而言是一把双刃剑。一方面,知识深化可以加快技术进步的步伐;另一方面,知识细化也意味着在广泛学习和组织投资的影响下,技术进步会有路径依赖性(Antonelli,2007;Arthur,1989;David,1975,1985)。改变研发投资方向会越来越困难(Patel 和 Pavitt,1997),公司也可能会因过去的积累而一叶障目,难再发现新知识(Cohen and Levinthal,1989)。

研究人员已经察觉到各个组织愈来愈依赖本地搜索的倾向(March,1991;March 和 Simon,1958)。经济学和管理学学者提出一个共同的问题:研发学习的路径依赖达到什么程度(David,1985;Zollo 和 Winter,2002)会导致技术停滞(Cohen 和 Levinthal,1989;Hendersonand Clark,1990;Schilling,1998)。如今,潜在的相关知识不仅仅可以引导研究方向,其与日俱增的深度与广度同时也加剧了商业研发的复杂性和挑战性(Nelson,1982)。

发掘可靠并且值得技术人员长期投入的技术机会是比较困难的,这是上述挑战存在的原因之一。《技术机会之根源》(*Source of Technological Opportunity*)一书为我们呈现了创造新产品或工艺所涉及的相关信息(Cohen 等,2002;Klevorick 等,1995;Malerba 和 Orsenigo,1997)。当代的技术机会来源不仅在数量上出现了增长,其形式和内容也在本质上发生了变化。

- 企业获取知识的地理范围更广(例如,Gittelman,2007;Johnson,2006);
- 企业利用跨学科知识更频繁(例如,Fung 和 Chow,2002;Mansfield,1982);
- 企业涉及的科技领域更多样(例如,Cohen 等,2002;Giuri 等,2007;

Levin 等,1987）；

● 企业利用大学和政府实验室的知识更充分（例如,Branstetter 和 Ogura,2005；Powell 等,1996；见 Foray 和 Lissoni,本卷）。

正如 Antonelli（2001）所提到的那样,集体知识通常是寻找不同技术来源之间的潜在互补性带来的结果。技术机会分布广泛,但利用创新获利的成本高昂、途径有限。考虑到这两点,各个公司的经理又该如何选择研发方向？本文认为集体发明是机构降低其技术投资风险的一种途径,除了让企业有能力共同投资某一创新外,集体发明也让成员公司时刻保持在科技的最前沿（Powell 等,2005）。

另外,对于那些参与技术交叉领域研发的组织而言,集体发明便是一种知识型"保险"。通过共享知识,各组织把获利性替换为获取意外技术机会的可能。从前棘手的问题如今可通过理论和技术进步分割成不同的部分,获取知识的途径也更多样化,因此研发中心将互补性技术进步融入研发,灵活性更强（Brusoni等,2001；Rosenberg,1982：pp. 104 - 119）。换言之,集体发明不仅是获取信息的渠道,也可以帮助公司获取相关技能以更好地适应技术变革。

3.1　创建知识渠道的成本

创建获取大量知识的渠道会产生诸多高昂成本,这也解释了为什么很多公司宁可支付现有集体知识共享所需的"维护成本",也不愿花钱建立新的知识渠道。随着知识的累积,需要专业词汇基础、软硬件工具和独一无二的理论模型,才能创建不同的认知群体和分支（KnorrCetina,1999）。Mokyr（2005）提到技术社区之间的认知距离越大,他们交流合作的困难就越大。因此,公司越来越倾向于利用本地知识,这意味着潜在的远距离合作者会发现,与本地合作者相比,他们有效对话的时间成本更高,面临的困难也更棘手。

开展新的创新合作面临的一大挑战便是如何获取背景信息和特定技术知识,而非学习新的科学知识和理论（Vincenti,1990）。Nelson 和 Winter（1982）认为许多公司的知识都已经被嵌入其日常惯例中,因为不同的历史背景会造就特定的惯例,明确地表述这些惯例并在组织内或组织间系统且清晰地转移知识极具挑战性。Kogut 和 Zander（1993）在一篇分析了 81 家瑞典公司技术转移的研究中为这一论点提供了证据：他们要求参与者从可显性表达性、可教授性和复杂程度三个方面描述知识转移,同时要求他们陈述技术是否曾转移到外部公司或者全资子公司。他们发现独立公司主要转移可以显性表达和教授的知识,而非隐性知识或是新知识。即便是通过高度合作转移知识的合资企业之间,其转移成本依旧高于内部转移成本。

为了让更多的公司员工受益,许多组织试图通过标准化流程和存档清楚地表达知识,但是由于这类知识比较深奥难懂,该过程本身就对学习能力和创新能力有较高要求。Von Hippel(1994)将知识价值的背景依赖这一特质定义为"信息黏性",该词汇用于描述从组织背景和日常活动中提取知识,并将其转移到新环境的过程可能涉及的高昂成本。

另一方面,众多公司指出他们放弃高校专利技术的原因之一在于,从高校发明者手中转移技术相当具有挑战性。与此同时,Jensen 和 Thursby(2001)也发现高校技术转移到公司的最佳案例一般都发生在技术非常成熟的条件下(例如,模型时期 vs. 概念时期),又或者发明对公司来说比较通俗易懂,从而避免公司的知识基础与大学研发产生的技术之间出现不相容的情况。持续不断的大学教师参与公司日常活动也加快了创新的商业化进程。因此,比较成熟且规范的知识体系外加共同的认知基础,可以加速知识共享过程。如果有机构致力于某特定来源知识的转移,可能需要技术员工加入到可以推动集体发明的组织中去,例如标准机构或者是实践团体(Rosenkopf 等,2001)。

鉴于技术机会的大量潜在来源和独占机制的相对稳定性,仅仅确定研究方法和研究领域就已经让企业处于两难境地。因此,经理要走的新"钢丝"便是如何在参与类似集体发明等"开放"活动时积累内部知识,同时抓住短期和中期的商业机会而盈利。

3.2 知识和集体发明的地理散布

对本地化知识的需求表明公司也会和地理位置较远的伙伴合作,共同参与集体发明从而获得互补性知识。但是,相同的地理位置对建立公司和创新都至关重要(Audretsch 和 Feldman,1996;Whittington 等,2009),因此拥有互补信息的个体之间的地理距离可能会为了创造短期技术产品而拖延项目的进度。如果研究的目的不在于商业化某项技术,个人发明者会将发明公之于众,于是知识便得以广泛普及(见 Breschi 和 Lissoni,2009)。如果知识库存已经多样化到一定程度,但互补性不突出,技术机会的分布会更分散。

有关异地合作的研究发现,过去的 30 多年中合作发明者的平均数量日益增加,这表明对远程知识的需求和通信技术带来的低廉的信息获取成本发挥了重要作用。在一项有关美国发明者的研究中,Johnson 等人(2006)发现合作者之间的距离从 1975 年的 117 英里扩大到了 1999 年的 200 英里左右。Johnson 和他的同事发现类似电脑和生物技术等快速发展领域比传统行业更倾向于聚集在地理位置较近的地区,但是即使是这些新兴行业之间的地理距离在最近几年也开始扩大。我们回归到前文提及的五大专利类目,在表 2 中列出了研究合作发明者之间的平均地理距离。我们借助专利获取了位于美国的发明者地址,从而确定他们所在的城市和居住州。我们将收集到的市州信息与美国地质调查局的数据进行匹配,计算了 a 发明者去见 b 发明者需要跨越的地理距离,b 发明者再找 c 发明者需要走过的路程,依此类推,最后计算出平均距离。由于我们默认同城发明者平均距离为 0,因此数据可能相较实际数据偏低。但是,所有技术类别的数据都显示:地理分布呈现变广趋势,即使是在只考虑美国发明者的情况下也是如此。

表 2　指定的美国专利类目中合作发明者的地理散布[*]

专利类目	合作发明者的平均距离(英里)		变化百分比(%)
	1975—1979	2003—2005	
航空航天	134	236	76
生物技术	147	285	94
光通信	161	215	34
药物化学	101	252	150
半导体设备制造	153	222	45

注:[*] Gittelman (2007)发现如果同时将美国和国际数据纳入考虑范围,包含公司作者的生物科技论文合作者之间的平均地理距离为 1 500 英里。Gittelman 的发现和我们以及 Johnson 等人(2006)的发现有出入,主要受三方面因素影响:采用的是论文而非专利、国际数据的占比(Gittelman 的数据中国际合作者占比 30%)以及使用组织地址还是个人地址。

但与此同时,发明者之间扩大的地理距离也的确带来了新的挑战。Herbsleb 等(2000)在一项报告中指出,在商业软件工程项目中,距离较远会导致严重的拖延状况和协作问题。在一项多学科、多站点国家科学基金会项目中,Cummings 和 Kiesler (2005)发现学科增加不会影响合作和研究结果,但是机构增加却给合作造成了严重阻碍,这表明不同组织间以知识为基础的合作面临的主要困难不再是认知差距,而是距离挑战。考虑到亚洲国家和地区,主要是中国、新加坡、韩国,科学论文的产量都在增加(NSF S&EI, 2006),如若这些国家希望解决距离带来的挑战,他们可能需要与欧美科学家之间展开新型合作和竞争。

在国际领域,相关研究已经讨论过合作日趋分散的原因(von Hippel 所著文章对此进行了深入讨论),本文的重点是集体发明增加的原因。Saxenian 和 Sabel (2008)推断在国外建立机构,例如支持回归移民进行创新活动的风险投资机构,可建立与移民所在国的商业和技术联系机会。Saxenian (2006)指出第一代移民由于与母国保持联系而扮演了中介的角色,他们理解祖国的文化,因此可引导这些机构更好地融入当地生活。Kerr (2008)基于美国移民配额和不同族群分类研究了移民来源国的知识回流。即使通过详尽的专利类目划分控制发明者的组成,他发现引文中仍旧存在强大的社区效应,国外的研究人员更倾向于引用同族裔美国发明家的研究成果,华裔移民最为突出。Shrum 等(2007)表明,在高能物理领域的多组织合作(论文通常包含数以百计的作者),尽管各个研究个体相互之间并不熟识,但得益于标准化实验操作和实验方面行之有效的惯例,即使是地理位置相距较远的团队之间仍可广泛合作。

但是,即使是在美国,合作研究和跨学科研究并非齐头并进。Jones 等(2008)有关跨学校团队数量激增的研究也揭示了日益严重的分化现象。随着大学间的合作越来越频繁,最具影响力的研究项目通常会邀请一所顶尖大学参与。虽然众多政策声明,如美国国家科学院(2004 年:第 25 页),我们需要跨学科合作应对"科学的重大问题"以及"我们时代的社会挑战",这样的论点越来越普遍,但在跨学科领域的前沿矗立的依旧是最富有的大学。精英大学吸引捐赠者投资建立跨学科中心的能力是其他普通大学望尘莫及的。因此,尽管研究活动不断延伸,但不同群体之间的差距依旧明显。即使研究跨越了组织和学科界限,美国的精英大学正变得"越来越彼此依赖"(Jones 等人,2008 年:P 1261)。因此,一流大学的研究工作协作性日益加强,并在许多领域涉及行业合作伙伴的共同参与。因此,大学成为集体发明的温床。

Gittelman(2007 年)发现了一个有趣的趋势:对于地理上较分散的生物技术合作者而言,他们的专利被公司引用的次数较少,被学术引用的次数较多;相比之下,地理上更集中的作者论文学术引用次数不多,但专利引用却很频繁。对于这种差异,她的解释是,公共科学和私人科学的知识地理分散差别明显。Gittelman 和其他人有关获取远程知识的成本和益处的研究表明:地理上较为分散的研究团队更适合从事科学导向型工作,因为这类工作的研究结果更加基础,涉及的研究范围也更广。此外,科学层面的研究往往更容易通过正式语言显性表达,而技术层面的工作往往是隐性的,需要研究者现场合作以便将技术更好地相互传递。这些发现对于集体发明意义重大,因为集体发明的地理范围实质上是关于知识的隐性和显性本质的一个函数。例如在高能物理领域,地理范围可能相当大;但是对于以工艺为基础的领域,地理范围可能不会太广,各研究者可能需要在同一地理位置参与合作。

3.3　集体知识 VS. 竞争性人工制品

如今人们都将目光从公司层面的创新与独占性转移到技术体制层面,这是集体发明有待深入研究的一个领域。相比将注意力限制在同类技术竞争对手身上,各组织可能更愿意先确保技术体制的建立,以便从集体发明日益增加的回报和知识中获利。专注于创新体制层面的独占性能够促使知识更加细化,同时鼓励各项商业技术参与到集体发明中来。在一些领域,组织之间虽然互相竞争重叠的知识产权,但最后却创造出互补产品。

在这样的背景下,竞争的出现是为了维护科学的地位和知识产权,许多参与集体发明的公司互相之间的目标市场并不冲突,它们竞争的是知识产权,不是市场份额,因而共享知识的风险比较低。这些公司都对某个技术领域的进步很感兴趣,但是他们各自预期的集体知识应用方式却不尽相同。一些机构获得资金后会研发某项技术并将其商业化,在确定某项技术在商业上是否可行时,技术体制本身的活力对这些机构而言成为重中之重。

为了进一步探究这个观点,我们收集了各行业企业中研究人员的流动性数据。流动性是指知识的流动性,而非通常情况下的职位流动性。我们在国内行业里锁定 110 位高产的发明家组成样本,人均专利超过 10 项。为了达成上述目的,我们首先将专利权人或企业所有者的名称与 SIC 代码进行匹配,匹配结果视作发明者的原始行业。然后搜索专利记录,找出这些发明家已经分散到其他行业的专利。利用美国国家经济研究局的专利引用数据库数据,我们成功将专利持有者权人与 SIC 码对应起来(Hall 等,2001)。当范围缩小至 15 个发明最频繁的行业后,留下了 572 000 项专利。(碰巧的是,380 多个行业中,这 15 个行业占去了 60%的专利)。我们通过组合姓、名、中间名和地址找出了"独一无二"的发明家。通过这种方法我们定位出 371 400 位"独一无二"的发明家。这些发明家中,我们又将范围缩小至在某一行业和某一机构获得专利超过 10 项的发明家,结果有 26 025 位发明者脱颖而出。此举的目的在于设定一个较高的标准,从而确保发明者全职从事工程行业或研究行业,而筛选名字和地址的目的则是为了避免混淆从而高估了行业间的流动性。接着我们将目光稍作转移,探索发明家们在自己的原始行业积累一定专业知识后会朝哪些行业转移(见表 3)。

表 3　主要产业中产业研究者的专利共享和流动

原始产业	SIC*	2800	2834	3571	3577	3663	3674	3711	3861	7370	7373
化学品 & 相关产品	2800		59			1	2	1		2	
药物制剂	2834	15		2	1		1	7			2
电子计算机	3571		4		5	5	36	8	15	18	4
电脑周边设备	3577		1	2		4	14	1	20	29	1
电视 & 电台广播 & 通信设备	3663		1	7			134	1	2	16	26
半导体和相关设备	3674	3		43	11	87		1	12	58	52
机动车和乘用车组件	3711	2	1	12			3		15	1	
摄影器材及用品	3861		10	60	27	10	9	31		21	1

（续表）

原始产业	SIC*	2800	2834	3571	3577	3663	3674	3711	3861	7370	7373
服务-计算机程序											
设计 & 数据处理	7370		1	23	13	49	159	4	8		14
服务-计算机集成系统设计	7373			3	2	28	88	2		6	

注：* 每位发明者、每个公司至少需要拥有 10 个原始行业（表格左侧第一列）专利。

　　我们发现各行业在这一点上存在着显著差异，我们在第 5 节中将再做讨论。就当前的目标而言，我们需要注意以电子产品、通信设备、半导体、摄影和电脑等行业为起点的发明活动涉及范围的广泛性。在信息技术和计算领域，科技进步涵盖的范围非常广泛，于是整个行业出现溢出效应的可能性比较高，但很少有企业能涉足所有活动，相反技术进步都由一系列公司和公共研究机构合力促成，单个公司则专注于开拓更窄的利基市场，精益求精。意料之中的是，从广播和电视设备到半导体、化学、药品，这些领域都出现了知识流动和人员流动。该研究展示了发明者及其研究如何跨领域流动。

　　在许多领域，公共研究对于集体发明而言不再只是支持的作用，而是更为积极的角色。政府和大学的研究成果通常不会对企业研发带来直接的影响，生命科学明显除外（Branstetter 和 Ogura，2005；Powell 等，1996；Rhoten 和 Powell，2007）。在一项有关行业经理的调研中，Cohen 等（2002）发现，大学和政府实验室的产出一般不被视为促成新项目想法的直接来源。相反，许多管理者强调知识无形流动的重要性，尤其是会议、教职工咨询、招聘等活动产生的知识交流。Branstetter 和 Ogura（2005）观察到大学专利被企业引用的次数出现大幅上涨，即便控制了"引用偏好"和"可引用知识库存"带来的误差，上升趋势依旧明显。而行业与学术界之间互动的增加主要受与生命科学相关的研究影响。

　　大学企业间共同注册专利近年来风头正劲，部分原因在于联邦研究经费没有跟上成本和产业的发展，许多大学不得不努力寻找其他资金来源，相比之下企业对基础科学的资助还算丰厚（Mowery 等，2004；Powel 等，2007）。当然，确实有大量著名的大学注册研究成果带来了客观收入。然而，正如 Zucker 和 Darby（1996）的发现，商业活动在学术界的分布极不平衡。他们指出，明星科学家占生物医药研究人员的比例不足 1%，但是他们却拥有了该领域超过 20% 的出版作品。尽管如此，我们认为大学参与商业活动本身对集体发明的作用有限，因为这些研究成果的规模是相当有限的。此外，最后成功注册的许可往往是大学和公司之间排他性的二元交流，而不是多方共用的集体专利许可或通用专利许可。

Rosenberg（2000）指出,大学研究和培训广泛响应行业需求,而不少行业进步也推动了一系列大学的互补性发明,企业通过吸收新技术、提升自身工程系统以辅助相关研究(Lenoir 和 Giannella,2006；Rosenberg,1982)。大学科研在私人部门研发中发挥的作用是多方面的。Thursby 等(2009)探讨了大学教师将专利分配给非大学实体方面的进展。他们发现,由大学教师申请的专利大约有四分之一被分配到公司,因为很多老师在公司担任咨询顾问的职位。Murray(2002)在一份组织工程学领域的分析报告中提到,知识以各种各样的方式从大学溢出。除了咨询,教师担任公司科学顾问委员会成员、研究工具交换、实验室人员流动在该领域都很常见。Fleming 等人(2007)的一项分析研究了硅谷和波士顿的发明家网络,该分析强调了斯坦福大学博士毕业生、IBM 公司阿尔马登实验室博士后奖学金计划在硅谷地区起到的重要桥梁作用,以及麻省理工学院毕业生在波士顿地区的卓越表现。Whittington(2007)详细研究了波士顿地区的大学、研究医院和公司之间的生命科学发明家网络,发现有少数重点大学实验室和个别科学家(从大学转入企业就职、从非营利性机构转入企业就职,或者反向流动)是连接巨大生态系统并为其注入活力的核心节点。

高校直接参与集体发明的频率也在增加。例如,麻省理工学院的生物砖块项目为各个组织提供了一个存储可重用基因和蛋白质结构知识的资源库。网站允许企业从资源库中获取相关知识以获取私人商业利益。Gittelman(2007)在一项有关生物技术公司共同作者的分析中发现,公司的研究合作伙伴超过 90% 来自大学或研究机构。

许多观察家已经注意到高校专利的急剧增长,尽管人们尚在争论这究竟代表了有价值的知识应用的增加,还是大学间互相跟风与私有经济领域建立关联(Henderson 等,1998；Owen-Smith 和 Powell,2003；Ziedonis 和 Mowery,2004)。大学面临很多影响且彼此冲突,难以总结,但很明显大学的专利数量正在急剧增加。现在我们回到前文表中已经探讨过的五大专利分类,衡量 1975—1979 年和 2001—2005 年间大学和政府专利权人数量的增长。表 4 记录了在这两个时间段被分配到政府和大学的专利数量,一个是 30 多年前,一个则是更近的时间段。标记为 ♯ 的两列专利反映了各时段各个专利分类中所有个人和组织专利申请总数量。我们看到在每一个技术领域,大学参与都呈现出绝对的增加趋势,最明显的是在生物技术、半导体领域,药物化合物次之。相比之下,纯政府专利只在生物技术领域有所增加；在其他所有领域,政府专利出现了下降。然而,相对增长的政府和大学专利组合却是另一片景象。与其他实体专利相比,大学和政府实验室只在制药和生物技术领域提高了研究强度,而在航空航天、光通信和半导体领域,其占比却下降了。

表4 指定专利分类中大学和政府专利*

专利分类	1975—1979 年				2001—2005 年				比例总和 1/ 总和 2
	政府 & 大学				政府 & 大学				
	政府	大学	总和≠	占比(%)	政府	大学	总和≠	占比(%)	
航空航天	145	3	1 118	13.24	72	24	1 619	5.93	0.45
生物技术	150	328	6 533	7.32	373	3 267	22 881	15.91	2.17
光通信	70	5	511	14.68	25	251	6 217	4.44	0.3
药物化学	36	62	2 467	3.97	83	524	7 212	8.42	2.12
半导体设备制造	210	93	5 630	5.38	173	1 297	79 069	1.86	0.35

注:* 在确定大学专利时,进行了词汇匹配。例如大学、学院(技术和机构)、"管理委员会""董事会"和其他美国专利商标局认可的名字。而在确定政府专利时,匹配的词汇主要是"政府""美国""司""局""能源部""国家科学基金""国家机构""国家实验室"等。

除了大学自身的专利,我们也研究了过去附属于大学的发明者的专利(见表5)。我们特别关注了一些发明者,他们在原始行业中已经匹配到至少三所大学的专利,该匹配以姓、名、城市和州为基础。这是一个比较新的研究方向,我们以相关数据为基础进行探索式的研究。我们找到了一个确定大学科学家和私人公司之间交叉业务的指标。

表5 由大学发明者创造并分配给上市公司的专利(1975—2001 年)*

SIC	SIC 描述	1975—1977	1978—1980	1981—1983	1984—1986	1987—1989	1990—1992	1993—1995	1996—1998	1999—2001
2834	药物制剂	35	23	20	53	68	117	473	367	523
2836	生物制品	0	1	2	26	38	41	309	208	335
3674	半导体及相关设备	0	2	2	6	42	75	129	158	349
3814	手术 & 医疗设备	0	9	12	17	11	32	112	135	125
1311	原油和天然气	3	5	14	20	17	19	28	16	239
3845	电子医疗 & 电疗	2	3	12	13	27	40	62	95	162
7370	服务-计算机编程	10	19	15	7	13	48	90	94	79
7373	电脑及周边设备	6	0	5	18	25	59	71	68	90
3577	服务-计算机集成系	3	6	8	5	5	18	70	143	87
2835	体外 & 体内诊断	0	2	1	0	1	9	10	145	118	55
2911	石油炼制	7	6	23	48	34	52	95	36	15

（续表）

SIC	SIC 描述	1975—1977	1978—1980	1981—1983	1984—1986	1987—1989	1990—1992	1993—1995	1996—1998	1999—2001
2821	清洁用品、香水、化妆品	7	10	3	9	9	7	60	64	80
2840	塑胶原料、合成树脂	0	8	10	11	16	25	51	75	64
3570	计算机和办公设备	6	5	1	9	25	34	36	45	44
3861	摄影设备	11	5	21	18	17	30	9	31	52
7372	化学及制剂	3	5	7	9	5	25	33	34	35
2800	服务-预包装软件	0	0	0	2	0	0	4	71	77

注：* 每位发明者至少有三项专利分配给一所大学。

众所周知，大学科技与产业之间存在着各式各样非正式的联系（Colyvas，2007；Murray，2002；Rosenberg 和 Nelson，1994），此研究有助于展示这些联系如何转化为知识产权。至于这些专利是来源于咨询协议、教师创业，还是在不同行业任职的博士后，或者是"走出后门"，我们无从得知。但其数量却不可忽视，在一些关键技术领域尤为明显。虽然与原始产业相比，转移产业专利总体数量相对较少，但我们发现这些创新遵循创新劳动分工模式。技术机会和制药、生物技术、半导体和医疗设备领域的挑战推动了产业和大学科学之间频繁的交流。

在这一节中，我们总结了知识来源日益多样化对集体发明的重要意义。首先，发明所需的大量知识增长得越快，技术锁定的风险就越大。鉴于跨组织和跨认知背景进行知识转移的成本较高，企业可以利用集体发明，保持与社区的广泛对话和交流，提升将潜技术机会来源转化为知识的能力。第二，由于知识可以快速本地化，企业可以携手合作，以扩大影响力——尽管如此，某些特定知识往往需要研究者在同一地点以进行隐性转移；相比之下，科学合作可以跨越更远的距离。地理距离可能会导致显性知识的深入（相对于隐性知识），在某些情况下，这些深入的显性知识可以发展为科学家赖以生存的基础科学库。最后，我们指出在许多集体发明中，岌岌可危的不是产品或者服务收入，而是知识产权。有兴趣探索不同市场的各企业可以共享知识产权。不过相应的，他们的知识产权范围也会随之缩小，但在他们保护的目标市场中却很少让步。许多参与者并不排斥集体发明，因为参与集体发明是利人利己的明智之举。

4. 新型治理模式促进集体发明

集体发明活动取决于协调创新活动的社会组织架构。的确，大多数现代技术非常复杂,使得多方参与成为必要;另一方面,研究人员致力于创造实用产品的共同理想也进一步促进了合作。Wray（2002）认为技术人员对常用设备的依赖性增强迫使科学家和工程师加入到集体发明的队伍中。更广泛而言,通信和信息技术的发展进一步推动了跨区域交流,强化了知识共享的惯例与规范（Cummings 和 Kiesler，2007；Olson 和 Olson，2004；Olson 等,2008）。本文讨论促进集体发明的新型治理模式形成的三项重要因素:新型协作工具、技术社区内的社会规范和组织为集体发明做出的努力。

技术社区诞生的前提是共识,在 Hughes（1983）有关几个国家电网发展历程的讨论中,他指出每一个阶段都与特定的"技术文化"相关联,"技术文化"即引导发明者朝着共同目标奋斗的一套价值观和观点。这些技术文化为机构内部和机构之间带来活力,从而激励成员为某项技术奋斗,他将这种奋斗称之为"技术动量"。Mackenzie（1990）将"技术动量"视作技术变革的一种制度化形式,源于流动的参与者,这些参与者整合政治、社会、经济和技术结构,以确保技术得以存活。人们不仅会建立相关机构以解决技术不确定性和资源获取问题,还会将自己的事业和信誉投入到多层次目标的整合与追求过程中。

技术文化的地位举足轻重,它的存在解释了为何组织模式在集体发明和私人研发之间交替,但潜在的技术社区却从未消失。

Allen's（1983）关于集体发明的历史案例可被视作私人利益交汇处的可持续社区,或者有价值知识的聚集点。当知识积累到一定程度,网络便可再次发挥功能,内部参与者或外部参与者便可利用这些知识。有关 20 世纪 80—90 年代马塞诸瑟州波士顿地区生物技术发展的研究发现,最早开展生物技术研究的是研究型大学,最著名的是麻省理工学院,哈佛后来居上,还有达纳法伯癌症中心和马萨诸塞州总院的医学中心（Owen-Smith 和 Powell，2004）。这些公共研究机构通过研究合作和临床试验与一些初创的生物技术公司建立了伙伴关系。随后,风投公司进入,合作范围也扩大到了全球,开放社区也催生了私人创新。公共科学的影响依旧存在,但公司集群却越来越倾向于产品驱动型的二元联盟关系,而非探索性研究。不太稳固的合作关系从前是开放型合作的助力,如今成为私人创新的渠道。

因此集体发明既包含开放型创新,又涉及私人利益。参与者们在创新社区中进进出出,可以利用自己的人脉谋求公共利益或者私营利益。重要的是,正如 Lakhani 和 Panetta（2007：pp. 104 - 105）在他们的开源研究项目中观察到的那样,"这些系统已不再是传统的'管理'方式,'智慧'的管理者不再招募员工、鼓励辛勤工作、分配任务、整合各项事务或是规划职业路线"。相反,控制和管理的重点在于每个参与者身上,他们决定了彼此之间的交互关系（更多讨论见 Von Hippel 所著章节）。

Hughes（1989）描绘了航空航天、计算机和通信行业是如何在生产系统背后注入资金、整合政治和行业利益的情况下获取技术发展的动力。以通信行业为例，国际电信联盟（International Telecommunications Union）贯彻落实行业的应用标准，进而确保各地区的通信垄断商可以交互操作，如此一来该行业的共同目标最终得以确立。对于地理分布比较分散的组织而言，系统工程师在协调多个技术系统方面扮演着至关重要的角色。

整体而言，各方都是自发参与集体发明，发明者本身被替代的可能性也非常高。不计其数的研究和调查探讨了为何开发者愿意投身到开源软件工程中去。其中 Lakhani 和 Wolf（2005）利用一项涉及来自 287 个不同开源项目的 684 名开发人员的研究，试图解释集体参与发明这一现象。他们发现享受创造性工作是最重要也最有趣的动力来源。（鉴于 40％的参与者通过参与开源项目获取了报酬，该结论更加出人意料。）此外，他们还发现无论是解决现存的用户需求，或是编程中遇到的智力挑战，还是学习知识，这些动力来源在快乐面前都黯然失色。开发者们兴趣浓厚、目标一致，这让他们在开发高效治理系统时创意无限。

除去个人层面的原因，在集体层面也存在着一个促进集体发明治理系统形成的因素。Kling 和 Iacono（1988）认为计算机化（例如，信息技术基础设施的调整）不仅仅是追求高效率带来的结果；相反，他们认为计算机化一个尚待深入研究的领域便是参与者的流动（早期采用者），这些参与者倡导信息系统的引入，为了达到该目的，这些参与者会倡导可在组织内产生共鸣的意识形态，不过这些意识形态通常是从更广的范围引进或者嫁接过来的（Fligstein，2001）。

不同的技术需要不同的治理模式，集体发明既可以在贡献者的技术知识聚集成某个产业之前出现，也可以作为现有发明活动的副产品出现。高效的治理结构主要解决以下几个问题：与技术社区的知识共享规范是否相容；如何根据不同难度的技术挑战做出回应；以及一些协调方法。

Meyer（2003）发现集体协作所面临的知识产权障碍可以直接通过申请专利许可解决。同样，Gambardella 和 Hall（2006）发现若要集体发明发挥作用，一定程度的法律协调也是必不可少的。在软件行业，通用公共许可（General Public License，GPL）的建立可以引导潜在发明者更好地贡献自身力量，一旦领先用户强调他们的贡献是集体财产，后来者也会纷纷效仿，利用 GPL 为集体群策群力。在硬件行业，专利工具和交叉许可能够解决狭窄技术空间里的挑战，但也可能招致他人怀疑此举是否有打压对手、垄断行业的嫌疑。

O'Mahoney 和 Ferraro（2007）发现，参与集体发明的个人希望建立正式的权力行使机制，但与此同时也希望利用民主工具限制权利的行使范围，这些民主工具允许其开展技术试验和组织实验。当各成员都认可某一共享的权威观念之后,其涵盖的范围通常比最初的设计更加全面。开源社区的治理系统随着时刻变化的技术目标和共享的权威观念而不断发展。

但是协作的产生也可能没有法律基础。自从 Marshall (1920)发表煽动性的"行业的秘密不再成为秘密"的言论之后,研究人员便更加关注以工艺和技术为本的创新社区之间的有益生产关系(Sabel 和 Zeitlin,1997;Scranto)。Foray 和 Perez (2006)重点强调了 18 世纪法国里昂丝绸行业维持技术公开的政治因素,当地精英们最关心的是该地区的经济活力,市政府给予发明家补助金,鼓励他们将新知识分享给整个丝绸制造群体。他们认为尽管集体发明可能会激化更多矛盾,但整个行业都需要面对竞争压力,而且行业精神强调贡献,上述冲突便因此减弱。Lamoreaux,Raff 和 Temin (2003:p. 417)观察到,在纵向一体化公司之前的年代,"商务人士……行业社区既有经济互动也有社交互动,产生的多维关系促进了生产以外的合作"。

类似的,有关现代高科技企业集群的研究发现了多种创造集体福利的私人治理模式。大多数欣欣向荣的集群最显著的特点也许要数以下三项:企业间具有职位流动性、初创企业多和熟练技术工供应充足(Bresnahan 和 Gambardella,2004;Saxenian,1994)。Powell 等人(2009)的研究更加关注集群的出现而非集群的持久性,他们分析了美国三个生物科技起飞地区和八个拥有可观财力支持、资源丰富的地理区域(这些地方已经有公司成立但尚未出现集群)。通过分析他们得出结论:参与者必须早在完全了解自身潜力之前就采取措施追求新的技术轨迹。在生物技术领域,上述探索过程可在核心租户(anchor tenants)的协助下进行,例如波士顿的公共研究机构、旧金山湾区的风险投资家、鼓励科学家出版的第一代公司,以及致力于建立关系而不是最大化收益的大学技术转移办公室、一所圣地亚哥的年轻大学。上述机构比较重视开放的科学、透明的关系、调整各类实践的意愿,而且会将这些实践重新组合,传播到公私领域和非营利性机构。在生物技术还未发展的地区,占主导地位的本地企业通过强化现有实践,成为行业巨头,而非行业发展的催化剂。

集体努力的治理活动通常始于不同参与者之间共同的精神或者目标。通常情况下,信息技术的广泛使用和新的创新组织形式(能够推动跨区域创新、协调不同参与者的知识产权利益)可以协助有效治理结构的建立。一旦知识聚集到可以产生有形成果的程度,私人利益便有可能掌控局面,将集体发明中产生的特定技术流商业化。近来大学和各组织的集体发明参与度提升,这可能会改变上述发展路径,技术作为集体成果持续的时间也会更长。最后,区域科技集群研究告诉我们集体行动如何平衡多方参与者的力量。例如,出现在技术发展早期的治理系统和关系契约似乎是关键影响因素,两者可提供促进集体发明互动的模板。

5. 行业间的异质性

尽管过去几十年里集体发明有所增加,但就其形式和深度而言,行业间的差距依旧明显,原因是多方面的(Breschi 等,2000;Klevorick 等,1995;Levinet 等,1987)。集体发明在众多行业长盛不衰,暗示了在发掘并利用发展迅速的技术机会方面的需求,正是这些机会改变了企业在知识产权方面做出的选择。某些情况下,集体发明甚至会促使一些公司采取技术体制和独立公司同时受益的独占性策略。换言之,各公司更愿意看到相互依赖的研发活动取得成功,而非各自为营、谋求立竿见影的利益,至少在技术发酵期一直如此。

5.1　集体知识的本质及其关联性

Nelson(1982:p.468)认为在"在技术得以持续发展的很多行业中,大量理论解释已经在许多公司内部形成,但是尚未公开"。相比大学或个人创造的知识,公司创造的知识对于其他公司而言,某种程度上通常更加"成熟",因而用处可能也更大。除此之外,如果某行业的公司公开分享知识,说明他们有足够的自信利用组织和法律手段发展并维护这些信息。然而,公司与公司间的知识互补程度在不同行业中的差异非常明显。个体如果希望轻易地学会某项发明并加以改进,共同的技术基础必不可少。集体发明若要快速步入正轨,各公司之间的技术知识也必须兼容。

一项技术可能有多种潜在科学来源,这种多样性可能会对搜索速度造成较大的影响(Klevorick 等,1995),而集体发明则为该问题提供了一个解决方案。例如,Cohen 等(2002)发现化学行业借鉴的是大学里有关化学和化学工程的研究,而半导体公司借鉴的学科范围更广,包括化学、物理、计算机科学、材料科学、化学工程、电气工程、机械工程和数学。一项技术若存在多样的潜在科学来源,则会影响其实用研究方向的数量及研发速度。

生物技术的发展广泛依赖于研发过程中的跨组织合作,这也是众多对创新感兴趣的学者的研究方向之一。来自竞争公司和公共研究机构的科学家经常分享"理解"(即理论理解)。一旦某些公司试图理解某理论,或者了解某种技术的基本工作思路,这些公司便会展开相应的搜索工作。理论扩散和专用技术让公司有机会接触更丰富的技术机会,同时仍旧可以从研发投资中获利。

为了给本文提供实证,笔者再次探讨前文中两个时间段的分析。表 6 向我们展示了各行业不同时间段的创新集聚情况。列 1 和列 3 是在某一特定技术分类中占 60% 行业专利的企业数量;列 2 和列 4 为在该特定技术分类中两个时间段内的专利申请总量。只有航空航天领域的企业数量在减少,创新更加集中。

其余四类企业数量都增加了，生物技术和制药行业更是出现大幅上涨。

表6　指定专利类目中拥有60%专利的企业数量

专利分类	1975—1979 年		2001—2005 年	
	占比 60% 的企业数量	总专利数	占比 60% 的企业数量	总专利数
航空航天	81	1 118	69	1 619
生物技术	103	6 533	261	22 881
光通信	24	511	40	6 217
制药化学	130	2 467	655	7 212
半导体设备制造	16	5 630	24	79 069

5.2　问题在组织间的可分解性

不同组织面临的问题有其技术特点，这些特点对组织协调和设计有重要的意义。技术问题有时"暗示"着某种搜索策略（Hughes，1983；Rosenberg，1976；Vincenti，1990）。暗藏于技术难题中的知识有可能会提供某些线索，帮助人们在组织内或组织间划分搜索过程。问题的复杂性和可分解性便是决定创新分工的因素之一。

可分解性是指问题可以被分解为子问题从而分别解决（Simon，1962）。组织面临的大多数问题本质上并不可分，但拆分后并不会有太大影响，因此我们可以将问题分成多个子问题，在不颠覆最终结果的情况下协调解决。例如，给笔记本电脑安装显卡或者更快的处理器可能会导致电脑过热，为了防止这个问题，工程师必须设计出额外的散热槽和风扇，电脑便会更笨重。因此，一项组件的选择会影响到其他组件的选择，还会影响电脑的最终设计，但这并未影响各个组织进行任务分配。不同的组织可以完成多种多样的任务，各方只需拥有一定程度的共同知识基础。计算机制造商还可以从同一系列的企业购买标准化组件。因此，企业在搜索过程中需要关注技术相互依赖的程度和复杂性，因为这两者决定了适合某一技术问题的创新组织方式（Nickerson 和 Zenger，2004；Rivkin 和 Siggelkow，2003）。

不同的技术领域会进行协作搜索，但由于搜索结果的可预测性各有不同，其协作方式也会存在差异。围绕这一问题，Brusoni 等（2001）基于飞机发动机组件的案例展开研究，关注该行业的系统设计是如何根据组件的可预测性和互动程度进行任务分配，以及作出这样安排的原因。他们发现，若产品的相互依赖性可预测且组件变革速度均匀,则会出现通过市场机制进行互动的独立实体;若产品的相互依赖性可预测,而组件变革速率不均匀,则会出现通过系统整合进行搜索和协调的独立部门(例如硬盘行业,制造商根据标准接口设计结构、购买组件);若产品的相互依赖性不可预见但组件变革速度均匀,Brusoni 等(2001)认为相对独立、通过系统整合进行协作的独立组织会出现(例如汽车行业,该行业结构决定某些组件的设计);若依赖性不可预见,且同时组件变革也不均匀,公司会更倾向于进行垂直整合(例如许多手机制造商同时也生产类似基站的基础设施产品,尽可能地利用最高端的功能)。

5.3 个人独占性 VS. 集体独占性的可行性分析

集体发明依赖于特定的独占性结构。专利的使用、商业机密、互补资产以及版权都会影响知识外溢的程度(帮助其他公司增加技术机会),也影响着绕过障碍利用特定知识的难易程度(Nelson,2006)。由于这种一环扣一环式影响的存在,要理解集体发明产生的必要条件,就必须理解机遇和独占性。

法律独占性策略对于企业活动最普遍的影响是改变了追求特定技术的成本和可能性。因此,许多集体发明活动的部分目的是为了降低知识产权脱节而引发的独占性成本。公司开拓出的知识产权路径不仅反映了过去和当前的研究情况,还可以维护自身产品或者迫使竞争对手进行交叉许可。在某些行业,集体独占性缺乏空间,因此如果某行业中专利是关键的独占性机制,各公司可能会有意避免使用竞争对手受到保护的知识(Graham 和 Sichelman,2008;Lemley 和 Sampat,2008)。例如,Lerner(1995)发现诉讼成本较高的小型生物技术公司会主动避免参与涉及大量专利的科技发明活动。由于这些公司主动避免了他人的搜索路径,除了周边技术开发以及符合法律要求的技术开发,他们参与其他集体发明活动的可能性微乎其微。

相比之下,在复杂技术行业,长期积累的合法知识路径相互重叠(Breschi 等,2000;Hall 和 Zeidonis,2007),这些行业的公司无法垄断产品开发所需的所有知识产权,也无法真正地避免侵占一些竞争对手的专利(Cohen 等,2000:pp. 13-14)。因此,这些公司不得不采取交叉许可专利,否则就是"两败俱伤"。因此各个公司之间多为协商,少有法律纠纷(Allison 等,2004)。因为在复杂行业中大型的专利持有者参与并鼓励集体发明,专利池以及交叉许可似乎可以为集体发明扫清沿路的障碍。

本文列举了几项可能导致不同行业集体发明参与强度不同的原因。首先,不同行业之间,技术机遇的来源数量和质量各有不同,因此技术机遇的转变、利用新机遇的动力,以及获取新知识的简便程度都对集体发明的可能性有影响。第二,有些问题无法拆分,必须由不同的功能小组同时工作才能解决,这是集体发明面临的最为棘手的问题；第三点与前文讨论的创新管理和组织方式的内容关系密切，即长期来看，只有发明产生独占性回报的可能性得以明确才能激励各组织进行集体发明。

6. 结论

集体发明的重要性在不同的时代、地点和技术领域各有不同。本文认为参与者网络中的信息共享应该作为集体发明的核心特点。19世纪晚期和20世纪早期的观点与当今观点的一个重要差别在于：19世纪和20世纪，只有地理上比较集中的各参与者方能进行信息交流；而如今得益于信息技术和治理方式的进步，这一地理限制已经大大放宽。

技术可行性和经济可行性的不确定给公司带来一定的压力，他们选择创建内部研发部门以做应对，既可以与面临相似限制的公司合作，也可以与更广泛的实践群体建立长期关系。当大学和研究机构成为某项技术的重要研发力量时，各个公司都会试图加入集体协作。当企业为外部组织（例如大学、技术和研究机构）带来技术外溢和激励机制时，现存的创新劳动力分工可以承担起塑造未来技术机会的角色。以上情况中，公司将集体发明作为一种手段，以获取技术演变的信息，从而利用这些信息在创新体制出现和稳定阶段组织自己的研究活动。尽管这也可能导致技术发展偏向于保守，但实际情况更加复杂。当所有参与方都了解要求和路径的不确定性时，科学家和工程师便有空间共同为更多关键技术的出现夯实基础。正是在上述的技术体制转变期，"社区精神"和"广泛参与"得以显现，成为集体发明的显著特点。

本文从不同文献中总结出一项概括性的结论：集体发明来源于新机会——无论是创新带来的新机会还是某项专利失效带来的新机会，又或者大家普遍看好一项技术但是不清楚哪些是可行途径带来的新机会。在酝酿时期，不同的参与者参与其中，而且常常发展出集体机构——出版物、工作场所、标准、协会——这些均促进了实践社区的融合（Rosenkopf 和 Schilling，2007；Rosenkopf 和 Tushman，1998）。当新的创新不断涌现，新的公司便出现，并感知到新的机遇。在融入社区的过程中，这些新公司也得到了"准入门票"，进而获取其他机构拥有的信息（Powellet 等，1996）。随着技术不确定性的降低，各公司发展各自的研发中心，将注意力集中到自身特定的应用上，对集体发明的依赖也会逐渐减弱。

上述观点的演变表明，集体发明仅发生在技术变革的某个时间段内。本文认为技术发酵为集体发明提供了前提条件，但我们并不确定这是否是唯一的决定条件。最近数十年中，各新兴领域都出现了集体发明——计算机、软件、生物技术，以及类似电子这样的行业中，远在千里之外的各个专家通过标准技术接口共同为一家公司效力已是司空见惯。Sturgeon（2002）记录了电子领域垂直专业化的公司"模块化生产网络"的发展，并推测当产品变复杂、专业化程度下降时，独立公司之间的产品设计合作会更加紧密。以上事例表明集体发明的发展受到众多活动的影响，既有技术因素，也有处理技术问题的制度因素。

近来集体发明的发展突出了影响集体发明的双重因素——既受到技术不确定性的驱动，也受到"情境特性"的影响。我们要看到，集体发明不仅仅取决于技术要求，不同的地理位置、行业内或行业间的不同分支都可能影响集体发明的出现过程或者选择性适应过程。一旦社会和政治环境帮助发明者与自身组群以外的发明者建立联系，较早接触创新想法和应用的个体便能由此获取一定的优势。

关于集体发明的动力来源我们知之甚少。本文仅推测一旦人们希望改进某项技术，他们便会寻求巧妙的组织方式发展自己的想法，并和其他人分享。目前的文献集中讨论集体发明的不同之处，但是鲜有研究关注集体发明的起源。研究集体发明的起源不仅需要研究历史的技能，也需要经济学或社会学的研究工具，因此颇具挑战性，但无疑此类研究能够帮助我们更深刻地洞察和理解为我们带来创新的个人动力和集体动力。

本文的研究首先阐明了在一项技术的前沿，参与集体解决问题过程的组织机构的多样化程度；接着讨论了个人发明者如何组成发明家网络；更深层次地理解发明家网络的形成方式以及个人发明者如何决定将自己的哪些发明分享给他人，这有助于我们在纷繁复杂的技术演变过程中深刻理解集体发明的可行性。

参考文献

Allen，R. C. (1983). "Collective invention". Journal of Economic Behavior and Organization 4，1 – 24.

Allison，J.，Lemley，M.，Moore，K.，Trunkey，D. (2004). "Valuable patents". Georgetown Law Journal 92,435 – 479.

Antonelli，C. (2001). The Microeconomics of Technological Systems. Oxford University Press，New York.

Antonelli，C. (2007). "Path dependence，localised technological change and the quest for dynamic efficiency". In：Antonelli，C.，Foray，B.，Hall，B.，Edward Steinmuller，W. (Eds.)，New Frontiers in the Economics of Innovationand New Technology：Essays in Honour of Paul A. David. Edward Elgar，Northampton，MA，pp. 51 – 69.

Arora，A.，Fosfuri，A.，Gambardella，A. (2001). Markets for Technology. MIT Press，Cambridge，MA.

Arthur，W. B. (1989). "Competing technologies，increasing returns，and lock-in by historical events". Economic Journal 99(394),116 – 131.

Audretsch，D. B.，Feldman，M. P. (1996). "R&D spillovers and the geography of innovation and production". American Economic Review 86,630 – 640.

Bell, D. (1973). The Coming of Post-Industrial Society. Basic Books, New York.

Bijker, W. E. (1987). "The social construction of bakelite: Toward a theory of invention". In: Bijker, W. E., Hughes, T. P., Pinch, T. (Eds.), The Social Construction of Technological Systems. MIT Press, Cambridge, MA, pp. 159 – 187.

Branstetter, L., Ogura, Y. (2005). "Is academic science driving a surge in industrial innovation? Evidence from patent citations". National Bureau of Economic Research Working Paper Series No. 11561, http://www. nber. org/papers/w11561(Accessed January 19, 2010).

Breschi, S., Lissoni, F. (2009). "Mobility of skilled workers and co-invention networks: An anatomy of localized knowledge flows". Journal of Economic Geography 9, 439 – 468.

Breschi, S., Malerba, F., Orsenigo, L. (2000). "Technological regimes and schumpeterian patterns of innovation". The Economic Journal 110, 388 – 410.

Bresnahan, T., Gambardella, A. (Eds.), (2004). Building High-Tech Clusters. Cambridge University Press, Cambridge. UK. Brusoni, S., Prencipe, A., Pavitt, K. (2001). "Knowledge specialization, organizational coupling, and the boundaries of the firm: Why do firms know more than they make?" Administrative Science Quarterly 46, 597 – 621.

Burt, R. S. (2004). "Structural holes and good ideas". American Journal of Sociology 110(2), 349 – 399.

Carlson, W. B. (1991). Innovation as a Social Process: Elihu Thomson and the Rise of General Electric, 1879 – 1900. Cambridge University Press, New York.

Chandler, A. (1977). The Visible Hand. Harvard University Press, Cambridge, MA.

Cohen, W. M., Levinthal, D. A. (1989). "Innovation and learning: The two faces of R&D". Economic Journal 99, 569 – 596. Cohen, W. M., Levinthal, D. A. (1994). "Fortune favors the prepared firm". Management Science 40, 227 – 251.

Cohen, W. M., Nelson, R. R., Walsh, J. P. (2000). "Protecting their intellectual assets: Appropriability conditions and why U. S. manufacturing firms patent (or not)". NBER Paper 7552.

Cohen, W. M., Nelson, R. R., Walsh, J. P. (2002). "Links and impacts: The influence of public research on industrial R&D". Management Science 48, 1 – 23.

Colyvas, J. A. (2007). "From divergent meanings to common practices: The early institutionalization of technology transfer in the life sciences at Stanford University". Research Policy 36, 456 – 476.

Cummings, J. N., Kiesler, S. (2005). "Collaborative research across disciplinary and organizational boundaries". Social Studies ofScience 35, 703 – 722.

Cummings, J. N., Kiesler, S. (2007). "Coordination costs and project outcomes in multi-university collaborations". Research Policy36(10), 1620 – 1634.

David, P. A. (1975). Technical Choice, Innovative and Economic Growth: Essays on American and British Experience in the Nineteenth Century. Cambridge University Press, New York.

David, P. A. (1985). "Clio and the economics of QWERTY". American Economic Review 75, 332 – 337.

David, P. A. (2008). "The historical origins of 'open science': An essay on patronage, reputation and common agency contracting in the scientific revolution". Capitalism and Society 3(2) Article 5. deSolla Price, D. (1963). Little Science, Big Science. Columbia

University Press, New York.

Fleming, L., King, C., Juda, A. I. (2007). "Small worlds and regional innovation". Organization Science 18,938 – 954.

Fligstein, N. (2001). "Social skill and the theory of fields". Sociological Theory 19,105 – 125.

Foray, D., Perez, L. H. (2006). "The economics of open technology: Collective organisation and individual claims in the 'fabriquelyonnaise' during the old regime". In: Antonelli, C., Foray, D., Hall, B., Edward Steinmuller, W. (Eds.), New Frontiers in the Economics of Innovation and New Technology: Essays in Honour of Paul A. David. Edward Elgar, Northampton, MA, pp. 239 – 254.

Freeman, C., Soete, L. (2009). "Developing science, technology and innovation indicators: What we can learn from the past". Research Policy 38,583 – 589.

Fung, M. K., Chow, W. W. (2002). "Measuring the intensity of knowledge flow with patent statistics". Economics Letters 74,353 – 358.

Galambos, L. (1983). "Technology, political economy, and professionalization: Central themes of the organizational synthesis". Business History Review 57(4),471 – 493.

Gambardella, A., Hall, B. H. (2006). "Proprietary versus public domain licensing of software and research products". Research Policy 35,875 – 892.

Gibbons, M., Limoges, C., Schwartzman, S., Nowotny, H., Trow, M., Scott, P. (1994). The New Production of Knowledge: The Dynamics of Science and Research in Contemporary Societies. Sage, London.

Gittelman, M. (2007). "Does geography matter for science-based firms? Epistemic communities and the geography of research and patenting in biotechnology". Organization Science 18,724 – 741.

Giuri, P., Mariani, M., et al. (2007). "Inventors and invention processes in Europe: Results from the PatVal-EU survey". Research Policy 36,1107 – 1127.

Graham, M. B. W. (2008). "Technology and innovation". In: Jones, G., Zeitlin, J. (Eds.), The Oxford Handbook of Business History. Oxford University Press, Oxford, UK, pp. 347 – 373.

Graham, S. J. H., Sichelman, T. M. (2008). "Why do start-ups patent?" Berkeley Technology Law Journal 23,1 – 34.

Granovetter, M. (1973). "The strength of weak ties". American Journal of Sociology 78, 1360 – 1380.

Granovetter, M. (2009). "Comment on "Capitalist entrepreneurship: Making profit through the unmaking of economic orders" (by Thorbj0rn Knudsen and Richard Swedberg)". Capitalism and Society 4(2) Article 8.

Hall, B. H., Ziedonis, R. H. (2007). "An empirical analysis of patent litigation in the semiconductor industry". University of California at Berkeley Working Paper.

Hall, B. H., Jaffe, A. B., Tratjenberg, M. (2001). "The NBER patent citation data file: Lessons, insights and methodological tools". NBER Working Paper 8498.

Henderson, R. M., Clark, K. B. (1990). "Architectural innovation: The reconfiguration of existing product technologies and the failure of established firms". Administrative Science Quarterly 35,9 – 30.

Henderson, R., Jaffe, A. B., Trajtenberg, M. (1998). "Universities as a source of commercial technology: A detailed analysis of university patenting 1965 – 1988". Review of

Economics and Statistics 80(1),119 - 127.

Herbsleb, J. D. , Mockus, A. , Finholt, T. A. , Grinter, R. E. (2000). "Distance, dependencies, and delay in a global collaboration". In: Proceedings of the 2000 ACM Conference on Computer Supported Cooperative Work. ACM, Philadelphia, PA. , pp. 319 - 328 http://portal. acm. org/citation. cfm? id - 358916. 359003 (Accessed September 22, 2009).

Hicks, D. M. , Katz, J. S. (1996). "Where is science going?" Science, Technology Human Values 21,379-06.

Hounshell, D. A. , Smith, J. K. (1988). Science and Corporate Strategy—DuPont R&D: 1902 - 1980. Cambridge University Press, Cambridge, UK.

Hughes, T. P. (1983). Networks of Power: Electrification in Western Society, 1880 - 1930. Johns Hopkins University Press, Baltimore, MD.

Hughes, T. P. (1987). "The evolution oflarge technological systems". In: Bijker, W. E. , Hughes, T. P. , Pinch, T. (Eds.), The Social Construction of Technological Systems. MIT Press, Cambridge, MA, pp. 51 - 82.

Hughes, T. P. (1989). American Genesis: A Century of Invention and Technological Enthusiasm, 1870 - 1970. Viking, New York.

Jensen, R. , Thursby, M. (2001). "Proofs and prototypes for sale: The licensing of university inventions". American Economic Review 91,240 - 259.

Johnson, D. N. (2006). "It's a small(er) world: The role of geography in biotechnology innovation". SSRN eLibrary, http://papers. ssrn. com/sol3/papers. cfm? abstract_ id - 296813(Accessed September 22,2009).

Johnson, D. K. N. , Siripong, A. , Brown, A. S. (2006). "The demise of distance? The declining role of physical proximity for knowledge transmission". Growth and Change 37, 19 - 33.

Jones, B. F. , Wuchty, S. , Uzzi, B. (2008). "Multi-university research teams: Shifting impact, geography, and stratification in science". Science 322,1259 - 1262(November 21).

Kerr, W. R. (2008). "Ethnic scientific communities and international technology diffusion". Review ofEconomics and Statistics 90(3),518 - 537.

Klevorick, A. K. , Levin, R. C. , Nelson, R. R. , Winter, S. G. (1995). "On the sources and significance of interindustry differences in technological opportunities". Research Policy 24, 185 - 205.

Kling, R. , Iacono, S. (1988). "The mobilization of support for computerization: The role of computerization movements". Social Problems 35,226 - 243.

Knorr Cetina, K. (1999). Epistemic Cultures: How the Sciences Make Knowledge. Harvard University Press, Cambridge, MA.

Knudsen, T. , Levinthal, D. A. (2007). "Two faces of search: Alternative generation and alternative evaluation". Organization Science 18,39 - 54.

Kogut, B. , Zander, U. (1993). "Knowledge of the firm and the evolutionary theory of the multinational corporation". Journal of International Business Studies 24,625 - 645.

Lakhani, K. R. , Panetta, J. A. (2007). "The principles of distributed innovation". Innovations: Technology, Governance, Globalization 2,97 - 112.

Lakhani, Karim R. and Robert Wolf. (2005). "Why Hackers Do What They Do: Understanding Motivation and Effort in Free/Open Source Software Projects". In

Perspectives on Free and Open Source Software, edited by Joe Feller, Brian Fitzgerald, Scott Hissam and KarimLakhani. Cambridge, Mass: MIT Press.

Lamoreaux, N. R. , Sokoloff, K. L. (2000). "The geography of invention in the American glass industry, 1870 - 1925". Journal of Economic History 60, 700 - 729.

Lamoreaux, N. R. , Raff, D. M. G. , Temin, P. (2003). "Beyond markets and hierarchies: Toward a new synthesis of american business history". American Historical Review 108, 404 - 433(April).

Lemley, M. A. , Sampat, B. N. (2008). "Is the patent office a rubber stamp?" Emory Law Journal 58,181 - 206.

Lenoir, T. , Giannella, E. (2006). "The emergence and diffusion of DNA microarray technology". Journal of Biomedical Discovery and Collaboration 1,11.

Lerner, J. (1995). "Patenting in the shadow of competitors". Journal of Law and Economics 38(2),463 - 495.

Levin, R. C. , Klevorick, A. K. , Nelson, R. R. , Winter, S. G. (1987). "Appropriating the returns from industrial research and development". Brookings Papers on Economic Activity 1987,783 - 831.

MacKenzie, D. (1990). Inventing Accuracy: A Historical Sociology of Nuclear Missile Guidance. MIT Press, Cambridge, MA.

Malerba, F. (2007). "Innovation and the dynamics and evolution of industries: Progress and challenges". International Journal of Industrial Organization 25,675 - 699.

Malerba, F. , Orsenigo, L. (1997). "Technological regimes and sectoral patterns of innovative activities". Industrial and Corporate Change 6,83 - 118.

Mansfield, E. (1982). Technology Transfer, Productivity, and Economic Policy. W. W. Norton, New York.

March, J. G. (1991). "Exploration and exploitation in organizational learning". Organization Science 2,71 - 87.

March, J. G. , Simon, H. A. (1958). Organizations. Wiley, New York.

Marshall, A. (1920). Industry and Trade. Macmillan, London.

McGaw, J. A. (1987). Most Wonderful Machine: Mechanization and Social Change in Berkshire Paper Making. Princeton University Press, Princeton, NJ.

Merton, R. K. (1979). The Sociology of Science: Theoretical and Empirical Investigations. University Of Chicago Press, Chicago.

Meyer, P. B. (2003). "Episodes of collective invention". US Bureau of Labor Statistics Working Paper, http://papers. ssrn. com/sol3/papers. cfm? abstract_id - 466880(Accessed October 26,2009).

Mokyr, J. (2005). "Long-term economic growth and the history of technology". In: Aghion, P. , Durlauf, S. N. (Eds.), Handbook of Economic Growth. Elsevier, Amsterdam, pp. 1113 - 1180.

Mowery, D. C. (1984). "Firm structure, government policy, and the organization of industrial research: Great Britain and the United States, 1900 - 1950. ". Business History Review 58(4),504 - 530.

Mowery, D. , Rosenberg, N. (1979). "The influence of market demand upon innovation: A critical review of some recent empirical studies". Research Policy 8,102 - 153.

Mowery, D. , Nelson, R. , Sampat, B. , Ziedonis, A. (2004). Ivory Tower and Industrial

Innovation. Stanford University Press, Stanford, CA.

Murray, F. (2002). "Innovation as co-evolution of scientific and technological networks: Exploring tissue engineering". Research Policy 31,1389 – 1403.

National Academy of Sciences. (2004). Facilitating Interdisciplinary Research. National Academy Press, Washington, DC.

National Science Board. (2006). Science and Engineering Indicator. National Science Foundation, Arlington, VA.

Nelson, R. R. (1982). "The role of knowledge in R&D efficiency". Quarterly Journal of Economics 97,453 – 470.

Nelson, R. R. (2006). "Reflections on "The Simple Economics of Basic Scientific Research": Looking back and looking forward". Industrial and Corporate Change 15,903 – 917.

Nelson, R. R. , Winter, S. G. (1982). An Evolutionary Theory of Economic Change. Harvard University Press, Cambridge, MA.

Nickerson, J. A. , Zenger, T. R. (2004). "A knowledge-based theory of the firm-The problem-solving perspective". Organization Science 15,617 – 632.

Noble, D. (1984). Forces of Production: A Social History of Automation. Knopf, New York.

Nonaka, I. (1994). "A dynamic theory of organizational knowledge creation". Organization Science 5,14 – 37.

Nonaka, I. , von Krogh, G. (2009). "Perspective-tacit knowledge and knowledge conversion: Controversy and advancement in organizational knowledge creation theory". Organization Science 20, 635 – 652.

Nuvolari, A. (2004). "Collective invention during the British Industrial Revolution: The case of the Cornish pumping engine". Cambridge Journal ofEconomics 28,347 – 363.

O'Mahoney, S. , Ferraro, F. (2007). "Governance in production communities". Academy of Management Journal 50, 1079 – 1106.

Olson, G. M. , Zimmerman, A. , Bos, N. (Eds.), (2008). Science on the Internet. MIT Press, Cambridge, MA.

Olson, J. S. , Olson, G. M. (2004). "Culture Surprises in Remote Software Development Teams". Queue 1,52 – 59.

Orton, J. W. (2004). The Story of Semiconductors. Oxford University Press, Oxford, UK.

Owen-Smith, J. , Powell, W. W. (2003). "The expanding role of university patenting in the life sciences: Assessing the importance of experience and connectivity". Research Policy 32, 1695 – 1711.

Owen-Smith, J. , Powell, W. W. (2004). "Knowledge networks as channels and conduits: The effects of spillovers in the Boston biotechnology community". Organization Science 15, 5 – 21.

Patel, P. , Pavitt, K. (1997). "The technological competencies of the world's largest firms: Complex and path-dependent, but not much variety". Research Policy 26,141 – 156.

Powell, W. W. (1990). "Neither market nor hierarchy: Network forms of organization". Research in Organizational Behavior 12,295 – 336(JAI Press).

Powell, W. W. , Snellman, K. (2004). "The knowledge economy". Annual Review of Sociology 30, 199 – 220.

Powell, W. W. , Koput, K. W. , Smith-Doerr, L. (1996). "Interorganizational collaboration and the locus of innovation: Networks of learning in biotechnology". Administrative Science Quarterly 41,116 - 145.

Powell, W. W., White, D. R., Koput, K. W., Owen-Smith, J. (2005). "Network dynamics and field evolution: The growth of interorganizational collaboration in the life sciences". American Journal of Sociology 110, 1132 - 1205.

Powell, W. W., Owen-Smith, J., Colyvas, J. A. (2007). "Innovation and emulation: Lessons from American universities in selling private rights to public knowledge". Minerva 45,121 - 142.

Powell, W. W., Packalen, K., Whittington, K. (2009). "Organizational and institutional genesis: The emergence of high-tech clusters in the life sciences". In: Padgett, J., Powell, W. (Eds.), The Emergence of Organization and Markets. PrincetonUni- versity Press, Chapter 13.

Reich, L. (1985). The Making of American Industrial Research: Science and Business at GE and Bell, 1876 - 1926. Cambridge University Press, New York.

Rhoten, D., Powell, W. W. (2007). "The frontiers of intellectual property: Expanded protection versus new models of open science". Annual Review of Law and Social Science 3, 345 - 373.

Rivkin, J. W., Siggelkow, N. (2003). "Balancing search and stability: Interdependencies among elements organizational design". Management Science 49,290 - 311.

Rosenberg, N. (1976). Perspectives on Technology. Cambridge University Press, Cambridge, UK.

Rosenberg, N. (1982). Inside the Black Box: Technology and Economics. Cambridge University Press, Cambridge, UK.

Rosenberg, N. (2000). Schumpeter and the Endogeneity of Technology. Routledge, London.

Rosenberg, N., Nelson, R. R. (1994). "American universities and technical advance". Research Policy 23(3),323 - 348.

Rosenkopf, L., Schilling, M. (2007). "Comparing alliance network structure across industries". Strategic Entrepreneurship Journal 1,191 - 209.

Rosenkopf, L., Tushman, M. (1998). "The coevolution of community networks and technology: Lessons from the flight simulation industry". Industrial and Corporate Change 7,311 - 346.

Rosenkopf, L., Metiu, A., George, V. P. (2001). "From the bottom up? Technical committee activity and alliance formation". Administrative Science Quarterly 46,748 - 772.

Sabel, C. F., Zeitlin, J. (1985). "Historical alternatives to mass production: Politics, markets, and technology in nineteenth-century industrialization". Past and Present 108, 133 - 176(August).

Sabel, C. F., Zeitlin, J. (Eds.), (1997). World of Possibilities: Flexibility and Mass Production in Western Industrialization. Cambridge University Press, New York.

Saxenian, A. L. (1994). Regional Advantage. Harvard University Press, Cambridge, MA.

Saxenian, A. L. (2006). The New Argonauts: Regional Advantage in a Global Economy. Harvard University Press, Cambridge, MA.

Saxenian, A. L., Sabel, C. (2008). "Venture capital in the periphery: The new argonauts, global search, and local institution building". Economic Geography 84,379 - 394(October).

Schilling, M. A. (1998). "Technological lockout: An integrative model of the economic and strategic factors driving technology success and failure". Academy of Management Review 23,267 – 284.

Schumpeter, J. A. (1942). Capitalism, Socialism, and Democracy. Harper & Brothers, New York.

Scranton, P. (1993). Proprietary Capitalism: The Textile Manufacturers of Philadelphia, 1880 – 1885. Cambridge University Press, New York.

Scranton, P. (1997). Endless Novelty: Specialty Production and American Industrialization, 1865 – 1925. Princeton University Press, Princeton, NJ.

Shrum, W. , Genuth, J. , Chompalov, I. (2007). Structures of Scientific Collaboration. MIT Press, Cambridge, MA.

Simon, H. A. (1962). "The architecture of complexity". Proceedings of the American Philosophical Society 106,467 – 482.

Sturgeon, T. J. (2002). "Modular production networks: A new American model of industrial organization". Industrial and Corporate Change 11,451 – 496(June).

Teece, D. J. (1986). "Profiting from technological innovation: Implications for integration, collaboration, licensing and public policy". Research Policy 15,285 – 305.

Thursby, J. G. , Thursby, M. C. (2003). "Are faculty critical? Their role in university-industry licensing". NBER Working Paper 9991.

Thursby, J. , Fuller, A. W. , Thursby, M. (2009). "US faculty patenting: Inside and outside the university". Research Policy 38,14 – 25.

Vincenti, W. G. (1990). What Engineers Know and How They Know It: Analytical Studies from Aeronautical History. Johns Hopkins University Press, Baltimore, MD.

vonHippel, E. (1994). "Sticky Information" and the locus of problem solving: Implications for innovation". Management Science 40, 429 – 439.

Whittington, K. B. (2007). "Employment sectors as opportunity structures: Effects of location on male and female scientific dissemination". PhD Dissertation, Sociology, Stanford University.

Whittington, K. B. , Owen-Smith, J. , Powell, W. W. (2009). "Networks, propinquity, and innovation in knowledge-intensive industries". Administrative Science Quarterly 54, 90 – 122.

Winter, S. G. (2006). "The logic of appropriability: From Schumpeter to Arrow to Teece". Research Policy 35,1100 – 1106.

Wray, K. B. (2002). "The epistemic significance of collaborative research". Philosophy of Science 69,150 – 168.

Wuchty, S. , Jones, B. F. , Uzzi, B. (2007). "The increasing dominance of teams in production of knowledge". Science 316,1036 – 1039(May 18).

Ziedonis, A. A. , Mowery, D. C. (2004). "The geographic reach of market and nonmarket channels of technology transfer: Comparing citations and licenses of university patents". In: Cantwell, J. (Ed.), Globalization and the Location of Firms. Edward Elgar, Northampton, MA.

Ziman, J. M. (1994). Prometheus Bound: Science in a Dynamic 'Steady State'. Cambridge University Press, New York.

Zollo, M. , Winter, S. G. (2002). "Deliberate learning and the evolution of dynamic capabilities". Organization Science 13,339 – 351.

Zucker，L. G. ，Darby，M. R. （1996）. "Star scientists and institutional transformation：Patterns of invention and innovation in the formation of the biotechnology industry". Proceedings of the National Academy of Sciences 93（23），12709 – 12716.

第三部分
创新的商业化

第 14 章
研发融资及创新

Bronwyn H. Hall* ‡ 和 Josh Lerner†
* 加州大学伯克利分校
美国,加利福尼亚州
† 哈佛商学院洛克创业中心
美国,马萨诸塞州,波士顿
‡ 马斯特里赫特大学
荷兰,马斯特里赫特

目录

摘要

本章列举了投资创新"资金缺口"的实证,研究侧重于分析造成金融市场投资不足的原因,探讨了为何即便不存在负外部性,投资力度依旧不足。最终结论为:新的小型创新公司面临高额的资本成本(风险资本只能缓解部分压力),而大型公司面临的情况则更为复杂。但是相比之下,大型老牌公司的确更愿意利用内部资金进行此类投资,并通过管理现金流从而保障资金充裕。证据表明,风险资本解决"资金缺口"问题的作用有限,尤其是在作为风险资本退出渠道的公开上市股票市场方面发展不成熟的国家。最后总结了未来的建议研究领域。

关键词

现金流　融资　创新　流动性约束　研发　风险资本

1. 引言

在一个自由竞争的市场中,研发以及创新活动难以获取融资,众多的经济理论模型对这一点进行了论述,最早的文献应是 Nelson(1959)和 Arrow(1962)的经典著作,但事实上这一观点是由 Schumpeter(1942)提出的。[①] 该观点认为:发明资源的主要产物是关于如何生产新产品和提供新服务的知识;这些知识具有非竞争性,一家公司运用这些知识并不妨碍另一家公司运用这些知识。由于知识不能独占,企业无法从知识投资中获取收益,这便阐明了为何公司不愿投资,从而导致市场上对研发的投资不足。

自从 Arrow 明确提出该观点以来,该观点历经发展、检验和修改,在众多方面都得到了完善。例如,Levin 等人(1987)以及 Mansfield 等人(1981)开展调查,发现制造企业模仿一项新发明也会产生费用,其成本是自主发明成本的 $50\%\sim75\%$。投资不足问题确实可以通过该方法得以缓解,却无法完全消除。Arrow 认为研究会创造正外部性,这一基本论断得到了广泛的实证支持,大部分证据都表明研发的社会收益往往高于私人收益(Griliches,1992;Hall,1996;本书第 24 章)。近来,以 Romer(1986)为首的一大批学者建立了内生宏观经济增长模型,这些模型基于 Arrow 提出的收益递增原则——一个人对知识的使用并不会减少该另一个人对知识的效用(Aghion 和 Howitt,1997)。

政策制定者对此早已心知肚明,并利用该原则对干预措施合理化(如知识产权体系、政府支持研发政策、研发的税收优惠政策以及鼓励各类研究合作的政策等)。一般而言,即使开展研究的公司或个人自身便是投资主体,上述激励政策也是必要的。在其极具影响力的一篇论文中,Arrow 还指出研发投资不足的另一个原因,无论是 Schumpeter 还是后来的经济学和金融学学者都曾探讨过这一原因,即当创新的投资者与融资者是不同实体时,私人收益率与资本成本之间的差距更大。

本章着重讨论市场在研发等创新投资方面失灵的第二个原因——研发公司通常无法占有 100% 的研发收益,即使知识产权保护、补贴或税收优惠等政策解决了这一问题,运用研发公司或企业家之外的资本来支持这些投资也举步维艰,即使成功代价也极其惨重。利用自有资金投资的企业家所期望的收益率与外部

---

① 例如,参见《资本主义、社会主义与民主》第八章脚注 1。

投资者所要求的收益率之间存在差距,有时甚至相去甚远。这解释了为何一些创新项目仅仅因为外部资本成本过高就无法获得融资,尽管这类创新已经达到私人收益的门槛(前提是可在正常利率下获得融资)。

我们将在下文中首先描述研发独有的一些特征,接着讨论外部融资比内部融资成本更高的多个理论依据,最后是对该假设有效性的实证回顾,以及市场和部分国家已经采取的解决方案,尤其是如何引入风险投资。虽然本章的前三节侧重于研发,但本章所讨论的大部分内容适用于广义上的创新投资。受数据可用性和测量等因素影响,实证文献主要侧重于研发开支——截至目前一直如此。结论部分,本章讨论了可选的政策措施。

2. 研发投资

从投资理论角度看,研发具有诸多区别于普通投资的特征。首先也是最重要的,50%或者更多的研发经费实际上被用于支付科学家和工程师的薪金。科学家和工程师受过良好的教育,他们竭尽所能创造无形资产,即公司的知识库,公司未来的利益都将从知识库中产生。在某种程度上,这些知识是隐性的,而非显性的,它们固化在公司的人力资本中。因此,一旦员工离职或被解聘,公司也就损失了相应的知识。

这对研发投资的实施具有重大影响,因为公司的部分资源会随着员工的离职而消失。同时,项目从构想到商业化费时较长,这期间公司往往会调整研发开支,避免解聘知识型员工。这意味着研发开支在公司层面有较高的调整成本(Hall 等,1986;Lach 和 Schankerman,1988),其结果有两个方面:一个是实质性的后果,另一个则会影响该领域的实际工作。第一个后果是,因为要承担调整成本,所需的研发平均收益率会较高。另一后果与之相关,即资本成本变化的影响难以评估。由于研发对成本的任何变化作出的反应都具有滞后性,短期内资本成本变化带来的影响可能并不显著。Brown 和 Petersen(2009b)直接证明了1998—2002 年股票市场收益动荡期间,美国公司极其依赖现金储备来调整研发开支。

研发的另一重要特征是其产出的不确定性。这种不确定性往往在研究计划或项目开始时最为明显,也就是说,一个理想的研发策略应该具有多种选项,而不是静态地分析项目。一些项目获得巨大成功的概率虽小,却值得坚持下去,即便无法通过预期的收益率测试。研发的不确定性可能是极端的,而不是一定平均值和方差范围内的均匀分布。有证据表明,正如 Scherer(1998)曾指出的那样,创新利润的分配有时是呈帕累托分布的,不存在变异。若是如此,常规的风险调整方法就不适用。

尽管研发的不确定性会带来一些问题,分析研发投资融资的出发点是"新古典主义"的边际利润状态,并适当考虑研发的独有特征。根据 Hall 和 VanReenen（2000）的公式,我们定义研发投资的用户成本 ρ 为一项边际投资的税前实际收益率,而该边际投资是为获得税后利润 r 所需的投资额。公司投资直到研发资本的边际产出与 ρ 相等时为止:

$$\text{MPK} = \rho = \frac{1 - A^d - A^c}{1 - \tau}(r + \delta - \Delta p_R / p_R + \text{MAC}) \tag{1}$$

其中,τ 是公司税率,δ 是经济性贬值率,p_R 反映的是研发资本的相对升值或贬值,MAC 是边际调整成本。

在这个公式中,A^d 和 A^c 分别是折旧免税额和税款抵减额的折现值。在大多数财务会计系统中,包括主要的经合组织成员国使用的财会系统中,研发的开支被视作必然的花费,而不是被资本化或贬值的资金。这也就意味着,为了财会目的而进行的投资其周期远短于其创造资产的周期,而对纳税公司而言,A^d 就等于 τ。许多国家都有针对研发的某种形式的税款抵减,无论是增量还是其他形式,这都会在 A^c 的正值上得到体现。[①] 注意,当 A^c 值为零时,公司税率无法决定边际研发,因为研发已经被完全扣除了。

用户成本公式使我们注意到以下几个研发融资的决定因素:

（1）税收待遇如税款抵减等,很显然易受到政策制定者的干预。

（2）经济性贬值率 δ,在研发中被称为"淘汰率"更为准确。该数值对工业领域技术变革的实现率十分敏感,而技术变革的实现率又受竞争、市场结构、模仿率等因素影响。因此,在此背景下,把 δ 看作一个不变参量是不恰当的（Hall,2005）。

（3）调整研发计划水平的边际成本。

（4）投资者的预期收益率 τ。

最后一项因素引起了工业组织和企业金融经济学家的兴趣,他们做了大量的理论和实证研究。这些研究可以分为两大类:一类研究侧重于信息不对称的影响以及高于传统投资收益率的回报需求会带来的道德风险;另一类研究则主要关注不同资金来源对收益率的不同要求及其不同的税收待遇。本章第 3 节将讨论这些因素。

3. 理论背景

随着具体的投资类型和资金来源的改变,金融方面的因素对投资决策的影

---

① 详见 Hall 和 Van Reenen（2000）的研究著作。例如,在过去 30 年间,美国实施增量研发税收抵免,写作本章时其 A^c 值大约为 0.13。

响可能随之改变,本节将讨论这些改变发生的原因。为此,我们对多种与市场失灵有关的因素和影响资金来源成本的金融(或者以税收为导向的)因素做了区分。

著名的莫迪尼亚尼-米勒定理(1958,1961)的含义就是,一个选择最优投资的公司不应该在意其资本结构,边际投资和研发投资成本不可区别对待。花在任何类型投资上的最后 1 美元,应该能达到同样的预期收益率(在针对不可分散的风险做出调整后)。大量的理论和实证文献质疑该定理的基础,但该定理仍然是研究的有效出发点。

该定理在实践中可能失败的原因有多个:不确定性以及不完全市场可能使得实物期权成为更为合适的研发投资决策方法;由于非税收原因,资本成本可能会因资金来源不同有所区别;由于税收原因,资本成本也可能会因资金来源不同而不同;以及由于税收和其他原因,资本成本可能会因投资种类(有形和无形的)不同而不同。

关于研发投资,经济学理论提出多个外部资本成本和内部资本成本存在差距的原因,主要可分为三类:

(1)发明者或企业家与投资者之间存在信息不对称问题。

(2)发明者或企业家因所有权和经营权的分离面临的道德风险。

(3)使外部资金与留存收益之间存在差距的税收因素。

下面我们将分别讨论这三类原因。

3.1　信息不对称问题

在创新领域,信息不对称问题是指,相较于潜在的投资者,发明者往往更为了解创新方案成功的可能性以及创新项目的本质。因此,投资创新构想的市场与 Akerlof (1970)提出的"柠檬市场"模型相似。相较于普通投资,研发的"柠檬"溢价会更高,因为投资者很难从长期的研发投资中区分出好项目和差项目,如果项目是短期的或者风险较低,投资者则比较容易区分出项目的优劣(Leland和 Pyle,1977)。当研发开支水平成为极易察觉的信号(目前在英美政策之下就是如此),我们可以期望"柠檬"问题能得到某种程度的缓解,但肯定无法消除。[①]

在柠檬模型最极端的版本中,如果信息不对称问题太过严重,研发项目的市场将完全消失。一些非正式机构的研究表明,一些潜在的投资者认为这就是现

---

① 自 1974 年来,根据美国财务会计准则委员会 1974 年 10 月颁布的第 2 号规定,美国上市公司要在年报以及递交美国证券交易委员会的 10-K 文件中报告其研发总开支。1989 年,一个新的会计标准——标准会计实务第 13 号公告(SSAP13)——在英国颁布了类似的要求。大多数欧洲大陆的国家没有相关的要求,但随着国际统一标准的形成,该情况正在发生改变。

实情况。正如下文将要讨论的一样，风险资本系统被视为"市场缺失"问题的解决方案。

在研发领域，通过更加充分的信息披露来减少信息不对称性的做法徒劳无功，原因在于模仿创新构想易于发生。公司不愿向市场公开其创新构想。如果向竞争对手公开了信息，会增加成本，这让公司能够公开的项目信息寥寥无几（Anton 和 Yao，1998；Bhattacharya 和 Ritter，1983）。因此，由于"柠檬溢价"，信息的不对称以及缓解这一问题的高昂成本使得公司和投资者在研发领域将面临比内部资本成本更高的外部资本成本。

部分实证材料支持这一观点，相关材料大多数都是考察市场对新债务或股票发行公告做出反应的案例研究。[1] Alam 和 Walton（1995）以及 Zantout（1997）均发现，一家公司越是注重研发，其新债务发行后公司股票的超常收益会越高。他们主张，当一家公司由于研发策略而面临信息不对称问题时，获得新的资金来源是件好事。同理，Szewczyk 等人（1996）也发现投资机会（托宾 Q 理论中的 q 值）能解释研发中的超常收益，并且如果公司借贷较多，这些收益会更高。这也就表明，借贷融资需要夏高的收益率以保持平衡。

3.2 道德风险问题

造成研发投资道德风险的原因很明显：现代工业企业所有权和经营权的分离。这导致委托人和代理人之间存在矛盾，若两者目标不一致，投资策略可能无法使得股票价值最大化。两种情况可能同时出现：一是管理者通常会在利己的活动上投入资金（比如扩大公司规模而不顾效率、建造更好的办公室等）；另一种情况则是为了避免风险，管理者不愿投资不确定的研发项目。第一种情况下的代理成本可以通过有效运作公司从而减少管理者的自由现金流来避免，但这样做也会迫使管理者利用高成本的外部资金来支持研发（Jensen 和 Meckling，1976）。依据经验，研发密集产业对杠杆策略的运用有限。Hall（1990，1994）就曾证明，20 世纪 80 年代的杠杆收购（LBO）或重组浪潮几乎完全限于研发无法发挥影响的行业和公司。正如我们在下一小节中将会讨论的一样，相较于其他类型公司，研发密集型公司可发挥的杠杆效应更弱。

根据委托人与代理人的第二种矛盾，管理者往往比股东更为排斥风险，更想规避会增加公司风险的研发项目。如果可能导致破产，机会成本低于目前收益的管理者以及潜在的债券持有者都会希望避免变数较大的项目，而股东则可能会倾向于实施这些项目。该理论主张，在这样的情况下不利于长期投资。这类

---

[1] 参见 Campbell 等人（1997）对这一方法的描述，该方法通过检验发布行为公告期间公司的股票收益来判断公司行为的价值。

代理成本的最优解决方案应该是增加管理者可供选择的长期激励政策,而不是减少自由现金流。

研发相关的代理成本的重要性得到了多种形式的佐证。一些学者研究了反收购修正条例(无疑增加了管理的安全性以及管理人员冒险的意愿,并减少了管理约束)对研发投资和公司价值的影响。Johnson 和 Rao(1997)发现这样的修正条例并不会使得研发减少,Pugh 等人(1999)则发现采用员工持股计划(ESOP)可以促进研发增长,员工持股计划也是一种反收购保护。Cho(1992)指出,研发的投入强度随着管理层持股比例(代表管理者的财富)的增加而增强,他认为管理层人员持股可作为薪酬激励,从而减少代理成本而且有利于长期投资。

一些人认为,由于所有者"搭便车"的行为,机构持股可以减少公司的代理成本。所有者"搭便车"是所有权结构分散的公司的一个管理特征。然而,另一些人却主张这样的所有权结构太过注重短期收益而忽视了长期投资。相较于个人,共同基金和养老基金等机构往往掌控更多股份,因此,对这些机构而言,其可以更有效且更方便监控公司和管理者的行为。

有限的证据表明事实可能的确如此。Eng 和 Shackell(2001)发现,对管理者采用了长期绩效计划的公司的研发开支并没有增长,而机构投资者持股与更高强度的研发投入息息相关。银行和保险公司往往不会持有研发公司的股份。Majumdar 和 Nagarajan(1997)认为,机构投资者的高股权并不会引发公司短期行为的变化,尤其是并不导致公司研发开支的减少。Francis 和 Smith(1995)则指出,所有权结构分散的公司缺乏创新能力,即监控能减轻代理成本并促进创新投资。

虽然上述证据清楚地表明了对管理者的长期激励措施能促进研发,且机构持股不一定会阻碍研发投资,但这些证据却未说明这些影响的强弱,也不能说明这些管理措施是否真正弥补了资本成本与研发收益之间的差距(两者之间的差距是由代理成本导致的)。

3.3 资本结构与研发

在一些学者看来,20 世纪 80 年代美国和英国的杠杆收购浪潮发生的部分原因是过高的实际利率,公司不得不尽快消化内部自由现金流(Blair 和 Litan,1990)。对于视研发为主要投资手段的行业公司,由于需要运用内部资本进行研发投资,其面临的压力相应减少。Hall(1993,1994)、Opler 和 Titman(1993)也发现研发投入越多的公司越不可能遭受杠杆收购。Opler 和 Titman(1994)认为,面临经济困境时,相较于其他公司,高杠杆率的公司会遭遇更多困难,是由于高杠杆率使得该类公司没有足够的现金流来确保研发项目顺利开展。

Lerner 等人(2008)近来对这些收购交易造成的后果进行了研究。学者调研了 495 起收购交易，相关公司在这些交易前 9 年左右都曾进行过专利申请。但其并没有发现杠杆收购会导致专利申请的减少。根据专利质量评估标准，学者发现，参与私募股权交易的公司所申请到的专利会被更多的引用(引用是专利经济重要性的指标)，这些专利研究的基本性质并未显著改变反而更集中于公司创新组合中重要和突出的领域。这也就意味着，参与私募股权交易的公司核心产业进行了再聚焦，并没有减少创新活动。

在有关以色列公司数据的研究中，Blass 和 Yosha (2001)指出，在美国证券交易所上市的研发密集型公司主要采用股权融资方式，而仅在以色列上市的公司则更依赖银行融资和政府资金。前一类公司盈利可观且发展更快，这说明选择在上市地点以及是否采用新股融资对正在进行的研发的预期收益率十分敏感。也就是说，提供合理融资的投资者需要更高的收益以弥补他们所面对的"柠檬"风险。

虽然高杠杆率可以有效减少公司的代理费用，但其对研发密集型公司的作用相对有限。因为研发投资所创造的知识资产是无形的，部分固化在公司人力资源之中，通常仅特定公司所特有。所以，相较于其他公司，研发密集型公司的资本结构仅发挥了有限的杠杆作用。由于银行和其他债权人更偏向于用有形资产来担保贷款，所以当项目涉及研发投资而不是对工厂和设备的投资时，他们往往不提供借贷服务。正如 Williamson (1988)所言，"可重新配置"的资产(即其他用途的价值几乎等同当前用途价值的资产)与债务相关的治理结构联系更为密切。Alderson 和 Betker (1996)为这一观点提供了实证支持，他们发现在不同公司中清算费用与研发开支呈正相关。言下之意是，研发投资相关的沉没成本高于普通投资的沉没成本。

此外，偿债通常需要稳定的现金流来源，这使得为研发投资提供资金更加困难，而研发项目又必须获得资金才能取得成果。鉴于以上两个原因，公司往往不能或不愿意通过债务融资来支持研发投资，依据债务与股权的税务处理方法，此举可能会提高资金成本。[①] Chung 和 Wright (1998)为限制研发公司的自由现金流无法有效减少代理成本这一观点提供了令人信服的实证，他们发现财务宽松和研发开支同成长型公司的价值呈正相关，而与其他公司的价值不相关。

3.4　税收与资金来源

Auerbach (1984)等学者已经很好地阐释了引发不同资金来源的资本成本发生变化的税收因素。他指出，在大多数时期的美国税收制度下，通过借贷为新

---

① 美国也有相当多的证据表明，各公司中研发的强度与杠杆作用呈负相关关系。参见 Friend 和 Lang (1988)、Hall (1992)以及 Bhagat 和 Welch (1995)的研究。

投资提供资金的成本低于用留存收益投资的成本,而用留存收益投资的成本又低于发行新股来为投资融资产生的成本。更确切地说,如果 r 是风险调整要求的资本收益率,τ 为公司所得税率,θ 是个人所得税率,c 是资本利得税税率,那么不同来源的资金所需收益率如下:

借贷:$r(1-\tau)$ 在公司层面扣除的利息。

留存收益:$r(1-\theta)/(1-c)$ 扣除个人股息税,保留资本利得税。

新股:$r/(1-c)$ 最终资本利得税。

如果对股息征税,显然发行新股的融资方式比留存收益投资成本更多。除非个人所得税率远高于企业所得税率和资本利得税税率,不然下面的不等式都将成立:

$$(1-\tau) < \frac{1-\theta}{1-c} < \frac{1}{1-c} \tag{2}$$

上面的不等式表明,利息支出是在公司层面扣除的而股息支出则不是,并且股东通常要为被支付出去的留存收益交更高税率的税,而为公司保留的收益及用于投资的留存收益交更低税率的税。[①] 这也就意味着,投资所得收益会由公司保留,且最终以资本利得税税率而非普通所得税税率征税。

事实也的确如此,在很多经合组织成员国中,研发的税收待遇与其他各种投资方式的税收待遇是有所区别的,因为研发开支被视为不可避免的支出,无论有无研发的税收抵免,研发资产的有效税率都低于工厂或设备的有效税率。这也就说明,研发资产的经济性贬值率远低于出于税收目的而允许的贬值率——也就是 100%——所以研发投资的预期收益率也相对较低。此外,一些国家还为研发开支提供税收抵免或补贴,进一步降低了研发的税后资本成本。[②]

本节所得出的结论是,由于信息的不对称或委托人与代理人的矛盾等问题,通过借贷融资或股权融资进行的研发投资会比以同样方式进行的普通投资发生成本更高昂,缺乏担保品等原因也进一步降低了通过借贷融资的可能性。总之,这些证据表明,无论其是否显示出未来的盈利能力,留存收益在研发投资决策中都起着关键作用。事实上,正如 Hall(1992)以及 Himmelberg 和 Petersen (1994)曾论证过的一样,我们有充分的理由相信正向现金流对研发投资而不是普通投资更重要。第 4 节总结了针对这一观点的实证研究的结果。

---

① 详细讨论不同国家的税收体系不在本次调查的范围内,但是在一些国家公司中 1 年以上的资金长期资本收益税率低于普通收益的税率是普遍现象。当然,就算两者税率相等,不平等也依然存在。只有当股息不在公司层面被征税(英国之前就是如此)上述现象才会不存在。

② 详见 Hall 和 Van Reenen(2000)的研究。

4. 检测金融约束

有一种观点认为,当现有公司内部资金不足且依赖于外部资本市场时,其研发投资可能会处于不利地位。检验这一观点是否符实的常规方法是,评估研发投资方程并检验是否存在"流动性约束"或对现金流冲击过度敏感。该方法建立在大量的文献基础上,这些文献都是检测普通投资的流动性约束(Arellano 和 Bond,1991;Fazzari 等人,1988)。这一方法不仅面临投资研究中评估所出现的困难,还面临另一个的困难,即长期来讲公司往往存在调整研发开支的倾向。

鉴别流动性约束对投资的影响的理想实验为,额外给予公司提供资金,观察其是将资金交付股东还是将资金应用于投资或研发。如果公司选择将资金交付股东,不是公司的资金成本尚未降低,就是虽然资金成本已经降低但公司仍然没有好的投资机会。如果公司选择将资金用于投资或研发,那么公司一定有一些尚未开发的投资机会且这些投资若使用成本高昂的外部资金将难以获利。如果能够发现投资对现金流冲击很敏感且这些现金流冲击并不意味着未来需求的增长,那么我们就能否定外部资金与内部资金的成本一样的假设。然而,由于实际中缺乏这样的尝试,当评估投资需求方程时,研究者往往运用工具变量等计量经济学方法来控制需求冲击,也取得了不同程度的成功。

如图 1 所示,评估研发投资方程的方法基于简明的供需探索法。向右下倾斜的曲线表示对研发投资资金的需求,向上的曲线则表示资金供给。资本成本保持不变,内部资金可以一直供给直到被耗尽。内部资金耗尽时就需要借贷或

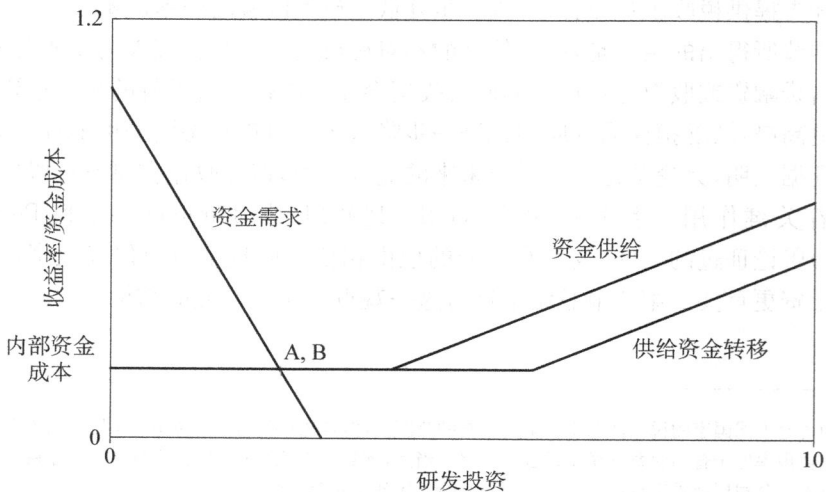

图 1　未受限公司

增发股票以为更多投资融资。当需求曲线与供给曲线的水平部分相交时,增加现金流(并使供给曲线向外移动)的冲击对投资水平没有影响。然而,如果需求曲线与供给曲线向上倾斜的部分相交,那么现金流冲击就有可能移动供给曲线使得研发投资大量增长。图 2 就展示了这样一个案例,由于现金流冲击公司的资金需求从 A 点移动到了 B 点,虽然需求曲线并未改变。

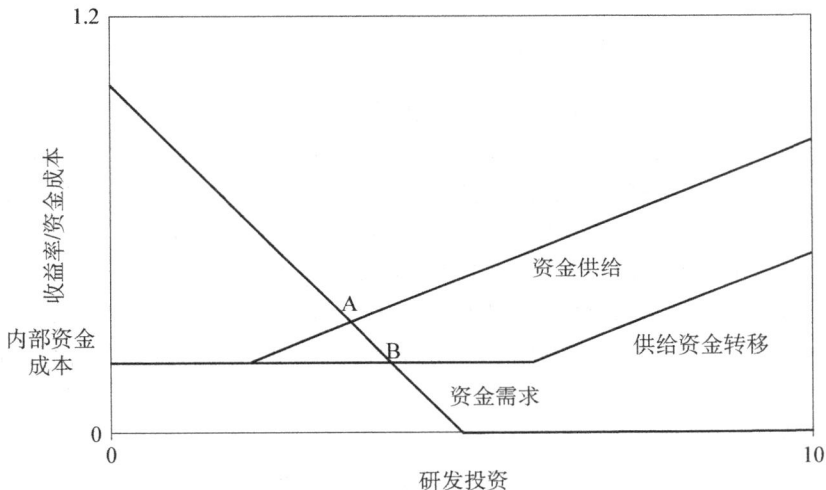

图 2　受限公司

检验金融约束对研发至关重要这一假设的计量经济学研究很大程度上使用的是标准投资方程式方法。确认方法主要有两种:一种运用了新古典主义的加速模型并附加允许调整成本的特定程序;另一种是欧拉方程,源于一个盈利最大化且面临资本调整成本的公司前瞻性的动态计划。[①]

加速模型始于边际产出等于资本成本:

$$MPK = C \tag{3}$$

假设在 t 时间第 i 个公司的生产函数为柯布-道格拉斯生产函数,不考虑变量,并考虑这一关系的对数,则可得:

$$k_{it} = s_{it} + a_i - c_{it} \tag{4}$$

其中, $k = \log($研发资本$)$, $s = \log($产出或销售$)$, $c = \log($研发成本$)$。 a_i 表示不同公司的永久性差异,包括生产函数的差异。

[①] Mairesse 等人(1999)的研究中可见对上述模型详细的计量经济学方面的考量。也可参加 Hall(1991)的研究。

通过为资本和销售关系指定一个自回归分布滞后值(ADL),针对研发成本或未来预期收益变化的滞后的研发资本调整是允许存在的。例如,指定自回归分布滞后值为 ADL(2, 2),并将资本存量的增长 Δk 估算为 $R/K - \delta$,就可得到下面的估算公式:

$$\frac{R}{K} = f\left(\frac{R(-1)}{K(-1)}, \Delta s, \Delta s(-1), k(-2) - s(-2),\right.$$

$$\left.\text{时间虚拟变量,公司虚拟变量}\right) \tag{5}$$

假设描述传统资本成本的时间虚拟变量对所有公司而言都是相同的。值得注意的是,公司都面临的研发资本贬值率的任何改变都会被包括在时间虚拟变量中,任一公司或领域面临的特殊、持续变量也将会包括在公司虚拟变量中。通过在公式中添加当前及滞后的现金流与资本的比值,与融资约束相关的公司特定的成本也被包括在内。由于公司虚拟变量的存在,估算通过利用该公式的第一差异而完成,右边变量的滞后值作为工具以纠正同期值潜在的内生性问题。原则上,这也将控制现有投资与干扰间的潜在同时性。然而,如果公式对研发项目的规划足够长远,正如我们对生物技术领域的预期一样,我们可能会顾虑到滞后工具的有效性。

欧拉方程法始于两个相邻时期内投资的一阶条件:

$$E_{t-1}\left[\text{MPK}_t + (1-\delta)(p_t + \text{MAC}_t) - (1+r)\left(\frac{\alpha_{t-1}}{\alpha_1}\right)(p_{t-1}) + \text{MAC}_{t-1} = 0\right] \tag{6}$$

其中,MAC 表示研发资本的边际调整成本,α_t 是 t 时间内投资资金的影子价值,如果没有融资约束二者将相一致。当指定了柯布-道格拉斯生产函数和二次调整成本后,我们得到了以下的估算公式:

$$E\left[\frac{R}{K} - \beta_1\frac{R(-1)}{K(-1)} - \gamma_1\frac{S}{K} - \beta_2\left(\frac{R}{K}\right)^2 - \text{时间虚拟变量} - \text{公司虚拟变量} \mid Z\right] = 0 \tag{7}$$

其中 Z 是一组恰当的工具变量。与加速模型一样,为扣除公司虚拟变量,通常使用的是该公式的一个变体,用右边变量的滞后值作为工具。

当融资约束存在时,欧拉方程中滞后的研发投资系数不再是($1+r$),而是(α_{t-1}/α_t)。这意味着,如果在不同时期内公司改变了其财务状况(即投资的额外资金的影子价值发生改变),公司投资时所面临的资本成本高于 r(当影子价值降低时)或低于 r(当影子价值增加时)。显然,这一测试难以进行,因为在不同公司不同时期内(α_{t-1}/α_t)的值并不恒定,所以其不能作为参数。

对此有三种可能的应对措施:一是将(α_{t-1}/α_t)作为财务状况的变化指征,

比如分红、发行新股或发行新债券等。第二种措施更特别，需要记住(α_{t-1}/α_t)与研发资本的价格 p_t 的乘积可得公司特有的资本成本。大多数的研究者都只是将现金流与资本的比率纳入该模型中来表示公司特有的资本成本，并检测其是否进入所有公司都相同的时间虚拟变量中。本方法假设，除了现金流影响外，所有公司都面临一样的研发支出（资本成本）。

　　第三种可能性是依据其面临的资金限制对公司进行某种分类（即支付股息的公司和不支付股息的公司），针对不同类型进行单独进行的投资方程估量，并测试系数是否相等。最后这种方法是 Fazzariet 等人（1988）开创这一研究时所使用的方法。值得注意的是，这些学者并没有完全依靠欧拉方程的推导，而是使用了新古典主义加速模型（上述第一种模型）的一种变体。可以参考 Kaplan 和 Zingales（1997）对这一方法的批判以及 Fazzari 等人（2000）对批判做出的回应。

　　过去几年，上述方法论的多种具体方法已运用于研究美国、英国、法国、德国、爱尔兰以及日本公司的研发投资数据。相关被研究的公司通常是所在国家内规模最大且最为重要的制造业公司。例如，通过运用加速类模型以及对大量美国制造公司的研究，Hall（1992）发现研发与现金流之间存在较大的正弹性。这里使用的估量方法受公司效应和同时性的限制。同样的，运用部分相同的数据，Himmelberg 和 Petersen（1994）研究了 179 家美国高新技术行业的小型企业，发现研发投资与内部融资之间存在经济上较大、统计上存在较显著的关系。

　　更近一段时期内，Brown 等人（2009）指出，在 1990—2004 年间，现金流和公开发行股票都对美国新兴公司尤为重要，尽管二者对成熟公司的研发投资影响较小。他们侧重于高新技术领域（药品、办公室和计算机设备、通信设备、电子部件、科学仪器、医疗仪器以及软件），高新技术领域几乎占据了这一时间段所有的研发增长。他们利用公司效应和行业层面的年度虚拟变量不变的欧拉方程方法来消除由公司特征及行业需求冲击方面不可观测的差距造成的大部分变量。本章及 Brown 和 Petersen（2009a）的论文中的一个新发现是，美国公开发行股票在研发融资过程中发挥了更重要的作用，这无疑反映出该时期内投资者期望的转变。

　　Harhoff（1998）发现现金流对多数德国小型公司的研发影响虽小，但效果显著。虽然由于研发的调整以及样本量太少运用欧拉方程来评估研发投资略显不足。结合有限的调查实证与回归分析的结果，他得出结论，德国小型公司的研发投资可能会受到资金的限制。Bond 等人（1999）发现，现金流对英国和德国的大型制造公司的研发和投资的影响有显著差异。在他们的研究样本中，德国公司对现金流冲击不敏感，而非研发型英国公司的投资则对现金流冲击有反应。现金流可以帮助英国公司预测其是否从事研发，但不能预测其研发的水平。他们认为该研究意味着，金融约束对英国公司的影响显著，但是从事研发的英国公司自成一体，面临的金融约束较少。有一种观点认为公司通过不断调整以保障研发顺利开展的倾向以及维持研发的较高成本使得研发活动大为减少，如果没有这些制约研发水平会高出很多，Bond 等人的发现与这一观点吻合。

　　Mulkay 等人（2001）也进行了相似的研究，他们研究了法国和美国的大型制造公司，发现现金流对美国公司的影响大于对法国公司的影响，无论研发投资还是普通投资均是如此。除了发现研发比投资具有更高的序列相关性这一众所周知的事实（可能是由于研发具有较高的调整成本），公司行为上的差异存在于不同国家之家，而不是由于投资类型不同，这也就意味着这些不同可能来源于金融市场的结构差异而非投资类型（无形或有形）差异。这一结论与 Hall 等人（1999）早期对美国、法国和日本的研究结果相符，Hall 等人发现在美国研发和投资与销售额和现金流是相互影响的两方面（两方面并不为格兰杰因果关系），然而在其他国家销售额和现金流对研发和投资却几乎不存在反馈。Bhagat 和 Welch（1995）运用非结构性研发投资方程分析了 1985—1990 年期间美国、英国、加拿大、欧洲和日本的数据，也得出了相似的结果。他们还发现对美国和英国的公司而言，股票收益更能预测研发销售额和现金流的变化。

　　Bougheas 等人（2001）也研究了流动性约束对研发投资的影响，通过分析爱尔兰制造公司的数据，他们发现该类公司的研发投资受到金融约束的影响。这一结果与之前研究美国和英国公司的结果相符。

　　Brown（1997）指出，检验资本市场缺陷对创新公司的影响的现有方法中不能区分两种可能性：资本市场是完美的，且不同因素影响公司不同类型的开支；资本市场是不完美的，且针对同一因素（内部资金供应冲击）不同类型的开支会有不同的反应。接着他分析比较英国创新公司和非创新公司的投资对现金流的敏感度。比较的结果支持资本市场是不完美这一假设，且发现创新公司的投资对现金流更敏感。

　　上述实证研究可以得出以下结论：证据充分表明借贷对研发投资而言是不利的资金来源；相较于大陆经济体，"盎格鲁-撒克逊"经济体由于股票市场高度发达且所有制结构相对透明，其研发通常对现金流更敏感，反应更强烈；此类更强的反应有可能是因为这些经济体受制于金融，因为它们主张外部资金成本远比内部资金更为高昂，所以当它们使用外部资金进行边际投资时需要相对更高的收益率支撑。第三点结论很大程度上是一种推测。另一种具有相同可能性的解释是，更强的反应可能是由于在金融股票发达的市场中公司对需求信号更敏感，对"过度敏感"做出确切解释还需要进一步的研究。[①]　此外，对德国和其他一些国家进行的研究也发现，小型公司比大型的成熟公司更可能面临这一问题（如果该问题的根源是"柠檬"费用问题也并不令人吃惊）。

从政策角度而言，上述发现也能解释为什么给公司，尤其是小型的初创公司提供税收优惠政策以减少其研发投资的资本成本是有益于社会福利的。诸多国家政府，不仅是发达国家的政府（如英国和美国），还包括发展中国家的政府（如智利、巴西和阿根廷），目前都面临这一问题。此类政策方法只是察觉到研发的资本成本相对较高并试图通过补贴来弥补这一差距。然而，还有一种依赖于私人部门的方法，即私人部门通过减少信息不对称和道德风险问题而不是简单地补贴投资来试图弥补资金的差距。我们将在第 5 节讨论这一话题。

5. 小型企业、启动资金和风险资本

从之前的讨论中就能明显地发现，在新技术领域与投资融资相关的问题总是在新入行、新建立的公司上体现得最为明显。因此，很多国家的政府已经为其提供了不同形式的援助。在很多国家，尤其是美国、以色列和加拿大等国家，存在一个私人部门"风险投资"行业，旨在帮助新设的、不成熟的公司解决创新融资的问题。本节将回顾对这些替代性融资机制的研究情况，首先将讨论风险资本措施，然后再讨论公共政策的效力。本节的大部分讨论将集中于美国，因为其他国家是以美国的机制为模型，同时实证研究也是基于美国的数据。

风险资本可被定义为私人控股的、高增长的公司的独立管理的专用资金，侧重于股权或与股权相关的投资。通常，这些资金是通过长达十年期限的合作关系、从机构或者资金充裕的个人投资者那里募集而来的。这些资金通常被投资于处于起步阶段的公司，用以换取具有各种特权的优先股。最终，风险资本家们将这些公司出售给收购者或者在公司上市后出售其持有的股票。

第一家风险投资公司，美国研究与发展公司，成立于 1946 年，投资了一些对第二次世界大战期间得以发展的技术进行商业化的公司。由于机构投资动力不足，其结构是可公开交易的封闭式基金，主要出售给个人。这一结构得到了后继者纷纷效仿。

到 1978 年，有限合伙制成为最主要的投资结构。有限合伙制在美国一个重

[①] 大多数的这些文献往往忽略了在从发现到得出结论过程中测量误差的影响这一事实。托宾 Q 理论、现金流或产出中的测量误差都可能相当大，并能保证所有变量都能显著地进入对研发投资方程的任何描述，无论它们是否属于这一描述。工具变量估计在某种程度上是一个应对措施，但也只有当所有的误差都不相关时才可行，而这可能性极低。

要的优势：资本利得税不由有限合伙人缴付。相反，只有应纳税的基金投资者需要缴税。风险合伙关系有既定的、有限的周期。为了维持有限责任，投资者不得参与资金的管理。

20世纪80年代风险投资行业的活动剧增。大部分的增长发生在1979年美国劳工部对《雇员退休收入保障法案》中"谨慎的人"（prudent man）规则进行阐明之后，这一规则禁止养老金大规模投资于风险资本或高风险资产类别。阐明之后的规则明确允许养老金管理者投资高风险资产领域，包括风险资本。

接下来的数年见证了风险投资家的辉煌时刻和艰辛时光。风险资本家支持了很多成功的公司，包括苹果电脑、思科、基因泰克、谷歌、网景、雅虎等。但是对风险资本行业的投入资本不均衡，很大程度上造成了不稳定。20世纪80年代初期流入风险基金的货币流量以每年10倍的速度增长。然而，1987—1991年期间，随着收益的降低，募集的资金也持续降低。1996—2003年期间，形势同样不容乐观。在后文我们将讨论这种周期性背后的原因。

风险资本投资可被视为一个周期。在本节中，我们跟随风险投资活动的周期，从风险基金的形成开始，随后考虑这些资本被投资于投资组合公司的过程以及退出机制。最后，我们讨论一些开放性的研究问题，如与国际化相关的问题以及风险投资活动的实际影响等。

5.1　风险投资

风险投资过程的核心就是风险资本家与其投资公司的关系。正如之前讨论的一样，经济、管理类文献强调年轻公司的信息不对称，尤其是高新技术行业的年轻公司。此类问题使得投资者难以评估公司，企业家在获得投资后方能实施投机行为。专业的金融中介，如风险资本家，通过在提供资金前集中审查公司和提供资金后监督公司解决上述问题。

经济学理论考查了风险资本家在缓解企业家和投资者的代理矛盾方面所起的作用。效率的提高得益于风险资本家所提供的积极监督和建议（Cornelli和Yosha，2003；Hellmann，1998；Marx，1994）、所运用的甄别机制（Chan，1983）、鼓励退出的机制（Berglof，1994）、恰当的联合投资（Admati和Pfleiderer，1994）或分期投资（Bergemann和Hege，1998；Sahlman，1990）。

风险资本家采用的最有效的控制机制就是分阶段注资。单轮融资周期越短，风险资本家对企业家的进展监督就越频繁。当风险资本家认为其与企业家之间可能存在矛盾，资金持续的时间应该缩短而重新评估的频率则需增加。

如果监督和信息收集是重要的——正如Amit等人（1990）与Chan（1983）的模型所示——风险资本家应该对面临潜在信息不对称问题的公司进行投资，比如拥有无形资产的早期高科技公司。这些公司面临的资本约束会很大，而投资者却擅长处理此类约束因素。

Gompers（1995）指出，风险资本家主要对年轻公司和高新技术行业进行投资，信息不对称问题在这些公司和行业突出，因而监督显得十分重要。他发现，年轻公司单轮收到的资金明显偏少。有形资产的增加与较长的融资期限有关，也能降低监督力度，这可能是因为如果公司失败这些有形资产可以增加公司的残值。

在相关的文章中，Kaplan 和 Stromberg（2003）记录了风险资本家如何根据金融以及非金融表现来分配控制所有权。如果一个投资组合公司不尽如人意，风险资本家就全盘控制。随着稳步发展，企业家可以获得更多的控制权。如果公司运行良好，风险资本家会放弃绝大部分的控制权而只保留他们的股权。

Hsu（2004）提供了相关佐证。他研究发现企业家需要支付的价格与风险资本家相关。他研究了接受多个风险资本家融资提议的公司，发现高投资经验与公司估值中的高贴现率有关。

风险资本家通常与同伴一同投资。领头的风险投资公司组织其他风险投资公司。风险投资行业联合的一个关键原因在于，同伴会针对投资机会提供不同意见，这能减少为不当交易融资的风险。

Lerner（1994a）发现，在早期的投资中，经验丰富的风险资本家往往只会同有同等水平的风险投资公司联合。他认为，如果一个风险资本家需要不同的意见，他肯定想要获得一个有着相似能力或能力更甚的风险资本家的建议，而不是次于自己的风险资本家的意见。

风险资本家所提供的建议和支持通常通过公司董事会来体现。Lerner（1995）考察了当监管需求较大时风险资本家在投资组合中的私人公司董事会上代表权是否更大，并观察了更换首席执行官时董事会成员的变化。他发现，若在两轮融资间隙公司更换了首席执行官，平均 1.75 个风险投资家会成为新增董事；其他情况，会新增 0.24 个风险董事。其他的外部董事增减则没有带来变化。

Hochberg（2005）研究了风险资本家对进行了首次公开募股（IPO）的公司治理的影响。根据可操控性应计利润，由风险投资支持的公司在 IPO 当年管理取得较少盈余。采用毒丸计划时，由风险投资支持的公司也会体验到强财富效应，这也就意味着投资者无需忧心毒丸计划会以股东利益为代价来加强管理。最后，由风险投资支持的公司往往成立独立的董事会、审计委员会、薪酬委员会以及独立的首席执行官和董事长。

到目前为止，本节强调了风险资本家成功解决组合投资公司的代理问题的方式。然而，当流入该行业的资金急剧增长，风险投资群体之间的竞争也会造成混乱。图 3 就反映了这一情况。图 3 展示的是风险投资收益与投资于这些基金的资金量之间的关系。收益由 Sand Hill 指数衡量，该指数是从首轮机构基金到退出之间风险资金支持的公司价值的连续加权平均投资指数。[①] 投资的资金(根据市场研究公司 Sand Hill Econometrics)是指根据 Sand Hill 指数每月投资给公司的总金额。

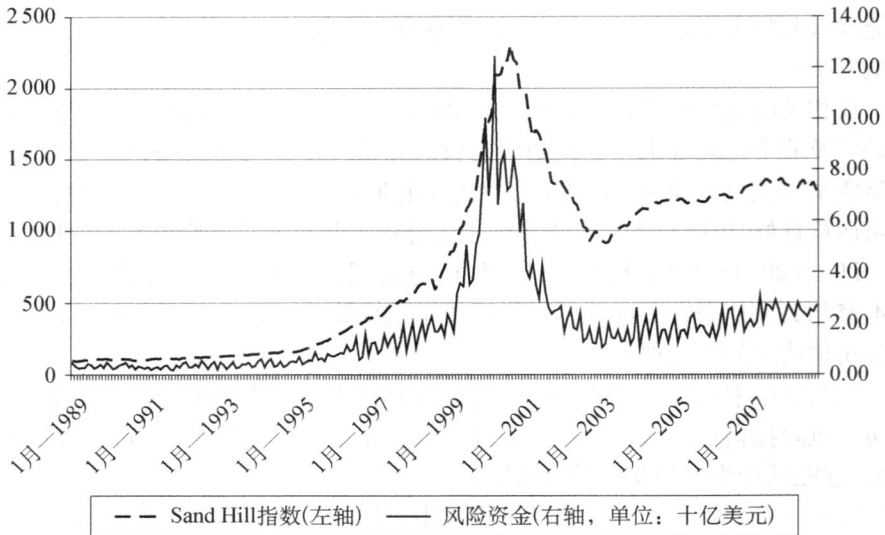

图 3　风险投资收益与投资金额的关系

资料来源：Sand Hill Econometrics 网站(2009)。

Gompers 和 Lerner (2000)研究了风险投资交易的估值与流入风险基金的资金值之间的联系。若流入风险基金的资金加倍,风险投资交易的估值相应会增加 7%～21%。但是,在成功率方面,在流入风险基金的资金值和交易估值都较低的期间所做的投资与在二者都较高的时期所做的投资并无明显不同。这些结果表明,价格的上涨意味着投资竞争增强,而不是预期的收益发生了改变。

5.2　退出

研究的第三大领域是风险资金退出投资的过程。这一议题尤为重要,因为出售股权是风险资本家获利的不二选择。

研究风险投资的退出最先要讨论的便是 IPO,这表明 IPO 通常是最能获利的退出机会。Barry 等人(1990)以及 Megginson 和 Weiss (1991)证明,在他们所推动上市的公司中,风险资本家往往持有大量股权并在董事会中身居要位。在公司 IPO 后的一年内,风险资本家也将继续持有公司股权并担任要职。他们

---

① 该指数的构建情况详见 Sand Hill Econometrics 网站,http://www.sandhillecon.com。

认为,这一模式反映的正是风险资本家向投资者的承诺,保证其所推动上市的公司并非估值过高。另外,他们指出,风险资金支持的 IPO 在第一个交易日往往正收益较少,这一观点常被后来的学者质疑(Kraus,2002;Lee 和 Wahal,2004)。Barry 等人以及 Megginson 和 Weiss 认为,投资所需的贴现率较低,因为风险资本家已经证实了报价的质量。

后续的研究讨论了退出的时机问题。风险资本家选择何时让公司上市受到众多潜在因素的影响。Lerner(1994b)研究了公共债券的估值如何影响风险资本家的决策,让其决定是否以及何时对公司进行下一轮的私有注资而不是让公司上市。他指出,若市场估值较高,投资者倾向于让公司上市;若市场估值较低,则继续依靠私有注资。经验丰富的风险资本家在选择 IPO 的时机方面更为老到。这一发现与 Brown、Fazzari 和 Petersen 的研究相吻合,他们讨论了在 20 世纪 90 年代股市繁荣时期研发的公共股权融资的重要性。

另一个考虑的因素可能是风险资本家的声誉。Gompers(1996)认为,年轻的风险投资公司往往想要吸引公众关注或者采取行动以向潜在的投资者证明自己的能力。他们会比已有声誉的老牌公司更早地让公司上市以建立声誉并成功募集新的资金。Gompers 指出,年轻公司近期的公开募股对可募集到的资金影响较大,这同样促使其倾向于较早地让公司上市。

Lee 和 Wahal(2004)提供了"吸引观众注意"假设的一种变体,他们假设风险投资公司有在公开募股时存在抑价的动机。成功发行股票的公众宣传可以让风险投资集团募集到更多资金。Lee 和 Wahal 通过展示风险投资公司的首日收益与后续募集资金的呈正相关证明了这一假设。

然而,具代表性的风险投资公司不会在 IPO 时出售股权。一段时间之后,风险资本家通常将股份转让给他们的投资者以将资金归还给有限合伙人,这些有限合伙人选择继续持有或出售股份。Gompers 和 Lerner(1998a)研究了这些股份的分配情况。在分配前,股票价格有显著上涨,分配时超额收益为负。分配之后 12 个月的累计超额收益也为负。虽然风险资本的整体收益水平并未随市场呈现出异常(Brav 和 Gompers,1997),但在股份分配时出现明显的起伏。这些结果与风险资本家知晓内部信息和市场根据这一信息(部分)做出的调整有关。

风险投资基金的业绩也是一个与之相关的研究领域。Kaplan 和 Schoar(2005)指出,有相同普通合伙人的连续风险基金业绩具有持续性。在一个基金中业绩超过行业平均水平的普通合伙人在另一个基金中也业绩骄人,而在一个基金中业绩低于行业平均水平的普通合伙人在另一个基金中也差强人意。这与共同基金的结果相反,共同基金难以识别连续性。

Cochrane(2005)评估了风险投资的收益。他指出,诸多对收益的分析只侧重于上市、被收购或已破产公司的投资收益,收益分析也因此可能产生偏倚,因为这种分析集中于投资组合中的赢家或彻彻底底的失败者而忽略了基金长期支持的公司。Cochrane 推断出了一种最大可能性评估方法，虽然也运用现有数据但是可以针对这些偏差做出调整。虽然 Cochrane 的论文，以及 Gompers 和 Lerner（1997）、Jones 和 Rhodes-Kropf（2003）的论文在理解这些问题上跨出了第一步，但这一领域还需要更深入的研究。

5.3　风险基金募集

最后，对风险基金的募集的研究侧重于两个方面。第一，自 20 世纪 70 年代中期以来，对风险投资行业的资金投入经历了显著的变化。了解这些变化的决定因素吸引了研究者们的注意。第二，风险合伙关系结构也吸引了越来越多学者的关注。

首先，Poterba（1987，1989）指出，这些波动可能是由风险资本的需求或供给变化造成的。他认为，资本利得税率的降低很有可能增加对风险基金的投入，即使大部分资金来自于免税的投资者。税率的下降可能会激发公司员工进一步转变为企业家，从而增加对风险资本的需求。涌现的创业活动使得对风险资本的需求增加，进一步增加了风险资金的募集。

Gompers 和 Lerner（1998b）为 Poterba 的主张提供了佐证：较低的资本利得税对免税投资者提供的风险资本有强大的影响力。这表明，资本利得税减少影响风险基金募集的主要机制是创业者对资本的较高需求。Gompers 和 Lerner 还发现了其他影响风险基金募集的因素，比如监管政策变化和风险基金收益等。

研究的第二条主线是审查管理投资者（有限合伙人）和风险资本家（一般合伙人）两者签订的合同。Gompers 和 Lerner（1999）发现，相较于其他风险投资机构，成立时间长、规模较大的风险资本投资机构的薪酬对业绩更为敏感。另外，成立时间短、规模较小的风险投资机构薪酬款项的横断面变化更小。成立时间短、规模较小的基金以及侧重高新技术或早期投资的基金，其薪酬固定部分也偏高。最后，Gompers 和 Lerner 未发现激励薪酬与业绩之间的关联关系。

这些学者认为，上述研究结果与一个学习模型一致，在这个模型中，无论是风险资本家还是投资者都对风险资本家的能力一无所知。有了早期基金，风险资本家会更加努力，即使没有业绩奖励——如果他能建立良好的声誉，就能募集到更多资金。出于声誉的考虑，初创的小规模风险投资机构对业绩的奖励更低。一旦建立了声誉，就需明确的激励薪酬来鼓励后续的努力。

合同在减少风险合作伙伴矛盾方面也起着重要作用。合同的作用可由两个假设来解释。首先，由于谈判及监督合约成本较高，所以只有易于监督且投机行为发生的可能性较大时才会采用合约这一形式。其次，短期内风险投资资本服务可能是固定的,每年募集几轮定额的资金。当合同确定时,需求的增加可能会导致价格升高。较高的价格可能不仅包括货币补偿的增加,还包括合约消耗了私人收益。

Gompers 和 Lerner(1996)指出,供给和需求的状况以及签订合同的高昂费用都在确定合同条款方面起着重要的决定性作用。在资金流入和基金存量较多的时期设立的基金,其限制条件更少。因为该时期一般合伙人享有更高薪酬。这表明常规市场情况对风险合伙关系的约束性起着至关重要的影响。当风险资本家的议价能力相对较高时,比如当风险投资基金募集到大额资金时,风险资本家便可在较少附加条件下募集到资金。

5.4　风险投资全球化

尽管金融学者当前对风险资本的了解深度已经远超十年之前,但风险资本领域仍有诸多尚未解决的问题。从风险投资行业的全球化出发,我们将主要讨论三个有望解决的问题。

美国风险投资市场的快速增长使得越来越多的机构投资者将目光投向国外以寻求私募股权的替代品。然而,迄今除了英国(基金的业绩表现相当差)、以色列、加拿大和新西兰,美国风险资本投资很少在国外的活动。图 4 显示了 2007 年一系列国家和地区 GDP 中风险资本的份额。[①] Black 和 Gilson(1998)认为,

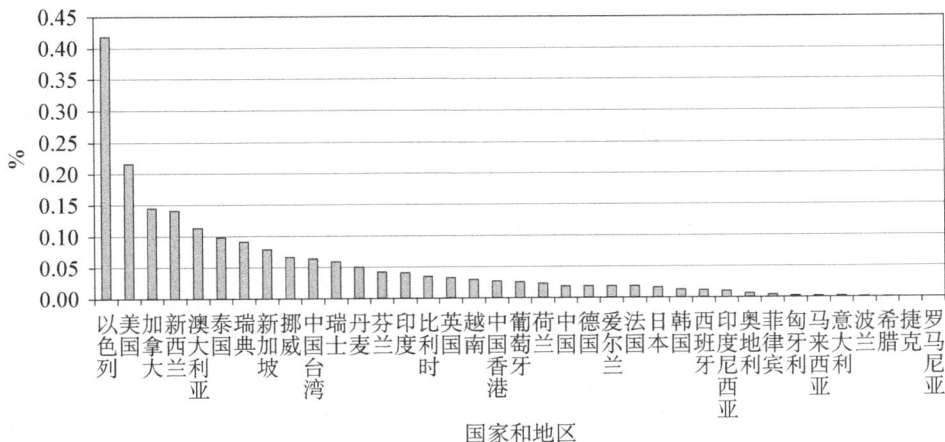

图 4　风险投资在不同国家和地区 GDP 中所占百分比

---

① 一个潜在的混乱来源是风险资本一词在欧洲和亚洲有不同用途。在美国之外,风险资本通常指所有的私募股权,包括收购、夹层融资等(这代表了多数海外市场的绝大部分私募股权资源)。在美国,有单独的分类。鉴于此,图 4 和图 5 中的数据是正确的,我们讨论风险资本的国际趋势时使用的是美国的限制性定义。

美国风险投资资本具有竞争优势的关键是美国拥有强健的 IPO 市场。风险资本家可以承诺当新发行的股票拥有公共股票市场时,将控制权归还给企业家。这种承诺在银行主导的经济中难以实现,德国和日本经济便是如此。

美国风险资本市场的快速增长使得机构投资者将目光转向国外。在一个颇具开创性的研究中,Jeng 和 Wells(2000)探究了影响国际风险基金募集的因素。他们发现 IPO 市场的力量是风险投资所作出承诺的一个重要决定因素,这一发现佐证了 Black 和 Gilson 的假设,该假设认为风险投资行业的成功取决于强劲的 IPO 市场。然而,Jeng 和 Wells 也发现,IPO 市场对处于早期发展的基金的影响力不比对处于后期的基金的影响力。风险投资全球化的大部分相关问题还有待进一步探索。当然,如图 5 所示,除了澳大利亚、中国、印度和日本等部分国家之外,风险资本则主要集中于美国。考虑到其国内生产总值份额的大小,相较于其他发达国家而言,欧洲国家几乎没有种子基金和创业基金。

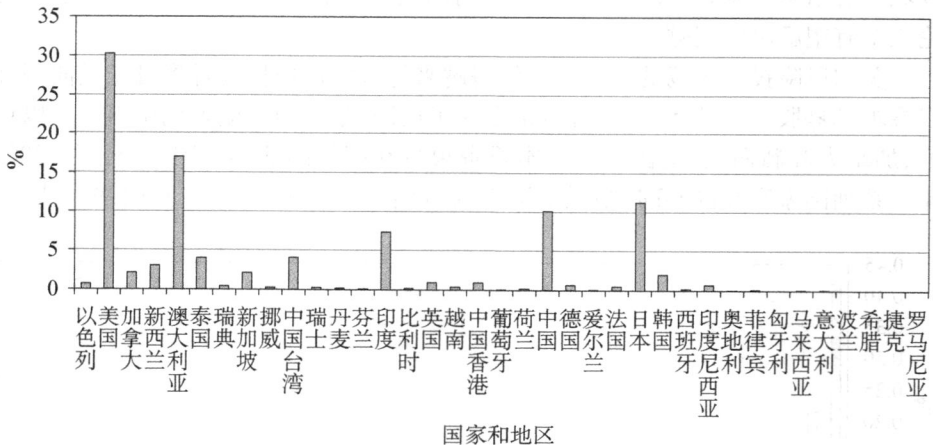

图 5　2007 年世界各国种子和启动风险基金份额

与其相关的问题是,为什么其他金融中介(例如银行)就不能具有风险资本家的特征并进行监管。经济学家对风险投资基金在这一领域存在的明显优越性进行了解释。首先,因为政策规定限制了银行持股的能力,至少在美国是如此,银行不能自由处置股权。其次,针对可抵押资产很少且具不确定性的项目,银行不具备评估这些项目的能力。最后,风险投资基金高效的补偿机制激励了风险资本家密切监督公司。支持风险投资基金的银行因不具备高效的激励措施难以留住人才。

5.5　风险资本真实效应

第二个问题更为棘手:风险资本对经济的影响。虽然理论学家已经提出多种风险资本可能影响创新的机制,但实证研究结果却更为复杂。有人认为在风险资本与创新之间建立某种关系最为直接。例如,我们可以对不同产业和时间进行回归分析,在控制研发开支的条件下,探究风险投资基金对创新产生的各方面影响。但是,即使是风险资本、研发和创新三者关系的一个简明模型也可能会产生误导性的估量结果。

风险投资基金和创新都可能与不可观测的第三个因素——技术机会的出现——呈正相关关系。因此,风险投资较多的时期创新也可能较多,并不是风险投资引发了创新,而是风险资本家对一些关键的技术冲击所做出的反应促进了创新的发展。迄今,只有少量的文献试图解决这些具有挑战性的问题。

首先是 Hellmann 和 Puri（2000）的论文,研究了硅谷新设立的 170 家公司,既包括风险资本投资的公司,也包括非风险资本支持的公司。通过调查问卷,他们的发现表明,风险资本融资与产品市场策略及创始公司的成果相关。他们发现,那些追求所谓创新策略的公司（根据对调查回复的内容分析而进行的分类）很大程度上更可能快速获得风险投资资金。风险资本家的存在与把产品推向市场所需要的时间的显著减少相关,对创新型的公司而言尤其如此。此外,相较于其他金融活动,公司更有可能将获得风险投资作为公司生命周期里的重要里程碑。

结果表明,投资者类型与产品市场规模有明显的关联关系,且风险投资起着激励创新公司的作用。鉴于样本数量较少、数据有限,他们只能略微缓解对因果关系的担忧。不幸的是,依然有一种可能性存在,即更多的创新公司选择了风险资本融资而不是风险资本使得更多公司去创新。

Kortum 和 Lerner（2000）通过比较,探究了这些模式是否可以在从聚集产业层面而不是公司层面进行解释。其通过两种方式来处理因果关系。首先,他们研究了风险投资行业近代史上主要的不连续性。如上所述,在 20 世纪 70 年代末期,美国劳工部对进一步阐明《雇员退休收入保障法案》,调整了相关政策,使得养老金可以投资于风险资本。此政策的调整使得投入风险资本的资金急剧增加。这种外生变化应该能明确风险资本的作用,因为这种变化与创业机会相关性不大。他们在工具变量回归分析中利用了这种转变。其次,他们利用研发开支来控制技术机会这一变量,技术机会在一定时期内可被经济主体预测,然而计量经济学家却难以观察到。在一个简单的模型框架下,他们指出,如果评估风险投资对专利与研发比率的影响而非对专利进行作用,因果关系问题就会消失。

即使解决了因果关系方面的顾虑,研究结果依然表明,风险投资的确有益于创新。虽然研究方式的不同会使得评估系数不一致,但是在刺激专利申请方面平均来说一美元的风险资金比同样的传统研发资金强劲三四倍。因此,估算显示,虽然 1983—1992 年间风险投资资金在公司总研发资金中不足 3%,但是风险投资在这十年里所激发的美国企业创新更甚——约占总创新的 10%。Mollica 和 Zingales (2007)近期的工作研究也佐证了这一研究发现,他们采用基于国家养老基金资源的工具变量法来研究风险投资与创新之间的关系,并发现二者之间联系密切。

近年来,最有趣的理论研究侧重于风险投资支持的创业与创新的关系所带来的社会效应,而不是侧重于风险投资能否刺激创新。Landier (2006)提出了一个模型,在这个模型中公司投资成功与否主要基于能力和运气。[①] 他认为,随着投资的发展,企业家掌握了投资最终成功的可能性,但是选择继续或放弃投资的决定在不同的环境之下可能会有所不同。特别是,这一决定主要由在失败之后投资者再次为一个新的投资募集资金成本是否高昂来决定。在此背景下,Landier 指出可能会出现多重均衡。如果失败之后的新投资资本成本在接受的范围,企业家倾向于现有投资,失败只是家常便饭而且成本较低。但是,如果失败的资本成本很高,那么前景黯淡的投资项目会被放弃。因此,不同社会在高风险创新投资领域实验的趋势存在显著差异。但是,可以肯定的是,鉴于就连风险资本家是否能够获得私有收益以弥补其所冒的风险这一问题都存在争议(Kaplan 和 Schoar,2005),对社会收益进行归纳总结显然为时尚早。

5.6　政府对初创公司的资助

Jeng 和 Wells 的一项发现极具煽动性:政府政策可能会显著影响风险投资领域的健康发展。相关政策制定者如何促进风险投资以及创新公司的发展,研究处于起步阶段(Avnimelech 和 Teubal,2004;Gilson,2003;Irwin 和 Klenow,1996;Lerner,1999;Wallsten,2000),这一领域任重而道远。

相应的案例是美国小企业投资公司(SBIC)和小企业创新研究(SBIR)计划。1995 年此类项目发生开支 24 亿美元,超过了该年风险投资资金的 60%(Lerner,1998)。在德国,针对新公司的 800 多个联邦和州政府的融资项目刚刚成立(OCED,1995)。1980 年,瑞典建立了第一批投资公司(同时还实行了一系列诸如降低资本利得税率的措施来鼓励对初创公司的私人投资),一定程度上是借鉴了美国模式。截至 1987 年,风险投资资金的政府份额为 43%(Karaomerliolu 和 Jacobsson,1999)。最近,英国在企业基金之下制定了一系列的政府项目,这些项目向特定行业和特定地区的中小型公司拨款,并贷款发放给小型企业(英格兰银行,2001)。欧洲其他地区也有一些相应的项目。

大多数研究资料都是基于美国,而且相关证据也比较有限,但这些证据依旧

[①] 参见 Scharfstein 和 Gromb (2002)的研究中关于很多此类问题的深入理论分析。

表明了这些项目的有效性和附加性(参见 Lerner 2009 年对这些关键问题的研究及评估)。大多数情况下,难以评估这些项目是否成功,因为缺乏未由政府资金资助的同类公司组成的对照组。[1] 因此,大部分现有研究都是基于受访者提供的数据的回溯性调查,详明研究在反事实情况下这些项目表现的研究较少。一个值得注意的例外是 Lerner (1999) 的研究。其研究了小企业创新研究计划的 1 435 家获奖公司以及 1 435 家未获奖公司在颁奖后的 10 年里的发展情况。由于大多数公司都是私人控股,难以分析这些公司在颁奖后的估值或盈利能力,但他发现获得小企业创新研究计划奖助的公司,其增长的确明显快于其他公司。他把这部分归因于政府的"质量认证",政府的认可使得公司能够募集到私人资金。[2]

Czarnitzki 和合著者(Aerts 和 Czarnitzki,2006;Almus 和 Czarnitzki,2003;Czarnitzki 和 Hussinger,2004)的一系列著作研究了比利时和德国等欧洲国家中接受了公共研发补贴的公司的表现,研究采用了效应分析方法。他们发现,补助不能完全取代研发的私人开支(即补助是额外的),补助之所以富有成效是因为他们促使公司进行专利申请。Hall 和 Maffioli 针对拉美大型经济体进行了类似的研究,得到了更为细致的结论。

6. 结论

基于上述文献,对研发投资融资的成本以及该领域存在某种市场失灵的可能性进行研究,得以明确以下要点。

第一,相关证据清晰表明,根据理论、调查和实际估算,研发密集型行业里的小型和初创公司会比大型的研发公司或者其他领域的公司面临更为高昂的资本成本。除了有力的理论证据和实证,风险投资行业的存在以及其集中于这些初创公司最活跃的领域就可以证明事实的确如此。然而,风险进行投资之后的收益可能会滞于市场这一事实仍令人困惑,难以给出一个明确的结论。

第二,证明大型的、成熟的研发公司存在融资缺口的证据难以确认。可以确定的是这些公司更愿意使用内部资金来投资,但是除了目前很多国家都有的优

---

[1] 参见 Jaffe (2002)关于评估政府项目方法的综述。参考美国国家研究委员会(2002),可见对小企业创新研究计划项目的完整评估以及一些案例研究。

[2] 也可参见 Spivack (2001)针对这些项目的进一步研究,包括对欧洲的研究。David 等(2000)以及 Klette 等(2000)评估政府研发项目的研究也值得参考。

惠税收待遇之外是否还有一些干预因素尚不清楚。[①]

第三,应对创新融资的风险资本投资措施有其局限。首先,在同一时间内风险投资往往只集中于某些领域,并且其最小规模的投资对一些领域的初创公司来说都难以吸收。其次,为了给早期投资者提供退出策略,风险投资领域的良好表现需要一个小型公司股票、新公司股票都表现强劲的股票市场(例如纳斯达克指数)。将风险投资领域引进新的经济市场是一个特别的举动,因为其至少要求三个相互影响的机制——投资者、老练的风险投资基金经理以及 IPO 市场。

第四,政府孵化器、种子基金、贷款担保以及其他针对研发集资的政策有待进一步研究,理想情况是在实验或准实验条件下进行研究。研究政策计划在不同国家表现的变化尤其重要,因为若数据来自同一个国家,则研究结果很大程度上取决于体制。

基于对上述文献的研究,后续相关领域的研究需深入。关于公司治理与公司财务间的相互关系以及这种关系对长期投资(包括研发等的无形投资)的影响长期存在争论。虽然原则上应侧重于季度表现的金融市场,例如盎格鲁-撒克逊金融市场,会阻碍这样的投资,但事实却并非如此,至少在美国并非如此。但是,针对几个较大的欧洲国家,极少证据表明,其研发投资的预期收益率可能低于美国和英国,尤其是公司有一个主要大股东的时候(参见本书第 24 章)。这一事实表明,至少对这些公司而言,所有权集中的稳定性会推动研发。同时,流动性充裕的金融市场以及公司控制权市场更有利于为新进入企业、初创企业及更广泛意义上的创新投资融资。未来的挑战为如何更全面地了解金融市场秩序与不同形式的公司管理之间的互动以及二者关系对创新组织及其业绩的影响。

致谢

谨此感谢 Bruce Petersen 对文稿的细致研读。Josh Lerner 对哈佛商学院研究部门的资金支持表示感谢。本章内容基于以 Hall(2002)以及 Gompers 和 Lerner(2004)所提供的材料。

参考文献

Admati, A., Pfleiderer, P. (1994). "Robust financial contracting and the role for venture

---

[①] 需要提醒读者注意的是本章的前提:我们仅讨论关于研发优惠待遇的融资缺口观点,目前暂时忽略了关于研发溢出效应和外部参数的观点。有充分的理由让我们相信,对于大型的成熟公司而言后者是更重要的考量,尤其是当我们希望这些公司能够承担一些与行业相关但用途不明的研究时(贝尔实验室模型)。

capitalists". Journal of Finance 49,371 - 402.

Aerts, K., Czarnitzki, D. (2006). "The impact of public R&D—Funding in Flanders". Brussels, Belgium: IWT Study No. 54.

Aghion, P., Howitt, P. (1997). Endogenous Growth Theory. The MIT Press, Cambridge.

Akerlof, G. A. (1970). "The market for 'Lemons': Quality, uncertainty, and the market mechanism". Quarterly Journal of Economics 84,488 - 500.

Alam, P., Walton, K. S. (1995). "Information asymmetry and valuation effects of debt financing". Financial Review 30(2),289 - 311.

Alderson, M. J., Betker, B. L. (1996). "Liquidation costs and accounting data". Financial Management 25(2),25 - 36.

Almus, M., Czarnitzki, D. (2003). "The effects of public R&D subsidies on firms' innovation activities: The case of East Germany". Journal of Business and Economic Statistics 21(2),226 - 236.

Amit, R., Glosten, L., Muller, E. (1990). "Entrepreneurial ability, venture investments, and risk sharing". Management Science 36,1232 - 1245.

Anton, J. J., Yao, D. A. (1998). "The sale of intellectual property: Strategic disclosure, property rights, and incomplete contracts". Working paper, The Wharton School, University of Pennsylvania.

Arellano, M., Bond, S. (1991). "Some tests of specification for panel data: Monte Carlo evidence and an application to employment equations". Review of Economic Studies 58, 277 - 297.

Arrow, K. J. (1962). "Economic welfare and the allocation of resources for invention". In: Nelson, R. (Ed.), The Rate and Direction of Inventive Activity. Princeton, New Jersey.

Auerbach, A. J. (1984). "Taxes, firm financial policy, and the cost of capital: An empirical analysis". Journal of Public Economics 23,27 - 57.

Avnimelech, G., Teubal, M. (2004). "Emergence and development of venture capital in Israel and the role of policy: A macro/ microeconomic perspective". In: Bartzokas, A., Mani, S. (Eds.), Financial Systems, Corporate Investment in Innovation and Venture Capital. Edward Elgar, London.

Bank of England. (2001). Finance for Small Firms—An Eighth Report. Domestic Finance Division, Bank of England, London.

Barry, C., Muscarella, C., Peavy, J., III, Vetsuypens, M. (1990). "The role of venture capital in the creation of public companies: Evidence from the going public process". Journal of Financial Economics 27,447 - 471.

Bergemann, D., Hege, U. (1998). "Venture capital financing, moral hazard, and learning". Journal of Banking and Finance 22,703 - 735.

Berglof, E. (1994). "A control theory of venture capital finance". Journal of Law, Economics, and Organizations 10, 247 - 267.

Bhagat, S., Welch, I. (1995). "Corporate research and development investments: International comparisons". Journal of Accounting and Economics 19, March-May.

Bhattacharya, S., Ritter, J. R. (1983). "Innovation and communication: Signaling with partial disclosure". Review of Economic Studies 50, 331 - 346.

Black, B., Gilson, R. (1998). "Venture capital and the structure of capital markets: Banks versus stock markets". Journal of Financial Economics 47,243 - 277.

Blair, M. M. , Litan, R. E. (1990). Corporate Leverage and Leveraged Buyouts in the Eighties. Brookings Institution, Washington, DC.

Blass, A. A. , Yosha, O. (2001). "Financing R&D in mature companies: An empirical analysis". Working Paper, Bank ofIsrael, Tel Aviv University, and CEPR.

Bond, S. , Harhoff, D. , Van Reenen, J. (1999). "Investment, R&D, and financial constraints in Britain and Germany". Institute of Fiscal Studies Working Paper No. 99/5, London.

Bougheas, S. , Goerg, H. , Strobl, E. (2001). Is R&D Financially Constrained? Theory and Evidence from Irish Manufacturing. University of Nottingham, Nottingham.

Brav, A. , Gompers, P. (1997). "Myth or reality? Long-run underperformance of initial public offerings: evidence from venture capital and nonventure capital-backed IPOs". Journal of Finance 52,1791 – 1821.

Brown, W. (1997). R&D Intensity and Finance: Are Innovative Firms Financially Constrained? London School of Economics Financial Market Group, London.

Brown, J. R. , Petersen, B. C. (2009a). "Why has the investment-cash flow sensitivity declined so sharply? Rising R&D and equity market developments". Journal of Banking and Finance 33,971 – 984.

Brown, J. R. , Petersen, B. C. (2009b). Cash Holdings and R&D Smoothing. University of Montana and Washington University, St. Louis.

Brown, J. R. , Fazzari, S. M. , Petersen, B. C. (2009). "Financing innovation and growth: Cash flow, external equity, and the 1990s R&D boom". Journal of Finance LXIV (1), 151 – 185.

Campbell, J. Y. , Lo, A. W. , MacKinlay, A. C. (1997). The Econometrics of Financial Markets. Princeton University Press, Princeton, New Jersey, USA.

Chan, Y. (1983). "On the positive role of financial intermediation in allocation of venture capital in a market with imperfect information". Journal of Finance 38,1543 – 1568.

Cho, S. (1992). "Agency costs, management stockholding, and research and development expenditures". Seoul Journal of Economics 5(2),127 – 152.

Chung, K. H. , Wright, P. (1998). "Corporate policy and market value: A q theory approach". Review of Quantitative Finance and Accounting 11(3),293 – 310.

Cochrane, J. (2005). "The risk and return of venture capital". Journal of Financial Economics 75,3 – 52.

Cornelli, F. , Yosha, O. (2003). "Stage financing and the role of convertible debt". Review of Economic Studies 70, 1 – 32.

Czarnitzki, D. , Hussinger, K. (2004). "The link between R&D subsidies, R&D spending, and technological performance". Mannheim, Germany: ZEW Discussion Paper No. 04 – 56.

David, P. A. , Hall, B. H. , Toole, A. A. (2000). "Is public R&D a complement or substitute for private R&D? A Review of the Econometric Evidence". Research Policy 29, 497 – 529.

Eng, L. L. , Shackell, M. (2001). "The implications of long term performance plans and institutional ownership for firms' research and development investments". Journal of Accounting, Auditing and Finance 16(2),117 – 139.

Fazzari, S. M. , Hubbard, R. G. , Petersen, B. C. (1988). "Financing constraints and corporate investment". Brookings Papers on Economic Activity 1988(1),141 – 205.

Fazzari, S. M., Hubbard, R. G., Petersen, B. C. (2000). "Investment-cash flow sensitivities are useful: A comment on Kaplan and Zingales". Quarterly Journal ofEconomics 115, 695 – 705.

Francis, J., Smith, A. (1995). "Agency costs and innovation: Some empirical evidence". Journal of Accounting and Economics 19(2/3), 383 – 409.

Friend, I., Lang, L. H. P. (1988). "An empirical test of the impact of management self-interest on corporate capital structure". Journal of Finance 43, 271 – 283.

Gilson, R. J. (2003). "Engineering a venture capital market: Lessons from the American experience". Stanford Law Review 55, 1067.

Gompers, P. (1995). "Optimal investment, monitoring, and the staging of venture capital". Journal of Finance 50, 1461 – 1489.

Gompers, P. (1996). "Grandstanding in the venture capital industry". Journal of Financial Economics 42, 133 – 156.

Gompers, P., Lerner, J. (1996). "The use of covenants: An empirical analysis of venture partnership agreements". Journal of Law and Economics 39, 463 – 498.

Gompers, P., Lerner, J. (1997). "Risk and reward in private equity investments: The challenge of performance assessment". Journal of Private Equity 1, 5 – 12.

Gompers, P., Lerner, J. (1998a). "What drives venture fundraising?" Brookings Papers on Economic Activity-Microeconomics 149 – 192.

Gompers, P., Lerner, J. (1998b). "Venture capital distributions: Short and long-run reactions". Journal of Finance 53, 2161 – 2183.

Gompers, P., Lerner, J. (1999). "An analysis of compensation in the U. S. venture capital partnership". Journal of Financial Economics 51, 3‑44.

Gompers, P., Lerner, J. (2000). "Money chasing deals? The impact of fund inflows on private equity valuations". Journal of Financial Economics 55, 281 – 325.

Gompers, P., Lerner, J. (2004). The Venture Capital Cycle. MIT Press, Cambridge, Massachusetts.

Griliches, Z. (1992). "The search for R&D spillovers". Scandinavian Journal of Economics 94, S29 – S47.

Hall, B. H. (1990). "The impact of corporate restructuring on industrial research and development". Brookings Papers on Economic Activity 1990(1), 85 – 136.

Hall, B. H. (1991). "Firm-Level Investment with Liquidity Constraints: What Can the Euler Equations TellUs?" NBER and the University of California at Berkeley. http://elsa.berkeley. edu/~bhhall/papers/BHH95%20euler. pdf.

Hall, B. H. (1992). "Research and development at the firm level: Does the source of financing matter?" NBER Working Paper No. 4096, June.

Hall, B. H. (1993). "R&D tax policy during the eighties: Success or failure?" Tax Policy and the Economy 7, 1 – 36.

Hall, B. H. (1994). "Corporate capital structure and investment horizons in the United States, 1976 – 1987". Business History Review 68, 110 – 143.

Hall, B. H. (1996). "The private and social returns to research and development". In: Smith, B. L. R., Barfield, C. E. (Eds.), Technology, R&D, and the Economy. Brookings Institution and the American Enterprise Institute, Washington, DC, pp. 140 – 183.

Hall, B. H. (2002). "The financing of research and development". Oxford Review of

Economic Policy 18(1),35 - 51.

Hall, B. H. (2005). "Measuring the Returns to R&D: The Depreciation Problem". Annalesd'Economieet de Statistique N° 79/80.

Hall, B. H., Maffioli, A. (2008). "Evaluating the impact of technology development funds in emerging economies: Evidence from Latin America". European Journal of Development Research 20(2),172 - 198.

Hall, B. H., Van Reenen, J. (2000). "How effective are fiscal incentives for R&D? A new review of the evidence". Research Policy 29,449 - 469.

Hall, B. H., Griliches, Z., Hausman, J. A. (1986). "Patents and R&D: Is there a lag?" International Economic Review 27,265 - 283.

Hall, B. H., Mairesse, J., Branstetter, L., Crepon, B. (1999). "Does cash flow cause investment and R&D: An exploration using panel data for French, Japanese, and United States firms in the scientific sector". In: Audretsch, D., Thurik, A. R. (Eds.), Innovation, Industry Evolution and Employment. Cambridge University Press, Cambridge, UK.

Harhoff, D. (1998). "Are there financing constraints for R&D and investment in German manufacturing firms?" Annalesd'Economieet de Statistique 49(50),421 - 456.

Hellmann, T. (1998). "The allocation of control rights in venture capital contracts". RAND Journal of Economics 29,57 - 76.

Hellmann, T., Puri, M. (2000). "The interaction between product market and financing strategy: The role of venture capital". Review of Financial Studies 13,959 - 984.

Himmelberg, C. P., Petersen, B. C. (1994). "R&D and internal finance: A panel study of small firms in high-tech industries". Review of Economics and Statistics 76,38 - 51.

Hochberg, Y. (2005). "Venture capital and corporate governance in the newly public firm". Unpublished working paper, Northwestern University.

Hsu, D. (2004). "What do entrepreneurs pay for venture capital affiliation?" Journal of Finance 59,1805 - 1844.

Irwin, D., Klenow, P. (1996). "High tech R&D subsidies: Estimating the effects of Sematech". Journal of International Economics 40, 323 - 344.

Jaffe, A. (2002). "Building programme evaluation into the design of public research-support programmes". Oxford Review of Economic Policy 18(1),22 - 34.

Jeng, L., Wells, P. (2000). "The determinants of venture funding: Evidence across countries". Journal of Corporate Finance 6,241 - 289.

Jensen, M. C., Meckling, W. (1976). "Theory of the firm: Managerial behavior, agency costs, and ownership structure". Journal of Financial Economics 3,305 - 360.

Johnson, M. S., Rao, R. P. (1997). "The impact of antitakeover amendments on corporate financial performance". Financial Review 32(4),659 - 689.

Jones, C., Rhodes-Kropf, M. (2003). "The price of diversifiable risk in VC and private equity". Working paper, Columbia University. Kaplan, S., Schoar, A. (2005). "Private equity performance: Returns, persistence, and capital". Journal ofFinance 60, 1791 - 1823.

Kaplan, S., Stromberg, P. (2003). "Financial contract theory meets the real world: An empirical analysis of venture capital contracts". Review of Economic Studies 70, 281 - 315.

Kaplan, S., Zingales, L. (1997). "Do investment-cash flow sensitivities provide useful measures of financing constraints? '". Quarterly Journal of Economics 112,169 - 215.

Karaomerliolu, D. C. , Jacobsson, S. (1999). The Swedish Venture Capital Industry—An Infant, Adolescent, or Grown-up? Chalmers Institute of Technology, Goteborg, Sweden.

Klette, T. J. , Moen, J. , Griliches, Z. (2000). "Evaluating the effects of government-sponsored, commercial R&D: microeconomic studies". Research Policy 29,471˜95.

Kortum, S. , Lerner, J. (2000). "Assessing the contribution of venture capital to innovation". RAND Journal of Economics 31,674 – 692.

Kraus, T. (2002). "Underpricing of IPOs and the certification role of venture capitalists: evidence from Germany's NeuerMarkt". Working Paper, University of Munich.

Lach, S. , Schankerman, M. (1988). "Dynamics of R&D and investment in the scientific sector". Journal of Political Economy97(4),880 – 904.

Landier, A. (2006). "Entrepreneurship and the stigma of failure". Unpublished working paper, New York University.

Lee, P. , Wahal, S. (2004). "Grandstanding, certification and the underpricing of venture capital backed IPOs". Journal ofFinancial Economics 73,375 – 407.

Leland, H. E. , Pyle, D. H. (1977). "Informational asymmetries, financial structure, and financial intermediation". Journal ofFinance 32,371 – 387.

Lerner, J. (1994a). "Venture capitalists and the decision to go public". Journal of Financial Economics 35,293 – 316.

Lerner, J. (1994b). "The syndication of venture capital investments". Financial Management 23,16 – 27.

Lerner, J. (1995). "Venture capitalists and the oversight of private firms". Journal ofFinance 50, 301 – 318.

Lerner, J. (1998). "'Angel' financing and public policy: An overview". Journal of Banking and Finance 22,773 – 783.

Lerner, J. (1999). "The government as venture capitalist: The long-run effects of the SBIR program". Journal of Business 72,285 – 318.

Lerner, J. (2009). The Boulevard of Broken Dreams: Why Public Efforts to Boost Entrepreneurship and Venture Capital Have Failed—And What to Do About It. Princeton University Press, Princeton.

Lerner, J. , Sorensen, M. , Stromberg, P. (2008). "Private equity and long-run investment: The case of innovation". Working Paper No. 14623, National Bureau of Economic Research.

Levin, R. C. , Klevorick, A. K. , Nelson, R. R. , Winter, S. G. (1987). "Appropriating the returns from industrial research and development". Brookings Papers on Economic Activity 1987(3),783 – 832.

Mairesse, J. , Mulkay, B. , Hall, B. H. (1999). "Firm-Level Investment in France and the United States: An Exploration ofWhatWe Have Learned in Twenty Years". Annalesd'Economieet de Statistique No. 55 – 56,27 – 69.

Majumdar, S. K. , Nagarajan, A. (1997). "The impact of changing stock ownership patterns in the United States: Theoretical implications and some evidence". Revue d'EconomieIndustrielle 82,39 – 54.

Mansfield, E. , Schwartz, M. , Wagner, S. (1981). "Imitation costs and patents: An empirical study". Economic Journal 91,907 – 918.

Marx, L. (1994). "Negotiation and renegotiation of venture capital contracts". Working paper, University of Rochester. Megginson, W. , Weiss, K. (1991). "Venture capital certification in initial public offerings". Journal ofFinance 46,879 – 893.

Miller, M. H. , Modigliani, F. (1961). "Dividend policy, growth, and the valuation of shares". Journal of Business 34,411 – 433.

Modigliani, F. , Miller, M. H. (1958). "The cost of capital, corporation finance and the theory of investment". American Economic Review 48,261 – 297.

Mollica, M. , Zingales, L. (2007). "The impact of venture capital on innovation and the creation of new business". Unpublished working paper, University of Chicago.

Mulkay, B. , Hall, B. H. , Mairesse, J. (2001). "Investment and R&D in France and in the United States". In: Deutsche Bundesbank, J. (Ed.), Investing Today for the World of Tomorrow. Springer Verlag, Berlin and Heidelberg.

National Research Council. (2002). SBIR Program Diversity and Assessment Challenges. The National Academies Press, Washington, DC.

Nelson, R. R. (1959). "The simple economics of basic scientific research". Journal of Political Economy 49,297 – 306.

OECD. (1995). Venture Capital in OECD Countries. Organization for Economic Cooperation and Devlopement, Paris.

Opler, T. C. , Titman, S. (1993). "The determinants ofleveragedbuyout activity: Free cash flowvs. financial distress costs". Journal of Finance 48(5),1985 – 1999.

Opler, T. C. , Titman, S. (1994). "Financial distress and corporate performance". Journal ofFinance 49(3),1015 – 1040.

Poterba, J. (1987). "How burdensome are capital gains taxes? Evidence from the United States". Journal of Public Economics 33,157 – 172.

Poterba, J. (1989). "Venture capital and capital gains taxation". In: Summer, L. (Ed.), Tax Policy and the Economy. MIT Press, Cambridge, MA.

Pugh, W. N. , Jahera, J. S. Jr. , Oswald, S. (1999). "ESOPs, takeover protection, and corporate decision making". Journal of Economics and Finance 23(2),170 – 183.

Romer, P. M. (1986). "Increasing returns and long run growth". Journal of Political Economy 94(5),1002 – 1037.

Sahlman, W. (1990). "The structure and governance of venture capital organizations". Journal of Financial Economics 27,473 – 524.

Sand Hill Econometrics. "Benchmarking the returns to venture". (2009). Available at http:// www. sandhillecon. com/pdf/SandHillWhitePaper. pdf.

Scharfstein, D. S. , Gromb, D. (2002). "Entrepreneurship in Equilibrium". NBER Working Paper No. w9001.

Scherer, F. M. (1998). " The size distribution of profits from innovation ". Annalesd'Economieet de Statistique 49(50),495 – 516.

Schumpeter, J. (1942). Capitalism, Socialism, and Democracy. Harper and Row, New York (reprinted 1960).

Spivack, R. N. (2001). The Economic Evaluation of Technological Change. Conference Proceedings of the Advanced Technology Program. National Institute of Standards and Technology, Washington, DC.

Szewczyk, S. H. , Tsetsekos, G. P. , Zantout, Z. Z. (1996). "The valuation of corporate R&D expenditures: Evidence from investment opportunities and free cash flow". Financial

Management 25(1),105 - 110.

Wallsten, S. (2000). "The effects of government-industry R&D programs on private R&D: The case of the Small Business Innovation Research program". RAND Journal of Economics 31,82 - 100.

Williamson, O. E. (1988). "Corporate finance and corporate governance". Journal ofFinance 43,567 - 591.

Zantout, Z. Z. (1997). "A test of the debt monitoring hypothesis: The case of corporate R&D expenditures". Financial Review 32(1),21 - 48.

第 15 章
技术市场

Ashish Arora* 和 Alfonso Gambardella†

* 杜克大学福库商学院
美国，北卡罗来纳州，达勒姆
† 博科尼大学管理系和知识、国际化与技术研究中心
意大利，米兰

目录

摘要

目前关于"技术市场"的文献正逐年增多，这一宽泛概念是指脱离有形产品的技术交易，本章对此进行了回顾。技术市场曾在 19 世纪的美国达到鼎盛，经过几十年的相对衰退之后，近年来再次获得明显增长，但无论是在行业之间还是国家之间，这种增长皆呈现出不均衡性。迄今为止，现有文献大多聚焦于技术供应及技术市场交易的效率。主要贡献体现为：公司所做关于发放许可的决定均取决于许可收入是否高于因许可方产品市场竞争加剧而造成的租

值消散①影响。文献突出了促成许可收入与租值消散达到平衡的几个要素，例如，通用技术使得潜在许可方能够在与自身产品无关的市场中销售技术，从而使得许可更易获得。另一种研究方向关注许可合同效力的决定性因素，如知识产权保护等。当前关于外部技术需求的研究十分缺乏，预计未来将成为一个开放的研究领域。另一个值得进行探讨的问题是产品市场与技术市场之间的关系，其中一个特殊且重要的因素——劳动分工，在生物技术公司体现为技术专家与下游客户（即制药公司）之间的分工。本领域中亟待研究的焦点包括：技术市场的影响、创造性活动的速度与方向以及生产率的提高，这需要我们深入理解技术市场的微观基础。

关键词

劳动分工　高科技产业　技术市场　专利　研发

---

① 本来有价值的资源或财产，由于产权安排方面的原因，其价值或租金下降乃至完全消失。——译者注。

1. 引言

技术市场能够产生庞大的利润空间。一般而言,贸易扩大劳动分工,而技术交易推动创新和劳动分工。正如 Adam Smith 所强调的那样,劳动分工带来了学习经济与规模经济以及基于相对优势的资源优化配置。一位发明家无需筹备资本以将其发明成果商业化,而是通过给其他更具优势的公司发放许可,从而将创新引入市场[1]。同时,技术市场应降低进入壁垒,加大下游产品市场的竞争。最后,由于目前全球商业化成本较高且速度较慢,因此技术市场应加快技术扩散,提高劳动生产率。

本文将使用"技术市场"这一术语的广义含义。严格意义上讲,市场交易是公平的、匿名的,通常涉及以物换钱。大部分技术交易可能并不符合一个或多个标准。例如,交易可能涉及具体合同,并在公司联盟之间进行,因此并不符合严格意义上的匿名,也不够公平公正。有人从另一角度将市场比作包括贸易合同交易在内的集中交易。Roth (2008)认为运行良好的市场必须稠密(买卖双方较多),畅通无阻(任何买/卖方都可同时与多个卖/买方交易),并且安全(外部交易或涉嫌策略行为均不应获利)。技术市场,至少说我们所了解的技术市场,并不符合 Roth 的标准(Gans 和 Stern,2010)。

尽管技术市场有缺陷,但近些年来一直在扩张。后文将会详细探讨具体实证估算,其中两种实证规律值得特别关注,其一就是,自 20 世纪 80 年代中期开始,技术市场规模不断扩大,具体表现如下:①年度许可与特许使用金不断增长;②通过发放许可从部分或全部发明中获利的初创企业比例不断升高;③技术市场中专职中介机构的数量持续增加[2]。

与此前的相对发展停滞相比,技术市场过去 25 年间的发展确是一种新的变化,但这并不是一种长期趋势。Naomi Lamoreaux、Kenneth Sokoloff 及其同事所著一系列论文中表明,19 世纪中后期,美国曾出现过活跃的专利及专利许可市场。到了 20 世纪早期,专利许可开始衰减。Winder (1995)描述了 19 世纪晚

---

[1] Lamoreaux 和 Sokoloff (1996)指出,根据对专利交易的计量,未授予专利转让的增长与发明专业化的增长恰巧一致。

[2] 这些专利中介包括像 yet2. com 这样运营可在线交易技术网站的公司。Oceantomo 运营在线专利拍卖,高智发明(Intellectual Ventures)收购专利组合并与投资者签订合同以发明和开发技术。IP Bewertung 在欧洲提供几种类似的服务。还有一种完全不同的中介机构,诸如皇家医药公司(Royalty Pharma)等金融机构,此类机构从未来版税收入流中获取利益。

期收割机发明许可在北美地区的广泛应用,同时也注意到 19 世纪 80 年代之后许可逐渐减少。Winder 亦发现 19 世纪期间的国际许可也显得尤为重要。很多重大发明,如 1861 年由 Ernst Solvay 注册专利的氨碱法,在国际上获得广泛许可。然而,跨国公司的外商直接投资在 20 世纪似乎一直是国际技术流动的主导模式(参见第 2 卷第 3 章)。

其二,北美地区的技术市场范围非常广。Khan 和 Sokoloff(2004)提供的一些证据表明,该市场甚至在 19 世纪就曾存在,图 1 显示,19 世纪 70—80 年代期间,美国有超过 3/4 的已许可专利被转让(表明该专利被交易),但同期英国只有不到三分之一的专利被转让或是获得许可。鉴于美国有更多专利被转让,那么这种差距更加值得关注。下文所讨论的近期数据显示,这种差距虽然有所缩小,但仍存在。

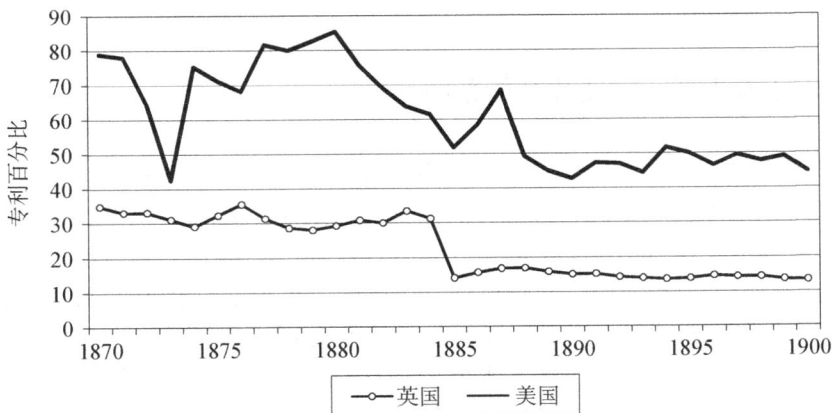

图 1　发明市场(美国转让专利的百分比及英国转让或许可专利的百分比)

资料来源: Khan 和 Sokoloff(2004)。

这种趋势引出了若干相关问题。为什么技术交易在 20 世纪受限?又是什么导致了其在 20 世纪 80 年代之后明显的增长?19 世纪处于繁荣时期的美国,为何技术市场几乎消失了然却在 75 年之后重新崛起?为什么美国的技术市场比其他地区的技术市场发展范围更广阔?最后,技术市场何时开始对于技术活动的速度与方向、产业的演变和劳动生产率的增长变得如此重要?任何答案都须解决关于技术市场本质与功能的基本问题,即在何种条件之下哪些人员参与其中,会带来怎样的影响。

我们将在下一部分开始阐明所说的技术市场。第 3 小节回顾技术市场的微观基础——公司许可技术的原因及决定公司外部技术需求的因素。第 4 小节估算技术市场的规模。第5小节回顾有关技术市场效率和范围的决定因素的相关文献研究,尤其注重知识产权保护的作用。第6小节探讨技术市场带来的创新劳动分工。第7小节通过重点突出悬而未决的问题,以总结未来研究的主题。

我们认为阐述未在本章中探讨的问题同样重要,如大学技术转让不在本章的分析中。尽管有学者曾借此检验广义上的许可相关问题(如 Jensen 和 Thursby,2004;Mowery 等,2001;Thursby 和 Thursby,2002),但是关于大学技术转让的文献大多与技术转让是否与大学目标相一致紧密相关(参见本卷 Foray 和 Lissoni 的章节,2010)。由于篇幅有限,也不再展开关于合资企业研发及技术联盟的文献综述。本章只涉及研究国际技术许可的文献,主要原因在于已有多方对该问题进行了广泛的研究(参见 Arora 等,2008;Hoekman 等,2005)。同理,交互许可及其他反垄断技术许可亦不在讨论范围之内(参见 Gilbert 和 Shapiro,1997)。

2. 技术市场:定义及分析范畴

技术有多种形式,并没有放之四海皆准的定义。本文不对技术进行定义,而是不甚精确地用技术指代"有用的知识"——根植于工程与科学,通常也可从实际生产经验中总结得出。技术可能以"知识产权"(如专利)的形式出现,也可能是无形的(如一个软件程序,一种设计),或者体现在产品当中(如一台样机,或专为执行特定任务而设计的芯片),还可能是技术服务。

技术的交易方式反映了技术作为一种经济资产的本质。尽管许可的纯粹形式很常见(如专利许可或芯片设计许可),但是技术转让却通常与相关产品及专有技术的转让相伴而行。在其他情况下,买卖双方的关系就靠研发或协作开发合同维系。协作开发是买方需投入精力与资源以开发满足其需求的技术,或是资助某个流动资金紧缺的技术供应商对此进行研究。

技术交换也可通过合资和并购的方式来实现。公司间技术流动模式不属于此类[①]。并购和更小范围内的合资公司涉及公司市场的特定问题。因此,尽管我们应该对比公司内流程与市场交易,但是目的绝非是质疑现有的混合形式,而是为了让阐述更加清晰。同时我们也要辨别事前合同(即研发合同)与事后合同(即现有技术合同)之间的差异。从交易成本的角度而言,两者之间的区别尤为

---

① 公司间技术运动也可通过劳动力流动实现,但本文同样忽略这种情况。

重要,因为事前合同更有可能造成严重的合同问题[①]。

总之,技术市场是指使用技术或创造技术的交易场所。交易范围大到一系列的技术相关的事务包括专利及其他知识产权、技术与服务,小到基本的专利许可。其中也包括未注册专利,体现为诸如设计、软件、技术服务这类需要人来进行的知识交易。参与技术市场的各方既可能是处于同一产品市场,也可能是处于相关的纵向买卖双方市场。所签合同可能十分简单,也可能十分精细。交易内容既可以是现有知识的转让,也可以是创造新知识。下文所回顾的大部分文献皆关注技术市场的某一分支,其中既有理论分析也有实证研究。

表 1 总结了我们对技术市场的定义,每种情况列均有相应的经典案例。公司既可以将技术出售给同类产品市场(水平市场),也可向下游公司售卖技术(垂直市场)。技术市场可能涉及现有已发牌照技术的交易,也可能涉及研发合同与相关的联盟,人们更倾向于将后者视作"未来技术"的市场,有时称其为"创新市场"。

表 1　技术市场的简单分类

	现有技术	未来技术或组件
水平市场/与现有公司或潜在对手进行交易	美国联合碳化物公司(Union Carbide Corporation)许可亨斯迈公司(Huntsman Chemicals)聚乙烯技术	太阳公司(Sun, Microsystems)许可 IBM 公司使用 Java;竞争对手之间的研发合作伙伴关系(参见 Hagedoorn, 2002)
垂直市场/为非竞争对手企业提供许可	半导体知识产权核(又称 IP 核)许可	研发协议或其他技术联盟;美国阿菲麦克斯科技生物制药公司(Affymax)许可其他制药公司组合药物发现技术

3. 微观基础：公司为何发放许可证？

3.1　贸易收益

现存文献往往区别分析公司选择出售技术许可与引进技术许可的原因,本

[①] Barring Mowery 研究了合同研发组织及其衰退(Mowery, 1984),其中关于合同研发的实证内容有限。Mowery 强调,潜在买方对研发服务的需求具有可观的内部产能。同时他也注意到,如果合同并不完整,买方更易因投机行为而受损,因为研发供应方会逐渐获取更多关于买方的特定知识。与之相反,Arora 和 Merges(2004)强调随着买方越来越了解供应方的专有技术,供应方更易因抢劫行为而蒙受损失。

文亦是如此。但是,本文将从贸易收益这一概念开始分析,技术所得贸易收益有三种来源。首先,技术具有"无限扩散性",这一术语由 Dasgupta 和 David (1994)提出,简单来讲,人们无须做无谓的重复劳动是件好事,因此,扩大技术的使用范围将会产生收益,这种收益必须抵消因排他性使用权丧失而造成的潜在损失。在国际技术许可及关于通用技术(general-purpose technologies,GPT)的讨论中,这一点尤其明显(而且很好理解)①。

贸易收益的第二个来源是相对优势。正如在劳动分工背景下探讨的那样,技术发明者有时并不具备开发或将其发明成果商业化的最佳条件,甚至由于技术发明者参与商业化会导致其企业精力分散和改变企业的本质,反而阻碍了创新②。发放专利许可证给其他在制造及营销领域具有相对优势的公司会使交易双方都受益。

第三种贸易收益的来源更是显而易见的。比如,一家公司可能开发出一种自身不想使用但可在别处应用的技术,那么可通过发放许可(或卖出)进行获利。一些许可确实是这种情况,但在这里我们不做太多解释。然而,鲜有研究明确采取"贸易收益"的方法分析技术市场,大多数研究的焦点或是公司为什么将技术许可发放给他人,或是一家公司何时使用外部技术(引入许可),但后者较不常见。

3.2 供给:技术许可的决定因素

文献分析了公司发放技术许可的不同原因。研究许可的早期文献关注寡占技术创新者的最优许可行为,这些寡占技术创新者一旦开发出来一项技术就会申请该新技术或生产流程的专利(参见 Gallini 和 Wright,1990;Kamien 和 Tauman,1986)。Katz 和 Shapiro (1986)分析了单一技术许可持有者的最优数量,这里持有者并不参与产品的市场竞争。Rockett (1990)建立了一个模型,认为技术持有者生产产品,但是将在专利到期之后面临该生产产品的市场准入问题。同时,他指出技术持有者会选择给效率较低的潜在进入者发放许可,从而将效率较高的公司挡在市场外面。Gallini (1984)亦提供了一个模型,认为持有者通过战略性使用许可能够达到阻碍竞争对手进入的目的。

---

① 我们发现文献在探讨这一点时更常使用与非对抗性相关的概念。但是在大多数与利益攸关的情况下,技术实际上是一种竞争性产品,因为相比与他人共享权利,专享权利更加有价值。但是,即便技术是一种竞争性产品,技术还是可以无限扩散。这样看来,的确无须做无谓的重复劳动。

② Lamoreaux 和 Sokoloff (2005,p. 17) 提到了 Elmer Perry 的故事。Elmer Perry 曾在 1883 年创立 The Sperry Electric Light,Motor,and Car Brake 公司以将其发电机商业化。"尽管 Perry 通过创立公司开启了其发明生涯,但是公司却使其几乎没有时间和精力追求创造。确实,运营公司的 5 年间他申请的 19 项专利总体上占其作为发明家 1880—1930 年间年均发明数量的一半。"

此外,公司许可把设定许可产品的标准或是改进技术作为主要目标(Shapiro,2000)。公司也会选择将部分技术作为激励机制授权给潜在受让方。例如,Corts(2000)提供了一种模型,公司通过将辅助产品的生产许可给受让方公司以达到最优创新,即使该授权许可是无效的。直观感受是,创新可能需要重新设计大量的辅助产品,这势必会增加了一个被整合公司的内部成本。如果潜在受让方为了创新成功而选择共同投资,那么被整合的公司往往可能在投资方面"搭便车",鉴于此,潜在受让方并不愿意参与共同投资。因此,一家公司可以通过给其他生产商发放辅助产品的生产许可以促进创新。Shepard(1987)同样指出公司可能会通过发放许可从而增加需求,其本质是避免潜在买方与寡头卖方之间进行交易。

3.2.1　许可收入与租值消散影响

上述文献通常假定市场中只有一个技术持有者,且同时是商品的垄断生产者。但是上述文献忽略了技术持有者之间的竞争,因此通常也忽略了一种极有可能出现的情况——在产品市场中技术持有者与其他生产商之间也存在竞争。这些简化假设意味着通常许可并不盈利,但是可将其用作为其他的战略意图。但事实上,德州仪器(Texas Instruments)、IBM 和美国联合碳化物公司这类公司通过技术许可获利上百万美元,这些例子表明信誉良好的大型公司也会直接以技术许可的形式获利,而非仅在自家产品中使用该技术。

Arora 和 Fosfuri(2003)建立了一个框架用以解释公司销售技术的决策,以及产品市场与技术市场的竞争是如何促成这一决策的。在该模型中,众多技术持有者会同时在技术市场和产品市场中竞争。如果对于双方而言技术均不是最佳替代物,那么用技术生产的商品也不会是。在决定是否发放许可时,技术持有者需要平衡许可收入与随之产生的租值消散的影响,因为许可行为将加剧产品市场竞争,因此,提高许可收入或降低租值消散的因素会推动许可行为。

能否达成平衡取决于产品市场的竞争强弱。相比"较远"市场的受让方,"较近"市场的受让方受租值消散影响较小,例如许可方发现受让方所处地理市场运营成本较高,许可方没有互补性下游资产。同样地,技术可被应用于完全不同的产品,而许可方可能不会生产这些产品。Arora 和 Fosfuri 注意到产品市场的竞争会增加许可的数量,因为随着产品市场竞争加剧,租值消散比许可收入降得更快。实际上,众所周知垄断者不会发放许可,如 Lieberman(1989)发现在浓缩化工产品领域中许可现象不太常见,少有的几例许可也由外来者(非生产商以及外国公司)主导。

Arora 和 Fosfuri 指出,产品的同质化而非差异化更可能引发许可行为。如果产品差异化,受让方在产品角度上而言更贴近许可方而非其他生产商,那么许可方所感受到的租值消散要比产品同质化的情形下大得多。换句话说,当产品发生同质化时,技术持有者可通过发放许可向其他生产商施加更大的负外部性(金钱方面)。与此相同,Fosfuri(2006)发现特定技术产品同质化程度越高,许可行为会越少。

同时 Arora-Fosfuri 框架表明,由于小型公司受到其他竞争对手租值消散的影响更小,因此小型公司发放许可的概率更大,在极端情况下该推论更加显而易见:如果许可方在下游市场中毫无风险,那么也就无须担忧产品市场的租值问题。该推论与我们的观察所得一致,技术供应方通常不在其供应技术的产品市场中进行生产,如生物技术(Arora 和 Gambardella,1990)、半导体(Hall 和 Ziedonis,2001)、软件安全(Giarratana,2004)和化学工程(Arora 和 Gambardella,1998)供应商。Teece(1986,1988)也得出相同结论,即公司对下游资产的掌控会进一步降低其发放许可的可能性。这一点得到 McGahan 和 Silverman(2006),Ford 和 Ryan(1981)的证实,近期 Kollmer 和 Dowling(2004)也发现,一旦公司拥有下游资产就不太可能发放许可。同样的,Fosfuri(2006)也发现下游资产对化工行业的许可发放有负面影响[1]。

20 世纪 80 年代,英国石油化学工业公司(BP Chemicals,BP 化工)处理乙酸和聚乙烯许可的不同方式印证了这一点。BP 化工拥有强大的乙酸专有技术,并将其许可有选择地发放给一些公司,这些公司在 BP 化工无法进入的市场领域。而与此相反,BP 化工聚乙烯的市场份额不足 2%,尽管 BP 化工的聚乙烯专有技术也很强大,但是市面上还有其他几种聚乙烯技术。因此,BP 化工以汹涌之势广发聚乙烯技术许可,以此对抗聚乙烯技术许可市场的龙头企业美国联合碳化物公司。

Arora 和 Fosfuri(2003)通过放宽只有一个技术拥有者的假设条件,来强调技术供应方竞争的重要性。例如,尽管在西欧拥有可观的聚乙烯产能,但 BP 化工起初甚至未曾尝试在该地发放聚乙烯技术许可。因为在西欧市场上随着其他公司持续不断向西欧供应聚乙烯技术,BP 化工因此失去了潜在的许可收入,而限制市场准入的获益并不能抵消这一损失。因而 BP 化工的回击就是提供技术许可。这直接说明了技术市场可以自我壮大:来自某一个技术持有者的竞争会推动其他许可方对此做出回应。

3.2.2 长期许可决策

Gambardella 和 Giarratana(2009)对 Arora-Fosfuri 框架加以概括,重点突

---

[1] 但是由于公司规模伴随着广泛的活动范围,因此公司规模与盈利能力之间的关系为 U 型关系:大公司和小公司更有可能对外发放其注册专利发明物的许可,这一关系由 Zuniga 和 Guellec(2008)以及 Motohashi(2008)发现。较大公司更可能开发从中获利有限的技术,或是在与其他许可方竞争的市场中经营。

出技术通用性与产品市场碎片化之间的相互作用。技术通用性吸引"远程"公司用户,意味着可从不在的产品市场的技术持有者公司中获取许可收入。由于这些市场距离产品位置较远,租值消散影响较轻,因此能够鼓励公司发放许可。

Gambardella 和 Giarratana(2009)研究了许可决策以及技术持有者对即将进入的产品市场的范围的决策。关键假设在于,较之技术持有者直接使用某项技术以获利,技术应被投入到更多的产品市场以获取更多的利益。技术通用性与产品市场资产狭隘性之间的对比很鲜明。多位学者观察到公司经常"懂得多,做到的少"(Brusoni 等,2001;Gambardella 和 Torrisi,1998),说明了相比市场资产和制造资产,技术具有更广的范围经济,而这将为发放许可创造更多机会。这一推论更适用于通用技术,因其应用广泛,鲜有公司对它的所有用途开发完全。

长期来看,供应技术的决策取决于技术商业应用中的下游资产市场。1850—1910 年间的美国农业机械许可发放史表明,两者之间的相互影响模式十分复杂(Winder,1995)。Winder(1995)指出 19 世纪 50 年代该行业曾有大量的技术许可,比如一辆普通的收割机有很多不同零件,每个零件都有专利,而高运输成本造成的产品市场碎片化意味着创新者通常会将技术许可发放给异地市场的生产者,结果导致同一市场内有多个生产者,一辆普通收割机上配备多个创新者的创新成果。

一段时间之后,这一模块化系统演变为类似垂直孤岛的系统,孤岛之间相互竞争,但在孤岛内部许可仍占上风(如甲型收割机的很多零件由不同公司生产,这些公司之间相互发放设计和技术许可,但不发放给乙型收割机的生产者)。到了 19 世纪 90 年代,这种许可机制消失,产品市场固化,一部分占支配地位的生产者控制了技术与生产。

Winder(1995)将该许可机制的消失与技术变革联系在一起(钢替换铁,意味着小型铁铸造车间无法生产零件,大规模使用钢材的工厂走上舞台),这意味着小型机械生产者的成本升高。但是,Winder 的解释忽略了运输成本的降低,以及迄今为止异地市场的整合,这两点同样重要。随着市场整合,市场间"距离"缩小,大规模生产的动力增强,许可动力将减弱。换而言之,受技术与公司生产、营销能力影响的不对称性减弱,降低了许可的贸易收益。在 Lamoreaux 和 Sokoloff(2005)的文中还可找到其他佐证,他们发现随着美国市场在 19 世纪后半叶逐渐整合,独立发明者早早卖掉了众多发明成果许可证,并在本地市场生产商品,这些发明者要么被迫将许可发放给单个公司,要么被迫为全国市场制造商品。

建立产品市场与技术市场相互影响的模型,加上两者之间可能存在的协同进化,将成为进一步研究的成熟领域。鉴于理论模型非常复杂,仿真模型可能会有所助益(Malerba 等,2008)。一些文献从长期视角,认为基于产品市场及技术市场准入的决定自然而然会产生关于专业化及劳动分工,这一部分会在第 6 小节讨论。

3.3 需求

与公司许可的意愿相比,关于技术许可需求的文献研究少之又少。我们只关注决定技术外部需求的条件,而忽略了决定技术需求的总体因素。

公司发放外部技术许可的一个条件是其内部努力不足以取得成效(或是该公司未能在第一时间投资进行研究)。例如,Higgins 和 Rodriguez(2006)指出,拥有较少产品线的制药公司更可能寻求外部技术。这种观点尽管正确,但是有其局限性。技术与传统商品的不同体现在一个重要但却未受重视的方面:与缺乏知识的买方相比,有知识的买方具有显著优势。这意味着买方需深谙技术才能更具优势,因此对技术的需求可能局限于中小企业,至少在技术高度标准化之前是如此。

3.3.1 吸收能力

"吸收能力"是指公司基于内部技术来使用技术的能力,这一概念受到广泛地认可。Cohen 和 Levinthal(1989)开发出一种模型,认为内部竞争力与公司内部研发是否有关及多大程度有关。Cohen 和 Levinthal 的模型并不涉及许可,公司通过其他公司的研究外部性获得外部技术。但是,吸收能力这一概念可直接用于开发公司层面的技术需求。与之不谋而合的是,Rosenberg(1990)提出疑问:"公司为什么(自费)做基础研究?"他发现尽管基础研究的私有专属性极低,但是公司明知如此却仍会投资的一个重要原因在于:通过进行基础研究,公司能够更好地理解其他公司所生产的技术[①]。

Arora 和 Gambardella(1994b)将此概念进一步展开,对"利用能力"和"评估能力"加以区分。利用能力是指一家公司从技术中提取价值的能力,需要具备技术能力和下游资产,如制造和营销。吸收能力的第二层面是评估能力,是指一家公司判断技术价值的能力,与公司的科学能力和技术能力更加紧密相关。尽管吸收能力的这两个层面均提升了公司从外部技术中获取价值,但是它们对外部技术需求的影响却不同。Arora 和 Gambardella(1994b)指出,利用能力更强

---

① 多数研究使用广泛意义上的吸收能力这一概念。例如,Forman 等(2008)收集了 87 000 家美国公司的数据,并观察它们采取高端互联网技术的决策。调查发现拥有更多数量程序员的知名公司更有可能采取该技术。但是,如果这些知名公司位于大城市,内部程序员的数量对技术采用的影响会降低。换言之,内部程序员与外部技术互为补充,但在大城市这种互补性会降低,这可能是因为大城市为使用外部软件提供更多通过采用互联网技术以满足公司需求的可能性。重点在于,如果公司想要购买技术,就需要在广义范围的技术领域中拥有内部竞争力。

的公司对外部技术的需求更旺盛，更可能去寻求许可。但是，评估能力较强的公司，虽然对所需技术的需求增加，对外部技术需求却会更小。该结果表明，技术获取如同购买实物期权，与为使用技术所投入的开发、制造费用和营销费用相比，实际上获取技术许可的费用很小。公司评判能力越强，其最优获取的期权将会越少。

3.3.2　内部研发及技术需求：其他考量

内部研发对外部技术需求的影响更为明显。Mowery 通过观察发现，合同研发服务买方的风险越来越受制于技术供应方。Gans 和 Stern（2000）开发的模型与该观察结果一致，即潜在买方参与研发的目的是为了在许可谈判中获得更高的议价能力（Ulset，1996）。如果公司内部研发卓有成效，那么其对外部技术的需求将会减少。有时学习如何使用及维护外部技术（如软件）需要付出与创造技术本身一样的精力。在此情况下，即便能够获取外部技术许可，公司也可能会选择内部技术开发以达最优效果。如果已付出足够多的内部研发努力，公司可能会转而选择内部开发技术。Cohen 和 Kepler（1992）建立了一个模型，在模型中研发投资所获的收益与销售额成正比。虽然他们没有分析许可行为，但发现该模型中的小型公司往往会获取外部技术，相比之下大型公司更喜欢内部开发技术。更宽泛地讲，Arora 和 Gambardella（1994a）发现技术购买者也有可能进行内部研发，这使得技术市场动态研究更为复杂，未来这一研究领域可能会获得更多的成果。

受"自制－外购"视角推动，即内部研发会替代外部技术（Pisano，1990；Williamson，1985），不少研究估算公司对许可的需求，判断公司的外部许可是否会替代内部研发。多数情况下，以上研究发现内部研发与外部许可之间并非是互相替代而是互为补充，例如，Cassiman 和 Veugelers（2006）发现比利时公司将研发与购买外部技术视作互补。在投入了基础研究的公司中，这种互补性会更加明显。

公司也可能出于战略性考量选择不获取技术许可。Rotemberg 和 Saloner（1994）建立了一个模型，其中理性公司会采取一种"非我所创"战略，明确将外部技术排除在外以推动员工自行创新。尽管对这种"非我所创"的从业人员和行业观察员身上存在的综合征探讨良多，但是据我们所知，经济学范畴内几乎没有关于该问题的研究，包括公司受其影响的原因及后果[1]。

---

[1]　此处实际情况与学术研究结果远远不同，这一点几乎毋庸置疑。例如，葛兰史素克（Glaxo）这家优秀制药公司一直对外宣称该公司未来极大部分产品都将依赖外部技术进行开发。其他制药公司的实际行动证明葛兰史素克公司并不是例外。

4. 技术市场规模

4.1　20 世纪 90 年代中期之后的全球技术市场

　　Arora 等(2001a)回顾了 20 世纪 90 年代关于技术市场规模的量化研究。尽管数据来源和研究方法各不相同,但是这些研究所得出的估算却惊人相似:20 世纪 90 年代中期,美国技术市场年度交易额为 250 亿～350 亿美元,全球交易额为 350 亿～500 亿美元。

　　英国技术集团(British Technology Group)采访了欧洲、北美地区以及日本的 133 家研发密集型的公司和 20 所大学,根据调查估算的结果,以上各地区在技术许可上的花费将分别达到总研发预算的 12%、5% 和 10%,这些数据同样用于估算三个地区技术市场规模的大小。1996 年,经济合作与发展组织(Organisation for Economic Cooperation and Development,OECD)数据显示,北美地区研发花费 2 083 亿美元,欧盟 1 320 亿美元,日本 830 亿美元。这说明技术市场规模分别接近:北美 250 亿美元,欧洲 66 亿美元,日本 83 亿美元。20 世纪 90 年代中期,全球技术市场总额达到约 400 亿美元。

　　继 Arora 等(2001a)之后出现了另外两项预测。Athreye 和 Cantwell(2007)分析了 1950—2003 年间国际特许使用金与许可收入的变化趋势。对于 1950—1970 年间,作者引用了《国际货币基金组织收支平衡年度报告》的数据,对于 1970—2003 年间,作者引用了世界发展指标(World Development Indicators,WDI)数据库的数据。图 2 为 1950—2003 年全球许可收支折线图。

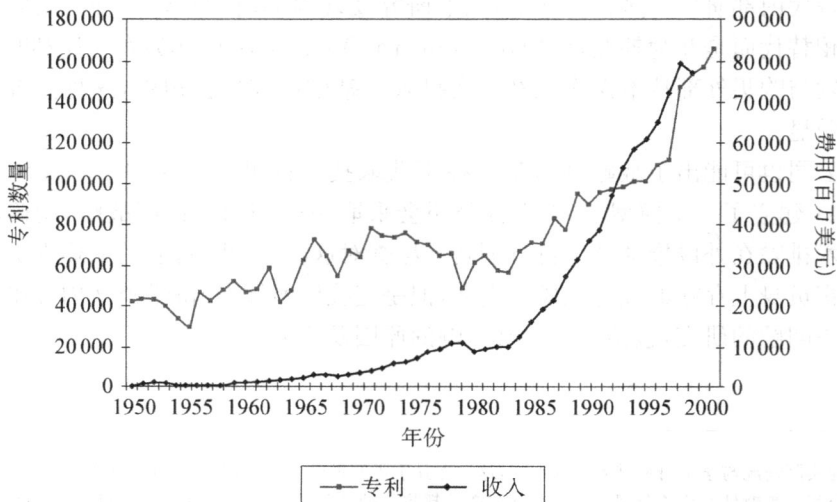

图 2　非美国国家持有专利数的增长以及全球特许使用金与许可收入的增长

资料来源:Athreye 和 Cantwell (2007)。

Athreye 和 Cantwell 的估值相比较高,例如,他们估计出 19 世纪 90 年代中期,全球技术市场规模在 550 亿～600 亿美元之间;2000 年全球技术市场规模在 900 亿～1 000 亿美元之间。

Athreye 和 Cantwell 提供的数据也说明了国际许可费及特许使用金的急剧增长。调整了数据的覆盖范围之后我们计算得出,1980—1990 年间特许使用金的支出和收入分别上涨 8.7% 和 7.0%,1990—2003 分别上涨了 9.8% 和 5.6%,超过全球 GDP 的增长速度(1980—1990 平均涨幅 3.3%,1990—2003 平均涨幅 2.8%)[①]。

国际特许使用金的数据显示了过去 20 年间技术市场的扩张。但是这一数据未考虑两种抵消效应。

其一,关联实体之间进行的是批量交易而非市场交易。美国的数据显示,非关联实体之间的交易占到许可与特许使用金收入总额的比例不到三分之一。例如,2007 年(最新数据获取年份[②])美国公司为工业流程和产品所付的特许使用金和许可费用总额达 374 亿美元,其中约 21%(79 亿美元)来自非关联实体。非关联交易的份额在过去几年中波动频繁,但趋势并不明显,这意味着跨境技术市场规模远不及 Athreye 和 Cantwell 报告中所提的 1 000 亿美元。

其二,Athreye 和 Cantwell (2007)在估算的许可费用和特许使用金的数据中包括了购买软件套装、商标和版权的支出。美国的数据显示,尽管许可收入及特许使用金增长强劲,平均每年增长速度超过 10%,但是用于工业流程和产品的支出却增长缓慢,这一支出对技术市场反应最为敏感——工业流程和产品支出的比例相应直线下降,从 1987 年的约 70% 下降至 2007 年的 33%,如图 3 所示。即便如此,跨境非关联实体间的技术流动依然持续增加。

Robbins (2006)根据机密税收数据所做的关于技术市场规模和增长率(仅限美国)的估算最为权威。Robbins 估算得出,美国 2002 年国内知识产权许可收入为 920 亿美元。根据 Arora 等(2001a)的思路,假定技术许可的比例(除去商标许可、版权许可及软件套装许可)与跨境交易中的许可比例相同,这意味着工业流程许可收入达到 660 亿美元[③],其中约 500 亿美元为美国国内收入,其他

---

① 参见世界发展指标(2005)中的表 4.1。

② 参见表 4.22 特许使用金和许可费用,2007,美国 http://www.bea.gov/international/intlserv.htm。

③ Cockburn 和 Henderson (2003)询问过 81 位来自不同行业的知识产权经理人,以此估算知识产权资产价值。估算结果表明,专利、商业机密和专有技术占据知识产权约四分之三的价值,商标和版权分别占据 18% 和 9%。如果有人认为工业流程包括专利许可、专有技术以及商业机密,那么 Arora 等(2001a)和 Robbins (2006)则切实有效地假定后者占据整个许可使用金的 72%。换言之,许可行为中工业流程许可的份额明显与 Cockburn 和 Henderson 报告中预估的专利、专有技术以及商业机密占整个知识产权的份额相似。

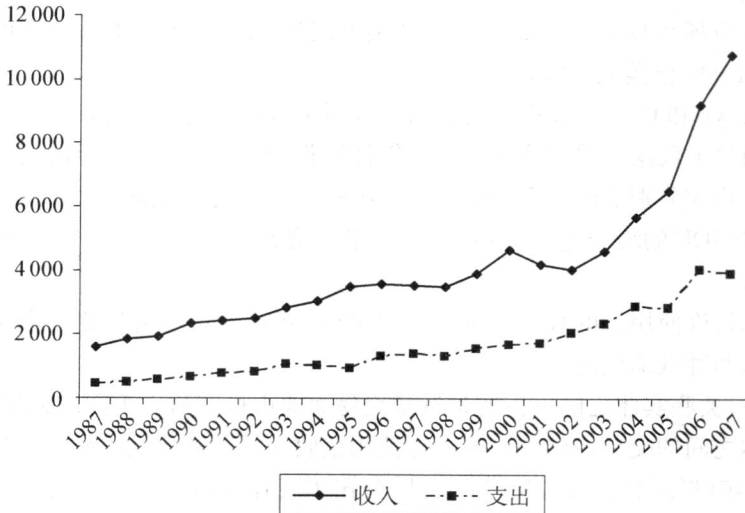

图3　国际工业流程许可使用金收入与支出（仅非关联交易，美国，1987—2007，单位：百万美元）

资料来源：表 4.22 特许使用金和许可费用，2007，美国 http://www.bea.gov/international/intlserv.htm。

为海外收入。假设美国占全球技术市场的份额为 60%，那么可以推断 2002 年全球技术市场的规模为约 1 000 亿美元。Robbins 用同种方法估算得出，美国企业工业流程中知识产权许可的规模在 1995 年为 274 亿美元，1996 年为 294 亿美元，1997 年为 318 亿美元，与 Arora 等（2001a）利用交易数据所估算的结果非常接近。上述结果说明，许可供应的规模年均增长率约为 13%，比 Athreye 和 Cantwell 估算的增长速度略快。

OECD 近期一份调查证实，知名公司越来越倾向于引进和出售新技术的许可授权，同时美国的技术市场也在急剧扩张（Sheehan 等，2004）。该调查开展于 2003 年，覆盖了 105 家公司，其中欧洲 68 家，北美 20 家，亚太地区 17 家（大部分为日企）。多数公司规模较大，仅有 20% 的公司员工不足 1 000 人。大约有 60% 的受访公司回复过去十年间买进与卖出许可的次数有所增加。此外，北美及日本公司比欧洲公司的许可交易活动更加频繁，这与之前英国技术集团调查的结果一致。

综上，上述证据表明，技术市场的规模很大而且在过去十年间仍有所扩大，美国市场的增长最多，其次为日本，然后是欧洲。而且毋庸置疑的是，过去这段时期经济的稳健增长，信息与通信技术的腾飞，以及生命科学研究与发展经费的猛增促进了技术市场的扩张。2002 年起，信息与通信技术增速放缓，生命科学研究与发展投资的增速也是如此,因此技术市场很可能自那时起就已放慢了增长速度,甚至略有收缩。

4.2　公司层面证据

2003 年 OECD 的一项调查数据显示,全球范围内的制药行业和信息与通信技术行业的知名企业都倾向于引入与卖出许可(Sheehan 等,2004)。化工行业的许可行为在第二次世界大战之后也较为常见(Anand 和 Khanna,2000;Arora 和 Gambardella,1998;Cesaroni,2003)。大量的文献曾就生物科技公司与制药公司之间的许可行为进行研究(Gambardella,1995),较近的一次调查(Zuniga 和 Guellec,2008)发现了一种 U 型关系——极大和极小规模的公司更倾向于对外出售许可,而介于之间的公司相比之下不倾向于对外出售许可。Zuniga 和 Guellec(2008)的分析以 2007 年一些代表性的专利申请公司作为样本:600 家欧洲公司及 1 600 家日本公司,调查结果表明,专利许可在专利公司之间广泛存在;近五分之一的欧洲公司会选择将专利许可发放给非关联合作伙伴,而超过四分之一的日本公司也会做出同样的选择。

Zuniga 和 Guellec(2008)发现,在获得专利和许可的欧洲和日本公司当中,很大一部分专利被授予了许可权。例如,给非关联方发放许可的欧洲公司中占到了 50%,甚至有些研究发现该比例超过 80%;而在给非关联方发放许可的日本公司中,这一比例约为 40%。研究进一步发现,尽管跨境许可及交叉许可都很重要,但这两种许可之中却没有任何一种引发了上述的情况,在发放许可的公司中,近三分之二的欧洲公司和超过 85% 的日本公司回答仅有不足 20% 的许可活动为跨境许可,近 80% 的欧洲公司和超过 80% 的日本公司反映涉及许可的专利中仅有不足 20% 为交叉许可。因此,本研究中所提及的许可活动不仅仅为交叉许可,超过 40% 的欧洲公司反映专有技术的转让占其许可交易的比例超过 20%,有三分之一的公司指出专有技术转让占其许可交易的比例超过 40%,这些数据对上文结论进一步予以佐证。涉及专有技术转让的专利许可交易中,日本企业表现得并不那么积极:仅有四分之一的公司反映专有技术转让占其许可交易的比例超过 20%,仅有六分之一的公司反映专有技术转让占其许可交易的比例超过 40%。

此外,2003—2006 年期间许可活动一直在增加。2006 年发放许可的欧洲公司中有 45% 反映许可收入有所增长,许可交易数量有所增加,其中仅有 8% 的公司表示两者皆急剧增长。同时仅有 3% 的公司表示有所下降,大部分公司(略超 50%)的回答为毫无变化。

总而言之,数据显示 19 世纪 90 年代中期之后,许可交易持续增长,也有证据显示非美国公司的许可交易正在追赶美国公司,尽管许可交易的绝对值很大,但是许可作为一项活动仍未成为创新过程的中心,生物制药行业例外。同样地,除化工和石油加工行业外,许可亦尚未成为公司之间技术流动的主导形式。技术市场持续增长,但某种程度上受限于行业规模与地理范围,以上发现使得探讨形成这一现象的因素变得很有必要。

5. 技术市场的形成因素

继 Arrow (1962)之后,经济学家一直强调信息不对称是妨碍技术交易的主要原因。信息不对称问题确实很重要,但是信息缺失或信息不确定问题更为严峻。如果代理商以自我利益为中心,信息不对称确实会造成问题,但是技术的本质会导致技术市场出现更严重的问题。相比信息不对称,以下问题更为严重:技术成功与商业应用的不确定性,一项技术的提出与衡量其价值的难度,以及寻找潜在交易伙伴带来的挑战。更直观地讲,相比获取信息方式的不同,信息缺失更成问题。大部分文献将较大精力放在信息不对称的问题上,却未能充分关注信息缺失的问题。

5.1 认知局限

不确定性对技术市场来说是一个巨大的障碍。与具体产品或服务不同,技术很难确定其定义。当技术未经显化且嵌在人或机器当中时,这一点尤为突出。例如,人们很难对生产流程的改良或服务的改善进行精确定义或准确显化。在这种情况下,由于最初对交易主体的界定就较为模糊,这种模糊性使得交易更难在改进后的流程中进行。

困难不仅限于合同层面。买方寻找相关技术拥有者以及(如果有的话)达成交易的价格同样是个难题,要弄清对方拥有什么以及如何使用该技术更是难上加难。对于卖方来讲情况则相反,辨别潜在买方是个问题。即便找到了一个未来伙伴,要谈妥价格依然颇具挑战。

价格发现[①]的问题在技术市场中并非罕见。例如对初创企业进行估值的一个常用方法是参考可比公司的估值。尽管没有完全相同的两家公司,但是通常把这两家公司之间具有的相似性作为比较基准之一,然而这要求存在合理的流动市场可以进行初创企业的收购。Lamoreaux 和 Sokoloff (1996,2001)描述了 19 世纪各类相关机构的发展如何促进了美国专利市场的崛起,这些相关机构包括协助扩散专利信息的中介机构(如专利代理人、专利律师,甚至像《科学美国人》这类报道专利出售的出版物)。该研究体现了专利在技术市场中的重要作

---

① 价格发现是指买卖双方在给定的时间和地方对一种商品的质量和数量达成交易价格的过程。——译者注。

用：首先，专利为明确界定交易物品提供了书面文件，也是交易的焦点所在；第二，专利明确界定了双方的知识产权，从而避免了潜在分歧；第三，专利机构本身，加上专利代理人和专利律师，能够成为技术交易的组织联络机构。

技术市场存在的一个问题在于，用于交易的知识通常有些表达不清晰，部分是因为技术很大程度上以实证观察和经验为基础，而不是以一般原则为基础（Winter，1987）。Arora 和 Gambardella（1994a）认为，工业技术的发展程度依赖于科学（包括工程科学），而先进仪器和计算机的使用降低了"表达不清"的技术所占比例。随着计算机技术（包括软件）的发展，许多技术问题（如设计、半导体、生物科技和其他诸多行业的问题）得以通过逻辑概念（如数学语言）厘清定义，而且可以利用软件解决问题。有趣的是，随着专利对技术交易的推动，有效协同效应逐渐显现出来。经过显化的技术更易取得专利，相反知识产权的不断升值则推动了创新的显化。

新技术经常伴随着商业的不确定性（Rosenberg，1996）。这种不确定性简言之就是人们不知道技术可以应用于何处。买卖双方因此增加了搜寻成本，从而开始考虑期权价值而非实际价值，人们面对不确定性时，往往对潜在交易存有各种偏见，最终结果就体现为技术交易颇不完美且较难实现。

本文中通用技术的例子很特殊也很重要。上述很多特征在通用技术交易中均有体现，通用技术应用存在不确定性。通用技术通常是事后才被发现的，因为专为某个特定目的而设计的技术创造出来之后人们才会发现该技术也可作其他用途。不仅其应用具有不确定性，而且潜在用户由于不了解该技术对其是否有用，也会对是否投资抱有观望态度。例如，Maine 和 Garnsey（2006）描述了一个关于 Hyperion Catalysis 公司的案例。该公司开发出富勒烯的特殊用途，富勒烯是一种 1985 年发现的碳的同素异形体。该公司竭尽全力开发这种新材料的用途，并通过与多个制造商联盟从而将其系统应用于多个行业，包括汽车、航天和电力等行业。如今，该公司为这三个不同行业生产出超过 40 多种产品。Thoma（2009）也描述了一个类似的过程，美国埃朗施公司（Echelon）开发出通用电器控制器技术（LonWork，埃施朗公司开发的网络控制平台），这一技术用途广泛，用于各种建筑的制造及温度控制系统。

这些案例的共通点在于，衡量一项技术或创新的技术水平往往需要凭借不同的专业经验来判断是否可将其用于特定用途。Bresnahan 和 Greenstein（1996）发现，创造新的软件技术需要丰富的计算机科学和软件工程经验。了解技术的最佳使用方式不仅需要技术经验，也需要管理技巧和行业经验，这两点互相分离但不独立，且皆是技术合同的不确定性的原因。但是，通用技术专业化也有着明显优势，正如 Bresnahan 和 Trajtenberg（1995）指出，由于单一用户部门的公司认知有限，因此其无法看到自身与其他用户部门所做之事的共同因素。

因此，各个独立的部门不可能开发出"通用"的技术，单一部门会仅仅开发满足本部门需求的技术，这种做法成本很高，而且还降低了了解不同技术应用的可能性。

5.2　合同限制

大部分经济学研究文献聚焦于拟定技术交易合同的难度，尤其是当技术还在研发时，即为尚未开发出的技术拟定合同（Mowery，1983）。

Teece（1988）注意到与研发合同相关的三个问题。其一，由于研发产出定义不清，各方很难在合同中具体写明预防性条款，因此增加了合同成本。其二，这类合同需要买卖双方互换信息，但是这些信息双方更愿保密而不是分享。其三，出于对研发合同的订立成本或买卖双方之间紧密联系（如需互换信息）的考虑，这些合同很可能面临锁定，也就是说，一旦签订合同，双方很难退出这种关系，但存在重新谈判的可能性。买方对监控合同的执行情况的需求也可能产生源源不断的行政成本，这就如同在买方内部设立一个监督机构，而不是按照合同要求由独立各方共同设立。所有这些因素造成了高昂的研发合同成本，进而推动下游制造与商业经营的公司间研发资源的整合。

Zeckhauser（1996）近期重新叙述了技术合同中存在的一般问题。他特别提到信息不对称和签约困难的问题，他称"为提供技术信息而签订的合同是个巨大挑战"，并特别指出：①很难对信息技术进行计算和估值，卖给各方时的价格也有所相同；②想要给信息技术进行估值，就必须"泄露机密"；③信息技术通常与产品捆绑在一起，如计算机芯片，这会降低效率；④由于卖方对信息技术的估值最为清楚，买方会担心溢价购买。这些考量在诸多现代产品和服务中皆有体现，包括艺术和音乐。但是，文献的大部分内容一直关注所谓的柠檬问题，即卖方拥有私人信息[①]。

5.2.1　信息不对称与柠檬市场

Arrow（1962）明确阐述了潜在买方将会面对的问题——买方不得不购买那些无法判断价值的信息，这种信息不对称降低了技术市场的效率。Akerlof（1970）指出，信息不对称可导致市场难以有效运行，就如同二手车市场中驱逐质优的二手车一样。

技术交易中的柠檬问题可能不像许多经济学家认为的那般严重。在一些情况下，合同可以消除信息不对称的问题，制度安排也可以最小化信息不对称带来的问题，例如在制药行业中，临床试验反映了关于正在研发药品的未来市场估值

---

① 私人信息是指个别市场参考者所拥有的具有独占性质的市场知识，其中经验是市场参与者的最宝贵的个别知识。——译者注。

的大量信息。专利本身就揭露了关于创新的信息。国际技术转让中的柠檬问题可能较为严峻,尤其是在技术发达国家和欠发达国家之间,信息流通出现壁垒,双方的专业性之间也会出现差别。当双方在同一市场或行业中经营时,这种问题的严重性会稍有减轻,因为技术信息可以流通,而且双方的技术专业性也非常接近。

第二,关于柠檬问题(也就是许可方拥有有效私人信息)的重要假设并非总是合理。有时潜在受让方可能拥有更多关于该技术未来用途的私人信息,像波音公司或如今的制药公司这样的集成商通常会在更大的系统中引入技术许可,因为这些公司比其他公司更了解该技术的特点。在这样的情况下,买方会比卖方更有能力评估技术。

对许可的柠檬问题进行的实证调查困难重重,现存的几项研究均来自制药行业。Pisano(1997)发现,内部开发的复合药剂比引入许可的复合药剂更容易成功。[1] Guedj(2005)没有公开测试柠檬效应,但发现相比制药公司自行开发的项目,由制药公司出资、生物科技公司开发的项目更容易失败。这些发现与引入许可的复合药剂对比结果一致,即共同开发的复合药剂不如受让方内部开发的复合药剂,但也可能有其他理解方式。另一方面,Danzon 等(2005)发现,合作开发出的复合药剂(基本等同于引入许可开发出的复合药剂)在临床试验中失败的可能性更小。此外,只有当引入许可的复合药剂整体上劣于许可方自行开发的复合药剂时,柠檬问题才会出现。Arora 等(2009a)建立了一个制药行业药物开发的结构模型,发现引入许可的复合药剂与许可方内部生产的复合药剂配方相同。尽管实证文献数量较少且尚无定论,但是我们仍认为 Lamoreaux 和 Sokoloff(1999:p. 2)的观点是正确的,因为他们注意到"……学界过于强调市场中与新技术开发签约相关的信息问题。"

5.3　专利与技术市场

Arrow 对于这种盲目交易问题的独有解决方案就是寻求知识产权保护。如果受到保护,卖方可能会对潜在买方公开细节,从而缓解问题。授权、技术市场与发明专业化之间的紧密关联,在专利趋势与技术市场衡量中有所体现。Lamoreaux 和 Sokoloff 发现美国的人均专利数在 19 世纪有所上升,至 20 世纪早期达到顶峰,之后开始下降,这反映出个人发明者与专利交易的趋势。20 世纪 80 年代中期之后,美国每一研发投资单位产出的专利数趋势发生转变并开始上升,这与技术市场开始崛起的时间点非常接近。

---

[1] 本卷第 14 章调查了技术融资发展之中的柠檬问题。

但是,专有技术知识和商业机密同为专利技术的重要组成部分。Robbins (2006)指出,2002 年北美产业分类系统代码 NAIC 533(无形资产承租人)行业通过专利许可在美国赚取了 760 亿美元,该行业的多家公司为纯专利持有公司,或是其他行业许可专利公司建立的专业公司。因此,美国价值 660 亿美元的技术许可中有近 12% 为纯专利许可,其他为专利、合成专利、非专利技术、专有技术知识及技术服务。

Arora (1995)指出,专利保护可额外提高要求提供专有技术与技术服务的合同效力,而合同效力一直以来都被视为许可合同的重要组成部分 (Contractor, 1981; Taylor 和 Silberston, 1973)。他的模拟案例中,许可方须将专有技术知识与技术一同转让。考虑到客观确认提供专有技术知识的难度,许可方可能会去掉该过程,因为提供专门技术服务的成本高昂。与之对应,由于许可方有时提供专有技术需要收费,受让方有拒绝付款的动机,理由是许可方未能提供足够的专有技术知识。

该模型显示,这些问题可通过分期付款给许可方以及技术产权来解决。买方的价值由技术和专有技术知识决定。如果无法撤消已转让的专有技术知识,许可方还可通过撤销该技术的使用权作为担保,因为失去专利许可的专有技术知识一文不值。某些情况下,如专门机械这类互补性投入捆绑销售也有类似效果(Arora, 1996)。而且正如 Zeckhauser (1996)所言,技术通常以诸如计算机芯片或软件(不包含源代码)等人工制品的形式售卖以解决该问题。

在实证文献中,关于专利保护与技术许可合同之间的关系的证据指向了不同的结论。在一份包含 118 项麻省理工发明成果的样本中,Gans 等人(2002)发现专利的出现增加了发明家发放许可的可能性,而非通过直接商业化发明成果的方式进入产品市场。Dechenaux 等人(2009)将麻省理工发明的 805 项已许可给私人公司的成果与专利特性联系起来,他们发现专利性越强大,该许可越容易商业化。Anand 和 Khanna (2000)发现在化工行业内专利被认为更具效力,而且该行业内技术交易也更多,其中很大一部分为公正交易,涉及排他性许可且大部分许可为未来技术许可而非现有技术许可。Cassiman 和 Veugelers (2002)发现比利时公司并未因为有效专利的增多而萌生涉足协同研发的打算。

来自跨国公司数据的各类证据同样指向了不同的结论。有些研究发现了专利与许可之间呈现正相关关系。Yang 和 Maskus (2001)指出改进后的知识产权制度与美国跨国企业许可之间呈现强烈正相关。通过分析日本公司国际技术许可合同的数据,Nagaoka (2002)发现疲软的专利机制与转让给附属机构(如一家子公司)的比例的增加有关,而与非关联公司比例的增加无关。Smith (2001)发现美国公司更倾向于出口技术或直接制造,而非在专利机制较弱的国家中许可技术。一份利用法国数据的研究发现,一个国家的专利保护机制越有效,对该国家的技术服务出口也就越多,但仅适用于高收入国家(Bascavusoglu 和 Zuniga,2002)。Arora(1996)使用了一份包含 144 份印度公司签署的技术许可合同样本,这些合同中提供了三种技术服务——培训、质量控制以及帮助研发,经验上把三种技术服务作为专有技术知识转让的替代。[①] 他发现当合同内容包括专利许可或一站式方案时,提供技术服务的可能性更高。

但是,其他研究对专利保护与专利许可的程度或形式之间的联系表示怀疑。Fink(1997)利用德国数据发现两者的关系非常微弱;Fosfuri(2004)也没有发现专利保护显著影响了化工行业中技术流动(通过合资公司、直接投资或许可)的程度和渠道。这些研究无法找到衡量专利保护的有效性的有效方式,且通常依赖于一种广泛使用的指标,即基于法律规定而非实际专利执行的 Ginarte-Park 指标。近期 Branstetter 等人(2006)的一项研究探究了部分国家在面临来自美国的压力之后其专利机构的变革。通过美国公司技术特许使用金收入的具体数据以及通过控制国家、行业和公司的固定效应[②],他们发现强有力的专利保护非但不会增加美国跨国公司对非关联合作伙伴的技术转让,反而使流向关联伙伴的技术增多。因此,尽管使用了经改进的测量方法以及更精细的设计,但是该研究反映出关于该问题的证据仍指向不同的结论。

Arora 和 Ceccagnoli(2006)为上述结果提供了解决方案。他们认为如果许可有吸引力,那么专利保护确实会起到辅助作用。但是,对于有能力自行实现技术商业化的公司而言,专利保护同样也会增加其商业化的成本。通过分析美国公司研发情况的综合调查数据,他们发现专利保护增加了许可行为,但是这一现象仅限于那些缺少互补性制造能力的公司。Hall 和 Ziedonis(2001)提供了来自半导体行业的类似证据:保持其他条件相同,专门从事设计的小型公司更有可能注册专利,而案例研究证据表明他们这样做是为了获得自身技术的许可。Gans 等人(2008)进一步发现专利许可主要发生在临近专利转让日期的很短时间内,这是由于专利在技术交易中会化解一部分交易成本,如由于专利和信息不对称造成的不确定性。Fosfuri 等(2008)提供了实证证据,即公司受到的软件专利保护越好,其在软件开源环境中交换信息的可能性越大。

Sheehan 等人(2004)所做 OECD 调查亦发现许可行为会影响专利战略。报告中指出,公司将"许可收入"在注册专利的重要原因中排第三,在北美地区中技术市场一致的地区,这些重要差异更突出。首先,北美地区的公司中,许可在专利战略中的重要性高于欧洲及亚太地区的公司。其二,39%的信息技术与通信技术公司和 27%的生物制药公司认为许可收入极为重要,而上述行业之外的

---

① Mendi(2007)发现西班牙技术进口合同将技术辅助与专有技术转让捆绑在一起。

② 试验中固定参数的水平效应。——译者注

其他行业中,认为许可是专利注册的重要动力的公司比例明显较低。

总而言之,专利保护提升了技术许可合同的效力。但是在某些情况下,强有力的专利保护也有可能降低许可动机,从而抵消增加的交易效力。

5.3.1 专利问题

有些作者曾指出,过度持有碎片化的专利实际上会降低新技术引入市场的速度,因为专利持有者会希望获取更多租金而进行持有(如 Heller and Eisenberg,1998;Lemley 和 Shapiro,2007)。他们指出,当代许多创新十分复杂且基于多种元素,每种创新都可以分别独立注册专利。如果这些专利不是由单个实体持有,那么任何想要开发该技术的个人或机构都需要从不同的专利持有者那里获取许可,这可能阻断了单个专利持有者的创新。许多潜在集成商预见该问题后可能不愿在一开始就投资。一般而言,碎片化产权未来可能导致Heller 和 Eisenberg(1998)所命名的"反公地悲剧",这里,并不是"公地悲剧"中的某个个人掌控了公共资源的使用权,而是过多人掌握了反对权(参见本卷第 7章中关于专利池与专利丛林的广泛探讨)。

近期 Cockburn 等人(2008)的一份研究指出,面对日渐严重的碎片化知识产权的形势,IT 企业的许可成本会更加高。实证证据证明,尽管专利泛滥已给生命科学领域带来了挑战,但尚不严重,部分原因在于对一些问题可以解决[①]。Walsh 等人(2003)的报告中围绕该问题访问了 70 家生命科学公司,发现尽管经常会遇到碎片化专利权问题,但是这些公司依然可以设法通过许可、围绕专利开展工作或仅仅通过完全忽略该专利来解决问题。Murray 和 Stern(2007)发现,在相关研究成果被注册专利之后,科学文献的引用次数有所减少,并将其阐释为"反公地悲剧"阻碍科学发展的有力证据。但是 Walsh 等人(2007)对生命科学领域的学术研究者进行详细调查后发现,专利对学术研究的影响有限,唯有具有商业目标的科研项目似乎才受其他专利的影响,这完全可以理解,因为现有专利将会降低这些项目的商业价值而非科学价值。

但是,该问题可以被解决并不代表其不存在。事实上,Merges 和 Nelson(1990)以及 Scotchmer(1991)就已指出,即便是单独一个专利的短视近利也会阻碍技术的积累创新(即发明过程很大程度上依赖于以前的发明)。Merges 和Nelson(1990)提及无线电技术的案例,马可尼公司(Marconi Company)、德福雷斯特(De Forest)及其主要受让方美国电话电报公司(American Telephone & Telegraph,AT&T 公司)三方形成长达近十年的僵局,直到 1919 年才得以缓解,当时美国无线电公司(Radio Corporation of America,RCA)在美国海军要

---

① 实际上,日本制造行业中每件产品包含的专利数量比美国的更多,且许可与交叉许可更为常见(Cohen等,2002)。

求之下设立。Merges 和 Nelson（1990）认为航空领域中怀特兄弟拒绝许可专利，加之其他人对其种种改进之后又注册了相应的专利，使得局面更加的复杂。最终，第一次世界大战迫使美国海军部长插手解决自动交叉许可的事宜。本卷第 7 章探讨了研究积累创新与专利保护的理论文献。

5.3.2　专利与技术流动的非市场机构

技术亦可在市场之外进行交易。Allen（1983）在其论文中描述了 19 世纪后半叶英国克利夫兰市的"集体发明"现象。该时期高炉技术信息在克利夫兰交易活跃，尽管许多技术已经注册专利，但是这些公司没有签署特许使用金合同，而是通过会议转让了技术与信息。Nuvolari（2004）记录了 19 世纪早期发生在康奈尔矿业的类似现象。von Hippel（1987）亦在一系列论文中详细列举了 20 世纪后期信息共享的案例，他记录了美国小型钢铁行业的部分公司互为竞争对手，但各公司的工程师之间建立了活跃的专有技术交易网络，而经理对此容忍的原因在于他们相信这种共享会受益广泛，因为这会使得各公司的工程师从他人经验中有所收获。

Allen 指出集体发明依赖于人员的流动性和其他专有技术知识外溢的渠道。阻断这些渠道不仅成本高昂，而且公司发觉似乎这种专有技术共享对双方都有利，从而使这些公司能够在竞争中与其他区域的制造商一较高下。正如 Allen 所指，通过与同一区域而非其他区域中的公司共享从而受益的公司生产率越高，专有技术共享越容易实现。因此，正如 Nuvolari（2004）指出康沃尔引擎综合性能的改良同时提升了康沃尔矿床的价值，与之相似，克利夫兰高炉性能的改善也提升了克利夫兰铁矿的价值。其二，当不同公司面临相同的问题时，不同公司之间才可能共享专有技术。事实上，von Hippel（1987）报告指出，在某一领域专长的钢铁厂不会共享专有技术知识，因为每家工厂都往往拥有针对其生产产品的特定流程。如果专有技术知识涉及专利产品，那就不太可能被共享，这让人想起 Arora 和 Fosfuri（2003）所提及的差异化产品行业中的许可（不如说缺少相关的许可）。

专利的缺乏以及更常见的知识市场的缺乏，似乎对信息共享十分重要。Nuvolari（2004）指出，康沃尔郡蒸汽工程师之间的技术专门知识集体共享行为发生在瓦特-博尔顿专利失效之后。信息技术似乎仰仗于交换：在 von Hippel's（1987）的案例研究中，经理容忍甚至鼓励专有技术的交换，但任何试图通过对技术进行定价的做法都必然会立刻遭到惩罚。信息共享和扩散的非市场机制依赖于集体遵循的规范，在市场干预时此类规范会遭到破坏。Dasgupta 和 David（1994）探讨了治理所谓的"科学共和国"时信息披露规范的重要性。当学术研究也被商业考量所驱动时，利益最大化的目标和公开披露（技术共享）的学术标准可能会彼此矛盾。事实上，Murray 和 Stern（2007）的报告发现科学家更不太可能引用专利相关的文献,这与 Walsh 等人(2007)所做报告结果一致,即合作发现药物的学术科学家(以及想要凭借发现结果登记专利的学术科学家)密切关注专利,这说明商业考量可能会极大地损害学术标准。专利并非商业考量的源头,却无疑在其中的作用十分巨大。

如今,集体发明的典型——开源社区——对于执行规范更加敏感。Gambardella 和 Hall(2006)开发出一个理论模型,其中成员共同开发项目来赚钱,即便他们很享受这项过程,共享规范也不稳定。开源软件项目中,一种诸如通用技术许可(所有共同开发软件的软件都必须在通用技术许可的基础上开发出来)的机制使得偏离标准的获利减少,集体开发更有可能实现。总而言之,尽管专利可以促进技术交易,但是也会削弱促进知识流动的非市场机构的活力。

5.4 非专利技术合约

文献指出专利可以克服信息不对称带来的潜在问题。但是,James Anton 和 Dennis Yao 在一系列论文中指出,潜在买方之间的竞争也可缓解这一问题。Anton 和 Yao(1994)开发了一个模型,其中发明者既不能获得专利也不能自行将其商业化,卖家必须将创意售卖给买家。问题在于买方并不确定该创意是否有价值。Anton 和 Yao 指出其中一个解决方案就是卖方向买方公开这一创意。如果买方不愿意为好的创意买单,发明者就会威胁将其创意披露给其他买家,从而让第一个买家的部分订金受损。该模型成立的前提条件就是某个发明的潜在买家看重该发明的排他使用权,这使得创意或发明更有意义。另一层含义在于,Anton-Yao 模型专门针对"无限扩展"的投入却不具有非竞争性。例如,Anton-Yao 模型并不适用于价值不明的松露。如果判断松露价值的唯一方法就是让潜在买方品尝松露,那么卖家就无法在没有得到支付的情况下有把握地威胁要将松露卖给其他买家。本文与其他解释不同,但也补充说明了竞争性产品市场在鼓励专业化技术供应商的过程中的重要作用(参见下文对通用技术和产品市场竞争重要性的探讨)。

在随后的论文中,Anton 和 Yao(2002)分析了发明被部分公开披露的情况。其中发明成果没有被注册专利,则买方非常看重其价值。发明成果的价值被看作与专有技术知识一样,而专有技术的知识使用增加了使用发明成果的成功可能性。买方不了解发明成果的价值,也就是说不了解卖方拥有多少专门技术。尽管"勒索"策略在阻止买方获得专门技术方面仍能奏效,但却远远不够。相反,发明者现在必须通过公开其专门技术知识以表明其特性。专门技术知识越好,公开披露程度越高(但更多部分仍保持机密,因为在此模型中"更好的专有技术"等同于更多的专有技术)。卖方为表明其发明成果特性必须愿意"自掏腰包",本质上等于同意如果发明成果不具成效则赔付买家,而如果发明成果成功则接受买家收益的一部分作为酬劳。为不具成效的发明成果赔付买方（即提供担保）需要资金，这直指技术市场与资本市场之间的联系。但这种担保的例子很少，可能是因为发明成果的成效取决于买方的努力和投资，而不仅仅是卖方所提供的想法的质量。由于卖方可从成功的发明成果中获得收入，这虽然为卖方提供恰当动机，但同时也削弱了买方的动机，从而可能损害了发明成果的成效 [①]；卖方为不具成效的发明成果提供担保将会进一步降低买方投资的动力，这也可能是这种担保较少的原因。

5.5　许可合同结构

部分理论研究及实证研究已经注意到许可合同涉嫌无效。Anton 和 Yao 的论文就是利用机制设计理论解决技术市场问题的应用案例之一。该领域内有大量关注许可合同结构的论文，包括许可合同是否具有排他性，合同内容是否包含特许使用金费用或固定费用以及其他合同条款等方面。Caves 等人（1983）所做的前沿研究记录了许可市场的缺陷。Gallini 和 Wright（1990）指出，基于性能的特许使用金会区别对待高价值创新还是低价值创新，因为众所周知高价值创新能够比低价值创新带来更多收益（Macho-Stadler 等，1996）。Beggs（1992）在模型中得到类似的结果，该模型中许可方缺少受让方"类型"的信息。Kamien（1992）对理论文献进行了一次调查。

关于许可合同结构的大部分实证研究均是基于欧洲、巴西和日本的数据。这类论文指出，大部分许可合同包含基于性能的特许使用金，通常还有固定费用。例如，Macho-Stadler 等人（1996）发现，241 份西班牙技术转让合同中有 72％的合同包含了特许使用金条款；而 Bessy 和 Brousseau（1998）发现近 83％的法国合同中也有类似条款。许可合同的实证研究与许可合同结构理论之间仅存在微弱联系，有时甚至会产生对立结果 [②]。Contractor（1981）发现特许使用金费率在任何已知行业的不同许可合同中几乎没有变化，而且通常是按照"拇指规则" [③]建立。Nagaoka（2005）分析了 1981—1998 年期间日本 32 个行业的数据发现，当许可合同包含专利时，更容易观察到高费率的特许使用金。但是，Villar（2004）发现在一份包含 925 份西班牙许可协议的样本中，在技术已经注册专利的情况下，各方更容易就固定支付费达成共识。近期 Bessy 等人（2008）和

[①] 这是马歇尔分成制问题的一个特殊案例——除非同时约束投入，不然仅对产出约束实为下策。

[②] 近期 Dechenaux 等人（2009）描述了大学许可合同的特性，比如胚胎技术许可中特殊问题的分期付款。胚胎技术将风险共担，阻止许可方将技术束之高阁的需求与联合发明者进行后续开发的需求结合起来。

[③] 又称"经验法则"，是指经济决策者对信息的处理方式不是按照理性预期的方式，把所有获得的信息都引入到决策模型中，他们往往遵循的是：只考虑重要信息，而忽略掉其他信息，否则信息成本无限高（参见维基百科）。——译者注。

Brousseau 等人(2007)试图运用合同理论或交易成本理论验证相关观点,以理解许可合同的结构。上述研究缺乏可以识别那些观察到的许可合同是如何影响潜在的合同设计的外生变量。

6. 技术市场存在的影响

6.1 创新劳动分工

运行良好的技术市场存在的一个影响就是为垂直专业化创造激励,这是劳动分工理论的直接应用。事实上,如表 2 所示,美国提供科学研发服务(NAIC 5417)的知名公司收入非常可观:2004 年为 750 亿美元左右,2005 年为 850 亿美元。这些知名公司的研发高度密集,约占行业总研发的 5%。

这与美国国家科学基金会(National Science Foundation,NSF)的数据报告结果一致,该报告指出,研发合同(大批量与其他公司签约)占据公司资助研发总量的比例从 1993 年的 3.7%上升到 2003 年(可获取数据的最新年份)的 5.6%。制药行业在研发外包方面十分突出,2005 年的研发外包比例为 13.2%[①]。这些数据清晰地表明了研发的专业化加大,这是关于创新劳动分工程度的一个粗略指标。美国很可能在这种趋势中成为领导者。如果能够获得可比数据,这些数据将会表明欧洲与日本劳动分工程度较低。

表 2　2004 年和 2005 年部分服务行业分类中美国知名公司预计总收入与总研发
(10 亿现值美元)

收入			研发总计	研发占行业总研发(%)	研发/业绩(%)
服务行业	NAICS 编码	2004 年	2005 年	2005 年		
专业/科学/技术服务(不包括公证)	54	966	1 058	32.0	14.2	3
科学研发服务	5 417	74.8	81.5	12.3	5.4	15
物理/工程与生命科学研发	54 171	70.0	76.4			

资料来源:科学与工程指标 2008,表 2.4-20,NSF 07-335。

---

① 参见 NSF,科学与技术指标(2008),附录表 4-51。

专门技术公司的出现，说明了美国大型公司一直只占所有开展研发公司的一小部分。如图 4 所示，大型公司占据非联合研发的比例已经从 1980 年的三分之二左右直线下降至 2005 年的略高于三分之一，其中大型公司是指雇员超过25 000 人的公司。同一时期内，小型公司的比例则从 6％上升至约 18％，这里，小型公司是指雇员人数少于 500 人的公司。而员工人数在 500～999 人之间的公司也有类似增长。毋庸置疑，这反映出美国行业结构的变革，但也表明小型公司获取合适创新租金的能力在不断增强，这可能是通过发放许可实现的。

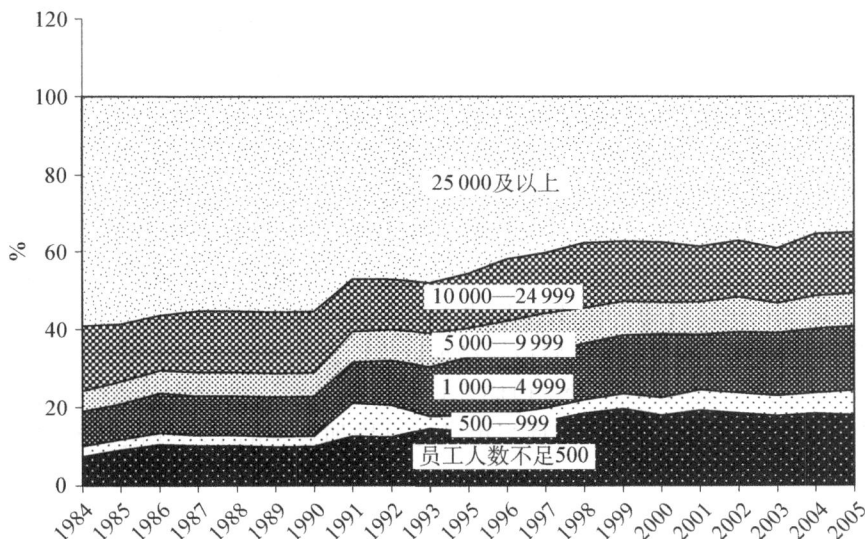

图 4　不同规模公司非联合研发份额（美国，1984—2005 年）

资料来源：不同年份的 NSF 科学和技术指标。

这种专业化反映了市场扩张向渐进式专业化转变的趋势。George Stigler指出，当一项产业活动（如生产新技术）固定成本较高时，将这一活动交由某个单一的专门生产商完成会产生最大的规模经济效益，而该单一专门生产商为整个市场服务（Stigler，1951）。但是，技术市场的不完善说明，获取外部技术的成本必须与专业化的潜在收益相抗衡。直观看来，专业化收益会随着市场规模的扩张而增加，但是正如 Bresnahan 和 Gambardella（1998）指出的那样，技术专有化的规模与产品市场的规模完全不同，他们指出，技术市场的相关规模是指不同应用或买家的数量（广度），而非是对普通应用的需求强度。简言之，一旦考虑了采用外部技术的成本，那么一家大型公司自行生产技术的成本可以比通过获取外部技术的成本更低。

Bresnahan 和 Gambardella（1998）开发了一个包括数家下游公司和一家上

游技术供应商的模型,这些下游公司互不竞争(因此可被视作下游应用),下游公司既可自行开发专门技术,亦可从技术供应商那里购买技术。一方面,技术开发需要固定成本,而下游公司开发的技术则仅可在内部使用。另一方面,上游供应商开发的技术是可应用于全部下游公司的通用技术,但是需要一定的适应成本,该成本会随需求强度的增加而增加。因此,需求较强的下游公司(即"主要买家")开发专门技术,而小型公司则购买通用技术。一个重要见解在于,随着现有市场生产者越来越多,劳动分工带来的收益也会随之上升。结果导致目前生产内部技术的公司可能转而购买技术。通过增加对技术供应商的需求,这种市场扩张同样鼓励供应商投资以使技术更加通用,降低适应成本。Gambardella 和 Giarratana(2009)发现创新劳动分工与技术通用性相辅相成——技术通用程度越高,技术供应商的专业化越强。

Arora 等(2009b)利用化工厂工程部门数据验证了 Bresnahan 和 Gambardella 所做的预测。在该模型中,大型化工公司(不止投资一个工厂的公司)要么选择由内部人士设计工厂,要么聘用外部的供应商提供设计和工程服务,即选择专业供应商(SEF)。小型公司或是聘用 SEF,或是选择不进入市场。他们假设市场中运营的 SEF 数量取决于对其服务的需求,因此也取决于潜在买家(即化工公司)的决策,由此对该模型加以推广。与 Bresnahan 和 Gambardella(1998)所作理论预测结果一致,他们发现当市场通过增加潜在买方的数量而进行扩张时,SEF 数量随之增加;而当市场通过增加买方的平均规模实现扩张时,SEF 数量不会随之增加。

6.2 上下游准入与竞争

技术市场在上游技术供应商行业和下游产品行业均提高了进入门槛和竞争程度。

如果没有技术市场,能够开发新技术的公司将无法进入,除非该公司有能力投资成本更高、风险更大的资产进行开发并实现商业化其创新成果。表 2 和图 4 表明,美国创新系统中小型公司和技术供应商变得越来越重要。我们注意到,技术市场的出现与研发服务供应商和小型公司日益增长的重要性相符合,也与一改长期下降颓势的美国专利注册增长的时间相符合。如图 5 所示,自 20 世纪 60 年代以来,美国研发投入每 100 万美元产生的专利申请数持续下降以来,在 80 年代中期出现了逆转。正如上文所言,专利使得技术专家可从其创新成果中获取适当租金(半导体请参见 Hall 和 Ziedonis,2001;软件请参见 Cockburn 和 MacGarvie,2006)。

在美国,诸如 Royalty Pharma 等专门中介公司从小型公司和大学已许可的发明中获取未来特许使用现金流,使得发明公司可以不必参与商业化也可维持

Compustat 数据库美国专利与商标局专利-研发比率

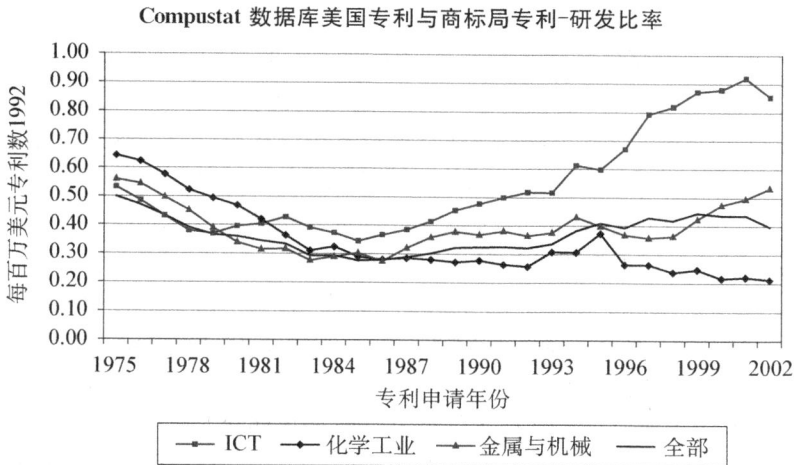

图 5　美国每百万美元研发投入所产生的专利数（1975—2002 年）

资料来源：Bronwyn Hall，私有通信。

生计。因此，尽管专利通常被视作限制竞争的手段，但也具有增强竞争的特性。Hall 和 Lerner 在本卷第 14 章中更为详尽地探讨了资助专利在创新中的重要作用。

除了辅助技术专家进入市场之外，技术市场同样刺激下游产品市场的准入与竞争。技术的可获取性降低了进入产品市场的成本，尤其是对于缺乏内部研发创新能力甚至缺乏快速模仿能力的公司而言。此外，专业技术供应商有动力提供互补性服务和专有技术知识，并降低吸收和使用技术的成本。

化学工业中化学流程的许可历史悠久，许可准入的影响对其极为明显（Arora 和 Gambardella，1998）。Lieberman（1989）发现浓缩化工产品的许可较不常见，而且当许可行为被限制时，进入量也会更少。Lieberman（1987）在针对 24 个化工产品市场的研究报告中指出，外来者注册的专利个数与产品价格急速下降有关，这再一次表明了外来者注册专利会刺激产品市场企业的进入。Arora 等（2001b）对此提供了更为直接的证据，即专业技术供应商推动了企业进入下游市场。通过收集 20 世纪 80 年代 38 个欠发达国家中建立的化学工厂的数据，他们发现专业供应商（SEF）数量的增加既增加了同一市场（一个国家的同类行业）内工厂的总量，也增加了基于外部供给技术的工厂的比例。[①] 简言之，技术市场通过在更广范围内以更低的价格获取技术，加剧了下游市场的竞争，使得原

[①] 与之相反，在 Klepper（1996）的行业震荡模型中，一个关键进入壁垒就是新公司无法凭借创新进入市场。流程创新的回报与其规模成比例，而进入者规模与既存者相比依然太小。技术市场能够让流程专家带着流程创新进入市场，但该模型的其他特征表明下游生产者仍将面对越来越高的进入壁垒。

来没有能力进入市场的公司也可以进入。

技术市场通过降低技术的稀缺性来降低技术的价值,在这里技术是关键性的竞争性资产,因此必须从其他资产中寻找竞争优势,所以,公司试图创造出具有相似特征但存在差异性的技术,并且该技术用途相对广泛。这样一来,创造某类特定产品或利基市场的能力就变得至关重要;Arora 和 Nandkumar(2007)的发现与之一致:在信息安全软件行业内,技术市场提升了公司在市场中存在的价值,同时削弱了技术能力的价值。

本节也重点强调了创新劳动分工是产生溢出的一种机制。这种溢出可通过上游技术供应商传递至系统的其他部分(Bresnahan 和 Trajtenberg,1995)。简而言之,下游行业的正向冲击(如生产率提高或新技术)引发了上游行业的正向冲击(如需求的增加或互补性技术的开发),随后传递至其他下游行业,这样两个看似毫不相关的下游行业之间的产生了联系,因为一个引起上游行业的生产率变化的冲击,随后提高了与之相联系的下游行业的生产率。例如,世界上第一个化工市场的增长带来了 SEF 的增长,随后 SEF 为欠发达国家市场提供服务,最终使得整个化学行业出现了增长,而与上游市场相关联的 SEF 是整个冲击的关键。

重要的是,溢出也能够在行业之间发生。Rosenberg(1976)在其关于 19 世纪美国机床行业的研究中发现,不同下游行业在不同时期使用不同的机器设备。例如,火器制造的出现早于缝纫机、打字机或自行车,火器行业的发展推动了金属切割和成型机器的发展,生产自行车所需的金属切割操作(如镗削、钻孔、铣加工、刨削、磨削、抛光等——参见 Rosenberg,1976:16)与火器行业十分相似,因此自行车行业可以依赖为火器行业提供服务的金属切割机械供应商进行生产,而该金属切割机械供应商无需再次学习就可为自行车生产商提供服务。跨行业学习的过程(或 Rosenberg 所称"技术融合")对于增长的传递性非常重要,但也需要上游行业中介机构的协助。

6.3 上升,下降,再次上升?

我们记得 Lamoreaux 和 Sokoloff 曾记录过 19 世纪美国的一个技术市场,但该市场在 19 世纪末期从繁荣走向衰退。到了第二次世界大战时,美国的创新由大型企业的内部实验室所主导,这种趋势一直延续到 20 世纪 60 年代。可以肯定的是,前文探讨的数据表明技术市场在 20 世纪 90 年代早期就已经走向繁荣,甚至可能时间更早。Mowery(1983)和 Teece(1988)认为,合同问题的增加削弱了 19 世纪的技术市场,而导致这些合同问题的主要原因是信息不对称。

Lamoreaux 和 Sokoloff(2005)对此提出不同意见,他们认为 19 世纪美国的技术市场与创新劳动分工密切相关,而创新劳动分工存在于独立发明家、企业家与制造商之间,而后者依赖前者的发明及技术改良,因此他们认为技术市场的衰退起因于独立发明家的减少。随后独立发明家也因此而减少,因为发明依赖于科学技术而非仅实际经验。在他们的多产专利权持有人(也就是所谓的"大发明家")的样本中,他们发现 1865 年以后出生的发明家的受教育程度明显提升,进一步地,他们指出这种技术教育水平的提高也势必限制了成为独立发明家的可能,因为发明家大多不得不去大公司找工作或是自己将发明成果商业化,尽管这些发明家的人数要比以往多得多,对于这些发明家来说,筹集大量的资本是很困难的,尤其是在以往没有良好建树的情况下。因此,能够进入资本市场的大型公司,在资助创新方面具有显著的优势。换言之,Lamoreaux 和 Sokoloff (2005)指出,研发成本的不断提高和资本市场而非技术市场的合同问题的增加均是导致19 世纪技术市场衰退的原因。

Aghion 和 Tirole (1994)的模型也合理解释了资本受限这一问题。在该模型中,买方和卖方(尤其是研发单位)均提供了投入资金来促进发明成功。他们指出当卖方不可缩减投入但现金有限时,买方却可能会获得最终控制权,即便由研发单位控制更为有效。因此,融资受限可能抑制创新劳动分工。Lerner 和 Merges (1998)指出,在生物技术许可和研发合同中,买方为研发提供资助更易获得控制权,而此时出资实施研发的公司处于弱势。

我们对此进行补充性说明,以此呼吁需求侧变革。20 世纪早期市场出现了许多整合,导致出现了大型钱德勒式公司[①]。尽管伴随着人口增长,这种生产联合也会至少造成了更深入而非更广泛的潜在技术供应商市场。沿用 Bresnahan 和 Gambardella (1998)的观点,这说明技术供应专业化的收入在减少。事实上,在化工行业劳动分工的实证研究中,Arora 等人(2009b)发现随着市场中大型企业的市场份额不断上升,进入市场的小型公司会更少,并且专业化供应商的数量也在减少。我们发现 Anton 和 Yao (1994,2002)的理论也做出了类似的预测:潜在买方之间的竞争减弱会降低发明家从其发明成果中获取适当租金的能力,从而减少创新者的数量。

上述这些原因同样可用于解释 20 世纪 80 年代技术市场的复兴。资本市场(尤其是资助年轻、有技术基础、敢于冒险的发明家的资本市场)规模的扩大和复杂性的增加无疑缓解了发明家/企业家所面临的挑战。同样的,不断增长的科学和工程基础的技术变革,与包容的公共政策一道提高了专利保护的有效性。Arora 和 Gambardella (1994a)认为方式的改进(尤其是信息技术)增加了科学

---

① 纵向一体化的大公司——译者注。

知识的应用,有助于提高知识的可交易性,同时扩大了新技术的应用规模。[①] 此外,工业活动的变化扩大了潜在的技术市场,使得创新更具通用性,这会进一步促进技术专业供应商的发展。

这些考量同样表明,美国长期采用的专利保护制度(尤其是对小发明家的专利保护),将会为技术市场的繁荣提供更加友好的环境。然而除了 Khan 和 Sokoloff 对 19 世纪英国和美国的专利注册成本所做的对比研究(Khan 和 Sokoloff,2004),我们尚未看到其他任何有关美国以外的技术市场为何没有同美国一样蓬勃发展的系统研究。

7. 结论以及进一步研究的方法

尽管面临诸多挑战,但在过去 20 年间脱离实体的技术交易持续增长并且已规模可观。但是,无论是跨区域还是跨行业,技术交易的范围及发展一直都不均衡。除了一些因素外,对于决定技术市场范围的因素以及这些因素如何在行业与技术之间、时间和空间之间变化的问题,我们几乎一无所知,这将是未来进一步研究的方向。

相关文献一直聚焦于交易以及与选择相关的交易成本方面,模型似乎过于简单。关于广泛意义上交易的关注也非常少,这与技术交易是专门设定的、不常有的观点一致。技术市场交易量持续不断的增长,使得理解技术市场而不是简单的理解交易的特殊性非常重要。

技术市场一个尤其重要的方面在于专门的技术供应商的增长。创新劳动分工(包括技术的本质)的决定因素、知识产权保护的条件以及产品市场的行业结构都将成为未来研究的重要主题。通用技术在创新过程中的特殊作用提醒我们需要注意两点:其一,劳动分工的潜在重要性;其二,在不考虑投入要素(包括技术)的情况下分析一个行业的潜在风险。

另一个可能会富有成果的研究领域是公司的内部组织如何与技术市场互动的问题。目前已有管理学书籍(如 Chesbrough,2003)给予了一些指示,分析与实证探究公司内部组织如何影响其对技术市场的参与,或者反过来分析技术市场可能如何影响公司的组织形式,尤其是公司内部如何管理研发。

[①] Kortum 和 Lerner (1999)在检验不同的经济政治阐释之后总结认为,1983 年后美国专利注册的飞跃不能归因于诸如建立美国联邦巡回区上诉法院(the Court of Appeals of the Federal Circuit)这样的政策转变。他们认为研究生产率广泛提升与研究管理转变反而更像是原因之一。但是,Hall 和 Ziedonis (2001)表明这种增长部分原因在于半导体行业内专利组合的竞赛,该竞赛源于 20 世纪 80 年代早期因政策转变导致的专利强度的增强。

最大的研究空白领域可能是技术市场的影响,尤其是对生产率的增长与产业结构的影响。大多数经济学家都认同交易是互利共赢的,因为交易可以改善资源配置并提高效率。放宽诸如技术等交易产业的投入条件,将会产生重要的、可衡量的影响。本文回顾的几项研究表明,它们能够降低进入壁垒并加剧竞争。国际技术扩散(参见第二卷第 3 章)研究文献中的一些证据同样表明其对劳动率的提升有潜在影响,但是证据较为复杂,技术交易的作用也比较模糊,因此急需系统性的分析,来验证技术市场是如何影响创新性行为的增长率与创新方向的。

参考文献

Aghion, P., Tirole, J. (1994). "The mangement of innovation". Quarterly Journal of Economics 109 (4),1183 - 1209.

Akerlof, G. A. (1970). "The market for 'Lemons': Quality uncertainty and the market mechanism". Quarterly Journal of Economics 84(3),488 - 500.

Allen, R. (1983). "Collective invention". Journal of Economic Behavior and Organization 4, 1 - 24.

Anand, B. N., Khanna, T. (2000). "The structure of licensing contracts". Journal of Industrial Economics 48(1),103 - 135.

Anton, J. J., Yao, D. A. (1994). "Expropriation and inventions: Appropriable rents in the absence of property rights". American Economic Review 84(1),190 - 209.

Anton, J. J., Yao, D. A. (2002). "The sale of ideas: Strategic disclosure, property rights, and contracting". Review of Economic Studies 69 (240),513 - 531.

Arora, A. (1995). "Licensing tacit knowledge: Intellectual property rights and the market for know-how". Economics of Innovation and New Technology 4,41 - 59.

Arora, A. (1996). "Contracting for tacit knowledge: The provision of technical services in technology licensing contracts". Journal of Development Economics 50(2),233 - 256.

Arora, A., Ceccagnoli, M. (2006). "Patent protection, complementary assets, and firms' incentives for technology licensing". Management Science 52(2),293 - 308.

Arora, A., Fosfuri, A. (2003). "Licensing the market for technology". Journal of Economic Behavior and Organization 52(2),277 - 295.

Arora, A., Gambardella, A. (1990). "Complementarites and external linkages: The strategies of the large firms in biotechnology". The Journal ofIndustrial Economics 38(4), 361 - 379.

Arora, A., Gambardella, A. (1994a). "The changing technology of technical change: General and abstract knowledge and the division of innovative labour". Research Policy 23, 523 - 532.

Arora, A., Gambardella, A. (1994b). "Evaluating technological information and utilizing it: Scientific knowledge, technological capability, and external linkages in biotechnology". Journal of Economic Behavior and Organization 24(1),91 - 114.

Arora, A., Gambardella, A. (1998). "Evolution of industry structure in the chemical industry". In: Ashish Arora, R. L., Rosenberg, Nathan (Eds.), Chemicals and Long-

Term Economic Growth. Wiley, New York.

Arora, A. , Merges, R. P. (2004). "Specialized supply firms, property rights and firm boundaries". Industrial and Corporate Change 13(3),451 – 75.

Arora, A. , Nandkumar, A. (2007). Securing their Future? Entry and Survival in the Information Security Industry. NBER Working Paper No. 13634.

Arora, A. , Fosfuri, A. , Gambardella, A. (2001a). Markets for Technology: The Economics ofInnovation and Corporate Strategy. MIT Press, Cambridge, MA.

Arora, A. , Fosfuri, A. , Gambardella, A. (2001b). "Specialized technology suppliers, international spillovers and investments: Evidence from the chemical industry". Journal of Development Economics 65(1),31 – 54.

Arora, A. , Fosfuri, A. , Gambardella, A. (2008). "Patents and the market for technology". In: Maskus, K. E. (Ed.), Intellectual Property Rights, Growth and Trade. Amsterdam, Oxford, Elsevier Press, pp. 123 – 156.

Arora, A. , Gambardella, A. , Magazzini, L. , Pammoli, F. (2009a). "A breadth of fresh air? Firm type, scale, scope and selection effects in drug development". Management Science 55(10),1638 – 1653.

Arora, A. , Vogt, W. , Yoon, J. (2009b). "Is the division of labor limited by the extent of the market?: Evidence from chemical industry". Industrial and Corporate Change 18(5), 785 – 806.

Arrow, K. (1962). Economic Welfare and the Allocation of Resources for Invention, The Rate and Direction of Inventive Activity: Economic and Social Factors: 609 – 625. Princeton University Press, Princeton, NJ.

Athreye, S. , Cantwell, J. (2007). "Creating competition? Globalisation and the emergence of new technologyproducers". Research Policy 36(2),209 – 226.

Bascavusoglu, E. , Zuniga, M. P. (2002). Foreign Patent Rights, Technology and Disembodied Knowledge Transfer Cross Borders: An Empirical Application. University of Paris I, France.

Beggs, A. W. (1992). "The licensing of patents under asymmetric information". International Journal of Industrial Organization 10(2),171 – 191.

Bessy, C. , Brousseau, E. (1998). "Technology licensing contracts: Features and diversity". International Review of Law and Economics 18(4),451 – 89.

Bessy, C. , Brousseau, E. , Saussier, S. (2008). "Payment schemes in technology licensing agreements: A

transaction cost approach" http://economix. u-paris10. fr/pdf/workshops/2008_contracting/ Bessy-Brousseau-Saussier-Apri_08. pdf. Unpublished working paper.

Branstetter, L. G. , Fisman, R. , Foley, C. F. (2006). "Do stronger intellectual property rights increase international technology transfer? Empirical evidence from U. S. firm-level panel data". Quarterly Journal of Economics 121(1),321 – 349.

Bresnahan, T. F. , Gambardella, A. (1998). "The division of inventive labor and the extent of the market". In: Helpman, E. (Ed.), General Purpose Technologies and Economic Growth. MIT Press, Cambridge, MA, pp. 253 – 281.

Bresnahan, T. F. , Greenstein, S. (1996). "Technical progess and co-invention in computing and in the use of computers' brookings papers on economic activity". Microeconomics 1 – 78.

Bresnahan, T. F., Trajtenberg, M. (1995). "General purpose technologies: 'Engines of growth'?" Journal of Econometrics 65(1), 83 – 108.

Brousseau, E., Coeurderoy, R., Chaserant, C. (2007). "The governance of contracts: Empirical evidence on technology licensing agreements". Journal of Institutional and Theoretical Economics 163(2), 205 – 235.

Brusoni, S., Prencipe, A., Pavitt, K. (2001). "Knowledge specialization, organizational coupling, and the boundaries of the firm: Why do firms know more than they make?" Administrative Science Quarterly 46(4), 597 – 621.

Cassiman, B., Veugelers, R. (2002). "R&D cooperation and spillovers: Some empirical evidence from Belgium". American Economic Review 92(4), 1169 – 1184.

Cassiman, B., Veugelers, R. (2006). "In search of complementarity in innovation strategy: Internal R&D and external knowledge acquisition". Management Science 52(1), 68 – 82.

Caves, R. E., Crookell, H., Killing, J. P. (1983). "The imperfect market for technology licenses". Oxford Bulletin of Economics and Statistics 45(3), 223 – 248.

Cesaroni, F. (2003). "Technology strategies in the knowledge economy: The licensing activity of Himont". International Journal of Innovation Management 7(2), 1 – 23.

Chesbrough, H. W. (2003). Open Innovation: The New Imperative for Creating and Profiting From Technology. Harvard Business School Press, Boston, MA.

Cheung, S. N. S. (1968). "Private property rights and sharecropping". Journal of Political Economy 76(6), 1107 – 1122.

Cockburn, I. M., Henderson, R. (2003). The IPO Survey on Strategic Management of Intellectual Property. Conference Report. Intellectual Property Owners Association, Washington, DC, November 2003.

Cockburn, I. M., MacGarvie, M. (2006). Entry, Exit and Patenting in the Software Industry. NBER Working Papers 12563.

Cockburn, I. M., MacGarvie, M., Muller, E. (2008). Patent Thickets, Licensing and Innovative Performance. ZEW Discussion Papers: 08 – 101.

Cohen, W. M., Kepler, S. (1992). "The anatomy of industry R&D intensity distributions". The American Economic Review 82(4), 773 – 799.

Cohen, W. M., Levinthal, D. A. (1989). "Innovation and learning: The two faces of R&D". Economic Journal 99 (397), 569 – 596.

Cohen, W. M., Goto, A., Nagata, A., Nelson, R., Walsh, J. P. (2002). "R&D spillovers, patents and the incentives to innovate in Japan and the United States". Research Policy 31(8 – 9), 1349 – 1367.

Contractor, F. J. (1981). International Technology Licensing. Lexington, MA, D C Heath and Company.

Corts, K. S. (2000). "Focused firms and the incentive to innovate". Journal of Economics and Management Strategy 9 (3), 339 – 362.

Danzon, P. M., Nicholson, S., Pereira, N. (2005). "Productivity in pharma-biotechnology R&D: The role of experience and alliances". Journal of Health Economics 24 (2), 317 – 339.

Dasgupta, P., David, P. (1994). "Towards a new economics of science". Research Policy 23, 487 – 521.

Dechenaux, E., Thursby, M., Thursby, J. (2009). "Shirking, sharing risk and shelving:

The role of university license contracts". International Journal of Industrial Organization 27 (1),80 - 91.

Fink, C. (1997). "Intellectual property rights and U. S. and German international transactions in manufacturing industries". Unpublished manuscript. On file with Duke Journal of Comparative and International Law.

Foray, D. , Lissoni, F. (2010). "University research and public-private interaction". In: Hall, B. , Rosenberg, N. (Eds.), Handbook of Economics of Innovation. Amsterdam, Elsevier.

Ford, D. , Ryan, C. (1981). "Taking technology to market". Harvard Business Review 59 (2),117 - 126.

Forman, C. , Goldfarb, A. , Greenstein, S. (2008). "Understanding the inputs into innovation: Do cities substitute for internal firm resources?" Journal of Economics and Management Strategy 17(2),295 - 316.

Fosfuri, A. (2004). "Determinants of international activity: Evidence from the chemical processing industry". Research Policy 33(10),1599 - 1614.

Fosfuri, A. (2006). "The licensing dilemma: Understanding the determinants of the rate of technology licensing". Strategic Management Journal 27(12),1141 - 1158.

Fosfuri, A. , Giarratana, M. S. , Luzzi, A. (2008). "The penguin has entered the building: The commercialization of open source software products". Organization Science 19 (2), 227 - 291.

Gallini, N. (1984). "Deterrence through market sharing: A strategic incentive for licensing". American Economic Review 74(5),931 - 941.

Gallini, N. T. , Wright, B. D. (1990). "Technology transfer under asymmetric information". RAND Journal of Economics 21(1),147 - 160.

Gambardella, A. (1995). Science and Innovation: The US Pharmaceutical Industry During the 1980s. Cambridge University Press, Cambridge, MA.

Gambardella, A. , Giarratana, M. S. (2009). General Technologies, Product-Market Fragmentation, and the Market for Technology: Evidence from the Software Security Industry. draft-Bocconi University, Milan.

Gambardella, A. , Hall, B. H. (2006). "Proprietary vs public domain licensing in software and research products". Research Policy 35(6),875 - 892.

Gambardella, A. , Torrisi, S. (1998). "Does technological convergence imply convergence in markets? Evidence from the electronics industry". Research Policy 27(5),445 - 63.

Gans, J. S. , Stern, S. (2000). "Incumbency and R&D incentives: Licensing the gale of creative destruction". Journal ofEconomics and Management Strategy 9 (4),485 - 511.

Gans, J. S. , Stern, S. (2010). Is There a Market for Ideas? Industrial and Corporate Change. Forthcoming.

Gans, J. S. , Hsu, D. , Stern, S. (2002). "When does start-up innovation spur the gale of creative destruction?" RAND Journal of Economics 33(4),571 - 586.

Gans, J. S. , Hsu, D. , Stern, S. (2008). "The impact of uncertain intellectual property rights on the market for ideas: Evidence from patent grant delays". Management Science 52 (5),982 - 997.

Giarratana, M. S. (2004). "The birth of a new industry: Entry by start-ups and the drivers of firm growth. The case of encryption software". Research Policy 33(5),787 - 806.

Gilbert, R., Shapiro, C. (1997). "Antitrust issues in the licensing of intellectual property: The nine no-no's meet the nineties". Microeconomics 1997, 283 – 349 Brookings Papers on Economic Activity.

Guedj, I. (2005). Ownership vs. Contract: How Vertical Integration Affects Investment Decisions in Pharmaceutical R&D. Unviveristy of Texas Austin Business School, Texas. Unpublished paper.

Hagedoorn, J. (2002). "Inter-firm R&D partnerships: An overview of major trends and patterns since 1960". ResearchPolicy31(4), 477 – 492.

Hall, B. H., Ziedonis, R. H. (2001). "The patent paradox revisited: An empirical study of patenting in the US semiconductor industry 1979 – 1995". RAND Journal of Economics 32 (1), 101 – 128.

Heller, M., Eisenberg, R. (1998). "Can patents deter innovation? The anticommons in biomedical research". Science 698 – 701.

Higgins, M. J., Rodriguez, D. (2006). "The outsourcing of R&D through acquisitions in the pharmaceutical industry". Journal of Financial Economics 80(2), 351 – 383.

Hoekman, B. M., Maskus, K. E., Saggi, K. (2005). "Transfer of technology to developing countries: Unilateral and multilateral policy options". World Development 33 (10), 1587 – 1602.

Jensen, R., Thursby, M. (2004). "Proofs and prototypes for sale: The licensing of university inventions". American Economic Review 91(1), 240 – 259.

Kamien, M. I. (1992). "Patent licensing". In: Aumann, R. J., Hart, S. (Eds.), Handbook of Game Theory with Economic Applica tions, vol. 1. Elsevier Science, North Holland, pp. 331 – 354.

Kamien, M., Tauman, Y. (1986). "Fees versus royalties and the private value of a patent". Quarterly Journal of Economics 101(3), 471 – 491.

Katz, M. L., Shapiro, C. (1986). "How to license intangible property". Quarterly Journal of Economics 101(3), 567 – 589.

Khan, B. Z., Sokoloff, K. L. (2004). "Institutions and democratic invention in 19th-century America: Evidence from "Great Inventors," 1790 – 1930". American Economic Review 94 (2), 395 – 401.

Klepper, S. (1996). "Entry, exit, growth, and innovation over the product life cycle". The American Economic Review 86(3), 562 – 583.

Kollmer, H., Dowling, M. (2004). "Licensing as a commercialisation strategy for new technology-based firms". Research Policy 33(8), 1141 – 1151.

Kortum, S., Lerner, J. (1999). "What is behind the recent surge in patenting?" Research Policy 28(1), 1 – 22.

Lamoreaux, N. R., Sokoloff, K. L. (1996). "Long-term change in the organization of inventive activity". Proceedings of the National Academy of Sciences of the United States of America 93(23), 12686 – 12692.

Lamoreaux, N. R., Sokoloff, K. L. (1999). "Inventors, firms, and the market for technology in the late nineneteenth and early twentieth centuries". In: Lamoreaux, N. R., Raff, D. M. G., Temin, P. (Eds.), Learning by Doing in Markets, Firms, and Countries. University of Chicago Press, Chicago, IL.

Lamoreaux, N. R., Sokoloff, K. L. (2001). "Market trade in patents and the rise of a class of specialized inventors in the 19th-century United States". The American Economic Review 91(2),39 – 44.

Lamoreaux, N. R. , Sokoloff, K. L. (2005). The Decline of the Independent Inventor: A Schumpterian Story? NBER Working Paper 11654.

Lemley, M. A. , Shapiro, C. (2007). "Patent holdup and royalty stacking". Texas Law Review 85(7),1991 – 2049.

Lerner, J. , Merges, R. P. (1998). "The control of technology alliances: An empirical analysis of the biotechnology industry". Journal of Industrial Economics 46(2),125 – 156.

Lieberman, M. B. (1987). "Patents, learning by doing, and market structure in the chemical processing industries". International Journal of Industrial Organization 5(3),257 – 276.

Lieberman, M. B. (1989). "The learning curve, technological barriers to entry, and competitive survival in the chemical processing industries". Strategic Management Journal 10(5),431 – 447.

Macho-Stadler, I. , Martinez-Giralt, X. , Perez-Castrillo, J. D. (1996). "The role of information in licensing contract design". Research Policy 25(1),43 – 57.

Maine, E. , Garnsey, E. (2006). "Commercializing generic technology: The case of advanced materials ventures". Research Policy 35(3),375 – 393.

Malerba, F. , Nelson, R. , Orsenigo, L. , Winter, S. (2008). "Vertical integration and disintegration of computer firms: A history- friendly model of the coevolution of the computer and semiconductor industries". Industrial and Corporate Change 17(2),197 – 231.

McGahan, A. M. , Silverman, B. (2006). "Profiting from technological innovation: The effect of competitor patenting on firm value". Research Policy 35(8),1222 – 1242.

Mendi, P. (2007). "Trade in disembodied technology and total factor productivity in OECD countries". Research Policy 36(1),121 – 133.

Merges, R. P. , Nelson, R. R. (1990). "On the complex economics of patent scope". Columbia Law Review 90(4),839 – 916.

Motohashi, K. (2008). "Licensing or not licensing? An empirical analysis of the strategic use of patents by Japanese firms". Research Policy 37(9),1548 – 1555.

Mowery, D. (1983). "The relationship between intrafirm and contractual forms of industrial research in american manufacturing, 1900 – 1940". Explorations in Economic History 20, 351 – 374.

Mowery, D. C. (1984). "Firm structure, government policy, and the organization of industrial research". Business History Review 58(4),504 – 531.

Mowery, D. C. , Nelson, R. R. , Sampat, B. N. , Ziedonis, A. A. (2001). "The growth of patenting and licensing by U. S. universities: An assessment of the effects of the Bayh-Dole act of 1980". Research Policy 30(1),99.

Murray, F. , Stern, S. (2007). "Do formal intellectual property rights hinder the free flow of scientific knowledge? An empirical test of the anti-commons hypothesis". Journal of Economic Behavior and Organization 63(4),648 – 687.

Nagaoka, S. (2002). "Impacts of intellectual property rights protection on international licensing: Evidence from the licensing contracts of Japanese industry", Working paper 02 – 04, Institute of Innovation research, Hitotsubashi University.

Nagaoka, S. (2005). "Determinants ofhigh-royalty contracts and the impact of stronger protection of intellectual property rights in Japan". Journal of the Japanese and International

Economies 19 (2),233 - 254.

Nuvolari, A. (2004). "Collective invention during the British Industrial Revolution: The case of the Cornish pumping engine". Cambridge Journal of Economics 28(3),347 - 363.

Pisano, G. (1990). "The R&D boundaries of the firm: An empirical analysis". Administrative Science Quarterly 35,153 - 176.

Pisano, G. (1997). R&D Performance, Collaborative Arrangements, and the Market for Know-How: A Test of the 'Lemons' Hypothesis in Biotechnology. Harvard Business School, Cambridge, MA. Mimeo.

Robbins, C. (2006). Measuring Payments for the Supply and Use of Intellectual Property. Bureau of Economic Analysis, U. S. Department of Commerce, Washington, DC.

Rockett, K. E. (1990). "Choosing the Competition and Patent Licensing". RAND Journal of Economics 21(1),161 - 171.

Rosenberg, N. (1976). Technological Change in the Machine Tool Industry, Perspectives on Technology. Cambridge University Press, Cambridge, New York, pp. 11 - 31.

Rosenberg, N. (1990). "Why do firms do basic research (with their own money)?" Research Policy 19 (2),165.

Rosenberg, N. (1996). "Uncertainty and technology change". In: Landau, R. , Taylor, T. , Wright, G. (Eds.), The Mosaic of Economic Growth. Stanford University Press, Stanford, CA, pp. 334 - 356.

Rotemberg, J. J. , Saloner, G. (1994). "Benefits of narrow business strategies". American Economic Review 84(5),1330 - 1349.

Roth, A. E. (2008). "What have we learned from market design? Hahn lecture". Economic Journal 118,285 - 310.

Scotchmer, S. (1991). "Standing on the shoulders of giants: Cumulative research and the patent law". Journal of Economic Perspectives 5(1),29 - 41.

Shapiro, C. (2000). "Navigating the patent thicket: Cross licenses, patent pools, and standard setting". NBER Innovation Policy and the Economy 1(1),119 - 150.

Sheehan, J. , Martinez, C. , Guellec, D. (2004). Understanding Business Patenting and Licensing: Results of a Survey, Patents, Innovation and Economic Performance— Proceedings of an OECD Conference: Chapter 4. Paris, France, Organisation for Economic Co-operation and Development.

Shepard, A. (1987). "Licensing to enhance demand for new technology". RAND Journal of Economics 18(3),360 - 368.

Smith, P. J. (2001). "How do foreign patent rights affect U. S. exports, affiliate sales, and licenses?" Journal of International Economics 55(2),411 - 439.

Stigler, G. J. (1951). "The Division of Labor is Limited by the Extent of the Market". The Journal of Political Economy 59 (3),185 - 193.

Taylor, C. A. , Silberston, A. Z. (1973). D. A. E. Monograph 23. The Economic Impact of the Patent System: A Study of the British Experience. University of Cambridge, Cambridge.

Teece, D. J. (1986). "Profiting from technological innovation". Research Policy 15, 285 - 305.

Teece, D. J. (1988). "Technological change and the nature of the firm". In: Dosi, G. , Freeman, C. , Nelson, R. , Soete, L. (Eds.), Technological Change and Economic

Theory. London, Printer Publishers, pp. 257 – 281.

Thoma, G. (2009). "Striving for a large market: Evidence from a general-purpose technology in action". Industrial and Corporate Change 18(1),107 – 138.

Thursby, J. G. , Thursby, M. C. (2002). "Who is selling the ivory tower? Sources of growth in university licensing". Management Science 48, 90 – 104 (1 Special Issue on University Entrepreneurship and Technology Transfer).

Ulset, S. (1996). "R&D outsourcing and contractual governance: An empirical study of commercial R&D projects". Journal of Economic Behavior and Organization 30(1),63 – 82.

Villar, M. C. (2004). The structure of payments of technology licensing agreements, The case of Spain. Unpublished Manuscript. European University Institute, Florence.

von Hippel, E. (1987). "Cooperation between rivals: Informal know-how trading". Research Policy 16(6),291 – 302.

Walsh, J. P. , Arora, A. , Cohen, W. M. (2003). "Working through the patent problem". Science 299 (5609),1020.

Walsh, J. P. , Cohen, W. M. , Cho, C. (2007). "Where excludability matters: Material versus intellectual property in academic biomedical research". Research Policy 36(8),1184 – 1203.

Williamson, O. (1985). The Economic Institutions of Capitalism: Firms, Markets, Relational Contracting. Free Press, New York and London.

Winder, G. M. (1995). "Before the corporation and mass production: The licensing regime in the manufacture of North American harvesting machinery, 1830 – 1910". Annals of the Association of American Geographers 85(3),521 – 552.

Winter, S. (1987). "Knowledge and competence as strategic assets". In: Teece, D. J. (Ed.), The Competitive Challenge: Strategies for Industrial Innovation and Renewal. Harper and Rowe, New York, NY.

Yang, G. F. , Maskus, K. E. (2001). "Intellectual property rights and licensing: An econometric investigation". Weltwirtschaftliches Archiv 137(1),58 – 79.

Zeckhauser, R. (1996). "The challenge of contracting for technological information". Proceedings of the National Academy of Sciences of the United States of America 93(23), 12743 – 12748.

Zuniga, M. P. , Guellec, D. (2008). Survey on Patent Licensing: Initial Results from Europe and Japan. OECD, Paris.

第 16 章

技术创新和公司理论：企业层面知识、互补性和动态能力的作用

David J. Teece
国际商务 Thomas W. Tusher 教席终身教授
加州大学伯克利分校哈斯商学院
美国，加利福尼亚州

目录

摘要

    公司是实现创新与技术变革的核心行为体。由于 20 世纪的诸多大型工业实验室已经让

位于组织上和地理上更为分散的技术资源,因此工业实验室更加看重经理人的协调能力。动态能力包括公司用于创造和获取价值的技能、程序、组织结构以及决策规则。经理人必须能够感知机遇、创建商业模式以将机会资本化并重置其组织机构,有时还需要根据商业环境及技术转移重置其所在行业。这方面的核心员工均是专家(知识分子与计算天才),管理此类员工要求公司具有层级明确的晋升机制、灵活的团队以及绩效激励机制。为实现上述设想,需要扩充公司理论以用于解释机会与机会主义、公司边界内外协调、不同公司能力层级的变化以及公司为何通常优于市场,而此类市场的职能是无形资产的创造、转让以及保护。互补性和协同专业化作为两个新兴概念被提出,而这两个概念与获得超额回报的创新型企业密切相关。

关键词

专属权　商业生态系统　协同专业化　创造力　动态能力　企业家　层级制度　创新
无形资产　知识分子　计算天才　组织结构　战略性管理　交易成本

1. 引言

过去 50 年间，欧洲发达经济体和美国经历了一次翻天覆地的转型。以供给驱动理念（产品制造后，然后由消费者来购买）为特征、依赖于大规模生产的工业时代已经让步于[1]以消费者为中心[2]的理念，其特征为消费者信息优化、反馈周期缩短以及企业内部关系密集化。与此同时，随着生产知识来源的地缘多样性与组织多样性以及新型组织方式的出现[3]，创新组织结构正在经历转型。

在创新驱动的经济体中，对于新产品和新服务的创造与生产而言，无形资产（包括关系资本）至关重要。众所周知，在这类经济体中公司即便不是最重要的组织机构，也是实现技术变革的关键组织机构。尽管在这种情况下事实很残酷，但是正如 Rosenberg（1982）在 25 年前指出的那样，公司经济理论仍是一只"黑匣子"，用于展示并理解新产品与新服务产生并实现可盈利商业化的过程。作为一门学科，经济学已经成功解读了技术变革带来的影响，但是企业层面与市场的决定因素仍令人捉摸不清。

尽管商业企业在决定与其有关的技术变革的速率、方向与本质时起重大作用，但是包括资助机构与法律框架在内的企业生态系统仍极具重要性，后者却在关于企业表现的理论化中被遗漏。与之相似，企业经济学理论经常未曾对能力增强、技术转让以及其管理进行考量，忽略其在当今产业版图中的重要性。技术驱动型公司尤其需要直面如何管理与整合不同国家、不同时区以及不同组织边界的高技术专家（知识分子与计算天才）的产出这一问题。管理不仅涉及激励人才并保证完成任务，还包括战略性的组成部分——分配何种任务，设置何种优先权，利用何种资源以及从何处获取这些资源。为了应对上述挑战，商业企业需要开拓能力并在全球范围内完成分配，而经济理论才刚刚认识到这一点。

---

[1] 参见 Piore 和 Sabel（1984），他们是第一批吹响大规模生产结束号角的学者之一。

[2] 当今时代，大公司不再受大工会钳制，而 Galbraith（1952）曾认为大工会的存在十分必要；如今大公司反而受有选择权的客户控制，而与之竞争的小型企业通过利用其国内或海外生产基地也可牵制大公司。企业能力的全球竞争与分散形成了上述趋势。花旗银行、IBM、美国电话电报公司、西尔斯公司以及通用汽车等大型知名企业感到其生存受到威胁，因此他们决定为了生存而转型。与此同时，苹果、思科、戴尔、谷歌、微软以及沃尔玛等仅有 25 年左右历史的公司在现有产业版图中至关重要。在这个新世界中，进入者而非在位者往往是大部分工作岗位的创造者。

[3] 参见如 Teece（2000）。毋庸置疑，技术变革是推动经济增长的第一生产力，同时对两次世界大战期间的产出亦起到关键性作用。

本章并不对技术变革的经济学进行综述,因为已存有大量文献。与之相反,探讨范围仅限于本质上与创新活动及其公司内部管理有关却被忽视的主题,包括:

(1)概述过去 100 年间公司发起的研发与创新活动历史,从整体层面描述在过去一个世纪中,与私人部门研发活动相关的组织模式所发生的改变。

(2)企业创新的格局,包括机构设置、市场结构(经济学家对此过度关注)以及技术环境。

(3)公司能力与动态能力框架概念的介绍。

(4)阐释促进创新的内部结构及激励机制,包括专家管理。

(5)创新公司的一套理论。公司如何在解决合同问题的同时为专有技术的创造与管理拓展并配置能力。本文提出的创新公司理论并不能替代交易成本理论,而是在 Coase-Williamson 公司理论的维度中加入了能力维度。

2. 企业层面研发的组织与环境

在北美地区、欧洲以及亚洲的发达经济体中,商业公司处于技术创新体系的核心位置[①]。20 世纪行业研发的出现与发展诞生于美国,其次出现于欧洲,这一现象必将排在现代史上最重要的经济发展现象之列[②]。

这种企业层面的研发一直持续演变以应对竞争机会与压力,其内部组织以及与外部参与者之间的关系已经完全改变。与 100 年前甚至 20 年前的全球格局相比,如今创新所处的全球格局已经完全不同。

行业研发是指天才科学家和/或工程师,即计算天才,进行新产品、新流程和新服务创造的活动。"研发"囊括数个类别的活动,这些活动可以在多个组织之间以任一顺序进行。纯粹针对新知识创造的基础研究,其目的在于产生对现象的新理解;亦有期望产生实际回报而非商业回报的应用研究。开发则是指整合一个产品或一项服务背后的技术并不断打磨以期实现商业应用的过程。这些活动之间的边界十分模糊,组织与连接方式亦时移势迁。

美国行业研究的起源可追溯至 19 世纪早期,那时 Eli Whitney(轧棉机)和 Charles Goodyear(硫化橡胶)等独立发明家自行商业化其发明成果,但是通常只有微薄的收益。19 世纪后期,科学开始应用于染料、化工、电力以及通信等诸多行业。

[①] 这并非是为了令 Nelson (1993)与其他文献中探讨的资助机构的关键性作用大打折扣,但是本章的重点在于公司的内部运营。

[②] 更多详细历史概览请参见 Mowery 和 Rosenberg (1989)以及 Hounshell (1996)。

　　企业研究实验室首先出现于 19 世纪晚期的德国化工行业，因为之前强力专利保护的实施让猖獗的模仿抄袭行为戛然而止（Hounshell 和 Smith，1988，p. 4）。而美国第一家组织有序的研究实验室则是由发明家 Thomas Edison 组建于 1876 年。1886 年，一位名叫 Arthur D. Little 的应用科学家创建了自己的公司，此后该公司成为其他企业的主要技术服务/咨询公司。

　　1890 年《谢尔曼反托拉斯法》（Sherman Antitrust Act）出台并引导公司寻找超越竞争对手的新方式，此后基于德国模式的企业实验室在美国迅速出现。第一次世界大战前的几年间，伊士曼柯达公司（1893）、百路驰公司（1895）、通用电气（1900）、美国陶氏化学公司（1900）、杜邦公司（1902）、固特异轮胎公司（1909）以及美国电话电报公司（1907）陆续建立起重要的研发实验室。

　　理特咨询公司（Arthur D. Little）以及梅隆工业研究所（Mellon Institute of Industrial Research）等独立研究组织在 20 世纪早期仍在持续发展，后来被飞速扩张的内部研究所超越（Mowery，1983）。但是，随着越来越多的技术合同问题出现，加之可通过制造整合便可达到高效，这意味着外部研发仅仅能辅助内部研究，却无法替代内部研究（Armour 和 Teece，1980）。

　　正式研发项目及实验室的启动与建立部分源于竞争性威胁。例如，美国电话电报公司起初效仿电报行业的实践，即依靠市场（也就是外包）进行技术创新。但是，随着贝尔专利的到期以及独立电话公司数量的大幅增加，公司由此受到刺激而组建贝尔实验室以期在内部产生发明与创新。与之相似，竞争促使 George Eastman 在纽约市罗彻斯特的柯达工业园建立实验室，用以对抗德国染剂与化工公司为进入感光化学品与胶片制造行业。

　　20 世纪早期，研究实验室的数量剧增。截至第一次世界大战，美国有多达 100 家工业研究实验室。这一数字在第一次世界大战期间翻了两倍。即便在大萧条时期，工业研发仍然以此势头发展。研究实验室聘用的科学家和研究工程师数量从 1921 年的 2 775 名增加到 1940 年的近 30 000 名。

　　美国内战时期，部分实验室在基础研究方面取得重大进展。1927 年，Clinton Davisson 开始在贝尔实验室进行电子衍射研究。这项研究使其在 1937 年荣获诺贝尔物理学奖。在杜邦公司，Wallace Carothers 创立并发表了聚合物的一般理论，之后又在 1930 年创造出合成橡胶，随后发明了一种强度高、韧性好且防水的纤维，命名为尼龙。这些技术突破本身就极具重要性，但是将其变为市场认可的产品仍需要时间和资金。例如，从开始研究超聚合物到将尼龙生产写入商业条款，时间一晃十年的时间过去了。

　　大科学时代自第二次世界大战结束后拉开帷幕，这是建立在战争期间包括曼哈顿计划（创造原子弹）在内的成就之上，人们相信经费充足的科学家和工程师能够创出裨益经济和社会的技术突破，这种乐观心态也成为其动力源泉。大学科学家和美国公司的工程师的确已经生产出一系列包括雷达、抗生素、数字电子计算机以及原子能在内的突破性技术。战争结束后不久,占据主导地位的知识信仰为:科学研究项目将会确保新产品和新流程的无限发展。贝尔实验室的晶体管开发为此提供了有力佐证,许多公司投身于产业研发之中,其中包括一小部分纯基础研究。1956年IBM建立了一个研究部门,其任务包括全球层面的基础研究。

随着冷战期间国际紧张局势升级,政府资助大幅增加。1957年政府资助的行业研发已使企业自行出资研发相形见绌。形势在1967年出现逆转,私人资助占据领先地位。至1975年,研发的行业资助达到联邦水平的两倍,且比例仍在扩大。

由于政府采购会对早期产品设备的投入进行补充从而减轻商业化的成本压力,因此对于某些领域的技术发展而言政府采购更为重要。尤其是新兴的电子行业能够从国防部对高端产品的需求中获益。至1960年,美国电子行业从联邦政府获得研发资金的比例已经达到70%(由于应对美国军方性能为本的要求,美国公司不得不减少其在消费电子产品中的领导力)。

到了20世纪70年代,管理层开始对科学驱动的创新方式失去信心,首要原因在于20世纪50—70年代之间的资助研究衍生出的畅销产品数量极少。由于竞争范围扩大至全球,因此公司对资助其国内研发市场的现金流情况缺乏信心。新技术转化为新产品或新流程的速度增长缓慢,导致许多公司陷入两难境地——成为研发的领袖还是创新产品与新流程引入行业的落后者。许多研发成果已被国内外竞争者侵吞,还有许多技术在研究实验室中就已夭折。在电信行业中,贝尔实验室对于经济的贡献远远超过其对美国电话电报公司所做的贡献。在半导体行业中,相较于对母公司所做的贡献,快捷半导体公司(Fairchild)的大型研究机构通过其孵化的子公司对经济做出更大贡献。施乐公司(Xerox Corporation)的帕罗奥多研究中心在个人电脑、局域网以及图形用户界面领域为经济做出令人吃惊的贡献,这些领域后来成为苹果公司麦金塔电脑(以及后来的微软Windows)的实现基础。施乐公司的持股者已获得丰厚回报,但是最终这些收益传递到了其本行业竞争对手或是相邻行业的公司手中。

不同的组织模式和资助优先权是必需的。贯穿公司的知识必须体现在即时进入市场的新产品中。这种情况下,急需一种进行研发与商业化新产品的新方式。

20世纪80—90年代,一种组织研发的新模式浮出水面。首先,大企业内部的研发活动去中心化,目的是为了更加贴近用户和消费者。到了20世纪90年代中期,全球微型处理器领导者英特尔公司每年的研发投资超过10亿美元,但是却没有建立一所独立研发实验室。相反,其开发在生产基地中进行。除资助大学研究与校内或附近的研究活动外，英特尔并未投资任何其他基础研究。

第二，许多公司希望通过大学实现基本或基础研究，因此与主要研究型大学的科学和工程院系保持密切联系。事实上，行业资助的学术研究比例至 1966 年下降至 2.5%，在 1999 年逐渐回升至 7.4%，之后再次下降至 5%，回到 20 世纪 80 年代的水平（美国国家科学基金会，2008）。电子（尤其是半导体）、化学品、药品以及农业领域的大学研究与行业研究之间呈现紧密联系。大多数情况下，院校研究者对产品市场的详情不够精通，客户需要协助产品适应市场需求。

第三，为使产品尽快进入市场并利用其他市场已有的互补性资产和能力，企业采用囊括研发、制造和营销在内的水平、垂直和横向联盟。该策略的另一种方案为并购新型的以产品为导向的企业，并成为内部研发的重要补充。其中最值得关注的是思科公司，该公司花费数十亿美元并购了几十家近期有产品上市的公司（Mayer 和 Kenney，2004）。但是同样需要注意，外包研发仅仅是内部研发活动的补充，并不能将其完全替代。20 世纪 80—90 年代期间，外包与协作开发变得较为普遍（例如，Pratt & Whitney 喷气飞机引擎合作开发项目，或 IBM-索尼-东芝合作开发微处理器联盟），尤其是在反托拉斯法修正案用于区别研发中合作和相关活动的收益之后，原因在于产品开发成本增加。欧洲和日本的得力潜在伙伴出现之后，这种合作亦变得容易。

此类发展意味着 20 世纪末研发的组织方式已经与从前的组织方式截然不同。许多企业已经关闭或是大幅减少其中心研究实验室的规模，包括西屋电气公司、美国无线电公司、美国电话电报公司、美国钢铁公司以及美国优尼科公司等其他未具名气公司。各种联盟和合作变得越来越重要[①]。目前诸多公司将其创新对外外包，遵循一种"开放式"创新模式（Chesbrough，2006）。

此外，大量商业化创新成果的势头已转变为风险投资资助的"初创公司"。到了 20 世纪 80 年代，私人风险基金开始对美国产业版图，尤其是对生物技术和信息技术产生变革性影响。私人风险基金显著增加了企业家可获取资金的数量，同时亦提高了企业家的专业水准。

在多个方面，风险投资资助的反应迅速企业仍仰仗于有序的研发实验室以获得起步权力。有些初创企业正在挖掘在位者已经思之弃之的技术机会。

商业化早期阶段的研究成果（以及泄露给国内外竞争对手的可能性）需要很长的筹备时间，管理层很难对此质疑。通常风险基金对资助探索性研究也缺乏兴趣，使得部分行业（如通信行业）的基础研究和应用研究的资金来源越来越少。

---

① 总体上，经济学家，尤其是反垄断局越来越能够接受竞争公司之间的技术联盟能够同时带来社会收益与私人收益这一概念（Baumol，2001；Jorde 和 Teece，1990；Katz 和 Ordover，1990；Teece，1992）。

一些观察家担心社会正在"吃掉玉米种子"[1]，即消费其投资。

过去 50 年间，研发组织规模亦转变为跨国形式[2]。其结果为至 2000 年，国内及跨国公司在全球范围内争相雇用计算天才和知识分子，其目的是：①开发贴近离岸用户的本地化产品与服务；②利用专业化创造力与创新资源；③从低成本供应商获得外包开发服务。值得注意的是，自 20 世纪 90 年代后期开始，美国及欧洲公司一直都在中国和印度飞速建立卫星研发基地。但是我们不应过度夸张全球化趋势。创新(有别于制造业)全球化尚未在所有行业中占据主导，而且通常包含针对总部技术研发的低水平活动。

3. 创新公司背景

上述历史表明，公司的生存与创新既不孤立无援，也非存在于由统一且全球分布的某些能力构成的"扁平"世界中。在分析动态创新公司的本质与组织结构之前，我们必须理解影响这类公司的外部因素。公司通过国内及当地机构的协助或阻碍达到运营平衡。另一个影响创新的环境要素是市场结构。目前公司创新的技术环境仅是塑造(以及被塑造)创新的第三要素集群。

3.1 创新生态系统

多篇重要文献均陈述了公司外部环境中影响公司层面创新表现的因素。上述文献自身内容并不完整，而且身负着类似国家创新系统、区域创新系统、集群以及生态系统的标签。本小节内容不进行文献回顾，而是仅突出部分关键因素。

文献主要论点在于，公司层面创新取决于熟练工(不完全在国际范围内移动)、大学(可获取受过高等教育的天才以及学院研究)、金融机构(尤其是风险资本)、法律系统(尤其是知识产权法以及就业法)、供应基地(包括互补者)及国内市场的供应以及同一行业或相关行业中其他公司的出现。图 1 列示了上述因素之间的相互作用。

机构结构既体现国家特性，亦体现区域特性。关于国家与区域系统的研究论文对可被视作支撑创新的国家与区域生态系统的内容进行了定义。支持这一概念的证据比比皆是，硅谷是其中一个经典案例(Saxenian，1996)。

经济历史学家一直都在强调国家层面上经济增长中机构与政府的作用(如 Abramovitz，1986；Nelson，1982)，但是也有少数研究将个别公司的表现与生

---

[1] 采访施乐集团前研发总监 William Spencer 博士。

[2] 尽管随着工业化国家改良人才库的出现、电信行业增强以及贸易自由化，海外研发趋势在近些年一直加速发展，但是外国研发实验室的作用仍是根深蒂固。参见 Mansfield 等(1979)。

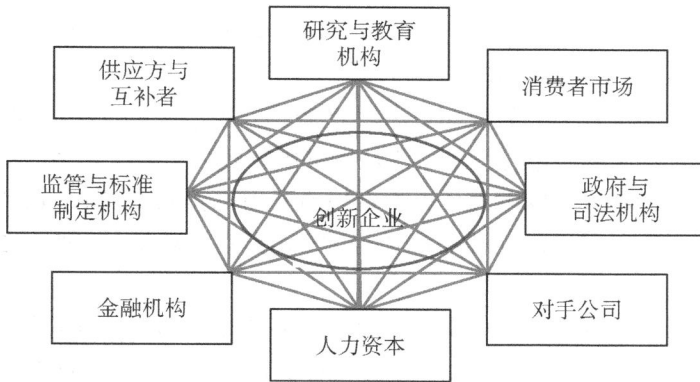

图 1　创新生态系统

态系统中的关键因素联系起来，尽管其中多是花絮和逸闻。例如在美国民航航空工业中，外国技术与政府采购均是国内创新的重要投入。波音公司及其他美国公司在喷气发动机技术中获得发展，这一发展之前一直发生在自行生产飞机的英国和德国。通过利用为美国空军制造的 KC‑130 喷气式加油机，波音公司在民用型波音 707 飞机中后续获得了成功，并因此拔得全球市场份额的头筹，这一领先地位直到空客公司的出现与成长才被打破。萌芽时期的半导体行业同样受益于美国军方高价购买高端产品。

　　生态系统影响创新的例证之一为互联网。互联网的基础技术和结构最早源于应用于 BBN（Bolt，Beranek，and Newman）科技公司的大学研究。20 世纪 60年代晚期，美国国防部与该公司签订合同，开发建立连接研究者与政府资助计算机合同的网络，以达到资源利用最大化的目的。美国高级研究计划署网络的范围扩张至全球，并于 1983 年联合类似网络形成互联网。

3.2　创新决定因素之市场结构

　　一个次要的创新环境是市场结构，尤其是市场集中化的程度，这一因素在过去几年间已受到经济学家的广泛关注。确实，经济学家之间关于创新政策的争论逐渐演变成关于竞争与垄断相关特性的探讨，这些例子并不罕见。显然还有更多需要研究的内容，包括上文提到的多个生态系统要素。接下来的小节将辨别出公司内部结构和管理的数个维度，二者均影响创新的速度与方向。

　　关于市场结构决定公司层面创新的作用一直存在大量争论以及学界的关注。Schumpeter 是第一批宣布完全竞争与创新不相关的学者之一。通常认为以下假设是因他而起（参见 Schumpeter，1942，尤其是第 8 章），即假定通过卖方垄断力(假定与大公司有关)积累的盈利是支撑风险较大、成本较高的创新行为的关键资金来源。上述预测在公司的财务状况中并未找到充分证据证明这一理论(Kamien 和 Schwartz,1978)。

一旦多产品(跨行业)的公司进入经济版图,任何将市场势力[1]看作特定市场中创新筹资机制的理论均将进一步从枷锁中解脱出来。这种多产品结构使得产生的现金分配均可直接进入公司内部所有具有高产目标的领域。因此,多产品公司内部的现金可替代性解除市场势力(市场特定概念)与创新之间的因果关系。

熊彼特式理念认为小型创业公司缺乏足够的创新财政资源,这与其关于创业型创新的早期观点(1934)自相矛盾,而相对于如今风险资本资助的企业在创新中举足轻重的情形而言,这种观点又显得过时。公共股票市场不时也资助处于相对早期阶段的生物科技以及互联网公司,尽管此类公司利润微乎其微,收益率甚至可能为负。

各种熊彼特式市场结构—创新假设的另一逆向思维在于可以反其道而行之,即凭借创新塑造市场结构。通过创新获得的成功会造成市场集中化,正如英特尔和微软,正如曾经的福特汽车公司和施乐公司。

虽然关于创新与市场结构的文献较多而且观点相异,但是均表明发现两者之间的相关性不高,或者说只有特定情况下才会出现(Cohen 和 Levin,1989;Gilbert,2006;Sutton,2001)。最近达成的共识(Dasgupta 和 Stiglitz,1980;Futia,1980;Levin 和 Reiss,1984,1988;Levin 等,1985;Nelson 和 Winter,1978)是:市场集中化与创新活动很可能共同演化(Metcaffe 和 Gibbons,1988),抑或同时被决定。环境(行业生命周期的阶段、技术环境)必然会对此产生影响。

3.3 技术环境

形成创新的一个重要原因即为技术环境容纳并形成公司技术活动。

技术环境的一个显著特点即为技术机会的丰富性(或是稀缺性)。在一个技术机会丰富的行业中,由于预期开发成本较低和/或相关可获取知识的供给较为丰富,创新因而变得相对容易。例如,大学和政府资助的科学技术研究创造出更具活力的技术环境,其中多种新技术资源为风投资助的新企业提供动力。例如在生物科技行业中,美国政府通过美国国立卫生研究院进行资助,帮助创造技术机会,后来风投资助的初创企业牢牢把握住这些机会并进一步发展。尽管大部分公

---

[1] 市场势力是指一个经济活动或经济活动者的一个小集团大幅度地影响市场价格的能力。——译者注。

司都以失败告终，但是也有较多的公司生存下来，从而影响了制药行业的结构。

技术机会使得上一小节中提到的市场结构之谜变得更加扑朔迷离。一领先教材（Scherer 和 Ross，1990，p. 645）发现，"结构—创新关联起作用的时间跨度可能比创新—结构关联实现的时间跨度要短。"在富含技术机会的行业中，第二种关联可能更强烈。观点在于，发展缓慢的领域中集中度更有助于创新，而技术机会则有助于实现彻底突破，因此更有利于新进入的公司而非在位者。此类改进看似可行，但是近期的实证研究表明，技术机会与市场领导力之间的关系绝非如此简单（Fai，2007）。

比"技术机会"更宽泛的概念是"技术体制"。Nelson 和 Winter（1982）认为知识和机会均由最基本的"技术体制"决定（p. 258）。在未确定通用定义的基础上，多项研究区分了不同类型的技术体制（Acs 和 Audretsch，1990；Malerba 和 Orsenigo，1993；Pavitt 等，1987；Shane，2001；Winter，1984）。以下变量在上述研究中均被纳入考虑范围：技术的生命周期、适用性、积累性、复杂性以及资本要求。

在给定技术体制所蕴含的各种机会中，创新往往沿着技术范式内的轨迹进行（Dosi，1982；Teece，2008）[①]。该模式阐释了目前较为重要的问题以及解决（原则）模式。至此，公司引入内部惯例和其他隐性知识以求解决问题，但是模式则是对必将发生的创新的（软性）限制，直到破坏性创新产生新模式。

从某种程度而言，部分公司为何以及如何挖掘技术机会仍是不解之谜。经济学理论仍未存在对这类决策的合理微观分析，也未有与之相关的任何其他理论对此进行解释。创新的不同经济学理论对公司内部因素毫不关注。下一小节开始探讨为改善这一情形所进行的研究。

4. 资源、竞争力和动态能力

为深度理解创新公司的本质，我们需要了解从战略性管理文献中衍生出的数个概念。但是一直没有关于资源、竞争力与动态能力的标准术语。为避免混淆，本节将对本章所用的关键术语进行定义。

4.1　资源/竞争力

资源是指难以模仿或无法模仿的公司特定资产。该资产是固定的而非流动的，且是有形的，但是在更多情况下是无形的。这种资产在本质上是异质的，而

---

① 达成共识的技术轨道这一概念产生于经济学中的一个常见创新模型背景之下——专利竞赛（如 Reinganum，1981）。

且难以进行交易,因为其产权边界可能很模糊,其价值也根据所处环境不同变化,因此不可能存在发展良好的资源/竞争力市场。事实上,此类资产通常完全不可交易。一般而言,资源不易在公司间转让。知识产权、流程知识、客户关系以及熟练员工拥有的知识均属此类[①]。

竞争力是一种特殊的组织资源,其是重复活动或类似重复活动的产物。组织竞争力使得集体努力的经济任务得以完成。组织竞争力通常以组织流程/惯例为支撑。事实上,组织竞争力代表不同的组织惯例和解决问题的能力[②]。

简而言之,普通的核心竞争力为执行某一项既定组织任务的充分条件。其关乎任务执行情况是否足够好,或者非常出色,而不管经济活动正确与否。竞争力可量化,因为可以通过特定(不变的)任务要求来衡量。竞争力的等级有其对比基准,竞争力的评估并不需要将该活动与公司环境和其他资产/竞争力匹配。

提升竞争力的流程有些正式,有些非正式。当员工处理重复性任务时,流程是确定的。流程的特质为不易改变(直到迫不得已)。有价值的差异化流程包括确定如何进行决策、如何评估消费者需求以及如何保证质量。

随着一家公司不断成长,其能力体现在竞争力/资源中,并由组织价值决定。组织价值决定该公司的隐性规范和规则,后两者又设定了员工与附属公司相互协作时的各类优先权。

尽管经济学模型常假定公司仅在获取信息时具有同质化倾向或不对称性,但是公司"资源基础理论"却能够识别出单个公司的独特属性。在管理类文献中,资源框架在 Penrose (1959)、Rubin (1973)和其他学者的基础上已经建立。20 世纪 80 年代,包括 Rumelt (1984)、Teece (1980b,1982,1984)和 Wernerfelt (1984)在内的许多战略管理学者开始从理论上解释:公司可利用其独特资源而赚取租金,但是很难通过在中间市场中直接交易此类资源以获取资金。这反而产生了对学习和知识管理的分析,这种分析可作为开发和增加难以模仿的新资源的方式。

由于市场具有平衡功能,在竞争性市场中,公司可通过持有和分配不可交易的(无形)资产以达到长期盈利目的。一旦资产或其服务可在市场中交易,就可被任何付得起对价的公司获取。随着可外包活动的增加,可建立竞争优势的领域范围变得越来越小。互联网和其他近期创新成果已令可在外部获取的产品与

---

① 尽管工业劳动力一直都包括受过高等教育和/或具有特殊才能的人员,但是随着公司盈利能力的传统来源被削弱,这种知识分子和计算天才的经济重要性越来越突出(Albert 和 Bradley,1997,p. 4)。下文中第 6 小节将探讨公司的"专家人才"本质和管理。

② 组织竞争力可在 Simon (1947)、Nelson 和 Winter (1982)、Winter (1988)、Teece 等(1994)以及 Dosi 等(2000)的文献中找到根源。

服务的数量与种类大幅增加。

　　知识资产和一般意义上的资源构成无形资产组合，而无形资产组合目前仍难以进行交易，尽管并非不可能。知识资产隐秘性程度不定，而且转让成本较高（Teece，1981）。专有技术市场亦是漏洞百出，颇不完备，但是却对于内部化以获取特定资产中的战略价值来说却十分有利，这些特定资产对于特定公司而言更具价值。本文将这种具有特殊价值的资产称为"战略资产"。

　　一家公司的资源包括知识资产和知识产权，两者均是重要的未来优势资源。正如上文所述，"资源是固定的而非流动的"。但是公司必须持续更新资源（Teece，2009）。在快速变化的环境中，对高科技行业（如计算机）而言这类更新的需求大大增加。但是对资源更新的需求也可能体现在"低技术含量"的行业中（如人寿保险）。

4.2　资源/竞争力、"战略"资产与价格理论

　　由于环境决定资源/资产的价值，因此这类资产市场通常为浅碟市场①。接下来是两类经济影响：当人们能够通过购买保证战略性资源/资产时，购买价格可能低于其对于买方的价值，因为价格可能高于其对于卖家的价值（反之亦然）。换言之，从某种角度而言，市场并不需要完全价格的战略性资产/资源。因此，"反常"或"超常"利润可以通过保证（通过购买或是内部建立）此类资产而流动，至少短时间内可以流动。

　　出现这种情形即异常收益的原因并不是运气使然，而是持有其他互补性或协同专业化资产（创造独特环境），还有感知（包括搜寻）以及获取资产（包括有效执行）。这类市场可能不会导致必要协商行为。当资产价值取决于特质组合时，价格系统不可能起到正常的资产分配作用，这一点很好理解。在动态能力概念之下，下文将探讨此类增值组合的达成。达到经济理论（以及经济）所要求的微观层面协调的是创业经理人，而非瓦尔拉斯式套利者。

　　该方法的隐含意义在于投入要素市场并非完全高效。主流价格理论鼓吹以下观点：在完全竞争的情况下不可能购买不足其价值的商品，也不可能购买低于其长期生产成本价值的商品。但是在没有使用买方垄断理论的情况下，通常有可能确保（通过购买或生产）低于其价值（对买家/拥有者而言）的商品，条件是买方拥有优质信息或买方拥有无固定市场的相关具体资产。

　　需要注意的是，当有人提及无形资产/知识产权和资源时，浅碟市场将无处不在。因此，目前该现象发生的环境通常包括无形资产被大量使用的情况。

---

① 交易不活跃的市场。——译者注。

经济理论尚有待于发现这类缺陷并探索公司理论的背后含义。在 Richardson (1972)的文中和关于企业家精神的文献中(如 Kirzner，1997)可以找到此处阐述的有关线索。Teece (1980b，1981)对此提出了证明，在专有技术市场(一种重要"资源")中无效随处可见，这会使市场交易变得迟钝，但却有利于内部组织。人们通常认为，如果要素市场较为高效，那么一家公司的总体盈利很难超过竞争性收益(Barney，1986)。但是如果有人使用 Oliver Williamson 所指的主要案例推理法，那么主要案例中无形资产被创造、转让、合并以及被大量使用，市场具有不完全竞争性，而且无需在具体资产(无论有形还是无形)的价格中体现所有的公共信息。

即便价格切实反映所有信息，但是如果公司同质化且创新与产品差异化无处不在，那么本文引用的浅碟市场现象仍会导致竞争价格区间。战略性管理文献采用了这种设定(Denrell 等，2003；Rumelt 等，1991；Teece 和 Winter，1984)。现代拍卖理论(如 Klemperer，2002)同样认为如果只有一个买家，那么拍卖的资产亦不会实现其全部价值。公司理论文献中仍缺乏将这些分散线索串成公司理论的研究。动态能力这一概念是指将公司理论导向上述方向的框架。

4.3　动态能力

动态能力是指公司整合、培养并重新配置其内部与外部资源/竞争力以应对和塑造灵活的商业环境的能力(Teece 等，1990)，其目标是产生异常收益。动态能力有时源自特定的变革惯例(如沿着已知路径开发产品)和分析(如分析投资选择)，但通常还是源于创造性管理与创业行为(如开拓新市场)。动态能力调整与再调整该公司的特别资源/竞争力，从而匹配商业环境机会与要求的速度和程度。动态能力较强的公司能够获得异常收益，这是由于如果买方拥有互补资产特别是协同专业化资产，那么市场不会参照买家价值来对公司定价。

资源/竞争力和动态能力的本质在于通常无法直接购买，只能构建。正如上文所言，动态能力衡量调整与再调整的能力，而资源/竞争力衡量整合与再整合的能力，以便它们能够适应商业环境。感知、利用和转型是公司的特别属性，令公司有能力演变并与商业环境共同进化。这种能力对长期盈利至关重要(Teece，2007b)。

感知和利用与管理学文献中提到的两种活动——探索(exploration)和开发(exploitation)——有些类似，两者在公司内部可能水火不容(March，1991)。探索(如潜在的破坏性技术研究)比开发(如销售成熟产品)投资期更长，不确定性更大，需要以不同的方式管理这两种活动。其中一种解决方案是"二元性组织"，即两个企业文化完全不同的单独子单元通过共同的公司价值、经验丰富的高级经理及恰当的动机结合起来(O'Reilly 和 Tushman，2004)。

正如上文所言，一家公司的基础竞争力（如果经过磨砺）能够令其在着手进行的活动中行之有效。但是企业目前无论是否生产出合适的产品以及是否应对恰当的细分市场，或者其未来规划是否与客户需求以及技术和竞争机会相匹配，这些皆由其动态能力决定。反过来讲，动态能力要求公司（尤其是高级管理层）制作战略目标并使之成为现实，还要重新配置资产和竞争力以应对新要求。动态能力令公司可以通过统筹其资源、竞争力和其他资产达到盈利目的。

动态能力同样用以评估企业与其他企业结盟的时机与方式。贸易的扩张促进并要求高程度的全球专业化。为使垂直专业化与协同专业化（双边依赖）行之有效，对公司发展并调整资产以及合并全球价值链中的不同要素有一定需求，事实上是强烈需求，其目的在于找出并交付消费者看重的联合解决方案[①]。

通常，当一个全新的产品提供给客户或必须交易中间产品时，创新公司会被要求创建一个市场。动态能力，尤其是更具创业特点的竞争力，是市场创造（以及共同创造）过程中的重要投入[②]。

总而言之，动态能力反映了一家公司必须在全球专业化与协同专业化系统中整合其活动与资源/资产的能力。同时亦反映了公司以能够创造和获取价值的方式为创造/塑造市场这一行为。这通常需要企业扩大、修正，甚至在必要的情况下完全颠覆其正在做的事情，目的是与生态系统相适应（有时是为了转型）以及维持企业目前所占有的市场。其他文献中曾列举过微观基础与组织原则（Teece，2007a）。下文将简要概括主要动态能力的分类。

5.　公司动态能力视角

5.1　综述

正如上文所言，正常运行且正经历变革的经济体（无论是受创新驱动还是受其他因素驱动）需要资源（包括无形资产）和普通竞争力/能力以完成任务（即高速有效地生产出消费者需要的产品/服务）。此类经济体同样需要大批新设公司来生产消费者后续所需的产品以及技术能力允许生产的产品，或者需要现有公司转型以塑造和应对新的机遇与威胁。

现存企业首先需要辨别新出现的机遇与威胁，其次需要塑造和再塑造该企业——可能还有市场环境本身的要素。这种调整企业及其供应品、内部活动以及外部关系的能力即为我们所说的动态能力。就外部而言，动态能力包括管理/控制供应商、竞争者以及互补者之间共同进化的能力。

---

① 联合专用对组织结构及战略有着极大影响（Teece，2007a）。

② 市场的创业创造与再创造经常被要求保证创新收益的恰当性（Pitelis 和 Teece，2009）。

动态能力要求创业活动,但是动态能力可以利用企业现有平台。动态能力不仅是内部创业精神的体现,而且是其中的元素之一。动态能力包括内部和外部两个组织维度。

5.2　创新与变革

创新与变革有时被视为包含两个步骤的一个过程——发明与商业化(Mansfield,1974)。事实上 Teece(2007a)表明,人们应该更现实地将持续更新看作对一系列进行中的活动与调整的需求,这些活动与调整可分为三类:①机会的识别与评估(感知);②调动资源以应对机会并以此获取价值(利用);③继续更新(转型)。

上述内容统称为公司的动态能力。如果公司想要在市场与技术变革中保全自身,就会需要动态能力。

可以想象,市场经济将会允许个人和组织在三个能力集群的其中之一进行专业化。但是,由于机会市场、发明市场和专有技术市场效率较低且交易成本较高,因此大多数企业家在被迫无奈之下将这些活动捆绑在一起,即同时开展三个活动。①

能力与调整机制的相对重要性会随着环境而改变,调整机制由感知、利用与转型构成。为进一步简化对动态能力的分析,将其分为两组必要活动——创造价值与获取价值(见表 1)。

表 1　创造并获取价值的活动(由动态能力集群组织)

	感知	利用	转型
创造价值	发现机会 识别研发机会 将消费者新需求与新商业模型概念化	投资规律 致力于研发 培养竞争力 达成新组合	实现重组
获取价值	定位先发优势及其他优势 决定有利进入时机	知识产权资质与执行 执行商业模式 利用互补性资产 "生产"设备的投资或共同投资	管理威胁 磨炼商业模式 开发新型互补品

---

① 机会市场有其缺陷,原因有二。一是传达创意本质存在问题,二是因为投机主义会导致 Akerlof(1970)所说的"柠檬问题"。总体而言,企业家将不愿意"卖出"或仅仅愿意许可他们认为价值低估的创新。因此产出倾向于内部化。关于这些问题的早期陈述,请参见 Teece(1981)。

　　快速变化的机制最能体现动态能力的重要性，而在越来越多的行业中快速变化成为普遍现象。全球经济一直都在经历巨变，而这些巨变已经加快公司创新的节奏。随着全球各地的沟通成本和数据流动成本降低，贸易壁垒减少以及劳动力和金融市场自由化，公司被迫在产品周期早期就与敏捷和/或低成本竞争者正面交锋。这种情况导致公司大幅调整其创新战略，如上文提到的关闭或缩小大型工业研究实验室范围，以及增强对开放创新的依赖程度。[①]

　　接下来的数个小节将在与创造和获取价值的相关活动分支中更详细地展示动态能力。

5.3　依靠创新创造价值

　　尽管关于公司如何创造价值的理论十分重要，但是在标准经济学文献中却被严重忽略。根据着墨程度而言，产业组织的文献几乎将重心完全放在研发的资助情况上，指出研发支出是创新的主要驱动力。但是决定新创意产生的可能因素很多，研发活动仅是其中的一种。[②] 动态能力这一概念——即为实现持续创新需要感知、利用和转型——提供了一个更为宽泛的框架，帮助理解公司如何创造价值。

　　感知是一种企业家活动——无论是由新公司还是现有公司执行，其中包括在盛行的技术范式内外识别机会并将其概念化（Teece，2008）并涉及认知。随着市场演变，客户需求、产品技术以及其他公司竞争性定位的变革可能会威胁公司的现有定位，或者创造新公司或具备成为更好公司的可能性。正如 Kirzner（1973）所强调的那样，在部分案例中，企业家/经理人拥有获取对手公司现有信息的多种方法。一般而言，感知机会包括在不同技术与市场（无论是本地还是远程）之间浏览、阐释以及学习，而对手公司同样可以看到这些技术与市场（March 和 Simon，1958；Nelson 和 Winte，1982）。

　　而在现实生活中，由于与已经建立的竞争力捆绑，研究视角往往受限，因此管理团队经常发现很难突破这一局限而做到高瞻远瞩。Henderson（1994）在文中引用通用汽车、美国数字设备公司和 IBM 作为例证，上述公司面对的主要问题是受困于其根深蒂固的假设、信息过滤以及问题解决策略。

　　利用机会需在开发环节投入资金，并通过更高层次的创造和/或组合活动利

----

① 这在某种程度上是对"第二次工业革命"的镜像，那时对沟通（电报）和交通（铁路）方式的早期改良在一段时期内引发了大规模的垂直整合，其重点在内部研发上（Chandler，1990）。

② 研究积累创新的文献将其焦点置于最佳专利政策之上（如 Scotchmer 1991），这类文献抓住某些更大程度的创新环境，这与研究向消费者学习的文献内容相同（如 von Hippel，1998）。第 3 小节前半部分对塑造创新的广泛因素进行探讨。

用新产品、新流程或新服务以抓住机遇。其中可能包括培养必要的新竞争力,或是寻找保证能够提供竞争力的外部联盟。

随着发明与创新的国际来源愈加分散,企业甚至是超大型公司可依赖内部研发的可能性越来越低。结果,之前需要在内部建立的服务与无形资产现在可以外包(至少可以部分外包)。计算与沟通成本的降低推动供应商与创新系统的其他要素进行合作(Teece,1989)。这意味着市场将至少会对专有技术和知识产权的某些产品敞开怀抱。外包行为的扩大提升了开放式创新方法的活力(Chesbrough,2006)。公司可使用开放式创新方法识别并开发新技术与创新能力,而人们可在公司边界内外开发得到此类技术与能力。①

开放式创新方法甚至可以利用此前没有被公司用于实现其目的的资产。例如,Netflix 公司是一家提供影片租赁的公司,该公司举办了一场历时三年的比赛以改善其影片推荐的算法,结果令算法的精准度提升了 10%,而除了强制将该算法的许可免费发放给 Netflix 公司之外,优胜者仍可保留该算法的所有权。来自 186 个国家的超过 51 000 名参赛者逐级攻破这一挑战。2009 年 9 月,为此而来的一个团队获得价值 100 万美元的奖金,同时 Netflix 公司开启了下一轮的竞赛(Ortutay,2009)。Netflix 公司并非唯一一个这样做的公司。无独有偶,Innocentive.com 公司是一家初创企业,同时是"众包"方式的信息交流中心。公司可以在这里发帖求助研究问题并标明为寻求办法愿意支付的酬劳。截至 2009 年中,这家网站为 500 多个解决方案已发放超过 400 万美元的奖金。②

公司自身的转型是创造和获取价值需要的第三种能力。尽管过去公司为感知和利用做出的努力为创造价值开辟出一条道路,但是久而久之,公司仍然需定期考虑(以及重新考虑)其与想要利用的机会之间合适与否。管理层必须评估该公司的商业模式、资产结构以及组织惯例与其所处环境之间的是否存在一致性。但是对现有流程、资产与问题定义的总体投入会使评估极难完成,尤其是在目前运营状况良好的公司中。

组织创新能够令公司摆脱对不利路径的依赖。但是就资金与士气而言,重新配置公司的成本通常较为高昂。当组织创新能够增值时,公司可以逐步适应惯例与结构。"突破性"部门能够接受彻彻底底的组织创新,因为该部门早在将新的能力整体引入之前就已培养能力(Teece,2000)。

组织创新历史悠久。正如 Chandler(1962,1977)和 Williamson(1975,1981)所记载的,大型、多部门(M 型)公司起源于 19 世纪铁路开发的线性管理

---

① 开放式创新并不一定代表不需要、不保护和不尊重产权。
② 信息来自 http://www.innocentive.com/crowd - sourcing - news/innocentive - at - a - glance/。获取日期 2009 年 10 月 8 日。

层级制度,因为当时需要一种用来管理跨洲公司的系统①。到了 20 世纪,诸如杜邦和通用汽车等大型公司逐步从功能组织(U 型)结构转变为多部门结构(M型),从而将顶级管理层从运营细节的职责中解放出来。企业集团和跨国企业等相关创新形式令公司的活动和位置辐射地域范围达到当时的顶峰。

组织创新与变革仍在继续,而且随着企业成长,去中心化带来的更大利益正被重新发现。思科系统公司是一家美国网络设备公司,其总裁 John Chambers描述了思科公司如何在建立 15 年之后改变其管理结构,"2001 年,我们和大多数高科技公司一样所有决策由公司高层决定,并且自上而下处理事务"(McGirt,2008)。思科公司目前看似拥有一个更加去中心化、更加协同的管理系统,还有一个连接委员会与董事会的网络,后两者皆受公司委托并有权启动新业务;此外还拥有激励执行委员一起灵活工作的激励机制。Chambers 称,"委员会和董事会一直都能够以惊人的速度创新。以前 6 个月才能完成的商业计划现在每天 15 分钟,一周时间就可以完成"(同上)。

组织创新不仅是价值创造的重要形式,同时也是获取价值的重要形式。Armour 和 Teece(1978)指出,直到 20 世纪 70 年代早期整个行业再一次出现创新之前,从一开始就采取 M 型结构的石油行业公司一直保持盈利优势。

5.4　从创新中获取价值(盈利)

如果公司仅仅关注价值创造,那么将不会获得较好的商业回报。同样公司如果仅有发明却没有商业化战略,并且没有增加有关互补性资产的竞争性条款,那么就不可能在商业上获得成功。尽管某些技术可以在未使用互补性资产的情况下进行传播(如通过互联网传播软件),但是除非调动大量资源以及互补性资产以生产、分配和促进创新,否则大部分行业创新不会为客户带来任何利益。许多工程驱动型公司的杰出创意最后却一直未能找到(或创造)一个合适的市场。

获取价值需要选择进入市场的恰当时机。在部分案例中,成为先驱者大有裨益,而在其他案例中,探寻先驱者留下的空白区域可能更具优势。抓住时机是获取价值的核心竞争力集群,并且包含在从创新中获利(profiting from innovation,PFI)框架之中,下文将探讨这一框架。获取价值的成功策略需要选择知识产权(如商业机密 vs. 专利)保护的恰当机制,需要决定哪些活动由公司完成或在市场中采购(7.3 小节将会探讨),并且还需要制定商业模式。

商业模式(Chesbrough 和 Rosenbloom,2002;Teece)明确客户的产品价值

---

① 想要了解有关组织创新及其分散的讨论,参见 Armour 和 Teece(1978),Teece(1980),以及下文内容。

主张,并且明确公司达到盈利目的的转型方式[1]。商业模式决定组织与金融结构,组织与金融结构均包含并融合以下内容:①产品或服务的特征集;②通过消费/使用产品或服务得到的益处(价值主张);③即将瞄准的细分市场;④"设计"收入来源与成本结构;⑤合并与呈现给客户产品/服务的方式;⑥获取价值的机制。[2]

　　成立于1998年的谷歌公司是互联网搜索引擎行业的领先开发者,该公司为运行中的商业模式要素提供了明晰的例证。创立之初,该公司对其专有搜索算法及计算资源的投资令其成为互联网界最受欢迎的搜索引擎,但是这些创新并未直接转化为利润。2000年后期,该公司开始拍卖专有关键词的广告链接(这与竞争对手搜索网站GoTo.com已经采取的系统相似)。谷歌认为其在这一领域的吸引力在于网站的极简主义设计以及网站上数量有限的广告位。正是这种创新组合、如何同时为搜索用户和广告商提供价值的意识以及将广告变成收入随后转化成利润的系统,三者共同为谷歌公司的持续成功打下了坚实基础。

　　为了利用创新带来的机会,创新者必须极为擅长了解客户需求与技术、成本以及客户付款意愿的未来演变趋势。但是在模仿的情况下,即便成功的商业模式也不足以保证持续盈利。当商业模式难以被模仿时——或者开辟赢者通吃[3]型市场时,其将会成为持续盈利能力的源头之一。[4]

　　商业模式同样包含公司对抗竞争对手的战略。在快速变动的行业中,定位通常以标准竞争的形式出现,无论是在市场中的竞争(如Windows和Mac)还是合作组织(如国际标准化组织)中的政治斡旋。[5] 掌控一种成功标准可以带来诸多潜在好处,包括许可收入、获取新技术的特权以及对技术轨迹的影响。

---

[1] 在甲骨文-仁科收购案期间,Bill Gates一封公之于众的电子邮件让大家对微软的软件商业模式有了深入了解。在2002年其给全部微软经理发送的一条消息中,他写道:
　　"一个占据极大市场份额的产品会在其周围产生常识。
　　那是社区大学开发该产品的常识。
　　那是临时工了解该产品的常识。
　　那是认证该产品有价值的常识。
　　那是行业可通过使用针对该产品的模式交换数据或综合数据的常识。
　　那是当某人做某件新事时会寻求该产品的常识。
　　那是关于新闻如何报道该产品及其开发的常识……"

[2] 大多数情况下,经济学尚未对商业模式进行探究。通常在反垄断背景之下,一些具体案例被分析,尤其是那些为联合销售将商品"捆绑"或"搭售"(如 Adams 和 Yellen,1976)以及提供公共财产(如 Demsetz,1970)的行为。

[3] 赢者获得全部机会、市场、利润等,而败者一无所有。——译者注。

[4] 能够产生赢者通吃结果的市场包括其中网络外部性(Katz 和 Shapiro,1986)、转换成本(Klemperer,1987)或学习经济学(Krugman,1987)赋予在位者持续优势的市场。

[5] David 和 Greenstein(1990)回顾了对兼容性标准的经济学与竞争影响进行研究的广泛文献。

　　利用和转型能力令公司能够改善并扩张其商业模式，目的是开发更多新机会或抵御新的竞争威胁。这是公司重组部分自身结构的方式，可能是通过重新划定公司的边界以应对商业环境的变革。商业模式的重塑甚至需要彻底转变供应链、资产拥有权或销售渠道以保证持续/改进价值获取。

　　在快速变化的市场与技术环境之中，公司必须不断重塑自身商业模式。上文介绍的 Netflix 公司即为一个很好的例证，该公司在短时期内经历了多种商业模式。该公司发布了在线租赁服务，彼时视频租赁商店仍是家庭观影的标准销路。第一次发行时，Netflix 公司的商业模式建立在按次付费（租一次付费一次）服务的基础之上，同时客户可以选择在线租赁，Netflix 公司会直接将影片送至客户家中。至 1999 年，管理层察觉到公司的处境每况愈下。1999 年后期，该公司发布了月费计划，随后改为只要在当时可租赁 DVD 的限制数量内，订阅者每月一次性可租赁任何数量的 DVD，这带来了惊人的业务增长。但是，执行总裁 Reed Hastings 看到了未来互联网流媒体将会削弱公司的可能性。在经历了数次失败后，他开始提供可在多台已有家庭设备上享受的流媒体服务，此类设备包括 Xbox 360 游戏机和 Tivo 数字视频录像机等。客户对这种服务接受度较高，但是 Netflix 公司仍在与影片工作室交涉网上提供影片的许可交易。同时，Netflix 公司美国范围内的数十个配送中心的网络——通过邮件快速寄送 DVD 的关键——并非公司自有资产，租来的配送中心令公司为未来发展留出灵活施展的空间。

5.5　从创新中获利框架

　　过去 20 年间，我们已经加深了对从创新中获取价值以及其与公司战略关联的理解。一研究流派一直强调当新技术被商业化时，企业结构在提高持续成功概率中的重要性（尤其是所有权的边界及其对互补型资产的控制）。同时，该流派一直突出资助机构与公共政策，尤其是独占性机制的作用。

　　这种文献结构被称为 PFI（Profiting from Innovation）分析框架[①]，并且曾在 2006 年成为《研究政策》（*Research Policy*）特刊的主题（卷 35，第 8 期）。PFI 用于解决先前文献中一直没有很好阐释的一个难题，即高度创造性的开拓企业为什么通常无法获取创新中的经济收益？原始框架（Teece，1986）引用了数个例证（如 CAT 扫描仪行业的 EMI 集团，计算器领域的伯马公司），发现这种现象确

[①] 从创新中获利（PFI）框架的核心论文来自 Teece（1986）。这一框架的知识起源可追溯至 Williamson（对签约的文献研究）、Abernathy 和 Utterback（关于创新生命周期的文献研究）、Nathan Rosenberg 和 Alfred Chandler 等经济历史学家（关于互补性技术的文献研究）、Nelson 和 Winter（关于知识本质的文献研究）以及 Schumpeter（专注研究价值获取的需求）。参见 Winter（2006）对 PFI 知识起源的回顾。

实长期存在。但是第一代个人电脑制造商却全部逃脱了这一魔咒(甚至开拓微软—英特尔个人电脑结构的 IBM 公司亦在 2005 年将其个人电脑业务卖给中国联想公司而刺激了业务)。施乐公司(帕奥罗多研究中心)和苹果公司发明了图形用户界面,但是微软公司的 Windows 后来居上,通过发明图形用户界面从而占据了市场的主导地位。网景公司发明了浏览器,但是微软公司占据了更多市场份额。苹果公司的 iPod 并非第一款 MP3 播放器,但是如今却在这一领域处于领先地位。默克集团(Merck)是生产降低胆固醇药物(辛伐他丁)的先锋者,但是后来进入该行业的辉瑞公司(Pfizer)却凭借阿托伐他丁巩固了其超然的市场地位。

乍看之下,这篇文章似乎在说这些例证反映了熊彼特的创造性破坏理念,即胜者一直被进入者挑战与打败。[①] 事实上,潜在的破坏性创新的进入者几乎一直振翅欲飞,但是引用的多数案例主要涉及增量式/模仿型进入者,而非通常受熊彼特式竞争引发的颠覆性突破。

更重要的是,进入市场带来的结果有多变性,例如许多案例中第一批或早期先驱者在很长一段时间内获取并保持显著的竞争优势。基因泰克公司(Genentech)是利用生物技术发现并开发药物的先驱者,成立 30 年后也就是在 2009 年被罗氏集团(Hoffmann-La Roche)收购之后,发展成为美国第二大生物技术公司(并且是利用研发资金产出成果最多的公司)。英特尔发明了微型处理器,而且 30 多年后仍处于市场领先地位。戴尔开拓了新的个人电脑分区系统。尽管后来出现了很多挑战者和潜在的模仿者,该公司仍是领先者,直到 2007 年被惠普超越。丰田汽车公司的丰田生产系统受到广泛研究,尽管一直被模仿,但是几十年间该系统一直是这家汽车制造商竞争优势的来源之一,这家公司最终在 2008 年成为世界上最大的汽车制造商。

PFI 框架阐释了如下问题,即为何一些发明家能够从创新获利而其他发明家却惨淡收场——通常被划分为模仿者——以及为何先驱者们并非无可避免地以失败告终。

从创新中获利的基本规则为,除非发明家/创新家能够得到有效的保护以抵御模仿者的竞争威胁和/或有效的知识产权保护,否则其潜在未来收入来源将会受到威胁。因此,相关独占性机制对于塑造潜在产出至关重要。

独占性机制可能异常脆弱(难以保护创新成果,因为创新成果容易显化且知识产权的法律保护无效),也可能很坚固(易于保护创新成果,因为创新知识为隐性知识而且/或者法律将其保护得较好)。不同行业或国家之间的独占性机制各

---

① 已有大量文献研究新进入者取代已有公司的作用。例如,参见 Anderson 和 Tushman (1990)、Clark (1985)、Henderson 和 Clark (1990)以及 Christensen (1997)。

不相同，甚至在不同的专业领域之间也存在差异。

创新知识的隐性程度或显化的难易程度同样影响模仿的难易程度，从而影响获取专属权的难易程度。知识的隐性程度在某种程度上随着产品周期而变化。新产品和新流程之间的差异通常非常小。因此，在技术创新的前范式阶段（Abernathy 和 Utterback，1978；Teece，1986），创新成分的隐性程度可能较高。一旦主导设计出现，产品设计的变革速度将随之放缓，此后会出现显化技术的机会而非需求。但是，即便从技术角度而言可以显化（使之明显）新知识，创新的速度加快却意味着可能没有时间这样做。

在某些情况下，专利可用于使对手放慢速度并产生收益。但是，除了新药物、化学产品以及较为简单的机械发明等特殊案例之外，如果有的话，鲜有专利具有强独占性（Levin 等，1987）。许多专利能够以较低成本在"外围"被发明（Mansfield，1985；Mansfield 等，1981）①，其在实行流程创新保护时尤显无效。通常由于维护其有效性或证明其侵权的法律和金融标准均较高，或者由于许多国家无力执行甚至未曾出台知识产权保护法，因此专利通常起不到任何保护作用。

核心技术的发明者同时可以申请针对新特性和/或制造流程甚至设计的互补性专利。专利声明的撰写方式同样重要。当然，发明成果基础性越强，其被授予宽泛专利的可能性就越大，而且是在全球范围内的多个司法管辖区授予。

尽管起初设想专利在多个司法管辖区均有效，但是一项专利只有得到法院支持才算生效。而且专利仅仅是通往收取执行费用与许可费用道路的一张通行证。最好的专利是适用范围广、得到法院认可而且覆盖一项重要技术，而这项技术对需求旺盛的产品的制造与规模至关重要。

在一些行业中，尤其是在流程中体现创新的行业中，商业机密是专利的一种可行替代物。尽管公司可以保护商业机密，但是前提是将其产品公之于众，同时需对基础技术保密。许多包括半导体制造在内的工业流程均属此类。

在保护创新成果本身之外，经理人遇到的难题至少有两重。其一，大部分创新需要凭借互补性产品、技术以及服务在消费中产生价值。硬件需要软件（反之亦然）；操作系统需要应用（反之亦然）；数字音乐播放器需要数字音乐以及传播数字音乐的途径（反之亦然）；移动电话需要移动电话网络（反之亦然）；网页浏览器与搜索引擎需要网页内容（反之亦然）；航空公司需要机场（反之亦然）。简而

---

① Mansfield 等（1981）发现在其样本中，60% 已注册专利的创新成果在 4 年内均被模仿。在随后的研究中 Mansfield（1985）发现，在做出决策之后平均 12~18 个月内，有关产品与流程开发决策的信息总体上掌握在至少数个对手的手中。实际上在所有行业中，流程开发决策比产品开发决策更易泄露，但是作者发现两者之间的平均差异少于 6 个月。

言之,技术必须在一个系统中体现其对用户/客户的价值。如果其他实体控制了该系统的所需要素,那么价值获取将会变得越来越难。

其二,产品/流程创新的交付不仅需要使用互补要素,亦需要垂直生产链中上下游的许多投入/要素。因此,当发明家/创新家尚未准备好控制必要的投入/要素时,其盈利能力会受到大幅削减,这是由任何必要投入/要素拥有者的经济实力造成的,且与其经济实力无关。随着时间推移,公司必须准备好改变其评估方式,因为瓶颈资产的特性可能随着同一系统其他地方的创新而改变。下文7.3小节将阐述为公司边界所做的互补性资产与价值链考量及其影响。

这一框架明显表明,公司对专家人才(知识分子与计算天才)的资助无论多么英明,却无法保证自己会从创新中获取更多价值。如果不具备良好创业精神的优秀经理人,那么良好的知识产权保护,对互补性资产的部分控制,更吸引客户的价值主张以及良好的商业模式,知识分子、计算天才和其他员工的极好表现皆会付之东流。

6. 创新和内部结构/管理

正如上文所言,动态能力由组织竞争力支撑,后者由人力资源与其他资产支撑。本小节将公司的关键人物,尤其是其训练有素的专业人员的本质、管理以及对绩效的影响纳入考虑范围之内。

6.1 综合考量

问题在于人力资源战略性管理如何能够支撑竞争力与动态能力,从而促进建立与维护持续盈利优势。[①] Becker 和 Huselid(2006)发现,人力资源战略性管理面对的最紧迫的理论挑战即为"黑匣子"的打开,明确地讲就是描述连接人力资源结构与其表现之间的逻辑(p. 899)。

动态能力框架能够阐明人力资源与经济表现之间的因果关系。在进一步概述这一方法之前,该领域已有一些综合观察结果。

第一个观察结果是,公司的现有人力资源存量(即其员工及成员)并不意味着可将其视作动态能力本身。动态能力呈现于组织层面。组织能力并非仅仅呈现于人才的工资单上,而是来源于竞争力组合的方式以及员工在生产性组合中的交互作用。

---

① Raymond Miles(2007)发现,在最早研究并描述知识创造、分享与利用的有效管理与组织方法的领先学者之列,美国学者占据一席之地。但是,这一领域的实践却没有达到教科书中理论大纲的预期。Miles 继续提纲挈领地概述了基础管理问题。

第二个观察结果是，管理人力资源的方式要因人而异。动态能力框架识别的三种竞争力与调整机制集群——感知、利用和转型——需要不同的人力资源管理方式。而且，感知、利用和转型并不一定按照这样的顺序发生，而是很可能在企业之间，尤其是在多部门/多产品企业之间同时发生。在拥有动态能力的企业中，选择相关人力资源管理的方式和流程很可能本身就是一项艰巨任务。

下一小节将介绍知识分子与计算天才，此类专家人才推动公司战略多样化并协助执行公司战略。其中亦涉及企业家。接下来的数个小节将顶级人才与恰当激励机制的管理纳入考虑范围。在设有传统层级制度的公司中，知识分子与计算天才不可能高效也不会满足于这样的制度，公司不可能以传统方式对其补偿，而且此类专家人才也不会用超出其控制范围的风险事件换取报酬。

6.2 知识分子、计算天才和企业家

创新需要三种类型的人才：知识分子、计算天才与创业型经理人。前两类人才关系密切。知识分子与计算天才均是接受过高等教育的专家。知识分子往往同时具有文学与科学、经济学、商科或是法律的本科与研究生教育经历。计算天才同样接受过高等教育，具有数学或统计学、信息系统、计算科学、工程学或会计学与金融方面的能力。两类专家均擅长综合与分析，但是前者往往更精通综合与交流创意；后者则更擅长分析，尤其是对大数据集的分析。两组专家人才对于如今的知识经济影响均有举足轻重。[①] 两组人才均赚取高薪。

第三类人才即为创业型经理人。正如 Baumol 和 Strom（2007）所发现的那样，"仔细观察过去两个世纪经济的非凡增长，然而这却表明如果没有个人行为者——将顶尖创新带入市场的企业家们——的投入，市场机制并未能履行其职责"（p.233）。事实上，在节奏较快、全球竞争的环境中，客户需求、技术机会与竞争者活动均处于持续波动状态。同时部分机遇会对新进入者与在位者同时开放，而此类机遇将在位企业的利润收入置于风险之中。正如 Teece 等（1997）所言，摆在新兴市场轨迹面前的道路清晰可辨。在微电子行业中，这可能包括微型化、增加芯片密度以及信息与通信技术的压缩与数字化。但是，大多数新兴轨迹仍很难辨别。例如，3D 平面屏幕技术何时能出现？最开始会应用于小型屏幕还是大型公共展示监控器屏幕上？按照其定义而言，感知并塑造新机会是企业家

[①] 诸多案例中，公司需要从外部利用计算天才与知识分子的能力，如通过战略性联盟或是其他知识网络，通常通过正式合同说明有关未来互动与知识共享的具体类型细节（Mayer 和 Teece，2008）。但是，本小节仅主要关注置于经理人直接管理的专家人才。

非常擅长的活动,涉及扫描、学习、创造与阐释活动。在需要专家人才的研究及其相关活动中,投资是这一活动的必要补充。

Kirzner (1979)与 Shane (2003)的分析将企业家精神看作是发现机会的一个过程。人们已经注意到,尽管这是企业家精神的要素之一,但是企业家精神不仅仅是寻找机会。企业家精神还应涉及主动创造机会(通过研究与开发)、精确评估机会以及调动资源以抓住机会。

企业家(或者说创业型经理人)的工作包括:组织资源以探寻并开发机会;组织具有必备补充能力的团队以开发并执行商业模式。创造行为中各种投入如何互相作用并共同演变,毋庸置疑,理解这一点必然十分困难。企业家的经济职能包括指明方向(策略)并协调。想要履行好经济职能,经理人必然需要深刻理解市场机会以及现有资源的技术、现实以及人力资源的约束。

此时人力资源管理的最大挑战在于对计算天才与知识分子的管理,此类人才在近数十年内越来越成为商业企业的重要资源(Reich,2002)。公司必须花费大量精力寻找吸引、进而留住知识分子与计算天才并激发其最高生产力的最佳方式。研究表明,最具生产力与最杰出的科学家通常干劲十足。这类科学家精力充沛,而且给人们认为:他们是为了追求长期目标而努力工作(Fox,1983,p.287)。[①] 这类专家人才参与的创造性活动对于设计与开发新产品、服务以及商业模式十分必要。由于公司无法强制专家人才发明创造,因此难以管理创造流程。具有创造力的人才可能需要一些指引,但是却不能过于呆板。正如 Gil 和 Spiller (2007)所发现的那样,"高水平创造活动只能被培养,不能被强迫"(p. 244)。这既适用于艺术,同样适用于研究与开发活动。

但是,由于难以监管与衡量创造性人才的产出,因此对于资助创造性活动的企业或是任何资金来源而言皆存在风险。Gil 和 Spiller 将其中一类称为动态危害。部分公司起初开发创意的目的是将其商业化,但是创造性人才可能在迸发出好的创意/突破之后离开公司,因为在这种情况下其认为没有必要与之前的资本提供者共享创意带来的回报。Gil 和 Spiller 指出,这些是与标准交易成本框架极不相同的交易危害(p. 245)。与管理创造性活动有关的基本组织问题源于创造活动的本质,即强不确定性以及信息不对称(Caves,2000)。这一问题并没有随着内部化而消解,而许多案例中的高交易成本情况也存在此类问题(Coase,1937;Tadelis,2007;Williamson,1975,1985)。

---

① 对科学家与工程师的实证研究表明,表现优异的员工专心致志、积极参与并对自己的工作有着强烈的认同感。他们对创意全神贯注,却不甚关注个人本身。在其青年时期,他们就展示出自主性、独立性与自给自足。他们自我激励。为保持生产率,他们通常不需要他人来认可自己的工作。

6.3　团队

尽管对于创新而言，公司内部结构至关重要，但却一直为大部分经济学分析所忽略。尤其是文献即便提到这一点（如果有的话），也仅是在关注促进创造力以及发明力时略提及公司设计问题。

如若公司想要缩短新产品与新流程的上市时间，那么跨职能交互作用必须同时发生，而非有先有后。跨职能团队以及跨部门网络必须在不造成信息过载的情况下方可建立。如若类似活动变得太过松散，则会加深而非摆脱官僚主义。跨职能团队应当明确目标，在必要时也应重新确定目标，并学会利用来自各方的必需知识。

随着专业化程度越来越高，以及对整合个人能力的需求越来越强，团队对于科学与工程任务而言变得日益重要。尽管计算天才与知识分子看重专业自主权，但是当其认为合作将会带来益处时，他们仍愿意与他人合作。即使在Thomas Edison 的时代，聘用跨学科研究团队以解决复杂的技术问题依然十分重要。①

由于难以衡量团队成员的投入与产出，因此经理人通常设法建设高度投入的文化以践行这一必要活动（Baron 和 Kreps，1999）。事实上，员工的积极性似乎比仅追求结果的竞争力更为重要（Katz，2004）。

有了专家团队，团队领袖/队长的作用将会变得举足轻重。为了所有人获得成功，专家与领袖之间必须保持互相尊重。

构成团队的核心概念可能与构成创造性任务的概念不同，与构成惯例操作的概念差异更是大相径庭。当团队要求过于苛刻时，决策周期将会延长，成本骤增，公司亦会开始关注内部。Nelson（1962）注意到在晶体管开发过程中，团队结构兼容并包："多个团队外的人员以一种重要的方式参与互动……团队合作……并不意味着在被人命令的情况下完成项目"（p.578）。

团队无需强调共识与妥协，而往往会维持现状。通常共识驱动型结构并未有效促进创新，因为新思想与激进思想总是看似对部分产生威胁。专家团队反而应当在给予个人部分自由的同时达成卓越的目标，并且应当对具有特殊创造力与杰出才能的特定个人给予特别表彰。因此在某种程度上，人才济济的团队建设与普通的日常团队建设略有不同。表 2 对传统团队与 大师团队之间的部分差异加以概括（Fischer 和 Boynton，2005）。

---

① "在其生命的大多数时光中，Edison 被看作是一位才思泉涌但却孤独的发明家，事实上他却是一位管理研发的经理人……门洛帕克实验室在其鼎盛时期员工总数约为 40 人，员工的职位从玻璃吹制者和机械师到物理学家与化学家不等"（Hounshell 和 Smith，p.2 - 3）。

表 2　传统团队与大师团队之间的主要差异

团队特点	传 统 团 队	大 师 团 队
成员资格	根据可用时间选拔成员	根据专业能力选拔成员
文化	集体文化	集体与个人文化并存
焦点	严格的项目管理,根据时间和预算进行管理比内容更重要	强调创意、理解与突破性思考
客户	普通人	专家
强度	高/中度	高度
风险	低/中度	高度

资料来源: Fischer 和 Boynton（2005）。

由专家领导的团队其关键特点在于流动性较强。事实上,团队中的所有事情并非都井然有序、各司其职。团队反而需要经历组队、完成任务,然后解散或者继续加入其他项目团队的过程。因而将项目团队保持在较小规模比较合理。

换言之,人们不能想当然地认为合作时人越多越好。共识与参与式领导并非总是一件好事,当复杂问题出现而且团队中人才分配非常不对称时尤为如此。团队需要给成员表达正确意见的机会。毫无成效的合作有时可能比错过这次合作机会更危险。

6.4　层级制度

适用于管理知识分子与计算天才的管理方式(低干涉)与人们对员工关系的传统理解截然不同。

Coase（1937）在文中指出,员工关系是指一种权威,其中每个员工"同意在一定限度内遵循企业家的领导"(p. 391)。如果聘用能力相同的员工通过这种关系比通过价格系统的聘用成本更低,那么则为内部组织奠定了基本原理。但是,Coase 的理念并未涉及权威的运用方式。

Alchian 和 Demsetz(1972)对员工关系的分析与他人不同,而且在某种程度上与创新型公司更加相关,其称公司存在的意义即为团队有所产出。据此观点,经理人并不握有任何批准的权力或是权威,而市场亦是如此。通过监管团队行为,经理人能够察觉消极怠工行为并根据表现发放奖金。在其模型中,员工无须像在 Coase（和 Simon,1951）的员工关系模型中言听计从。公司的存在是由于其有能力令合作活动(即评估与实践员工组合以达成目标)优于市场环境中的类似活动。但是这篇文献并不认同经理人拥有高于其他员工的权威,除此之外,经理人对编外人员也不能行使其权威。

尽管 Alchian 和 Demsetz 将团队活动视作对员工关系的正名，但是其行文中并未很好描述团队活动，尤其是专家团队的管理本质。在内部环境中完成创造性工作更具优势，不仅是因为公司比市场拥有更好实现合作的能力，而且因为公司能够：①组织金融资源从而将顶级人才从自行筹集资金的需求中解脱出来；②塑造并保持高度投入的文化以规范团队合作；③建设团队（发现所需技能，选择合适的候选人并为今后团队运行的范围提供参考）。

由于计算天才与知识分子重视自主权，因此传统的命令—控制结构不可能激发出其最佳表现。而且由于管理层的信息处理带宽通常有限，因而此类人才的自主权亦可等同于最佳资源分配。在此情况下，Nelson（1962）研究了贝尔实验室中晶体管开发发现：

> "……我们在晶体管项目中发现的这种互动需要每个个体在其认为适当时皆愿意施以援手。如果所有分配决策均由处于中央地位的主管人员一人把控，那么随着所认为的替换物和知识不断变动，需要不断重新分配研究行为，因此将会加重最高管理层因无法处理信息和做出决策而造成的负担。显而易见，必须给予研究科学家充分的自由……"（p. 569）。

高度权威的管理层会扼杀了积极性，这是一个诅咒。证据表明，创造性公司的管理层必须"低干涉"，即提供软性而非硬性指导。否则本来能够产出丰硕成果的专家人才团队可能被压制，其创造力也会大打折扣。为解决问题，需要做出困难且微小的技术权衡与判断。但是此类决策明显不能由管理层察明后强加于专家身上，而必须由身在 前沿的专家自行做出。

因此为了鼓励创新，通常需要对管理层去中心化/分散化以起到支撑作用。传统管理观念严重依赖来自中央的权威与决策，而今这种观念无法在高度创新的公司中继续大行其道。在项目的执行阶段，公司对层级制度的依赖变得越来越有效，因为与在创新的创造阶段和快速变动的技术机制中相比，这种依赖使得运营更加程序化或者说环境更加稳定（Burns 和 Stalker，1961）。

正如前文所言，思科系统采取了去中心化的结构，提升了其开发与配置创新的能力。根据 McGirt（2008）的文章，思科目前是"分散创意的引擎，其中领导力来自于组织，却不受中央统帅拘束"（p. 93）。尽管大部分成果来自于相对较低层级（去中心化或分散），但是仍有部分成果来自于中央层面。该公司总裁 Chambers 将这一比例设为 70/30（p. 135）。

道理很简单：在节奏较快且局面复杂的环境中，客户需求具有异质性，因此如果一家公司的结构是高度集中化的命令—控制结构，那么难以应对客户需求。此外，即便拥有优秀的人力资源，但是过度集中化的指挥会阻碍公司内部的积极性与创造力。公司面对的挑战即为如何将个人积极性与总体企业战略/目标连接起来，且无需在公司内部建立一个既成本高昂又打击积极性的层级制度。每位成员均须在其专业领域内负责任的做出决策，而且高级管理团队必须拥有强大的领导力。

管理专业人士，尤其是管理高级别的专家人士要求公司拒绝采用传统的压迫型等级结构，尽管这种结构在较稳定的行业中会更具可行性。事实上与本处分析一致，Quinn 等（1996）甚至提出通常有必要倒置传统的层级制度，其目的是创造成功专业人士能够接受的组织结构，这与 Teece（2003）所言相同。在倒置的层级制度中，经理人的工作就是提供支持。这一提法如果不是针对委托人和代理人的传统观念，则部分颠覆了对管控的传统观念。

在部分纯创造性的环境中，事实上正是技术纯熟的专家们"雇用"老板。好莱坞对创造性人才的代理模式即为最早的证明。正如 Albert 和 Bradley（1997）所解释的那样，从 Newman、Streisand 和 Poitier 开始，明星脱离工作室并组建个人的制作公司——First Artists。First Artists 公司战略中的一个关键要素即为创造一种潮流，其中主流演员能够掌控自己的专业环境与生活。艺术家雇用专业经理人，但是这位经理人的任务却明显是要践行艺术家对影片创作方式的想法。自那时起，独立制作公司不断涌现，而且均获得了不同程度的成功。

大学教员亦有类似特点。可以说是教员雇用了院长，因为总体而言，院长只有在全体教员默许之下才可任职，至少在部分美国西海岸的主要研究院校是如此。

简而言之，具有创造力且技术纯熟的知识工作者（无论是科学家、工程师、医生、教授，还是经济学家）均渴望高度自主权而且能够自我激励，并且由于具有深厚的专业功底，他们也可进行自我指导。大学环境中的任期制为此提供可能性，任期制要求教员卸下教学、研究与服务的职务重担，而且给予每个教员足够的自主决定权以确定是否以及何时完成任务（除了班级会议之外的）。

专家人才同样会是其工作岗位上的杰出人物，至少在某种程度上如此。因此可以得出专家人才不愿接受来自经理人的权威，而这些经理人并非是或者并非一直是受人尊敬的专业人士。根据 Quinn 等（1996）的论文，上述内容即为"为何大部分专业公司以合伙制而非等级制方式运营的原因"（p. 72）。个人领导者的权力应来源于通过专业上的成功以及创造并维持一种开放、诚恳且透明的文化而获得专业与个人情感的尊重。

简言之，当现代公司雇用许多技术高度纯熟的个人时，其不得不创造一个将同事与伙伴团结在一起的组织结构。在取消所有等级设定的创新公司中，发明戈尔特斯面料的戈尔公司（W. L. Gore Company）声名远播。在此类公司中，包括首席执行官在内的每个成员均是"伙伴"，而层级制度中这一用词则被弃用。

即便执行得当，采用分散式领导方式并不等同于放弃管理责任与良好治理。结果恰恰相反，执行领导团队应当对董事会以及持股人还有员工以及其他成员负责。

刺激创造力对企业成功至关重要。在这一种环境下，管理的作用体现为形成激励，加快资源获取，并消除员工在利用专业能力完成与公司目标一致的工作时遇到的阻碍。当然，尽管鲜少能以传统方式获得，但是仍须要求知识分子与计算天才怀有强烈的责任心。清楚如何达成这一点需要新的补偿形式，而文献鲜少探讨这种补偿形式。公司必须设计与执行能够识别差异同时奖励合作的补偿安排。

6.5　激励机制

Reich（2002，p. 107）经观察发现，相比工业时代，兼具才能与野心的员工如今能够赚取比收入中位数更多的薪酬。收入离散度加剧的原因是市场变得更大更开放，或者说竞争变得更加激烈。顶级人才值得更高的褒奖，这种褒奖来源于价值，而价值来主要源于专业人士的创造力以及善于分析且能改天换地的本领，尤其是他们能够解决复杂问题、做出重要决定或是平息复杂争端以及辨别并利用一切具高价值的机会。

人们发现与员工的绩效薪酬等直接激励相比，有时内在驱动力（如知识挑战）更为重要（Hayton，2005；Sauermann 和 Cohen，2008）。尽管如此，我们仍要在创新环境中处理专家人才的复杂薪酬问题。

研究人力资源管理的文献往往希望在不同公司之间找到人力资源管理的共通之处。其基本原理在于：①如若出现薪酬不等的情况，员工将会认定该系统不公平；②如若在人力资源管理系统及实践之中呈现多样性，管理公司就会更为复杂。后一观察结果可能的确存在，但是多样性不可避免，因为培养不同的能力需要不同的系统而且公司/企业通常需要双管齐下以创造并获取价值。在涉及专家的情况下，只要薪酬发放基于绩效而非纯粹任意而为，那么即便对同一团队中的不同成员采取差异薪酬的方式也无可厚非。

一旦财政奖励以高度主观的方式发放，那么员工就会争相沿着公司层级制度向上攀爬。在层级制度中，成为资历较老的员工意味着较多的个人自由，掌管自由支配的资源而且是获取更高奖励的必由之路。工资政策成为日常生活的一部分。员工之间争名夺利，甚至不惜牺牲同事情谊。大量的时间与精力被浪费在装腔作势上，进而通过老板的观察显示自己对公司的价值。人们最后却忽视了对完成工作的需求，更不要说承担风险。

创新面临独特的挑战，因为人们必须创造出促进感知、利用和转型的激励措施，而激励设计在帮助某些人的同时会阻碍其起他人。最基本的激励设计问题甚至更为复杂,因为这三种任务在其可衡量性与/或时间轴方面各不相同。例如,我们可以想象一下感知和利用的过程。前者涉及为企业带来中长期利益的高度创造性活动;而后者,尽管亦涉及创造性元素,实则与实施当前战略有关。例如,斟酌商业模式的转型动态能力同样具有高度创造性。任务的创造性越强,对其的衡量标准必然会比传统执行任务的衡量标准宽松,从而在需要自主创造空间与通过严格控制平衡欠佳的管理措施之间产生了紧张局面。

绩效越容易衡量,为该活动单独设立有效激励措施的成本越低。作用欠佳的管理措施可能由不可预见的外部事件造成,这意味着员工与雇主面临不可控制的风险,从而可能会妨碍其获得奖励。如果员工不愿承担风险,那么这种不确定性会造成损失。

解决激励设计问题的方法之一是,通过让独立自主的公司下级单位专注于感知、利用或转型以简化基本组织的设计。但是,许多战略性环境与组织环境公司不会出现这样的机会,而且并非所有对组织设计的分析文章认为此方法可行。[①] 还有其他的综合方法,包括特别依赖具有多种能力的多能型经理人,或是随着工作本质的变化而将执行官移入或移出某项特定工作。但是,这三项任务的组织一体化令设计激励措施的难度增加,而激励措施本应令多种灵活性在商业企业中繁荣共生。当然,股票期权是奖励联合创造价值的多项活动的一种方式,但是这种激励投资需是长期行为,即期权/担保/限制性股票的行权期较长。

创新公司面对寻找实现合作途径的挑战,回避等级之间的摩擦。传统公司在缺乏明确的绩效衡量标准时会增加规定、指令以及增强监管,但是事实上这只会妨碍创新性活动。如果公司确能为客观衡量员工绩效相关方面颇具成效,那么此类公司能够通过利用激励措施开启工作自由与高额奖励的良性循环,从而给予员工更多自主权。

就此而言,"感知"(一种企业家行为)更难衡量。因此,难以在现有企业内部创办新公司。拥有绝佳感知能力的人更容易成为独立企业家,或是成为新公司的联合创始人。

Alchian 和 Demsetz (1972)有理由怀疑,由于对个人表现的监督存在缺陷,因此可在传统员工结构中设置高端专门服务。正如作者所言,"尽管当投入活动与主要产出方式高度相关时,通过一队码头工人管理或指挥卡车装车相对容易,但是却很难用这种方式管理或指挥一位律师去准备并陈述一桩案子"(p.786)。其他学者认为伙伴形式是解决这一问题的方法,因为伙伴可以互相监督,尽管只有在创新数量有限时(如咨询机构)才能有所体现。

---

① Raisch 等(2009)在文献中对"两手同利"进行概述,并对公司层面"探索"与"利用"(March, 1991)的融合程度进行探究。

作为对有效激励设计(注定在创新环境中很难实现)的补充,经理人必须反复灌输文化/价值观,从而在利益与员工之间达成一致。在研究组织行为的文献中,这种文化被称为高度认同文化。大多数此类文化与全面质量管理或是日本公司的管理风格有关(Baron 和 Kreps,1999)。高度认同文化的要素包括员工的职能灵活度、解决问题的系统方法、赋予员工/团队决策权以及对(内部或外部)客户需求的反应能力,而且此类要素均与创新有关。建设一种高度认同的文化是对有效激励措施的有效补充,同时推行成本较低。

表 3 以表格形式呈现传统公司与动态竞争公司之间的差异,并将激励措施以及(专家)人力资源的管理纳入考虑范围。

表 3　商业企业的对比角度

组织特点	产业模式	知识模式(对于知识分子与计算天才)
财政激励	基本工资＋酌情奖金	根据衡量结果发放薪酬;管理层酌情处理权力有限
层级制度	深	浅
领导阶层	集中化	分散化
工作方式	分割	协作
人员	成本	资产
控制基础	权威	影响力与榜样作用
对个人的看法	投机取巧	可敬可佩

7. 形成一套创新公司的理论

7.1　背景

正如上文所言,全球经济体的深刻变革正在改变公司创新的方式。交易机制日益开放且竞争加剧,使得专有技术以及其他无形资产变得愈加重要。未来的公司理论若能与当代经济体相结合,定将意义非凡并会产生引人注目的影响。

本小节将以对部分公司理论的介绍为开端,而这部分理论已在主流经济学之外兴起。下面数个小节将利用动态能力框架重新考量公司作为其解决方案的这一措施,以彰显合同与能力视角的互补性。最后一个小节的论点认为,较为完整的公司理论将会认识到这一点,即公司存在的部分原因是为了弥补疲弱甚至不存在的专有技术市场。为使经济系统有效运行,企业家与经理人需要统筹创造与获取创新价值所需的资源/竞争力。如果没有经理人与管理层,经济学理论将无法解释经济体进化与发展的原因。

人们希望透过公司理论深入了解现有公司。然而,无论人们是否透过交易成本视角(如 Coase,1937;Williamson,1985)、所有权视角(如 Hart 和 Moore,1990)、激励视角(如 Holmstrom 和 Milgrom,1994),还是其他 Roberts(2004)早已概括并举例阐明的现代公司理论,诸多现有的理论似乎仍在挖苦此类公司,至少是在挖苦从事创新的公司。如果相关经济学理论变得严谨,那么主流经济学必须重新将公司理论和有关的市场及市场流程概念化。

此外,正如 Gibbons(2005)所言,如今的诸多公司理论更应被恰当描述为关于公司边界的理论。Gibbons 沿袭 Cyert 和 March(1963)的理论进一步指出,"公司理论"这一术语更适于描述公司决策过程的描述型与规范型模型。Gibbons 对四种公司理论进行了一项详尽的调查,他称之为寻租活动、财产权、激励机制以及适应程度。在文中,他未直接提及资源/能力方法,而是暗示这种方法将会产生不可想象的潜在影响,并且期待这种方法在未来的正式公司理论中起到关键作用。本小节以及此后小节的内容将 Gibbons 的预想变为现实。能力方法可识别四种流派中的价值并可从中汲取部分创意。

为了克服公司标准生产函数理论中的明显缺陷,交易成本经济学出现,目前与基于知识的公司理论相结合。Williamson 认为竞争力与管理之间的关系既互相对立又互为补充——后者比前者更为普遍(1999,p. 406)。基于知识的理论间接回应了 Winter(1988)、Demsetz(1988)及其他学者提出的问题。源于战略性管理领域(如 Teece,1982,1986;Wernerfelt,1984)的这些理论也许能够形成现代公司理论。

但是,由战略性管理发展而来的理论并不一定能够产生公司(本质)理论。与之相反,这些理论将竞争优势的开拓与维护的方式以及赚取超常收益的方式理论化。正如上文所探讨的,资源视角暗示了至少在有限时间内,租金如何从稀有且很难模仿的资产或资源的持有与保护中流出。然而,资源与能力理论能够帮助深入理解公司的本质,至少是那类在快速变动的技术机制中存活下来的公司本质。因此,下文将对此进行详细展开。

目前,动态能力框架在战略性管理领域之内可谓众所周知。其超越了狭隘的视角并阐明了包括公司理想边界在内的诸多问题。动态能力框架——感知机会、利用机会并转型公司与市场以建立并维持竞争优势——的主要问题能够深入了解边界与决策问题。下文将概述部分理论观点。

7.2 动态能力、协同专业化和交易成本

Coase(1937)在其研究公司本质的经典文献中将公司与市场描述为管理的替代模式,将公司目标定位为寻求利益,因此其决策的目的是将交易成本降到最

低。科斯式公司拥有一套简单的决策制定系统，并以此确定公司边界。公司边界的确定过程如下：将交易引入公司，使得公司内部的组织边际成本和市场中与交易有关的成本达到平衡。[①]

继 Coase 在 1937 年发表了一篇研究公司与市场的相对效率的里程碑式文章之后，不断有类似文献涌现。这类文献主要由 Nobel Laureate Oliver Williamson（1975，1985）和其他学者撰写，并且已经作为交易成本经济学而广为人知。这类文献分析了管理模式的相对效率：市场与内部组织，以及诸如战略联盟之类的中间形式或组织。

与资产专用性有关的签约难度是交易成本经济学中计算相对效率的关键。当不可逆的专用资产投资需要用于支撑有效生产时，那么公司应该选择内部组织作为组织模式。内部组织使得暴露在伺机重新签约之中的风险降到最低，并且可以更灵活地适应环境（Williamson，1975，1985）。

在某些方面，动态能力方法与科斯式视角有异曲同工之妙。动态能力方法将公司与市场进行概念化然后成为管理的替代模式。但是，对内部组织（管理）方式的选择（通过联盟或是通过市场）取决于资产、能力以及某种程度上 Langlois（1992）称之为动态交易成本的可获取性与不可交易性。[②]

本处提及的“不可交易性”与 Coase 或 Willianmson 的“交易成本”并不完全对等。尽管如此，专有资产与不可交易或较少交易资产之间仍存在高度相关。但是，资产未被交易（或较少交易）的原因与资产专用性无关，同样也与交易成本无关，例如，对于许可特定类型的专有技术可能没有具有可行性的商业模式。

事实上，许多公司将会直接选择不发放战略性技术资产的许可，尤其不会发放给直接竞争对手。一方面是因为合同中无法写明如果受让方利用许可方的技术与其竞争，那么许可方可以因失去客户进而得到弥补这一情况。理论上而言，如果其设定特许使用金费率的目的是令特许使用金可与损失的利益抵消，那么许可方应当对自身销售与受让方销售一视同仁。但是，就算有，这种约定也较为罕见，部分原因在于难以判定到底哪些客户以及哪些销售额是从许可方流失到受让方。因此在现实世界中，当许可方能够在同一势力范围内销售产品时，很难看到其发放独占许可（给直接竞争对手）。另一方面的原因很简单，即公司对与技术利用有关的潜在利益期望值不同。对于许可方或受让方是否会获取与利用该技术有关的“用中学”专有技术，双方均有顾虑。正如 Williamson 框架所揭

[①] 科斯式公司的另一显著特点即为 Coase 强调权威以及员工关系是企业的中流砥柱。6.3 小节与 6.4 小节对团队以及层级制度的探讨暗中减少了这一科斯式公司的维度——至少是对创新公司而言。

[②] Langlois（1992）将动态交易成本定义为“游说、交涉、协调与教育外部供应商的成本”（p. 113）。

示,交涉、列入合同条款以及监管共同协议亦不太可能付诸实施。①

简而言之,公司从创新中获取价值时所使用的商业模式通常涉及包括新知识的产品制造与销售过程。公司将会完全依赖于一种非捆绑式的商业模式,其中专利/商业机密许可被用作从专有技术中获取价值的机制,这种现象寥寥无几。Rambus 集团与杜比实验室却是其中部分。

协同专业化这一概念在基于能力的公司理论之中尤其重要(Teece,1986)。由双方共同持有专业化的资产需要由双方共同使用,而且通常是在公司内部使用(Teece,1980b)。协同专业化和组织挑战与实现规模经济以及利用新机会密切相关,但是却不是 Ronald Coase,Armen Alchian,Harold Demsetz 或 Oliver Williamson 等学者开创性研究中的重点。不过,这种现象应引起相关理论重视。部分如下:

协同专业化资产是公司的重要组成部分。最初在公司内部建立与集合资产(而非通过各个合同中获取资产)的目的并非是为防范投机主义与重订合同,尽管这两点在某些情况下也很重要。相反,由于有效的协调以及资产/资源/竞争力的配合非常重要,但是通过价格系统却难以实现,因此特殊价值反而可以达到良好的匹配效果。这在公司内部更易实现。无法用 Barnard (1938)所说的经理人职能解释通过内部化实现匹配的现象——其从实现合作适应中察觉到这一点。

内部化迫在眉睫,原因不仅仅是为了将威廉姆森交易成本降到最低,还是因为至少在动态能力框架中,(创业)经理人的特殊作用就是统筹联合专用资产。如果经理人主动将其统筹得当,则会:①在价值创造匹配中保留联合专用资产;②识别未来通过投资过程开发的新型联合专用资产;③淘汰或停止运营不再产生特殊价值的联合专用资产。以上三个目标无法通过签约机制直接实现,一部分原因在于动态交易成本(如交涉成本等),还可能是因为不存在建立或提供所需资产的合格实体。简而言之,通常能力必须被建立而且无法通过购买取得,而且将这一难题标注为交易成本问题并无太多裨益。

动态能力并非强调投机主义(尽管投机主义的确存在而且必须抵御),其重点在于建立专用资产(因为无法通过购买取得)以及改变流程(以保证企业与其商业环境相匹配)。上述流程包括研发、重塑商业结构、资产选择以及资产统筹。

---

① 因此,可口可乐公司不可能发放其机密配方的许可,而除其全资附属公司或部分附属公司之外,戈尔公司不可能将戈尔特斯面料中的技术许可给任何其他公司。与之相似,英特尔与台湾积体电路制造公司不愿将其关键半导体工艺许可给竞争者,除非在对该竞争者信任度较高的情况下同时附加严苛的限制条件。具有特殊价值的品牌(如雷克萨斯以及蒂凡尼)亦不会轻易发放许可,有时是由于合同本身的问题,有时是出于其他原因。

正如 Williamson（1975）文中所言，在动态能力之中，"小数目谈判"是其核心。重要的是，动态能力中的重点并不仅仅在于保护价值免受重订合同的风险，其同样关注资产创造，该资产在交易成本经济学中成为租金拨款的对象。

动态能力分析的基本单位并非是交易成本经济学中的交易，而是创新公司及其创造并控制的（主要为无形）专用资产。只要动态能力的重点在于（显性或隐性）交易与合同，那么其更少涉及如何避免投机主义，而其重点在于如何抓住机遇。但是其中同时明显强调生产、学习与创新。在大部分竞争优势理论与公司理论的替代理论中，这些考量均处于空白状态。

7.3　创新公司的边界

7.3.1　综述

确定公司边界是公司理论必须面对的基本参数之一。[①] 而公司就如何界定并践行恰当的商业模式所做决策则是动态能力的又一个重要组成部分，恰当的商业模式用于将创新成果商业化并获取经济租金[②]。动态能力的另一个重要组成部分是制定战略并付诸施行。

随着后台操作（如检测、电话营销、效益管理、档案管理以及信息技术管理）等特定服务的商品化，公司在面临自行创造或是直接购买时有了更多的选择。潜在供应方的范围正在扩大，这一事实本身反映了能力分配的全球化程度的加深，同时扩展并增加了管理选择的范围和难度，管理选择包括在何处以及由谁负责执行从管理研发到售后服务之间各个环节的活动。此外，正如动态能力框架明确指出，公司亦须定期评估此类选择。

目前为止，经济学理论尚未考虑核心问题，而核心问题对于管理层将创新公司的边界划在何处而言至关重要。根据 Coase 的理论，方法很简单：保持内部化，直到这样做的边际成本与未这样做的边际成本相等时为止。Williamson 则认为，该问题其实是确保内部管理成本与交易成本达成平衡（资产专用性驱动的）。但是由于其他因素通常不会对等，独占性问题或许尤其凸显，内部生产成本以及能力的其他表现可能取决于所选择的管理模式。

7.3.2　能力、互补性资产和知识产权

第 5.4 小节曾介绍过 PFI 框架，该框架建立在 Coase 和 Williamson 签约方

---

① Teece 等（1994）的文中可找到设法解释全部企业的水平边界的理论框架，这一框架以路径依赖、技术机会、环境选择以及公司在互补性资产中的位置为基础。公司的动态能力部分体现为不断评估其在产品定位方面的一致性。

② 生产过程中要付出的生产投入成本，高于某个供给的价格弹性下本来应该付出的价格，这中间的差额就是经济租金。——译者注。

法之上,并将与公司边界选择有关的更多因素考虑在内。这些因素包括知识产权、互补性资产以及对上市时间的考量(参见 Jacobides 等,2006)。本节将进一步探讨机会保留、技术节奏以及能力建设。

PFI 框架从一开始就考虑到签约之外的部分因素。Teece(2006)总结了 PFI 的规则,即公司应该依赖市场,除非有:

> "迫不得已必须内部化的缘由,此类缘由可能基于以下两种主要情形之一:①联合专用:如果过度依赖外部资源(即外部供应的资产/服务),那么联合专用将会产生交易成本;②加强独占性:通过建立或购买互补性资产以加强独占性,而此类资产的价值会因创新而升高,或是对完成工作至关重要"(p. 1140)。

动态能力框架尚未识别其他因素,尤其是尚未识别经增强后的核心竞争力/互补性资产是否足以令公司为自身提供所需投入或服务。Chandler(1992)曾发现在第二次工业革命期间,"企业家们初涉分销与营销领域,供应商与经销商通常对复杂且新颖的产品既缺乏足够的了解,又没有处理此类产品的有效方法。因此,许多新公司通过即刻建立全国营销及分销网络以满足自身需求,而上述网络由公司的经理人和员工负责日常活动"(p. 87)。

在同一行业中,不同公司之间的能力分配并不均衡。

供应商和分销商也无需具备发明者所要求的能力。因此当新兴产业成型时,开发者/制造商通常必须整合上游/下游环节,其原因并非是交易成本而是创业与"能力"。换句话说,事情可能没有那么简单,并不存在现成的企业能够提供并分配创新产品。因此,垂直整合上游与下游势在必行,之所以这样做并不完全是为了交易成本,而是因为可能不存在公司可与其直接签约的合格签约方。[①] 正如前文所述,并不总是能够买到能力,有时必须自行培养能力。对能力进行的考量阐释了 Williamson 和 Alfred Chandler 对 20 世纪早期某些美国大型公司后向整合这一现象的不同理解。

Williamson(1985,p. 119)发现:

> "'有时制造商似乎已经在错误的基础上经营良久,也就是说对于整合而言,多不如少。'他认为'从交易成本视角而言,蓝带啤酒、胜家缝纫机、麦考密克收割机以及福特公司的后向整合均是大错特错。'但是当上述公司真

---

① 一旦公司的供应与分销结构已经形成,其经理人必须履行统筹或系统整合的职能。外包的盛行令整合成为最重要的战略竞争力(Pisano 和 Teece,2007;Prencipe 等,2003)。

正开始投资时，其供应网络却无法为多种多样的新型高度专业化商品提供稳定的流动性，而此类商品是大规模成本优势的重要保障。随着行业不断成熟，尤其是对零件和配件的需求不断扩大，具有必备能力的供应商数量也随之水涨船高"（p. 89）。

而 Chandler 则注意到：

> "重点在于，若要理解公司的变化边界，就需要关注公司的专有能力以及变化发生时公司所处行业与市场的特点。在新型资本密集型行业的先驱者行列中，许多公司在全球范围内向前整合进入分销与市场营销环节，同时向后整合进入供应控制环节。公司在国内创造整销型或直销型公司的过程中获得知识，其后知识又推动公司在国外市场建立一个类似公司"。

Chandler 的历史分析与动态能力理论相一致。也许在交易成本条款中描述他的观点可能更为合适，但是目前如何立即实现的方式尚不明晰。

7.3.3　机会"管理"

在当今经济学理论中，Williamson 对资产可获取性/专用性以及价格预期波动的考量是普通外包逻辑的基础。例如，当一家公司为了与一家供应商合作而必须做出涉及专用性投资[①]时，那些无法重新配置的资产将会面临后续重新签约的风险，而风险可通过垂直整合消除（Williamson，1985）。尽管上述见解独到，但是仍需在理解不同的技术及市场风险之后加以补充，同时涉及机会与投机主义。

在商业交易中，当新技术危在旦夕时，一系列尚未明晰的风险与机遇将会出现。[②] 此类签约风险和机遇其实与准租金的提取并无太大关联，而是为了防止某些竞争者抢夺未来的战略机遇。

当一家垂直整合的公司能够利用其卓越的上游技术阻止下游对手获取一项专利时，以下情况就会出现：为了能够抓住特定的未来技术与商业机遇，公司必须将其付诸实践。[③] 发明家如果能够调整新产品与新技术开发的步伐以及指挥、控制并保卫新产品与新技术的开发成果，那么将对竞争者产生威胁。即便公司将研发/新产品开发留给未被整合的供应商，下游公司也有可能别无选择，不

[①] 关系专用性投资是指合作成员为了使双方的合作关系强化而进行的相关投资。——译者注。
[②] 本节部分内容基于 de Figueiredo 和 Teece（1996）的理论展开。
[③] 部分文献研究竞争对手的上升成本，这一概念同样可被视作此类文献的延伸（Salop 和 Scheffman，1983）。但是，上文分析过的公司窘境并不需要反垄断法干预其中。

得不从同样作为竞争对手的供应商手中购买重要组件。

　　一种潜在的风险表现为公司无法调整新产品发展的速度或是指导新产品发展[1]，而新产品的发展又以供应商的独占技术为基础。如果一家公司在供应商的开发过程中没有任何其他投资，那么供应商可能会独立塑造技术轨迹。交易成本经济学会假设最好将此类风险视作合同问题。但是，交易成本以及重新签约的风险是否就是核心问题；恰恰相反，正是外包策略导致公司失去了积累重要竞争力的机会，而竞争力对于公司新产品的整体开发战略十分重要。理论而言，起草合同时需写明免除任何已积累商业机密的回授特许使用金，但是此类协议并不常见。[2]　机会管理可能要求公司投资自身研发，而非依赖供应商的努力。

7.3.4　协调互补性资产与系统集成

　　当一家公司依赖外部供应商提供互补性创新成果时，这家公司会因难以协调互补性资产与活动而承担风险。这与 Richardson（1960）和 Williamson（1975）所称的"期望收敛"相关。对研发的投资必须在上游与下游实体之间协调，但通过合同机制难以实现。

　　当创新成果呈现系统性（Teece，1988）时，协调问题会备受关注。系统性创新要求各方（如即时显影要求开发新型照相机与胶片）协同合作。当公司间出现能力不对称时，各方难以实现协调。波音公司在决定依赖全球不同的供应商以开发新型 787 梦想飞机的零部件时发现，尽管出发点是为了共担成本，但是能力不对称造成的损失与其原来的成本基本相等；部分供应商没有能力开发具备必要品质的零部件，而波音公司也无法进行监督。供应商能力不足导致生产延期多年（Michaels 和 Sanders，2009）。从理论视角而言，将其看作契约问题或能力问题是否最为恰当并不准确，但后者似乎更具说服力。[3]　波音公司的经历与洛克希德公司（Lockheed）的经历颇为相似。30 年前，因罗尔斯·罗伊斯公司（Rolls Royce）未能及时开发并交付装在 L1011 宽体飞机上的 RB211 喷射发动机，从而延迟了 L1011 宽体飞机的下线，直接导致洛克希德公司被迫退出民航

---

① 软件行业揭示了一家经过整合的公司如何调整其下游操作系统行业中技术开发的速度。微软公司内部开发了自有的操作系统。同样，该公司在等待他人提供应用软件时自行开发应用。独立应用设计师在 Windows 系统上运行其应用软件。因此，Windows 系统的作用即为对下游应用软件的技术特性加以限制（如监控数据交换）。微软有能力调整上游技术的发展速度，亦有在其应用软件中利用自身操作系统技术的本领，这令其能够成为应用软件行业中的佼佼者之一。

② 其中一个特例即为英国皮尔金顿公司（Pilkington），该公司多年来一直在其浮法玻璃许可协议中使用此类术语。

③ 波音公司的执行总裁 Jim Albaugh 在解释梦想飞机的延期交付时指出："尽管波音公司作为一家制造商，其商业分工记录良好，军用飞机部门亦具有丰富经验应对 787 飞机的复杂开发过程，其中会使用比商业飞机开发更多更轻的复合材料。但是当你每十年中只专注做一种开发项目，那么我认为你失去了部分能力和知识"（Clark，2009）。

飞机行业。这并非是罗尔斯·罗伊斯公司故意投机取巧，而是说明该公司虽有成为技术领先者的雄心壮志却缺乏相关能力，心有余而力不足。

Teece（1996，2000）与 Chesbrough 和 Teece（1996）曾分析过独立追求技术并通过合同协调开发互补技术的难度。[①] 延期现象十分常见，而且并不一定是因为战略性操控，可能仅仅是由不确定性、能力有限以及各方之间目标不一致造成的。[②]

自主创新无需双方之间协调活动，而是完全可以由一家公司在其边界之内完成，然后涉足更大的项目之中。在诸如 IBM 个人电脑的开放架构等标准出现之前，自动化创新随处可见。

新产品与新系统中运用的外包部件同样会带来将技术泄露给竞争者的风险。Arrow（1962）是思考市场中专有技术披露问题的第一人，随后其他学者开始研究该问题并将其与技术转让问题联系在一起（Goldberg，1977；Teece，1981，1985，1986）。当难以获得知识产权时，专有性风险就会受到关注。泄露可在垂直方向（上下游之间）发生，亦可水平方向发生（Silverman，1996）。

如果供应商（买方）已在下游（上游）被整合，那么在履行购买合同职责的过程中，从买方（供应商）泄露到供应商（买方）的专有知识成为问题。当然，即便交换双方位置，该论点仍然成立。尽管独立供应商从买方手中获取知识之后可能会选择将其融入下游产品，但是这种可能性微乎其微。但是如果一家公司已经做好准备垂直整合下游环节并为下游竞争者提供产品或服务，那么该公司能够迅速将已经泄露的专有技术应用于上游部门并将其融入下游产品与流程。[③]

当出现上述风险时，维持对创新轨迹的技术控制有时需要垂直整合（包括重资投入研发）。当上述整合无法实现时，必须采取其他重塑行业架构的战略，例如为供应基地提供企业风险投资，或为关键互补产品建立一个竞争性市场（Pisano 和 Teece，2007）。

---

① 与研究创新的经济学文献相比，上述动态协调问题对抽租的关注点完全不同。在 Farrell 和 Katz（2000）的文章中曾有这样一个例子，即垄断者可能从销售竞争激烈的互补商品的公司手中抽取过多租金，以至于即便从垄断者角度而言，该公司的创新成果不足以成为互补商品。

② 美普思科技有限公司也遭遇了此类情况，该公司未能成功改良其用于与太阳公司的可扩充处理器架构竞争的高级计算环境。美普思科技有限科技有限公司与康柏电脑公司、美国数字设备公司、硅谷图形公司（Silicon Graphics）以及其他数家公司建立联盟，共同追求一个基于精简指令集计算的计算标准。但是，在美国数字设备公司和康柏电脑公司宣布即将降低对高级计算环境的承诺不久之后，该联盟随即瓦解，因为美普思科技有限公司无法配合下游行业中的部分松散活动。该公司既无法在技术关键层面开发竞争力，亦无法为其联盟创造一个共同的期望目标（Gomes-Casseres，1994）。

③ "泄露"这一术语并不意味着知识产权一定要被侵犯。泄露一词只是正常商业过程中效仿法律含义的做法。

7.4　创新公司需解决的基本经济学问题

上文曾明确表示,创新公司要解决的基本问题不仅仅是协调解决高交易成本(以及源于不完全契约的其他问题),同时也包括机遇与价值获取战略与机制的设计与执行问题。上述战略与机制有助于解决专属权问题,并且创造在新机会出现时公司所需的新能力。需要联合交易成本经济学与能力理论以应对此类理论挑战。在确定创新公司本质时,创造及获取价值有关的问题与协调及激励设计同样重要。

与之相似,此处提到的经济学问题与激励设计和委托代理问题几乎不相关。对专家人才(知识分子与计算天才)的管理与衡量和监控以监测并惩罚投机主义并无太大关联,而与检测、监控以及衡量机会的相关度较高。

Alchian、Demsetz 和 Williamson 均强调,投机式的搭便车行为是组织原则之一,显然这是一个重要问题。Williamson 假设人类行为者缺乏理性、寻求个人利益并且投机取巧,事实也确实如此。动态能力框架则强调人类本性中的其他特点(并非人人都有且不是平均分布,但是十分显著的):①企业家精神,追求高风险/高回报的机会,以及②具有先见之明且聪慧敏锐。

Williamson (1999a)似乎意识到,技术与先见之明并非在人与人之间平均分布。他以商人 Rudolf Spreckels 为例——"无论我看见的是某件事没有做好,或是完全没去做,我看到的都是创造财富的机会。"Williamson 对此评论:如果可将本能广泛转化为行动,这将对实践产生深远影响,也会影响经济组织理论(p. 1089)。上述评论引出了基于能力的公司理论。

交易成本视角与能力视角之间存在其他方面的差异。Williamson 将交易作为分析单位,资产专用(度)成为组织结构设计中的关键解释变量。而在动态能力框架中,互补性资产及其联合专用程度均为重要的解释变量。公司即便不是分析单位,也会成为焦点。

学界一致认同将交易成本经济学以及相关框架用于解释制造—购买—联盟以及相关管理决策。但是交易成本经济学并未提及经理人的独特作用。执行总裁不仅必须选择管理模式(市场安排、联盟以及内部组织结构),而且必须了解如何设计并执行不同的管理结构以协调投资活动、设计并执行商业模式和决策最为恰当的战略。

动态能力/基于知识的公司理论并非与 Coase,Williamson,Hart,Moore 等人的理论截然不同。动态理论框架并非将投机主义搁置一旁,也未忽略委托代理与激励问题。但是创新公司的本质在于生产、形成并利用知识资产以及组织结构能力,从而令所有者(股票持有者)创造进而获取价值。

尽管交易成本理论可以帮助人们理解公司的存在与发展,但是在公司内部组织经济活动的优势远远超过节省下来的交易成本,这些均已被证实。优势同样来源于创业经理人组合不同联合专用资产的能力，其目的不仅仅是达成规模经济效应，更是为了通过为客户提供特定的服务（解决方案）而创造并获取价值，同时解决公司的独占性问题。过度依赖交易成本的经济学方法会增加不必要的成本。例如，如果试图进一步理解有关价值创造的问题，而不仅仅是保护已创造的价值，那么交易成本仅能解决部分问题。公司感知、利用和转型的常规方法是盈利能力的基础，而获取这种盈利能力比规避合同成本和风险的做法要更为高明。

实证证据表明，外包决策不能只考虑交易成本（资产专用性）。研究表明，相互具有依赖性和互补性等系统效应（Monteverde 和 Teece，1982）[1]以及能力优势（Argyres，1996）均在统计方面对公司产生显著影响。[2] 上述研究似乎表明，边界的设定影响生产学习与研发效率（Armour 和 Teece，1980），从而降低成本并带来卓越的创新潜力。

那么，经理人在创新公司理论中的作用是什么？起初他们并不在微观层面管理创新人群，以避免出现投机行为。同样，他们也不仅仅只参与适应性序贯决策过程。恰恰相反，经理人帮助公司创造并执行系统与结构，后两者皆令公司能够感知机遇、采取行动并随环境变动而利用机会，这是公司的必经之路。

不仅可以通过度量与监控措施控制投机主义，也可通过高度一致的文化/价值观实现这一点。创新公司通常需要令人信服的价值观，因为在结构松散的内部环境中，难以通过创新来界定并衡量员工表现以及施行严格的管控措施。激励问题同样也很重要，创造性和创业活动需要得到鼓励与嘉奖。

显然，交易成本经济学视角与动态能力相辅相成。基于能力的观点与合同/交易成本/知识产权观点之间的互补性显而易见。同一作者的其他文章以及其他作者的文章中一直都在讨论这一点（如 Foss，1996）。[3] 交易成本经济学隐晦地假设能力中立可能是指什么。在交易成本经济学中，所谓的生产成本——可能被视作公司层面（运营）能力的代名词——被假设为与组织结构类型之间的生产成本完全相同，因此在市场安排与非市场安排之间的摇摆不定完全取决于交易/管理成本。这一假设是连接该理论与能力理论的桥梁，并明确说明能力等级本身即为管理活动/卓越（或缺乏）的函数。能力之间的差异能够导致同一行业中生产成本截然不同。战略性管理领域的建立基于以下两点：其一是认识到公

---

① 本文经常被引用作为交易成本经济学的实证支撑，确实如此。但是系统效应的变量具有更强大的解释力，并且与本处所述能力视角一致（参见下文）。

② Monteverde 和 Teece 的文章一直被广泛引用，成为交易成本经济学实证支持的首要选择。但是，计量经济学一个鲜为人知的特点是系统效应与公司效应是极为强大的解释变量。

③ PFI 框架（Teece，1986）表明合同框架作为一项工具在建立基于动态能力的公司理论时何其有用（亦可参见 Winter，2006）。

司各不相同——不仅是管理不同,其他方面的特点也不同(Rumelt 等,1991);其二是认识到这种差异会带来不同的表现。

动态能力框架假定在商业与信息全球化的时代中,知识资产及其动态管理已经成为利润最大化的核心,并提出一种全新的公司理论,其与 Marshall (1898,p. 213)的观察结果完全一致,"资本存在于大部分的知识与组织结构之中。其中一部分为私有财产,另一部分则不是。知识是最强大的生产引擎,而组织机构能助其一臂之力。"新提出的基于能力的理论打开了公司的黑匣子,并将经济学理论的新考量注入其中,这些考量通常不是常规公司理论的核心。

7.5 重述互补性、协同专业化和创新公司规模

创新公司理论一直受益于日益繁荣的互补性与联合专用概念的探索,而且将会进一步受益。经济学中第一次使用互补性这一概念可追溯至 Edgeworth (1881)。Hirschman (1958) 将其应用于经济学发展文献,Rosenberg (1979,1982)和 Teece (1986)将其应用于创新文献。Teece (1980b),Milgrom 和 Roberts (1990a,b)以及 Miller (1988)等学者的论文在战略背景下研究互补性。

Rosenberg (1979)指出,在美国技术史中数次出现以下情形:某个特定发明成果的生产率提高带来了互补性技术的可获取性……两者高度相关,但重要程度也不同(pp. 26 - 27)。此外,"工业经济体的生产率提高,其原因非常复杂,大量技术环环相扣,互相支撑,其中独立的组成部分本身只有极其有限的经济学影响。因此,观察对象中的最小相关单位很少是单独一项创新成果,通常是互相关联的创新成果集群"(pp. 28 - 29)。

当不同的活动互相支撑时,互补性得以存在,而互相支撑的表现形式可能是多种活动共通降低/提升成本,提升范围经济/不经济[①],或是提高/降低收益。[②]从技术角度而言,当成本函数的混合偏导数或者收益函数通过差额产生积极回报时,互补性得以存在,而差额则与当其他变量水平升高时同样升高的变量有关。如果在一项活动中的投入越多,那么向另外一项活动投入更多时可以获得更高的收益。因此,通过组合两种甚至更多互补性因素而实现的综合经济学价值会超过分别使用这些因素实现的价值。

当然正如 Teece (1980b)所指出的那样,包括本文在内,文献综述对公司边界理论的发展历史并没有直接影响,但是对广泛意义上的经济学组织结构有极

---

① 范围不经济是指在相同的投入下,由一个单一的企业生产联产品比多个不同的企业分别生产这些联产品中每一个单一产品的产出水平要低的生产过程。——译者注。

② 可以通过数学上的超模概念解释互补一词(Milgrom 和 Roberts,1994;Topkis,1978,1987)。Ennen 和 Richter (2009)的论文是一篇绝佳的文献综述,如有需要请参阅。下文将探讨文献综述。

大的影响。积极互补性的存在表明，多个独立活动同时发生会产生优势。然而，如果没有更多针对这一概念的结构，人们将无法预测单一公司的边界应在何处，因为合同条款也已存在，使得联合活动在各方共同所有权缺失的情况下发生。

尽管人们现在已经认识到互补性的重要性，但是仍需找到该方法的其他特征（就关键概念之间的因果关系而言）以使其成为完全可证伪的理论。换言之，尚未出现能够从经济学角度解释互补性的决定性理论。毋庸置疑，互补性关系与公司内部的异质因素（可影响公司业绩）并存共生，但却未明确指出此类相互作用发生的环境。不过学术界已经收集了部分证据。尽管 Monteverde 和 Teece（1982）的研究是为了帮通用公司和福特公司评估预测外包决策时资产专有性的重要性，但是他们同样发现了一种系统效应——其定义为给定部件的设计对其他部件的性能或（系统层面整合）的影响程度（p. 210），该效应在解释通用公司与福特公司的外包决策时具有统计学意义。显而易见，经久不衰的战略协调性与互补性两者概念相同。

人们应当注意到，互补性概念可被应用于高水平的聚集模式，如丰田生产系统。同样也可被应用于高水平的特异性，如汽车零部件的（被整合的）设计与制造之间的互补性。例如，一辆汽车的外饰格栅设计与前灯装配零件设计之间的互补性（Monteverde 和 Teece，1982）。Parmigiani 和 Mitchell（2009）以汽车的仪表盘为例，发现仪表盘通常由多个互相关联的互补性零部件组成。两种水平的聚集均能表明互补性这一概念的影响力与普遍性。

他们利用从古典经济学分裂出来的数学推论（超模）表达互补性。大多数古典经济学生产模型仅仅认识到传统的生产要素，如劳动力和资本等，并在考虑到公司之间生产要素的分布之后假设其存在同质化现象。标准的生产函数并不能从利用特别投入中获利，因为除了减少与固定要素相关的回报之外，识别特别生产要素并不会产生特殊影响（Teece and Winter，1984）。此外，每一个要素均无穷可分——事实上二阶可导——而公司会最大化某些受限的目标函数。互补性并不需要可分性，一个变量的变化可能需要其他变量的离散（非递增）变化。

在标准生产函数的帮助下，决策制定者只需令边际收入与边际成本相等，即可得到总体最大产出。这一理论围绕寻找和发现总体最大值（如果存在的话），存在诸多严重问题。将互补性建模为超模函数，至少可以识别出局部极大值，进而规避极端情况。同样收益函数可以是非连续函数，设计选择离散且未必连续。上述视角得到诸多组织生态学学家和战略性管理学者的支持与认可，其中包括 Levinthal（1997），Porter 和 Siggelkow（2008）以及 Teece（2007a）。

但是，目前能力理论仍冒险在事后将理论套进案例中，而非在考虑到特殊要求后给予事前指导——其中 Teece（1986，2006）可能是个特例，因为他的论文详细阐述了某些情形，其中互补型资产对于从创新成果中获取价值十分重要。上述论文同样能够指明，正如上文 7.3 小节所探讨的那样，互补性资产何时应当包含在企业边界之内。

7.6 创新公司的"本质"

基于知识的公司理论认为商业组织以路径依赖[①]的形式积累能力。发现、创造并利用互补性是公司的核心活动。持续的正常或超常盈利能力之所以存在，是因为特定类型的资产（尤其是无形资产以及异质有形与人力资产）要素市场不够高效。公司需要感知、利用和型换机会以充分利用优势并赚取超额利润，因此需要开拓不够高效的要素市场。识别并保证资产的组合与排列令企业有能力应对客户需求，这一点十分关键。

公司在建立起感知、利用与转型的必要微观基础并开发互补性的同时，为持续高出平均水平的盈利水平奠定基础。Ronald Coase 或 Oliver Williamson 的文章中并未说明公司如何识别并利用互补性从而发掘竞争优势。因此引出一个问题：Coase/Williamson 对公司的概念化如何涉及动态能力。

正如前文所述，知识视角与合同视角是互补性理论/框架。因此任何公司理论都不可忽视合同问题。Coase 和 Williamson 均未将公司看作纯粹合同关系。同样，他们也未将公司仅仅视作社会共同体，其中个人与社会专长可以通过一系列高阶组织原则被转化为经济上有用的产品与服务（Kogut 和 Zander，1992）。

将基于知识的理论与交易成本视角结合起来明显有迹可循。Arrow（1974）高屋建瓴，为此提供了未来可能达成一致的理解。他发现公司存在的原因不仅仅是高昂的交易成本，也是因为在某种情况下，市场不能履行其职责，即存在市场失灵。[②] 人们可以通过思考得出推论，即如果迫使交易进入市场，那么交易成本将会十分高昂；但是如果仅仅是发现很多情况下内部组织结构显然是一种必要的高级形式，也许事情会变得简单许多。而且如果创业经理人身处某种管理结构，在其所统筹的公司内部创新更为可行。

为建立创新公司理论，需要阐明存在市场失灵是较为普遍的环境。而公司内部组织机构中最重要而且研究最少涉足的领域可能是对专有技术以及其他无形资产的创造、转让、保护（专属权）以及统筹（目的是利用互补性）。正如 20 多年前 Teece 发现（Teece，1981）：作为机构手段，无助的市场在促进多种技术与

[①] 路径依赖是指给定条件下人们的决策选择受制于过去的决策，即使过去的境况可能已经过时。——译者注。

[②] Arrow（1969）认为某些情况下可能根本不存在市场。Williamson（1971）在其研究市场失灵最为著名的文献中将目光集中在部分市场失灵上，"这类失灵十分局限，其中涉及交易成本，后者可通过用内部组织结构替换市场交换而降低"（p. 114）。

管理专有技术的交易中严重失职。专有技术市场的缺陷很大一部分源于暂无定论的商品本质(p.84)。作为创造专有技术的工具,市场亦有其缺陷。与通过合同协议转让技术而创造技术相比,"买进"技术更为容易。即便外包通常也是自身发展的必要补充,但是创新活动必须时常在内部完成。

人们必须意识到,只有先创造出产业相关的专有技术,才可(通过许可协议)进行交易。即便创造出专有技术,互利的交易通常也并不会出现,这是因为涉及专有技术的知识产权可能定义不清(模糊),①资产可能很难转让,或是很难衡量其应用价值。公司内部的资源配置(由管理层指挥的活动)是唯一可行的备选方案。

此外,由于存在互补性与联合专用,当无形资产与其他资产协调一致共同进化时,此类无形资产会更具价值。在系统创新的情况下(Teece,2000),集合独特联合专用资产的能力能够提高价值。Rosenberg(1979)进一步指出,这种协调与集群对于价值创造十分必要。

在全球化且基于知识的经济体中,公司可以通过协调难以交易的资产与竞争力保障短期优势,至少在此类资产较为稀少或者难以模仿的情况下可以如此。但是,商业企业仅能通过持续不断塑造、重塑并统筹上述资产的独特能力以维持长期优势,公司的独特能力可以创造新技术、应对竞争、形成重要的大众市场、利用互补性并服务于变化的客户需求。一家商业企业的特殊(不可模仿的)统筹能力——即动态能力——是创新公司不可或缺的核心能力,这一能力不能仅仅通过汇编合同产生。

商业公司至少应该知道如何行事。大多数公司了解如何适应环境,甚至可能了解如何在某种(轻微)程度上改变环境。正如前文所述,Harold Demsetz 甚至希望看到公司成为知识库。

但是,经济学家是否仍希望公司作为知识库和学习方法的含义,这一点尚不明晰。Winter(1982)是个特例,他正确认识到正是公司而非为公司工作的员工了解如何生产汽油、汽车以及计算机(p.76)。

组织机构能力解释了公司作为一个整体为何优于其各个部分之和,同样解释了在要素市场中企业利润为何不会因竞争而完全消失。员工的流失与加入只会限定在一定范围之内,因此公司可以在不被中断的情况下继续运行。

主流理论经常将生产函数与生产集视作已知而忽略互补性与协同专业化,因此无法解释同一行业不同公司之间的能力与差异化,更无法解释不同行业公司之间的能力与差异化。同时,公司贮存的知识是其产生竞争力的根本,而主流

---

① 参见 Teece(2000)对与知识产权有关的模糊边界探讨。

理论却完全将以下问题搁置一旁:实际上,公司如何贮存知识、内部(或外部)转让知识,如何以提高价值的方式增长知识以及识别并利用互补性?

简而言之,通过在企业内部集合大量的互补资产和联合专用资产,尤其是知识资产以生产客户所需的高度差异化和创新的产品与服务,经理人通常能够创造大量价值。识别、集合并统筹大量互补性资产与协同专业化资产,这一过程是管理层的基本职能,并且明确表明创新公司的本质与科斯式公司不同。

8. 结论

本章旨在推动并形成一套创新公司理论,这套理论与 Alfred Chandler 等商业历史学家对公司的描述一致。历史学家提醒我们,在现代社会中,创新是企业的核心。因此,如果公司理论无法反映此维度,那么将无法应用于制定商业战略或分析公共政策。

令人欣慰的是,本章提出的理论无需推翻全部的主流理论。从交易成本经济学、互补经济学与组织机构理论以及动态能力理论中沉淀的概念可以改良主流方法。在接下来的十年中,创新学者与产业组织理论学者将能够论证:组织结构理论、战略管理理论以及创新理论如何能够互通有无,同时从商业历史以及产业组织结构的研究中受益。

致谢

感谢 Greg Linden 帮助整理并编辑内容。感谢 Gary Pisano 和 John de Figueiredo,以及 Nate Rosenberg 和 Bronwyn Hall 两位编辑,两位提出了令本人受益匪浅的见解和评论。感谢 Ken Arrow, Henry Chesbrough, Giovanni Dosi, Connie Helfat, Dan Lovallo, James March, the late Edwin Mansfield, David Mowery, Richard Nelson, Gary Pisano, Christos Pitelis, Oliver Williamson, Sidney Winter,以及几十年间提供灵感与想法的所有学者。

参考文献

Abernathy, W. J., Utterback, J. M. (1978). "Patterns of industrial innovation". Technology Review 80(7),40 – 47.

Abramovitz, M. (1986). "Catching up, forging ahead, and falling behind". Journal of Economic History 46(2),385 – 406.

Acs, Z., Audretsch, D. (1990). Innovation and Small Firms. MIT Press, Cambridge, MA.

Adams, W. J., Yellen, J. L. (1976). "Commodity bundling and the burden of monopoly".

Quarterly Journal of Economics 90(3),475 - 498.

Akerlof, G. A. (1970). "The market for lemons". Quarterly Journal of Economics 84(3), 488 - 500.

Albert, S. , Bradley, K. (1997). Managing Knowledge Experts, Experts, Agencies and Organizations. Cambridge University Press, Cambridge, MA.

Alchian, A. A. , Demsetz, H. (1972). "Production, information costs and economic organization". American Economic Review 62(2),777 - 795.

Anderson, P. , Tushman, M. L. (1990). "Technological discontinuities and dominant design". Administrative Science Quarterly(4),604 - 633.

Argyres, N. (1996). "Evidence on the role of firm capabilities in vertical integration decisions". Strategic Management Journal (2),129 - 150.

Armour, H. O. , Teece, D. J. (1978). "Organizational structure and economic performance: A test of the multidivisional hypothesis". Bell Journal of Economics 9(18),106 - 122.

Armour, H. O. , Teece, D. J. (1980). "Vertical integration and technological innovation". Review of Economics and Statistics 62(3),470 - 474.

Arrow, K. J. (1962). "Economic welfare and the allocation of resources of invention". In: National Bureau of Economic Research, K. J. (Ed.), The Rate and Direction of Inventive Activity: Economic and Social Factors. Princeton University Press, Princeton, NJ, pp. 609 - 625.

Arrow, K. J. (1969). "The organization of economic activity: Issues pertinent to the choice of market versus nonmarket allocation". In: The Analysis and Evaluation of Public Expenditures: The PPB System. U. S. Government Printing Office, Washington, DC, pp. 47 - 64.

Arrow, K. J. (1974). The Limits of Organization. Norton, New York.

Barnard, C. I. (1938). The Functions of the Executive. Harvard University Press, Cambridge, MA.

Barney, J. B. (1986). "Strategic factor markets: Expectations, luck, and business strategy". Management Science 32(10),1231 - 1241.

Baron, J. N. , Kreps, D. M. (1999). Strategic Human Resources: Frameworks for General Managers. Wiley, New York.

Baumol, W. J. (2001). "When is inter-firm coordination beneficial? The case of innovation". International Journal of Industrial Organization 19(5),727 - 737.

Baumol, W. J. , Strom, R. J. (2007). "Entrepreneurship and economic growth". Strategic Entrepreneurship Journal 1 (3 - 4),233 - 237.

Becker, B. E. , Huselid, M. A. (2006). "Strategic human resources management: Where do we go from here?" Journal of Management 32(6),798 - 925.

Burns, T. , Stalker, G. M. (1961). The Management of Innovation. Tavistock, London.

Caves, R. E. (2000). Creative Industries: Contracts Between Art and Commerce. Harvard University Press, Boston, MA.

Chandler, A. (1962). Strategy and Structure. MIT Press, Cambridge, MA.

Chandler, A. (1977). The Visible Hand: The Managerial Revolution in American Business. Belknap Press, Cambridge, MA.

Chandler, A. (1990). Scale and Scope: The Dynamics of Industrial Capitalism. Belknap/ Harvard University Press, Cambridge, MA.

Chandler, A. (1992). "Organizational capabilities and the economic history of the industrial enterprise". Journal of Economic Perspectives 6(3),79 - 100.

Chesbrough, H. (2006). Open Business Models. Harvard Business School Press, Boston, MA.

Chesbrough, H. , Rosenbloom, R. S. (2002). "The role of the business model in capturing value from innovation: Evidence from xerox corporation's technology spin-off companies". Industrial and Corporate Change 11(3),529 - 555.

Chesbrough, H. , Teece, D. J. (1996). "When is virtual virtuous: Organizing for innovation". Harvard Business Review 74(1),65 - 73.

Christensen, C. M. (1997). The Innovator's Dilemma. Harvard Business School Press, Boston, MA.

Clark, K. B. (1985). "The interaction of design hierarchies and market concepts in technological evolution". Research Policy (5),235 - 251.

Clark, P. (2009). "Boeing to test fly Dreamliner by year's end". Financial Times, Nov. 15. http://www. ft. com/cms/s/0/9e52eeec- d208 - 11de-a0f0 - 00144feabdc0. html.

Coase, R. A. (1937). "The nature of the firm". Economica 16(4),386 - 405.

Cohen, W. M. , Levin, R. C. (1989). "Empirical studies of innovation and market structure". In: Schmalensee, R. L. , Willig, R. D. (Eds.), Handbook of Industrial Organization, 2. North Holland, Amsterdam.

Cyert, R. M. , March, J. G. (1963). A behavioral theory of the firm. Prentice-Hall, Englewood Cliffs, N. J.

Dasgupta, P. , Stiglitz, J. (1980). "Industrial structure and the nature of innovative activity". Economic Journal 90 (358),266 - 293.

David, P. A. , Greenstein, S. (1990). "The economics of compatibility standards: An introduction to recent research". Economics of Innovation and New Technology 1 (1), 3 - 41.

de Figueiredo, J. M. , Teece, D. J. (1996). "Mitigating procurement hazards in the context of innovation". Industrial and Corporate Change 5 (2),537 - 559.

Demsetz, H. (1970). "The private production of public goods". Journal of Law and Economics 13 (2),293 - 306.

Demsetz, H. (1988). "The theory of the firm revisited". Journal of Law, Economics, and Organization 4 (1),141 - 161.

Denrell, J. , Fang, C. , Winter, S. G. (2003). "The economics of strategic opportunity". Strategic Management Journal 24 (10),977 - 990.

Dosi, G. (1982). "Technological paradigms and technological trajectories: A suggested interpretation of the determinants and directions of technical change". Research Policy 11 (3),147 - 162.

Dosi, G. , Nelson, R. R. , Winter, S. G. (Eds.), (2000). The Nature and Dynamics of Organizational Capabilities. Oxford University Press, New York.

Edgeworth, F. Y. (1881). Mathematical Physics: An Essay on the Application of Mathematics to the Moral Sciences. Kegan Paul, London.

Ennen, E. , Richter, A. (2009). The Whole is More than the Sum of Its Parts—Or Is It? A Review of the Empirical Literature on Complementarities in Organizations. European Business School, Wiesbaden, Germany European Business School Research Paper No.

09 – 07.

Fai, F. (2007). "A structural decomposition analysis of technological opportunity, corporate survival, and leadership". Industrial and Corporate Change 16 (6), 1069 – 1103.

Farrell, J., Katz, M. L. (2000). "Innovation, rent extraction, and integration in systems markets". Journal of Industrial Economics (4), 413 – 32.

Fischer, B., Boynton, A. (2005). "Virtuoso teams". Harvard Business Review 83 (7), 116 – 123.

Foss, N. (1996). "Knowledge based approaches to the theory of the firm: Some critical comments". Organizational Science 7 (5), 470 – 476.

Fox, M. F. (1983). "Publication productivity among scientists: A critical review". Social Studies of Science 13 (2), 285 – 305.

Futia, C. A. (1980). "Schumpeterian competition". Quarterly Journal of Economics 94 (4), 675 – 695.

Galbraith, J. K. (1952). American Capitalism: The Concept of Countervailing Power. Houghton Mifflin, Boston.

Gibbons, R. (2005). "Four formal (izable) theories of the firm?" Journal of Economic Behavior and Organization 58 (2), 200 – 245.

Gil, R., Spiller, P. T. (2007). "The organizational dimensions of creativity: Motion picture production". California Management Review 50 (1), 243 – 260.

Gilbert, R. (2006). "Looking for Mr. Schumpeter: Where are we in the competition-innovation debate?" In: Jaffe, A. B., Josh Lerner, S., Scott Stern, S. (Eds.), Innovation Policy and the Economy, vol. 6. MIT Press, Cambridge, MA.

Goldberg, V. (1977). "Competitive bidding and the production of precontract information". Bell Journal of Economics 8 (1), 250 – 261.

Gomes-Casseres, B. (1994). "Group versus group: How alliance networks compete". Harvard Business Review 4, 62 – 74 (July-August).

Gompers, P., Lerner, J. (2001). "The venture capital revolution". Journal of Economic Perspectives 15 (2), 145 – 168.

Hart, O., Moore, J. (1990). "Property rights and the nature of the firm". Journal of Political Economy 98 (6), 1119 – 1158.

Hayton, J. C. (2005). "Promoting corporate entrepreneurship through human resource management practices: A review of empirical research". Human Resource Management Review 15 (1), 21 – 41.

Henderson, R. M. (1994). "Managing innovation in the information age". Harvard Business Review 72 (1), 100 – 106.

Henderson, R. M., Clark, K. B. (1990). "Architectural innovation: The reconfiguration of existing product technologies and the failure of established firms". Administrative Science Quarterly 35 (1), 9 – 30.

Hirschman, A. O. (1958). The Strategy of Economic Development. Yale University Press, New Haven, CT.

Holmstrom, B., Paul Milgrom, P. (1994). "The firm as an incentive system". American Economic Review 84 (4), 972 – 991.

Hounshell, D. A. (1996). "The evolution of industrial research in the United States". In: Rosenbloom, R. S., Spencer, W. J. (Eds.), Engines of Innovation: U. S. Industrial

Research at the End of an Era. Harvard Business School Press, Boston, MA.

Hounshell, D. A. , Smith, J. K. (1988). Science and Corporate Strategy: Du Pont R&D, 1902 – 1980. Cambridge University Press, New York.

Jacobides, M. G. , Knudsen, T. , Augier, M. (2006). "Benefiting from innovation: Value creation, value appropriation and the role of industry architectures". Research Policy 35 (8),1200 – 1221.

Jorde, T. M. , Teece, D. J. (1990). "Innovation and cooperation: Implications for competition and antitrust". Journal of Economic Perspectives 4 (3),75 – 96.

Kamien, M. I. , Schwartz, N. L. (1978). "Self financing of an R&D project". American Economic Review 68 (3),252 – 261.

Katz, R. (2004). "Motivating professionals in organizations". In: Katz, R. (Ed.), The Human Side of Managing Technological Innovation. Oxford University Press, New York.

Katz, M. L. , Ordover, J. A. (1990). "R&D cooperation and competition". In: Brookings Papers on Economic Activity—Microeco nomics. Brookings Institution, Washington, DC, pp. 137 – 203.

Katz, M. L. , Shapiro, C. (1986). "Technology adoption in the presence of network externalities". Journal of Political Economy 94 (4),722 – 841.

Kirzner, I. M. (1973). Competition and Entrepreneurship. University of Chicago Press, Chicago.

Kirzner, I. M. (1979). Perception, Opportunity and Profit: Studies in the Theory of Entrepreneurship. University of Chicago Press, Chicago.

Kirzner, I. M. (1997). "Entrepreneurial discovery and the competitive market process: An Austrian approach". Journal of Economic Literature 35 (1),60 – 85.

Klemperer, P. (1987). "Markets with consumer switching costs". Quarterly Journal of Economics 102 (2),375 – 394.

Klemperer, P. (2002). "What really matters in auction design". Journal of Economic Perspectives 16 (1),169 – 189.

Kogut, B. , Zander, U. (1992). "Knowledge of the firm, combinative capabilities, and the replication of technology". Organiza tional Science 3 (3),383 – 397.

Krugman, P. (1987). "The narrow moving band, the dutch disease, and the consequences of Mrs. Thatcher: Notes on trade in the presence of scale economies". Journal of Development Economics 27 (1 – 2),41 – 55.

Langlois, R. N. (1992). "Transaction-cost economics in real time". Industrial and Corporate Change 1 (1), 99 – 127.

Levin, R. C. , Reiss, P. C. (1984). "Tests of a Schumpeterian model of R&D and market structure". In: Griliches, Z. (Ed.), R&D, Patents, and Productivity. University of Chicago Press, Chicago, pp. 175 – 204.

Levin, R. C. , Reiss, P. C. (1988). "Cost reducing and demand creating R&D with spillovers". RAND Journal of Economics 19 (4),538 – 556.

Levin, R. C. , Cohen, W. M. , Mowery, D. C. (1985). "R&D appropriability, opportunity, and market structure: New evidence on some Schumpeterian hypotheses". American Economic Review 75 (2),20 – 24.

Levin, R. C. , Klevorick, A. K. , Nelson, R. R. , Winter, S. G. , Gilbert, R. , Griliches, Z. (1987). "Appropriating the returns from industrial research and development". Brookings

Papers on Economic Activity 1987 (3),783 – 831.

Levinthal, D. A. (1997). "Adaptation on rugged landscapes". Management Science 43 (7), 934 – 950.

Lotka, A. J. (1926). "The frequency distribution of scientific productivity". Journal of the Washington Academy of Science 16(12),317 – 323.

Malerba, F., Orsenigo, L. (1993). "Technological regimes and firm behavior". Industrial and Corporate Change 2 (1),45 – 71.

Mansfield, E. (1974). "Technology and technological change". In: Dunning, J. (Ed.), Economic Analysis and the Multinational Enterprise. George Allen and Unwin, London.

Mansfield, E. (1985). "How rapidly does new industrial technology leak out?" Journal of Industrial Economics 34 (2),217 – 223.

Mansfield, E., Teece, D. J., Romeo, A. (1979). "Overseas research and development by US-based firms". Economica 46 (182),187 – 196.

Mansfield, E., Schwartz, M., Wagner, S. (1981). "Imitation costs and patents: An empirical study". Economic Journal 91 (364), 907 – 918.

March, J. G. (1991). "Exploration and exploitation in organizational learning". Organization Science 2 (1),71 – 87.

March, J. G., Simon, H. A. (1958). Organizations. Wiley, New York.

Marshall, A. (1898). Principles of Economics (fourth ed.). MacMillan, London.

Mayer, D., Kenney, M. (2004). "Economic action does not take place in a vacuum: Understanding Cisco's acquisition and development strategy". Industry and Innovation 11 (4),299 – 325.

Mayer, K. J., Teece, D. J. (2008). "Unpacking strategic alliances: The structure and purpose of alliance versus supplier relation ships". Journal of Economic Behavior and Organization 66 (1),106 – 127.

McGirt, E. (2008). "Revolution in San Jose". Fast Company 131,90 – 93.

Metcaffe, J. S., Gibbons, M. (1988). "Technology variety and organization: A systematic perspective on the competition process". In: Rosenbloom, R. S., Burgelman, R. A. (Eds.), Research on Technological Innovation, Management and Policy. JAI Press, Greenwich, CT, pp. 153 – 193.

Michaels, D., Sanders, P. (2009). "Dreamliner production gets closer monitoring". WSJ. com October 8.

Miles, R. E. (2007). "Innovation and leadership values". California Management Review 50 (1),192 – 201.

Milgrom, P., Roberts, J. (1990a). "The economics of modern manufacturing: Technology, strategy, and organization". American Economic Review 80 (3),511 – 528.

Milgrom, P., Roberts, J. (1990b). "Rationalizability, learning and equilibrium in games with strategic complementarities". Econometrics 58 (6),1255 – 1277.

Milgrom, P., Roberts, J. (1994). "Complementarities and systems: Understanding Japanese economic organization". Estudios Economicos 9 (1),3 – 42.

Miller, D. (1988). "Relating porter's business strategies to environment and structure: Analysis and performance implications". Academy of Management Journal 31(2), 280 – 308.

Monteverde, K., Teece, D. J. (1982). "Supplier switching costs and vertical integration in the automobile industry". Bell Journal of Economics 13 (1),206 - 213.

Mowery, D. C. (1983). "The relationship between intrafirm and contractual forms of industrial research in American manufacturing, 1900 - 1940". Explorations in Economic History 20 (4),351 - 374.

Mowery, D. C. , Rosenberg, N. (1989). Technology and the Pursuit of Economic Growth. Cambridge University Press, New York.

National Science Board. (2008). Science and Engineering Indicators 2008. National Science Foundation, Arlington, VA.

Nelson, R. R. (1962). "The link between science and invention: The case of the transistor". In: National Bureau of Economic Research, R. R. (Ed.), The Rate and Direction of Inventive Activity. Princeton University Press, Princeton, NJ.

Nelson, R. R. (Ed.), (1982). Government and Technical Progress: A Cross-Industry Analysis. Pergamon Press, New York.

Nelson, R. R. (Ed.), (1993). National Systems of Innovation. Oxford University Press, New York.

Nelson, R. R. , Winter, S. G. (1978). "Forces generating and limiting concentration under Schumpeterian competition". Bell Journalof Economics 9 (2),524 - 548.

Nelson, R. R. , Winter, S. G. (1982). An Evolutionary Theory of Economic Change. Harvard University Press, Cambridge, MA.

O'Reilly, C. A. , Tushman, M. L. (2004). "The ambidextrous organization". Harvard Business Review 82 (4),74 - 81.

Ortutay, B. (2009). Netflix Awards $ 1M Prize to Improve Movie Picks. Associated Press, September 21. http://www. sfgate. com/ cgi-bin/article. cgi? f =/n/a/2009/09/21/financial/f071427D69. DTL

Parmigiani, A. , Mitchell, W. (2009). "Complementarity, capabilities, and the boundaries of the firm: The impact of within-firm and interfirm expertise on concurrent sourcing of complementary components". Strategic Management Journal 30 (10),1065 - 1091.

Pavitt, K. , Robson, M. , Townsend, J. (1987). "The size distribution of innovating firms in the UK: 1945 - 1983". Journal of Industrial Economics 35 (3),297 - 316.

Penrose, E. G. (1959). The Theory of the Growth of the Firm. Wiley, New York.

Phillips, A. (1971). Technology and Market Structure: A Study of the Aircraft Industry. Heath Lexington Books, Lexington, MA.

Piore, M. J. , Sabel, C. F. (1984). The Second Industrial Divide. Basic Books, New York.

Pisano, G. P. , Teece, D. J. (2007). "How to capture value from innovation: Shaping intellectual property and industry architecture". California Management Review 50 (1), 278 - 296.

Pitelis, C. N. , Teece, D. J. (2009). "The (new) nature and essence of the firm". European Management Review 6 (1),5 - 15.

Porter, M. , Siggelkow, N. (2008). "Contextuality within activity systems and sustainability of competitive advantage". Academy of Management Perspectives 22 (2),34 - 56.

Prencipe, A. , Davies, A. , Hobday, M. (Eds.), (2003). The Business of Systems Integration. Oxford University Press, Oxford.

Quinn, J. B. , Anderson, P. , Finkelstein, S. (1996). "Managing professional intellect: Making the most of the best". Harvard Business Review 74 (2),71 - 80.

Raisch, S. , Birkinshaw, J. , Probst, G. , Tushman, M. L. (2009). "Organizational ambidexterity: Balancing exploitation and exploration for sustained performance". Organization Science 20 (4),685-695.

Reich, R. (2002). The Future of Success: Working and Living in the New Economy. Vintage Books, New York.

Reinganum, J. F. (1981). "Dynamic games of innovation". Journal of Economic Theory 25 (1),21-41.

Richardson, G. B. H. (1960). Information and Investment. Oxford University Press, London.

Richardson, G. B. H. (1972). "The organisation of industry". Economic Journal 82 (327), 783-896.

Roberts, J. (2004). The Modern Firm: Organizational Design for Performance and Growth. Oxford University Press, New York.

Rosenberg, N. (1979). "Technological interdependence in the American economy". Technology and Culture 20 (1),25-50.

Rosenberg, N. (1982). Inside the Black Box: Technology and Economics. Cambridge University Press, New York.

Roth, D. (2009). "NetFlix everywhere: Sorry cable, you're history". Wired 17(10). http://www. wired. com/techbiz/it/magazine/ 17-10/ff_netflix.

Rubin, P. H. (1973). "The expansion of firms". Journal of Political Economy 81 (4), 936-949.

Rumelt, R. P. (1984). "Towards a strategic theory of the firm". In: Lamb, R. B. (Ed.), Competitive Strategic Management. Prentice- Hall, Englewood Cliffs, NJ.

Rumelt, R. P. , Schendel, D. , Teece, D. J. (1991). "Strategic management and economics". Strategic Management Journal 12 (Winter Special Issue),5-29.

Salop, S. C. , Scheffman, D. T. (1983). "Raising rival's costs". American Economic Review 73 (2),267-271.

Sauermann, H. , Cohen, W. M. (2008). What Makes Them Tick? Employee Motives and Firm Innovation. National Bureau of Economic Research, Cambridge, MA NBER Working Paper No. W14443.

Saxenian, A. (1996). Regional Advantage: Culture and Competition in Silicon Valley and Route 128. Harvard University Press, Cambridge, MA.

Scherer, F. M. , Ross, D. (1990). Industrial Market Structure and Economic Performance. Houghton Mifflin, Boston, MA.

Schumpeter, J. A. (1934,1980). The Theory of Economic Development. Oxford University Press, London.

Schumpeter, J. A. (1942). Capitalism, Socialism, and Democracy. Harper & Brothers, New York.

Scotchmer, S. (1991). "Standing on the shoulders of giants: Cumulative research and the patent law". Journal of Economic Perspectives 5 (1),29-41.

Shane, S. (2001). "Technology regimes and new firm formation". Management Science 47 (9),1173-1190.

Shane, S. (2003). A General Theory of Entrepreneurship: The Individual-Opportunity Nexus. E. Elgar, Northampton, MA.

Silverman, B. S. (1996). "Technical assets and the logic of corporate diversification". Ph. D. Dissertation, University of California, Berkeley.

Simon, H. A. (1947). Administrative Behavior. Macmillan, New York.

Simon, H. A. (1951). "A formal theory of the employment relationship". Econometrica 19 (3),293 - 305.

Sutton, J. (2001). Technology and Market Structure: Theory and History. MIT Press, Cambridge, MA.

Tadelis, S. (2007). "The innovative organization: Creating value through outsourcing". California Management Review 50 (1),261 - 277.

Teece, D. J. (1980a). "The diffusion of an administrative innovation". Management Science 26 (5),464-70.

Teece, D. J. (1980b). "Economies of scope and the scope of the enterprise". Journal of Economic Behavior and Organization 1 (3),223 - 247.

Teece, D. J. (1981). "The market for know-how and the efficient international transfer of technology". Annals of the Academy of Political and Social Science 458 (1),71 - 96.

Teece, D. J. (1982). "Towards an economic theory of the multiproduct firm". Journal of Economic Behavior and Organization (1),39 - 63.

Teece, D. J. (1984). "Economic analysis and strategic management". California Management Review 26 (3),77 - 110.

Teece, D. J. (1985). "Multinational enterprise, internal governance, and industrial organization". American Economic Review 75 (2),233 - 238.

Teece, D. J. (1986). "Profiting from technological innovation". Research Policy 15 (6),285 - 305.

Teece, D. J. (1988). "Technological change and the nature of the firm". In: Dosi, G., Freeman, C., Nelson, R., Silverberg, G., Soete, L. (Eds.), Technical Change and Economic Theory. Pinter, London.

Teece, D. J. (1989). "Inter-organizational requirements of the innovation process". Managerial and Decision Economics 10 (Spring Special Issue),35 - 42.

Teece, D. J. (1992). "Competition, cooperation, and innovation: Organizational arrangements for regimes of rapid technological progress". Journal of Economic Behavior and Organization 18 (1),1 - 25.

Teece, D. J. (1996). "Firm organization, industrial structure, and technological innovation". Journal of Economic Behavior and Organization 31 (2),193 - 224.

Teece, D. J. (2000). Managing Intellectual Capital: Organizational, Strategic, and Policy Dimensions. Oxford University Press, Oxford.

Teece, D. J. (2003). "Expert talent and the design of (professional services) firms". Industrial and Corporate Change 12 (4),795 - 916.

Teece, D. J. (2006). "Reflections on profiting from innovation". Research Policy 35 (8), 1131 - 1146.

Teece, D. J. (2007a). "Explicating dynamic capabilities: The nature and microfoundations of (sustainable) enterprise perfor mance". Strategic Management Journal 28 (13), 1319 - 1350.

Teece, D. J. (2007b). "Managers, markets, and dynamic capabilities". In: Helfat, C., Finkelstein, S., Mitchell, W., Peteraf, M., Singh, D. J., Teece, D. J., Winter, S.

（Eds.），Dynamic Capabilities：Understanding Strategic Change in Organizations. Blackwell，Oxford，UK.

Teece，D. J. (2008). "Dosi's technological paradigms and trajectories：Insights for economics and management". Industrial and Corporate Change 17 (3)，507 - 512.

Teece，D. J. (2009). Dynamic Capabilities and Strategic Management：Organizing for Innovation and Growth. Oxford University Press，New York.

Teece，D. J. (forthcoming). "Business Models，Business Strategy and Innovation." Long Range Planning. DOI：10.1016/j. lrp. 2009. 07. 003

Teece，D. J.，Winter，S. G. (1984). "The limits of neoclassical theory in management education". American Economic Review 74 (2)，116 - 121.

Teece，D. J.，Pisano，G.，Shuen，A. (1990). "Firm capabilities，resources，and the concept of strategy". Center for Research in Management. University of California，Berkeley，CCC Working Paper 90 - 8.

Teece，D. J.，Rumelt，R.，Dosi，G.，Winter，S. (1994). "Understanding corporate coherence：Theory and evidence". Journal of Economic Behavior and Organization 23 (1)，1 - 30.

Teece，D. J.，Pisano，G.，Shuen，A. (1997). "Dynamic capabilities and strategic management". Strategic Management Journal (7)，509 - 533.

Topkis，D. L. (1978). "Minimizing a submodular function on a lattice". Operations Research 26 (2)，305 - 321.

Topkis，D. L. (1987). "Activity optimization games with complementarity". European Journal of Operations Research 28 (3)，358 - 368.

von Hippel，E. (1998). "Economics of product development by users：The impact of 'sticky' local information". Management Science 44 (5)，629 - 644.

Wernerfelt，B. (1984). "A resource-based view of the firm". Strategic Management Journal 5 (2)，171 - 180.

Williamson，O. E. (1971). "The vertical integration of production：Market failure considerations". American Economic Review 61 (2)，112 - 123.

Williamson，O. E. (1975). Markets and Hierarchies. The Free Press，New York.

Williamson，O. E. (1981). "The modern corporation：Origins，evolution，attributes". Journal of Economic Literature 19 (4)，1537 - 1568.

Williamson，O. E. (1985). The Economic Institutions of Capitalism. The Free Press，New York.

Williamson，O. E. (1999a). "Strategy research：Governance and competence perspectives". Strategic Management Journal 20 (12)，1087 - 1108.

Williamson，O. E. (1999b). "Some reflections". In：Carroll，G. R.，Teece，D. J. (Eds.)，Firms，Markets，and Hierarchies：The Transaction Cost Economics Perspective. Oxford University Press，New York.

Winter，S. G. (1982). "An essay on the theory of production". In：Hymans，S. J. (Ed.)，Economics and the World Around It. University of Michigan Press，Ann Arbor.

Winter，S. G. (1984). "Schumpeterian competition in alternative technological regimes". Journal of Economic Behavior and Organization 5 (3 - 4)，287 - 320.

Winter，S. G. (1988). "On coase，competence，and the corporation". Journal of Law，Economics，and Organization 1 (4)，163 - 180.

译后记

　　上下两卷的《创新经济学手册》集合了全球创新经济学研究领域杰出学者的重要成果,清晰描绘出了创新经济学全貌,可谓该领域研究的集大成之作。

　　上海市科学学研究所策划、翻译、出版这两册巨著,既向经典致敬,希望将系统的创新经济学研究引入中国,促进国内外学者在更深层次、更广范围、更多领域开展卓有成效的交流与合作;也期待中国的创新实践得以汲取更多的理论养分,从而加速创新经济学研究与中国创新驱动发展之路互相融合、相互促进。

　　译稿今日付梓,是许多人共同努力的结果。本书由朱学彦博士精心组织、策划,王景丽、乐嘉昂、冯恬恬、曲洁、刘洪、巫英、李琦、张仁开、张宓之、金爱民、周小玲、韩心悦(以姓氏笔画为序)等科研人员投入大量精力完成了全书的翻译校核工作,所有参译人员竭力使译文做到忠于原文、文辞畅达、文采典雅。

　　译著的审校工作得到了上海交通大学安泰经济与管理学院罗守贵教授无私的支持,在此表示由衷感谢!

　　此外,本译著的顺利出版亦要感谢上海交通大学出版社富有成效的工作。译者们在翻译过程中也汲取了诸多学术前辈、同仁的精辟见解,在此也深表敬意与感谢。

　　译者多为年轻的科研人员,完成这项艰巨的翻译工作仍显稚嫩,译文错漏之处敬请专家、读者多多包涵、不吝赐教。

上海市科学学研究所所长　骆大进

2017 年 5 月